John und Martha Storey
Die tätige Landlust

John und Martha Storey

Die tätige Landlust

Ein Praxisbuch des einfachen Lebens

Herausgegeben von Deborah Burns

Übersetzung aus dem Englischen und Bearbeitung der deutschen Ausgabe:
Anita Heidenfelder

MANUSCRIPTUM

Titel der Originalausgabe:
Storey's Basic Country Skills
A Practical Guide to Self-Reliance

Textlayout: Carol Jessop, Black Trout Design
Bildredaktion: Ilona Sherratt
Ergänzende Texte: Greg Linder, Nick Noyes, Jim Sherratt und Gail Damerow

Die Deutsche Nationalbibliothek verzeichnet diese Publikation in der Deutschen Nationalbibliographie; detaillierte bibliographische Daten sind im Internet über http://dnb.d-nb.de abrufbar.

ISBN 978-3-937801-41-4

Gestaltung der deutschen Ausgabe:
Achim Schmidt, Waltrop, auf Grundlage des Originallayouts
Umschlaggestaltung: Achim Schmidt

Vorbemerkung zur deutschen Ausgabe

Wer den Gedanken eines weitgehend autarken, eigenständigen Lebens auf dem Lande in allen seinen Facetten Wirklichkeit werden lassen möchte oder ihn bereits praktiziert, ist mit dem vorliegenden Buch in zweifacher Weise gut beraten: zum einen, weil es in seinem Ursprungsland, den USA, traditionell eine reiche Szene gibt, die dieses Leben pflegt, Erfahrungen also in Fülle vorliegen; zum anderen, weil es das Konzentrat der Werke von über 150 Autoren, allesamt Experten auf ihrem Gebiet, zu allen dazu relevanten Themen in mustergültiger Systematik ist – ohne Frage ein Standardwerk.

Die Darstellung ist konsequent praktisch orientiert. Neben knappen systematischen Erläuterungen und informationsdichten Zusammenfassungen in Tabellenform finden sich vor allem Beschreibungen von notwendigen Schritten, von Handlungsabfolgen, veranschaulicht durch einfache, klare Zeichnungen (auch Konstruktionszeichnungen zum Nachbauen), sowie zahllose Hinweise, Tips und erprobte Erfahrungen. Somit hat das Werk vor allem zwei Funktionen: zum einen eine unmittelbar handlungsleitende, zum anderen eine das Weiterdenken und vielseitige Experimentieren anregende. Wegen der vorbildlichen Umsetzung der inhaltlichen und methodischen Grundideen wurde das Originallayout weitgehend beibehalten.

Daß es beim Erschließen eines so umfassenden Werkes, das auf einem anderen Kontinent entstanden ist und dessen Gegebenheiten zur Grundlage hat, nicht in jedem Falle mit dem bloßen Übersetzen getan ist, liegt auf der Hand. Neben andersartigen Traditionen, technischen Bedingungen und auch rechtlichen Regelungen mußten vor allem aus den geographischen und klimatischen Gegebenheiten in Nordamerika und Mitteleuropa resultierende Besonderheiten bedacht werden (etwa Tierarten und -rassen sowie Wildpflanzen und Kulturpflanzenarten und -sorten). Folglich mußten auch eine Reihe Illustrationen neu angefertigt werden (siehe Bildnachweis). Die noch durchgehend verwendeten nichtmetrischen Maß- und Gewichtseinheiten wurden umgerechnet.

Überall dort, wo in den Originaltext eingegriffen wurde, ist die unter dem jeweiligen Text stehende Quellenangabe mit dem Hinweis „verändert aus ...“ versehen. Die Veränderungen stammen, soweit nicht anders angegeben, von der Übersetzerin und Bearbeiterin der deutschen Ausgabe. Komplette Textpassagen, die neu verfaßt wurden, sind ebenfalls fast ausschließlich von ihr und mit ihrem Namen gezeichnet.

Eine Materialsammlung mit zahlreichen Internetadressen und Literaturhinweisen zu Themen dieses Werkes finden Sie unter *www.manuscriptum.de/landlust-material.*

Der Verlag

Danksagung

Aufgrund der Themenvielfalt dieses Werkes mußte insbesondere in den Bereichen, die den Bedingungen in Deutschland und Mitteleuropa anzupassen waren, umfassendes Fachwissen zu Rate gezogen werden. Zahllose Experten aus vielen Gebieten – vom Umwelttechniker über den Kreisveterinär und den Schornsteinfegermeister bis zur Landschaftsplanerin – haben mir gerne auf meine Anfragen Auskunft gegeben. Ihnen allen gilt mein besonderer Dank. Sie haben in bedeutender Weise zum Gelingen der deutschen Ausgabe beigetragen.

Dr. Anita Heidenfelder

INHALT

TEIL I: IHR LANDSITZ

TEIL II: GARTEN, HOF UND OBSTGARTEN

TEIL III: LANDKÜCHE UND VORRATSHALTUNG

TEIL IV: SCHEUNE, STALL UND FELD

John und Martha Storey sind Verleger von Literatur zum Leben auf dem Lande und selbst Nebenerwerbslandwirte

Liebe Leser,

meine Frau Martha und ich hoffen, daß Sie Freude an diesem Buch haben und daß es Ihnen auf dem Weg zu mehr wirtschaftlicher Unabhängigkeit ein wenig helfen möge.

Unser Weg, der Schritt für Schritt verlief, begann in den 1950er Jahren, als Marthas Familie, Baumwollfarmer aus Westtexas, nach New Jersey kam und sich ein paar Häuser straßenaufwärts von meinem Elternhaus niederließ.

Das Vorstadtleben war in jener Zeit wohl angenehm, aber nur wenige Leute, wie die Eltern von Martha, Aulton und Elizabeth Mullendore, waren „die einzig Wahren". Während die meisten unserer Nachbarn noch bescheidene Gärtchen zur Selbstversorgung hatten, hatten die Mullendores eine richtige kleine Farm. Sie wußten, wie man alles Notwendige selbst tun konnte – ein eigenes Haus bauen, Fleisch erzeugen und Feldfrüchte für den Verkauf und zum Eigenbedarf anbauen.

Als Martha und ich geheiratet und unser erstes kleines Haus gefunden hatten, waren wir begierig darauf, einen eigenen Gemüsegarten anzulegen. Mit einem Sechserpack Tomatensämlingen und *Taylor's Garden Encyclopedia* fingen wir an. Schnell entdeckten wir die Zeitschrift *Organic Gardening*, die uns wie ein Kultmagazin vorkam, eigens für uns geschrieben. Wir waren geradezu süchtig auf Gartenarbeit und darauf, alles selbst zu machen.

Bald begann ich bei Time-Life Books in New York City zu arbeiten, und als es darum ging, eine von James Underwood Crockett verfaßte Gartenenzyklopädie zu verlegen, habe ich dies begeistert unterstützt. „Zu enges Thema", sagten die alten Hasen, aber bei der Veröffentlichung fanden wir eine überraschend engagierte Leserschaft, die begierig nach Informationen war, von Rasen und Landschaft bis zu Wassergärten und Zierpflanzen. Ich traf mit Crockett und einigen anderen alten Gartenexperten zusammen, und dabei wuchs meine Liebe zum Gärtnern immer mehr.

Leider hatten wir zu Hause nur ein 560 m² großes Grundstück, wovon der größte Teil von der Terrasse und von schattenspendenden Bäumen eingenommen wurde, die gerade genug Licht für ein Gärtchen mit drei Tomatenpflanzen ließen. Bald beschlossen wir, in das ländlich stille Ridgefield in Connecticut umzuziehen, und kauften dort 8000 m² Land mit einem alten Haus im Kolonialstil, das komplett saniert werden mußte. Hier begannen für uns die gelegentliche Lust und das regelmäßige Leid des Landlebens.

Der wundersame alte Ofen, der Jules Vernes Taucherglocke ähnelte, brach zuerst zusammen. Dann entdeckten wir freudig einen bescheidenen Teich im rückwärtigen Teil unseres Grundstücks, der sich dann als weit weniger bescheidener Fehler in unserem Abwassersystem herausstellte. Unser brandneuer Farbauftrag blätterte an einem Teil des Hauses praktisch sofort wieder ab und gab damit Aufschluß über die Feuchtigkeitssituation, die wiederum die Installation eines neuen Drainagesystems erforderlich machte. War Leben auf dem Land wirklich das, was es zu sein vorgab?

Als wir nicht mehr weiterwußten, entdeckten wir ein paar „Lebensretter" – die *Popular Mechanics Do-It-Yourself Encyclopedia* und Carla Emerys *Encyclopedia of Country Living*. Jene war wichtig in ihrem Detailreichtum, diese in ihrer Seelenverwandtschaft mit uns. Beide halfen uns weiter. Und Aulton, Marthas Vater, besuchte uns oft aus New Jersey.

Wie wir Unternehmer wurden

Aus Dankbarkeit für die Hilfe, die wir erhielten, als wir anfingen, beschlossen Martha und ich, mit einem Verlagsprogramm zu beginnen, das andere dabei unterstützen sollte, die Geheimnisse des Landlebens zu entschlüsseln. Geradezu besessen davon, brachten wir in den frühen 1970er Jahren *The Practical Gardener's Newsletter* heraus. Dies führte uns wiederum zu Lyman Wood, dem Gründer von Garden Way, und zu fast einem Jahrzehnt Unternehmertum mit diesem verehrungswürdigen Herrn. Wir erfuhren von Ed und Carolyn Robinson und ihrem *„Have More"-Plan*, der ehemaligen Soldaten, die aus dem Zweiten Weltkrieg zurückkehrten, „ein kleines Stück Land – ein großes Stück Leben" bot. Fast eine halbe Million Exemplare ihres Buches wurden verkauft.

Weil wir überzeugt waren, daß es ein ziemlich großes und kontinuierliches Interesse an den Fähigkeiten und Fertigkeiten für das Leben auf dem Land gab, begründeten wir in den frühen 1980er Jahren Storey's Books for Country Living mit Sitz in den Green Mountains in Vermont und den Berkshires im westlichen Massachusetts. Seitdem sind wir Verleger von Literatur zum Leben auf dem Lande.

Johns Garten im Frühling

Treffen mit den echten Stars

Die echten Stars unseres Buches *Basic Country Skills* sind die Autoren. Die wahre Freude unserer Unternehmung bestand darin, über zweihundert Autoren aus allen Teilen der USA, aus Kanada und der ganzen Welt zu begegnen und ihnen ein Forum zu bieten. Alle waren von der Aufgabe beseelt, nützliche und praktische Schritt-für-Schritt-Informationen an jene weiterzugeben, die sich danach sehnen, mehr selbst tun zu können.

Sie werden viele von diesen Leuten in diesem Buch wiederfinden. Wir haben die Quintessenz ihrer Ratschläge zusammengestellt, um in einem Band all das an Wissen und Können für das Leben auf dem Land zu vermitteln, was ganze Lebenswerke verkörpert. Wir sind stolz, daß Louise Riottes bahnbrechende Ideen über Mischkulturen, die in *Carrots Love Tomatoes* zum ersten Male publiziert wurden, in *Basic Country Skills* zu neuem Leben erweckt werden konnten. Und daß Dick Raymond, der sowohl den Hochbeeten als auch dem Verfahren der breiten Beete den Weg bereitet hat, seine Ideen mit neuen Generationen von Gärtnern teilen kann.

Lewis Hill teilt seine Gedanken über den Gehölzschnitt ebenfalls in diesem Buch mit; Monte Burch stellt dar, wie man an den Bau von Scheunen, Schuppen und Nebengebäuden herangeht; Stu Campbell vermittelt Informationen zu ländlichen Wassersystemen; Dr. John Mettler (unser James Herriot! – *Anm. d. Übers.: engl. Tierarzt und Autor; Held der bekannten Fernsehserie „Der Doktor und das liebe Vieh"*) erklärt, wann ein Tierarzt gerufen werden sollte, und Phyllis Shaudys trägt Ideen zu Kräutern bei. Dutzende anderer „Landlebenprofis" bieten ihren Rat zu Obstgärten und Apfelkuchen, Kränzen aus Weinranken, Vorhängen im Landhausstil, Waldwirtschaft und nachhaltiger Holzversorgung an.

Das Wissen, das unsere Autoren vermitteln, wird Sie motivieren und anregen, und es wird dazu beitragen, Ihre Fähigkeiten und Fertigkeiten schneller auszubilden. Gleich, wo Sie wohnen, ob Sie noch von einem Leben auf dem Lande träumen oder wirklich daran arbeiten – das, was Ihnen dieses Buch vermittelt, wird Ihnen ein Leben lang nützen.

Unser eigener Bauernhof

Die Autoren, die an den Basic Country Skills mitgewirkt haben, inspirieren uns auch weiterhin. Vor kurzem erwarben Martha und ich einen alten Bauernhof im Camplain Valley, auf dem wir eine ausgedehnte Gartenwirtschaft in eine kleine Landwirtschaft überführten. Wenn ich meinen Nachbarn, einen „echten" Landwirt, bitte, mir das Geschäft der Landwirtschaft zu erklären, antwortet er mit einem Zwinkern: „Das ist kein Geschäft, das ist eine Krankheit."

Marthas und Johns Bauernhaus aus Stein im Champlain Valley

Sicherlich, wir haben Höhen und Tiefen erlebt. Aber es war uns auch eine Freude, unsere Kinder unter so günstigen Bedingungen aufziehen, einen Teil unserer eigenen Nahrung selbst erzeugen und unser Leben auf der Grundlage bodenständiger Werte gestalten zu können. Wir wurden unlängst daran erinnert, wie wichtig der Zusammenhalt auf dem Land ist, als die Scheune eines Nachbarn mit dem gesamten Heu des Sommers Feuer fing und bis auf den Grund abbrannte. Freiwillige halfen, in drei Wochen eine neue Scheune zu bauen, und einheimische Bauern gaben zehn Prozent ihrer Heuernte ab. Unter dem Eindruck dieses Gemeinsinns sagte unser Nachbar, es wäre, als ob es das Feuer nie gegeben hätte.

Nun, in unserem fünften Jahr als Eigentümer des alten Bauernhofs, beginnen wir den Fortschritt zu spüren. Die Scheune ist wiedererstanden, mit einem großen Drainagesystem rundherum und einem neuen Dach darauf. Wir haben fruchtbarste Schwarzerde freigelegt, auf der jetzt wieder Gärten erblühen. Drei hoffnungslos verwucherte Apfelbäume haben den starken Rückschnitt und die Umformung gut verkraftet. Ein schönes Nebenprodukt waren Duft und Aroma des Schnittabfalls beim Grillen. Ich bin umgestiegen von einem Rasen- und Gartentraktor auf ein etwas größeres Modell, mit der Illusion, daß ein noch größerer Maschinenpark folgen könnte.

Noch immer scheint jeder Monat Überraschungen zu bieten. Wir sollten allmählich wissen, daß der Spargel im Champlain Valley Anfang Mai kommt und der Rhabarber im Juni, die Taglilien im Juli und das Getreide im August, aber es ist immer noch aufregend. Und daß Martha noch mit mir spricht, obwohl ich sie jeden September mit Tausenden von italienischen Roma-Tomaten überschütte, ist umgekehrt sehr beruhigend. Und ich weiß tief im Innern, wie sehr sie sich immer wieder freut, wenn sie an einem kalten Winterabend ein Glas mit Tomatensauce, -paste oder -ketchup öffnet und dabei zufrieden denkt: „Wir haben es selbst gemacht."

Zurück zum Ausgangspunkt

All das wird unsere Nachbarn hier in dieser ländlichen Gemeinde mit 1800 Einwohnern nicht beeindrucken. Schließlich sind sie richtige Landwirte (oder mit einem verwandt). Und wenn ich die Kosten pro Einmachglas in unserer Vorratskammer ausrechnen würde, würde das ebenfalls keinen beeindrucken. Aber nichts davon ist wichtig. Daß wir fähig waren, 12 Acres – knapp 5 ha – zu bearbeiten und neu zu beleben, uns wichtiges Rüstzeug für das Landleben anzueignen und an die Kinder und Enkel weiterzugeben, das war alle Mühe wert. Wir würden es sofort wieder tun.

John genießt gerade einen schönen Sommertag

Unsere Rundreise, nun im fünften Jahrzehnt, führt zum Ausgangspunkt zurück: Wir sind nun Eltern, die auf dem Land leben und deren Vorstadtkinder zurück zu einem ländlichen Lebensstil streben. Ich bin mir sicher, unsere Eltern und Großeltern lachen leise vor sich hin.

In *Basic Country Skills* haben wir unser Bestmögliches getan, um das Landleben umfassend darzustellen, aber es ist ein weites Feld, und es gibt zweifellos etliches, was wir ausgelassen haben und was Sie dennoch gerne wissen möchten. Wenn dies der Fall ist, schreiben Sie uns ein paar Zeilen oder eine E-Mail, rufen Sie uns an oder kommen Sie auf einen Besuch vorbei.

Auf den Spaß und den Stolz, den Sie am Schaffen und Selbstversorgen haben werden, auf die Genugtuung, die Sie über eine gesunde Lebensweise empfinden, und auf die reine Freude, sagen zu können: „Ich habe es selbst vollbracht!"

– John Storey

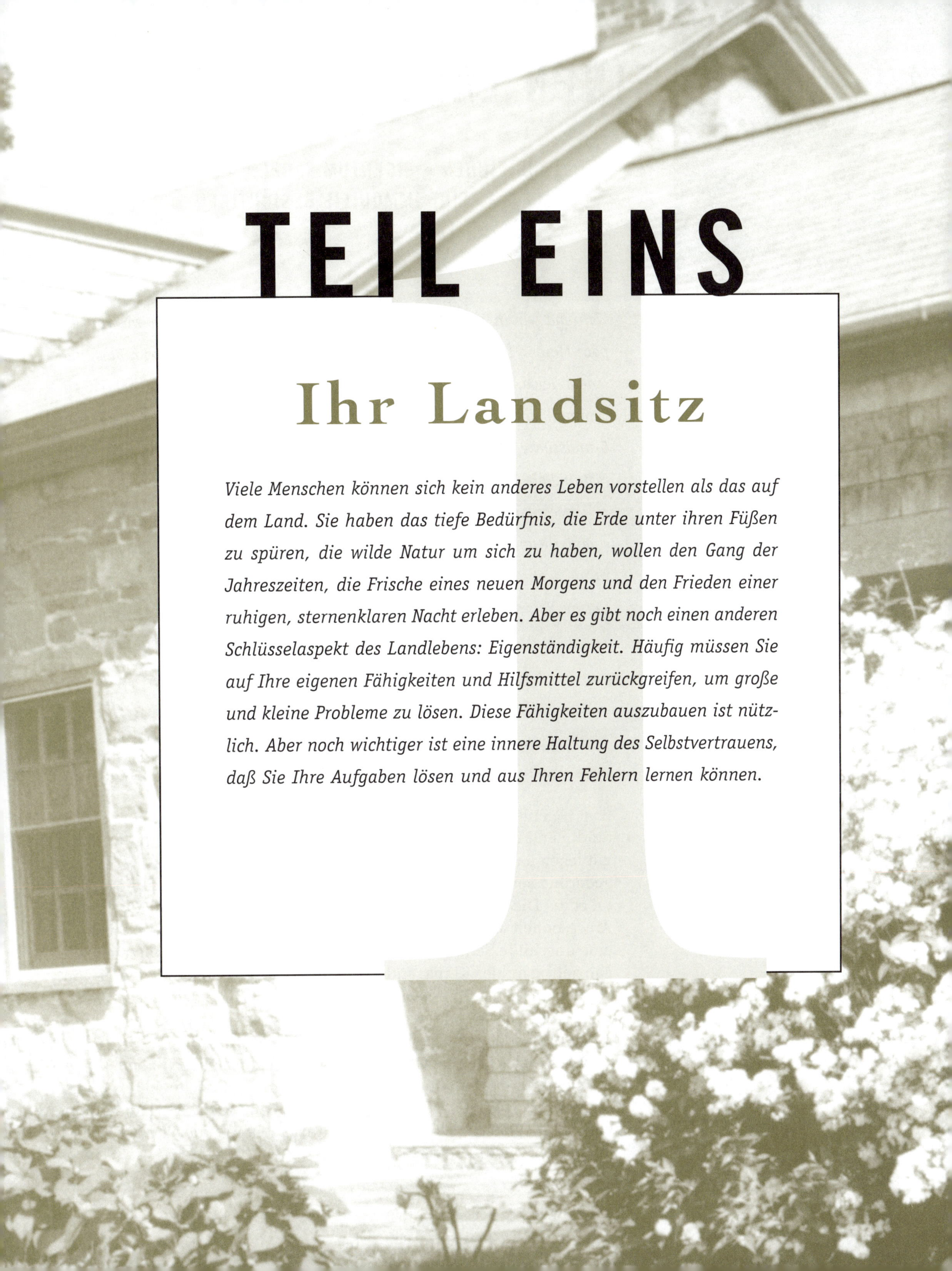

TEIL EINS

Ihr Landsitz

Viele Menschen können sich kein anderes Leben vorstellen als das auf dem Land. Sie haben das tiefe Bedürfnis, die Erde unter ihren Füßen zu spüren, die wilde Natur um sich zu haben, wollen den Gang der Jahreszeiten, die Frische eines neuen Morgens und den Frieden einer ruhigen, sternenklaren Nacht erleben. Aber es gibt noch einen anderen Schlüsselaspekt des Landlebens: Eigenständigkeit. Häufig müssen Sie auf Ihre eigenen Fähigkeiten und Hilfsmittel zurückgreifen, um große und kleine Probleme zu lösen. Diese Fähigkeiten auszubauen ist nützlich. Aber noch wichtiger ist eine innere Haltung des Selbstvertrauens, daß Sie Ihre Aufgaben lösen und aus Ihren Fehlern lernen können.

1

EINEN LANDSITZ FINDEN

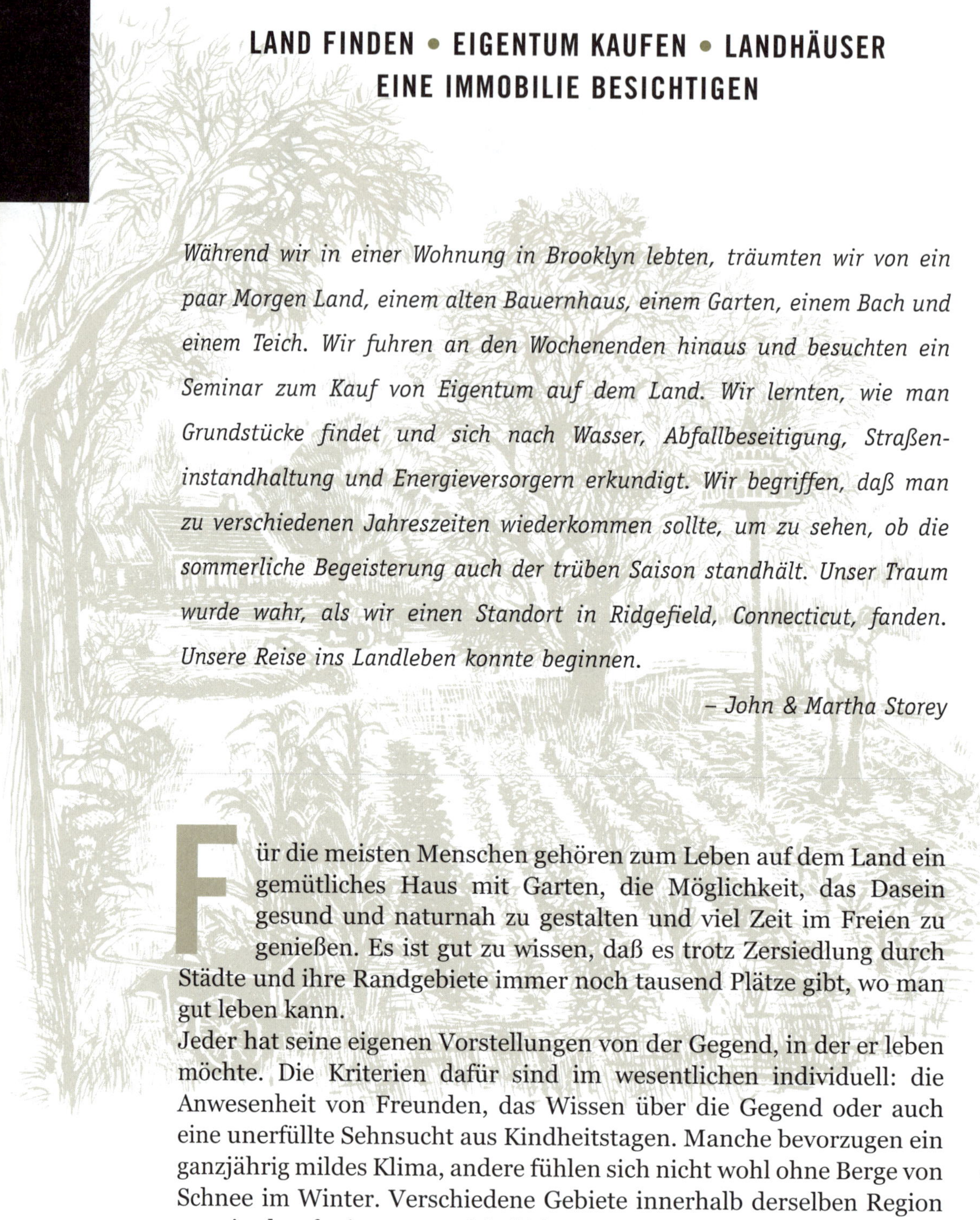

LAND FINDEN • EIGENTUM KAUFEN • LANDHÄUSER EINE IMMOBILIE BESICHTIGEN

Während wir in einer Wohnung in Brooklyn lebten, träumten wir von ein paar Morgen Land, einem alten Bauernhaus, einem Garten, einem Bach und einem Teich. Wir fuhren an den Wochenenden hinaus und besuchten ein Seminar zum Kauf von Eigentum auf dem Land. Wir lernten, wie man Grundstücke findet und sich nach Wasser, Abfallbeseitigung, Straßeninstandhaltung und Energieversorgern erkundigt. Wir begriffen, daß man zu verschiedenen Jahreszeiten wiederkommen sollte, um zu sehen, ob die sommerliche Begeisterung auch der trüben Saison standhält. Unser Traum wurde wahr, als wir einen Standort in Ridgefield, Connecticut, fanden. Unsere Reise ins Landleben konnte beginnen.

– John & Martha Storey

Für die meisten Menschen gehören zum Leben auf dem Land ein gemütliches Haus mit Garten, die Möglichkeit, das Dasein gesund und naturnah zu gestalten und viel Zeit im Freien zu genießen. Es ist gut zu wissen, daß es trotz Zersiedlung durch Städte und ihre Randgebiete immer noch tausend Plätze gibt, wo man gut leben kann.

Jeder hat seine eigenen Vorstellungen von der Gegend, in der er leben möchte. Die Kriterien dafür sind im wesentlichen individuell: die Anwesenheit von Freunden, das Wissen über die Gegend oder auch eine unerfüllte Sehnsucht aus Kindheitstagen. Manche bevorzugen ein ganzjährig mildes Klima, andere fühlen sich nicht wohl ohne Berge von Schnee im Winter. Verschiedene Gebiete innerhalb derselben Region vermitteln oft eine unterschiedliche Atmosphäre. Nur Sie selbst können entscheiden, wo Sie sich am behaglichsten fühlen.

Sobald Sie sich für eine Gegend oder Region entschieden haben, sehen Sie sich gründlich in den Gemeinden um. Es sind viele Faktoren, die bei Ihrer endgültigen Wahl zu bedenken sind, etwa das Vorhandensein von Arbeitsplätzen, Schulen oder Kulturangeboten oder die Nachfrage nach Ihrer Qualifikation.

Erfahrungen vom Lande

Daß viele Stadtbewohner fortwährend Miete zahlen und ein eingeschränktes Leben in einer Wohnung führen, scheint auch daran zu liegen, daß sie nicht wissen, wie man es anpackt, seinen eigenen Platz zu finden und zu gestalten.

– Ed and Carolyn Robinson, *The „Have-More" Plan*

Wie man ein Stück Land findet

Wenn Sie ein Stück Land suchen, sollten Sie sich die Gegend, die Ihnen gefällt, selbst anschauen. Vielleicht haben Sie Freunde oder Sie verbringen Wochenenden oder den Sommerurlaub dort. Fahren Sie auf den Nebenstraßen herum. Machen Sie sich mit den Einheimischen bekannt, gehen Sie zu Veranstaltungen und Treffen, um ein Gespür für die Gegend, die Leute und den Immobilienmarkt zu bekommen.

Mitunter fällt einem die perfekte Gelegenheit in den Schoß, aber normalerweise sind die folgenden Wege am erfolgversprechendsten:

Vermittlungsagenturen für Land- und Forstimmobilien: Einige Unternehmen vermitteln besonders in Norddeutschland und den neuen Bundesländern bevorzugt größere Agrarflächen und -betriebe. Ihre Angebote sind meist im Internet oder in Fachzeitschriften, aber auch in landwirtschaftlichen Wochenblättern zu finden. Gutetablierte Agenturen haben schon vielen Menschen die gewünschten Flächen oder Anwesen vermittelt. Zumindest vermitteln sie Ihnen eine Vorstellung von den Flächenpreisen.

Immobilienmakler: Auch wenn Sie schon eine Weile in der Gegend leben, lohnt es sich, das Angebot der Grundstücksmakler zu verfolgen. Ein guter Makler hat jahrelange Erfahrung mit dem Immobilienmarkt der Gegend. Er kennt die Geschichte der meisten Anwesen am Ort: den jetzigen und den früheren Eigentümer, die Schwachpunkte (und die Vorzüge) und den aktuellen Marktwert der Immobilie. Die Makler kennen auch die lokalen Entwicklungen – Steuersätze, Gebiete, wo die Preise derzeit überhöht sind – und die Einstellung der Einheimischen gegenüber Zuzüglern. Ein Makler will Ihnen ein Grundstück verkaufen, und je schneller ihm das gelingt, desto höher ist der Gewinn. Vielleicht gibt er Ihnen zu verstehen, daß Sie schwer zufriedenzustellen sind. Das hat nichts zu sagen. Es ist Ihr Geld, das Sie ausgeben; lassen Sie sich nicht drängen. Was Sie auch unternehmen, um ein Grundstück zu kaufen, nehmen Sie sich Zeit. Stellen Sie viele Fragen. Sie sind zu nichts verpflichtet, bis Sie tatsächlich den Kaufvertrag unterschrieben haben.

Weitere Quellen: Ein anderer Weg, um Eigentum, das zum Verkauf steht, zu finden, ist die regelmäßige Durchsicht der lokalen Zeitungen, wo Sie sowohl private Anzeigen als auch solche von Maklern finden. Eine weitere gute Quelle, besonders wenn Sie in der Gegend leben oder dort Zeit verbracht haben, ist die Gerüchteküche. Vielleicht hören Sie über Ihre Freunde von jemandem, der gerne sein Grundstück oder sein Haus verkaufen möchte, aber es bisher noch keinem Makler übergeben oder noch nicht annonciert hat.

Wieviel Land brauchen Sie?

Im allgemeinen ist es ein Fehler, zuviel Fläche zu kaufen. Land erfordert Pflege und Nutzung, oder es wächst mit Unkraut, Büschen oder kleinen Bäumen zu. Außerdem kostet jeder Quadratmeter Geld und verursacht jährliche Grundsteuerforderungen. Man kann nicht generell sagen, wie groß ein Landsitz sein sollte, aber die meisten Menschen brauchen nicht mehr als 600 bis 1 000 m² Gartenfläche. Wenn Sie vorhaben, etwas Getreide oder Kartoffeln anzubauen oder Pferde oder Rinder zu halten, benötigen Sie vielleicht 6 ha Land. Sollten Sie mit Holz heizen wollen, können Ihnen 2 ha Wald zusätzlich helfen, Geld zu sparen. Zudem ist Waldfläche meist günstiger zu erwerben als Garten- oder landwirtschaftliche Fläche.

– verändert aus *The Complete Homesteading Book* von David Robinson

Einen Wohnort auswählen

Hier ist eine Liste wichtiger Faktoren, die Sie berücksichtigen sollten, wenn Sie den Standort für Ihr ländliches Heim auswählen:

- Zustand des Hauses sowie Qualität der Grundstücksfläche und evtl. Verfügbarkeit weiterer Flächen
- Eignung zur Gartenbewirtschaftung oder zur landwirtschaftlichen Nutzung
- Regionalklima
- Luft- und Wasserqualität
- Lebenshaltungskosten
- Grundsteuersatz
- Landschaftliche Schönheit der Region
- Wirtschaftliche Stabilität der Region
- Verfügbarkeit von Arbeitsplätzen
- Entfernung zu Kindergärten und Schulen
- Qualität der medizinischen Versorgung
- Kriminalitätsrate
- Lebensgefühl am Ort
- Verhalten gegenüber Zugezogenen
- Kulturelles Angebot und Ausbildungsmöglichkeiten
- Sport- und Freizeitmöglichkeiten
- Bevölkerungsentwicklung
- Kirchen und Vereine
- Öffentliche Transportmittel und Verkehrsnetz
- Verfügbarkeit einer schnellen Internetverbindung
- Flächennutzungs- und Raumplanung
- Einkaufsmöglichkeiten und Gastronomie

– verändert aus *How to locate in the Country* von John Gourlie

EIGENTUM KAUFEN

„Ein kleines Stück Land – ein großes Stück Leben“ war der Wahlspruch in Ed und Carolyn Robinsons The „Have-More“ Plan. *Das Buch wurde in den 1940er Jahren zum erstenmal veröffentlicht und ist immer noch lieferbar.*

Wie man Land bewertet

Wenn Sie ein Grundstück besichtigen, könnte es sein, daß Ihre Aufregung Sie von den praktischen Abwägungen ablenkt. Deshalb hier eine Liste der Aspekte, die Sie im Auge behalten sollten:

Standort: Der beste Standort für ein Landhaus, guten Boden und Wasser vorausgesetzt, ist weder direkt im Tal noch auf dem Hügel, sondern an einem leichten Hang, weil dieser einen guten Wasserabfluß bietet. Sehen Sie sich möglichst nach einem Grundstück am Südhang um, das geschützt vor den regional vorherrschenden Winden liegt.

Wasser: Auch auf dem Land sind heute die meisten Wohnhäuser an die öffentliche Wasserversorgung angeschlossen. Sollte dies in Ihrem Fall nicht so sein, informieren Sie sich ausführlich über die mögliche Wasserversorgung des Grundstücks. Liegt das Grundstück an einer Versorgungsleitung, besteht in den meisten Gemeinden ein Nutzungszwang der öffentlichen Wasserversorgung. Planen Sie in einem solchen Fall die Erschließungskosten mit ein. Wenn Sie sich selbst über einen eigenen Brunnen oder eine eigene Quelle mit Trinkwasser versorgen müssen, stellen Sie sich vor allem zwei Fragen: Ist zu allen Jahreszeiten ausreichend Wasser verfügbar, und ist die Trinkwasserqualität gesichert? Lassen Sie das Brunnen- oder Quellwasser in jedem Fall vorab im Labor analysieren.

Abwasser: Ähnlich verhält es sich mit der Abwasserentsorgung. Dort, wo kein Anschluß an die öffentliche Kanalisation vorhanden ist, muß das anfallende Abwasser in Klärgruben gesammelt werden, aus denen der verbleibende Schlamm in regelmäßigen Abständen fachgerecht entsorgt wird. Auch in diesem Fall entstehen Erschließungskosten, wenn die Gemeinde später den Anschluß an das öffentliche Kanalnetz ermöglicht. Eine Alternative ist der Bau einer genehmigungspflichtigen Pflanzenkläranlage (siehe Seite 48 f.).

Bodenfruchtbarkeit: Ein fruchtbarer Boden ist ganz wichtig. Nehmen Sie etwas Boden zwischen Ihre Finger. Verhärtet er zu einem lehmigen Klumpen? Dann hat er einen sehr hohen Tongehalt. Ist er zu sandig? Oder bleibt er locker und krümelig? Letzteres ist ein Zeichen für guten Boden. Sehen Sie sich auch die Pflanzen auf dem Grundstück an. Sind Sie robust und üppig? Ist das Gras saftig und dunkelgrün? Wenn dies so ist, ist das Land wahrscheinlich gut. Nehmen Sie eine Bodenprobe und lassen Sie sie in einem geeigneten Labor untersuchen.

Wald: Ideal ist es, wenn zum Anwesen neben der freien Fläche für Haus und Garten etwas Wald gehört – gerade wenn Sie mit Holz heizen wollen. Manchmal bekommen Sie auch ein Grundstück angeboten, das komplett bewaldet oder frisch gerodet ist. Auf jeden Fall werden Sie solches Land günstiger kaufen können. Allerdings ist es teuer und zeitaufwendig, es zu räumen – und nicht immer erlaubt.

Zufahrt: Manchmal sind Grundstücke günstig zu haben, weil sie keine Grenze zur Straße oder keine direkte Zufahrt haben, wie zum Beispiel das Hinterland eines Bauernhofs. Dies kann ein guter Kauf sein, falls es einen nachgewiesenen und urkundlich belegten Zufahrtsweg auf einem benachbarten Grundstück gibt. Ist das nicht der Fall, kann dies zu ernsthaften Problemen führen.

Preis und zusätzliche Kosten: Erstens sollten Sie vorsichtig sein bei Grundstücken, die deutlich unter dem Preis vergleichbarer Flächen liegen. Finden Sie die gängigen Preise in der Gegend heraus und gehen Sie davon aus. Zweitens sollten Sie sich bei der Gemeinde über die Höhe der Grundsteuer informieren. Vergessen Sie gegebenenfalls die Erschließungskosten für Wasser-, Abwasser- und Stromanschluß nicht.

Grundbucheintrag: Lassen Sie sich einen aktuellen Grundbucheintrag vorlegen, um zu sehen, ob der derzeitige Eigentümer Hypotheken auf dem Grundstück eingetragen hat oder ob alte Wegerechte, Grunddienstbarkeiten, sonstige Pfandrechte oder andere Rechte vom vorherigen Eigentümer gewährt oder beibehalten worden sind.

– verändert aus *The Complete Homesteading Book* von David Robinson

Flächennutzungs- und Bebauungspläne

Es ist unerläßlich, sich frühzeitig über die lokalen Bebauungsvorschriften und die gültige Bauordnung zu informieren. Denn es könnte sein, daß es auf einem sonst idealen Grundstück nicht erlaubt ist, zu bauen oder die Art von Gebäude zu errichten, die Sie planen. Auf der anderen Seite kann es günstig für Sie sein, wenn in der Nähe ein Industrie- oder Gewerbestandort geplant ist.

Erfahrungen vom Lande

Wenn Sie Ihren Wohnsitz von Beginn an richtig planen, werden Sie sich später zahllose Wege sparen. Sie können Ihren Zeitbedarf für Routinearbeiten tatsächlich halbieren. Zweimal am Tag eine Minute bei den Routinearbeiten zu sparen entspricht zwölf Stunden im Jahr.

– Ed und Carolyn Robinson, *The „Have-More" Plan*

Einen ertragreichen Selbstversorgerhof aufbauen

Auch wenn kein Gestaltungsplan zu jedermanns Ideen und allen Grundstücken paßt, sind hier einige Grundprinzipien dargestellt, die im Auge behalten werden sollten, wenn man einen produktiven Hof zur Selbstversorgung plant:

1. Jedes Stückchen Land sollte vorteilhaft genutzt werden.
2. Gartenbeete sollten eine zur einfachen Bearbeitung geeignete Größe haben und von Nord nach Süd angelegt sein, damit sie gleichmäßig Sonne bekommen.
3. Teilen Sie die Weide zur Rotation in Parzellen. Die Tore müssen breit genug sein, um sie mit der Heuerntetechnik und dem Pflug passieren zu können.
4. Gemüsegärten sollten bequem von der Küche aus zu erreichen sein.
5. Rasen und Strauchwerk sollte attraktiv angelegt, aber leicht zu pflegen sein.
6. Der Kinderspielplatz liegt am besten von der Straße abgeschirmt, jedoch so, daß er vom Haus aus gut einsehbar ist.
7. Der Komposthaufen wird möglichst zwischen Stall und Garten angelegt.
8. Bäume sollten in ausreichendem Abstand gepflanzt werden, damit sie später nicht ineinanderwachsen.
9. Ein kleines Bad mit Dusche und ein Umkleidebereich sollten von außen zugänglich sein.
10. Der Stall sollte an der windabgewandten Seite des Hauses liegen und nahe genug, um die regelmäßige Kontrolle zu erleichtern.
11. Im Haus müssen ausreichend Schränke und Lagerflächen zur Verfügung stehen.
12. Sehen Sie einen (beheizbaren) Raum für eine ausreichend große Hofwerkstatt vor.
13. Für Gartenwerkzeuge, Schubkarre, Rasenmäher und einen kleinen Traktor sollten geeignete Unterstellmöglichkeiten vorhanden sein.
14. Gemüse und Konserven brauchen einen kühlen Lagerraum im Haus.
15. Die Weidezäune sollten so angelegt sein, daß die Tiere einfach zum Stall getrieben werden können.
16. Gefriertruhe, Waschgeräte und Feuerholz brauchen geeignete Räume.
17. Die Obstbäume sollten den übrigen Garten nicht beschatten.

– aus *The „Have-More" Plan* von Ed und Carolyn Robinson

Hinterher ist man schlauer

Unten ist ein Plan unseres Gehöfts dargestellt. Es hat sich bewährt und ist sehr erfolgreich. Dennoch haben wir einige Fehler gemacht, die jedem passieren könnten, sich aber vermeiden lassen.

Erstens: Obwohl Rasen ja schön ist – wir haben zuviel davon gesät. Unser Haus liegt 27 m von der Straße entfernt, und für das Mähen des vorderen und des rückwärtigen Rasens benötigen wir jede Woche gut eine Stunde. Zweitens liegt unser kleiner Stall zu nahe am Nachbargrundstück. Drittens sind unsere gut 1 000 m² Heuwiese zuwenig. Und viertens stehen zu viele Bäume auf unserer Weide – gutes Weidegras braucht Sonne.

Unser gesamtes Areal umfaßt nur rund 1 ha. 1,5 bis 2 ha würden uns ausreichend Weide für unseren Tierbestand und genügend Heufläche bieten. Wir könnten dann, abhängig von der verfügbaren Fläche, unseren Lebensmittelbedarf zu mehr als 75 Prozent selbst decken und einen großen Anteil des Rauhfutters und des Getreides für unser Vieh anbauen.

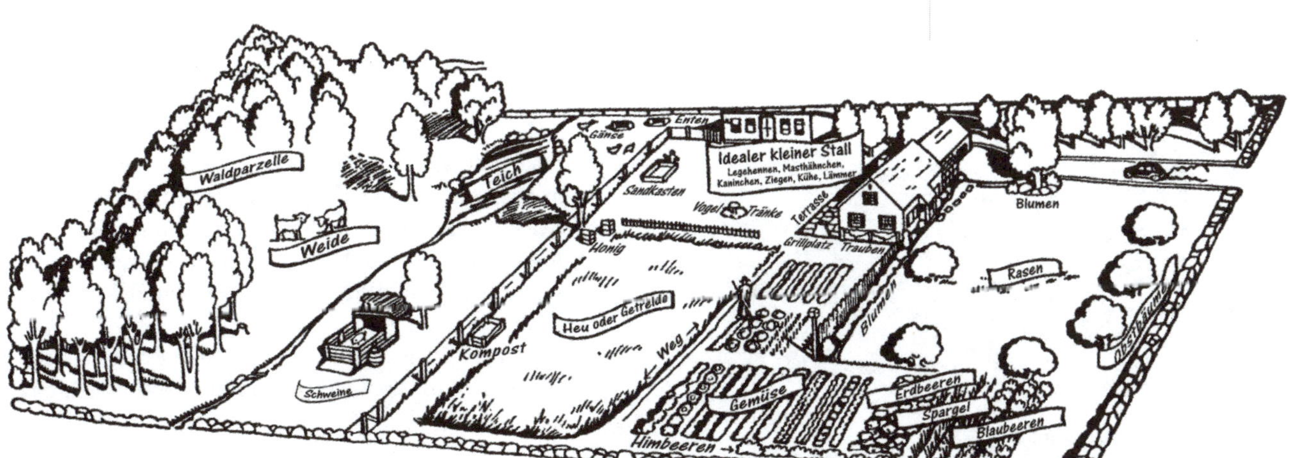

Plan des Gehöfts von Ed und Carolyn Robinson

BAUFORMEN FÜR LANDHÄUSER

Welche Bauform ist für Sie und Ihre neue Umgebung am besten geeignet? Um bei der Beantwortung der Frage zu helfen, werden hier vier Haustypen vorgestellt.

Holzrahmenkonstruktion

Die Holzrahmenkonstruktion ist eine Abwandlung des historischen Fachwerkbaus. Vor allem im Fertighausbereich ist sie heute die klassische Methode. Die Holzrahmenkonstruktion hat viele Vorteile, unter anderem die relativ einfache Geometrie aus rechten Winkeln und planen Oberflächen. Zudem ist die Konstruktion sehr flexibel einsetzbar.

Die Holzrahmen bestehen in der Regel aus Nadelschnittholz. Die Rahmen werden mit Holzwerkstoff- oder Gipsfaserplatten außen und innen beplankt und mit den unterschiedlichsten Dämmstoffen verfüllt. Eine Abwandlung ist die Holzständerkonstruktion, bei der die senkrechten, tragenden Balken nur durch die Beplankung ausgesteift werden.

Da großflächige Bauteile bereits industriell vorgefertigt werden können, dauert das Ausführen des Rohbaus häufig nur wenige Tage. Ein weiterer Vorteil der Konstruktionsform ist die ausgezeichnete Wärmedämmung. Dieser Haustyp fällt in den allermeisten Fällen in die Kategorie Niedrigenergiehaus und erfüllt die Bedingungen des Energieeinspargesetzes problemlos.

Als Fertighaus wird diese Bauform in mehreren Verarbeitungsstufen angeboten – vom Bausatz zur Eigenmontage mit fachlicher Beratung bis zum schlüsselfertigen Haus inklusive Fliesen und Einbauküche. Entsprechend ist auch die finanzielle Bandbreite groß, und bei der schier unüberschaubaren Menge an Anbietern mit einer Vielzahl von Haustypen und Ausbaustufen ist es oft schwer, hinsichtlich eigenen Wünschen, Qualität und Preis das Passende zu finden.

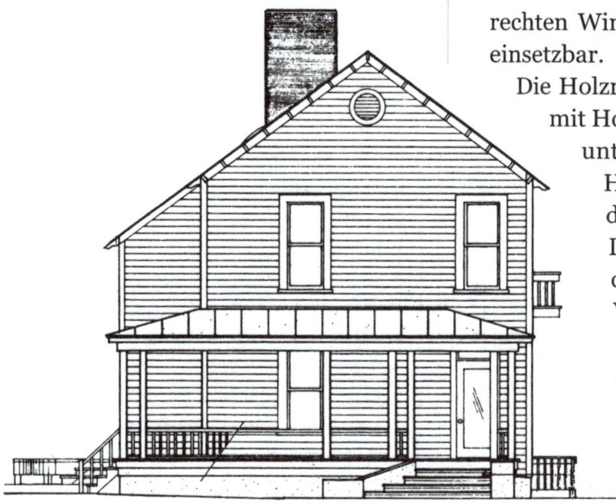

Die Holzrahmenkonstruktion ist die klassische Methode bei Fertighäusern. Als Bausatz gekauft, kann das Haus selbst montiert werden.

Blockbauweise

Diese Bauweise kommt ursprünglich aus Skandinavien. Die Wände werden aus waagerecht übereinanderliegenden Naturstämmen oder Balken gebaut. Besonders für die Ausführung der Ecken gibt es verschiedene Methoden. Sie gilt auch als Qualitätsmerkmal. Die Zwischenräume wurden traditionell mit Moosen abgedichtet. Heute werden spezielle Dichtbänder verwendet.

Eine Wandkonstruktion ausschließlich aus Stämmen oder Balken ist aufgrund der Anforderungen des Energieeinspargesetzes heute nur noch mit sehr großen Holzstärken möglich. Meist muß die Blockhauswand zusätzlich außen gedämmt werden. Aufgrund der elektrostatischen Eigenschaften von Holz hat das Blockhaus zwei Vorteile: Die Raumluft enthält weniger Staubanteile – ein großer Vorteil für Allergiker –, und es schirmt sehr gut vor Mobilfunk- und sonstigen elektromagnetischen Strahlen ab.

Informieren Sie sich in jedem Fall vor der Planung, ob Sie auf Ihrem Grundstück ein Blockhaus errichten dürfen.

Blockhäuser werden vom Zimmermann ausgeführt oder sind als Bausatz zu haben.

Massivhaus

Trotz enormer Wachstumsraten im Holz- und Fertighausbau ist das gemauerte Haus in Deutschland immer noch der Standard. Daher ist gerade in ländlichen Gebieten der Massivbau häufig die einzige genehmigte Bauform, in manchen Gemeinden – zum Beispiel in Tourismusgebieten – unter Berücksichtigung von regionaltypischen Besonderheiten. Entscheidende Nachteile des Massivhauses sind der aufwendige Rohbau und die damit verbundenen hohen Kosten. Allerdings bietet diese Bauweise vielfältige Gestaltungsmöglichkeiten beim Neubau, und auch viele Jahre später kann problemlos umgebaut werden, was bei vielen Holzkonstruktionen nicht oder nur sehr eingeschränkt möglich ist.
Um die nach der Energiesparverordnung geforderten Wärmedämmeigenschaften zu erfüllen, gibt es zwei Möglichkeiten: Entweder wird die massive Wand nachträglich außen mit einem Wärmedämmsystem versehen und anschließend verputzt, oder es werden spezielle Leichtbetonsteine für die Außenwände verwendet. Diese wirken aufgrund der eingeschlossenen Luftporen bereits wie eine Dämmung – allerdings auf Kosten des Schallschutzes.

Stein kann eines der günstigsten Baumaterialien sein, aber das Bauen damit ist sehr zeitaufwendig.

Ziegelbauweise

Eine spezielle Form des Massivbaus ist das „Backsteinhaus" aus Ziegelsichtmauerwerk. Im norddeutschen Raum ist dies die traditionelle Bauweise, die gerade in den Bauordnungen kleiner Gemeinden häufig gefordert wird, um das gewachsene Ortsbild zu erhalten.
Aus Energiespargründen wird diese Bauweise heute meist zweischalig ausgeführt: Zuerst wird die Wand mit Planziegeln gemauert und anschließend von außen gedämmt. Vor die Dämmung wird die eigentliche Sichtmauer aus Ziegeln gesetzt. Dieses Verfahren hat sehr gute Dämmwerte und garantiert einen hohen Schall- und Brandschutz. Zudem sind Ziegelhäuser langlebig und wertbeständig. Allerdings ist die Bauweise aufwendig und teuer.

– Anita Heidenfelder

Wenn ein Backsteinhaus sorgfältig gepflegt wird, ist es wunderschön, langlebig und wertbeständig.

DIE HAUSBESICHTIGUNG

Gesundheitsrisiken

Als Teil einer kompletten Besichtigung sollten Sie auf bestimmte Materialien testen lassen, die für Menschen gesundheitsschädlich sein können:

- **Asbest** wurde in Deutschland bis etwa Mitte der 70er Jahre verbaut – hauptsächlich als Eternit (Faserzement) für Dachplatten, Fassadenverkleidungen und Rohre. Seit 1993 ist Asbest in Deutschland und seit 2005 in der EU verboten. Eine fachmännische Untersuchung ist der einzige Weg, um eine mögliche Asbestbelastung zu ermitteln.
- **Blei** kann Trinkwasser in älteren Leitungssystemen belasten, bei denen die Rohre aus diesem Metall bestehen oder es als Lötmetall für Rohrverbindungen eingesetzt wurde. Die Verwendung ist seit 1973 in Deutschland verboten. Wasserproben – die man am besten morgens aus dem ersten Wasserstrahl entnimmt – kann man in geeigneten Labors untersuchen lassen.

– verändert aus
Your Own Home Renovation Contractor
von Carl Heldmann

Wenn Sie nach Ihrer ersten Führung durch das Haus an dem Objekt interessiert sind, möchten Sie natürlich alles darüber wissen. Sie haben dazu zwei Möglichkeiten: Entweder Sie beauftragen einen ausgewiesenen Sachverständigen (oder einen sachkundigen Freund), der jeden Quadratmeter mit Ihnen durchgeht und alles Für und Wider mit Ihnen bespricht, oder Sie führen die Inspektion selbst aus – indem Sie diesen Leitlinien folgen.
Die Vorteile einer solchen Qualitätsprüfung liegen auf der Hand. Sie kommen zu einer sicheren Entscheidung, ob Sie das Haus haben möchten oder besser davon absehen. Und wenn Sie schwerwiegende Baumängel feststellen, aber das Haus immer noch kaufen möchten, können Sie nicht nur die Kosten für die Renovierung abschätzen; sie sind auch in der Lage, die Kaufsumme um Hunderte oder gar Tausende Euro zu drücken.
Manche Immobilienmakler könnten Sie davon abhalten wollen, so eine Inspektion vorzunehmen, oder es lästig finden. Aber: Sie geben das Geld aus, und in einem Jahr werden Sie froh sein, das Haus gründlich unter die Lupe genommen zu haben.

Besichtigung von außen

Das Dach: Verwenden Sie ein Fernglas oder eine Leiter – je nach Neigungswinkel und Höhe.

- Achten Sie genau auf die Dacheindeckung. Schauen Sie nach gerissenen Ziegeln, Schiefern oder Schindeln, nach Flicken oder Unebenheiten infolge von Lockerungen oder fehlenden Stücken. Versuchen Sie zu ermitteln, wie alt das Dach ist und wie viele Lagen Dachpappe auf ihm liegen.
- Überprüfen Sie die Abdeckbleche um den Kamin und an Stellen wie Dachgauben und -fenstern, wo senkrechte Wände an das Dach stoßen.
- Prüfen Sie den Zustand der Dachkehlen. Achten Sie auf Senken in der Dachfläche. Dies könnte auf gebrochene Sparren oder morsche Bretter unter der Dachpappe hinweisen.
- Sehen Sie nach Durchbiegungen im Dachfirst. Sie können auf ein schwaches Fundament, morsche Stellen im Dachstuhl oder durchgebogene Außenwände hinweisen.
- Eine Abweichung der Dachtraufe von der Geraden kann einen Bruch oder morsche Stellen in der Dachtraufe bedeuten. Wenn sich der Dachfirst und die Traufe an einem Ende abgesenkt haben, müssen Sie eine Absenkung des Fundaments, einen schweren Kamin mit ungenügender Gründung oder ein Problem mit der Drainage befürchten.
- Prüfen Sie die Dachrinne und das Fallrohr auf Schäden.

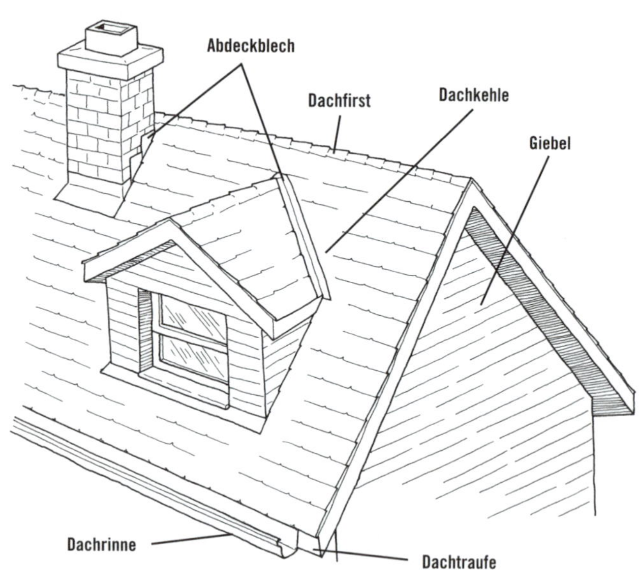

Das Dach und seine Bestandteile sollten sorgfältig geprüft werden.

Die Außenwände: Das Hauptanliegen ist die Prüfung des Mauerwerks. Mauern haben immer einen oder zwei Risse, die von unten nach oben verlaufen. Sie können mit Kalk verfüllt werden, und die Sache ist erledigt. Große Risse, ausgebeulte Wände oder gar herausgefallene Ziegel können allerdings darauf hindeuten, daß die ganze Wand oder ein Teil des Hauses verfällt. Prüfen Sie bei Sichtmauerwerk – zum Beispiel mit einem Schraubendreher – an mehreren Stellen, ob der Mörtel brüchig ist. Wenn er an allen Stellen schlecht ist, haben Sie mit dem Nachbessern der Fugen eine aufwendige Arbeit vor sich.

Wenn das Haus verputzt ist, achten Sie auf brüchige Stellen, besonders an den Fensterlaibungen und im Sockelbereich. Wenn der Putz vom Boden her über größere Bereiche dunkel verfärbt oder abgeblättert ist, könnte dies Feuchtigkeit im Mauerwerk bedeuten.

Die Holzverkleidung: In welchem Zustand ist die Holzverkleidung? Gibt es schadhafte Stellen, die ersetzt werden müßten? Prüfen Sie alle vertikalen Flächen, wo die Farbe abblättert. Farbe haftet nie lange an morschem Holz. Das ist normalerweise ein Hinweis darauf, daß dahinter Wasser in die Wand einsickert. Stochern Sie an Stellen, die morsch aussehen, mit Ihrem Taschenmesser hinein. Sehen Sie nach Löchern in der Dachrinne, die sich durch fehlende oder morsche Bretter oder abblätternde Farbe zeigen können.

Die Nebengebäude: Besichtigen Sie die Garage, die Schuppen und die anderen Nebengebäude. Sind sie baufällig? Sind sie groß genug für Ihre Bedürfnisse? Ist das Garagentor leichtgängig? Haben sie zerbrochene Fensterscheiben oder gerissene Holztore? Ist das Garagendach mangelhaft? Andere Merkmale, auf die Sie achten müssen, sind Beleuchtung, Heizung und Dämmung von Arbeitsbereichen sowie Steckdosen.

Die Wasserversorgung: Wenn das Grundstück über einen Brunnen oder eine Quelle verfügt, prüfen Sie die Wasserqualität. Liegt das Haus in der Nähe einer Chemiefabrik, von Schwerindustrie, landwirtschaftlichen Flächen mit hohem Pestizideinsatz oder Straßen, die im Winter stark gesalzen werden, muß eine chemische Analyse des Wassers vorgenommen werden. Wenn eine Wasserpumpe die Hauptquelle für das Trinkwasser im Haus ist, sollten Sie zu ermitteln versuchen, wie alt sie ist und ob sie ausreichende Wassermengen fördern kann.

Die Abwasserentsorgung: Sollte das Grundstück nicht an die öffentliche Kanalisation angeschlossen sein, sollte es mindestens über eine Klärgrube verfügen, wo der Schlamm bis zur Entsorgung mittels Tankwagen gesammelt wird. Fragen Sie den Verkäufer, wann die Anlage zuletzt geräumt und gereinigt wurde und wie alt sie ist.

– aus *Reviving Old Houses* von Alan Dan Orme

Bereit zur Besichtigung

Für eine sorgfältige Besichtigung benötigen Sie folgende Ausrüstung:

- Unempfindliche Kleidung oder Overall
- Leiter
- Fernglas
- starke Taschenlampe
- einige Murmeln
- Taschenmesser
- Schraubendreher
- Block, Stift und Klemmbrett

– aus *Reviving Old Houses*

DIE HAUSBESICHTIGUNG

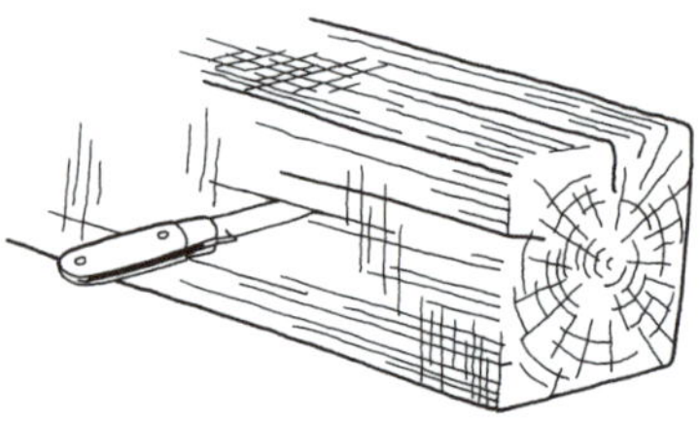

Verwenden Sie bei einem Haus mit Holzkonstruktion Ihr Taschenmesser, um den einwandfreien Zustand der Hauptpfosten und -balken zu überprüfen. Der äußere Teil – das Splintholz – alter Balken ist oft trocken und brüchig. Aber bei einem gesunden Balken sollten Sie nach etwa 1,5 cm auf hartes Holz stoßen.

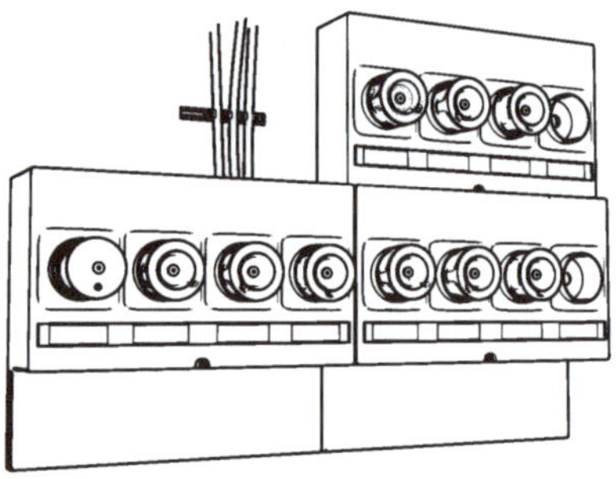

Veraltete Schraubsicherungen

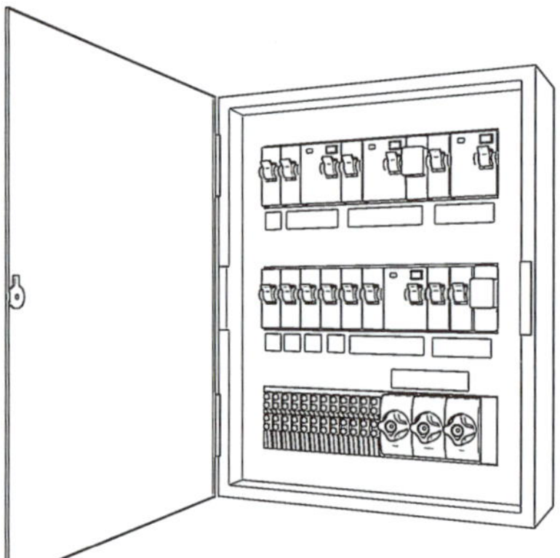

Moderner Verteilerkasten

Der Verteilerkasten zeigt, ob ein Haus über eine moderne Elektroausstattung verfügt.

Innenbesichtigung

Installation: Sind das Bad und die Abflüsse an den richtigen Stellen, oder müssen Sie alles verändern? Prüfen Sie alle Wasserhähne, um zu sehen, wieviel Wasser fließt und ob es rostig ist. Vergewissern Sie sich, ob auch das Warmwasser betriebsbereit ist. Viel Rost im Wasser deutet auf rostige Leitungen oder Rost in der Bezugsquelle hin. Ein schwacher Druck könnte bedeuten, daß die Wasserleitungen verkalkt sind. Suchen Sie die Abflußrohre nach Anzeichen von Undichtigkeit ab, wie etwa grünliche oder weiße Kristalle um das Anschlußstück.

Bäder: Überlegen Sie, ob Sie die bestehenden Bäder verschönern können oder ob eine grundlegende Renovierung nötig ist. Wenn der Boden gefliest ist, achten Sie darauf, ob Fliesen lose sitzen oder gar fehlen. Überprüfen Sie Badewannen, Wasch- und Toilettenbecken auf Risse und Sprünge.

Heizkörper: Beachten Sie die Position der Heizkörper und überprüfen Sie sie auf Lecks, besonders an den Ventilen. Drehen Sie die Ventile auf und zu, um zu sehen, ob sie funktionieren. Sie brauchen mindestens einen Heizkörper in jedem Zimmer, außer vielleicht in dem Raum direkt über dem Ofen.

Küche: Überlegen Sie, ob die Küche modern und groß genug und ob sie sinnvoll angeordnet ist. Achten Sie auf den Zustand der Schränke, Vorrichtungen und Arbeitsplatten.

Wohnfläche: Bietet das Haus ausreichend Raum für Ihre Familie? Gibt es genügend Möglichkeiten, sich zurückzuziehen? Kaufen Sie kein zu kleines Haus, aber wenn Sie in einer Region leben, wo die Winter lang und kalt sind, denken Sie an die Wohnfläche, die Sie heizen müssen.

Elektroinstallation: Sehen Sie sich zuerst den Hauptanschlußkasten an. Gibt es Sicherungskästen, Nebenverteilerkästen und FI-Schalter zumindest für die Feuchträume? Oder finden Sie im Zählerschrank nur wenige alte Schraubsicherungen vor? Sind im Haus dreiadrige Leitungen – mit einem Massekabel zur Erdung – verlegt? Achten Sie auf die Anzahl der Steckdosen in den Räumen und die Position der Anschlüsse für die Deckenlampen. Wenn das Haus nur wenige Steckdosen und Sicherungen aufweist, werden Sie wahrscheinlich das System erweitern müssen.

Zimmerdecken: Klopfen Sie an verschiedenen Stellen leicht an die Zimmerdecken. Ein hohler Klang bedeutet, daß sich der Putz von der Decke – oder bei alten Holzdecken die Latten von den Deckenbalken – gelöst hat. Hängt die Decke irgendwo durch? Wenn Sie die Decke mit einem Besenstiel 1,5 cm oder mehr anheben können, ist sie definitiv lose. Bei geringen Schäden können Gipsbauplatten als Verkleidung angebracht werden. Wenn aber der Putz von der Decke fällt, muß er insgesamt erneuert werden. Alle Flecken an der Decke sollten auf eine darüberliegende Undichtigkeit untersucht werden.

Wände: Betrachten Sie während des Rundgangs die Wände. Rauhe und gebrochene Oberflächen sollten Sie vermerken. Schließlich muß der Putz überall dort, wo er sich gelöst hat, erneuert werden. Im Extremfall müssen ganze Wände neu verputzt werden.

Fenster und Türen: Beurteilen Sie die Fenster hinsichtlich ihrer Dämmwirkung. Einfachverglaste Fenster müssen auf jeden Fall ersetzt werden. Alle Fenster und Außentüren müssen dicht schließen. Prüfen Sie, ob Türen oder Fenster verzogen sind und ob die Angeln und Griffe funktionieren. Untersuchen Sie, gegebenenfalls mit einem Schraubendreher, die Fensterrahmen – besonders außen im unteren Bereich, wo das Wasser herunterrinnt – auf morsche Stellen.

Böden: Müssen Holzböden nur neu lackiert werden oder müssen Sie sie zuerst abschleifen? Brauchen Sie neue Bodenbeläge? Lassen Sie eine Murmel über den Boden rollen, um Neigungen oder Absenkungen festzustellen. Böden neigen sich häufig in Richtung Kamin, aber eine größere Absenkung könnte auch auf ein akutes Problem hinweisen. Ein Boden, der deutlich schwingt, wenn Sie laufen oder aufspringen, kann auf Probleme darunter hindeuten. Prüfen Sie Holzböden vor allem um die Abflüsse im Bad und in der Küche auf morsche Stellen.

– verändert aus *The Home Inspection Manual* von Alfred H. Daniel

Prüfliste für den Keller

Wenn Sie im Keller sind, achten Sie besonders auf folgende Punkte:

Feuchtigkeit und Undichtigkeiten: Prüfen Sie die Kellerdecke sorgfältig auf Feuchtigkeit und undichte, bei Holzdecken auch auf morsche Stellen. Wenn Sie feuchte Stellen entdecken, suchen Sie nach dem Grund – meist Oberflächenwasser von außen oder Probleme mit der Installation.

Wasserrohre: Für die Wasserleitungen werden meist ½- oder ¾-Zoll-Rohre verwendet. Die Rohre, die Sie im Keller sehen können, entsprechen den oben im Haus unter Putz verlegten Leitungen. Suchen Sie nach Leckagen. Grünliche Flecken zeigen Undichtigkeiten an, die nie behoben wurden. Bei Bleileitungen dringt Ihr Taschenmesser geringfügig ein, wenn Sie daran kratzen, während Leitungen aus anderen Metallen den typischen Klang abgeben. Erstere müssen ersetzt werden. Experten warnen auch vor alten Kupferleitungen, die mit Blei gelötet wurden.

Heißwasserboiler: Versuchen Sie das Alter der Boiler zu ermitteln. Die Anschlußleitungen und die Halterungen geben oft mehr Aufschluß als die emaillierten Abdeckungen. Tasten Sie rund um den Boden nach Tröpfchen oder Rost. Beides deutet darauf hin, daß der Boiler alt ist. Beachten Sie die Kapazität des Boilers und ob er mit Gas oder elektrisch betrieben wird.

Heizung: Die meisten Häuser verfügen über Öl- oder Gasheizungen. Sehen Sie sich die Heizung genau an. Informieren Sie sich über das Alter der Anlage und ob die gesetzlichen Vorschriften bei den Kontrollen eingehalten wurden. Wenn der Eigentümer da ist, fragen Sie ihn nach Heizkostenabrechnungen der letzten Winter, um auf die Effizienz schließen zu können. Achten Sie auch auf die Lage und die Dämmung der Heizungsrohre.

Abwasserhebeanlage: Eine solche Anlage brauchen Sie, wenn der Hausabfluß unter der Rückstauebene, in der Regel tiefer als die Straßenoberkante, liegt. Heben Sie den Fühler, der in den Pumpensumpf geht, an, bis die Pumpe anspringt. Lassen Sie ihn dann los und hören Sie auf das Geräusch. Ein rascher Saugvorgang ist positiv. Wenn Sie ein schepperndes Geräusch im Motor hören, ist möglicherweise ein Lager ausgeschlagen. Sobald die Pumpe alles Wasser aufgesaugt hat, sollte sie sich selbständig abschalten. Wenn mehr als ein paar Liter aus dem Abflußrohr in den Pumpensumpf zurücklaufen, ist das Rückschlagventil defekt. Hebeanlagen zu reparieren kann sehr teuer werden.

– verändert aus *Reviving Old Houses* und *The Home Inspection Manual*

Prüfliste für den Dachboden

- **Dämmung:** Ist das Hausdach gedämmt? Und wie dick ist die Dämmung? Ein sorgfältiges Ableuchten mit der Taschenlampe kann einiges offenlegen. Alte Dämmaterialien, insbesondere in Hohlräume eingeblasene, können in sich zusammenfallen. Sie werden erstaunt sein, wie wenig manchmal noch da ist.
- **Tiere im Speicher:** Suchen Sie mit Augen und Nase nach Spuren von Tieren unter dem Dach. Achten Sie dabei auf Schäden durch Marder oder Waschbären. Ein erster Schritt, die ungebetenen Gäste draußen zu halten, ist das Verschließen der Lüftungsöffnungen mit Fliegengittern aus Metall und das Reparieren aller Löcher im Dach, in der Dachtraufe und in den Wänden.
- **Verkabelung:** Sehen Sie sich die elektrischen Leitungen an und vergleichen Sie sie mit den anderen im Haus. Achten Sie auf Schäden durch Nager.

2

FREIFLÄCHEN

NATURSTEINBAU • WEGE UND PFADE • VERANDEN TERRASSEN • GARTENMÖBEL

Vor einigen Jahren wurden wir glückliche Besitzer eines Bauernhauses mit 5 ha Land in der Nähe von Lake Champlain. Bald danach erkannten wir, weniger glücklich, daß der Mörtel in den Fugen teilweise ersetzt werden mußte. Wir machten den Steinmetzmeister Drew Vail ausfindig, der uns stolz seine Arbeiten an Kirchen und Wohnhäusern der Umgebung zeigte. „Das ist mein Job", sagte er nur. Drew kam am nächsten Morgen um sechs Uhr und arbeitete durch bis fünf Uhr abends. Unter seinen fähigen Händen wurde unser 185 Jahre altes Haus für die nächsten 185 Jahre saniert. Zwei andere spezialisierte Steinmetze und Autoren, Charles McRaven und John Vivian, eröffnen dieses Kapitel mit einem Überblick über Steine.

– John & Martha Storey

„Mit Naturstein zu bauen", schreibt der Steinmetz Charles McRaven, „ist weniger schwierig zu erlernen als das Bauen mit den meisten anderen Materialien – natürlich nur, wenn Sie mit einer guten Portion gesundem Menschenverstand und Sorgfalt darangehen. Gerade das anfängliche Bemühen wird Ihnen sehr viel Befriedigung verschaffen, wenn Sie die Konstruktionen aus Sperrholz und Plastik um sich herum sehen." McRavens Klassiker heißt Building with Stone.

Während Ihrer Bauvorhaben werden Sie früher oder später dahin kommen, Natursteine zu verwenden, das älteste, dauerhafteste und sicher auch eines der schönsten Materialien. Naturstein wird oft falsch eingesetzt, was wohl bedeutet, daß er verkannt wird. Es gibt bestimmte Grenzen und Anforderungen hinsichtlich der Konstruktion, gewisse strukturelle Charakteristiken und allgemeingültige Verwendungsmöglichkeiten. Und es gibt Anwendungsgebiete, wo Naturstein gänzlich ungeeignet ist.

Verglichen mit anderen Baumaterialien ist Naturstein sehr teuer, wenn Sie Ihre Zeit mit einrechnen, und günstig, wenn Sie es nicht tun. Er ist schwer, aber auch haltbar. Er isoliert schlecht, aber er ergibt kompakte Wände, die die gespeicherte Wärme über Stunden abstrahlen. Eine stabile Natursteinmauer muß sehr dick sein, denn ihre Standfestigkeit hängt vom Gewicht ab. Das ursprünglichste Material, der Naturstein, vermag selbst Häßlichstes noch zu mildern.

Naturstein wiegt mehr als alle Baumaterialien mit Ausnahme von Stahl und Beton. Sie müssen jeden Stein mehrmals in die Hand nehmen: beim Sammeln, Befördern, Stapeln, Behauen und Ablegen. Das Gewicht bedeutet auch, daß Sie stabile Fundamente und sorgfältig angepaßte Gewölbe und Spannweiten brauchen. Aber dieses Gewicht wird Ihr Bauwerk auch stabil dort halten, wo immer Sie es bauen – allen Widrigkeiten zum Trotz.

WERKZEUGKASTEN DES MAURERS

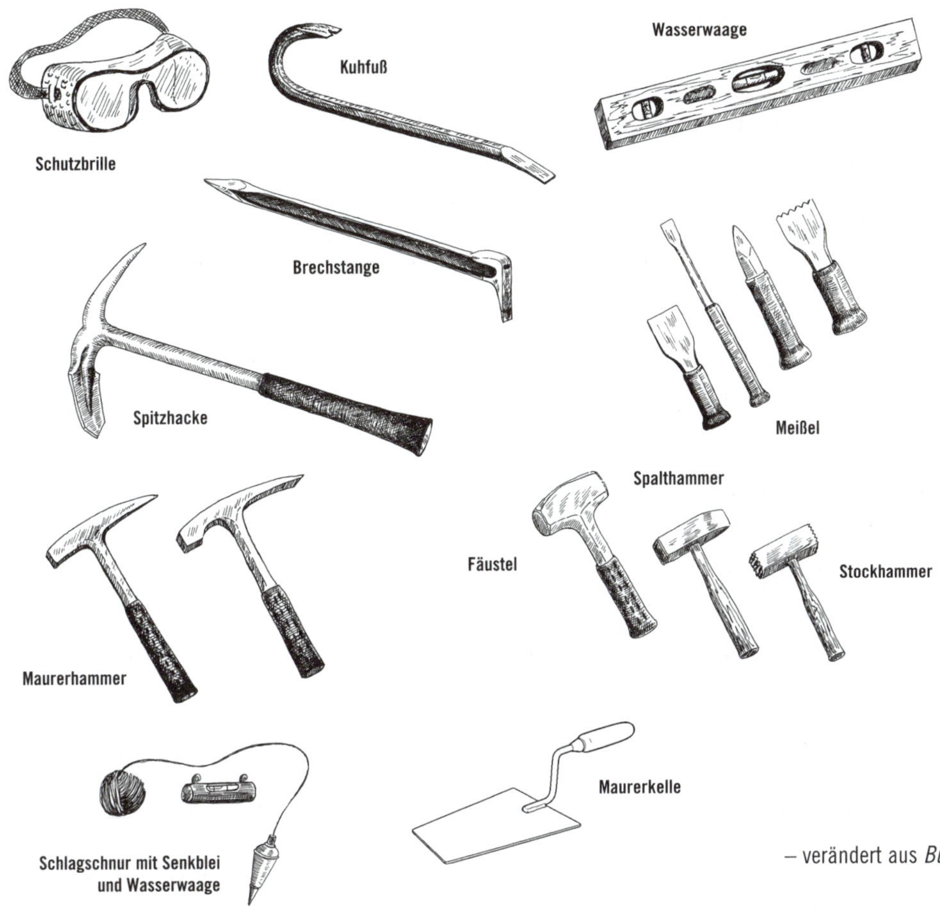

- Handwagen für den Transport
- Kuhfuß
- Brecheisen
- Spitzhacke
- Meterstab
- Starke Schnur
- Holzpflöcke
- Schlagschnur mit Senkblei und Wasserwaage
- Wasserwaage
- Spaten
- Brechstange
- Fäustel
- Spalthammer
- Stockhammer
- Maurerhammer
- Steinmeißel
- Schutzbrille
- Maurerkelle

– verändert aus *Building with Stone* und *Building Stone Walls*

Natursteine finden

Wenn Sie auf Ihrem eigenen Grundstück keine geeigneten Steine finden und auch keine kaufen wollen, können Sie nach anderen Beschaffungsmöglichkeiten suchen. Vielleicht erlaubt Ihnen ein anderer Landbesitzer, Gestein von Mauern oder verlassenen Gebäuden abzutragen. Steingewölbe, Keller oder Fundamente von alten – auch abgebrannten – Häusern oder Schuppen gehören zu den besten Quellen für brauchbare Steine, die Sie finden können. Oft sind diese alten Kellerlöcher gefährlich oder ein Schandfleck, und die Besitzer freuen sich über die kostenlose Hilfe bei der Beseitigung. In Absprache mit Abbruchunternehmen ist es häufig auch möglich, sich nach Beendigung der Arbeiten Steine aus dem Abbruchmaterial zu holen.

Baustellen bieten oft gute Gelegenheiten, planliegendes Gestein abzuklopfen, besonders wenn neue Autobahnen oder Bahntrassen durch hügeliges Gelände gebaut werden. In Gebieten mit steinigen Böden sind an Feldrändern häufig Steinhaufen aufgeworfen, die der Landwirt gerne an Sie abgibt.

In manchen Regionen gibt es aufgelassene Steinbrüche oder Kiesgruben, die ursprünglich professionell ausgebeutet wurden. Fragen Sie danach, wem das Gelände gehört und ob Sie dort Steine abtragen dürfen.

– verändert aus *Building Stone Walls* von John Vivian

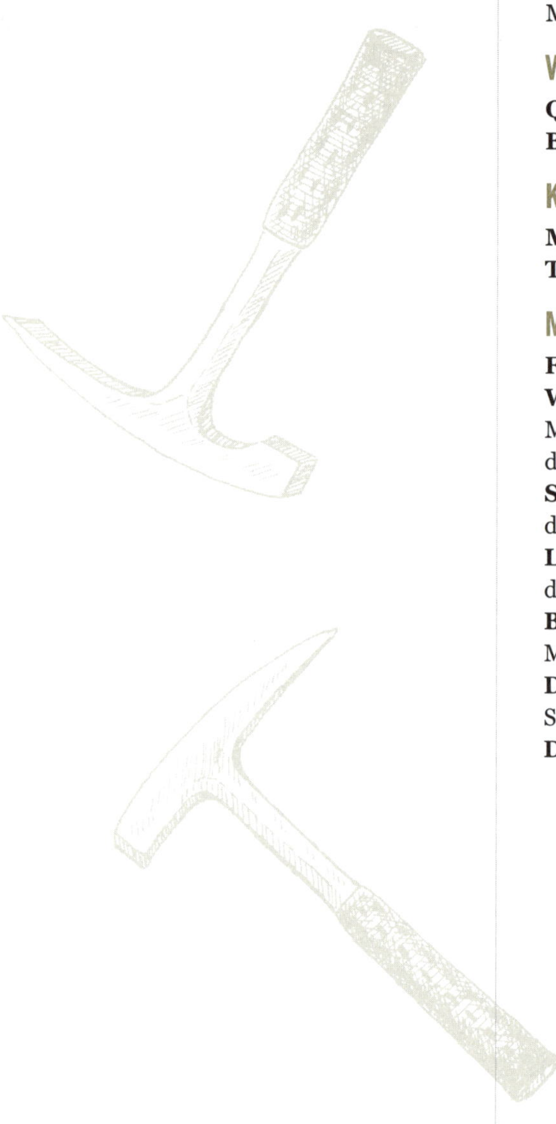

Mauerbaufibel

Fachbegriffe

Freistehende Mauern stehen frei im Raum.
Stützmauern halten das Erdreich dahinter vertikal.
Blendmauerwerk wird als Verkleidung vor eine Mauer aus Betonblöcken oder Mauersteinen gesetzt. Dies ist bei freistehenden und Stützmauern möglich.

Werkstoffe

Quader (Haustein) sind geschnittene und geformte Steine.
Bruchstein ist nicht weiter bearbeitet.

Konstruktionsmethoden

Mörtelmauern werden mit Zementmörtel errichtet.
Trockenmauern werden ohne Mörtel ausgeführt.

Maueraufbau

Fundamente sind der Unterbau einer Mauer.
Wandschalen sind beidseitig errichtete senkrechte Stapel von Steinen, zwischen die Mörtel oder Bruchsteine geschüttet werden. Bei Stützmauern bildet eine Wandschale die vordere, sichtbare Seite.
Schichten sind die horizontalen Ebenen, in denen die Steine aufeinandergelegt werden.
Läufersteine sind besonders lange Steine, die parallel zum Wandverlauf liegen und der Wand zusätzliche Stabilität verleihen.
Bindersteine sind besonders lange Steine, die quer zum Wandverlauf liegen und die Mauer festigen.
Drainageöffnungen sind quer durch die Mauer verlaufende Ablaufröhren in Stützmauern, die helfen, das Wasser durch die Mauer abzuleiten.
Deckplatten verhindern den Feuchtigkeitseintrag in die Mauer.

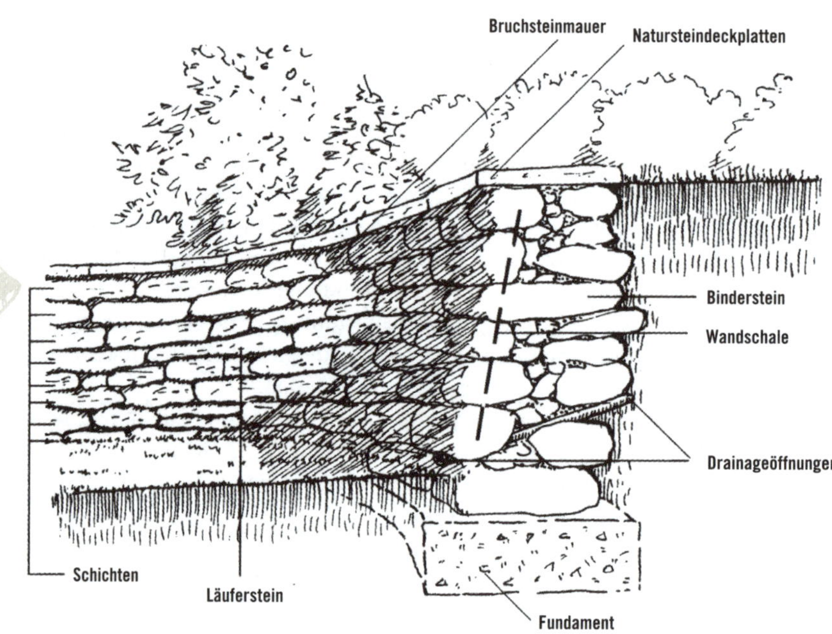

– aus *Stonescaping* von Jan Kowalczewski Whitner

Erfahrungen vom Lande

Halbfertige Steinmauern gibt es nicht. Es handelt sich entweder um eine Mauer oder um einen Steinhaufen. Und um von diesem zu jener zu gelangen, ist eine Menge Hubarbeit nötig. 1 m^3 Stein wiegt mindestens 2 t.

– John Vivian, Autor von *Building Stone Walls*

Eine Steinmauer bauen

Beginnen Sie mit einer Mauer von mäßiger Dicke, sagen wir 30 cm. Sie sollte nicht zu hoch sein – vielleicht einen guten Meter – und ohne Winkel, Stützpfeiler und Quermauern.

1. Schaufeln Sie ein Fundament von der doppelten Breite der Mauer bis unter die Frostgrenze aus. Damit soll verhindert werden, daß Wasser zwischen die Steine kommt, gefriert und die Steine auseinandertreibt.
2. Bewehren Sie das Betonfundament mit Betonstählen wie Stahlstäben oder -matten. Die Art der Bewehrung hängt von verschiedenen Faktoren wie etwa der Belastung des Fundaments und der Geologie des Untergrunds ab. Bei schwierigen Verhältnissen ist es sinnvoll, einen Statiker oder Bauleiter zu konsultieren. Decken Sie das Fundament mit einem Stück Folie oder feuchtem Sackleinen für fünf bis sechs Tage ab.
3. Nun können die ersten Steine verlegt werden. Die erste Reihe liegt unter der Oberfläche. Wählen Sie daher große, weniger schöne Steine aus. Wässern Sie das ausgehärtete Fundament und streichen Sie knapp 3 cm dick Mörtel darauf aus.
4. Setzen Sie die ersten Steine so, wie sie am besten passen. Denken Sie daran, daß noch einige Schichten folgen werden. Ist die erste Schicht uneben, werden Sie eine Menge Mörtel und möglicherweise kleine Steine brauchen, um eine ebene Oberfläche für die nächste Schicht zu schaffen. Setzen Sie die Steine fest, indem Sie sie auf dem Platz rütteln. Entfernen Sie den überflüssigen Mörtel mit einer Kelle und geben Sie ihn in den etwa 2 cm breiten Spalt zwischen dem Stein und dem nächsten.
5. Wenn nötig, verwenden Sie einen kleinen Maurerhammer, um störende Überstände abzuklopfen. Schlagen Sie dabei flache Scheiben ab und achten Sie auf wegfliegende Splitter. Denken Sie aber daran, daß eine frische Bruchfläche bei gealterten, mit Flechten besetzten Steinen förmlich herausglänzt.
6. Setzen Sie jeweils ein oder zwei Reihen und decken Sie diese mit einer Folie oder feuchtem Sackleinen ab. Öffnen Sie die Abdeckung 4 bis 12 Stunden danach und bürsten Sie die Fugen aus. Dann decken Sie die Mauer wieder zu, um die Feuchtigkeit darin zu halten. Warten Sie mit der nächsten Reihe mindestens zwei Tage. So kann der Mörtel teilweise trocknen, und die Mauer, auf der Sie weiterarbeiten, ist stabil.
7. Über dem Boden möchten Sie sicher beidseitig Schnüre als Führung für die Mauerbreite spannen. Bedenken Sie aber: Wenn die Steine die Schnur berühren, wird sie natürlich verzogen. Benutzen Sie eine Wasserwaage oder ein Senkblei, um die Mauer im Lot zu halten.
8. Auch bei einer unregelmäßig gemauerten Wand ist es schöner, wenn sie oben eben ist. Suchen Sie deshalb Abschlußsteine mit einer möglichst ebenen Fläche. Die Oberfläche mit Hilfe von Mörtel zu glätten ist das mindeste, um die Mauer ansehnlich und dauerhaft zu erhalten.
9. Bürsten Sie mit einer Drahtbürste den überflüssigen brüchigen Mörtel aus. Schlagen Sie um herausragende Steine die Fugenfüllung auf dieselbe Tiefe wie überall sonst zurück.

– verändert aus *Building with Stone* von Charles McRaven

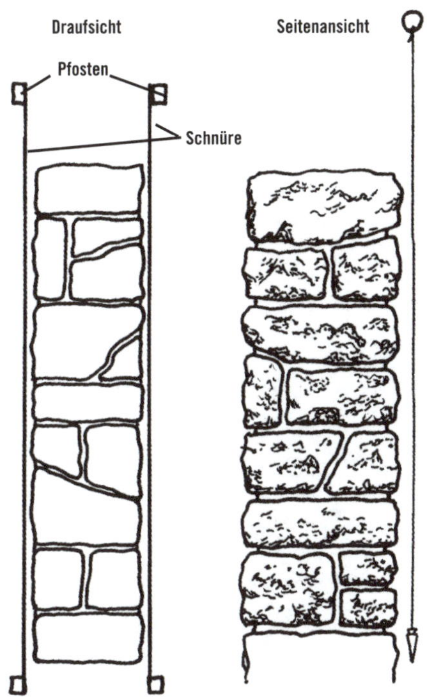

Die zwischen die Pfosten gespannten Schnüre helfen, die Mauer gerade zu führen. Benutzen Sie ein Senkblei, um die Mauer im Lot zu halten.

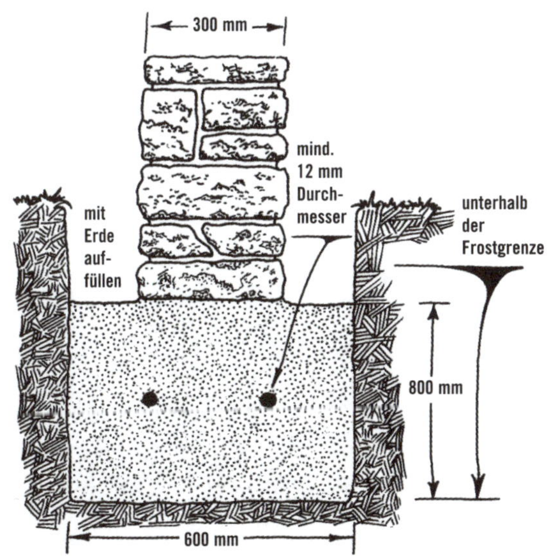

WEGE UND PFADE

Ein kantengerader Steinplattenweg (oben) und ein unregelmäßig gepflasterter Pfad (unten)

Einen Steinplattenweg anlegen

Steinplattenwege passen zu formalen Anlagen und zu Bauerngärten sowie zu vielbegangenen Flächen um Haus und Terrasse. Um einen Steinplattenweg anzulegen, folgen Sie diesen Schritten:

1. Wählen Sie Steinplatten aus, die zum Haus und zur Umgebung passen. Sie sollten mindestens 12 cm breit und 2,5 bis 5 cm dick sein.
2. Markieren Sie den Verlauf des Weges und legen Sie, falls nötig, eine Drainage an.
3. Ein Unterbau von 5 cm Sand über 10 cm Schotter ist normalerweise ausreichend. Berechnen Sie, wie tief Sie das Erdreich für die 15 cm Unterbau und den Steinbelag entfernen müssen.
4. Heben Sie den Boden bis zur gewünschten Tiefe aus und stampfen Sie den Untergrund fest.
5. Tragen Sie die Untergrundmaterialien auf, wobei Sie den Unterbau auf einer Seite des Weges etwa 2 cm überhöhen. So kann das Wasser gut von den Steinplatten abfließen.
6. Wenn Sie Steinplatten benutzen, die länger als 40 cm an einer Seite und mindestens 4 cm dick sind, legen Sie die Steine direkt auf den Sand. Arbeiten Sie dabei von außen zur Mitte. Bürsten Sie zusätzlichen Sand in die Fugen, wobei diese etwa 0,5 cm tiefer als die Steinoberfläche liegen sollten.

Bei sumpfigen oder von Frosthebungen besonders betroffenen Böden oder wenn Ihre Steinplatten kleiner als 40 cm sind, folgen Sie diesen Schritten anstelle von Punkt 5 und 6:

1. Bringen Sie auf beiden Seiten des Weges eine Einfassung an, die aus behandeltem Holz oder Reihen von Ziegeln oder Pflastersteinen bestehen kann.
2. Verlegen Sie die Steinplatten zunächst trocken, um ein schönes Muster zu gestalten. Arbeiten Sie dabei von den Rändern nach innen.
3. Wenn Sie das Muster festgelegt haben, legen Sie die Steinplatten beiseite. Bringen Sie nun Kleckse von Mörtel auf den Sand auf und legen Sie die Steinplatten zurück auf den Mörtel. Lassen Sie zwischen den einzelnen Steinen je nach Ihrem Geschmack Fugen von etwa 0,5 bis 2 cm frei.
4. Bürsten Sie eine Mischung aus trockenem Zement und Sand in die Fugen.
5. Spritzen Sie die Steinplatten vorsichtig mit Wasser ab, um die Sand-Zement-Mischung von der Steinoberfläche in die Fugen zu spülen.
6. Warten Sie mindestens eine Woche, bevor Sie den Weg benutzen, damit die Mischung in den Fugen trocknen kann.

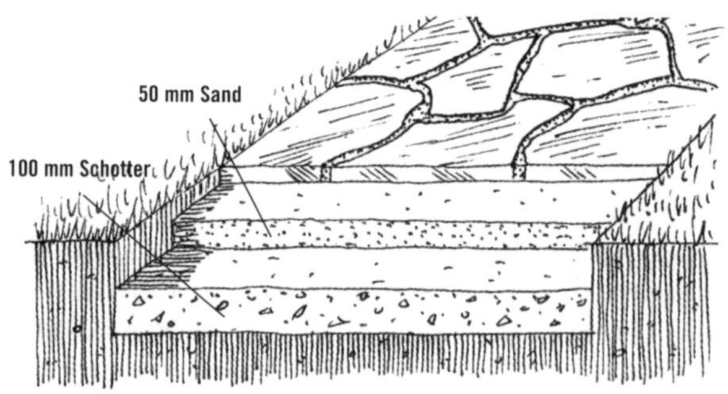

Der Aufbau eines Steinplattenwegs auf Sand

Bauen Sie eine stabile Holzverschalung zum Betonieren.

Einen Weg betonieren

Ein Gußbetonweg ist sicher, haltbar, leicht sauberzuhalten von Schmutz und Schnee und ziemlich einfach herzustellen. Wenn Sie Beton bestellen, planen Sie 0,6 m^3 Beton für eine Fläche von 5 m^2 und 10 cm Höhe ein.

1. Bereiten Sie die Holzverschalung für die Betonfläche vor: Nutzen Sie dafür 10 cm breite und 2,5 cm dicke Bretter. Stellen Sie diese hochkant entlang dem geplanten Gang auf und verbinden Sie sie mit Pflöcken, die Sie außen in die Erde rammen. Verwenden Sie ausreichend Pflöcke, um die Verschalung zu stabilisieren.
2. Schneiden Sie die Pflöcke auf Höhe der Oberkante der Bretter ab.
3. Fertigen Sie die Kurven aus Biegesperrholz und stecken Sie es häufig ab, um es in der Form zu halten.
4. Mischen Sie in einer Schubkarre drei Teile Kies, zwei Teile Sand und einen Teil Portlandzement. Geben Sie langsam Wasser zu, bis der Beton eine feste, aber fließfähige Konsistenz hat.
5. Verwenden Sie zum Nivellieren ein zusätzliches Brett, das ein paar Zentimeter länger ist als die Verschalung breit. Ziehen Sie es an der Oberkante der Verschalung entlang.
6. Stellen, an denen die vertikale Außenseite des Betons nach Ablösen der Form als Stufe sichtbar bleiben soll, müssen gesondert behandelt werden. Schlagen Sie mit einem großen Hammer auf die Oberkante der Verschalung, um die Flüssigkeit im Beton nach oben zu bringen und Lufteinschlüsse zu vermeiden.
7. Wenn der Beton zu trocknen beginnt, aber immer noch feucht genug ist, um einen Fingerabdruck zu hinterlassen, glätten Sie ihn mit einer Glättkelle. Um eine spiegelglatte Oberfläche zu erreichen, wiederholen Sie den Vorgang, wenn der Beton fast trocken ist, aber immer noch feucht genug, um den Fingernagel hineinzudrükken.
8. Lassen Sie die Verschalung mindestens zwei Tage stehen, um den Beton gründlich aushärten zu lassen. Ansonsten könnten Ecken oder Kanten abbrechen, wenn Sie die Form lösen.

– aus *Reviving Old Houses* von Alan Dan Orme

Tips zur Betonauswahl

Typ: Abgepackte Betonfertigmischung (im Sack)

Verwendung: Für kleine Projekte, z. B. das Setzen eines Torpfostens

Typ: Kies, Sand und Portlandzement

Verwendung: Für mittelgroße Projekte, z. B. Fundamente für zwei bis drei Pfosten im Untergeschoß; holen Sie das Material z. B. in Mülltonnen selbst aus der Kiesgrube

Typ: Transportbeton

Verwendung: Für große Projekte, z. B. Wege; fragen Sie, ob Sie vielleicht eine Ladung mit einem Nachbarn teilen können – häufig müssen Sie bei weniger als 4 bis 5 m^3 einen Aufpreis zahlen

VERANDEN

Monte Burchs erste Erfahrung mit der Ständerbauweise bestand darin, seinem Vater – einem Zimmermann – beim Aufrichten eines Stalls zu helfen, und sie blieb eine seiner bevorzugten Konstruktionen. Es sind nur geringe Vorbereitungen am Standort nötig, und die Ständerbauweise verspricht erhöhte Brandsicherheit und Windresistenz. Ständerbauten sind relativ schnell und einfach zu errichten und nicht so teuer wie vergleichbare konventionelle Konstruktionen. Neue Materialien wie druckbehandelte Pfosten und neue Techniken wie die Leimbindertechnologie habe die Ständerbauweise für Bauherren noch attraktiver gemacht.

Eine Veranda planen

Wenn Sie sich für eine Veranda auf Ihrem Grundstück entschieden haben, ist der erste Schritt, sich in Zeitschriften und Büchern über die Bauweisen zu informieren. Dann messen Sie die für die Veranda geplante Fläche genau aus. Verwenden Sie Millimeterpapier und einen Dreikantmaßstab, um eine maßstabgetreue Zeichnung anzufertigen. Die Zeichnung muß nicht kunstvoll sein, aber sie kann bei der Planung und Konstruktion durchaus Fehler vermeiden helfen. Halten Sie unbedingt die lokalen Bauvorschriften und vor allem Ihre eigenen Grundstücksgrenzen ein. Die meisten Bauverordnungen schreiben für jede Art von Bebauung Mindestabstände zu den Nachbargrundstücken vor. Klären Sie gegebenenfalls, ob Sie eine Genehmigung für die Veranda bekommen.

Achten Sie bei der Planung auch darauf, daß Sie keine Zugänge zu Abwasserrohren, Strom- oder Gasleitungen abriegeln. Bauen Sie die Veranda also nicht über den Hausanschlüssen. Informationen über deren genaue Lage können Sie von den Versorgungsunternehmen beziehen.

Bei der Ausführung Ihrer Veranda sind verschiedene Dinge zu bedenken. Wenn Sie die Höhe der Veranda und das Geländer planen, denken Sie an die Sicherheit von Kindern und Haustieren. Bestimmen Sie die Belastungsgrenzen – für welche Zwecke ist die Veranda geplant und wie viele Personen muß sie aushalten können? Versuchen Sie für die voraussichtliche Nutzung zu planen: Soll sie als Sonnendeck, Eß- oder Partybereich oder zum Baden dienen? Wie beeinflußt diese Nutzung die Bauweise und die Gestaltung der Veranda, der Treppe und des Geländers? Ein örtlicher Baustoffhändler kann Ihnen bei der Gestaltung helfen. Er kennt sich aus mit Frosttiefen, Fundamenten, Anforderungen an den Verandabelag und weiteren Gesichtspunkten. Oft sind diese Faktoren auch von der regionalen Verfügbarkeit der Baumaterialien abhängig.

Eine Veranda kann ein ansprechender Übergang vom Hausinneren zum Garten sein. Auf dieser Veranda können Sie Eistee trinken und dabei auf Ihren Gemüsegarten schauen.

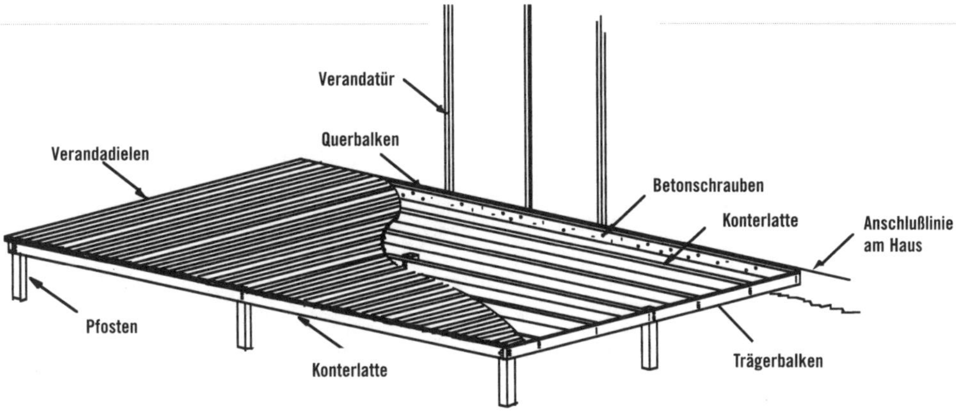

Eine niedrige Veranda kann flach aufliegen oder auf Pfosten montiert sein, die entweder bündig mit der Veranda abgeschnitten sind oder darüber hinausragen, um als Befestigung für ein Geländer oder Sonnensegel zu dienen.

Eine Veranda bauen

Eine Veranda besteht abhängig von der Bauweise aus verschiedenen spezifischen Bauelementen. Natürlich sind die Pfosten ein Hauptbestandteil. Normalerweise werden Kanthölzer mit den Maßen 10 x 10, 12 x 12 oder 14 x 14 cm verwendet. Die Pfosten sitzen auf Pfostenschuhen in Fundamenten. Die Träger – ebenfalls 10 x 10 cm – liegen waagerecht auf den Pfosten. Ein Querbalken ist nötig, wenn die Veranda am Haus oder an einem anderen Gebäude festgeschraubt werden soll. Die Balken von 8 x 6 cm für die Konterlattung werden hochkant auf die Träger montiert und tragen schließlich den Verandabelag, in der Regel Dielen mit den Maßen 2,5 x 15 cm. Die beigefügten Skizzen zeigen die Konstruktion einer einfachen, ebenerdigen Veranda, die auf einer Seite am Haus befestigt und von innen durch eine Tür zugänglich ist. Dies ist ein Standardfall.
Der erste Schritt besteht darin, Ihre Veranda abzustecken und sicherzustellen, daß der Grundriß rechteckig ist und die richtige Größe hat. Setzen Sie die Pfostenschuhe lotrecht in die Fundamente und stabilisieren Sie sie mit kurzen Latten, bis der Beton angetrocknet ist. Verwenden Sie dafür eine Wasserwaage. Wenn der Beton trocken ist, schrauben Sie die ausreichend hohen Pfosten senkrecht in die Pfostenschuhe. Verwenden Sie für alle Verschraubungen grundsätzlich Edelstahlprodukte, da verzinkte Schrauben zu Farbveränderungen am Holz führen können. Mit einer Schlauchwaage können Sie nun die exakte Länge der Pfosten bestimmen. Mit einem kleinen Winkeldreieck markieren Sie waagerechte Striche, an denen Sie die Pfosten dann einkürzen. Bringen Sie auch Markierungen an der Hauswand für den Querbalken an. Als Halterung dübeln Sie am besten stabile Winkelverbinder an der Hauswand fest – in Pfostenhöhe minus Balkenstärke – und schrauben den Balken darauf.
Mit Hilfe von Lochplatten oder Winkelverbindern werden die Träger auf die Pfosten und den Querbalken geschraubt und mit den Außenpfosten bündig gekürzt. Parallel zum Haus wird die Konterlattung von oben aufgeschraubt, wobei die äußere Latte direkt auf dem Ende des Trägerbalkens liegt. Alle weiteren werden im Abstand von etwa 60 cm zwischen dieser und der Hauswand verteilt und befestigt.
Schließlich werden die Verandadielen auf der Konterlattung fixiert, wobei an allen Seiten etwa 2 cm überstehen sollten. Es macht nichts, wenn die Dielen jetzt noch nicht exakt abschließen. Sobald alle Dielen montiert sind, wird ein Kreidestrich gezogen, und mit einer Stichsäge können die Dielen problemlos gleichmäßig gekürzt werden. Jetzt können, wenn gewünscht, Geländer angebracht und Stufen gebaut werden. Wenn die Veranda nur wenig über dem Grund liegt, sind keine Stufen nötig.

– verändert aus *Monte Burch's Pole Building Projects*

Pfosten

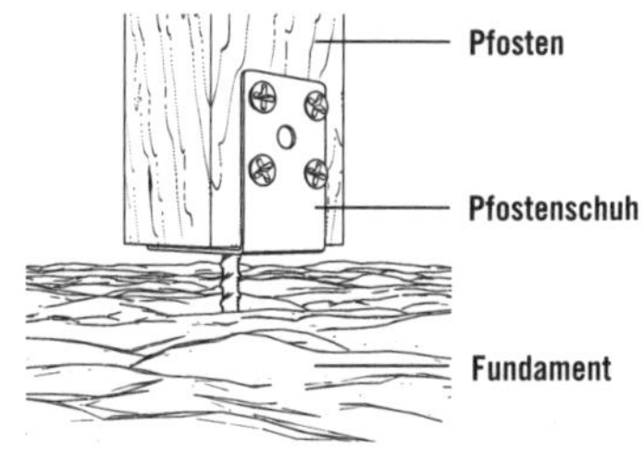

Zum Schutz des Holzes vor Bodenfeuchtigkeit werden die Pfosten in Pfostenschuhe gesetzt.

Zwei Varianten zur Aufständerung

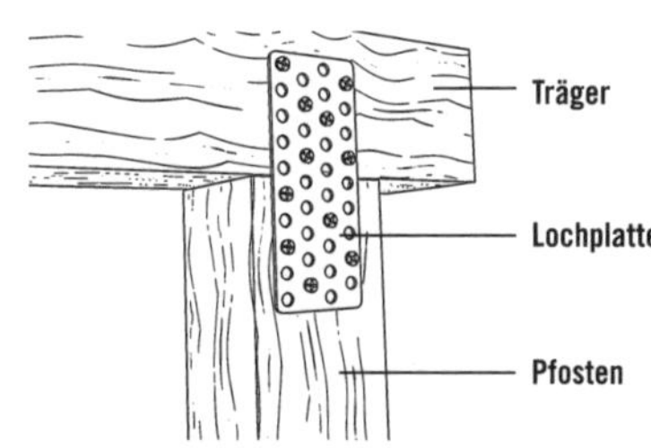

Variante 1:
Verbindung mit einer Lochplatte

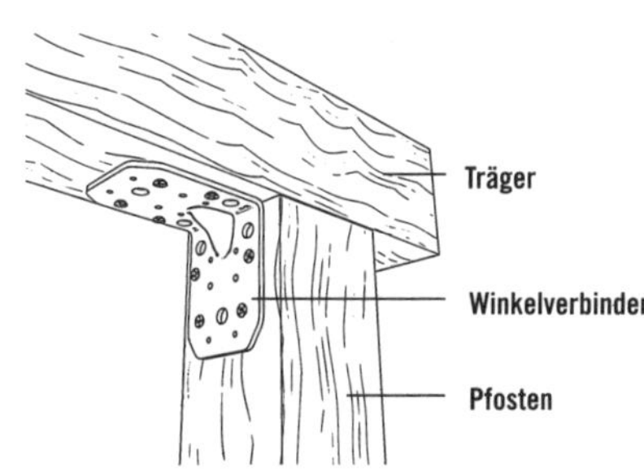

Variante 2:
Verbindung mit einem Winkelverbinder

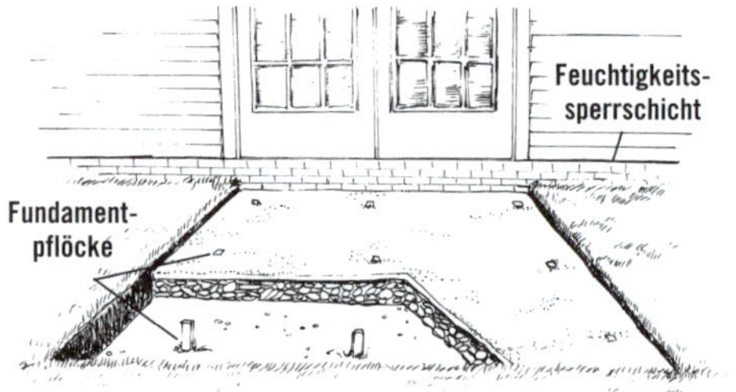

Die Fundamentpflöcke werden in den Sand gesetzt, um die Terrassenoberfläche waagerecht zu halten.

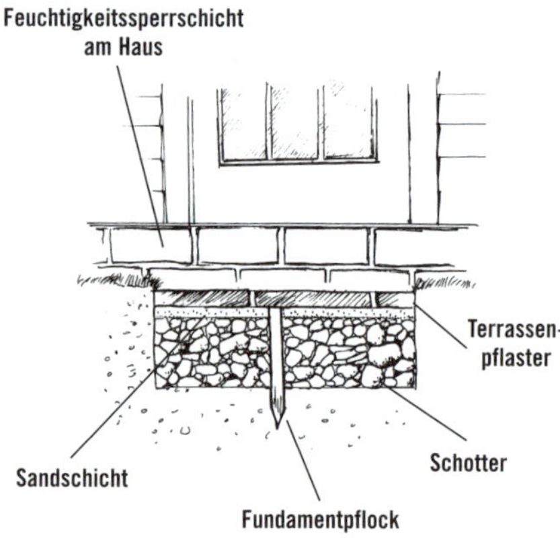

Der Querschnitt zeigt die verschiedenen Schichten der Terrasse.

Eine Terrasse anlegen

Eine Terrasse kann aus allen möglichen Materialien gebaut werden, aber üblicherweise werden Beton, Ziegelsteine oder Steinplatten verwendet. Hier ist eine einfache Anleitung für den Bau einer Terrasse mit jedem dieser Materialien.

Beginnen Sie mit dem Unterbau für die Terrassenfläche. Graben Sie die Fläche für die geplante Terrasse etwa 10 cm tief aus. Gepflasterte Flächen müssen möglichst eben sein und einen geringen Neigungswinkel haben, um den Wasserabfluß zu ermöglichen und Pfützenbildung zu vermeiden. Die Neigung kann aber so gering sein, daß sie vom Auge nicht bemerkt wird. Ein Prozent oder ein Zentimeter pro Meter ist ausreichend.

Beton: Beim Gießen einer Betondecke muß gewährleistet sein, daß die Fläche eben ist und eine Neigung von etwa zwei Prozent hat. Wenn die Terrasse nicht an das Haus angrenzt, sollte die Neigung von der Mitte nach allen Seiten verlaufen. So funktioniert der Wasserabfluß am sichersten.

Ziegelsteine: Wenn Sie sich für Ziegelsteine entschieden haben, setzen Sie diese in eine Sandschicht. Sie können eine Einfassung gestalten, indem Sie die Ziegelsteine hochkant in 15 cm tiefe Rinnen setzen. Alle übrigen Ziegel können Sie auf der Fläche in verschiedensten Mustern anordnen, vorausgesetzt, Sie lassen einen gleichmäßigen Abstand dazwischen. Wenn alle Steine verlegt sind, fegen Sie Sand darüber, bis alle Fugen gut gefüllt sind. Um eine etwas festere Struktur zu erreichen, können Sie auch Mörtel in den Sand mischen. Ein schöner Regen wird den Rest besorgen.

Steinplatten: Steinplatten können auf ähnliche Weise gesetzt werden, außer daß die Bettiefe nur etwa 5 cm oder die Steindicke betragen muß. Wenn Sie die Steine fertig verlegt haben, wässern Sie sie mit einem Schlauch. Mischen Sie anschließend einen Teil Portlandzement mit drei Teilen Sand und fegen Sie die Mischung über die Steine, bis alle Fugen verfüllt sind. Wässern Sie die Oberfläche nochmals, um die Steinoberflächen zu reinigen. Wenn Sie sehr große Steinplatten haben, sollten Sie erwägen, die ganze Terrasse in Zement zu setzen.

Eine Terrassenfläche gestalten

Außer wenn Sie unter die Frostgrenze gehen, wird sich der Terrassenbelag immer etwas verschieben. Sie oder Ihr Bauunternehmer sollten eine geeignete Basis – einen trockenen Unterbau oder ein Mörtelfundament – anlegen, damit die Fläche nicht wellig wird.

Es gibt mehrere Möglichkeiten, um Hebungen und Senkungen zu vermeiden. Wir empfehlen, Schotter zu verwenden, um dem Wasser eine Abflußmöglichkeit zu geben. Sie können auch Geotextilien einbauen, wie sie im Erd- oder Straßenbau eingesetzt werden, um den Unterbau von Ziegelpflaster oder Steinplatten intakt zu halten. Gesteinsmehl oder Zementsand verfestigen den Unterbau besonders gut, so daß die Ziegel oder Platten sich nicht bewegen, wenn Personen darauf laufen. Noch ein Hinweis zum Schotter: Er muß scharfe Kanten und flache, keine rundlichen Seitenflächen haben, damit er kompakt wird.

Mancher möchte vielleicht gerne kleinere Steine mit einem Pflanzenteppich zum Beispiel aus kriechendem Thymian oder Gras verfestigen. Dafür eignen sich lose aufliegende Steine auf lehmigem Untergrund am besten. Die Methode ist aber auch für geschwungene Wege mit großen Steinplatten geeignet. Thymian bevorzugt kieshaltige, gut wasserdurchlässige Böden. Wir empfehlen die Methode jedoch nicht für vielbegangene Flächen oder Flächen, auf denen im Winter Schnee geräumt wird.

Terrassenmuster: Zu den Materialien, die in Frage kommen, gehören (von links nach rechts): Ziegelsteine, Betonplatten, Kalksteinplatten, Kieselsteine, rechteckige Pflastersteine und Bruchsteinplatten.

Tips für Arbeiten mit Ziegelsteinen

Gebrauchte Ziegelsteine finden: Achten Sie darauf, wenn in Ihrer Gegend ein altes Haus abgerissen wird, oder rufen Sie ein Abbruchunternehmen an, wenn Sie eine Terrasse oder einen Fußweg anlegen möchten. Das Unternehmen verkauft möglicherweise Ziegelsteine oder erlaubt Ihnen, selbst welche von einer Baustelle zu holen. Gebrauchte Ziegelsteine halten aber nicht so lange wie neue. Das sollten Sie bedenken, bevor Sie sie verwenden. Dauerhafter, aber auch teurer sind frostfest gebrannte Ziegel oder auch Klinker.

Imprägniermittel: Es ist empfehlenswert, Ziegelsteine oder Steinplatten zu versiegeln. Sie können solche Imprägniermittel bei Ihrem Ziegellieferanten oder im Baumarkt kaufen. Tragen Sie die Imprägnierung gleichmäßig mit einer Rolle oder Spritze auf, um ein gutes Ergebnis zu erzielen.

– aus *Landscaping Makes Cents* von Frederick C. Campbell und Richard L. Dubé

Ziegelflächen einfassen

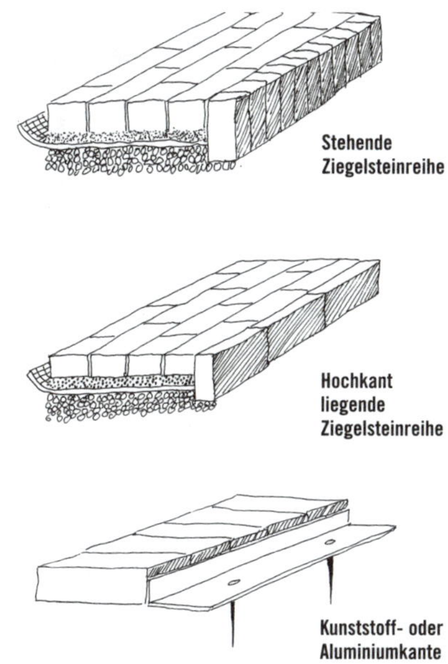

Damit Ziegelflächen nicht auseinanderdriften, sollten die Kanten nach einer der drei Methoden gearbeitet werden (von oben nach unten): Bei der stehenden Ziegelsteinkante sind die Ziegelsteine hochkant gestellt, mit der schmalen Seite zum Pflaster. Bei der hochkant liegenden Ziegelsteinreihe werden die Randziegel horizontal gesetzt, mit der breiten Fläche zum Pflaster. Eine dritte Möglichkeit ist der Abschluß mit einer im Boden befestigten Kunststoff- oder Aluminiumkante.

Einen Adirondack Chair bauen

Der Adirondack Chair ist nach den Adirondack Mountains im Bundesstaat New York benannt. Er gilt in den USA als klassisches Symbol des Sommers und ist einfach zu bauen. Bevor Sie beginnen, sägen Sie alle Bretter auf die benötigte Länge zu. Dann folgen Sie der Schritt-für-Schritt-Anleitung darunter.

Material und Teile

Anzahl	Teil	Maße in cm
2	Vorderbeine	10 x 2,5 x 50,8
2	Schräge Beine	10 x 2,5 x 76,2
1	Kantholz für die Dreiecke	10 x 5 x 15
1	Frontstrebe	10 x 2,5 x 60
1	Hintere Strebe	7,5 x 2,5 x 60
1	Armstrebe	5 x 5 x 66
2	Armstützen	15 x 2,5 x 69
2	Lehnenbretter	10 x 2,5 x 66
3	Lehnenbretter	10 x 2,5 x 71
1	Vorderes Sitzbrett	15 x 2,5 x 60
3	Sitzbretter	10 x 2,5 x 60
1	Box mit 3,5x40-mm-Flachkopfschrauben	
1	Box mit 2x40-mm-Senkkopfstiften	

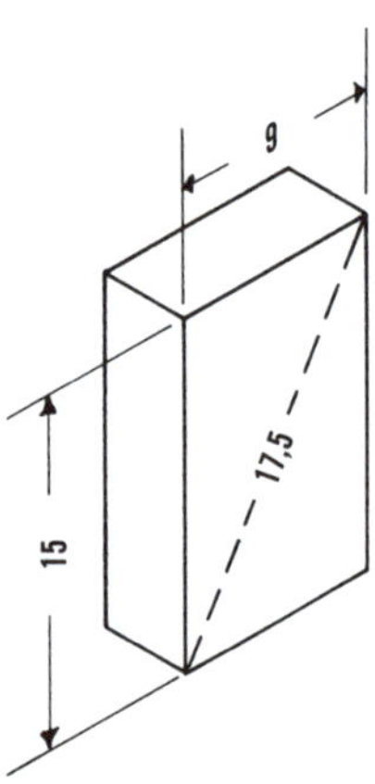

1. Schneiden Sie das Kantholz für die Dreiecke auf 9 x 5 x 15 cm zu und halbieren Sie es diagonal über die Fläche 9 x 15 cm, um zwei Dreiecke zu erhalten.

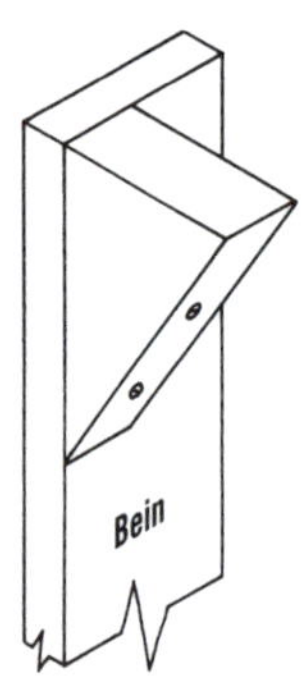

2. Setzen Sie jeweils die 15 cm lange Fläche eines Dreiecks auf die vordere äußere Ecke des Vorderbeins. Bohren Sie die Löcher vor und schrauben Sie die Dreiecke fest.

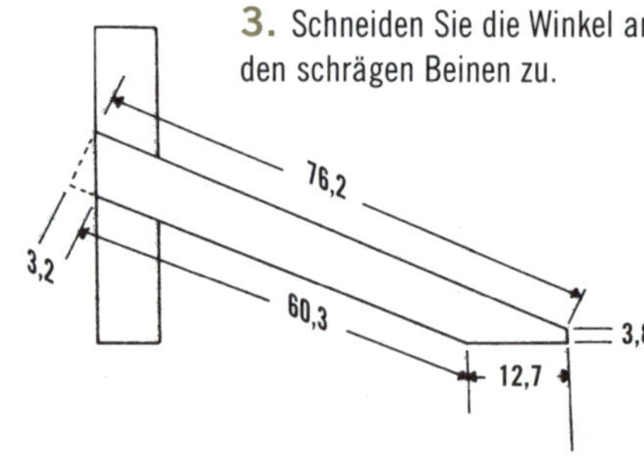

3. Schneiden Sie die Winkel an den schrägen Beinen zu.

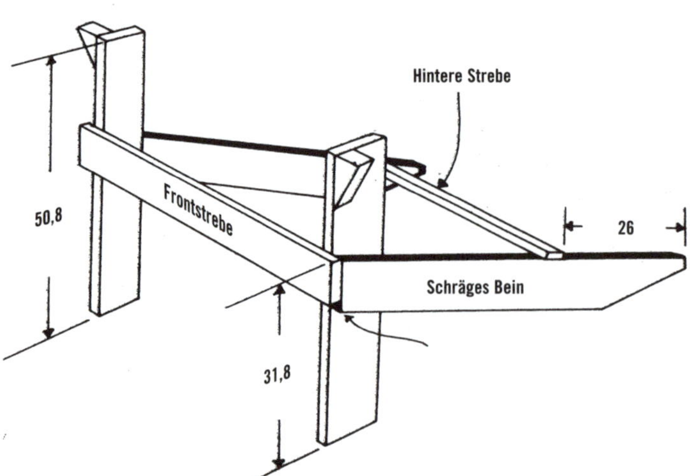

4. Bohren Sie die Löcher vor, um die schrägen Beine an die Vorderbeine zu schrauben, und drehen Sie die Schrauben ein. Ebenso verfahren Sie mit der Frontstrebe und der hinteren Strebe.

5. Hobeln Sie die obere Kante, wie in der Abbildung gezeigt, schräg ab.

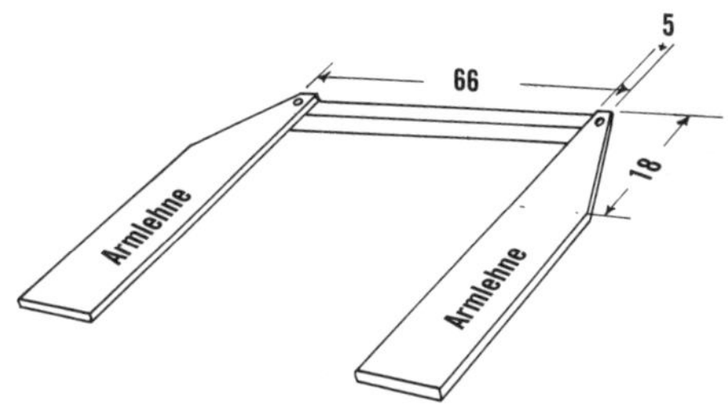

6. Sägen Sie die Winkel an den Armlehnen zu. Bohren Sie Löcher vor, um die Armstrebe an den Armlehnen zu befestigen, und drehen Sie die Schrauben ein.

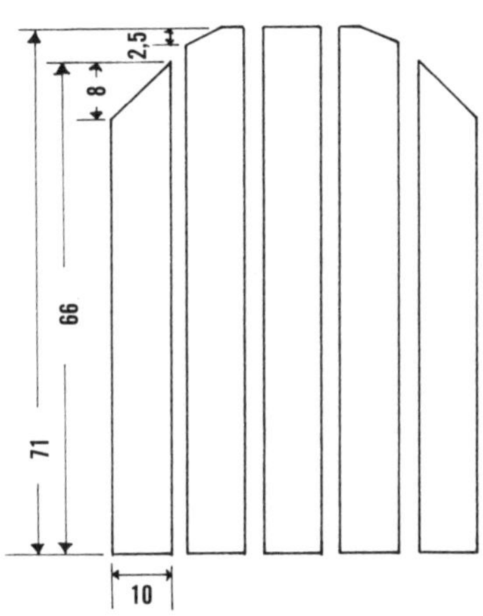

7. Sägen Sie die Winkel an den Brettern für die Rückenlehne zu.

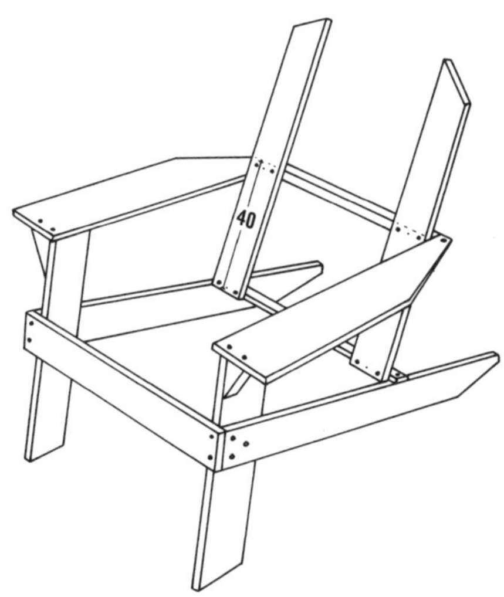

8. Bitten Sie jemanden, die Armstrebe zu halten, während Sie die Armlehnen mit Senkkopfstiften an den Vorderbeinen befestigen. Nageln Sie anschließend die beiden äußeren Bretter der Rückenlehne an der Armstrebe fest. Bohren Sie jetzt Löcher an den Stellen vor, wo Sie die Armlehnen an den Dreiecken vorn festschrauben, und sicherheitshalber auch an den äußeren Brettern für die Rückenlehne, und drehen Sie in alle Löcher Schrauben ein. Befestigen Sie anschließend auch die mittleren Bretter für die Rückenlehne in gleichmäßigen Abständen.

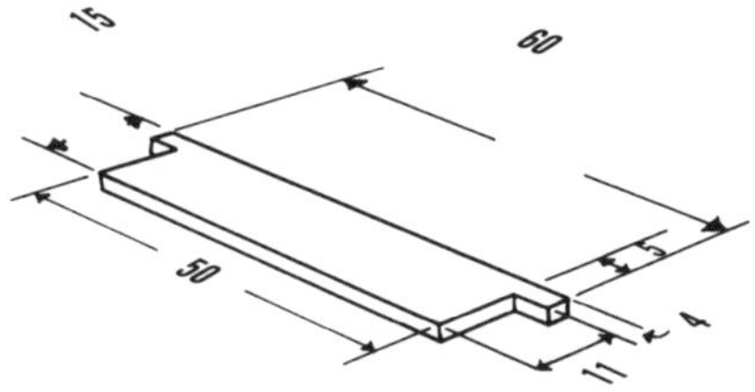

9. Sägen Sie die Eckausschnitte des vorderen Sitzbretts zu. Bohren Sie Löcher vor, und schrauben Sie das Brett an. Genauso verfahren Sie anschließend mit dem hinteren Sitzbrett, bevor Sie die beiden mittleren befestigen.

10. Schleifen Sie den Stuhl ab. Er kann gebeizt, lackiert oder farbig gestrichen werden.

3 WASSERVERSORGUNG

WASSERQUELLEN • WASSERVERSORGUNGSSYSTEME BRUNNEN • PUMPEN • NATÜRLICHE QUELLEN • TEICHE WASSERVERTEILUNG • WASSERQUALITÄT

Wir begannen mit dem Verlagsgeschäft in einer umfunktionierten Motorradwerkstatt in Pownal, Vermont. Eines heißen Julimorgens hatten wir kein Wasser mehr. Wir riefen Floyd Patterson, den Bauhandwerker, an. Er erklärte uns, daß es ein Wasserreservoir in den Bergen gibt und eine Wasserleitung, durch die das Wasser etwa 1,6 km den Berg herunterfließt. „Die Leitung kann irgendwo unterwegs unterbrochen sein", sagte er. „Wir könnten alles aufgraben, aber warum sollen wir es nicht zuerst mit einem Wünschelrutengänger versuchen." Skeptisch beobachteten wir den Wünschelrutengänger mit seiner Astgabel aus Haselholz. Innerhalb von 20 Minuten fand er das Leck, so daß der Löffelbagger just an der richtigen Stelle graben konnte. Und wir wurden flugs Anhänger jener Kenntnisse, Fähigkeiten und Fertigkeiten, die man für das Landleben braucht.

– John & Martha Storey

David Robinsons The Complete Homesteading Book *erschien erstmals 1974 und war der wahre Klassiker der Zurück-zur-Natur-Bewegung. Sie brauchen sauberes Wasser, schrieb er, genauso wie Methoden, um Ihr Haus zu heizen und zu beleuchten und den Abfall zu entsorgen. Diese Dinge wirken sich genauso oder sogar stärker auf Ihre Gesundheit und Ihre Zufriedenheit aus als andere Gesichtspunkte. Eine ausreichende und zuverlässige Quelle mit gutem Trinkwasser ist einer der größten Schätze, die Ihr Grundstück haben kann.*

Ein ständiger Wohnsitz muß eine zuverlässige Wasserversorgung haben. In Deutschland sind fast alle Wohnhäuser an die öffentliche Wasserversorgung angeschlossen. Dennoch können Sie, sofern eine Genehmigung vorliegt, Brauchwasser oder sogar Trinkwasser aus der eigenen Wasserversorgung entnehmen. Wenn das zu verkaufende Anwesen eine eigene Quelle oder einen Brunnen hat, versuchen Sie alles über die verfügbare Wassermenge – und die Qualität – herauszufinden.

Öffentliche Wasserversorgung: Der Anschluß an die öffentliche Wasserversorgung ist heute deutschlandweit Standard. Wenn Sie eine zuverlässige Quelle oder einen geeigneten Brunnen auf Ihrem Grundstück haben, können Sie versuchen, diese als Trinkwasserversorgungsanlage genehmigen zu lassen. Kalkulieren Sie die Kosten beider Optionen für die nächsten 10 bis 20 Jahre. Sprechen Sie mit dem zuständigen Mitarbeiter der Gemeinde, denn manchmal müssen Sie für den Wasseranschluß dennoch zahlen.

LEXIKON

Außenwasserhahn: dient der frostsicheren ganzjährigen Wasserentnahme im Freien
Grundwasser: Wasser im Boden, das Quellen und Brunnen versorgt, insbesondere Wasser im komplett wassergesättigten Untergrund
Grundwasserabsenkung: die Höhe, um welche der Grundwasserspiegel fällt, während Wasser aus dem Brunnen gefördert wird
Hydrostatischer Druck: der Druck einer ruhenden Flüssigkeit aufgrund der Erdanziehungskraft in bar und somit die Ursache einer Quelle
mWS: Maß für den Druck; 1 m Wassersäule entspricht rund 0,1 bar
Schüttung: die Wasserlieferung einer Quelle, gemessen in Liter pro Minute (l/min)
Wasserspiegel: die Oberfläche des Grundwassers

Quelle: Wenn Sie eine eigene Quelle haben, klären Sie, ob sie eine zuverlässige Schüttung von mindestens 15 bis 20 l/min hat. Schüttet die Quelle durchgängig das ganze Jahr, oder trocknet sie im Sommer aus? Wenn Sie beide Fragen positiv beantworten können, haben Sie wahrscheinlich eine eigene verläßliche Wasserversorgung. Aber Sie müssen das Wasser auch auf Reinheit und Härte testen lassen.
Brunnen: Schachtbrunnen aus der Zeit, bevor Elektrizität überall verfügbar war, sieht man manchmal noch auf alten Bauernhöfen. Sie sind in Handarbeit ausgegraben. Die Wände sind felsig oder mit Ziegeln gemauert, um einen Einsturz zu vermeiden. Heutzutage sind gebohrte Brunnen üblich. Um einen Rammbrunnen anzulegen, wird ein mit einer Filterspitze ausgestattetes Rohr in wasserführenden Sand abgeteuft.
Brauchwasser: Es gibt althergebrachte Methoden, um Wasser für Haustiere, für die Toilettenspülung und die Wäsche zu sammeln. Eine Möglichkeit ist das Auffangen des Dachabflusses in Tonnen oder in einer Zisterne. In sehr trockenen Regionen gewinnen manche Hausbesitzer ihren gesamten Wasserbedarf aus Regenwasser – das von Natur aus sehr weich ist –, indem sie Dachabflußsysteme konstruieren und das Wasser in große Speicherzisternen filtern.

Sind Sie ein Rutengänger?

Das Rutengehen ist vermutlich so alt wie der menschliche Bedarf an Wasser. Es ist eine Gabe, die anscheinend nur bestimmte Menschen haben und die sie befähigt, unterirdische Wasserquellen zu finden. Der Wünschelrutengänger kann die Wassertiefe und die Schüttung bestimmen. Es liegt keine Täuschung oder Betrügerei vor.
Möchten Sie das Rutengehen versuchen? Die Rute kann im einfachsten Fall wie ein gegabelter Ast sein. Ich persönlich bevorzuge einen gegabelten Weidenzweig.
Schneiden Sie den Zweig ab und entfernen Sie alle kleinen Ästchen. Er sollte flexibel sein, weil er sich dann eher biegt, statt zu brechen, wenn die Enden nach unten gezogen werden. Unabhängig von der Baumart ist jeder Ast, der diese Bedingung erfüllt, geeignet. Greifen Sie den Ast so, daß die Gabel spitz zuläuft, mit den Handflächen nach oben. Lassen Sie die Spitze locker geradeaus zeigen, etwas höher als waagerecht, und halten Sie die Gabel fest genug, um zu verhindern, daß sie sich aufgrund der Schwerkraft nach unten biegt.
Halten Sie die Rute wie beschrieben und gehen Sie langsam über die Fläche, die überprüft werden soll. Bleiben Sie mit Ihren Füßen dicht über der Erde, gerade so, daß Sie ein Schleifen vermeiden. Wenn Sie die Fähigkeiten eines Wünschelrutengängers haben und über einen unterirdischen Wasservorrat gehen, wird das Ende der Rute plötzlich nach unten in eine vertikale Position gezogen. Der Zug kann so stark sein, daß die Rinde reißt oder gar die Rute an der Stelle bricht, an der Sie sie festhalten.

– aus *Sleeping with a Sunflower* von Louise Riotte

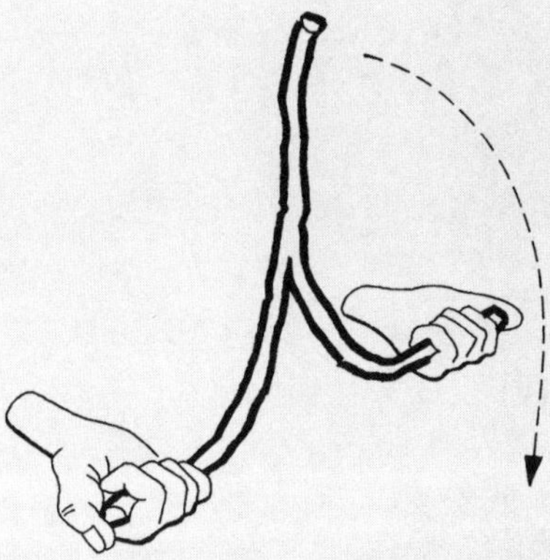

Ein Wünschelrutengänger sollte einen gegabelten Stock der Abbildung entsprechend halten. Manche empfehlen, die Daumen an die Rutenenden zu drucken, aber die Amerikanische Gesellschaft der Wünschelrutengänger sagt, daß es nicht nur einen richtigen Griff gibt.

Fünf Arten von Brunnen

Weil Grundwasser sich auf vielerlei Arten bewegt, mit verschiedenen Geschwindigkeiten und in unterschiedlichen Tiefen, ist der Begriff Brunnen genauso hilfreich wie das Wort Flugzeug. Zu sagen, jede Grube oder jedes Loch in der Erde, die dafür benutzt werden, Wasser zu fördern, sei ein Brunnen, ist eine irreführende Vereinfachung. Manche Flachbrunnen reichen nur geringfügig unter die Oberfläche des Bodens, anderswo dringen Brunnen weit in die Tiefe vor.

Wie das Grundwasser sind Brunnen und die Brunnentechnologie sehr komplexe Themenbereiche, die von der Öffentlichkeit zumeist mißverstanden werden. Das Verstehen beginnt mit dem Wissen über die grundsätzlichen Brunnenvarianten.

Schachtbrunnen

Großmutters „Wunschbrunnen" mit seiner gemauerten Einfassung, über die wir gerade so schauen konnten, seinem kleinen Dach und dem Kübel an der Winde war mit größter Wahrscheinlichkeit ein Schachtbrunnen. Weil er nur geringfügig unter den Grundwasserspiegel reichte, war sein Wasser sicherlich verschmutzt – auch zur Zeit unserer Großeltern. Ein sehr hoher Anteil der heutigen Schachtbrunnen ist kontaminiert.

Tips für die Zusammenarbeit mit einem Brunnenbauer

Der Bau eines tiefen Brunnens, insbesondere wenn er gebohrt oder gerammt werden soll, gehört in die Hände eines seriösen Brunnenbaufachbetriebs. Schließen Sie einen schriftlichen Vertrag ab. Ein Vertrag über eine Brunnenbohrung sollte alle anfallenden Arbeiten beschreiben sowie Preise und Termine enthalten. Dazu gehören:

- eine Erklärung, daß alle Arbeiten mit den geltenden rechtlichen Rahmenbedingungen übereinstimmen
- die Größe des Brunnenlochs und die Maßnahmen, um Verunreinigungen auszuschließen
- die Spezifikationen der Ausschachtung, z. B.: Die Ausschachtung hat mindestens 10 cm Durchmesser und reicht mindestens 6 m unter die Erde. Besprechen Sie die tatsächlichen Schachtmaße, damit die Ausschachtung und die Pumpe zueinander passen
- die Art der Brunnenabdichtung und der Mörtelabdichtung der Ausschachtung ringsum sowie die Art des Brunnenausbaus (z. B. eines Filterrohrs), die ausgeführt werden soll, falls dies nötig ist
- die Art des zu installierenden Filterrohrs, wo es benötigt wird
- die Termine für das Ende der Ausbauarbeiten, das Brunnenprotokoll und die Auswertung der Pumpversuche
- eine Garantie auf das Material und die Arbeitsqualität
- eine aufgeschlüsselte Liste aller Kosten; dazu gehören die Bohrkosten pro Meter, die Aufwendungen für alle Materialen pro Einheit (auch für die Ausschachtung) und alle Kosten für die Abdichtung, den Brunnenausbau und die Pumpversuche
- eine Haftpflichtversicherung sowohl für die Eigentümer als auch für den Unternehmer

In der Regel ist dies der Zeitpunkt, um eine Entscheidung zu treffen. Fragen Sie den Brunnenbauer nach Empfehlungen. Der Brunnenbaufachbetrieb sollte auch die Pumpe warten.

Denken Sie daran, daß manche Brunnenbauer eine Mindesttiefe berechnen. Mit anderen Worten: Es werden Ihnen 30 m in Rechnung gestellt, auch wenn sie nach 15 m auf Wasser stoßen. Wenn die Brunnenbauer auf Wasser gestoßen sind, liegt es in deren Verantwortung, den Brunnen von Sand und Bohrmaterial zu reinigen und zu desinfizieren.

Das Brunnenprotokoll, das die Tiefe und die Gesteinsschichten beschreibt, ist ein wertvolles Nachweisdokument und wird benötigt, um die Kapazität der Pumpe zu bestimmen, die eingebaut werden soll. Es liegt außerdem im Interesse des Eigentümers, daß der Brunnenbaufachbetrieb den Brunnenkopf anschließt und die Leitungen verlegt, die zum Haus führen.

– aus *The Home Water Supply* von Stu Campbell

Schachtbrunnen werden generell als unzuverlässig und unsauber angesehen. Sie sind bekannt dafür, daß sie in Trockenzeiten versiegen. Dennoch, an Orten, wo der Wasserspiegel ziemlich konstant bleibt und die Grundwasserqualität hoch ist, sind Schachtbrunnen üblich. Sie sind selten mehr als 15 m tief und reichen nur wenig unter den Grundwasserspiegel in den nassen Sand oder Kies.

Das Graben des Brunnenlochs, dessen Durchmesser von 1 m bis zu 6 m reichen kann, ist im allgemeinen mühsame Handarbeit mit Hacke und Schaufel. Das abgegrabene Material wird in einem Kübel an einem Seil an die Oberfläche gefördert. Wenn der Boden sehr weich ist, kann auch ein Zweischaufelgreifer an einem Kran benutzt werden. Einen Brunnen zu graben kann sehr gefährlich sein, weil das Loch jederzeit einstürzen kann. Holen Sie sich professionellen Rat, um eine Konstruktion zu errichten, mit deren Hilfe Sie den Brunnen sicher graben können.

Die Steinmauer rund um Omas Brunnen war eigentlich das obere Ende der Ausmauerung. Heutzutage werden Feldsteine benutzt, um den Brunnen auszumauern, aber Ziegelsteine und Mörtel oder Betonsteine sind einfacher zu verarbeiten. Öfter noch werden Schachtbrunnen aus vorgefertigten Schachtringen – ab 60 cm Durchmesser – gebaut, die nach dem Nut-und-Feder-Prinzip zusammenpassen. Welches Material Sie auch immer verwenden, die Auskleidung sollte so gut abgedichtet und wasserundurchlässig wie möglich sein.

Ein moderner Schachtbrunnen sollte aus hygienischen Gründen eine Abdichtung über dem Wasserspiegel haben, die das Regenwasser zuverlässig vom Brunnenwasser trennt. Damit soll eine Kontamination des Brunnenwassers durch Regenwasser verhindert werden. Der Raum zwischen der Brunneneinfassung und der umliegenden Erde muß mit wasserdichtem Zementmörtel verspachtelt werden.

Erfahrungen vom Lande

Die Landbewohner von Vermont haben einiges gelernt: Die Blitze schlagen dort gewöhnlich in die höchsten Bäume ein. Aber immer wieder suchen sie sich auch kleinere aus. Ein Baum, der vorzugsweise zerschlagen und verkohlt wird, steht vielleicht auf einer Quelle oder nahe an einer Wasserader. Weil Wasser eine gute Erdung hat, kann ein Blitz diesen Baum als einfachsten Weg in den Boden wählen. An solchen Stellen können Sie nach Wasser suchen.

– Stu Campbell,
The Home Water Supply

Welcher Brunnen ist der richtige für Sie?

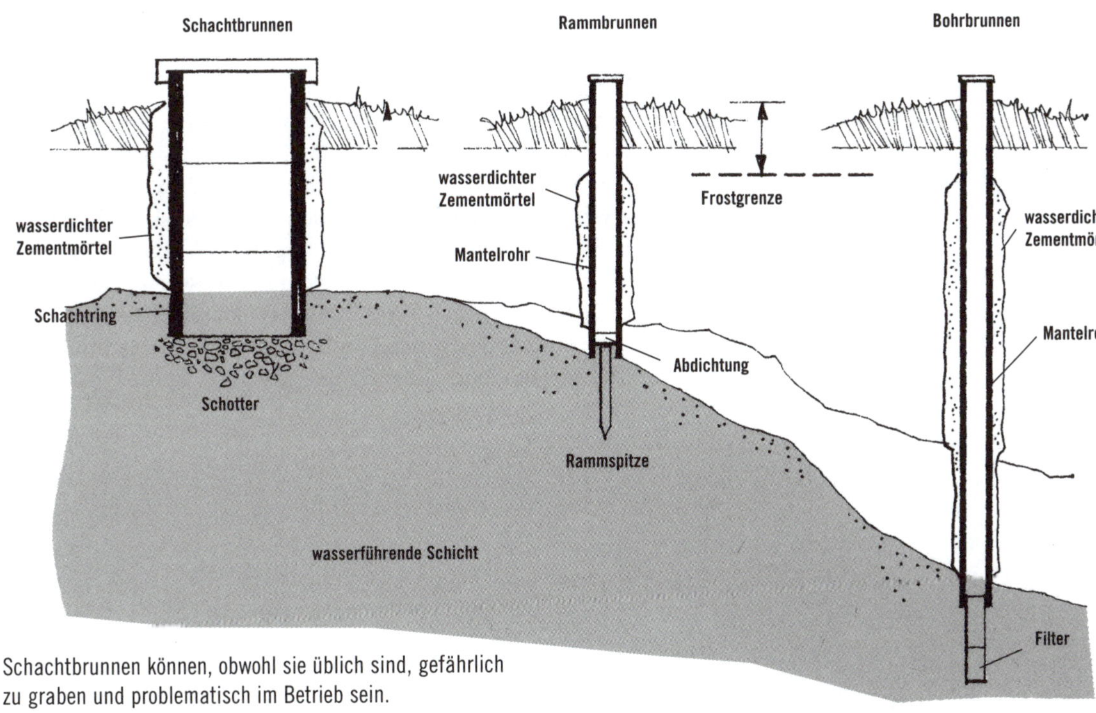

Schachtbrunnen können, obwohl sie üblich sind, gefährlich zu graben und problematisch im Betrieb sein.

Bestimmen des Wasserbedarfs

Verbrauch für	Liter pro Tag	
1 Person	120–150	
1 Milchkuh (Trinkwasser und Stallhygiene)	133	
1 Pferd, 1 trockenstehende Kuh oder 1 Fleischrind	22–45	
10 Hühner	1–3	
1 Schwein	7–15	
1 Schaf	8	
Hausbedarf	**Liter**	**Durchflußrate (l/min)**
Füllung eines Waschbeckens	8	
Füllung einer normalen Badewanne	120	
1 Toilettenspülung	6–9	
1 x duschen	ab 40	
Geschirrspüler, 1 Durchgang	8–15	
Waschmaschine, 1 Durchgang	40–80	
Verbrauch im Garten		
Wasserschlauch, ½ Zoll mit Spritzdüse		12
Wasserschlauch, ¾ Zoll mit Spritzdüse		23
Rasensprengen	125*	10–30

* einmalige Bewässerung von 50 m^2 Gartenfläche mit 2,5 l Wasser pro Quadratmeter

– verändert aus *The Home Water Supply*

Der Spülbrunnen

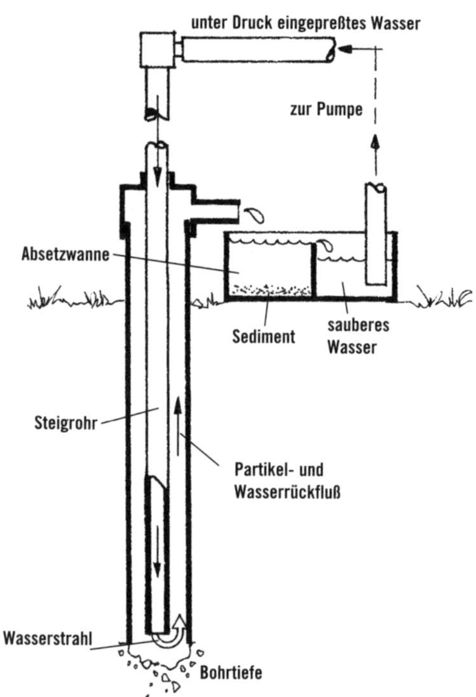

Ein Spülbrunnen kann in weichen, gleichmäßigen Boden abgeteuft werden. Dabei wird Wasser unter Druck in einem zentralen Rohr innerhalb eines größeren Mantelrohrs nach unten gepreßt. Der Druck an der Düse löst den Sand oder die Erde und spült das Material an die Oberfläche. Die Partikel bleiben in der Absetzwanne zurück, und das gereinigte Wasser kann weiter durch das System zirkulieren.

Gebohrter Schachtbrunnen

Ein gebohrter Schachtbrunnen entspricht im wesentlichen einem Schachtbrunnen, der mit einem Erdbohrgetriebe statt mit der Schaufel abgeteuft ist. Wenn der Erdbohrer von Hand betrieben wird, hat das Loch zwischen 20 und 35 cm Durchmesser. Motorbetriebene Erdbohrer erzeugen größere Löcher – bis zu 90 cm. Ein gebohrter Schachtbrunnen kann etwas tiefer sein als ein einfacher, aber selten wird ein Grundwasserspiegel von mehr als 30 m unter der Oberfläche erreicht.

Stahl- oder Kunststoffrohre werden am häufigsten für den Schachtausbau verwendet. Unter Umständen ist das Mantelrohr dort, wo das Ansaugrohr den wasserführenden Sand oder Kies erreicht, perforiert. Diese Durchbrüche nehmen Wasser aus den umgebenden Schichten auf und bedürfen eventuell eines Filters, um den Eintrag von Lehm in die Druckleitung zu verhindern. Wie alle Brunnen muß ein gebohrter Schachtbrunnen abgedichtet und vor dem Eintrag von Oberflächenwasser geschützt werden.

Erfahrungen vom Lande

Völlige Unabhängigkeit ist auch beim Wasser schlichtweg unmöglich – unabhängig davon, wie weit Sie von der Stadt entfernt leben. Die wichtigste Lektion über das Wasser ist: Was dir gehört, gehört auch mir und allen anderen.

– Stu Campbell, *The Home Water Supply*

Spülbrunnen

Wenn die Bedingungen stimmen, kann ein Brunnen auch ausgespült werden. Die beiden wichtigsten Voraussetzungen für diesen Arbeitsvorgang sind – neben einem Boden mit einer ziemlich gleichmäßigen Struktur – eine Wasserquelle in der Nähe und eine Druckpumpe. Ein Schutzrohr wird in ein gebohrtes Loch eingeführt und darin ein Steigrohr installiert, an dessen unterem Ende eine spezielle Spülspitze angebaut ist. Ein Wasserstrahl wird durch das Steigrohr nach unten gedrückt, und die Düse der Spülspitze löst den Sand und die Erde darunter. Während die Spülspitze so in die Tiefe vordringt, wird die schlammige Mischung in dem Raum zwischen dem Mantel- und dem Steigrohr nach oben in eine Absetzwanne transportiert. Später, wenn die Spülspitze wieder entfernt ist, wird das Steigrohr zum Saugrohr für das Wasser, das aus dem Brunnen gepumpt wird, und der Zwischenraum zwischen den beiden Rohren wird zur Abdichtung mit wasserundurchlässigem Mörtel verfüllt.

Ramm- oder Schlagbrunnen

Ein Rammbrunnen ist rasch abgeteuft, relativ günstig und – außer bei einem unbegrenzten Wasservorrat dicht unter der Oberfläche – im Vergleich zum Bohrbrunnen relativ unzuverlässig. In Gegenden, wo das Rammen eines Brunnens einfach ist, aber der Wasserspiegel schwankt, gehen die Eigentümer auf Nummer sicher und teufen mehrere Brunnen ab, um sie an eine gemeinsame Pumpe anzuschließen.

Rammbrunnen können 5 bis 12 m tief sein, wobei die meisten aus 7 bis 8 m Tiefe Wasser fördern. Eine Rammspitze aus Gußstahl wird mit Gewinderohren als Verlängerung verbunden und in die Erde geschlagen. Das ist der einfachste und direkteste Weg, an Grundwasser zu kommen, solange es keine Felsen im Untergrund gibt, die die Drahtgeflechthülle der Rammspitze beschädigen könnten.

Die Rammspitze selbst hat einen Durchmesser von nur 1¼ bis 2 Zoll. Sie bietet daher beim Durchteufen des Untergrunds nur einen geringen Widerstand. Das zwangsläufig dünne Steigrohr begrenzt den Ertrag eines Rammbrunnens auf etwa 12 l/min.

Bohrbrunnen

Das wohl beste Argument für einen tiefen (und wahrscheinlich teuren) Bohrbrunnen ist die geringe Kontaminationsgefahr. Das zweite ist, daß es eher möglich ist, eine höhere Leistung zu erzielen, einfach wegen der sehr großen potentiellen Absenkhöhe. Für den Bau eines Bohrbrunnens ist in jedem Fall eine wasserrechtliche Erlaubnis erforderlich. Die Vorschriften bezüglich des Standorts, der Bauweise, der Kapazität und der Kontaminationsvermeidung müssen eingehalten werden. Informieren Sie sich vor dem Beginn der Arbeiten bei der zuständigen Unteren Wasserschutzbehörde.

Bohrbrunnen werden mithilfe von zwei verschiedenen Techniken abgeteuft: dem Seilschlagbohren mit einem stoßartig arbeitenden Werkzeug an einem Stahlseil, das sich hämmernd und schlagend einen Weg in den Untergrund schafft, oder dem Drehbohren mit einem Rollenmeißel, der sich schleifend, schneidend und mahlend durch den Fels arbeitet. Beide Systeme sind an transportablen Bohrtürmen mit eigenständigen Hebevorrichtungen angebaut.

Die Felsstücke mischen sich im Bohrloch mit eingebrachtem Wasser, und der sich bildende Naßschlamm wird mit einem Bohrlöffel, einem 3 bis 6 m langen Rohr mit einem Schieber am unteren Ende, an die Oberfläche gebracht. Das Ausschöpfen gibt dem Bohrarbeiter Hinweise auf die Gesteinsschichten, die der Bohrer durchbricht.

Wenn der Brunnen ausfällt

Ein Brunnen kann über Jahrzehnte ohne Wartung genutzt werden. Wenn er früher oder später versagt, liegt das sicher an folgendem:

1. Die Pumpe hat aufgegeben.
2. Der Wasserspiegel im Brunnen ist zu tief.
3. Der Filter ist verstopft.
4. Es hat sich so viel Sand und Schlick im Brunnenloch angesammelt, daß das Wasser nicht mehr durchdringt.

Jedes dieser Probleme kann gelöst werden, solange es durch den Aufsatz auf dem Mantelrohr – eine Vorkehrung bei fast allen modernen Bohrbrunnen – einen guten Zugang gibt. Immer wenn ein Brunnenkopf geöffnet wird oder Arbeiten im Brunnen verrichtet werden, wird der Wasservorrat kontaminiert. Er muß dann desinfiziert werden, genauso wie bei der Erstabdichtung. Wasserstoffperoxid mit Silberionen dürfte das am häufigsten verwendete Desinfektionsmittel sein.

– verändert aus *The Home Water Supply*

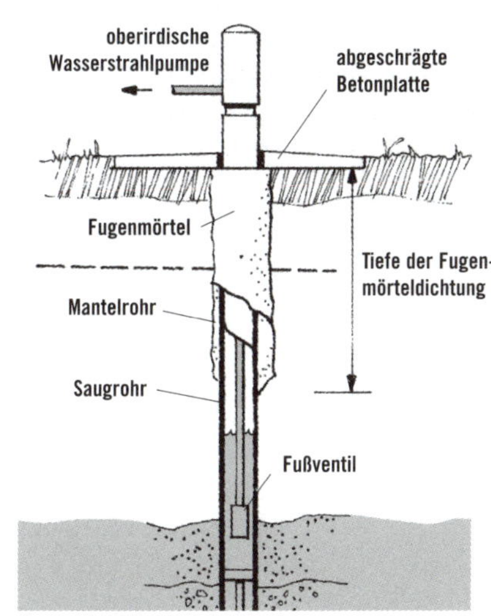

Von Hand eingerammter Brunnen

Bei dem von Hand eingerammten Flachbrunnen ist die Rammspitze im Mantelrohr sichtbar. Die Wasserstrahlpumpe saugt das darunterliegende Wasser an.

Machen Sie sich die Zentrifugalkraft zunutze

A

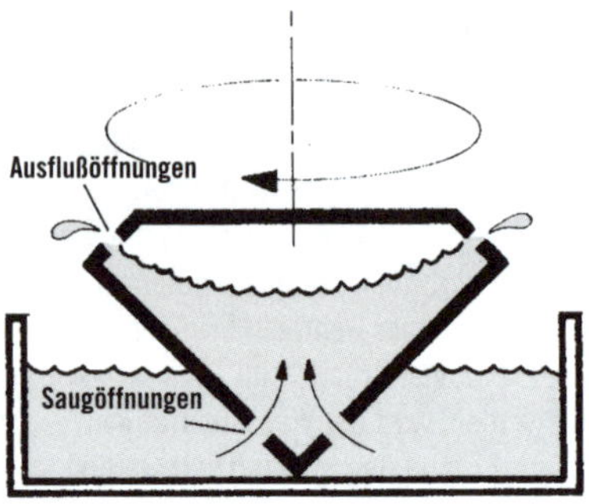

B

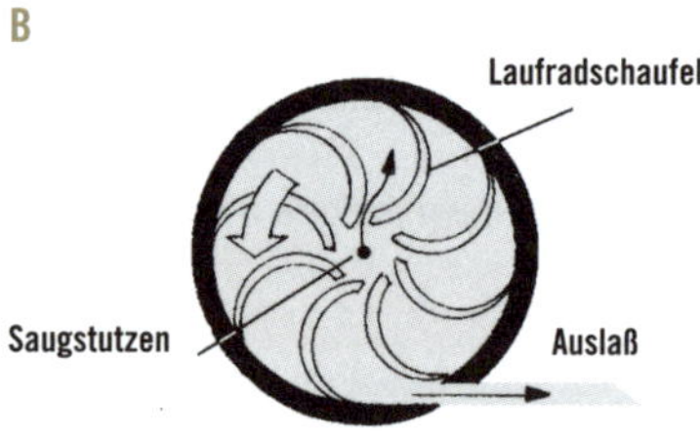

Kreiselpumpe

Eine Kreiselpumpe arbeitet wie ein Kinderkreisel, der mit Wasser gefüllt ist. Wenn er sich dreht, spritzt Wasser an den Rändern heraus und wird durch das Bodenloch nachgesaugt. Die Laufradschaufeln (B) in einer echten Kreiselpumpe drücken Wasser nach außen, was dazu führt, daß mehr Wasser in den Saugstutzen gezogen wird.

Bekanntlich sind Pumpen Maschinen zum Anheben von Wasser. Denken Sie daran, daß „Pumpen/Pumpe" sowohl für den Vorgang, der das Wasser bewegt, als auch für die Energiequelle, die dies bewirkt, steht – sei es eine Windmühle, ein Motor oder die Muskulatur eines Arms, der eine Handpumpe bedient. Beachten Sie, daß Pumpen in einer Vielzahl von Größen und Typen vorkommen. Eine sachgerechte Auswahl des Typs und der Größe ist unabdingbar, und die Auswahlmöglichkeiten sind groß. Daher lohnt es den Zeitaufwand, um etwas über jeden Typ zu erfahren.

Die Kolbenpumpe

Eine Kolbenpumpe ist eine Verdrängerpumpe. Sie besteht aus einer mechanischen Anordnung, die einen Kolben in einem dicht schließenden Zylinder vor und zurück bewegt. Der Kolben wird von einer Energiequelle angetrieben, und die erzeugte rotierende Bewegung wird über einen Drehzahlminderer, eine Kurbelwelle und eine Pleuelstange in eine Vorwärts-Rückwärts-Bewegung umgewandelt. Der Zylinder sollte nahe oder unterhalb des Ruhewasserspiegels angeordnet sein, damit die Pumpe von sich aus anläuft (Selbstläufer). Der Pumpvorgang beginnt, wenn das Wasser durch das Einlaßventil einläuft. Sobald sich der Kolben zurückbewegt, schließt das Ventil, und das Wasser wird durch das Auslaßventil hinausgedrückt. Mit jedem folgenden Arbeitstakt wird das Wasser durch das Auslaufrohr an die Oberfläche gedrückt.

Die Kreiselpumpe

Wenn ein hohler Kinderkreisel, der auf der Linie seines maximalen Umfangs Löcher hätte, bis zur Höhe dieser Löcher mit Wasser gefüllt wäre, würde er beim Drehen Wasser in alle Richtungen spritzen. Wenn der Kreisel sich schneller dreht, würde das Wasser weiter und mit mehr Kraft hinausgeworfen, also proportional zur Geschwindigkeit zunehmend. Stellen Sie sich vor, der Kreisel hätte außerdem ein Loch an seiner Grundfläche und könnte gedreht werden, während er in einem Wasserbecken steht. Sobald Wasser durch die oberen Löcher schösse, würde die gleiche Menge unten durch den Boden angesaugt. Eine Kreiselpumpe arbeitet nach demselben Prinzip.

Die Ergiebigkeit bestimmen

Der Moment der Wahrheit ist gekommen, wenn Sie vor der Frage stehen, wieviel Wasser Ihnen genau zur Verfügung steht. Es hat wenig Sinn, die Wasserförderung überhaupt in Erwägung zu ziehen, wenn zuwenig Wasser vorhanden ist.

Die Ergiebigkeit eines bestimmten Grund- oder Oberflächenwasserreservoirs kann ziemlich genau bestimmt werden. Ein Brunnenbauer mißt die ungefähre Ergiebigkeit eines gebohrten Schacht- oder eines Spülbrunnens, bevor er die Bohranlage abbaut, den Brunnen abdeckt und die Baustelle verläßt.

Ein Pumpversuch (Brunnentest) ist wohl die genaueste Methode zur Messung der Ergiebigkeit. Dabei wird Wasser mit einer Entnahmerate, die über dem berechneten Bedarf der Familie liegt, über längere Zeit – manchmal bis zu 24 Stunden – aus dem Brunnen gepumpt. So kann die tatsächliche Leistung eines Brunnens ermittelt werden.

Einmal pro Stunde wird abgepumptes Wasser, üblicherweise über fünf Minuten, in Behältern gesammelt. Wenn in dieser Zeit beispielsweise 100 l aufgefangen werden (20 l pro Minute), läßt sich daraus, mit 12 multipliziert, die Förderrate von 1 200 l pro Stunde errechnen. Wenn diese Daten über mehrere Stunden gemittelt werden, ergibt dies eine recht genaue Bilanz der Ergiebigkeit des Brunnens.

– aus *The Home Water Supply* von Stu Campbell

Jede Kreiselpumpe hat mindestens ein Laufrad, welches das Wasser über seine gewölbten Schaufeln mit ständig steigender Geschwindigkeit nach außen drückt. Ist das Wasser stark genug beschleunigt, um ein partielles Vakuum zu erzeugen, wird Wasser durch den Saugstutzen eingezogen. Das Laufrad selbst sitzt in einer präzise gearbeiteten Gleitringdichtung, um den Ansaugstutzen abzudichten und dennoch den Verschleiß zu minimieren.

Eine Kreiselpumpe verdrängt keine konstante Wassermenge. Ein Anstieg des Wasserdrucks verlangsamt die Pumpe, und sie fördert weniger Wasser, wenn sich der Wasserspiegel im Brunnen verringert. Die Kreiselpumpe eines Flachbrunnens kann nicht dafür verwendet werden, Wasser aus mehr als 4 bis 6 m Tiefe zu fördern.

Die Wasserstrahlpumpe

Wenn Wasser unter Druck durch eine kleine Öffnung gepreßt wird, wie beispielsweise durch die Düse eines Gartenschlauchs, wird es beschleunigt und spritzt. Wenn die Geschwindigkeit weiter zunimmt, beginnt sich an der Austrittsstelle ein Unterdruck zu bilden. Eine Flüssigkeit in der Nähe des Strahls wird in diesen Strahl gezogen und trägt zum Gesamtabfluß bei. Ein Wasserstrahl, der in Wasser gerichtet wird, kann so eine große Menge zusätzlicher Flüssigkeit bewegen.

Wenn dies in einem begrenzten Volumen wie einem Brunnenrohr passiert, kann mehr als das ursprüngliche Wasser bewegt werden, wenn es in einen Trichter, Diffusor genannt, gelangt, der sich allmählich weitet. Der Treibwasserstrahl, der mit hoher Geschwindigkeit aus der Düse austritt, erzeugt im Diffusor einen Unterdruck und saugt das neben der Düsenöffnung vorhandene Wasser mit. Eine Wasserstrahlpumpe ist ein metallenes Rohrsystem mit einer Treibdüse und einem Diffusor. Die Kombination aus einer Wasserstrahl- und einer Kreiselpumpe – die Kreiselstrahlpumpe – ist sehr leistungsstark. Kreiselstrahlpumpen werden in Hauswasserwerken am häufigsten verwendet. Sie erfordern wenig Wartungsaufwand, sind leise und dank ihrem einfachen Aufbau in der Anschaffung und im Betrieb wirtschaftlich.

Die Tauchpumpe

Wenn eine Kreiselpumpe von einem direkt angekoppelten Elektromotor angetrieben wird und für den Unterwassereinsatz konzipiert ist, nennt man sie Tauchpumpe. Heutige Tauchpumpen sind so schlank, daß sie in ein Brunnenrohr von 150, 100 oder sogar 50 mm Nennweite (DN) passen, und so zuverlässig, daß sie dort jahrelang ohne größere Wartung arbeiten.

Typische Tauchpumpen werden von Elektromotoren ab etwa 0,5 kW betrieben und verfügen über mehrere übereinander angeordnete Einheiten aus Flügelrad und Diffusor. Der Pumpenmotor ist mit Schmieröl gefüllt, muß aber wegen der Kühlung von Wasser umgeben sein.

Die Wartung und die Fehlerbehebung sind in der Regel einfach und unkompliziert. Die größte Gefahr ist das Durchbrennen des Motors, was passieren kann, wenn der Wasserstand zu tief sinkt oder wenn das Einlaufsieb verstopft.

– verändert nach *The Home Water Supply* von Stu Campbell und *Manual of Individual Water Supply Systems* der U.S. Environmental Protection Agency

Über Wasser

Als ich neun Jahre alt war, erklärte mir mein Großvater, ein Naturkundelehrer, die Handkolbenpumpe in seiner Blockhütte in den Adirondack Mountains. Er hatte eine alte Saugglocke im Bad, die aussah wie ein riesiger Gummipfropfen mit einem hineingebohrten Loch. Sie saß stramm in einer Blechdose, um sie griffbereit zu haben. Wenn er mich die Saugglocke in die mit Wasser gefüllte Dose drücken ließ, spritzte Wasser durch das Loch. Die Demonstration war so beeindruckend, daß ich mich immer daran erinnert habe, daß Wasser nicht komprimiert werden kann.

– aus *The Home Water Supply* by Stu Campbell

Wasserstrahlpumpe

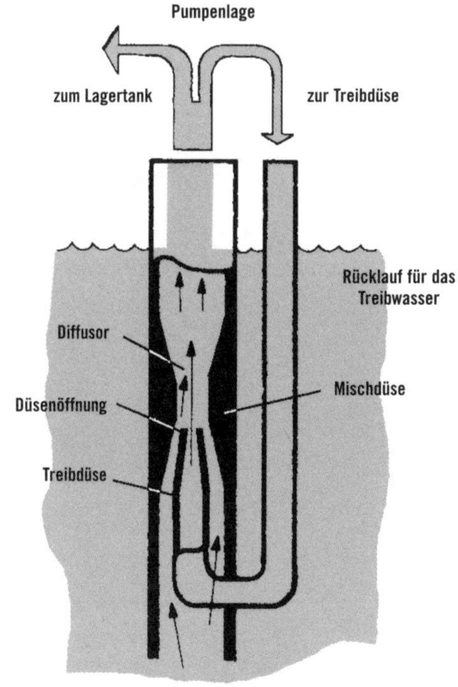

Die Pumpe drückt einen Teil des Wassers in den Rücklauf (siehe Pfeile oben im Bild). Dieser Abfluß wird in der Treibdüse beschleunigt. Am Austritt wird Wasser aus dem Brunnen in den Strom gezogen und so weit nach oben gedrückt, daß die Pumpe weiteres Wasser einsaugen kann.

PUMPEN

Die Tauchpumpe

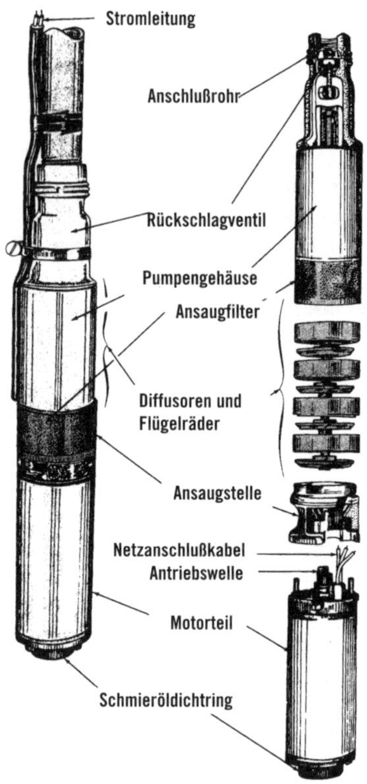

Die Tauchpumpe ist eine weitere Variation der Kreiselpumpe.

> **Warnung**
>
> Wenn Ihr Haus älter ist, beachten Sie, daß manche Tauchpumpen polychlorierte Biphenyle (PCBs) im Kühlöl enthalten haben. Dies könnte auch in das Grundwasser durchgesickert sein. Es ist daher notwendig, Ihr Brunnenwasser regelmäßig untersuchen zu lassen.

Eine Pumpe auswählen

Sie haben sich mit den Funktionsweisen der verschiedenen Pumpen befaßt. Nun nähern Sie sich der Stunde der Wahrheit – der Auswahl Ihrer Pumpe. Es ist wichtig, diesen Punkt mit Ihrem Brunnenbaufachbetrieb abzusprechen. Und es ist nötig, den Ertrag Ihrer Wasserquelle festzulegen, ihn gegen Ihren täglichen Bedarf abzuwägen und schließlich den Gesamtdruck und den Anhub Ihres Systems zu berechnen. Ein Installateur oder ein Pumpenfachhändler kann Ihnen dabei helfen.

Wenn der Anhub von der Wasserquelle zum Druckbehälter nie größer als 4 bis 7 m ist – auch wenn der Brunnen den tiefsten Stand erreicht –, ist eine Flachbrunnenpumpe der beste Kauf. Alles, was Sie zu tun haben, ist, eine Saugleitung in den Brunnen hinabzulassen.

Vergessen Sie nicht, daß eine Flachbrunnenpumpe entweder ein Fußventil unten an der Saugleitung oder ein Rückschlagventil in der Saugleitung haben sollte, damit sie nicht leerläuft. Dann wird sie sich immer ansaugen lassen. Natürlich sollte eine Pumpe oberhalb der Wasserfläche niemals einfrieren. Deshalb muß sie an einem warmen trockenen Platz untergestellt werden, der leicht zugänglich ist.

Wenn der Anhub mehr als 7 m beträgt, müssen Sie die vielen Möglichkeiten von Tiefbrunnenpumpen sondieren. Der Durchmesser des Brunnenrohrs wird Ihre Wahl beeinflussen, besonders wenn es weniger als 10 cm sind. Es gibt einige Kolbenpumpen für Brunnenrohre von Tiefbrunnen mit nicht mehr als 5 cm Durchmesser, und auch Wasserstrahlpumpen sind für 5-cm-Rohre (DN 50) erhältlich.

Bevor Sie eine Pumpe kaufen, holen Sie sich Rat bei einem Installateur und bei verschiedenen seriösen Pumpenfachhändlern. Fragen Sie nach der Betriebssicherheit, den Anschaffungskosten, der Wirtschaftlichkeit, dem Wirkungsgrad, der Wartung und der Verfügbarkeit von Ersatzteilen. Es gibt keinen Grund, warum ein guter Händler eine schlechte Beratung anbieten sollte. Ein Händler weiß, daß es später zu Wartungs- und Garantieproblemen führt, wenn er die falsche Ware verkauft.

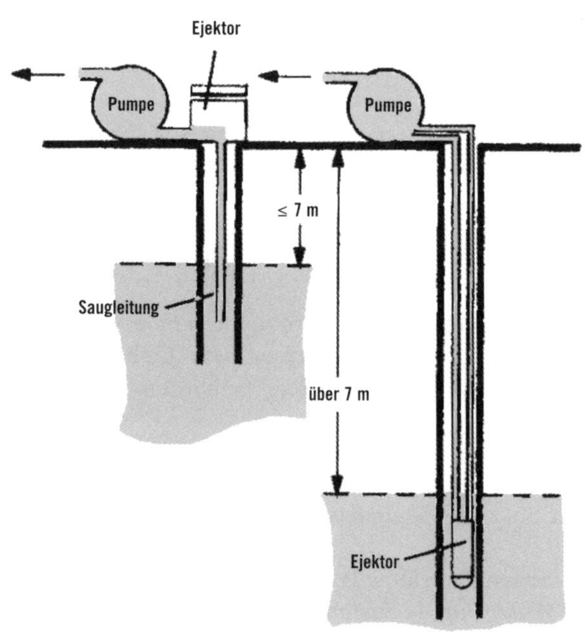

Um bei einem flachen Wasserspiegel Wasser zu entnehmen (links), können die Kreiselpumpe und der Ejektor auch oben eingesetzt werden. Sitzt der Ejektor unten (rechts), auch wenn die Pumpe oben ist, kann Wasser über größere Höhen gefördert werden.

– aus *The Home Water Supply* von Stu Campbell

Quellen zur Wasserversorgung

Nicht alle Quellen sind wunderbar sauber und schön anzusehen. Hinter meinem Haus befindet sich eine, von der ich nichts wußte, bis das Haus fertig war. Ich kann mich nur darauf verlassen, daß sie immer im November plötzlich aufbricht, im Winter regelmäßig meine Auffahrt überflutet und um den 15. Mai von selbst wieder versiegt.
Quellen nennt man alle Öffnungen, durch die Wasser aus der Erde kommt, sei es aufgrund der Schwerkraft oder durch artesischen Druck. Leider schütten viele davon so unberechenbar und mit so starken Abweichungen, daß eine Quelle nicht zwangsläufig eine zuverlässige Wasserversorgung gewährleistet. Zudem können sie, besonders wenn Oberflächenwasser mit dem Quellwasser in Kontakt kommt, leicht kontaminiert werden.

Quellfassung: Es zahlt sich aus, eine Quelle über mindestens ein Jahr zu beobachten, bevor man sich entscheidet, sie zu erschließen. Überwachen Sie sie vor allem in Trockenperioden. Will man sich wirklich von einer Quelle abhängig machen, muß sie mindestens eine Schüttung vom doppelten Maximalbedarf der Hausbewohner aufweisen – 24 Stunden am Tag, 365 Tage im Jahr.

Eine Quelle am Hang bietet einen bestimmten Wasserdruck im tiefergelegenen Haus, und zwar etwa 0,1 bar pro Höhenmeter. Der Druck bleibt so lange bestehen, wie die Quelle produktiv genug ist, um das Zuflußrohr zu füllen. Die Quelle funktioniert dann wie ein Hochbehälter.

Wenn die Quellschüttung ungleichmäßig ist, ist ein hydropneumatisches System, bestehend aus einem Speichertank, einer Pumpe und einem Drucktank, nötig, um das interne Hausleitungsnetz unter Druck zu setzen.

Wenn die Quelle unterhalb des Hauses liegt, sieht die Sache ganz anders aus. In dem Fall müssen Sie die Distanz berechnen, über die das Wasser angehoben werden muß, und den entsprechenden Druckabfall kalkulieren, bevor Sie ein ausreichend dimensioniertes Pumpsystem entwerfen können.

Eine voll erschlossene Quelle hat mindestens fünf Komponenten: einen Quellschacht, also einen Wasserbehälter, der oben wasserdicht verschlossen ist, damit kein oberflächennahes Wasser eintreten kann, aber unter der Geländeoberfläche durchlässig genug, um das Grundwasser frei hineinfließen zu lassen, eine Betoneinfassung, einen Zustieg für die Reinigung, einen Überlauf und ein Abflußrohr, das mit dem Verteilungssystem im Haus verbunden ist.

Schutzvorkehrungen: Die Sicherung der Wasserqualität ist bei jeder Trinkwasserquelle das A und O. Die Abdeckung einer Quelle muß sich entfernen lassen, sie sollte aber massiv und gegebenenfalls arretiert sein. Mir ist kein Kind bekannt, das der Versuchung widerstehen könnte, eine einmal entdeckte Quelle zu inspizieren. Es ist das beste, eine Quelle einzuzäunen, um Kinder und Tiere davon fernzuhalten.

Die Fläche oberhalb der Quelle sollte entweder als Böschung oder als Graben angelegt sein, um das Oberflächenwasser rasch abzuleiten. Wenn das Quellwasser nach einem heftigen Regen trüb aussieht, könnte Oberflächenwasser in die Quelle eingedrungen sein.

Eine kontaminierte Quelle muß desinfiziert werden, genau wie ein Brunnen oder eine Zisterne. Dafür wird eine Lösung aus Wasser und Wasserstoffperoxid mit Silberionen in die Quellfassung gegossen, die dann durch das Rohr bis zum Haus fließen muß. Das Desinfektionsmittel sollte möglichst 24 Stunden im System gehalten werden, bevor es gründlich ausgespült wird.

– aus *The Home Water Supply* von Stu Campbell

Die unterirdische Welt eines Quellschachts

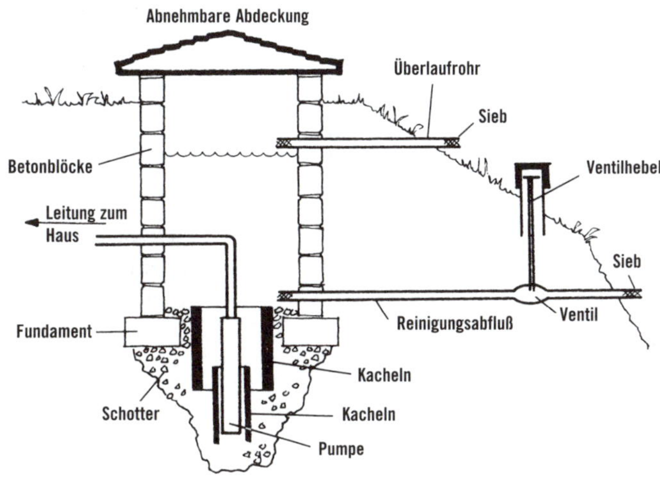

Ein typischer Quellschacht mit einer abnehmbaren Abdeckung. Wenn das Haus oberhalb der Quelle steht, wird eine Tauchpumpe in der Quelle oder eine Saugpumpe im Haus benötigt.

Einen Baggerweiher anlegen

Neue Teiche können in zwei Varianten angelegt werden: als Baggerweiher und als eingedeichter Weiher. Erstere sind auf nahezu ebenem Gelände einfacher und kostengünstiger anzulegen. Sie machen teure und aufwendige Eindeichungen, Entlastungswehre und Abflußsysteme unnötig. Die Unterhaltskosten sind gering, und sie sind bezüglich Überflutungsschäden relativ sicher. Ihr Nachteil liegt vielleicht in der Größenbegrenzung der Fläche, die ausgehoben werden kann.
Eingedeichte Weiher sind in Deutschland schon allein aufgrund des hohen Flächenbedarfs für die Dämme extrem selten.
Die Wahl der richtigen Größe ist der wichtigste Teil jeder Planung. In den meisten Bundesländern gilt die 100-m³-Regelung, das heißt, Teiche bis zu einem Aushub von 100 m³ Boden sind im eigenen Garten genehmigungsfrei. Allerdings müssen auch die Bebauungspläne der jeweiligen Gemeinde beachtet werden. In jedem Fall sollte daher vor Beginn der Planungen Kontakt zum zuständigen Bauamt aufgenommen werden.
Die Wasserhaltekapazität des Bodens ist ebenfalls wichtig für die Planung und besonders kritisch zu bestimmen. Wenn Sie Testbohrungen bis in die beabsichtigte Tiefe des Teiches abteufen und das Loch mit Wasser füllen, bekommen Sie eine erste Einschätzung der Wasserhaltekapazität der unteren Bodenschichten. Wenn Sie zweifeln, ob der Test wirklich die Eigenschaften der Teichsohle wiedergibt, schieben Sie ein Rohr bis zum Anschlag in das Loch und füllen es mit Wasser auf. Der Füllstand zeigt Ihnen nun die Wasserhaltekapazität der untersten Schicht sicher an.
Ausgebaggerte Teiche können durch Regenwasser, Grundwasseraquifere, Untergrundwasser von natürlichen Quellen oder von Wasser, das aus einem Brunnen gepumpt wird, gefüllt werden. Wenn Sie einen hohen Wasserspiegel haben, ist die Wasserhaltekapazität im Teich kein Problem. Wenn der Wasserspiegel auf Ihrem Grundstück zu niedrig liegt, müssen Sie eine Wassersperre einbauen.
Bentonit ist ein Tongestein mit exzellenten Dichteigenschaften. 750 g/m² werden in die oberen 15 cm der Teichsohle eingemischt und anschließend verdichtet. Die gängigere und günstigere Alternative ist die Verwendung einer speziellen Teichfolie aus dem Fachhandel. Bei kleineren Teichen ist auch die Verwendung vorgefertigter Teichwannen möglich (s. Kapitel 12, S. 252 f.).
Rechteckige Teiche können am einfachsten mit den entsprechenden Maschinen ausgehoben werden, aber mit einem gewissen Mehraufwand sind die verschiedensten Formen möglich.
In der Regel wird das ausgebaggerte Material vom Grundstück entfernt. Das ist jedoch teuer. Alternativ kann der entnommene Boden als Deich rund um den Teich angehäuft werden, um dessen Wasserspiegel anzuheben.

Ein Baggerweiher

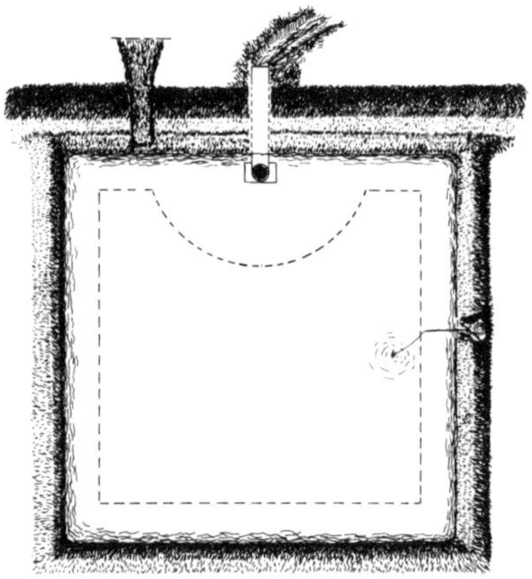

Das Bild zeigt einen ausgebaggerten viereckigen Teich mit einer angrenzenden Böschung daneben. Diese Situation ist ideal, jedoch selten anzutreffen. In allen anderen Fällen funktioniert das natürliche Abflußsystem nicht. Daher müssen Einrichtungen installiert werden, um das überflüssige Wasser bei Bedarf abpumpen zu können.

Sonderfall Schwimmteich

Ein Schwimmteich ist ein künstlich angelegter Teich, der durch geschickte Kombination von naturnahen Bereichen und Schwimmfläche die chemische Wasseraufbereitung unnötig macht. Die Schwimmzone dient dem Badebetrieb, während die naturnahe Regenerationszone mit Sumpf- und Wasserpflanzen gestaltet wird und der Wasserreinigung dient. Gerade der naturnahe Bereich wird gerne von Gästen wie Amphibien und Vögeln besucht.
Neben großen öffentlichen Schwimmteichen können kleinere Varianten ab etwa 60 bis 70 m² Wasserfläche auch in Privatgärten angelegt werden – die entsprechende Baugenehmigung vorausgesetzt. Dabei sollte mindestens die Hälfte der Fläche für den Regenerationsbereich zur Verfügung stehen, damit die biologische Wasserreinigungsleistung ausreicht. Im Schwimmbereich sind 2 m Wassertiefe ratsam, um stetigen Bodenkontakt beim Schwimmen zu vermeiden. Je tiefer ein Teich ist, desto besser ist die Wasserqualität. Wird der Teich auch von Kindern genutzt, sollten aber entsprechend flachere Teilbereiche eingeplant werden.

Der Schwimmbereich muß in kleinen Teichen durch eine Sperre aus Holz, Säcken oder einer Mauer vom Regenerationsbereich getrennt werden, die bis etwa 40 cm unter die Wasseroberfläche reicht, damit störungsfreies Schwimmen möglich ist. Im Regenerationsbereich – Betreten der Uferzone und Schwimmen sind hier tabu – sind die Uferböschungen abgeflacht, so daß sie mit verschiedenen Sumpf- und Wasserpflanzen gestaltet werden können. Dabei ist die Fähigkeit der Pflanzen, das Wasser zu reinigen, eines der Entscheidungskriterien. Im Winter werden Pflanzen wie Schilfarten oder Binsen abgeschnitten und entfernt. Damit werden die im Sommer aus dem Wasser entzogenen Nährstoffe aus dem System genommen. Fische sind im Schwimmteich nicht zu empfehlen, da sie zu viele Nährstoffe eintragen.

Der Bau unterscheidet sich nicht wesentlich von der Anlage eines ungenutzten Gartenteichs. Der Untergrund muß mit Bentonit oder Teichfolie abgedichtet werden. Gerade kleine Schwimmteiche kommen häufig trotz Regenerationszonen nicht ganz ohne Technik aus. Daher sollten bereits beim Bau Leerrohre für die elektrischen Leitungen eingeplant werden. In den meisten Fällen sind zumindest Pumpen nötig, die das „verbrauchte" Badewasser zur Reinigung in die Filterzone befördern, häufig auch zusätzliche physikalische Filtersysteme, wie Filtervliese oder -granulate. Grundsätzlich eignet sich auch für Schwimmteiche Regen- oder Grundwasser besser als Leitungswasser. Nach der Fertigstellung ist die Impfung mit Wasser aus einem gut funktionierenden Teichökosystem zu empfehlen. Dadurch werden dem neuen Teich die Kleinstlebewesen zugeführt, die für eine gute Reinigungswirkung nötig sind, und die Ausbildung der biologischen Filterfunktion wird damit beschleunigt.

Natürlich muß der Schwimmteich auch gepflegt werden: Im Frühjahr ist seine Funktionstüchtigkeit zu überprüfen, die Filtermedien sind eventuell zu reinigen, und Reste von Blattwerk sollten entfernt werden, am besten mit einem Teichsauger. Einige Wasserparameter wie pH-Wert, Gesamt- und Karbonathärte sowie die Gehalte an Phosphor, Nitrat und Nitrit als Hauptnährstoffe sollten im Frühjahr durch eine Wasseranalyse im Labor kontrolliert werden.

Im Sommer sind stark wuchernde Pflanzen zurückzuschneiden, gegebenenfalls Algen zu entfernen, und es ist auf eine ausreichende Betriebszeit der Pumpe zu achten. Außerdem müssen Wasserverluste ausgeglichen werden.

Im Herbst sind vor allem die herabfallenden Blätter regelmäßig von der Wasseroberfläche zu entfernen – oder der Teich wird mit einem Laubschutznetz abgedeckt. Die Wasserpflanzen müssen jetzt zurückgeschnitten werden, die Pumpe ist vor der Frostperiode abzuschalten und das Restwasser zu entfernen.

– Anita Heidenfelder

Was Fische brauchen

Wenn Sie Ihren Teich mit Fischen besetzen möchten, muß er tief sein. Ein kleiner tiefer Teich ist besser geeignet als ein großer flacher, da ein flacher Weiher enorm viel Wasser durch Verdunstung verliert und im Winter Gefahr läuft, bis zum Grund durchzufrieren.

Teichlebewesen brauchen generell klares Wasser, keinen Schlick. Das bedeutet, daß die Böschungen mit einer gut deckenden, tiefwurzelnden Kultur wie etwa Klee bepflanzt werden sollten, die einen so klaren Oberflächenabfluß wie das Regenwasser selbst garantiert, wobei nur wenig Nährstoffe in den Teich einsickern.

Warnung!

Stauwasser ist eine Gefahrenquelle, und Sie sind verantwortlich, falls irgend etwas passiert, zum Beispiel wenn ein Damm bricht. Diese Art von Schaden kann von der Haushaftpflichtversicherung ausgeschlossen sein. Das Wasser in normalen Wasserleitungen oder Tanks ist kein Problem, aber der Hauseigentümer ist verantwortlich für alle Schäden, die durch Wasser entstehen, das aus großen Behältern oder Aufstauungen entweicht.

WASSERVERTEILUNG

Ihre Wasserverteilung planen

Wasserverteilungssysteme gelingen am besten, wenn sie umsichtig geplant, aufgezeichnet und eher auf die Bedürfnisse zugeschnitten als an die Tradition gebunden sind.
Über die Anschaffungskosten hinaus muß die langfristige Nutzung jedes installierten Geräts betrachtet werden. Zweckmäßigkeit und eine ausreichende Versorgung des gesamten Systems sind ebenso wie der Energieverbrauch gründlich zu bedenken. Die Unterhaltskosten sind ein weiterer wichtiger Faktor. Und Geräusche in Ihrer Wasserversorgung können zu einem dauernden Ärgernis werden. Die Installationsarbeiten innerhalb Ihres Hauses gehören zur Hausbau- oder -umbauplanung. Außenliegende Wasserhähne und sonstige Entnahmestellen sind eine Sache für sich, und auch auf deren Planung sollten Sie größten Wert legen.

Zeichnen Sie zuerst einen Plan Ihres Grundstücks einschließlich aller Gebäude und Nebengebäude. Wenn Sie dies maßstabgetreu tun, läßt sich das ganze Projekt einfacher verstehen und beurteilen. Zeichnen Sie auch jedes Hindernis ein, das einen einfachen geraden Verlauf einer Leitung erschweren könnte.

Nun gilt es, den Bedarf an den einzelnen Entnahmestellen abzuschätzen. Sie sollten nicht nur die maximale Entnahme in jedem Gebäude ermitteln, sondern auch festlegen, welche Entnahmestelle die höchste Abflußrate benötigt.

Ziehen Sie nun eine Linie von der Wasserquelle, beispielsweise dem Brunnen, zum Punkt des höchsten Verbrauchs, wahrscheinlich dem Wohnhaus, und eine weitere Linie zum nächstgelegenen Hauptentnahmepunkt. Die Leitungen sollten so direkt wie möglich in bis unter die Frostgrenze ausgebaggerten Gräben verlegt werden, aber es kann Situationen geben, wo eine direkte Leitungsführung zwar der kürzeste, aber nicht der einfachste Weg zwischen zwei Punkten ist.

Planen Sie Absperrventile in das System ein und ordnen Sie sie so an, daß Teile der Wasserversorgung für Reparaturen stillgelegt werden können, während der Rest des Systems in Betrieb ist.

Nehmen Sie sich Zeit, um herauszufinden, was Sie wollen und brauchen. Wenn Sie Ihre Zeichnung fertig haben, gehen Sie damit zum Installateur. Es ist den Aufwand wert, die Leistungen und die Kosten, aber auch den Service verschiedener Fachfirmen miteinander zu vergleichen und den Dienstleister entsprechend auszuwählen.

Sicherheit zuerst

Wenn Sie ein Wasserverteilungssystem auf Ihrem Grundstück planen, denken Sie daran, daß Baugräben gefährlich sein können. Die Wände können während der Arbeiten einstürzen, wenn sie nicht durch Bohlen gesichert sind.
Außerdem sollten Baugräben nie unbeaufsichtigt offen gelassen werden. Sie können sich mit Regenwasser füllen und zu einer ernsthaften Gefahr werden.

Entwerfen Sie Ihr Verteilungssystem

Zeichnen Sie die Hauptwasserleitung und die Stichleitungen auf, die Sie auf Ihrem Grundstück brauchen – wenn möglich maßstabgetreu. Dann ermitteln Sie den Wasserbedarf an jeder Entnahmestelle und fügen die Werte in die Skizze ein.

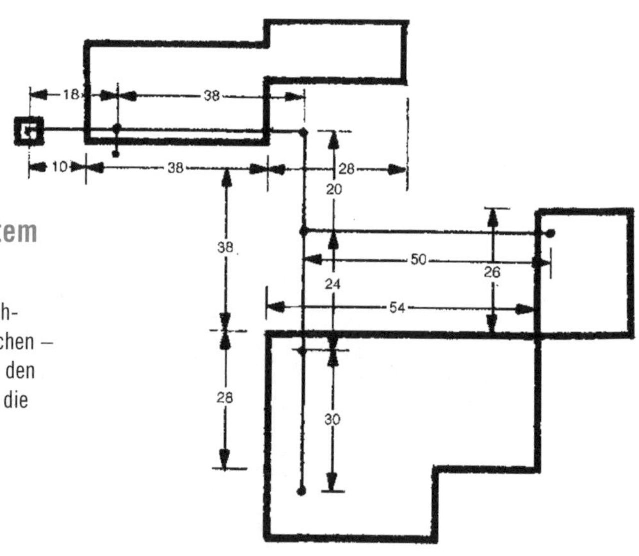

– aus *The Home Water Supply* von Stu Campbell

Frostschutz

Wenn Wasser von der flüssigen in die feste Phase übergeht, also gefriert, nimmt sein Volumen um elf Prozent zu. Diese Ausdehnung ist mehr als ausreichend, um Rohrleitungen, Behälter und Maschinen zu zertrümmern. Frostschutz ist daher ein entscheidender Teil jedes Wasserversorgungssystems.
Alle Lagerbehälter, Drucktanks und Pumpen oberhalb der Frostgrenze im Boden – sie wird in Mitteleuropa pauschal bei 80 cm unter der Geländeoberfläche definiert – müssen an einem Ort aufgestellt sein, wo sie im Winter nicht gefrieren können. In den meisten Regionen kann die Oberkante einer unterirdischen Zisterne bis über die Frostgrenze hinausragen, solange der Auslaß im frostfreien Bereich liegt.
Heizbänder, die um die Rohrleitungen gewickelt werden, beugen zusammen mit einer Wärmedämmung dem Einfrieren der Leitungen vor, wenn sie Frost ausgesetzt sind. Wenn Leitungen einfrieren, aber noch nicht geplatzt sind, können sie mit einem tragbaren Heizgerät, zum Beispiel einem Gas-Heizstrahler, wieder aufgetaut werden.

Wasserspeicher

Wasservorräte sind ein entscheidender Bestandteil aller Wasserversorgungssysteme für Haus und Hof, besonders dann, wenn das Grundstück nicht an das öffentliche Wassernetz angeschlossen ist. Die Lagerung von Wasser für den späteren Bedarf erfolgt hauptsächlich auf drei Arten:
Zisternen sind unterirdische Sammelbehälter, meist für Regenwasser. Eine Zisterne kann schätzungsweise zwei Drittel bis drei Viertel der jährlichen Niederschlagsmenge aufnehmen, die über der Auffangfläche fallen. Manche Haushalte greifen nur im Notfall auf Zisternen zurück, andere nutzen Regenwasser zum Gartengießen, Putzen, für die Toilettenspülung oder andere Anwendungen, die keine Trinkwasserqualität erfordern. Weil Regenwasser weich ist, kann es gut zum Baden und für die Wäsche genutzt werden.
Eine gute Zisterne zu errichten ist nicht ganz einfach. Sie kann gemauert werden, aber hochverdichteter Beton, der während des Schüttens in eine Schalung gerüttelt wird, ist weit besser geeignet. Man sollte den Beton vollständig aushärten lassen, bevor man die Zisterne in Betrieb nimmt. Für kleinere Volumina sind auch vorgefertigte Container aus Kunststoff erhältlich.
Zisternen sollten grundsätzlich über einen Einstieg verfügen. Dieser muß jedoch gesichert sein, um unerwünschte Besucher und Substanzen zurückzuhalten. Für große Zisternen eignen sich geschlossene Kanaldeckel. Zisternen sollten in regelmäßigen Abständen mit Wasserstoffperoxid desinfiziert werden.
Hochbehälter, sogenannte Falltanks, bringen durch die Schwerkraft Druck in das Versorgungssystem darunter. Allerdings sollte der höchstgelegene Wasserhahn immer noch mindestens 1 m unterhalb des Falltanks liegen.
Falltanks sind in der Regel dafür ausgelegt, die Hausbewohner für mindestens zwei Tage mit Wasser zu versorgen. Sie brauchen Lüftungsöffnungen, damit Luft nachströmen bzw. entweichen kann, wenn der Wasserstand sinkt bzw. steigt. Die Lüftungsöffnungen sollten mit Filternetzen ausgestattet sein, um Insekten und kleine Tiere zurückzuhalten.
In warmen Regionen sind Falltanks in der Regel auf dem (meist flachen) Hausdach installiert. In unseren Breiten ist ein frostfreier Stellplatz, zum Beispiel in einem gedämmten Speicher, nötig. Zudem muß die Statik des Hauses entsprechend ausgelegt sein.
Druckbehälter bilden die dritte Möglichkeit der Wasserspeicherung. Obwohl sie nur eine geringe Kapazität haben, gelten hydropneumatische Druckbehälter und Speichertanks als die hygienischste Form, Wasser bereitzuhalten. Zusätzlich gewährleisten sie immer ausreichenden Wasserdruck in der Leitung.

– verändert aus *The Home Water Supply* von Stu Campbell

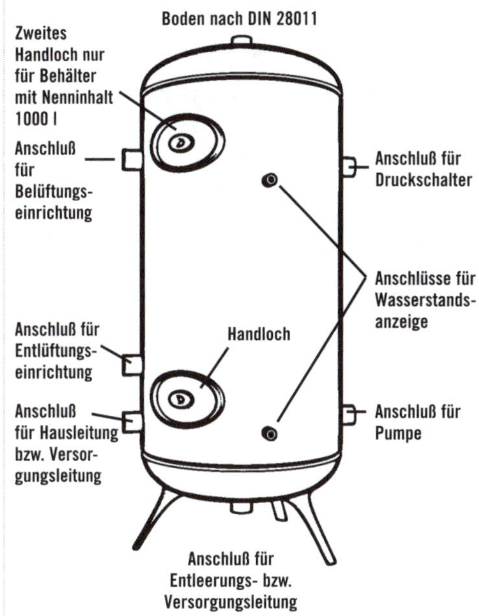

Aufbau eines Druckbehälters

Druckbehälter sind aus verzinktem Stahl oder Edelstahl hergestellt. Üblicherweise finden in privaten Wasserversorgungsanlagen Tanks zwischen 150 und 3 000 l Fassungsvermögen Verwendung.

IHR LANDSITZ

Filtersysteme für Trink- und Brauchwasser

Im Wasser suspendierte Schwebstoffe müssen entfernt werden, um sicheres Trinkwasser – insbesondere bei Oberflächenwasser – zu erhalten. Für diesen Zweck wurden verschiedene Filtersysteme entwickelt.

Der Vorteil von Sandfiltern ist, daß Sand unbegrenzt verwendbar ist. Durch das Zurückspülen in die entgegengesetzte Richtung oder eine Reinigung des Sandbetts wird das angesammelte Material entfernt. Nachteile beim Einsatz für Trinkwasser sind die Notwendigkeit chemischer Vorbehandlungen mit mehreren Einheiten und deren Kosten sowie zusätzliche Betriebsanforderungen.

Bei **Langsamsandfiltern** rieselt das Wasser langsam durch das Sandbett. Sie brauchen im Vergleich zu Schnellsandfiltern eine größere Filterfläche, aber sie sind ideal für den drucklosen Durchfluß in Oberflächenwassersystemen und kleinen individuellen Systemen. Die Anlagen werden meistens im Außenbereich errichtet und müssen entsprechend gedämmt werden.

Drucksandfilter werden automatisch gesteuert, erfordern aber dennoch eine Überwachung der Arbeitsweise und eine Wartung. Sie entfernen Eisen- und Manganoxide genauso zuverlässig wie größere Partikel, können aber fein suspendiertes Material nicht effektiv herausfiltern. Die relativ preisgünstigen Filter können auch von einem geschickten Laien installiert werden.

Aktivkohlefilter entfernen sowohl suspendierte Schwebstoffe als auch andere Kontaminationen über Absorptionsprozesse. Sie sind das effektivste Hilfsmittel für das Eliminieren eines breiten Spektrums von organischen Komponenten. Aktivkohlefilter sind einfach zu unterhalten. Wenn sie verstopft sind, hilft einfaches Zurückspülen, um sie zu reinigen. Dennoch sollten sie regelmäßig ersetzt werden, da sie einen idealen Nährboden für Bakterienwachstum bilden.

Erfahrungen vom Lande

Um im Falle eines Brandes ausreichend geschützt zu sein, sollten Sie für wenigstens zwei Stunden mindestens 40 l Wasser pro Minute bei einem Druck von zwei bis drei Bar verfügbar haben – auch in der trockensten Jahreszeit. Manche Experten veranschlagen sogar das Doppelte. Wenn Sie die Wasserversorgung Ihrer Außenanlagen planen, empfiehlt es sich, die Außenwasserhähne auch mit Blick auf den Brandschutz zu positionieren.

– Stu Campbell,
The Home Water Supply

Langsamsandfilter

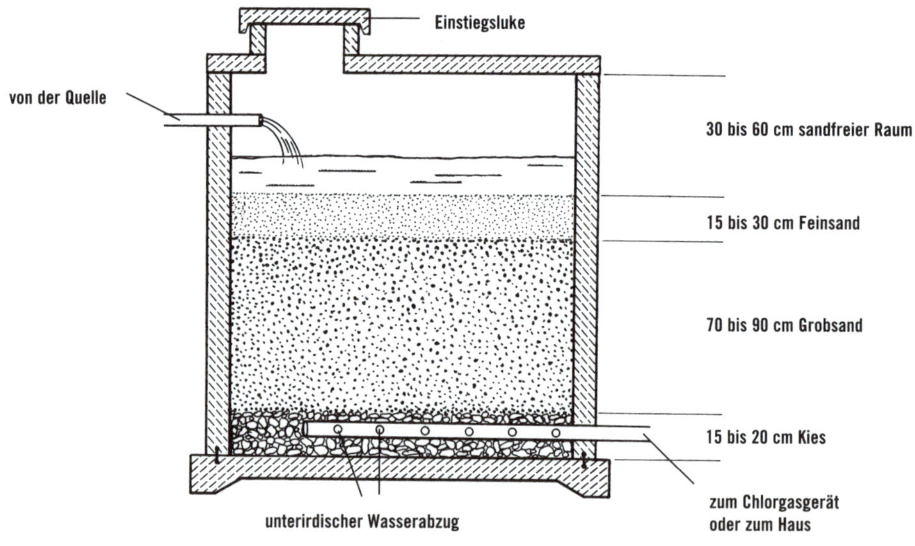

Langsamsandfilter sind für den drucklosen Durchfluß in Oberflächenwassersystemen besonders geeignet.

„Belebtes“ Trinkwasser

Neben den in der Trinkwasserverordnung definierten Kriterien zur Trinkwasserqualität wie Inhaltsstoffe, Keimbelastung und Wasserhärte gibt es eine ganze Anzahl von schwer nachweisbaren Parametern, die sich um die energetischen Aspekte des Trinkwassers, seine Schwere und Lebendigkeit drehen. Zur Verbesserung des Trinkwassers auf dieser Ebene befinden sich zahlreiche Apparaturen und Anlagen auf dem Markt. Inwieweit sich der Einsatz auf die Gesundheit und die Lebensqualität des Menschen auswirkt, muß jeder für sich selbst entscheiden.

– Anita Heidenfelder

Verschiedene **Kartuschen- und Keramikfilter** können an unterschiedlichen Stellen im Wasserversorgungssystem installiert werden. Manche werden direkt an der Mischbatterie angebracht, andere überbrücken sie, und wieder andere werden direkt in die Hauptleitung zum Haus integriert. Kartuschenfilter werden in Mikrometergrößen eingestuft; diese entsprechen der minimalen Partikelgröße, die durch den Filter noch entfernt werden kann. Sie liefern aber kein bakteriologisch sicheres Wasser. Ich kann sie nicht empfehlen. Für eine Wasserversorgung aus Seen, Weihern, Flüssen und Zisternen ist eine kontinuierliche Desinfektion nötig. Sie wird auch für eine oberflächennahe Wasserversorgung zum Beispiel über Flachwasserbrunnen und Quellen empfohlen.

– aus *How Safe Is Your Water?* von Kenneth M. Stone

Trinkwasserdesinfektion

Für die kontinuierliche Desinfektion von Trinkwasser in Hauswasseranlagen stehen verschiedene Verfahren zur Verfügung. Das modernste ist die UV-C-Desinfektion. Das vorbeiströmende Wasser wird in einer speziellen Röhre mit ultraviolettem Licht zwischen 255 und 265 Nanometer Wellenlänge (UV-C-Bereich) bestrahlt. Diese Wellenlänge ist besonders geeignet, um Mikroorganismen abzutöten. Der Zusatz von Chemikalien ist nicht nötig, was diese Technik sehr umweltfreundlich macht und, im Gegensatz zur Chlorbehandlung, keine Auswirkung auf den Geschmack und den Geruch des Wassers hat. Ein weiterer Vorteil ist, daß gegen UV-Licht keine Resistenzen gebildet werden können.

Die Nachteile von UV-C-Desinfektionsanlagen liegen in der geforderten Wasserbeschaffenheit: Das Wasser muß möglichst frei von Partikeln und klar sein, damit es vollständig von der Strahlung durchdrungen bzw. diese nicht durch eine Trübung abgeschwächt wird. Auch sollte der Kalkgehalt nicht zu hoch sein, da Kalkablagerungen sich auch auf der Lampe absetzen und ebenfalls die Lichtintensität herabsetzen. Die Kombination der UV-C-Entkeimung mit einem Vorfilter und einer Entkalkungsanlage ist daher je nach Wasserbeschaffenheit anzuraten.

– Anita Heidenfelder

Funktionsweise einer UV-Desinfektionsanlage

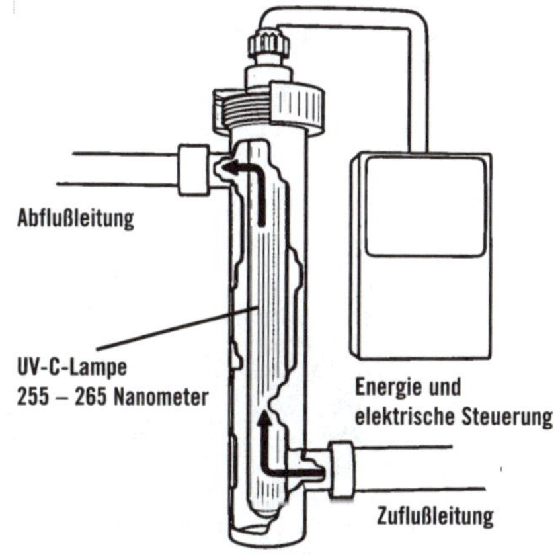

UV-Desinfektionsanlagen lassen sich problemlos in bestehende Leitungssysteme einbauen.

IHR LANDSITZ

WASSERQUALITÄT

Sauberes Wasser für Geflügel

Ein Huhn braucht jederzeit Zugang zu frischem Trinkwasser, damit es gedeihen kann. Auch wenn ausreichend Wasser zur Verfügung steht, können Hühner unter Wassermangel leiden, wenn sie den Geschmack des Wassers nicht mögen. Wenn Sie vermuten, daß Ihr Wasser hohe Mineralstoffkonzentrationen enthält, sollten Sie es testen lassen.

– aus *A Guide to Raising Chickens* von Gail Damerow

Inhaltsstoff	Empfohlene Höchstmenge
Eisen	2 mg/l
Nitrat	45 mg/l
Sulfat	250 mg/l
Natriumchlorid (Salz)	500 mg/l
Gesamt gelöste Stoffe	1 000 mg/l
Gesamtalkalinität	400 mg/l
pH-Wert	8,0

Wasser analysieren lassen

Es gehört zur guten fachlichen Praxis, bei einer neu für den Betrieb vorgesehenen Trinkwasserquelle eine komplette Laboranalyse vornehmen zu lassen. Eine solche Analyse verrät Ihnen vor der Nutzung des Wassers, ob es sicher ist. Sie dient auch als Grundlage für alle folgenden Wasseranalysen.

Wenn Sie Ihr Wasser analysieren lassen wollen, um ein vermutetes Problem zu diagnostizieren, und bereits früher ein umfangreicher Test vorgenommen wurde, kann die neue Analyse begrenzt werden. In diesem Fall sollten Sie Ihre Vermutung mit dem Analyselabor besprechen, damit die benötigten Parameter exakt bestimmt werden können. Durch die detaillierte Beschreibung des Problems können Sie unnötige Kosten für zusätzliche Tests sparen.

Eine saubere Probennahme ist wichtig für eine fehlerfreie Trinkwasseranalyse. Die Proben müssen üblicherweise in ordnungsgemäß vorbehandelten Flaschen gesammelt werden. Fragen Sie am besten im Analyselabor nach.

Wenn Sie an das öffentliche Wasserversorgungsnetz angeschlossen sind, wenden Sie sich an Ihren Wasserversorger, bevor Sie eine Wasseranalyse vornehmen lassen. Vielleicht ist er bereit, bei einem Problem kostenlos eine Wasserprobe bei Ihnen zuhause zu entnehmen.

Die Untersuchungsergebnisse verstehen

Die Laborberichte bieten eine Erklärung der Ergebnisse inklusive der Grenzwerte für die einzelnen Inhaltsstoffe und zeigen, welche Schadstoffe – falls welche enthalten sind – problematisch sein könnten.

Die Laboranalyse soll Ihnen helfen, mögliche Mängel an Ihrem Wasserversorgungssystem zu bestimmen, und darauf hinweisen, wo das Problem liegen könnte. Manche Schadstoffe resultieren aus der Passage durch das Rohrleitungssystem oder aus der Wasseraufbereitung; andere sind auf eine Verschmutzung der Wasserquelle zurückzuführen. Beachten Sie die Tabelle zu den möglichen Verschmutzungsquellen auf Seite 43 als grundsätzliche Orientierungshilfe.

Probleme mit der Wasserqualität können entweder durch die Eliminierung des Fehlers in der bestehenden Wasserversorgung oder durch eine neue Wasserversorgungsquelle behoben werden. Das grundlegende Prinzip aus gesundheitlicher Sicht besteht darin, zuerst die bestmögliche Wasserquelle für unkontaminiertes Wasser zu finden und dann die Wasserqualität durch eine sorgfältige Erschließung zu sichern. Diese Vorgehensweise ist auch aus finanzieller Sicht am besten, denn wann immer teure Wasseraufbereitungsanlagen und hohe Betriebsaufwendungen (Chemikalien, Strom, Wartung und Reparaturen) vermieden werden können, sparen Sie bares Geld. Dennoch kann eine sorgfältige Erschließung und Bauausführung nur eine begrenzte Anzahl von Problemen ausmerzen, und eine zusätzliche Wasseraufbereitung kann trotzdem erforderlich werden. Ihre Entscheidung hängt von zahlreichen Faktoren ab, wie etwa:

- **der Art des Problems:** Kann der Schadstoff einfach entfernt oder neutralisiert werden? Bedeutet er ein Gesundheitsrisiko?
- **der Quelle des Problems:** Kommt ein Schadstoff aufgrund einer mangelhaften Bauausführung aus der Bezugsquelle, aus den Rohrleitungen oder durch das Aufbereitungssystem ins Wasser?
- **der Verfügbarkeit von alternativen Wasserquellen:** Können Sie eine andere Wasserversorgung auf Ihrem Grundstück aufbauen? Steht ein entsprechender Standort zur Verfügung? Erlaubt der Bebauungsplan eine individuelle Wasserversorgung? Ist die Wasserqualität der neuen Quelle besser?
- **den Kosten der Optimierung:** Sind die Kosten der Wasseraufbereitung langfristig höher als die Kosten einer neuen Wasserquelle?

– aus *How Safe Is Your Water?* von Kenneth M. Stone

Kurzfristige Lösungen

Bakteriologisch kontaminiertes Wasser zu trinken kann gesundheitsschädlich sein. Solches Wasser müssen Sie behandeln, um Krankheiten oder gar Epidemien vorzubeugen. Die einfachste Methode – zumindest für kurze Zeit – ist das Abkochen von kontaminiertem Wasser vor dem Verzehr. Lassen Sie das Wasser mindestens fünf Minuten sprudelnd kochen, um mögliche Krankheitserreger zu inaktivieren.

Für die Entkeimung größerer Wassermengen eignen sich Wasserzusätze, wie sie im Outdoorhandel erhältlich sind. Diese Desinfektionsmittel enthalten Chlor und teilweise auch Silberionen, um eine Nachverkeimung zu verhindern, und werden flüssig, als Pulver oder in Tablettenform angeboten. Die Einwirkzeiten liegen zwischen 20 Minuten und drei Stunden. Trübes Wasser muß auf jeden Fall vor der Behandlung gefiltert werden. Die Zusätze sind über einen langen Zeitraum lagerfähig und eigenen sich deshalb gut zur Aufbewahrung für den Notfall.

Anorganische Verbindungen (Salze etc.) können anders als flüchtige organische Stoffe nicht durch Kochen entfernt werden. Letztendlich erhöht das Kochen nur die vorhandene Konzentration und sollte daher vermieden werden. Nutzen Sie in diesem Fall natürliches Mineralwasser aus dem Handel oder wenden Sie sich an einen Nachbarn mit einer sauberen Trinkwasserquelle.

Wenn erhöhte Metallgehalte in Ihren Hausleitungen festgestellt werden, können Sie dieses Problem kurzfristig durch ein Spülprogramm lösen. Wenn Wasser über Nacht oder an Tagen, an denen niemand zuhause ist, in den Leitungen steht, können sich gelöste Metalle bis zu einem unzulässigen Wert anreichern. Wann immer Wasser für mehr als sechs Stunden in der Leitung gestanden hat, lassen Sie es, bevor Sie es nutzen, so lange abfließen, bis es kälter wird. Wenn das Problem bekannt ist, ist es wichtig, kein Heißwasser zum Kochen zu verwenden, weil es wahrscheinlich einen erhöhten Metallgehalt hat.

– verändert aus *How Safe Is Your Water?* von Kenneth M. Stone

Notwasserversorgung

Im Notfall kann man Wasser in großen Kanistern, Badewannen, Zisternen, Heißwassertanks und Toilettenspülkästen sammeln oder auffinden. Auch Fruchtsäfte und -konserven sowie frisches Obst und Gemüse enthalten Wasser.

Im Bedarfsfall kann Wasser auf drei Arten desinfiziert werden:

1. Lassen Sie es mindestens fünf Minuten sprudelnd kochen.
2. Fügen Sie pro Liter Wasser fünf Tropfen zweiprozentige Jodlösung – wie sie üblicherweise in der Hausapotheke zu finden ist – zu und lassen Sie das Wasser vor dem Gebrauch mindestens eine halbe Stunde stehen.
3. Verwenden Sie einen Wasserzusatz auf Chlorbasis aus dem Outdoorhandel und lassen Sie diesen entsprechend der Gebrauchsanweisung einwirken. Geben Sie die vorgeschriebene Menge in ein mit Wasser gefülltes Gefäß und verschließen Sie es dicht. Schütteln Sie den Behälter während der empfohlenen Einwirkzeit einmal kräftig durch und halten sie diese unbedingt ein.

– verändert nach *The Home Water Supply* von Stu Campbell

Zehn einfache Tips zum Wassersparen

- Isolieren Sie die Warmwasserleitungen, damit das Wasser nicht so lange aus dem Hahn laufen muß, bevor es warm wird.
- Nutzen Sie Grauwasser für die Toilettenspülung und Regenwasser zum Blumengießen.
- Verwenden Sie einen wassersparenden Duschkopf.
- Installieren Sie Strahlregler in der Küche oder am Waschbecken im Bad. Sie reduzieren den Wasserdurchfluß.
- Nehmen Sie Ihren Geschirrspüler oder die Waschmaschine erst in Betrieb, wenn Sie die Geräte voll auslasten können.
- Reinigen Sie die Teller mit einem Schwamm oder einem Pfannenwender vor, anstatt sie unter fließendes Wasser zu halten. Oder spülen Sie sie im Spülbecken oder in einer Abwaschschüssel vor.
- Wenn Sie duschen, statt ein Vollbad zu nehmen, verbrauchen Sie ungefähr 60 Prozent weniger Wasser.
- Verwenden Sie eine sparsam dosierende Toilettenspülung.
- Gießen Sie Ihren Garten oder Rasen nicht unnötig.
- Bringen Sie eine Dosierspritze am Gartenschlauch an. Sie stoppt den Wasserdurchfluß, sobald man den Griff lockert.

SCHADSTOFFE ENTFERNEN

Wasserverschmutzung durch Abwässer

Leider ist sauberes, wohlschmeckendes Wasser nicht zwangsläufig sicheres Trinkwasser. Verschmutzungen durch Abwasserkanäle, Sickergruben oder Klärtanks – wenn nicht Ihre, dann vielleicht die Ihres Nachbarn – sollten immer in Betracht gezogen werden. Diese Art von Verschmutzung kann sich tückischerweise über weite Distanzen ausbreiten – häufig in porösem Kalkgestein oder in Spalten zwischen harten Felsformationen. Chloride oder Nitrat in Ihrem Wasser sind Indikatoren für Verschmutzungen durch Abwasser. Obwohl die Minimaldistanz von 30 m zwischen der Wasserquelle und allen Bestandteilen des Abwassersystems eine gute Faustregel darstellt, sollten Sie bei Ihrem Wasserwirtschaftsamt nach den lokalen Anforderungen fragen.

– aus *The Home Water Supply*

Abstände zu Brunnen

Um Kontaminationen durch Abwässer und Fäkalien zu vermeiden, müssen bestimmte Abstände zum Brunnen eingehalten werden. Solche Verschmutzungsquellen sind zum Beispiel Sicker- und Güllegruben, Mistlagerstätten und nicht druckdichte Abwasserleitungen, aber auch der eigene Viehbestand. Die Mindestabstände sind in erster Linie abhängig von der Untergrundbeschaffenheit und der Grundwasserfließrichtung. Sand-, Schotter- und organische Böden (Marschen und Moore) sowie Karstgestein sind durchlässiger als Lehm- und Tonböden. Die Abstände müssen bei durchlässigen Untergründen entsprechend größer sein. Auch der Abstand gegen den Grundwasserstrom muß deutlich größer sein als im Bereich unterhalb Ihres Brunnens. Deshalb ergeben die Mindestabstandsflächen häufig eine typische Eiform mit einer Ausbuchtung stromaufwärts. Genaue Informationen zur Untergrundsituation und zur Grundwasserfließrichtung können Sie für Ihr Grundstück beim örtlichen Wasserwerk erfragen.

– Anita Heidenfelder

Die meisten Formen von Wasserverschmutzung lassen sich behandeln. Aufwand und Schwierigkeit hängen von der Art der Kontamination ab.

Eisen und Mangan sind oft im Grundwasser gelöst. Wenn sie mit Luft in Kontakt kommen, werden sie ausgefällt und bilden unerwünschte Ablagerungen. Es gibt Filtersysteme zum Entfernen von Eisen- und Manganflocken. Durch die Zugabe eines Oxidationsmittels – häufig genügt die Anreicherung mit Sauerstoff – wird die Ausfällung verstärkt. Wenn im Anschluß an die Filteranlage eine Entkeimung erfolgt, haben Sie ein sehr effektives System. Wasserenthärter entfernen Eisen und Mangan ebenso wie die häufiger auftretenden Minerale Kalzium und Magnesium. Eine Belüftung des Wassers oxidiert gelöstes Eisen und Mangan.

Hartes Wasser wird hauptsächlich durch hohe Gehalte an **Kalzium und Magnesium** verursacht, die in Leitungen und Heizanlagen Ablagerungen bilden. Eine Wasserenthärtung entfernt zweiwertige Metallionen einschließlich Kalzium und Magnesium. Heißes Wasser beschleunigt die Ablagerung erheblich, so daß die Enthärtung von heißem Wasser ein vordringliches Anliegen sein sollte. Die beste Möglichkeit, Wasser in privaten Wasserversorgungssystemen zu enthärten, ist ein Kationenaustauscher. Dabei werden Kalzium- und Magnesiumionen durch Natriumionen ersetzt, was zu einer erhöhten Natriumkonzentration im Wasser führt. Sie können den Zusatz von Natrium im Trinkwasser vermeiden, wenn Sie nur das Heißwasser enthärten.

Nitrat ist besonders für Kleinkinder problematisch. Nitrathöchstmengen von 10 bis 20 mg/l können eingehalten werden, indem für Babynahrung geeignetes Wasser aus dem Lebensmittelhandel verwendet wird. Die Trinkwasserverordnung schreibt eine Höchstmenge von 50 mg/l vor. Höhere Nitratgehalte müssen eliminiert oder zumindest auf diesen Wert reduziert werden. Dafür eignen sich drei verschiedene Verfahren: Umkehrosmose, Anionenaustausch und Destillation. Sowohl durch die Destillation als auch durch die Umkehrosmose werden noch viele andere Fremdstoffe entfernt – leider aber auch erwünschte Mineralien. Anionenaustauscher funktionieren ähnlich wie Wasserenthärter.

Chloride und Sulfate können mit den gleichen Methoden entfernt werden wie Nitrat.

Fluoride lassen sich bei einer Überschreitung der Grenzwerte in einer Umkehrosmoseanlage oder mittels Destillation entfernen. Ionenaustauscher, die Aktivkohle oder aktivierte Tonerde enthalten, sind gleichwertig.

Metalle im Trinkwasser lassen sich entweder über das Umkehrosmoseverfahren oder durch Destillation entfernen. Metalle, die aufgrund des Leitungssystems im Trinkwasser enthalten sind, können unterhalb des Grenzwerts gehalten werden, indem der pH-Wert so weit erhöht wird, bis die Leitungen durch die im Wasser enthaltenen

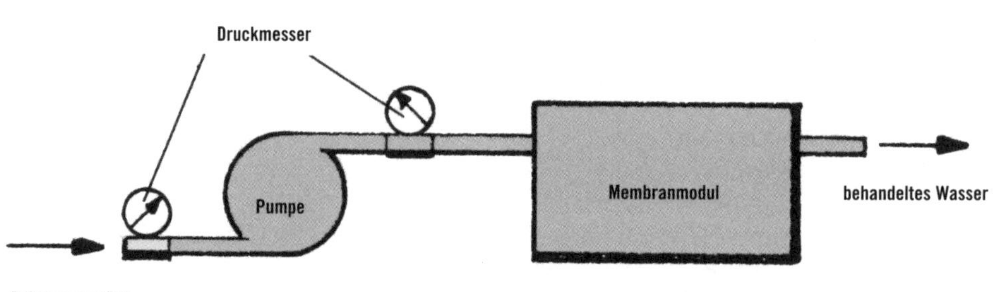

Einfache Umkehrosmoseanlage: Weil der Druck entscheidend ist, muß er genau überwacht werden. Deshalb sind vor und hinter der Pumpe Druckmesser eingebaut.

Säuren nicht mehr angegriffen werden. Dies kann durch das Zudosieren von Natriumsalzen erreicht werden. Daneben kann das Trinkwasser auch durch einen Behälter mit Kalksteinsplittern geleitet werden. Der pH-Wert des behandelten Wassers sollte bei pH 7 oder, abhängig vom Metall, möglicherweise auf einem noch höheren Niveau gehalten werden.

Die am häufigsten auftretenden Radionuklide im Trinkwasser sind **Radium und Radon**. Beide liegen jedoch in Deutschland weit unter den gesetzlichen Grenzwerten. Wer dennoch ganz sicher gehen will, kann möglicherweise vorhandenes Radium leicht über einen Kationenaustauscher zur Wasserenthärtung entfernen. Allerdings sollte in diesem Fall nicht nur das Heißwasser, sondern das gesamte Trinkwasser durch die Anlage geleitet werden. Auch die Umkehrosmose filtert Radium aus. Gekörnte Aktivkohle und Sauerstoffzufuhr sind zur Entfernung von Radongas geeignet.

– verändert aus *How Safe Is Your Water?* von Kenneth M. Stone

Herkunft der Inhaltsstoffe

Inhaltsstoff	Mögliche Herkunft
Belastungen der Quelle	
Bakterien	unzulängliche Abwasserentsorgung, Durchbruch von Oberflächenwasser, Tiere
Farbe	Blätter, organische Substanz, industrielle Verschmutzungen, Eisen- oder Manganoxide
Nitrat/Nitrit	Abwasserentsorgungssysteme, Dungstätten, Düngerlager, überdüngte landwirtschaftliche Flächen
Geruch	Zersetzung von organischer Substanz, natürlich vorkommende Gase, industrielle Verschmutzungen
Trübung	Durchbruch von Oberflächenwasser, Eisen- und Manganoxide
Metalle und Halbmetalle	
Arsen	Natürliche Vorkommen, Schädlingsbekämpfungsmittel
Barium	Natürliche Vorkommen
Blei	Industrieabfälle, (ehemaliger) Erzabbau
Chrom	Natürliche Vorkommen, Industrieabfälle
Kadmium	Industrieabfälle
Quecksilber	Industrieabfälle, Schädlingsbekämpfungsmittel
Selen	Natürliche Vorkommen
Silber	Industrieabfälle, (ehemaliger) Erzabbau
Schadstoffe aus der Leitung	
Blei	Bleirohre, mit Blei verlötete Kupferrohre
Kupfer	Kupferrohre
Zink, Kadmium, Blei, Eisen	Galvanisierte Eisenrohre
Inhaltsstoffe aus der Aufbereitung	
Chloride	Anionenaustauscher
Kupfer	Behandlung mit Kupfersulfat gegen Algen
Natrium	Wasserenthärtungsanlagen
Organische Verbindungen (Trihalomethane)	Desinfektion mit Chlor, Reaktion mit organischen Stoffen
Sonstige Inhaltsstoffe	
Chloride	Abwässer, Salzwasserdurchbrüche, Streusalzlager, Winterdienst
Eisen und Mangan	Natürliche Vorkommen
Flüchtige organische Verbindungen	Deponien für Industrieabfälle, Reinigung von Sickergruben, Hausmülldeponien
Fluoride	Natürliche Vorkommen
Natrium	Wie Chloride
Radionuklide	Natürliche Vorkommen
Schädlings- und Unkrautbekämpfungsmittel	Lagerung der Chemikalien, Pflanzenschutz im Garten, Behandlung von Zufahrtswegen, landwirtschaftliche Nutzung
Sulfate	Natürliche Vorkommen

4

WASSERINSTALLATION

SANITÄRSYSTEME • ABWASSERSYSTEME UNDICHTE ARMATUREN • TOILETTEN • VERSTOPFTE ABFLÜSSE • REPARATUR VON ROHRLEITUNGEN

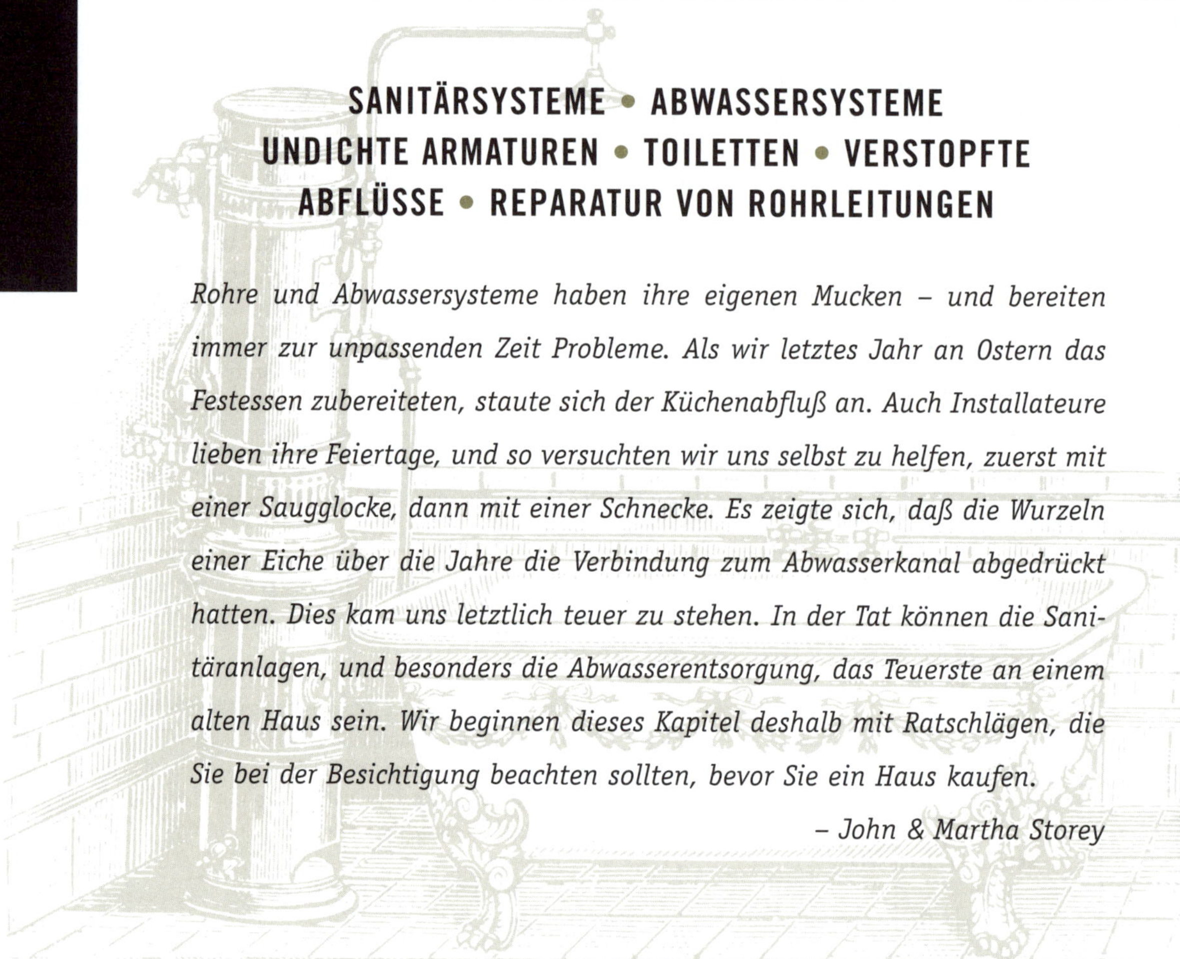

Rohre und Abwassersysteme haben ihre eigenen Mucken – und bereiten immer zur unpassenden Zeit Probleme. Als wir letztes Jahr an Ostern das Festessen zubereiteten, staute sich der Küchenabfluß an. Auch Installateure lieben ihre Feiertage, und so versuchten wir uns selbst zu helfen, zuerst mit einer Saugglocke, dann mit einer Schnecke. Es zeigte sich, daß die Wurzeln einer Eiche über die Jahre die Verbindung zum Abwasserkanal abgedrückt hatten. Dies kam uns letztlich teuer zu stehen. In der Tat können die Sanitäranlagen, und besonders die Abwasserentsorgung, das Teuerste an einem alten Haus sein. Wir beginnen dieses Kapitel deshalb mit Ratschlägen, die Sie bei der Besichtigung beachten sollten, bevor Sie ein Haus kaufen.

– John & Martha Storey

Auch wenn Sie keine Klempnerfähigkeiten haben, können Sie, so Phillip J. Decker und T. Newell Decker, eine Menge Geld sparen, wenn Sie einige der unkomplizierten Installationsarbeiten selbst ausführen. Sollten Sie sich entschließen, größere Installationsarbeiten selbst zu erledigen, holen Sie sich zuerst einen Fachmann, der das System begutachtet. Dann sollten Sie sich einige unerläßliche Werkzeuge anschaffen und mit den lokalen Installationsvorschriften vertraut machen.

Wasser aus dem öffentlichen Versorgungsnetz oder aus Ihrem Brunnen wird durch eine große Versorgungsleitung in Ihr Haus geführt. Diese Versorgungsleitung teilt sich dann in zwei Zweige, wovon einer zur Heizung geht. Von der Heizung ausgehend führt die Heißwasserleitung, parallel zur Kaltwasserleitung, zu jedem installierten Anschluß im Haus. Diese Versorgungsleitungen transportieren das Wasser mit einem konstanten Druck von etwa 3,0 bis 3,5 Bar durch das Haus.

Ihr Installationssystem schließt auch die Abwasserentsorgung ein, bestehend aus einer Anzahl von Leitungen, die das Abwasser von Ihrem Haus in das öffentliche Abwassernetz oder Ihre Sickergrube leiten. Daneben gibt es noch Leitungen zum Abführen von Gasen und Gerüchen, die über dem Dach des Hauses enden. Abwasserleitungen nutzen die Schwerkraft anstelle des Wasserdrucks. Geruchsverschlüsse unter den Abflüssen verhindern, daß Gerüche in Ihr Haus entweichen. Diese U-Rohre – sogenannte Siphons – lassen das Wasser abfließen, wobei am Grund des Bogens das sogenannte Sperrwasser verbleibt, welches das Rohr geruchsdicht verschließt.

Das Sanitärsystem begutachten

Bevor Sie ein Haus kaufen, überlegen Sie, ob Sie nicht einen Installateur zu Rate ziehen sollten, der das Sanitärsystem begutachten könnte. Hier sind die wichtigsten Punkte, die zu beachten sind:

1. **Wasserdruck:** Prüfen Sie verschiedene Wasserhähne in allen Stockwerken des Hauses. Geringer Wasserdruck kann verschiedene Ursachen haben: Die Versorgungsleitung kann zu eng sein, oder die Leitungen sind mit Kalk oder anderen Ablagerungen zugesetzt. Man benötigt mindestens eine ¾-Zoll-Versorgungsleitung. Die meisten neueren Häuser haben eine 1-Zoll-Kupferleitung. Die Hauptverteilleitungen sollten einen Durchmesser von ¾ Zoll haben, die Abzweigungen ½ Zoll. Wenn Sie gußeiserne oder Bleileitungen in einem über 50 Jahre alten Haus vorfinden, sollten Sie sie durch Kupfer- oder Kunststoffleitungen ersetzen.
2. **Absperrventil:** Prüfen Sie das Absperrventil des Hausanschlusses auf seine Funktionstüchtigkeit. In der Regel gibt es zwei Abstellhähne: einen im Haus und einen draußen an der Straße. Solange einer von beiden funktioniert, ist es in Ordnung.
3. **Leckagen:** Vergessen Sie nicht, nach Leckagen im Versorgungssystem zu suchen. Rost sowie weiße oder grünliche Verkrustungen an Rohrleitungen weisen darauf hin. Wenn Sie Kupferleitungen, kombiniert mit Stahl- oder Eisenrohren, vorfinden, achten Sie darauf, daß nichtleitende Rohrverbindungen eingesetzt wurden.
4. **Druckstoß:** Drehen Sie alle Wasserhähne voll auf und hören Sie auf Druckstöße. Sie sind ein ernstzunehmendes Problem. Ein Druckstoß ergibt sich, wenn das in der Leitung fließende Wasser abrupt gestoppt wird, weil ein Hahn geschlossen wird. Normalerweise sind Wasserschlagdämpfer in den Versorgungsleitungen an den Armaturen eingebaut, um den Schlag abzufedern und einen Druckstoß zu vermeiden. Wenn Sie einen Druckstoß hören, sind diese Dämpfer voll Wasser oder nicht vorhanden. Sie nachträglich zu integrieren bedeutet, überall dort, wo Armaturen sind, die Wand aufzubrechen. Das kann sehr teuer werden.
5. **Verschlissene Rohre:** Bedenken Sie, daß die Verbindungen aus Stahl oder Gußeisen immer viel länger halten als die Rohre selbst. Alles kann wunderbar aussehen, aber die Rohre können aufgrund des Verschleißes sehr dünn sein. Leider gibt es keinen einfachen Weg, den Zustand der Rohre zu überprüfen, wenn man nicht mit einem Schraubendreher hineinstechen will. Sie können sie abklopfen, um zu sehen, ob sie sich verbeulen, aber Sie werden sicher kein Loch hineinbohren wollen.

– aus *Renovating Brick Houses*
von Phillip J. Decker und T. Newell Decker

Der Aufbau eines Sanitärsystems

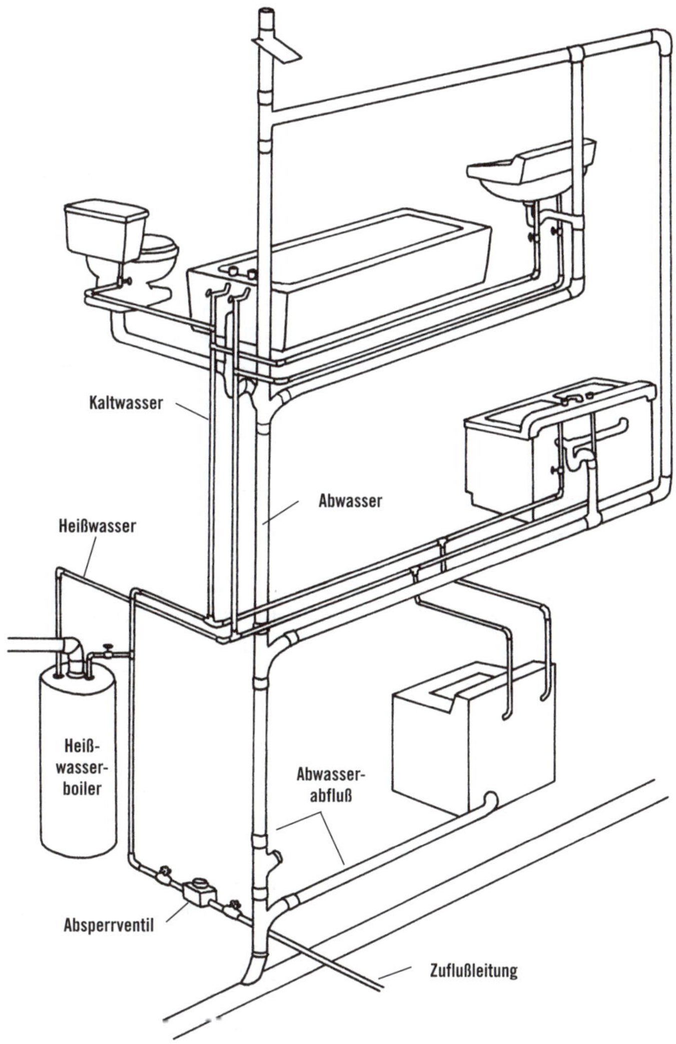

Das Diagramm zeigt ein typisches Sanitärsystem für ein Einfamilienhaus. Die dünneren Leitungen sind für heißes und kaltes Frischwasser, die dicken für Abwasser und Entlüftung.

DAS SANITÄRSYSTEM BEGUTACHTEN

Lyn Herrick rechnet es ihren Eltern hoch an, daß sie sie ermutigt haben, zu lernen, wie man Dinge in Haus und Hof repariert – vom Haushaltsgerät bis zum zerbrochenen Fenster. Nun schreibt sie eine landesweit in verschiedenen Zeitungen erscheinende Kolumne mit dem Titel „Ask Mrs. Fix-it" und ist Autorin von The Woman's Hands-On Home Repair Guide.

Hier sind vier Hauptpunkte zur Bewertung des Sanitärsystems:

Untersuchen Sie das Abwassersystem gründlich auf Geruchsaustritt und Undichtigkeiten. Wenn das Haus eine Sickergrube hat, ermitteln Sie, wann sie zuletzt geleert wurde und wo der Zugang genau liegt. Wenn das Haus an das öffentliche Abwassersystem angeschlossen ist, erfragen Sie den genauen Verlauf des Abflußrohrs zum Abwasserkanal. Jedes Haus sollte mindestens über ein Entlüftungsrohr verfügen. Wenn die Entfernung zum Kanalanschluß sehr lang ist, sollten auf dem Weg dorthin eine oder mehrere Entlüftungsöffnungen vorhanden sein. Diese bestehen aus einer Rückstauklappe und einer Abzugsöffnung, die über den Boden herausragt. Sie dienen auch dem Einführen einer Spirale zur mechanischen Rohrreinigung.

Überprüfen Sie den Warmwasseraufbereiter. Wenn Sie einen Ablaßhahn öffnen können, tun Sie dies, um zu sehen, ob das Wasser sauber oder trüb ist oder ob Kalk oder Rost austritt. Entfernen Sie die Abdeckung des Brenners – wenn es einen gibt – und suchen Sie darunter nach Rostflecken.

Testen Sie alle Sanitärobjekte im Haus. Sie sollten nicht wackeln und zügig entwässern. Achten Sie auf mineralische Farbveränderungen, gelockerte Toilettenschüsseln und Wasserschäden der Böden. Füllen Sie die Abflüsse und lassen Sie sie wieder abfließen. Achten Sie darauf, ob es in der nächstliegenden Toilette gurgelt. Wenn dies der Fall ist, ist die Entlüftung wahrscheinlich unzureichend. Das Nachrüsten ist sehr teuer, aber eine zu schwache Entlüftung führt zu unangenehmen Gerüchen.

Erkundigen Sie sich nach einem alten Abwassersystem. Bei alten Häusern oder in ländlichen Gegenden ist es möglich, daß auf dem Grundstück beispielsweise noch eine Sickergrube vorhanden ist, obwohl das Haus inzwischen an das öffentliche Abwassernetz angeschlossen ist. Lassen Sie sich die genaue Lage der Sickergrube und eventuell noch vorhandene Einstiege zeigen und bitten Sie jemanden, die Toilettenspülungen im Haus möglichst mehrmals zu betätigen, während Sie dort auf Fließgeräusche und Geruchsentwicklung achten. So können Sie prüfen, ob die alte Anlage wirklich komplett außer Betrieb ist. Achten Sie außerdem darauf, ob die Grube oder der Einstieg einsturzgefährdet ist, denn dann muß sofort gehandelt werden – und das kann teuer werden.

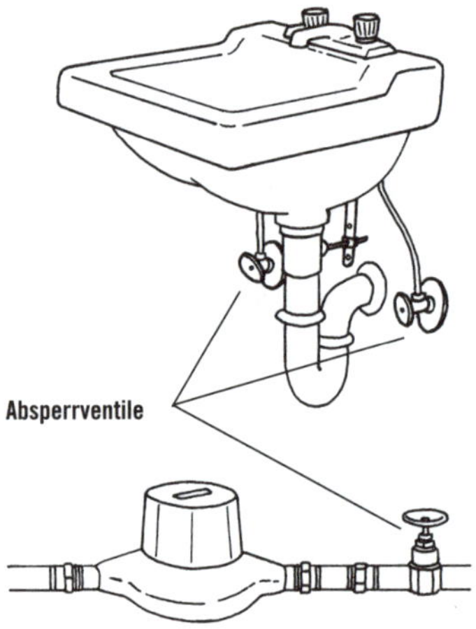

Ein Absperrventil sollte unter jedem Wasserhahn angebracht sein (oben). Ansonsten müssen Sie den Hauptabsperrhahn benutzen, der an der Versorgungsleitung direkt nach dem Eintritt der Versorgungsleitung ins Gebäude sitzt.

Wie man das Wasser abstellt

Wenn Sie eine undichte Stelle in der Leitung haben oder einen Wasserhahn reparieren wollen, müssen Sie die Wasserleitung, die zu dieser Stelle führt, abstellen, bevor Sie mit der Arbeit beginnen. Normalerweise ist unter jeder Armatur ein Absperrventil installiert. Spülen, Handwaschbecken, Duschen und Badewannen haben Absperrventile für Heiß- und Kaltwasser, während Toiletten nur ein Ventil für die Kaltwasserleitung haben. In manchen Fällen sind diese Absperrventile im Keller oder unter den Zwischendecken.

Wenn das Waschbecken, die Dusche oder die Toilette, die Sie reparieren wollen, kein Absperrventil hat, müssen sie die gesamte Wasserversorgung des Hauses am Hauptabsperrventil unterbrechen. Es ist nahe der Wasseruhr direkt am Eintritt der Versorgungsleitung in das Haus zu finden – meist im Keller. Wenn Sie es schließen müssen, muß der Warmwasseraufbereiter vorher ausgeschaltet werden. Stellen Sie dafür den Hauptschalter auf Null.

Wenn Sie keinen eigenen Brunnen haben, sondern an die öffentliche Wasserversorgung angeschlossen sind, gibt es wahrscheinlich an Ihrer Grundstücksgrenze zur Straße hin ein weiteres Absperrventil. Meist erkennt man die richtige Stelle an dem kleinen schweren Metalldeckel, der das Loch abdeckt. Öffnen Sie den Deckel und verwenden Sie einen großen Rollgabelschlüssel, um das Ventil zuzudrehen. Manchmal ist auch ein Spezialschlüssel nötig. Dann müssen Sie Ihren Wasserversorger bitten, Ihnen Zugang zum Absperrventil zu gewähren.

– aus *The Woman's Hands-On Home Repair Guide* von Lyn Herrick

Hauseigene Abwasserklärsysteme werden benötigt, wenn das Grundstück nicht an das öffentliche Abwassernetz angeschlossen ist. Es gibt verschiedene Verfahren, aber alle haben die Aufgabe, die häuslichen Abwässer zu sammeln, aufzubereiten und zu reinigen. Wenn Abwasserklärsysteme gut geplant, sorgfältig ausgeführt und instandgehalten werden, sind sie über Jahrzehnte funktionstüchtig. Aber ein System, das für die Zahl der Bewohner nicht ausreicht, das schlecht gebaut oder vernachlässigt ist, kann der Fluch Ihres Lebens sein.

Jedes Abwassersystem beginnt mit einem Abwasserrohr, das vom Wohnhaus zur Sammel- oder Absetzgrube, normalerweise einem großen Betonkasten, heute auch vorgefertigt aus Kunststoff, führt. Das Abwasser, bestehend aus der Flüssigkeit und den gelösten Feststoffen, gelangt in diesen Behälter, wo die enthaltenen Bakterien die Feststoffe aufzulösen beginnen. Schwere Stoffe sinken auf den Grund der Grube ab und bilden dort eine Schlammschicht. Schwimmende Feststoffe wie Öle und Fette bilden eine Schicht auf der Oberfläche. Der größte Teil des Grubeninhalts ist jedoch Schmutzwasser.

Je nach der Art des Klärsystems wird dieses Schmutzwasser auf verschiedene Weise weiterbehandelt. Alle Systeme haben jedoch die Entfernung der Schlammschicht gemeinsam: Diese wird in den meisten Fällen von der zuständigen Gemeinde oder einem beauftragten Unternehmen mit Spezialtankwagen aus der Grube gesaugt und entsorgt. Eine Alternative bietet hier nur die Klärschlammkompostierung.

Je nach Länderrecht können Sickergruben, Kleinkläranlagen, bestehend aus zwei oder drei Kammern, oder Pflanzenkläranlagen genehmigt werden. Die Zuständigkeit liegt bei den Gemeindewerken. Für alle drei Systeme ist zudem eine exakte Planung der anfallenden Mengen nötig; im Fall der Sickergrube sowie der Pflanzenkläranlage sind zudem bodenphysikalische und meteorologische Parameter wichtig. Daher sollte unbedingt ein Ingenieur oder Techniker zumindest in die Planung einbezogen werden.

Sickergruben

Bei Sickergruben, der einfachsten und kostengünstigsten Variante, wird das Schmutzwasser aus der Sammel- oder Absetzgrube durch ein Rohr unterirdisch in die Sickergrube geleitet. Diese Grube enthält eine Kiesschüttung, die durch ein Geovlies vom natürlichen Boden getrennt ist und bis knapp unterhalb des Schmutzwasserrohrs reicht. Über der Kiesschicht ist das Schmutzwasserrohr, in mehrere Zweige aufgeteilt, verlegt. Es ist nach unten perforiert. Der Kies einschließlich der Rohre wird mit einem weiteren Vlies und schließlich mit Erde abgedeckt. Alternativ ist bei Böden mit sehr guten Drainageeigenschaften ein Bohrschacht mit Kiesschüttung ausreichend. Der poröse Beton der Einfassung läßt das Wasser auch durch die Wände austreten.

Beim Durchfließen der Kies- und der darunterliegenden Erdschichten wird das Schmutzwasser gereinigt. Eine richtig dimensionierte Sickergrube kann mehr als 90 Prozent der Verschmutzungen aus dem Haushaltsabwasser entfernen.

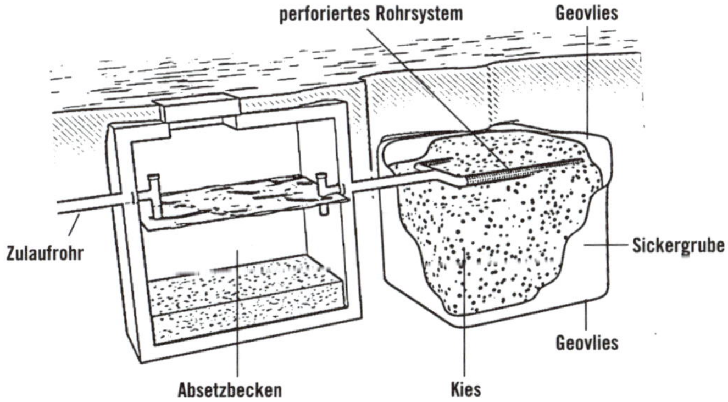

Typische Anordnung einer Sickergrube: Der Boden unterhalb der Versickerungsfläche (rechts) muß gut wasserdurchlässig sein.

Was Sie über Abwasserklärsysteme wissen müssen

Abwasserklärsysteme unterliegen strengen gesetzlichen Vorschriften. Werden diese Kriterien bezüglich der Funktionstüchtigkeit und der Ablaufwerte nicht eingehalten, müssen die Systeme unverzüglich nachgebessert oder neu eingerichtet werden. Auch wenn alles funktioniert, muß regelmäßig kontrolliert werden. Wird z. B. das Abpumpen der Absetzgrube versäumt, kann die Versickerungsfläche in der Sickergrube überdüngt und damit unwiederbringlich ruiniert werden.

Die Abwasserklärung muß, abhängig von den lokalen Bodenverhältnissen und der Fließrichtung des Grundwassers, weit genug von Brunnen und Wasserläufen entfernt sein. Die Fläche über einer Sickergrube sollte nicht gepflastert und Regen- oder Schmelzwasser sollten abgeleitet werden. Das Befahren von Sickergruben ist grundsätzlich verboten, da die Rohre brechen könnten.

Sie können die Funktionstüchtigkeit Ihres Systems erhöhen, indem Sie den Wasserverbrauch reduzieren und Öle, Fette, Bleichmittel und andere Chemikalien aus dem Abwasser heraushalten.

Warnzeichen für Störungen:

- Toiletten und Waschbecken entwässern nur noch langsam.
- Wasser steht auf der Erdoberfläche über der Sickergrube.
- In der Umgebung der Sickergrube riecht es faulig.
- Der Schnee schmilzt rascher, oder der Pflanzenbewuchs über der Sickergrube lichtet sich.

ABWASSERKLÄRSYSTEME

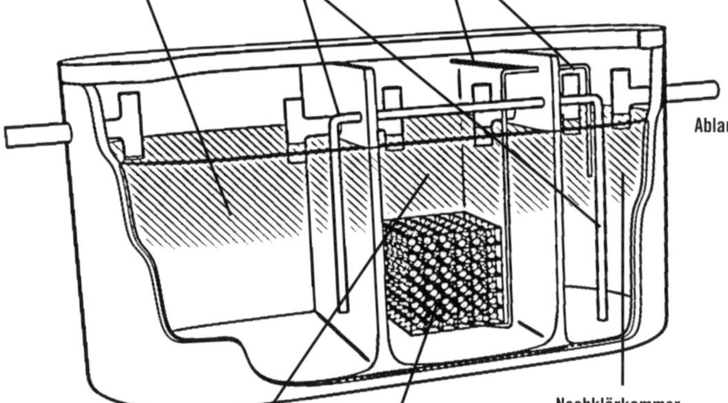

In Deutschland werden auch für Einzelhaushalte meist nur Dreikammerkläranlagen, bestehend aus einer Vorklärung, einem Bioreaktor und einer Nachklärung, genehmigt.

Kleinkläranlagen

Kleinkläranlagen werden in Deutschland auch für Einzelhaushalte fast ausschließlich als sogenanntes Dreikammersystem genehmigt. Die drei Kammern spiegeln drei Reinigungsschritte wider: die Vorklärung, den Bioreaktor und die Nachklärung. Um möglichst wenig Gartenfläche zu verbrauchen, werden alle drei Kammern häufig in einem Kunststoffbehälter angeordnet, der mittels Kran in eine Baugrube gesetzt wird. Das System ist seitlich und nach oben abgedichtet, so daß kein Regen- oder Grundwasser einströmen kann.

Das Wasser gelangt vom Haus über ein Abwasserrohr in die Vorklärkammer. Sie nimmt im Dreikammersystem die Funktion einer Absetzgrube ein. Toilettenpapier und suspendierte Partikel setzen sich hier ab. Die Kammer muß wie die Absetzgrube regelmäßig entleert werden.

Aus der Vorklärung fließt was Wasser periodisch in den Bioreaktor. Dieser ist mit einem speziellen Trägermaterial gefüllt, auf dem sich ein sogenannter Biofilm ausbildet, vergleichbar mit der glitschigen Oberfläche von Steinen in einem Bachlauf. Diese Bakterien bauen die organische Substanz im Schmutzwasser ab und eliminieren somit die Schadstoffe. Da dies ein aerober Vorgang ist – also Sauerstoff benötigt wird –, muß dieser Kammer über eine Pumpe Luft zugeführt werden.

Im Nachklärbehälter sinkt die biologische Masse zu Boden, während das klare Wasser oben abgepumpt wird. Anschließend wird der verbleibende Schlamm in den Vorklärbehälter gepumpt. Das gereinigte Wasser kann problemlos in Vorfluter wie Bäche oder Gräben eingeleitet werden.

Der Nachteil von Dreikammerkläranlagen besteht darin, daß eine kontinuierliche Beschickung des Systems nötig ist, denn die Biomasse im Bioreaktor reagiert stark auf einen sinkenden Eintrag von Schmutzwasser und den damit verbundenen Nahrungsmangel oder gar auf Austrocknung. Manche Systeme stellen sich jedoch mittels hydraulischer Selbstregulierung automatisch auf das jeweilige Schmutzwasseraufkommen ein. Dadurch wird die Biomasse im Reaktor geschützt.

Je nachdem, ob Pumpen integriert sind oder nicht, ist der Stromverbrauch sehr unterschiedlich. Dies wirkt sich neben der Größe des Schlammlagers im Vorklärbereich (Häufigkeit der Abholung) und der Zugänglichkeit der Kontroll- und Steueranlage deutlich auf die Unterhaltskosten des Systems aus.

Pflanzenkläranlagen

Die Pflanzenkläranlage ist von der Errichtung her die aufwendigste Form der Abwasserreinigung für kleine Einheiten und hat zudem einen hohen Flächenbedarf. Pro Bewohner müssen zwischen 3 und 5 m^2 veranschlagt werden. Allerdings kann je nach Bauweise auf jegliche Art von Technik verzichtet werden, wodurch die Wartungskosten gering sind und Stromkosten entfallen. Zudem ist die Betriebssicherheit besonders hoch, auch wenn die Anlage nicht täglich gewartet wird. Wenn sie zusätzlich mit einer Klärschlammkompostierung kombiniert wird, entfällt auch die Abholung des Klärschlamms.

Pflanzenkläranlagen müssen sorgfältig geplant werden, damit die von den Behörden geforderten Abwasserparameter des gereinigten Wassers jederzeit eingehalten werden können. Daher sollte unbedingt fachkundige Hilfe in Anspruch genommen werden. Wenn die Anlage richtig dimensioniert ist, arbeitet sie völlig geruchsfrei. Pflanzenkläranlagen erinnern an Feuchtbiotope und werden auch von einigen Tierarten angenommen.

Auch in Pflanzenkläranlagen wird das Abwasser durch ein Rohr in den rundum abgedichteten Absetzbereich der Anlage geleitet, wo Toilettenpapier und suspendierte Partikel auf den Grund absinken und so vom Schmutzwasser getrennt werden.
Anschließend fließt das Abwasser in die eigentliche Pflanzenkläranlage – ein unten und seitlich abgedichtetes Becken, das mit Schilf und Binsen bewachsen ist. Der Boden besteht aus einer dickeren Schicht Grobkies, der von einer Lage Feinkies und schließlich von Sand überlagert wird. Wie im Bioreaktor der Dreikammerkläranlage übernehmen Mikroorganismen im Boden und an den Pflanzenwurzeln den eigentlichen Abbau der organischen Substanz, während die Pflanzen hauptsächlich für die Sauerstoffversorgung der Bakterien zuständig sind. Aber auch die Pflanzen selbst nehmen Wasserinhaltsstoffe auf, um sich davon zu ernähren.
Grundsätzlich ist zwischen zwei Anlagentypen zu unterscheiden: der Horizontal- und der Vertikalfilterung. Bei der Vertikalfilterung wird das Schmutzwasser mittels Pumpen über Verteilrohre von oben der Fläche zugeführt und sickert vertikal hindurch – wie bei einer Sickergrube. Der vorwiegend aerobe Abbau führt zu sehr guten Reinigungsleistungen. Allerdings benötigt die Pumpe Energie. Das horizontale Verfahren ist technisch weniger aufwendig. Der Bodenfilter wird durch das eigene Gefälle kontinuierlich von der Vorklärung zum Abfluß durchströmt. Da er fast ständig unter Wasser steht, findet der Abbau größtenteils anaerob – also ohne Sauerstoff – statt. Es gibt auch Pflanzenkläranlagen, bei denen mehrere Becken hintereinandergeschaltet sind und so Horizontal- und Vertikalfilter kombiniert werden. Über einen Ablaufschacht, aus dem auch die Proben zur Bestimmung der Abwasserparameter und damit der Reinigungsqualität gezogen werden, fließt das gereinigte Wasser in einen Vorfluter ab. Dieses Wasser kann auch als Nutzwasser zum Beispiel zur Gartenbewässerung verwendet werden. Der Ablaufschacht dient zusätzlich dazu, den Wasserstand im Schilfbecken zu kontrollieren. So wird das Wasser, wenn weniger Schmutzwasser nachfließt, durch den Ablaufschacht angestaut, damit die Sumpfpflanzen nicht austrocknen.

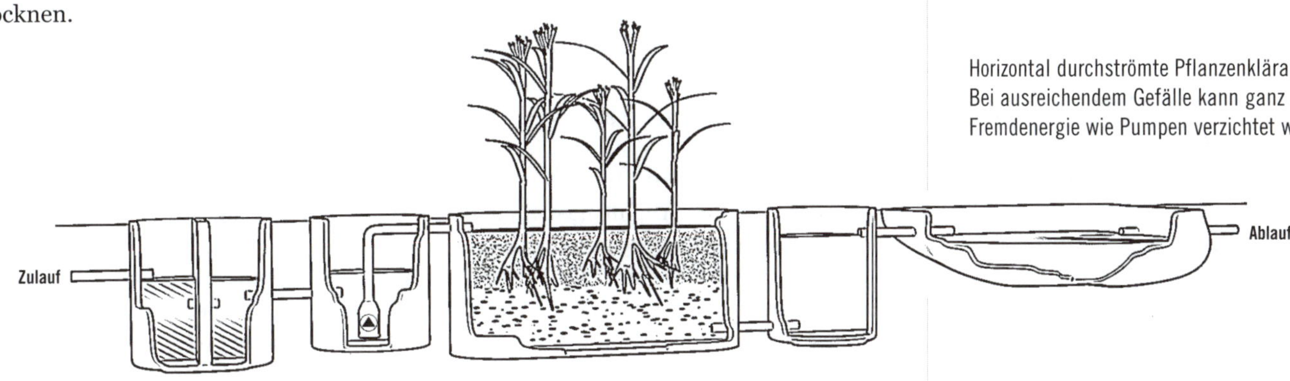

Horizontal durchströmte Pflanzenkläranlage: Bei ausreichendem Gefälle kann ganz auf Fremdenergie wie Pumpen verzichtet werden.

Klärschlammkompostierung

Die Kompostierung des Klärschlamms erfolgt in einem weiteren nach unten abgedichteten Schilffeld. Die Größe muß mit etwa 0,5 bis 1 m² je Bewohner kalkuliert werden. Der flüssige Klärschlamm aus der Absetzgrube wird über eine Pumpe und ein Rohrleitungssystem darauf verteilt, wobei das Wasser rasch versickert. Die Reinigung findet wie im Abwasserbecken durch Mikroorganismen im Untergrund statt. Die wachsende Schlammschicht wird vom Schilf immer neu durchwurzelt und im Laufe der Zeit zu Humus umgebaut. Im Abstand von mehreren Jahren wird der entstandene Humus maschinell abgetragen. Die verbleibenden Rhizome der Schilfpflanzen treiben dann erneut aus. Auch die Klärschlammkompostierung ist genehmigungspflichtig.

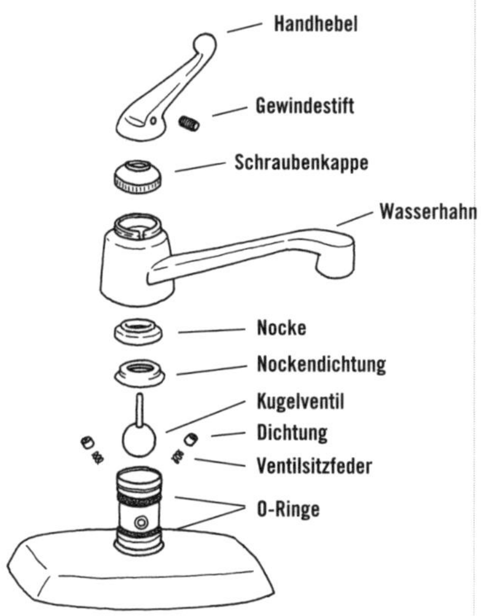

Benutzen Sie ein Austauschset, um einen Kugelventilwasserhahn in Ordnung zu bringen.

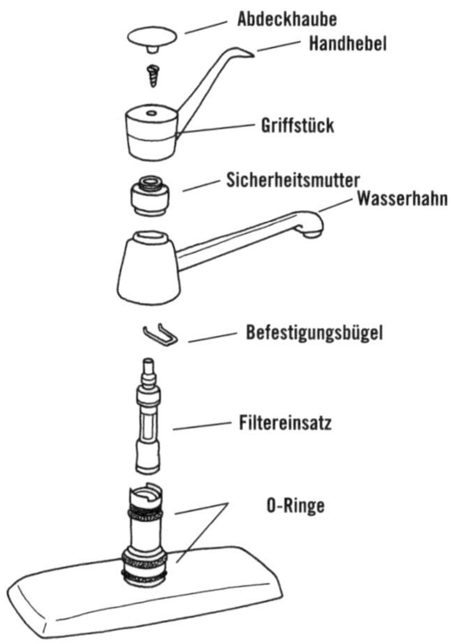

Ein Einhandhebelmischer mit Kartusche ist einfach zu reparieren.

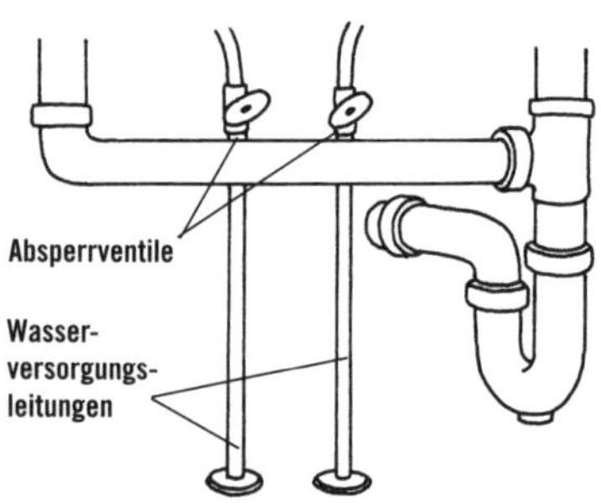

Drehen Sie zuerst die Absperrventile für Heiß- und Kaltwasser zu.

Defekte Wasserhähne in Küche und Bad

Ein Tröpfeln des Wasserhahns an der Spüle oder am Waschbecken bedeutet immer, daß ein Verschleißteil ersetzt werden muß. Hochwertige Armaturen bieten den Vorteil, daß es dafür Reparatursätze gibt, die neben den Ersatzteilen auch eine Anleitung enthalten, wie Sie die Reparatur selbst ausführen können.

Zuerst müssen Sie allerdings das Fabrikat und das genaue Modell Ihrer Küchenarmatur wissen und in einem Sanitärfachgeschäft das passende Reparaturset kaufen. Ein Kugelventil-Einhandmischer hat ein Kugelventil mit drei Durchtrittsöffnungen – eine für heißes, eine für kaltes Wasser und eine für den Ausfluß. Ein Kartuschen-Einhandmischer hat eine Kartusche statt eines Kugelventils.

Kugelventil-Einhandmischer

Mit der Zeit können sich Leckstellen am Ventil oder am Fuß des Wasserhahns bilden. Wenn das Wasser am Fuß des Wasserhahns austritt, wechseln Sie die O-Ringe wie ganz rechts beschrieben. Falls der Hahn auf der Höhe des Ventils undicht ist, müssen wahrscheinlich die Ventilsitzfedern und die kleinen Gummidichtungen ersetzt werden.

1. Drehen Sie das Absperrventil unter dem Abflußbecken ab.
2. Drehen Sie den Gewindestift unter dem Handhebel mit einem Inbusschlüssel oder dem kleinen Werkzeug, das im Reparaturset enthalten ist, heraus und ziehen Sie den Hahn ab.
3. Umwickeln Sie die gezahnte Manschette der Schraubenkappe mit Klebeband, um keine Kratzer zu hinterlassen, und schrauben Sie sie mit einer Rohrzange ab. Damit legen Sie das Kugelventil, das Sie nun von Hand herausziehen können, und die Nocken frei.
4. Nun sehen Sie zwei Löcher in der Armatur. In jedem sitzen eine Feder und eine kleine Gummidichtung. Entfernen Sie beides mit den Fingern oder mit einer Langbeck-Flachzange und setzen Sie die neuen Teile aus dem Reparaturset ein.
5. Überprüfen Sie das Kugelventil auf Abplatzungen oder Kratzer. Wenn Sie welche finden, ersetzen Sie auch das Kugelventil.
6. Fügen Sie den Wasserhahn wieder zusammen, gleichen Sie die Nut auf dem Kugelventil mit dem Metalldorn auf dem Wasserhahn ab. Die Nocke und die Nockendichtung müssen mit derselben Nut übereinstimmen.

Kartuschen-Einhandmischer

Diese Art von Wasserhähnen ist einfacher zu reparieren. Ein undichtes Ventil erfordert den Wechsel der Kartusche.

1. Drehen Sie das Absperrventil unter dem Abflußbecken ab.
2. Nehmen Sie die Abdeckhaube ab, entfernen Sie die Schraube darunter und hebeln Sie den Wasserhahn mit einem Schraubendreher vorsichtig herunter.
3. Suchen Sie den Befestigungsbügel, wo der Griff auf den Fuß der Armatur trifft.
4. Lösen Sie ihn mit einem Schraubendreher heraus.
5. Ziehen Sie die Kartusche von Hand heraus.
6. Setzen Sie die neue Kartusche ein und beachten Sie, daß der Pfeil oder die Markierungen auf der Kartusche und der Armatur übereinstimmen.
7. Führen Sie den Befestigungsbügel wieder ein und fügen Sie den Wasserhahn wieder zusammen.

WERKZEUGKASTEN DES INSTALLATEURS

Hier ist eine Liste von Werkzeugen, die man benötigt, um am Hausinstallationssystem zu arbeiten. Kaufen Sie sich nur das, was Sie jeweils brauchen, um unnötige Ausgaben zu vermeiden. Aufwendige Arbeiten können spezielle Werkzeuge erfordern. Wenn Sie etwa eine gefrorene Leitung auftauen möchten, werden Sie vermutlich einen Fön brauchen.

- Kleine und große Rollgabelschlüssel
- Kleine und große Inbusschlüssel
- Rohrschlüssel
- Maulschlüsselsatz
- Armaturenzange
- Schlitzschraubendreher
- Kreuzschraubendreher
- Langbeck-Flachzange
- Ventilsitzfräser
- Rohrreinigungsspirale
- Rohrreinigungswelle für Toiletten
- Gripzangen
- Eisensäge
- Rohrschneider
- Saugglocke
- Küchenmesser

Zweigriffarmaturen

Als dritte Variante gibt es die inzwischen selten gewordenen Zweigriffarmaturen, bei denen Heiß- und Kaltwasser an jeweils eigenen Griffen reguliert werden. Wenn ein solcher Hahn tropft, liegt es meist an den Dichtungen, die sich zwischen dem fest mit dem Wasserzulauf verbundenen Armaturenfuß und den eingeschraubten Kalt- und Heißwasserventilen befinden, den sogenannten Hahnscheiben. Wenn der Hahnfuß undicht ist, wechseln Sie die O-Ringe nach der Anleitung rechts.

Hahnscheibe wechseln

1. Prüfen Sie die Temperatur des Tropfwassers an der undichten Stelle, um herauszufinden, ob der Heißwasser- oder der Kaltwasserhahn das Problem ist.
2. Drehen Sie das entsprechende Absperrventil unter dem Waschbecken zu.
3. Hebeln Sie die rot oder blau markierte Abdeckhaube herunter und lösen Sie die Schraube für den Griff. Ziehen Sie ihn nach oben weg.
4. Nachdem Sie den Griff abgezogen haben, wird die Spindelmutter sichtbar, die Sie mit einem Maulschlüssel öffnen können.
5. Drehen Sie das Ventil von Hand ganz heraus.
6. Jetzt können Sie die Hahnscheibe prüfen, die am unteren Ende in der Metallhülse sitzt. Wenn diese Dichtung beschädigt oder verschlissen ist, kann Wasser durch eine undichte Stelle austreten.
7. Öffnen Sie den Ventilsitz, der die Dichtung hält, und nehmen Sie ihn heraus.
8. Ersetzen Sie die defekte Dichtung durch eine neue, exakt gleiche Hahnscheibe. Tauschen Sie auch den Ventilsitz aus, wenn er stark abgenutzt oder angerostet ist.
9. Drehen Sie das Ventil und die Spindelmutter wieder ein. Schrauben Sie den Griff fest.
10. Schließlich können Sie das Absperrventil unter dem Waschbecken wieder öffnen.

– verändert aus *The Woman's Hands-On Home Repair Guide*

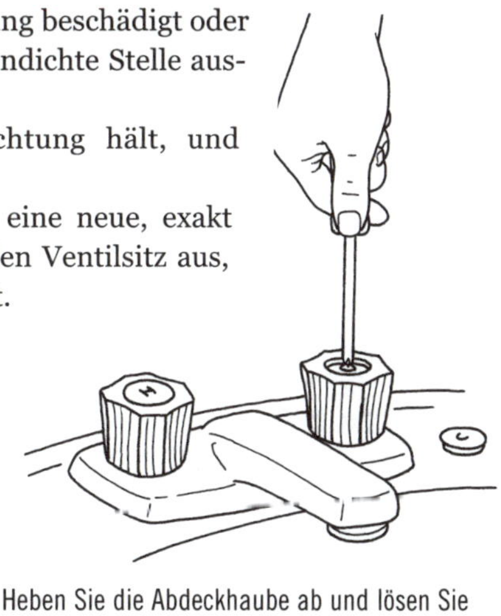

Heben Sie die Abdeckhaube ab und lösen Sie dann die Schraube, um die Griffe zu entfernen.

Undichtigkeiten am Fuß des Wasserhahns

Wenn der Wasserhahn am Fuß undicht ist, müssen die O-Ringe gewechselt werden. Zuerst müssen Sie das Absperrventil unter dem Waschbecken schließen und dann den Wasserhahn zerlegen, wie es auf der gegenüberliegenden Seite dargestellt ist. Ziehen Sie den Ausflußhahn ab und arbeiten Sie sich weiter vor, um die einzelnen O-Ringe freizulegen. Streifen Sie die alten O-Ringe mit einem Schraubendreher oder einem Messer von der Armatur ab. Wenn die O-Ringe nicht im Reparatursatz enthalten sind, besorgen Sie sich exakt die passenden. Nach dem Einsetzen der neuen O-Ringe bauen Sie den Wasserhahn wieder zusammen.

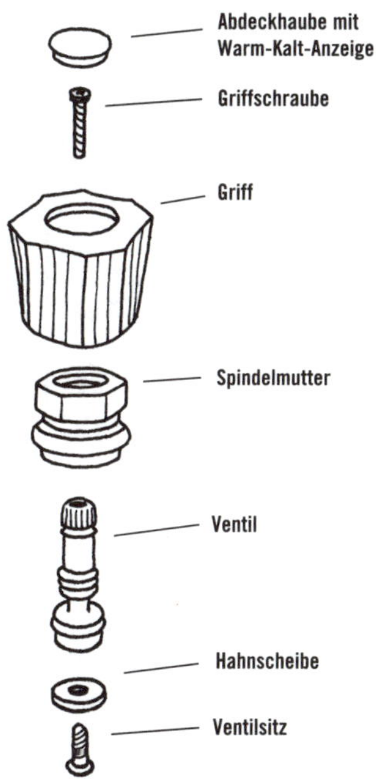

Wenn eine Zweigriffarmatur undicht ist, ist wahrscheinlich eine neue Dichtung, Hahnscheibe genannt, nötig.

Wenn das Wasser in der Toilette stetig fließt

Wenn das Wasser in Toiletten zwischen den einzelnen Spülvorgängen stetig nachströmt, geht jede Menge Wasser verloren. Ob dies in Ihrer Toilette der Fall ist, merken Sie am Geräusch des fließenden Wassers im Spülkasten und an den Kräuselungen in der Toilettenschüssel. Wenn Sie den Deckel des Spülkastens anheben, schauen Sie auf ein Überlaufrohr und Wasser. Ist der Wasserstand zu hoch, schwappt das Wasser in das Überlaufrohr und verursacht das Problem.

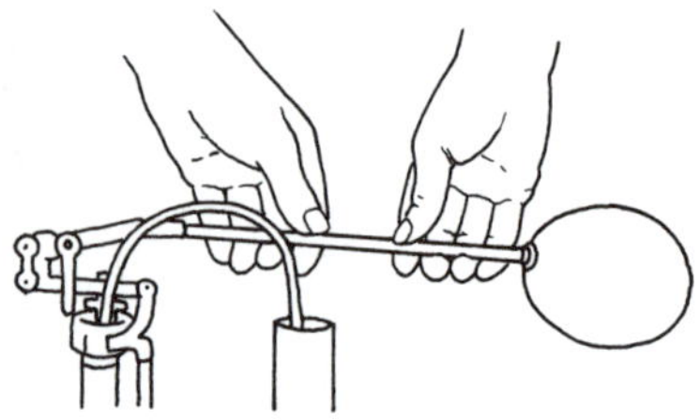

Um den Wasserstand im Spülkasten einzustellen, biegen Sie das Gestänge behutsam nach oben oder unten.

Den Wasserstand einstellen

Sie können den Wasserstand so einstellen, daß er knapp unterhalb der Öffnung des Überlaufrohrs liegt. Er wird durch einen großen Ball (Schwimmer) reguliert, der auf der Wasseroberfläche im Spülkasten schwimmt. Ein dünner Metallarm verbindet den Schwimmer mit dem Füllventil. Wenn das Wasser im Spülkasten ansteigt und den Ball anhebt, wird das Ventil durch die Auftriebskraft geschlossen und der Zufluß gestoppt. Wenn Sie möchten, daß das Ventil früher schließt, korrigieren Sie den Winkel des Metallarms etwas nach unten.

1. Drehen Sie den Schwimmer etwas fester an den Verbindungsarm, damit der Abstand zwischen dem Füllventil und dem Schwimmer kürzer wird.
2. Wenn der Ball schon bis zum Anschlag eingeschraubt ist, biegen Sie das Gestänge behutsam nach unten.
3. Spülen Sie die Toilette und beobachten Sie anschließend, wie hoch das Wasser steigt. Wenn es immer noch bis über die Öffnung des Überlaufrohrs steigt, biegen Sie das Gestänge nochmals etwas nach unten, so daß der Schwimmer tiefer sitzt.

Ungewöhnlich: eine umweltfreundliche Toilette

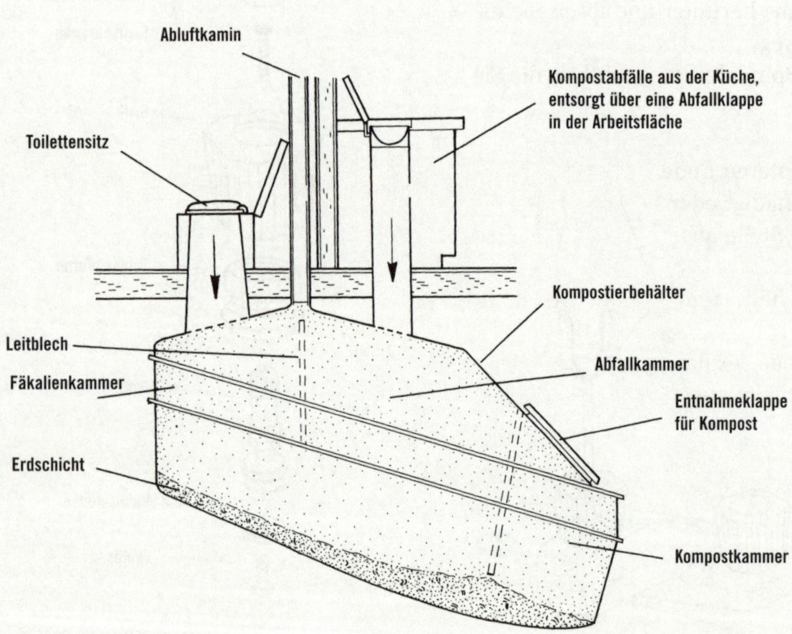

Die Komposttoilette ist die vernünftigste und umweltfreundlichste Form, menschliche Fäkalien zu entsorgen. Komposttoiletten erfordern Luft, Wärme und Feuchtigkeit (aber keine Nässe), damit aerobe Mikroorganismen die organischen Abfälle abbauen können. Nach jeder Nutzung der Komposttoilette wird von Hand oder auch automatisch Rindenmulch zugeführt, um Gerüche und Feuchtigkeit zu binden. Ausreichende Belüftung, ein gut isolierter Behälter, ein hoher ph-Wert und die Bildung eines lockeren Haufens helfen zusätzlich.
Höhere Kosten und gelegentliche Funktionsfehler sind die möglichen Nachteile dieser Systeme.
Es gibt mindestens drei verschiedene Bauarten: Formen, die relativ kompakt sind und Strom für eine Schnellkompostierung brauchen, große Bauformen mit einer ausreichenden Kapazität, um die Abfälle während der Kompostierung über eine lange Zeit lagern zu können, und Zwischenformen von mittlerer Größe, die teilweise auch solarbeheizt sind, um die mikrobiologische Umsetzung zu beschleunigen.

– aus *The Waterless Toilet* von Ron Poitras

Wenn die Toilette nicht spült

Wenn sich der Spülkasten nicht ausreichend mit Wasser füllt, spült die Toilette nicht vollständig durch. Die Lösung besteht darin, den Wasserstand im Spülkasten zu erhöhen. Folgende Schritte sind nötig:

1. Bei Toiletten mit einem Regulationssystem aus Kunststoff drehen Sie den Knauf des Reglers im Uhrzeigersinn. Bei älteren Toiletten mit einem Schwimmer drehen Sie diesen etwas aus dem Verbindungsarm heraus.
2. Wenn der Schwimmer bis zum Anschlag herausgedreht ist, biegen Sie den Verbindungsarm vorsichtig etwas nach oben.
3. Spülen Sie die Toilette und prüfen Sie anschließend den Wasserstand. Er sollte etwa 2 cm unterhalb der Öffnung des Überlaufrohrs liegen.

Den Dichtungsball ersetzen

Wenn die Toilette überhaupt nicht spült, fließt das Wasser wahrscheinlich genauso schnell ab, wie es im Spülkasten ankommt. Am Boden des Spülkastens sitzt ein Gummiball. Wenn die Toilette gespült wird, wird der Ball nach oben gezogen und gibt so den Auslaß frei. Wenn der Spülkasten leer ist, fällt der Ball zurück auf das Loch und bildet eine Dichtung, während der Spülkasten erneut mit Wasser gefüllt wird. Wenn dieser Gummiball spröde wird, rinnt stetig Wasser aus dem Spülkasten. Er muß also ersetzt werden.

1. Stellen Sie den Wasserzufluß am Absperrventil unter dem Spülkasten ab.
2. Entfernen Sie den alten Dichtungsball. Er kann auf drei Arten befestigt sein: durch eine Manschette, die über das Überlaufrohr gezogen ist, einen Aufhänger, der mit zwei Haken am Überlaufrohr hängt, oder bei älteren Modellen durch eine Kette als Verbindung zum Hebel für den Abzug.
3. Nehmen Sie den alten Dichtungsball mit zum Baumarkt oder in den Sanitärfachhandel, um ihn zu ersetzen. Wenn Sie einen Ball mit einer Kette haben, ist es unwahrscheinlich, daß sie exakt dieses Modell ausgetauscht bekommen. Stattdessen können Sie eine neue Klappenanlage kaufen. Die Klappe gleitet am Überlaufrohr entlang und ist mit einer Kette am Gestänge des Abzughebels verbunden. Stellen Sie die Kette so ein, daß die Klappe beim Spülen aufgezogen wird und dann wieder passend auf dem Loch im Spülkasten sitzt.

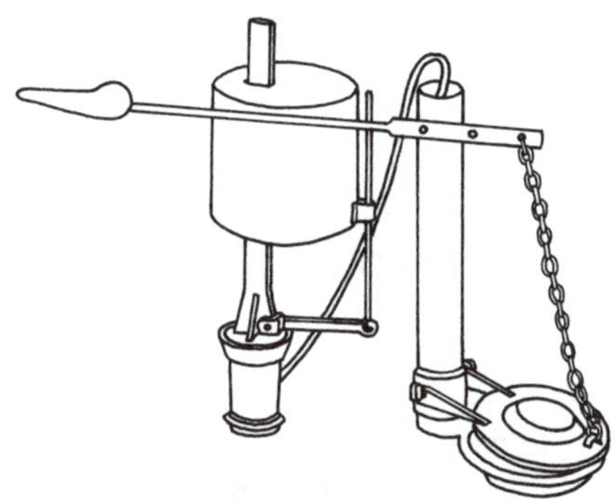

Einen alten Mechanismus mit einem Dichtungsball und einer Kette müssen Sie möglicherweise durch eine Version mit Klappe und Kette ersetzen.

Eine verstopfte Toilette frei bekommen

Wenn Ihre Toilette verstopft ist und überläuft, versuchen Sie es zuerst mit einer Saugglocke. Drehen Sie den Wasserzufluß zur Toilette am Absperrventil zu. Setzen Sie die Saugglocke über dem Loch in der Toilettenschüssel an, drücken Sie fest nach unten und ziehen Sie dann mehrmals nach oben. Dies verursacht einen Unterdruck, wodurch sich das Hindernis entfernen lassen sollte.

Wenn dies nicht hilft, nutzen Sie eine Rohrreinigungswelle für Toiletten. Dies ist eine zylindrische Hülle mit einem Griff oben und einer Welle, die sich vorarbeitet, wenn man am Griff dreht. Das untere Ende der Welle entspricht einem J-ähnlichen Haken. Notfalls können Sie auch einen Drahtkleiderbügel verwenden, den Sie so aufbiegen, daß der Haken an einem Ende sitzt.

1. Führen Sie die Rohrreinigungswelle in den Siphon der Toilette ein. Wenn Sie am Griff drehen, arbeitet sich die Welle in Richtung Verstopfung vor.
2. Wenn Sie das Hindernis erreicht haben, versuchen Sie, es festzuhaken und langsam in die Toilettenschüssel zurückzuholen, indem Sie es herausziehen oder die Welle in die entgegengesetzte Richtung drehen. Vermeiden Sie es, das Hindernis weiter in den Siphon zu schieben.
3. Wenn auch die Arbeit mit der Rohrreinigungswelle keinen Erfolg gebracht hat, rufen Sie einen Installateur. Jetzt bleibt nur noch, die Toilette auszubauen. Das ist nicht einfach.

– aus *The Woman's Hands-On Home Repair Guide*

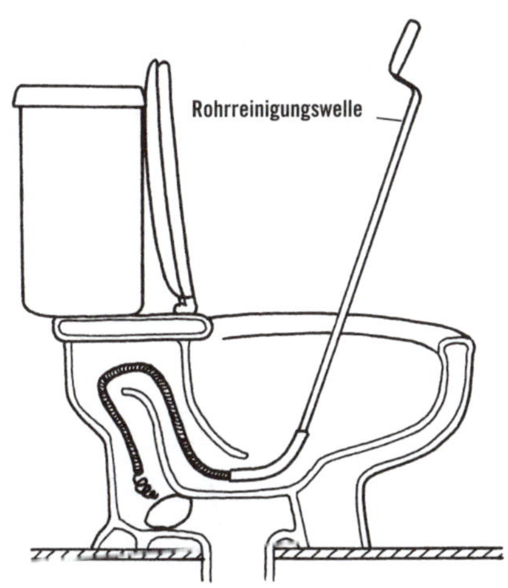

Haken Sie das Hindernis an der Welle fest und versuchen Sie, es nicht weiter in das Abflußrohr zu schieben.

VERSTOPFTE ABFLÜSSE

Verstopfungen beseitigen

Ein verstopfter Abfluß in der Küche ist frustrierend und scheint immer dann aufzutreten, wenn sich schmutziges Geschirr in der Spüle auftürmt. Im Badezimmer verstopfen Waschbeckenabflüsse regelmäßig mit einer Mischung aus Haaren, Fetten und Seife, so daß das Wasser nicht mehr ungehindert ablaufen kann. Aber Sie können beide Probleme lösen, ohne einen Installateur zu rufen.

Den Abfluß frei saugen

1. Lassen Sie etwas Wasser in das Waschbecken laufen.
2. Setzen Sie eine Saugglocke direkt über dem Abfluß an. Drücken Sie fest nach unten und ziehen Sie dann die Saugglocke schwungvoll nach oben weg. Wiederholen Sie dies so oft, bis das Wasser wieder abfließt.

Den Abfluß mit einem Schlauch durchspülen

Wenn Sie mit der Saugglocke keinen Erfolg hatten, versuchen Sie es mit einem Gartenschlauch.

1. Führen Sie einen Gartenschlauch von einem außenliegenden Wasserhahn zum Waschbecken mit dem verstopften Abfluß.
2. Führen Sie den Schlauch in das Abflußrohr ein und stopfen Sie ein Handtuch in und um das Abflußloch, um es abzudichten.
3. Bitten Sie jemanden, das Wasser am außenliegenden Wasserhahn aufzudrehen, während Sie den Schlauch in den Abfluß halten. So lassen sich die Ablagerungen ausspülen und die Rohre reinigen.

Ablaufgarnitur

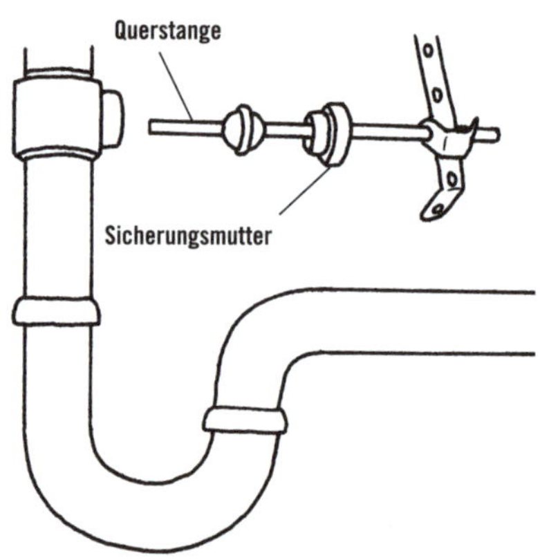

Der erste Schritt, um einen Abfluß mit Exzenterstopfen frei zu machen, ist die Demontage der Ablaufgarnitur.

Den Exzenterstopfen reinigen

Dieses Vorgehen kann im Badezimmer sehr hilfreich sein. Die meisten Waschbecken haben einen Exzenterstopfen zum Verschließen des Ablaufs. Nur ältere Waschbecken haben noch die herausnehmbaren Ablaßstopfen aus Gummi. Unterhalb des Waschbeckens hinter dem Abflußrohr befindet sich das Gestänge, über das die Auf- und-ab-Bewegungen des Exzenterstopfens gesteuert werden. Die Querstange wird von einer Sicherungsmutter stabilisiert.

1. Öffnen Sie die Sicherungsmutter und schieben Sie die Querstange nach hinten. Das hebt den Exzenterstopfen aus dem Abflußloch heraus.
2. Reinigen Sie den Stopfen von Hand und den Abfluß mit einem auseinandergebogenen Kleiderbügel oder einem anderen Werkzeug, mit dem man in den Abfluß kommt.
3. Setzen Sie die Ablaufgarnitur wieder zusammen, ziehen Sie die Sicherungsmutter an und prüfen Sie abschließend den Abfluß.

Den Siphon reinigen

Wenn die bisher beschriebenen Methoden nicht helfen, müssen Sie möglicherweise den Siphon – das U-förmige Rohr unter dem Waschbecken – reinigen. Der Siphon ist immer mit Wasser gefüllt, um Kanalgerüche, Schädlinge und unangenehme Substanzen davon abzuhalten, durch das Abflußrohr in Ihr Haus einzudringen. Siphons erfüllen damit eine wichtige Funktion. Leider können sie auch verstopfen.

1. Stellen Sie einen kleinen Eimer oder eine Wanne unter den Siphon, um das Wasser aus dem Abflußrohr aufzufangen.
2. Manche Siphons haben unten einen Pfropfen, der sich zum Rohrreinigen mit einem Rollgabelschlüssel leicht öffnen läßt. Ist kein Pfropfen vorhanden, müssen Sie den ganzen Siphon entfernen. Lösen Sie mit einer Rohrzange die Überwurfmuttern, die den Siphon mit dem Abflußrohr verbinden.

Wie sich verstopfte Abflüsse vermeiden lassen

Wenn Sie merken, daß Wasser in einem Ablauf nur schleppend abfließt, unternehmen Sie etwas:

- Verwenden Sie Abflußsiebe! Damit vermeiden Sie, daß Haare oder Küchenabfälle in den Siphon gelangen und sich dort verklumpen können.
- Schütten Sie einmal im Monat 8 bis 10 l kochendes Wasser in den Ausguß, um Fette und Seifenablagerungen zu lösen.
- Verwenden Sie einen umweltfreundlichen Abflußreiniger.
- Vermeiden Sie konventionelle Abflußreiniger. Die scharfen Chemikalien in diesen Produkten können auch die Rohre angreifen.

– verändert aus *The Woman's Hands-On Home Repair Guide*

3. Wenn der Pfropfen oder der Siphon entfernt ist, reinigen Sie das Rohr und den Siphon z. B. mit einem aufgebogenen Drahtkleiderbügel und spülen Sie beide sauber.
4. Setzen Sie den Pfropfen wieder ein oder befestigen Sie den Siphon wieder am Abflußrohr, indem Sie die Überwurfmuttern so festziehen, daß er nicht leckt, aber auch die Gewinde nicht beschädigt werden. Achten Sie dabei auf den exakten Sitz der Dichtungen.
5. Drehen Sie das Wasser auf und kontrollieren Sie, ob der Siphon wieder dicht ist.

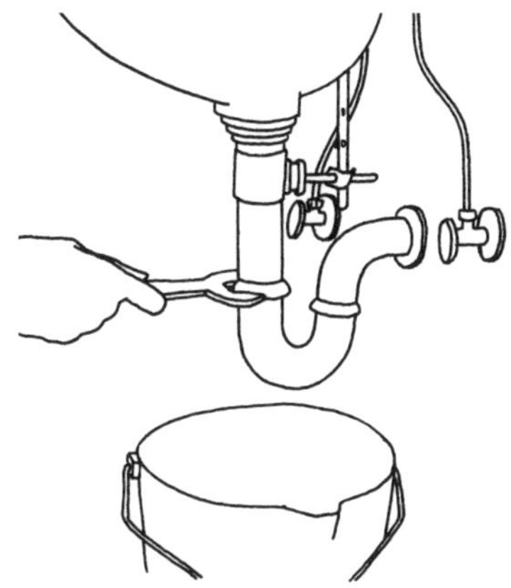

Der Siphon kann zur Reinigung entfernt werden.

Mit der Rohrreinigungswelle arbeiten

Manchmal ist das Rohr weiter unten verstopft. In diesem Fall müssen Sie eine Rohrreinigungswelle verwenden.

1. Stellen Sie einen kleinen Eimer oder eine Wanne unter den Siphon, um das Wasser aus dem Abflußrohr aufzufangen.
2. Entfernen Sie den Siphon mit einer Rohrzange, indem Sie die beiden Überwurfmuttern lösen, die ihn mit dem Abflußrohr verbinden.
3. Schieben Sie das Ende der Reinigungswelle in das Abflußrohr, das aus der Wand austritt, und lassen Sie sie frei hinabgleiten. Wenn die Welle im Rohr nicht mehr weiterrutscht, ohne daß Sie nachschieben müssen, haben Sie entweder die Verstopfung oder einen Bogen im Rohr erreicht.
4. Drehen Sie den Handgriff im Uhrzeigersinn, so daß sich das Ende der Welle durch den Bogen weiterschieben oder durch die Verstopfung bohren kann.
5. Ziehen Sie die Welle heraus, wenn Sie das Gefühl haben, daß das Rohr frei ist, befestigen Sie den Siphon wieder und lassen Sie das Wasser laufen, um zu sehen, ob die Reinigung erfolgreich war.

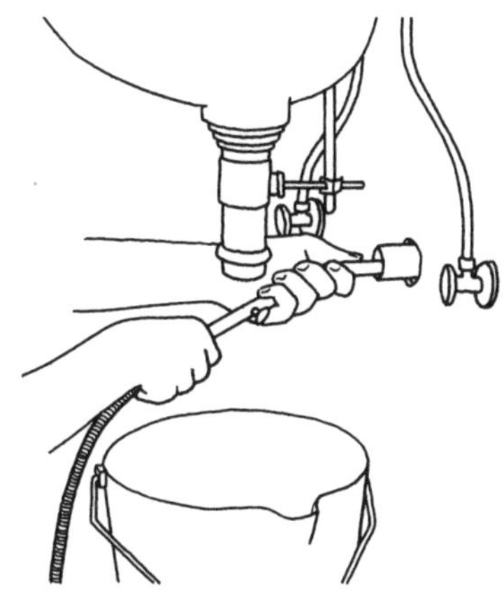

Schieben Sie die Rohrreinigungswelle so weit in das Abflußrohr, bis Sie auf die Verstopfung treffen.

Das Hauptabflußrohr reinigen

Ihr Abwassersystem besteht aus Abflußrohren von allen Wasserstellen, die in ein Hauptabflußrohr münden. Dieses leitet das gesamte Abwasser ab. Sind zwei oder mehr Abflüsse verstopft, könnte das Hindernis auch im Hauptrohr stecken. Legen Sie, bevor Sie es öffnen, Wischmop, Handtücher und Eimer bereit, denn es können sich mehrere Liter Abwasser aufgestaut haben.

1. Suchen Sie im Keller nach einem dicken Gußeisen- oder Kunststoffrohr, das in den Boden führt. Etwa 1 m über dem Boden gibt es an einer Y-förmigen Abzweigung eine mit einem Deckel verschlossene Reinigungsöffnung für das Hauptabflußrohr. Lösen Sie diesen Deckel mit einer großen Rohrzange.
2. Führen Sie die Reinigungswelle in die Öffnung ein und bewegen Sie sie in Richtung Kanal. Vielleicht müssen Sie eine lange, angetriebene Welle ausleihen, um an die Verstopfung zu kommen. Wenn Sie das Hindernis entfernt haben, spülen Sie die Leitung mit dem Gartenschlauch aus. Haben Sie keinen Erfolg, müssen Sie einen Installateur rufen.

– aus *The Woman's Hands-On Home Repair Guide* von Lyn Herrick

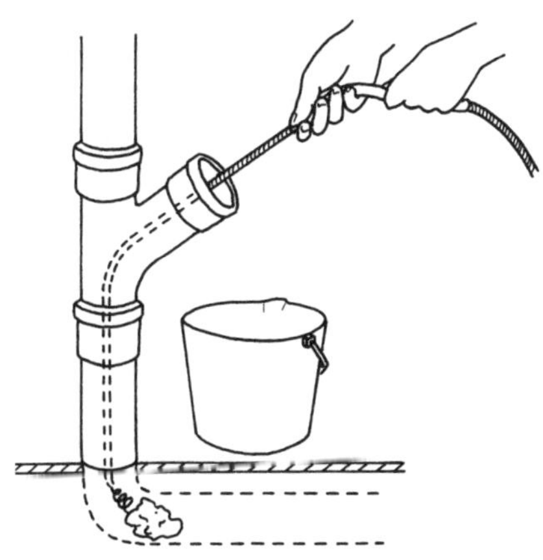

Führen Sie die Rohrreinigungswelle durch die Reinigungsöffnung in das Hauptabflußrohr ein.

ROHRLEITUNGEN SCHÜTZEN UND REPARIEREN

Wenn ein Wasserrohr platzt

Wenn ein Wasserrohr platzt, können Sie einen Rohrschneider und einen Rohrreparatursatz im Baumarkt kaufen. Dieser enthält ein Stück Kunststoffrohr mit Dichtungen und Kupplungen für die beiden Seiten. Für diese Reparatur sollte man über etwas Erfahrung in handwerklichen Dingen verfügen.

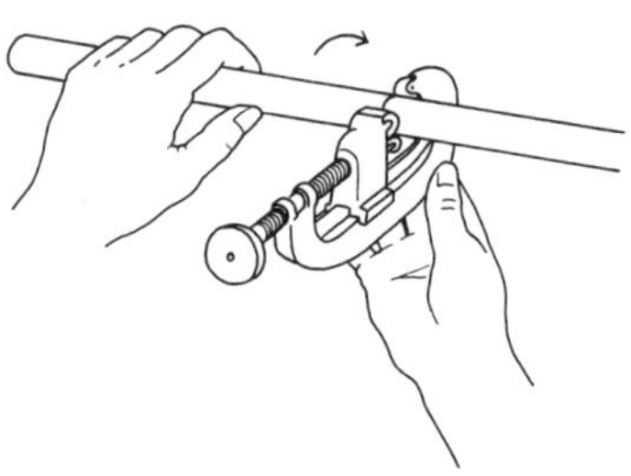

1. Entfernen Sie den beschädigten Abschnitt der Leitung mit dem Rohrschneider. Setzen Sie ihn vorsichtig an, damit die Leitung nicht geknickt oder verbeult wird.

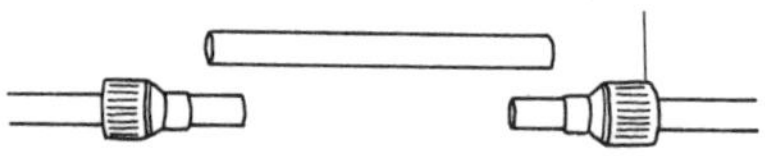

2. Streifen Sie die Kupplungen aus dem Reparaturset über die beiden Enden der Wasserleitung. Fügen Sie die Dichtungen an den Enden der beiden Rohre ein und schieben Sie das passend zugeschnittene Kunststoffrohr an beiden Enden in die Kupplungen. Schrauben Sie diese vorsichtig fest.

Rohre isolieren

Wenn Ihre Wasserleitungen, insbesondere in der Garage oder in nichtisolierten Kellern, frei verlegt sind, können sie einfrieren. Auch in wärmeren Gebieten können die Temperaturen manchmal ein paar Grad unter den Gefrierpunkt fallen.

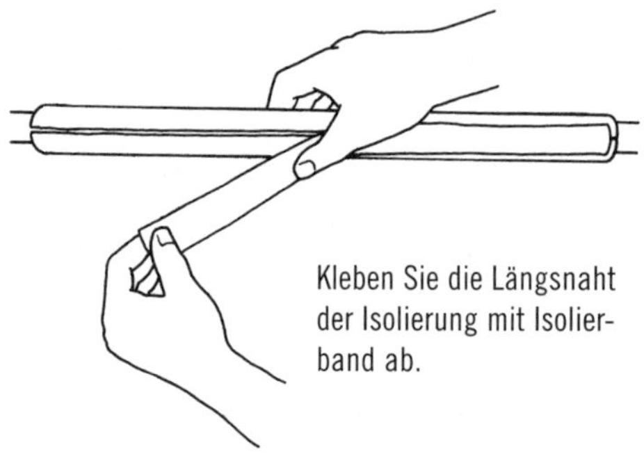

Kleben Sie die Längsnaht der Isolierung mit Isolierband ab.

Eine einfache Vorbeugemaßnahme ist das Umhüllen der Leitungen mit Isoliermaterial. Sie können im Baumarkt vorgeformte Isolierungen kaufen, die auf den Durchmesser Ihrer Leitungen abgestimmt sind. Da diese Isolierungen einen längsseitigen Schlitz haben, lassen sie sich leicht über das Rohr ziehen. Wenn die Isolierung über die gesamte Rohrlänge aufgezogen ist, kleben Sie die längs verlaufende Naht und alle Stöße sorgfältig mit Isolierband ab. Andere Formen der Rohrisolierung wie Rohrumwicklungen und Dämmstoffbänder sind zwar eventuell preislich günstiger, aber dafür viel aufwendiger anzubringen.

Die Wasserversorgung winterfest machen

Um ein nichtisoliertes Haus, etwa ein Ferienhaus, auf den Winter vorzubereiten, müssen Sie die gesamte Wasserversorgung winterfest machen.

1. Drehen Sie den Hauptwasserhahn zu. Wenn Sie an das öffentliche Wassernetz angeschlossen sind, muß der Wasserversorger eventuell das Hauptversorgungsventil außerhalb Ihres Grundstücks absperren.
2. Öffnen Sie alle Wasserhähne im Haus, wobei Sie im obersten Stockwerk beginnen und sich nach unten vorarbeiten. Prüfen Sie, ob Sie keinen vergessen haben.
3. Spülen Sie alle Toiletten durch und gießen Sie etwa zwei Tassen Frostschutzmittel in jeden Toilettenabfluß.
4. Geben Sie auch etwas Frostschutzmittel in die Abflußrohre von Waschbecken, Duschen und Badewannen. Diese Abflußrohre sollten nicht entleert werden, da sie durch den Siphon das Eindringen von schädlichen Gerüchen und Ungeziefer verhindern.
5. Entfernen Sie den Deckel der Reinigungsöffnung für das Hauptabwasserrohr im Keller und gießen Sie auch hier Frostschutzmittel hinein.
6. Stellen Sie im Sicherungskasten die Sicherung für den Warmwasseraufbereiter aus. Entleeren Sie den Warmwasseraufbereiter, indem Sie einen Gartenschlauch an den Ablaßhahn anschließen. Der Ausfluß des Schlauchs sollte draußen und möglichst bergab, abseits vom Haus, liegen.
7. Öffnen Sie auch die außenliegenden Wasserhähne und entfernen Sie den Gartenschlauch. Legen Sie den Wasserschlauch zum Entleeren möglichst bergab oder lassen Sie ihn in voller oder halber Länge zum Beispiel vom Balkon herabhängen, damit auch der Schlauch nicht einfriert und reißt. Wenn Sie sichergehen wollen, daß die Wasserleitungen zu den außenliegenden Wasserhähnen nicht einfrieren, lassen Sie vom Installateur einen Absperrhahn mit einem Entlüftungsventil anbringen. Wenn dieser installiert ist, stellen Sie das Absperrventil zur Außenleitung ab und öffnen das Lüftungsventil. Über das Lüftungsventil wird Luft durch die Leitung geblasen und so das verbleibende Wasser aus der Leitung gedrückt.

– aus *The Woman's Hands-On Home Repair Guide* von Lyn Herrick

Gefrorene Leitungen auftauen

Wenn eine Wasserleitung gefriert, rufen Sie nicht gleich in Panik den Installateur. Hören Sie sich zuerst den Wetterbericht für den betreffenden Tag an. Wenn die Temperatur über den Gefrierpunkt steigen soll, wird die Leitung wieder auftauen, ohne daß es zu Schäden kommt.

Normalerweise gefrieren Leitungen nicht über die gesamte Länge ein, sondern nur an Stellen, die der Kälte besonders ausgesetzt sind, also entweder im Freien oder an Türschwellen oder Außenwänden von nichtisolierten Räumen. Um den gefrorenen Bereich zu lokalisieren, drehen Sie die Wasserhähne nacheinander auf. Verfolgen Sie die gefrorene Leitung zurück bis zur ersten Verbindungsstelle. Testen Sie dann einen Wasserhahn in der anderen Leitung, um festzustellen, ob die gefrorene Stelle vor der Abzweigung liegt.

Wenn Sie den gefrorenen Bereich der Leitung herausgefunden haben, können Sie ihn vielleicht weiter eingrenzen, indem Sie nach einer Ausbeulung suchen oder fühlen, wo die Leitung am kältesten ist. Drehen Sie alle betroffenen Wasserhähne auf, so daß sich das gefrorene Wasser ausdehnen und der Wasserdampf entweichen kann, während Sie Wärme zuführen.

– aus *What to Do When the Power Fails* von Mary Twitchell

Drei Methoden zum Auftauen von Leitungen

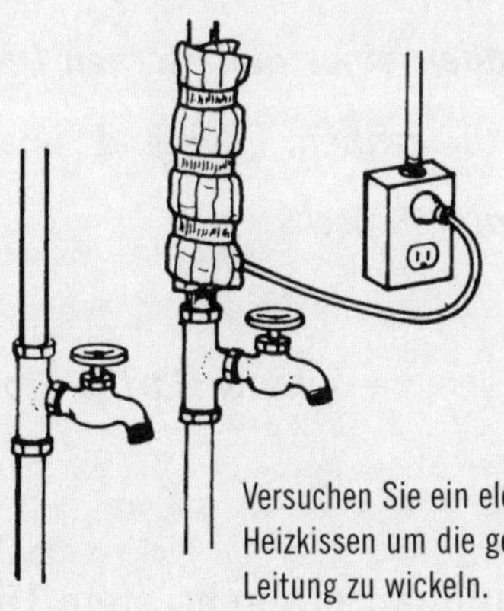

Versuchen Sie ein elektrisches Heizkissen um die gefrorene Leitung zu wickeln.

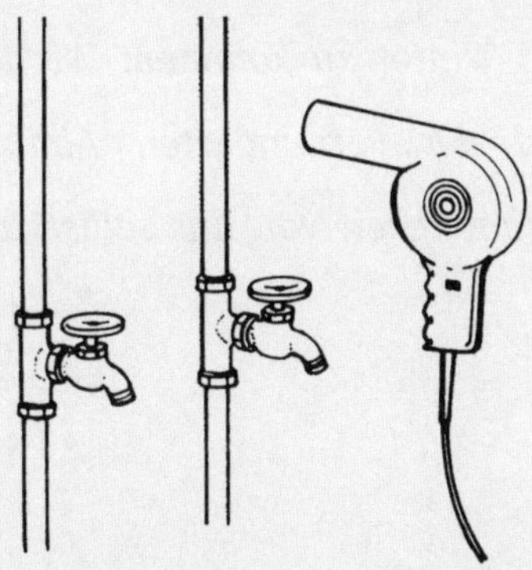

Heizen Sie die gefrorene Stelle mit einem Fön auf, wenn Sie eine Steckdose in Reichweite haben.

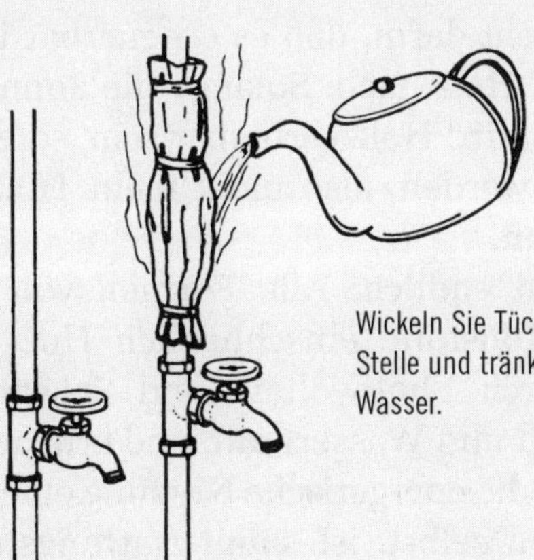

Wickeln Sie Tücher um die gefrorene Stelle und tränken Sie sie mit heißem Wasser.

Verwendung von Kunststoffrohren

Neuere Materialien für Wasserrohre sind relativ preisgünstig und im Vergleich zu den früheren Rohrleitungen einfach zu schneiden und zu installieren. Sie können Abflußrohre aus Kunststoff verwenden, die mit speziellen Rohrverbindungen aneinandergefügt werden, und flexible Neopren-Dichtungen, um die neuen Kunststoffrohre mit den alten Gußeisenrohren zu verbinden. Für Wasserleitungen können Sie zwischen zwei Systemen wählen:

1. Flexible PEX-Rohre bestehen aus Polyethylen (PE), das zusätzlich vernetzt wird, um die Qualität zu erhöhen – das X steht für Crosslinking. Die Rohre lassen sich bequem mit einer Bügelsäge abschneiden und werden mit sogenannten Fittings, speziellen Verbindern aus Messing oder Kunststoffen, verschraubt.
2. PVC (Polyvinylchlorid), ein weißer oder cremefarbener Kunststoff, wird am häufigsten für Trinkwasserleitungen benutzt. Er ist preisgünstig, einfach zu verarbeiten, nachhaltig, sicher (keine Probleme mit Blei) und rostfrei. PVC kann mit einer Bügelsäge abgeschnitten und verklebt werden. Aber PVC-Rohre können brechen und zerspringen, wenn Wasser darin gefriert. PVC-C ist etwas teurer und sollte zumindest für Heißwasserleitungen verwendet werden.
   Problematisch beim Übergang von galvanisierten zu Kunststoffrohren sind die Verbindungen. Sie müssen, abgedichtet durch Teflonband oder andere Dichtungen, auf die Metallrohre aufgeschraubt werden. Kaufen Sie besser ein paar Verbindungen zusätzlich, falls eine beim sehr strammen Aufschrauben bricht. Dieses straffe Anziehen ist jedoch nötig, damit die Verbindungen nicht lecken, wenn Sie die Leitung wieder in Betrieb nehmen.

– verändert aus *Reviving Old Houses* von Alan Dan Orme

5

HEIZEN

KAMINÖFEN UND OFFENE KAMINE • HEIZEN MIT HOLZ HOLZ STAPELN UND TROCKNEN • EINEN ALTHERGEBRACHTEN HOLZSCHUPPEN BAUEN • HEIZEN MIT KOHLE HEIZEN MIT GAS • HEIZEN MIT SOLARENERGIE DAS HAUS WETTERFEST MACHEN

Dr. Jay Sheltons Bücher über das Heizen mit Holz, Wood Heat Safety *und* Solid Fuels Encyclopedia, *sind zwei unschätzbare Schlüsselwerke zum Thema Holzverbrennung. Seine Erkenntnisse zum sauberen Brennverhalten und zur vernünftigen Anwendung der Holzfeuerung gelten immer noch als unübertroffen.*

So manche von uns, die die Ölkrise der 70er Jahre mit Warteschlangen an den Tankstellen und Tankmöglichkeiten im Zweitagesrhythmus erlebten, entwickelten eine gewisse Disziplin beim Heizen ihrer Häuser. Wir machten uns nicht mehr über die Gewohnheit unserer Eltern lustig, den Thermostat auf 18 °C herunterzudrehen, als der Preis für Heizöl 1,75 Dollar pro Gallone erreichte. Unser Grundstück in Connecticut hatte einen beträchtlichen Waldanteil. So konnten wir, ausgestattet mit einer neuen Motorsäge und einem geliehenen Holzspalter, 7,5 m³ Holz stapeln – genug, um gut durch den Winter zu kommen. Wir lernten die Freuden eines gußeisernen Ofens und der verminderten Abhängigkeit von Öl kennen, während unsere Abhängigkeit von uns selbst zunahm – ein guter Tausch.

– John & Martha Storey

Wenn es um das Heizen von Landhäusern geht, steht Holz als Brennstoff ganz vornan. Es bietet im Vergleich mit anderen Energieträgern einige bedeutende Vorteile. Der wichtigste besteht darin, daß es erneuerbar ist. Anders als Kohle, Öl und Gas wächst Holz nach. Solange die Sonne scheint und die Erde Pflanzen ernährt, wird Holz verfügbar sein, sofern die Wälder nachhaltig bewirtschaftet werden, also nicht mehr Holz entnommen wird, als nachwachsen kann.

Fossile Energieträger sind endlich. Alle Formen von Solarenergie, sowohl nachwachsende Rohstoffe einschließlich Holz als auch die direkte Einstrahlung (durch Photovoltaik und Solarthermie direkt umgewandelt), sowie Wind und Wasserkraft sind erneuerbar.

Holz stellt im Hinblick auf die energetische Nutzung eine Besonderheit dar. Der Baum wächst von selbst, ist somit wartungsfreier Sonnenkollektor und Energiespeicher zugleich. 1 kg Holz hat einen Heizwert von ca. 4 kWh, was etwa dem Wärmeinhalt einer von 10 auf 35 °C

LEXIKON

Brennwert: Gesamtenergieinhalt eines Brennstoffs; Brennwert > Heizwert

Dampfsperre: undurchlässiges Material, das auf der warmen Seite einer Dämmschicht angebracht wird, damit keine Feuchtigkeit in die Dämmung eindringen kann

Heizwert: Energieinhalt eines Brennstoffs nach Abzug des Anteils, der zur Emission der Wasseranteile als Dampf mit dem Rauchgas benötigt wird

Low-E-Beschichtung: Beschichtung von Fensterscheiben, die die Wärme zurück in den Raum reflektiert; wird in Isolierglasscheiben angewandt

Speichermasse: puffert im Ofen die Wärme und gibt sie nach dem Aufheizen gleichmäßig ab

Thermisch wirksame Masse: Bauteile wie Steine oder Ziegel, die Wärme aufnehmen, also zum Beispiel Sonnenenergie, sie speichern und in der Nacht wieder abgeben

U-Wert: Wärmedurchgangskoeffizient: Maß für den Wärmedurchgang durch eine Materialschicht, die zwei verschiedene Temperaturbereiche trennt

Wirkungsgrad, feuerungstechnischer: das Verhältnis der bei der Verfeuerung genutzten Wärmemenge zum Energieinhalt des Brennstoffs; maßgeblich mindernd ist der Wärmeverlust über das Abgas

erwärmten Badewannenfüllung entspricht und mehr als der 50fachen Energiemenge von 1 l heißem Wasser in einem Solarspeicher. Dank besserer Gebäudedämmung und wesentlich höherer Wirkungsgrade der Öfen kann Holz heute um ein Vielfaches effektiver als in früheren Zeiten als Brennstoff genutzt werden.

Wie Holz verbrennt

Vorteile von Holz gegenüber Kohle

- Holz ist als nachwachsender Rohstoff deutlich umweltfreundlicher.
- Holzfeuer ist einfacher zu entzünden.
- Holz hinterläßt deutlich weniger Asche.
- Holz ist sauberer zu handhaben.
- Der Geruch von Holzrauch ist angenehm.
- Die Rauchgase von Holzfeuern sind weniger korrosiv; der Kamin hält länger.
- Weil Holzfeuer einfacher zu entfachen sind, ist Holz in milden Klimazonen oder während des Frühjahrs oder Herbstes, wenn nur ein- bis zweimal am Tag etwas Wärme benötigt wird, der komfortablere Brennstoff.
- Viele Ofenbesitzer können Holz kostenlos bekommen, wenn sie es selbst schlagen und transportieren; man muß es nicht unbedingt kaufen.
- Der Umgang mit einem Holzfeuer ist einfacher zu erlernen.

– verändert aus *Solid Fuels Encyclopedia* von Jay Shelton

KAMINÖFEN UND OFFENE KAMINE

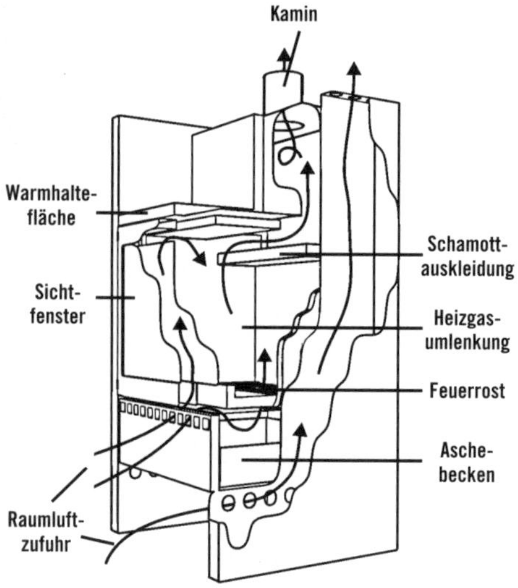

Der Kaminofen – wegen seiner ursprünglichen Herkunft aus Skandinavien auch Schwedenofen genannt – ist die einfachste und flexibelste Form des Holzofens. Allerdings sollte eine Heizgas- oder Flammenumlenkung integriert sein, um die Energieausnutzung zu verbessern.

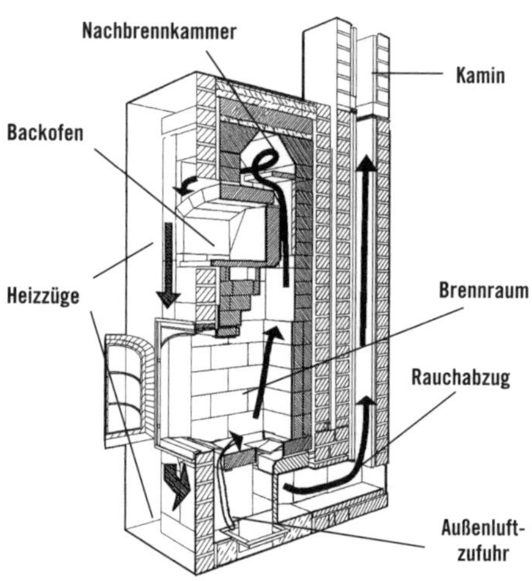

Kachelöfen müssen über einen inneren Kamin belüftet werden. Sie sind besonders wirkungsvoll, wenn sie als Raumteiler geplant werden. Die sanfte Strahlungswärme und Sicherheit vor Schornsteinbränden machen sie zum Herzstück des Hauses.

Typen von Holzöfen

Mit der Ölkrise 1973 begann die Renaissance des Holzofens. Die meisten Modelle wurden aber vorher nicht umfassend getestet, was vielfach zu Funktionsproblemen führte. Die aus Skandinavien importierten gußeisernen Öfen wurden dagegen als bewährte Geräte geschätzt. Heute gibt es mehrere Typen von Holzöfen, die je nach Funktionsweise und Wärmeleistung einzelne Räume oder ganze Wohnbereiche heizen. Wenn Sie einen neuen Ofen installieren oder einen alten wieder in Gebrauch nehmen möchten, sollten Sie unbedingt vorab mit dem zuständigen Schornsteinfeger Kontakt aufnehmen. Dieser kann Sie zum einen am besten beraten und muß zum anderen Ihren neuen Ofen für die Nutzung freigeben.

Der Kaminofen

Kaminöfen sind die einfachste Form des Holzofens. Sie verfügen über keine oder nur wenig Speichermasse, auch wenn es Varianten mit Keramik- oder Natursteinverkleidungen gibt. Daher geben sie zwar sehr schnell Wärme ab, erkalten aber ebenso rasch wieder, wenn das Feuer ausgeht. Um eine dauerhafte Wärme zu erzeugen, ist regelmäßiges Nachheizen erforderlich. Beim Kauf ist es daher besonders wichtig, auf die passende Heizleistung zu achten, damit der Raum nicht ständig überheizt wird. Kaminöfen sind relativ klein und preiswert. Zudem lassen sie sich einfach auf- und abbauen. Beim Kauf ist genau darauf zu achten, daß der Ofen die Richtlinien zum Brandschutz und die Umweltschutzverordnungen erfüllt. Bei hochwertigen Kaminöfen ist der Feuerraum mit Schamotte ausgekleidet und der Abgasweg mit einer Heizgas- oder Flammenumlenkung versehen, um die Energieausbeute zu erhöhen.
Eine Sonderform des Kaminofens ist der Pelletofen (siehe Seite 65).

Der Heizkamin

Heizkamine ähneln optisch einem offenen Kamin. Sie haben aber einen geschlossenen Feuerraum mit selbstschließender Tür und können mit Scheitholz und Braunkohlebriketts betrieben werden. Die Verkleidung kann aus Naturstein oder Kacheln bestehen. Durch eine Glasscheibe in der Tür kann das Feuer beobachtet werden. Heizkamine verfügen über hochmoderne Heizeinsätze mit Wirkungsgraden von bis zu 80 Prozent. Die Funktionsweise entspricht etwa der des Warmluftkachelofens: Die kühle Raumluft wird über Zuluftöffnungen in der Verkleidung am Heizeinsatz vorbei in den Ofen gesaugt und über Lüftungsgitter oder -kacheln als Warmluft wieder in den Raum abgegeben. Ein Vorteil ist die rasche Wärmeabgabe. Je nach Wärmebedarf können auch Heizzüge integriert werden. In Verbindung mit einer Wassertasche kann ein Heizkamin sogar die Zentralheizungsanlage unterstützen.

Der Kachelofen

Kachelöfen verbrennen Scheitholz am saubersten. Sie werden aus Schamottestein oder vorgefertigten feuerfesten Baugruppen ortsfest aufgebaut und mit Natursteinen, Kacheln oder Lehm verkleidet – oder auch verputzt. Deshalb sind diese sogenannten Grundöfen mit 1,5 bis 3 t sehr schwer, was im Hinblick auf die Statik des Hauses zu beachten ist, und relativ teuer. Dafür sind sie extrem langlebig.
Der Feuerraum ist von Heizgaszügen umgeben, die die Wärme an das Schamottematerial und die Verkleidung abgeben. Dadurch wird ein Wirkungsgrad von bis zu 90 Prozent erreicht. Die gespeicherte Wärmeenergie strahlt über lange Zeit in den Raum ab. Sind Kachelöfen einmal angeheizt, wird für den Dauerbetrieb nur ein- bis zweimal am Tag nachgelegt. Damit ist ein Kachelofen für die gesamte Heizperiode geeignet.
Grundöfen werden individuell nach dem Bedarf und den räumlichen Gegebenheiten vom Fachmann geplant und konstruiert.

– Anita Heidenfelder

Wenn Sie einen Kaminofen im Raum aufstellen wollen, müssen Sie folgende Mindestabstände beachten: Der Ofen muß mindestens 20 cm von der Wand entfernt stehen. Die Funkenschutzplatte unter dem Ofen ist nur bei brennbaren Böden nötig. Sie muß vorn mindestens 50 cm über den Ofen hinausragen und seitlich jeweils 30 cm. Die Oberflächentemperatur einer brennbaren Wand darf höchstens 85 °C betragen. Zudem ist eine feuerbeständige Brandschutzschale um die Rohrdurchführung erforderlich. Die einzelnen Länderverordnungen können jedoch von diesen Vorgaben abweichen.

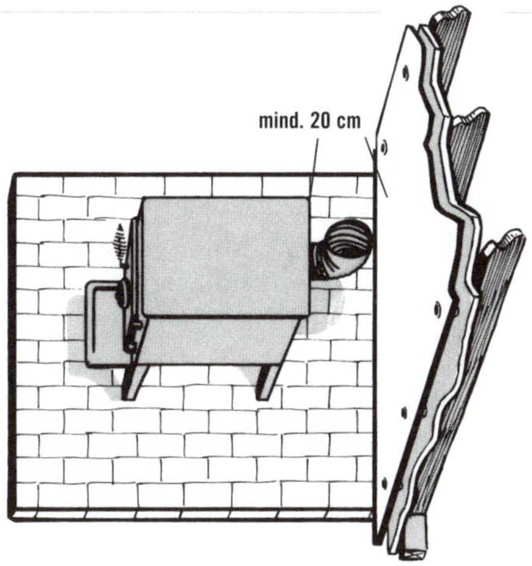

Bodenschutz

Der Fußboden unter und um den Ofen benötigt besonderen Schutz: vor der Abstrahlung vom Boden und von den Seiten des Ofens, vor Funkenflug und heißem Brennmaterial, das beim Nachfeuern, bei der Ascheentnahme oder beim Anfachen der Glut herausfallen kann.

Einen Kaminofen aufstellen

In den meisten Fällen wird der Kaminofen an einen bestehenden Kamin angeschlossen. Folgen Sie den beschriebenen Schritten:

1. Prüfen Sie die Ausmauerung Ihres Kamins und den Grad der Verrußung – oder, noch besser, bitten Sie Ihren zuständigen Schornsteinfeger, dies zu tun. Denken Sie auch an die vorgeschriebene Höhe des Schornsteins. Der Auslaß muß mindestens 1 m von der Dachfläche entfernt sein und bei Dachneigungen über 20° zusätzlich mindestens 40 cm über den Dachfirst hinausragen.
2. Wählen Sie den genauen Standort des Ofens, bevor Sie ein Loch in den Kamin brechen. Am besten ist die Mitte des Hauses geeignet. Wenn Sie auch die Abwärme des Kamins nutzen wollen, sollte der Kaminofen im Erdgeschoß stehen.
3. Ältere Häuser verfügen häufig bereits über Durchbrüche für Ofenrohre, die Sie für den Kaminofen nutzen können. Wenn dies nicht der Fall ist, müssen Sie einen schaffen. Es ist nicht erlaubt, Kaminöfen an Kamine anzuschließen, die bereits für die Öl- oder Gasheizung verwendet werden. Dagegen können mehrere Kaminöfen an einen Kamin angeschlossen werden, wenn die Abstände zwischen den Durchbrüchen groß genug sind und die Öfen automatisch schließende Türen haben. Der Durchbruch muß zu brennbaren Zimmerdecken einen Mindestabstand von 40 cm einhalten. Fragen Sie jedoch unbedingt Ihren Schornsteinfeger. Den Durchbruch lassen Sie am besten von einem Fachbetrieb ausführen, da Spezialwerkzeuge erforderlich sind, deren Anschaffung sich für einen einzelnen Durchbruch nicht lohnt.
4. Stellen Sie den Kaminofen mindestens 20 cm von der Wand entfernt auf. Bei brennbaren Böden muß der Ofen auf eine Funkenschutzplatte gestellt werden, um den Holzboden zu schonen und einem Brand vorzubeugen. Im Handel werden verschiedene Varianten aus Glas oder Edelstahl angeboten. Auch sogenannte Steinchenteppiche sind möglich.
5. Verlegen Sie das Ofenrohr vom Ofenanschluß zum Abzug. Die Distanz sollte so kurz wie möglich sein. Das Ofenrohr muß im Durchmesser dem Ofenanschluß und dem Durchbruch entsprechen und zudem die geforderten Normen einhalten. Es darf nicht mehr als ein Bogen eingefügt werden. Die erlaubte Strecke für eine waagerechte Verlegung des Ofenrohrs ist abhängig von der Höhe des Schornsteins vom Anschluß bis zum Auslaß über dem Dach. Ihr Schornsteinfeger kann Ihnen im voraus sagen, ob bei der gewünschten Rohrführung die Richtlinien eingehalten werden. Wenn Ihr Ofen nicht luftdicht ist, benötigen Sie eine Drosselklappe im Ofenrohr.

– verändert nach *Buying and Installing a Woodstove* von Charles Self

Den Schornsteinfeger zu Rate ziehen

Wenn Sie einen Ofen – gleich welcher Art – installieren möchten, ist der Bezirksschornsteinfeger Ihr wichtigster Ansprechpartner, denn er ist nicht nur für die regelmäßige Reinigung des Schornsteins zuständig. Je früher Sie Ihr Vorhaben mit ihm besprechen, desto mehr können Sie von seinem Fachwissen und seinen Kontakten profitieren. Und Sie sparen bares Geld, wenn Sie von Anfang an die zahlreichen Richtlinien und Verordnungen einhalten.

Ihr Schornsteinfeger

- weiß, welche gesetzlichen Vorschriften bezüglich Immissions- und Brandschutz Sie bei Ihrem Vorhaben einhalten müssen,
- kann Ihnen Vorschläge machen, wo im Haus Ihr neuer Ofen seine Funktion am besten erfüllen kann,
- schätzt die benötigte Heizleistung ab,
- kennt die Qualitätsunterschiede, die es beim Kauf eines Heizkamins oder Kaminofens zu beachten gilt,
- hat Kontakte zu Kamin- und Kachelofenbauern,
- stellt schließlich die amtliche Abnahmebescheinigung für Ihren neuen Ofen aus.

KAMINÖFEN UND OFFENE KAMINE

Stephen Bushway ist ein ehemaliger C.S.I.A.-zertifizierter Kaminkehrer, geprüfter Kachelofenbauer und Eigentümer der Deer Hill Masonry Heat. Er hat sich in seiner Berufslaufbahn in West-Massachusetts, wo er Eigentümer der Village Chimney Services ist, für Energie- und Umweltauflagen eingesetzt. Außerdem hat er das Buch The New Woodburner's Handbook *verfaßt.*

Einen offenen Kamin mit einer Heizkassette versehen

Da offene Kamine nur einen Wirkungsgrad von etwa 20 Prozent haben, ausschließlich unter Aufsicht betrieben werden dürfen und ihr Rauch bei ungünstigen Witterungsbedingungen sehr schlecht abzieht, stellt sich die Frage, ob der offene Kamin nicht durch einen Heizkamin ersetzt werden kann. Dafür sind sogenannte Kamin- oder Heizkassetten (siehe Kasten auf Seite 64) auf dem Markt. Diese Einsätze aus Stahl werden paßgenau für den vorhandenen Kamin angefertigt und sind innen mit Schamotte oder Vermiculit ausgekleidet, um größere Wärmemengen speichern zu können. Sie verfügen über große Glasscheiben, wodurch der Vorteil des offenen Kamins, das Feuer möglichst ungehindert beobachten zu können, erhalten bleibt. Kaminkassetten sind in den verschiedensten Varianten und Stilrichtungen erhältlich. Da die Lüftungsbedingungen eines Kaminofens sich wesentlich von denen eines offenen Kamins unterscheiden, muß der Umbau unbedingt vorab mit dem Bezirksschornsteinfeger abgesprochen werden. Dies ist notwendig, da sich beispielsweise die Abgastemperaturen und damit die thermische Belastung des Schornsteins ändern. Wenn Ihr Schornstein in einem baulich einwandfreien Zustand ist, kann er weiterhin genutzt werden.

Der Wirkungsgrad wird durch den Einbau einer Kaminkassette auf 70 bis 80 Prozent erhöht. Einer der wesentlichen Vorteile ergibt sich aus dem deutlich verminderten Verbrennungsluftverbrauch. Ohne die Kaminkassette wird ein Großteil der Wärme direkt über den Kamin abgesaugt. Durch die Kaminkassette wird die Verbrennungsluft auf ein für Öfen normales Maß reduziert und stattdessen Raumluft durch einen Luftmantel, bestehend aus einem doppelten Boden, doppelten Wänden und Wärmetauscherrohren, geleitet. Die unten einströmende Luft wird dabei erwärmt und oben wieder in den Raum abgegeben. Ein Teil des warmen Luftstroms wird innen an der Scheibe entlanggeführt, um sie vor dem Verrußen zu schützen. Dieser Luftstrom kommt nicht direkt mit dem Feuer in Kontakt und ist daher sauerstoffreich und abgasfrei. Manche Modelle verfügen darüber hinaus über eine Rauchgasumlenkung, die die Energieausnutzung zusätzlich erhöht und die Abgaswerte verbessert.

Der Einbau einer Kaminkassette kann je nach Länderverordnung auch in Eigenleistung ausgeführt werden. Dies ist aber nur einem versierten Handwerker in Absprache mit dem Bezirksschornsteinfeger zu empfehlen. Informieren Sie sich unbedingt vorher!

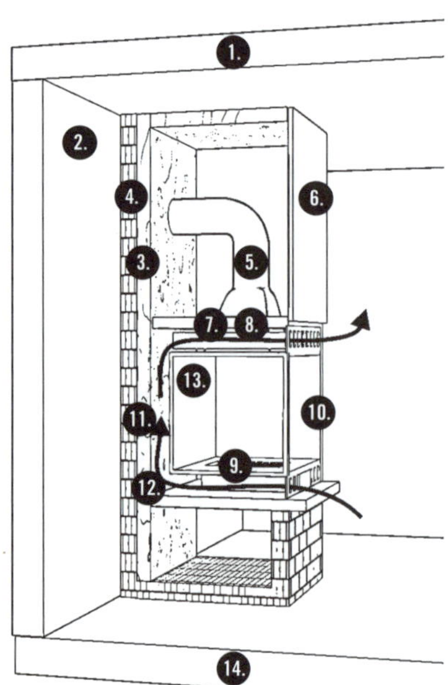

Achten Sie auf ausreichende Abstände zu brennbaren Gegenständen. Möglicherweise müssen Sie die Funkenschutzplatte vor dem Kamin vergrößern. Holzbauteile im Umfeld des Kamins erfordern im allgemeinen die Anfertigung von Wärmeschutzblechen, die mit Abstandshaltern aus Keramik angebracht werden sollten, um einen Luftraum von mindestens 2,5 cm zwischen Holz und Blech einzuhalten. Dadurch ist eine Verringerung der geforderten Abstände möglich.

1. **Decke aus brennbaren Materialien, z. B. Holz**
2. **Wand aus brennbaren Materialien**
3. **10 cm dicke Vormauerung aus Beton-, Kalksand-, Ziegel- oder Naturstein**
4. **Wärmedämmung, z. B. 10 cm dicke Mineralfaserplatten**
5. **Abgassammler mit Verbindungsstück**
6. **Verkleidung**
7. **Konvektionsluftrohre**
8. **Abgase aus der Verbrennung**
9. **Feuerrost**
10. **Bestehender offener Kamin**
11. **Konvektionsluftschacht der Heizkassette**
12. **Konvektionsluftmantel der Heizkassette**
13. **Feuerraumwände der Heizkassette**
14. **Boden aus nicht brennbaren Materialien, z. B. Stein**

Der Feuerraum des offenen Kamins muß vorab gründlich gereinigt werden. Der Boden sollte eben sein. Nun muß die vorgeschriebene Mindestwärmedämmung im offenen Kamin angebracht werden. Für die Rückwand, die Seitenwände und den Boden sind jeweils 10 cm Schichtdicke vorgeschrieben. Geeignet sind zum Beispiel Mineralfaserdämmplatten.

Im Abgassammler dürfen keine gefährlichen Ablagerungen entstehen. Um sie zu verhindern, müssen entsprechende Leitbleche angebracht werden, die dafür sorgen, daß Flugasche und Rußpartikel in den Feuerraum zurückfallen. Die maßgefertigte Kassette wird nun vorsichtig in den Feuerraum des offenen Kamins geschoben. Achten Sie dabei besonders darauf, Beschädigungen zu vermeiden.

Nun muß der Raum zwischen der Kaminkassette und den Feuerraumwänden dicht ausgefüllt werden. Auch kleinere Undichtigkeiten, durch die Falschluft eintreten kann, müssen mit einer geeigneten Dichtmasse, zum Beispiel Steinwolle, abgedichtet werden. Möglicherweise kann der Zwischenraum mit einer Blende verkleidet werden.

– Anita Heidenfelder

Glanzruß im Schornstein

Glanzruß ist eine besondere Form rußiger Ablagerungen im Schornstein und besonders gefährlich, da er leicht brennbar ist. Er entsteht, wenn Holz unvollständig verbrannt wird. Das heißt, im Rauch sind unverbrannte Partikel und Gase und damit viel Energie enthalten. Wenn diese auf dem Weg durch den Schornstein stark abkühlen, setzen sie sich mitsamt der enthaltenen Energie an den Schornsteinwänden ab. Die Ablagerungen können sich besonders an kalten Tagen bei „gutem Zug" entzünden, und es kommt zu den gefürchteten, bis zu 1000 °C heißen Glanzrußbränden im Schornstein.

Um Glanzrußbildung zu vermeiden, gibt es zwei entscheidende Regeln: Verbrennen Sie kein feuchtes Holz und führen Sie dem Feuer jederzeit genügend Frischluft zu. Ist das Holz zu feucht, wird ein Großteil der Energie dafür verwendet, das im Holz enthaltene Wasser zu verdampfen. Die Temperatur im Feuerraum kann dann nicht hoch genug ansteigen, um alle Gase vollständig zu verbrennen. Letzteres trifft auch zu, wenn die Luftzufuhr zu stark gedrosselt wird. 1 kg Holz braucht zur Verbrennung etwa 3 m^3 Luft. Ist diese nicht verfügbar, kommt es zu einem Schwelbrand. Die Temperatur ist auch in diesem Fall für eine vollständige Verbrennung zu niedrig.

Aufgrund des auffälligen Glanzes ist Glanzruß auch für den Laien gut erkennbar. Sie können daher mit einem Spiegel schon vom Ofen aus regelmäßig prüfen, ob sich im Ofenrohr Glanzruß bildet.

Wenn der Glanzruß im Kamin brennt, sollten Sie in jedem Fall die Feuerwehr und den Bezirksschornsteinfeger informieren. Allerdings wird ein solcher Brand nur kontrolliert, nicht gelöscht. Wichtig ist, daß Sie leicht entflammbare Gegenstände vom gesamten Schornstein entfernen. Kritische Punkte sind auch ehemalige übertapezierte Ofenrohranschlüsse und Deckendurchbrüche bei Holzdecken oder -böden. Kühlen Sie heißes Holz oder die Reinigungs- und Prüföffnungen mit nassen Lappen. Schütten Sie niemals Wasser zum Löschen in das Rauchrohr oder den Schornstein. Das rasche Verdampfen des Wassers kann den Schornstein sprengen.

– Anita Heidenfelder

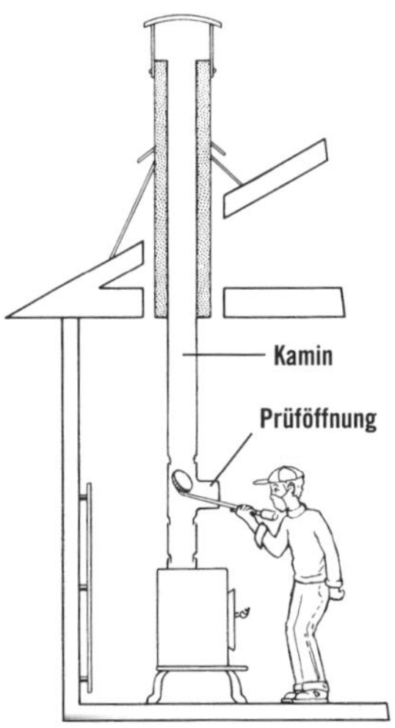

Verwenden Sie einen Spiegel, um den Schornstein auf Glanzrußbildung zu überprüfen.

Den Schornstein reinigen

In den einzelnen Bundesländern ist die jährliche Kontrolle des Schornsteins durch den Bezirksschornsteinfeger gesetzlich vorgeschrieben. Wenn Sie einen offenen Kamin oder einen Holzofen (Kaminofen, Heizkamin oder Kachelofen) in Betrieb haben, muß mindestens einmal jährlich gereinigt werden. Je nach Anlagenart und Häufigkeit der Nutzung können in einzelnen Bundesländern aber auch bis zu vier Kehrtermine anfallen. Mit dem neuen Schornsteinfegergesetz vom Dezember 2008 tritt ab 2013 eine deutliche Änderung ein: Ab diesem Zeitpunkt entfällt die automatische Überprüfung durch den Bezirksschornsteinfeger. Die Hausbesitzer müssen dann von sich aus einmal jährlich einen Kehrtermin mit einem Schornsteinfeger vereinbaren, können aber den Dienstleister selbst wählen.

– Anita Heidenfelder

Instandhaltung von Holzöfen

Reinigen Sie Ihren Ofen einmal jährlich. Mit einer Taschenlampe können Sie den Innenraum auf verbogene oder gesprungene Bauelemente untersuchen. Manche Öfen haben im Innenraum Bauteile, die herausgenommen werden können, um in die Luftführung und den Rauchabzug zu gelangen. Dort kann sich Asche ablagern, die entfernt werden muß.

Wenn sich Ofen und Anschlußrohr in einer sehr feuchten Umgebung befinden, tragen Sie einen Rostschutz wie z. B. WD-40 auf. Türchen mit Dichtungsscheiben sollten geprüft werden. Halten Sie dazu einen Geldschein zwischen das Türchen und den Rahmen. Wenn Sie den Schein nach dem Schließen herausziehen können, justieren Sie den Schließmechanismus neu. Prüfen Sie nach, ob das Türchen verbogen ist. Wenn dies der Fall ist, sollten Sie es ersetzen. Sehen Sie auch in der Gebrauchsanweisung nach, ob dort weitere Anweisungen verzeichnet sind.

– aus *The New Woodburner's Handbook* von Stephen Bushway

HEIZEN MIT HOLZ

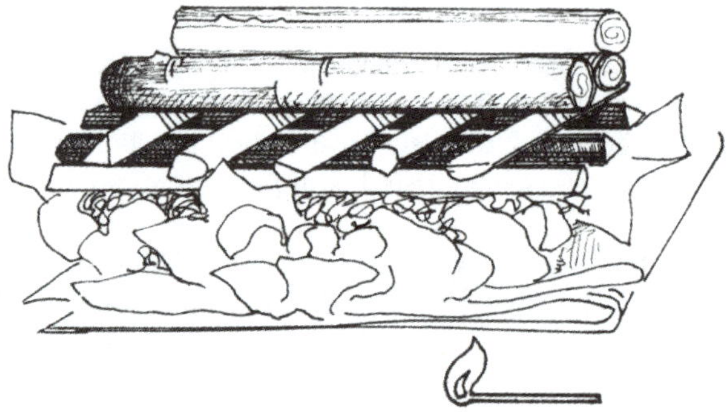

Dieser Brennstoffstapel ist bereit zum Anzünden. Legen Sie die Holzscheite mit genügend großen Zwischenräumen für Luft und Flammen nebeneinander.

Bevor Sie ein Ofenfeuer entzünden

- **Vorsorgemaßnahmen:**
  Im Notfall sollten Sie mindestens zwei Möglichkeiten zum Verlassen des Hauses haben. Halten Sie die entsprechenden Wege passierbar. Achten Sie auf die Funktionstüchtigkeit von Rauchmeldern und Feuerlöschern.
- **Simulieren Sie einen Brandfall:**
  Lösen Sie einen der Rauchmelder aus, um eine Übung für den Brandfall zu simulieren. Hängen Sie eine Schiedsrichterpfeife an Ihren Türknauf, die Sie im Notfall verwenden können. Üben Sie das schnelle Verlassen des Hauses.
- **Verwenden Sie Rauchmelder:**
  Batteriebetriebene Rauchmelder sollten einmal im Monat getestet werden. Ein zirpendes Geräusch zeigt Ihnen an, daß die Batterien gewechselt werden müssen.

In sieben Schritten zu einem lodernden Holzfeuer

1. Beginnen Sie den Stapel mit vier oder fünf Blatt zerknülltem Zeitungspapier in der Nähe der Luftzuführung.
2. Legen Sie fingerdicke Stöckchen über das Papier.
3. Stapeln Sie drei oder vier kinderarmdicke Holzscheite darauf, so daß noch ausreichend Luft hindurchströmen kann. Am besten geeignet sind gebogene oder knorrige Stücke, die nicht wegrollen können.
4. Legen Sie kreuzweise quer zur Brennkammer eine weitere Lage aus kürzeren Holzstücken darüber und zünden Sie das Feuer an.
5. Öffnen Sie die Luftzufuhr und lassen Sie das Ofentürchen einen Spalt offen.
6. Öffnen Sie nach drei bis vier Minuten das Türchen und ordnen Sie den Stapel neu. Legen Sie zwei dicke Holzscheite nach und schließen Sie die Tür.
7. Legen Sie nach etwa 15 Minuten, wenn die zwei großen Holzscheite noch im Feuer liegen, weitere gut getrocknete Holzscheite nach – allerdings sollte der Brennraum nicht zu voll sein.

– aus *The New Woodburner's Handbook* von Stephen Bushway

Zur Leistungsfähigkeit von offenen Kaminen

Ein typischer offener Kamin verbraucht mehr Wärme, als er liefert. Dieser Nettowärmeverlust kommt daher, daß der Kamin warme Luft aus dem Raum abzieht. Hier sehen Sie, welche Möglichkeiten es gibt, den Wirkungsgrad Ihres offenen Kamins zu erhöhen.

- Schließen Sie die Drosselklappe des Kamins, sobald das Feuer nicht mehr qualmt.
- Glastüren ermöglichen es, das Feuer zu sehen und gleichzeitig den Wärmeverlust zu minimieren.
- Statten Sie Ihren Kamin mit einer Heizkassette aus. Das System saugt kühle Luft vom Boden an, erwärmt sie und gibt sie über Lüftungsöffnungen wieder an den Raum ab. Der Wirkungsgrad wird durch die geschlossene Form enorm erhöht.
- Überlegen Sie, ob Sie einen Feuerrost aus Hohlrohren – einen Satz von an beiden Seiten offenen Metallrohren, deren untere Öffnungen nur wenig über Bodenniveau liegen – verwenden wollen. Diese Rohre geben Warmluft direkt in den Raum ab.

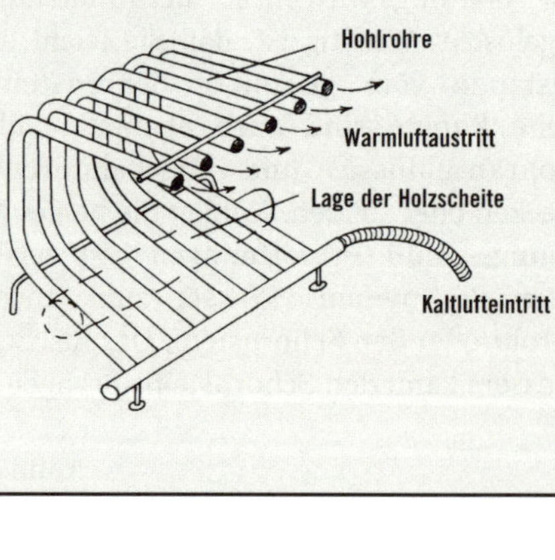

– aus *547 Easy Ways to Save Energy in Your House* von Roger Albright

Holzpellets als Brennstoff

Wenn Sie sich nach der Wärme und der behaglichen Atmosphäre eines Holzofens sehnen, aber den mit ihm verbundenen Arbeits- und Pflegeaufwand vermeiden wollen, kann ein Holzpelletofen eine umweltbewußte, bequeme und praktische Alternative sein. In diesen emissionsarmen Öfen werden maschinell gepreßte Pellets aus Sägespänen von naturbelassenem Holz ohne Rinde, häufig ein Nebenprodukt der Holzindustrie, verbrannt.

Pelletöfen werden als Kaminöfen oder Heizkassetten für offene Kamine und sogar als Heizkessel auf dem Markt angeboten und verwenden ein Trichtersystem, über das die Pellets von einer elektrisch angetriebenen Förderschnecke oder anderen Einzugssystemen in das Feuer dosiert werden. Verglichen mit Scheitholzöfen verbrennen Pelletöfen deutlich sauberer und heizen gleichmäßiger unbeaufsichtigt über einen Zeitraum von 36 oder mehr Stunden – je nach Trichtergröße und Verbrennungsgeschwindigkeit.

Die meisten Pelletöfen haben zwei elektrische Gebläse, ein Rauchgasgebläse und einen Konvektionslüfter, der über einen Wärmetauscher für die Zirkulation der Raumluft sorgt. Auch die Steuerung erfolgt in der Regel elektrisch.

Die Pellets werden in standardisierten Größen von maximal 5 cm Länge und 4 bis 10 mm Durchmesser hergestellt. Verschiedene Normen wie die DIN 51731 oder die DINplus für Deutschland sowie die ÖNORM 7135 für Österreich regeln neben der Größe auch die geforderten Qualitäten des Brennstoffs. Pellets werden in Säcken von meist 15 kg angeboten – eine mittlere Tagesration an Wärme – oder lose per Tanklastzug angeliefert.

Worauf Sie beim Kauf eines Pelletofens achten müssen

Kapazität des Vorratsbehälters: Die Kapazität reicht von 15 bis über 60 kg. Entscheiden Sie sich für einen Ofen mit mindestens einer vollen Tagesfüllmenge für die zu erbringende Leistung.

Wartung: Pelletöfen benötigen regelmäßige Wartung und gelegentlich einen fachmännischen Service oder müssen repariert werden. Die Asche muß mindestens alle zwei Wochen aus dem Ofen entfernt werden, um die einwandfreie Luftströmung für den Abbrand zu erhalten.

Entzündung: Öfen mit manueller Zündung anzuheizen erfordert die Verwendung eines Anzünders, der mit einem Streichholz entflammt wird, während Öfen mit automatischer Zündung durch einen Knopfdruck in Betrieb genommen werden. Die automatische Zündung ist nicht so von Bedeutung, wenn Sie Ihren Ofen mehr oder weniger kontinuierlich brennen lassen wollen.

Belüftung: Es gibt zwei Varianten der Rauchgasabfuhr: die Nutzung eines vorhandenen Kamins (der möglicherweise eine Auskleidung braucht) und Edelstahlkamine, die durch eine Wand nach außen und dort bis über die Dachkante hinaufgeführt werden.

Ohne Stromanschluß

Aufgrund ihres Strombedarfs waren Pelletöfen für Standorte ohne Netzanschluß bisher ungeeignet. Es gibt jedoch inzwischen Pelletöfen auf dem Markt, die gänzlich ohne Strom auskommen. Die Brennstoffzufuhr wird über einen Schieber gesteuert, die Brenndauer über die Füllmenge des Pelletvorratsbehälters. Diese Pelletöfen funktionieren ohne elektrisches Gebläse und werden von Hand angezündet.

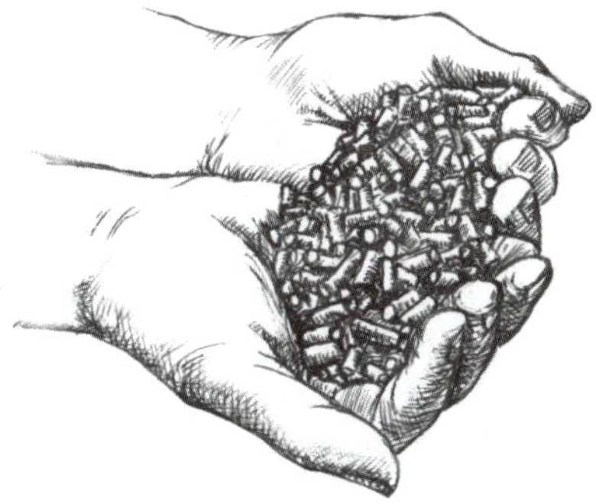

Pelletöfen und Holzöfen – Zahlen und Fakten

- 1 t Pellets kann genausoviel Wärme erzeugen wie 3,5 Raummeter Scheitholz, benötigt aber nur ein Drittel des Lagerraums.
- Die relativen Kosten von Scheitholz und Pellets sind in etwa vergleichbar und hängen von den lokalen Gegebenheiten wie der Holzart, der Verfügbarkeit und der Transportentfernung ab.
- Holzpellets produzieren weit weniger Asche als Scheitholz und praktisch keine Teeröle, so daß so gut wie keine Schornsteinbrände entstehen können.
- Pelletöfen sind etwa 10 bis 20 Prozent teurer als vergleichbare Scheitholzöfen. Die Installation ist jedoch preisgünstiger, da bei Pelletöfen oft geringere Kamindurchmesser benötigt werden.
- Pelletkörbe – im Prinzip belüftete Metallbehälter, welche die Pellets enthalten – gibt es passend für die meisten offenen Kamine, Kamin- und Kachelöfen. Obwohl nicht so leistungsfähig wie ein Pelletofen, bildet auch ein mit einem Pelletkorb bestückter luftdichter Ofen kein Teeröl.

HEIZEN MIT HOLZ

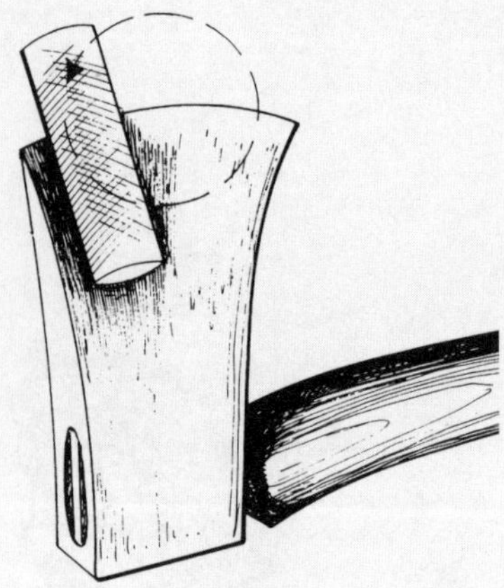

Eine Axt schärfen

Die Kurzanleitung zum Schleifen einer Axt beginnt mit einem Verbot. Verwenden Sie keine hochtourige Schleifmaschine. Dadurch wird die Schneide erhitzt und die Härte der Axt ruiniert. Es gibt Feinschliff-feilen und Carborundum-Feilen, aber am besten verwenden Sie einen ovalen Schleifstein – feinkörnig auf der einen Seite, grob auf der anderen. Verwenden Sie zum Schleifen ein Leichtöl.
Legen Sie die Axt auf einer Bohle oder einer Werkbank ab, so daß das Kopfende etwas zu Ihnen aufragt. Befestigen Sie den Griff mit einer Schraubzwinge. Ziehen Sie gleichmäßig immer im gleichen Winkel an der Axt entlang, wenn Sie eine Feile verwenden. Mit einem ovalen Schleifstein führen Sie rotierende Bewegungen aus. Gehen Sie schonend vor. Schleifen Sie nicht mehr Metall ab als nötig und versuchen Sie nicht, all die kleinen Kerben herauszubekommen, weil sie nicht sehr stören.

– aus *Axes and Chainsaws*
von Rockwell Stephens

Die Holzvorräte

Menschen, die sich mit Feuerholz auskennen, wissen, wann es trocken ist. Der erste Anhaltspunkt ist das Erscheinungsbild. Hat es Risse? Wenn ja, ist es trocken. Das Geräusch ist ebenfalls wichtig. Hören Sie einen hohen Klang wie bei einer Kegelbahn (trocken) oder einen tiefen, dumpfen Ton (grün), wenn Sie zwei Stöcke aneinanderschlagen? Auch der Geruch und das Gewicht verraten Ihnen etwas über den Feuchtegehalt des Holzes. Wenn Sie Zweifel haben, ist es am sichersten, von einem Scheit Splitter abzuspalten und die Brennprobe zu machen. Wenn sie übermäßig qualmen, enthalten sie noch große Mengen an Wasser.
Die Feuchtigkeit im Holz mindert den Brennwert eines Raummeters nicht. Aber Wasser reduziert die Gesamtheizleistung, weil Energie benötigt wird, um das Wasser zu verdampfen und den Dampf auf die Temperatur der Rauchgase zu erhitzen. Der Kühleffekt von nassem Holz reicht oft aus, um die vollständige Verbrennung zu verhindern. Deshalb sollten Sie grünes Holz in einem heißen Feuer verbrennen, wenn Sie es überhaupt verbrennen müssen. Spalten Sie es in dünne Scheite, um es in Brand halten zu können.

Brennholz auswählen

Beachten Sie beim Erwerb von Brennholz: Das dichteste Holz ist das beste. Die Tabelle zeigt Ihnen die dichtesten Holzarten jeweils am Anfang der einzelnen Gruppen. Die Dichte variiert auch innerhalb der einzelnen Arten etwas.

Hartholz			Weichholz
hervorragend geeignet	**gut geeignet**	**akzeptabel**	**geeignet**
Eiche	Birke	Erle	Douglasie
Rotbuche	Ulme	Espe	Lärche
Esche	Ahorn	Linde	Kiefer
Hainbuche	Walnuß	Kastanie	Föhre
Hartriegel	Kirsche	Weide	Eibe
Felsenbirne	Weißdorn	Eschenahorn	Wacholder
Robinie		Pappel	Fichte
Apfel			Tanne

> ***Erfahrungen vom Lande***
> Wenn Sie einen kleinen Wasserschleier über die Asche im Ofen sprühen, bevor Sie sie entnehmen, halten Sie die Menge der Flugasche, die sich im Raum verteilt, minimal. Verwenden Sie dafür eine gut gereinigte Sprühflasche.
> – Roger Albright, *547 Easy Ways to Save Energy in Your Home*

Holz stapeln und trocknen

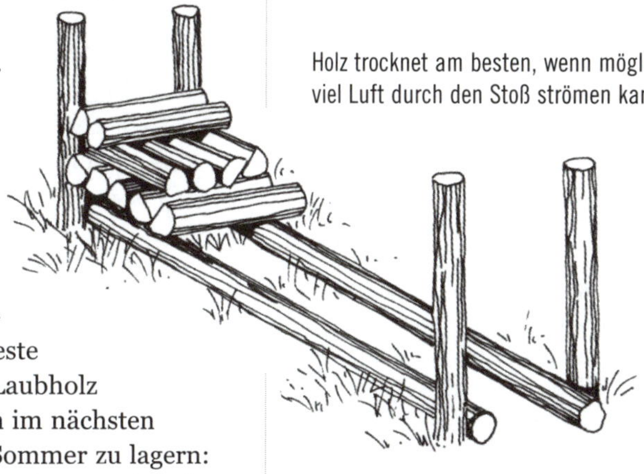

Holz trocknet am besten, wenn möglichst viel Luft durch den Stoß strömen kann.

Halten Sie das Holz vom Boden fern, indem Sie es auf Steinen oder ungenutzten querliegenden Holzstücken stapeln, damit die Luft zirkulieren kann. Es gibt aber eine Ausnahme: Wenn Sie belaubte Bäume fällen, lassen Sie sie für ein paar Wochen einfach liegen. Solange das Laub abtrocknet, verliert der Baum dadurch Wasser.

Holz trocknet am schnellsten, wenn es kreuzweise aufgestapelt ist. Mit anderen Worten: Legen Sie einige Holzstücke parallel, darüber die gleiche Anzahl im rechten Winkel und so weiter. Die beste Trockenzeit ist während der windigen Frühjahrsmonate, bevor das Laubholz die Blätter austreibt. Holz, das im Winter geschlagen wurde, kann im nächsten Winter verbrannt werden, aber es ist besser, das Holz über zwei Sommer zu lagern: den ersten Sommer draußen und den nächsten in einem Schuppen. Lagern Sie möglichst einen Teil Ihres trockenen Holzes immer abgedeckt. Dicke Folie, alte Planken oder Bleche sind bestens geeignet. Etwa zwei Ster in einem Gebäude zu verstauen ist eine gute Absicherung gegen länger andauerndes rauhes Wetter.

Was ist ein Raummeter?

Holz wird gewöhnlich in Raummeter oder Ster verkauft – ein Stapel von je 1 m Höhe, Breite und Tiefe. Dies entspricht 1 m^3. Da das Holz gespalten ist und somit Zwischenräume vorhanden sind, variiert das tatsächliche Volumen (Festmeter) bei Einmeterstücken zwischen 0,70 und 0,80 m^3. Oft ist der „Raummeter“ bezogen auf 1 m^3 Scheitholz von 33 cm Länge. Dies ist legitim, solange die Menge als Schüttraummeter (SRM) ausgewiesen ist.

Da es keine gesetzliche Regelung für den Verkauf von Brennholz gibt, liegt es am Käufer, herauszufinden, wieviel Holz als Raummeter angeboten wird. Sie sollten sich vorab genau informieren.

– verändert aus *Heating with Wood* von Larry Gay

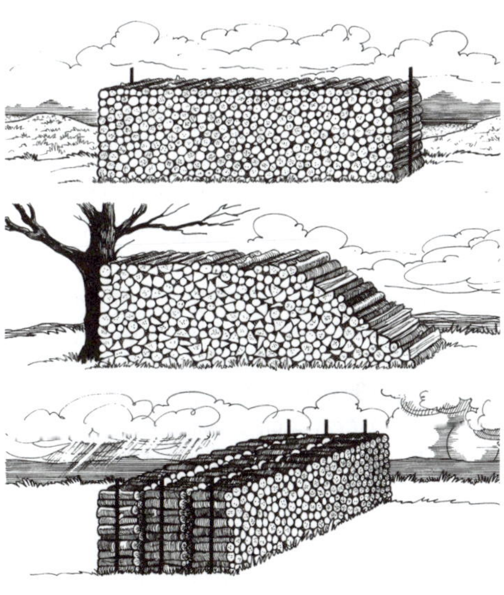

Um Ihren eigenen Holzstoß zu messen, stapeln Sie das Holz ordentlich, also parallel und die Enden bündig. Mit einem Bandmaß messen Sie nun die Höhe und die Länge des Stoßes sowie die mittlere Länge der Holzscheite. Dann multiplizieren Sie die drei Zahlen miteinander, und Sie erhalten das Volumen in Raummetern.

Tips für das Holzspalten

- Kaufen Sie das Brennholz ungespalten. Es ist preisgünstiger, und das Spalten ist ein guter Ausgleichssport.
- Einige Hölzer sind ungeeignet zum Spalten (Esche, Platane, Ulme). Birke und Ahorn hingegen eignen sich sehr gut. Knorrige Kirsche ist schwer zu spalten. Achten Sie beim Kauf von Brennholz auch darauf.
- Zersägen Sie lange Stücke in mehrere kurze. Diese lassen sich dann einfacher spalten.
- Verwenden Sie lieber eine etwas stumpfere Axt als eine messerscharfe. Das ist sicherer.
- Greifen Sie den Stiel der Axt so weit hinten wie möglich und holen Sie voll aus. Der Schwung und das Gewicht des Axtkopfes leisten so die gesamte Arbeit.
- Verwenden Sie eine Axt mit breitem Kopf. Ein schmaler Kopf bleibt leichter stecken. Benutzen Sie keine zweischneidige Axt.
- Benutzen Sie zum Spalten großer, knorriger Holzstücke einen Schlegel oder einen Vorschlaghammer und Keile.
- Wenn Sie den ganzen Jahresvorrat an Holz auf einmal spalten wollen, sollten Sie erwägen, einen motorgetriebenen Holzspalter zu mieten.

– aus *547 Easy Ways to Save Energy in Your Home*

Bäume fällen

Bevor man selbst Bäume fällt, sollte man unbedingt an einem Kurs teilnehmen, wie ihn die Forstämter anbieten. Das Baumfällen erfordert Fachkenntnis, Konzentration und gesunden Menschenverstand. Da es sehr gefährlich sein kann, sollten Sie sich nicht daranmachen, wenn Sie müde sind, das Licht schlecht oder der Boden rutschig ist.

Ein schlagreifer Baum hat im allgemeinen in etwa 1,3 m Höhe einen sogenannten Brusthöhendurchmesser von 20 bis 30 cm. Der ideale Fällzeitpunkt ist erreicht, bevor die Wachstumsrate sich verlangsamt und die Holzqualität nachläßt. Es ist besser, einen solchen Baum zu fällen und stattdessen einen neuen Sämling wachsen zu lassen. Da es schwierig ist, vernünftige Entscheidungen zu treffen, wenn die Motorsäge läuft, sollten Sie alle Bäume, die Sie fällen wollen, schon vorher markieren.

Ein gerader, gut ausbalancierter Baum kann in jede Richtung gefällt werden. Schneiden Sie zuerst eine Fallkerbe an der Seite ein, nach der der Baum fallen soll – möglichst weg von anderen schönen Nutzholzbäumen. Die Fallkerbe wird mit zwei Schnitten keilförmig etwa durch ein Drittel des Stamms ausgearbeitet. Führen Sie den Fällschnitt von der entgegengesetzten Seite horizontal etwas oberhalb der Fallkerbe aus und beenden Sie ihn 3 bis 5 cm von der Fallkerbe entfernt, um ein Scharnier zu erhalten.

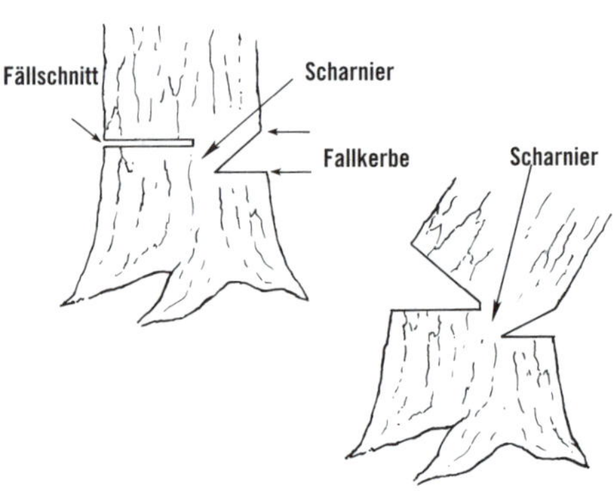

Schneiden Sie die keilförmige Fallkerbe an der Seite ein, nach welcher der Baum fallen soll. Setzen Sie den Fällschnitt an der gegenüberliegenden Seite etwas oberhalb der Fallkerbe an.

Einen traditionellen Holzschuppen bauen

Hier ist die Anleitung für den Bau eines vielseitigen Holzschuppens zur Lagerung von Holz und Arbeitsgerät.

1. Bestimmen Sie die Position des Schuppens und den Standort für die 10x10-cm-Pfosten. Graben Sie dann die Löcher, gießen Sie die Betonfundamente und setzen Sie die Pfostenschuhe ein. Prüfen Sie mit Hilfe einer Wasserwaage, ob sie auf gleicher Höhe sind. Wenn der Beton durchgetrocknet ist, richten Sie die Pfosten in den Metallschuhen auf, loten sie aus und schrauben sie fest.
2. Schrauben Sie die untersten Binder ringsum exakt waagerecht fest.
3. Fügen Sie die obersten Tragebalken rundum ein und schrauben Sie anschließend die hinteren Querbalken und die seitlichen Querbalken an den Innen- und Außenwänden fest. Befestigen Sie anschließend die Frontplatten über der Vorderseite des Schuppens und am verlängerten Vordach.
4. Fassen Sie die Tür im Mittelteil mit 5x10-cm-Balken ein. Befestigen Sie dann die Riegel an den Seitenpfosten, um die Verkleidung an der Vorderseite der Pfosten anzubringen.
5. Befestigen Sie die Kopfbänder an allen Ecken – zuerst auf die Oberfläche an der Vorderseite der Posten, dann von hinten an den oberen Tragebalken.
6. Schneiden Sie die oberen 5x10-cm-Dachsparren und den 5x15-cm-Balken für den Dachfirst auf die passende Länge ab. Stellen Sie die äußersten Sparren und den Balken für den Dachfirst auf. Der Dachfirst sollte an beiden Enden 20 cm über die

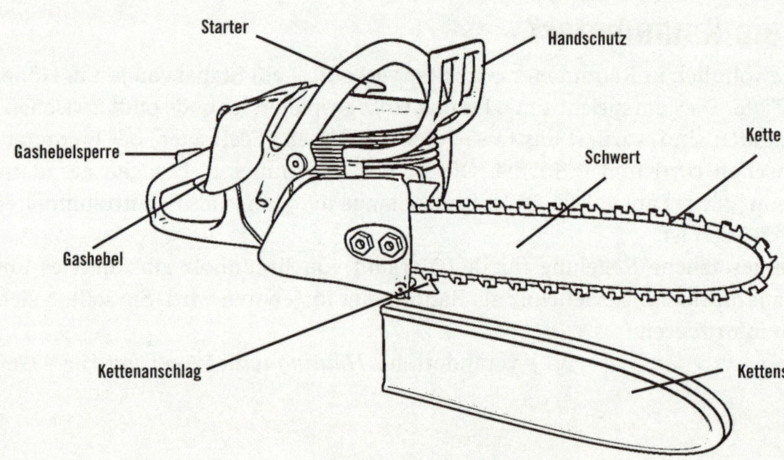

Pflege einer Kettensäge

Arbeiten Sie nie mit einer Kettensäge, die schadhaft, unsauber eingestellt oder nicht fest zusammengebaut ist. Befolgen Sie die Pflegehinweise des Herstellers und die Wartungsanweisungen in der Gebrauchsanleitung. Zusätzlich:

- Halten Sie die Kette, das Schwert und den Zahnkranz sauber; ersetzen Sie abgenutzte Zahnkränze und Ketten.
- Halten Sie die Kette scharf. Eine Kette ist stumpf, wenn Holz, das normalerweise einfach zu sägen ist, anfängt, sich schwer sägen zu lassen, und Schleifbrandflecken auf dem Holz erscheinen.
- Halten Sie die Kette in der korrekten Spannung. Ziehen Sie alle Muttern, Bolzen und Schrauben mit Ausnahme der Stellschraube für die Kettenspannung nach jedem Gebrauch fest an.
- Halten Sie die Zündkerze und die Leitungsanschlüsse sauber und dicht.
- Bewahren Sie die Säge an einem erhöhten oder verschlossenen Ort auf – sicher vor Kindern.

– aus *Axes and Chainsaws* von Rockwell Stephens

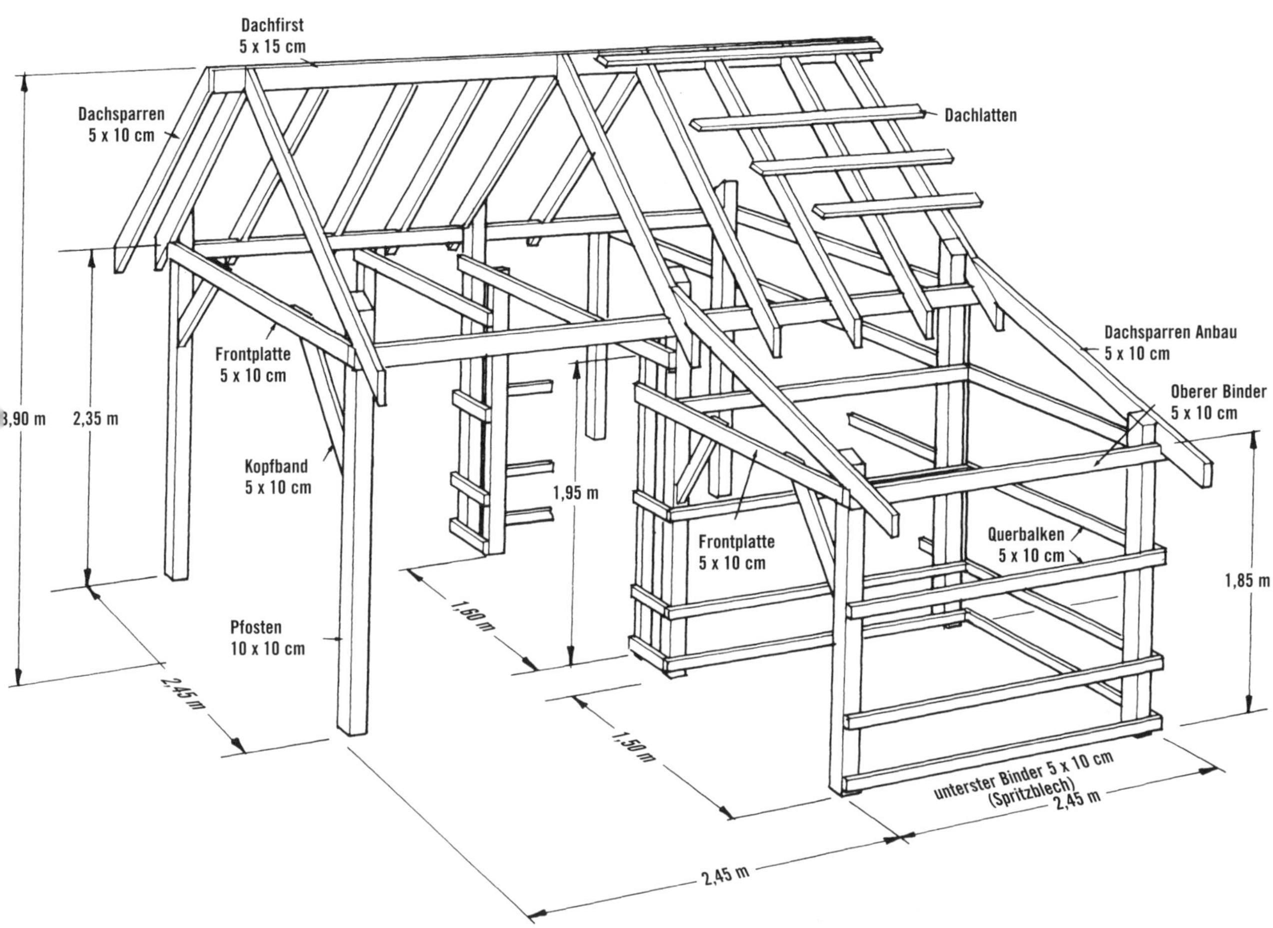

Grundfläche hinausragen. Die äußersten Sparren werden an der Außenseite der Pfosten verschraubt und liegen auf dem Querbalken auf. Befestigen Sie einen weiteren Sparren am Mittelpfosten und fahren Sie mit dem Rest der Sparren fort, wobei Sie jeweils etwa 60 cm Abstand einhalten. Schneiden Sie die oberen Enden bündig mit der oberen Linie der Sparren ab.

7. Längen Sie die Dachsparren für den Anbau ab. Die äußersten Sparren des Anbaus müssen jeweils bündig auf den oberen Dachsparren aufgeschraubt werden. Die übrigen Sparren können als Verlängerung einfach an die oberen Sparren angeschraubt werden.
8. Befestigen Sie Kehlbalken aus 2,5x10-cm-Brettern (nicht im Bild) beidseitig an den oberen Dachsparren.
9. Schließen Sie einzelne Wände nach Ihren Vorstellungen. Eine Möglichkeit ist es, die Wände des Hauptschuppens zu schließen und die Seiten des Anbaus offen zu lassen, um eine gute Lufttrocknung zu ermöglichen. Wenn Sie sich für Holzschindeln auf dem Dach entscheiden, verwenden Sie als Unterlage Schalungsplatten aus filmbeschichtetem Sperrholz oder 2,5x10-cm-Bretter, die Sie in Abständen von etwa 5 cm annageln.
10. Wenn Sie Dachziegel verwenden möchten, schneiden Sie die Dachlatten auf die Länge des Schuppens inklusive Vorbau zu und bringen Sie sie in für die spätere Bedeckung geeigneten Abständen auf den Dachsparren an.
11. Konstruieren Sie die Brettertüren mit einem Z-Rahmen (zwei Querleisten und einer Strebeleiste) aus 2,5x30-cm-Brettern. Die beste Lösung ist eine zweiflüglige Tür für den Hauptschuppen, die sich unter dem Vordach nach außen öffnet.

– aus *Building Small Barns & Shelders* von Monte Burch

Dieser Holzschuppen bietet einen abgeschlossenen Bereich zur Lagerung von Werkzeugen und Geräten. Das verlängerte Dach schafft einen trockenen Platz zum Holzhacken. Der Anbau dient der Holzlagerung. Die Außenwände sind mit roh gesägten Brettern, über die Dachlatten genagelt sind, oder anderen einheimischen Materialien, beispielsweise Schindeln, verkleidet. Das Dach ist mit Schindeln gedeckt.

HEIZEN MIT KOHLE

Kohle zuhause verheizen

Das Heizen mit Kohle hat in Mitteleuropa eine lange Tradition. Der hohe Energieinhalt, das gute Abbrandverhalten und der geringe Preis machten die Kohle in der Vergangenheit zu einem attraktiven Brennstoff. Kohleöfen konnten, wie auch Holzöfen, vorteilhaft ohne Fremdenergie und störungsanfällige Technik sicher betrieben werden.

Problematik der Kohle

Inzwischen wiegen die Nachteile der Kohle allerdings schwerer. Kohle als fossiler Brennstoff setzt Kohlen- und Schwefeldioxid frei. Die Diskussion um den Treibhauseffekt und die Problematik des „sauren Regens“ setzten die Kohle mehr und mehr unter Druck.
Ob Kohle schon endgültig ein „Auslaufmodell“ ist oder aufgrund ihrer Verfügbarkeit in Deutschland und angesichts steigender Öl-, Gas- und Holzpreise in Zukunft wieder attraktiv werden könnte, wird noch sehr unterschiedlich beurteilt.

	Brennstoff-Massenanteile in %				Heizwert
	Kohlenstoff	Wasserstoff	Sauerstoff	Schwefel	kWh/kg
Holz	48–50	5–7	42–44	–	4,0
Steinkohle	85–90	4–6	3–6	0,5–3	8,0
Braunkohle	60–75	5–6	20–35	0,5–3	5,6
Flüssiggas	81–83	17–19	–	–	12,8

Die Tabelle zeigt den Kohlenstoffanteil der Brennstoffe, der sich bei der Verbrennung mit Sauerstoff verbindet und als Kohlendioxid (CO_2) mit dem Rauchgas abgeführt wird. Während Holz im Hinblick auf die Kohlendioxidemission neutral wirkt, reichern Steinkohle, Braunkohle und Flüssiggas die Atmosphäre mit diesem Gas an. Bei Steinkohle und Braunkohle wird zudem Schwefeldioxid frei. Mit der Luftfeuchtigkeit entsteht „saurer Regen“. Unter Berücksichtigung des Heizwertes nimmt die Emission von Kohlendioxid bei den fossilen Brennstoffen von Braunkohle über Steinkohle bis zu Flüssiggas ab.

Braunkohlenbriketts

Als Hausbrand spielt die energiereiche Steinkohle keine Rolle mehr. Die Braunkohle hat ebenfalls an Bedeutung verloren, allerdings wird sie nach wie vor – mit sinkender Tendenz – in Brikettform in Holzöfen eingesetzt. Sie eignet sich hervorragend zur Gluterhaltung. Sie bildet, anders als Holz, kaum Flammen, verbrennt langsam und kann die Glut z. B. über eine Nacht halten.
Briketts werden aufgrund ihrer schweren Entzündbarkeit grundsätzlich durch das Holzfeuer entzündet. Abends auf die Holzglut gelegt, veraschen sie glühend bis zum Morgen. Mit schlanken Holzscheiten kann schnell und problemlos unter Nutzung der Restglut das Feuer neu entfacht werden. Es ist allerdings Vorsicht geboten: Braunkohleglut neigt bei Luftmangel zur Bildung von teilverbrannten giftigen Gasen. Unter ungünstigen Umständen besteht Vergiftungs- und Verpuffungsgefahr. Stellen Sie eine ausreichende Raumdurchlüftung sicher. Auch hier empfiehlt es sich, im Zweifel den Rat Ihres Schornsteinfegers einzuholen.

– Ulrich Artmann

Wichtiger Hinweis

Braunkohlebriketts sind wasserempfindlich. Werden sie feucht, so verlieren sie die Form und zerfallen zu erdigem Staub. Unter ungünstigen Verhältnissen ist die Selbstentzündung von Braunkohlestaub nicht ausgeschlossen. Briketts müssen daher vor Regen und Erdfeuchte geschützt gelagert werden.

Abhängig von der Erreichbarkeit Ihres Wohnsitzes kann Propan – auch Flüssiggas oder LPG genannt – der praktischste Brennstoff sein, um Ihr Haus oder Ihre Blockhütte ohne Stromanschluß zu heizen. Propan ist ein nichtgiftiges, farb- und geruchloses Gas; unter mäßigem Druck ist es flüssig. Für die Verwendung als Heizgas wird die Flüssigkeit in einem ober- oder unterirdischen Tank im Freien gelagert und als Gas für die Nutzung entnommen. Dem Flüssiggas wird ein Geruchsstoff zugefügt, um Undichtigkeiten feststellen zu können. Rückstandsfrei verbrennendes Propan ist in vielen Einsatzbereichen preislich mit anderen Brennstoffen und mit Strom vergleichbar.

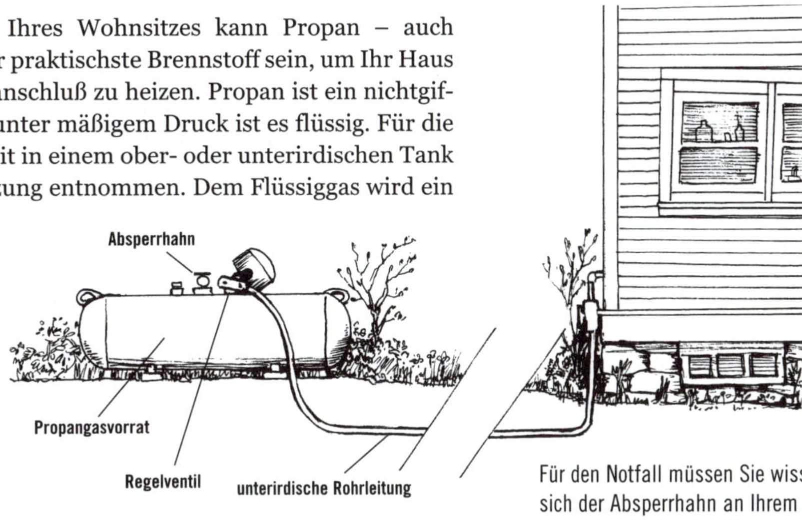

Für den Notfall müssen Sie wissen, wo sich der Absperrhahn an Ihrem Flüssiggastank befindet. Das Regelventil kontrolliert den Gasdruck.

Gaskaminöfen und Gasheizungen können entweder an einen konventionellen Metall- oder einen gemauerten Schornstein angeschlossen werden. Sie sollten allerdings vorab mit Ihrem Bezirksschornsteinfeger über die Installation und den Betrieb eines Gasofens oder einer Gasheizung sprechen. Bei Gasheizungen wird die Wärme über traditionelle wasserführende Heizkörper oder als Heißluft über Leitungssysteme verteilt. Sie benötigen dazu elektrische Energie für die Pumpen oder Ventilatoren. An Standorten ohne Stromanschluß können Gaskaminöfen oder – falls dies erlaubt ist – abzuglose Raumheizgeräte verwendet werden, die die warme Luft über Konvektion verteilen. Abzuglose Raumheizgeräte haben einen Wirkungsgrad von nahezu hundert Prozent, weil sie Raumluft für die Verbrennung nutzen und die Entlüftung direkt in den Raum erfolgt. Ein Sensor am Gerät, der den Sauerstoffverbrauch mißt, schaltet die Flamme automatisch ab, sobald der Sauerstoffgehalt im Raum zu gering wird.

Die Größe des Lagertanks muß gut überlegt sein, da der Brennstoffverbrauch abhängig vom Klima, der Anlage und der Nutzung stark variieren kann. Flüssiggastanks für den privaten Gebrauch fassen zwischen 2700 und 6400 l Propan und müssen regelmäßig alle zwei Jahre – z. B. vom TÜV – sicherheitstechnisch überprüft werden. Alle zehn Jahre ist eine Revision der gesamten Flüssiggasanlage – Tank, Rohrleitungen, Armaturen und Gasverbraucher – durch ein spezialisiertes Unternehmen fällig.

Sicherer Umgang mit Gas

Die meisten Geräte müssen an einen Schornstein angeschlossen sein, um die Bildung von tödlichem Kohlenmonoxid zu vermeiden. Überzeugen Sie sich, besonders nach starkem Schneefall oder wenn die Anlage nur mit Unterbrechungen genutzt wird, ob der Schornstein frei ist.

Wenn Sie Propan- oder Erdgas riechen (sie werden eigens odoriert) oder eine Undichtigkeit vermuten, löschen Sie alle offenen Flammen einschließlich möglicherweise brennender Rauchwaren und meiden Sie alle Zündquellen (nutzen Sie weder die Lichtschalter noch das Telefon). Räumen Sie das Haus unverzüglich. Rufen Sie Ihren Gasversorger oder die Feuerwehr. Bleiben Sie draußen, bis das Problem gefunden und behoben ist.

Wenn Ihr Propantank ausläuft, besteht eine potentielle Gefahrensituation. Drehen Sie die Kontrollventile an allen Verbrauchern zu und schließen Sie den Hauptabsperrhahn. Rufen Sie Ihren Gasversorger an und informieren Sie ihn über die Situation. Nachdem die Situation geklärt ist, ggf. Reparaturen vorgenommen wurden und keine Gefahr mehr besteht, lassen Sie ihn den Tank wieder auffüllen, entzünden Sie die Heizung wieder und prüfen Sie alle Verbraucher.

Ohne Stromnetz

Während Heizöl, Kohle oder Holz in der Regel nur Wärme bereitstellen, kann Gas auch zum Kochen, für die Beleuchtung, zur Heißwassergewinnung und für Kühlzwecke verwendet werden. Die meisten auf Erdgas eingestellten Geräte können problemlos auf Flüssiggas umgerüstet werden und umgekehrt. Zum Kochen sind herkömmliche Gasküchenherde mit Backofen erhältlich. Propangasleuchten arbeiten mit einem Glühstrumpf – genau wie Campinglaternen – und sind recht hell. Die auf dem Markt verfügbaren Durchlauferhitzer (ohne Tank) liefern genug heißes Wasser für alle Zwecke – von der kleinen Hütte bis zum geschäftigen Haushalt. Mit Propangas betriebene Kühlgeräte sind ebenfalls erhältlich und verbrauchen weniger als 6 l Propan pro Woche.

Gasgeräte sollten unbedingt professionell installiert sein. Lassen Sie alle Gasgeräte und -anlagen mindestens einmal pro Jahr von einem Fachmann kontrollieren.

HEIZEN MIT SONNENENERGIE

Passivsolararchitektur

Wenn Sie schon einmal so richtig die Wärme der Wintersonne genossen haben, die an einem Januartag durch Ihre Fenster schien, dann haben Sie die Vorteile der Passivsolararchitektur schon verstanden. Die Strahlung, die von der Sonne erzeugt wird, passiert Ihr Fenster und erwärmt jeden Gegenstand, auf den sie trifft. Selbst bei Häusern, die ohne jede Bewußtheit für den Nutzen der Sonne (das Aufnahmevermögen einer Oberfläche für Sonnenenergie) gebaut wurden, wird die Sonne durch Ost-, Süd- und Westfenster scheinen sowie die Außenwände und das Dach aufheizen und damit den Innenraum an sonnigen Tagen etwas erwärmen. Das Ziel der Passivsolararchitektur ist es, den maximalen Vorteil aus dem Sonnenertrag zu ziehen: die Sonnenstrahlung über den Tag zu sammeln und zu speichern, um sie während der Nacht zu verteilen.

Wesentliche Grundlagen der Passivsolararchitektur

Beziehen Sie beim Entwurf Ihres Landhauses möglichst viele Elemente der Passivsolararchitektur in den Plan mit ein. Planen Sie vor allem eine erstklassige Dämmung für die Wände und das Dach (siehe Seite 76). Beachten Sie bei Grundrissen, insbesondere bei offenen Grundrissen, wo die Hauptaufenthaltsbereiche auf der Südseite des Hauses liegen können. Offene Grundrisse lassen die Luft frei zirkulieren. Planen Sie auf der Südseite eine möglichst große Anzahl an Fenstern ein. Das kann zum Beispiel mit einem Wintergarten erreicht werden. Viele Menschen genießen die

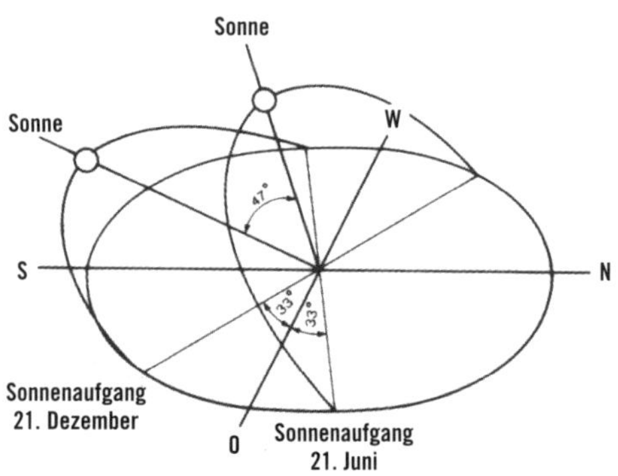

Die Abbildung zeigt den Sonnenstand zur Winter- und zur Sommersonnenwende auf dem 40. Breitengrad. Ein Haus, das an der Ost-West-Achse ausgerichtet ist, mit der größten Wandfläche nach Süden, erhält im Winter, wenn die Sonne am tiefsten steht, die meiste Sonne.

Das lokale Klima beeinflußt auch die Anlage Ihres Hauses. Beachten Sie diese Tabelle, um zu bestimmen, was genau Sie erreichen wollen und wie Sie Ihr Grundstück am geschicktesten ausnutzen können, wenn Sie bauen.

Klima	Kühl	Gemäßigt	Heiß und trocken	Heiß und feucht
Richtwerte	Maximieren Sie den Wärmeeffekt der Solarstrahlung. Reduzieren Sie den Windeinfluß im Winter und umgehen Sie lokale Kältelöcher.	Maximieren Sie den Wärmeeffekt durch die Wintersonne. Sorgen Sie für Schatten im Sommer. Reduzieren Sie den Windeinfluß im Winter, aber lassen Sie im Sommer Luftzirkulation zu.	Maximieren Sie die Beschattung am späten Vormittag und den ganzen Nachmittag. Maximieren Sie die Luftfeuchtigkeit und sorgen Sie für Luftbewegung im Sommer.	Maximieren Sie die Beschattung und die Luftbewegung.
Lage am Hang	Unten wegen des Windschutzes	Obere Mitte wegen der Solarstrahlung	Unten wegen der kühlen Luftströmung	Oben wegen des Windes
Ausrichtung am Hang	Süden oder Südosten	Süden oder Südosten	Ost-Südosten wegen des Schattens am Nachmittag	Süden
Verbindung zu Gewässern	In der Nähe großer Gewässer	Dicht am Wasser; aber umgehen Sie Küstennebel	Auf der Leeseite des Gewässers	In der Nähe von Gewässern
Bevorzugte Windrichtung	Geschützt vor Nord- und Westwinden	Umgehen Sie kontinentale Kaltwinde	Den vorherrschenden Winden ausgesetzt	Den vorherrschenden Winden ausgesetzt
Standort	Im Bereich einer Sonneninsel	Im Bereich einer gewöhnlichen Sonnenterrasse	Entlang der Ost-West-Achse für Wind und Schatten	Dem Wind ausgesetzt
Ausrichtung des Gebäudes*	Süden oder Südosten	Süden oder Südosten	Süden	Süden in Richtung der vorherrschenden Winde
Baumarten*	Laubbäume in der Nähe des Gebäudes, Immergrüne als Windschutz	Westlich Laubbäume in der Nähe, keine Immergrünen nahe im Süden	Über das Dach überhängende Bäume	Laubbäume mit hohen Kronen in der Nähe des Gebäudes
Ausrichtung der Straße	Quer zur Hauptwindrichtung im Winter	Quer zur Hauptwindrichtung im Winter	Wenn möglich schmal, Ost-West-Achse	Breiter Durchgang, Ost-West-Achse
Farbgebung der Baustoffe	Mittel bis dunkel	Mittel	Hell an den exponierten Flächen; dunkel, um Reflexionen zu vermeiden	Hell, besonders für das Dach

*Muß hinsichtlich der Auswirkungen auf die Solaranlage beurteilt werden.

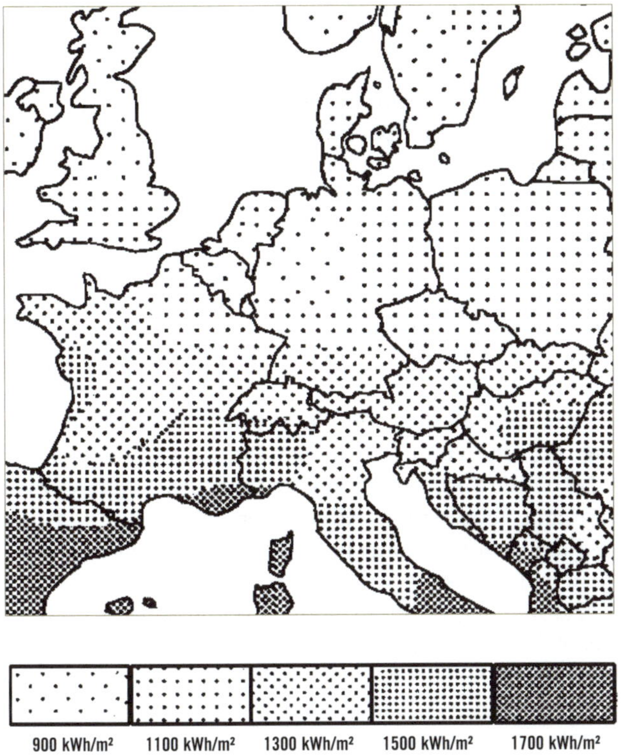

Schon innerhalb Mitteleuropas variiert die mittlere Sonneneinstrahlung je nach Region.

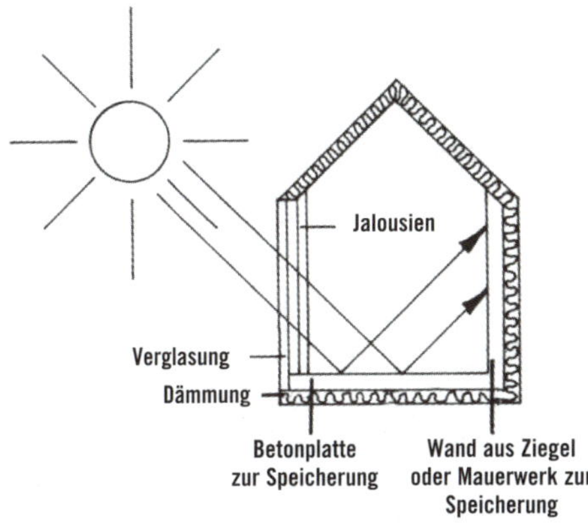

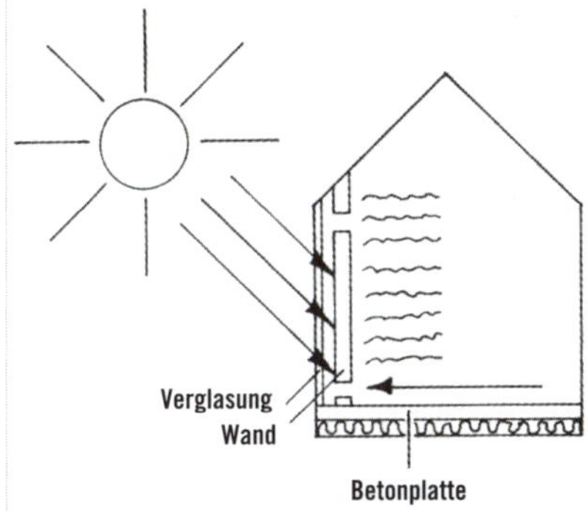

Ein gedämmter Betonboden (oben) kann eine thermisch wirksame Masse darstellen, genau wie eine gemauerte Wand hinter dem Fenster.

Morgensonne in der Küche und im Bad. Diese Räume können an der Ostseite des Hauses liegen und ebenfalls größere Fenster haben. Vermeiden Sie viele Fenster an der Westseite, weil die Nachmittagssonne das Haus überheizt. Die wenigsten Fenster sollten nach Norden zeigen. Wählen Sie doppelt oder dreifach verglaste Fenster mit Low-E-Beschichtung, um den Wärmeverlust zu drosseln und Schäden an der Einrichtung durch ultraviolette Strahlung zu minimieren.

Thermisch wirksame Masse

Obwohl viele nach Süden ausgerichtete Fenster in den Wintermonaten als effektive Sonnenkollektoren wirken, kann die Temperatur im Haus unangenehm schwanken, wenn keine Maßnahmen zur Absorption der Sonnenenergie während des Tages getroffen wurden, um diese in der Nacht wieder abzugeben. Holz, Möbel und Teppichböden nehmen dafür nicht genug Wärme auf. Eine thermisch wirksame Masse ist ein großes, wärmeabsorbierendes Bauelement, meist aus Stein oder Ziegeln, das in die Konstruktion des Hauses integriert ist, um diese Funktion zu erfüllen. Oft sind die Böden an der Südseite des Hauses aus Gußbeton oder mit Steinplatten, Klinkern oder Fliesen gestaltet. Glasveranden oder Wintergärten haben häufig Kies- oder Schotterböden. Eine großflächige Stein- oder Ziegelwand an einer Stelle, die von der Sonne direkt beschienen wird, ist eine weitere Form einer thermisch wirksamen Masse.

Zusätzlich sollten Sie dämmende Gardinen, Rollos oder Fensterläden einsetzen, um die großen Glasflächen zu bedecken. Dies hält in der Nacht die Wärme innen, und bei sehr heißem Wetter kann das Glas tagsüber abgeschirmt und so das Haus vor Überhitzung geschützt werden.

Was Sie brauchen, um ein Passivhaus zu bauen

- südexponierte Lage
- keine störenden Objekte in südlicher Richtung
- Ost-West-Ausrichtung der Hausachse
- maximale Dämmung
- einen offenen Grundriß
- die meisten Fenster an der Süd- und der Ostseite des Hauses
- großflächige thermisch wirksame Massen, in die Konstruktion integriert
- gedämmte Rolläden, Gardinen oder Fensterläden

– beigetragen von Jim Sherratt, Inhaber, Sun Energy

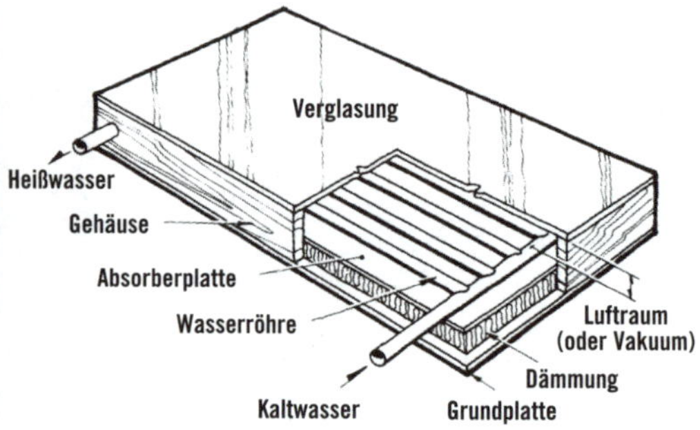

Aufriß eines typischen Flachkollektors: Das Wasser, das durch die Röhren im Kollektor fließt, wird von der Sonne aufgeheizt und kommt dann in den Wasserspeicher zurück, der sich anderswo im Haus befindet. Das Glas an der Oberfläche fängt die Strahlung ein und hält die Wärme im Inneren des Paneels.

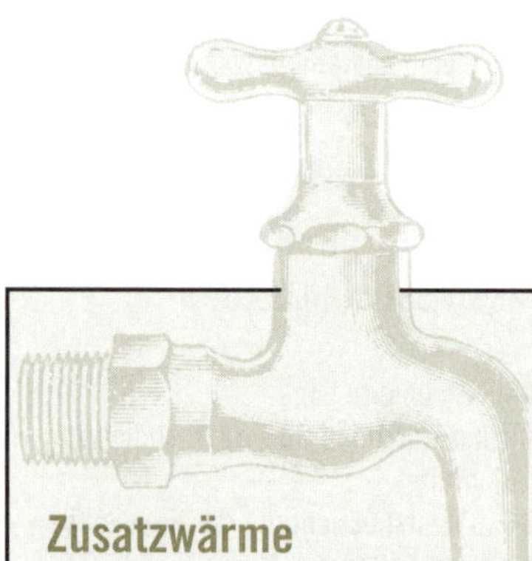

Zusatzwärme

Wenn Sie noch einen Heißwasserspeicher im Haus haben, behalten Sie ihn. Der Wasserspeicher der Solaranlage kann als Vorwärmer genutzt werden. Oder Sie können ein Kurzschlußventil einbauen und so in den wärmsten Monaten komplett auf Solarheißwasser umstellen. Den herkömmlichen Heißwasserspeicher verwenden Sie dann, wenn die thermische Solaranlage nicht arbeitet.

Thermische Solaranlagen zur häuslichen Heißwassergewinnung

Auch in den nördlichen Breiten kann eine thermische Solaranlage von der Mitte des Frühlings bis in den Herbst hinein eine durchschnittliche Familie vollständig mit Warmwasser versorgen. Während der kältesten Wintermonate und als Ergänzung zur thermischen Solaranlage während ausgedehnter Perioden mit starker Bewölkung ist eine andere Form der Heißwasserbereitung erforderlich.

Kollektoren

Alle solarthermischen Anlagen zur Heißwassergewinnung verwenden Solarpaneele oder Kollektoren, um Sonnenenergie aufzunehmen und die Wärme in eine Flüssigkeit, entweder Wasser oder Frostschutzmittel, zu überführen (siehe Zeichnung). Sonnenkollektoren werden entweder auf dem Hausdach oder auf Gestellen am Boden montiert. Zur Heißwasserbereitung für eine durchschnittliche Familie sind 6 bis 8 m^2 Kollektorfläche ausreichend. Damit die Sonnenstrahlung optimal ausgenutzt werden kann, müssen die Kollektoren richtig ausgerichtet und montiert sein.
Sobald die Anforderungen des Standorts bestimmt sind, kann der Hersteller ein kundenspezifisches Montagesystem mit Kollektoren anbieten. Auch Halterungen aus Holz, an denen die Sonnenkollektoren angeschraubt werden, sind möglich.
Es ist wichtig, sich beim örtlichen Bauamt zu informieren, bevor Sie eine thermische Solaranlage zur Heißwassergewinnung installieren. Die meisten Bauordnungen verlangen die Installation und alle anfallenden Arbeiten durch einen Fachmann.

Drei grundlegende Systeme

Auf der gegenüberliegenden Seite sehen Sie Abbildungen der drei grundlegenden Systeme. In frostgefährdeten Regionen wird eine **thermische Solaranlage als geschlossenes System** empfohlen (Bild a). Die Wärme aus den Kollektoren wird über einen Wasser-Wasser-Wärmetauscher in einen Wasserspeicher überführt. Durch den geschlossenen Kreislauf zirkuliert Frostschutzmittel, damit die Solarpaneele bei Frostgefahr nicht entwässert werden müssen. Dieses System arbeitet während der Wintermonate und benötigt etwas Strom, um eine kleine Pumpe zur Zirkulation der unter Druck stehenden Wärmeträgerflüssigkeit durch die Kollektoren anzutreiben. Die Kollektoren können überall montiert werden. Der Hauptnachteil sind die hohen Kosten, das Risiko, die Anlage zu überheizen, und die erforderliche professionelle Installation und Wartung.
Als erweitertes System bietet sich die Kombination der thermischen Solaranlage mit einem wassergeführten Holzofen an. Dabei wird das Wasser aus dem Solarwasserspeicher durch die Wassertasche im Ofen und dann wieder zurück in den Behälter geführt (Bild b). Diese Anordnung funktioniert bei kaltem Wetter, wenn die Sonnenkollektoren nicht in Betrieb sind, aber der Holzofen am intensivsten verwendet wird.
In einer **thermischen Solaranlage als Rücklaufsystem** läßt eine Pumpe das Wasser vom Speicherbehälter durch die Kollektoren und wieder in den Speicher zirkulieren. Bei Frost wird über eine automatische Fühlereinrichtung ein Magnetventil aktiviert, das die Kollektoren entwässert. Sie brauchen eine kältebeständige automatische Entlüftung oberhalb des Kollektors (Bild c).
Das einfachste System ist die **Thermosiphonanlage** (Bild d). Die Anlage ist für wenig frostgefährdete Standorte zu empfehlen. Es wird keine Pumpe gebraucht, um das Wasser durch die Kollektoren zirkulieren zu lassen. Stattdessen werden der normale Auftrieb von warmem Wasser und die Schwerkraft wirksam. Der Hauptnachteil ist, daß der Speicherbehälter für das heiße Wasser höher stehen muß als die Kollektoren. Außerdem müssen Sie das Absperrventil für den Zufluß zu den Kollektoren manuell schließen und die Kollektoren bei jedweder Frostgefahr sorgfältig entwässern. Dieses System sollte eher von einem Wasser- und Heizungsinstallateur als von einem professionellen Solartechniker installiert werden.

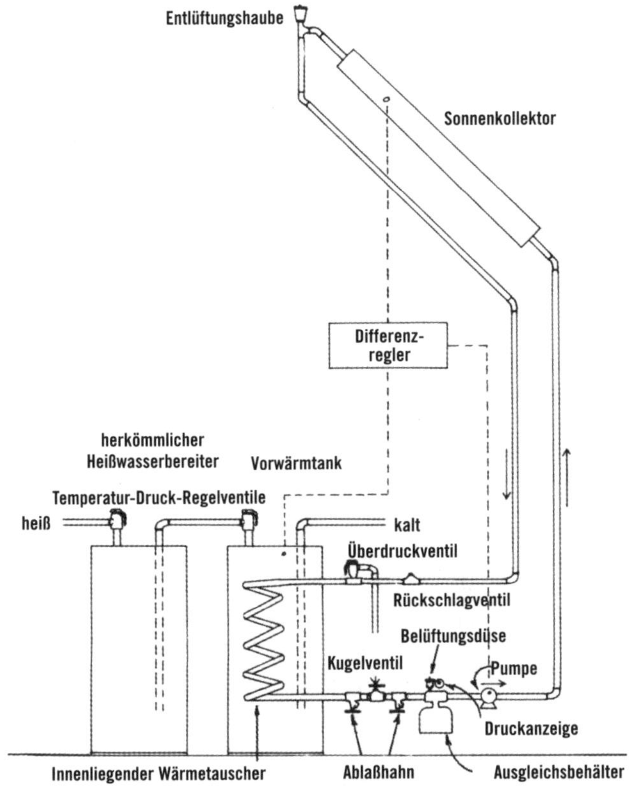

a) In einer **thermischen Solaranlage als geschlossenem System** wird die Wärme aus den Kollektoren über einen Wärmetauscher auf das Wasser im Speicherbehälter übertragen.

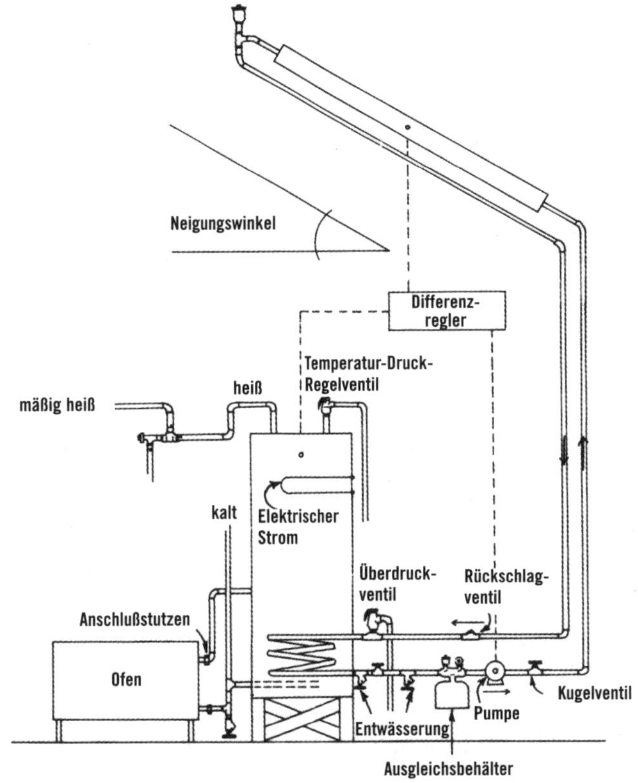

b) In die **Einzeltanksolaranlage (geschlossenes System)** können sowohl der Ofen als auch der Kollektor heißes Wasser einspeisen.

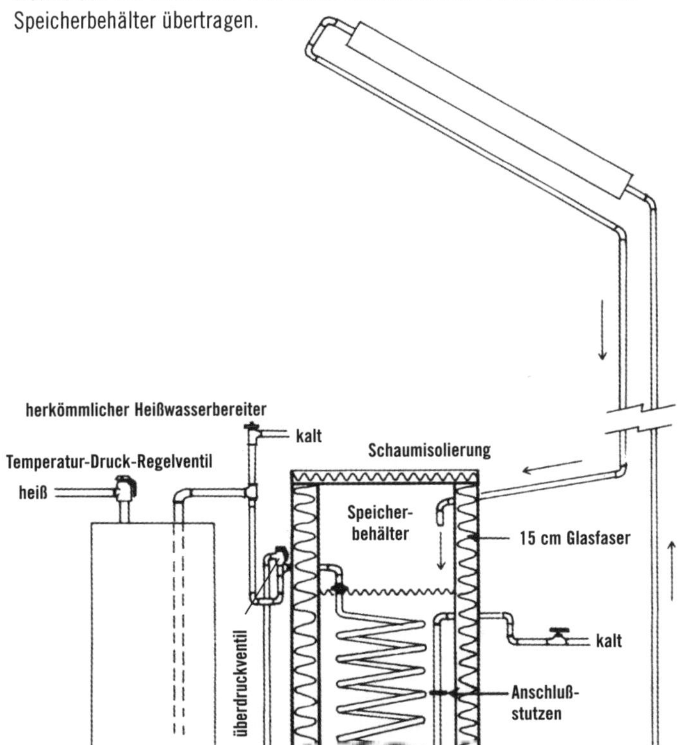

c) Bei der **thermischen Solaranlage als Rücklaufsystem** läßt eine Pumpe das Wasser vom Behälter durch die Kollektoren wieder zurück in den Behälter zirkulieren.

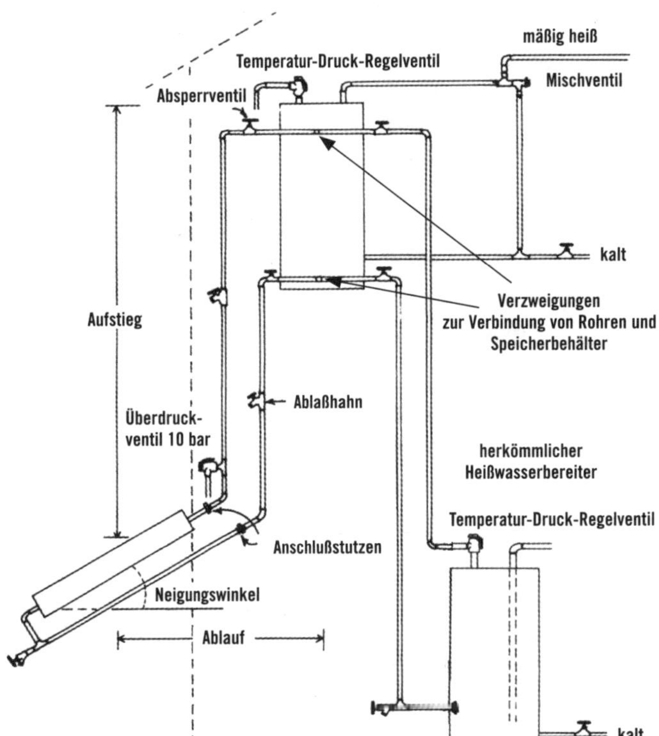

d) In der **Thermosiphonanlage** wird das in den Kollektoren erhitzte Wasser leichter und steigt auf. Kälteres (schwereres) Wasser fließt vom Boden des Speicherbehälters zum Boden des Kollektors nach.

WETTERSCHUTZ FÜR IHR HAUS

Mineralwolle zur Wärmedämmung ist in Matten, Rollen, locker und versteift erhältlich. Rollen werden am häufigsten verwendet und sind oft mit einer integrierten Dampfsperre versehen.

Lambda-Werte

Verschiedene Dämmstoffe weisen unterschiedliche Dämmwerte auf, die nach sogenannten Lambda-Werten definiert sind. Je kleiner der Lambda-Wert, desto geringer ist die Wärmeleitfähigkeit des Materials und desto höher die Dämmwirkung. Mit Hilfe der Tabelle können Sie verschiedene Dämmstoffe vergleichen und berechnen, wie dick die Dämmschicht sein muß.

Lambda-Wert in Watt pro Meter und Kelvin

Dämmstoff	Lambda-Wert
Vermiculit (Blähton)	0,07
Blähperlit	0,05
Holzfaser	0,05
Kokosfaser	0,045
Zellulose	0,04
Mineralwolle (Stein-/Glaswolle) WLG 40	0,04
Mineralwolle (Stein-/Glaswolle) WLG 35	0,035
Polystyrol	0,03
Polyurethan	0,025

– verändert aus *Weatherize Your Home* von Steve Sherman

Einfache Schritte zur effizienten Dämmung

Durch die Wärmedämmung soll das Eindringen von kalter Luft von unten sowie das Ausströmen von warmer Luft durch die Wände und die Decke verhindert werden. Zu den besten Dämmstoffen gehören aufgeschäumte Glas- und Mineralfasern, Glas- oder Steinwolle genannt, Zelluloseprodukte oder Schaumstoffplatten. Eine umfassende Wärmedämmung der Kellerdecke, der Wände und des Dachbodens Ihres Hauses kann bis zu 50 Prozent Ihres Heizölbedarfs im Winter sparen.

Wärmedurchlässigkeit (U-Wert) Ihres Hauses bestimmen

Wenn Sie eine Wärmedämmung planen, bestimmen Sie vorab die Wärmedurchgangskoeffizienten (U-Wert) Ihres Hauses. Machen Sie sich den Unterschied zwischen den Wärmedurchgangskoeffizienten der Wände und des Dachs Ihres Gebäudes und dem Lambda-Wert von Dämmstoffen klar.

Dachgeschoß

Viele Formen der Dachisolierung können selbst ausgeführt werden. Ist das Dachgeschoß bewohnt, kann das Dach grundsätzlich auf, zwischen oder unter den Sparren gedämmt werden. Eine Dämmung auf den Sparren ist am effektivsten, weil die durchgängige Dämmschicht Wärmebrücken vermeidet. Wird das Dachgeschoß nicht bewohnt, ist die oberste Geschoßdecke in Deutschland laut Energieeinspargesetz dann zu dämmen, wenn der U-Wert mehr als 0,3 W pro Quadratmeter und Kelvin beträgt und die Decke zugänglich ist. Der vorgeschriebene Dämmwert ist in der Regel mit einer 12 cm dicken Dämmschicht auf dem ungedämmten Boden erreicht. Holzbalkendecken sind im Gegensatz zu Betondecken wasserdampfdurchlässig. Daher muß unter der Dämmung eine Dampfsperre, meist eine Folie, eingefügt werden, damit die in das kühle Dach diffundierende Feuchtigkeit dort nicht kondensiert.
Bevor Sie beginnen, untersuchen Sie exponierte Dachflächen auf Feuchtigkeitsflecken oder Verfärbungen. Die Eintrittspforte muß lokalisiert und geschlossen werden. Feuchte Dämmstoffe sind ineffektiv und schaden Ihrem Haus, wenn sie vermodern. Daher ist Belüftung erforderlich. Eine Kombination aus hohen und tiefen Öffnungen ist für einen ausreichenden Luftstrom am besten. Die Öffnungen können in Giebel, Traufe und Dächer eingebaut werden.

Wände

Wenn Sie ein älteres Haus besitzen, muß eruiert werden, ob und gegebenenfalls wie die Wände gedämmt werden können. Häufig wird eine Dämmung von außen in Form eines Wärmeverbundsystems empfohlen. Alternativ ist eine hinterlüftete Fassade (auf der Wetterseite) möglich. Statt eines Putzes wird eine Verkleidung mit einer Unterkonstruktion an der Außenwand befestigt. In die Zwischenräume der Unterkonstruktion wird der Dämmstoff eingebracht. Bei Naturstein- oder Fachwerkhäusern und besonders bei Gebäuden, die unter Denkmalschutz stehen, muß allerdings von innen gedämmt werden, damit die Fassade erhalten bleibt.

Böden

Besonders wenn das Obergeschoß sich angenehm warm anfühlt und im Gegensatz dazu das Erdgeschoß merklich kühler erscheint, sollte eine Dämmung der Kellerdecke erwogen werden. Üblicherweise werden dazu von unten Matten aus Mineralwolle oder Polystyrolplatten angeklebt. Bei Holzbalkendecken kann die Dämmung zwischen den Balken angebracht werden. Ideal ist es, wenn die Abstände der Balken mit der Rollen- oder Plattenbreite des Dämmstoffs übereinstimmen. Gegebenenfalls kann man sich auch mit einer Befestigung mittels Hasendraht behelfen.

– verändert aus *547 Easy Ways to Save Energy in Your Home* von Roger Albright

Wärmeverlust an Fenstern stoppen

Abdichtungsarten

Sobald Ihre Fenster irgendwo undicht sind, geht Wärme verloren. Dichtmasse gibt es in Druckkartuschen. Tragen Sie diese mit einer Skelettpistole zwischen den Fensterrahmen und der Wand auf, bei Doppel- oder Kastenfenstern zusätzlich um die Rahmen der einzelnen Fenster im Zwischenraum. Achten Sie darauf, daß alle Fugen gefüllt sind. Dichtmasse gibt es auch als kittähnliche Stränge, die als provisorische Abdichtung in Spalten gedrückt werden können.

Dichtungsstreifen aus Gummi werden verwendet, um Spalten zwischen dem Rahmen und dem Fenster auszufüllen. Sie sind nicht teuer und als selbstklebende Gummi- oder Schaumstoffstreifen zu haben. Das Anbringen dieser Streifen kann das Einsickern von Außenluft um 50 Prozent reduzieren.

Bringen Sie die Dichtmasse zwischen dem Fensterrahmen und der Wandverkleidung bzw. dem Putz an.

Energiesparende Fenster

Sinnvoller – aber auch wesentlich teurer – ist es, undichte Verbund- oder Kastenfenster durch moderne energiesparende Modelle zu ersetzen. Die Investition zahlt sich jedoch über die Jahre durch die eingesparten Heizkosten wieder aus. Allerdings sollten Sie bei neuen Fenstern auf einen fachgerechten Einbau achten, damit die Fugen zwischen Fenster und Wand auch tatsächlich dicht sind.

Wärmedämmende Fensterrahmen

Je nach Fensterart entfallen 15 bis 30 Prozent der Fensteröffnung auf den Rahmen. Daher sollten Sie auch hier auf eine energiesparende Bauart achten. Holz bietet einen guten Wärmeschutz und kann mit unterschiedlichsten Lacken und Lasuren individuell gestaltet werden. Im Idealfall entscheiden Sie sich für eine Variante, die außen mit einer Aluminiumschale versehen ist. Sie schützt vor Wind und Wetter und muß nicht regelmäßig gestrichen werden. Daneben gibt es eine Vielzahl von Kunststoffrahmen, die aufgrund ihrer Profile zum Teil noch bessere Dämmwerte als Holzrahmen aufweisen. Aluminiumrahmen sind nur bedingt zu empfehlen. Wenn sie jedoch über eine thermische Trennung und eine PU-Schaumfüllung verfügen, können sie für sehr große Fensterflächen wie etwa bei Schwimmbädern dennoch das Material der Wahl sein.

Die Verglasung

Standard sind heute Doppelverglasungen mit einer Edelgasfüllung zwischen den beiden Scheiben. Edelgas hat einen besseren Dämmwert als Luft. Der Zwischenraum ist entsprechend luftdicht verriegelt. Die einzelnen Glasflächen – sogenannte Isoliergläser – sind mit einer hauchdünnen Metallschicht bedampft.

Moderne Fenster verfügen inzwischen über eine Dreifachverglasung, wobei die Beschichtung der einzelnen Scheiben und die Edelgasfüllung wie bei der Doppelverglasung gestaltet sind. Diese sogenannten Wärmeschutzverglasungen erreichen U-Werte von 0,4 bis 0,7 W pro Quadratmeter und Kelvin. Diese Art der Verglasung entspricht den Vorgaben für ein Passivhaus.

Fenstergläser können aber auch weitere Funktionen wie Schallschutz oder Einbruchschutz erfüllen. Dies sollten Sie beim Kauf ebenfalls bedenken.

– verändert aus *Window Heat Loss* von Mary Twitchell

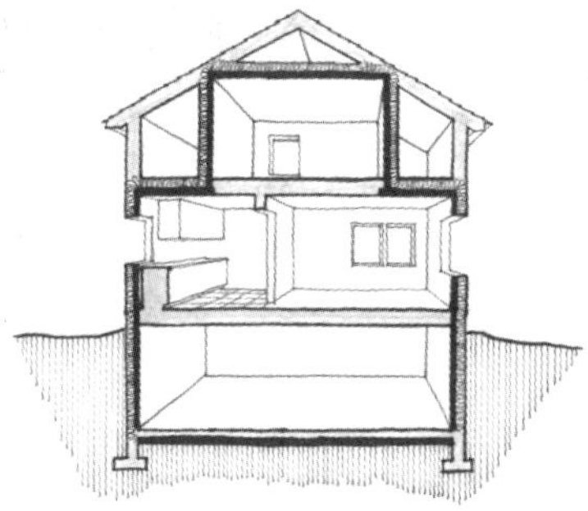

Dampfsperre nicht vergessen

Standarddämmaterialien als Rollen oder Faserplatten haben eine Dampfsperre auf einer Seite. Sie sollte in Richtung des geheizten Wohnraums zeigen. Die Dampfsperre ist eine Lage aus undurchlässigem Material und wird zwischen der Verkleidung auf der Innenseite der Außenwand und der Dämmung angebracht. Sie verhindert, daß die Feuchtigkeit aus der aufgeheizten Luft des Wohnraums in die Dämmung eindringt und dort aufgrund der Abkühlung kondensiert, was zu Tauwasserbildung führt.

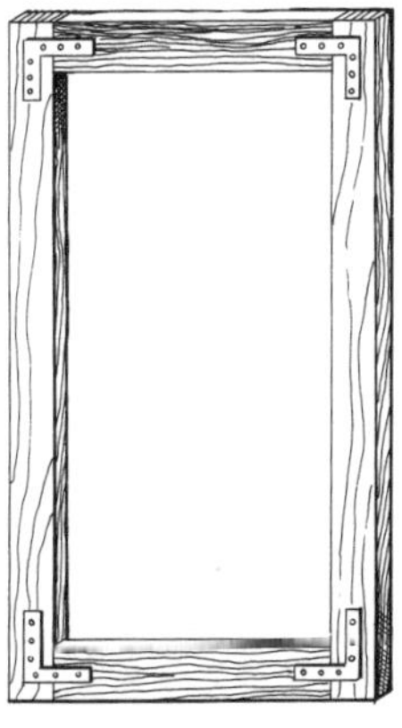

Holzfensterrahmen halten die Wärme besser im Raum als Aluminiumrahmen.

WETTERSCHUTZ FÜR IHR HAUS

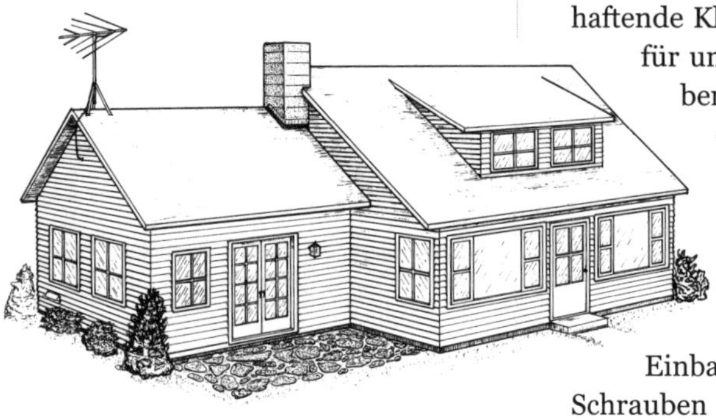

Auf dem Dach liegender Schnee ist ein Zeichen dafür, daß das Haus gut gedämmt ist. Wenn der Schnee rasch schmilzt, bedeutet das oft, daß die Wärme aus dem Dachgeschoß das Dach aufheizt – und Ihr Geld verschwendet wird.

Türen abdichten

Stellen Sie sich einen 1,5 mm schmalen Spalt um eine gewöhnliche Tür vor: Das entspricht einem Loch von etwa 9 x 9 cm! Hier finden Sie, was zu tun ist, um die Kälte auszusperren und die Wärme drinnen zu halten.

Türdichtschienen und Türschwellen: Am einfachsten anzubringen sind selbsthaftende Klebeschienen aus Aluminium oder Kunststoff mit Bürstenbesatz, geeignet für unebene, glatte oder Textilböden. Leider bleiben sie nicht lange genug kleben, besonders bei häufigem Öffnen und Schließen der Tür. Beständiger ist eine Türdichtschiene dann, wenn sie an der Unterseite der Tür festgeschraubt wird. Diese Variante gibt es als Aluminiumschiene mit Bürstenbesatz – auch Bürstendichtungen genannt. Türdichtschienen und Bürstendichtungen sind einfach anzubringen.

Aufwendiger ist der Einbau einer neuen Türschwelle, des querliegenden Bretts am Boden zwischen den Rahmenhölzern der Tür. Vor dem Einbau sollten Sie prüfen, ob Ihre Tür gerade hängt. Wenn nicht, ziehen Sie die Schrauben an den Türangeln an. Ersetzen Sie die alte Schwelle durch eine aus Hartholz (wenn Sie Holz wünschen) – niemals aus Kiefer oder Fichte, die sich schnell abnutzen. Das Aushängen der Tür kann den Einbau der Schwelle erleichtern.

Dichtungsstreifen aus Gummi: Verwenden Sie die Dichtungen – nur hochwertige sind sinnvoll – dort, wo die Tür am wenigsten dicht schließt. Bei Holztüren ist wegen der besseren Haltbarkeit das Festnageln dem Ankleben vorzuziehen.

Windfang: Ein Windfang ist eine Art Vorraum vor der normalen Haustür – häufig wie ein Wintergarten aus einer Metall-Glas-Konstruktion –, der dazu dient, die kalte Luft abzublocken und einen zusätzlichen Luftraum zu schaffen. Die Kosten variieren je nach Bauart und Eigenleistung sehr stark. Windfänge tragen unschätzbar zur Wärmedämmung Ihres Hauses bei. Sie wirken umso effektiver, je besser sie gedämmt sind.

– verändert aus *Weatherize Your Home* von Steve Sherman

Richtig lüften

Alle energiesparenden Maßnahmen nützen nichts, wenn bei Minusgraden die Fenster unkontrolliert offenstehen. Beim Lüften geht auch bei gut wärmegedämmten Häusern viel Energie verloren. Daher müssen beim manuellen Lüften ein paar Dinge beachtet werden – oder man überläßt das Lüften technischen Systemen.

Manuell lüften: Das Zauberwort beim Lüften heißt Stoßlüftung. Dabei werden die Fenster drei- bis viermal täglich kurzzeitig (etwa 5 bis 15 Minuten) ganz geöffnet, um so für Durchzug zu sorgen, statt sie über längere Zeit gekippt zu lassen. Je kälter es draußen ist, desto kürzer ist die Lüftungszeit. Wenn beim Kochen oder Duschen größere Mengen Wasserdampf entstehen, sollten sie möglichst sofort nach draußen entlassen werden. An kombinierten Thermo- und Hygrometern läßt sich das optimale Raumklima für die jeweilige Jahreszeit bequem ablesen.

Kontrollierte Lüftungssysteme: Passivhäuser sind meist mit kontrollierten Lüftungssystemen ausgestattet, die automatisch Frischluft zuführen, wenn der Kohlendioxidgehalt oder die Luftfeuchtigkeit ansteigt. Dabei wird die Wärme der Abluft mittels Wärmetauscher an die Zuluft abgegeben und damit in den Raum zurückgeführt. Das minimiert den Energieverlust.

Das Wohngebäude wird in drei Bereiche eingeteilt: In der Küche, im Bad und in der Toilette wird die Luft abgesaugt, weil dort die meisten Gerüche und die meiste Feuchtigkeit anfallen. Im Wohnbereich und in den Schlafräumen wird die gleiche Menge – durch das Wärmerückgewinnungssystem bereits erwärmte – Frischluft zugeführt. Leider können solche Lüftungssysteme nur schwer in bestehende Gebäude integriert werden, da sie ein eigenes Leitungssystem benötigen.

– Anita Heidenfelder

Das Haus im Sommer kühl halten

Wichtig ist an heißen Sonnentagen die Beschattung der Süd- und Westfenster – entweder durch Rollos oder Gardinen von innen oder durch Fensterläden oder eine Markise von außen. Da eine Beschattung von außen bereits die Bestrahlung der Glasflächen verhindert, ist sie bedeutend effektiver.

Im Sommer sollten Sie künstliche Beleuchtung so weit wie möglich vermeiden, insbesondere brennende Glühlampen, da sie neben dem Licht auch Wärme abstrahlen.

Eine Klimaanlage arbeitet am effektivsten, wenn sie an der Schattenseite des Hauses (normalerweise die Nordseite) angebracht ist. Ein großer Fensterlüfter kostet weit weniger als eine Klimaanlage und hat einen wesentlich geringeren Stromverbrauch. Stellen Sie einen Ventilator in eines der Dachgeschoßfenster, um die heiße Luft aus dem Haus zu saugen.

Wenn Sie im Sommer eine geringe Luftfeuchtigkeit möchten, müssen Sie die Küche, das Badezimmer und den Wäscheraum vom übrigen Haus abgeschlossen halten, so gut es geht. Und wenn Sie duschen, sollten Sie das Badfenster öffnen, um die Feuchtigkeit hinauszulassen.

Lassen Sie im Sommer die Ober- und die Dachgeschoßfenster offen, um die nach oben steigende warme Luft entweichen zu lassen. Öffnen Sie, wenn es abends kühl wird, die übrigen Fenster, um die kühle Luft hereinzulassen, und schließen Sie sie am frühen Morgen wieder, um die kühle Luft innen zu halten.

Sechs einfache Wege, um Heizkosten zu sparen

1. Viele Menschen könnten ihre Heizkostenrechnungen um zehn Prozent oder mehr reduzieren, wenn sie etwas ganz Einfaches beachten würden: Halten Sie Ihren Ofen sauber und stellen Sie ihn genau ein. Wenn Sie einen Ölbrenner haben, muß er mindestens einmal jährlich durch einen Heizungsbauer kontrolliert werden.
2. Lassen Sie von einem Fachmann prüfen, ob in Ihren Ölbrenner eine kleinere Kraftstoffdüse eingebaut werden kann. Der Brenner funktioniert mit einer kleineren Düse vielfach genauso gut, würde aber 15 Prozent Ihrer Heizkosten einsparen.
3. Bei Öfen mit Zwangsbelüftung müssen die Filter mindestens zweimal pro Winter gereinigt oder ausgetauscht werden. Ein verstopfter Filter blockiert die notwendige Belüftung des Ofens und erhöht den Energieaufwand.
4. Wenn Sie Ihre Möbel umräumen, achten Sie darauf, daß die Funktion der Heizvorrichtungen nicht beeinträchtigt wird. Wenn Sie eine bestimmte Anordnung unbedingt haben möchten, obwohl sie den Wärmefluß blockiert, sollten Sie sie auf den Sommer beschränken, wenn nicht geheizt wird.
5. Viele Küchen und Bäder haben Abluftventilatoren, um unerwünschte Gerüche zu entfernen. In manchen Bädern werden sie automatisch mit dem Lichtschalter aktiviert – komfortabel, aber teuer. Im Winter blasen diese Ventilatoren nicht nur Gerüche nach außen, sondern auf schnellstem Wege auch die warme Luft. Setzen Sie sie sparsam ein, um Ihren Geldbeutel zu schonen.
6. Etwas mehr Luftfeuchtigkeit erlaubt eine niedrigere Einstellung des Temperaturreglers, ohne das Behaglichkeitsempfinden zu beeinträchtigen. Bei manchen Öfen lassen sich Luftbefeuchter einfach installieren. Ist das nicht der Fall, stellen Sie zum Luftanfeuchten Wasserschalen auf die Heizkörper oder verwenden Sie Warmluftregister. Zimmerpflanzen, besonders großblättrige und Efeuarten, können die Luftfeuchtigkeit während des Winters ebenfalls deutlich erhöhen.

– aus *547 Easy Ways to Save Energy in Your Home* von Roger Albright

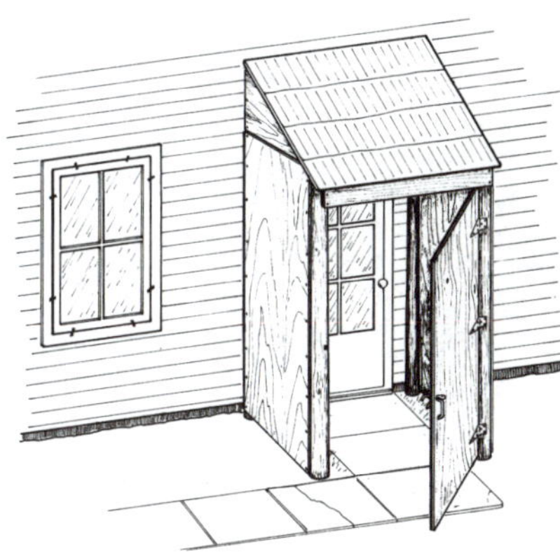

Mit einem Windfang um die Hauseingangstür sparen Sie jedesmal Heizkosten, wenn Sie das Haus im Winter betreten und verlassen.

6

ELEKTRIZITÄT

ELEKTRIZITÄT VERSTEHEN • IHR SYSTEM BEURTEILEN NEUINSTALLATION • REPARATUREN AUSFÜHREN SOLAR- UND WINDENERGIE • WENN DER STROM AUSFÄLLT

Elektrische Energie war für uns etwas Selbstverständliches – bis uns ein verheerender Eissturm traf und uns für eine Woche den Strom nahm. Der Spaß am Kampieren mit Holzofen und Barbecue bei –10 °C verging uns, als Öfen, Toiletten und Kühlgeräte ausfielen. Wir erweiterten unsere Checkliste für die Notfallversorgung und investierten in einen zweiflammigen Coleman-Herd und einen Generator. Wir rüsteten unseren Erste-Hilfe-Kasten nach und erweiterten unser Handbuch, als uns klar wurde, daß Hilfe ohne Strom nicht so leicht herbeizurufen war. Im Ergebnis dieser Erfahrung waren wir besser vorbereitet auf künftige Stromausfälle. In diesem Kapitel werden uns zuerst Phillip und Newell Decker einen Überblick über elektrische Systeme vermitteln.

– John & Martha Storey

Wenn Sie Sicherheitsvorkehrungen treffen und einige grundlegende Vorgehensweisen erlernen, können Sie problemlos die Stromkabel in Ihrem Haus verlegen und zahlreiche Arbeiten selbst ausführen. Grundkenntnisse sind jedoch unerläßlich, da Fehler tödlich sein können. Viele Arbeiten bleiben aus rechtlichen und Sicherheitsgründen dem Fachmann vorbehalten. Informieren Sie sich, welche Arbeiten Sie selbst ausführen dürfen.

Die meisten modernen elektrischen Leitungen bestehen aus drei Adern, einer schwarzen oder braunen, einer blauen und einer dritten grün-gelben, die als Erdung dient. Die schwarze oder braune Ader ist meist die stromführende Ader oder Phase, die blaue sollte der Null- oder Neutralleiter sein. In einem allgemeinen Sinne fließt der Strom in der schwarzen Ader in Ihr Haus und kehrt in der blauen zum Kraftwerk zurück. Die grün-gelbe Ader, auch Masse- oder Schutzleiter genannt, führt überhaupt keinen Strom, sofern nicht eine Fehlfunktion im Stromkreislauf vorliegt. Wenn dies passiert, wird der Strom über den Schutzleiter in die Erde abgeleitet.

Stellen Sie sich den Stromfluß wie fließendes Wasser in einem Gartenschlauch vor. Die Spannung entspricht dem Wasserdruck im Schlauch, und die Stromstärke ist die Fließgeschwindigkeit des Wassers. Der Stromverbrauch ist die Gesamtwassermenge, die zu einem gegebenen Zeitpunkt einen bestimmten Punkt im Schlauch passiert.

LEXIKON

Ampere (A): Einheit der Stromstärke
Gleichstrom: Strom, dessen Polung sich nicht ändert; wird von Generatoren und Solarzellen erzeugt
Leitungsschutzschalter oder Sicherungsautomat: Schalter, der den Stromkreislauf bei Überlast und Kurzschluß automatisch unterbricht
Rotor: der sich drehende Teil eines Windkraftwerks, auch als Windrad bekannt
Rotorkreisfläche: Fläche innerhalb des Umfangs, den die Rotorblätter bilden
Schraub- oder Schmelzsicherung: elektrische Schutzvorrichtung, die schmilzt und dadurch den Stromkreis unterbricht, wenn der Stromfluß eine bestimmte Stärke übersteigt
Volt (V): Einheit der elektrischen Spannung
Watt (W): Einheit der elektrischen Leistung; 746 W entsprechen einer Pferdestärke
Wechselstrom: Strom, der seine Polung regelmäßig ändert; wird heute weltweit zur Versorgung von Haushalten verwendet

Ihr Haus wird durch eine vieradrige Hausanschlußleitung, bestehend aus drei Phasen (stromführenden Adern) und einem sogenannten PEN-Leiter, mit 380 V Drehstrom versorgt. Die Hausanschlußleitung ist entweder oberirdisch als Freiluftleitung geführt oder als Erdkabel in Ihr Haus verlegt und endet im Hauptanschlußkasten. Von dort wird der Strom weiter zum Zählerschrank mit dem Stromzähler und den Sicherungen geleitet. Im Sicherungskasten sind alle Stromkreise Ihres Hauses angeschlossen. Durch die Aufteilung der einzelnen Phasen ergibt sich der in Deutschland übliche Wechselstrom bei einer Spannung von 220 V. Hier erfolgt auch die Aufteilung des PEN-Leiters in den PE-Leiter für den Potentialausgleich und den Nulleiter.
Es gibt zwei verschiedene Arten von Sicherungen: Schraubsicherungen und Leitungsschutzschalter. Schraub- oder Schmelzsicherungen nutzen ein Metallband, das auf die Wärme, die bei einer bestimmten Stromstärke entsteht, reagiert. Wenn der Stromkreis überlastet wird, steigt die Temperatur an und das Metallband schmilzt, wodurch der Stromkreis geöffnet und der weitere Stromfluß verhindert wird.
Ein Leitungsschutzschalter hat ein Bimetallband, das bei Überlast ebenfalls durch Temperaturveränderung gekrümmt wird. Dadurch wird der Abschaltmechanismus ausgelöst und der Stromkreis unterbrochen. Ein weiterer Mechanismus, der auf einer elektromagnetischen Abschaltung basiert, übernimmt den Kurzschlußschutz. Sicherungen und Leitungsschutzschalter sollten sorgsam installiert werden, und der Bemessungsstrom der Schutzeinrichtung darf niemals über der Strombelastbarkeit der Leitungen liegen.
Eine andere Variante eines Leitungsschutzschalters ist der Fehlerstromschutzschalter, kurz FI-Schalter oder RCD (Residual Current Protective Device) genannt. Dieses Bauteil registriert winzige Verluste in einem Stromkreis und kann Schäden und Stromschläge schnell und wirksam vermeiden. Deshalb sind FI-Schalter für alle Stromkreisläufe in Feuchträumen – etwa Bädern, Toiletten, Küchen und überdachten Schwimmbädern – sowie im Außenbereich des Hauses und seit 2007 auch für alle anderen Steckdosenstromkreise gesetzlich vorgeschrieben. FI-Schalter sind einfach zu installieren. Wir empfehlen ihre Verwendung ausdrücklich auch bei alten Versorgungssystemen mit Bestandsschutz.
In modernen Zählerkästen finden Sie eine Erdungssammelleitung (PE-Leiter), die zu einem Fundamenterder führt. Alle Stromkreise sollten einen Schutzleiter haben, der an der Erdungssammelleitung angeschlossen ist. Mißachten Sie diesen Teil Ihres Stromkreislaufes niemals und trennen Sie auf keinen Fall die Erdung an einem Stecker ab. Ein letztes Wort zur Warnung: Versuchen Sie niemals, die Hausanschlußleitung anzuklemmen oder den Hauptanschlußkasten selbst einzurichten. Diese Aufgaben müssen einem Elektroinstallateur überlassen werden.

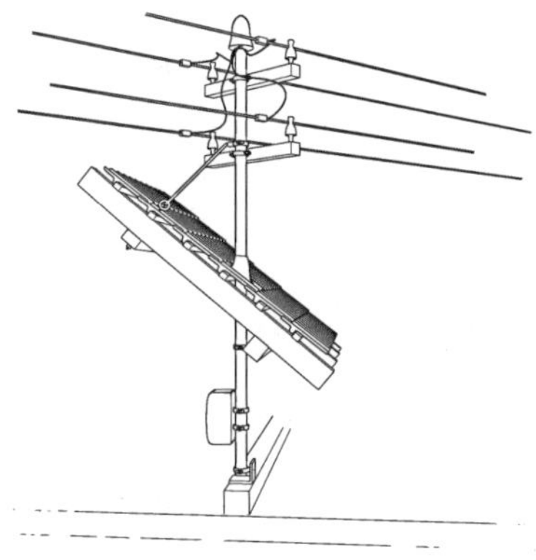

Solche Dachständer, die gleichzeitig als Strommast und Abzweigung für den Hausanschluß dienen, sind bei älteren Häusern noch häufig zu finden.

Relevante gesetzliche Regelungen

Für die Stromversorgung von Wohngebäuden sind in Deutschland verschiedene Gesetze, Verordnungen, Normen und Bestimmungen relevant. Die wichtigsten sind:
- Energiewirtschaftsgesetz (EnWG)
- Landesbauordnungen
- Unfallverhütungsvorschriften
- VDE-Bestimmungen
- DIN-Planungsnormen
- Technische Anschlußbedingungen (TAB)
- Verarbeitungsvorschriften der Hersteller

IHR SYSTEM BEURTEILEN

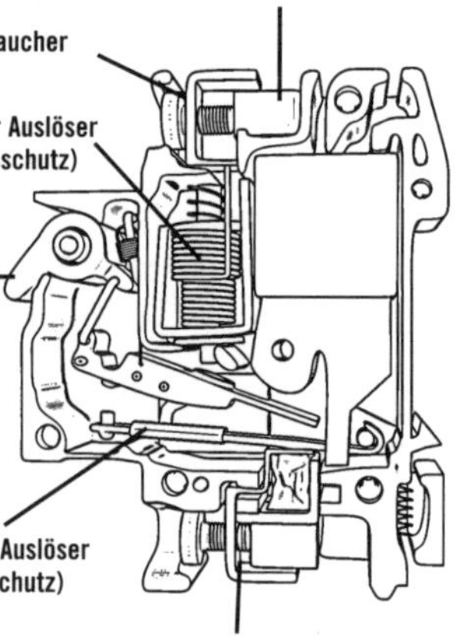

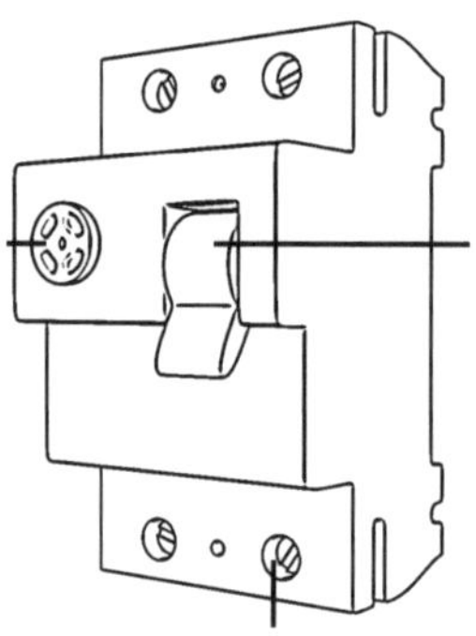

Leitungsschutzschalter verfügen über zwei Schutzvorrichtungen: ein Bimetallband zur Abschaltung bei Überlast und einen elektromagnetischen Mechanismus für Kurzschlüsse.

Sicherheitstip

Ein Fehlerstromschutzschalter oder FI-Schalter ist ein Bauteil, das kleinste Verluste in einem Stromkreis registriert und sofort den Stromkreis unterbricht. Er ist für Feuchträume und im Außenbereich und seit 2007 auch für alle anderen Steckdosenstromkreise gesetzlich vorgeschrieben.

– verändert nach *The Woman's Hands-On Home Repair Guide* von Lyn Herrick

Kann Ihr Versorgungssystem die Strombelastung bewältigen?

Der erste Schritt bei der Beurteilung Ihres Stromversorgungssystems besteht darin, den Sicherungskasten zu finden und hineinzuschauen. Sehen Sie Schmelzsicherungen? Gibt es viele davon oder nur ein paar? Wenn Sie nur wenige sehen, sollten Sie diese möglicherweise durch einen Leitungsschutzautomaten ersetzen. Damit können Sie bei Bedarf weitere Leitungsschutzschalter einfach hinzufügen.

Achten Sie beim Blick in den Sicherungskasten auch auf die Stromstärke der Hauptleitungen. Bei alten Hausanschlüssen liegt die Strombelastbarkeit bei 30 bis 40 A. Dies ist nicht genug, um einen modernen Haushalt mit Strom zu versorgen. Sie brauchen eine Nennkapazität von mindestens 63 A.

Elektrische Leitungen: Das nächste, was Sie beachten sollten, sind die Leitungen, die von Ihrem Sicherungskasten wegführen. Wenn Ihr Haus alt ist, werden Sie wahrscheinlich zweiadrige Leitungen ohne Erdung, eventuell mit Stoffummantelung, vorfinden. Prüfen Sie auch den Zustand der Isolierung. Solche Systeme stehen zwar unter Bestandsschutz, dennoch sollte man über eine Erneuerung der Verkabelung nachdenken.

Umstrukturierung des Stromkreisverteilers: Bevor Sie mit der Erneuerung der elektrischen Leitungen und der Umstrukturierung des Stromkreisverteilers beginnen, sollten Sie entscheiden, wie viele Stromkreise, die jeweils mit 16 A abzusichern sein müssen, Sie brauchen werden. Es gibt gesetzliche Bestimmungen, die Ihnen bei der Ermittlung helfen. Zum Beispiel müssen nach DIN 18015 die Beleuchtung und bestimmte Haushaltsgeräte wie Elektroherd oder Warmwasserbereiter über getrennte Stromkreise versorgt werden. Der Anschlußwert, ab dem ein eigener Stromkreis gefordert wird, liegt bei 2 kW. Stromkreise für Beleuchtung und Steckdosen sollten mit 16 A bemessen werden. Für Großgeräte wie Elektroherd, Warmwasserspeicher und Waschmaschine sollten Sie jeweils 16 A einplanen.

Auch die Anzahl der Auslässe für Steckdosen und Beleuchtung für die Wohn- und Nebenräume eines Wohngebäudes ist festgelegt – teilweise in Abhängigkeit von der Fläche. Für Wohn- und Schlafräume müssen je nach Größe mindestens drei bis fünf Steckdosen sowie ein bis zwei Lampenanschlüsse eingeplant werden. Küchen müssen mit mindestens fünf Steckdosen und zwei Auslässen für Beleuchtung ausgestattet werden und Bäder mit mindestens jeweils zwei Auslässen für Steckdosen und Beleuchtung. Jeder Wohnraum sollte über einen eigenen Stromkreis angeschlossen werden. Bedenken Sie, daß die Stromkreise für Bäder, genau wie die für andere Feuchträume, mit einem FI-Schalter versehen werden müssen.

Wieviel elektrische Energie? Um zu entscheiden, wie viele Stromkreise in den einzelnen Räumen notwendig sind, summieren Sie den Stromverbrauch (Watt) der einzelnen Stromkreise: für 1. Beleuchtung und 2. Steckdosen für Kleinverbraucher in allen Räumen, 3. die Waschküche, 4. die Großverbraucher und 5. Heizung und Klimaanlage. Sie können den Verbrauch der Stromkreise für Beleuchtung und Steckdosen über die Gesamtquadratmeter des Hauses abschätzen. Multiplizieren Sie die Quadratmeterzahl mit 300 W. Für die Waschküche vergeben Sie 3000 W. Den Stromverbrauch der anderen Großgeräte entnehmen Sie den jeweiligen Typenschildern. Das gilt auch für die Klimaanlage und die Heizung. Wenn Sie die Wattzahlen für einen Raum addiert haben, teilen Sie die Summe durch 220 V, um zu sehen, ob die Amperezahl über 16 liegt und damit mehr als ein Stromkreis für diesen Raum erforderlich ist.

– verändert aus *Renovating Brick Houses* von Phillip J. Decker und T. Newell Decker

WERKZEUGKASTEN DES ELEKTRIKERS

- Abisolierzange
- Mantelschneider
- Spitzzange
- Seitenschneider
- VDE-Schlitzschraubendreher
- VDE-Kreuzschlitz-schraubendreher
- Spannungsprüfer
- Stromprüfer
- Digital-Multimeter
- Kabelziehstrumpf
- Isolierband
- Lüsterklemmen
- Bohrmaschine und Bohrer
- Taschenlampe

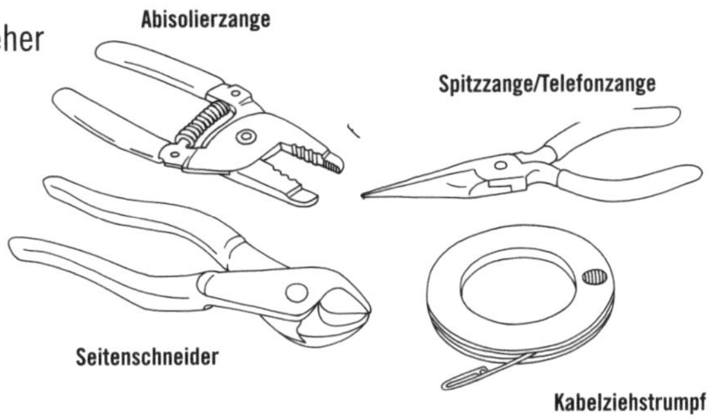

Neu installieren

Der Begriff „Neuinstallation" bezieht sich üblicherweise auf Arbeiten, die während eines Umbaus durchgeführt werden. Wenn Sie Ihr Wohnhaus entkernt und neue Wände eingezogen haben und dann die elektrischen Leitungen neu einziehen, spricht man von Neuinstallation. Wenn Sie neue elektrische Leitungen in bestehende Wände verlegen, handelt es sich um eine Umstrukturierung oder Modernisierung.

Auswahl der Leitungen: Bei der Hausinstallation werden drei- bis fünfadrige Leitungen verwendet. Der gängigste Leitungsquerschnitt ist 1,5 mm^2. Zur Absicherung werden ein 16-A-Leitungsschutzschalter und ein FI-Schalter je Stromkreis eingebaut. Nur der Herd wird mit einer fünfadrigen Leitung von 2,5 mm^2 Querschnitt entweder an Drehstrom oder an Wechselstrom angeschlossen. Standardmäßig wird der Herd mit drei nebeneinanderliegenden 16-A-Leitungsschutzschaltern im Sicherungskasten abgesichert.

Mit einem PVC-Mantel isolierte Leitungen mit eindrähtigen Adern werden am häufigsten verwendet. Grundsätzlich werden drei verschiedene Kabelarten unterschieden: NYM für die feste Verlegung unter Putz in allen Räumen und im Freien sowie PVC-Schlauchleitungen für ortsveränderliche Stromverbraucher und Gummischlauchleitungen für ortsveränderliche Stromverbraucher auch im Freien.

Für die feste Verlegung unter Putz können statt NYM-Leitungen auch einzelne PVC-Aderleitungen in Installationsrohren verlegt werden. PVC-Schlauchleitungen sind als H03VV-F mit zwei bis drei Adern für leichte Elektrogeräte und geringe Beanspruchung vorgesehen, zum Beispiel Leuchten und Haushaltsgeräte. H05VV-F-Leitungen mit bis zu fünf Adern müssen für Groß- und Küchengeräte, zum Beispiel Waschmaschinen, und in feuchten Räumen bei mittlerer mechanischer Beanspruchung verwendet werden. Die Gummischlauchleitung H07RN-F mit bis zu sieben Adern ist für alle Räume und im Freien bei mittlerer Belastung vorgesehen und eignet sich deshalb für Elektrowerkzeuge und Handleuchten.

Das Innere einer Stromleitung

Die NYM-Leitung mit drei oder fünf (wie im Bild) Adern wird für die feste Verlegung von Stromkabeln in der Wand verwendet. Sie ist auch für Feuchträume geeignet.

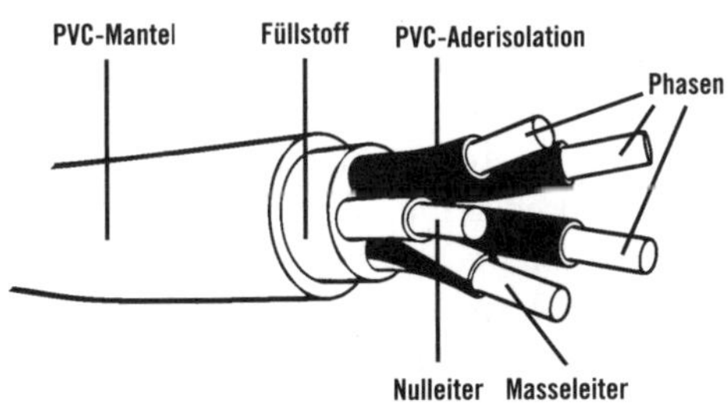

So naheliegend – und doch so wichtig!

Denken Sie immer daran, den Strom abzustellen, bevor Sie irgendwelche Arbeiten an der Elektrik ausführen.

Installationszonen in Wohnräumen

Verdeckt in der Wand verlegte Leitungen dürfen beim Aufhängen von Bildern oder Hängeschränken nicht beschädigt werden. Daher ist es wichtig, den Verlauf der Leitungen stets nachvollziehen zu können. In der DIN 18015 sind Leitungswege festgeschrieben, die bei der Neuinstallation eingehalten werden müssen.

- Leitungen dürfen nur waagerecht oder senkrecht verlegt werden.
- Waagerechte Leitungen müssen entweder 15 bis 45 cm über der Oberkante des fertigen Fußbodens oder 15 bis 45 cm unter der Decke verlaufen (Soll: jeweils mit 30 cm Abstand).
- Die Installationszonen für senkrechte Leitungen sind 20 cm breit und reichen vom Boden bis zur Decke. Sie befinden sich jeweils in den Zimmerecken sowie rechts und links neben zweiflügeligen Türen und Fenstern. Bei einfachen Türen werden die Leitungen auf der Schloßseite geführt (Soll: 15 cm Abstand zur Zimmerecke oder Aussparung).
- Anschlüsse zum Beispiel von Wandlampen außerhalb der Installationszonen werden senkrecht von der nächstgelegenen waagerechten Leitung weggeführt.
- Verdeckte Leitungen in der Decke, zum Beispiel für Deckenlampen, dürfen auf dem direkten Weg zwischen den zwei Anschlußpunkten verlaufen.

– Anita Heidenfelder

Einen Anschluß legen

Unterputzdose

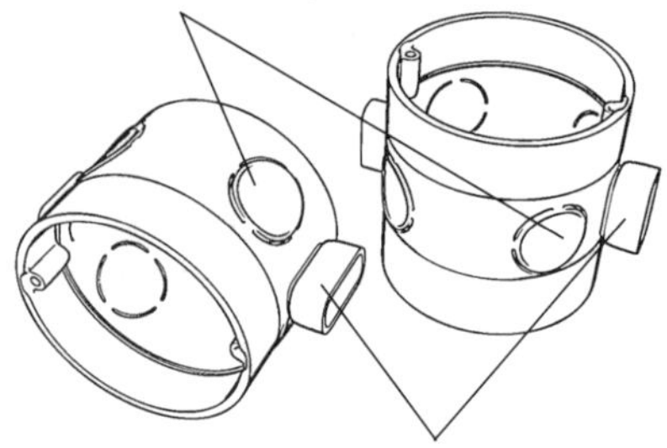

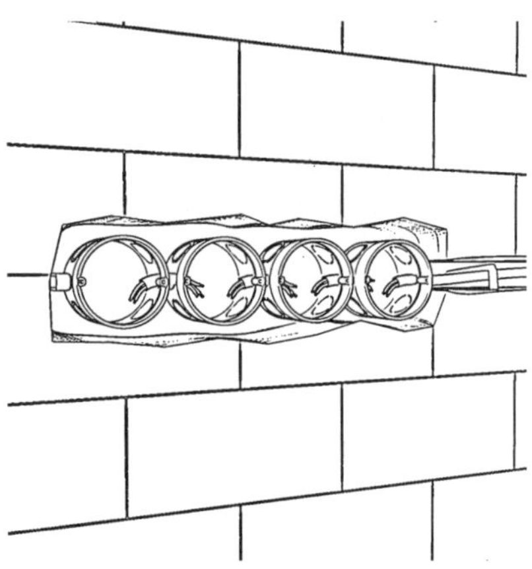

An Abzweigungen für Leitungen oder Auslässen werden Unterputzdosen in die Wand eingesetzt. Für einfache Steckdosen gibt es eine flache Version; als Abzweigdosen sind tiefere Schalterdosen (Bild oben) sinnvoll. Die Dosen lassen sich beliebig aneinanderkuppeln und so zum Beispiel für Steckdosenleisten in einer Reihe eingipsen (Bild unten).

Leitungen verlegen

In sehr alten Häusern, die nachträglich an die Stromversorgung angeschlossen wurden, wurden Stromleitungen und Anschlüsse aus arbeitstechnischen Gründen häufig auf der Wandoberfläche angebracht (Aufputzinstallation). Heute werden Elektroinstallationssysteme in Wohnräumen unter Putz ausgeführt, so daß nur die Anschlußpunkte aus der Wand austreten.

Sollten Sie in Ihrem Haus eine Aufputzinstallation vorfinden, warten bei der Modernisierung viel Arbeit und hohe Kosten auf Sie. Beginnen Sie damit, die genaue Position aller Anschlußpunkte und Deckenbefestigungen zu bestimmen. In diesem Fall können Sie sie frei festlegen, da Sie sich nicht nach bestehenden Schlitzen in den Wänden richten müssen.

Unterputzdosen planen: Unterputzdosen für Lichtschalter werden meist 105 cm und solche für Steckdosen 30 cm über dem Fertigfußboden – oder direkt unterhalb der Lichtschalter – angeordnet. Wenn Sie die Schalterdosen neben den Türen setzen, achten Sie darauf, daß es die Schloßseite ist. In der Regel werden die Lichtschalter heute im Raum angebracht. In alten Häusern befinden sich die Schalter häufig noch außen neben der Tür und sind auch höher angebracht. Beides fällt unter den Bestandsschutz und kann so bestehen bleiben.

Die Art der zu verwendenden Abzweigdosen ist in den VDE-Richtlinien festgelegt. Die Maße sind genormt. Unterputzdosen sind für den Einbau in der Wand oder der Decke vorgesehen. Hohlwanddosen werden in Fertighäusern oder in Beplankungen verbaut. Abzweigdosen bestehen aus feuerbeständigem Kunststoff und sind mit Gewindelöchern versehen, um verschiedene Einsätze wie Lichtschalter oder Steckdosen daran zu befestigen. Rundum angebrachte Ausbrechöffnungen dienen als mögliche Ein- und Austrittsöffnungen für Leitungen. Unterputzdosen lassen sich beliebig miteinander kuppeln. Hohlwanddosen müssen exakt gebohrt werden.

Unterputzinstallationen vorbereiten: Zeichnen Sie sich die geplanten Anschlußdosen und die entsprechend benötigten Leitungsverbindungen vor Beginn der Arbeiten auf der Wand auf. Verwenden Sie dafür unbedingt eine Wasserwaage. Beginnen Sie nun mit den geplanten Abzweigdosen. Der erste Schritt ist das Bohren einer ausreichend großen Aussparung in der Wand. Elektriker verwenden dafür spezielle Dosenfräsen. Im Baumarkt bekommen Sie entsprechende Vorsätze für Ihre Bohrmaschine. Die Schlitze für die Leitungen können Sie mit einem Winkelschleifer vorschneiden und dann mit Hammer und Meißel ausschlagen. Verwenden Sie für diese Arbeiten unbedingt eine Staubmaske. Die Anschlußdose und die Leitungen müssen mit der Innenkante des Putzes bündig liegen. Daraus ergibt sich die Tiefe der Aussparungen und der Schlitze.

Im nächsten Arbeitsgang werden die Unterputzdosen in den Aussparungen eingegipst. Achten Sie unbedingt darauf, daß Sie vorab die für die Leitungen benötigten Ausbrechöffnungen ausgedrückt haben. Außerdem müssen diese Ein- und Austrittsöffnungen frei von Gips bleiben, um anschließend die Kabel hindurchführen zu können. Arbeiten Sie mit einer Wasserwaage, damit die Gewindelöcher für die Einsätze genau senkrecht oder waagerecht liegen – besonders wenn Sie mehrere Dosen in eine Reihe setzen. Üben Sie diesen Arbeitsschritt an Dosen, die später durch Möbel oder ähnliches verdeckt sind.

Deckenanschlüsse plazieren: Anschlüsse für Deckenleuchten sitzen normalerweise in der Mitte der Fläche, die ausgeleuchtet werden soll. Wenn die Fläche groß ist, sollten Sie mehrere Leuchten einplanen. Teilen Sie den Raum gleichmäßig auf, so daß die Leuchten etwa im gleichen Abstand zueinander hängen. Soll die Leuchte nicht unmittelbar am Deckenanschluß, sondern an einer anderen Stelle angebracht werden, können Sie die Strecke dazwischen mit einem geeigneten Kabel überbrücken, nachdem die Leuchte an einer sicheren Aufhängung befestigt worden ist.

Leitungen anschließen: Ziehen Sie die Leitungen zwischen den einzelnen Anschlußdosen ein. Sie an eine Leuchte oder einen Einsatz für Steckdosen oder Lichtschalter anzuschließen ist unkompliziert. Zuerst ziehen Sie etwa 8 cm des Mantels ab, so daß die einzelnen Drähte freigelegt sind. Achten Sie aber darauf, daß der Mantel ab der Stelle, wo das Kabel die Abzweigdose verläßt, noch intakt ist, um einen Verschleiß oder Bruch der einzelnen innenliegenden Adern zu vermeiden. Dann befreien Sie die Adern auf etwa 1 cm Länge von der Isolierung, um die blanken Drähte in die entsprechenden Halterungen der Einsätze oder Klemmen – bei der Installation von Leuchten – einführen zu können. Verbinden Sie die Drähte mit Lüsterklemmen, da dies einen festen Sitz ergibt, der bei Bedarf wieder gelöst werden kann. Der gelb-grüne Schutzleiter muß immer an die Erdung angeschlossen werden.

– verändert aus *Renovating Brick Houses*
von Phillip J. Decker und T. Newell Decker

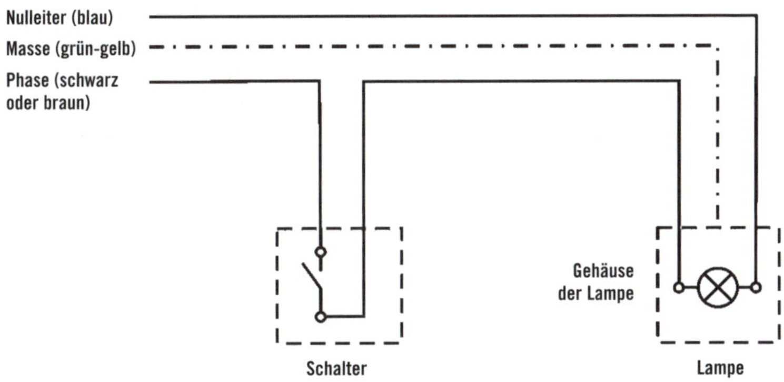

Der Schaltkreis für eine Deckenleuchte am Ende einer Leitung ist der einfachste Fall (Bild oben). Wie Sie eine Decken- oder Wandlampe an eine bestehende Leitung anschließen, sehen Sie im unteren Bild. In beiden Fällen muß der Leitungsschutzschalter auf „Aus" stehen, wenn Sie mit den Arbeiten beginnen.

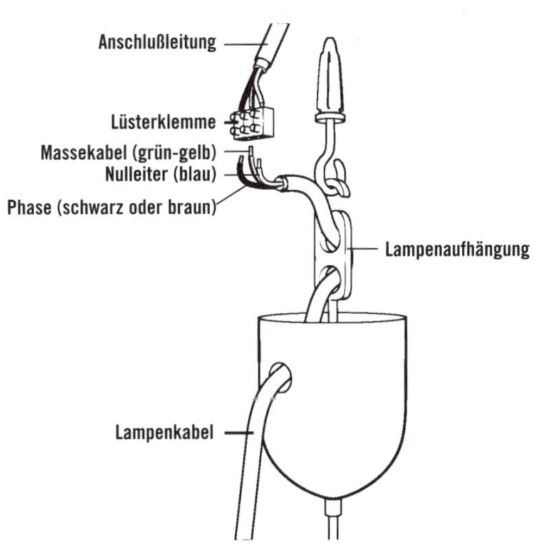

Abstimmungsbedarf

Besprechen Sie Erweiterungen Ihres Hausanschlußsystems auf jeden Fall schon in der Planungsphase mit einem Elektromeister. Zum einen kann er Sie beraten. Wichtiger ist jedoch die Abstimmung, welche Arbeiten Sie selbst durchführen können und welche Sie einem Fachmann überlassen sollten. Denn nach den Installationsmaßnahmen muß die gesamte Anlage von einem Elektrikermeister geprüft und abgenommen werden. Falls Sie diese Prüfung nicht vornehmen lassen, kann im Brandfall Ihre Feuerversicherung die Schadensregulierung ablehnen – und Sie stehen möglicherweise vor dem Ruin.

Ihr Hausanschlußsystem erweitern

Um zu ermitteln, wo ein alter Stromkreislauf verläuft und wieviel Strom darin fließt, ist es wohl am einfachsten, alle Leitungsschutzschalter auszuschalten oder alle Schmelzsicherungen mit Ausnahme der Schutzvorrichtung für den gesuchten Stromkreis herauszuschrauben. Dann ist es leicht, mit einer Lampe im Haus herumzugehen und sie an jeder Steckdose einzustecken und jeden Schalter zu betätigen. So können Sie herausfinden, wo ein Stromkreis verläuft und was er versorgt.

Bei der Installation von zusätzlichen Wandsteckdosen, Schaltern und Leuchten ist normalerweise zu entscheiden, an welchen Stellen Sie sie haben möchten, und dann herauszufinden, an welchem Stromkreislauf sie angeschlossen werden müssen.

Schließlich ist zu klären, wie die Leitung für den zusätzlichen Anschluß verlegt werden soll und dabei die Beeinträchtigung für die bestehende Wandkonstruktion möglichst gering gehalten werden kann. Bei Steinhäusern heißt dies meist auf der Wand verlegen oder Schlitze fräsen und Anschlußdosen setzen. Bei der Ständerbauweise ist es manchmal einfacher. Jeder Hohlraum und jedes Installationsrohr in der Wand erleichtern die Sache. Bei einer gewissen Länge des neuen Verlaufs werden Sie die Leitung häufig von einer Stelle zur nächsten „angeln" müssen. Dazu braucht man einen Kabelziehstrumpf und einen Helfer. Eine Person schiebt das Drahtseil durch den Hohlraum, durch den die Leitung führen soll, und eine zweite Person achtet am anderen Ende darauf, ob es erscheint. Sobald es zu sehen ist, kann es aus der Öffnung gezogen werden. Die neue Leitung kann dann daran befestigt und der Kabelziehstrumpf samt Leitung zurückgezogen werden. Obwohl es einfach klingt, ist es manchmal ein frustrierendes Geduldsspiel. Die Steckdose oder der Schalter werden dann mit Hilfe einer Hohlraumdose installiert.

Handwerkertrick

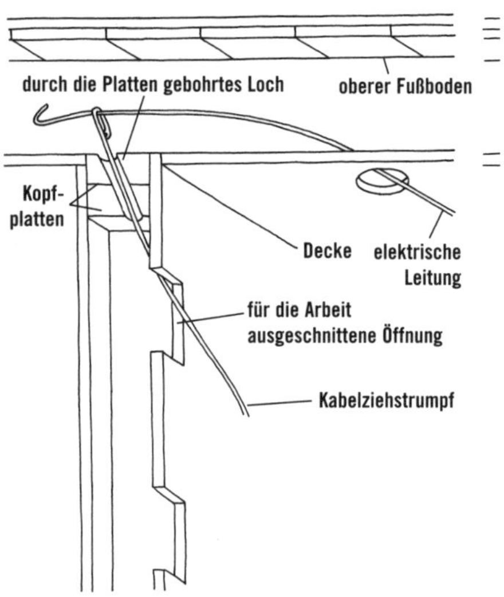

Wenn Ihr Haus in Ständerbauweise errichtet ist, hilft Ihnen dieser Trick sicher weiter: Verwenden Sie einen Kabelziehstrumpf, um eine elektrische Leitung zu erfassen (oben) und an die richtige Stelle zu ziehen (unten). So können Sie auch Leitungen oder einzelne Adern in bestehende Installationsrohre einfädeln.

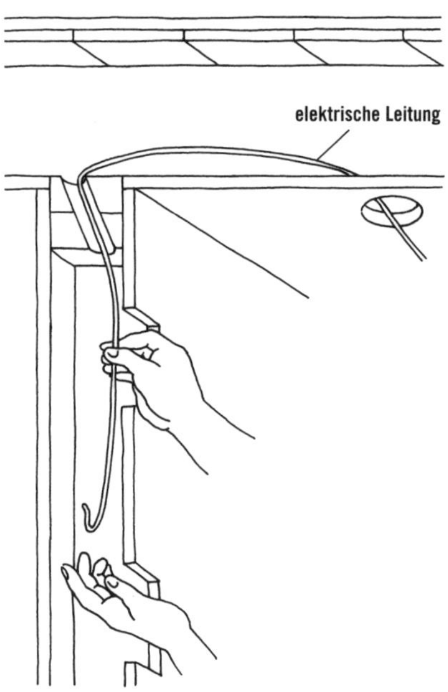

Schalter ersetzen

Um einen fehlerhaften Schalter zu ersetzen, gehen Sie folgendermaßen vor:

1. Schalten Sie den Leitungsschutzschalter aus, der den Stromkreis des Schalters absichert.
2. Entfernen Sie die Abdeckhaube mit einem Schraubendreher. Dann werden zwei Schrauben sichtbar, die den Schalter mittels Befestigungskrallen in der Dose halten.

Neun Sicherheitstips für Arbeiten mit Strom

Hier sind einige Tips zu Ihrer Sicherheit und zur Arbeitserleichterung:

- Bevor Sie an irgendetwas Elektrischem arbeiten, schalten Sie den Strom ab: entweder über den Leitungsschutzschalter oder die Schmelzsicherung für den entsprechenden Bereich Ihres Hauses oder über die Hauptsicherung. Prüfen Sie mit einem Phasen- oder Spannungsprüfer an einer der Steckdosen im Kreislauf, ob wirklich kein Strom fließt.
- Befestigen Sie keine Leitungen im Sicherungskasten, bevor Sie den Stromkreislauf getrennt haben.
- Verkabeln Sie Gebäude nur, wenn Sie auf einer trockenen Oberfläche stehen.
- Prüfen Sie vor Installationsbeginn alle regionalen Vorschriften.
- Fertigen Sie einen Schaltplan an, bevor Sie irgendwelche Leitungen trennen. Das hilft Ihnen, die Leitungen hinterher wieder korrekt zusammenzufügen.
- Überzeugen Sie sich, daß alle Geräte und Installationen richtig geerdet sind.
- Nutzen Sie Zangen und anderes Elektrikerwerkzeug mit isolierten Griffen.
- Kaufen Sie Sicherheitsstecker mit FI-Schalter für Steckdosen, die Sie für Elektrowerkzeuge und andere Elektrogeräte nutzen. Schließen Sie Ihre Arbeitsgeräte an diesen Steckdosen an, um sich selbst vor Stromschlägen zu schützen.
- Ersetzen Sie eine Schmelzsicherung niemals durch eine Schmelzsicherung mit einer anderen Amperezahl.

Kein Licht?

Wenn Sie einen Lichtschalter bedienen und nichts passiert, könnte einer der folgenden Punkte zutreffen:

- Der Leitungsschutzschalter könnte für diesen Teil des Hauses ausgeschaltet sein. Prüfen Sie, ob andere elektrische Geräte in diesem Raum funktionieren.
- Wenn lediglich das Licht, das Sie angeknipst haben, nicht funktioniert, ist vielleicht die Glühlampe durchgebrannt. Wechseln Sie sie aus.
- Der Schalter könnte defekt sein. Wenn die Lampe nach dem Wechsel der Glühlampe immer noch nicht brennt, testen Sie den Schalter mit einem Spannungsprüfer. Entfernen Sie die Abdeckung mit einem Schraubendreher. Berühren Sie mit der Spitze Ihres Spannungsprüfers die Klemmschrauben des Schalters, während das Licht eingeschaltet ist. Seien Sie vorsichtig, damit die Spitze keine anderen Metallteile berührt. Wenn der Spannungsprüfer aufleuchtet, muß der Schalter ersetzt werden.

3. Drehen Sie diese Schrauben so weit heraus, daß sich der Schaltereinschatz aus der Wand ziehen läßt. Nun sehen Sie drei Drähte, die zum Schalter führen. Sie sind entweder an Schrauben an den Seiten des Schalters befestigt oder von hinten in den Schalter eingeführt.
4. Lockern Sie die Schrauben zum Herauslösen der Drähte oder ziehen Sie sie vorsichtig an der Rückseite des Schalters heraus. Nun ist der Schalter abgetrennt. Notieren oder markieren Sie, wo die Drähte angeschlossen waren, da Sie den Vorgang in entgegengesetzter Richtung wiederholen müssen, wenn Sie den neuen Schalter montieren.
5. Nehmen Sie den Schalter mit zu einem Baumarkt oder Elektrofachhändler, um ihn durch einen baugleichen zu ersetzen.
6. Schließen Sie den neuen Schalter an die Drähte in der Wand an, schrauben Sie ihn in der Dose fest und setzen Sie die Abdeckung wieder darüber. Nun können Sie den Strom am Leitungsschutzschalter wieder einschalten.

Wechselschalter: Wenn Sie es mit einem Wechselschalter zu tun haben, gilt dasselbe Prinzip, nämlich daß die Phase (schwarz oder braun) von der Stromquelle zum ersten Schalter verläuft. Zwei ebenfalls schwarze oder braune korrespondierende Adern verbinden die beiden Schalter miteinander. Die Phase führt dann vom zweiten Schalter zum Anschluß der Leuchte. Ein Nulleiter (blau) verläuft von der Stromquelle zum Leuchtenanschluß und schließt den Stromkreis. Denken Sie daran, einen Schaltplan anzufertigen, bevor Sie die Drähte vom defekten Schalter lösen. Schließen Sie den neuen Wechselschalter nach demselben Verdrahtungsmuster an, das Sie am alten Schalter vorgefunden haben.

Einen Dimmer einbauen: Ein Dimmer ermöglicht die stufenlose Steuerung der Beleuchtungsstärke, die eine Lampe ausstrahlt, spart Energie und erhöht die Lebensdauer Ihrer Glühlampen. Aber nicht alle Lampen können mit einem beliebigen Dimmer kombiniert werden. Informieren Sie sich vor dem Kauf von Leuchtstoffröhren und Energiesparlampen darüber.

Ein Dimmer für eine Glühlampe wird wie jeder andere Lichtschalter installiert (siehe oben). Wenn es sich um einen Wechselschalter handelt, ist es am besten, nur einen Dimmer einzusetzen und den anderen als einfachen Schalter zu belassen. Stellen Sie sicher, daß Sie die schwarze oder braune Ader aus der Dose an den schwarzen Draht anschließen. Dann schließen Sie die beiden korrespondierenden Adern des Schalters an die in der Dose an – beide können entweder schwarz oder braun sein. Selbstleuchtende Dimmer werden genauso angeschlossen, mit einer Ausnahme. Sie müssen ein spezielles Vorschaltgerät installieren, das Sie im Elektrofachhandel erwerben können.

– verändert aus *The Woman's Hands-On Home Repair Guide* von Lyn Herrick

Auf Stromfluß testen

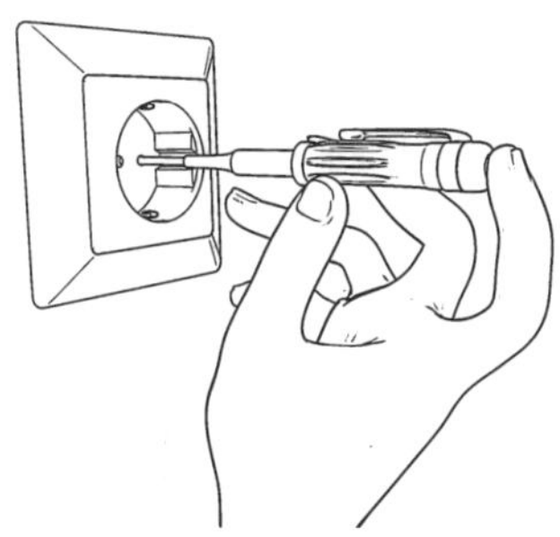

Bei einem einpoligen Phasenprüfer leuchtet die gelbe Leuchte im Griff, wenn Spannungsstrom am zu prüfenden Bauteil anliegt (oben). Wenn Sie ihn allerdings in einem Stromkreis verwenden, der mit einem FI-Schalter abgesichert ist, kann es passieren, daß dieser herausspringt.
Ein digitaler zweipoliger Spannungsprüfer kann manchmal noch viel mehr, als den Stromfluß zu prüfen. Es gibt ihn als Spannungsprüfer für Gleich- und Wechselstrom, kombiniert mit Phasen- und Drehrichtungsanzeiger und Durchgangsprüfer. Manche Geräte warnen sogar mittels Vibrationsalarm vor hohen Spannungen (unten).

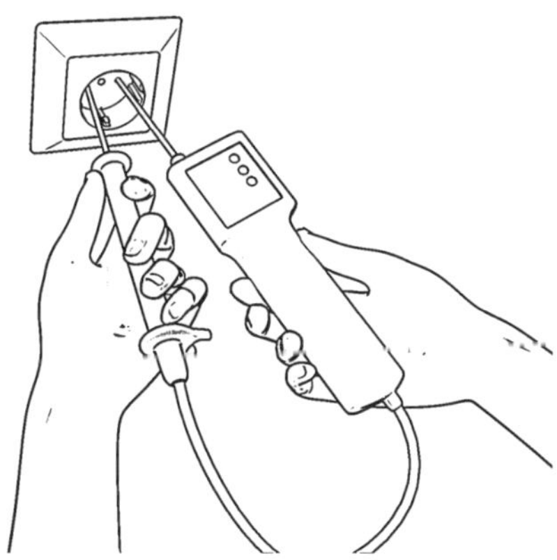

Anschluß einer Schutzkontaktsteckdose

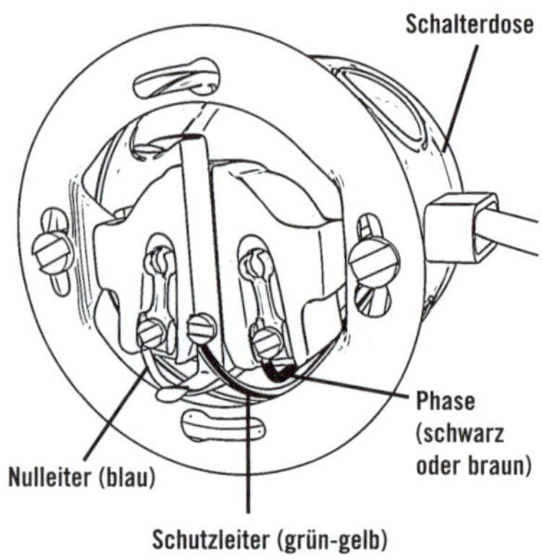

Achten Sie beim Anschluß einer Schutzkontaktsteckdose – kurz Schukosteckdose genannt – darauf, daß die Drähte beim Einschieben in die Dose nicht gequetscht werden. Zweipolige Steckdosen ohne Schutzleiter sind heute nicht mehr erlaubt.

Anschluß eines Schutzkontaktsteckers

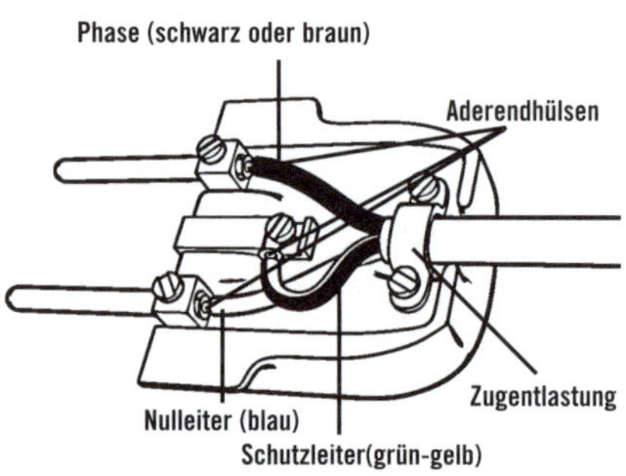

Führen Sie die Leitung zuerst durch die Zugentlastung und verschrauben Sie diese, bevor Sie die einzelnen Drähte anschließen.

Steckdosen ersetzen

Die Schritte sind ähnlich wie beim Austausch eines Schalters. Man testet eine Steckdose am besten, indem man ein Elektrogerät anschließt und schaut, ob es funktioniert. Wenn das nicht der Fall ist, folgen Sie diesen Schritten:

1. Schalten Sie im Sicherungskasten den Strom für die Steckdose ab. Kontrollieren Sie die Steckdose mit einem Spannungsprüfer, um sicherzugehen, daß keine Spannung mehr anliegt.
2. Entfernen Sie die Abdeckung mit einem Schraubendreher. Lösen Sie dann die zwei Schrauben am Steckdoseneinsatz, um ihn aus der Dose zu ziehen. Achten Sie darauf, wie die Drähte angeschlossen sind. Sie sind möglicherweise durch zwei Schrauben an den Seiten des Steckdoseneinsatzes verbunden oder an der Rückseite befestigt.
3. Lösen Sie zum Entfernen der Drähte die Schrauben, oder drücken Sie die Auslösevorrichtung zurück, um die Drähte freizubekommen.
4. Nehmen Sie die Steckdose mit zu einem Baumarkt oder Elektrofachhändler, um sie durch eine baugleiche neue zu ersetzen.
5. Bauen Sie den neuen Steckdoseneinsatz ein, indem Sie die obengenannten Schritte in umgekehrter Folge ausführen. Setzen Sie die Abdeckung wieder darüber und schalten Sie den Strom an. Prüfen Sie die Vorrichtung noch einmal.

Stecker ersetzen

Wenn ein Stecker defekt ist, hängt Ihr weiteres Vorgehen von dessen Bauart ab:

Eurostecker: Bei den flachen Eurosteckern werden die abisolierten Drähte des Kabels meist nur in Aderendhülsen eingeschoben, die Drähte angeschraubt und der Stecker zugeklickt. Eurostecker dürfen jedoch nur von einer Elektrofachkraft ersetzt werden. Meist sind diese Stecker aber im Spritzgußverfahren hergestellt und lassen sich nicht öffnen, so daß der alte Stecker abgeschnitten werden muß.

Schukostecker: Ziehen Sie den Gerätestecker und schneiden Sie ihn ab. Nehmen Sie den Stecker mit zu einem Elektrofachhändler, um ihn zu ersetzen.

1. Schukostecker verfügen über eine Zugentlastung. Führen Sie das Kabel entsprechend in den Stecker ein.
2. Trennen Sie die beiden Adern und entfernen Sie die Isolierung.
3. Schieben Sie die abisolierten Drähte in Aderendhülsen und verpressen Sie diese mit einer Zange.
4. Öffnen Sie die Schrauben und schieben Sie die Adern weit genug darunter. Befestigen Sie anschließend den grün-gelben Schutzleiter.
5. Schrauben Sie die Zugentlastung fest, bevor Sie den Stecker schließen.

Lampenaufhängungen reparieren

Lampenaufhängungen können Sie ebenfalls selbst reparieren. Folgen Sie diesen Schritten:

1. Schalten Sie bei eingeschalteter Lampe den Strom am Leitungsschutzschalter aus und prüfen Sie den Stromkreislauf in der Fassung mit einem Spannungsprüfer. Achtung: Es reicht nicht aus, lediglich den Lampenschalter zu bedienen.
2. Entfernen Sie den Lampenschirm und die Platte, mit der die Lampe an der Decke oder der Wand befestigt ist. Bauen Sie die Aufhängung auseinander. Seien Sie vorsichtig, damit Sie den Lampenschirm nicht fallen lassen, und vermerken Sie, wie die Teile zusammengehören, so daß Sie sie später wieder zusammenbauen können.
3. Sobald Sie die Elektrik freigelegt haben, sehen Sie drei (manchmal zwei) Adern, die an der Fassung angeschlossen sind. Die schwarze ist die Phase, die den Strom vom Leitungsschutzschalter zur Fassung führt. Die blaue leitet den Strom zurück zur Sicherung, von wo er außerhalb Ihres Hauses sicher in die Erde abgeführt wird. Probleme kann es dennoch geben, wenn bei einem Kurzschluß der Strom über das

Fehlerdiagnose bei Lampen

Problem	Ursache	Lösung
Licht brennt nicht	Glühlampe ist durchgebrannt	Glühlampe ersetzen
	Adern sind lose oder beschädigt	Drähte befestigen oder ersetzen
	Lichtschalter ist beschädigt	Schalter ersetzen
	Schmelzsicherung ist durchgebrannt	Drähte ersetzen oder Defekt suchen und Abzweigdose setzen; manchmal nur Glühlampe ersetzen
	Fassung ist schadhaft	Fassung ersetzen
Licht flackert	Glühlampe ist lose	Glühlampe festschrauben
	Mantel der Leitung ist geschmolzen	Leitung ersetzen
	Fassung ist schadhaft	Fassung ersetzen
	Dimmschalter ist defekt	Dimmschalter ersetzen

angrenzende Metall abfließt. Diese Teile führen dann Strom und versetzen Ihnen einen Stromschlag, wenn Sie sie berühren, denn Ihr Körper dient dann als Ableitungsweg für den Strom in die Erde. Aus Sicherheitsgründen verfügen die meisten Lampenaufhängungen über einen grün-gelben Schutzleiter, der das Gerät erdet.

4. Prüfen Sie die Aufhängung auf lose oder beschädigte Drähte zur Fassung und ziehen Sie alle Verbindungen fest. Wenn Sie eine beschädigte Ader finden, entfernen Sie sie von der Fassung und ersetzen Sie den Draht durch einen neuen von gleicher Farbe und Länge.

Leitungen reparieren

Viele Stromschläge werden durch defekte Leitungen verursacht. Kaninchen, Welpen und Mäuse nagen gern an Leitungen, wodurch die Drähte freigelegt werden und Kurzschlüsse entstehen können. Es ist wichtig, solche Beschädigungen zu beheben, denn sie können nicht nur Stromschläge verursachen, sondern stellen auch ein Brandrisiko dar.

Offene Leitungen und Verlängerungskabel: Wenn Sie ein poröses oder beschädigtes Kabel entdecken, müssen Sie auf dem Putz verlegte Leitungen ab der letzten Abzweigdose komplett neu verlegen. Verlängerungskabel sind durch neue zu ersetzen. Eine Reparatur zum Beispiel mit Lüsterklemmen und Isolierband ist in Deutschland verboten.

Unterputzleitungen: Auch in der Wand verlegte Leitungen können beschädigt werden, zum Beispiel bei Bohrarbeiten. „Leitungstreffer" machen sich meist durch einen Kurzschluß bemerkbar: Die Bohrmaschine bleibt plötzlich stehen, weil die Sicherung herausgesprungen ist. Eine unter Putz verlegte Stromverbindung können Sie mit geringem Aufwand ersetzen, wenn die Leitungen oder die einzelnen Drähte in Ihrem Haus in Isolationsrohren verlegt sind. Achten Sie darauf, daß der entsprechende Leitungsschutzschalter auf „Aus" steht. Finden Sie nun heraus, welche Abzweigdosen und Auslässe die angebohrte Leitung verbindet, und öffnen Sie die jeweils nächstgelegenen. Nun können Sie die angebohrte Leitung oder auch den angebohrten Draht abklemmen und herausziehen. Ersetzen Sie das Stück durch eine exakt gleiche Leitung beziehungsweise eine Ader gleicher Farbe in der gleichen Länge. Nach dem Einführen in das Isolationsrohr schließen Sie jeweils Leitung oder Draht an die Klemmen in den Abzweigdosen oder im Auslaß an und verschließen diese wieder.

Wenn Ihre Leitungen nicht in Isolationsrohren verlegt sind, wartet mehr Arbeit auf Sie: In diesem Fall müssen Sie an der Stelle, wo Sie die Leitung angebohrt haben, eine Abzweigdose setzen (siehe Seite 84) und die sauber abgeschnittenen und abisolierten Leitungen darin mit Dosenklemmen verbinden. Eine weitere Möglichkeit ist das Verbinden der durchtrennten Adern in speziellen Muffen.

—aus *The Woman's Hands-On Home Repair Guide* by Lyn Herrick

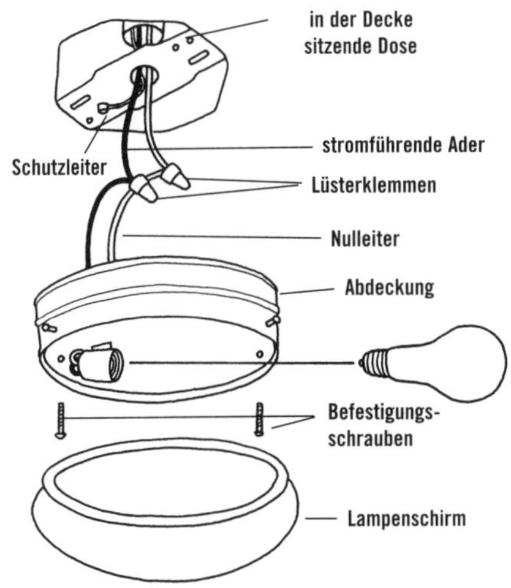

Notieren Sie die Anordnung der Teile der Glühlampenaufhängung, damit Sie sie wieder korrekt zusammensetzen können. Stellen Sie sicher, daß der Stromkreis am Leitungsschutzschalter getrennt ist.

SOLARSTROM

Photovoltaik: Gewinnen Sie Ihren eigenen Strom von der Sonne

Die Technologie des Solarstroms, auch Photovoltaik (PV) genannt, beginnt mit einem der häufigsten Elemente auf der Erde: Silizium. Siliziumkristalle sind Halbleiter. Das bedeutet, sie erzeugen, wenn sie der Sonne ausgesetzt werden, eine elektrische Spannung. Solarzellen leiten diese elektrische Ladung von einer Zelle zur nächsten. Eine Anzahl von miteinander verbundenen Zellen bildet ein Solarmodul, das wiederum mit anderen verbunden ist und so zu einem Solarpaneel wird. Mehrere Panels wiederum bilden ein Solarfeld.

Solarmodule reagieren extrem sensitiv auf Licht. Wenn ein Schatten darauf fällt, schwächt dies den Wirkungsgrad. Dies geschieht auch, wenn sie in einem nicht ganz optimalen Winkel angebracht sind. Deshalb sind Solarflächen in großen Solarparks – sogenannten Freiflächenanlagen – häufig auf motorisierten Gestellen montiert, die der Sonnenbahn folgen. Bei einem kleinen System ist die Montage der Kollektoren auf einem südexponierten Dach ohne Beschattung durch Bäume oder Gebäude und mit einem Neigungswinkel in Abhängigkeit vom Breitengrad für eine gute Leistung ausreichend.

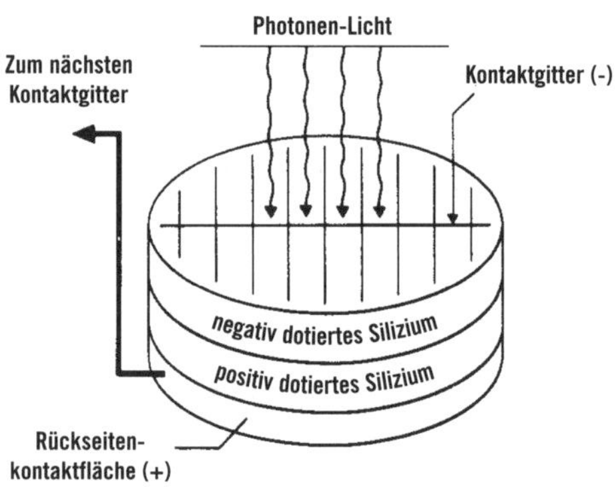

Solarzelle: Dieses Schema einer einzelnen Solarzelle zeigt die Siliziumhalbleiter zwischen dem oberen und dem unteren Leiter. Sie veranlassen einen Elektronenfluß, wenn Licht auf die Oberfläche trifft. Der Boden der Zelle ist mit einer Metallfolie ausgekleidet, um den Strom für die nächste Zelle zu sammeln.

Inselsysteme

Photovoltaikzellen produzieren Gleichstrom. Dieser kann für den späteren Gebrauch problemlos in Batterien gespeichert werden. Inselsysteme, die den erzeugten Strom in Batterien speichern, sind vom Stromnetz unabhängig und können entweder als tragbare Module für das Laden von Handys und sonstigen Kleingeräten oder als größere Systeme zur Stromgewinnung an Standorten ohne Netzanschluß eingesetzt werden. Die meisten dieser Anlagen sind dafür ausgelegt, 12-V-Batterien zu laden, und produzieren bei durchschnittlichen Bedingungen zwischen 15,5 und 17 V Gleichstrom. In Photovoltaiksystemen für die Versorgung eines Haushalts werden meistens tiefentladungssichere Blei- oder Gelakkus, ähnlich wie Autobatterien, verwendet. Wenn sie regelmäßig aufgeladen und keinen Extrembedingungen wie Hitze oder Kälte ausgesetzt werden, halten sie normalerweise drei bis fünf Jahre. Ein zwischen den Solarpanels und den Batterien installierter Laderegler kontrolliert den Stromfluß und bewahrt die Batterien vor Überlastung oder ungenügender Ladung.

Netzgekoppelte Systeme

In Deutschland werden hauptsächlich netzgekoppelte Photovoltaikanlagen – also mit Anschluß an das Stromnetz – eingesetzt, zumal über das Erneuerbare-Energien-Gesetz (EEG) die Einspeisung von überschüssigem Strom in das Stromnetz gefördert wird. Wenn die eigene Anlage den Strombedarf nicht deckt, wird zusätzlicher Strom aus dem Netz entnommen.

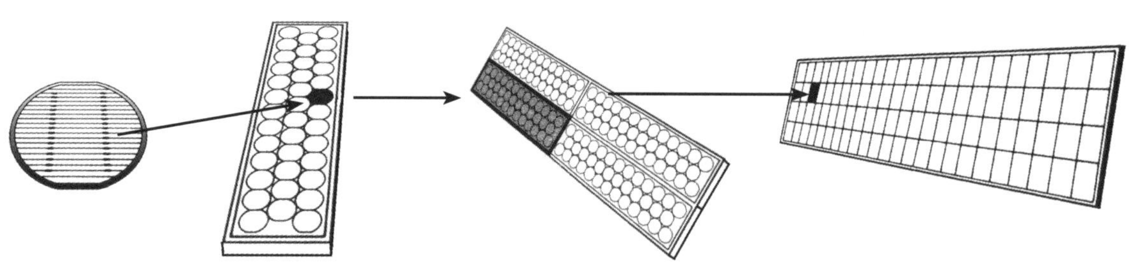

Die Graphik zeigt, wie Photovoltaikzellen zu einem Modul, einem Panel und einem Solarfeld integriert sind.

Die Energie nutzen

Obwohl Gleichstrom die ergiebigere Form elektrischer Energie ist, werden die Haushalte mit Wechselstrom versorgt. Daher kann Strom nur als Wechselstrom in das Stromnetz eingespeist werden. Fast alles, was wir an strombetriebenen Dingen kaufen, funktioniert mit Wechselstrom. Daher muß der Gleichstrom (DC) aus den Batterien mittels DC/AC-Wandler in Wechselstrom (AC) umgewandelt werden. Diese Wechselrichter sind nicht nur dafür konzipiert, einen gleichmäßigen Bedarf auf niedriger Stufe aufrechtzuerhalten, sondern auch um rasch auf überhöhte Ladung zu reagieren, wenn etwa ein großer Wechselstrommotor gestartet wird oder verschiedene Geräte gleichzeitig in Betrieb genommen werden. Bestimmte Wechselrichter können Interferenzen mit elektrischen Geräten wie Computern, Fernsehgeräten und Telefonen verursachen. Sinuswandler erzeugen Wechselstrom in für diese Geräte verträglicher Weise, sind aber meist teurer.

Photovoltaikanlagen

Einer der zugkräftigsten Gründe für das Anbringen einer Photovoltaikanlage auf Ihrem Dach ist die Möglichkeit, weitere Solarmodule und Batterien bequem hinzufügen zu können. Ein System kann eine spezifische Verwendung haben, etwa eine Brunnenpumpe anzutreiben, oder, abhängig von Ihrem Bedarf und Ihrem Budget, das ganze Haus mit Strom versorgen. Photovoltaikanlagen sind auch für abgelegene Standorte interessant. Wo ein Netzstromanschluß nicht möglich, unerwünscht oder zu aufwendig ist, können sie eine vorzügliche Alternative sein. Für kleinere Anlagen bieten sich ebenfalls lohnenswerte Einsatzmöglichkeiten.

Bei der Entscheidung für eine größere Anlage mit Netzstromanschluß sind insbesondere die staatlichen Fördermöglichkeiten zu prüfen, die Investitionshilfen und garantierte Abnahmepreise für den Solarstrom umfassen. Hier und auf der nächsten Seite sind zwei mögliche Anlagen zur Abwägung dargestellt.

Batteriepflege und -wartung

1. Tragen Sie immer eine Schutzbrille, Gummihandschuhe und alte Kleidung, wenn Sie an Batterien arbeiten.
2. Prüfen Sie den Wasserstand regelmäßig und füllen Sie nur destilliertes Wasser nach.
3. Reinigen Sie die Batteriedeckel und die Anschlüsse.
4. Überwachen Sie die Batterien mit einem Spannungsmesser genau, um eine Tiefentladung zu vermeiden.
5. Schützen Sie die Batterien vor Frost.
6. Halten Sie die Batterien stets geladen, auch wenn Sie sie längere Zeit nicht verwenden.

Welche Solaranlage ist die richtige für Sie?

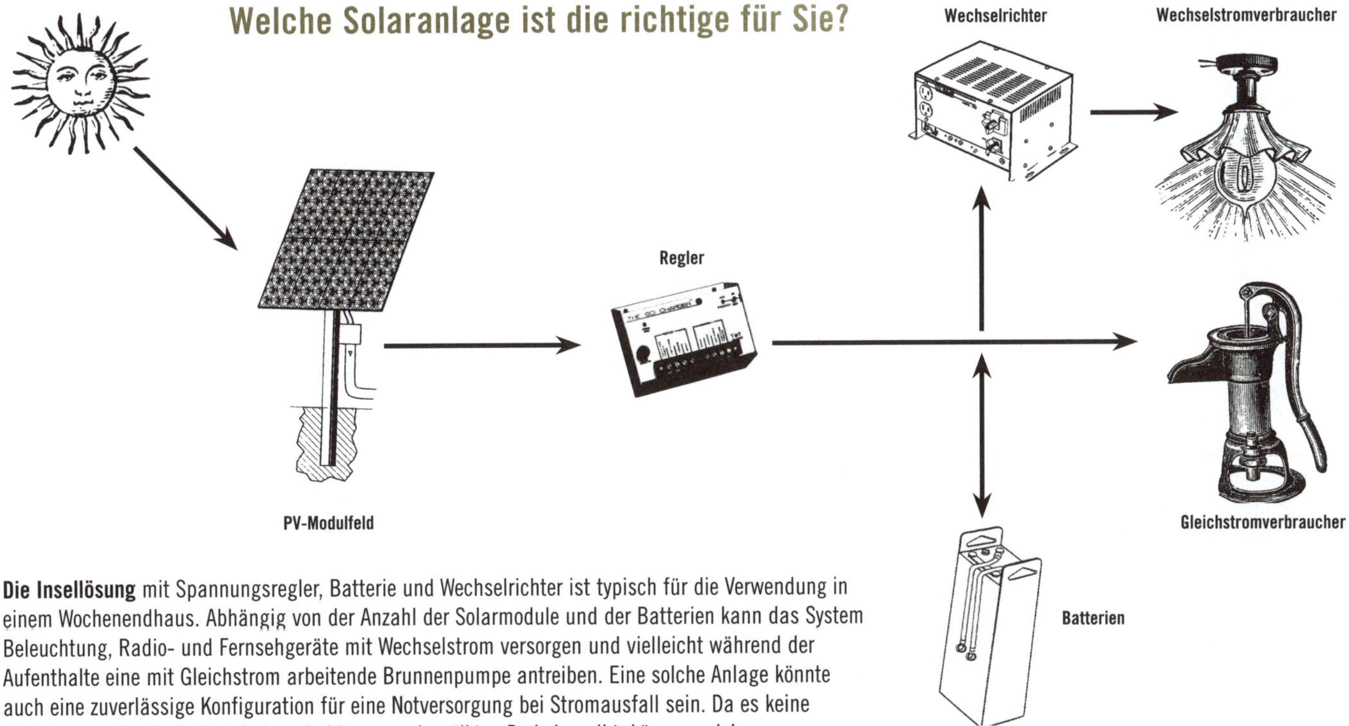

Die Insellösung mit Spannungsregler, Batterie und Wechselrichter ist typisch für die Verwendung in einem Wochenendhaus. Abhängig von der Anzahl der Solarmodule und der Batterien kann das System Beleuchtung, Radio- und Fernsehgeräte mit Wechselstrom versorgen und vielleicht während der Aufenthalte eine mit Gleichstrom arbeitende Brunnenpumpe antreiben. Eine solche Anlage könnte auch eine zuverlässige Konfiguration für eine Notversorgung bei Stromausfall sein. Da es keine Absicherung für die Batterieladung bei längeren bewölkten Perioden gibt, können solche Insellösungen nicht zuverlässig als normale Primärquelle für elektrische Energie dienen.

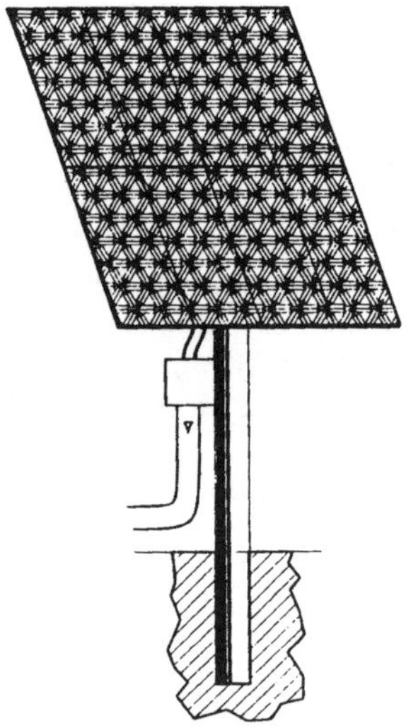
Automatische Nachführung

Die beste Leistung aus PV-Modulen erzielen

PV-Module sind teuer. Deshalb ist es wichtig, sie so zu montieren, daß sie die maximale elektrische Leistung erbringen. Wenn sie im rechten Winkel (90°) zum Stand der Mittagssonne ausgerichtet sind, können sie das verfügbare Licht am effizientesten aufnehmen. Dieser Winkel sollte jahreszeitlich entsprechend dem Stand der Sommer- und der Wintersonne nachjustiert werden. Bei Freiflächenanlagen mit acht und mehr Modulen richten Montagegestelle mit einer automatischen Nachführung, wie oben dargestellt, das Solarfeld nach dem Sonnenstand am Himmel aus. Dieses Nachführsystem ist am rentabelsten, wenn das PV-Feld für mindestens sieben Stunden täglich ungehindert der Sonne ausgesetzt ist. Nachführsysteme erhöhen die Energieausbeute der Anlage im Sommer um 35 bis 50 Prozent und im Winter um 10 bis 15 Prozent.

Und welche Module?

Die Entwicklung im Bereich Solarenergie verläuft rasant; inzwischen sind Solarmodule in verschiedenen Bauweisen auf dem Markt. Sie unterscheiden sich vor allem in den Wirkungsgraden und in der Preislage. Die wichtigsten Varianten sind:
Monokristalline Module: Diese Bauform erfordert große Mengen an hochreinem Silizium; die Herstellung ist aufwendig. Das gewährleistet höchste Wirkungsgrade und eine Lebenserwartung von etwa 30 Jahren, schlägt sich aber auch in hohen Anschaffungskosten nieder. Daher sind diese Module besonders gut für die Installation auf Dächern geeignet, auf denen nur eine geringe Fläche verfügbar ist.
Polykristalline Module: Polykristallin steht für die Verwendung von weniger reinem Silizium in der Herstellung, weshalb vor allem die Wirkungsgrade und damit die Leistung geringer sind. Sie sind daher eher für große (Dach-)Areale geeignet, weil sie dann über die Fläche einen hohen Ertrag erbringen. Auch diese Module können etwa 30 Jahre verwendet werden und sind deutlich günstiger im Anschaffungspreis.
Dünnschichtmodule: Dünnschichtmodule sind in verschiedenen Varianten auf dem Markt. Gemeinsam ist ihnen die nur wenige Mikrometer dünne Halbleiterschicht. Dadurch wird erheblich weniger hochreines Silizium benötigt, was diese Module wirtschaftlich interessant macht. Erfolgversprechend sind auch Module, die anstatt mit einer Silizium- mit einer Kupfer-Indium-Selen(CIS)- oder einer Cadmium-Tellurid (CdTe)-Schicht ausgestattet sind. Die Wirkungsgrade liegen heute noch deutlich unter denen der obengenannten Bauweisen; die Module eignen sich aber besser für diffuse Lichtverhältnisse. Zudem sind Dünnschichtmodule deutlich leichter, was bauphysikalische Vorteile hat. Sie eignen sich besonders für große flache Dächer.

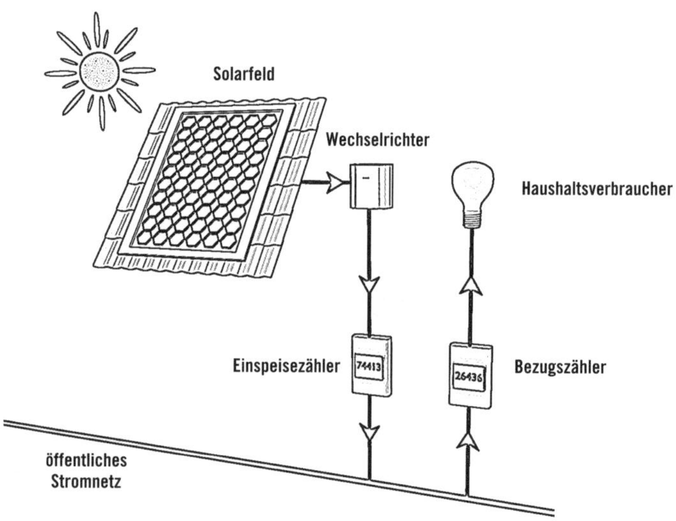

Netzgekoppelte Photovoltaikanlagen sind in ihrem gesamten Aufbau darauf ausgelegt, möglichst viel Strom zu erzeugen und in das öffentliche Netz einzuspeisen. Deshalb werden diese Anlagen nicht unbedingt nach dem Bedarf des Betreibers geplant, sondern nach der vorhandenen (Dach-)Fläche und aus wirtschaftlichen Erwägungen heraus dimensioniert, wobei die staatlichen Fördermöglichkeiten die Entscheidung stark beeinflussen können.
Die wichtigste Komponente ist auch hier neben den PV-Modulen der Wechselrichter, der den Gleichstrom der Module in Wechselstrom umwandelt, so daß er in das öffentliche Stromnetz eingespeist werden kann. Der Einspeisezähler ermittelt die eingeführte Strommenge. Für die Verbraucher im Haushalt des Betreibers wird wiederum Strom aus dem öffentlichen Netz entnommen. Die Menge wird über einen üblichen Bedarfszähler ermittelt. Dieses System hat den großen Vorteil, daß jederzeit die im Haushalt benötigte Menge an üblichem 220-V-Wechselstrom zur Verfügung steht. Das öffentliche Netz dient somit als „Speicher" für Nachtstrom und trübe Witterungsperioden. Das Laden von eigenen Batterien ist daher nicht nötig.

Bestimmung Ihres Strombedarfs

Bei photovoltaischen Insellösungen ist die vernünftige Nutzung der Elektrizität der Schlüssel zum Erfolg. Der Durchschnittshaushalt vergeudet Strom. Ihre Stromrechnung zeigt Ihnen, wieviel Kilowattstunden (kWh) Sie monatlich verbrauchen. Sobald Sie beginnen, die Realisierbarkeit einer eigenen Stromversorgung zu überdenken, wird ihnen schmerzlich bewußt werden, wie teuer es wird, wenn Sie den gesamten Strom, den Sie verbrauchen, selbst erzeugen möchten. Um die Kosten für die Photovoltaikanlage zu senken, müssen Sie Wege finden, wie Sie Ihren Verbrauch an elektrischer Energie einschränken können, ohne die lebensnotwendigen Bedürfnisse (und ein bißchen Luxus) aufzugeben. Die folgende Tabelle zeigt Ihnen einige Alternativen für die Anwendungen in Ihrem Haus, die am meisten Strom fressen.

Zur Bemessung der Anlage sind viele Bücher und Kataloge mit technischen Informationen erhältlich. Wenn es in Ihrer Region einen Anbieter gibt, der auf Photovoltaik spezialisiert ist, bitten Sie ihn um eine Begutachtung. Er kann Ihnen helfen, zu entscheiden, ob eine Solarstromversorgung für Ihr Haus realisierbar ist.

Energiesparende Alternativen

Die Umstellung auf eine netzunabhängige Stromversorgung erfordert, Energie zu sparen, wo immer es geht. Viele Geräte, die mit Wechselstrom betrieben werden, sind nicht auf Effizienz, sondern auf Komfort und Leistung ausgelegt. Um Batteriestrom zu sparen, sollten Sie einige oder alle Energiefresser, die unten aufgeführt sind, durch energiesparende Alternativen ersetzen.

Momentaner Verbraucher	Energiesparender Ersatz
Elektrische Sockelheizung	Solararchitektur, neuer Gas- oder Ölbrennofen
Raumheizung	Holzofen
Großer, unwirtschaftlicher Kühlschrank	Propangaskühlschrank oder energiesparendes Modell
Elektroherd	Propan- oder Erdgasherd
Elektrischer Warmwasserbereiter	Solarthermie, Gaswarmwasserbereiter
Elektrischer Wäschetrockner	Wäsche draußen aufhängen
Geschirrspüler	Handspülen oder energiesparendes Modell
Klimaanlage	Gleichstromventilator oder energiesparendes Modell
Geräte mit Stand-by-Schaltung	Geräte mit Netztrennung oder Mehrfachsteckdose mit Netztrennung vorschalten
Halogenbeleuchtung oder Glühlampen mit hohem Energiebedarf	Hausbeleuchtung mit Gleichstrom oder Beleuchtung mit Energiesparlampen
Wasserpumpe	Auswahl an Gleichstrompumpen

– beigetragen von Jim Sherratt, Eigentümer, Sun Energy, verändert von Anita Heidenfelder

Wind und Sonne kombinieren

Sowohl Photovoltaik- als auch Windenergieanlagen speichern überschüssige Energie in einer Reihe von Batterien oder nutzen das öffentliche Stromnetz als Backup-System, wenn der Wind flau und der Himmel trübe ist. Für diejenigen, die wahre Energieunabhängigkeit suchen, könnte die beste Lösung ein Hybridsystem sein, das sowohl den Wind als auch die Sonne zur Stromgewinnung nutzt. In vielen Regionen strahlt die Sommersonne hell, während die Windgeschwindigkeiten gering sind. Der Winter bringt mehr Wind, aber weniger Licht. Eine Kombination aus Wind- und Solarenergieanlagen erzeugt Energie unter den verschiedensten Bedingungen.

WINDENERGIE

Kann Wind für Sie arbeiten?

Um eine Windenergieanlage antreiben zu können, muß der Wind in Ihrer Region eine mittlere Jahresgeschwindigkeit von 4 bis 5 m pro Sekunde oder mehr haben. Windenergiekarten zeigen Ihnen, ob die Windgeschwindigkeit in Ihrer Region grundsätzlich ausreicht. Die tatsächliche Windreserve kann jedoch innerhalb Ihres Grundstücks schwanken. Beobachten Sie deshalb den Wind und wählen Sie den Standort mit Bedacht.
Verschiedene Nutzungen erfordern verschiedene Anlagenarten. Wasser aus einem Tiefbrunnen zu pumpen erfordert beispielsweise ein sehr hohes Anfahrdrehmoment am Rotor, um die schwere Last zu heben. Eine massive, mehrflügelige Windmühle ist dafür ausgelegt. Eine Windenergieanlage, die zur Stromversorgung gedacht ist, erfordert ein schnelldrehendes dreiblättriges Windrad.
Zusätzlich zu den Anschaffungskosten, zur Installation und zur Wartung sollten Sie bedenken, daß Gesetze und Verordnungen möglicherweise Ihre Bauwünsche begrenzen. Informieren Sie sich in der Planungsphase beim zuständigen Bauamt.
Selbstverständlich sollten Sie mit Ihrem Versicherer darüber sprechen, was Sie für eine Haftpflichtdeckung brauchen, wenn Sie eine Windenergieanlage aufstellen und betreiben.

In den 1920er und 1930er Jahren überzogen Tausende von Windmühlen die Landschaft des Mittleren Westens in den USA, um Wohngebäude und Farmen mit der einzig verfügbaren Energie für Beleuchtung und Motoren zu versorgen. In Deutschland war dies die Zeit, in der die ersten Großkraftwerke und Verbundsysteme zur landesweiten Stromversorgung gebaut wurden. Der Siegeszug der modernen Windenergietechnik begann hierzulande um 1975 als Folge der Ölkrise.
Windenergieanlagen verbrauchen keine fossilen Energieträger und verschmutzen die Umwelt nicht. Obwohl sie einen bedeutenden Investitionsaufwand erfordern, können sich gut geplante Windenergieanlagen an optimalen Standorten positiv absetzen gegen konventionelle Stromquellen, wenn die Rückzahlung über die Laufzeit der Anlage getilgt ist. Letztendlich hängt ihre Rentabilität von der Windverfügbarkeit, den Fördermöglichkeiten sowie von der Anlage selbst und der Art ihrer Verwendung ab.

Die Windkraftanlage

Heutige Windenergieanlagen bestehen aus einem dreiblättrigen Rotor (oder Windrad), einem an einem Rahmen befestigten Generator und in den meisten Fällen einer Windrichtungsnachführung zur Ausrichtung des Rotors. Der Rotordurchmesser bestimmt, welche Fläche der Rotor durchläuft und wieviel Wind der Rotor auffängt. Die meisten Windräder sind mit einem automatischen System zur Geschwindigkeitssteuerung ausgestattet, um den Rotor bei Sturm vor überhöhten Geschwindigkeiten zu bewahren.
Windenergieanlagen werden auf Türmen errichtet, denn im allgemeinen nimmt die Windgeschwindigkeit und damit der Ertrag der Anlage mit steigender Höhe zu. Die Türme überwinden die Turbulenzen, die nahe der Geländeoberfläche herrschen können, und werden entweder freistehend errichtet oder mit Stahlseilen abgespannt. Abgespannte Türme sind preisgünstiger, brauchen aber viel Fläche, da die Entfernung zwischen den Befestigungspunkten der Abspannungen am Boden und dem Turm mindestens Dreiviertel der Turmhöhe betragen muß. Windräder benötigen eine regelmäßige Wartung, die in den meisten Fällen oben am Turm durchzuführen ist, was bedeutet, entweder selbst in eine Höhe von 8 bis 10 m zu klettern oder jemanden zu überreden, dies zu tun.
Wie Photovoltaikanlagen produzieren auch Windkraftanlagen Gleichstrom. Wenn Sie ein normales Wechselstromgerät wie zum Beispiel einen Kühlschrank betreiben möchten, brauchen Sie einen Wind-Wechselrichter, um den Strom zu transformieren.
Obwohl viele, die nicht an das Stromnetz angeschlossen sind, ungern fossile Treibstoffe verwenden, kann die Ergänzung durch Erdgas-, Diesel- oder Propangasgeneratoren reine Windkraft- und Solaranlagen sowie Hybridsysteme aufwerten. Batteriereihen sind normalerweise so ausgelegt, daß sie ein bis drei Tage Stromverbrauch ohne umfangreiche Wiederaufladung durchhalten. Ein Generator, der in Aktion tritt, wenn Sie im Dunkeln sitzen und/oder wenn Windstille herrscht, kann das Wiederaufladen der schwachen Batterien übernehmen oder die verminderte Kapazität des Windgenerators ausgleichen beziehungsweise die benötigte Anzahl von Photovoltaikmodulen und Batterien reduzieren. Abhängig von Ihrem Standort und Ihrer Anlage kann ein mit fossilen Treibstoffen betriebener Generator eine Energielücke überbrücken, die bei der Nutzung von erneuerbaren Energien nur mit recht hohen Kosten zu schließen wäre.

GENERATOREN FÜR FOSSILE TREIBSTOFFE

Einen Generator auswählen

Aufgrund ihres Geräuschpegels und ihrer Auspuffgase sollten Generatoren draußen in einem Schuppen aufgestellt und die Abgase ins Freie geleitet werden. Es gibt Generatoren, die den Batteriestrom überwachen und sich je nach Bedarf automatisch an- und abschalten. Andere Merkmale, die es abzuwägen gilt, sind die Lebensdauer, die Zuverlässigkeit, die Nennleistung (solche mit 4 bis 6 kW Leistung sind für die meisten Anwendungen ohne Netzstromanschluß geeignet) und der Lärm. Ein robuster, wirklich gut montierter Generator, der seine Aufgabe (relativ) ruhig mit minimalen Eingriffen Ihrerseits erledigt, wird Ihnen über Jahre Komfort bieten und Freude bereiten.

Benzingeneratoren: Obwohl Benzingeneratoren die gebräuchlichsten Generatoren sind, haben sie einige Nachteile: Benzin ist schwierig zu transportieren und zu verwenden, und die Benzinmotoren sind in der Regel wartungsintensiver als die folgenden.

Dieselgeneratoren: Dieselmotoren sind sparsamer im Verbrauch und für Langlebigkeit und niedrige Wartungskosten bekannt. Andererseits sind sie sehr schwer und stoßen möglicherweise unangenehme Schadstoffe aus. Dieselkraftstoff ist nur unwesentlich besser zu transportieren und zu handhaben als Benzin und in manchen Gegenden schwerer zu bekommen. Es gibt auch Dieselgeneratoren, die für die Nutzung von Biodiesel oder reinem Pflanzenöl zugelassen sind.

Gasgeneratoren: Propan kann der geeignetste Kraftstoff für Generatoren sein, wenn kein Netzstromanschluß verfügbar ist, besonders dann, wenn ohnehin mit Propangas geheizt, gekocht und gekühlt wird. Die meisten Benzingeneratoren können für die Nutzung mit Propan umgebaut werden; dies kann zwar etwas Leistung kosten, dafür arbeiten gasbetriebene Generatoren sauberer und halten wesentlich länger als benzinbetriebene. Erdgas ist eine weitere sehr gute Alternative.

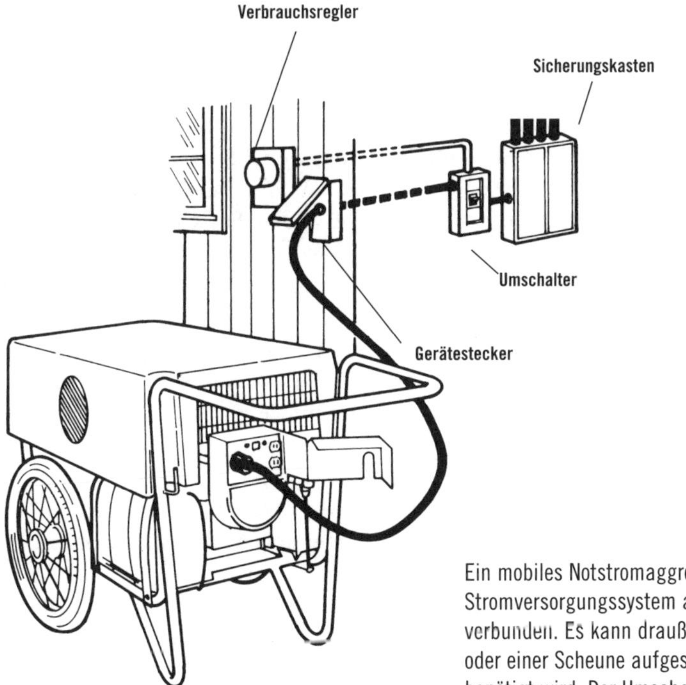

Ein mobiles Notstromaggregat wird mit Ihrem Stromversorgungssystem am Sicherungskasten verbunden. Es kann draußen in einem Schuppen oder einer Scheune aufgestellt werden, bis es benötigt wird. Der Umschalter muß als Einspeisungsverteiler ausgeführt sein.

Einen Generator in Betrieb nehmen

- Kaufen Sie ein Gerät eines namhaften Herstellers; selbstverständlich sollte eine autorisierte Servicewerkstatt in der Nähe sein.
- Ein Generator ist nur so zuverlässig wie sein Motor. Ein gußeiserner Motorblock wird normalerweise länger halten als einer aus Aluminium.
- Überzeugen Sie sich, daß Sie die Maschine leicht starten können. Manche Aggregate haben einen Elektrostarter, manche einen Seilzugstarter und manche beides.
- Ihr Gerät sollte durch einen Motorschutzschalter gegen Überlastung geschützt sein.
- Die meisten Geräte können 12 bis 25 l Kraftstoff aufnehmen und laufen 7 bis 15 Stunden mit einer Tankfüllung.
- Wenn ein Generator als Notstromaggregat dienen soll, brauchen Sie einen Transferschalter, damit Sie vom Energieversorger auf Generatorstrom umschalten können.
- Lassen Sie die Maschine eine Stunde im Monat laufen, um sie in einwandfreiem Zustand zu erhalten.
- Befolgen Sie die Herstellerangaben bezüglich Ölwechsel, Kraftstoff und Wasser.
- Wischen Sie regelmäßig Staub und Schmutz vom Generator ab, um eine Überhitzung während der Nutzung zu vermeiden.

WAS TUN, WENN DER STROM AUSFÄLLT

Das richtige Licht

Mit den folgenden Anregungen können Sie Energie sparen und Licht gewinnen:

- Reinigen Sie Glühlampen und Lampenkörper: Schmutz und Ruß behindern den Lichtschein. Halten Sie deshalb Glühlampen, Lampenkörper und -schirme sauber.
- Bringen Sie Ihre Lampen in die richtige Position: Sorgen Sie dafür, daß die Lampen so aufgestellt beziehungsweise angebracht sind, daß ihr Licht optimal ausgenutzt werden kann.
- Prüfen Sie die Lampenschirme: Viele dekorative Lampenschirme blockieren den Lichtschein oder leiten ihn dahin, wo Sie ihn nicht brauchen. Helle, durchscheinende Lampenschirme lassen Licht am besten passieren.
- Nutzen Sie weniger Glühlampen: Oft können Sie mehrere Lampen mit geringer Leistung durch eine mit hoher Leistung ersetzen.
- Reduzieren Sie die Leistung: Nutzen Sie Glühlampen mit geringer Wattzahl in Fluren, Dielen und an anderen Stellen, wo Sie keine Feinarbeiten ausführen und nicht lesen.
- Nutzen Sie Leuchtstofflampen: Diese Lampen benötigen ein Viertel bis ein Fünftel des Strombedarfs von Glühlampen vergleichbarer Helligkeit.
- Ändern Sie Ihre Gewohnheiten: Löschen Sie das Licht selbst dann, wenn Sie einen Raum nur für kurze Zeit verlassen.
- Nutzen Sie das Tageslicht: Planen Sie Tätigkeiten, die gutes Licht erfordern, wann immer möglich, tagsüber ein.

– basierend auf *547 Easy Ways to Save Energy in Your Home* von Roger Albright

Überlastung oder Kurzschluß

Manchmal brennt eine Sicherung durch oder der Leitungsschutzschalter springt automatisch heraus und bewirkt einen Stromausfall in Ihrem Haus. Dies geschieht, um einen Brand zu verhindern. Wenn es passiert ist, müssen Sie ermitteln, ob der Vorgang durch eine Überlastung oder einen Kurzschluß ausgelöst wurde. Die Grundregel besagt, daß es bei einem überlasteten Kreislauf mehrere Sekunden oder gar eine Minute dauert, bis die Sicherung oder der Schutzschalter anspricht, während bei einem Kurzschluß der Stromkreis sofort unterbrochen wird.

Überlasteter Stromkreis: Wenn Sie zu viele Geräte an einem Stromkreis betreiben, schaltet der Leitungsschutzschalter oder die Schmelzsicherung den Stromkreis automatisch ab. Um einen überlasteten Stromkreis aufzufinden und wiederherzustellen, folgen Sie diesen Schritten:

1. Sehen Sie im Hausanschlußkasten nach. Wenn Sie Leitungsschutzschalter haben, finden Sie heraus, ob der Schalter für den entsprechenden Bereich abgeschaltet ist. Wenn dem so ist, nehmen Sie alle Geräte in diesem Bereich vom Netz. Falls Sie Schmelzsicherungen mit farbigen Metallblättchen haben, die in einer Schraubkappe mit Fenster sitzen, erkennen Sie eine durchgebrannte Sicherung am unterbrochenen Draht oder einem geschwärzten Kopf. Nehmen Sie auch in diesem Fall alle Geräte in dem Bereich des Hauses vom Netz, der über die durchgebrannte Schmelzsicherung abgesichert ist.
2. Wenn Sie sicher sind, das der Stromkreis nicht mehr überlastet ist, stellen Sie den Leitungsschutzschalter wieder auf „Ein“ oder ersetzen Sie die Schmelzsicherung, indem Sie die durchgebrannte Sicherung herausdrehen und eine neue mit der gleichen Stromstärke einschrauben. (Die Amperezahl ist auf die Sicherung gedruckt und zusätzlich an der Farbe der Metallblättchen erkennbar.)
3. Nachdem Sie den Strom für den entsprechenden Kreislauf wieder angeschaltet haben, stecken Sie die Geräte jeweils wieder ein. So können Sie die Belastungsgrenze des Kreislaufs ermitteln. Wenn schon das erste Gerät, das Sie einschalten, den Leitungsschutzschalter auslöst oder die Schmelzsicherung durchbrennen läßt, verweist das auf ein ernsthaftes Problem, das nur ein Elektriker beheben kann.

Kurzschluß: Wenn Sie einen Kurzschluß vermuten, folgen Sie diesen Schritten:

1. Prüfen Sie alle Kabel und Stecker auf freiliegende oder ausgefranste Drähte. Auch eine defekte Glühlampe kann einen Kurzschluß auslösen.
2. Wenn Sie die Ursache gefunden haben, versuchen Sie den Stromkreis nochmals einzuschalten oder ersetzen Sie die Schmelzsicherung, wobei Sie die Lampe oder das Gerät mit dem defekten Kabel vom Netz getrennt lassen. Wenn der Stromkreis erneut ausfällt, muß der Kurzschluß im Stromnetz des Hauses liegen. Dieses Problem muß von einem Elektriker behoben werden.

Den Strom aus- und anschalten: Der Hauptschalter des Hausstroms kontrolliert die gesamte Elektrizität in Ihrem Haus. Dieser Schalter befindet sich normalerweise im Hauptanschlußkasten. Wenn Sie etwas Elektrisches anschließen oder reparieren möchten und nicht wissen, an welchen Stromkreis dieser Teil des Hauses angeschlossen ist, stellen Sie den Hauptschalter auf „Aus“, um die gesamte Elektrizität in Ihrem Haus abzuschalten.

Wenn Sie den Strom in einem Bereich Ihres Hauses häufig ausschalten müssen, um Energie zu sparen, ist eine Zeitschaltuhr für diesen Bereich zu empfehlen. Der Warmwasserbereiter ist das Gerät, das am häufigsten eine Zeitschaltuhr erfordert.

– aus *The Woman's Hands-On Home Repair Guide* von Lyn Herrick

Im Notfall

Es kann romantisch sein, bei Kerzenschein zu essen, aber die Romantik stirbt ganz schnell, wenn der Strom ausfällt und länger ausbleibt, insbesondere wenn dies gefrorene Leitungen, eine Überschwemmung des Kellers und den Verderb der Lebensmittel im Gefrierschrank zur Folge hat. Solche Ereignisse können Tausende von Euro kosten. Wenn die Stromversorgung in Ihrem Haus unterbrochen würde, wäre dies ein Unheil oder ein Abenteuer für Ihre Familie?

Der beste Weg, um einen Stromausfall nicht zu einer Katastrophe werden zu lassen, ist das Vorausplanen. Überzeugen Sie sich, daß in Ihrem Sicherungskasten alles eindeutig beschriftet ist. Sie sollten wissen, welche Geräte während eines Stromausfalls vom Netz getrennt werden müssen, um Schäden zu vermeiden. Halten Sie eine Liste bereit. Wählen Sie eine Lampe als „Anzeigeleuchte“ aus, und markieren Sie den Schalter, damit Sie wissen, welche Position „Ein“ und welche „Aus“ ist. Bei einem Stromausfall wissen Sie vielleicht nicht mehr, welche Lampen und Geräte angeschaltet waren. Während des Stromausfalls lassen Sie diese Lampe durchgehend eingeschaltet. Sie werden dann sofort merken, wenn die Stromversorgung wiederhergestellt ist.

Starkem Schneefall, Eisregen, Stürmen und anderen Naturgewalten, die zu Stromausfällen führen können, geht häufig eine Warnung voraus. So können Sie Eintöpfe, Suppen, Bohnen, Spaghetti oder andere einfache Gerichte zubereiten oder erwärmen und in Thermosbehälter füllen, wo sie bis zu zwölf Stunden warm bleiben.

Zwei- oder dreiflammige Gasherde oder Campingkocher mit Einwegkartuschen sind zu moderaten Preisen erhältlich. Sorgen Sie dafür, daß Sie Töpfe haben, die für diese Kocher geeignet sind. All diese Kochgeräte sollten in gut gelüfteten Räumen betrieben werden, da sie Sauerstoff verbrauchen.

Brennpaste oder Brennflüssigkeit für Fonduesets und Raclette-Öfen können in den dafür vorgesehenen Behältern in Innenräumen sicher eingesetzt werden. Öffnen Sie den Deckel und berühren Sie den Inhalt mit einem angezündeten Streichholz. Sie können die Flamme wieder löschen, indem Sie den Deckel darüberschieben. Sobald die Dose abgekühlt ist, drücken Sie den Deckel fest zu.

Holzkohlegrills müssen draußen vor dem Haus verwendet werden. Der Brennstoff gibt Kohlenmonoxid ab, was in einem geschlossenen Raum tödlich sein kann. Drei oder vier Briketts in einem kleinen Grill reichen aus, um ein einfaches Gericht zuzubereiten.

In jedem Schlafzimmer sollte stets eine Taschenlampe griffbereit liegen, eventuell eine pro Familienmitglied, und in der Küche eine leistungsstarke mit mindestens vier Batterien. Halten Sie Ersatzbatterien und Ersatzglühlampen bereit.

Petroleumlampen geben besseres Licht als Taschenlampen oder Kerzen, aber sie können gefährlich sein, denn Petroleum ist leicht entflammbar. Halten Sie den Docht gestutzt und den Abzug sauber. Mit einem Liter Petroleum kann eine stärkere Lampe zehn bis elf Stunden brennen, weniger leuchtstarke Lampen erheblich länger.

Sicherheitstips

- Nehmen Sie alle Hauptverbraucher vom Netz, damit sie keinen Schaden nehmen können, wenn der Strom wieder angestellt wird. Schalten Sie alle Lampen aus – bis auf eine, damit Sie wissen, wenn der Strom wieder da ist.
- Bewahren Sie eine Liste mit Notfallrufnummern griffbereit in der Nähe des Telefons auf. Netzstrombetriebene Modelle sollten über Batterien zur Notstromversorgung verfügen.
- Gehen Sie Notfallpläne mit jedem Hausbewohner durch.
- Sorgen Sie dafür, daß Ihre Vorräte an Brennstoffen und Medikamenten für Kinder nicht erreichbar sind.

– aus *What to Do When the Power Fails* von Mary Twitchell

Eine Evakuierung vorbereiten

Wenn Sie Ihr Haus wegen einer Naturkatastrophe verlassen müssen, folgen Sie diesen Schritten:

- Schalten Sie den Strom im Hauptanschlußkasten ab.
- Entleeren Sie die Wasserleitungen und die Heizung.
- Schütten Sie Frostschutz in alle Siphons.
- Lagern Sie Konserven und Getränkeflaschen an den Innenwänden, damit sie nicht einfrieren.
- Nehmen Sie Haustiere, Medikamente, persönliche Dokumente und Wertgegenstände mit.
- Wenn möglich, kontrollieren Sie Ihr Haus täglich.

– aus *What to Do When the Power Fails* von Mary Twitchell

7 GRUNDRENOVIERUNG

HOLZBÖDEN • PVC-BÖDEN • FLIESEN • TEPPICHBÖDEN MALERARBEITEN • WÄNDE UND DECKEN TAPEZIEREN FENSTER UND TÜREN

Häufig glauben Menschen, daß sie unfähig seien, ein Problem zu lösen, schreibt Lyn Herrick, landesweit bekannt als Mrs. Fix-It und Autorin von The Woman's Hands-On Home Repair Guide. *Aber sobald sie einen Freund sehen, der etwas selbst macht, möchten sie das auch lernen. Gehen Sie jedes Vorhaben in der Gewißheit an, daß Sie es können, rät sie, lachen Sie über Ihre Fehler, und Sie werden erstaunt sein, was Sie leisten können.*

Marthas Vater Aulton wuchs auf einer kleinen Baumwollfarm in Westtexas auf, die so abgelegen war, daß es einfacher war, etwas selbst in Ordnung zu bringen, als jemanden zu beauftragen. Zum Spaß brachte er Martha an verregneten Tagen bei, Radios auseinanderzunehmen und wieder zusammenzubauen. Auf diese Weise haben wir über die Jahre eine Menge Geld gespart. Wenn Sie sich vorstellen, daß Stundenlöhne für eine qualifizierte Hilfe bis zu 50 Dollar reichen, ist es immer einen Versuch wert. Martha hat uns gezeigt, daß Tapezieren Spaß machen kann, tropfende Wasserhähne gebändigt und gefrorene Leitungen aufgetaut werden können. Folgerichtig wurden unsere Kinder alle Heimwerker. Eine in den USA sehr populäre Heimwerkerin, Lyn Herrick, beginnt dieses Kapitel von Grund auf – mit Fußböden.

– John Storey

Ob Sie einen Holzboden aufarbeiten, Fliesen legen oder einen PVC-Boden verlegen möchten, immer sollten Sie den Bodenaufbau verstehen. Die meisten modernen Häuser haben Betondecken, die mit einem Estrich überzogen sind. Darüber liegt der Bodenbelag. In alten Häusern kommen dagegen meist Holzbalkendecken vor, mit einem Blindboden, der auf den Deckenbalken befestigt ist, einer darüberliegenden Unterlage und dem fertigen Bodenbelag.

Der Unterboden sollte so stabil wie möglich sein. Beton ist der beste Untergrund. Ein Blindboden aus Holz ist ebenfalls ausgezeichnet, aber er sollte mit einem Zwischenbelag aus Sperrholzplatten bedeckt sein. Ungefütterter PVC-Belag eignet sich auch ohne Zwischenbelag gut, wenn er fest am Unterboden verklebt ist. Wenn Sie einen Raum mit einem neuen Bodenbelag versehen möchten, können sie ihn oft direkt über dem alten verlegen, falls dieser in einem guten Zustand ist. Der alte Bodenbelag oder der Untergrund muß frei von Schmutz sein, denn Schmutz schwächt die Klebeverbindung. Risse und Löcher müssen verfüllt und lose Bretter angenagelt werden.

Es geht einfacher und schneller, wenn Sie den alten Bodenbelag erhalten, aber er erhöht das Niveau des neuen Bodens. Falls der alte Bodenbelag sehr abgenutzt ist, sollten Sie ihn entweder entfernen oder einen neuen Blindboden darüberlegen. Die häufigsten Blindböden sind Sperrholz- oder Hartfaserplatten in der Abmessung 1 x 2 m.

LEXIKON

Blindboden: Unterkonstruktion eines Bodenbelags aus flächig verlegten Platten
Deckenbalken: die horizontalen Balken, die den Rahmen für den Boden bilden; sie werden von Trägerbalken gestützt
Dichtung: ein elastischer Streifen, der einen Verschluß zwischen zwei Teilen bildet
Laibung: die oben und seitlich dem Fenster oder der Tür zugewandten inneren Mauerflächen
Sockelleiste: eine Leiste, die am Übergang von Fußboden zur Wand rund um den Raum verläuft
Unterlage: eine Schicht über dem Blindboden, die den Trittschall zu dämmen soll

Das Geheimnis einer guten Arbeit besteht darin, die Holzplatten versetzt anzuordnen, so daß die Anschlüsse der benachbarten Platten nicht direkt in einer Linie verlaufen. Lassen Sie Spalte von 1 bis 3 mm zwischen den Platten, damit sie sich ausdehnen können. Befestigen Sie die Platten bei Holzbalkendecken vollflächig im Abstand von etwa 15 cm mit verzinkten Spanplattenschrauben auf dem Untergrund.

Das Innere des Bodens

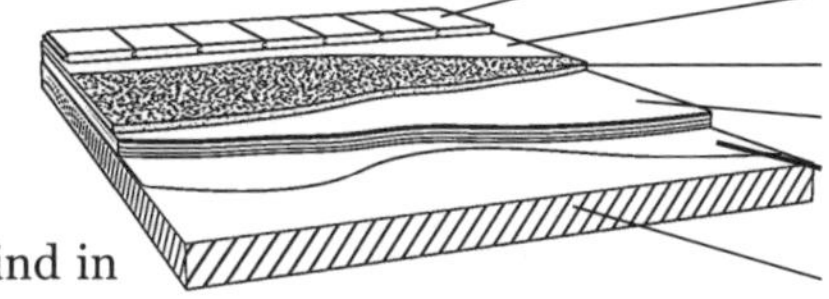

Ein typischer Boden hat einen wie oben dargestellten Aufbau.

Vier Arten von Holzböden

Es gibt vier grundlegende Arten von Holzbodenbelägen.

Stabparkett wird bei weitem am häufigsten verwendet. Die einzelnen Stäbe sind in Breiten von 4 bis 10 cm und Dicken von 10 bis 22 mm zu haben. Sie sind häufig gefräst, so daß eine Nut entlang der einen und eine Feder entlang der anderen Seite vorhanden sind. Die Bretter werden in einem willkürlichen Muster mit ungleichen Endstücken parallel verlegt (Schiffsboden) oder auch in regelmäßigen Mustern wie etwa Fischgrät und die Streifen durch das Nut-und-Feder-System ineinander verzahnt. Die Verzahnung verhindert, daß der Boden sich verzieht oder quietscht. Die Stäbe sind 25 bis 100 cm lang, zum Teil auch länger, und werden alle 25 bis 30 cm durch die Feder in einem 50°-Winkel mit dem Unterboden vernagelt. Die Nagelköpfe werden versenkt und sind im fertigen Boden unsichtbar, weil sie von der Nut des nächsten Brettes verdeckt sind. Auf Estrich wird Stabparkett meist vollflächig mit dem Untergrund verklebt.

Dielenboden gibt es ebenfalls in Nut-und-Feder-Ausführung. Die einzelnen Dielen sind zwischen 10 und 24 cm breit. Ursprünglich wurden die Dielen auf dem Unterboden vernagelt. Heute steht bei der Verarbeitung neben der häufig angewandten schwimmenden Verlegung ein vollflächiges Verkleben mit dem Untergrund zur Auswahl.

Mosaikparkett sieht aus wie Parkett, ist aber aus kleinen Hartholzlamellen gefertigt, die zusammengeklebt sind. Es wird in Nut-und-Feder-Quadraten von 16 x 16 cm oder auf Netzen verklebt in Rechtecken von etwa 32 x 64 cm angeboten. Die Lamellen bestehen meistens aus Eiche, Buche oder Ahorn. Neben Würfelmustern sind auch solche im englischen oder Parallelverband erhältlich. Mit nur 8 mm Dicke hat es eine sehr geringe Einbauhöhe und einen geringen Wärmedurchlaßwiderstand, was es für Fußbodenheizung prädestiniert.

Weichholzböden sind kostengünstiger zu verlegen, aber weniger abnutzungsresistent als Hartholzböden. Weichholzböden sind schnell beschädigt und sehen verkratzt aus, wo immer Möbel unvorsichtig bewegt wurden. Sie werden am besten in Schlafzimmern und in begehbaren Schränken verwendet, wo sie wenig genutzt werden. Weichholzböden können abgeschmirgelt werden, aber da das Holz weniger dicht ist als Hartholz, werden sie rasch zu dünn, um nochmals abgeschliffen zu werden.

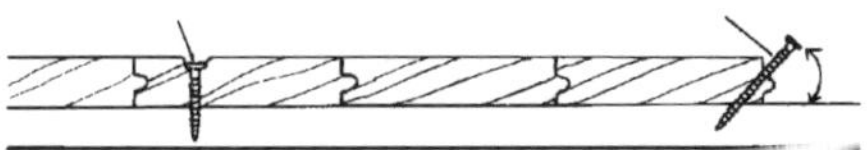

Nut-und-Feder-Bodenbeläge haben eine verzahnte Struktur.

– verändert aus *Restoring Hardwood Floors* von Mary Twitchell

Holzböden abschleifen

Bevor Sie Ihren Boden neu versiegeln, sollten Sie ihn abschleifen, sofern er nicht zu dünn dafür ist. Wenn der Boden nur mit einer dünnen Schicht Farbe überzogen ist, können Sie ihn gleich mit der Farbe schleifen.

Bereiten Sie den Boden vor, indem Sie zuerst alle Möbel wegräumen und den Boden reinigen. Versenken Sie alle Nägel, entfernen Sie die Sockelleisten, öffnen Sie die Fenster zur Lüftung und schließen Sie die angrenzenden Türen. Dichten Sie Gänge mit Folien ab und entfernen Sie die Vorhänge oder schützen Sie sie mit Foliensäcken. Demontieren Sie Lüftungsgitter und alle Heizkörper. Wenn diese schwer zu entfernen sind, decken Sie sie mit Folie ab und arbeiten Sie darum herum.

Sie benötigen eine Bodenschleifmaschine für die offenen Flächen und eine Rand- und Eckenschleifmaschine, um an den Wänden entlang zu arbeiten. Sie können sich die Maschinen im Baumaschinenverleih oder in Fachgeschäften für Holzböden mieten, die Sie außerdem mit ausreichend Schleifpapier versorgen. Bevor Sie den Laden verlassen, vergewissern Sie sich, daß die Schleifmaschinen funktionieren, und lassen Sie sich erklären, wie man das Schleifpapier befestigt. Andere Werkzeuge, die Sie brauchen könnten, sind Hammer, Meißel, ein Farbschaber und ein tragbarer Schwingschleifer.

Die Bodenschleifmaschine: Bodenschleifmaschinen sind schwer, laut und verursachen eine kleine Staubwüste. Tragen Sie Gehörschutz und eine Gesichtsmaske. Nachdem Sie ein grobes Schleifpapier an der Maschine befestigt haben, beginnen Sie in einer Ecke des Raumes. Verwenden Sie für Parkettböden eine feinere Körnung als für Massivholzdielen, weil die gröberen Sortierungen zu viel Material abtragen.

Positionieren Sie die Schleifmaschine so, daß Sie in Richtung der Holzfaser arbeiten. Schwingen Sie die Schleifmaschine vor und zurück, schalten Sie sie an und lassen Sie den Motor hochdrehen. Setzen Sie die Schleifscheibe vorsichtig auf den Boden auf. Es wird Sie vorwärts ziehen. Halten Sie die Maschine unter Kontrolle und bewegen Sie sie durchgehend in einem langsamen, gleichmäßigen Tempo.

Wenn Sie das andere Ende des Raumes erreicht haben, neigen Sie die Schleifscheibe vom Boden weg. Schieben Sie das Stromkabel weg, damit Sie beim Zurücklaufen nicht darüber stolpern. Wenn Sie auf dem gleichen Weg zurückgehen, senken Sie die Schleifscheibe ab und überfahren Sie die Strecke, die Sie bereits abgeschliffen haben. Achten Sie darauf, die Schleifmaschine am Anfang und am Ende jedes Durchgangs zu schwenken. Das Schleifpapier höhlt den Boden aus, wenn Sie die Schleifscheibe zu rasch absenken oder zu langsam anheben.

Halten Sie die Schleifmaschine ständig in Bewegung, sonst fräst sie Mulden aus, die sichtbar werden, sobald der Boden versiegelt ist. Wenn Sie in einen noch nicht abgeschliffenen Bereich kommen, überlappen Sie den bereits bearbeiteten etwa 5 bis 8 cm. Sollten Sie mit dem groben Schleifpapier keine Veränderung sehen, weil der Boden stark ausgehöhlt ist, arbeiten Sie diagonal weiter.

Fahren Sie fort, bis der gesamte Boden bearbeitet ist. Sie werden nicht näher als 15 cm an die Wand herankommen. Dieser Streifen muß mit einer Rand- und Eckenschleifmaschine behandelt werden. Wenn Sie mit dem Schleifen aufhören möchten, schalten Sie die Maschine aus und heben Sie die Schleifscheibe vom Boden ab, während sie ausläuft.

Die Rand- und Eckenschleifmaschine: Rand- und Eckenschleifmaschinen werden zum Schleifen von Rändern, Ecken, Türöffnungen, Wandschränken, unter Heizkörpern und an allen anderen Stellen verwendet, die Sie mit der Bodenschleifmaschine nicht erreichen können.

Halten Sie die Maschine mit beiden Händen fest, bevor Sie sie anschalten. Bewegen Sie sie dann im Halbkreis hin und her. Sie schleift quer zur Holzfaser, und die halbkreisförmige Bewegung neigt dazu, ein Ringmuster auf dem Boden zurückzulassen. Deshalb dürfen Sie die Maschine nicht fest andrücken oder an einer Stelle verweilen lassen. Sonst werden nach der Versiegelung des Bodens die Wirbel zu sehen sein.

Sockelleisten entfernen

Um den Boden in einem Raum zur Renovierung vorzubereiten, müssen Sie die Sockelleisten rundherum an den Wänden entfernen. Wenn Sie sie wiederverwenden möchten, folgen Sie den unten aufgezeigten Schritten:
Führen Sie zuerst die Klinge eines stumpfen Messers zwischen der Sockelleiste und der Wand entlang, um die Farbe zu lösen und das Entfernen zu vereinfachen. Numerieren Sie dabei die einzelnen Teile, damit Sie sie wieder an derselben Stelle anbringen können.

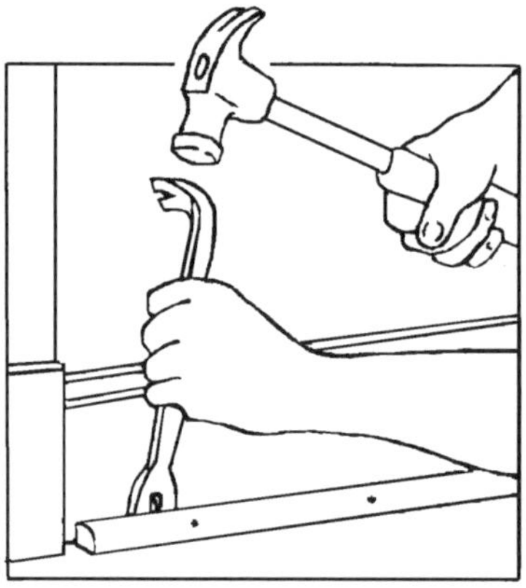

Verwenden Sie ein Montiereisen zum Entfernen der Sockelleisten, wenn diese genagelt sind. Arbeiten Sie sich langsam an der Umrandung entlang, indem Sie am Sitz jedes einzelnen Nagels Druck ausüben.

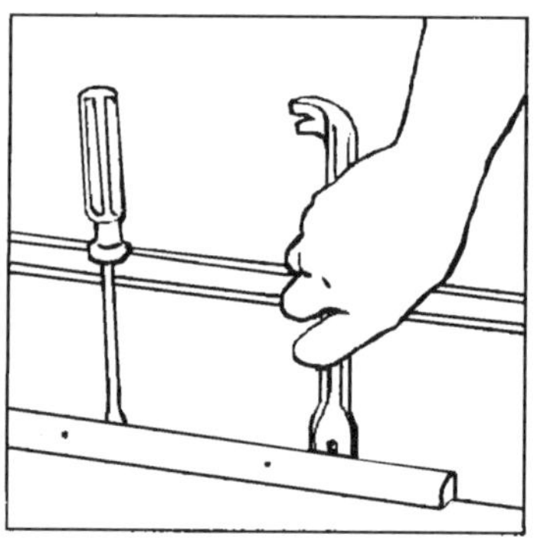

Ein Schraubendreher hält das gelöste Stück von der Wand ab.

WERKZEUGKASTEN BODENRENOVIERUNG

- Bodenschleifmaschine
- Rand- und Eckenschleifmaschine
- Schwingschleifer
- Pinsel mit Naturborsten
- Langstieliger Farbroller
- Spachtel
- Bohnermaschine
- Hammer
- Meißel
- Farbschaber
- Staubsauger
- Bohrmaschine (für lose Bretter)

Wenn Sie fertig sind, führen Sie mit beiden Geräten einen zweiten und dritten Schleifgang aus, wobei Sie ein mittleres und schließlich ein feinkörniges Schleifpapier verwenden. Leeren Sie die Staubbeutel, wenn nötig. Der Staub ist sehr feuergefährlich und sollte mit Umsicht entsorgt werden.

Schleifen Sie Bereiche, die Sie sonst nicht erreichen können, von Hand. Mit einem Farbschaber sollte sich der größte Teil des alten Farbauftrags entfernen lassen. Verwenden Sie einen Schleifblock oder einen elektrischen Schwingschleifer.

Saugen Sie den Boden gründlich mit einem Bürstenvorsatz ab. Wischen Sie ihn dann mit einem in Terpentin getränkten Lappen ab. Der Boden kann nun gewachst, geölt, gebeizt, gefirnißt oder mit Urethanprodukten behandelt werden.

Holzböden abbeizen

Böden, die zu dünn zum Abschleifen sind, müssen abgebeizt werden. Haushaltsübliche Salmiakreiniger und Stahlwolle wirken am besten, obwohl die Dämpfe Ihre Augen und Ihre Stirnhöhlen reizen könnten. Halten Sie unbedingt alle Fenster geöffnet und nutzen Sie gegebenenfalls auch einen Ventilator zum Entlüften.

Tragen Sie beim Arbeiten mit Salmiakreinigern Handschuhe. Gießen Sie eine Tasse voll direkt auf den Fußboden und lassen Sie es einige Minuten stehen. Dann reiben Sie den Salmiakreiniger in Faserrichtung in das Holz ein. Sobald sich die Lackreste zu lösen beginnen, wischen Sie die Rückstände mit Lappen ab. Lassen Sie den Boden danach für einige Tage trocknen. Wenn die erste Behandlung mit Salmiakreiniger den alten Lack noch nicht komplett gelöst hat, müssen Sie den Arbeitsgang wiederholen.

Bleichen mit Wäschebleichmittel nimmt Flecken aus dem Holz. Mischen Sie einen Teil Bleiche mit zehn Teilen Wasser und tragen Sie die Mischung mit einem Wischlappen auf die gesamte Fläche auf. Warten Sie fünf Minuten, dann neutralisieren Sie die Wirkung mit weißem Essig oder Salmiakreiniger und wischen den Boden trocken. Wenn kleine Holzfasern abstehen, scheuern Sie den Boden mit Stahlwolle. Lassen Sie den Boden trocknen, bevor Sie ihn absaugen.

Holzböden mit einem dicken Farbauftrag müssen ebenfalls abgebeizt werden. Setzen Sie zuerst einen Farbentferner ein. Diese Flüssigkeit muß mit einem Pinsel aufgetragen werden. Der Entferner weicht die Farbe auf, so daß sie mit einer Spachtel entfernt werden kann. Dies ist ein mit viel Schmutz verbundener und zeitaufwendiger Arbeitsschritt. Wenn Sie damit fertig sind, müssen Sie den Boden wahrscheinlich abschleifen, um alle Farbreste zu entfernen.

– aus *Restoring Hardwood Floors* von Mary Twitchell und *The Woman's Hands-On Home Repair Guide* von Lyn Herrick

Tragen Sie beim Abschleifen des Bodens eine Gesichtsmaske und einen Gehörschutz.

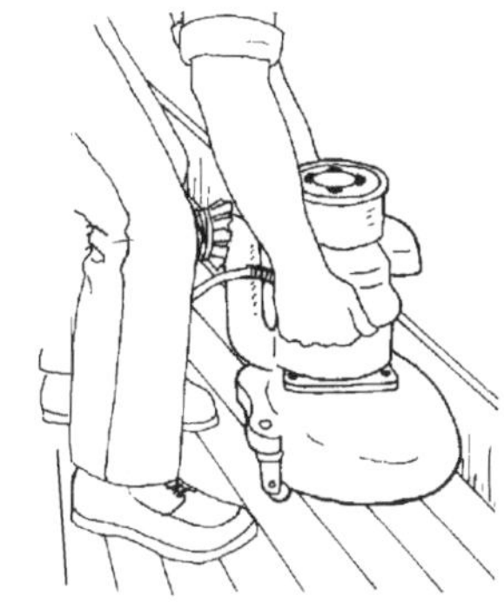

Rand- und Eckenschleifmaschinen werden für Stellen verwendet, die Sie mit der Bodenschleifmaschine nicht erreichen.

Lose Dielen befestigen

Nägel können sich lösen, wenn Bodendielen schrumpfen oder die Ränder sich hochziehen. Befestigen Sie diese Dielen wieder, indem Sie zuerst mit einem Bohrer, der geringfügig dünner ist als der Durchmesser der geriffelten Nägel, Löcher vorbohren. Nageln Sie durch den verbogenen Bereich in den darunterliegenden Unterboden. Dies zwingt die aufstehenden Stellen wieder in ihre Lage.

Schlagen Sie die Nägel paarweise schräg in entgegengesetzter Richtung ein, um einen besseren Halt zu erreichen. Versenken Sie die Nagelköpfe mit einem Nageltreiber und verfüllen Sie die Löcher mit einem zum Holzboden passenden Holzkitt. Halten Sie mindestens 1,5 cm Abstand zum Rand der Bodendiele. So kann das Holz nicht aufreißen.

– aus *Restoring Hardwood Floors*

Quietschende Böden reparieren

Der Grund für quietschende Böden sind entweder zwei Bretter, die aneinanderscheuern, oder eine Diele, die an einem Nagel reibt. Wenn der Boden auf offenliegenden Deckenbalken montiert ist, können Sie das Problem wahrscheinlich beheben.

1. Kontrollieren Sie zunächst den Boden von oben auf lose Nägel und schlagen Sie diese ein.
2. Lokalisieren Sie das Quietschen. Bitten Sie jemanden, oben über den Boden zu laufen, während Sie von unten genau zuhören. Kennzeichnen Sie die Stelle, an der Sie das Geräusch hören, und suchen Sie nach Spalten zwischen den Deckenbalken und dem Blindboden.
3. Wenn Sie einen kleinen Spalt finden, schlagen Sie einen mit Holzleim bestrichenen Holzkeil hinein.
4. Für längere Spalten nehmen Sie eine Dachlatte, etwa zweimal so lang wie der Spalt, und kleben Sie die Oberseite an den Blindboden. Drücken Sie dann die Dachlatte nach oben und nageln Sie sie am Deckenbalken fest.

Wenn Sie in einem oder mehreren Balken lange Risse feststellen, sollten Sie einen Zimmermann zu Rate ziehen. Es könnte sein, daß Sie eine zusätzliche Abstützung für Ihren Deckenaufbau brauchen.

– aus *The Woman's Hands-On Home Repair Guide* von Lyn Herrick

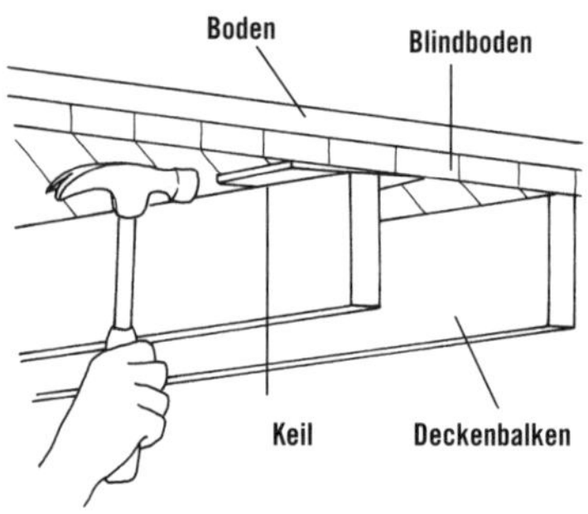

Um das Quietschen zu vermindern, schlagen Sie einen kleinen, mit Holzleim bestrichenen Holzkeil zwischen den Blindboden und den Balken.

Oberflächenbehandlung von Hartholzböden

Wenn Ihr Boden abgebeizt wurde, warten Sie, bis er vollständig getrocknet ist, bevor Sie mit der Oberflächenbehandlung beginnen. Wenn der Boden frisch abgeschliffen ist, tragen Sie die Schutzschicht so bald wie möglich auf. Eine unbehandelte Oberfläche fängt sofort an, Feuchtigkeit zu ziehen.

Sie können eine Oberflächenversiegelung oder eindringende Substanzen auftragen. Eindringende Oberflächenbehandlungen dichten die Holzfasern ab und ergeben einen samtartigen Schimmer. Sie sind abnutzungsresistent, einfach aufzutragen und leicht auszubessern. Die behandelte Oberfläche widersteht Flecken, blättert nicht ab und springt nicht. Eine Oberflächenversiegelung (Klarlack, Lackfirnis oder Polyurethansiegel) schafft eine dauerhafte Oberflächenbeschichtung auf dem Holz. Sie schützt den Boden vor Feuchtigkeit und Kratzern.

Wählen Sie die Oberflächenbehandlung entsprechend der Nutzung des Raumes. Stark beanspruchte Böden oder solche, die häufig Flüssigkeiten ausgesetzt sind (in der Küche zum Beispiel), sollten mit einer Oberflächenbeschichtung abgedichtet werden. Von allen Oberflächenbehandlungen bietet die Polyurethanversiegelung die härteste und dauerhafteste Schutzschicht.

Eindringende Behandlungen

Beize: Helle Beizen betonen die Schönheit der Holzmaserung. Ölbeizen ergeben das natürlichste Aussehen, obwohl die meisten nach dem Trocknen dunkler erscheinen als die ursprüngliche Holzfarbe. Probieren Sie die Beize zunächst an einer Materialprobe Ihres Bodens aus. Sie können den Farbton über die Länge der Einwirkungszeit der Beize beeinflussen.

Beize sollte ausschließlich auf bereits gebeiztes oder auf unbehandeltes Holz aufgetragen werden. Tragen Sie großzügig mit Bürste, Stoff oder Farbroller auf. Entfernen Sie den Überschuß mit einem sauberen Lappen und lassen Sie den Auftrag trocknen, bevor Sie eine zweite Schicht aufbringen. Achten Sie darauf, daß die Beize mit der vorgesehenen schützenden Oberflächenbehandlung verträglich ist. Nach acht Stunden können Sie Polyurethansiegel, Klarlack oder Lackfarbe auftragen.

Lösungsmittelfreie Öle und Wachse: Öle und Wachse werden meist erwärmt mit einem Tuch, einer Bürste, einem Fensterwascher oder einer Lammfellrolle aufgetragen und dringen tief in das Holz ein. Tragen Sie beim Arbeiten Gummihandschuhe. Reiben Sie das Öl oder Wachs längs zur Maserung in langen, großzügigen Bewegungen mit einem Lappen in das Holz ein.

Bestreichen Sie einen Streifen von 60 bis 90 cm großzügig und lassen Sie das Öl oder Wachs 10 bis 15 Minuten lang in das Holz eindringen. Dann kann ein Helfer mit einigen Lappen den Überstand aufwischen. Gleichzeitig können Sie einen weiteren Streifen behandeln. Behalten Sie die Knie dabei immer auf dem unbehandelten Holz. Lassen sie das Öl oder Wachs acht Stunden trocknen und verteilen Sie dann mit einem Kittmesser passenden Holzkitt in den Rissen und kleinen Löchern. Um sicherzugehen, daß die Farbe paßt, bereiten Sie Ihren eigenen Kitt, indem Sie aus Mehl vom letzten Abschliff und ausreichend Öl oder warmem Wachs eine dicke Paste mischen. Entfernen Sie den überstehenden Holzkitt, lassen Sie den Boden trocknen und schleifen Sie ihn mit einem feinkörnigen Sandpapier von Hand ab.

Polieren Sie das versiegelte Holz mit einer Poliermaschine, die mit einem Stahlwollpad bestückt ist. Damit werden verbliebene Öl- oder Wachslachen entfernt, indem die Überstände gleichmäßig über die Fläche verteilt werden. Bearbeiten sie schwer zugängliche Stellen von Hand mit Stahlwollpads. Saugen Sie den Boden gründlich ab und gehen Sie mit einem terpentingetränkten Tuch darüber.

Oberflächenaufträge

Polyurethansiegel: Polyurethanversiegelungen dichten den Boden mit einer Kunststoffschicht ab. Das gewährleistet eine robuste, helle und wasserunempfindliche Oberfläche. Sie sollten jedoch nicht für Weichholzböden verwendet werden. Diese Versiegelungen gibt es als matte, seidenglänzende und hochglänzende Oberflächenbehandlung. Hochglänzende Produkte bieten die höchste Verschleißfestigkeit.

Der Raum muß frei von Schleifstaubpartikeln sein, bevor Polyurethan aufgetragen wird. Sorgen Sie während des Aufbringens und beim Trocknen für ausreichende Durchlüftung. Verarbeiten Sie die Versiegelung bei 15 bis 30 °C. Um den Trocknungsprozeß zu beschleunigen, können Sie die Heizung anstellen. Rühren Sie die Versiegelung um, aber schütteln Sie sie nicht. Tragen Sie die Flüssigkeit in den Ecken, an den Rändern und den schwer zugänglichen Stellen mit einem Naturborstenpinsel auf, auf dem Hauptteil der Fläche mit einem langstieligen Farbroller. Arbeiten Sie langsam und sorgfältig in Faserrichtung. Man kann einzelne unbehandelte Stellen oder auch Blasen im Polyurethan leicht übersehen.

Lassen Sie die Versiegelung acht Stunden trocknen. Drücken Sie zum Testen Ihren Daumen auf die Oberfläche. Wenn er einen Abdruck hinterläßt, ist der Auftrag noch nicht trocken. Sobald er getrocknet ist, rauhen Sie den Boden mit Stahlwolle auf oder schleifen ihn leicht ab. Tragen Sie die zweite – bei vielbenutzten Räumen in gleicher Weise auch eine dritte – Schicht Polyurethanversiegelung auf und lassen Sie sie trocknen. Danach können Sie die Sockelleisten und die Rohrmanschetten für die Heizung wieder anbringen, die Bodengitter wieder einsetzen und die Möbel zurückstellen.

Klarlack: Nichtpolyurethanverstärkte Klarlacke ergeben einen tiefen Schimmer und sind glänzender als andere Oberflächenbehandlungen. Sie sind kostengünstiger als Polyurethanversiegelungen, dunkeln aber mit der Zeit nach und verkratzen leicht. Bevor Sie Klarlack auftragen, sollten Sie den Boden sorgfältig absaugen. Schließen Sie während des Auftragens alle Röhren für die Zwangsbelüftung Ihres Ofens. Tragen Sie im Abstand von je 24 Stunden zwei oder drei Schichten mit einem Flachpinsel auf. Falls sich dabei Blasen bilden, verwenden Sie mehr Lack und pinseln Sie weiter, bis die Blasen verschwunden sind.

Firnis: Firnis macht das Holz nicht dunkler. Er bietet nur einen geringen Schutz und sollte nicht in Räumen verwendet werden, wo Feuchtigkeit und Flecken auftreten. Dennoch ist er wirtschaftlich und dauerhaft. Bringen Sie zwei oder drei Schichten auf. Lassen Sie sie dazwischen zwei Stunden trocknen und schleifen Sie die Oberfläche leicht ab, bevor Sie die nächste Schicht auftragen.

Wachs: Wachs kann über Lack oder Firnis aufgetragen werden, sobald diese völlig trocken sind. Es kann auch allein verwendet werden, wenn der Boden so natürlich wie möglich aussehen soll. Verwenden Sie Wachs nicht auf Böden mit Polyurethanversiegelung, weil sonst keine weitere Schicht Polyurethan auftragen werden kann, wenn die Versiegelung sich abzunutzen beginnt. Tragen Sie eine dünne Schicht Wachs mit einem weichen Tuch auf. Lassen Sie es trocknen, bevor Sie eine zweite Schicht darüberwischen. Polieren Sie die Fläche mit einem weichen Tuch von Hand oder mit einer Poliermaschine.

– aus *Restoring Hardwood Floors* von Mary Twitchell

Pflegetips für Hartholzböden

- Fegen oder saugen Sie häufig, um Staub, Krümel und Sand zu entfernen, die in die Oberfläche eingeschliffen werden könnten.
- Betreten Sie den Boden möglichst nicht mit Straßenschuhen.
- Nehmen Sie Flüssigkeiten sofort auf, wischen Sie mit kaltem Wasser nach und trocknen Sie die Stelle mit einem weichen Tuch. Lassen Sie Wasserspritzer nicht lufttrocknen.
- Reinigen Sie die Böden möglichst wöchentlich. Beginnen Sie mit dem Staubsaugen, bevor Sie den Boden mit einem Eimer kaltem Wasser und einem Wischlappen reinigen. Heißes Wasser sollte vermieden werden, da es die oberste Schicht der Behandlung gerade so klebrig macht, daß sich der Schmutz ansetzen kann.
- Verwenden Sie für eine intensivere Reinigung geringe Mengen eines milden Reinigungsmittels. Für sehr schmutzige Böden verstärken Sie die Reinigungslösung schrittweise. Verwenden Sie keinen Salmiakreiniger.
- Wenn Sie unsicher sind, welche Wirkung ein Reiniger auf die Oberflächenbehandlung Ihres Bodens hat, probieren Sie ihn zuerst an einer unauffälligen Stelle aus.

– aus *Restoring Hardwood Floors*

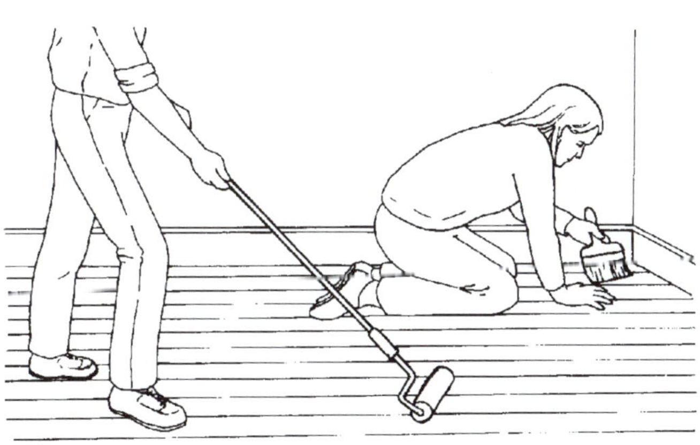

Die Feinheiten der Polyurethanversiegelung
Bevor eine Polyurethanversiegelung aufgetragen werden kann, muß der Raum frei von Schleifstaubpartikeln sein. Deshalb sollten Sie den Boden kurz vor dem Auftragen nicht fegen: Die Staubpartikel würden sich wieder absetzen und wären auf dem behandelten Boden sichtbar. Tragen Sie die Versiegelung an den Kanten mit einem Borstenpinsel und auf der freien Fläche mit einem Farbroller auf.

PVC-BODENBELÄGE

Erfolgstips

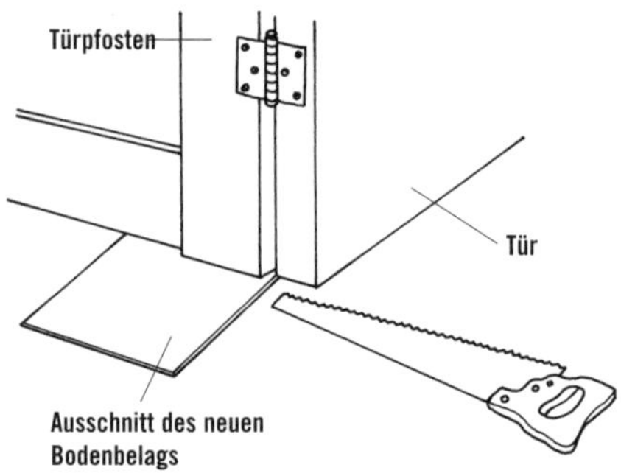

Schieben Sie ein Stück des neuen Bodenbelags unter den Türpfosten. Wenn nötig, kürzen Sie dafür den Türpfosten.

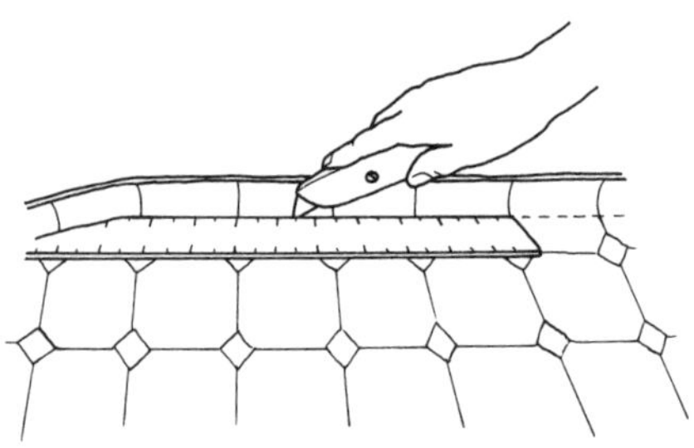

Schneiden Sie die Überlappung mit einem scharfen Teppichmesser ab und verwenden Sie eine Meßlatte als Führung.

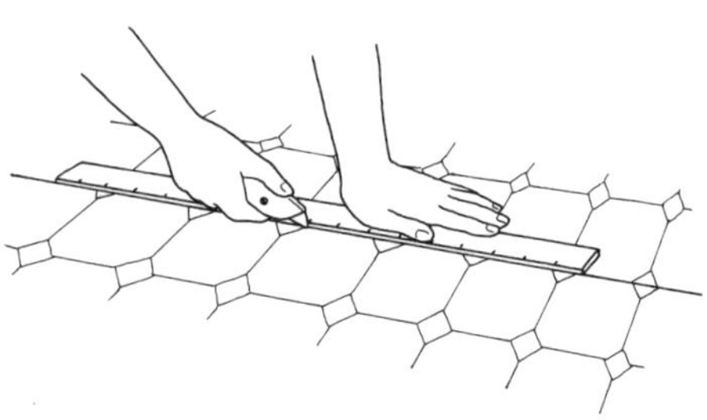

Richten Sie das Muster an der Nahtstelle zweier Bahnen sorgfältig aus.

PVC-Bodenbeläge verlegen

PVC-Bodenbeläge sind aus Polyvinylchlorid hergestellt und werden entweder als Platten oder in Form von Bahnen verkauft. PVC wird manchmal mit Linoleum verwechselt. Obwohl manche PVC-Böden wie Linoleum aussehen, sind sie hinsichtlich Lebensdauer und Widerstandsfähigkeit gegen Verschleiß deutlich besser.

PVC-Rollenware gibt es in drei Varianten: Homogene PVC-Beläge bestehen aus kompaktem PVC. Sie sind sehr langlebig und, weil sie durchgehend aus diesem Material hergestellt sind, auch tendenziell am teuersten. Leider sind sie schwierig zu verlegen. CV-Schaumbeläge haben eine geschäumte Unterschicht und sind in verschiedenen Güteklassen verfügbar. Heterogene PVC-Beläge werden aus textilen (Polyestervlies, Jutefilz) oder nichttextilen (Korkment) Unterlagen mit einer dünnen Lage PVC als Beschichtung hergestellt. Sie sind zwar einfach zu verlegen und relativ preiswert, tendieren aber zu einer geringeren Haltbarkeit.

Platten aus homogenem PVC haben dieselben Eigenschaften und Beschaffenheiten wie Rollenware. Sie sind haltbar, widerstandsfähig gegen Verschleiß und einfach zu verlegen, wenn Sie eine Variante mit selbstklebender Rückseite verwenden.

Wenn Sie Ihren Belag ausgewählt haben, gehen Sie wie folgt vor:

1. Bereiten Sie den Untergrund vor, indem Sie alle Risse und Löcher verfüllen, lose Bretter festnageln und die Fläche sorgfältig reinigen.
2. Hebeln Sie die Sockelleisten vorsichtig ab, ohne sie zu beschädigen.
3. Versuchen Sie, ein Stück des neuen Belags unter den Türpfosten zu schieben. Wenn er nicht darunterpaßt, müssen Sie den Türpfosten entsprechend kürzen oder, falls dies nicht möglich ist, den Belag um den Pfosten herum zuschneiden.
4. Schneiden Sie die PVC-Bahnen passend für Ihren Boden zu. Beim ersten Schnitt sollten Sie an allen Seiten jeder Bahn etwa 8 cm zugeben. Die Überlappung wird sich an den Wänden entlang aufwölben, wenn die Bahn auf dem Boden ausgelegt ist. Legen Sie zum Schneiden ein Stück Sperrholzplatte unter den Belag, um den darunterliegenden Boden zu schützen.
5. Um den Überstand anzupassen, knicken Sie an den Wänden entlang eine Falte. Verwenden Sie ein scharfes Teppichmesser und eine Meßlatte als Führung und schneiden Sie den PVC-Belag entlang der Falte ab. Lassen Sie dabei einen schmalen Spalt (etwa 3 mm) zwischen Bodenbelag und Wand, damit sich der Belag ausdehnen kann.
6. Rollen Sie die Hälfte der zugeschnittenen Bahn zurück und tragen Sie mit einem Zahnspachtel – den Herstellerhinweisen folgend – den Kleber auf. Halten Sie die Kante(n) entlang der Naht frei von Kleber.
7. Drücken Sie die Bahn an ihrem Platz fest und achten Sie darauf, daß der Belag an den Rändern zur Wand gleichmäßig aufliegt. Wiederholen Sie diesen Vorgang (6. und 7.) mit der anderen Hälfte der Bahn.
8. Sobald der Belag auf dem Boden festgeklebt ist, nehmen Sie ein Kantholz von 5 x 10 cm und etwa 1 m

WERKZEUGE ZUM VERLEGEN VON PVC-BODENBELÄGEN

- Hammer
- Handsäge oder Handkreissäge
- Montiereisen
- Teppichmesser
- Zahnspachtel
- Metallmeßlatte
- Spachtel
- Bügeleisen

Länge und legen Sie ein Handtuch unter, um Ihren neuen Boden zu schützen. Bewegen Sie das Kantholz nun über den ganzen Boden auf und ab, wobei Sie stetig Druck ausüben. So erreichen Sie, daß der PVC-Belag richtig mit dem Untergrund verbunden ist.

9. Wenn Ihr Boden breiter ist als die PVC-Bahn, fügen Sie zwei Bahnen aneinander, wobei eine Naht entsteht. Wenn Sie die erste Bahn verkleben, lassen Sie dort, wo die Naht sein wird, einige Zentimeter frei von Kleber. Schieben Sie die neue Bahn unter die, die Sie bereits verklebt haben und passen Sie das Muster exakt an. Legen Sie eine Meßlatte an der Kante der oberen Bahn an. Verwenden Sie die Meßlatte als Führung und schneiden Sie die untenliegende Bahn mit einem scharfen Teppichmesser ab. Klappen Sie die obere Bahn zurück, entfernen Sie den darunterliegenden Streifen, tragen Sie den Kleber auf den Untergrund auf und pressen Sie die beiden Bahnen an.
10. Wischen Sie überflüssigen Kleber mit warmem Wasser von Ihrem neuen Bodenbelag.
11. Wenn Sie die Sockelleisten wieder anbringen, lassen Sie einen schmalen Spalt zwischen der Sockelleiste und dem Boden, damit der PVC-Belag sich ausdehnen und zusammenziehen kann.
12. Folgen Sie den Herstellerangaben bezüglich Trockenzeit des Klebers und heben Sie den restlichen Belag für spätere Reparaturen auf.

PVC-Bodenbeläge reparieren

Mit der Zeit können PVC-Bodenbeläge Löcher, Einrisse oder Blasen bekommen. Große Löcher sollten geflickt werden.

1. Suchen Sie ein Ersatzstück aus, das genau mit dem Muster der beschädigten Stelle übereinstimmt.
2. Nehmen Sie einen Bleistift und zeichnen Sie ein Quadrat um den beschädigten Bereich.
3. Verwenden Sie eine Meßlatte zur Führung und schneiden Sie mit einem scharfen Teppichmesser entlang der Linie.
4. Wenn der PVC-Belag nicht auf den Untergrund geklebt ist, heben Sie die beschädigte Stelle heraus, bestreichen den Untergrund mit Kleber und drücken das Ersatzstück an der Stelle fest. Wischen Sie den überflüssigen Kleber ab und belasten Sie das Stück mindestens 24 Stunden lang gleichmäßig.
5. Wenn der PVC-Belag geklebt ist, können Sie ihn meist ablösen, indem Sie eine Spachtel darunterschieben. Wenn das nicht funktioniert, verwenden Sie ein Bügeleisen, um den Kleber aufzuweichen. Stellen Sie das Bügeleisen lieber auf ein feuchtes Tuch als direkt auf den PVC-Belag. Heben Sie den alten Belag heraus, verteilen Sie Kleber auf dem Untergrund und drücken Sie das Ersatzstück hinein.
6. Wenn ein Stück PVC-Belag gerissen ist, heben Sie den gerissenen Bereich an, streichen neuen Kleber darunter und drücken die Stelle wieder an. Legen Sie ein beschwertes Brett für mindestens 24 Stunden auf die beschädigte Stelle.
7. Eine Blase glätten Sie, indem Sie direkt durch deren Mitte schneiden. Nun haben Sie einen Riß, den Sie wie oben beschrieben ausbessern können.

– aus *The Woman's Hands-On Home Repair Guide* von Lyn Herrick

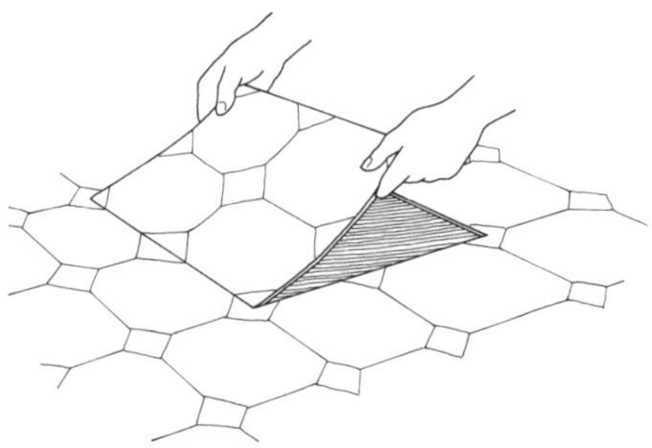

Schneiden Sie die beschädigte Stelle mit einem Teppichmesser heraus und ersetzen Sie sie durch ein einwandfreies neues Stück.

KERAMIKFLIESEN

Erfolgstips

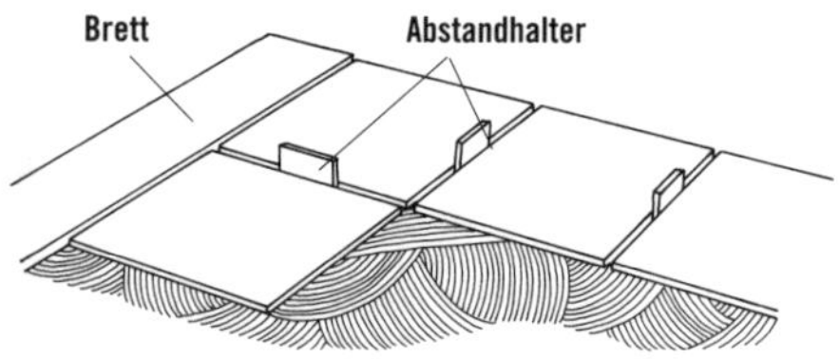

Richten Sie die Fliesen an einem Brett entlang aus und fügen Sie während des Legens Abstandhalter dazwischen.

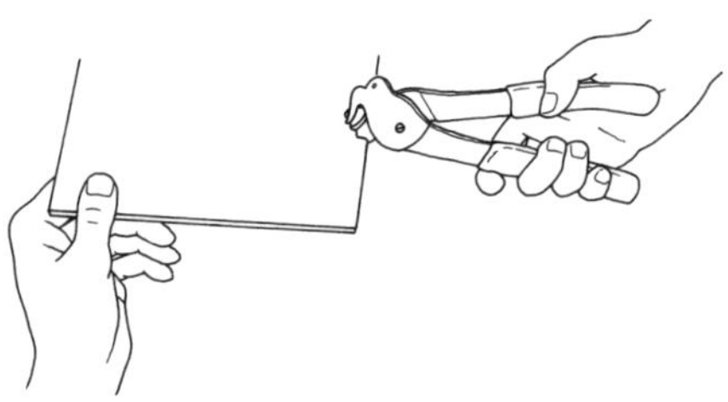

Verwenden Sie eine Fliesenzange, um kleine Stücke von der Fliese abzuschneiden und sie so um Türen und Rohre einzupassen.

Keramikfliesen verlegen

Fliesen sind ansprechend, feuchtigkeitsbeständig, robust und leicht zu reinigen. Einen Fliesenboden selbst zu verlegen kostet Zeit, spart aber eine Menge Geld. Fliesen gibt es in vielen Ausführungen, Farben und Größen. Die Palette reicht von Mosaikfliesen im Format 2 x 2 cm bis zu Platten von 30 x 60 cm. Je größer die Fliesen, desto einfacher ist das Verlegen, aber da Sie künftig damit leben müssen, sollten Sie die auswählen, die Ihnen am besten gefallen.

Fliesen gibt es mit zwei Oberflächen. Unglasierte Terrakottafliesen sind aus gehärtetem und gebranntem Ton mit der Farbe und der Textur von natürlichem Ton. Glasierte Fliesen haben einen glatten, glänzenden Überzug. Sie sind einfacher zu reinigen, aber rutschig, wenn sie naß sind, so daß sie vielleicht nicht die beste Wahl für Ihr Bad sind.

Wenn Sie Fliesen kaufen, geben Sie dem Verkäufer die Maße Ihres Raumes an. Denken Sie daran, zusätzliche Fliesen für spätere Reparaturen zu kaufen und für den Fall, daß Sie einige beim Schneiden oder Verlegen zerbrechen sollten.

Kaufen Sie zusätzlich Abstandhalter aus Kunststoff, Kleber und Fugenmörtel. Sie brauchen außerdem Gummihandschuhe und eine Schutzbrille.

Beginnen Sie mit dem Verlegen, indem Sie den Raum in vier gleich große Bereiche aufteilen.

1. Messen Sie die Mitte jeder Wand aus und zeichnen Sie mit einem Kreidestrich die vier Quadranten des Raums ein.
2. Beginnen Sie im Mittelpunkt des Raums (dort wo die Linien sich kreuzen) damit, die Fliesen innerhalb eines Quadranten vom Mittelpunkt zur Außenwand auszulegen, ohne sie festzukleben.
3. Fügen Sie zwischen den Fliesen Abstandhalter ein, damit die Fugen gleich breit sind. Sie können auch ein Brett verwenden, um sicherzustellen, daß die Fliesen in einer Linie liegen.
4. Wiederholen Sie dies in allen vier Bereichen des Raumes.
   Es hat Vorteile, die Fliesen auszulegen, bevor man sie festklebt. Wenn der Platz für die letzte Fliese an der Wand 3 cm oder weniger beträgt, wird es schwierig, die Fliese zu schneiden, ohne daß sie splittert. Sie können dieses Problem beheben, indem Sie den Kreidestrich, der den Raum aufteilt, 8 cm näher an die Wand verschieben.

Fliesen schneiden: Am besten lassen sich Fliesen mit einer Fliesenschneidemaschine trennen, die jedoch teuer ist. Wenn all Ihre Fliesen ausgelegt sind, können Sie die Fliesen markieren, die zugeschnitten werden müssen, und mit zu einem Baumarkt nehmen. Wenn der Baumarkt eine Fliesenschneidemaschine besitzt, können Sie sie möglicherweise dort schneiden lassen. Wenn nicht, suchen Sie nach einer Möglichkeit, eine solche Maschine auszuleihen. Tragen Sie während des Schneidens eine Schutzbrille.

Um die Fliesen um einen Türrahmen passend zu schneiden, zeichnen Sie auf der Fliese den Bereich an, der ausgeschnitten werden muß. Knipsen Sie diesen Teil behutsam mit einer Fliesenzange ab. Tragen Sie auch dabei eine Schutzbrille. Um ein Rohr einzupassen, achten Sie darauf, daß es auf den Rand einer Fliese trifft. Zeichnen Sie den Bereich entlang der Kante, der entfernt werden soll, mit einem Bleistift an, brechen Sie dann mit der Fliesenzange schmale Stücke der Fliese aus.

Fliesen kleben: Wenn Sie bereit zum Ankleben der Fliesen sind, gehen Sie wie folgt vor:

1. Sammeln Sie die Fliesen in einem Quadranten des Raumes auf.
2. Tragen Sie mit einem Zahnspachtel Fliesenkleber auf jeweils 1 m^2 Untergrund auf.
3. Beginnen Sie am Mittelpunkt des Raumes damit, die Fliesen in den Kleber zu drükken und mit dem Gummihammer leicht anzuklopfen. Fügen Sie die Abstandhalter ein. Halten Sie die Fliesen mit Hilfe einer Spannschnur in einer geraden Reihe und auf gleichem Niveau.

WERKZEUGKASTEN DES FLIESENLEGERS

Zum Verlegen
- Kreide
- Meßlatte
- Fliesenschneidemaschine (nach Möglichkeit mieten)
- Fliesenzange
- Zahnspachtel
- Gummispachtel
- Wasserwaage
- Spannschnur
- Gummihammer

Zum Reparieren
- Schlitzschraubendreher
- Fugenkratzer
- Hammer
- Fliesenmeißel
- Kittspachtel

4. Immer wenn Sie mit einem Quadratmeter fertig sind, gleichen Sie die Fliesen mit einem 5x10-cm-Kantholz aus oder prüfen sie mit einer Wasserwaage auf ihre Höhe. Drücken Sie alle zu hoch stehenden Fliesen etwas nach unten.
5. Befolgen Sie die Herstelleranweisungen zur Trockenzeit des Klebers. Sie beträgt normalerweise mindestens 24 Stunden.
6. Sobald der Kleber getrocknet ist, verfüllen Sie die Fugen mit Fugenmörtel. Gießen Sie eine ausreichende Menge davon auf die Fliesen und verteilen Sie ihn mit einem speziellen Gummispachtel. Achten Sie darauf, daß Sie wirklich alle Fugen verfüllen.
7. Entfernen Sie den überschüssigen Fugenmörtel abschnittsweise. Dann reinigen Sie die gesamte Oberfläche mit einem feuchten Schwamm. Wischen Sie die Fliesen am nächsten Tag nochmals gründlich mit dem Schwamm ab.
8. Fugenmörtel bindet stärker, wenn er zwei oder drei Tage feucht gehalten wird. Bedecken Sie den Boden mit einer Folie, während der Mörtel in der Feuchtigkeit aushärtet.

– aus *The Woman's Hands-On Home Repair Guide* von Lyn Herrick

Gießen Sie eine ausreichende Menge Fugenmörtel auf die Fliesen, verteilen Sie ihn mit einem Gummispachtel und arbeiten Sie ihn in alle Fugen ein.

Fliesen ersetzen

Kleine Sprünge in einzelnen Fliesen lassen sich einfach mit einem Fliesenreparaturset aus dem Baumarkt beheben. Lesen Sie die Anweisung, um sicherzustellen, daß das Set die passende Farbmischung für Ihre Fliesen enthält. Mischen Sie das Epoxidharz zum Auffüllen der Sprünge nach dieser Anweisung.

Schwieriger ist das Austauschen einer Fliese, denn Fliesen sind im allgemeinen mit dem Untergrund verklebt.

1. Entfernen Sie den Fugenmörtel mit einem Schraubendreher oder einem Fugenkratzer. Achten Sie darauf, daß Sie sich dabei nicht verletzen und keine angrenzenden Fliesen beschädigen.
2. Tragen Sie die Fliese nun mit einem Fliesenmeißel und einem Hammer von den Fugen zur Mitte hin ab (Schutzbrille tragen!). Dies geht recht einfach, weil die Fliese nach dem Entfernen der Fuge nicht mehr unter Spannung steht.
3. Entfernen Sie auch alle Reste von Kleber und Fugenmörtel auf dem Untergrund und rund um die entfernte Fliese.
4. Tragen Sie eine neue Schicht Fliesenkleber auf und fügen Sie eine neue Fliese ein, die zu Ihrem Modell paßt. Wenn die neue Fliese etwas zu groß ist, schleifen Sie sie an den Kanten ab. Legen Sie ein Brett über die neue Fliese und beschweren Sie es leicht, solange der Kleber trocknet. Wenn Sie die neue Fliese an einer Wand anbringen, kleben Sie einige Streifen Kreppband darüber.
5. Verfüllen Sie abschließend nach der vorgeschriebenen Trockenzeit die Fugen mit Fugenmörtel.

Erfolgstips

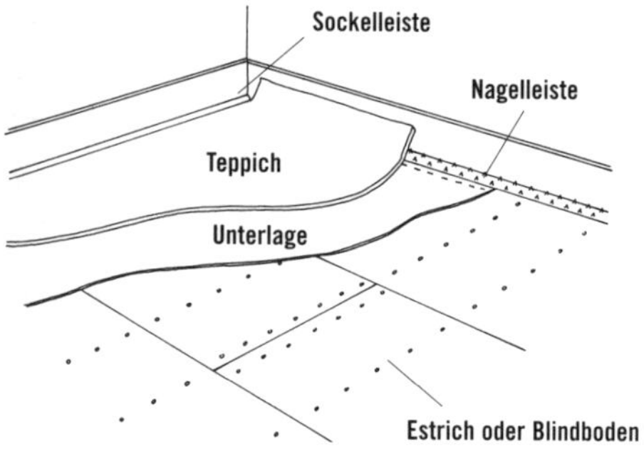

Bereiten Sie den Untergrund sorgfältig vor. Die Sockelleisten müssen vorher entfernt werden. Sie können Sie auch durch Kunststoffprofile ersetzen, in die Teppichstreifen geklebt werden.

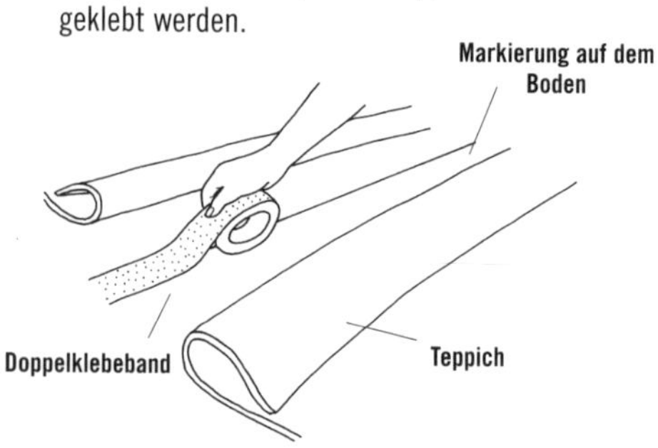

Auch bei der losen Verlegung müssen die Nahtstellen mit doppelseitigem Klebeband befestigt werden.

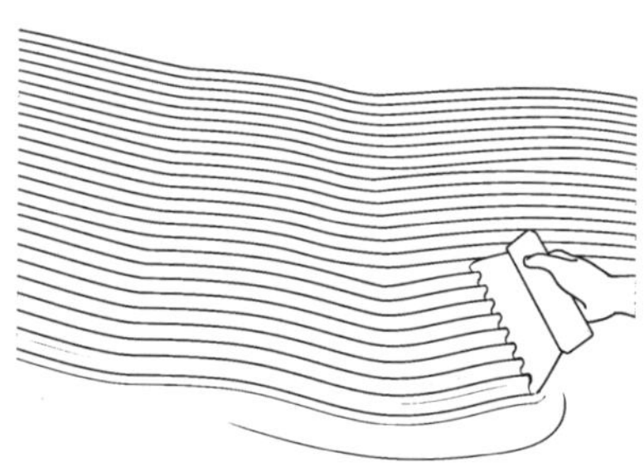

Der Kleber wird mit einem Zahnspachtel flächig auf dem Untergrund aufgetragen. Wichtig ist es, die vorgeschriebene Ablüftzeit einzuhalten. Beachten Sie die Verarbeitungshinweise des Kleberherstellers genau.

Teppichboden verlegen

Sie können Teppichböden mit wenigen Werkzeugen verlegen, aber diese Böden sind schwer. Deshalb sollten Sie mindestens einen Helfer hinzuziehen.

Teppich kann auf dem Unterboden mit Kleber, doppelseitigem Klebeband oder Nagelleisten befestigt werden. Auch eine lose Verlegung ist möglich. Doppelseitiges Klebeband gibt häufig keinen ausreichenden Halt.

Nagelleisten sind schmale Holzleisten mit leicht schräg aufstehenden Drahtstiften. Sie werden an den Wänden entlang auf dem Blindboden festgenagelt oder verschraubt oder bei Betonböden auf dem Estrich verklebt. Ohne teures Werkzeug ist es aber schwierig, den Teppichboden mit Nagelleisten fest an der Wand zu verspannen. Daher bleibt das Verkleben des Belags die beste Alternative.

Außer dem Teppichbelag brauchen Sie Kleber, ein Teppichmesser und scharfe Klingen. Ermitteln Sie zuerst die präzisen Maße des Raums. Dies verlangt Messungen an verschiedenen Stellen, denn Räume sind nicht immer genau rechteckig. Kaufen Sie ausreichend Teppichboden für ein Übermaß von 10 cm an jeder Wand. Abhängig von der Art des Teppichs, den Sie verlegen möchten, und vom Unterboden brauchen Sie möglicherweise auch eine Unterlage für den Belag.

1. Bevor Sie den Teppich auslegen, bereiten Sie den Unterboden vor. Alte Teppichreste und die Sockelleisten müssen, falls vorhanden, entfernt werden. Beseitigen Sie den Staub. Befestigen Sie lose Fliesen oder Dielenbretter und bessern Sie alle Risse aus.
2. Unebene Estriche müssen mit selbstverlaufender Spachtelmasse ausgeglichen werden. Auf sehr saugfähigen oder sandenden Estrichen sollten Sie einen Tiefengrund auftragen, damit der Kleber hält.
3. Beim Auslegen des Teppichs beginnen Sie in der Mitte des Raums und arbeiten auf die Wände zu. Drücken Sie den Teppich gegen die Wände und lassen Sie ihn einige Stunden ruhen. Die Schwerkraft wird einige der Falten und Bruchkanten ausmerzen. Um den Teppich weiter zu glätten, heben Sie, auf dem Unterboden stehend, eine Ecke an und treten Sie sacht gegen den Teppich.
4. Wenn der Teppich schmaler ist als die Raumbreite, fügen Sie zwei Teppichbahnen auf der Rückseite mit einseitigem Klebeband aneinander. Achten Sie darauf, daß sich die Naht nicht in besonders beanspruchten Bereichen wie etwa dem Türeingang befindet. Schneiden Sie das Klebeband auf die Länge der Naht zu.
5. Bei zwei großen Teppichstücken in angrenzenden Bereichen richten Sie die Teppiche so aus, daß der Flor in die gleiche Richtung liegt. Der Flor sind die Fasern, die die Teppichoberseite bilden. Bestimmen Sie die Richtung des Flors, indem Sie mit der Hand über die Oberfläche streichen. In der einen Richtung werden die Fasern geglättet, in der anderen richten sie sich auf.
6. Sobald der Teppich eben aufliegt, kann er mit dem Teppichmesser zurechtgeschnitten werden. Lassen Sie an jeder Seite 10 cm für den Beschnitt überstehen.
7. Beachten Sie beim Anrühren und bei der Verarbeitung des Klebers unbedingt die Herstellerhinweise. Verwenden Sie am besten einen lösungsmittelfreien Kleber.
8. Schlagen Sie jetzt die eine Teppichhälfte zurück und tragen Sie den Kleber mit einem Zahnspachtel flächig auf den Untergrund auf. Nach der vorgeschriebenen Ablüftzeit legen Sie den Teppichboden zurück. Mögliche Korrekturen müssen sofort ausgeführt werden. Mit der zweiten Hälfte verfahren Sie in der gleichen Weise.
9. Drücken und reiben Sie jetzt den Teppich mit der Hand oder mit einem Kantholz kräftig an, damit der Kleber die maximale Haftverbindung bekommt. Vergessen Sie dabei die Kanten nicht.

WERKZEUGKASTEN ZUM TEPPICHVERLEGEN

- Stahlmaßband
- Hammer
- Teppichmesser und Klingen
- Ein- oder doppelseitiges Klebeband (wenn nötig)
- Meßlatte
- Zahnspachtel

10. Im nächsten Schritt ist der Überstand an den Wänden anzupassen. Schieben Sie den Belag fest gegen die Wände und schneiden Sie so nahe wie möglich an der Kante ab.
11. Um eine Ecke einzupassen, ziehen Sie den Teppich etwas zu sich zurück. Ziehen Sie auf der Rückseite des Teppichs zwei Linien in Verlängerung der vorangegangenen Schnitte. Legen Sie zum Schutz ein Brett zwischen die aufgefaltete Ecke und den Teppichboden und schneiden Sie den Überstand entlang der Linie ab. Drücken Sie die Ecke wieder fest in den Kleber.
12. Zum Nacharbeiten des Belags um den Türrahmen herum schneiden Sie auf beiden Seiten den Türrahmen entlang, von der überstehenden Teppichkante bis hinunter zum Boden. Schneiden Sie nun den Ausschnitt unten am Türrahmen quer zu den beiden vorhergehenden Schnitten ab. Dann drücken Sie auf der Seite der Türöffnung eine Falte in den Teppich und schneiden daran entlang. Wenn der Teppichboden hier endet, setzen Sie eine Profilleiste auf die Kante, so daß der Teppich geschützt ist, sich nicht lösen kann und nicht ausfranst.
13. Schrauben Sie rundum die Sockelleisten an oder verwenden Sie an ihrer Stelle spezielle Kunststoffprofile, in die Sie Teppichstreifen einkleben können. Damit wären die Arbeiten abgeschlossen.

Teppichboden ausbessern

Schneiden Sie die beschädigte Stelle mit einem scharfen Teppichmesser aus dem Teppichboden aus und lösen Sie mit einer Spachtel den Kleber vom Untergrund. Entfernen Sie die Kleberreste komplett und saugen Sie den Untergrund ab.

Schneiden Sie aus einem Stück überschüssigem Teppich ein identisches Ersatzstück aus. Wenn Sie keinen Teppich übrig haben, schneiden Sie Ihr Ersatzstück an einer unsichtbaren Stelle aus dem Teppich, etwa in einem Wandschrank. Kleben Sie mehrere Streifen doppelseitiges Klebeband auf den Untergrund, um das Ersatzstück zu fixieren. Sie können auch einen geeigneten Kleber aus dem Teppichfachgeschäft verwenden.

– verändert aus *The Woman's Hands-On Home Repair Guide* von Lyn Herrick

Teppichböden einpassen

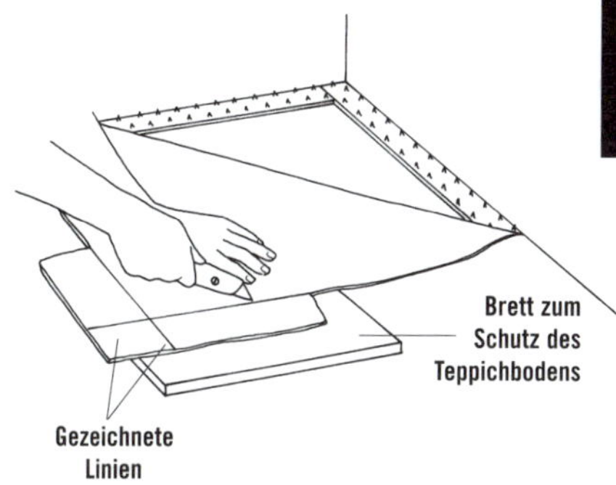

Zum Einpassen einer Ecke schlagen Sie den Teppich zu sich zurück; verwenden Sie ein Brett zum Schutz des Teppichbodens, wenn Sie schneiden.

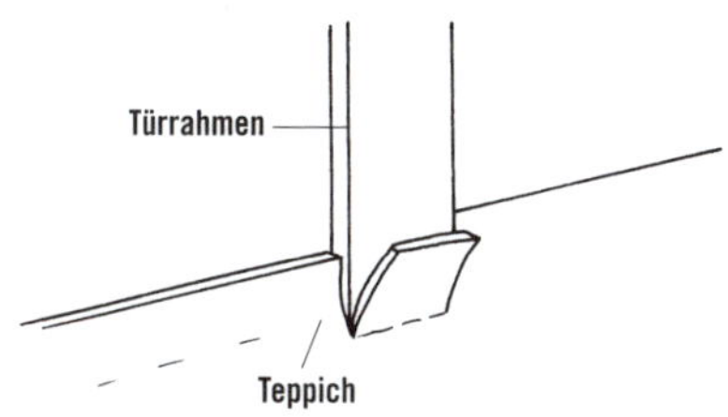

Schneiden Sie auf beiden Seiten am Türrahmen entlang, von der Teppichkante bis zum Boden.

MALERARBEITEN

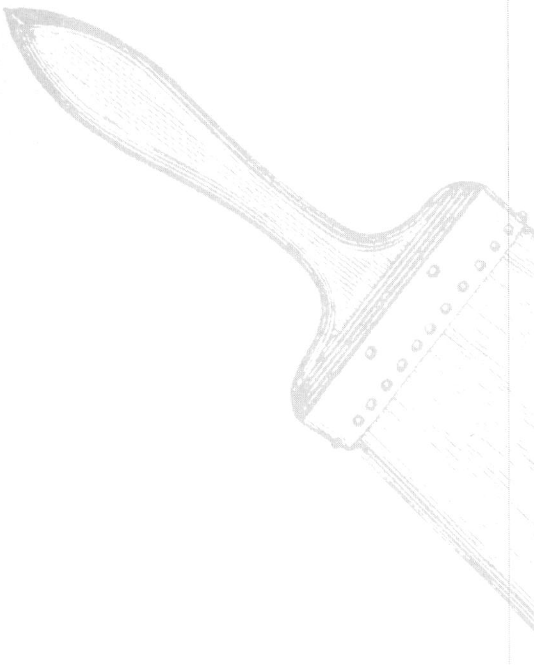

WERKZEUGKASTEN DES MALERS

- Spachtel oder Farbschaber
- Schleifpapier
- Flächenstreicher
- Flachpinsel (5 cm breit, für Leisten, Verkleidungen und Fenster)
- Schlitzschraubendreher
- Kreuzschlitzschraubendreher
- Stahlmaßband
- Farbroller und -wanne
- Verlängerungsstab für Farbroller
- Rasierklingen
- Kreppband

Farbe auswählen

Wenn Sie Farbe bestellen, müssen Sie zwei Grundsatzentscheidungen treffen: Die erste betrifft die Glanzstufe der Farbe. Glanz ist ein Maß für das Kunstharz, das die Farbe auf der Oberfläche abbindet. Farben reichen von hochglänzend bis zu matt. Glänzendere Farben sind leuchtender, haltbarer und feuchtigkeitsresistenter.

Die andere Entscheidung ist die Wahl zwischen Dispersionsfarbe und Ölfarbe. Dispersionsfarbe ist wasserlöslich, so daß alles (bis auf die Kleidung) mit warmem Seifenwasser gereinigt werden kann. Zudem trocknet sie schnell, hat eine hervorragende Farbbeständigkeit und ist praktisch frei von gesundheitsschädlichen Gerüchen und gefährlichen Dämpfen. Dispersionsfarben können auf Tapeten, rohem Mauerwerk und matten Ölfarben verwendet werden, auf hochglänzender Ölfarbe nur, wenn die Oberfläche zuerst grundiert wurde.

Ölfarben erfordern Terpentin oder Terpentinersatz zur Reinigung. Die Farbe verbindet sich chemisch mit der darunterliegenden Oberfläche. Hochglänzende Ölfarben sind deshalb wasserfest. Sie ergeben eine hervorragende Oberfläche für Bereiche, die häufig abgewaschen werden müssen.

Wenn Sie die zu streichenden Flächen vorher ausmessen, sparen Sie Farbe. Im allgemeinen reicht 1 l Farbe für etwa 10 m². Messen Sie Höhe und Breite des Raumes und lassen Sie sich von einem sachkundigen Verkäufer bezüglich der dafür benötigten Menge beraten. Lassen Sie, wenn erforderlich, die Farbe mischen. Kaufen Sie die gesamte Farbmenge, die Sie benötigen, auf einmal. Eine für den Kunden gemischte Farbe später nachzukaufen kann zu Abweichungen führen.

Vorarbeiten für den Anstrich

Eine schöne Oberflächenausführung bedarf einer einwandfreien Vorbereitung der Wand:

1. Entstauben Sie die Wände und entfernen Sie alle Flecken, damit die Farbe richtig binden kann. Waschen Sie alle Wände mit Wasser ab, dem Sie einen Haushaltsreiniger beimischen. Lassen Sie die Wände gründlich trocknen, bevor Sie mit dem Anstreichen beginnen.
2. Es könnte sein, daß Sie Anzeichen von Schimmel finden, einem kleinen Organismus, der auf warmen, feuchten und dunklen Oberflächen wächst. Um zu verhindern, daß er bei entsprechenden Bedingungen nach dem Abwaschen rasch wiederkommt, reinigen Sie die Wände mit einem Teil Bleichmittel und vier Teilen Wasser, bei großen Flecken mit einem Teil Bleichmittel und drei Teilen Wasser. Tragen Sie dabei Schutzhandschuhe. Lassen Sie die Wand 32 Stunden trocknen. Danach empfiehlt sich eine Farbe, die ein Biozid gegen Schimmel enthält. Inzwischen sind auch hochwirksame Anstriche auf nanotechnologischer Basis verfügbar.
3. Abgeblätterte Farbe muß abgekratzt und die Wand leicht abgeschliffen werden. Schleifen Sie an Holzwänden alle Splitter ab. Mit einem Lackfirnisüberzug auf Astlöchern können Sie verhindern, daß heraussickernder Saft Ihren neuen Anstrich verdirbt.
4. Entfernen Sie zum Schluß alle Schalter- und Steckdosenrahmen.

Tips fürs Streichen

Nach den Vorbereitungsarbeiten nun ein paar Tips zur reibungslosen Gestaltung des Arbeitsvorgangs.

- Bedecken Sie den Boden mit einem alten Bettuch, Zeitungspapier oder einer Plastikplane und tragen Sie alte Kleidung. Farbe – auch Dispersionsfarbe – läßt sich nur schwer aus der Kleidung entfernen.
- Streichen Sie bloße Oberflächen zuerst mit einer Grundierung. Die Grundierung dichtet die Wandoberfläche ab und schützt sie. Sie unterstützt die Haftung des Fertiganstrichs an den Wänden. Beginnen Sie mit dem Anstrich, sobald die Grundierung trocknet.
- Geben Sie nicht zuviel Farbe auf Rolle oder Pinsel. Sie darf nicht abtropfen.
- Schwer zu entfernende Wandflecken wie Rost, Lippenstift und Buntstiftmarkierungen sollten nicht überstrichen werden. Diese Farbstoffe schlagen oft durch die Anstrichfarbe durch. Waschen Sie die Flecken stattdessen so gut es geht ab. Dann versiegeln Sie die Flecken mit einer Mischung aus Acrylfirnis und etwas weißer Farbe. Sobald die Mischung trocknet, streichen Sie darüber.
- Warten Sie mit dem zweiten Anstrich, bis die Wandoberfläche komplett getrocknet ist.
- Wenn Sie Anstrichfarbe auf das Fensterglas bringen, kratzen Sie sie vorsichtig mit einer Rasierklinge ab.
- Wenn Sie in einem Raum mit Teppichboden die Sockelleiste ganz unten streichen möchten, legen Sie einen „Schutzschild" unter. Ein stabiler Karton oder eine Sperrholzplatte sind bestens geeignet.
- Wenn Sie die Arbeit nicht an einem Tag schaffen, können Sie Ihre Farbroller und Pinsel in eine Plastikfolie wickeln und über Nacht im Gefrierschrank lagern.
- Reinigen Sie Ihre Farbroller und Pinsel sofort nach der Arbeit sorgfältig, damit sie wiederverwendet werden können.

– aus *The Woman's Hands-On Home Repair Guide* von Lyn Herrick

Strukturfarbe

Das Auftragen von Strukturfarbe ist eine der günstigsten Möglichkeiten, unebene Wandoberflächen zu kaschieren. Sie kann zudem Spannung in Ihren Raum bringen. Ich habe diese dicke, körnige Farbe mit einem Pinsel aufgetragen und so mehrere Lagen Tapete überdeckt.

Bevor Sie mit dem Anstrich beginnen, prüfen Sie, ob die gesamte Tapete fest an der Wand haftet und sich nicht abziehen läßt. Reißen Sie lose Papiertapeten ab oder befestigen Sie sie mit Tapetenkleister.

Wenn Sie auf eine schon früher gestrichene Oberfläche Strukturfarbe auftragen möchten, versuchen Sie herauszufinden, welche Art Farbe Sie überstreichen. Einige Ölfarben lassen sich mit wasserbasierter Strukturfarbe nicht überstreichen. Verwenden Sie immer eine Grundierung, bevor Sie Dispersionsfarbe auf Ölfarbe auftragen. Ich habe dabei Lehrgeld bezahlt.

In einem meiner Häuser waren die Wände und die Decke des Eßzimmers in einem furchtbaren Zustand. Ich beschloß, die Mängel zu verdecken. Ich hatte keine Ahnung, was sich auf den Wänden und an der Decke befand, und so strich ich am ersten Tag die Decke. Es ging einfach und sah wunderbar aus.

Am nächsten Morgen schaute ich in den Raum und war schockiert! Die Farbe war in langen Fäden von der Decke getropft. Es sah aus wie eine Szene aus einem Horrorfilm. Die Extraminuten für eine Grundierung hätten mir zwei Tage für das Abkratzen und einige Stunden Säuberung erspart.

– aus *Be Your Own Home Decorator* von Pauline B. Guntlow

Schützen Sie den Teppichboden mit einer stabilen Tafel, wenn Sie die Sockelleiste streichen.

TAPEZIEREN

Tapeten aussuchen

Hier finden Sie sowohl eine Liste der verschiedenen Arten von auf dem Markt erhältlichen Tapeten als auch mögliche Anwendungen und Verarbeitungstips:

Papier: Papiertapete ist vollständig aus Papier hergestellt, ohne Beschichtung oder eine besondere Behandlung. Papiertapeten erfordern üblicherweise einen Kleber und müssen vorsichtig verarbeitet werden, weil sie reißen können.

Rauhfaser: Eine Unterart der Papiertapete – und die am häufigsten verwendete Form – ist die Rauhfasertapete. Sie besteht aus mehreren Papierschichten, in die Holzfasern eingearbeitet sind, und läßt sich leicht verarbeiten. Je nach Körnungsgrad entstehen feine bis grobe Strukturen. Der besondere Vorteil dieser Tapete liegt darin, daß sie mit jeder beliebigen Wandfarbe, teils mehrmals, überstrichen werden kann.

Vinyl: Vinyl- oder PVC-Tapete ist einfach anzubringen. Sie ist relativ teuer, aber auch sehr langlebig. Die Vinyldeckschicht ist rückseitig mit Gewebe oder Papier versehen. Vinylbeschichtetes Papier wurde mit einer dünnen Schicht Kunststoff besprüht, was bedeutet, daß die Tapete nur mit einer milden Seife und Wasser gereinigt werden sollte. Vinyltapeten sind gut für stark benutzte Bereiche wie Gänge, Küchen und Bäder geeignet. Dicke, schwere Vinyltapeten lassen sich allerdings nur schwer auf kleinen Flächen anbringen.

Gewebe: Die am häufigsten in Textiltapeten verwendeten Gewebe sind Grasleinen, Sackleinen, Hanf und Jute. Die Fasern sind gewebt und auf einen Papier- oder Textiluntergrund geklebt. Sie enthalten natürliche Unregelmäßigkeiten. Deshalb sind die Nähte nach dem Anbringen der Tapeten sichtbar.

Velours: Velourstapeten sind zweischichtige Papiertapeten, die Damast oder geflockten Stoffen ähneln. Sie werden gewöhnlich in offiziellen Räumen verwendet. Aufgrund ihrer Oberflächenstruktur sind sie ideal geeignet, um Fehlerstellen in den Wänden auszugleichen. Sie sind nicht leicht zu verarbeiten, da sich Kleisterflecken auf der Oberfläche nicht abwaschen lassen. Zudem können sie beim Tapezieren leicht brechen.

Metall: Metalltapeten werden hergestellt, indem ein Papier- oder Geweberücken mit einer dünnen Metallfolie beschichtet wird. Viele Folien sind mit Polyesterfilm beschichtet, was ein spiegelähnliches Glänzen ergibt. Die reflektierenden Eigenschaften können den Raum größer erscheinen lassen und das Zimmer aufhellen. Aber diese Art von Papiertapete „atmet“ nicht, weshalb sich Luftblasen schwer entfernen lassen. Außerdem knittern Metalltapeten leicht und lassen Mängel der Wandoberfläche sichtbar werden.

Wandbilder: Fototapeten werden als Blickfang verwendet, um den Eindruck eines größeren Raumes zu vermitteln. Fototapeten gibt es auf Metallfolie, Papier oder Vinyl. Um ein ansprechendes Ergebnis, also eine gleichmäßige Oberfläche der Fototapete, zu erreichen, muß die Wandfläche besonders sorgfältig geglättet werden.

– verändert aus *Wallpapering Step-by-Step* von Marian Lee Klenk

Tapetenpsychologie

- Je größer der Raum (Höhe und Wandfläche), desto größer darf das Muster sein.
- Dunkle Farben lassen einen Raum kleiner und wärmer erscheinen.
- Streifen lassen einen Raum höher und größer erscheinen.
- Geometrische Drucke erzeugen einen plastischeren Eindruck von Räumlichkeit.
- Kleine Muster schaffen in einem kleinen Zimmer ein Gefühl von Weite.
- Große Muster verdecken Mängel in den Wänden besser als kleine.
- Strukturtapete vermittelt einem Raum Schwere und Wärme.
- Berücksichtigen Sie die Anschlüsse: Wenn sich ein Flur in einen Wohnraum öffnet, sollten die Tapeten der beiden Räume einander ergänzen.

WERKZEUGKASTEN DES TAPEZIERERS

- Senklot und Kreide zum exakten Fixieren der ersten Bahn
- Schlagschnur
- Große, scharfe Scheren
- Teppichmesser mit zusätzlichen Klingen
- Tapezierbürste, Glättrakel oder großer Schwamm
- Stahlmaßband
- Tapetenkleister, Kleistereimer und -pinsel (für Tapeten, die nicht vorgekleistert sind)
- Saubere Lappen zum Entfernen von überschüssigem Kleister
- Tapeziertisch oder eine andere ebene Arbeitsoberfläche
- Reißnägel
- Nahtroller
- Schlitz- oder Kreuzschlitzschraubendreher
- Spachtel
- Großer Farbpinsel
- Gerüst (zum Tapezieren von Decken)

Zum Entfernen alter Tapeten

- Schwamm
- Eimer
- Breiter Farbschaber
- Dampf-Tapetenablöser (wenn nötig, gegebenenfalls mieten)
- Mittelkörniges Schleifpapier
- Schutzbrille und Handschuhe
- Stachel- oder Igelwalze
- Spachtel

Alte Tapeten entfernen

Das Entfernen alter Tapeten verursacht eine Menge Schmutz. Wenn der Kleister auf der Rückseite der Tapete aufgeweicht wird, läßt sie sich leichter abkratzen.

Beginnen Sie mit einem Schwamm, einem Eimer heißen Wassers und einem breiten Farbschaber.

1. Weichen Sie die alte Papiertapete mit dem nassen Schwamm gründlich auf. Wenn der Kleister weich geworden ist, läßt sich die Tapete von oben nach unten abziehen.
2. Entfernen Sie die abgelösten Abschnitte mit dem Farbschaber.
3. Wenn sich die Tapete mit dem Schaber nicht ablösen läßt, versuchen Sie, sie stärker aufzuweichen. Mit einer Stachel- oder Igelwalze können Sie die alte Tapete perforieren, so daß sie das Wasser oder auch den Tapetenablöser, der das Aufweichen des Klebers unterstützt, besser aufnimmt.
4. Wenn nichts hilft, mieten Sie einen Dampf-Tapetenablöser und dämpfen Sie die Papiertapete ab. Dampfablöser sind häufig notwendig, wenn Wände mit mehreren Lagen Tapete beklebt sind.
5. Sobald Sie die alte Papiertapete entfernt haben, schleifen Sie die verbliebenen Papierschnitzel mit mittelgrobem Schmirgelpapier ab.
6. Bevor Sie die neue Tapete anbringen, waschen Sie die Wand mit einem Haushaltsreiniger ab, um alle Kleisterreste zu entfernen.

Die Wand für neue Tapeten vorbereiten

Bereiten Sie die Wände genauso vor, wie Sie es zum Streichen tun würden. Wenn Sie über alte Tapeten tapezieren möchten, sollten Sie alles lose Papier mit einem Spachtel entfernen. Entfernen Sie die alten Tapeten komplett, wenn größere Teile lose sind oder Sie mehrere Lagen feststellen. Für kleine Flächen können Sie chemische Lösungen zum Ablösen der alten Papiertapete verwenden. Für große Bereiche sollten Sie einen Dampf-Tapetenablöser mieten.

Wenn Sie frisch verputzte Wände oder neue Rigipswände tapezieren möchten, tragen Sie zuerst eine Schicht matten Sperrgrund auf die Wände auf, dann leimen Sie sie vor. Kleisterpulver können Sie im Baumarkt kaufen. Mischen Sie es wie in der Anweisung vorgeschrieben mit Wasser und bürsten oder rollen Sie die Masse auf die Wände. Lassen Sie sie über Nacht trocknen.

Tapezierwerkzeuge

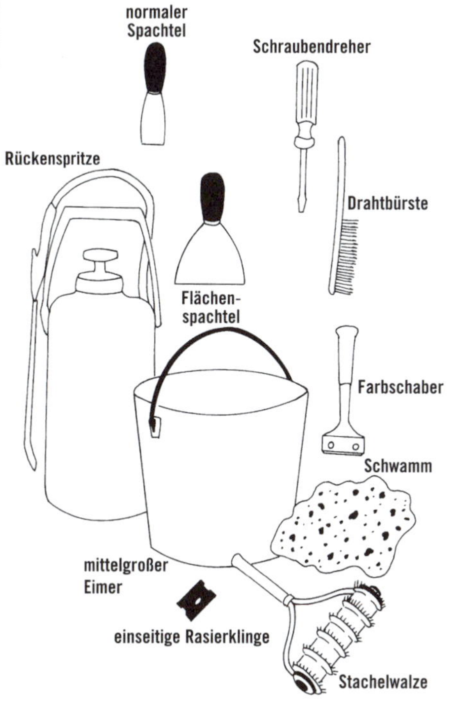

Stellen Sie das Werkzeug für die Tapetenentfernung zusammen, nachdem Sie Boden und Möbel mit Abdeckplane bedeckt haben.

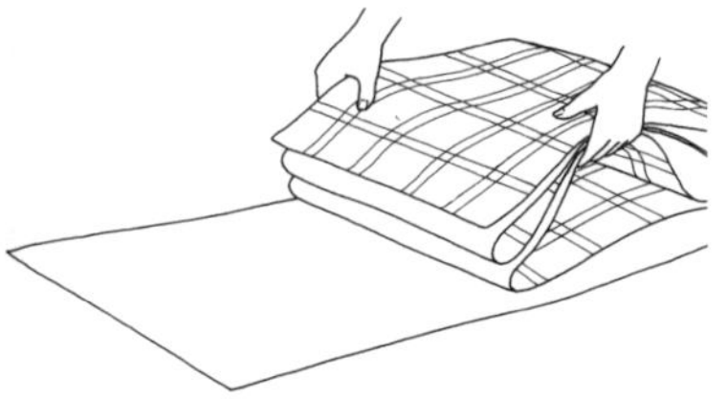

Schritt 6: Falten Sie die gekleisterten Tapeten ziehharmonikaartig – die klebenden Seiten aufeinander.

Schritt 7: Rollen Sie die Tapete rückwärts auf und ziehen Sie sie durch handwarmes Wasser in einem Trog.

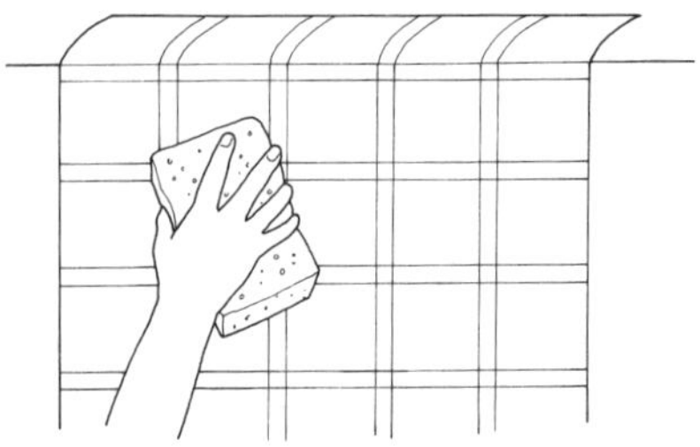

Schritte 8 und 9: Kleben Sie die obere Kante knapp über Deckenhöhe. Streichen Sie die Tapete mit ausholenden Bewegungen mit einem Schwamm oder einer Tapezierbürste von oben nach unten glatt.

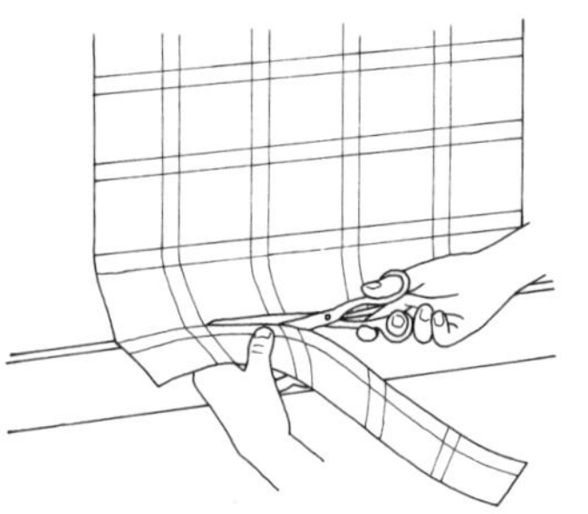

Schritt 10: Formen Sie mit der stumpfen Kante der Schere einen Knick entlang der Sockelleiste in die Tapetenbahn. Dann ziehen Sie die Tapete unten wieder ab, kürzen Sie mit der Schere und drücken sie behutsam wieder an die Wand.

Tapezieren

Wenn Sie alles vorbereitet haben, folgen Sie diesen Schritten:

1. Schneiden Sie die Bahnen 10 bis 15 cm länger als die Wandhöhe. Die zusätzliche Länge kann je nach dem gewählten Muster variieren. Die Zugabe ist für die saubere Anpassung nötig. Wenn Sie die Papiertapete allein zuschneiden, befestigen Sie die Bahnen am oberen Ende mit Reißnägeln, um sie zum Zuschneiden auf dem Tisch zu halten.
2. Hängen Sie die erste Tapetenbahn perfekt gerade. Da nur wenige Wände genau rechtwinklig sind, ist dies besonders wichtig. Verwenden Sie ein Senkblei und Kreide, damit Sie die Wand dort markieren können, wo das Senkblei angekommen ist. Beginnen Sie am besten neben einer Tür.
3. Messen Sie die Breite der Tapete. Dann messen Sie vom oberen Ende der Tür eine Entfernung ab, die der Breite der Tapete minus 3 cm entspricht.
4. Setzen Sie Ihr Senkblei oben an der markierten Stelle der Wand an. Lassen Sie es fallen und zeichnen Sie unten die Stelle an, wo es hängen bleibt. Dies garantiert eine senkrechte Linie.
5. Nehmen Sie Ihre Schlagschnur und fixieren Sie sie oberhalb des Senkbleis und an dem Punkt, wo es hingefallen ist. Ziehen Sie sie straff und lassen Sie sie ruckartig los. Dabei bleibt eine gerade Linie auf der Wand als Führung für die erste Tapetenbahn zurück.
6. Für Papiertapeten, die gekleistert werden müssen, legen Sie die abgeschnittene Tapete mit der Musterseite nach unten auf den Tisch. Tragen Sie mit einer Bürste großzügig Kleister auf. Verteilen Sie ihn auf der ganzen Fläche und stellen Sie sicher, daß die Kanten zusätzlichen Kleister erhalten. Falten Sie die Bahn ziehharmonikaartig mit den bekleisterten Seiten aneinander, damit Sie sie einfacher handhaben können.
7. Vorgekleisterte Tapeten legen Sie nach dem Abschneiden ebenfalls mit der Musterseite nach unten auf den Tisch. Statt mit Kleister bestreichen Sie die Bahn mit ausreichend Wasser, oder Sie ziehen die gerollte Bahn durch ein Wasserbad und legen sie zum Einwirken vorsichtig zusammen. Beachten Sie die in der Anleitung vorgeschriebene Einwirkzeit.
8. Drücken Sie die gefaltete, vorgekleisterte Papiertapete am oberen Ende der Wand knapp über der Deckenhöhe leicht an. Drücken Sie die Bahn nun entlang der Decke und exakt an der vom Senkblei vorgegebenen Linie ausgerichtet an die Wand. Lassen Sie an der Decke 5 bis 8 cm überlappen. Nun richten Sie den unteren Teil an der Sockelleiste oder der Fußbodenkante und an der Lotlinie aus.
9. Wenn die ganze Bahn sauber auf der Wand angebracht ist, glätten Sie die Tapete von oben nach unten mit einer Tapezierbürste oder einem großen feuchten Schwamm – Vorsicht bei Velourstapeten. Streichen Sie von der Mitte nach außen zu den Nähten. Machen Sie schwungvolle Bewegungen, um eine Ausdehnung zu vermeiden.
10. Kürzen Sie die Papiertapete an der Decke, an der Sockelleiste oder der Bodenkante und am Türrahmen. Erinnern Sie sich daran, daß Sie die Senkrechte 3 cm näher an der Tür angelegt haben, als die Tapetenbreite beträgt. Dies war nötig, weil Türrahmen niemals exakt gerade sind. Knicken Sie eine Falte entlang der Decke und des Türrahmens, indem Sie die Tapete in die Kante drücken, und kürzen Sie sie mit einem Teppichmesser entlang des Knicks. Eine Schiene als Führung macht den Schnitt präziser. Nach dem Kürzen wischen Sie den gesamten überflüssigen Kleister mit einem sauberen Schwamm ab. Am unteren Ende verfahren Sie ebenso. Statt des Teppichmessers können Sie auch eine Schere verwenden, müssen dann aber das Ende der Bahn leicht ablösen.

11. Bringen Sie die zweite Bahn genau nach dem gleichen Schema an, wobei Sie die erste Bahn als Führung verwenden. Passen Sie das Muster so exakt wie möglich an. Beim Zuschneiden der Papiertapete passen Sie sie in Augenhöhe an und geben oben und unten in der Länge zu. Sie können die Bahnen an der Wand per Stoßnaht, also ohne Überstand, aneinanderfügen oder aber mit einer Überlappung von 2 mm. Die erste Methode ist akkurater, aber bedenken Sie, daß das Papier zum Schwinden neigt, wenn es trocknet. Wenn Sie die Bahn lang genug geschnitten haben, haben Sie Spielraum, um die Tapete an der Wand nach oben und unten zu schieben, bis sie paßt. Drücken Sie unbedingt alle Nähte mit einem Nahtroller oder einem harten Fingernagel an.

Schritt 11: Lassen Sie die Tapete oben und unten zum Anpassen überstehen.

Um Fenster herumtapezieren

Um Fenster herumzutapezieren kann Probleme bereiten. Ich ziehe es vor, ohne zusätzliche Schnitte zu arbeiten. Beginnen Sie, wie wenn das Fenster nicht da wäre.

1. Gleichen Sie die Tapete mit der danebenhängenden Bahn ab und bringen Sie sie mit etwa 5 cm Überstand oben an. Drücken Sie sie mit Ihrer Tapezierbürste an.
2. Sobald Sie das Fenster erreichen, knicken Sie eine Falte an der ganzen Fensterlaibung entlang. Schneiden Sie die Tapete oben und unten bis zu den Ecken der Fensterlaibung ein und legen Sie sie um die Ecke Richtung Fenster. Wenn die Tapete am Fensterrahmen überlappt, machen Sie eine weitere Falte und schneiden die Tapete an dieser Falte entlang ab. An der gegenüberliegenden Fensterlaibung gehen Sie genauso vor. Die verbleibenden Flächen werden paßgenau zugeschnitten und mit einer Stoßnaht an die vorhandenen Bahnen angefügt.
3. Wenn die Tapete exakt angeklebt ist, gehen Sie mit einem sauberen feuchten Schwamm darüber, um überschüssigen Kleister zu entfernen.

Um die Fenster herumarbeiten

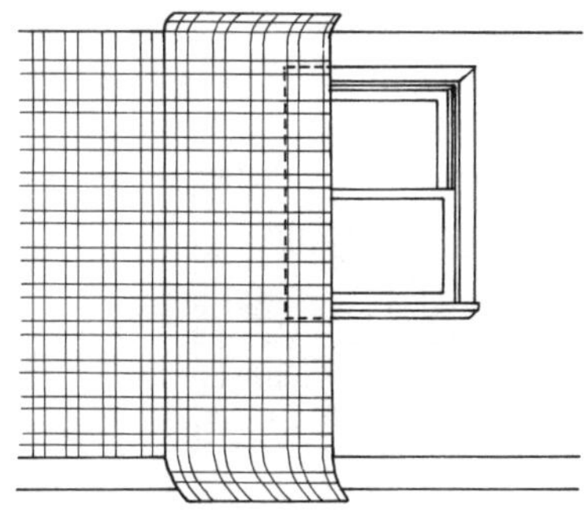

Bringen Sie die Tapete über dem Fenster an, als ob es nicht da wäre. Dann knicken Sie die Tapete an den Kanten der Fensterlaibung ab. Achten Sie besonders auf die Ecken. Dann schneiden Sie die Tapete oben und unten bis zu den Ecken ein und kleben den Überstand innen an der Fensterlaibung an. Am Fensterrahmen kürzen Sie ihn gegebenenfalls ein.

Decken tapezieren

Wenn Sie eine Decke tapezieren, müssen Sie, meist auf einem Gerüst stehend, über Kopf arbeiten. Bereiten Sie die Decke genauso vor wie eine Wand. Um die erste Richtlinie zu markieren, messen Sie 2 cm weniger als die Tapetenbreite, um 2 cm Überstand zur Wand zu haben. Dies beugt Lücken vor. Schneiden Sie jede Bahn 10 cm länger als benötigt, damit Sie an den Wänden eine Überlappung haben.

Markieren Sie nach und nach die Führungslinien. Eine Schlagschnur zu verwenden ist möglicherweise einfacher, als eine Wasserwaage nach oben zu halten und eine Bleistiftlinie daran entlangzuziehen. Dennoch werden Sie einen Zollstock brauchen, um sicherzugehen, daß die Linie genau ist.

Tragen Sie den Kleister auf und falten Sie die Tapete ziehharmonikaartig. Gleichen Sie die erste Bahn mit der Führungslinie ab und streichen Sie den ersten Teil an der Linie entlang glatt, wobei Sie die Tapete vorsichtig in die Ecken und an die Ränder der Decke drücken. Bitten Sie jemanden, die verbleibenden Teile der Bahn mit einem Besen nach oben zu halten, während Sie sich an der Decke entlangarbeiten.

– verändert aus *Wallpapering Step-by-Step* von Marian Lee Klenk

Blasen ausstreichen

Wenn eine große Blase erscheint, ziehen Sie Ihre Tapete bis zu der Stelle, an der die Blase sitzt, wieder ab. Streichen Sie sie glatt, indem Sie die Blase zu den Nähten bürsten. Dann drücken Sie die Bahn langsam wieder an die Wand, während Sie sie stetig glätten. Wenn die Tapete anfängt zu trocknen und immer noch eine Blase hat, stoßen Sie mit einem Teppichmesser oder einer Rasierklinge ein Loch hinein. Dann streichen Sie die Blase von der Außenseite zum Loch hin aus.

– aus *The Woman's Hands-On Repair Guide* von Lyn Herrick

Ein Loch in einer verputzten Wand ausbessern

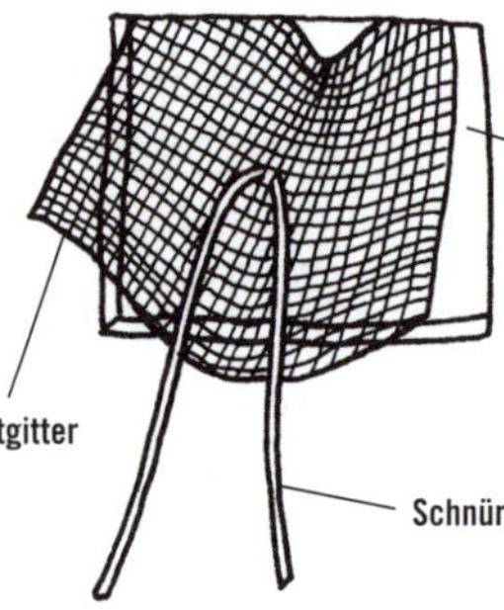

Um ein Loch in einer verputzten Wand auszubessern, fädeln Sie einen Schnürsenkel durch ein Drahtraster und drücken das Gitter durch das Loch.

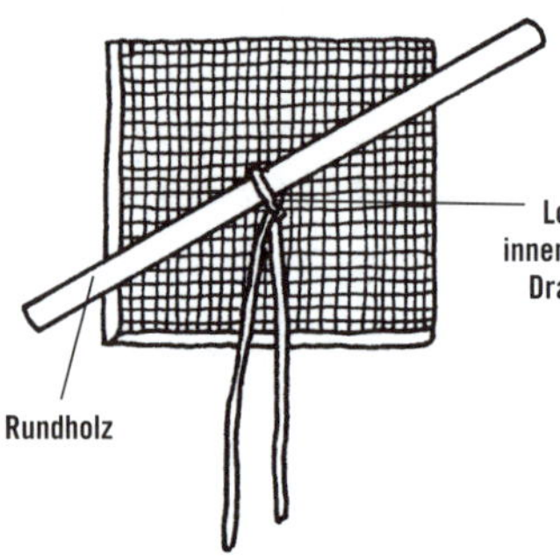

Binden Sie mit dem Schnürsenkel ein Rundholz an das Drahtgitter.

Löcher ausbessern

Verputze Wände bessern Sie mit Gips aus. Wenn sich hinter dem Putz ein Hohlraum befindet – häufig bei Holzständerbauten –, benötigen Sie außerdem ein Drahtgitter, einen dünnen Schnürsenkel oder einen Draht, ein Rundholz, einen dünnen Stock oder einen Bleistift, der länger ist als der Querschnitt des Lochs.

1. Entfernen Sie den gesamten losen Putz rund um das Loch.
2. Wenn sich unter dem Putz ein Hohlraum befindet, bauen Sie eine Aufnahmevorrichtung in das Loch ein, die den für die Reparatur verwendeten Gips hält. Gut geeignet ist ein Stück Drahtgitter, das deutlich größer ist als das Loch.
3. Fädeln Sie den Schnürsenkel oder den Draht durch das Gitter.
4. Schieben Sie das Gitter in das Loch hinein, ziehen Sie am Schnürsenkel, so daß das Gitter von innen fest an dem Loch anliegt, und binden Sie den Schnürsenkel an dem Rundholz fest, das quer über das Loch gelegt wird. Dadurch wird das Gitter festgehalten, während Sie die erste Schicht Gips in das Loch geben.
5. Vor dem Auftragen des Gipses feuchten Sie das Loch und das Drahtgitter mit einem Pinsel gut mit Wasser an. Bringen Sie ausreichend Gips in das Loch ein, so daß er durch das Drahtgitter sickert und die Seitenflächen des Lochs bedeckt.
6. Wenn der Gips durchgetrocknet ist, entfernen Sie das Rundholz und den Schnürsenkel.
7. Bringen Sie je nach Größe des Lochs mehrere Schichten Gips auf und lassen Sie diese jeweils antrocknen.
8. Wenn das Loch vollständig verfüllt und getrocknet ist, schleifen Sie die Fläche eben.
9. Tragen Sie eine Farbgrundierung auf, bevor Sie die Deckschicht aufwalzen.

Gipsfaserplatten anbringen

Wände: Manche Wandoberflächen sind so stark verfallen, daß sie erneuert werden müssen. Entfernen Sie zuerst den losen Putz oder, wenn große Flächen lose sind oder die Oberfläche uneben ist, den gesamten Putz.

Statt die Wand neu zu verputzen, können Sie Gipsfaserplatten anbringen. Wenn Sie eine Holzunterkonstruktion haben, zum Beispiel in Fachwerk- oder Holzhäusern, verwenden Sie einen Akkuschrauber und lange selbstfurchende Schrauben, Schnellbauschrauben genannt. Diese Schrauben durchdringen auch weiches Blech ohne Vorbohren.

Sollen die Gipsfaserplatten auf dem Mauerwerk befestigt werden, können sie mit einem Ansetzgips oder Spezialkleber direkt auf dem Mauerwerk angebracht werden.

Wenn die Gipsfaserplatten angebracht sind, kaschieren Sie die Fugen, an denen die neue Wandbekleidung und der bestehende Putz zusammentreffen, mit Fugenmasse oder Fugenband.

Decken: Stark verfallene Decken sollten ebenfalls mit Gipsfaserplatten verkleidet werden.

Entfernen Sie losen Putz, bevor Sie die Platten anbringen. Bei kleineren Schadstellen unterfüttern Sie den Bereich, um ihn auf eine Höhe zu bringen, und verkleiden die gesamte Decke mit Gipsfaserplatten. Bei großflächigen Schäden müssen Sie den gesamten Putz abtragen.

Um die Gipsfaserplatten anzubringen, bauen Sie sich zwei große T-förmige Ständer, den horizontalen Teil aus einer 1 m langen Dachlatte und den vertikalen Teil aus einem 5x10-cm-Kantholz, das etwa 3 cm länger ist als die Deckenhöhe. Drücken Sie die Gipsfaserplatte an, während Sie die beiden Ts darunter spreizen, um die Platte in Position zu halten. Schrauben Sie die Decke – bei Holzbalkendecken – an den Latten und, wo immer möglich, direkt an den Balken fest.

– verändert aus *Reviving Old Houses* von Alan Dan Orme

Löcher in Gipsfaserplatten

Es gibt zwei Möglichkeiten, ein großes Loch in einer Gipsfaserplatte zu flicken: Bei der ersten Methode muß das Loch so vergrößert werden, daß es an beiden Seiten bis zu einem Pfosten reicht. Beim anderen Verfahren wird ein Stück Gipsfaserplatte an eine Hinterfüllung aus Sperrholz geklebt. In beiden Fällen müssen Sie zuerst im Baumarkt eine Gipsfaserplatte besorgen.

Methode I

1. Schneiden Sie mit einer kleinen Säge oder einem großen Messer ein exaktes Rechteck um das Loch. Achten Sie darauf, daß das Rechteck an jeder Seite bis zu einem Wandpfosten reicht.
2. Messen Sie das rechteckige Loch aus und schneiden Sie ein neues Stück Gipsfaserplatte mit denselben Maßen zu.
3. Setzen Sie das zugeschnittene Stück ein und befestigen Sie es an beiden Pfosten.

Methode II

1. Schneiden Sie mit einer kleinen Säge ein neues Stück Gipsfaserplatte von rechteckiger Form, das etwas größer ist als das Loch in der Wand.
2. Legen Sie das neue Stück über das Loch und umreißen Sie es mit einem Bleistift. Schneiden Sie mit der Säge eine Öffnung entlang den Bleistiftlinien aus.
3. Bauen Sie eine Hinterfüllung, indem Sie zuerst ein Stück Sperrholz so zuschneiden, daß es größer ist als das Loch, aber diagonal durch das Loch hindurchpaßt.
4. Setzen Sie eine kleine Schraube so in die Mitte der Sperrholzplatte, daß am Schraubenkopf eine Schnur befestigt werden kann.
5. Bringen Sie eine Schnur an der kleinen Schraube an, so daß die Sperrholzplatte von innen glatt an die Wand gezogen werden kann.
6. Streichen Sie einen Kleber auf Kautschukbasis oder einen Kunststoffkleber an den Kanten entlang auf die Sperrholzplatte und führen Sie sie diagonal durch das Loch.
7. Während ein Helfer die Platte mit der Schnur straff gegen die Gipswand zieht, schrauben Sie drei oder vier Schrauben – am besten Schnellbauschrauben von mindestens 3 cm Länge – durch die Wand in die Platte.
8. Lassen Sie den Kleber mindestens eine Stunde trocknen, fügen Sie dann die Gipsfaserplatte ein. Tragen Sie Fugenmasse an den Seiten und auf der Rückseite der Platte auf und setzen Sie sie auf die Sperrholzplatte.
9. Verfüllen Sie mit einem Spachtel die umlaufenden Fugen mit Fugenmasse und bestreichen Sie anschließend die ganze Oberfläche damit.
10. Wenn die ausgebesserte Stelle trocken ist, schleifen Sie sie leicht ab.

– aus *The Woman's Hands-On Home Repair Guide* von Lyn Herrick

Risse abdichten

Um Risse oder kleine Löcher in einer Wand auszubessern, benötigen Sie eine Tube Spachtelmasse und einen etwa 3 cm breiten Spachtel.

1. Kratzen Sie den losen Putz um die Risse vollständig ab, z. B. mit einem Dreikantschaber.
2. Geben Sie die Spachtelmasse auf den Spachtel und ziehen Sie ihn über den Riß.
3. Lassen Sie die Spachtelmasse austrocknen, bevor Sie eine weitere Schicht auftragen.
4. Tragen Sie so viele Schichten auf, bis der Riß komplett verfüllt ist.
5. Wenn die letzte Schicht getrocknet ist, schleifen Sie die ausgebesserte Oberfläche mit einem feinen Schleifpapier behutsam ab.

– aus *The Woman's Hands-On Home Repair Guide* von Lyn Herrick

Ein Loch in einer Gipsfaserplatte ausbessern

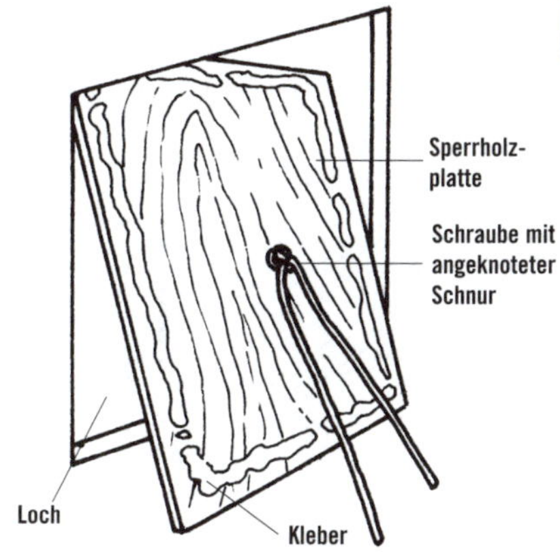

Schneiden Sie eine Sperrholzplatte größer als das Loch zu, bringen Sie in der Mitte eine Schraube an und knoten ein Stück Schnur daran.

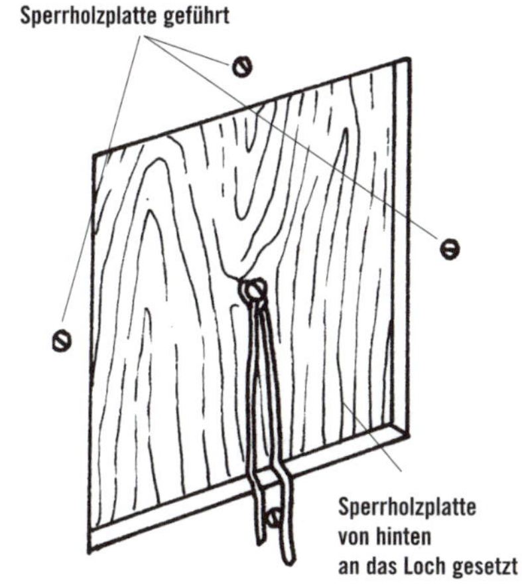

Ziehen Sie die mit Kleber bestrichene Sperrholzplatte mit der Schnur gegen das Loch.

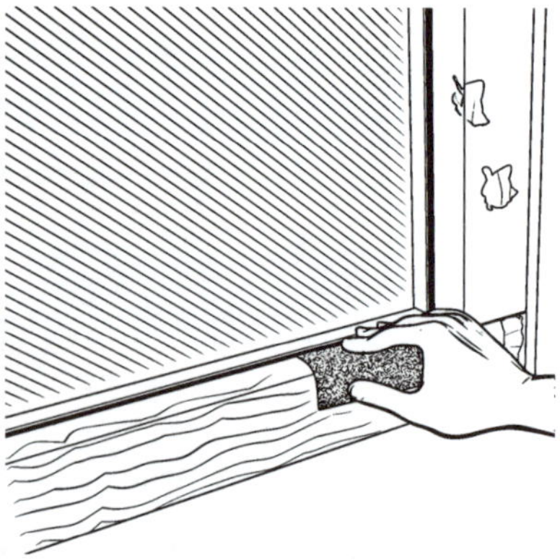

Lose Lackschichten müssen vor dem Überstreichen vollständig mit einem Spachtel oder grobem Schleifpapier entfernt werden.

Falls Sie keine ruhige Hand haben, sollten Sie die Fensterscheiben und die Beschläge vorher abkleben.

Holzfenster und -türen streichen

Holzfensterrahmen brauchen je nach Alter und witterungsbedingter Abnutzung von Zeit zu Zeit einen Erneuerungsanstrich. Je länger man einen Neuanstrich hinauszögert, desto stärker kann das Holz beschädigt werden und desto größer ist der Arbeitsaufwand für die Renovierung.

Zuerst muß die Frage nach dem Womit geklärt werden. Während Lacke meist für farbige Anstriche verwendet werden – es gibt aber auch Klarlack –, kommen Lasuren dann zum Einsatz, wenn die natürliche Farbe des Holzes und die Maserung erhalten werden sollen. Es stehen lösungsmittelhaltige oder wasserverdünnbare Produkte zur Verfügung. Bei der Renovierung sollten die bisher verwendeten Anstriche benutzt werden. Kaufen Sie spezielle Fensterlasuren oder Fensterlacke. Manche Lacke können als Grund- und Hauptanstrich verwendet werden. Bei anderen ist eine Holzgrundierung nötig.

Gehen Sie beim Anstreichen folgendermaßen vor:

1. Entfernen Sie zuerst die abgeblätterten Lack- oder Lasurreste. Bei dunkel verfärbten oder vermorschten Holzflächen müssen Sie bis zum gesunden Holzgrund vordringen. Dafür eignet sich ein Spachtel oder grobes Schleifpapier.
2. Der freigelegte Holzgrund muß mit einer Holzgrundierung imprägniert werden. Warten Sie die vorgeschriebene Trocknungszeit ab, bevor Sie die Flächen noch einmal mit feinem Schleifpapier überarbeiten.
3. Tiefere Risse können Sie mit einem farblich passenden Holzkitt schließen. Nach dem Trocknen schleifen Sie die überstehende Masse mit feinem Schleifpapier ab, bis die Fläche eben ist.
4. Reinigen Sie den Holzfensterrahmen nun mit Salmiakwasser, damit er staub- und fettfrei ist, und kleben Sie rundum am Rahmen entlang die Fensterflächen mit Kreppband ab. Wenn möglich, sollten auch die Griffe und Bänder geschützt werden.
5. Beginnen Sie mit dem Anstreichen in den Falzen des Rahmens und des Fensterflügels, bevor Sie die Rahmenflächen behandeln.
6. Lassen Sie den Anstrich durchtrocknen, bevor Sie die zweite Schicht auftragen.

Fensterkitt ersetzen

Fensterkitt hält in älteren Fenstern die Fensterscheiben fest und dichtet gegen Feuchtigkeit ab. Er wird mit zunehmendem Alter brüchig und platzt auf. Das führt dazu, daß Zugluft in das Gebäude eindringen und Feuchtigkeit den Fensterrahmen beschädigen kann.

So können Sie das Problem selbst beheben:

1. Entfernen Sie die alte lose Masse mit einem Kittmesser. Seien Sie vorsichtig, damit Sie die dreieckigen Glaserecken nicht lockern, die die Scheibe festhalten.
2. Rollen Sie neuen Kitt mit der Hand zu einer langen Schlange und drücken Sie ihn gegen die Glasscheibe.
3. Ziehen Sie das Kittmesser im 45°-Winkel auf der Schlange entlang und drücken Sie sie fortlaufend an die Scheibe.
4. Überstreichen Sie den Kitt frühestens nach einer Woche, um die Abdichtung zu komplettieren.

WERKZEUGKASTEN ZUR FENSTERRENOVIERUNG

- Kittmesser
- Flachpinsel
- Fensterpinsel
- Schlitzschraubendreher
- Schutzhandschuhe
- Kreppband
- Spachtel
- Schleifpapier

Fliegengitter erneuern

Fliegengitter sind auf verschiedenste Art und Weise am Fenster- oder Türrahmen befestigt. Manche sind mit Klettband befestigt, manche haben Federbügel, und andere gleiten hin und her.

1. Um ein zerrissenes Fliegengitter zu reparieren, bestimmen Sie zuerst, um welchen Typ es sich handelt, und montieren Sie es dementsprechend ab.
2. Dann nehmen Sie das Fliegengitter vom Fenster oder von der Tür ab und legen es auf dem Tisch oder einem flachen Arbeitsuntergrund ab.
   Wenn der Rahmen der Fliegengittertür aus Holz ist, wird das Gitter möglicherweise von einer schmalen Leiste an Ort und Stelle gehalten. Hebeln Sie die Leiste mit einem Schlitzschraubendreher vorsichtig ab, damit Sie das Gitter herausnehmen können. Die kleinen Nägel oder Klammern, welche die Leisten halten, geben bei behutsamem Hebeln nach. Versuchen Sie, die Leisten nicht zu spalten oder abzubrechen. Sollte es dennoch passieren, lassen sie sich leicht ersetzen. Nehmen Sie das Fliegengitter ab und entfernen Sie so viele Nägelchen oder Klammern wie möglich.
   Wenn Sie einen Metallrahmen am Fliegengitter haben, besteht die Leiste, die das Fliegengitter hält, eigentlich aus einem dünnen Gummischlauch oder einem Dichtungsring. Um das schadhafte Fliegengitter zu entfernen, müssen Sie die Dichtung mit Ihrem Schraubendreher aufhebeln und herausziehen.
3. Messen Sie den Rahmen aus und nehmen Sie die Maße mit zum Baumarkt. Verlangen Sie ein passend auf Ihren Rahmen zugeschnittenes Gitter. Lassen Sie sich beraten, welche Art von Fliegengitter sich am besten für Ihre Erfordernisse eignet. Möglicherweise müssen Sie ein Rolle Fliegengitter kaufen und selbst zuschneiden. Fliegengitter lassen sich leicht mit einer Schere schneiden. Geben Sie an jeder Seite etwa 4 bis 5 cm zu.
4. Falzen Sie den Überstand, um die Kanten rundum zu verstärken.
5. Bei einem hölzernen Rahmen legen Sie das neue Fliegengitter in den Rahmen ein und befestigen es mit Teppichklammern und einem Tacker. Achten Sie darauf, das Fliegengitter straff zu spannen. Nun müssen Sie nur noch die alten Leisten wieder aufsetzen.
   Bei einem Metallrahmen bringen Sie das neue Fenstergitter an, indem Sie es in den Rahmen einlegen. Dann nehmen Sie die Dichtung und schieben sie in die Nut zurück, wobei Sie das Fliegengitter in der vorgesehenen Führung festdrücken. Im Baumarkt gibt es ein einfaches Werkzeug, um die Dichtung wieder in die Führung zu drücken.

Drücken Sie den Fensterkitt mit einem Kittmesser gegen die Scheibe.

Ein Fliegengitter auseinandernehmen

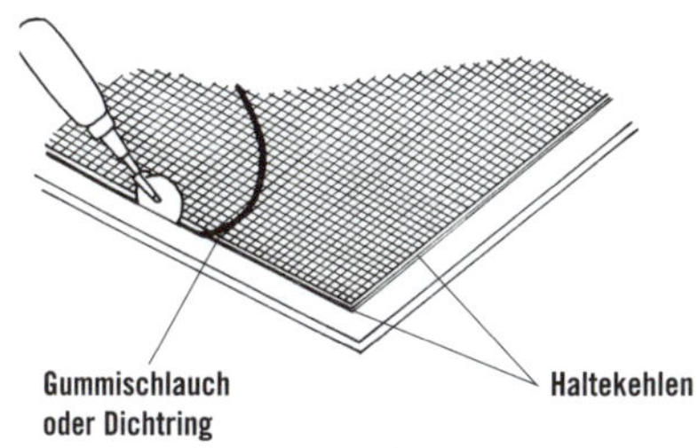

Bei einem Metallrahmen wird die Dichtung mit einem speziellen Werkzeug, das es im Baumarkt gibt, in die Führung gedrückt.

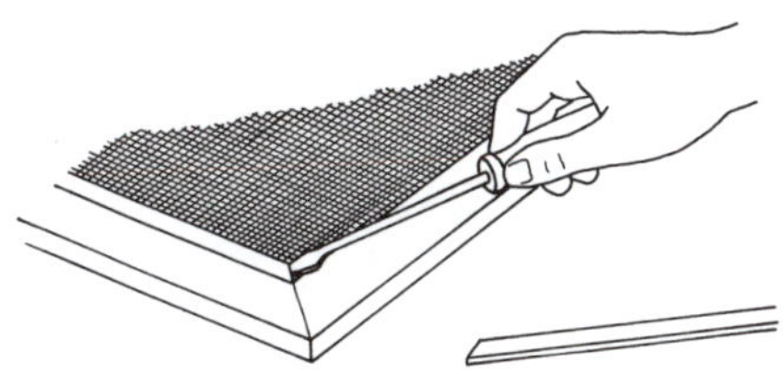

Bei hölzernen Rahmen hebeln Sie die Spannleisten ab, um die Kanten des Fliegengitters freizulegen.

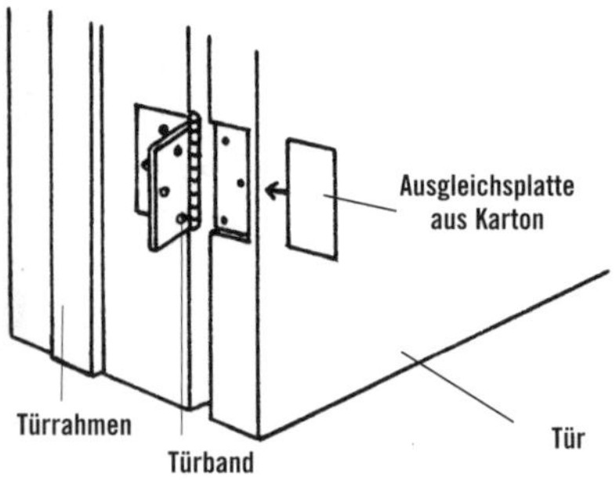

Legen Sie eine Ausgleichsplatte aus Karton in die Aussparung des Türblatts.

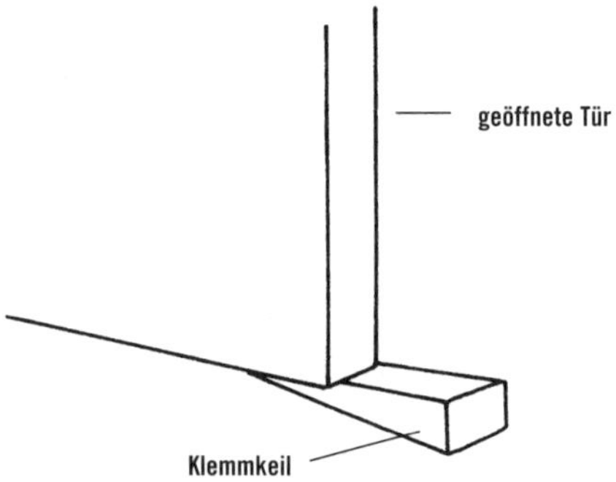

Schieben Sie einen Klemmkeil unter das äußere Ende der Tür, um sie zu halten, während Sie die Türbänder überholen.

Holztüren gängig machen

Türen lassen sich schwer öffnen und schließen, wenn die Türbänder schlecht justiert sind. Holztüren reagieren zudem empfindlich auf Luftfeuchtigkeit. Wenn es viel regnet, können Holztüren sich schwerer öffnen und schließen lassen, weil sie sich verziehen. Wenn der Regen abklingt, können sie ihre ursprüngliche Form wieder annehmen – oder auch nicht.

Türbänder justieren: Ziehen Sie alle losen Schrauben an, um das Absenken des Türblatts zu verhindern. Wenn sich die Schrauben nicht festziehen lassen, weil die Löcher ausgeweitet sind, schieben Sie einen Klemmkeil unter das äußere Ende der Tür, um sie zu stützen. Nehmen Sie die Schrauben aus dem Türband heraus, füllen Sie die Löcher mit Kleber und schieben Sie Holzspäne oder Streichhölzer hinein. Nachdem der Kleber getrocknet ist, drehen Sie die Schrauben wieder in die alten Löcher ein. Eventuell müssen Sie dafür ein dünnes Loch vorbohren.

Wenn die Tür oben oder am Boden klemmt, schieben Sie eine Ausgleichsplatte, zum Beispiel ein dünnes Stück Karton etwa von der Größe einer Kreditkarte, hinter das Türband im Türblatt. Bei einer Tür, die oben hängenbleibt, unterlegen Sie das obere Band, und bei einer Tür, die unten klemmt, das untere. Sobald das Gewicht der Tür durch einen Klemmkeil am äußeren Ende abgestützt ist, schrauben Sie das Türband am Türblatt ab, legen die Ausgleichsplatte in die Aussparung dahinter und schrauben es wieder fest.

Moderne Wohnungstüren lassen sich meist mittels Inbusschrauben justieren.

Die Tür abschleifen oder abhobeln: Eine andere Möglichkeit, das Problem zu beheben, ist das Schleifen oder Abhobeln der Tür:

1. Schließen Sie die Tür und ziehen Sie eine Visitenkarte rundherum zwischen Tür und Rahmen bzw. Boden entlang, um zu sehen, wie sie paßt. Markieren Sie alle Stellen, an denen die Karte steckenbleibt, mit Bleistift an der Tür.
2. Schleifen oder hobeln Sie die Tür an den markierten Stellen ab. Verwenden Sie Schleifpapier, wenn nur wenig Material abgenommen werden muß. Hängen Sie die Tür nur aus, wenn Sie an der Seite mit den Türbändern oder an der Unterseite der Tür arbeiten.

Türbeschläge ersetzen

Bei einer Tür, die schwer einrastet oder nicht geschlossen bleibt, könnte die Schnappverriegelung defekt sein. In diesem Fall können Sie den Türbeschlag ersetzen. Dies bedeutet nicht, daß das Schloß ausgewechselt werden muß.

1. Lösen Sie bei geöffneter Tür die kleinen Schrauben unten an den Türklinken mit einem Inbusschlüssel auf beiden Seiten und ziehen Sie die Klinken ab.
2. Hebeln oder schrauben Sie anschließend mit einem Schraubendreher die Abdeckplatten vorsichtig ab.
3. Nehmen Sie die alten Abdeckplatten und den Schlüssel mit zum Baumarkt oder zum Fachhändler und lassen Sie sich dort beraten. Dies ist wichtig, da die Lochung für den Schlüssel und die Maße, insbesondere die Abstände zwischen dem Griffloch und dem Schlüsselloch, beim neuen Beschlag genau eingehalten werden müssen.
4. Lesen Sie die Anleitung für den neuen Beschlag, ehe Sie ihn montieren, und verwenden Sie die beigefügte Anschlaghilfe, um die Löcher an der richtigen Stelle zu bohren, falls die alten nicht mehr passen.
5. Falls Sie neue Löcher bohren müssen, entfernen Sie vorab das Türschloß, damit Sie es nicht beschädigen können. Dazu lösen Sie die zwei Schrauben an der Schließkante, die das Schloß oben und unten festhalten, und ziehen das Schloß aus der Tür.
6. Nach dem Bohren schieben Sie das Türschloß wieder zurück in die Öffnung und schrauben es fest. Anschließend bringen Sie die neuen Beschläge an und schrauben die Türklinken auf beiden Seiten fest.

– verändert aus *The Woman's Hands-On Home Repair Guide* von Lyn Herrick

WERKZEUGKASTEN FÜR TÜRREPARATUREN

- Schlitzschraubendreher
- Kreuzschlitzschraubendreher
- Inbusschlüssel
- Bohrmaschine
- Spezielle Bohrer (wenn nötig)

Einbruchsicherungen an Türen

Es gibt verschiedene Wege, Ihr Haus einbruchsicherer zu machen – einen hundertprozentigen Schutz gibt es nicht. Da in den meisten Fällen zuerst versucht wird, die Haustür aufzubrechen, sollte diese zuallererst gesichert werden. Hierfür stehen verschiedene Systeme zur Verfügung, die unterschiedlich hohen Schutz bieten, aber auch rasch sehr teuer werden können, wenn sich ein System nicht nachrüsten läßt, sondern den Kauf einer neuen Haustür erfordert.

Schutzbeschläge: Schließzylinder sind meist aus Messing und bieten bei mechanischen Angriffen wie Bohren, Kernziehen oder Abbrechen keinen Widerstand. Schutzbeschläge aus Stahl helfen, solche mechanischen Angriffe zu verhindern. Es gibt verschiedene Varianten; manche lassen sich auch unsichtbar hinter klassischen Messingbeschlägen anbringen. Keinesfalls sollte der Schließzylinder an der Außenseite überstehen. Beachten Sie beim Einbau von Schutzbeschlägen die Herstelleranweisungen und gehen Sie ansonsten wie auf der gegenüberliegenden Seite beschrieben vor.

Sicherheitsschließbleche: Unter einem Schließblech versteht man die Vorrichtung im Türrahmen, in die der Riegel und die Falle beim Schließen der Tür greifen. Sicherheitsschließbleche bestehen aus mindestens 3 mm starkem Stahl und werden mit speziellen Dübeln direkt im Mauerwerk verankert. Diese Variante bietet zwar im Vergleich mit anderen Schließsystemen den geringsten zusätzlichen Schutz – und ist daher eher für Nebeneingangs- und Wohnungstüren geeignet –, läßt sich aber mit einem gewöhnlichen Türschloß kombinieren. Wenn man die Herstelleranweisung genau beachtet, kann man das ursprüngliche Schließblech problemlos selbst gegen ein Sicherheitsschließblech austauschen.

Sicherheitsbänder und Hinterhaken: Einbrecher versuchen vielfach, das Türblatt an der Seite mit den Türbändern auszubrechen, anstatt das Schloß zu zerstören. Gewöhnliche Türangeln lassen sich meist leicht aushebeln oder ausbrechen. Sicherheitsbänder sind mit massiven Bandlappen versehen, die mit mehreren Schrauben an der Tür bzw. dem Türpfosten befestigt werden. Hinterhaken werden oben und unten auf der Bänderseite im Türblatt befestigt und greifen in Bohrungen einer Ankerplatte im Türrahmen ein. Sie dienen ebenfalls als Aushebesicherung.

Mehrfachverriegelungen: Mehrfachverriegelungen bieten eine erhöhte Sicherheit, weil die Tür wie beim Tresor an mehreren Punkten gesichert ist. Sie bestehen aus drei bis fünf Bolzen oder Zapfen, die über die gesamte Türhöhe in den Türrahmen greifen. Manche Systeme können auch an älteren Haustüren nachgerüstet werden, was weit günstiger kommt, als eine neue Haustüre anzuschaffen. Mehrfachverriegelungen sind aufgrund der komplizierten Mechanismen nicht so haltbar wie die in Innentüren üblichen Einsteckschlösser und müssen häufiger ausgetauscht werden. Sogenannte Renovierungsschlösser lassen sich an die Aussparungen in der Tür und im Türrahmen anpassen und können selbst angebracht werden.

– Anita Heidenfelder

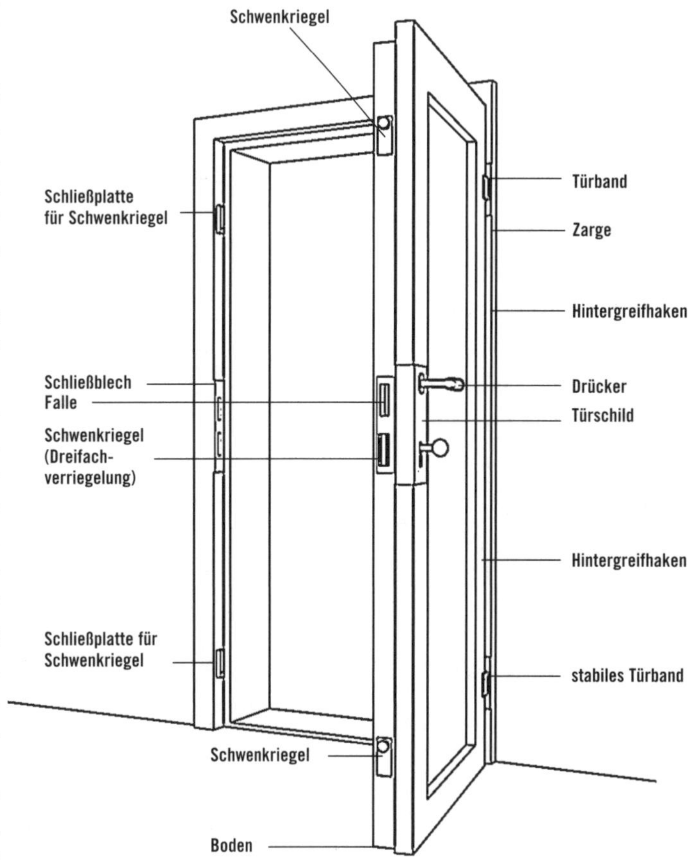

Die einbruchhemmende Tür
Viele einzelne Bauteile helfen, eine Tür gegen das gewaltsame Öffnen zu schützen. Eine wichtige Rolle spielt aber auch die Stabilität des Türblatts selbst. Hartholztüren oder Sicherheitsgläser in stahlverstärkten Rahmen leisten hier gute Dienste.

8 RAUMAUSSTATTUNG UND RAUMPFLEGE

DEKORATIONSTIPS • GESTALTEN IM LANDHAUSSTIL
MÖBEL RENOVIEREN • VERBESSERUNGEN IM HAUSHALT
SEIFE HERSTELLEN

Pauline Guntlow, Autorin des Buches Be Your Own Home Decorator, *hat mehr als zehn Jahre lang Einfamilienhäuser professionell entworfen und renoviert. Mit ihren kreativen Ideen trat sie häufig im Fernsehen auf. Sie ist Bauunternehmerin und Eigentümerin einer Baufirma in Massachusetts, wo sie lebt.*

Unser Haus vermittelte immer eine ländliche Atmosphäre, auch als wir noch in der Stadt oder der Vorstadt lebten. Wenn Sie zur Tür hereinkommen, ist immer etwas los – Kinder arbeiten am Küchentisch mit Naturmaterialien, Pasteten werden gebacken und erfüllen das Haus mit einem verführerischen Duft, und auf dem Eßzimmertisch werden neue Vorhänge genäht. Wir sind stolz darauf, daß Familie und Freunde in unserem Haus eine gastliche Atmosphäre vorfinden, und vieles, was unser Heim verschönert, hat jemand aus unserer Familie selbst gestaltet. „Selbstgemachtes ist allemal besser als fertig Gekauftes", wie meine Mutter Mimi es ausdrückte. Die Autorin und Innenausstatterin Pauline Guntlow beginnt dieses Kapitel mit Tips, wie Sie aus Ihrem Haus ein Heim machen.

– Martha Storey

Über all Ihre Möglichkeiten der Raumgestaltung nachzudenken kann erdrückend sein. Besser ist es, schrittweise vorzugehen und zunächst zu klären, welchen Stil Sie in Ihrem Haus verwirklichen möchten. Hier sind einige Anregungen dazu:

Beispiele sammeln

Wie finden Sie zu Ihrem Stil? Besuchen Sie Möbelhäuser und Raumausstatter oder auch Musterwohnungen. Beschäftigen Sie sich mit Gestaltungsfragen und studieren Sie gute Wohnzeitschriften und Kataloge. Schneiden Sie einige Monate lang Bilder aus, die Ihnen besonders gefallen, und bewahren Sie sie auf. Sortieren Sie die Bilder nach der Art des Raumes, der auf ihnen dargestellt ist. Wenn Sie mindestens fünf Beispiele für jedes Zimmer haben, sollten Sie die Bilder danach auswerten, was das Gemeinsame ist, das sie anziehend macht. So können Sie herausfinden, was Ihnen besonders zusagt:

- bestimmte Farbfamilien
- der schlichte, sachlich-schnörkellose Stil
- der rustikale Landhausstil
- Materialien wie Glas und Chrom in Kombination mit zeitgenössischer Kunst

LEXIKON

Ätherisches Öl: konzentriertes, stark duftendes Ölextrakt aus teils eßbaren Pflanzen
Essigessenz: wird hergestellt aus Getreide, Mineralölnebenprodukten oder Holzzellstoff; farblos, stark riechend; findet in Beizen und bei der Hausarbeit Verwendung
Girlande: ein Vorhang aus einer durchgehenden Stoffbahn, der rund um das Fenster drapiert wird
Lauge: Chemikalie (Natriumhydroxid) zur Herstellung von Seife; kann auf der Haut und in den Augen brennen
Schablone: plane Vorlage aus verschiedenen Materialien (geölte Pappe, Holz, Blech oder Kunststoff) mit einem ausgeschnittenen Muster; wird zur Gestaltung von Wänden und Möbeln verwendet

Schlüsselelemente bestimmen

Schauen Sie sich Möbel, Stoffe und Accessoires genau an und schreiben Sie auf, welche Elemente Sie sich gut in Ihrem Haus vorstellen könnten.

Farbkombinationen wählen

Farbe ist der wichtigste Faktor bei der Raumgestaltung. Machen Sie zunächst für jedes Zimmer eine Bestandsaufnahme der Farben von Möbeln, Wänden, Teppichen und so weiter. Entscheiden Sie für jeden Gegenstand, ob er es wert ist, aufgehoben zu werden, ob er renoviert werden soll oder ersetzt werden muß.

Betrachten Sie nun die gesammelten Bilder. Beachten Sie die vorherrschenden Farben Ihres gewählten Stils. Denken Sie darüber nach, wie Sie diese Farben in den Zimmern einsetzen können.

Für das ganze Haus planen

Denken Sie darüber nach, ein oder mehrere Gestaltungselemente in Ihrem Wohnbereich durchgehend zu verwenden. Zimmer müssen einander nicht unbedingt gleichen, aber sie sollten mindestens ein oder zwei Leitelemente gemeinsam haben.

Wenn Sie verschiedene Komponenten mischen möchten und dennoch eine einheitliche, harmonische Ausstattung anstreben, empfehle ich die durchgehende Verwendung von mindestens zwei der folgenden Leitelemente für Ihren gesamten Wohnraum:

- Wandfarben
- Material der Bodenbeläge
- Fenstergestaltungen
- farblich abgestimmte Möbel und kleine Gegenstände
- architektonische Merkmale (Türausführungen, Deckengesimse, Sockelleisten usw.)

Budget und Zeitplan aufstellen

Um abschätzen zu können, mit welchen Ausgaben Sie rechnen müssen, listen Sie zunächst alles auf, was Sie für das Einrichten im gewünschten Stil kaufen müssen. Dann machen Sie sich in mehreren Läden kundig, was die Einzelstücke dort kosten. Wenn Sie nur über ein knappes Budget verfügen, konzentrieren Sie sich jeweils auf nur ein Zimmer, so daß Sie die Materialien und Gegenstände über mehrere Monate nach und nach einkaufen können, und versuchen Sie, möglichst viel selbst zu machen.

Es zahlt sich langfristig aus, wenn man kontinuierlich eine oder zwei Stunden seiner Freizeit der Raumgestaltung widmet. Am schwierigsten ist der Anfang, aber Sie werden überrascht sein, wieviel Sie bewältigen können, wenn Sie sich nur eine Stunde am Tag damit beschäftigen.

Farbtips

- Helle Farben treten zurück und lassen Räume größer erscheinen.
- Dunkle Farben lassen Räume kleiner wirken.
- Natürliches Licht beeinflußt die Farben. Jede Farbe erscheint heller, wenn sehr viel natürliches Licht vorhanden ist, und dunkler bei begrenztem Lichteinfall.
- Glühlampen „erwärmen“ jede Oberfläche; Farben sehen bei Dunkelheit anders aus.
- Mindestens zwei kräftige Farben in verschiedenen Bereichen Ihres Heimes bewirken zusätzliche Aufmerksamkeit.
- Creme ist eine warme, neutrale Farbe, die sich mit den meisten anderen Farben kombinieren läßt.
- Wenn Sie eine helle Wandfarbe verwenden, wählen Sie die Farbe für Türen, Leisten und Fenster etwas dunkler, so daß sie sich gerade ausreichend abheben.
- Kontrastierende Holzflächen lassen den Raum gewöhnlich kleiner erscheinen – aber gemütlich.

– aus *Be Your Own Home Decorator*
von Pauline B. Guntlow

Einrichtungsgegenstände günstig(er) kaufen

Der Autor und Antiquitätenhändler James McKenzie weiß, wie man Schätze für das Haus zum günstigsten Preis finden kann. Hier seine Vorschläge, wo Sie sich umschauen sollten:

Antiquitätenläden

Die erste und naheliegendste Quelle für Antiquitäten sind Antiquitätenläden. Wenn Sie genügend Läden besuchen, werden Sie immer Dinge finden, die unter Preis angesetzt sind. Die besten Möglichkeiten für Gelegenheitskäufe bieten sich bei der Neueröffnung oder der Auflösung eines Antiquitätengeschäfts.

Versteigerungen

Bei Auktionen können Sie Antiquitäten und Sammlerstücke erwerben. Sie finden normalerweise in einem Auktionshaus statt, das regelmäßig Verkaufsauktionen abhält. Auch Restposten und Insolvenzmassen werden häufig per Versteigerung veräußert. Jeder Gegenstand wird an den Höchstbietenden verkauft, wobei Waren, die den vom Auktionator ausgerufenen Mindestpreis nicht erzielen, zurückgestellt werden können. Denken Sie auch an Versteigerungen im Internet.

Kleinanzeigen

Ich kaufe Lokalzeitungen von verschiedenen umliegenden Städten und gehe fast täglich die Kleinanzeigen durch. In der Rubrik „Antiquitäten" finde ich selten etwas Interessantes. Die für mich ergiebigsten Annoncen stehen unter „Möbel" oder „Vermischtes". Ich versuche, die Anzeigen sorgfältig durchzusehen, was nicht heißt, daß ich jedes Wort lese. Ich suche nach Schlüsselbegriffen, die mich aufmerken lassen, wie *alt, Eiche, Mahagoni, Marmor, Messing* und *ungewöhnlich.*

Flohmärkte

Das ist eine so naheliegende Quelle, daß sie kaum gesonderter Erwähnung bedarf. Aber ein Uneingeweihter könnte diese Möglichkeit, überraschende Entdeckungen zu machen, übersehen. Denken Sie daran, daß Tiefstpreise das Lockmittel von Flohmärkten sind. Die Leute, die sie abhalten, räumen Dinge aus, die sie nicht mehr haben möchten. Sie wollen sie nicht wieder mit nach Hause nehmen. Auf fast jedem Garagenflohmarkt, an dem ich angehalten habe, fand sich etwas Lohnendes.

Haushaltsauflösungen

Die meisten Haushaltsauflösungen werden in Eigenheimen oder Wohnungen abgehalten und umfassen alles von den Möbeln bis zum Inhalt des Küchenschranks. Meistens wird bei den Haushaltsauflösungen ausnahmslos alles verkauft.

Alte Häuser

Halten Sie Ausschau nach alten Häusern und Gebäuden, die renoviert oder abgerissen werden. Viele architektonische Antiquitäten können auf Anfrage mitgenommen werden. Zuerst brauchen Sie aber eine Genehmigung. Gehen Sie niemals ohne die Erlaubnis des Eigentümers in ein Haus, auch wenn es gerade abgerissen wird. Sobald Sie sie haben, können Sie nach Lampen, Kamineinfassungen, Badewannen mit Füßen und Waschbecken mit Standfuß sowie nach kunstvollen Türknäufen und -angeln, Fensterbeschlägen oder Lichtschaltern suchen.

Umzüge

Menschen scheinen immer mehr Besitztümer zu haben, als sie im Möbelwagen unterbringen können. Wenn die Umzugswilligen Zeit und Lust hatten, haben sie vor dem Umzugstag einen Garagenflohmarkt abgehalten. Sie sollten jedoch die ansprechen, die dies nicht getan haben. Leuten, die grübelnd ihre Besitztümer ein- und wieder ausladen, könnte die Möglichkeit, etwas zurückzulassen, willkommen sein.

Farbenläden

Auch Farbverkäufer machen Fehler; am häufigsten wird eine Kundenfarbe falsch angemischt. Wenn sie nicht dem entspricht, was der Kunde bestellt hat, ist sie praktisch wertlos. Irrtümlich angemischte Farben landen üblicherweise an irgendwelchen unauffälligen Orten wie Lagerräumen. Fragen Sie nach solchen Farben und zögern Sie nicht, den Preis dafür herunterzuhandeln.

Tapetenläden

Wenn Sie das nächste Mal in ein Tapetengeschäft gehen, fragen Sie nach Auslaufmustern. Es ist gut möglich, daß Sie diese Muster zu einem drastisch herabgesetzten Preis erwerben können. Prüfen Sie auch die Bordüren. Vielleicht finden Sie eine günstige Bordüre, die zu den Tapeten paßt.

– verändert aus *Antiques on the Cheap* von James W. McKenzie

Gestalten mit Pflanzen

Wenn Sie Pflanzen lieben, dekorieren Sie damit nach Herzenslust. Sie füllen wunderbar Bereiche aus, die nach Farbe und Ausgewogenheit verlangen. Einziges Problem: Bei zu starkem Gießen könnten Wasserflecken auf Möbeln oder auf dem Boden entstehen. Aber Sie können dies vermeiden, wenn Sie einen tiefen Untersetzer verwenden und eine kleine Kunststoffmatte darunterlegen.

So kommen Pflanzen besonders gut zur Geltung:

- Mehrere harmonierende oder auch kontrastierende Pflanzen können einen wunderschönen lebendigen Blickfang bilden. Kombinieren Sie ein Vogelbad, einen Vogelbauer und hängende Pflanzen zu einem reizvollen Bild oder schaffen Sie mit einem Brunnen samt Rückförderpumpe eine sanft beruhigende Kulisse.
- Gestalten Sie eine naturnahe Kulisse vor einem großen offenen Fenster.
- Vor einem Panoramafenster nimmt sich ein langer, eingebauter Pflanzentrog, mit geeigneten Gewächsen bepflanzt, ganz prächtig aus.
- Arrangieren Sie Pflanzen in Terrakotta- oder anderen dekorativen Töpfen auf einer Treppe.
- Gruppieren Sie Hängepflanzen im Badezimmer.
- Gestalten Sie einen Minigarten auf dem Boden vor einem Südfenster.
- Denken Sie stets daran, daß Pflanzen viel Licht brauchen.

– aus *Be Your Own Home Decorator* von Pauline B. Guntlow

Schablonierpinsel haben stumpf abgeschnittene Borsten. Sie sind in vielen Größen erhältlich.

Bringen Sie etwas Schablonenfarbe auf einen Teller auf und halten Sie ein Papiertuch als Löschblatt bereit. Arbeiten Sie immer mit einem nahezu trockenen Pinsel.

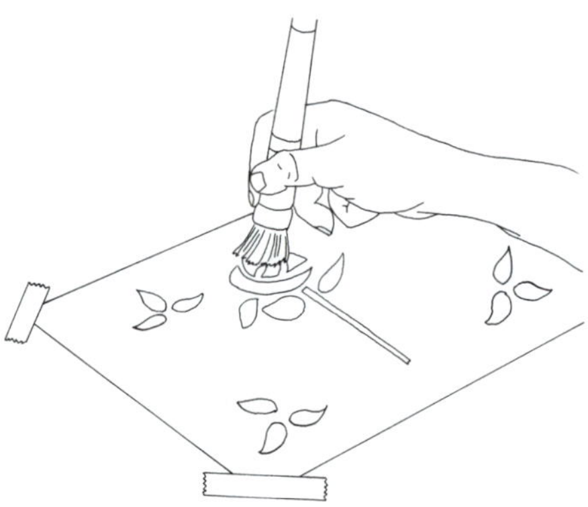

Kleben Sie Ihre Schablone auf die Oberfläche, halten Sie den Pinsel im rechten Winkel zu ihr und bringen Sie die Farbe mit einer tupfenden Bewegung auf.

Wände schablonieren

Beim Schablonieren tragen Sie Farbe durch ein zugeschnittenes Loch in einem Stück Schablonenmaterial auf, das gegen die zu dekorierende Oberfläche gehalten wird. Ein ausgeschnittenes Motiv kann so mehrmals gedruckt werden. Um eine Schablone gleichmäßig anlegen zu können, sind große Flächen auf kleine, durch Stege abgetrennte Segmente heruntergebrochen. Die Art und Weise, wie ein Muster aufgeteilt ist, gibt ihm das charakteristische schablonierte Aussehen.

Material und Hilfsmittel

Viele Läden für Künstlerbedarf führen fertig zugeschnittene Schablonen. Aber Sie können mit Schablonenfolie und einem Schablonenschneider auch Ihren eigenen Entwurf gestalten. Schablonenfolie ist langlebig und einfach zu reinigen.

Pinsel: Die Art und die Größe des Projekts bestimmen die Pinselgröße. Für große zu schablonierende Bereiche versprechen Pinsel der Größe 14 einen gleichmäßigeren Farbauftrag. Für feine, zierliche Bordüren oder Darstellungen mit kleinen Zeichen verwenden Sie einen Pinsel der Größe 6. Experimentieren Sie, um herauszufinden, ob Sie mit einem Schablonierpinsel mit stumpf abgeschnittenen Borsten oder mit weichen Borsten besser zurechtkommen.

Schwämme: Verwenden Sie Schwämme, um interessante Struktureffekte zu erzielen. Schneiden Sie neue Schwämme auf die gewünschten Größen zu. Betupfen Sie die Schablonenöffnungen damit oder streichen Sie darüber, um die Farbe aufzutragen.

Andere Hilfsmittel: Sie brauchen eine Glasscheibe, eine Farbschale oder eine andere nichtabsorbierende Oberfläche, um einige Tropfen Farbe darauf zu gießen. Mit Papiertüchern, etwa von der Küchenrolle, oder Altpapier kann überschüssige Farbe von den Pinseln abgerieben werden. Wenn Sie Farben mischen möchten, sollten Sie mehrere kleine Behälter haben. Weiter werden benötigt: ein Maßband oder Zollstock, um die Position der Muster festzulegen; eine Schlagschnur, um gerade Linien zu ziehen; eine Wasserwaage für exakt waagerechte und senkrechte Fluchten und wiederablösbarer Sprühkleber, um die Schablone vorübergehend zu fixieren. Wenn Sie auf eine frischgestrichene Wand schablonieren, sollte sie trocken sein, damit der Kleber die Farbe nicht wieder abziehen kann.

Farben auswählen

Die meisten Schablonierfarben sind Acrylfarben, die leicht zu entfernen sind, falls Fehler passieren. Sie können außerdem Malkreide, Pastellstifte oder Permanentmarker verwenden, aber achten Sie darauf, dunkle Farbkanten am Außenrand des Schablonenmusters zu vermeiden.

Das Muster anordnen

In älteren Häusern sind die Deckenkanten möglicherweise nicht gerade. Bevor Sie eine schablonierte Bordüre anbringen, sollten Sie an mehreren Stellen am Übergang von der Wand zur Decke die Wasserwaage anlegen und mit ihrer Hilfe eine waagerechte Linie ziehen.

Entwürfe mit sich großflächig wiederholendem Dekor erfordern eine sorgfältige Planung. Markieren Sie die Mitte der Wand und messen Sie von dort zurück, um herauszufinden, wo der erste Druck angebracht werden muß. Bei zierlich laufenden Mustern legen Sie fortlaufend rund um den Raum eine Form neben die andere – mit gleichmäßigen Verläufen in den Ecken.

Farbe auftragen

Zuviel Farbe verwischt und tropft. Ein paar Eßlöffel reichen für eine schablonierte Bordüre rund um einen ganzen Raum.

1. Positionieren Sie die Schablone mit Klebestreifen oder -spray. Tröpfeln Sie ein wenig Farbe auf eine Farbschale.
2. Tupfen Sie mit kreisförmigen Bewegungen den Pinsel in die Farbe und nehmen Sie eine geringe Menge davon auf. Streifen Sie die Farbe an einem Stück Altpapier oder einem Papiertuch so weit vom Pinsel ab, bis nur noch ein schwacher Farbschatten sichtbar ist.
3. Halten Sie den Pinsel gerade und tragen Sie die Farbe in kreisförmigen, bürstenden Bewegungen durch die Schablone auf. Arbeiten Sie von den Rändern der Schablone zur Mitte hin. Entfernen Sie die Schablone. Wenn die Farbe verschmiert oder verläuft, haben Sie zuviel Farbe verwendet, oder sie ist zu flüssig.

– aus *The Woman's Hands-On Home Repair Guide* von Lyn Herrick

Fehler ausbessern

Fehler beim Schablonieren lassen sich ausbessern. Geben Sie Verdünner auf einen sauberen Lappen und reiben Sie das Muster weg. Lassen Sie den Verdünner so lange verdunsten, bis er nicht mehr zu sehen ist – nur ein bis zwei Minuten. Betrachten Sie die Stelle, an der das Muster war. Wenn die Hintergrundfarbe eine blanke Stelle zeigt, tupfen Sie mit einem Lappen etwas von dieser Farbe darauf und lassen Sie sie trocknen. Dann tragen Sie das Muster wieder auf. Wenn Sie einen Fehler finden, nachdem die Schablonierfarbe durchgetrocknet ist, schleifen Sie die Stelle leicht ab, tragen die Hintergrundfarbe erneut auf und setzen die Bemalung fort.

– aus *Stenciling* von Judy Tuttle

Geeignete Stoffe auswählen

- Für Ihren ersten Versuch sollten Sie einen preisgünstigen Stoff verwenden. Stoffreste sind ideal, wenn Sie davon genug für Vorhänge bekommen können. Musselin und Mischgewebe aus Baumwolle und Polyester sind weitere kostengünstige Alternativen.
- Die besten Ergebnisse lassen sich mit mittleren Stoffgewichten und mittleren Stoffdichten erzielen. Wenn der Stoff zu steif oder zu dick ist, fallen die Vorhänge nicht schön. Wenn er zu weich und zu leicht ist, hängt der Vorhang schlaff herab.
- Ich empfehle, von Karos oder ganzflächig bedruckten Stoffen Abstand zu nehmen. Streifenmuster oder einfarbige Stoffe sind sehr viel einfacher zu verarbeiten und verzeihen Unvollkommenheit leichter.
- Meiden Sie locker gewebte oder sehr dünne Stoffe. Die Schnittkanten lösen sich leicht auf. Das Schneiden und Nähen von sehr dünnen Stoffen ist eine knifflige Angelegenheit.
- Wenn Ihnen die Möglichkeit eingeräumt wird, nehmen Sie Proben von Stoffen, die für Sie in Betracht kommen, mit nach Hause und leben Sie ein paar Tage damit, bevor Sie Ihre Entscheidung treffen.

– verändert aus *Making Country-Style Curtains* von Barbara Farkas Casey

Schlaufenvorhänge

Wenn Sie den Landhausstil mögen, könnten Schlaufenvorhänge genau das richtige für einige Ihrer Räume sein. Hängen Sie Schlaufenvorhänge an Vorhangstangen aus Rundhölzern auf. Die einzigen Näharbeiten sind das Umnähen der Säume an den Seiten, oben und unten sowie das Anheften der Schlaufen.

Für den Stoffbedarf messen Sie die gewünschte Länge des Vorhangs von der Vorhangstange bis zum Fensterbrett oder zum Boden aus. Sie benötigen zweimal die gesamte Vorhanglänge und bei einem 1 m breiten Fenster zusätzlich einen Meter für die Schlaufen. Bestimmen Sie die Länge erst, wenn Sie die Vorhangstange angebracht haben. Messen Sie von 1,5 cm unterhalb der Vorhangstange bis zur unteren Kante des Fensterrahmens. Geben Sie 3,5 cm für den oberen Saum und 5 cm für den unteren zu. Falls Sie Bedenken haben, daß Ihr Stoff einlaufen könnte, waschen Sie ihn vorab und bügeln Sie ihn anschließend wieder glatt.

Die Stoffbahn sollte etwas breiter sein als der Bereich, der bedeckt werden soll. Wenn die Innenbreite des Fensters 1 m beträgt, sollte jede Seite 50 cm breit sein. Geben Sie etwa ein Viertel, also 12 cm, für eine gewisse Fülle dazu und weitere 3 cm auf jeder Seite für das Einsäumen. Also muß jede Stoffbahn 65 cm breit sein.

1. Um die Seiten der beiden Vorhangbahnen einzusäumen, falten Sie 1,5 cm des Stoffes auf jeder Seite zur linken Seite hin ein und bügeln die Falte. Biegen Sie nochmals 1,5 cm ein (um die Schnittkante zu verschließen) und bügeln Sie wieder. Nähen Sie etwa 0,5 cm von der Kante entfernt.
2. Für den Saum an der Oberkante der Stoffbahn biegen Sie ebenfalls 1,5 cm des Stoffes auf die linke Seite und bügeln die Falte fest. Nun biegen Sie 2 cm um, bügeln den Knick wieder und nähen dann an der Kante entlang. Säumen Sie die untere Kante nicht vor Schritt 10 ein.
3. Für die Schlaufen schneiden Sie Stoffstreifen von 9 cm Breite und 1 m Länge zu. Bei einem 90 cm breit liegenden Stoff können Sie daraus 50 Schlaufenstreifen von 18 cm Länge herstellen. Sie benötigen 14 Schlaufen für jedes Fenster.
4. Bügeln Sie an den langen Schnittkanten der Streifen jeweils 1 cm ein. Falten Sie jeden Streifen der Länge nach mittig zusammen, die linken Seiten nach innen. Heften Sie die gefalteten Kanten gleichmäßig zusammen, so daß etwa 3,5 cm breite Streifen entstehen. Säumen Sie die Längskante mit der Nähmaschine etwa 5 mm von der Kante entfernt ein.
5. Schneiden Sie jeden Streifen in 18 cm lange Stücke. Prüfen Sie einen Streifen, um sicherzugehen, daß er bequem um das Rundholz paßt.
6. Entscheiden Sie, wie weit Sie die Abstände der Schlaufen voneinander haben möchten. Der optimale Abstand hängt vom Stoff ab. Versuchen Sie es mit 10 cm und schauen Sie, ob das mit Ihrem Stoff geht. Verwenden Sie Schneiderkreide, um die Stellen für die einzelnen Schlaufen (auf der linken Seite) zu markieren, wobei Sie mit den Positionen an den beiden Enden der Stoffbahn beginnen und dann die mittlere Schlaufe sowie die zwischen der Mitte und den Enden festlegen. Wenn nötig, fügen Sie weitere Markierungen hinzu.

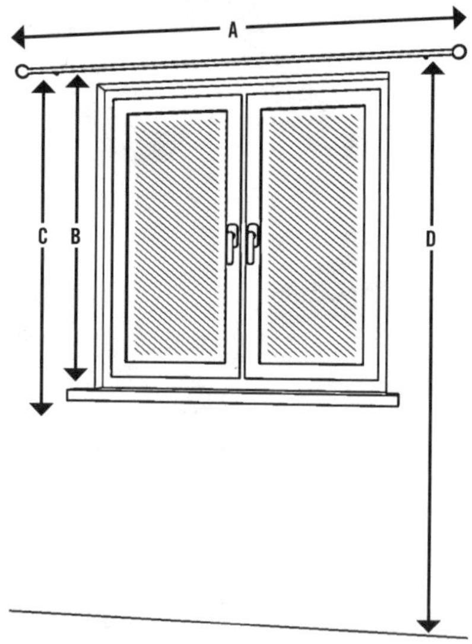

Entscheiden Sie, ob Ihre Schlaufengardinen bis zur Fensterbank (B), bis unter die Fensterbank (C) oder bis auf den Boden (D) reichen sollen. Geben Sie in der Breite etwa 25 Prozent zur Fensterbreite zu (A), um eine gewisse Fülle zu erreichen.

7. Legen Sie jeden Schlaufenstreifen in der Mitte zusammen und plazieren Sie ihn mit der Schlaufe nach unten an der markierten Stelle auf der linken Stoffseite. Die Schnittkanten der Schlaufen sollten etwa 6 mm unterhalb der Oberkante des Vorhangs sein. Versetzen Sie die Kanten der Schlaufen um etwa 5 mm, um eine Auftragen durch mehrere Stofflagen so gut wie möglich zu vermeiden. Heften Sie alle Schlaufen an den markierten Stellen an.
8. Nähen Sie in einer geraden Linie etwa 6 mm von der Schnittkante entfernt über alle Schlaufen.
9. Drücken Sie alle Schlaufen mit der Hand nach oben, heften Sie sie an und nähen Sie dicht an der oberen Kante des Vorhangs über die umgebogenen Schlaufen.

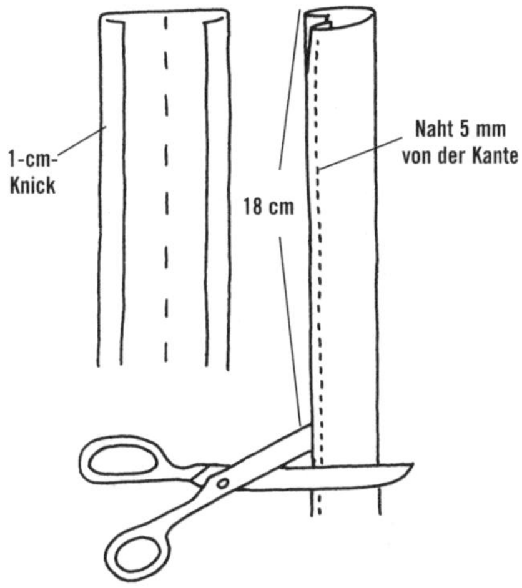

Nachdem Sie die Schlaufenstreifen gefaltet und genäht haben, schneiden Sie sie auf 18 cm Länge ab.

10. Ziehen Sie die Schlaufen über die Vorhangstange und hängen Sie den Vorhang auf. Stecken Sie den Saum unten so ab, daß der Vorhang 3 mm über dem Fensterbrett endet.
11. Nehmen Sie den Vorhang wieder ab und säumen Sie die untere Kante ein.

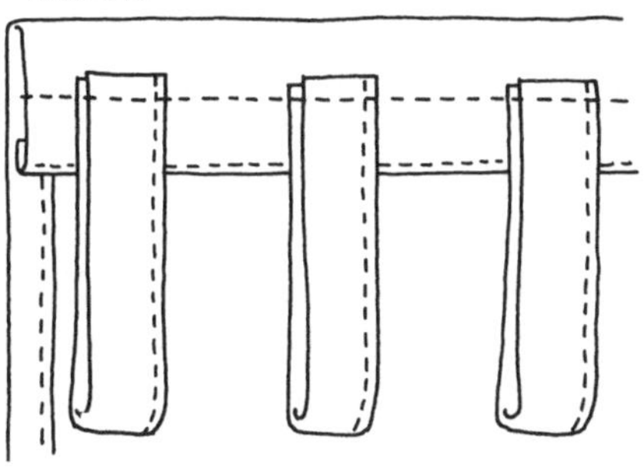

Nähen Sie die gleichmäßig verteilten Schlaufen mit den Rundungen nach unten auf der linken Seite der Vorhangbahn fest. Ordnen Sie die Schlaufenenden 6 mm von der oberen Kante des Vorhangs entfernt an. Nähen Sie mit einem Abstand von 6 mm zu den Schlaufenenden quer an der gesamten Oberkante des Vorhangs entlang.

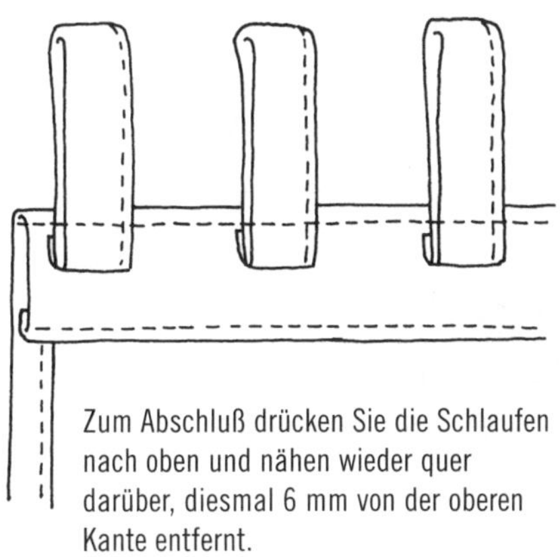

Zum Abschluß drücken Sie die Schlaufen nach oben und nähen wieder quer darüber, diesmal 6 mm von der oberen Kante entfernt.

– verändert aus *Be Your Own Home Decorator* von Pauline B. Guntlow

Goldene Regel für das Messen

Beim Zuschneiden von Gardinen und Vorhängen sollten Sie stets diese goldene Regel beherzigen: Lieber zweimal gemessen als einmal verschnitten.
Wenn es die Zeit zuläßt, messe ich Stoffe gerne an einem Tag, schreibe die Meßergebnisse auf, messe dann am nächsten Tag noch einmal und vergleiche meine Aufzeichnungen. Manchmal ergeben sich über Nacht die seltsamsten Wandlungen!

– aus *Be Your Own Home Decorator*

GESTALTEN IM LANDHAUSSTIL

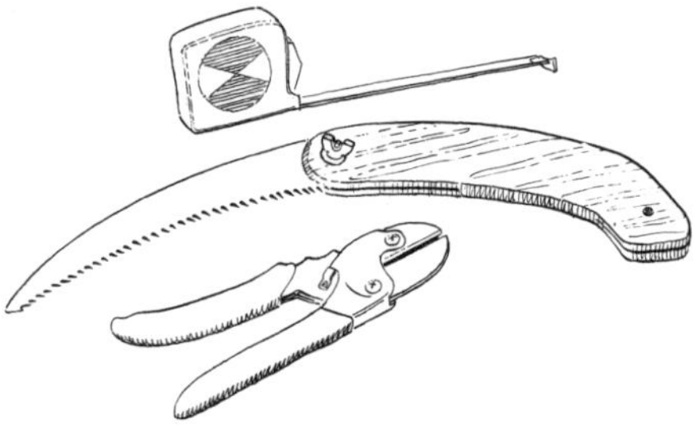

Zum Ernten braucht man lediglich eine Astsäge, eine Gartenschere und ein Bandmaß.

Weidenruten sind grün, biegsam, 1,5 bis 2 cm dick und 1,80 bis 2,50 m lang.

Mobiliar aus Weiden biegen

Weiden ernten

Sorgfältiges Ernten begünstigt ein gesünderes Wachstum des Weidendickichts und hat kaum Auswirkungen auf die Umwelt, da Weiden sich sehr schnell ausbreiten. Verwenden Sie zum Ernten der Ruten immer scharfe Schnittwerkzeuge. Machen Sie saubere Schnitte: Reißen Sie die Äste niemals ab und ziehen Sie die Wurzeln nicht heraus. Holen Sie eine Genehmigung ein, bevor Sie auf einem fremden Grundstück oder auf öffentlichen Flächen Weidenruten schneiden.

Verwenden Sie eine Astsäge zum Schneiden stärkerer Äste für Rahmenmaterial. Mit der Gartenschere kürzen Sie kleine Äste für die Sprossen an der Rückenlehne und schneiden die langen, dünnen, biegsamen Triebe für die Sitzfläche zu. Astscheren mit Hebelübersetzung helfen Ihnen, dicke Äste genauso leicht zu kappen wie dünnere. Mit Hilfe eines Bandmaßes können Sie die richtigen Längen zuschneiden.

Ernten Sie im Herbst oder Winter, wenn Sie beabsichtigen, die Rinde an den Ästen zu belassen, und im Frühjahr oder Sommer, falls Sie vorhaben, sie zu entfernen. Abhängig von Ihrem Vorhaben benötigen Sie sowohl abgelagerte (trockene) Weidenäste als auch grüne, biegsame Zweige. Die getrockneten Äste werden für Rahmen und Stützen benötigt, während die biegsamen Zweige genutzt werden, um bogenförmige Teile zu gestalten.

Rahmenteile: Die Weidenäste für den Rahmen sollten 2,5 bis 8 cm Durchmesser haben und so gerade und astfrei wie möglich sein. Sie müssen etwa sieben Tage gelagert werden, bevor sie verwendet werden können. Zum Trocknen stellen Sie die Äste an eine sonnige Wand oder legen sie in die Sonne. Sorgen Sie für gute Belüftung und halten Sie die Äste vom Erdboden fern.

Biegsame Zweige: Die grünen, biegsamen Weidenruten sollten 1,5 bis 2 cm dick und 1,80 bis 2,50 m lang und so gerade wie möglich sein. Stellen Sie sie mit den Schnittflächen nach unten in einen Eimer mit Wasser, damit sie flexibel bleiben, und bewahren sie den Eimer an einem kühlen, schattigen Platz auf.

– verändert nach *Making Bent Willow Furniture* von Brenda und Brian Cameron

Rahmenteile haben 2,5 bis 8 cm Durchmesser. Trocknen Sie sie in der Sonne.

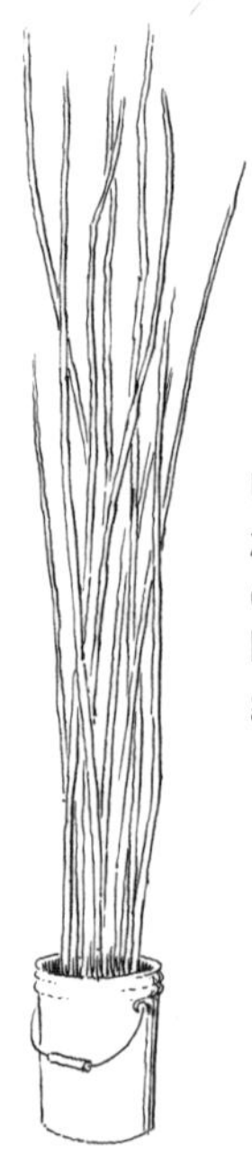

Um die dünnen Ruten flexibel zu halten, stellen Sie sie mit den Schnittflächen in einem Eimer Wasser an einen schattigen Platz, bis Sie sie brauchen.

WERKZEUGKASTEN

- Markierbleistift
- Maßband
- Schutzbrille und Handschuhe
- Ast- oder Bügelsäge
- Gartenschere
- Seitenschneider
- Raspel oder Teppichmesser
- Flache doppelseitige Stahlfeile
- Bohrmaschine, Bohreinsätze und Bits

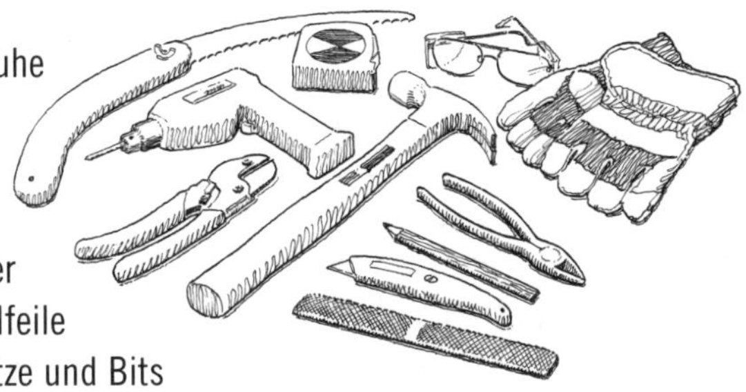

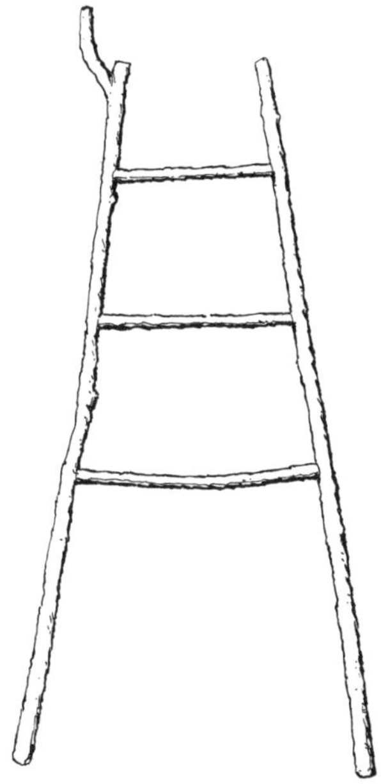

Diese Leiter zum Auslüften von Decken ist ein ideales Projekt für einen Anfänger.

Rustikale Leiter zum Deckenlüften

Ich habe diese einfache und sehr funktionelle rustikale Leiter zum erstenmal in Arizona gesehen. Sie lehnte an der Seite eines verputzten Kamins. Eine farbenprächtige Decke hing von der oberen Sprosse, und an den beiden unteren Sprossen waren Kräuter zum Trocknen festgebunden.

Materialien

Teil	Anzahl	Durchmesser	Länge	Holztyp
Holme	2	5 cm	180 cm	abgelagert
Obere Sprosse	1	4 cm	40 cm	abgelagert
Mittlere Sprosse	1	4 cm	passend zuschneiden	abgelagert
Untere Sprosse	1	4 cm	60 cm	abgelagert

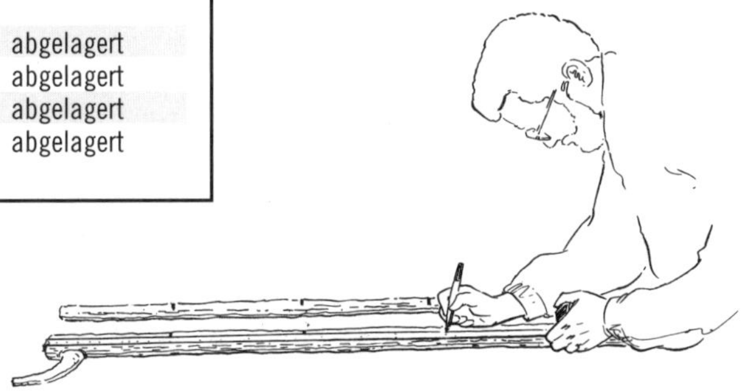

Schritt 1 (oben): Markieren und bohren Sie Löcher für die Sprossen entlang der Holme.

1. Beginnen Sie am dünnen (oberen) Ende der beiden Holme, messen Sie drei Punkte bei 30, 70 und 110 cm ab und zeichnen Sie sie an. Halten Sie die zusammengehörenden Markierungen auf gleicher Höhe zueinander und in der Mitte der Holme. Bohren Sie mit einem Bohrer an jedem markierten Punkt ein 3-mm-Loch direkt durch die Mitte des Holms vor.
2. Bohren Sie jeweils in der Mitte der beiden Enden der oberen und der unteren Sprosse ebenfalls ein 3-mm-Loch vor. Legen Sie die obere Sprosse an der 30-cm-Markierung zwischen die beiden Holme und schrauben Sie sie mit 4,0x65er-Schrauben fest. An der 110-cm-Markierung verfahren Sie genauso mit der unteren Sprosse.
   Messen Sie an den Markierungen bei 70 cm den Abstand zwischen den Holmen und schneiden Sie die mittlere Sprosse passend zu. Bohren Sie wieder jeweils ein 3-mm-Loch an den beiden Enden dieser Sprosse vor und schrauben Sie sie genauso wie die anderen Sprossen fest.
3. Runden Sie das untere und das obere Ende der Holme mit einer Raspel ab.

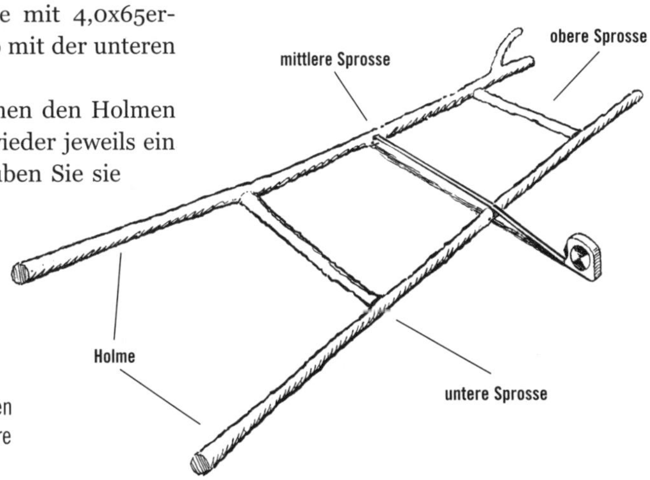

Schritt 2 (rechts): Passen Sie die Länge der mittleren Sprosse genau an, nachdem die obere und die untere Sprosse montiert sind.

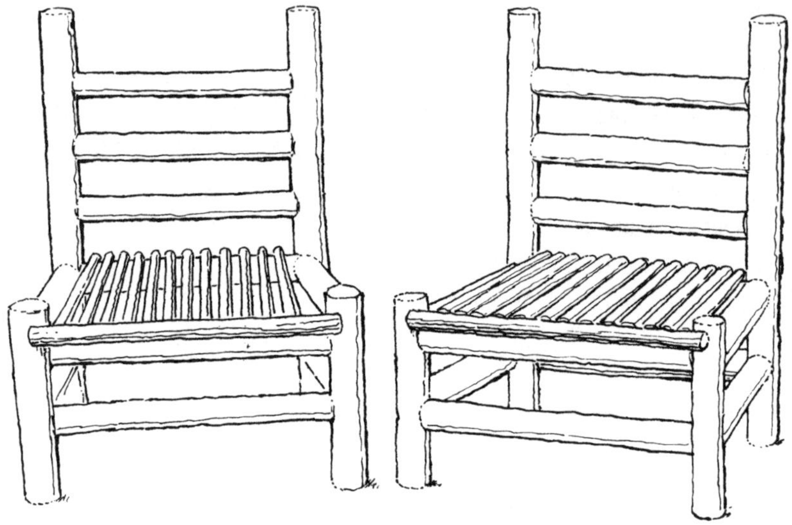

Kinder-Sprossenstuhl

Hier zeigen wir Ihnen einen einfachen, robusten und funktionellen Stuhl, den Sie selbst in drei Stunden nachbauen können. Der Entwurf ist inspiriert von den Sprossenstühlen, die wir in unserer Küche verwenden. Die Maße sind für unsere zwei- und fünfjährigen Enkel genau richtig.

MATERIALIEN

Teil	Anzahl	Durchmesser	Länge	Holztyp
Stuhlbeine, hinten	2	4 cm	50 cm (astrein)	abgelagert
Sprossen, hinten unten	2	4 cm	25 cm	abgelagert
Lehnensprossen	3	2,5 cm	25 cm	abgelagert
Sprossen, seitlich	4	4 cm	25 cm	abgelagert
Stuhlbeine, vorn	2	4 cm	23 cm	abgelagert
Sprossen, vorn unten	2	4 cm	30 cm	abgelagert
Sitzflächenabschluß, vorn	1	2 cm	35 cm	abgelagert
Sitzleisten	ca. 13	1,5 cm	ca. 33 cm	abgelagert

1. Legen Sie die hinteren Stuhlbeine nebeneinander auf eine ebene Oberfläche, mit dem dicken (unteren) Ende zu Ihnen. Halten Sie sie nebeneinander und prüfen Sie, wie sie zusammenpassen. Rollen Sie ein Bein so lange gegen das andere, bis Sie über die gesamte Länge die bestmögliche Übereinstimmung gefunden haben. Bohren Sie durch die Mitte jedes Stuhlbeins mit einem 3-mm-Bohrer zwei Löcher in einer Linie vor, das eine 10 cm von unten und das andere 19 cm. Markieren Sie die Teile am oberen Loch mit L (links) und R (rechts). Hier werden in Schritt 2 die seitlichen Sprossen eingefügt.
   Drehen Sie die Beine um 90° nach außen, so daß die gebohrten Löcher auf der Seite liegen. Messen Sie auf der jetzigen Oberseite ab dem unteren Ende folgende Punkte ab und markieren Sie sie: 9,5 cm, 18,5 cm, 26,5 cm, 34,5 cm und 42 cm. Bohren Sie mit dem 3-mm-Bohrer an diesen Markierungen in einer Linie Löcher in die Mitte des Astes.
   Drehen Sie die hinteren Stuhlbeine nun so, daß sich die L- und R-Markierungen berühren. Setzen Sie 4,0x65er-Schrauben in die fünf Löcher, die Sie gerade vorgebohrt haben, ein und schrauben Sie sie so weit in den Ast, daß sie auf der anderen Seite leicht herausstehen.

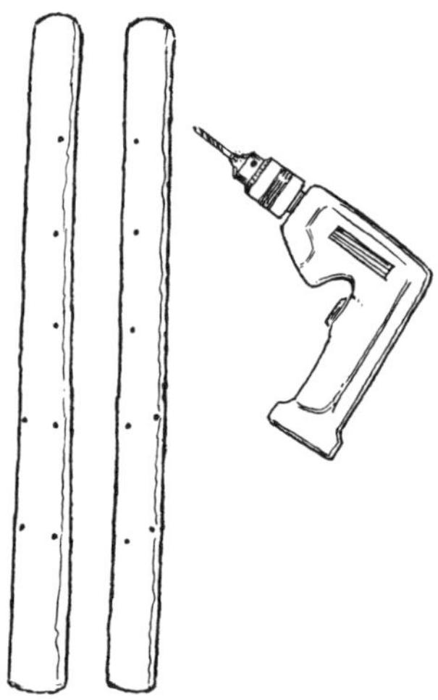

Schritt 1: Bohren Sie an den hinteren Stuhlbeinen die Löcher für die Lehnensprossen und die unteren rückwärtigen Sprossen vor.

2. Bohren Sie 3-mm-Löcher etwa 3 cm tief in die beiden Enden der fünf hinteren Sprossen. Mit der unteren beginnend schrauben Sie die beiden unteren rückwärtigen Sprossen mit den eingefügten Schrauben an den hinteren Stuhlbeinen fest. Fahren Sie stuhlbeinaufwärts mit den drei Lehnensprossen fort. Manche der Sprossenstücke werden Sie möglicherweise kürzen müssen.
Bohren Sie mit dem 3-mm-Bohrer in die beiden Enden der seitlichen Sprossen. Fügen Sie nun die seitlichen Sprossen an den Löchern an, die Sie mit L und R markiert haben, und schrauben Sie sie mit 4,0x65er-Schrauben fest.
3. Bohren Sie mit dem 3-mm-Bohrer zwei Löcher in einer Linie durch die Mitte der vorderen Stuhlbeine vor, das eine 10 cm von unten und das andere 19 cm. Schreiben Sie mit einem Filzstift ein X an das obere Loch.
Drehen Sie die vorderen Stuhlbeine um 90°, so daß die Löcher nun an den Seiten liegen. Auf der jetzigen Oberseite markieren Sie ab dem unteren Ende zwei Punkte bei 9,5 und bei 18,5 cm. Bohren Sie die Löcher an den Markierungen in der Mitte des Astes mit dem 3-mm-Bohrer vor.
Drehen Sie die Stuhlbeine nun so, daß sich die X-Markierungen berühren. Setzen Sie 4,0x65er-Schrauben in die Löcher, die Sie gerade vorgebohrt haben, und schrauben Sie sie so weit ein, daß sie auf der anderen Seite leicht herausstehen.
Bohren Sie 3-mm-Löcher in die Mitte der beiden Enden der vorderen Sprossen und schrauben Sie sie an den vorderen Stuhlbeinen mit den eingesetzten Schrauben fest.
Legen Sie die vorderen Stuhlbeine auf die vorderen Enden der seitlichen Sprossen auf, mit den X-Markierungen an den oberen Seitensprossen. Verwenden Sie 4,0x65er-Schrauben, um die Teile zusammenzufügen.
4. Passen Sie den Ast für den Sitzflächenabschluß zwischen den beiden Vorderbeinen ein, mit der oberen Kante etwa 1,2 cm über der Oberkante der vorderen oberen Sprosse. Bohren Sie ein 2-mm-Loch durch die Mitte des Astes schräg nach unten in die obere vordere Sprosse und drehen Sie eine 3,0x40er-Schraube ein.
Justieren Sie den Sitzflächenabschluß waagerecht über der oberen vorderen Sprosse. Bohren Sie 2-mm-Löcher durch den Sitzflächenabschluß schräg in die Frontseite der beiden vorderen Stuhlbeine und schrauben Sie sie mit 3,0x40er-Schrauben fest.
Stellen Sie den Stuhl auf eine ebene Fläche und richten Sie den Rahmen so lange aus, bis er nicht mehr kippelt. Prüfen Sie, ob die Vorderbeine im rechten Winkel zu den Hinterbeinen stehen, und richten Sie sie wenn nötig aus.
Bringen Sie den ersten Ast für den Sitz in der Mitte der Sitzfläche an, so daß er am Sitzflächenabschluß vorn anstößt. Bohren Sie vorn und hinten je ein 2-mm-Loch durch die Sitzleiste und die darunterliegende Sprosse vor und schrauben Sie sie mit 3,0x40er-Schrauben fest.
Fügen Sie die nächste Sitzleiste mit 1,5 mm Abstand an; bohren Sie zuerst vor und schrauben Sie sie dann an. Verfahren Sie auf diese Art in beide Richtungen quer über die Sitzfläche. Legen Sie das dickere Ende des Astes abwechselnd nach vorn und nach hinten, um die Sitzfläche ziemlich eben zu halten. Der Stuhl ist vorn 5 cm breiter, so daß die Abstände zwischen den Sitzleisten vorn etwas weiter sein werden.

– aus *Making Bent Willow Furniture* von Brenda und Brian Cameron

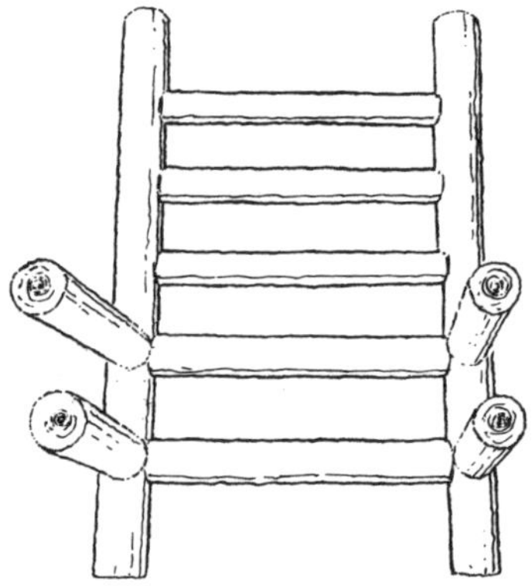

Schritt 2: Schrauben Sie die seitlichen Sprossen mit 4,0x65er-Schrauben durch die vorgebohrten Löcher an.

Schritt 3: Bringen Sie die vorderen Sprossen an den vorderen Stuhlbeinen an und fügen Sie dann den ganzen vorderen Teil an die seitlichen Sprossen.

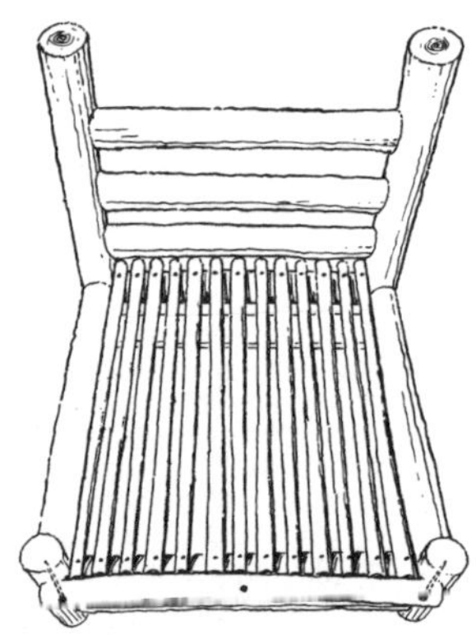

Schritt 4: Bringen Sie die Sitzabschlußleiste an und legen Sie dann jede Sitzleiste daran an. Beginnen Sie in der Mitte und arbeiten Sie sich auf beiden Seiten nach außen vor.

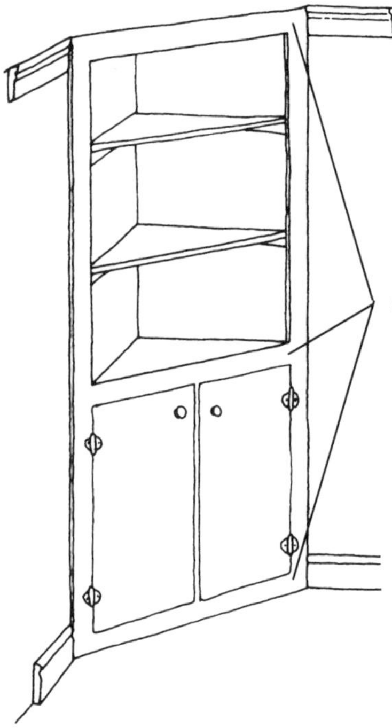

Fügen Sie oben, unten und über dem mittleren Regalbrett Stege an.

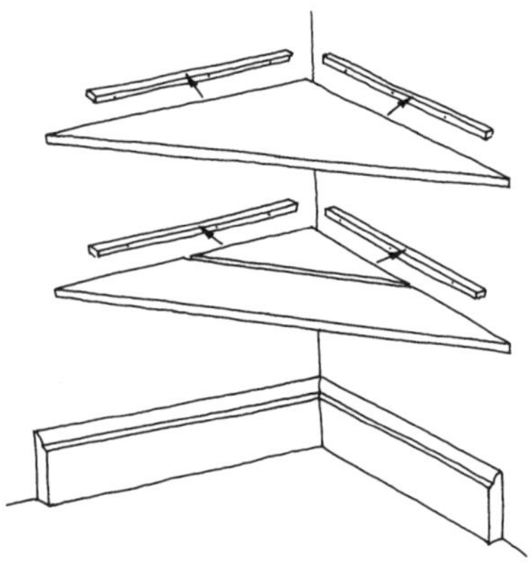

Die dreieckigen Regalbretter sollten gut in die Ecke passen. Setzen Sie große Regalbretter zusammen, wie in Schritt 7 beschrieben.

Eckregal mit Türen

Wenn Sie eine freie Ecke im Eßzimmer haben und gerne Ihr gutes Geschirr oder Ihre liebevoll gehütete Sammlung zeigen möchten: In diesem Eckschrank können Sie die Gegenstände präsentieren.

Der Eckschrank besteht aus einfachen dreieckigen Regalbrettern mit umlaufendem Rahmen und zwei Türen unten. Sie brauchen:

- 5 Kiefernbretter (2,5 x 30 cm, 1,80 m lang)
- 6 m Kiefernleisten (25 x 15 mm)
- 3,0x45-mm-Spanplattenschrauben
- 8-mm-Dübel und passende Schrauben (6 cm lang)
- Bohrmaschine und Bohreinsätze
- Etwa 40 Stahlstifte (40 mm lang)
- Stichsäge und Locheisen
- Zollstock
- Hammer
- Wasserwaage
- Schnur
- 5 Bretter (2,5 x 10 cm) für die Seiten und die drei Stege (Längen abhängig von der endgültigen Höhe und Tiefe des Schranks)
- 1 Paar vorgefertigte Türen
- 4 Scharniere
- 2 Knäufe

Regalbretter für die Ecke anfertigen:

1. Bestimmen Sie die gewünschte Höhe der Ablagen und markieren Sie diese in der Wandecke.
2. Bestimmen Sie die gewünschte Breite (bis wohin die Kanten der Regalbretter an der Wand reichen sollen) und markieren Sie dies an der Wand.
3. Zeichnen Sie mit der Wasserwaage auf beiden Seiten je eine horizontale Linie bis zu dem Punkt, der die Breite des Regals bestimmt.
4. Schneiden Sie zwei Kiefernleisten zu, jede 6 cm kürzer als die an der Wand angezeichnete Regalbreite.
5. Bohren Sie mit einem 6er-Holzbohrer jeweils in der Mitte und 2 cm von den beiden Enden entfernt Löcher in die Leisten. Legen Sie eine Leiste etwa 4 cm von der Ecke entfernt mit der Oberkante direkt an der horizontalen Linie auf der Wand an und markieren Sie die Bohrungen an der Wand. Bohren Sie nun mit einem 10er-Steinbohrer an den Markierungen etwa 6 cm tiefe Löcher in die Wand. Schieben Sie je einen Dübel in die Löcher und schrauben Sie die Leiste an der Wand fest. Gehen Sie bei allen anderen Leisten in gleicher Weise vor.
6. Bringen Sie ein Stück Schnur am linken äußeren Ende der markierten Linie an, spannen Sie es bis zum äußeren Ende der rechten markierten Linie und markieren Sie diesen Punkt auf der Schnur. Somit haben Sie die endgültige Länge der vorderen Regalkante ermittelt.
7. Schneiden Sie ein rechteckiges Regalbrett auf diese Länge zu und beschneiden Sie die Seiten in einem 45°-Winkel, um es in die Ecke einfügen zu können. Das Regalbrett sollte gut passen und auf den Leisten aufliegen. Wenn Sie es aus zwei Teilen zusammensetzen müssen, können Sie ein dreieckiges Stück zuschneiden, das an der Hinterseite des vorderen Bretts eingefügt wird. Gehen Sie so auch bei allen weiteren Brettern vor.
8. Legen Sie die Bretter auf den Leisten auf und nageln Sie sie mit den Stahlstiften fest, wobei Sie jeweils vier Stück auf jeder Seite des Bretts gleichmäßig verteilen.

Den Eckschrank fertigstellen:

1. Messen Sie die endgültige Höhe des Eckschranks und schneiden Sie nach diesem Maß zwei gleich lange Stücke aus 2,5x10-cm-Brettern zu.
2. Bringen Sie an den beiden Seiten der Regalböden jeweils ein Brett senkrecht mit einer Kante direkt an der Wand an. Schrauben Sie die Bretter an den Regalböden fest, versenken Sie die Schrauben und verfüllen Sie die Vertiefung.
3. Messen Sie die Breite zwischen den beiden seitlichen Brettern oben, am Boden und in der Mitte, wo die Stege hinkommen sollen. Markieren Sie diese drei Längen mit einer Reißschiene auf den 2,5x10-cm-Brettern. Schneiden Sie sie exakt ab, damit sie an den Seitenteilen anstoßen.
4. Legen Sie die Stege waagerecht an der Front der Regalböden an und schrauben Sie sie daran fest.
5. Befestigen Sie die vorgefertigte Tür im unteren Teil. Verwenden Sie Scharniere, die mit Schrauben von vorn montiert werden.
6. Bringen Sie die Knäufe an, indem Sie Löcher bohren, die etwas größer sind als die Schrauben, und drehen Sie die Knäufe fest. Sie können auch am oberen Teil des Küchenschranks Türen oder Fenster anbringen.

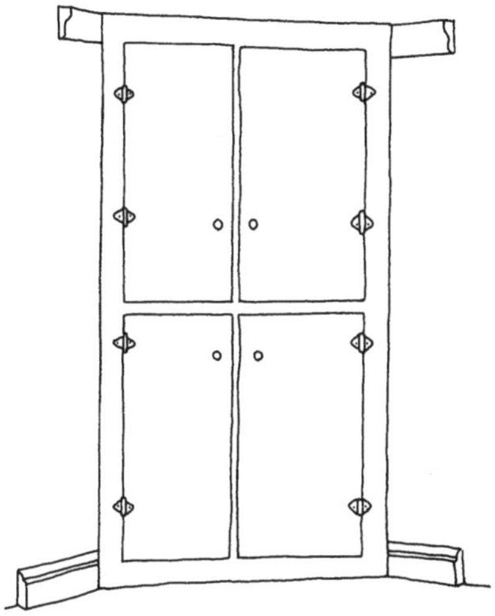

Sie können die Regalbretter in der oberen Hälfte des Eckschranks offen lassen oder mit Türen schließen, die zu den unteren passen.

Zierprofile

Zierprofile sind relativ preisgünstig, schnell anzubringen und können dazu beitragen, Ihrem Heim einen einheitlichen Stil zu verleihen. Sie gehören zu den wirkungsvollsten und am vielseitigsten nutzbaren Accessoires. Obwohl sie in den meisten Fällen dort angebracht sind, wo Wände und Decken aufeinandertreffen, können sie ebenso für offene Kamine, um einfache Schranktüren oder Innentüren, um Spiegel, über Einbauküchen sowie an Regalbrettern und Bücherschränken verwendet werden.

Es braucht etwas Übung, Zierprofile aus Holz oder Stuck selbst anzubringen, aber Sie können es lernen. Sie brauchen eine Handsäge, um beim Gehrungsschnitt für die entsprechenden Ecken überstehendes Material an den Enden auf der Rückseite der Leisten abzuschneiden. Außerdem brauchen Sie eine Gehrungslade und ein gutes Maßband sowie Nägel, einen kleinen Hammer und einen Versenkstift für Holzleisten beziehungsweise Kleber, eine Spachtel und möglichst verstellbare Stützen zum Anbringen für Stuckelemente.

Bevor Sie Ihre tatsächlichen Gesimsteile zuschneiden, fertigen Sie Zuschnitte aus Abfällen für die Eckwinkel an, um zu sehen, ob sie zusammenpassen. Entfernen Sie bei Unebenheiten an der Wand oder der Decke überschüssiges Material an der Rückseite, nageln Sie die Gesimse an die entsprechende Stelle oder kleben Sie sie an und stützen Sie sie von unten ab, bis der Kleber trocken ist. Das ist alles.

– verändert aus *Be Your Own Home Decorator* von Pauline B. Guntlow

Wenn Sie Leisten auf einer glatten Wand anbringen, schaffen Sie damit ein komplett neues Aussehen. Eine Stuhlleiste, kombiniert mit quadratischen Rahmen (unten), täuscht eine erhabene Wandverkleidung vor.

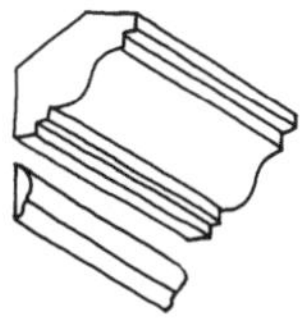

Sie können Gesimse individuell an Ihren ganz persönlichen Stil anpassen. Verbinden Sie zwei Gesimsleisten mit einer gedruckten oder schablonierten Bordüre dazwischen (links). Oder kombinieren Sie zwei Gesimsleisten (oben) und bringen Sie sie als obere Raumumfassung an. Streichen Sie die zwei Leisten und die Wand dazwischen in der gleichen Farbe.

James McKenzie rühmt sich, „der weltweit günstigste Antiquitätenhändler" zu sein. Er hat mehr als 25 Jahre damit verbracht, in seiner Heimat in West Virginia, wo er auch sein Buch Antiques on the Cheap *schrieb, und in der Umgebung Antiquitäten zu kaufen, zu restaurieren und zu verkaufen.*

Möbel mit wenig Werkzeug renovieren

So mancher von uns verfügt nicht über ein unbegrenztes Budget für Werkzeuge, hat keine große Werkstatt und kann seine Zeit nicht mit einem wackligen Stuhlbein vertun. Zum Glück lassen sich viele alltägliche Möbelschäden problemlos beheben.

Lose Verstrebungen

Wenn ein Stuhlbein sich nach außen spreizt, sobald Sie sich auf den Stuhl setzen, sind wahrscheinlich die Verstrebungen des Stuhls lose – die Holzteile, die die Beine verbinden und den Stuhl aussteifen.

1. Entfernen Sie die Strebe. Wenn sie wirklich lose ist, können Sie die Beine einzeln aufspreizen und die Strebe herausziehen. Wenn eine Seite noch fest verklebt ist, halten Sie einen bepolsterten Holzklotz gegen das Bein und schlagen leicht mit einem Hammer dagegen.
2. Reinigen Sie die geleimten Enden (und die Löcher in den Stuhlbeinen) mit grobem Schleifpapier und fügen Sie neuen Leim ein.
3. Setzen Sie die Enden der Strebe wieder in die Beine ein und legen Sie einen „Druckverband" an, indem Sie ein Stück Nylonseil um die Stuhlbeine schlingen und einen Knoten binden. Stecken Sie einen Stock in den Knoten und drehen Sie vorsichtig, so daß die Beine zusammengezogen werden. Verkeilen Sie den Stock unter der Sitzfläche, um ein Aufdrehen zu vermeiden. Lassen Sie ihn dort, bis der Leim getrocknet ist.
4. Schlagen Sie einen kleinen Nagelstift in die Beine und durch die Enden der Verstrebungen. Nageln Sie von der Innenseite des Stuhlbeins, wo es weniger sichtbar ist. Versenken Sie den Kopf mit einem Versenkstift und füllen Sie das kleine Loch mit passendem Holzkitt auf.

Schwergängige Schubladen

Bei vielen alten Stücken passen die Schubladen nicht mehr gut. Beim Hineinschieben bleiben sie nicht stehen, wo sie sollen, sondern kippen nach hinten, oder sie gleiten schwer. Diese Probleme sind leicht zu beheben:

1. Kontrollieren Sie die Schubladenführungen auf Abnutzung. Dies sind die Holzleisten auf beiden Innenseiten des Korpus, auf denen die Schubladen aufliegen. Wenn sie stark abgenutzt sind, kann man sie einfach umdrehen.
2. Wenn Sie die Klaue Ihres Hammers zwischen die Leiste und die Innenseite des Korpus treiben können, läßt sich die Führung heraushebeln. Wenn sie angeschraubt ist, muß ein Schraubendreher verwendet werden.
3. Schlagen Sie die Nägel mit den Führungen bündig und drehen Sie die Führungen um, so daß die Unterseite nun oben ist. Tragen Sie längs auf die Führungen Leim auf und nageln Sie sie wieder fest. Reiben Sie die Schublade dort, wo sie mit der Führung in Kontakt kommt, mit einer Kerze, etwas Paraffin oder Seife ein.

Stemmen Sie die abgenutzte Schubladenführung heraus und setzen Sie sie andersherum wieder ein, wie in Schritt 3 beschrieben.

4. Prüfen Sie die Stopper, kleine hölzerne Klötze, die verhindern, daß die Schublade zu weit nach hinten rutscht oder völlig herausgezogen werden kann. Ersetzen Sie alle fehlenden Stopper nach den genauen Maßen der vorhandenen.
5. Meist können Sie sehen, wo die alten Stopper gesessen haben, oder den Sitz anhand der noch vorhandenen abschätzen. Zum Anbringen der neuen Stopper genügen ein Tropfen Leim und ein kleiner Nagel. Schlagen Sie den Nagel zuerst durch den ganzen Klotz, bevor Sie diesen am Korpus fixieren.

WERKZEUGKASTEN FÜR MÖBELREPARATUREN

- Klauenhammer
- Einseitige Rasierklingen oder ein Teppichmesser
- Maßband
- Einfache Bohrmaschine
- 4 Bohreinsätze: 3, 5, 6 und 12 mm
- Schlitz- und Kreuzschlitzschraubendreher in mittleren Größen
- Schleifpapier
- Holzleim
- Nylonstrick
- Holzfarbene Hartwachs-Retuschierstifte
- Nagelsortiment
- Klammerheber
- Schraubzwinge

Blasige Furniere

Wenn sich kleine Furnierbereiche abgehoben haben und schwache Wölbungen bilden, können sie normalerweise wieder angeklebt werden. Manchmal reicht es, ein feuchtes Tuch aufzulegen und mit einem warmen Bügeleisen anzudrücken, was den Kleber erweicht und beide Flächen wieder verbinden läßt. Wenn dies nicht funktioniert, versuchen Sie folgendes:

1. Setzen Sie mit einer einseitigen Rasierklinge in Richtung der Maserung über die ganze Länge der Blase einen Schnitt durch das Furnier.
2. Schieben Sie mit einer Messerspitze oder einem anderen flachen Werkzeug etwas Leim auf beiden Seiten des Schnitts unter das Furnier. Drücken Sie das Furnier mit Ihrem Handballen fest und pressen Sie dabei den überschüssigen Leim heraus. Entfernen Sie ihn mit einem feuchten Lappen, legen Sie ein Stück Wachspapier über die reparierte Stelle und beschweren oder verspannen Sie diese. Lassen Sie die Stelle über Nacht trocknen.

Fehlstellen im Furnier

Kleine Fehlstellen zu ersetzen ist ebenfalls sehr einfach. Sie können ein Stück Furnier von einem anderen Möbelstück verwenden, ein Stück von einer unauffälligen Stelle desselben Möbelstücks oder, wenn möglich, ein Stück aus einem Mustersatz. Fragen Sie am besten bei einem Schreiner nach.

1. Legen Sie einen Furnierausschnitt so auf den Bereich, der erneuert werden soll, daß die Maserung so genau wie möglich zusammenpaßt. Schneiden Sie etwas außerhalb der Kanten des fehlenden Stücks durch das neue und das alte Furnier. Dies gewährleistet, daß das neue Stück exakt die gleiche Größe hat wie der auszubessernde Bereich. Entfernen Sie nun das alte Furnier.
2. Ersetzen Sie das fehlende Furnierstück. Streichen Sie etwas Leim auf die Unterseite des Furnierausschnitts, setzen Sie ihn ein und drücken Sie ihn fest. Entfernen Sie den austretenden überschüssigen Leim mit einem feuchten Lappen, legen Sie ein Stück Wachspapier darüber und beschweren oder verspannen Sie ihn. Lassen Sie die Stelle über Nacht trocknen.

Füllungen unsichtbar einsetzen

Rillen oder Dellen, fehlendes Holz oder Löcher von Nägeln und Schrauben, die von unsachgemäßen Reparaturen herrühren, können ausgebessert und die Stellen geschickt verborgen werden.

1. Verfüllen Sie das Loch. Verwenden Sie eine Holzspachtelmasse, die gebeizt werden kann, um eine möglichst gute Farbanpassung zu erzielen.
2. Da Sie keine perfekte Anpassung erreichen werden, müssen Sie versuchen, den Kontrast zu minimieren. Wenn sich die Maserung des Holzes durch die Flickstelle hindurchzieht, wird der Blick nicht sofort dorthin gelenkt. Ziehen Sie deshalb mit weichem Blei- oder Farbstift Linien, die der Maserung des Holzes entsprechen.

– verändert aus *Antiques on the Cheap* von James W. McKenzie

Lösungen für Oberflächen

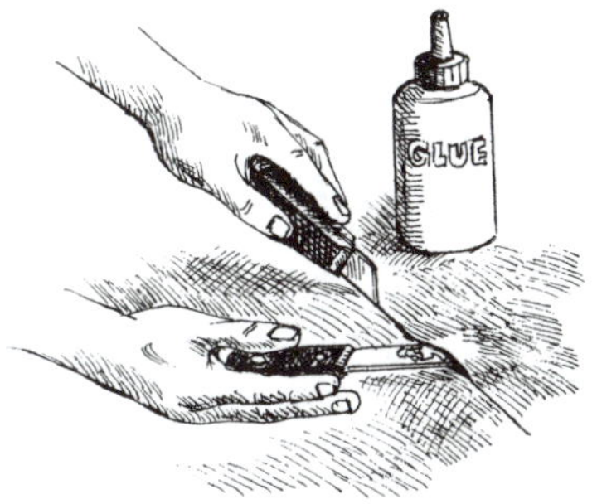

Blasen im Furnier ausbessern: Schneiden Sie durch den blasigen Bereich und unterfüllen Sie ihn mit Leim. Dann pressen Sie ihn fest.

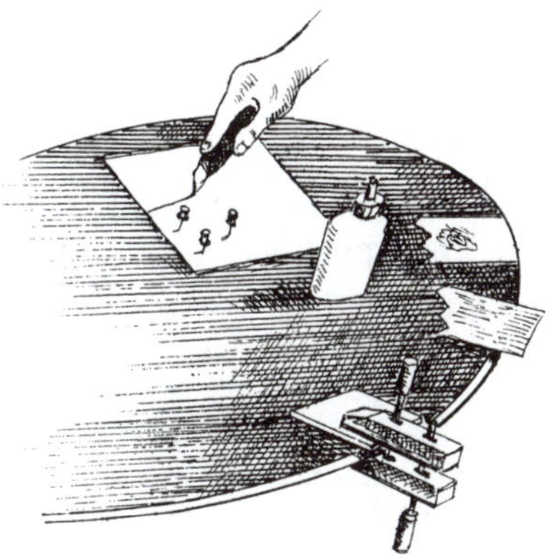

Furnier ersetzen: Legen Sie einen Furnierausschnitt über das Loch und schneiden Sie mit einem Teppichmesser durch beide Schichten, um eine perfekte Übereinstimmung zu erzielen.

Füllstellen angleichen: Zeichnen Sie mit einem Blei- oder Farbstift die Maserung auf die geglättete Füllmasse.

MÖBEL RENOVIEREN

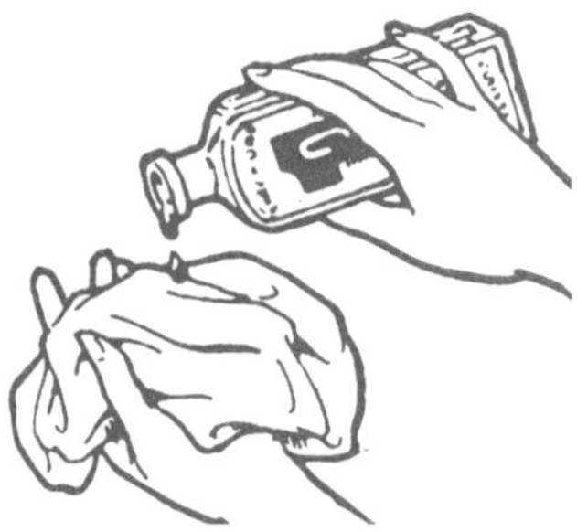

„Möbelsaft"

Dieses wunderbare Rezept zur Holzreinigung und Oberflächenauffrischung ist so einfach wie wirkungsvoll:

- 1 Teil verdünnte Essigessenz: Apfelessig könnte ebenso funktionieren, aber ich habe es nie probiert.
- 1 Teil gekochtes Leinöl: Verwenden Sie kein rohes Leinöl.
- 1 Teil Terpentin: Dieser Farbverdünner ist in Farbfachgeschäften und Baumärkten zu haben.

Zur Herstellung des „Möbelsafts" geben Sie die drei Bestandteile in ein dicht schließendes Gefäß und schütteln es kräftig. Verwenden Sie zum Reinigen der Möbel sehr feine Stahlwolle (Nr. 000 oder 0000). Scheuen Sie sich nicht, etwas Druck anzuwenden.
Bearbeiten Sie immer nur einen Bereich. Tragen Sie das Mittel nicht auf das ganze Stück auf und scheuern danach, sondern rubbeln Sie gleich, wenn Sie aufgetragen haben. Wenn die Oberfläche glatt ist, wischen Sie sie mit einem weichen Tuch ab. Sie werden erfreut sein, wie der jahrealte Schmutz dahingeschwunden ist und welch glatte, saubere Oberfläche zurückbleibt.

– aus *Antiques on the Cheap*

Möbel abbeizen

Ich bin kein Anhänger des Abbeizens. Ich fasse es als letztes Mittel auf. Aber manchmal hilft Reinigen nicht mehr weiter. Gelegentlich kann man ein wirklich schönes Stück preisgünstig haben, gerade weil es aufgearbeitet werden muß. Folgen Sie diesen Schritten:

1. Arbeiten Sie im Freien. Tragen Sie ein langärmeliges Hemd, Schutzhandschuhe und -brille sowie einen Atemschutz.
2. Stellen Sie das Stück, das abgebeizt werden soll, in eine Auffangwanne oder auf eine dichte Plane und gießen Sie den Abbeizer in ein Gefäß mit weiter Öffnung.
3. Tragen Sie das Abbeizmittel großzügig mit einem Borstenpinsel auf. Der größte Fehler bestünde darin, nicht genügend Abbeizer zu verwenden. Nehmen Sie ihn aus dem Behälter und dem Abfluß, der sich in der Wanne sammelt, um die Oberfläche naß zu halten. Tragen Sie so lange Abbeizer auf, bis die Oberfläche anfängt, sich zu runzeln (wenn es Farbe ist) oder zu lösen (wenn es Firnis oder Lack ist).
4. Schaben Sie so viel abgelöste Masse herunter, wie sich abtragen läßt. Verwenden Sie einen Flächenspachtel aus Kunststoff für glatte Oberflächen und Ihren Abbeizpinsel mit weichen Kunststoff- und Kupferborsten für Ecken und Ritzen. Damit ist das Möbelstück allerdings noch nicht für das Abwaschen bereit.
5. Tragen Sie mit dem Borstenpinsel weiteren Abbeizer auf und arbeiten Sie diese Schicht mit Stahlwolle oder einem mit dem Abbeizmittel durchtränkten groben Polierpad ein. Für die Risse verwenden Sie den festen Borstenpinsel. Schrubben Sie nicht zu stark, damit die Oberfläche nicht beschädigt wird.

Schritt 4: Tragen Sie ausreichend Abbeizmittel auf und entfernen Sie die abgelöste Masse mit einem Kunststoffspachtel.

Für und Wider von Abbeizmitteln

	Vorteile	Nachteile
Alkalische Abbeizer (Laugen)	gesundheitlich weniger bedenklich	wirken nur bei Kunstharz- und Öllacken, für Lacke auf Wasserbasis und Dispersionsfarben ungeeignet
		Einwirkzeiten bis 24 Stunden möglich
Lösungsmittelhaltige Abbeizer	für alle Lacktypen einsetzbar	können auch stark giftige Lösungsmittel enthalten
	zum Teil kurze Einwirkzeiten von zwei bis drei Stunden	Atemschutz ist zwingend nötig

WERKZEUGKASTEN FÜR DIE MÖBELRENOVIERUNG

- Langärmeliges Hemd oder Armschützer
- Chemikalienbeständige Handschuhe (am besten PVC-beschichtete), Atemschutz und Schutzbrille
- Großes Becken oder Auffangwanne (optional)
- Abbeizmittel
- Behälter für Abbeizmittel
- Naturborstenpinsel
- Spachtel
- Abbeizpinsel zum Schrubben
- Grobe, mittlere und feine Stahlwolle oder entsprechende Polierpads
- Lappen
- Brennspiritus, Lösungsmittel oder Farbverdünner

6. Nun sind Sie so weit fertig, daß Sie alles abwaschen können. Verwenden Sie dafür einen Eimer Seifenwasser und grobe Stahlwolle. Scheuern Sie das Möbelstück ab und spülen Sie dabei die Stahlwolle gelegentlich im Seifenwasser durch. Spritzen Sie es anschließend mit einem Wasserschlauch ab und scheuern Sie es mit sauberer mittelfeiner Stahlwolle oder einem entsprechenden Polierpad nach. Wischen Sie das Möbelstück mit einem trockenen Lappen ab und lassen Sie es trocknen.
7. Wenn das Möbelstück trocken ist, entfernen Sie mit einem Lösungsmittel, Brennspiritus oder einem Farbverdünner und feiner Stahlwolle oder einem Lappen die letzten Spuren der Oberflächenbehandlung. Geben Sie die benutzten Lappen in einen Behälter mit Wasser. Fragen Sie beim örtlichen Bau- oder Recyclinghof nach der vorschriftsmäßigen Entsorgung.

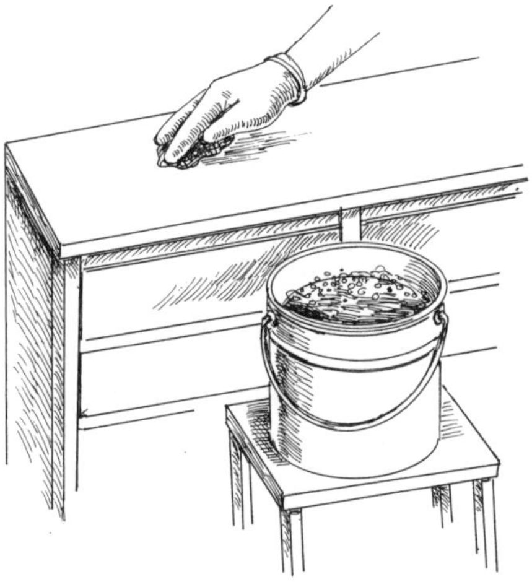

Schritt 6: Schrubben Sie den restlichen Abbeizer mit Seifenwasser und Stahlwolle ab.

Geld sparen beim Aufpolstern

Die meisten Leute haben Polstermöbel, die irgendwann neu bezogen werden müssen. Wenn Ihr Polsterer damit einverstanden ist, daß Sie Hilfsarbeiten selbst ausführen, können Sie beträchtlich Geld sparen.

- Schneiden Sie den Stoff mit einer scharfen Rasierklinge vom Rahmen ab, aber entfernen Sie nicht das Material, das die Polsterung und die Federn bedeckt, es sei denn, der Polsterer war damit einverstanden.
- Entfernen Sie die Drahtstifte und Klammern. Gleichgültig, wieviel von dem Füllmaterial der Polsterer entnehmen will, Sie werden niemals alle Drahtstifte und Klammern „erwischen". Es ist eine langwierige, ungenehme Arbeit, aber mit einer Spitzzange und einem Klammerheber können Sie es schaffen. Jetzt lassen sich auch alle freigelegten Holzteile reinigen und nacharbeiten. Nach dem Neubeziehen ist das nicht mehr möglich.

IHR LANDSITZ

Ein Kalenderlampenschirm

Haben Sie interessante Kalender gesammelt und schon einmal darüber nachgedacht, die Drucke eines Tages zu rahmen? Hier ist ein anderer Nutzungsvorschlag. Ersetzen Sie die Bespannung eines sechseckigen Lampenschirms mit ebenen Flächen durch Kalenderdrucke. Jedes Feld ergänzt das andere und ist doch einzigartig.

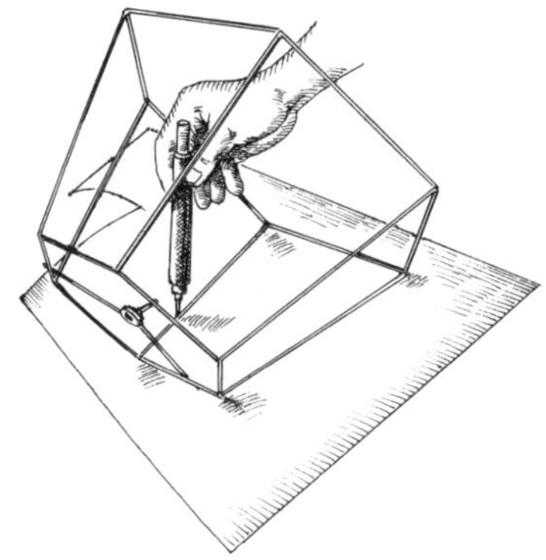

1. Schneiden oder reißen Sie den alten Schirm ab, ohne den Rahmen zu verbiegen. Dann zeichnen Sie den Umriß einer der Flächen auf das Papier, das Sie als neue Bespannung verwenden möchten, wobei Sie an den Kanten einen kleinen Rand überstehen lassen.

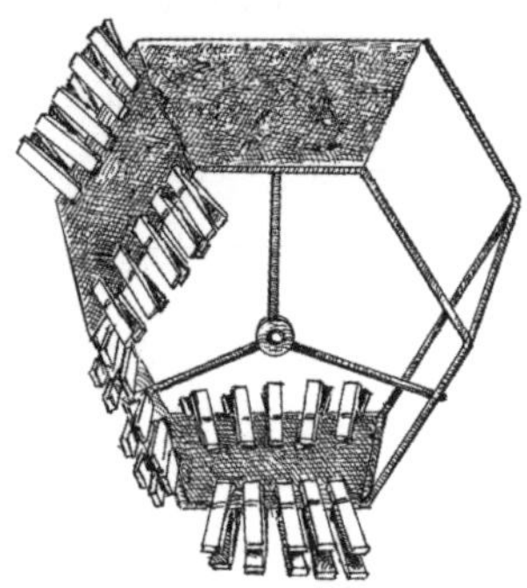

2. Geben Sie etwas Bastelkleber auf den Rahmen. Dann klemmen Sie das Papier mit Wäscheklammern daran fest und lassen den Kleber trocknen. Bringen Sie die anderen Abschnitte genauso an und beschweren Sie den oberen Abschnitt mit einem Buch oder einem anderen geeigneten Gegenstand.

– aus *Antiques on the Cheap*
von James W. McKenzie

MÖBEL RENOVIEREN

Erneuerung von Oberflächen

Auch als Laie können Sie durchaus ansehnliche Oberflächen erzielen, auf die Sie stolz sein können. Im folgenden wird gezeigt, wie das mit einem Minimum an Ausgaben für Arbeitsgeräte und Material möglich ist.

Die Vorbereitung der Oberfläche vor dem Auftrag einer Oberflächenbehandlung ist einer der wichtigsten Schritte, so daß wir hier beginnen sollten.

Schleifwerkzeuge und -methoden

In manchen Fällen wird bei der Aufarbeitung von Antiquitäten Schleifpapier benötigt. Wenn Sie ein Möbelstück richtig abgebeizt haben, ist danach und zwischen den Farbaufträgen nur ein leichtes Abschleifen nötig.

Elektrische Schleifmaschinen: Elektrische Schleifmaschinen sind für die Oberflächenbehandlung von Möbeln nicht zwingend nötig, aber wenn Sie unbedingt damit arbeiten möchten, nehmen Sie einen Schwingschleifer statt eines rotierenden Exzenterschleifers. Die beiden Schleifmaschinen sehen ähnlich aus, so daß Sie sich vor der Benutzung genau kundig machen sollten. Die Schwungplatte des Schwingschleifers verschiebt sich in einer geraden Vor- und Zurückbewegung – die richtige Bewegung für das Schleifen in Richtung der Holzfaser.

Dreieckschleifer: Diese Werkzeuge haben einen kleinen dreieckigen Kopf, der in Bereiche, die schwer zu erreichen sind, vordringt, was andere Schleifmaschinen nicht können. Ich würde diese Maschinen nicht empfehlen, wenn sie nicht eine weitere nützliche Funktion hätten: Der Schleifkopf kann entfernt und durch einen Spachtelvorsatz ersetzt werden. Obwohl Sie ihn nicht oft brauchen werden, ist er in bestimmten Situationen durchaus nützlich.

Schleifen von Hand: Das Schleifen von Hand sollte für 99 Prozent der Fälle bei der Oberflächenbehandlung von Möbeln ausreichend sein. Aber auch wenn Sie von Hand schleifen, müssen Entscheidungen getroffen werden.

Um flache Oberflächen abzuschleifen, brauchen Sie einen Schleifblock. Er sollte aus Holz und etwa 7,5 x 13 cm groß und 2,5 bis 4 cm dick sein. Kleben Sie ein Stück Filz auf die Unterseite, das wie ein Polster wirkt. Halbieren Sie einen Standardbogen Schleifpapier von 23 x 28 cm quer, falten Sie das Schleifpapier längs um den Block und halten es so fest.

Falls Sie nicht mit Schleifschwämmen vertraut sind: Sie sind aus einem dichten Schaumstoff hergestellt und haben Schleifmittel an allen vier Seiten – im allgemeinen eine mittlere Körnung auf der einen Seite und an der Umrandung und eine feine Körnung auf der anderen Seite. Sie sind fest genug, um wie ein Schleifblock zu fungieren, aber flexibel genug, um auch in Profilformen zu gelangen. Schleifschwämme sind nahezu unverwüstlich. Sie sind außerdem waschbar. Wenn sie also mit Staub zugesetzt sind, spülen Sie sie einfach aus.

Schleifpapier selbst kann verwirrend sein: Flint, Aluminiumoxid, Siliciumcarbid, 150er-Körnung, 220er, 400er. Machen wir es einfach. Kaufen Sie einen Schleifblock (oder stellen Sie ihn selbst her), der für die meisten Arbeiten geeignet ist, und einige Bögen 220er- und 400er-Schleifpapier zum Naß- und Trockenschleifen.

Gleich, ob Sie mit der Hand oder mit einem Schwingschleifer arbeiten: Schleifen Sie rohes Holz mit feinem Papier (verwenden Sie es trocken), bevor Sie das Finish auftragen. Danach, zwischen den einzelnen Aufträgen, verwenden Sie sehr feines Schleifpapier naß (400er-) oder nochmals feines (220er-)Papier, wenn auffällige Pinselspuren vorhanden sind.

Ge- und Verbote beim Schleifen

- Schleifen Sie die Oberfläche einer Farbschicht leicht auf, bevor Sie eine weitere auftragen.
- Schleifen Sie Holz niemals quer zur Faser, wenn Sie eine Beize oder einen Lack auftragen möchten, da dann alle Kratzer über die Maserung hinweg sichtbar werden.
- Halten Sie Schleifpapier trocken, indem Sie es in einem Plastikbeutel oder einem Werkzeugkasten aus Kunststoff oder Metall lagern.

Beizen und Lackieren

Fast alles, was Sie abgebeizt haben, muß wieder gebeizt werden. Wachsbeizen sind die beste Wahl. Sie durchdringen das Holz gut und sind einfach aufzutragen. Manchmal können Sie damit auskommen, ohne einen Fertiganstrich aufzutragen.

Beize auftragen: Beize aufzutragen ist einfach. Tauchen Sie einen Einweg-Schaumpinsel oder einen Lappen in die Beize und verteilen Sie sie über die gesamte Oberfläche. Gehen Sie während des Auftragens immer wieder zurück und wischen Sie alle Überstände auf, bevor sie zu trocknen beginnen. Wenn Sie gerne eine dunklere Oberfläche möchten, können Sie weitere Schichten aufbringen. Danach können Sie die Deckfarbe – etwa Lack – auftragen oder die Oberfläche einfach mit einem weichen Tuch polieren. In vielen Fällen, speziell bei Eiche, ist dies ausreichend. Es ist kein abschließender Anstrich nötig, und Sie erhalten einen schönen Handpolitureffekt.

Lacke: Bevor Sie mit dem Arbeiten beginnen, sollten Sie sich für eine der beiden Varianten von Lacken entscheiden: Acryllack auf Wasserbasis oder Kunstharzversiegler/-lack auf Ölbasis. Acryllacke sind für die meisten Anwendungen optimal. Sie trocknen schnell, lassen sich an einem Tag in mehreren Schichten auftragen und sehr schön aufpolieren. Der einzige Nachteil ist, daß Sie Acryllack nicht direkt über Mahagonibeize auftragen können. Wenn Sie Mahagonibeize verwendet haben, müssen Sie zuerst einen Versiegler auf Ölbasis auf das Möbelstück auftragen, bevor Sie den Acryllack auftragen.

Ölbasierte Kunstharzlacke trocknen nicht so schnell wie Acryllacke. Sie lassen sich aber ebenfalls zu einer schönen Oberfläche polieren. Da Kunstharzlacke auf Ölbasis hergestellt werden, können sie über allen Arten und Farben von Beizen verwendet werden. Im Unterschied zu Acryllack werden sie mit Farbverdünner statt mit Wasser verdünnt und von benutzten Pinseln entfernt.

Lack auftragen: Sie können dafür Einweg-Schaumstreicher verwenden. Kaufen Sie nach Möglichkeit solche aus dichtem Schaumstoff und mit Holzgriff.

Bevor Sie Ihr erstes Projekt anpacken, üben Sie auf einem Stück Abfall. Die beschriebenen Lacke werden nicht so gut aufgenommen, daß ein gerade aufgetragener Anstrich sofort noch einmal überstrichen werden könnte. Wenn Sie also das „Ausbürsten" versuchen sollten (das heißt den Auftrag mit Druck und wiederholten Pinselstrichen), wie es für den Auftrag von langsam trocknenden Ölfarben empfohlen wird, würden Sie die Oberfläche zwangsläufig verderben.

Tragen Sie eine gute Schicht Lack auf das Möbelstück auf, streichen Sie dabei in Richtung der Holzfaser, und überstreichen Sie jede Teilfläche nur einmal. Sie müssen ziemlich rasch arbeiten, da der Lack schnell antrocknet. Alle Unzulänglichkeiten im Strich können beim Schleifen und Polieren bereinigt werden.

Schleifen zwischen den Anstrichen und Endpolitur

Schleifen Sie vor dem Auftragen der nächsten Lackschicht die Oberfläche mit feinem Naß-Trocken-Schleifpapier und etwas Wasser leicht ab. Wischen Sie gelegentlich mit einem feuchten Lappen darüber und prüfen Sie die Glätte.

Die letzte Lackschicht, dies kann die zweite oder die dritte sein, darf nicht mehr geschliffen werden. Reiben Sie die lackierte Oberfläche mit einer sehr feinen Stahlwolle (Nr. 0000) und einem Gleitmittel ab, bis sie beim Berühren samtartig glatt ist. Polieren Sie in Richtung der Maserung. Etwas verdünnte Ölseife oder etwas Sattelseife ist sehr gut geeignet. Falls die Oberfläche etwas mehr Glättung braucht, können Sie auf herkömmliche Schleifpasten aus dem Autozubehör zurückgreifen. Wenn Sie mit dem seidigen Schimmer zufrieden sind, ist die Arbeit fertig. Falls Sie gerne einen stärkeren Glanz hätten, tragen Sie eine Schicht Wachs oder Polierpaste auf und polieren Sie die Fläche abschließend.

– aus *Antiques on the Cheap* von James W. McKenzie

Beize und Lack auftragen

Verwenden Sie einen Einweg-Schaumpinsel, um die Beize über die ganze Oberfläche aufzutragen.

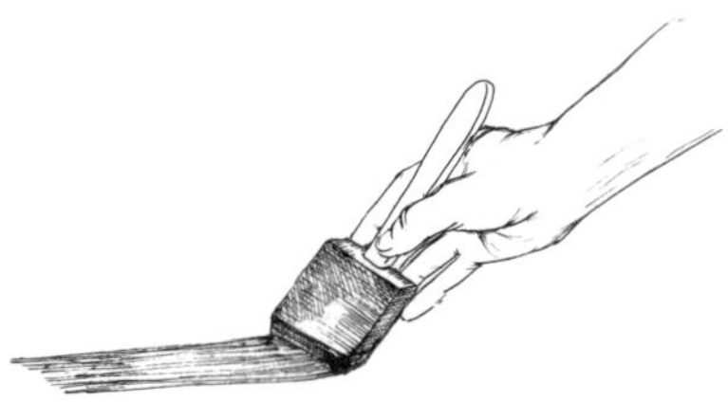

Tragen Sie Lack in Richtung der Maserung auf. Arbeiten Sie zügig, denn er trocknet schnell an.

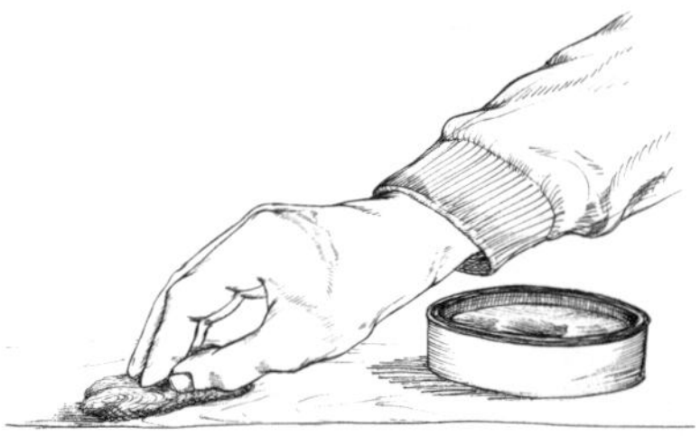

Nach dem Auftragen der letzten Lackschicht (der zweiten oder dritten) darf nicht mehr geschliffen werden. Arbeiten Sie stattdessen mit einer sehr feinen Stahlwolle und einem Gleitmittel wie Öl- oder Sattelseife.

Küche und Bad reinigen

Küchen und Bäder müssen ständig geputzt werden, und weil Besucher meist das Badezimmer benutzen müssen oder eine Tasse Tee möchten, erfordern diese Räume besondere Sorgfalt. Hier sind einige Tips, wie sich diese Räume einfacher reinigen lassen.

Patti Barrett, Autorin von Too busy to clean?*, ist Zeitungskolumnistin und Redakteurin. Sie lebt mit ihrem Mann und zwei Töchtern in Massachusetts.*

Die Küche

Küchen sind heutzutage mehr als nur Küchen. Sie sind der Treffpunkt für die ganze Familie, und wo sich jedermann tummelt, kann es schnell unaufgeräumt wirken.

Backofen:

- Es gibt Backofenreinigungsmittel auf dem Markt, die gefährlich sind. Tragen Sie deshalb Gummihandschuhe und lesen Sie die Gebrauchsanweisung.
- Wischen Sie Ölflecken in selbstreinigenden oder sich kontinuierlich reinigenden Backöfen ab, damit sie nicht einbrennen und die Oberflächen verfärben.
- Bestreuen Sie alte Ölflecken mit Salz. Bürsten Sie es ab, wenn der Backofen kalt ist, und wischen Sie mit einem feuchten Schwamm nach.
- Bestreuen Sie den Boden des Backofens mit Spülmaschinenreiniger und decken Sie ihn mit feuchtem Küchenpapier ab. Lassen Sie den Reiniger ein paar Stunden einwirken, bevor Sie den Boden abwischen.
- Entfernen Sie angebranntes Essen vom Backblech: Bestreuen Sie es mit trockenem Feinwaschmittel, solange es heiß ist. Decken Sie es mit angefeuchtetem Küchenpapier ab und lassen Sie es für eine Weile stehen.

Geschirrspüler:

- Tauchen Sie einen feuchten Lappen in Natron und wischen Sie die Flecken innen und außen ab. Verwenden Sie einen Glasreiniger für die Chromverkleidung.
- Streuen Sie Natron auf den Boden, wenn es innen riecht, und lassen Sie es über Nacht stehen.
- Um Beläge von Geschirr und Geschirrspüler zu entfernen, stellen Sie eine Schale auf den Boden des Geschirrspülers, die Sie mit einer Tasse Bleichmittel füllen. Lassen Sie den Spülgang laufen, aber ohne zu trocknen. Füllen Sie die Schale nun mit einer Tasse Essigessenz und lassen Sie den ganzen Spülgang durchlaufen.

Abstauben – was womit

Gegenstand	Abstauben mit
Bilder im Glasrahmen	Tuch, flüssigem Glasreiniger
CDs	weichem Tuch
Computer	weichem Tuch
Fensterläden	Staubsauger, mit einem feuchten Schwamm abwischen
Fernsehgerät	weichem Tuch, Staubsauger mit kleinem Bürstenvorsatz
Fliegengitter	Schwamm mit Geschirrspülmittel, nachspülen, trockenreiben
Heizkörper	Staubsauger, Feder-Staubwedel
Holzöfen	Email: sauber wischen und abwaschen, wenn er kalt ist Schwarz: gelegentlich nachstreichen
Jalousien	Feder-Staubwedel, anschließend mit einem weichen Tuch
Lampenschirme	Feder-Staubwedel, Bürstenzubehör des Staubsaugers
Ölgemälde	Feder-Staubwedel, sehr weichem Tuch
Postermöbel	Staubsauger
Schallplatten	weichem Tuch
Stereoanlage	weichem Tuch
Telefone	Tuch, Lappen mit Flüssigreiniger

WARNUNG!

Experimentieren Sie nicht mit Mischungen von Reinigungsmitteln! Das Mischen von Putzmitteln kann chemische Reaktionen hervorrufen, die gesundheitsschädlich oder tödlich wirken. Wenn beispielsweise Bleichmittel und Salmiak gemischt werden, entstehen giftige Dämpfe.

Spülbecken:

- Verteilen Sie Küchenpapier auf den Innenflächen des Spülbeckens und tränken Sie es mit Bleichmittel, um das Becken weißer zu bekommen. Lassen Sie es eine halbe Stunde einwirken, bevor Sie nachspülen. Achtung: Nicht bei Sanitäracryl- oder Edelstahlspülen anwenden.
- Wenn der Ausguß mit Fett verstopft ist, schütten Sie eine Tasse Salz und eine Tasse Natron in den Abfluß, anschließend kochendes Wasser.
- Entfernen Sie Roststellen auf Edelstahlspülbecken, indem Sie sie mit Flüssiganzünder abreiben. Wischen Sie mit einem Flüssigreiniger nach.
- Wasserflecken lassen sich entfernen, indem Sie einen Lappen mit Reinigungsalkohol oder Essigessenz befeuchten und darüberwischen.

Das Badezimmer

Handtücher, Make-up-Flaschen und Zahnpastatuben liegen und stehen oft wahllos herum. Aber auch dann, wenn jedes Ding seinen Platz hat, werden Sie noch Seifenränder zu entfernen haben. Für jedes Einsatzgebiet gibt es eine spezielle Lösung:

- Verwenden Sie eine Lösung aus Essigessenz und Wasser, um Kalkablagerungen zu entfernen.
- Mischen Sie für Badewannen ½ Tasse Essig mit einer Tasse Salmiak und ¼ Tasse Natron in 4 l heißem Wasser. Tragen Sie Gummihandschuhe und vergewissern Sie sich, daß der Raum gut gelüftet ist. Sie können damit Armaturen, Sanitäracryl und Porzellan behandeln.
- Reiben Sie die Badfliesen mit Zitronenöl ein, um den Glanz länger zu erhalten.
- Das Abreiben mit Alkohol läßt Chromarmaturen erstrahlen.
- Der Duschkopf ist verstopft? Kochen Sie ihn für 15 Minuten in 1 l Wasser mit ½ Tasse Essigessenz. Weichen Sie Duschköpfe aus Kunststoff in heißer Essiglösung im selben Mischungsverhältnis ein.
- Reinigen Sie die Fugen zwischen den Fliesen mit einer Zahnbürste. Mischen Sie drei Tassen Natron mit einer Tasse warmem Wasser zu einer Paste. Schrubben Sie die Fugen ab und spülen Sie nach. Um gegen Schimmel vorzugehen, tauchen Sie die Bürste in Bleichmittel. Bedecken Sie Flecken mit weißer Schuhcreme.
- Gießen Sie ½ Tasse Chlorbleiche in Ihre Toilettenschüssel und lassen Sie sie 10 Minuten einwirken. Scheuern Sie dann mit einer Bürste nach. Für Anlagen mit Klärbehältern ist dies nicht zu empfehlen.

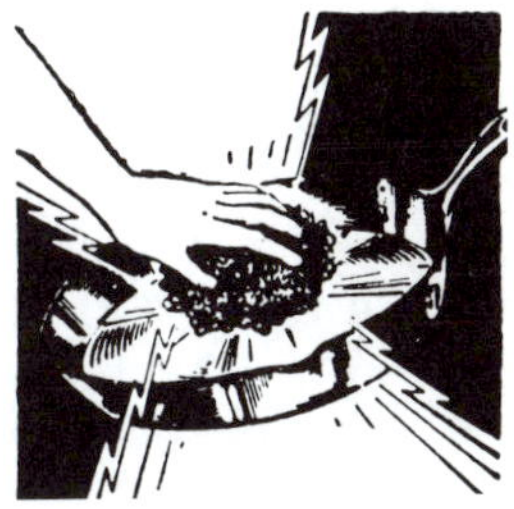

Küchentips und -tricks

- **Schneidbretter von Knoblauch- oder Zwiebelgeruch befreien:** Reiben Sie die Oberfläche mit einer Zitronen- oder Limettenscheibe ab oder mischen Sie eine Paste aus Natron und Wasser. Tragen Sie sie auf und spülen Sie nach.
- **Rohes Ei vom Boden entfernen:** Streuen Sie viel Salz darüber, warten Sie fünf Minuten und fegen Sie das getrocknete Ei auf die Kehrschaufel.
- **Außenseiten von gußeisernen Pfannen reinigen:** Lassen Sie einen handelsüblichen Backofenreiniger zwei Stunden einwirken. Entfernen Sie Flecken mit Essig und Wasser.
- **Kupfergeschirr reinigen:** Füllen Sie eine Sprühflasche mit Essig und geben Sie drei Eßlöffel Salz dazu. Sprühen Sie die Kupferoberfläche großzügig ein, lassen Sie die Lösung einwirken und reiben Sie dann das Gefäß sauber. Um Trübungen zu entfernen, scheuern Sie mit Zahnpasta, Worcestershire-Soße oder Ketchup.

– aus *Too Busy to Clean?*
von Patti Barrett

Tapeten reinigen

Tapeten in stark frequentierten Bereichen werden oft fleckig, etwa durch Fingerabdrücke. Wenn sich im Raum oft Rauch aus einem offenen Kamin, einem Holzofen oder von Zigaretten ansammelt, werden sich die Wände wahrscheinlich gräulich-schwarz verfärben. Von abwaschbaren oder Vinyltapeten können Sie Schmutz und Flecken mit einer Lösung aus milder Seife und Wasser abwaschen. Scharfe chemische Reinigungsmittel sollten nicht verwendet werden.
Nichtabwaschbare Papiertapeten sind schwieriger zu behandeln. Radiergummis oder einige handelsübliche Fleckenentferner hellen Flecken auf. Wirklich problematische Flecken müssen aber überklebt werden. Daher sollten stets einige Verschnittstücke aufbewahrt werden.

– aus *The Woman's Hands-On Home Repair Guide* von Lyn Herrick

Bewährte Haushaltstips

Gails selbstglänzende Möbelpolitur

30 g Leinöl
30 g Malzessig
40 Süßdoldensamen, gehackt und zerstoßen
oder je 1 Teelöffel Zitronen- und Limettenöl
oder 1½ Teelöffel Lavendelöl und 4 Tropfen Pfefferminzöl

Gießen Sie das Öl und den Essig in ein Gefäß, verschließen Sie es dicht und schütteln Sie es gut durch. Fügen Sie die Süßdoldensamen oder die ätherischen Öle zu und schütteln Sie nochmals. Wenn Sie die Mischung mit den Süßdoldensamen verwenden, lassen Sie sie für zwei Wochen an einem warmen Platz stehen und schütteln Sie sie täglich. Wenn Sie die ätherischen Öle verwenden, können Sie die Mixtur sofort auftragen.
Befeuchten Sie einen Staublappen mit der Mischung und reiben Sie fest über das Möbelstück oder die Holzverkleidung. Die Mischung entstaubt die Oberfläche und macht sie glänzend, ohne daß Sie polieren müssen.

– aus *Herbal Treasures* von Phyllis V. Shaudys; Rezept von Gail Duff

Spiegelglanz

- Verwenden Sie für Spiegel einen Fensterreiniger. Sprühen Sie das Glas leicht ein und wischen Sie gleichmäßig mit einem trockenen Tuch nach.
- Zum Entfernen von Haarspray putzen Sie den Spiegel mit Reinigungsalkohol.
- Um einen beschlagenen Spiegel rasch zu trocknen, blasen Sie mit dem Haarfön Heißluft dagegen.

Fenster richtig putzen

- Wischen Sie außen horizontal und innen vertikal (oder umgekehrt). Dann wissen Sie hinterher, auf welcher Seite die Schlieren sind.
- Putzen Sie die Fenster von oben nach unten, dann können keine Tropfen die bereits geputzten Scheiben bekleckern.
- Verwenden Sie für große Fenster einen Abzieher mit einem langen Stiel. Es arbeitet sich gut damit, und er hinterläßt kaum Schlieren.
- Wenn Sie echten Glanz wollen, reiben Sie mit einem sauberen Tafelschwamm über das gerade geputzte Fenster und treten Sie etwas zurück.
- Lassen Sie den Fensterreiniger nicht auf Holz kommen, weil er es beschädigen könnte.
- Verwenden Sie niemals Stahlwolle auf Glas.
- Versuchen Sie nicht, die Fenster an einem sonnigen Tag zu putzen, weil die Scheiben verschmieren.
- Was verwenden? Manche schwören auf Zeitungspapier. Andere sagen, verwende alles außer Zeitungspapier. Eine Freundin meint, daß zerknülltes Zeitungspapier, in eine Schale mit Essig getunkt, Wunder bewirke. Sie setzt das getränkte Papier an der Scheibe an und wischt sie mit ein und demselben Papier ab, bis sie fast trocken ist. Dann reibt sie mit einem Tuch oder einem Stück trockener Zeitung nach.

Spezielle Tips für Fenster

- Mischen Sie 1/3 Tasse Salmiakgeist mit 4 l warmem Wasser. Tragen Sie die Lösung mit einem Schwamm auf oder gießen Sie sie in eine Sprühflasche.
- Fügen Sie an kalten Tagen 1/2 Tasse Reinigungsalkohol auf 1 l Wasser zu, und Sie werden kein Eis an den Scheiben haben.
- Eine weitere Lösung: Geben Sie 1/2 Tasse Salmiak, eine Tasse Essigessenz und zwei Eßlöffel Maisstärke in einen Eimer warmes Wasser.
- Fleckige Fensterbänke: Geben Sie verdünnten Reinigungsalkohol auf ein Tuch und reiben Sie die ganze Fensterbank ab. Sie wird aussehen wie frisch gestrichen.
- Fettflecken: Verwenden Sie Colareste.
- Fliegengitter: Gehen Sie mit einer bürstenartigen Rolle darüber, die den Staub aufnimmt.
- Verwenden Sie für Fensterrahmen aus Aluminium Silberpoliturcreme.
- Tragen Sie Gummihandschuhe, wenn Sie scharfe Fensterreiniger verwenden.

– aus *Too Busy to Clean?* von Patti Barrett

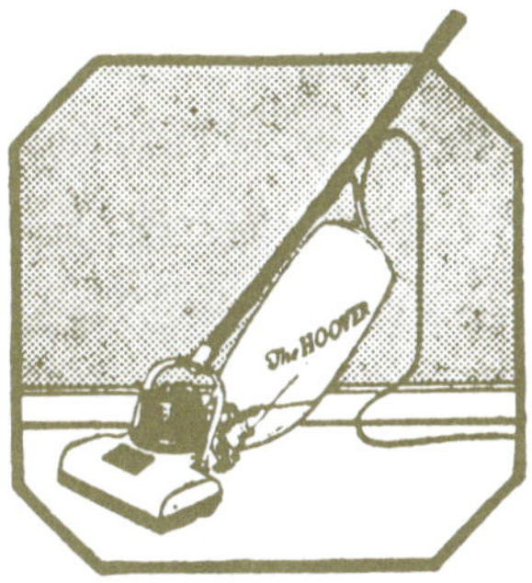

Teppiche reinigen

- **Naturfaserteppiche:** Saugen Sie Teppiche aus Sisal oder Grasfasern ab und behandeln Sie sie mit einem feuchten Lappen, um die Feuchtigkeit zu erhalten.
- **Fellvorleger:** Kneten Sie so lange Maisstärke durch die Haare, bis Sie saubere Stärke ausschütteln können. Saugen Sie alle verbliebenen Reste ab.
- **Waschbare Teppiche:** Trocknen Sie kleine Teppiche flach ausgebreitet an der Luft, um ihre Form zu erhalten. Hängen Sie sie niemals zum Trocknen auf, weil sie ihre Form verändern könnten.
- Saugen Sie die Ober- und Unterseite von Teppichen ab, damit der Schmutz die Fasern nicht verschleißt.

– aus *Too Busy to Clean?*

ACHTUNG!

Gehen Sie mit entflammbaren Lösungsmitteln besonders vorsichtig um. Arbeiten Sie in einem gut belüfteten Raum oder draußen auf einer Terrasse. Rauchen Sie nicht und arbeiten Sie nicht in der Nähe einer Zündflamme oder eines offenen Feuers.

Lüften Sie Teppiche oder Kleidung sorgfältig, wenn sie mit lösungsmittelhaltigen Produkten behandelt wurden. Hängen Sie sie so ins Freie, daß Kinder und Tiere nicht hingelangen können. Lassen Sie Produkte auf Mineralölbasis verdunsten, bevor Sie die Kleidungsstücke in die Waschmaschine geben.

Entsorgen Sie gebrauchte Lösungsmittel oder Reinigungsmaterialien vorschriftsmäßig als Sondermüll.

– aus *The Stain and Spot Remover Handbook* von Jean Cooper

Patti Barrett zur richtigen Reinigung von Stoffen

Es ist oft ein Rätsel, wie bestimmte Stoffe gewaschen werden müssen, besonders wenn Sie das Etikett verloren oder ein handgefertigtes Stück geschenkt bekommen haben. Hier sind einige Richtlinien:

Baumwolle: Waschen Sie weiße Baumwollstoffe in heißem Seifenwasser. Fügen Sie, falls nötig, milde Chlorbleiche hinzu und spülen Sie die Wäsche in klarem Wasser aus. Glätten Sie sie im feuchten Zustand mit einem heißen Bügeleisen. Farbige Baumwollstoffe können Sie zusammen waschen, wenn die Farben beständig sind. Fügen Sie dem Wasser Salz zu, um das Ausfärben zu verhindern. Ansonsten gehen Sie wie oben vor. Waschen Sie bügelfreie Baumwolle in reichlich warmem Wasser, ohne sie auszudrücken. Hängen Sie das Kleidungsstück auf, ziehen Sie es in Form und lassen Sie es abtropfen.

Chiffon: Waschen Sie Chiffon von Hand in lauwarmem Seifenwasser. Drücken Sie das Kleidungsstück behutsam aus, bis es sauber ist, und spülen Sie es dann gut nach. Legen Sie es flach auf ein großes Handtuch und ziehen Sie es in Form. Decken Sie ein weiteres Handtuch darauf und rollen Sie es auf. Wenn es fast trocken ist, glätten Sie es mit einem warmen Bügeleisen.

Chintz: Waschen Sie das Stück von Hand in lauwarmem Seifenwasser und spülen Sie gut nach. Lösen Sie zwei Teelöffel pulverförmigen Kleister in einer Tasse kochendem Wasser vollständig auf und seihen Sie die Flüssigkeit ab. Tauchen Sie das Kleidungsstück in die Lösung und drücken Sie den Überschuß aus. Rollen Sie das Kleidungsstück in ein Handtuch und lassen Sie es antrocknen. Glätten Sie es leicht mit einem warmen Bügeleisen. Ersatzweise können Sie steife, heiße Stärke verwenden, aber nie Bleichsoda.

Federbetten: Waschen Sie Daunenbettdecken einzeln in der Waschmaschine mit warmem Wasser und Seife. Spülen Sie das Federbett gut durch und trocknen Sie es im Wäschetrockner. Wenn es trocken ist, schütteln Sie es kräftig, um die Federn aufzuplustern.

Leinen: Waschen Sie weiße Leinenbettücher, -servietten und -kleidung wie weiße Baumwollstoffe. Naturbelassenes Leinen braucht eine schonendere Behandlung: Waschen Sie es in kaltem Wasser und bleichen Sie es nicht. Waschen Sie gefärbtes Leinen vorsichtig und drücken Sie den Stoff so wenig wie möglich aus. Bügeln Sie alle Leinenstoffe, solange sie noch feucht sind, mit einem ziemlich heißen Bügeleisen.

Satin: Fügen Sie 1 l warmem Seifenwasser ½ Eßlöffel Paraffinöl zu, bevor Sie das Stück eintauchen. Heben Sie das Kleidungsstück während des Waschens und senken sie es wieder ins Wasser zurück, bis es sauber ist. Spülen Sie mehrmals in warmem Wasser nach und fügen Sie dem Wasser etwas Borax hinzu, um den Glanz wiederherzustellen. Drücken Sie das überschüssige Wasser aus und lassen Sie den Stoff antrocknen. Bügeln Sie ihn anschließend auf der linken Seite mit einem warmen Bügeleisen.

Spitze: Drücken Sie Spitze beim Waschen, aber rubbeln Sie sie niemals. Gießen Sie eine Lösung aus reinen Seifenflocken und heißem Wasser, zu einem dichten Schaum vermischt, in ein Gefäß und geben Sie die Spitze dazu. Dann schließen Sie das Gefäß und schütteln es fünf Minuten. Wiederholen Sie den Vorgang mit jeweils neuem Seifenwasser so oft, bis die Spitze sauber ist. Spülen Sie sie zuerst mit warmem, dann mit kaltem Wasser. Lösen Sie anschließend je einen Teelöffel Gummiarabicum-Pulver auf zwei Tassen Wasser und tauchen Sie die Spitze hinein. Drücken Sie das Wasser aus und rollen Sie die Spitze in ein Handtuch. Legen Sie sie flach mit der Oberseite nach unten auf ein angefeuchtetes Bügelbrett, breiten Sie ein Handtuch darüber und glätten Sie sie mit einem kalten Bügeleisen.

Wolle: Vermeiden Sie Temperaturextreme, da Wolle sonst einläuft. Weichen Sie Wollenes nicht ein und waschen Sie es nur in der Waschmaschine, wenn das Pflegeetikett es erlaubt. Waschen Sie Wolle handwarm in vollständig gelösten, sparsam dosierten reinen Seifenflocken. Bewegen Sie die Stücke schonend und spülen Sie sie gut in warmem Wasser aus. Lassen Sie Wollsachen naß oder drücken Sie sie vorsichtig aus. Sie können Wollstoffe auch mit einem speziellen Wollwaschmittel in kaltem Wasser waschen.

Patti Barrett ist die Autorin von Too Busy to Clean? *Sie zieht das Gärtnern dem Putzen eindeutig vor. Deshalb hat sie viele Methoden entwickelt, wie man schnell und effektiv putzen kann.*

Schmutz- und Fettflecken

Hier sind einige Tips, die Sie sich merken sollten:

- Die meisten Flecken lassen sich einfach entfernen, solange sie frisch sind.
- Entfernen Sie zuerst soviel wie möglich von dem Schmutz, bevor Sie den Fleck bearbeiten. Durch Wringen und Rubbeln dringt der Fleck in den Stoff ein. Heben Sie Verschüttetes mit einem Löffel oder einem Buttermesser ab.
- Arbeiten Sie vom Rand zur Mitte, um den Fleck nicht zu verteilen. Immer tupfen, niemals reiben.
- Spannen Sie die verschmutzte Stelle über ein altes, mehrfach gefaltetes Handtuch, um das Verschmutzen anderer Teile des Kleidungsstücks zu vermeiden.
- Testen Sie einen Fleckenentferner immer zuerst an einer unauffälligen Stelle, wie etwa dem Rücken eines Hemds oder einer Bluse oder am inneren Umschlag oder im Saum.
- Versuchen Sie es zuerst mit der einfachsten Methode. Kaltes Wasser kann viele Flecken rasch, einfach und sicher entfernen. (Aber selbst Wasser kann manchen Textilien schaden. Überprüfen Sie das Pflegeetikett des Kleidungsstücks.)
- Lassen Sie die behandelten Stücke an der Luft trocknen, um sicher erkennen zu können, ob der Fleck vollständig entfernt ist. Manche Flecken sind auf nassem Stoff schwer zu sehen, und im Wäschetrockner können Flecken fixiert werden, was das Entfernen erschwert.

Fettflecken

Fettflecken umfassen Butter und Margarine, ölige Lebensmittel und Motoröl. Behandeln Sie waschbare Stoffe vor, indem Sie etwas Flüssigreiniger direkt auf die Stelle geben. Behandeln Sie alte, vergilbte Ölflecken mit Bleichmittel. Tragen Sie bei nichtwaschbaren Stoffen vom Rand zur Mitte hin eine saugfähige Substanz wie etwa Maisstärke, Maismehl oder Kreide direkt auf den Fettfleck auf und warten Sie, bis sie festgetrocknet aussieht, bevor Sie sie vorsichtig abbürsten.

Nichtfettige Flecken

Nichtfettige Flecken umfassen Fruchtsaft, Kaffee, Tee und Tinte. Wässern Sie diese Flecken auf waschbaren Stoffen so bald wie möglich mit kaltem Wasser. Weichen Sie den Stoff für ein paar Stunden oder über Nacht in kaltem Wasser ein. Wenn ein Fleck sich hartnäckig hält, reiben Sie ihn direkt mit Flüssigreiniger ein und spülen Sie dann mit kaltem Wasser nach. Als letzte Rettung können Sie es mit einem Bleichmittel für farbechte Textilien versuchen. Aber prüfen Sie vorher immer das Etikett des Kleidungsstücks.

Benetzen Sie nichtfettige Flecken auf Stoffen, die nicht gewaschen werden können, mit kaltem Wasser. Spülen Sie den Fleck folgendermaßen aus: Legen Sie ein sauberes, saugfähiges Tuch hinter den Fleck und geben Sie dann mit einer Pipette oder einer Sprayflasche kaltes Wasser darauf. Das wirkt am besten, wenn der Fleck frisch ist.

Kombinierte Flecken

Wenn Sie eine Kombination aus Fettflecken und nichtfettigen Flecken haben (z. B. Kaffee mit Sahne, Lippenstift), behandeln Sie ihn zunächst wie einen nichtfettigen Fleck. Wässern Sie bei waschbaren Stoffen den Fleck in kaltem Wasser. Geben Sie dann Flüssigreiniger darauf und spülen Sie gut nach. Lassen Sie den Stoff an der Luft trocknen und behandeln Sie dann den Fettfleck: Tragen Sie dazu an der Stelle Schmier- oder Gallseife auf und waschen Sie ihn wie üblich. Wenn der Fleck noch nicht weg ist, muß die Prozedur wiederholt werden.

– aus *The Stain and Spot Remover Handbook* von Jean Cooper

Tips für die Wäschebehandlung

- Weiße Socken bekommen Sie wieder weiß, indem Sie sie mit einer Scheibe Zitrone in Wasser kochen.
- Bearbeiten Sie Wildleder behutsam mit einer Sandblattfeile, um Regenwasserflecken zu entfernen.
- Eine Lösung aus Essigessenz entfernt hartnäckige Knitterfalten. Benetzen Sie den Stoff mit der Essiglösung und bügeln Sie ihn mit einem warmen Bügeleisen.
- Versengte Weißwäsche? Benetzen Sie die Stelle mit einem Stück in Peroxid getauchter Baumwolle. Oder bleichen Sie mit Wasser und legen Sie es in die Sonne zum Trocknen.
- Um Kaugummi zu entfernen, legen Sie Eis auf die hart gewordene Masse und kratzen Sie sie dann ab. Weichen Sie die Stelle vor der Wäsche mit Eiweiß auf.
- Entfernen Sie Noppen von einem Pullover mit einem Stück feinem Schleifpapier. Oder gehen Sie vorsichtig mit einem Rasierapparat über den Pullover.

– aus *Too Busy to Clean?*

HAUSHALTSFÜHRUNG

Die freiberufliche Autorin, Fotografin und Gemüsegärtnerin Maggie Oster hat mehr als ein Dutzend Bücher geschrieben, u.a. Herbal Vinegar.

Colleen Dodt ist seit 15 Jahren Kräuterkennerin und zieht viele der Pflanzen selbst heran, die sie für ihre Arbeit braucht. Sie ist Eigentümerin von Herbal Endeavors, Ltd., in Michigan und Autorin zahlreicher Artikel über Kräuter und Aromatherapie. Außerdem hat sie zwei Bücher geschrieben: Essential Oils *und* Natural Baby Care.

Was Essig kann

Labore entwickeln allerlei komplexe Chemikalien, sogar für viele Verwendungen, für die Essig, eine Substanz, die seit Tausenden von Jahren da ist, die sicherere Alternative ist. 1 l Essigessenz oder Apfelessig kann eine ganze Reihe chemische Haushaltsreiniger ersetzen.

Wasserringe auf Holzmöbeln entfernen: Mischen Sie Essig und Olivenöl zu gleichen Teilen und reiben Sie die Mischung mit einem sauberen Tuch längs zur Maserung ein.

Flecken auf Holzböden und -möbeln entfernen: Reinigen Sie die Stelle mit grober, in Spiritus getauchter Stahlwolle ab. Reiben Sie den Fleck mit Essig ein und lassen Sie diesen einige Minuten einwirken. Wiederholen Sie den Arbeitsgang, wenn nötig, spülen Sie dann mit Wasser nach und wachsen Sie die Stelle.

Aufkleber, Abziehbilder und Kleber entfernen: Tragen Sie Essig direkt oder mit einem sauberen Tuch auf.

Kunststoff gegen elektrostatische Aufladung behandeln: Essig setzt die elektrostatische Aufladung von Kunststoffen und damit die Ansammlung von Staub herab. Befeuchten Sie einen Lappen mit einer Essig-Wasser-Mischung und wischen Sie damit die Polstermöbel ab. Fügen Sie dem Spülwasser einen Schuß Essig zu, wenn Sie Kunstfaservorhänge und -tischwäsche waschen.

Mißgeschicke von kleinen Kindern und Haustieren bereinigen: Mischen Sie etwas Flüssigreiniger mit drei Eßlöffeln Essig in 1 l warmem Wasser. Benetzen Sie den beschmutzten Bereich damit, bis er sauber ist. Spülen Sie mit warmem Wasser nach und tupfen Sie ihn trocken.

Schweißgeruch entfernen: Wischen oder spülen Sie den Gegenstand mit Essig ab.

Kochgerüche entfernen: Beugen Sie dem Geruch nach gekochtem Kohl vor, indem Sie dem Kochwasser etwas Essig zufügen. Um Fisch- oder Zwiebelgeruch von den Händen zu entfernen, wischen Sie sie mit Essig ab. Gießen Sie nach dem Kochen von Fisch oder Zwiebeln etwas Essig in die heiße Pfanne und lassen Sie ihn kurz aufkochen.

Geschirr spülen: Um Fett abzulösen, geben Sie eine Verschlußkappe Essig in das Spülwasser.

Kristall- und Glaswaren abspülen: Sie werden funkeln, wenn sie in einer Lösung aus einem Teil Essig und drei Teilen warmem Wasser abgespült werden.

Flaschen, Krüge und Vasen reinigen: Entfernen Sie Kalkbeläge, indem Sie Essig in das Gefäß gießen. Lassen Sie es einige Minuten oder länger stehen, schütteln Sie es dann und bürsten Sie es kräftig aus.

Kaffee- und Teeflecken von Glas und Porzellan entfernen: Füllen Sie einmal in der Woche kochenden Essig in gläserne Kaffeekannen, waschen Sie sie aus und spülen Sie nach. Essig und Salz zu gleichen Teilen entfernt Flecken aus Tassen.

Brotdosen auffrischen: Befeuchten Sie eine Scheibe Brot mit Essig und lassen Sie sie über Nacht im Behältnis.

Kalkablagerungen entfernen: Füllen Sie Teekessel, Kaffeemaschinen und Bügeleisen zum Entkalken mit verdünntem Essig und heizen Sie sie auf, oder lassen Sie sie einen kompletten Durchgang durchlaufen. Lassen Sie danach einen Durchgang mit reinem Wasser folgen.

Rost und Korrosionsrückstände von Schrauben und Scharnieren lösen: Gießen Sie Essig über ein Scharnier oder den Kopf einer rostigen Schraube, um den Rost zu lösen. Tauchen Sie Schrauben, Bolzen und Muttern in Essig und schrubben Sie sie mit einer Bürste ab.

Das Licht einer Gaslampe verschönern: Entfernen Sie den Glühstrumpf und weichen Sie ihn für mehrere Stunden in einem Behälter mit Essig ein. Trocknen Sie ihn sorgfältig ab.

Ostereier färben: Damit die Eier strahlende Farben bekommen, mischen Sie auf eine Tasse kochendes Wasser zwei Teelöffel Essig und zwei Teelöffel Lebensmittelfarbe. Tauchen Sie die Eier ein, bis sie die gewünschte Farbe haben.
Wasser auf Wanderungen frisch halten: Geben Sie einige Tropfen Essig in eine Thermoskanne. So bleibt das Wasser länger frisch und löscht den Durst besser.
Windschutzscheiben eisfrei halten: Tauchen Sie einen Schwamm in eine Lösung aus drei Teilen Essig und einem Teil Wasser und wischen Sie damit die Windschutzscheiben ab.
Steife, eingetrocknete Farbpinsel reinigen: Stellen Sie leicht angetrocknete Pinsel in Essig, bis sie sauber sind. Hartnäckige Fälle lassen Sie fünf bis zehn Minuten in Essig köcheln. Waschen Sie sie dann mit warmem Seifenwasser aus und spülen Sie nach.
Obstflecken von den Händen entfernen: Reiben Sie die Hände mit Essig ab.
Leder von Salzspuren reinigen: Wischen Sie Salzränder an Stiefeln oder Schuhen mit einem mit Essig angefeuchteten Tuch ab.
Bügeln ohne Glanzstellen: Damit Wolle oder andere Stoffe beim Bügeln keine glänzenden Oberflächen bekommen, legen Sie ein mit einer Mischung aus einem Teil Essig und zwei Teilen Wasser angefeuchtetes Tuch über den Stoff.
Farbstiftflecken entfernen: Befeuchten Sie eine weiche Zahnbürste mit Essig und reiben Sie damit Farbstiftstriche von Stoffen und anderen Oberflächen.

– aus *Herbal Vinegar* von Maggie Oster

Putzen mit ätherischen Ölen

Wenn Sie bei Ihren täglichen Putzarbeiten ätherische Öle mit verwenden, können Sie in diese notwendige, aber oft langweilige Tätigkeit eine sinnvolle Abwechslung bringen. Viele der auf dem Markt befindlichen Reinigungsmittel sind heutzutage voller Chemikalien. Ätherische Öle bieten eine natürliche Alternative.

Geschirr abspülen

Ich bin mit einem Spülbecken voll schmutzigen Geschirrs viel schneller fertig, wenn ich fünf bis sieben Tropfen Zitronenöl in das Spülwasser gebe. Der Wasserdampf füllt meine Nasenlöcher mit herbem, spritzigem Zitronenduft, und das Zitronenöl pflegt meine Hände – und es löst Fett.
Ich empfehle zehn Tropfen Zitronenöl auf 30 g Essig. Geben Sie das Zitronenöl direkt in den Essig und gießen Sie die Mischung in das Spülwasser.

Böden putzen

Probieren Sie zum Putzen der Böden einmal eine Mischung aus Murphy's Ölseife und reinen ätherischen Ölen in einem Verhältnis von 20 Tropfen ätherischen Ölen auf 8 l Wasser. Wenn Gäste zu uns kommen, fragen sie immer, was hier so gut riecht.

Teppichböden auffrischen

Teppichböden können Gerüche von Haustieren und Rauch festhalten. Ich behandle meine Teppiche mit einem selbsthergestellten Auffrischungsmittel für Teppichböden. Geben Sie zu zwei Tassen Borax 25 Tropfen ätherische Öle. Achten Sie darauf, daß die Öltropfen zergehen und gleichmäßig im Borax verteilt sind. Streuen Sie es mit einem großen Löffel oder einer großen Dose mit Streudeckel auf den Teppichboden oder den Vorleger. Eine alte Puderdose eignet sich gut dafür. Lassen Sie es vor dem Absaugen einige Zeit einwirken.
Ich habe zwei Katzen, und es gibt bei ihnen nie Probleme mit Flöhen. Ich führe dies auf die konsequente Verwendung der Boraxmischung für meine Teppichböden und Vorleger zurück.

– aus *The Essential Oils Book* von Colleen K. Dodt

Ätherische Öle für die Bodenreinigung

Eukalyptus
Lavendel
Zitrone
Patchouli
Kiefernnadeln
Rosmarin
Süßorange

– aus *The Essential Oils Book*

HAUSHALTSFÜHRUNG

Verwendung von Kräutern zur Mottenbekämpfung

Legen Sie Säckchen oder Papiertüten mit Kräutermischungen in jede Kommodenschublade, in den Strickkorb und in größerer Zahl in Schränke und Truhen und erneuern Sie sie jährlich. Die folgenden Kräuter wirken insektenvernichtend und sind nützlich für die Mottenbekämpfung.

Kampfer-Basilikum (Lippenblütler): Ernten Sie die Blätter während der Wachstumsphase oder die ganze Pflanze vor dem Frost. Geben Sie sie in eine braune Papiertüte und hängen Sie sie zum Trocknen auf.

Eukalyptus (Myrtengewächse): Verwenden Sie Silver-Dollar- oder Blue-Gum-Eukalyptus. Zitronen-Eukalyptus eignet sich gut als Zimmerpflanze in einem sonnigen Fenster.

Polei-Minze (Lippenblütler): Verwenden Sie entweder die europäische oder die amerikanische Varietät als Insektizid. Ernten Sie die aufrechten Stiele in voller Blüte und hängen Sie sie zum Trocknen auf.

Pyrethrum (Korbblütler): Die Bunte Wucherblume und die Dalmatinische Insektenblume produzieren in der meist gelben Mitte der Blüten insektenabtötende Inhaltsstoffe. Um die maximale Konzentration zu erhalten, ernten Sie die Blüten an dem Tag, an dem sich die Knospen öffnen. Trocknen Sie sie auf einem Gitter und lagern Sie sie in Gefäßen an einem dunklen Platz. Sie können auch die Blüten zu einem feinen Pulver zerreiben und sie der Kräutermischung zur Mottenabwehr hinzufügen.

Riesen-Lebensbaum (Zypressengewächse): Frischen Sie die Wirkung von Zedernholztruhen – deren Holz nicht von den nordafrikanischen Zedern, sondern von der amerikanischen Red Cedar, einer Thujenart, stammt – regelmäßig durch Abschleifen der Innenseiten auf oder behandeln Sie Holz mit Zedernöl.

Eberraute (Korbblütler): Eberraute ist ein Abwehrmittel gegen verschiedene Motten. Sie sollte von Anfang bis Mitte des Sommer geerntet werden und wirkt sechs bis zwölf Monate.

Rainfarn (Korbblütler): Er enthält die insektenabtötende Verbindung Thujon. Ernten Sie die Blätter im Sommer oder im Herbst und hängen Sie sie zum Trocknen auf.

Rita Buchanans Mottenabwehrmischungen

- Für einen markanten Geruch verwenden Sie Kampfer-Basilikum, Polei-Minze, Eukalyptus, Eberraute und Rosmarienblätter. Mischen Sie gleiche Teile der getrockneten Duftpflanzen mit zerriebenen Pyrethrumblüten.
- Verwenden Sie gleiche Teile von Eberraute, Wermut und Rainfarn für eine liebliche Mischung.
- Mischen Sie Kampfer-Basilikum, Lavendel und Rosmarin in gleichen Teilen für ein würziges Aroma, je nach Vorliebe auch Kampfer oder Zimt.
- Mischen Sie zwei Teile Lavendel, zwei Teile Eberraute, einen Teil Rosmarin, einen Teil Polei-Minze und einen Teil Wermut. Geben Sie auf zwei Tassen Kräuter einen Eßlöffel gemahlene Nelken dazu und mischen Sie alles gut durch.

– aus *Herbal Treasures* von Phyllis V. Shaudys;
beigetragen von Rita Buchanan

Ungeziefer-Merkblatt

Haustiere und Flöhe: Geben Sie Ihrem Haustier ab Februar und während der ganzen Flohsaison täglich Hefepulver oder -tabletten mit dem Futter. Sie sind in Reformhäusern erhältlich. Flöhe meiden Katzen und Hunde, die nach Hefe riechen.
Ameisen: Sie mögen keinen Rainfarn. Streuen Sie ihn dort aus, wo die Ameisen ins Haus kommen.
Silberfischchen: Sprühen Sie Borwasser gemischt mit Zucker auf die betroffenen Flächen.

Probleme mit Kakerlaken

Es kann sehr schwierig sein, Kakerlaken loszuwerden. Sie kommen wegen der Lebensmittel und des Wassers in die Wohnung. Wenn Sie die Quellen entfernen, haben Sie schon halb gewonnen. Außerdem müssen Sie wirklich jedes einzelne Ei vernichten. Die Eier sind braun und etwa so groß wie ein Reiskorn.
Kakerlaken lieben dunkle Plätze. Saugen Sie deshalb unter dem Kühlschrank und dem Heizkörper, unter allen Möbeln, unter dem Spülbecken (auch den Rohren), der Waschmaschine und dem Gaskocher. Vergessen Sie auch nicht den Bereich hinter Toilettenbecken und Büchern, dem Klavier, der schweren Anrichte sowie die Falten der Gardinen.
Wenn die Kakerlakeneier vernichtet sind, versprühen Sie ein Anti-Kakerlaken-Spray oder versuchen Sie es mit Terpentin. Oder mischen Sie zwei Teile Borax und einen Teil Zucker. Streuen Sie es überallhin, wo Kakerlaken sein könnten. Wenn irgendwo Wasser, Lebensmittel oder Hausmüll für die Kakerlaken erreichbar ist, werden sie nicht am Borax fressen. Packen Sie deshalb alle Lebensmittel in dichtschließende Gefäße. Und selbstverständlich müssen Sie auch den Futternapf für die Haustiere wegräumen.

– aus *Too Busy to Clean?* von Patti Barrett

Schädlinge mit ätherischen Ölen bekämpfen

- Für ein natürliches Insektenabwehrmittel, das so ungefährlich ist, daß Sie es auf Ihre Haut auftragen können, mischen Sie jeweils 3,5 g Zitronenöl, Patchouliöl und Vetiveröl mit 85 g Süßmandelöl.
- Wenn Sie Polei-Minze als Flohabwehrmittel verwenden möchten, geben Sie das Öl nicht direkt in das Fell des Tieres. Ein paar Tropfen in das Badewasser oder auf das Halstuch oder Halsband des Haustiers geträufelt, wirken dauerhaft und zuverlässig gegen Flöhe.
- Für ein Abwehrmittel, das gegen eine Reihe von Insekten hilft, mischen Sie 10 Tropfen Polei-Minzen-Öl, 10 Tropfen Eukalyptusöl, 30 Tropfen Zitronenöl und 10 Tropfen Zedernöl mit 110 g Süßmandelöl.
- Um ein Flohabwehrmittel für Teppiche herzustellen, mischen Sie 3 Tropfen Polei-Minzen-Öl, 3 Tropfen Eukalyptusöl, 9 Tropfen Zitronenöl und 3 Tropfen Zedernöl mit 500 g Natron. Streuen Sie die Mischung auf den Teppich, lassen Sie sie für eine Stunde liegen und saugen Sie den Teppich dann ab.

– aus *Herbal Treasures* von Phyllis V. Shaudys; beigetragen von Jen und Mike Mescher

Rainfarn

Schädlinge fernhalten

Großmutter hatte nicht viel mit Haushaltssprays im Sinn, aber sie wußte, daß das Pflanzen von Rainfarn um die Eingänge Ameisen draußen hält. Und sollten sie doch einen anderen Weg nach innen gefunden haben, waren hier und da ausgelegte Gurkenstreifen ein Mittel, um sie zu vertreiben. Wenn Sie nach draußen ging, tupfte sie sich Kamillentee als Insektenabwehrmittel auf die ungeschützte Haut. Um Motten von den Kleiderschränken fernzuhalten, hängte sie Zweiglein von Rosmarin und Wermut auf. Diese wurden auch in Wäschetruhen gelegt. Fliegen verscheuchte sie mit Salbei, Rainfarn und Grüner Minze, und mit Wein-Raute wehrte sie Fliegen, Flöhe und andere Insekten ab. Polei-Minze schreckt Fliegen, Flöhe und Stechmücken ab. Versuchen Sie es einmal mit Polei-Minze auf dem Halsband Ihrer Katze, um sie frei von Flöhen zu halten.

– aus *Sleeping with a Sunflower* von Louise Riotte

SEIFENHERSTELLUNG

Grundausstattung für die Seifenbereitung

Um eine einfache Seife herzustellen, benötigt man nur wenige Arbeitsgeräte. Auch wenn es sich um ganz normale Küchengeräte handelt, darf man sie, einmal dafür benutzt, nicht mehr zur Lebensmittelzubereitung verwenden. Sie brauchen:

- 1-l-Glasmeßbecher
- 2 Plastik- oder Edelstahllöffel
- 3- bis 4-l-Kasserolle aus Edelstahl
- 8-l-Edelstahltopf (2 Stück)
- Kunststoffteigschaber
- Plastikkelle
- Gemüsemesser
- Digitalwaage
- Klarsichtfolie und Zeitungspapier
- Küchenthermometer
- Gießform
- Maiskeimöl oder Mineralöl in der Sprühflasche oder Vaseline

Versuchen Sie niemals, Seife in Aluminiumbehältern herzustellen – das würde gleichermaßen Gefäße wie Seife ruinieren. Stabile Plastiklöffel sind Holz vorzuziehen, weil die Lauge die Holzfaser zerfrißt.
Sie können vielerlei als Formen nutzen. Pralinen- oder Kerzenformen eignen sich genauso wie Seifenformen, so daß Sie eine Fülle an Formen und Größen zur Hand haben. Achten Sie darauf, daß die Formen sauber sind, denn Seife neigt dazu, Farbe anzunehmen. Sie können auch eine einfache Form aus Holz mit den Maßen 50 x 35 cm und einer Tiefe von mindestens 5 cm bauen. Eine stabile Pappschachtel von dieser Größe ist ebenfalls gut geeignet.

– aus *Milk-Based Soaps*

Grundrezept für Seifen auf Milchbasis

1,4 kg reines Pflanzenfett
500 g natives Olivenöl
350 g Distelöl
230 g Rapsöl
1,4 l Ziegen- oder Kuhmilch, vorbereitet für die Seifenherstellung (siehe unten)
350 g reines Ätznatron (Natriumhydroxid) aus der Apotheke
30 g Borax
15 g weißer Zucker
15 g Glycerin

Hinweis: Beachten Sie beim Umgang mit Ätznatron unbedingt die Sicherheitsinstruktionen auf der gegenüberliegenden Seite.

1. Bedecken Sie die Arbeitsfläche mit Kunststoff oder Zeitungspapier, bereiten Sie die Form(en) vor und legen Sie die Arbeitsmittel bereit.
2. Schmelzen Sie bei schwacher Hitze das Pflanzenfett in einem 8-l-Topf.
3. Wiegen Sie die flüssigen Öle auf einer Digitalwaage ab und fügen Sie sie dem Pflanzenfett zu. Erhitzen Sie alles nur so lange, bis das Pflanzenfett vollständig geschmolzen ist, und nehmen Sie es dann umgehend vom Herd. Überhitzen Sie es nicht. Stellen Sie es bis Schritt 9 beiseite.
4. Füllen Sie das Spülbecken mit kaltem Wasser und geben Sie vier bis sechs Schalen Eiswürfel dazu.
5. Geben Sie 1,4 l kalte, pasteurisierte Milch (sie muß zuerst eingefroren und dann wieder aufgetaut sein) in eine 3- oder 4-l-Kasserolle. Stellen Sie sie in das Eiswasser und stabilisieren Sie sie mit Kunststoffbechern, die Sie mit Wasser füllen und rundherum aufstellen.
6. Ziehen Sie Handschuhe und eine Schutzbrille an. Wiegen Sie 350 g Ätznatron in einem Glasgefäß ab.
7. Geben Sie das Ätznatron sehr langsam unter ständigem Rühren mit dem Plastiklöffel in die kalte Milch im Eiswasserbad. Dies sollte nicht weniger als 15 Minuten dauern. Dieser langsame Prozeß verhindert, daß die Lauge die Milch anbrennen läßt, und ist einer der Schlüssel zum Erfolg. Die Milch-Laugen-Mischung ist ätzend. Daher dürfen Sie sie nicht mit der bloßen Haut in Kontakt bringen.
8. Justieren Sie die Temperatur der Laugen-Milch-Mischung so, daß sie nicht unter 27 °C abfällt. Die zwei Fehler, die Sie an diesem Punkt machen können, sind: die Laugen-Milch-Mischung zu kalt werden zu lassen und sie zu lange stehenzulassen, bevor Sie sie mit den Ölen mischen. Dies führt dazu, daß die Mischung zu einer unbrauchbaren Masse gerinnt. Rühren Sie weiter und nehmen Sie die Mischung aus dem Eiswasserbad, wenn die Milch eine hellgelbliche Farbe annimmt. Das bedeutet, daß sich die Lauge erfolgreich mit ihr verbunden hat.
9. Erhitzen Sie die Öle auf kleiner Flamme erneut, bis sie 52 °C erreicht haben. Nehmen Sie sie vom Herd und stellen Sie den Topf in das Spülbecken mit dem Eiswasser.
10. Gießen Sie die Laugen-Milch-Mischung nun langsam in das Öl. Fügen Sie Borax, Zucker und Glyzerin zu. Rühren Sie kontinuierlich, aber spritzen Sie nichts auf Ihre Haut. Die Mischung wird sehr warm. Rühren Sie sachte weiter, sonst wird sich die Laugen-Milch-Mischung möglicherweise nicht mit den Ölen verbinden. Haben Sie Geduld.
11. Schöpfen Sie mit der Kunststoffkelle Teilmengen der gleichmäßig vermischten Öl-Laugen-Mischung in einen Mixer, bis er halbvoll ist. Sichern Sie vor dem Einschalten den Deckel! Lassen Sie den Mixer bei mittlerer Geschwindigkeit eine Minute laufen, vergessen Sie dabei aber nicht, den verbliebenen Inhalt des

Topfes im Spülbecken weiter umzurühren. Die Flüssigkeit im Mixer wird eine helle Cremefarbe annehmen. Gießen Sie sie aus dem Mixer in einen zweiten 8-l-Topf. Nun müssen Sie gleichzeitig in zwei Töpfen rühren und mit dem Mixer arbeiten – ohne einen Helfer geht das nicht. Wiederholen Sie die Prozedur, bis die gesamte Mischung vermixt ist.

12. Waschen Sie schnell den ersten (nun leeren) Topf aus, trocknen Sie ihn gut ab und wiederholen Sie den Vorgang, indem Sie die Mischung aus dem zweiten Topf für eine Minute im Mixer mischen und dann in den ersten Topf gießen, während Sie in beiden Töpfen kontinuierlich umrühren. Während der zweiten Mixprozedur können Sie Duftstoffe, Kräuter oder Körner hinzufügen. Es findet nun nur noch eine geringe oder gar keine Separation der Öle vom Rest der Mischung mehr statt. Nach dem zweiten Mixen ist die Mischung fertig zum Guß. Sie wird eindikken, aber auch, wenn sie dünn erscheint, ist sie fertig für die Form. Wenn sie zu dünn ist, wiederholen Sie den Mixvorgang ein drittes Mal.
13. Gießen Sie die Mischung in die vorbereitete Form und glätten Sie die Oberfläche mit der flachen Kante eines Spachtels oder eines Teigschabers.
14. Lassen Sie die Mischung ohne Abdeckung ungestört in einem zugfreien, trockenen Raum stehen. Nach zwölf Stunden können Sie schweißähnliche dunkelgelbe Perlen auf der Oberfläche sehen. Die meisten sind nach 24 Stunden verdunstet. Wischen Sie die verbleibenden Tropfen vor dem Zerschneiden vorsichtig mit einem Papiertuch ab.
15. Schneiden Sie die Seife nach 24 Stunden in Barren, aber lassen Sie die geschnittene Seife für weitere 24 Stunden in der Form stehen, bis sie hart genug ist, so daß sie beim Herausnehmen formstabil bleibt. Wenn Sie noch zu weich ist, prüfen Sie sie alle vier Stunden, bis sie fertig ist. Warten Sie aber nicht mehr als 24 Stunden bis zum Schneiden, sonst wird die Seife zu brüchig.
16. Lassen Sie die Barren in einem trockenen kühlen Raum sechs Wochen aushärten. Bedecken Sie sie leicht mit Frischhaltefolie, um sie vor Staub zu schützen.

Des Schäfers Stolz

Ergibt 32 Barren à 110 g

Diese Seife ist angereichert mit reinem Lanolin und Aloe vera, beides berühmt für seine heilenden und feuchtigkeitsspendenden Eigenschaften. Sie ist mit Jasmin parfümiert und hilft hervorragend bei trockener Haut.

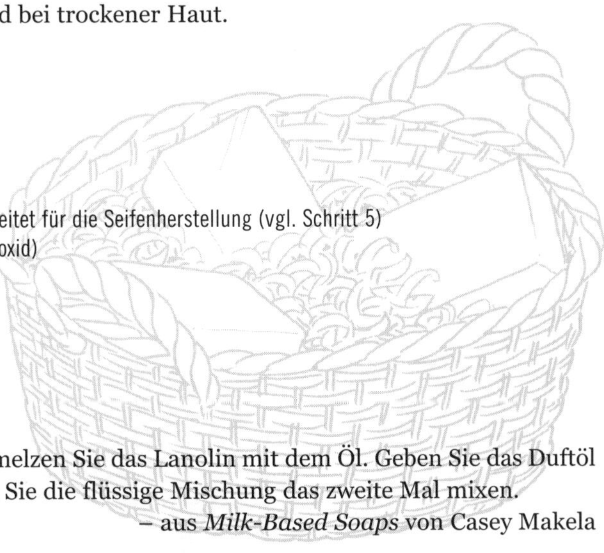

1,4 kg reines Pflanzenfett
500 g natives Olivenöl
350 g Distelöl
120 g Rapsöl
120 g Lanolin
1,4 l Ziegen- oder Kuhmilch, vorbereitet für die Seifenherstellung (vgl. Schritt 5)
350 g reines Ätznatron (Natriumhydroxid)
30 g Borax
8 g weißer Zucker
8 g Glycerin
15 g Jasminduftöl
15 g Aloe vera

Besonderer Hinweis: Schmelzen Sie das Lanolin mit dem Öl. Geben Sie das Duftöl und die Aloe vera dazu, wenn Sie die flüssige Mischung das zweite Mal mixen.

– aus *Milk-Based Soaps* von Casey Makela

Arbeiten mit Ätznatron

Ätznatron, das für die Seifenherstellung verwendet wird, heißt chemisch Natriumhydroxid. Sie bekommen es in Apotheken und Drogerien. Achten Sie unbedingt darauf, daß das Produkt, das Sie kaufen, reines Natriumhydroxid ist.

Vergessen Sie niemals, daß Ätznatron bzw. seine Lauge (Natronlauge) eine starke und gefährliche Chemikalie ist, die mit besonderer Sorgfalt behandelt werden muß. Halten Sie sich genau an die folgenden Sicherheitshinweise:

- Lesen und beachten Sie die Schutzhinweise auf dem Behältnis.
- Lassen Sie die Finger von der Seifenherstellung, wenn Sie müde oder gehetzt sind oder während Sie Ihre Kinder hüten. Die Seifenbereitung erfordert Ihre ungeteilte Aufmerksamkeit.
- Tragen Sie immer eine Schutzbrille. Setzen Sie Ihre Augen nicht dem Risiko einer Laugenverätzung aus.
- Tragen Sie immer Schutzhandschuhe. Wenn Lauge auf Ihre Haut geraten ist, lassen Sie kaltes Wasser darüberlaufen.
- Arbeiten Sie in einem gutbelüfteten Raum, am besten neben dem geöffneten Fenster.
- Legen Sie alle Geräte, Töpfe und sonstigen Gegenstände, die Sie verwendet haben, beiseite und verwenden Sie sie künftig ausschließlich für die Seifenherstellung.
- Reinigen Sie alle Arbeitsgeräte, Behälter, Arbeitsplatten und -oberflächen, die bei der Seifenherstellung verwendet wurden, gründlich.

TEIL II

Garten, Hof und Obstgarten

Der Eigenanbau von Obst, Gemüse und Blumen steht im Mittelpunkt des Landlebens. Ob Sie einen Obstbaumbestand, einen Kräutergarten, einen großen Gemüsegarten oder ein üppiges Staudenbeet haben möchten: Oberste Priorität hat die Auswahl der richtigen Lage. Wählen Sie einen sonnigen Standort, der fruchtbar, gut wasserdurchlässig und nicht zu weit vom Haus entfernt ist, um ihn regelmäßig aufzusuchen. Ideal ist ein leicht geneigter Südhang, der einfach zu bearbeiten und zu beernten ist. Ihre nächste Erwägung sollte sein, den Boden unter Verwendung von Kompost und anderen organischen Komponenten so aufzubauen, daß er fruchtbar, ausgewogen und einfach zu bearbeiten ist. Dies ist ein lebenslanger Prozeß. Während Ihr Garten sich entwickelt, werden Sie beobachten, wie sich seine Produktivität mit jedem Jahr erhöht.

9 DER GEMÜSEGARTEN

DEN EIGENEN GARTEN PLANEN • KÜHLE- UND WÄRMELIEBENDE GEMÜSEARTEN • DIE SAISON VERLÄNGERN SAMEN HERANZIEHEN • BESONDERE ANBAUTECHNIKEN ERNTE UND LAGERUNG • SAATGUTAUFBEWAHRUNG GEMÜSE VON A BIS Z

Unser Familiengarten war während der Zeit des Mangels nach dem Ende des Zweiten Weltkriegs eine Quelle für frisches Gemüse, aber auch des Stolzes darauf, das Unsere zu leisten. Ich brachte Nachbarn zusammen, die Geschichten über den Zaun austauschten. In jeder Nachbarschaft gibt es einen „grünen Daumen“. Als ich ein kleiner Junge in New Jersey war, war es Herr Koeffel, der die größten und frühesten Tomaten anbaute. Als Martha und ich unseren kleinen Hof kauften, war es Roger Smith, dessen Nordgarten vom Frühling bis in den Herbst fortwährend Ertrag abwarf. Ich fragte Roger, wo ich meinen neuen Garten anlegen solle. Wir gingen zusammen über das Gelände, und dieser wortkarge Mann sagte einfach: „Hier.“ Ich tat, wie er gesagt hatte, und deckte eine der fruchtbarsten Schwarzerden auf, die ich jemals gesehen hatte. Ruhige Menschen sind gute Gärtner.

– John Storey

Entwerfen Sie für Ihren Gemüsegarten zunächst einen Plan, genau wie Sie es für ein Blumenbeet tun würden. Zeichnen Sie ihn auf transparentes Millimeterpapier. Wenn Sie einen Maßstab von 1:100 ansetzen, sind DIN-A4- oder DIN-A3-Blätter für den Plan eines kleineren oder mittelgroßen Gartens am besten geeignet.

Das transparente Papier ermöglicht es Ihnen, den diesjährigen Gartenplan über den des letzten Jahres zu legen (auch über den von vor zwei Jahren) und sich so die Planung der Fruchtfolge zu erleichtern. Zeichnen Sie jedes Gemüse in den Lageplan ein und, wenn Sie gepflanzt haben, das Pflanzdatum. Es ist wichtig, die richtigen Abstände einzuhalten, damit Sie ermitteln können, wieviel Samen Sie kaufen müssen.

Sicher möchten Sie außerdem die besten Kombinationen von einander begünstigenden Pflanzen zur Krankheitsvermeidung und zur Insektenabwehr beachten, um einen gesunden Garten zu haben. In diesem Kapitel finden Sie eine Fülle von Informationen dazu.
Damit das Sonnenlicht maximal genutzt werden kann, müssen Sie die am höchsten wachsenden Kulturen an der Nordseite anpflanzen, wo sie die kleineren nicht beschatten, und Ihre Reihen von Norden nach Süden anlegen. Pflanzen Sie Gemüsefamilien zusammen, damit Sie die Fruchtfolge für die nächsten Jahre planen können.

Tabelle zur Anbauplanung für den Garten

Gemüse	Samen oder Pflanzen für eine 10-m-Reihe	Abstand zwischen den Reihen in cm	Bedarf pro Person in m bzw. Anzahl	Abstand zwischen den Pflanzen in cm
Auberginen	15 Pflanzen	60	5 Pflanzen	60–80
Blumenkohl	20 Pflanzen	60	5 Pflanzen	50
Bohnen, Busch-	120 g	45	9	20–25
Bohnen, dicke	120 g	45	6–9	15–20
Brokkoli	15 Pflanzen	60	5 Pflanzen	60–70
Endiviensalat	4 g	45	3	20–30
Erbsen	150 g	60	15–30	3–4
Grünkohl	2,5 g	45	3,5	45
Gurken	30 Pflanzen	120	3–4,5	30–35
Karotten	2,5 g	15	3	2–3
Kartoffeln	33–40 Pflanzen	75	7	25–30
Kohlrabi	2,5 g	30	3	30
Kürbisse	8 g	150	1 Komposthügel	90–150
Lauch/Porree	1 g	30	1,5	15
Mangold	4,5 g	45	1,5	20–30
Paprika	25 Pflanzen	45	5 Pflanzen	40
Pastinaken	4,5 g	45	1,5–3	15
Radieschen	10 g	10	1	4
Rettich	10 g	30	1,5	20
Rosenkohl	25 Pflanzen	60	5 Pflanzen	40
Rote Rüben	15 g	30	3–4,5	5–7,5
Salat, Blatt-	4 g	30	1,5–3	25–30
Salat, Kopf-	4 g	25	1,5–3	25
Schwarzwurzeln	15 g	45	1,5	5
Spinat	15 g	25	6	–
Steckzwiebeln	300 g	30	3–6	5–10
Speiserüben	4,5 g	40	3	8–10
Tomaten	16–20 Pflanzen	75	5 Pflanzen	50–60
Wassermelonen	4–6 Pflanzen	180	2–3 Komposthügel	180–240
Weiß und Rotkohl	20 Pflanzen	60	10 Pflanzen	50
Zierkürbisse	15 g	150	3–5 Komposthügel	60–100
Zucchini	8 g	100	1 Komposthügel	100
Zuckermais	20 g	60	7,5	25
Zuckermelonen	20 Pflanzen	120	3 Pflanzen	50

Die wichtigsten Gemüsefamilien

- **Kohlgemüse:** Weißkohl, Rotkohl, Grünkohl, Brokkoli, Wirsing, Blumenkohl, Kohlrabi, Rosenkohl
- **Zuckermais**
- **Blattgemüse:** Spinat, Mangold, Salat
- **Hülsenfrüchte:** Erbsen, Bohnen, Limabohnen, Linsen
- **Nachtschattengewächse:** Paprika, Tomaten, Kartoffeln, Auberginen
- **Wurzelgemüse:** Rote Bete, Karotten, Speiserüben, Schwarzwurzel, Pastinaken, Rettiche, Radieschen, Steckrüben, Zwiebeln, Knoblauch, Lauch
- **Rankpflanzen:** Gurken, Melonen, Zucchini

– aus *The Big Book of Gardening Skills*

DEN EIGENEN GARTEN PLANEN

Louise Riotte lebte ein bemerkenswertes Leben, bevor sie 1998 im Alter von 88 Jahren starb. Sie bewohnte einen ertragreichen Bauernhof in Oklahoma und war eine erfindungsreiche und talentierte Gärtnerin, leidenschaftliche Naturforscherin, Bäuerin, Wünschelrutengängerin, Imkerin und Großmutter ebenso wie eine beliebte Bestsellerautorin. Am bekanntesten waren vielleicht ihre Bücher Carrots Love Tomatoes *und* Roses Love Garlic, *die Hunderttausenden von eifrigen Lesern die Geheimnisse der Pflanzung nach Pflanzenfreundschaften offenbarten.*

Louise Riotte zu den Geheimnissen der Pflanzenfreundschaften

Der Zauber und das Geheimnis der Pflanzung nach Pflanzenfreundschaften haben die Menschen über Jahrhunderte fasziniert und ihre Neugier geweckt. Dennoch ist es ein Bestandteil der Gartenbauwelt, der niemals gänzlich erforscht wurde. Auch heute stehen wir immer noch an der Schwelle.

Gemüsebauern fanden heraus, daß das Pflanzen nach Pflanzenfreundschaften viele Vorteile bietet; einer davon ist der Schutz vor Krankheiten. Ein Hauptfeind der Karotten ist die Möhrenfliege, während Lauch unter der Zwiebelfliege und der Lauchmotte leidet. Wenn jedoch Lauch und Karotten in gegenseitiger Gesellschaft leben, stößt der starke und merkwürdige Geruch der Partnerpflanze die Insekten so ab, daß sie nicht einmal versuchen, ihre Eier auf die Nachbarpflanze zu legen. Deshalb erlauben gemischte Pflanzungen eine bessere Insektenabwehr als Monokulturen, wo viele Pflanzen derselben Art Reihe an Reihe stehen. Auch wenn Pflanzen von Krankheiten betroffen sind, kann eine Mischkultur normalerweise die Situation lindern.

Leitfaden der Gemüsefreundschaften

	Auberginen	Buschbohnen	Erbsen	Erdbeeren	Gurken	Karotten	Kohlfamilie	Kürbis	Melonen	Paprika	Rettich	Rote Bete	Salat	Sellerie	Spinat	Stangenbohnen	Tomaten	Zuckermais	Zwiebeln	Weitere Begleiter
Auberginen	-	-	-	-	-	-	-	-	-	-	-	-	-	X	-	-	-	-	X	-
Basilikum	-	-	X	X	X	X	X	X	X	X	-	O	X	-	X	-	-	X	-	1
Buschbohnen	-	-	O	-	X	-	X	X	X	X	-	O	X	-	X	-	-	-	-	2
Erbsen	X	-	-	X	-	-	-	-	-	-	-	X	-	-	-	-	-	-	-	-
Erdbeeren	X	-	X	-	-	X	-	-	-	-	-	X	-	-	-	-	-	O	X	3
Gurken	X	X	-	-	-	-	-	-	-	X	-	X	X	-	X	-	-	-	X	4
Kapuzinerkresse	X	-	-	X	-	-	-	-	-	-	-	X	-	-	-	X	-	-	X	-
Karotten	X	X	-	-	-	-	-	X	-	-	X	-	X	-	-	-	X	-	O	-
Kohlfamilie	X	X	-	-	-	-	X	-	-	X	-	X	X	-	X	-	-	-	-	5
Kürbis	X	X	-	-	-	-	-	-	-	-	-	-	-	-	-	X	-	-	-	-
Melonen	X	X	-	-	X	-	-	X	-	-	-	X	-	-	X	-	-	X	-	-
Paprika	X	X	-	X	-	-	-	X	-	-	-	-	-	-	-	-	-	X	X	-
Petersilie	-	-	-	-	-	-	X	-	-	-	-	-	-	-	X	-	-	-	-	-
Rettich	-	-	-	X	-	-	-	X	-	-	X	-	-	-	X	-	X	-	X	-
Rote Bete	O	O	X	X	X	X	-	X	-	X	-	-	O	X	-	-	X	X	X	6
Salat	-	-	-	-	-	-	-	-	-	-	-	-	-	-	-	-	-	-	X	-
Salbei	X	X	-	-	X	-	X	X	-	-	-	O	-	-	X	-	-	-	-	7
Sellerie	-	-	-	-	-	-	-	-	-	-	-	X	-	-	-	-	-	-	-	-
Spinat	X	X	-	-	X	-	-	X	-	X	X	-	X	-	-	-	X	-	-	8
Stangenbohnen	-	-	X	X	X	-	-	O	-	-	-	-	-	-	-	-	-	-	-	-
Tagetes	-	-	-	-	-	X	-	-	X	-	-	-	-	-	-	-	-	X	-	9
Tomaten	-	-	-	-	-	-	X	-	-	-	-	X	-	-	X	-	-	-	-	-
Zuckermais	X	-	-	O	-	-	-	-	-	X	-	X	-	-	-	X	-	-	-	-
Zwiebeln	-	-	-	X	X	X	O	-	-	-	-	X	-	-	-	-	-	-	-	10

X Gute Nachbarn O Schlechte Nachbarn

Weitere Begleiter

1. Bohnenkraut, Rainfarn
2. Bohnenkraut, Rainfarn
3. alle starkriechenden Kräuter
4. Salbei, kein Dill
5. keine starkriechenden Kräuter
6. Bohnenkraut
7. Rüben
8. kein Ysop
9. Blumenkohl
10. Minze, kein Fenchel

Folgepflanzungen für höheren Ertrag

Kahle Stellen nach dem Abernten von frühen Kulturen wie Salat und Zwiebeln in Ihrem Garten müssen nicht sein. Es wäre pure Energieverschwendung, die Sonne während der Wachstumsperiode auf blanken Boden scheinen zu lassen. Hier sehen Sie, wie Sie Folgepflanzungen für eine Ernte im Spätsommer oder Herbst anlegen können.

1. Ernten Sie Ihre Frühkulturen und graben Sie danach den Boden um, wobei Sie alle Pflanzenreste mit umwenden. Geben Sie etwas Dünger, wie etwa getrockneten Mist, in die Reihen.

2. Ziehen Sie nach dem Einebnen des Bodens Ihren Gartenrechen gerade durch das Beet, um die Reihen zu markieren.

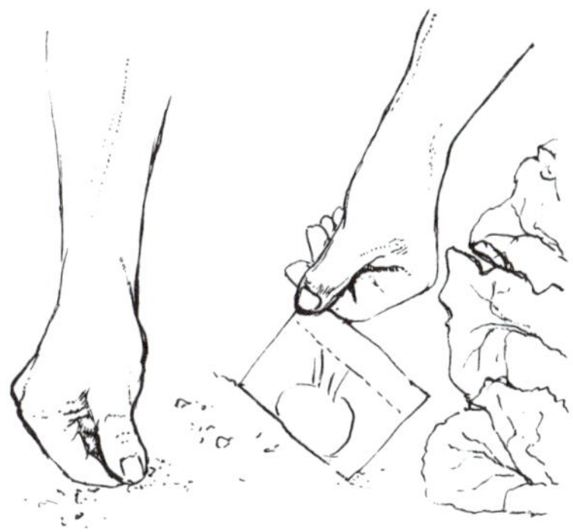

3. Streuen Sie den Samen in die Reihen und klopfen Sie dann die Erde mit den Händen fest. Geben Sie eine Schicht Erde darüber, die etwa viermal dem Durchmesser der Saat entspricht, und klopfen Sie sie erneut fest.

Erfolgreiche Fruchtfolgeverfahren

Kultur	Geeignete Folgefrucht	Ungeeignete Folgefrucht
Bohnen	Blumenkohl, Karotten, Brokkoli, Zuckermais	Zwiebeln, Knoblauch
Erbsen	Kohlgemüse, Karotten, Bohnen, Zuckermais	–
Grünkohl	Bohnen, Erbsen	Kohlgemüse
Gurken	Erbsen, Radieschen	Kartoffeln
Karotten	Salat, Tomaten	Dill
Kartoffeln	Bohnen, Weiß- und Rotkraut, Zuckermais, Rüben	Tomaten, Kürbis, Zucchini
Kohlgemüse	Bohnen, Zwiebeln	Tomaten
Rettiche	Bohnen	Kohlgemüse
Rote Bete	Spinat	–
Salat	Karotten, Gurken, Rettiche	–
Tomaten	Karotten, Zwiebeln	Kohlgemüse
Zwiebeln	Rettiche, Salat, Kohlgemüse	Bohnen

– aus *Down-to-Earth Gardening Know-How for the '90s* von Dick Raymond

4. Wässern Sie die Samen und beobachten Sie, wie schnell sie in den warmen Sommermonaten auflaufen.

IHREN GARTEN PLANEN

Gartentips, die wenig kosten

Ein kostengünstiger Garten muß keinesfalls billig aussehen. Wenn Sie etwas Zeit, Energie und Kreativität investieren, werden Sie – ohne viel Geld – einen Garten haben, um den Sie andere beneiden. Hier sind einige Tips, um das zu erreichen:

- Investieren Sie in langlebigere und mehrjährige Pflanzen, die Jahr für Jahr wiederkommen.
- Wählen Sie krankheitsresistente Sorten, damit die Pflanzen länger überdauern.
- Verschwenden Sie kein Geld und keine Zeit in die Aufzucht von Pflanzen, die sie günstiger kaufen können.
- Um günstig an Pflanzen zu kommen, können Sie auch in den örtlichen Gartenbauverein eintreten und an dessen Pflanzentausch- und -verkaufsaktionen teilnehmen.
- Treten Sie einem Verein zur Erhaltung der Nutzpflanzenvielfalt oder einer Pflanzenbaugesellschaft bei, um Kontakte zu knüpfen und Ihre Auswahl an Samen und Pflanzen zu vergrößern.
- Informieren Sie sich, wann eine Baumschule eine neue Lieferung bekommt. Dann können Sie die gesündesten Pflanzen kaufen.
- Verwenden Sie Stiel- oder Blattstecklinge, um Pflanzen zu vermehren.
- Verwenden Sie von Anfang an gesunde Erde, um gesündere, langlebigere Pflanzen zu erhalten.
- Verschwenden Sie kein Geld, indem Sie Pflanzen mehr Nährstoffzusätze (Dünger) zur Verfügung stellen, als sie aufnehmen können.
- Verwenden Sie leicht erhältliche kostenlose oder preisgünstige Bodenverbesserer wie Kompost, Stalldung, Gründünger, Kaffeesatz und Sägemehl.
- Maximieren Sie die Ernte in begrenzten Bereichen, indem Sie Hochbeete errichten.
- Achten Sie auf Anzeichen von Insekten- und Krankheitsschäden, damit Sie frühzeitig Schritte unternehmen können, um mehr Pflanzen zu schützen.
- Gruppieren Sie Pflanzen, die mehr Wasser brauchen, an einem Platz, damit Sie die zusätzliche Bewässerung an wenigen Orten konzentrieren können.

– aus *Tips for Dirt-Cheap Gardening* von Rhonda Massingham Hart

Erhöhte Beete: Früher säen und pflanzen – gesündere Kulturen

Ein erhöhtes Beet ist ein 15 bis 20 cm hoher Hügel aus loser, gut präparierter Erde. Die Beete können dauerhaft angelegt sein, mit einer Einfassung aus Steinen, Klötzen oder Balken, oder sie können jedesmal neu angelegt werden, wenn der Garten bepflanzt wird.

Erhöhte Beete sind besonders hilfreich, wenn Sie mit schwerem Boden arbeiten, der schlecht entwässert. Auf lange Sicht machen die einfache Unterhaltung und die Möglichkeit der Bearbeitung mit Handwerkzeugen diese Methode überaus geeignet für den Hausgarten.

Was sind die anderen Vorteile? Erstens tritt tatsächlich niemand in ein erhöhtes Beet. Somit bleibt die Erde immer durchlässig und lose und verdichtet nicht. Zweitens gewährleistet diese lockere Erde eine gute Wasserführung und läßt Wasser, Luft und Dünger gut zu den Wurzeln Ihrer Pflanzen vordringen.

Wenn Sie erhöhte Beete für einen langen Zeitraum anlegen, kann der daran anschließende Gartenweg nicht zur Gemüseanpflanzung genutzt werden. Er sollte vielmehr trocken, sauber und relativ unkrautfrei gehalten werden. Da er stetig begangen und verdichtet wird, bleibt er relativ trocken, sauber und unkrautfrei.

Weil die erhöhten Beete durch die Wege voneinander getrennt sind, können Sie die Gemüsearten, die Sie jedes Jahr anbauen, zwischen den Beeten rotieren lassen. So läßt sich verhindern, daß eine bestimmte Gemüseart immer dieselben Bodennährstoffe

Mischen Sie Ihre eigene Erde

Eine Standardformel ist:

- 1 Teil Erde
- 1 Teil Torfmoos
- 1 Teil Perlit, Vermiculit oder sauberer scharfer Sand
- 1 Teil Kompost (optional)

Umschaufeln, bis die Erde gleichmäßig gemischt ist.

– aus *Tips for Dirt-Cheap Gardening*

Hochbeete sind meist 30 bis 80 cm hoch und eingefaßt (wie links gezeigt) und daher auch auf längere Dauer angelegt. Erhöhte Beete werden meist nur 15 bis 20 cm hoch aufgerecht (wie im Kasten unten).

aufzehrt. Es verhindert zudem, daß Schadinsekten und Krankheitserreger im Boden überwintern und die Kultur der nächsten Saison befallen.

Schließlich ergeben die erhöhten Beete einen wunderschönen Garten, der immer wohlgeordnet aussieht, weil er so einfach zu unterhalten ist. Sie können immer jede Ecke problemlos erreichen, um die Beete zu bestellen, und junge Unkräuter entfernen, sobald sie erscheinen. Durch Nachpflanzen kann Ihr Garten fortwährend neues Gemüse liefern und bietet einen angenehmen Anblick.

– aus *The Big Book of Gardening Skills*

Erhöhte Beete anlegen

Handwerkzeuge verwenden

1. Graben Sie die gesamte Fläche, die Sie als erhöhtes Beet gestalten möchten, einschließlich der geplanten Laufwege um. Grenzen Sie das erhöhte Beet mit Holzpflöcken und Schnüren ab. 60 cm sind eine gute Breite, aber manche Gärtner bevorzugen 90 oder 120 cm breite Beete. Legen Sie Ihr Beet in einer beliebigen zweckmäßigen Länge an. Laufwege können bis zu 50 cm breit sein.
2. Stellen Sie sich auf einen Laufweg und ziehen Sie mit einem Rechen die Erde vom gegenüberliegenden Laufweg zu sich her auf das Beet. Verfahren Sie von der anderen Seite genauso.
3. Reichern Sie das Beet mit Kompost, Mist oder anderem organischen Material an und ebnen Sie dann die Oberfläche des Beetes mit der Rückseite des Rechens ein. Die Seiten sollten in einem 45°-Winkel abfallen. Ein Erdrand um die obere Kante des neuen Beetes hilft, die Erosion zu reduzieren.

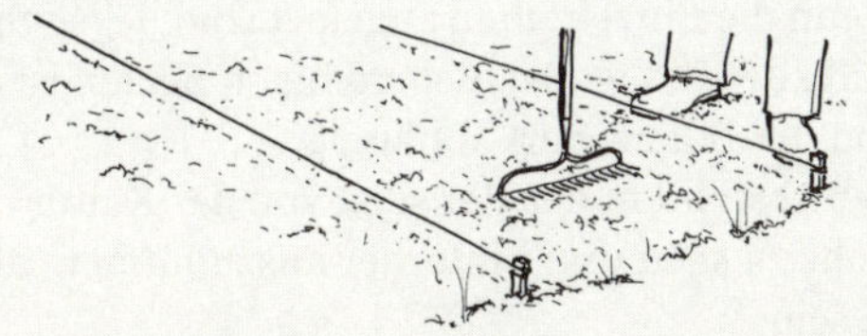

Schritt 1

Schritt 2

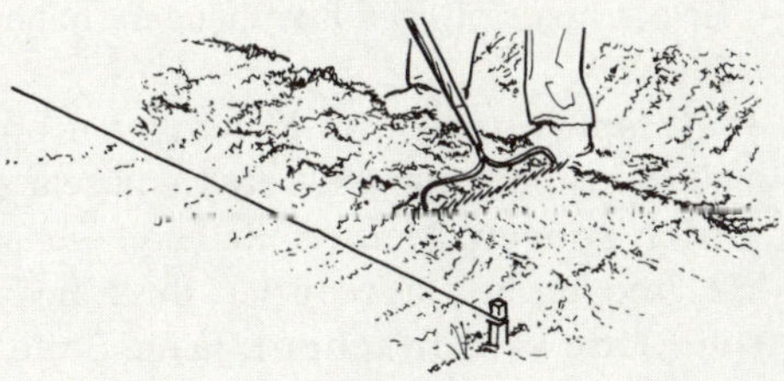

Schritt 3

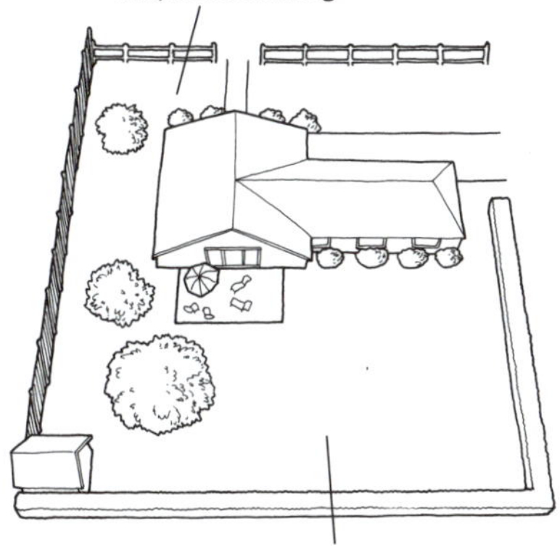

Mikroklimate erkennen und nutzen

Selbst der kleinste Hof vereint eine Vielfalt von Anbaubereichen in sich, die sogenannten Mikroklimate. Wie Sie aus Gärtnereien oder Gartencentern wissen oder den Anleitungen auf den Samentütchen entnehmen können, haben alle Pflanzen ihre eigenen Ansprüche. Einige gedeihen im Schatten, während andere dort aufgrund mangelnden Sonnenlichts schwächeln. Wenn Sie Ihren gewählten Gartenbereich beurteilen, sollten Sie solche Mikroklimate unbedingt beachten. Sie helfen Ihnen zu entscheiden, welche Pflanzen Sie anbauen sollten und wohin Sie sie setzen müssen.

– aus *Tips for Dirt-Cheap Gardening*

IHREN GARTEN PLANEN

Kulturen für mehrreihige Beete

Ackersenf
Anis
Bohnen, alle Sorten
Bohnenkraut
Dill
Echter Majoran
Endiviensalat
Erbsen (Mark-, Schäl-, Ackererbse, Augenbohne)
Grüne Minze
Grünkohl
Karotten
Knoblauch
Kohlrabi
Kresse
Kümmel
Lauch
Mangold
Oregano
Pastinaken
Petersilie
Pfefferminze
Rettiche
Rote Bete
Salat
Schnittlauch
Schwarzkohl
Speiserüben
Spinat
Steckrüben
Weiß- und Rotkraut
Zwiebeln (Samen und Steckzwiebeln)

– aus *Wide-Row Planting*

Pflanzen in Reihen: ein- oder mehrreihig, kurz oder lang?

Einige Gemüsearten nehmen das Umpflanzen übel. Deshalb ist es am besten, sie direkt in das Gartenstück zu säen, wo sie ausreifen sollen. Abhängig von der Pflanze, gedeihen sie entweder besser, wenn Sie sie einreihig setzen oder in mehrreihigen Beeten nebeneinanderpflanzen. Die Reihenabstände hängen von der Kultur ab (siehe Tabelle auf Seite 157). Sind bei manchen Pflanzen die Reihen zu eng, haben sie keinen Raum zum Wachsen. Bei anderen verschwenden Sie Platz, wenn die Reihen zu weit sind; es können Unkräuter hochkommen, und die für das Heranreifen von Früchten und Gemüse notwendige Fremdbestäubung wird unterdrückt.

Es ist besser, unter oder neben den Reihen zu düngen, als die Erde anzureichern, welche die Samen direkt umgibt. Sehr nährstoffreicher Boden fördert die frühe Blattentwicklung, aber die Pflanzen gedeihen besser, wenn sie zuerst eine gute Wurzelstruktur aufbauen.

Wenn Sie hohe Kulturen pflanzen, sollten Sie die Einzelreihen in Nord-Süd-Richtung anlegen, damit jede Pflanze soviel Sonnenlicht wie möglich bekommt. Um die Fremdbestäubung zu sichern, ist es besser, mehrere kurze Reihen nebeneinander zu pflanzen als wenige sehr lange. Auf einer kleinen Fläche können Sie einreihige Beete anlegen, indem Sie lose Erde in schmale Furchen und Reihen rechen, bei einer größeren kann eine Motorhacke erforderlich sein. Denken Sie daran, Holzpflöcke und Schnüre als Führung zu verwenden, um die Reihen gerade zu halten.

Wenn die Einzelreihen angelegt sind, legen Sie die Samen in einer geraden Linie in die Mitte der Reihe. Bei mehrreihigen Beeten ist die Anzahl der Reihen von der Beetbreite und der Pflanzenart abhängig.

Der Abstand in der Reihe ist von der Kultur abhängig, aber es ist immer besser, etwas mehr zu säen und hinterher auszudünnen, als von der dürftigen Keimrate enttäuscht zu sein.

Verfestigen Sie immer die Erde über den Samen, um sie in Kontakt mit der Feuchtigkeit zu bringen, die im Boden enthalten ist. Wässern Sie nach dem Säen sorgfältig und regelmäßig, bis die Samen aufgegangen sind. Eine zwischen den Reihen aufgetragene Mulchdecke hilft dann, Unkräuter zu unterdrücken und die Feuchtigkeit im Boden zu halten.

Neun Gründe, mehrreihige Beete anzulegen

1. **Erträge steigern:** Jeder kann etwa doppelt soviel Gemüse anbauen, wenn er mehrreihige Beete anlegt. Ein höherer Anteil der Gartenfläche bringt Ertrag, und zwischen den Beeten bleibt weniger vom kultivierten Boden ungenutzt.
2. **Zeit sparen:** Sie benötigen weniger Zeit zum Jäten und Ernten. Wenn Sie sich über ein mehrreihiges Beet beugen, haben Sie viel mehr Anbaufläche unter Ihren Händen.
3. **Platz sparen:** Bei der Planung von breiteren, kürzeren Beeten lassen Sie sich mehr Spielraum, um mehrere Gemüsearten zu pflanzen.
4. **Mulch sparen:** Mehrere Reihen beschatten den Boden darunter und halten ihn kühl und feucht. Das reduziert Ihren Bedarf an Mulch.
5. **Die Ernte vereinfachen:** Da die Beete so viel mehr Erntegut pro Meter hervorbringen, können Sie – auf einem Schemel sitzend – von derselben Stelle aus mehr pflücken.

In vier einfachen Schritten ein mehrreihiges Beet anlegen

(A) Markieren Sie mit zwei Abschnitten einer Schnur ein Beet von mindestens 60 cm Breite. Sie können es auch breiter anlegen, sollten aber bequem bis zur Beetmitte greifen können. (B) Rechen Sie das Saatbeet eben. (C) Ziehen Sie ebenfalls mit Hilfe der Schnur in Längs- oder Querrichtung Furchen, deren Tiefe und Abstand von der Pflanzenart abhängt, und streuen Sie den Samen gleichmäßig und nicht zu dünn ein. (D) Abhängig von der Art des Saatguts kann es nötig sein, die Samen zu bedecken, indem Sie entweder Kompost darüberstreuen oder mit dem Rechen etwas Erde über die Furchen ziehen.

Wenn Sie Sämlinge einsetzen, sollten Sie die Pflanzlöcher gegeneinander versetzen. Ein Muster 2-1-2-1 ist platzsparend.

6. **Kühleliebende Kulturen in der Hitze ermöglichen:** Da die Beschattung des Bodens ihn kühler hält, gedeihen diese Pflanzen in mehrreihigen Beeten über eine längere Periode.
7. **Die Erntequalität verbessern:** Das Gewebe und die Festigkeit der Produkte sind aufgrund der gleichmäßigeren Umgebung in mehrreihigen Beeten deutlich verbessert. Beispielsweise sind die Reihen weniger anfällig für trockene Winde.
8. **Schäden durch Insekten reduzieren:** Im Verbund stehende Pflanzen sind weniger anziehend für Schwärme von beißenden Insekten und Würmer.
9. **Pflanzen nach guten Nachbarschaften erleichtern:** Sie können Samen von mehr als einer Art streuen. Es ist nicht schwierig, Rettiche mit irgend etwas anderem in abwechselnden Reihen zu pflanzen oder Rote Bete und Karotten zwischen Zwiebeln zu säen.

—verändert aus *Wide-Row Planting* von Dick Raymond

Tips zum Bepflanzen von mehrreihigen Beeten

Wenn Sie diesen Grundschritten folgen, werden Sie mehr Gemüse mit weniger Arbeit und weit weniger Jäten aufziehen.

- Bereiten Sie ein 15 bis 20 cm tiefes, ziemlich lockeres Saatbeet vor.
- Treten Sie niemals in das Saatbeet oder verdichten Sie es in irgendeiner Form.
- Sparen Sie nicht am Samen, sondern säen Sie dick.
- Säen Sie einige Radieschen in jede Reihe, weil diese schnell keimen und Sie so die Reihen rasch erkennen.
- Ziehen Sie zum Bedecken der Samen mit dem Rechen sorgsam Erde über die Furche und glätten Sie anschließend die Beetoberfläche mit der Rückseite des Rechens.
- Dünnen Sie die Reihen von Hand aus, wenn die Pflanzen 1,5 cm hoch sind, oder ziehen Sie den Rechen quer darüber, wobei die Zinken etwa 0,5 cm in die Erde eindringen sollten.
- Beginnen Sie mit der Ernte, sobald etwas groß genug zum Essen ist.

– verändert aus *The Joy of Gardening* von Dick Raymond

KÜHLE- UND WÄRMELIEBENDE GEMÜSEARTE

Kühleliebende Kulturen

Blumenkohl
Brauner Senf
Brokkoli
Chinakohl
Dicke Bohnen
Endiviensalat
Erbsen
Feldsalat
Grünkohl
Knollenfenchel
Pastinaken
Petersilie
Radicchio
Rettich
Rosenkohl
Rote Bete
Rucola (Rauke)
Salat
Schwarzkohl
Speiserüben
Spinat
Weiß- und Rotkohl
Wildbrokkoli

Die größte Herausforderung an den Gärtner ist es, Pflanzen mit verschiedenen Ansprüchen gesund und zufrieden zu erhalten.

Kühleliebende Gemüsearten

Kühleliebende Gemüsearten mögen Nachttemperaturen über dem Gefrierpunkt bis etwa 15 °C. Viele kühleliebende Gemüsearten werden zeitlich versetzt ausgesät, um eine kontinuierliche Versorgung mit diesem Gemüse zu gewährleisten. Eine landläufige Regel besagt, daß etwa alle 10 bis 14 Tage Samen ausgebracht werden sollten.
Diese Regel funktioniert allerdings nicht immer, weil sich die Bedingungen im Garten während des Saisonverlaufs ändern. Da die Temperaturen steigen und sinken und die Bodenfeuchtigkeit sich verändert, verzögert oder beschleunigt sich auch das Wachstum der Pflanzen.
Um Ihre gestaffelten Kulturen genauer zu terminieren, können Sie Ihre zweite Saat für Wurzel- und Blattgemüse wie etwa Rettich und Spinat säen, wenn die erste Aussaat die ersten Laubblätter zeigt. Bei Kulturen wie Erbsen sollten Sie die Folgeaussaat vornehmen, wenn die Sämlinge genauso lang sind wie Ihr Zeigefinger.

Wärmeliebende Gemüsearten

Das Aussäen und Auspflanzen wärmeliebender Gemüsearten markiert das Ende des langen Übergangs zwischen Winter und Sommer und vom Gewächshaus- zum Freilandgartenbau. Die Erde ist warm genug, um das Wachstum von empfindlichen Samen zu unterstützen, und Zuckermais-, Tomaten- und Paprikapflanzen bersten schier vor Leben.
Einige der Pflanzen für den sommerlichen Garten sind Überbleibsel aus dem Frühling. Karotten, Kartoffeln und Mangold vertragen auch kühleres Wetter, aber im Gegensatz zu anderen kühleliebenden Pflanzen können sie auch heiße Sommertage überstehen oder gedeihen dann sogar besonders gut. Andere wärmeliebende Kulturen wie Tomaten, Zuckermais und Gartenbohnen stammen aus den subtropischen Regionen der Welt, wo kühle Nächte sich über die längste Zeit des Jahres mit heißen Tagen abwechseln. Dies ist immer noch die beste Umgebung für ihre kultivierten Verwandten. Die besten Ernten werden erzielt, wenn die Sommernächte etwa 15 °C kühler sind als die Tage.

So viele Pflanzen mit so unterschiedlichen Vorlieben und Abneigungen in einem Garten glücklich zu erhalten, ist eine ziemliche Herausforderung, aber es muß keine entmutigende sein. Obwohl diese Pflanzen eine mannigfaltige Gruppe sind, haben sie doch viel gemeinsam: Alle gedeihen, von der Sonne verwöhnt, in gleichmäßig feuchter Erde mit einem hohen Anteil an organischer Masse. Es sind einige Feinheiten zu meistern, aber die Ergebnisse lohnen alle Mühen.

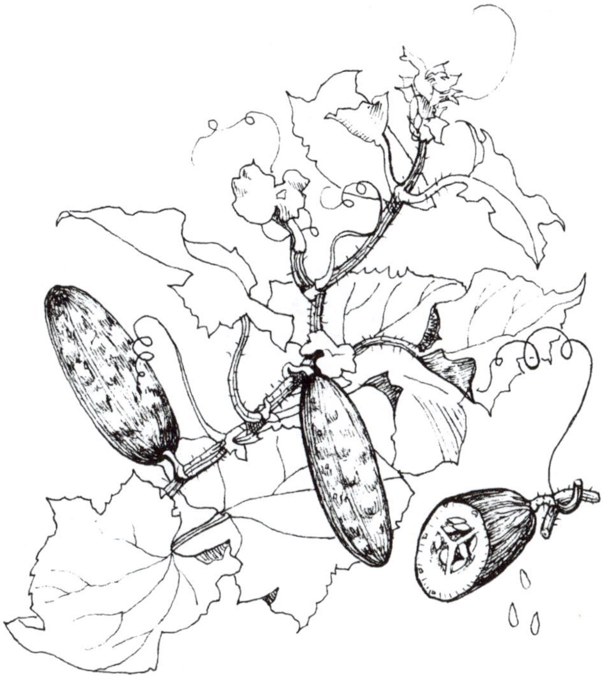

Legen Sie Samen von Gurken und Bohnen aus, wenn die Blütenblätter des Apfelbaums fallen.

Phänologie der warmen Jahreszeit

Phänologie ist eine Wissenschaft, die Indikatorpflanzen nutzt, um zu bestimmen, wann bestimmte Wetterbedingungen vorherrschen und wann bestimmte Schadinsekten aktiv sein werden. Hier sind einige Hinweise, wie Sie die Phänologie als Leitfaden für Ihre Planung nutzen könnten:

- Säen Sie Mangold, Spinat, Rote Bete und Zwiebeln, wenn Ihre Narzissen blühen.
- Säen Sie die Erbsen, wenn die Ahornbäume blühen.
- Pflanzen Sie Kartoffeln, wenn die Blätter der Rotbuche austreiben.
- Säen Sie Buschbohnen, Stangenbohnen und Gurken, wenn die Apfelbäume ihre Blütenblätter fallen lassen.
- Pflanzen Sie Tomaten, Melonen und Auberginen aus, wenn die Pfingstrosen blühen.
- Pflanzen Sie Setzlinge aus, wenn Sie die Schwalben besonders tief fliegen sehen. Die Insekten, denen sie nachjagen, fliegen vor einem Regen näher am Boden.

– verändert aus *The Big Book of Gardening Secrets* von Charles W.G. Smith

Wärmeliebende Kulturen

Artischocken
Auberginen
Buschbohnen
Gurken
Karotten
Kartoffeln
Knoblauch
Kürbis
Lauch
Mangold
Melonen
Gemüsepaprika
Puffmais
Rhabarber
Sellerie
Spargel
Stangenbohne
Süßkartoffeln
Tomaten
Wassermelonen
Zierkürbis
Zucchini
Zuckermais
Zwiebeln (Küchen-)

– verändert aus *The Big Book of Gardening Secrets*

DIE SAISON VERLÄNGERN

Bevorzugte Methoden zur Saisonverlängerung

Vliesabdeckung

Schwarze Polyethylenfolie

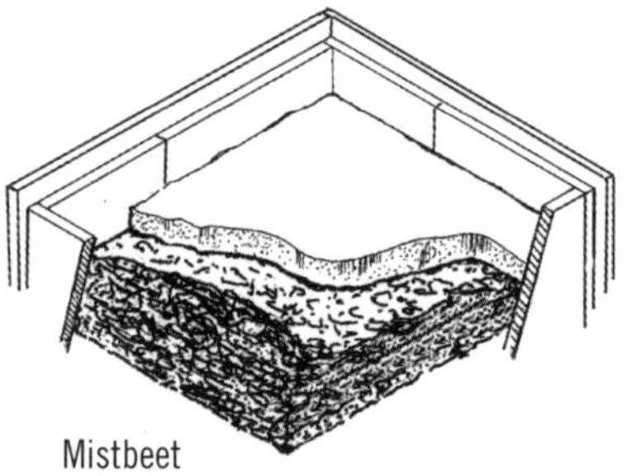

Mistbeet

Das altmodische Mistbeet

Das altmodische Mistbeet ist eine wunderbare Erfindung, die fast über den ganzen Winter frischen Salat liefert. Um es zu bauen, entnehmen Sie einfach bis in eine Tiefe von 60 cm den gesamten Boden im Frühbeet. Kleiden Sie die Seitenwände mit 2,5 bis 5 cm dicken Styropordämmplatten aus. Wenn Sie möchten, bauen Sie einen Holzrahmen um die Dämmung, um sie abzustützen. Geben Sie eine 45 cm dicke Schicht frischen Pferdemist in den Kasten und verdichten Sie ihn gut. Streuen Sie 15 cm Sand darüber. Verwenden Sie ein Bodenthermometer, um die Temperatur des Sandes zu kontrollieren. Wenn der Pferdemist abgebaut wird, erhitzt dies den Sand bis über 37 °C. Stellen Sie die Saatkisten und Töpfe mit den Pflanzen in das Mistbeet, wenn die Sandtemperatur unter 32 °C fällt. Der Mist heizt das Beet für viele Wochen. Wenn der Mist komplett kompostiert ist, kann das Mistbeet noch als Frühbeet weitergenutzt werden.

– aus *The Big Book of Gardening Secrets*

Schutzeinrichtungen zur Verlängerung der Vegetationszeit

In gewisser Hinsicht ist der Begriff Verlängerung eine falsche Bezeichnung. Mehr noch, als der Vegetationszeit ein paar Wochen zum Beginn und am Ende hinzuzufügen, verändern diese Maßnahmen eigentlich das Klima. Sie schützen nicht nur vor Frost, sondern auch vor Wind, Schädlingen, Regen und Schnee. Kostengünstige, althergebrachte Schutzeinrichtungen zur Saisonverlängerung, die immer beliebt bleiben, sind Frühbeete, Folien- und Plastikhauben, transparente Kanister mit abgeschnittenem Boden, Heuballen, Zeitungspapier, Decken, mit Folie bespannte Drahtrahmen und sogar Einkaufstüten mit dem mit Erde beschwerten Rand nach unten. Alle funktionieren in bestimmen Situationen gut. Wir wollen einige davon im Detail untersuchen.

Folienbeetabdeckungen werden von Drahtbögen gestützt

Beetbedeckungen

Beetbedeckungen sind Vorrichtungen, die Ihre Pflanzen schützen. Es gibt zwei Hauptarten – Vliese und Folien. Vliese sind elastische weiße „Gartendecken“ aus leichtem, wasserdurchlässigem Material. Sie brauchen keine Stützen und sind in unterschiedlicher Größe und Dicke verfügbar. Je leichter das Vlies ist, desto lichtdurchlässiger ist es und desto weniger Frostschutz bietet es. Je dicker die Vliese sind, desto mehr Frostschutz bieten sie. Aber die dickeren Vliese verursachen auch mehr Wärme – was bei zunehmender Sonneneinstrahlung zu beachten ist.

Verwenden Sie Vliesabdeckungen direkt nach dem Auspflanzen der Setzlinge von Tomaten, Auberginen, Brokkoli, Melonen, Gurken, Blumenkohl, Erdbeeren und anderen wärmeliebenden Pflanzen. Entfernen Sie sie, wenn die Blüten zur Bestäubung bereit sind oder wenn die Temperatur 30 °C übersteigt. Lassen Sie im Herbst die Vliese länger liegen, um die Wärme des Bodens über die kühlen Abende zu erhalten.

Plastikbeetabdeckungen sind häufig gelocht oder geschlitzt, um den Regen oder die Feuchtigkeit durchzulassen. Sie schützen Pflanzen vor Schädlingen, aber sie halten nicht alle Insekten fern. Die Folien werden in Form eines Tunnels angebracht und mit Drahtbögen gestützt. Die meisten bieten nur wenige Grad Frostschutz – erheblich weniger als dickere Gewebeabdeckungen. Sie neigen außerdem zu einer stärkeren Hitzeentwicklung als Vliesabdeckungen, was sie besonders für wärmeliebende Pflanzen wie Gurken, Melonen und Auberginen gut geeignet macht.

Bringen Sie Plastikbeetabdeckungen im Frühjahr an, sobald der Boden bearbeitet werden kann. Sie können die Keimung der Gemüsearten um drei Wochen verfrühen und den Ertrag um 50 Prozent erhöhen.

Mulchdecken, kühlend und wärmend

Kühlende Mulchdecken unterdrücken das Unkraut, indem sie das Auftreffen von sichtbarem Licht auf den Boden verhindern. Die meisten unterscheiden sich von wärmenden Mulchdecken dadurch, daß sie den größten Teil der Sonnenenergie zurückstrahlen, anstatt sie zu absorbieren. Kühlende Mulchdecken bestehen aus weißer Folie (selten verwendet), Stroh, Rindenmulch und schwarz-weißem Zeitungspapier. Während sie das Unkraut hemmen, lassen sie das Wasser ungehindert passieren. Die Mulchdecke wirkt dann wie ein Wasserspeicher, der dem Wasser ermöglicht, in die Erde einzudringen, aber die Verdunstung verhindert. Die Temperatur unter der kühlenden Mulchdecke kann einige Grade niedriger liegen als die umgebende Lufttemperatur.

Es gibt drei Arten von wärmendem Mulch. **Schwarze Polyethylenfolie** von 0,15 mm Dicke wird seit Jahrzehnten verwendet, aber sie hat ein paar Nachteile: Sie ist nicht biologisch abbaubar und häufig schwierig aus dem Garten zu entfernen. **Schwarzes Mulchpapier** funktioniert ähnlich. Es erwärmt den Boden nicht so effizient wie schwarze Folie, aber die Unterschiede sind gering. Im Gegensatz zu schwarzer Folie läßt schwarzes Mulchpapier das Wasser in den Boden durchsickern. **Thermofolie** ist eine schwarze Folie, die hohe Anteile an wärmeregulierenden Zusätzen enthält. Sie läßt einen großen Teil der Sonnenenergie passieren und so den Boden direkt erwärmen und hilft anschließend, die angestaute Wärme zurückzuhalten. Thermofolie ist bis dato das effektivste Mulchsystem zur Bodenerwärmung, ist aber nicht biologisch abbaubar. Lesen Sie in Kapitel 13 mehr über das Mulchen.

Frostschutzhauben

Frostschutzhauben sind einfache Hilfsmittel, um einzelne kleine Pflanzen vor Frost zu schützen. Eine Möglichkeit ist ein Plastikkanister. Schneiden Sie einfach den Boden von einem Fünfliterbehälter ab und setzen Sie ihn über die Pflanze. Lassen Sie den Deckel zur Belüftung offen. Sämlinge können durch Papiermützen über den einzelnen Pflanzen geschützt werden. Die wärmenden Frostschutzhauben geben Pflanzen einen Vorsprung für das Wachstum. Wenn die Pflanzen jedoch zur Blütezeit nicht entwöhnt werden, kann deren Ertrag geringer sein als der von Pflanzen, die ohne Schutzhaube aufgezogen wurden.

Selbstgemachte Frosthaube

Wasserwand-Schutzhaube

Frühbeete

Frühbeete sind kleine, einfach gebaute Konstruktionen, die zur Verlängerung der Vegetationszeit verwendet werden. Traditionell sind die meisten Frühbeete aus Nadelholz gefertigt. Das Kopfende ist etwa 45 cm hoch, das Fußbrett etwa 30 cm. Auf den schrägen Seiten verbinden 1,80 m lange Bretter die beiden Teile und bilden die Auflage für die Fenster, die als Verglasung dienen. Die ganze Konstruktion wird so aufgestellt, daß das Fußbrett im Süden steht.

Sie können auch zugeschnittene Frühbeetrahmen kaufen, die aus Polycarbonat-Stegdoppelplatten und Aluminiumverbindungen bestehen. Diese Form der „Verglasung" ist fast so klar wie Glas.

Das Frühbeet ist wie ein kleines Gewächshaus, das die Sonnenenergie durchströmen und den Boden erwärmen läßt und dann die zurückstrahlende Wärme auffängt. Dies ist ein Segen für Gärtner im Norden, die kühleliebende Gemüse, wie etwa Salat, gerne bis in den Winter hinein anbauen. Für eine maximale Wärmerückhaltung legen Sie den Boden mit schwarzer Folie aus. Ein innen am Rahmen angebrachtes Thermometer hilft Ihnen zu prüfen, wann es im Frühling warm genug zum Pflanzen oder heiß genug zum Lüften ist.

– aus *Row Covers and Mulches* von Fred Stetson
und *The Big Book of Gardening Secrets*

Frühbeete

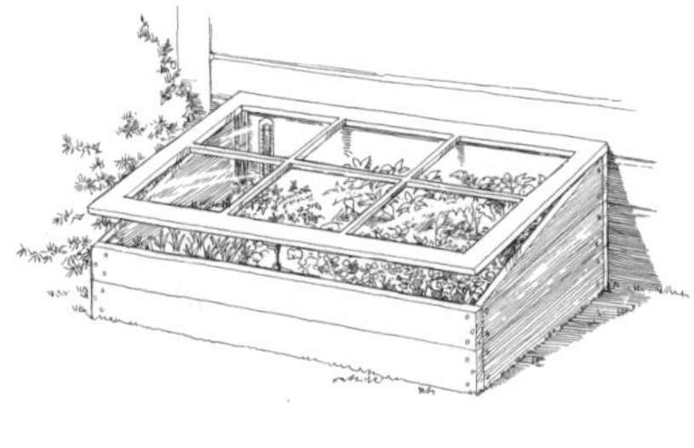

Kleines Frühbeet mit Holzwänden

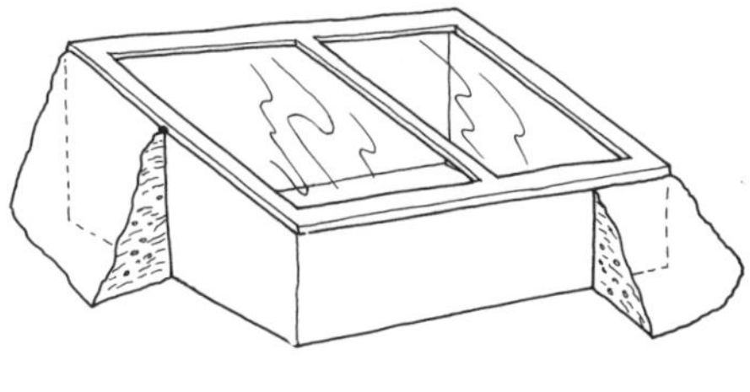

Frühbeet mit gedämmten Wänden

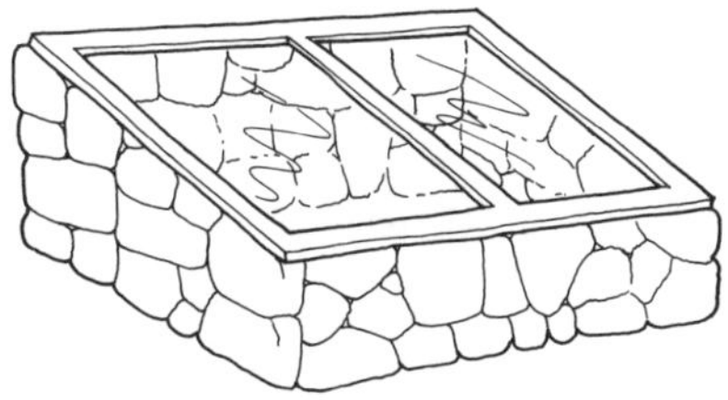

Frühbeet mit Steinwänden

DIE SAISON VERLÄNGERN

Pflanztermine in Abhängigkeit vom Frost

Winterhart

Pflanzen oder säen Sie diese Gemüsearten, sobald der Boden bearbeitet werden kann:

Brokkoli
Erbsen
Grünkohl
Karotten
Mangold
Pastinaken
Rettiche
Rote Bete
Rüben
Salat
Spargel
Spinat
Weiß- und Rotkohl
Zwiebeln

Bedingt winterhart

Pflanzen Sie diese Gemüsearten ein bis zwei Wochen vor dem mittleren Termin der letzten Spätfröste:

Blumenkohl
Kartoffeln

Frostempfindlich

Pflanzen Sie diese Gemüsearten zum mittleren Termin der letzten Spätfröste oder direkt danach:

Buschbohnen
Neuseelandspinat
Tomaten
Zuckermais

Sehr frostempfindlich

Pflanzen Sie diese Gemüsearten zwei Wochen nach dem mittleren Termin der letzten Spätfröste:

Auberginen
Gurken
Kantalup-Melonen
Kürbis
Limabohnen
Paprika
Wassermelonen
Zucchini

Spätfröste und Frühfröste

Spätfrost ist definiert als Frostereignis, das nach dem phänologischen Vollfrühling eintritt, der in Mitteleuropa durch die Blüte von Apfel und Flieder und den Austrieb der Stiel-Eiche gekennzeichnet ist. Berühmte Spätfrosttage sind nach dem alten Bauernkalender die Namenstage der „Eisheiligen" vom 11. bis zum 14. Mai und die „Kalte Sophie" am 15. Mai.

Frühfröste treten dagegen per Definition vor dem Vollherbst auf, der phänologisch durch den Beginn der Blattfärbung bei Roßkastanien, Rotbuchen und Eichen sowie die Reife der Walnuß bestimmt wird.

Spätfröste sind ebenso wie Frühfröste eine große Gefahr für Ihre Ernte. Während sie bei einem Frühfrost im Herbst direkt durch Erfrieren des Erntegutes gefährdet ist, ergibt sich der Schaden durch Spätfröste im Frühjahr häufig indirekt, wenn beispielsweise die Blüten von Obstbäumen erfrieren. Daher wird allgemein empfohlen, frostempfindliche Pflanzen erst nach Mitte Mai nach draußen zu setzen. Im Herbst sollten Sie beispielsweise am Alpenrand bereits ab Mitte September darauf gefaßt sein, daß Sie Ihre letzten Tomaten abernten müssen, um sie vor dem ersten Frühfrost zu retten. Im norddeutschen Tiefland kann dies auch erst Mitte Oktober oder später der Fall sein.

Auch Zierpflanzen wie Geranien, Begonien, Oleander und Zitrusbäumchen, die Terrassen und Balkons schmücken, oder Zimmerpflanzen „in der Sommerfrische" sind gefährdet, wenn sie zu früh nach draußen gestellt oder zu spät wieder ins Haus gebracht werden.

– Anita Heidenfelder

Die eigenen Pflanzen selbst aus Samen ziehen

Wenn Sie erfolgreich Pflanzen aus Samen ziehen möchten, brauchen Sie natürlich Samen, aber auch eine Reihe von Hilfsmitteln.

Behälter

Grundsätzlich können Sie alles verwenden, was das Anzuchtsubstrat halten kann und die richtige Größe hat. Saatkisten sollten 7,5 bis 9 cm tief und können beliebig groß sein, abhängig davon, wie viele Samen Sie auskeimen lassen möchten. Normalerweise sind die gekauften Behälter aus Kunststoff oder Fasern.

Torftöpfe sind gut für Samen, die das Umsetzen übelnehmen, und für größere Saatkörner geeignet. Diese Töpfe haben normalerweise 6 bis 11 cm Durchmesser und sind eine Kombination aus Keim-, Aufzucht- und Auspflanzgefäß.

Torfpellets sind aus zusammengepreßtem Torf hergestellt. Wenn sie in Wasser gelegt werden, vergrößert sich ihr Volumen sehr stark – in der Funktion ähneln sie dann einem Torftopf. Sie sind bestens für größere zuverlässig keimende Samen geeignet, die das Umpflanzen übelnehmen.

Anzuchtplatten sind Trägerplatten mit bis zu 200 kegel- oder zylinderförmigen Mulden. In jede Mulde wird jeweils ein Samen gelegt.

Sie können außerdem jegliche Art von Behältnissen aus Ihrem Haushalt verwenden, etwa gebrauchte Kunststoffbecher oder Aluminiumschalen, sofern sie Abflußlöcher haben oder damit versehen werden können. Eine gute Drainage ist Grundbedingung. Bevor Sie diese Behältnisse verwenden, müssen Sie sie mit Seifenwasser auswaschen und mit einer Bleichlösung (20 g Bleichmittel auf 5 l Wasser) nachspülen. Dadurch vermeidet man Krankheiten, welche die Keimlinge abtöten könnten.

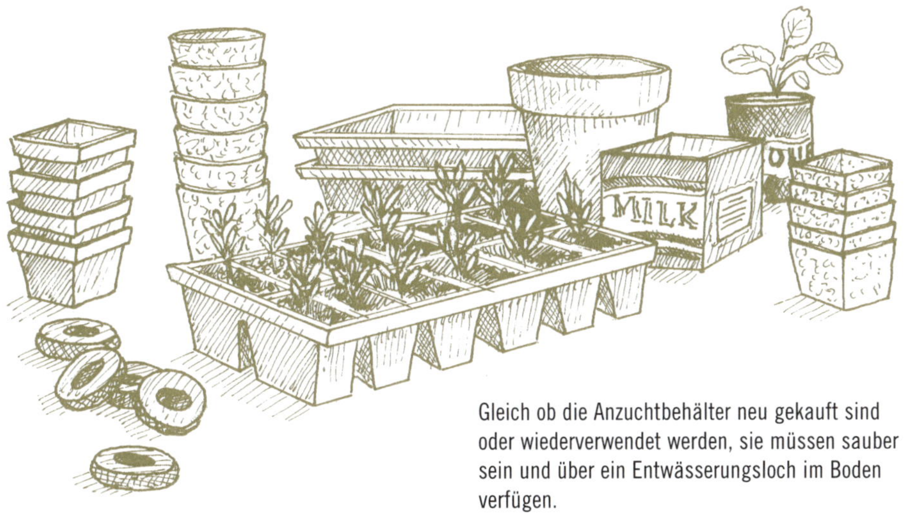

Gleich ob die Anzuchtbehälter neu gekauft sind oder wiederverwendet werden, sie müssen sauber sein und über ein Entwässerungsloch im Boden verfügen.

Anzuchtsubstrate

Es gibt kein perfektes Anzuchtsubstrat, aber hier ist eine Auswahl aus dem verfügbaren Sortiment.

In Ballen oder Netze gepacktes Torfmoos stammt von verrotteten Wasserpflanzen. Die Zusammensetzungen unterscheiden sich stark. Es wird an sich selten für die Vermehrung und Aufzucht genutzt, weil Wasser oft nicht mühelos und gleichmäßig eindringen kann. Dennoch wird es verbreitet in Aussaat- und Aufzuchtmischungen verwendet.

Sphagnum-Moos ist relativ keimfrei, leicht und kann das Zehn- bis Zwanzigfache seines Eigengewichts an Wasser aufnehmen. Im allgemeinen wird es gemahlen (zerschnitzelt) als Anzuchtsubstrat verwendet.

Kokossubstrat wird aus Kokosfasern hergestellt und ist im Gegensatz zu Torfprodukten ökologisch vertretbar. Es weist eine homogene Struktur und ein ideales Wasser-Luft-Verhältnis auf und ist nahezu keimfrei.

Vermiculit ist eine aufgeblähte Glimmererde. Es speichert enorme Mengen Wasser über lange Zeiträume und enthält einen hohen Prozentsatz an Magnesium und Kalium, zwei Elementen, die für ein gutes Wurzelwachstum notwendig sind. Auch wenn es normalerweise nicht allein für die Saatgutkeimung verwendet wird, ist es ein ausgezeichneter Zusatz für Mischungen.

Perlit ist eine Vulkanasche, die kühl bleibt und deshalb sehr gut für Mischungen zur Saatgutkeimung verwendet werden kann, wenn die Samen niedrigere Temperaturen bevorzugen (Kaltkeimer). Es schwimmt aber an der Oberfläche, wenn das Saatbeet gegossen wird. Verwenden Sie die feinste Qualität für die Saatgutkeimung.

Gartenerde sollte zur Keimung nicht verwendet werden, außer wenn sie vorher sterilisiert wurde, um Unkrautsamen und Pilze abzutöten. Zum Sterilisieren müssen Sie sie 30 Minuten bei 80 °C in einer flachen Pfanne backen. Bereiten Sie sich auf einen unangenehmen Geruch vor.

Mischungen aus Torf oder Sphagnum-Moos mit Vermiculit und/oder Perlit sind das beste Medium zur Anzucht. Sie können sie fertig gemischt kaufen oder aus 1/3 bis 1/2 Sphagnum- oder Torfmoos und Vermiculit, Perlit oder einer Kombination aus beiden für den Rest selbst herstellen.

– verandert aus *Starting Seed Indoors* von Ann Reilly

Rigolen Sie Ihren Garten

Sobald Sie mit dem Säen beginnen möchten, sollten Sie auch über eine der besten Bearbeitungsmethoden für Ihren Garten nachdenken: das Rigolen.

Graben Sie eine etwa 30 cm breite Furche eine Spatenhöhe tief um. Werfen Sie die Erde auf eine Plane oder in eine Karre.

Stoßen Sie die Zinken einer Grabegabel so tief in den Boden der Furche, wie Sie können. Rütteln Sie am Griff vor und zurück, um den Untergrund zu lockern. Streuen Sie etwas Kompost über die gelockerte Erde.

Graben Sie eine weitere Furche entlang der ersten, wobei Sie die entnommene Erde in die erste Furche wenden. Fahren Sie so bis an das andere Ende des Beetes fort. Füllen Sie die letzte Furche mit der Erde aus der ersten.

MIT DER AUSSAAT BEGINNEN

Fünf einfache Schritte zur Aussaat im Haus

Schritt 1. Füllen Sie die Saatkiste mit Erde und ebnen Sie sie ein.

Schritt 2. Streuen Sie die Samen gleichmäßig aus.

Schritt 3. Bedecken Sie die Samen.

Schritt 4. Verdichten Sie die Oberfläche und gießen Sie die Erde.

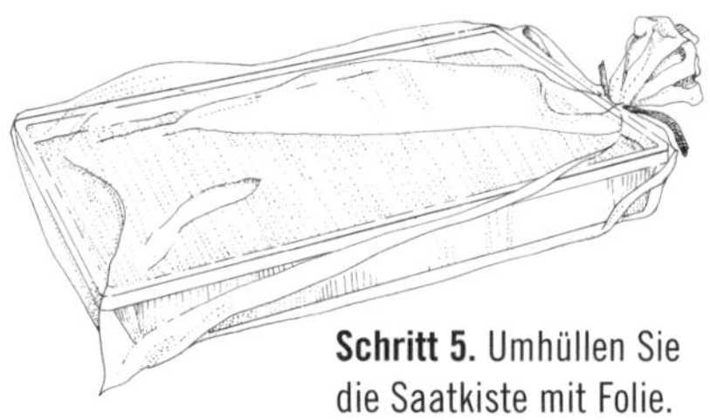

Schritt 5. Umhüllen Sie die Saatkiste mit Folie.

Aussaat im Haus

Hier lernen Sie, wie man im Vorfrühling mit dem Säen beginnt (s. Zeichnungen links):

1. Füllen Sie eine Saatkiste bis etwa 1 cm unter den Rand mit einer Aussaatmischung und ebnen Sie die Oberfläche mit einem Stück Holz ein.
2. Wenn Sie die Samen in Reihen säen möchten, drücken Sie mit der Kante eines Holzes 1 cm tiefe Rillen in die Erde. Ansonsten streuen Sie die Samen gleichmäßig und nicht zu dick über die Erde. Drücken Sie sie anschließend mit der flachen Seite des Holzes an die Erde an.
3. Bedecken Sie die Samen, und beachten Sie dabei, daß die darübergestreute Erdschicht viermal dem Durchmesser des Samenkorns entsprechen soll. Versuchen Sie, eine gleichmäßige Schicht Erde über die ganze Fläche zu streuen.
4. Verdichten Sie die Erde nochmals mit einem flachen Stück Holz. Die frisch ausgesäten Samen sollten reichlich, aber behutsam gewässert werden – möglichst mit einem feinen Sprühnebel.
5. Schließlich sollten die Saatkisten oder Töpfe in Plastikhüllen geschoben oder mit Folie bedeckt werden, um die Feuchtigkeit darin einzuschließen. Sie sollten nicht noch einmal gießen müssen, bis die Sämlinge aufgegangen sind.

Den Samen beim Keimen und Anwachsen helfen

Unterstützen Sie Ihr Saatgut mit den folgenden Umweltbedingungen:

- **Licht:** Lassen Sie die Saat in der Nähe eines sonnigen Südfensters oder unter einer reinweißen Leuchtstoffröhre keimen. Wenn Sie sie auf eine Fensterbank stellen, drehen Sie die Behältnisse mit frisch gekeimten Sämlingen regelmäßig, damit diese gerade und gleichmäßig wachsen.
- **Wärme:** Die meisten Samen keimen und wachsen am besten an einem Standort, dessen Temperatur konstant zwischen 21 und 24 °C liegt. Die meisten Setzlinge bevorzugen normale Raumtemperaturen zwischen 16 und 21 °C.
- **Feuchtigkeit und Luftfeuchte:** Halten Sie das Aussaatsubstrat feucht, aber lassen Sie es nicht durchnässen. Schieben Sie Ihre Saatkisten in Plastikhüllen oder bedecken Sie sie mit Glas, bis die Samen keimen. Entfernen Sie dann die Bedeckung unverzüglich. Prüfen Sie die Sämlinge täglich, um zu sehen, ob das Substrat heller geworden ist, was bedeutet, daß es auszutrocknen beginnt. Gießen Sie von unten, bis die Sämlinge hinreichend groß sind.

Hängen Sie gewöhnliche Leuchtstoffröhren über den Saatkisten auf.

Die ersten Blätter, die Sie sehen, sind die Keimblätter, deren Zellen Nährstoffdepots sind. Sobald sich die ersten Laubblätter entwickeln, müssen Sie mit der Düngung beginnen. Verwenden Sie einen löslichen Pflanzendünger mit einem Viertel der empfohlenen Aufwandmenge, wenn die Sämlinge noch klein sind. Erhöhen Sie auf die Hälfte der Aufwandmenge, wenn die Sämlinge sich entwickeln. Wenn Sie Ihre Sämlinge von unten gießen, sollten Sie den Dünger in das Wasser mischen; später können die Sämlinge von oben gedüngt werden.

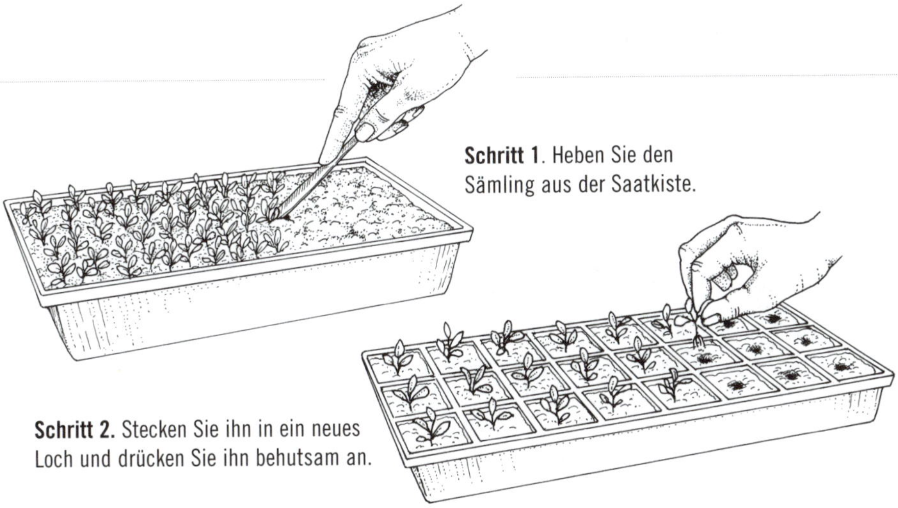

Schritt 1. Heben Sie den Sämling aus der Saatkiste.

Schritt 2. Stecken Sie ihn in ein neues Loch und drücken Sie ihn behutsam an.

Wann pikieren?

Sämlinge, die in Saatkisten ausgesät wurden, sollten in einen größeren Behälter pikiert (= vereinzelt) oder zumindest ausgedünnt werden, bevor sie in den Garten kommen, damit sie nicht beengt stehen und langbeinig und schwach werden. Wenn die Sämlinge in einzelnen Töpfen aufgezogen wurden, entfällt das Pikieren.

Vereinzeln oder dünnen Sie die Sämlinge aus, sobald sie vier Laubblätter ausgebildet haben. Schaffen Sie beim Ausdünnen mindestens 2,5 cm Abstand zwischen den Sämlingen. Größere Sämlinge benötigen mehr Raum. Vor dem Pikieren müssen Sie die Pflänzchen zuerst sorgfältig gießen. Wenn sie in Torftöpfe oder Torfpellets gepflanzt werden sollen, muß der Torf ebenfalls gewässert werden. Befeuchten Sie vorab jedwedes Substrat, in das Sie die Sämlinge setzen möchten, und füllen Sie dann die Behälter damit auf. Drücken Sie ein Loch in die Mitte, das für die Wurzeln des Pflänzchens tief und breit genug ist.

1. Heben Sie den Sämling mit einem Löffelgriff, einer Gabel oder einem Pikierstab in der Saatkiste behutsam an. Vereinzeln Sie ihn vorsichtig, so daß nicht mehr Wurzeln als nötig abbrechen. Fassen Sie Sämlinge immer an den Blättern an, niemals am Stiel.
2. Senken Sie das Pflänzchen in das neue Loch, setzen Sie es geringfügig tiefer, als es in der Saatkiste stand, und drücken Sie das Substrat behutsam an.

Die Setzlinge lassen möglicherweise die Blätter etwas hängen oder welken, aber sie erholen sich, wenn Sie richtig für sie sorgen. Manche Pflanzen profitieren vom Abknipsen während des Pikierens. Greifen Sie einfach in die Mitte der Pflanze und zwicken Sie den Sproßvegetationspunkt heraus.

Besondere Saatgutbehandlungen

Viele Samen benötigen eine spezielle Behandlung, um sicher zu keimen. Sehen Sie auf der Packung nach oder fragen Sie in Ihrer Gärtnerei, ob Ihre Auswahl eines der folgenden Verfahren verlangt.

Anritzen der Schale: Kerben Sie die äußere Schale mit einer Feile oder einem Messer ein, um der Pflanze die Keimung zu erleichtern.

Quellen: Gießen Sie heißes Wasser über die Samen und lassen Sie es über Nacht abkühlen, bevor Sie säen.

Stratifikation: Samen benötigen häufig eine Nachahmung der natürlichen Kreisläufe, damit sie austreiben. Legen Sie die Samen in einen dichtschließenden Behälter oder eine Plastiktüte und geben Sie das vier- bis fünffache Volumen an feuchtem Torfmoos oder Vermiculit zu. Stellen Sie den Behälter bei Warmkeimern an einen warmen Platz und bei Kaltkeimern in den Kühlschrank (oder den Gefrierschrank, falls Frost gefordert ist). Nach dem ersten Monat sollten Sie die Samen alle paar Wochen kontrollieren. Wenn kleine weiße Keimwurzeln erscheinen, müssen Sie die Samen umgehend in Erde oder Aufzuchtsubstrat stecken, wobei zu beachten ist, daß die Wurzeln nach unten gerichtet sind.

– aus *The Big Book of Gardening Skills*

Besondere Saatgutbehandlungen

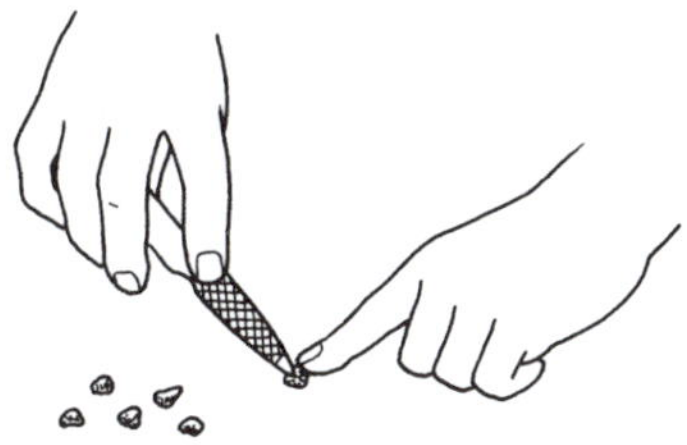

Anritzen von Samen durch Einkerben mit einer Feile

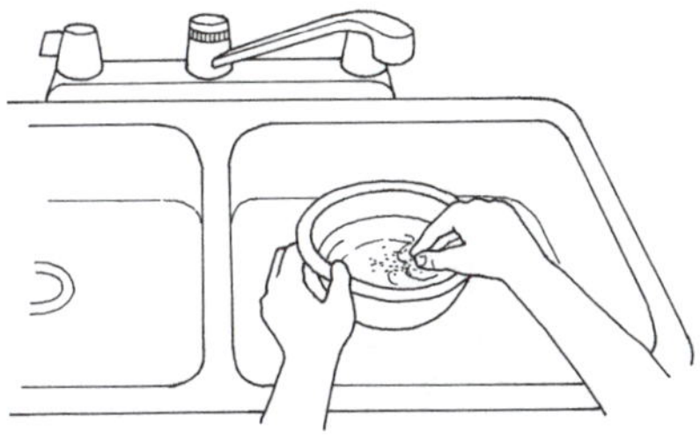

Samen quellen lassen

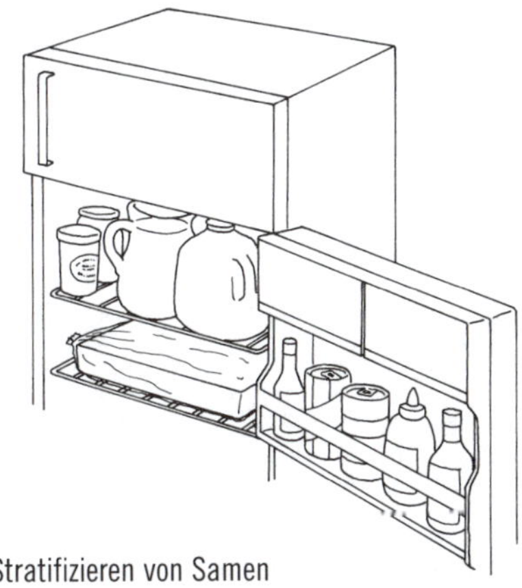

Stratifizieren von Samen (Kältebehandlung)

MIT DER AUSSAAT BEGINNEN

Aussaat im Freien in vier einfachen Schritten

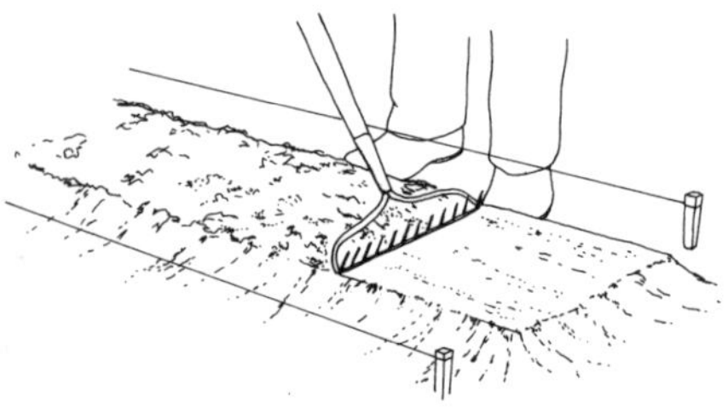

Schritt 1. Stecken Sie mithilfe einer Schnur gerade Beetbegrenzungen ab und ziehen Sie die Erde dazwischen mit einem Rechen glatt.

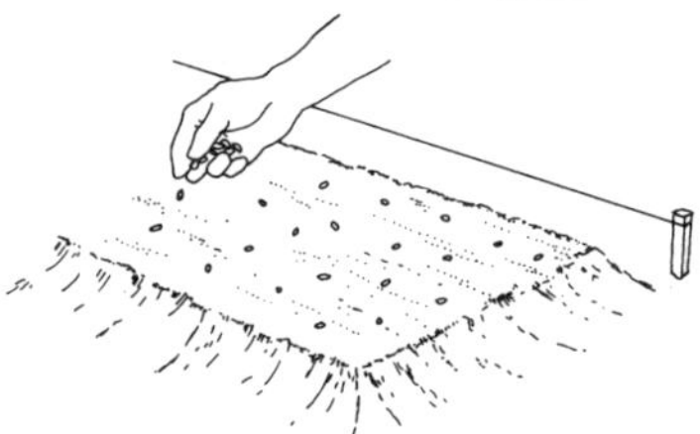

Schritt 2. Streuen Sie die Samen über das Beet.

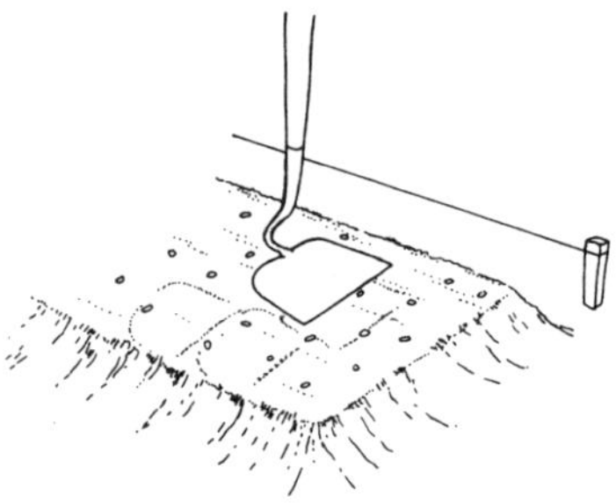

Schritt 3. Drücken Sie sie mit der Rückseite einer Gartenhacke an.

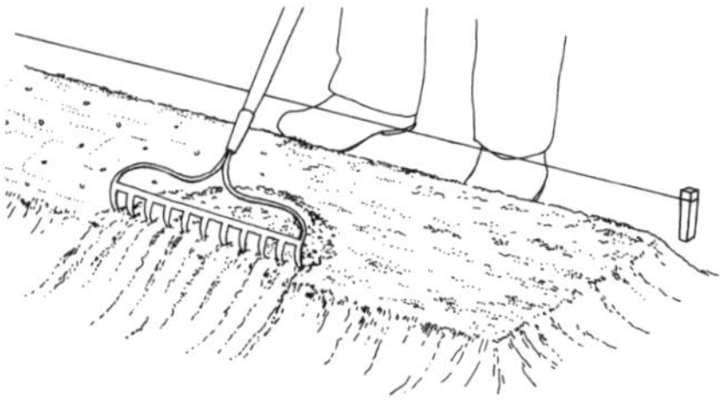

Schritt 4. Bedecken Sie die Samen mit Erde.

Härten Sie Pflanzen ab, indem Sie sie für ein oder zwei Wochen an einem geschützen Platz ins Freie stellen, bevor Sie sie in den Garten auspflanzen.

Pflanzen für den Garten vorbereiten

Abhärtung ist ein Vorgang, der Pflanzen die Eingewöhnung in einer neuen Umgebung erleichtert. Sie macht ihr Gewebe allmählich widerstandsfähiger, so daß sie sich an eine anspruchsvollere Umwelt anpassen können. Stellen Sie die jungen Pflanzen ein oder zwei Wochen von dem Auspflanzen in den Garten auf die Terrasse oder eine Treppe, zuerst an einem bewölkten Tag, dann an sonnigen Tagen. (Nehmen Sie sie über Nacht ins Haus.) Sanfter Wind hilft die Stengel zu stärken. Wenn Frost erwartet wird, müssen Sie die Pflanzen hereinholen. Stellen Sie sie erst wieder hinaus, wenn die Gefahr vorbei ist.

Aussaat im Freien

Um ein Saatbeet im Garten anzulegen, müssen Sie eine 15 bis 20 cm mächtige lockere Bodenschicht schaffen. Mit einer Motorhacke läßt sich das einfach und schnell erledigen. Sehr gute Saatbeete können aber auch mit Handwerkzeugen bereitet werden.

1. Legen Sie mit einer Schnur den Rand des Beetes fest. Dieser markiert zugleich die Begrenzung Ihres ersten Trittwegs. Stellen Sie sich beim Pflanzen oder bei anderen Gartenarbeiten immer auf diesen Weg.
   Markieren Sie mit einem Rechen die exakte Breite des Beetes, die mindestens 40 cm betragen sollte. Ziehen Sie den Rechen auf dem Beet entlang und halten Sie die Ränder des Rechens nahe an der Schnur. Rechen Sie nur die Flächen, auf denen Sie direkt danach Samen ausstreuen wollen. Glätten Sie die Oberfläche mit der Rückseite des Rechens, bis das Saatbeet fein und eben ist. Entfernen Sie große Steine, Erdklumpen und große Stücke organische Substanz.
2. Säen Sie kleine Samen in Reihen. Große Samen bzw. pilliertes Saatgut können auch im Kreuzverband über das gesamte Beet ausgesät werden (siehe Schritt 2).
3. Drücken Sie die Saat mit der Rückseite einer gewöhnlichen Gartenhacke an, damit sie gut keimt. Um gut auflaufen zu können, sollten die Samen rundum mit dem warmen, feuchten Boden in Kontakt kommen. Das Andrücken gibt ihnen diesen Bodenanschluß.

4. Nun kommt ein wichtiger Schritt – das Bedecken der Samen mit genau der richtigen Menge Erde. Kleine Samenkörner wie Karotten und die meisten einjährigen Pflanzen brauchen normalerweise etwa 0,6 bis 1,2 cm Bodenbedeckung. Größere Samen wie Erbsen oder Bohnen benötigen etwa 2,5 cm. Als Daumenregel für Samen gilt, sie mit einer Menge an feuchter Erde zu bedecken, die dem Vierfachen des Samendurchmessers entspricht.

Eine einfache Methode zur Saatbedeckung ist es, die Saatreihen mit dem Rechen zuzudecken. Bei der Aussaat im Kreuzverband können Sie mit dem Rechen etwas Erde vom Beetrand auf das Saatbeet heben. Sobald Sie kleine Häufchen Erde auf dem ganzen Saatbeet plaziert haben, ziehen Sie sie mit der Rückseite des Rechens glatt.

Tips zum Auspflanzen in den Garten

Prüfen Sie nochmals die Pflanzdaten, bevor Sie damit beginnen, Ihre Pflanzen nach draußen in den Garten zu setzen. Die meisten Einjährigen und Gemüsepflanzen müssen warten, bis die Frostgefahr vorüber ist; einige können schon früher nach draußen gebracht werden. Tomaten, Auberginen und Paprika dürfen erst in den Garten, wenn der Boden vollständig durchgewärmt ist.

- Mischen Sie die Gartenerde mit organischem Material, um beste Erträge von Ihren Pflanzen zu bekommen.
- Gießen Sie den Boden und die Setzlinge, um den Pflanzschock zu reduzieren. Setzen Sie die Pflanzen an einem bewölkten Tag oder spät am Nachmittag nach draußen, damit die Sonnenhitze kein übermäßiges Welken verursachen kann.
- Graben Sie ein Loch von der doppelten Größe des Wurzelballens. Setzen Sie die Pflanze tief genug in das Loch, so daß der Wurzelballen mit etwa 1 cm Erde bedeckt werden kann. Drücken Sie die Erde fest um die Wurzeln.
- Wenn die Setzlinge in Torftöpfen gezogen wurden, pflanzen Sie sie, wie sie sind. Ziehen Sie die Torftöpfe etwas ab, damit die Wände die Wurzeln nicht einengen, und bedecken Sie sie vollständig mit Erde.
- Verwenden Sie ein Messer oder eine Pflanzkelle, um Setzlinge, die in nicht aufgeteilten Anzuchtplatten herangezogen wurden, herauszuschneiden.
- Setzlinge in einzelnen Töpfen können umgedreht und herausgeklopft werden.
- Gießen Sie sofort nach dem Umpflanzen und danach eine Woche lang täglich, bis die Pflanzen sich eingewöhnt haben. Wenn einige davon welken, kann Einsprühen oder Beschatten ihnen helfen, sich rasch zu erholen.

Graben Sie ein Loch von etwa der doppelten Größe des Wurzelballens.

Setzen Sie die Pflanze behutsam an ihren Platz und drücken Sie den Boden um die Wurzeln fest an.

– aus *Starting Seed Indoors* von *Ann Reilly*

Pflege von Keimlingen im Freien

- Wenn der Boden trocken ist, müssen Sie das Saatbeet ein paar Stunden vor der Aussaat gut anfeuchten.
- Halten Sie den Boden etwas feucht, bis die Keimlinge herauskommen. Auch danach darf er nicht austrocknen.
- Gießen ist im Vorfrühling, wenn die meisten Gartenböden ziemlich feucht sind, normalerweise nicht nötig.
- Nach einem Regen oder dem Gießen kann ein stark tonhaltiger Boden so hart werden, daß junge Keimlinge nicht durchbrechen können. Gießen Sie das verkrustete Saatbeet zunächst. Ziehen Sie dann einen Gartenrechen vorsichtig mit gerade genug Druck darüber, daß die Kruste aufbricht. Die Zinken sollen nur etwa 0,5 cm tief eindringen.

– aus *The Big Book of Gardening Skills*

MIT DER AUSSAAT BEGINNEN

Vogelscheuchen als Saatschutz

Erfahrene Gärtner wissen, daß es im Frühjahr, wenn die Vögel es auf die zarten jungen Triebe abgesehen haben, am dringendsten ist, eine Vogelscheuche aufzustellen.

Die klassische Vogelscheuche ist aus einem einfachen T hergestellt, das in den Boden gestoßen, dann angezogen und mit Stroh ausgestopft wird.

Diese Vogelscheuche ist etwas anspruchsvoller und fantasiereicher und kann in einen nahe stehenden Baum gehängt werden.

– aus *Scarecrows* von Felder Rushing

Ertragssteigerung durch optimierte Zeitplanung

Im folgenden sind einige Saat- und Pflanztermine für eine Reihe von Gemüsearten und Blumen angegeben, die normalerweise im Haus ausgesät werden. Verwenden Sie sie als Richtwerte; die beste Pflanzzeit kann, abhängig von den lokalen Gegebenheiten und Ihren Gartenbaumethoden, variieren.

Pflanze	Saattermin (Wochen vor dem letzten Frosttermin)	Tage bis zur Keimung	Pflanztermin (Wochen vor (–) oder nach (+) dem letzten Frosttermin)
Gemüse			
Brokkoli	10	5 – 10	–3
Weiß- und Rotkraut	10	5 – 8	–3
Blumenkohl	10	5 – 10	–3
Schwarz- und Grünkohl	10	5 – 8	–3
Lauch	10	5 – 10	–2
Zwiebeln	10	5 – 8	–2
Petersilie	10	10 – 15	–3
Sellerie	8	14 – 21	+2
Salat	8	2 – 3	–4
Schnittlauch	6 – 10	7 – 14	+3
Basilikum	6 – 8	7 – 10	+2
Majoran	6 – 8	8 – 14	+3
Dill	6	21 – 28	+2
Auberginen	6	10 – 14	–2
Paprika	6	10 – 15	+2
Tomaten	6	7 – 10	+2
Zucchini	3 – 4	7 – 10	+2
Blumen			
Lobelien	10	14 – 21	+2
Petunien	10	7 – 10	+2
Ringelblumen	8	7 – 10	–2
Löwenmäulchen	8	7 – 10	–2
Wunderblumen	6	7 – 12	+2
Ziertabak	6	14 – 21	+2
Meerviole	6	7 – 10	+2
Strohblumen	6	3 – 5	+2
Schmuckkörbchen	4	3 – 5	+2
Tagetes	4	3 – 5	+4
Zinnien	4	3 – 5	+2

– aus *Easy Gardening 101* von Pat Stone

Charles Smith über ertragreiches Gärtnern

Landwirte, die auf riesigen Flächen Getreide anbauen, müssen sich über ein paar unregelmäßig stehende Halme hier und da nicht weiter ärgern. Aber Hobbygärtner, die nur einen 100-m²-Garten haben, müssen die kleine Fläche klug nutzen. Viele Faktoren – von den Abständen bis zum Jäten – haben einen grundlegenden Einfluß auf den Ertrag des Gartens.

Der richtige Abstand

Bestimmte Pflanzen, wie etwa Wurzelgemüse (Karotten, Rettiche, Rote Bete), sind weniger empfindlich gegenüber engen Abständen als andere. Blattfrüchte, wie etwa Spinat, Sellerie und Salat, können ebenfalls eng beieinander wachsen. Früchtetragende aufrechte Pflanzen wie Paprika oder Tomaten bringen die höchsten Erträge, wenn die Blätter einander beinahe überlappen. Wenn sie so gepflanzt werden, daß das Blattwerk der vollentwickelten Pflanzen 8 bis 12 cm auseinandersteht, sinkt der Gesamtertrag, aber die Größe der einzelnen Früchte nimmt zu. Rankpflanzen wie Melonen, Gurken und Kürbisse brauchen mehr Platz und mehr Licht.

Licht

Früchte wie Melonen oder Speicherorgane wie Kartoffelknollen sind Vorratskammern, welche die von den Blättern aus dem Sonnenlicht gewonnene Energie speichern. Diese Pflanzen sollten an einen Standort gepflanzt werden, wo das Sonnenlicht auf die ganze Pflanze fällt. Dagegen brauchen Blattfrüchte wie etwa Salat oder Mangold nicht so viel Licht.

Bewässerung

Um beste Erträge zu produzieren, sollten Pflanzen ununterbrochen wachsen, was eine gleichmäßige, durchgehende Wasserversorgung erfordert. Unter den meisten Bedingungen bedeutet dies 25 mm pro Woche; der Wasserbedarf kann jedoch vom Wachstumsstadium abhängen. Reifende Erdbeeren, die etwas weniger als 25 mm Wasser in der Woche bekommen, bilden kleinere, aber süßere Früchte aus. Ein bißchen weniger Wasser während der Reifezeit der Früchte reduziert den Ertrag, erhöht aber die Qualität. Kartoffeln und Zwiebeln brauchen kurz vor der Ernte wesentlich weniger Wasser. Das führt zu einer besseren Lagerfähigkeit nach der Ernte.

Unkraut

Es ist kaum überraschend, daß ein ungejäteter Garten weniger Ertrag bringt, sehr wohl aber, wieviel Mehrertrag das Jäten bringt. Studien zeigen, daß regelmäßig gejätete Felder sechsmal mehr Tomaten tragen als ungejätete. Kartoffelerträge erhöhen sich um das Dreifache, die von Zwiebeln um das Zehnfache und von Karotten um das Fünfzehnfache. Aber der Zeitpunkt der Bearbeitung ist entscheidend. Jäten Sie nicht nach einem Regen von weniger als 13 mm, sonst geht Bodenfeuchte verloren. Jäten Sie stattdessen bei Trockenheit oder nach einem starken Regen. Gemüse reagiert vom Setzling bis zu der Zeit, wenn die Früchte zu wachsen beginnen, am empfindlichsten auf Unkrautdruck.

– Charles Smith ist Autor von *The Big Book of Gardening Secrets*

Zwicken Sie bei Tomatenpflanzen die jungen Seitentriebe aus, damit mehr Energie in den Haupttrieb geht.

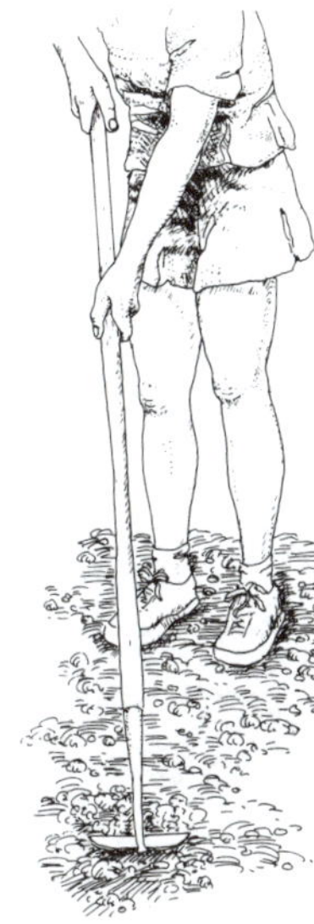

Hacken Sie das Unkraut aus, damit die Kulturen nicht damit konkurrieren müssen.

Wenn Samen nicht aufgehen, füllen Sie die Lücken in der Reihe mit zusätzlichen Samenkörnern.

Gießen Sie regelmäßig, um ein ununterbrochenes Wachstum zu fördern.

Pflanzen in die Höhe wachsen lassen

Wenn Ihnen Ihr Garten beengt und überfüllt vorkommt, sollten Sie den Vorteil der dritten Dimension nutzen. Es ist gesünder für Rankpflanzen, aufwärts in die Luft und ins Sonnenlicht zu klettern, als über die feuchte Erde zu wuchern. (Lesen Sie in Kapitel 18 mehr über Spaliere.)

Pfähle

Die einfachste Art, Pflanzen zu stützen, sind Pfähle oder Stäbe. Schlagen Sie sie in der Nähe der Pflanzenbasis in die Erde, und die Rankpflanzen werden sich instinktiv daran festklammern. Ziehen Sie große und schwere Pflanzen an die Pfähle, um sie zu stützen. Dann schneiden Sie den überschüssigen Zuwachs oben zurück. Gartencenter bieten eine Vielzahl von Holz-, Bambus- oder industriell gefertigten Pfählen an. Sie können aber auch eigene aus Abfallholz, Metallstücken, PVC-Rohren oder anderen biegesteifen Materialien herstellen.

Tipigerüste

Tipis bilden eine hervorragende Stütze für Bohnen, Erbsen und Tomaten sowie für Kulturen, die schwere Früchte wie Melonen oder Zucchini tragen. Um ein Tipi zu bauen, brauchen Sie drei bis sechs Stäbe – dünne für Blumen und leichtgewichtige Pflanzen, robuste für Pflanzen mit schweren Früchten. Schneiden Sie die Stangen auf 3 bis 3,6 m Länge ab, damit Sie sie 30 bis 60 cm tief in den Boden schlagen können. Dickere Stangen sind schwer genug, um frei zu stehen. Richten Sie die Stangen über dem Pflanzbereich auf und positionieren Sie die unteren Enden so, daß jede Stange ein bis zwei Rankpflanzen stützen kann. Verwenden Sie Schnur, Bast, Rohleder- oder Stoffstreifen, um die Stangen am oberen Ende zusammenzuzurren. Ziehen Sie sie zu einem straffen Bündel zusammen, wickeln Sie die Schnur einige Male darum herum und binden Sie sie gut fest.

Einfache **Pfähle** sind hervorragend für Rankpflanzen geeignet.

Vorzüge des vertikalen Pflanzenbaus

- Die Früchte sind sauberer und weniger anfällig, durch Fäulnis, Insekten und Nacktschnecken Schaden zu nehmen.
- Mehr Luft und mehr Sonnenlicht erreichen die Pflanzen.
- Pflege und Ernte sind einfacher.
- Es wird weniger Platz benötigt.
- Die Erträge sind im allgemeinen höher.
- Es entsteht ein schattiger Gartenbereich.
- Der aufrechte Anbau stellt ein Gerüst für die Pflanzenabdeckung bereit.
- Eine effizientere Wasserversorgung ist möglich.
- Die Beobachtung und die Bekämpfung von Schädlingen werden erleichtert.
- Das Erntegut bleibt sauber, ist besonders zeitig reif und lange haltbar.

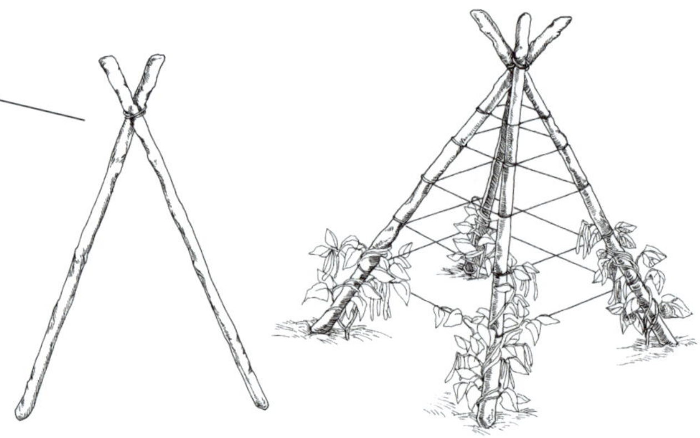

Tipigerüste – einfach und vielseitig
Bauen Sie das Tipi aus drei bis sechs oder auch mehr Stangen zusammen. Schlagen Sie sie mindestens 30 cm in den Boden ein und zurren Sie sie am oberen Ende zusammen. So gestalten Sie nicht nur eine robuste und ansprechende Konstruktion, um Rankpflanzen daran hochklettern zu lassen. Allmählich entsteht darunter ein kühler und schattiger Schlupfwinkel, in dem Kinder schlummern, lesen oder spielen können. Lassen Sie einen Abschnitt als Eingang unbepflanzt.

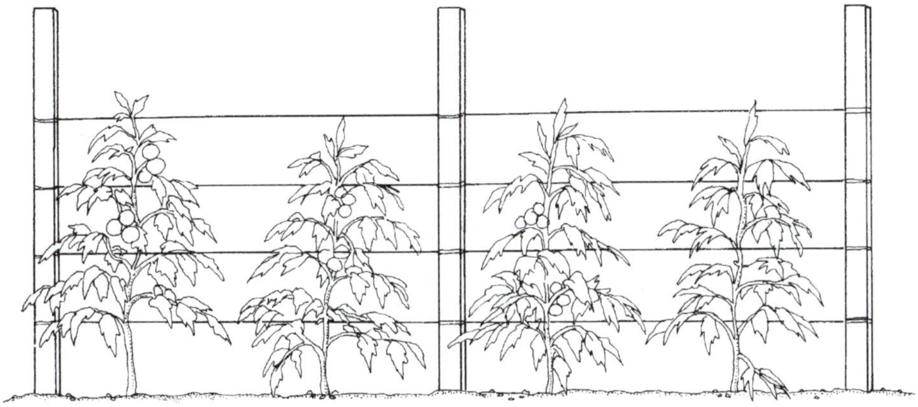

Zaunspaliere bieten eine robuste Stütze für Tomaten.

Zaunspalier

Schlagen Sie einen Pfosten an jedem Ende der Reihe ein und setzen Sie, wenn nötig, weitere Pfosten dazwischen. Spannen Sie Schnur, Draht, Netz oder Maschendraht dazwischen, und Sie haben ein Zaunspalier. Zäune von mehr als 6 m Länge sollten alle 3 bis 3,5 m einen zusätzlichen Pfosten haben. Wenn Sie an den Pfosten Querstangen anbringen und Verbindungsdrähte zwischen ihnen spannen, können Sie ein einfaches Zaunspalier in ein doppeltes Spalier oder in eine Art Wäscheständer umwandeln, die zwei oder vier Zeilen stützen können statt nur einer.

Käfige

Ein anderes einfaches und wirksames Mittel, um wuchernde Pflanzen im Zaum zu halten, sind Käfige. Sie können aus Latten zusammengenagelt oder aus stabilem Maschendraht gefertigt werden. Biegen Sie den Maschendraht in Form und stellen Sie ihn um Tomaten- oder Gurkensetzlinge. Runde oder quadratische Käfige von 60 bis 90 cm Durchmesser und 90 bis 120 cm Höhe können eine Vielzahl von Rankpflanzen eingrenzen und stützen.

Käfige sind ebenfalls beliebte Tomatenstützen.

A-Rahmen

Bauen Sie ein A-Rahmen-Spalier aus leichtem Holz – Dachlatten oder 5x10-cm-Kanthölzern. Maschendraht, Gartennetze oder eine senkrechte oder waagerechte Bespannung mit Drähten oder Schnüren können je nach Pflanzenart als zusätzliche Stützen dienen. Sie können einen A-Rahmen in beliebiger Größe bauen, aber er muß leicht zu handhaben sein, wenn er transportabel sein soll. Beide Seiten dieses vielseitigen Spaliers werden genutzt, und es kann robust genug gefertigt werden, um auch schwere Kulturen wie Flaschen- oder Gartenkürbisse zu stützen.

– aus *The Big Book of Gardening Skills*

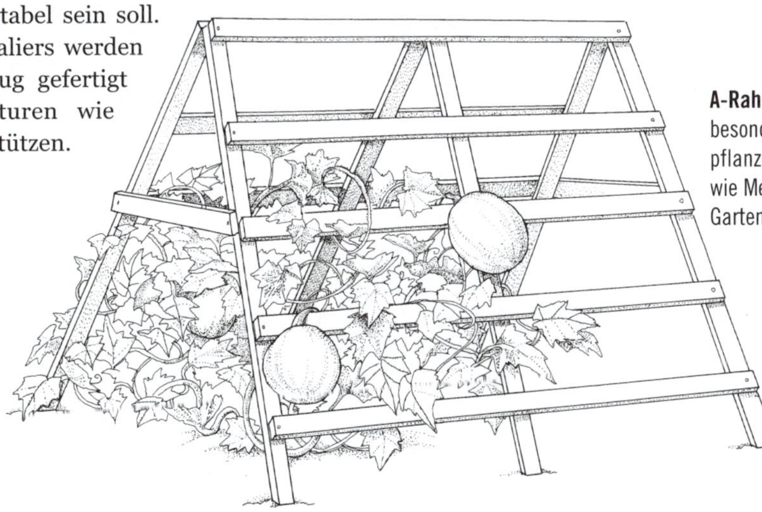

A-Rahmen-Spaliere sind besonders geeignet für Rankpflanzen mit schweren Früchten wie Melonen, Flaschen- und Gartenkürbisse.

ERNTE UND LAGERUNG

Erntetips

Pflücken Sie Beeren, wenn sie sich einfach von den Pflanzen lösen lassen.

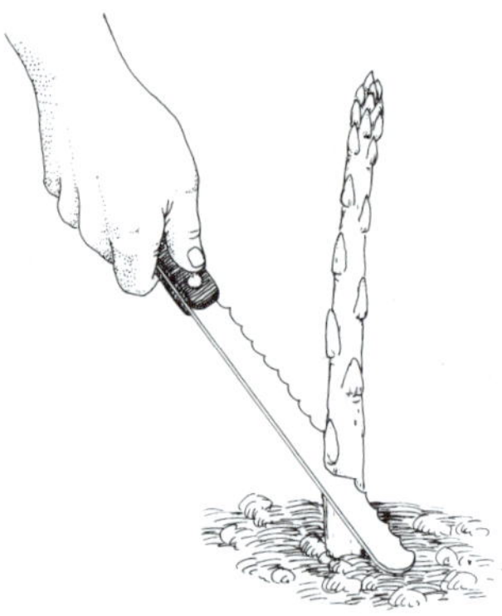

Schneiden Sie Grünspargel, wenn die Schuppenblätter noch eng anliegen.

Knipsen Sie die Knospen des Basilikums ab, um das Blühen zu vermeiden und die Erntezeit zu verlängern.

Lagerung von Wurzelgemüsen

Der Begriff *Einlagerung* beinhaltet ein breites Spektrum von ausgeklügelten Methoden zur Gemüseaufbewahrung, von Felsenkellern bis zu Erdmieten. Der traditionelle Rübenbunker ist ein unterirdischer Lagerraum für Gemüse und Obst. Die Lagerung der Produkte in solchen Kellern ermöglicht Ihnen, sich besser zu ernähren, Geld und Energie zu sparen, und gibt Ihnen die Gewißheit, sich selbst versorgen zu können.

Wenn jeden Morgen Reif funkelt, wird es Zeit, das Wurzelgemüse einzulagern. Es gibt eine Menge zu tun – ausgraben, beschneiden, Behälter bereitstellen, Sägemehl, Sand und Laub zusammentragen und das Gemüse wegpacken.

Dick Raymond über das Ernten des Gemüses

Der Hobbygärtner hat einen Vorteil gegenüber dem kommerziellen Gemüsegärtner, denn er braucht seine Kulturen nicht zu ernten, bevor sie reif sind. Wir können unser Gemüse genau dann ernten, wenn es den idealen Zustand erreicht hat.

Im allgemeinen sollte man das Erntegut unmittelbar vor dem Essen oder der Vorbereitung zur Einlagerung aus dem Garten holen. Mit jeder Minute, die nach dem Ernten vergeht, verliert es an Qualität und Nährwert. Lassen Sie frisches Gemüse niemals über eine längere Zeit herumliegen, sondern bewahren Sie es im Kühlschrank oder in einem kühlen, dunklen Keller auf. Das verlangsamt den Abbauprozeß.

Manche Gemüsearten können geerntet werden, bevor sie vollständig reif sind. Junge Zwiebeln, Rüben, Karotten, Kohlarten und die Blätter von Kopfsalatpflanzen, die noch keinen Kopf gebildet haben, sind schon wohlschmeckend. Die meisten der frühen Kulturen in Ihrem Garten reifen ziemlich plötzlich, so daß für deren Ernte und Verwertung nur ein sehr kurzer Zeitraum bleibt. Spätere Sorten neigen nicht so sehr zu diesem raschen Reifen.

Wenn Sie möchten, daß Ihre Gemüsepflanzen kontinuierlich tragen, sollten Sie sie regelmäßig abernten. Ernten Sie alles, was reif oder ausgewachsen ist, sofort, auch wenn Sie wissen, daß es unmöglich ist, alles zu verwenden. Werfen Sie den Überschuß auf den Komposthaufen oder – noch besser – reichen Sie ihn an Freunde, Nachbarn oder bedürftige Menschen weiter. Frisches Gemüse zu verschenken ist eine der freundlichsten Gesten, die ich kenne.

Die Kulturen, die Sie später in der Saison ernten, lassen sich am einfachsten und besten einlagern. Wenn Sie einen Gemüsekeller (siehe S. 180 f.) haben, ist er bis dahin abgekühlt. Kartoffeln, Kohlarten und Speiserüben sollten zum Einlagern gerade vollständig ausgewachsen sein. Essen Sie Ihre Rüben und Karotten aus den ersten Pflanzungen während der Sommermonate und planen Sie die Ernte aus den späteren Pflanzungen zum Einwecken und Einfrieren ein.

Sehr groß gewachsenes Erntegut hat die optimale Reife und den Höhepunkt der Zartheit und des Geschmacks überschritten. Ich lasse Gemüse gerne bis zu einem Punkt wachsen, den ich „küchenreif" nenne. Das bedeutet beispielsweise, daß ich Rüben ernte, wenn sie etwas größer als eine Zitrone sind. Karotten sollten nicht viel dicker als Ihr Daumen sein.

Je mehr Sie ernten, desto mehr wächst. Wenn Sie Ihren Pflücksalat nicht schneiden, geht er in Samen. Mangold oder andere hitzetolerante Blattgemüse können über den ganzen Sommer fortlaufend geschnitten werden.

– Dick Raymond ist Autor von *The Joy of Gardening, Gardening Know-How for the '90s* und vielen anderen Büchern.

Wichtig ist der richtige Erntezeitpunkt. Wurzelgemüse sollten Sie so lange wie möglich im Boden lassen, damit die Temperatur in Ihrem Lagerraum kühl genug bleibt, um das Gemüse nach der Ernte optimal zu erhalten.
Es gibt zwei Dinge, auf die Sie aufpassen müssen: Das eine ist die Neigung einiger Wurzelgemüse – insbesondere von Roten Beten, Steckrüben und manchmal Speiserüben –, ihre Schultern über den Boden hinauszurecken. Mulchen Sie sie, um Frostschäden zu vermeiden. Zweitens sollten Sie die Ernte nicht so lange hinausschieben, bis der Boden gefroren ist. Sobald der November Fuß gefaßt hat, kommt der Winter. In den Mittelgebirgslagen und den Alpen sollten Sie im Oktober fertig sein; in wärmeren Gebieten können Sie bis Dezember warten.

– aus *Root Cellaring* von Mike und Nancy Bubel

Ge- und Verbote bei der Lagerung von Obst und Wurzelgemüsen

Gebote

- Lagern Sie Obst und Gemüse in kleinen Häufchen, nicht zu großen Bergen aufgeschüttet.
- Behandeln Sie das Erntegut vorsichtig.
- Kontrollieren Sie eingelagerte Nahrungsmittel häufig und sondern Sie aus, was nicht einwandfrei erscheint.
- Lagern Sie nur gesunde, unbeschädigte und reife Produkte ein.
- Halten Sie Gemüse so kühl wie möglich.
- Sorgen Sie in Ihrem Lagerraum für Belüftung.
- Verwenden Sie gefrorene Zwiebeln und gefrorenes Weiß- und Rotkraut, aber lassen Sie es nicht auftauen und wieder gefrieren.
- Verwerten Sie die Blätter von Wurzelgemüsen gleich nach der Ernte.
- Lagern Sie Wurzelgemüse in tiefgelockerten, möglichst durchlässigen Boden ein.
- Schneiden Sie vor dem Einlagern des Wurzelgemüses das Laub etwa 2,5 cm über dem Ansatz ab.
- Ernten Sie das zum Lagern vorgesehene Gemüse bei kaltem Wetter und trockenem Boden.
- Führen Sie Buch darüber, was Sie eingelagert haben und wo.
- Stellen Sie Behälter mit Gemüse einige Zentimeter über dem Boden ab.
- Legen Sie Wurzelgemüse in Sand oder Sägemehl – wobei das Material feucht, aber nicht durchnäßt sein sollte. Wenn Ihr Keller trocken ist, kann es sein, daß Sie dem Packmaterial ein- oder zweimal während des Winters etwas Feuchtigkeit zuführen müssen.
- Essen Sie Ihre Vorräte auf. Sie sind da, um verwendet zu werden.

Verbote

- Waschen Sie das Wurzelgemüse nicht, bevor Sie es einlagern.
- Legen Sie Gemüse nicht direkt auf den blanken Betonboden.
- Lagern Sie kein Gemüse ein, das von Insekten beschädigt, verletzt oder unreif ist.
- Bewahren Sie Zwiebeln, Knoblauch, Zucchini oder Kürbisse nie an einem feuchten Ort auf.
- Lagern Sie keine Zucchini oder Kürbisse ohne Stiel ein.
- Geben Sie Wurzelgemüse oder zur Lagerung bestimmten Früchten keinen stickstoffreichen Dünger.
- Lagern Sie nicht vollständig getrocknete Nüsse oder feuchtes Getreide nicht in dichtverschlossenen Behältern.
- Machen Sie sich keine Gedanken, wenn ein kleiner Anteil Ihrer Lagerware verdirbt. Sie sind dennoch auf dem richtigen Weg, wenn Sie Ihre eigenen Nahrungsmittel anbauen und aufbewahren.

Weitere Erntetips

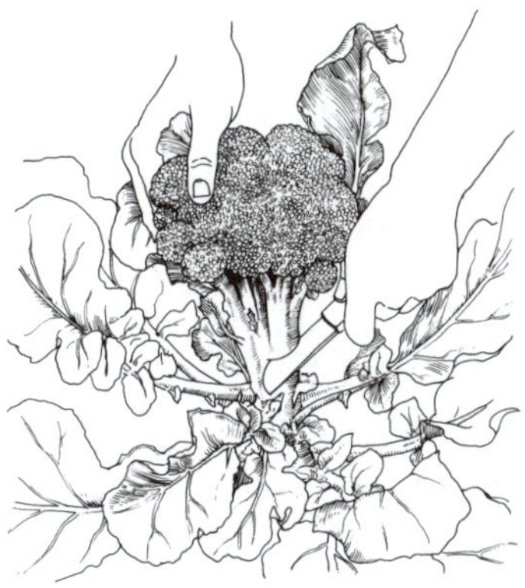

Schneiden Sie die Hauptblüte des Brokkolis ab, während die Knospen noch prall sind.

Brokkolipflanzen wachsen nach der Haupternte noch weiter. Die Seitensprosse entwickeln sich, so daß Sie noch für mehrere Wochen ernten können.

Mike und Nancy Bubel, Autoren von Root Cellaring, *haben eine Reihe von praxisnahen Büchern über ihr Leben im ländlichen Pennsylvania geschrieben. Sie haben nicht nur traditionelle Rübenbunker geplant und gebaut, sondern auch alle möglichen Arten von improvisierten und ausgeklügelten Systemen getestet, die ebenfalls gut funktionieren.*

Anforderungen an Obst- und Gemüselager

Kalt und sehr feucht
(0 bis 5 °C und 90 bis 95 Prozent relative Luftfeuchtigkeit)
Karotten
Rote Bete
Pastinaken
Steckrüben
Speiserüben
Sellerie
Chinakohl
Knollensellerie
Schwarz- und Weißwurzeln
Winterrettich
Kohlrabi
Lauch
Schwarzkohl
Brokkoli (kurzzeitig)
Rosenkohl (kurzzeitig)
Meerrettich
Topinambur
Wurzelpetersilie

Kalt und feucht
(0 bis 5 °C und 80 bis 90 Prozent relative Luftfeuchtigkeit)
Kartoffeln
Weiß- und Rotkraut
Blumenkohl (kurzzeitig)
Äpfel
Trauben (5 °C)
Orangen
Birnen
Quitten
Endiviensalat
Grapefruit

Kühl und feucht
(5 bis 10 °C und 85 bis 90 Prozent relative Luftfeuchtigkeit)
Gurken
Paprika (7 bis 13 °C)
Cantaloupe-Melonen
Zuckermelonen
Wassermelonen
Auberginen (10 bis 15 °C)
Reife Tomaten

Kühl und trocken
(0 bis 10 °C und 60 bis 70 Prozent relative Luftfeuchtigkeit)
Knoblauch (besser bei noch geringerer Luftfeuchtigkeit, um 50 Prozent)
Zwiebeln
Grüne Sojabohnen in der Schote (kurzzeitig)

Mäßig warm und trocken
(10 bis 15 °C und 60 bis 70 Prozent relative Luftfeuchtigkeit)
Getrocknete Peperoni
Gartenkürbisse
Zierkürbisse
Süßkartoffeln
Grüne Tomaten (bis 21 °C)

– aus *Root Cellaring*

Der Gemüsekeller

Ein Gemüsekeller ist komfortabel zu nutzen und relativ günstig zu bauen. Wenn Sie in einem alten Haus wohnen, haben Sie vielleicht schon einen Kellerraum oder wenigstens eine Ecke mit Lehmfußboden. Wenn der Raum ein Fenster hat, können Sie ihn kühlen und belüften. Wenn Sie einen abgeschlossenen Keller haben, der ziemlich warm bleibt, sollten Sie über die Abtrennung einer Ecke an der Nordseite nachdenken, um einen Gemüsekeller zu erhalten. Versuchen Sie, ein Außenfenster einzubinden.

Alles, was Sie für ein Gemüseabteil im Keller brauchen, ist eine Fläche von 1 x 2 m. Der so entstehende Raum kann 28 Körbe mit etwa 18 l Fassungsvermögen für Obst und Gemüse aufnehmen. Sie können die Größe natürlich auch entsprechend den räumlichen Gegebenheiten und Ihren Bedürfnissen modifizieren.

So können Sie Ihren Gemüsekeller selbst bauen:

1. Bringen Sie eine Schwelle aus einem 5x10-cm-Kantholz an. Um sie am Betonboden zu befestigen, bohren Sie mit einem Holzbohrer alle 60 bis 90 cm Löcher in das Holz. Legen Sie die Schwelle an die gewünschte Stelle und bohren Sie mit einem Betonbohrer Löcher in den Boden, wobei Sie die vorgebohrten Löcher im Holz als Schablone verwenden. Fegen Sie den feinen Betonstaub auf. Geben Sie einen Schlag Zementmörtel um die Ränder des Kantholzes und schieben Sie die Dübel in die vorgebohrten Löcher im Beton. Schrauben Sie das Kantholz mit Sechskant-Schrauben fest, wobei Sie darauf achten müssen, die Gewinde nicht abzuscheren. Die Schwelle sollte rund um Ihren Gemüsekeller verlaufen und eine 89 cm breite Öffnung für die Tür haben.
2. Schrauben Sie alle 40 cm (von Mitte zu Mitte) mithilfe von Winkelverbindern ein 5x10-cm-Kantholz senkrecht auf die Schwelle.
3. Bringen Sie oben auf den senkrecht stehenden Kanthölzern ein 5x10-cm-Kantholz als Abschluß an.

4. Befestigen Sie eine Dampfsperre (Teerpapier oder eine 0,15 mm starke Folie) an den Kanthölzern. Die Dampfsperre sollte die wärmere Seite verkleiden.
5. Bringen Sie das Dämmaterial an den Kanthölzern an. Styropor- oder Hartschaumplatten saugen sich in einem sehr feuchten Keller weniger schnell mit Wasser voll als Glasfasern. Verkleiden Sie die Dämmung mit OSB-Platten.
6. Verwenden Sie für den Eingang eine Standardtür mit einem 86-cm-Türblatt. Bringen Sie innen 5 cm dicke Styroporplatten zur Dämmung an und befestigen Sie OSB-Platten darüber.
7. Verlegen Sie Lüftungsrohre aus Kunststoff (oder was sie sonst haben). Führen Sie das Ansaugrohr auf die gegenüberliegende Seite des Raumes, um die Luftzirkulation zu sichern. Wenn das Ansaugrohr zu nahe am Entlüftungsrohr ist, ergibt sich ein fast geschlossener Kreislauf, und die Luft kann den Keller nicht durchströmen. Das Entlüftungsrohr muß so verlegt werden, daß die Auslaßöffnung außen höher liegt als die Durchlaßöffnung im Innern des Kellers. Das zwingt die verbrauchte Luft nach oben und draußen.

Wenn Sie in einer sehr kalten Gegend wohnen, wo die Temperaturen der Außenwand recht niedrig sind, müssen Sie eventuell die oberen 30 bis 60 cm der Wand dämmen, um einen Verlust an Luftfeuchtigkeit durch Kondensation an der kalten Außenwand zu vermeiden. Wenn die Tür unten nicht dicht abschließt, verwenden Sie selbstklebende Türdichtschienen oder schieben Sie einen alten Teppich dicht vor den Spalt, um die warme Kellerluft am Eindringen in den Gemüsekeller zu hindern.

Wenn Sie auch diese geringe Fläche nicht erübrigen können, können Sie vielleicht einen Gemüsewandschrank statt eines ganzen Raumes anlegen, indem Sie einfach Regale aufstellen, an der Wand befestigen, mit Dämmaterial beschlagen und zwei gedämmte Türen an der Vorderseite anbringen. Verkleiden Sie den Wandschrank mit OSB-Platten; sie sind feuchtigkeitsbeständig und kostengünstig. Sie können sogar noch kostengünstigere Verkleidungsmaterialien wie Aluminiumbleche, Linoleumstücke, Reste von Resopalplatten oder Paneelen verwenden.

– verändert aus *Root Cellaring* von Mike und Nancy Bubel

Bauen Sie Ihren eigenen Gemüsekeller

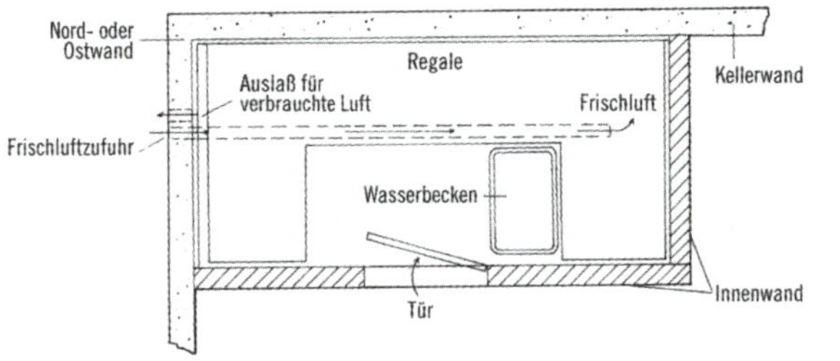

Anmerkung: Um die Feuchtigkeit zu erhöhen, kann ein Wasserbecken im offenen Bereich des Wandschranks (nicht unter den Regalen) aufgestellt werden.

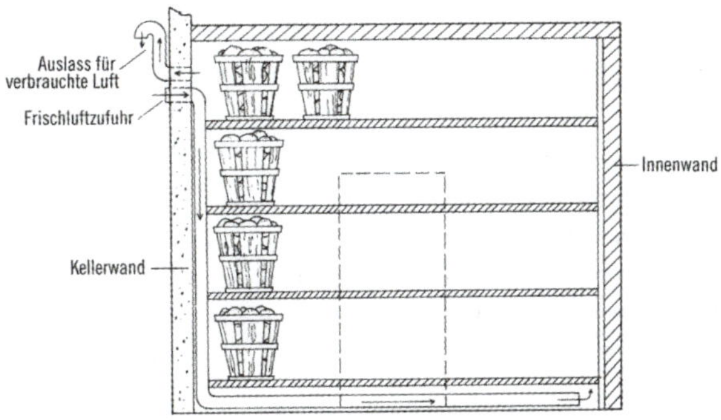

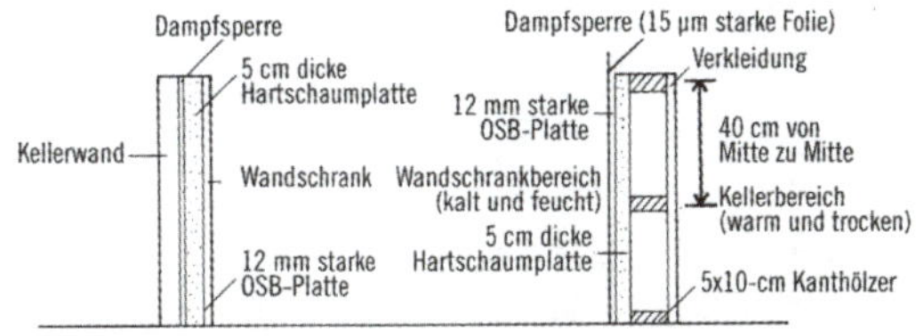

Wenn Sie Ihren Gemüsekeller in einer Ecke mit einem Fenster anordnen, können Sie Ihr Obst und Gemüse kühl und gut belüftet halten.

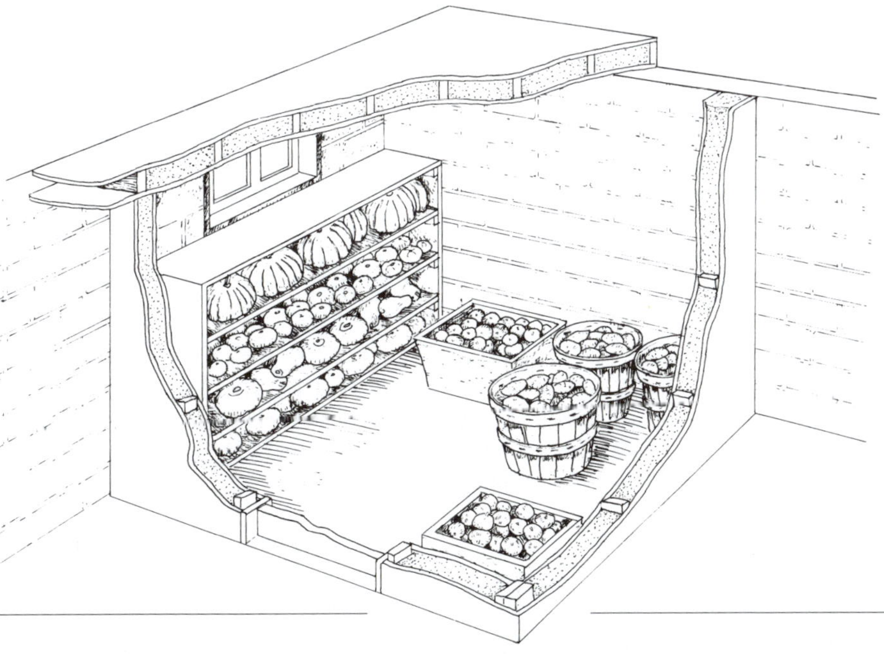

Die Zeichnung links zeigt einen 1 x 2 m großen Gemüsekeller. Das ist etwa das Minimum für einen Raum, der noch begehbar sein soll. Es bleibt nicht viel Platz, um die Tür von innen zu schließen. Trotzdem können 28 Körbe Obst und Gemüse mit je 18 l Fassungsvermögen darin aufbewahrt werden.

SAMENAUFBEWAHRUNG

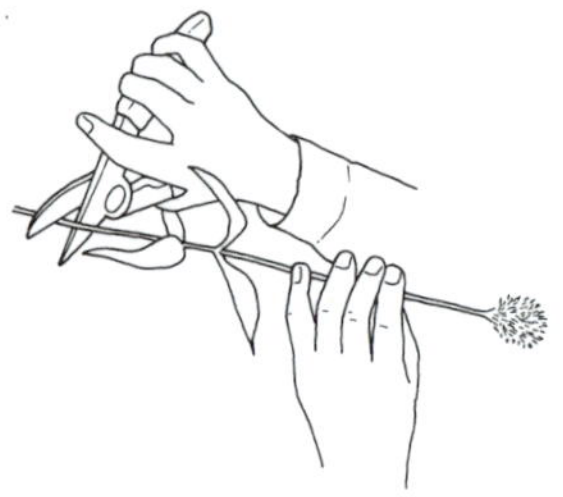

1. Wenn die Samen durch und durch trocken sind und wirken, wie wenn sie gleich ausfallen würden, schneiden Sie die Fruchtstände mit einer Schere ab.

2. Legen Sie sie für etwa eine Woche auf eine helle Oberfläche an eine warme, trockene Stelle oder stecken Sie sie kopfüber in eine Tüte, schnüren sie zu, stechen einige kleine Luftlöcher hinein und warten, bis die Samen ausgefallen sind.

3. Wenn sich die meisten Samen gelöst haben, schütteln Sie die Fruchtstände noch einmal kräftig durch. Sondern Sie die einzelnen Samenkörner aus und entfernen Sie alle Pflanzenüberbleibsel und die Spreu – besonders grüne Blätter und Stiele. Wenn die Rückstände groß genug sind, können Sie sie mit der Hand herauslesen. Ansonsten müssen Sie sie aussieben. Für kleine Samen ist ein Küchensieb hilfreich.

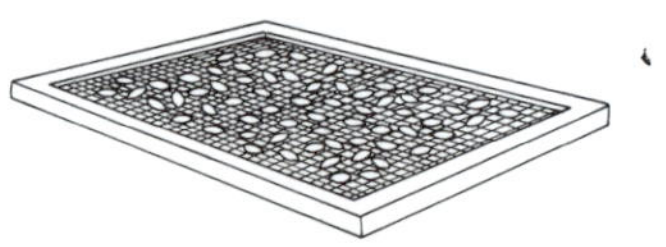

4. Wenn die Samen sauber sind, breiten Sie sie im Haus aus, um sie etwa eine weitere Woche trocknen zu lassen, bevor Sie sie einlagern. (Bei Samen mit Grannen oder Haarschopf entfällt dieser zusätzliche Trocknungsvorgang.) Dann sollten Sie die Samen aussortieren und die wegwerfen, die kleiner sind als der Rest. Sie haben gewöhnlich ihre Keimfähigkeit verloren.

Samen ernten und reinigen

Beim Ernten von Samen ist der richtige Zeitpunkt wichtig. Beobachten Sie Ihre Pflanzen sorgfältig und achten Sie darauf, wann und wie sie ihre Samen freisetzen. Sie werden bald ein gutes Gefühl dafür bekommen, wann Sie die Samen der einzelnen Pflanzen sammeln müssen.

Die Verfahren der Samengewinnung sind unterschiedlich und werden teilweise von der Pflanzenart bestimmt, mit der Sie es gerade zu tun haben. Einige Samen können von Hand aus ihren Schalen gelöst werden. Bei anderen muß die ganze Pflanze abgeschnitten und gedroschen (ausgeschlagen) werden. Viele Samen können einfach aus Ihren Schalen in einen Behälter geschüttelt werden.

Samen lagern

Die meisten Samen können für mindestens ein Jahr gelagert werden und keimen immer noch, solange die Lagerbedingungen stimmen. Die Temperatur ist ausschlaggebend. Versuchen Sie, Samen durchweg kalt oder zumindest kühl zu halten; schwankende Temperaturen können verhängnisvoll sein. Der Kühlschrank oder jeder andere Platz, dessen Temperatur konstant knapp über dem Gefrierpunkt liegt, ist für die Lagerung der meisten Samen ideal. Sie können auch im Gefrierschrank gelagert werden, aber dann müssen sie vollständig ausgereift und sehr trocken sein.

Feuchtigkeit kann sogar noch bedeutsamer sein. Da Samen zu keimen beginnen, wenn sie Wasser aufnehmen, ist Feuchtigkeit der Tod für eingelagerte Samen. Trocknen Sie Samen immer gründlich, bevor Sie sie in Aufbewahrungsgefäße geben. Sorgen Sie dafür, daß die Gefäße selbst innen keine Spuren von Feuchtigkeit enthalten und daß keine Feuchtigkeit eindringen kann.

Beschriften Sie alles!

Vergessen Sie nicht, während der Samensammlung und -einlagerung durchgehend alles zu beschriften, um Verwechslungen und deren Folgen zu vermeiden. Kennzeichnen Sie jede Partie mit dem Sortennamen, dem Sammeldatum und, wenn Sie möchten, mit weiteren Informationen.

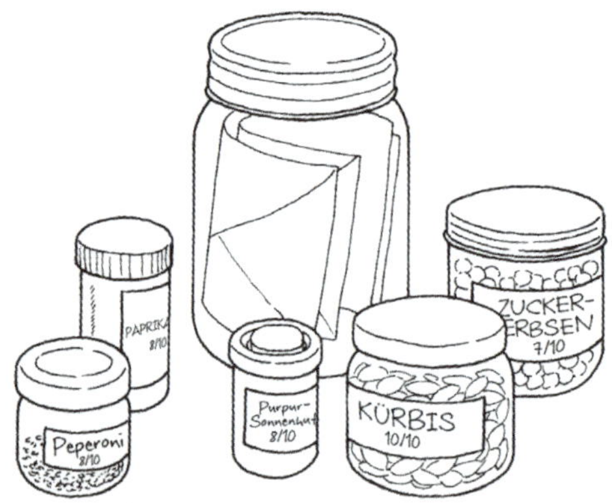

Sie können Samen in einer Vielzahl von Behältnissen lagern: in Gläsern mit Schraubverschluß wie denen für Babynahrung, in Papier- oder Pergamenthüllen (beschriftet und in Gläsern verschlossen), in Kunststoff- oder Metallfilmdosen, in Medikamentenbehältern oder Dosen mit Metalldeckeln. Die Behältnisse sollten nicht luftdicht sein (das würde den Gasaustausch verhindern), aber sie sollten sicher zu schließen sein, um Feuchtigkeit und Schädlinge abzuhalten.

– aus *Seed Sowing and Saving* von Carole B. Turner

Erfahrungen vom Lande

Eine andere Möglichkeit, Samen zu trocknen, besteht darin, sie mit einer Packung Silicagel, das die überschüssige Feuchtigkeit aufnimmt (in Fotoläden zu bekommen), in einem Gefäß zu verschließen. Silicagel kann wiederverwendet werden, nachdem es im Backofen bei 120 °C für 20 Minuten getrocknet worden ist.

– Carole B. Turner, *Seed Sowing and Saving*

Eigenschaften der üblichen Gemüsearten bezüglich Samen

Kultur	Pflanzentyp	Keimfähigkeit der Samen* (Jahre)	Art der Bestäubung	Isolation der Blüten, von denen Sie Samen nehmen wollen
Auberginen	einjährig	5	selbst	befristet
Blumenkohl	zweijährig	5	Insekten	ja
Bohnen	einjährig	3	selbst	befristet
Brokkoli	einjährig	5	Insekten	ja
Chinakohl	einjährig	5	Insekten	ja
Erbsen	einjährig	3	selbst	befristet
Grünkohl	zweijährig	5	Insekten	ja
Gurken	einjährig	5	Insekten	ja
Karotten	zweijährig	3	Insekten	ja
Kohlrabi	zweijährig	5	Insekten	ja
Kürbisse	einjährig	5	Insekten	ja
Lauch	zweijährig	3	Insekten	ja
Mais, Zucker- und Puff-	einjährig	2	Wind	ja
Mangold	zweijährig	4	Wind	ja
Melonen (alle)	einjährig	5	Insekten	ja
Neuseelandspinat	einjährig	5	Wind	ja
Paprika	einjährig	2	selbst	befristet
Pastinaken	zweijährig	1–2	Insekten	ja
Petersilie	zweijährig	1–2	Insekten	ja
Rettiche	einjährig	5	Insekten	ja
Rosenkohl	zweijährig	5	Insekten	ja
Rote Bete	zweijährig	4	Wind	ja
Salat	einjährig	5	Insekten	befristet
Sellerie	zweijährig	5	Insekten	ja
Speiserüben	einjährig	5	Insekten	ja
Spinat	einjährig	5	selbst	ja
Steckrübe	zweijährig	5	Insekten	ja
Tomaten	einjährig	4	selbst	befristet
Weiß- und Rotkraut	zweijährig	5	Insekten	ja
Zierkürbis	einjährig	4	Insekten	ja
Zucchini	einjährig	4	Insekten	ja
Zwiebel	zweijährig	1–2	Insekten	ja

* wie von verschiedenen Autoren berichtet; ideale Lagermethoden können die Keimfähigkeit erheblich verlängern.
Quelle: *Saving Seeds* von Marc Rogers (Garten Way Publishing)
Eine Ausnahme bilden die sogenannten F1-Hybriden. Sorten, die als F1-Hybriden auf den Markt kommen, können nicht selbst vermehrt werden, weil die Eigenschaften der aus den Samen gezogenen Pflanzen meist nicht denen ihrer Elternpflanzen entsprechen.

GEMÜSE VON A BIS Z

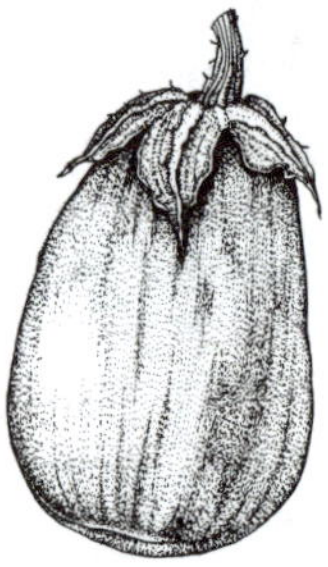

Auberginen lieben heißes, trockenes Wetter.

Bleichen Sie Blumenkohl, indem Sie einige Blätter über dem Kopf zusammenbinden.

Schneiden Sie den mittleren Kopf des Brokkolis heraus, bevor er blüht.

Volldünger

Volldünger werden häufig auch NPK-Dünger genannt, weil sie die Hauptnährstoffe Stickstoff (N), Phosphor (P) und Kalium (K) enthalten. Die Konzentration der Nährstoffe – es gibt die unterschiedlichsten Varianten – wird als Prozentanteil des Reinnährstoffs angegeben. Ein 5-10-10-Dünger enthält demnach fünf Prozent Reinnährstoff N, zehn Prozent Reinnährstoff P und zehn Prozent Reinnährstoff K. Manche Volldünger enthalten noch weitere Nährstoffe und Spurenelemente. Sie sollten daher vor der Verwendung die Packungsbeilage sorgfältig lesen.

Auberginen

Auberginen sind wärmeliebende Pflanzen. Sie vertragen keinen Frost. Verpflanzen Sie ein paar Setzlinge vor dem letzten Frost und schützen Sie sie mit Folie oder Schutzhauben. Die anderen sollten Sie erst dann setzen, wenn der Boden warm ist. Pflanzen Sie die Setzlinge immer geringfügig tiefer, als sie in der Saatkiste oder im Topf eingepflanzt waren.

Auberginen bevorzugen sonnige Standorte und viel Wärme und sind trockentolerant. Sie brauchen nicht viel Dünger. Geben Sie ein wenig 5+10+10-Dünger zur Pflanzung zu und noch einmal, wenn die Blüte einsetzt.

Junge Auberginen schmecken am besten. Pflücken Sie die Früchte, wenn sie ein Drittel ihrer vollen Größe erreicht haben oder wenn ihre Haut Glanz zeigt.

Blumenkohl

Blumenkohl ist weniger tolerant gegenüber heißem Wetter als seine Verwandten. Setzen Sie deshalb Ihre Pflanzen sehr früh oder planen Sie eine Herbstkultur ein. Köpfe, die bei großer Hitze heranwachsen, bekommen leicht einen bitteren Geschmack oder sterben sehr schnell ab.

Pflanzen Sie für die erste Kultur einige Setzlinge drei oder vier Wochen vor dem letzten Spätfrost. Kneifen Sie ein paar der unteren Blätter ab.

Wenn die Köpfe 10 bis 12 cm Durchmesser haben, sollten Sie sie bleichen, indem Sie die Blätter rund um die Köpfe zusammenbinden oder einknicken und die Köpfe so vor dem direkten Einfall von Sonnenlicht schützen. Das hält sie cremeweiß und verhindert das Bitterwerden. Das Bleichen dauert normalerweise vier bis acht Tage; im Herbst kann es aber etwas länger sein.

Beginnen Sie mit der Ernte, wenn die Köpfe etwa 15 cm Durchmesser haben. Abhängig von der Sorte können Sie sie bis zu 30 cm groß werden lassen. Schneiden Sie die Köpfe unbedingt, bevor die festen Knospen sich zu öffnen beginnen. Anders als Brokkoli bildet Blumenkohl keine Seitentriebe aus.

Bohnen

Bohnen sind ein wärmeliebendes Gemüse. Stecken Sie die Samen, sobald die Nachtfrostgefahr vorbei und der Boden warm ist. Sie wachsen in jedem Boden (außer sehr nassem) und brauchen keinen Dünger. Bohnen werden in verschiedene Gruppen eingeteilt.

Grüne und gelbe Gartenbohnen: Es gibt sie als Busch- oder Stangenbohnen. Ernten Sie sie, wenn die Hülsen jung und zart sind – wenn sie „brechen".

Dicke Bohnen: Limabohnen und Schwarzaugenbohnen sind bekannte Beispiele. Auch einige Gartenbohnensorten eignen sich als dicke Bohnen. Öffnen Sie zum Ernten die Hülsen oder Schalen und sammeln Sie die Samen heraus.

Trockenbohnen: Diese Bohnen kommen von Pflanzen, die ihr Wachstum vollständig abgeschlossen und harte, trockene Bohnen in Schalen gebildet haben. Die reifen Bohnen sind reich an Proteinen. Bei der Ernte werden die Bohnen von den Hülsen getrennt und können dann eingelagert werden.

Brokkoli

Brokkoli ist ein kühleliebendes Gemüse. Bei heißem Wetter oder bei Wassermangel versucht er zu blühen und Samen zu bilden. Der mittlere Kopf muß, auch wenn er klein ist, herausgeschnitten werden, bevor er blüht. Wenn der Kopf noch jung ist, stehen die einzelnen Knospen sehr dicht. Solange die Knospen fest bleiben, können Sie den Kopf wachsen lassen. Wenn sie sich auflockern und auseinanderspreizen, ist er im Begriff, gelbe Blüten zu treiben. Nachdem Sie den mittleren Kopf herausgeschnitten haben, bilden sich kleinere Köpfe und Seitentriebe aus. Obwohl sie klein sind, können sie gegessen werden; also ernten Sie sie regelmäßig.

Erbsen

Um die Erbsensaison auszudehnen, müssen Sie frühe, mittlere und späte Sorten gleichzeitig säen, sobald der Boden bearbeitet werden kann. Sie sind kühleliebende Pflanzen, die auch Frost aushalten können.

In warmen Klimaten sollten Sie eine Zwergsorte in mehrreihige Beete pflanzen. Zuckerschoten lassen sich auch gut in solchen Beeten ohne Rankhilfe anbauen.

Da Erbsen Leguminosen sind, brauchen sie nicht viel Dünger – insbesondere wenig Stickstoff. Wenn Sie düngen, mischen Sie 5+10+10-Dünger ein oder zwei Tage vor der Aussaat in die Erde. Säen Sie Erbsen mit 5 cm Abstand in 40 cm breite Beete. Stampfen Sie sie fest und bedecken Sie sie mit Erde oder arbeiten Sie sie mit dem Rechen einige Zentimeter tief ein.

Sie brauchen Erbsen in einem merhrreihigen Beet nicht zu jäten, denn sie nehmen dem aufgehenden Unkraut rasch das Sonnenlicht weg. Der Schatten hält auch die Erde feucht und kühl. Erbsen müssen nicht stark gestützt werden. Sie können sie mit Strohhäufchen unterbauen oder Zwergsorten pflanzen, die nur 40 bis 45 cm hoch werden. Sie können außerdem Zweige in den Boden stecken, so daß die Erbsen daran hochwachsen können, oder Kaninchendraht zwischen stabile Pfosten spannen.

Ernten Sie immer, wenn sich Schoten gebildet haben. Schälerbsen können sie pflükken, sobald die Hülse gefüllt ist. Sie brauchen nicht zu warten, bis sie anfängt, sich auszubeulen.

Grünkohl

Grünkohl gehört zur Familie der Kohlgewächse. Wie Schwarzkohl und Indischer Senf wird er wegen seiner Blätter angebaut. Grünkohl mag keine Hitze. Am besten ist er nach dem Herbstfrost. Düngen Sie ihn mit Stickstoff, um die Blattgesundheit zu fördern. Bereiten Sie den Boden mit Kompost und Tierdung vor und stärken Sie ihn während der Wachstumsphase durch eine Nachdüngung mit Jauche, Blutmehl oder verdünntem Fischdünger. Grünkohl kann von Kohlweißlinglarven befallen werden. Wenn Sie den Kohlweißling entdeckt haben, können Sie durch regelmäßiges Besprühen mit *Bacillus thuringiensis* (Bt) den Befall verhindern.

Grünspargel

Spargel wächst in den meisten Bodenarten, gedeiht aber am besten in gut wasserdurchlässigen Böden. Grünspargel ist im Garten leichter zu ziehen als weißer Spargel.

Pflanzen: Spargel ist eine Staude, die aus Samen gezogen werden kann, aber normalerweise pflanzt man im späten Frühjahr ein- oder zweijährige Stöcke. Von der Saat bis zur ersten Ernte braucht der Spargel drei Jahre, um sich zu entwickeln.

- Heben Sie einen Graben von 30 bis 45 cm Tiefe aus und geben Sie 15 bis 18 cm abgelagerten Mist, Kompost oder etwas Torfmoos hinein.
- Streuen Sie eine dünne Schicht 10+10+10-Dünger darauf, geben Sie etwa 3 cm Erde von den Seitenwänden des Grabens darüber und mischen Sie gut durch.
- Legen Sie auf dem Grund des Grabens in jeweils 30 cm Abstand Häufchen an.
- Setzen Sie jeden Stock mit den Wurzeln nach unten so auf ein Häufchen, daß die Wurzeln es ringsum umschließen (Schritt 1).
- Setzen Sie die Wurzelstöcke mindestens 10 cm unter die Bodenoberfläche. Füllen Sie den Graben auf, um sie mit ein paar Zentimetern Erde zu bedecken. Die Oberfläche der Erde im Graben bleibt dabei etwas unter der des restlichen Gartens. Wenn die Sprosse wachsen, müssen Sie etwas Erde nachfüllen, um die Stangen zu stützen (Schritt 2).

Pflege: Im ersten Jahr mulchen Sie die kleinen Sprosse, wenn sie herauskommen. Lassen Sie die Pflanzen über den Sommer und den Herbst wachsen, ohne die Sprosse oder das Kraut zu schneiden. Im Spätherbst lassen Sie das Kraut einfach absterben.

Geben Sie Grünkohl eine Extraportion Stickstoff für ein kräftigeres Blattwachstum.

Grünspargel erfolgreich anbauen

Schritt 1. Setzen Sie einjährige Spargelwurzeln in einen tiefen Graben auf ein Häufchen nährstoffreiche Erde.

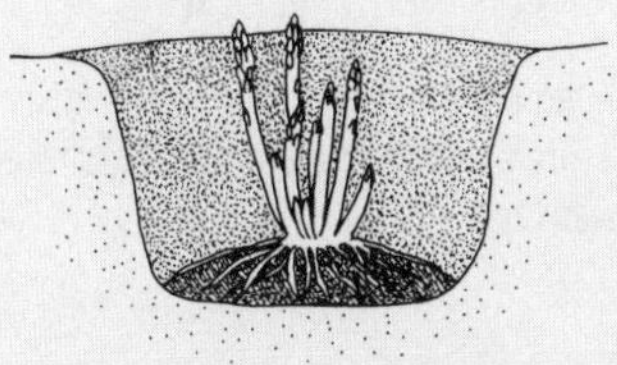

Schritt 2. Füllen Sie den Graben nach und nach mit Erde, während sich die Stangen entwickeln.

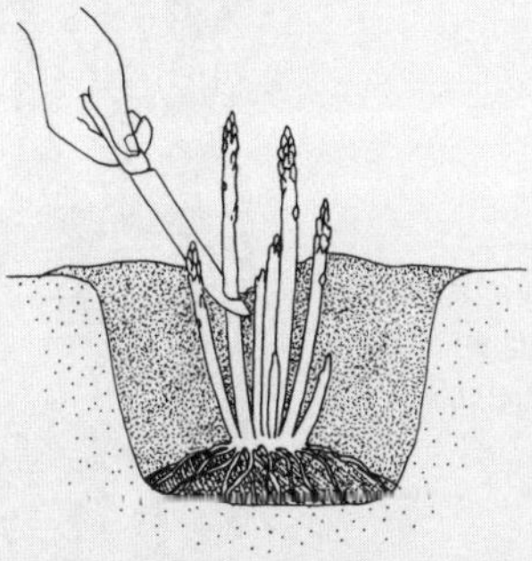

Schritt 3. Schneiden Sie die Stangen bei Grünspargel mit einem Messer direkt unter der Erdoberfläche ab.

GARTEN, HOF UND OBSTGARTEN

Gurken gedeihen gut, wenn sie an Spalieren hochgezogen werden, aber sie müssen häufig gegossen werden.

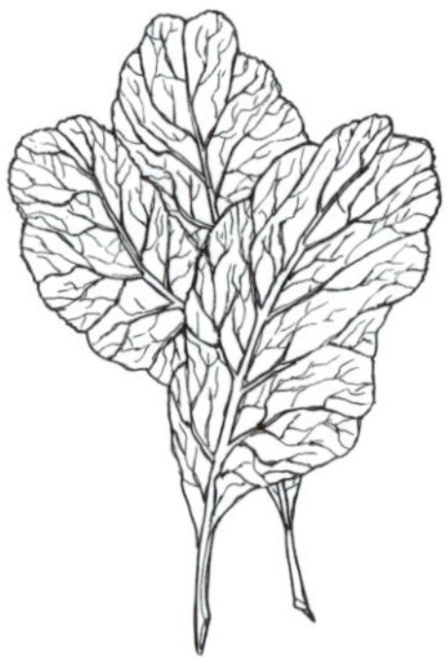

Sie können die äußeren Blätter des Indischen Senfs ernten, während die inneren sich weiterentwickeln.

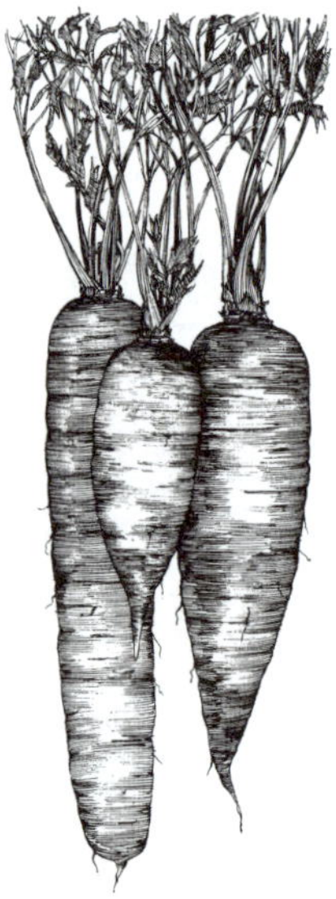

Gutgeformte Karotten brauchen einen steinfreien, tiefgelockerten Boden.

Im Frühling des zweiten Jahres schneiden Sie das alte Kraut zurück und lichten es aus. Entfernen Sie den Mulch und düngen Sie mit einer Tasse 10+10+10-Dünger pro Reihenmeter. Ernten Sie nicht, sondern mulchen, jäten und warten Sie.

Im dritten Jahr schneiden Sie das alte Kraut ab, ziehen den Mulch weg und düngen. Ernten Sie, wenn die Sprosse 15 bis 20 cm lang sind oder Fingerdicke erreichen. Wenn sie dünn sind, lassen Sie sie zu Kraut heranwachsen.

Ernte: Schneiden Sie die Sprosse mit einem Messer ganz knapp unter der Bodenoberfläche ab (Schritt 3). Wenn die Pflanzen älter und kräftiger werden, können Sie jedes Frühjahr fünf bis acht Wochen lang Spargel ernten, bevor Sie die verbleibenden Stangen zu Kraut auswachsen lassen. Nach der letzten Ernte müssen Sie jedes Frühjahr jäten, düngen und mulchen.

Gurken

Gurken sind wärmeliebende Pflanzen, die zur Familie der Kürbisgewächse gehören. Als Rankpflanzen werden sie üblicherweise auf Erdwällen angebaut. Gurken wachsen aber auch gut an Spalieren. Weil sie das Verpflanzen übelnehmen, ist es am besten, sie direkt in den Boden zu säen. Da an Spalieren wachsende Pflanzen leichter austrocknen, sollten Sie auf die Wasserversorgung achten.

Düngen Sie während der Gurkenblüte mit 5+10+10-Dünger in einem Streifen um die Pflanzen leicht nach. Decken Sie den Dünger mit Erde ab, so daß die Blätter nicht darauf zu liegen kommen und verbrennen. Mulchen Sie zwischen den Erdwällen mit Stroh, um das Unkraut zu regulieren.

Indischer Senf

Indischer Senf ist eine kühleliebende Pflanze. Das scharfschmeckende Grün gehört wie Kohl zu den Kreuzblütlern und eignet sich für Salate.

Säen Sie Senfsamen im Vorfrühling und im Spätsommer mit 20 bis 30 cm Reihenabstand direkt in flache Beete und dünnen Sie später auf etwa 15 cm Abstand in der Reihe aus. Senf braucht gleichmäßige und stetige Feuchtigkeit.

Ernten Sie die äußeren Blätter, wenn sie 8 bis 10 cm lang und noch zart sind, und lassen Sie die inneren Blätter weiterwachsen. Sie können auch die ganze Pflanze ernten, wenn warmes Wetter einsetzt.

Karotten

Karotten sind Pflanzen für kühles Wetter, die tiefgelockerten und gut wasserdurchlässigen Boden ohne Steine brauchen. Die Pfahlwurzel der Pflanze darf im Boden auf keinerlei Widerstand treffen, wenn sie gerade wachsen soll.

Karotten gedeihen am besten in einem erhöhten Saatbeet von mindestens 20 cm tief gelockerter Erde. Sie lieben Kompost, aber keinen Mist, außer er ist gut verrottet. Arbeiten Sie zur Kaliumdüngung Holzasche in die oberen 10 cm ein. Beginnen Sie mit der Aussaat von Karotten zwei Wochen vor dem letzten Spätfrost und säen Sie bis Juli alle drei Wochen nach. Ziehen Sie 2 cm tiefe Rillen mit 10 cm Abstand in das Beet und geben Sie eine 1,2 cm dicke Schicht gesiebtes Torfmoos auf den Boden der Rillen. Wenn Sie säen, versuchen Sie 1,2 cm Abstand zwischen den Samen einzuhalten. Weil Karotten sehr langsam keimen, mischen Gärtner häufig Radieschensamen unter die Karottensamen, um die Reihen zu markieren. Bestreuen Sie die Reihen mit weiteren 0,5 cm Torfmoos. Decken Sie das Saatbeet zur Unterstützung der Keimung mit durchnäßtem Sackleinen ab und halten Sie es feucht, bis die Karotten keimen. Entfernen Sie dann das Sackleinen und gießen Sie die Keimlinge täglich, bis sie gut angewachsen sind.

Weil die Keimlinge langsam wachsen, können sie nicht mit dem Unkraut konkurrieren. Jäten Sie deshalb von Hand, bis die Pflanzen 5 cm groß sind. Dünnen Sie sie dann auf 7,5 cm Abstand aus und mulchen Sie mit gehackten Blättern, Rindenmulch oder Kompost.

Kartoffeln

Eine gute Kartoffelkultur beginnt mit gutem Saatgut. Im Fachhandel und über Internetbörsen gibt es zertifizierte, krankheitsfreie Pflanzkartoffeln. Alte Kartoffeln aus Ihrem Keller können unsichtbare Krankheitserreger haben.

Pflanzkartoffeln sind nicht gleichmäßig groß. Die kleineren werden ganz ausgepflanzt. Die größeren werden ein bis zwei Tage vor dem Pflanzen in zwei bis drei blockartige Stücke mit jeweils zwei bis drei Knospen oder „Augen" geschnitten und an einen warmen Ort gelegt, so daß die geschnittenen Stücke Zeit haben, zu verheilen und etwas auszutrocknen. Sie können die Stücke auch sofort nach dem Zerschneiden mit Schwefel begießen; das schützt die Kartoffeln vor dem Faulen. 50 g reichen für 4,5 kg Kartoffeln. Geben Sie sowohl die geschnittenen als auch die ganzen Kartoffeln in eine Papiertüte, fügen Sie ein bis zwei Eßlöffel Schwefel zu und schütteln Sie die Tüte.

Pflanzen Sie eine frühe Kultur fünf bis sechs Wochen vor dem letzten zu erwartenden Frost. Solange die Pflanzen nicht ausgetrieben haben, kann Frost ihnen nicht schaden, weil der Boden sie abschirmt. Aber wenn die ersten Blätter aus dem Boden gekommen sind und Frostgefahr besteht, sollten Sie die Pflänzchen mit Erde bedecken. Die Blätter wachsen innerhalb weniger Tage nach.

Pflanzen Sie Ihre Hauptkultur Kartoffeln nach dem mittleren letzten Spätfrostdatum. Die Ernte kann dann vor dem ersten Frühfrost in den Keller eingelagert werden.

Kartoffeln bevorzugen schluffigen oder sandigen Lehm mit einer guten Wasserdurchlässigkeit und viel organischer Substanz. Ihr bevorzugter pH-Wert liegt bei 6,0 bis 6,5; ein höherer Wert kann Kartoffelschorf fördern. Verwenden Sie daher keinen Kalk. In größeren Zeitabständen sollten Sie eine Bodenuntersuchung vornehmen lassen, damit Sie Ihre Bodenwerte kennen. Wenn Ihr Boden ungenügend mit Phosphor und Kalium versorgt ist, fügen Sie ein Kaliumphosphat – entsprechend den Anweisungen auf der Verpackung – und Holzkohle zu.

Bei der Beetpflanzung sollten Sie die Kartoffeln nach der Aussaat mit Stroh, Heu, Blättern oder anderen Mulchmaterialien bedecken, um den Aufwand für das Jäten zu minimieren. Richten Sie ein rechteckiges Beet von etwa 1,80 m Breite und beliebiger Länge her. Wenn in Ihrer Region mit Starkregen gerechnet werden muß, sollten Sie das Beet unbedingt abböschen, um den Wasserabfluß zu ermöglichen. Legen Sie die Kartoffelstücke mit der angeschnittenen Seite nach unten 30 cm von den Rändern entfernt und mit 30 cm Abstand zwischeneinander. Drücken Sie sie 6 bis 8 cm in die Erde und bedecken Sie sie mit einer dicken Schicht aus Stroh, Heu oder zerkleinertem Laub. Verspannen Sie ein paar Schnüre darüber, damit sie nicht weggeblasen wird.

Für den Anbau in Reihen müssen Sie 30 cm breite und etwa 15 cm tiefe Furchen anlegen. Die Reihen sollten 60 bis 75 cm Abstand haben. Fügen Sie bei Bedarf 5 cm Kompost dazu und arbeiten Sie ihn in den Boden ein. Legen Sie die Kartoffelstücke mit der angeschnittenen Seite nach unten im Abstand von 30 cm 8 cm tief in die Erde. Während die Pflanzung sich entwickelt, müssen Sie nach und nach Erde darüberziehen, dabei die Furche füllen und schließlich einen 20 cm hohen Erdwall über die ganze Länge der Reihe anlegen. Mulchen Sie den Damm, um ihn feucht zu halten und das Unkraut zu unterdrücken.

Ernten Sie in Trockenperioden, nachdem das Kraut abgestorben und vertrocknet ist. Arbeiten Sie vorsichtig mit der Kartoffelhacke, um die Kartoffeln nicht zu beschädigen. Lassen Sie sie für ein oder zwei Stunden trocknen, bevor Sie sie in ein dunkles Lager bringen. Lagern Sie sie bei 16 bis 21 °C, wenn Sie sie innerhalb eines Monats verwenden möchten, und bei 4 °C, wenn Sie sie über mehrere Monate lagern wollen.

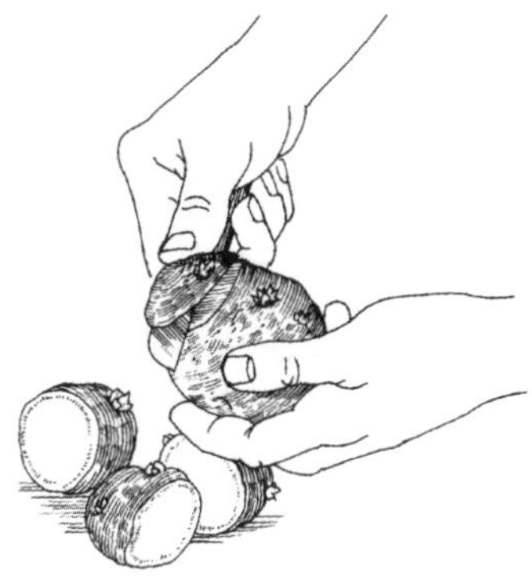

Schneiden Sie große Kartoffelknollen vor dem Pflanzen in Stücke mit jeweils zwei bis drei Augen und lassen Sie sie etwas antrocknen.

Knoblauch

Knoblauch ist eine sehr alte, frostverträgliche Kulturpflanze und gehört zu den Liliengewächsen. Er wird nicht gesät, sondern mithilfe von Steckzwiebeln kultiviert. Trennen Sie die einzelnen Zehen von der Zwiebel und legen Sie sie im Abstand von 10 cm 5 bis 6 cm tief in gut feuchte Erde. Winterknoblauch wird Anfang Oktober, Sommerknoblauch im März gepflanzt.

Knoblauch können Sie auch schon vor der Zehenbildung ernten, wenn Sie die Knollen frisch verarbeiten möchten.

Spielend lernen

Kinder lieben es, das Wachsen ihres persönlichen Kürbisses zu beobachten. Lassen Sie deshalb Ihr Kind sein Exemplar aussuchen. Sobald die Pflanzen an den Ranken gelb zu werden beginnen, darf es dann mit dem Fingernagel die Initialen seines Namens in die äußere Haut ritzen. Wenn die Schale aushärtet, sind die Buchstaben in Form von erhöhten Narben deutlich zu sehen. Ein Gesicht oder ein Muster, in die Schale gekratzt, hilft Kindern zu begreifen, wie sich Kürbisse beim Wachsen ausdehnen. Um den Effekt der Verzerrung zu nutzen, der sich mit der Reifung des Kürbisses ergibt, sollte jedesmal nur wenig an den Zeichen gearbeitet und möglichst nur eins pro Woche hinzugefügt werden.

Anbautips für Riesenkürbisse

- Weil es einen kräftigen Trieb braucht, damit ein großer Kürbis wachsen kann, darf die Pflanze keine Frucht ansetzen, bevor sie bei einer Länge der Ausläufer von etwa 3 m mindestens 300 Blätter hat. Bis dahin müssen Sie alle weiblichen Blüten oder Minikürbisse sofort entfernen.
- Wenn die Pflanze im Hochsommer groß genug ist, lassen viele Züchter eine Frucht an jedem Haupttrieb sich entwickeln und entfernen alle weiteren Früchte, die sich zeigen.
- Wenn die Kürbisse Volleyballgröße erreichen, sollten Sie in jedem Fall alle außer den ein oder zwei besten an jedem Trieb abschneiden.
- Schützen Sie jeden Kürbis mit einem Stroh- oder Sandbett oder einer Sperrholzplatte darunter vor Insekten und Feuchtigkeit.
- Düngen Sie alle zehn Tage mit verdünnter Jauche oder anderem Flüssigdünger.
- Wenn die Pflanze 6 bis 7,5 m Durchmesser hat, müssen Sie bis zur Erntereife des Kürbisses permanent die Triebspitzen aller Ausläufer abzwicken.

– aus *The Perfect Pumpkin* von Gail Damerow

Knoblauch hat gerne tiefgründige, gut gelockerte Böden in voller Sonne. Staunässe verträgt er nicht. Geben Sie vor dem Pflanzen etwa einen halben Eimer Kompost pro Quadratmeter zu und mischen Sie die Erde gut durch. Den idealen Erntetermin erkennen Sie daran, daß die Blatttriebe einknicken und das obere Drittel langsam vergilbt. Bei Winterknoblauch ist dies Anfang Juli der Fall, bei Sommerknoblauch etwas später. Sie können Knoblauch aber auch früher ernten, sogar vor der Zehenausbildung. Die runden Knollen haben aber nur ganz frisch ausreichend Aroma.

Kohlrabi

Kohlrabi ist eine kühleliebende Kultur, die auch ungünstige Witterungsverhältnisse gut übersteht. Ausgesät oder ausgepflanzt werden kann bereits im März ins warme Frühbeet. Ins Freiland sollten Sie die ersten Kulturen etwa fünf Wochen vor dem letzten Spätfrost mit Abständen von 30 cm in und zwischen den Reihen säen. Manche Gärtner empfehlen bei Sorten mit großen Knollen aber auch die doppelten Abstände. Das Aussäen oder Auspflanzen früher und später Sorten am selben Tag ermöglicht eine gestaffelte Ernte.

Kohlrabi liebt tiefgründige, durchlässige und gut gedüngte Böden. Arbeiten Sie vor der Aussaat ausreichend Kompost in den Boden ein und düngen Sie während der Wachstumsperiode ein- bis zweimal mit Flüssigdünger nach. Um das Holzigwerden und das Platzen der Knollen zu vermeiden, ist eine gleichmäßige Wasserversorgung ab dem Beginn des Dickenwachstums wichtig.

Sie können Kohlrabiknollen bereits ab einem Durchmesser von etwa 6 cm ernten. Wenn Sie die erntereifen Knollen zu lange stehen lassen, verlieren sie ihre Zartheit und werden rasch holzig. Ernten Sie deshalb frühzeitig.

Wenn Sie Kohlrabi lagern möchten, müssen Sie das Laub nach der Ernte sofort entfernen, da es rasch welkt und die Haltbarkeit einschränkt. Frühe Sorten halten sich nur wenige Tage im Kühlschrank. Die späten Herbstsorten können Sie bis ins nächste Jahr genießen, wenn Sie sie bei Temperaturen knapp über dem Gefrierpunkt und 95 Prozent Luftfeuchtigkeit lagern.

Kürbisse

Kürbisse sind einfacher anzubauen als zu klassifizieren. Es gibt unzählige Unterarten und Züchtungen. Auch die Zucchini gehören dazu.

Kürbisse wollen nicht verpflanzt werden. Daher ist es am besten, sie ein bis zwei Wochen vor dem letzten Spätfrost direkt in Erdhügel zu säen. Legen Sie pro Hügel drei Samen und lassen Sie zwischen den Hügeln etwa 1,20 cm Abstand. Jäten Sie die Fläche regelmäßig, bis die Pflanzen zu ranken beginnen, oder mulchen Sie sie.

Wenn Ihr Daumennagel die Kürbishaut nicht mehr einfach einkerben kann, sollten Sie die Ranke ein paar Zentimeter von der Frucht entfernt abschneiden und dabei einen guten „Haltegriff" stehen lassen. Die Frucht muß trocknen, damit die Haut aushärten kann. Bei der Feldtrocknung bleiben die Kürbisse sieben bis zehn Tage an einem hellen, sonnigen und trockenen Platz im Garten liegen. Decken Sie sie zu, falls Frost droht. Lagern Sie sie im Haus ein.

Riesenkürbisse müssen besonders umhegt werden. Wählen Sie eine Sorte wie etwa 'Dill's Atlantic Giant', ein wahrer Champion. Suchen Sie im Herbst eine sonnige Stelle von etwa 9 m Durchmesser aus und bringen Sie dort Mist in den Boden ein. Bereiten Sie im Frühjahr einen Hügel von 2,5 bis 3 m Durchmesser darauf vor, drücken Sie vier Samen in seine Mitte und gießen Sie sie gut an. Wenn die Sämlinge vier bis sechs Laubblätter haben, werden alle Pflanzen außer der kräftigsten abgezwickt. Alternativ können Sie die Samen im Haus oder in einem Frühbeet in Torftöpfen vorziehen und die Setzlinge im Töpfchen vorsichtig nach draußen setzen – sie können leicht abknikken –, wenn sich der Boden erwärmt hat. Schützen Sie die großen Blätter und Ranken gegen Wind und gießen Sie ein- bis zweimal in der Woche reichlich.

Lauch

Säen Sie Lauch frühzeitig gemeinsam mit Zwiebeln im Haus aus. Pflanzen Sie die Setzlinge im Garten etwa 2,5 cm tiefer, als sie in der Saatkiste standen, in den Grund einer schmalen, 10 bis 15 cm tiefen Furche. Füllen Sie, während die Pflanzen wachsen, die Furche nach und nach mit Erde auf, um den wachsenden Stengel weiß zu erhalten. Am wohlschmeckendsten ist Lauch im späten Frühjahr, wenn die Stengel noch dünn und mild sind. Lassen Sie einige im Boden und düngen Sie sie. Sie gehen im Frühsommer in Samen und bringen neue Pflanzen hervor.

Bleichen Sie Lauch, indem Sie ihn in einen Graben pflanzen und diesen während des Wachstums nach und nach mit Erde auffüllen.

Mais

Mais gehört zu den Gräsern. Sie können seinen erheblichen Nährstoffbedarf befriedigen, indem Sie den Boden vor der Aussaat gut mit Nährstoffen anreichern. Wenn möglich, bringen Sie im vorausgehenden Herbst eine 3 cm dicke Schicht Mist ein oder pflanzen Sie eine Kultur zur Gründüngung an. Arbeiten Sie diese Pflanzen im Frühjahr ein, bevor Sie den Mais säen.

Wenn Sie Woche für Woche frischen Mais möchten, müssen Sie frühe und mittelfrühe Sorten am gleichen Tag säen, so daß Sie ihn fünf bis sechs Wochen stetig verfügbar haben. Oder Sie können die Pflanztage staffeln, indem Sie über einen Monat alle 10 bis 14 Tage ein Karree Mais aussäen. Mais gedeiht am besten in voller Sonne. Wegen seiner Höhe sollten Sie ihn an die Nordseite des Gartens säen, wo er andere sonnenhungrige Pflanzen nicht beschattet.

Um kräftige Maispflanzen zu bekommen, müssen Sie die Samen mit 25 cm Abstand in Furchen säen und die Pflanzen während des Wachstums anhäufeln. Pflanzen Sie Zuckermais in Karrees von mindestens vier Reihen, um eine gute Bestäubung zu sichern. Beim Aussäen von Puffmais sollten Sie einen Abstand von mindestens 30 m zu anderen Maispflanzen einhalten.

Lassen Sie die Bestockungstriebe (diese besonders langen Halme, die aus dem Stock austreiben) an der Pflanze. Halten Sie das Unkraut unter Kontrolle, solange die Pflanzen klein sind, so daß der Mais nicht um Nahrung konkurrieren muß. Wenn die Narbenfäden austreiben und die Körner gebildet werden, ist das Gießen am wirkungsvollsten. Durchnässen Sie den Boden mindestens 10 cm tief. Besonders imposante Maispflanzen können Sie heranziehen, indem Sie zweimal während der Wachstumsphase Flüssigdünger wie verdünnten Fischdünger oder verdünnte Jauche ausbringen.

Zuckermais hat nur wenige Tage den idealen Reifegrad – 18 bis 20 Tage, nachdem die Narbenfäden befruchtet worden sind. Sein Saft ist dann milchig. Stechen Sie mit dem Fingernagel in ein Maiskorn, um zu sehen, ob der Saft herausspritzt. Wenn Sie es zu früh tun, ist der Saft wäßrig; prüfen Sie zu spät, sind die Körner teigig. Achten Sie auf dunkelgrüne Hüllblätter, braune, aber nicht brüchige Stengel und gutgefüllte Kolben.

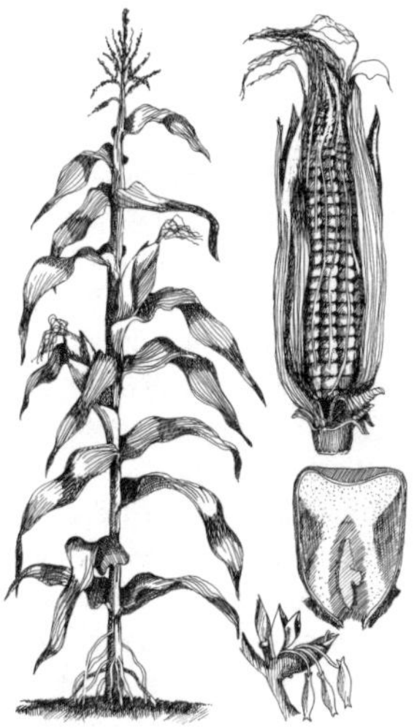

Zuckermais ist erntereif, wenn der Saft in den Körnern nicht mehr wäßrig, sondern milchig ist.

Meerrettich

Besorgen Sie sich für Ihr Meerrettichbeet ein paar Wurzeln bei einem Gartennachbarn. Er wird sie gern abgeben, denn die Pflanzen breiten sich schnell aus. Meerrettich wird immer versuchen, seine Nachbarschaftspflanzen zu verdrängen, wenn Sie nicht mehrmals im Jahr die Erde um ihn herum umstechen oder ihn mit einem unten offenen Behältnis umgeben.

Sie brauchen nur sechs Wurzelstücke. Stechen Sie den Pflanzbereich im Vorfrühling 15 bis 20 cm tief um. Graben Sie ein 10 bis 15 cm tiefes Loch, geben Sie eine Handvoll Kompost oder Dünger hinein und füllen Sie 5 cm Erde nach. Schieben Sie die Wurzeln im 45°-Winkel hinein. Das obere Ende der Wurzel sollte 5 cm unter der Bodenoberfläche sein. Wenn Sie Wurzeln in einem Laden kaufen, ist wahrscheinlich ein Ende schräg abgeschnitten. Achten Sie darauf, daß Sie dieses Ende nach unten in den Boden setzen.

Meerrettich wuchert stark. Pflanzen Sie ihn deshalb in einen alten Eimer ohne Boden oder ein großes PVC-Rohr, um ihm Einhalt zu gebieten.

Scharfes Paprikagelee

Ich kann mir keine feinere Vorspeise vorstellen als gute Cracker mit Frischkäse und einem Klecks scharfen Paprikagelees. Das Gelee ist außerdem ein hervorragender Begleiter zu Fleisch und Geflügel. Verwenden Sie nur grüne Paprika oder nur rote, damit das Gelee eine angenehme Farbe bekommt.

¼ Tasse gehackte Jalapeño-Chilischoten
¾ Tasse gehackte süße Paprikaschoten
6 Tassen Zucker
2½ Tassen Apfelessig
85 g Pektin

Zerkleinern Sie die Jalapeño-Chilischoten und die süßen Paprikas in einem Mixer zu einer feinen Masse. Geben Sie die Masse mit dem Zucker und dem Essig in einen großen flachen Topf. Bringen Sie die Mischung bei großer Hitze und unter stetigem Rühren zum Kochen. Drehen Sie die Hitze zurück und lassen Sie die Paprikamasse zehn Minuten köcheln.

Passieren Sie die Masse durch ein Sieb und geben Sie die Flüssigkeit zurück in den Topf. Fügen Sie etwa zwei Eßlöffel der Paprikamischung aus dem Sieb hinzu und bringen Sie die Flüssigkeit wieder zum Kochen. Geben Sie jetzt das Pektin dazu und lassen Sie das Gelee nochmals für eine Minute aufkochen, bevor Sie es in frisch sterilisierte Marmeladengläser mit Schraubverschluß füllen. Lassen Sie 3 mm Luft und verschließen Sie die Gläser. Stellen Sie die Gläser anschließend für 10 Minuten in kochendes Wasser.

Das Rezept ergibt etwa sechs 200-ml-Gläser.

– aus *Growing Hot Peppers* von Glenn Andrews

Um möglichst süße Pastinaken zu bekommen, müssen Sie sie über den Winter im Boden lassen und erst im nächsten Frühjahr ernten.

Melonen

Der Begriff Melone bezieht sich auf Cantaloupe-, Zucker-, Winter- und Wassermelonen. Ihr Anbau entspricht dem anderer Mitglieder der Kürbisfamilie. Die Pflanzen werden normalerweise auf Erdwällen in 15 cm Abstand gezogen und dann auf zwei bis drei Pflanzen pro Wall (von 2,5 bis 3 m Länge) ausgedünnt.

Lockern Sie den Boden und wärmen Sie ihn mit schwarzer Mulchfolie an. Sie können Melonen direkt in flache Beete oder Erdwälle säen oder umpflanzen. Wenn Sie in Beete säen, legen Sie die Samen 3,5 bis 5 cm tief in Dreiergruppen und halten Sie zwischen den Gruppen 45 cm Abstand ein. Dünnen Sie durch Abschneiden der Stiele über dem Boden auf 80 bis 100 cm Abstand aus. Vermeiden Sie das Auspflanzen, bevor sich der Boden tagsüber auf 18 bis 21 °C erwärmt.

Achten Sie darauf, daß die Früchte von einem robusten Gerüst gestützt werden. Melonen gedeihen in einem gut drainierten, leichten Boden mit guter Nährstoffversorgung und in voller Sonne. Aber sie sind frostempfindlich, und ihre Wachstumsperiode ist lang, was in ungünstigen Gebieten den Anbau begrenzen kann. Um ihnen zu einem guten Start zu verhelfen, sollten Sie im Frühjahr Schutzhauben oder Folientunnel verwenden, um die Wärme einzufangen. Gießen Sie sie mindestens einmal pro Woche tiefgründig und düngen Sie mit einem Eßlöffel 5+10+10-Dünger in einem Streifen von 8 bis 10 cm von den Stengeln entfernt nach, wenn die Pflanzen blühen. Bedecken Sie den Dünger mit Erde, damit die Blätter nicht mit ihm in Berührung kommen.

Paprika

Paprika – sowohl süßer als auch scharfer – liebt sonnige Standorte und Boden, der warm, trocken, fruchtbar und leicht sauer ist. Pflanzen Sie ihn nicht an Stellen, die Sie stark gekalkt haben.

Säen Sie Paprikasamen an einem warmen Standort im Haus aus. Sie brauchen zum Auflaufen mehr Wärme als andere Kulturen. Verwenden Sie Dünger nur in geringen Mengen und mischen Sie die Erde mit Kompost oder Mist, wenn Sie die Setzlinge auspflanzen. Düngen Sie während der Blüte mit einem nährstoffreichen organischen Dünger nach.

Besprühen Sie die Blätter der Paprikapflanzen bei Blühbeginn mit einer schwachen Mischung aus warmem Wasser und Bittersalz, einer Form von Magnesium. Die Blätter werden dunkelgrün, und Sie werden bald eine Fülle von Paprikaschoten haben. Die meisten Paprikas werden zuerst grün, auch rote Sorten. Warten Sie deshalb mit dem Ernten, bis sie die Farbe wechseln.

Pastinaken

Bauen Sie Pastinaken im zeitigen Frühjahr an, etwa zur selben Zeit wie Erbsen oder Rettiche. Wie Karotten brauchen auch sie einen tief gepflügten, gut vorbereiteten Boden, der fein gerecht und frei von Steinen und Erdklumpen ist. Sie gedeihen in gut mit Kalium und Phosphor versorgten Böden; arbeiten Sie daher eine dünne Schicht Holzasche (Pottasche) in den Boden ein.

Die Samen keimen auch unter besten Gartenbedingungen langsam (sie brauchen bis zu drei Wochen). Manche Gärtner wässern die Samen vor der Aussaat über Nacht oder behandeln sie mit kochendem Wasser. Sie können mit der Aussaat im Haus beginnen, indem Sie die Samen zwischen feuchte Papierhandtücher legen. Vorgekeimte Samen haben eine bessere Chance zu überleben.

Säen Sie Pastinaken in kegelförmige Löcher. Schlagen Sie eine Brechstange 60 cm tief in die Erde und drehen Sie sie im Kreis, bis das Loch oben 15 cm Durchmesser hat. Füllen Sie es mit Sand, Torfmoos und gesiebter Erde auf, aber lassen Sie eine leichte Mulde. Legen Sie zwei oder drei vorgekeimte Samen in die Vertiefung. Bedecken Sie die Samen mit 1 cm gesiebtem Sphagnum-Moos und gießen Sie sie. Lassen Sie im Beet nach jeder Seite 20 cm Abstand zwischen den Löchern.

Halten Sie das Beet gleichmäßig feucht, aber nicht naß. Dünnen Sie auf eine kräftige Pflanze je Loch aus, wenn die Pflanzen drei bis vier Blätter haben. Pastinaken wachsen langsam, und das Mulchen mit Stroh ist die beste Art, sie zu hegen und zu pflegen. Wenn sie während des Sommers zuwenig Wasser bekommen, werden sie hart. Bei Regen im Herbst reißen und verfaulen sie dann leicht. Gießen Sie während der Trockenphasen einmal pro Woche ausgiebig.

Rettiche

Rettiche mögen kühles Wetter, konstante Feuchtigkeit und ununterbrochenes Wachstum. Um sie kontinuierlich verfügbar zu haben, müssen Sie im April und Mai und später im August und September wöchentlich kleine Mengen aussäen. Denken Sie bei den Nachaussaaten daran, daß Rettiche Hitze umso besser tolerieren, je länger sie sind.
Graben Sie das Rettichbeet 20 cm tief um und mischen Sie organisches Material unter. Ziehen Sie im Abstand von etwa 8 cm Furchen und legen Sie die Samen 12 mm tief. Halten Sie etwa 2,5 cm Abstand zwischen den Samen ein und dünnen Sie auf etwa 8 cm Abstand aus, wenn die Pflanzen 5 cm hoch sind. Die meisten Rettiche sind in weniger als einem Monat erntereif. Wenn die Herbstsorten mit Stroh gemulcht werden, können sie während des Winters im Garten bleiben und bei Bedarf geerntet werden.

Entfernen Sie die großen Blütenstände des Rhabarbers, um die Erntezeit zu verlängern.

Rhabarber

Mit drei oder vier Wurzelstöcken können Sie Ihren gesamten Bedarf decken. Graben Sie im Frühjahr mehrere Zentimeter tiefe Pflanzlöcher mit jeweils 45 cm Abstand dazwischen. Fügen Sie Kompost oder Dünger dazu und setzen Sie jeweils ein einziges Wurzelstück in die Löcher. Decken Sie es dann mit etwa 3 cm Erde zu. Beernten Sie diese Pflanzen im ersten Jahr nicht. Düngen Sie während der Vegetationsperiode etwas nach, dann werden sie reichlich Blätter bilden.
In der nächsten Saison können Sie einige Stangen ernten, wenn sie 20 bis 25 cm lang sind. Ziehen Sie die Stengel, die Sie abtrennen möchten, behutsam aus der Pflanze heraus. Essen Sie nicht die Blätter, denn sie sind giftig. Während des zweiten Jahres kann die Pflanze lange Blütenstände austreiben. Wenn Sie sie entfernen, erzeugen die Wurzeln die ganze Saison hindurch schmackhafte Stengel. Je mehr Stangen Sie ernten, desto mehr wird die Pflanze austreiben. Teilen Sie die Pflanze alle vier bis fünf Jahre im Herbst oder im Frühjahr, bevor das Wachstum beginnt. Rammen Sie einen Spaten in die Mitte der Pflanze und graben Sie die Hälfte des Wurzelstocks aus. Füllen Sie das Loch mit Kompost. Das regt die Pflanze an, ihren Wurzelstock zu verjüngen.

Regen Sie Rosenkohl zur Bildung von größeren Röschen an, indem Sie alle Blätter entfernen.

Rosenkohl

Die Röschen bilden sich aus den Achselknospen der Stengelblätter – am Boden beginnend. Um die Achselknospen zum Größenwachstum anzuregen, brechen Sie beim untersten beginnend alle Blätter ab und fahren 15 bis 20 cm nach oben fort, sobald Sie winzige Röschen sehen, die sich auszubilden beginnen. Das Entfernen der Blätter regt die Pflanze dazu an, größer zu werden, und lenkt die Energie in die winzigen Röschen am Grund des Stengels. Diese sind fünf bis sieben Tage später zum Pflücken geeignet. Auch wenn Sie schon die ersten Röschen geerntet haben, sollten Sie weiterhin nach oben die Blätter vom Strunk abbrechen.

Rote Bete sind am schmackhaftesten, wenn sie Golfballgröße haben.

Rote Bete

Rote Bete ist ein kühleliebendes Gemüse. Säen Sie die ersten im Frühjahr etwa zwei Wochen vor dem letzten Frost, und bauen Sie dann bis Juni alle zwei Wochen nach. Säen Sie 90 Tage, bevor der erste Herbstfrost zu erwarten ist, eine größere Menge als Wintervorrat aus.

Säen Sie in Abständen von etwa 5 cm in Quadraten mit etwa 30 cm Kantenlänge, etwa 12 mm tief. Die Sämlinge sprießen nach zwei Wochen, wenn die Bodentemperatur unter 10 °C liegt, oder nach einer Woche bei 24 °C. Dünnen Sie die Roten Bete auf 10 cm Abstand aus. Halten Sie den Boden gleichmäßig feucht, um fasrige Rübenkörper zu vermeiden. Gegen Feuchtigkeitsverlust und Unkraut sollten Sie mit sauberem Stroh leicht mulchen. Rote Bete mögen einen pH-Wert von 6,5 bis 8. Neutralisieren Sie den Boden bei der Saatbeetbereitung mit etwa 500 g Kalk pro Quadratmeter.

Golfballgroße Rüben sind am schmackhaftesten (ausgenommen Lagersorten). Die Rüben für die Einlagerung können gezogen werden, wenn im Herbst Frost droht, vorzugsweise nach einer Trockenphase. In Regionen mit milden Wintern können Sie die Roten Bete einfach im Boden unter 20 bis 30 cm Stroh lagern. Ansonsten ziehen Sie die Rüben heraus und hacken das Laub so ab, daß etwa die Hälfte des Strunks am Rübenkörper bleibt. Lassen Sie die Roten Bete für ein paar Stunden in der Sonne aushärten, bevor Sie sie in feuchten Sand packen.

Schneiden Sie die seitlichen Salatblätter ab, um die Erntezeit zu verlängern.

Salat

Wie die meisten Grünpflanzen gedeiht auch Salat bei kühlem Wetter. Der Schlüssel zu einer durchgehenden Ernte ist die kontinuierliche Nachsaat. Säen Sie Salat direkt nach Erbsen oder stecken Sie schnellwachsenden Salat in die weiten Abstände zwischen Tomaten-, Melonen- oder Zucchinisetzlinge, bevor diese sich ausbreiten. Salat hat gern Stickstoff. Die flachen Wurzeln der Pflanzen müssen gut mit Wasser versorgt werden (25 mm pro Woche), damit der milde Geschmack erhalten bleibt. Wenn das Wetter nicht zu heiß ist, wachsen Blatt- und Schnittsalate nach, wenn Sie sie 2,5 cm über dem Boden abschneiden. Gießen Sie weiterhin regelmäßig und genießen Sie weitere Ernten.

Schneiden Sie die unteren Blätter des Schwarzkohls ab, um die Erntezeit zu verlängern.

Schwarzkohl

Diese mehrjährige Pflanze ist eines der ältesten Mitglieder der Kohlfamilie. Anders als Grünkohl kann Schwarzkohl beträchtlicher Hitze widerstehen. Dennoch toleriert er auch Kälte besser als Weiß- und Rotkraut. Schwarzkohl wächst als große Rosette mit blaugrünen Blättern.

Nutzen Sie eine der beiden Anbaumethoden: (1) Säen Sie ihn im Frühjahr oder setzen Sie Pflanzen im Abstand von 25 bis 40 cm; oder (2) säen Sie die Samen im Sommer dünn aus und lassen Sie die Sämlinge wachsen, bis sie groß genug für Suppengrün sind. Vereinzeln Sie sie dann auf 25 bis 40 cm Abstand, indem Sie die dazwischenstehenden ernten.

Schwarzkohl erfordert wenig Düngung. Nachpflanzungen für eine stetige Versorgung sind nicht nötig. Ernten Sie Sämlinge oder ganze Pflanzen oder zwicken Sie nach und nach die unteren Blätter ab.

Speiserüben können in Sand eingegraben gelagert werden und schmecken gedünstet am besten.

Speiserüben

Säen Sie die Samen direkt in den Boden. Dabei sollten Sie Abstände von 2,5 cm in der Reihe und 30 bis 40 cm zwischen den Reihen einhalten.

Dünnen Sie auf 10 cm Abstand in der Reihe aus, wenn sich die Pflanzen entwickeln. Düngen Sie regelmäßig mit Fischdünger oder verdünnter Jauche und gießen Sie in gleichmäßigen Abständen. Decken Sie die Reihen mit Netzgewebe ab, um Schädlinge fernzuhalten.

Beginnen Sie mit der Ernte der Blätter und der Rüben, wenn die Rüben etwa 3 cm Durchmesser haben. Ziehen sie die ganze Pflanze aus der Erde und schneiden Sie den Strunk ab. Den besten Geschmack haben die Rüben, wenn sie geerntet werden, bevor sie 8 cm Durchmesser haben.

Spinat

Spinat ist eine Pflanze für kühles Wetter und sollte etwa einen Monat vor dem Termin des letzten Spätfrosts direkt ins Freiland gesät werden, die Kultur für die Herbsternte einen Monat vor dem ersten Herbstfrost. Legen Sie die Samen mit etwa 5 cm Abstand (im Herbst 2,5 cm) in flache Reihen, die 30 cm auseinander liegen sollten. Dünnen Sie die Sämlinge auf 10-cm-Abstände aus. Säen Sie alle 10 bis 14 Tage nach, um eine durchgängige Versorgung zu gewährleisten. Spinat reagiert gut auf Dünger. Probieren Sie es mit regelmäßigen Gaben von verdünntem Fischdünger.

Pflücken Sie die äußeren Blätter, wie Sie sie brauchen, oder ernten Sie die ganze Pflanze. Ernten Sie in den kühlen Morgenstunden und lagern Sie den Spinat im Kühlschrank, bis Sie ihn brauchen.

Steckrüben

Pflanzen Sie Steckrüben Mitte Juni oder etwa 90 Tage vor der geplanten Ernte kurz nach dem ersten Herbstfrost. Säen Sie die Samen etwa 0,6 cm tief und mit 20 cm Abstand. Sobald die Sämlinge stark wachsen, müssen Sie für reichlich Feuchtigkeit sorgen. Mulchen Sie gut und gießen Sie einmal in der Woche reichlich.

Ernten Sie Steckrüben nach den ersten Frösten, aber bevor der Boden gefriert. Schneiden Sie die Rübenköpfe ab und lagern Sie die Rübenkörper wie Karotten in einen Gemüsekeller ein. Gute Wurzeln halten sich bis zu sechs Monaten, wenn Sie sie knapp über dem Gefrierpunkt und bei 90 Prozent Luftfeuchtigkeit lagern.

Tomaten

Tomaten gedeihen nicht gut, solange die Bodentemperatur nicht über 18 °C liegt und die Nachttemperaturen noch unter 10 bis 15 °C absinken. Sie mögen nährstoffreiche Böden mit einem pH-Wert von etwa 6,5 (siehe Kapitel 13, Bodenverbesserung).

Wenn Sie Pflanzen im Haus vorziehen möchten, sollten Sie sechs bis sieben Wochen vor dem letzten Spätfrost damit beginnen. Härten Sie die Pflanzen ab, bevor Sie sie nach draußen setzen. Die Pflanzabstände im Garten hängen von Ihrer Anbaumethode ab. Wenn sich die Tomaten auf dem Boden ausbreiten sollen, braucht jede Pflanze 0,4 m^2. Für Pflanzen, die gestützt werden sollen, reichen 0,3 m^2 aus. Wenn Ihr Boden feucht ist, sollten Sie jede Pflanze auf einen 10 bis 15 cm hohen Hügel setzen, bei trockenen Böden hingegen in eine Vertiefung. Gießen Sie die Pflanzen eine Stunde vor dem Umsetzen gut an.

Pflanzen Sie die Setzlinge etwa 5 cm tiefer, als sie im Topf sitzen. Zupfen Sie einige der unteren Blätter ab. Wenn die Pflanzen langbeinig sind (viel Stengel und wenige Blätter), empfiehlt es sich, sie niederzulegen und einen Teil des Stengels mit den Wurzeln einzugraben. Schneiden Sie die unteren Blätter ab und lassen Sie nur die oberen an der Pflanze. Später werden sich am Stengel Wurzeln bilden.

Sofort nach dem Umsetzen müssen Sie die Pflanzen gut angießen. Vier bis sechs Wochen später, wenn der Boden schön warm ist, sollten Sie mulchen. Wenn Sie die Tomaten über den Boden wuchern lassen, erübrigt sich das.

Ausgeizen ist normalerweise nicht nötig, aber Tomatenpflanzen an Stöcken oder Spalieren sind einfacher zu ziehen, wenn sie nur ein oder zwei Haupttriebe haben. Ausgeizen bedeutet, daß die Triebe und Schößlinge, die aus den Blattachseln wachsen, abgezwickt werden. Das führt zu größeren Früchten.

Eine generelle Vergilbung oder fahles Grün zeigt Stickstoffbedarf an. Vermeiden Sie ein Nachdüngen, bis die Nachblüte gut im Gange ist. Dann können Sie mit 30 g 5+10+10-Dünger oder 1 l verdünnter Gülle rund um die Pflanzenbasis nachdüngen.

Spinat ist eine der ersten Kulturen im Frühjahr und kann genausogut im Spätsommer für eine Ernte im Herbst gesät werden.

Tips zum Stützen von Tomaten

Stecken Sie die Stützen in den Boden, bevor Sie pflanzen. So können Sie die Wurzeln nicht verletzen.

Binden Sie die Tomatenranken während des Wachstums immer wieder locker am Stab fest.

Geizen Sie Nebentriebe aus, um ein kräftiges Wachstum der Haupttriebe zu fördern.

Zwicken Sie den Vegetationspunkt ab, wenn die Triebe die gewünschte Länge erreicht haben.

GEMÜSE VON A BIS Z

Topinambur verbreitet sich stark und ist sehr einfach anzubauen.

Topinambur

Topinambur ist eng verwandt mit der Sonnenblume. Die unterirdischen Knollen sind wohlschmeckend und kalorienarm. Sie gedeihen überall und können sowohl im Herbst als auch im Frühjahr, sobald der Boden bearbeitet werden kann, gepflanzt werden. Topinambur ist meistens gänzlich frei von Krankheiten und Schädlingen und so wuchsfreudig, daß er den ganzen Garten erobert, wenn Sie ihn nicht streng überwachen. Jede Knolle, die im Boden bleibt, treibt im nächsten Jahr aus.
Schneiden Sie für ein 10 m langes Beet acht Knollen in Viertel mit jeweils einem Auge. Stecken Sie sie 10 cm tief und mit 30 cm Abstand. Lassen Sie zwischen den Reihen 90 bis 120 cm Platz zum Umstechen oder Pflügen. Die Pflanzen sind ausgereift, wenn sie etwa 1,80 m hoch sind.
Topinambur braucht eine lange Vegetationsphase von mindestens 126 Tagen. Ernten Sie die Knollen, bevor der Frost das Kraut absterben läßt, oder im Frühjahr, bevor sie wieder austreiben.

Kultivieren Sie Weiß- und Rotkohlpflanzen versetzt in mehrreihigen Beeten.

Weiß- und Rotkohl

Um Weiß- und Rotkohl kontinuierlich ernten zu können, setzen Sie die ersten Pflanzen drei bis vier Wochen vor dem letzten Spätfrostdatum in mehrreihige Beete. Säen Sie dann im Frühsommer weitere Weiß- und Rotkohlkulturen aus, einen Teil in den Garten, den anderen in Saatkisten im halbschattigen Freiland. Im Hochsommer können Sie die Setzlinge dann in den Garten verpflanzen; so haben Sie vom Spätsommer bis zu den ersten Frösten erntereife Köpfe.
Wenn Krautköpfe anfangen zu bersten, sind sie wahrscheinlich im Inneren zu rasch gewachsen (oft bedingt durch starke Düngung). Wenn Sie einen geplatzten Kopf sehen, drehen Sie die ganze Pflanze mit der Hand um 180°, wie wenn Sie einen Wasserhahn aufdrehen. Dabei brechen einige der Wurzeln ab, und das innere Wachstum der Pflanze wird verlangsamt. Wenn sich das Bersten fortsetzt, müssen Sie die Pflanze nach einigen Tagen nochmals um 90° drehen.

Zucchini lieben viel Wärme und gleichmäßig feuchten Boden.

Zucchini

Die Samen der Zucchini keimen am besten, wenn die Bodentemperaturen über 18 °C liegen. Sie gedeihen besonders gut in Hochbeeten, die vor der Aussaat für ein paar Wochen mit schwarzer Mulchfolie erwärmt wurden. Säen Sie sie ein oder zwei Wochen nach dem letzten Spätfrost etwa 2,5 cm tief und mit Abständen von 30 cm in der Reihe und 90 bis 120 cm zwischen den Reihen direkt ins Freiland. Insbesondere nach dem Beginn des Fruchtansatzes sollten Sie sie gleichmäßig feucht halten.
Geerntet werden die meisten Zucchinisorten, wenn die Früchte 10 bis 20 cm lang sind. Schneiden Sie den Stiel mit einer Schere ab und behandeln Sie die Frucht vorsichtig, um Druckstellen zu vermeiden. Sie halten im Kühlschrank bis zu zwei Wochen.

Zwiebeln

Der Schlüssel zum erfolgreichen Anbau von Zwiebeln ist, früh in der Saison damit anzufangen. Kälte schadet Zwiebeln nicht, und sie brauchen lange, um saftige grüne Blätter zu entwickeln. Höhere Temperaturen und die Tageslänge signalisieren der Pflanze, mit dem Wachstum aufzuhören und die Energie in die eigentliche Zwiebelbildung zu stecken. Wenn Sie spät pflanzen, bekommen Sie kleinere Zwiebeln.

Sie können Zwiebeln im Haus säen, Setzlinge kaufen oder Steckzwiebeln pflanzen. Die größte Sortenauswahl haben Sie, wenn Sie selbst Samen aussäen, aber es dauert 100 bis 120 Tage, bis Sie erntereife Zwiebeln bekommen. Beginnen Sie Anfang März, wenn Sie in einer kalten Klimaregion wohnen. Die Verwendung gekaufter Pflanzen schränkt Ihre Auswahl ein, dafür stehen Ihnen die Zwiebeln früher zur Verfügung.

Zwiebeln bevorzugen gutbearbeitete Böden mit einem pH-Wert von 6. Düngen Sie den Bereich im Herbst vor dem Anbau mit Kompost oder Mist und arbeiten Sie das organische Material zusammen mit 100 bis 130 g 5+10+10-Dünger pro Quadratmeter ein.

Zwiebeln können gut einen Monat vor dem letzten Spätfrosttermin nach draußen gepflanzt werden. Härten Sie sie aber zur Sicherheit vorher ab. Die Pflanzen sollten etwa in dieselbe Tiefe gesetzt werden, in der sie zuvor gewachsen sind. Drücken Sie die Steckzwiebeln im Abstand von 10 bis 15 cm in den Boden, aber nicht mehr als 2,5 cm unter die Oberfläche. Für eine 10-m-Reihe brauchen Sie etwa 600 g Steckzwiebeln.

Bei Samen müssen Sie etwa 5 g Saatgut für 10 m einkalkulieren. Sie sollten etwa einen Samen pro Zentimeter in eine Reihe setzen und mit etwa 2,5 cm Erde bedecken. Legen Sie, wenn Sie direkt ins Freiland säen, die Samen in leicht austrockenden Böden etwas tiefer. Dünnen Sie die Pflänzchen später auf 15 cm Abstand aus.

Frühlings- oder Bundzwiebeln formen keine Zwiebeln aus. Säen Sie sie im Vorfrühling dicht und dünnen Sie sie mit einer schmalen Harke aus, wenn sie aufgehen. Dann lassen Sie sie einfach wachsen.

Halten Sie Zwiebeln unkrautfrei, aber achten Sie beim Jäten rund um die Zwiebeln auf die flachen Wurzeln. Gießen Sie sie regelmäßig, bis die Spitzen gelb zu werden beginnen. Stellen Sie dann die Bewässerung ein und lockern Sie die Zwiebeln leicht im Boden. Biegen Sie die Blätter etwas nach unten, so daß die Zwiebeln Sonnenlicht abbekommen, und ziehen sie bei besonders großen Zwiebeln die Erde von den oberen zwei Dritteln der Zwiebel weg.

Wenn das Kraut trocken ist, müssen Sie die Zwiebeln herausziehen und so lange zum Trocknen in der Sonne liegen lassen, bis die Erde an ihnen trocken ist. Bereiten Sie sie zur Lagerung vor, indem Sie die langen Blätter flechten oder die Zwiebeln bündelweise daran aufhängen. Sie können auch die Blätter abschneiden, wobei Sie etwa 3 cm Stengel an den Zwiebeln lassen sollten, und die Zwiebeln liegend trocknen. Das Trocknen dauert mehrere Wochen. Lassen Sie die Zwiebeln in einem Schuppen oder unter einer Abdeckung, welche die Luft frei zirkulieren läßt.

Frühlingszwiebeln sollten Sie ernten, wenn sie bleistiftdick sind, aber einige zum Weiterwachsen stehen lassen. Sie überwintern und kommen im Frühjahr wieder.

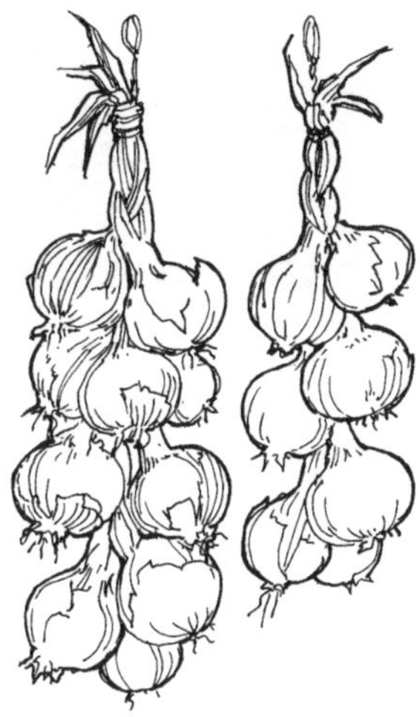

Flechten Sie die Zwiebelblätter, solange sie noch flexibel sind, und hängen Sie die Zwiebeln so zum Trocknen auf.

10

DER KRÄUTERGARTEN

KRÄUTER-THEMENGÄRTEN • KRÄUTER ERNTEN UND LAGERN 32 UNENTBEHRLICHE KRÄUTER • KRÄUTERANBAU UND -VERWENDUNG

Wir verlebten einmal ein Jahr außerhalb von Bologna in Italien, wo 95 Prozent der Häuser Gärten haben. Die Kräuter waren ein aufregender Teil unseres Lebens. Der Weg zu unserer Wohnung war gesäumt von einer riesigen Rosmarinhecke. Im Garten gab es nicht nur süßes Genueser Basilikum, sondern auch purpurfarbene, salatblättrige und nach Zitrone, Zimt und Lakritz duftende Sorten. Unser Haus hatte einen Küchengarten mit Oregano, Salbei, Thymian, Petersilie, Minze, Schnittlauch, Lavendel und Koriander, die wir bei Nacht ernteten und frisch für alles verwendeten. Unseren Enkeln die Gerüche und die Geschmacksvielfalt von Kräutern beizubringen, Tees zuzubereiten, die lindern oder beruhigen, ungewöhnliche Rezepte zu erfinden – all dies macht den Kräutergarten zu einem wichtigen Teil unseres Lebens.

– John & Martha Storey

Vor Tausenden von Jahren, lange bevor die Wissenschaft mit dem Versuch begann, rationale Erklärungen für alles anzubieten, wurden Pflanzen als Quellen geheimnisvoller Kräfte oder Überbringer von nützlichen Gaben angesehen. Die Kamillenblüte wirkt entspannend auf das ruhelose Gemüt, und der Olivenbaum liefert dem Körper Nahrung. Die alten Kulturen in Ägypten, China, Indien, Europa oder anderswo bauten Pflanzen nicht wegen ihrer Schönheit an; sie taten es, weil sie diese als nützlich und als spirituelle Bereicherung ihres Lebens ansahen.

Heute sind wir dabei, zum Wissen der Alten zurückzufinden. Es gibt immer einen Platz im Garten für eine hübsche Staude, deren wundervolle Blüten sonnige Sommertage verschönen. Aber ebenso sollten Sie einen Platz für die Kräuter finden, die die wärmende Würze zu einem Winteressen liefern oder einer Lotion, die unsere schmerzenden Muskeln am Abend lockert, einen kühlenden Effekt verleihen.

Rezept für Kräuterseifenkugeln

Verwöhnen Sie sich mit einer duftenden selbstgemachten Seife. Es ist nicht schwierig!

1. Gießen Sie ¼ Tasse kochendes Wasser über einen Eßlöffel getrocknete, pulverisierte Kräuter – Kamillen- oder Lavendelblüten, Blätter von Pfefferminze, Rosmarin, Salbei, Thymian oder eine Kombination davon.
2. Fügen Sie für einen stärkeren Duft fünf oder sechs Tropfen ätherische Öle von Lavendel, Pfefferminze oder Rosmarin zu.
3. Lassen Sie den Aufguß 15 Minuten ziehen.
4. Erhitzen Sie die Mischung nochmals, bis sie sprudelnd kocht, und gießen Sie sie über zwei Tassen geraspelte milde Naturseife (= ein Stück Seife).
5. Mischen Sie alles gut mit den Händen durch, wenn es etwas abgekühlt ist, und lassen Sie es 15 Minuten stehen.
6. Mischen Sie nochmals und teilen Sie die Menge in drei oder sechs Portionen auf. Rollen Sie jeweils eine Kugel daraus.
7. Legen Sie die Kugeln drei Tage auf Wachspapier zum Trocknen.

– aus *The Pleasure of Herbs* von Phyllis V. Shaudys

Anbau von Kräutern

Sie können die meisten Standardkräuter, die Sie haben möchten, bereits zu Setzlingen herangezogen in (Spezial-)Gärtnereien oder in Ihrem Gartencenter finden. Die Aufzucht aus Samen funktioniert größtenteils genauso wie bei anderen Samen – mit ein paar Besonderheiten. Erstens sind Kräutersamen meist winzig. Nachdem Sie die Saatbeetmischung eingeebnet haben, müssen Sie die Kräutersamen nur auf die Oberfläche streuen und festdrücken. Sie brauchen diese Winzlinge nicht mit Erde zu bedecken. Sorgen Sie für einen warmen Standort und gleichbleibende Feuchtigkeit. Der andere große Unterschied ist, daß es scheint, als würden sie bis in alle Ewigkeit brauchen, um zu keimen. Zwei bis drei Wochen sind nicht ungewöhnlich.

Eine andere Möglichkeit, mehrjährige Kräuter wie Schnittlauch, Oregano und Estragon zu bekommen, ist das Teilen vorhandener Pflanzen. Teilen Sie im zeitigen Frühjahr oder nach der Vegetationsperiode im Herbst die Pflanze mit einer Pflanzkelle oder einem Spaten und graben Sie den einen Teil des Wurzelstocks für Ihren Garten aus. Halten Sie ihn während des Transports feucht und pflanzen Sie ihn sofort ein.

Sie können ein ansehnliches Sortiment von Standardkräutern in ein oder zwei Hängeampeln, in einer Ecke des Gemüsegartens, in Töpfen auf dem Balkon oder dem Fensterbrett oder beigemischt in einem Blumenbeet anbauen. Mein Rat: Bauen Sie Ihre Kräuter so nahe wie möglich bei der Küche an. Sie werden sie häufiger verwenden, wenn Sie für ein paar Blätter Basilikum oder Schnittlauch nicht extra in den Garten laufen müssen.

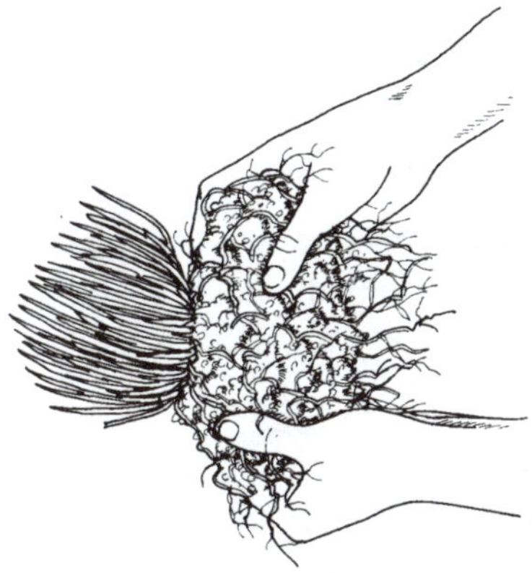

Am einfachsten lassen sich mehrjährige Kräuter wie Schnittlauch durch Teilen der Pflanze im zeitigen Frühjahr oder im Herbst vermehren.

Pflege von Kräutern

Kräuter lieben fünf bis acht Stunden Sonne am Tag und gut wasserdurchlässigen Boden, der reich an organischem Material ist. Die Ausnahme ist Minze, die einen feuchten, halbschattigen Platz mag.

Wenn Sie den Boden zur Pflanzzeit gedüngt haben, sollten die Kräuter während der Vegetationsperiode keinen weiteren Dünger benötigen. Zu viele Nährstoffe lassen die Kräuter groß und langgliedrig werden, während Sie sicher gerne kompakte, buschige Pflanzen mit einer hohen Konzentration an aromatischen Ölen hätten.

Die meisten Kräuter sind bei Blühbeginn am besten. Pflücken Sie die zarten Blätter und zwicken Sie die Blüten ab, um das weitere Wachstum zu fördern. Kräuter gedeihen am besten, wenn man sie keine Samen bilden läßt. Stutzen Sie sie zurück, um die Größe zu kontrollieren, und geben Sie ihnen Form, indem Sie sie zu Ihrem Eigengebrauch ernten.

– aus *Gardening Know-How for the '90s* von Dick Raymond

Ein großer Pflanzkübel mit Kräutern läßt sich mühelos bewegen, wenn Sie ihn auf einen Kübelroller stellen.

KRÄUTER-THEMENGÄRTEN

Dorie Byers, die Autorin von Herbal Remedy Gardens, *ist überzeugt, daß die Betätigung im Garten genauso heilsam ist wie Medizin. Sie bietet Bewegung, lehrt Geduld, fördert Kreativität und gibt Ihnen die Gelegenheit, Zeit in einer natürlichen Umgebung zu verbringen. Kräuter selbst anzubauen ist ein wunderbares Sinneserlebnis, und Sie haben die Gewißheit, daß Sie taufrische Ware ernten.*

Eine einfache und duftende Küchenrabatte

Pflanzen Sie diese Kräuter in der Nähe der Küchentür, um sie schnell zur Hand zu haben. Die Nummern in Klammern geben die Anzahl der benötigten Pflanzen an.

1. Salbei (2)
2. Pfefferminze (1 – breitet sich aus)
3. Grüne Minze (1 – breitet sich aus)
4. Oregano (1)
5. Majoran (1)
6. Estragon (1)
7. Zitronenmelisse (1)
8. Rosmarin (1)
9. Schnittlauch (2)
10. Echter Thymian (1)
11. Zitronen-Thymian (1)
12. Pimpernelle (1)
13. Französischer Thymian (1)

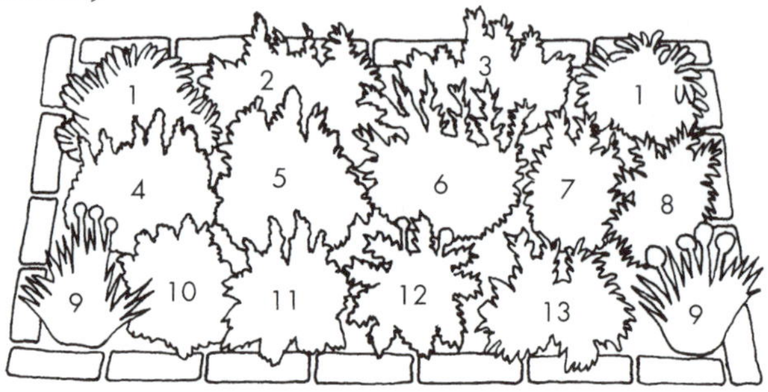

– aus *Herbal Treasures* von Phyllis V. Shaudys, Zeichnung von Kate und Fairman Jayne.

Ein Erkältungs- und Grippegarten

Naßkaltes Winterwetter geht oft mit Erkältungen und Grippe einher. Sie können einen Kräutergarten anlegen, der Kräuter zur Behandlung dieser Beschwerden bereitstellt. Er kann eine ganze Menge Platz beanspruchen, denn Pfefferminze breitet sich stark aus. Versenken Sie deshalb ein großes Rohr oder einen Behälter mit Abflußlöchern im Boden und pflanzen Sie die Pfefferminze hinein. Purpur-Sonnenhut und Schafgarbe ziehen Schmetterlinge an.

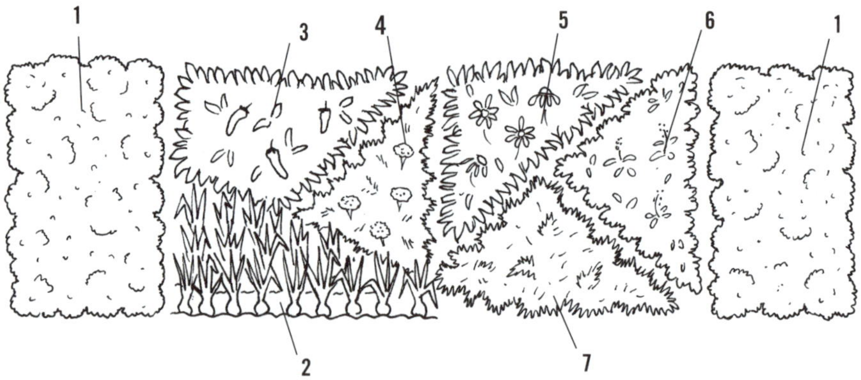

Pflanzen für den Erkältungs- und Grippegarten

1. Thymian (4)
2. Knoblauch (9)
3. Cayenne-Pfeffer (3)
4. Schafgarbe (1)
5. Purpur-Sonnenhut (2)
6. Pfefferminze (1)
7. Rosmarin (2)

– alle Heilpflanzengärten aus *Herbal Remedy Gardens* von Dorie Byers

Ein Erste-Hilfe-Garten

Wenn Sie Wildpflanzen auf Ihrem Grundstück haben, müssen Sie vielleicht nur Ringelblumen anbauen und einen Topf Aloe hinzufügen, um einen Erste-Hilfe-Garten anzulegen. Schafgarbe, Wegerich und Vogelmiere finden Sie häufig wildwachsend. Legen Sie Ihren Erste-Hilfe-Garten an einer gut zugänglichen Stelle an, um rasch Erste Hilfe leisten zu können. Staffeln Sie die Höhe der Pflanzen; Schafgarbe ist die höchste und sollte im Hintergrund stehen. Oder pflanzen Sie Schafgarbe, Ringelblumen und Aloe in Schalen oder Töpfe und lassen Sie Wegerich und Vogelmiere auf dem Boden davor wachsen.

Pflanzen für den Erste-Hilfe-Garten

1. Schafgarbe (1)
2. Ringelblumen (4)
3. Aloe (1)
4. Wegerich (4 bis 6)
5. Vogelmiere (4 bis 6)

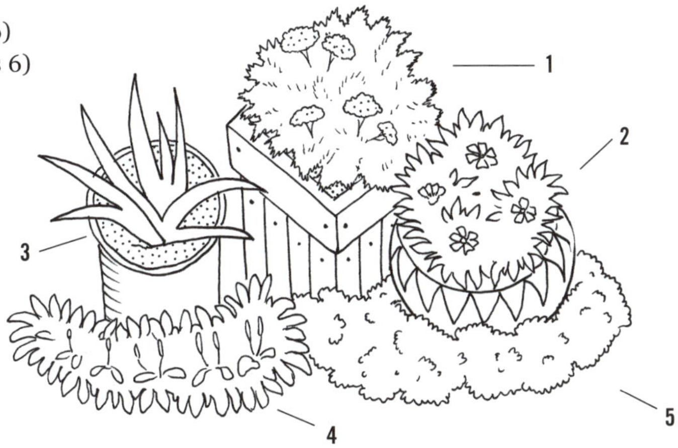

Ein Aufguß für Schnitte und Kratzer

Ringelblumen sind dank ihrer antibakteriellen Wirkung ein geeignetes Heilmittel für kleinere Schnitte und Kratzer.

- 1 Eßlöffel getrocknete oder 2 Eßlöffel frische Ringelblumenblüten
- 1 Tasse kochendes Wasser

Geben Sie die Ringelblumenblüten in kochendes Wasser. Decken Sie den Topf zu und lassen Sie die Mischung 15 Minuten ziehen. Verwenden Sie den heilenden Aufguß handwarm zum Reinigen von kleinen Schnitten und Kratzern.

15 Kräuter für wohlschmeckende Tees

Ananas-Salbei
Anis-Ysop
Basilikum
Duftgeranien
Gewöhnliche oder Blaue Katzenminze
Indianernessel
Kamille
Lavendel
'Lemon Gem'- oder 'Orange Gem'-Tagetes
Minzen
Ringelblume
Rosmarin
Salbei
Zitronenmelisse
Zitronen-Verbene

– aus *15 Herbs for Tea* von Marian Sebastiano

Kräuterbrühe

Die meisten Menschen haben im Winter eine Zeitlang Probleme mit Erkältungen oder einer Grippe. Diese Brühe versorgt Sie mit den heilenden Kräften von Kräutern, wenn Sie krank sind. Sie ist schmackhaft, wärmend und voller Vitamine.

6 gehackte Knoblauchzehen
1 Eßlöffel Olivenöl
2 Tassen Wasser oder Gemüsebrühe
1 Teelöffel feingehackten frischen Cayenne-Pfeffer oder ½ Teelöffel getrockneten, gemahlenen Cayenne-Pfeffer
1 Teelöffel frischen oder ½ Teelöffel getrockneten Rosmarin
½ Teelöffel frischen oder ¼ Teelöffel getrockneten Thymian
1 Prise bis ¼ Teelöffel Salz zum Abschmecken, falls die Gemüsebrühe ungesalzen ist

Geben Sie den Knoblauch in das Olivenöl und braten Sie ihn bei großer Hitze kurz an, bis er Farbe anzunehmen beginnt. Geben Sie Wasser dazu, gehen Sie auf mittlere bis schwache Hitze zurück und lassen Sie das Ganze 20 Minuten köcheln. Fügen Sie nun alle Kräuter und das Salz zum Abschmecken hinzu und lassen Sie die Brühe weitere fünf Minuten simmern. Schlürfen Sie sie langsam.

– aus *Herbal Remedy Gardens*

KRÄUTER ERNTEN UND LAGERN

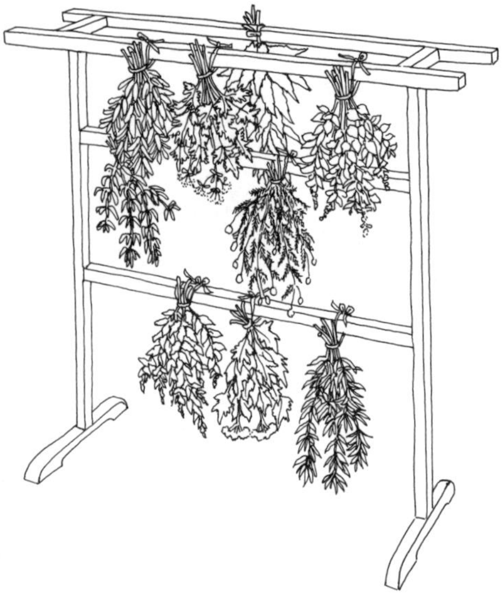

Hängen Sie kleine Kräuterbündel zum Trocknen an einen luftigen, dunklen Platz.

Lagern Sie vollständig getrocknete Kräuter in beschrifteten, dichtverschlossenen Gefäßen.

Kräuter ernten

Warten Sie zum Ernten auf einen trockenen Tag und pflücken Sie die Kräuter erst dann, wenn der Tau verdunstet ist. Die Konzentration der ätherischen Öle soll morgens am höchsten sein. Denken Sie daran, daß die ätherischen Öle einer Pflanze ihren Duft, ihren Geschmack und alle Gesundheitswirkungen verleihen, die ihr zugeschrieben werden. Da der Ölgehalt einer Pflanze vor der Blüte höher ist, empfehlen viele Kräutergärtner, vor der Blüte zu pflücken. Aber ich habe während aller Wachstumsstadien geerntet. Am besten experimentiert man mit verschiedenen Zeitpunkten. Vielleicht bevorzugen Sie den feineren Geschmack von kleinen, neuen Blättern, besonders bei den eher scharfen Kräutern.

Die einfachste Methode, Kräuter für die Ernte zu reinigen, ist das Berieseln mit dem Gartenschlauch. Stellen Sie die Düse auf einen feinen Sprühnebel oder Schleier ein. Durchnässen Sie die Pflanzen gut und lassen Sie sie vor der Ernte trocknen. Wenn Sie sich dafür entscheiden, sie erst nach dem Schnitt abzuspülen, verwenden Sie eine Salatschleuder, um das überschüssige Wasser zu entfernen.

Trocknen

Nach der Ernte sollten Sie die Kräuter rasch bei sanfter, gleichmäßiger Wärme trocknen, um ihren feinen Geruch zu erhalten. Wenn Sie einen Obsttrockner verwenden, geben Sie eine Schicht 10 bis 15 cm lange Zweiglein in einer Lage auf jeden Einsatz. Sie können alle Böden in wenigen Stunden trocknen. Streifen Sie die Blätter ab, wenn sie bröseltrocken sind, und lagern Sie sie in luftdichten Dosen oder Gläsern. Prüfen Sie die Gefäße auf Feuchtigkeit (Kondensation) und trocknen Sie sie nach, sobald Sie Anzeichen von Feuchtigkeit feststellen.

Eine andere Methode, Kräuter zu trocknen, besteht darin, sie bei 40 bis 50 °C für einige Stunden in den Backofen zu geben. Lassen Sie die Tür leicht geöffnet, damit die Feuchtigkeit entweichen kann. Überprüfen Sie immer wieder den Trocknungsverlauf, um die Blätter zum richtigen Zeitpunkt herausnehmen zu können, denn verschiedene Kräuter trocken unterschiedlich schnell. Um das typische Aroma zu konservieren, empfiehlt es sich allerdings, jeweils nur eine Art gleichzeitig zu trocknen. Wenn sich Ihr Backofen nicht so niedrig einstellen läßt, können Sie ihn auf 65 °C vorheizen und ausschalten, bevor Sie die Kräuter hineingeben.

Sie können die Kräuter auch mit Gummibändchen bündeln und zum Trocknen aufhängen. Wählen Sie auf jeden Fall einen trockenen Platz – keinesfalls die Garage. Achten Sie darauf, daß jedes Büschel beschriftet ist. Kontrollieren Sie nach zwei Wochen den Trocknungsgrad. Sobald die Kräuter trocken sind, können Sie die Blätter abstreifen und in luftdichte, ordentlich beschriftete Gefäße geben.

Lagern

Das Geheimnis beim Erhalten der Kräuterqualität besteht darin, die getrockneten Kräuter von Feuchtigkeit, Sonnenlicht und extremer Hitze fernzuhalten.

Glasgefäße mit dichtschließenden Deckeln sind für die Aufbewahrung besonders geeignet, für kleinere Mengen etwa die Gläschen von Babynahrung. Ob kleinere oder größere Gefäße – entscheidend ist, daß sie gut gereinigt und vollständig trocken sind. Wiederverschließbare Folienbeutel sind ebenfalls eine gute Wahl. Kräuter sollten im Dunkeln gelagert werden, zum Beispiel in größeren (Keks-)Dosen oder in Kisten.

Eine gute Alternative zum Trocknen ist das Einfrieren – zumindest von Teilen der Ernte. In dichtverschlossenen Folienbeuteln mit Reißverschluß eingefroren, behalten die Kräuterzweiglein die feinen Aromen, die beim Trocknen zum Teil verlorengehen. Wenn Sie Kräuter benötigen, brauchen Sie nur ein paar der gefrorenen Zweiglein herauszunehmen und mit einem scharfen Messer zu zerkleinern.

– verändert aus *15 Herbs for Tea* von Marian Sebastiano

Einen Kräuterkranz binden

Auch wenn Sie nur ein Minzenbeet haben, können Sie einen hübschen, duftenden Kranz binden. Wenn Ihr Garten außerdem Zitronenmelisse, Salbei, Eberraute, Rainfarn oder irgendeine andere silbrige Artemisia-Art bereithält, sind Sie bestens gerüstet. Falls Sie zusätzliches Material brauchen, können Sie Wacholder, Buchs, Thuja-Spitzen oder andere Immergrüne verwenden. Schneiden Sie einen großen Korb voll 15 cm langer Schnipsel. Außerdem benötigen Sie eine Kranzunterlage aus Metall oder Stroh (25 oder 30 cm Durchmesser oder auch größer) und eine Rolle Wickeldraht oder kräftigen Zwirn in einer neutralen Farbe.

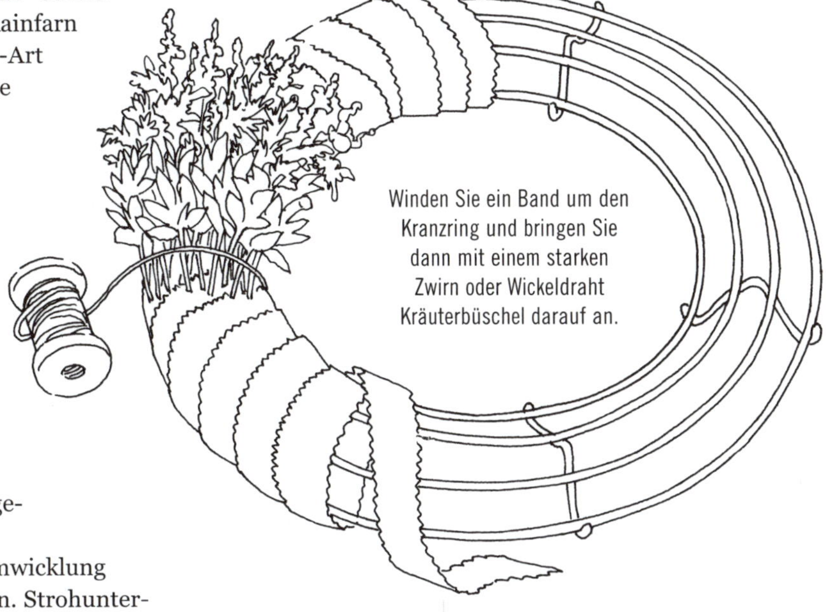

Winden Sie ein Band um den Kranzring und bringen Sie dann mit einem starken Zwirn oder Wickeldraht Kräuterbüschel darauf an.

1. Umwickeln Sie den Metallring mit Reststücken von Bändern oder Streifen von übriggebliebenem Stoff, die Sie mit einer Zackenschere schräg zum Fadenverlauf zugeschnitten haben.
2. Sichern Sie den Beginn und das Ende der Umwicklung mit geraden Stecknadeln oder Heftklammern. Strohunterlagen brauchen nicht umwickelt zu werden.
3. Beginnen Sie an einer beliebigen Stelle und legen Sie ein paar Stengel der verschiedenen Kräuter (sechs bis zehn Stiele) an den Reifen. Wickeln Sie eine oder zwei Umdrehungen Zwirn oder Draht um den Reifen, ohne ihn von der Rolle abzuschneiden. Halten Sie die Spule straff und befestigen Sie die Kräuter am Kranz, indem Sie den Zwirn oder Draht mehrmals durch die Mitte um den Reifenkörper führen.
4. Bringen Sie ein zweites, ähnliches Büschel so an, daß es die Stiele der bereits befestigten Zweige bedeckt. Fixieren Sie es, indem Sie den Zwirn oder Draht eng darum herumziehen. Fahren Sie auf diese Weise um den ganzen Ring herum fort. Legen Sie die Bündel dicht, damit der Untergrund so durchgehend wie möglich bedeckt wird. Die Arten können Sie ganz nach Ihren Wünschen variieren.
5. Lassen Sie den Kranz über mehrere Tage flach liegend an einem warmen, trockenen Platz möglichst nicht in grellem Licht trocknen. Wenn die Kräuter dabei zu Beginn etwas zusammenschrumpfen, können Sie die schlaffen Spitzen oder die stark herausstehenden Stiele abschneiden und mit kurzen Stielchen ergänzen.
6. Wenn der Kranz trocken ist, können Sie ihn an die Wand hängen und sich daran erfreuen.
7. Sie können den Kranz schmücken, indem Sie geeignete Gegenstände hineinstecken oder eine Schleife darumbinden.

– aus *Herbs for Weddings and Other Celebrations* von Bertha Reppert

Lohnende Kombinationen

- Trocknende Eberraute bekommt eine ganz eigene olivgrüne Farbe, die von Büscheln aus getrockneter 'Silver Mound'-Artemisia und den roten Blüten der Indianernessel hübsch ergänzt wird. Verwenden Sie frische Eberraute zum Gestalten Ihres Kranzes, da das Kraut vor dem Trocknen biegsam und weniger brüchig ist.
- Die Artemisia 'Silver King' ist gut geeignet für Kränze, weil ihre silbergraue Farbe sich in jedes Farbschema einfügt. Probieren Sie es aus, indem Sie Zweige von Küchenkräutern zusammen mit einer dunkelgrünen Kerze und einigen grünen Bändern anordnen, oder gestalten Sie einen sehr farbenfrohen Kranz mit ganzen Gewürzen, getrockneten Früchten, Nüssen und kleinen Kiefernzapfen.
- Gestalten Sie einmal einen Weinkranz, indem Sie blaue Trauben, Weinranken, Wildgräser und die Spitzen von großen Pfauenfedern auf eine Drahtunterlage binden.

– aus *The Pleasure of Herbs* von Phyllis V. Shaudys

32 UNENTBEHRLICHE KRÄUTER

Andorn

Andorn

Die Blätter werden getrocknet für Tee und frisch in Bonbons oder Hustensaft verwendet. Die Pflanzen werden aus Samen gezogen oder durch Stecklinge oder Teilung des Wurzelstocks vermehrt und erreichen eine Höhe von 30 bis 60 cm. Andorn braucht volle Sonne und einen trockenen, sandigen Boden.

Basilikum

Basilikum

Basilikum ist eine zarte einjährige Pflanze und sehr frostempfindlich. Säen Sie es direkt in den Garten in die volle Sonne, wenn der Boden warm ist, und geben Sie eine Extraportion Kompost dazu. Gießen Sie Basilikum bei trockenem Wetter wöchentlich. Diese schnellwachsende Pflanze wird 60 cm hoch. Um sie buschig zu erhalten, müssen Sie die Blüten oder die Spitzen an allen Stielen abzwicken, bevor sie blühen. Sie können die Blätter den ganzen Sommer hindurch ernten.

Zum Trocknen wird Basilikum kurz vor der Blüte geerntet. Hängen Sie es auf, legen Sie es auf ein Gitter oder frieren Sie es ein.

Brunnenkresse

Brunnenkresse

Brunnenkresse wird zum Garnieren, Würzen oder als Salat verwendet. Wenn Sie einen flachen, langsam fließenden Teich oder Wasserlauf haben, bei dem keine Überflutungsgefahr besteht, können Sie versuchen, dieses schmackhafte Kraut anzubauen. Es kann einfach von einem Wasserlauf in einen anderen umgepflanzt werden. Vermehrt wird das langsamwachsende Kraut durch Teilung.

Dill

Dill

Dill ist eine winterharte einjährige Pflanze, die 60 bis 90 cm hoch wird. Pflanzen Sie ihn in Gruppen, damit sich die Pflanzen bei windigem Wetter gegenseitig stützen können. Säen Sie die Samen direkt in den Garten. Dill gedeiht am besten in voller Sonne und auf sandigem oder lehmigem, gut wasserdurchlässigem und leicht saurem Boden (pH 5,8 bis 6,5). Reichern Sie die Erde zur Wachstumsverbesserung mit Kompost oder gut verrottetem Mist an. Dill sät sich ganz einfach selbst aus.

Sowohl das Dillkraut als auch die Dillsamen werden zum Kochen verwendet; das Kraut ist mild, aber die Samen sind scharf. Dillkraut können Sie jederzeit ernten, aber die Konzentration der ätherischen Öle ist kurz vor der Blüte am höchsten. Schneiden Sie die Samenköpfe, wenn sich die Mehrheit der Samen ausgebildet hat, auch wenn einige Blüten noch blühen. Klopfen Sie die Samen nach dem Trocknen heraus.

Duftgeranie

Duftgeranie

Die Blätter von Rosengeranien werden für Gelee und zum Herstellen von Tee verwendet. Die meisten Sorten werden hauptsächlich als duftende Balkonpflanzen verwendet und aus Stecklingen gezogen. Diese Geranien sind nicht frostbeständig. Sie bevorzugen volle Sonne und gut wasserdurchlässige Erde.

Estragon

Estragon

Estragon ist eine Staude. Die französische Unterart hat das beste Aroma und ist dem Russischen Estragon vorzuziehen, der schmächtig ist und nur einen geringen Gehalt an ätherischen Ölen hat. Estragon wird 60 bis 90 cm hoch und tendiert zum Wuchern. Da er selten Samen ansetzt, vermehren Sie ihn besser durch Stecklinge oder Teilung des Wurzelstocks. Er gedeiht in fruchtbarem Boden bei Sonne und Feuchtigkeit. Mulchen Sie die Wurzeln im Spätherbst und teilen Sie den Stock alle drei bis vier Jahre. Sie können den ganzen Sommer hindurch ernten. Zum Trocknen werden die Stengel im Frühherbst ein paar Zentimeter über dem Boden abgeschnitten und aufgehängt oder auf ein Gitter gelegt.

Frauenminze

Ihre wohlriechenden Blätter mit dem minzigen Geschmack wurden in früheren Zeiten gepreßt und als Lesezeichen in der Bibel verwendet. Heutzutage wird Frauenminze zum Garnieren, als Tee und für Potpourris verwendet. Sie wird durch Teilung des Wurzelstocks vermehrt. Die Pflanzen werden 60 bis 90 cm hoch und lieben Sonne und normale Gartenerde.

Frauenminze

Gewürz-Fenchel

Gewürz-Fenchel ist eine winterharte zweijährige Pflanze, die in günstigen Klimaten mehrjährig wird. Sie wird 1 bis 1,5 m hoch und bevorzugt nährstoffreiche, gut wasserdurchlässige Böden in voller Sonne. Düngen Sie mit Kalk, wenn der Boden-pH-Wert niedriger als 6,0 ist. Die Blätter sollten Sie kurz vor der Blüte ernten. Fenchel beeinflußt das Wachstum anderer Pflanzen um ihn herum nachteilig. Er ist mit Dill verwandt. Die beiden sollten nicht zusammengepflanzt werden, weil sie sich gegenseitig bestäuben, was zu einer Mischung aus Fenchel und Dill führt.

Gewürz-Fenchel

Kamille

Der aus den Kamillenblüten gewonnene Tee wird als schmerzlinderndes Beruhigungsmittel, aber auch als Stärkungsmittel verwendet. Kamille läßt sich einfach aus Samen ziehen oder durch Teilung vermehren. Sie wird bis zu 25 cm hoch – bei einer weit ausgreifenden Wuchsform.

Kamille

Katzenminze

Die bei Katzen beliebte Katzenminze wird von den Menschen als Hustentee und als Verdauungshilfe verwendet. Die Pflanzen werden 60 bis 90 cm hoch, sind an sonnigen oder halbschattigen Standorten einfach anzubauen und vertragen die meisten Bodenarten.

Katzenminze

Knoblauch

Knoblauch wird wegen des Geschmacks seiner Knollen oder Zehen angebaut. Knoblauch braucht volle Sonne, nährstoffreichen Boden, einen pH-Wert zwischen 6,0 und 6,8 sowie gleichmäßige Feuchtigkeit. Pflanzen Sie ihn im Herbst etwa zur Zeit der ersten Frühfröste für die Ernte im nächsten Sommer oder im Frühjahr für die Herbsternte. Ernten Sie Knoblauch vor der Blüte, wenn die Stengel braun zu werden beginnen. Graben Sie die Pflanzen vorsichtig aus, bürsten Sie den Schmutz ab und verteilen Sie die Knollen auf dem Boden oder auf einem Gitter zum Trocknen.

Knoblauch

Knoblauch flechten

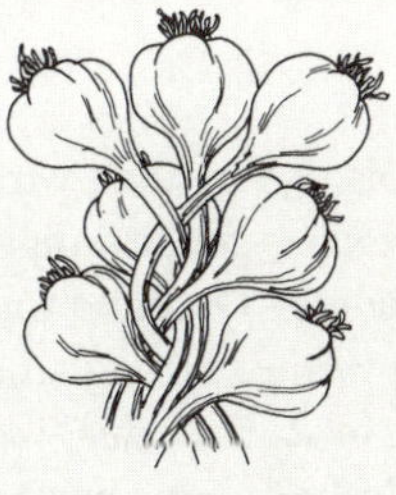

Anfang des Zopfes

Knoblauchknollen bewahrt man am besten geflochten auf, weil die Luft um die hängenden Zöpfe zirkulieren kann. Die weichhalsigen Sorten eignen sich am besten zum Flechten. Binden Sie den Zopf, sobald Sie die Knollen aus dem Boden gezogen haben. Dann sind die Stengel noch biegsam. Bürsten Sie die Erde lieber ab, anstatt sie abzuspülen. Achten Sie darauf, daß Sie nur Knollen verwenden, die fest mit ihren Blättern verbunden sind. Legen Sie drei dicke Knollen auf eine ebene Oberfläche und beginnen Sie damit, die Blätter ineinanderzuflechten. Fügen Sie dann weitere Knollen hinzu (wie bei einem französischen Haarzopf). Wenn Sie den Zopf verschenken möchten oder viel Wert auf sein Aussehen legen, können Sie die Knollen so dicht zusammenziehen, daß man die Blätter nicht sieht. Sie können dünnen Draht verwenden, um die Zöpfe zu verfestigen. Wenn Sie so viele Knollen eingeflochten haben, wie Sie benötigen, flechten Sie die letzten Blätter und binden Sie sie mit Bast oder Zwirn zu einer Schlaufe zusammen. Hängen Sie den Zopf an einem gutbelüfteten Ort auf.

– aus *Growing and Using Garlic* von Glenn Andrews

Fertiger Zopf

32 UNENTBEHRLICHE KRÄUTER

Lavendel

Liebstöckel

Lorbeer

Majoran

Minze

Mutterkraut

Oregano

Lavendel

Das aromatische Kraut wird frisch oder getrocknet in Säckchen oder Kissen verwendet. Lavendelpflanzen können aus Samen oder Stecklingen gezogen oder durch Teilung von Wurzelstöcken vermehrt werden. Pflanzen Sie ihn in nördlichen Gebieten an einen geschützten Platz. Er bevorzugt kalkhaltigen Boden. Echter Lavendel entwickelt die schönsten Blüten und ergibt ein wohlriechendes Öl. Die Pflanzen werden 30 bis 60 cm hoch.

Liebstöckel

Die nach Sellerie riechenden Blätter und Stengel werden in Suppen, Salaten oder ähnlichen Gerichten verwendet. Liebstöckel läßt sich im Halbschatten in feuchtem, fruchtbarem Boden gut aus Samen ziehen. Ausgewachsene Pflanzen können 1,2 bis 1,8 m hoch werden.

Lorbeer

Lorbeer ist ein langsamwachsender immergrüner Strauch mit aromatischen Blättern, der die Sonne liebt. Er ist kälteempfindlich und muß in kalten Regionen im Winter ins Haus gebracht werden. Er ist schwierig zu vermehren. Lorbeer kann bis zu 3 m hoch werden.

Majoran

Majoran ist eine empfindliche Staude. In kalten Klimaregionen wächst er als einjährige Pflanze. Er erreicht eine Höhe von 20 bis 30 cm und gedeiht in voller Sonne auf leichten, nährstoffreichen Böden mit neutralem pH-Wert. Majoran hat ein oberflächennahes Wurzelsystem. Das Mulchen um die Pflanze herum hilft die Feuchtigkeit zurückzuhalten und das Unkraut zu unterdrücken. Er ist hocharomatisch, und sein Geschmack verfeinert sich durch das Trocknen. Ernten Sie ihn, kurz bevor die Blüten sich öffnen.

Minze

Minzen sind winterharte Stauden, die oft 90 cm Höhe erreichen. Sie sind notorische Wucherer, die feuchten, nährstoffreichen Boden bevorzugen und in der vollen Sonne oder im Halbschatten gedeihen. Ernten Sie sie während des Sommers, indem Sie die Stengel genau oberhalb des ersten Blattpaares abschneiden, sobald die Blütenknospen erscheinen, und hängen Sie sie für 10 bis 14 Tage zum Trocknen auf.

Mutterkraut

Mutterkraut ist zwei- oder mehrjährig. Wie der englische Name (feverfew = wenig Fieber) besagt, werden diesem winterharten medizinischen Kraut zahlreiche heilende Eigenschaften zugeschrieben. Im Deutschen verweist der Name auf die heilende Wirkung bei Frauenleiden. Es ist einfach aus Samen zu ziehen oder durch Teilung zu vermehren. Die Pflanzen erreichen 60 bis 90 cm Höhe. Es gedeiht am besten auf sonnigen und halbschattigen Standorten mit gut wasserdurchlässigem Boden.

Oregano

Oregano oder wilder Majoran ist eine winterharte Staude, die 50 bis 75 cm hoch wird. Die Pflanze wächst in normaler Erde, aber bevorzugt gut wasserdurchlässigen, sandigen Lehm. Wenn der pH-Wert unter 6,0 liegt, sollten Sie den Boden kalken. Oregano mag windgeschützte Standorte in voller Sonne. Mulchen Sie, wenn die Winter streng sind. Sie können Oregano aussäen, aber auch durch Teilung eines Wurzelstocks oder über Stecklinge vermehren. Die Samen keimen langsam; es ist deshalb am besten, Jungpflanzen im Abstand von 40 cm zu setzen. Schneiden Sie die Stengel im Herbst, kurz bevor sich die Blüten öffnen, 3 cm über dem Boden ab und hängen Sie sie zum Trocknen auf.

Petersilie

Es gibt zwei Hauptarten – glatte und krause Petersilie. Dieses winterharte Kraut ist zweijährig, wird aber oft einjährig angebaut. Die Pflanze erreicht 30 bis 45 cm Höhe und gedeiht in feuchter, nährstoffreicher Erde. Sie bevorzugt volle Sonne, überlebt aber auch im Halbschatten. Die Samen brauchen drei bis vier Wochen zum Auskeimen, so daß es besser ist, Jungpflanzen mit einem Abstand von 20 bis 25 cm einzusetzen. Sie können Petersilie die ganze Saison hindurch frisch pflücken. Im Herbst werden die Blätter abgeschnitten, um sie zu trocknen oder einzufrieren.

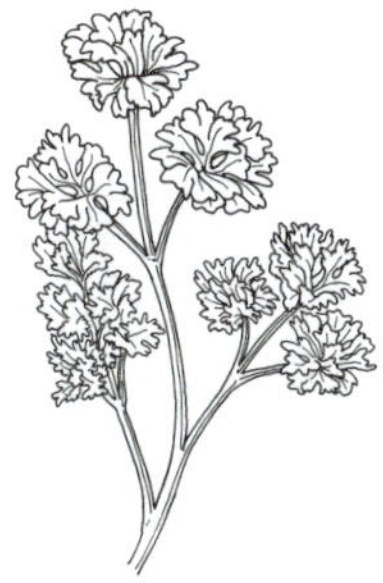

Krause Petersilie

Glatte Petersilie

Pimpernelle

Die nach Gurken schmeckenden Blätter der Pimpernelle werden für Getränke, Suppen und Salate verwendet. Sie läßt sich einfach aus Samen ziehen und wird auf sonnigen und halbschattigen Standorten mit leicht alkalischem Boden 30 bis 60 cm hoch.

Pimpernelle

Polei-Minze

Diese altertümliche Arzneipflanze wurde wegen ihres Geschmacks und ihrer Heilwirkung bei einer Vielzahl von Krankheiten verwendet. Die Indianer und die frühen Siedler nutzten sie außerdem als Insektenabwehrmittel. Säen Sie Polei-Minze aus oder vermehren Sie sie durch Teilung eines Wurzelstocks oder über Stecklinge. Die Pflanze wird 30 cm hoch und bevorzugt Schatten und feuchten Boden.

Polei-Minze

Purpur-Sonnenhut

Purpur-Sonnenhut *(Echinacea)* wird weithin verwendet, um das Immunsystem des Körpers zu stimulieren und zu unterstützen. Die Staude, die volle Sonne mag, wird etwa 90 cm hoch und breitet sich nach und nach aus. Schmetterlinge lieben Sonnenhut. Wenn die Blüten verblüht sind, trocknen sie aus und streuen ihre Samen aus. Entfernen Sie die verblühten Köpfe rechtzeitig, wenn Sie dies vermeiden wollen. Bei der Ernte werden nach der Blüte die Wurzeln ausgegraben, normalerweise im Frühherbst. Ernten Sie nur zwei bis vier Jahre alte Wurzeln und achten Sie darauf, daß genug Pflanzen für die zukünftige Nutzung erhalten bleiben. Waschen und trocknen Sie die Wurzeln, bevor Sie sie grob zerhacken. Lagern Sie die vollständig ausgetrockneten Wurzeln kühl und dunkel in einem dicht verschlossenen Glasbehälter.

Purpur-Sonnenhut

Eine Tinktur aus Purpur-Sonnenhut herstellen

Mit Tinkturen lassen sich die heilenden Eigenschaften der Kräuter ganz einfach verfügbar machen. Bei den ersten Anzeichen einer Erkältung oder einer Grippeattacke empfehlen Kräuterexperten nur für die ersten zwei Tage alle drei Stunden 30 Tropfen der Echinacea-Tinktur. Sie brauchen reinen, unvergällten Alkohol aus der Apotheke oder auch hochprozentigen Wodka oder Weinbrand. Wenn Sie keinen Alkohol einnehmen möchten, tropfen Sie die Tinktur in etwas warmes Wasser und rühren Sie, damit der Alkohol verdunstet.

1. Mischen Sie eine ¾ Tasse Alkohol mit einer ¾ Tasse destilliertem Wasser in einem Glasbehälter mit dichtschließendem Deckel.
2. Geben Sie 40 g getrocknete Wurzeln des Purpur-Sonnenhuts dazu.
3. Stellen Sie das verschlossene Glas für zwei Wochen kühl und dunkel.
4. Schütteln Sie die Mischung täglich.
5. Gießen Sie die Mischung durch ein mit einem ungebleichten Kaffeefilter ausgelegtes Sieb, um die Wurzelstücke zu entfernen, und stellen Sie das Gefäß, solange die Flüssigkeit durchläuft, in den Kühlschrank, um die Verdunstung des Alkohols zu verlangsamen. Drücken Sie den Filter aus, um soviel Flüssigkeit wie möglich herauszupressen. Füllen Sie die Tinktur in eine dunkle Glasflasche mit einer Pipette im Verschluß und beschriften Sie sie mit der Art der Tinktur und dem Abfülldatum.

Vorsichtsmaßregeln: *Echinacea* kann bei Personen mit Allergie gegen Sonnenblumen Nebenwirkungen verursachen. Verwenden Sie sie nicht, wenn Sie eine schwerwiegende Störung des Immunsystems oder eine Bindegewebserkrankung wie Lupus oder Skleroderma haben. Schwangere sollten Purpur-Sonnenhut mit Vorsicht einsetzen. Bestimmen Sie Pflanzen zuerst eindeutig, bevor Sie sie verwenden.

– verändert aus *Herbal Remedy Gardens* von Dorie Byers

32 UNENTBEHRLICHE KRÄUTER

Rosmarin

Rosmarin

Rosmarin wird als Aroma- und Gewürzkraut in Saucen und Suppen und als Tee verwendet. Er ist ein empfindlicher immergrüner Strauch, der je nach Klima 0,5 bis 1,8 m hoch wächst. Rosmarin muß in kühlen Regionen geschützt oder in Töpfe gepflanzt und im Winter ins Haus gebracht werden. Er gedeiht am besten in warmen Regionen und bevorzugt feuchte, gut wasserdurchlässige und kalkhaltige Erde. Geben Sie sauren Böden mit einem pH-Wert unter 6,5 Kalk oder Holzasche zu. Ziehen Sie Rosmarin aus Stecklingen, Wurzelstücken oder Ablegern, da er schlecht keimt. Sie können ihn während der ganzen Saison ernten, aber auch Zweige für den Wintervorrat zum Trocknen aufhängen.

Salbei

Salbei

Salbei ist eine winterharte, aber kurzlebige Staude, die etwa 60 cm hoch wird. Die ausgewachsenen Stengel werden holzig und sollten abgeschnitten werden. Weil die Pflanze lange braucht, bis sie ausgewachsen ist, werden normalerweise Jungpflanzen an einem sonnigen Standort in gut wasserdurchlässigen und nährstoffreichen Boden gesetzt. Mischen Sie Kalk unter, wenn der pH-Wert unter 5,8 liegt, und halten Sie 60 cm Abstand zwischen den Pflanzen. Gießen Sie Salbei gut, während er jung ist, und ernten Sie in der ersten Saison sparsam, mit jährlichen Steigerungen. Sie können jederzeit einzelne Blätter abpflücken, aber Sie sollten zwei Schnitte im Jahr ernten – einen im Juni und einen weiteren im Herbst –, um die Pflanze möglichst wenig verholzen zu lassen. Hängen Sie Salbei in kleinen Bündeln zum Trocknen auf.

Sauerampfer

Sauerampfer

Sauerampferblätter haben einen sauren Zitrusgeschmack und werden für Suppen und Salate verwendet. Sauerampfer läßt sich leicht aus Samen ziehen oder durch Teilung von Wurzelstöcken vermehren, bevorzugt saure Böden und wird häufig zum Unkraut. Die Pflanzen werden in der Sonne oder im Halbschatten bis zu 60 cm hoch.

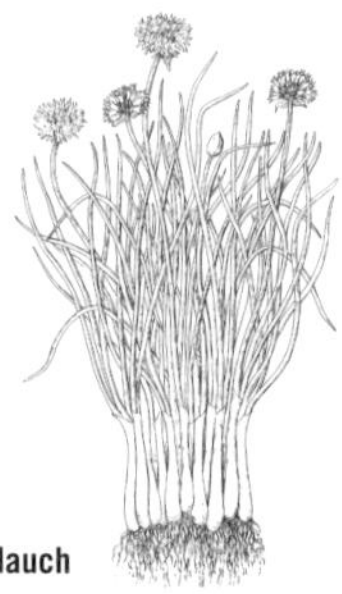

Schnittlauch

Schnittlauch

Schnittlauch ist eine kleine, zwiebelähnliche Staude, deren röhrenförmige Blätter für Salate, Suppen und Eiergerichte verwendet werden. Er wird 30 bis 45 cm hoch und ist winterhart. Schneiden Sie die malvenfarbenen Blütenköpfe ab, um die Vegetationsperiode zu verlängern, aber lassen Sie sie später in der Saison als Bienenweide blühen.
Schnittlauch bevorzugt volle Sonne, nährstoffreiche Böden und reichlich Wasser. Mulchen Sie um die Pflanzen herum, um Unkraut und Gräser fernzuhalten.
Ernten Sie Schnittlauch, sobald die Sprosse ein paar Zentimeter lang sind. Das Herausschneiden ganzer Halme regt die Pflanze zu einem zarten Neuaufwuchs an. Schnittlauch läßt sich schlecht trocknen. Gefrieren Sie den Wintervorrat deshalb ein.

Thymian

Thymian

Zu den vielen Arten dieser Staude gehören Zitronen-Thymian, Kriechender Thymian und Echter Thymian. Die meisten haben dekorative, kulinarische und aromatische Eigenschaften. Thymian wird nur 20 bis 30 cm hoch und als Bodendecker oder in Steingärten verwendet. Er gedeiht auf sandigen, trockenen Böden in voller Sonne und kann ausgesät oder durch Stecklinge oder Teilung des Wurzelstocks vermehrt werden. Allerdings brauchen die Samen lange zum Keimen. Halten Sie 40 cm Abstand zwischen den Pflanzen ein. Verjüngen Sie alte Pflanzen, indem Sie sie im zeitigen Frühjahr ausgraben und teilen. Düngen Sie mit Kompost oder Seetang. Die Blättchen können während des ganzen Sommers geerntet werden. Zum Trocknen werden die Stengel abgeschnitten, sobald sich die Blüten zu öffnen beginnen, und in kleinen Büscheln aufgehängt. Im ersten Jahr sollten Sie sparsam ernten.

Waldmeister

Waldmeister wird in Deutschland seit Jahrhunderten verwendet, um Maibowle zu aromatisieren. Außerdem wird er in Salben, Parfüms und als Arzneimittel zur Einnahme verwendet. In den Wäscheschrank gelegt, schreckt er Insekten ab und gibt Bettlaken und Handtüchern einen angenehmen Geruch. Waldmeister mag sauren Boden. Kaufen Sie Waldmeister als Pflanzen, denn er ist schwierig aus Samen zu ziehen. Das Kraut kann jederzeit abgeschnitten und getrocknet werden; der Wohlgeruch tritt erst nach dem Trocknen auf. Die Pflanzen werden bis zu 20 cm hoch.

Waldmeister

Wein-Raute

Wein-Raute ist ein bitteres Arzneikraut, das seit Jahrhunderten als Gegenmittel für viele Gifte verwendet wird. Es ist einfach aus Samen zu ziehen, aber die alten Griechen glaubten, daß eine Pflanze, die aus dem Garten des Nachbarn geraubt wurde, mehr Kraft habe als eine ehrlich erworbene. Die Pflanzen werden 60 bis 90 cm hoch und gedeihen auf kalkhaltigen Böden in der Sonne oder im Halbschatten.

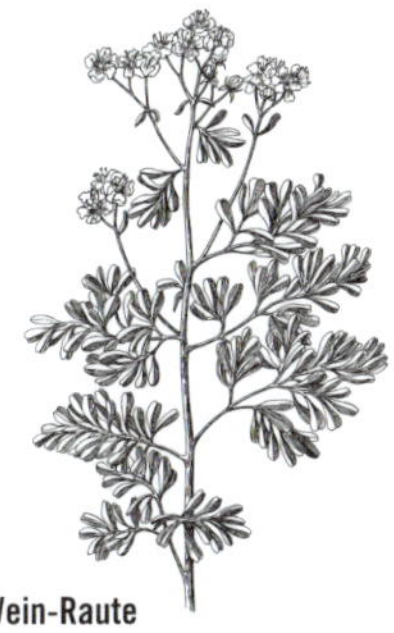

Wein-Raute

Ysop

Ysop ist ein uraltes winterhartes Kraut, das als reinigender Tee und Arzneimittel verwendet wird. Ihm wird nachgesagt, alle Arten von Beschwerden von Kopfläusen bis zu Kurzatmigkeit zu heilen. Die Pflanze wird bis zu 90 cm hoch und bevorzugt volle Sonne und gut wasserdurchlässige, kalkhaltige Böden.

Ysop

Zitronenmelisse

Die nach Zitronen duftenden Blätter werden getrocknet oder frisch für Tee, Gelee oder als Gewürz verwendet. Die Pflanze zieht Bienen an und kann durch Stecklinge oder Teilung des Wurzelstocks vermehrt werden. Sie erreicht 30 bis 90 cm Höhe. Setzen Sie Zitronenmelisse an einen sonnigen oder halbschattigen Standort mit gut wasserdurchlässigem Boden.

Zitronenmelisse

Zitronen-Verbene

Die Zitronen-Verbene ist eine empfindliche, aromatische Staude, die keinen Frost verträgt. Daher muß sie in nördlichen Regionen im Winter als Zimmerpflanze gehalten werden. Die Blätter fallen im Herbst ab, aber es erscheinen sofort neue. Zitronen-Verbenen duften und werden etwa 25 cm hoch.

Zitronen-Verbene

– aus *The Big Book of Gardening Skills*

Essige aus Kräutern herstellen

Kräuteressige sind einfach und günstig herzustellen. Verwenden Sie einen milden Reisweinessig mit einem zarten Kraut wie Kerbel für einen zarten Sommergruß. Kombinieren Sie kräftigen Rotweinessig mit Knoblauch, Rosmarin, Majoran und schwarzen Pfefferkörnern für eine deftige Bohnensuppe.

Der größte Fehler besteht darin, nicht genug Kräuter zu verwenden. Für ein optimales Ergebnis brauchen Sie eine locker gefüllte Tasse frische Kräuterblätter oder ½ Tasse getrocknete Blätter auf zwei Tassen Essig.

Geben Sie die Kräuter nach dem Waschen in ein sterilisiertes Glas und quetschen Sie sie leicht mit einem Löffel. Gießen Sie den Essig darüber und verschließen Sie das Glas dicht. Erhitzen Sie den Essig nicht, sondern lassen Sie die Mischung an einem dunklen Platz bei Raumtemperatur ziehen. Schütteln Sie das Glas alle paar Tage und probieren Sie den Essig nach einer Woche. Wenn er noch nicht kräftig genug ist, sollten Sie ihn für weitere ein bis drei Wochen stehen lassen und einmal wöchentlich probieren. Wenn Sie ihn noch kräftiger möchten, müssen Sie ihn nochmals mit frischen Kräutern ziehen lassen, bis er die gewünschte Stärke hat. Füllen Sie ihn dann in sterilisierte Flaschen um, die Sie nun noch dicht verschließen und beschriften müssen.

– aus *Herbal Vinegar* von Maggie Oster

KRÄUTERANBAU UND -VERWENDUNG

Sinnvolle Kräuter-Themengärten zum Selbstgestalten

Halbschattige Gärten

Baldrian	Französischer Estragon	Kanadische Haselwurz	März-Veilchen	Prachtscharte	Schnittlauch
Beinwell	Frauenmantel	Kerbel	Minzen (keine Katzenminze)	Purpur-Sonnenhut	Süßdolde
Borretsch	Frauenminze	Kriechender Günsel	Natternwurz	Rebhuhnbeere	Waldmeister
Echte Engelwurz	Guter Heinrich	Liebstöckel	Petersilie	Römische Kamille	Wasserdost
Eisenhut	Indianernessel	Lungenkraut	Polei-Minze	Sand-Thymian	Wermut
Fenchel	Johanniskraut	Maiglöckchen		Schafgarbe	Zitronenmelisse

Steingärten

Andorn	Duftgeranien	Gartennelke	Lavendel	Ringelblume	Schnittknoblauch
Basilikum	Eberraute	Gold-Oregano	Majoran	Rosmarin	Schnittlauch
Beifuß	Edelraute	Heiligenkraut	Minzen	Safran	Stiefmütterchen
Blaue Katzenminze	Frauenmantel	Kamille	Petersilie	Salbei, panaschierte, rot- und silberblättrige Sorten	Thymiane
Currystrauch	Frauenminze	Kanadische Haselwurz	Pimpernelle		Veilchen
Diptam-Dost	Gamander	Labkraut	Polei-Minze		Ysop

Duftgärten

Baldrian	Duftgeranien	Heiligenkraut	Majoran	Rainfarn	Veilchen
Basilikum	Eberraute	Kalmus	Minzen	Resede	Waldmeister
Blaue Katzenminze	Fenchel	Kamille	Nelken-Basilikum	Rosmarin	Ysop
Bohnenkraut	Frauenmantel	Koriander	Oregano	Salbei	Zitronen-Basilikum
Currystrauch	Frauenminze	Kreta-Melisse	Patschuli	Süßdolde	Zitronenmelisse
Dill	Gartennelke	Lavendel	Polei-Minze	Thymiane	Zitronen-Verbene

Bodendecker

Blaue Katzenminze (Sonne)	Huflattich (Sonne)	Maiglöckchen (Schatten)	Römische Kamille (Sonne)
Frauenmantel (Schatten)	Kanadische Haselwurz (Halbschatten)	März-Veilchen (Halbschatten)	Taubnessel (Sonne)
Gewöhnliche Katzenminze (Halbschatten)	Kleines Immergrün (Schatten)	Minzen (Sonne oder Schatten)	Waldmeister (Halbschatten)
Gundermann (Sonne oder Halbschatten)	Kriechender Günsel (Sonne oder Halbschatten)	Niederliegende Scheinbeere (Schatten)	Wermut (Halbschatten)
Heiligenkraut (Sonne)	Labkraut (Sonne)	Oregano (Sonne)	Wollziest (Sonne)
		Polei-Minze (Halbschatten)	

Salatgärten

Ackersenf	Dill	Kreta-Melisse	Oregano	Schalotten	Zitronen-Katzenminze
Anis	Estragon	Lauch	Petersilie	Schnittknoblauch	Zitronenmelisse
Basilikum	Fenchel	Liebstöckel	Pimpernelle	Schnittlauch	
Bohnenkraut	Guter Heinrich	Majoran	Ringelblume	Thymian	
Borretsch	Kapuzinerkresse	März-Veilchen	Rosen	Wasserkresse	
Chicorée	Kerbel	Minzen	Sauerampfer	Weißer Gänsefuß	

Kräuter der Bibel

Ackersenf	Echtes Labkraut	Kreuzkümmel	Rosmarin	Wein-Raute
Aloe	Frauenminze	Küchenschelle	Safran	Wermut
Alraune	Knoblauch	Minze	Schwarzkümmel	Ysop
Anis	Koriander	Rosen	Sesam	

Potpourrigärten

Ananas-Salbei	Eberraute	Kalmus	Majoran	Patschuli	Zitronen-Basilikum
Anis-Ysop	Fenchel	Kamillen	März-Veilchen	Pfefferminze	Zitronengras
Bergamotte	Florentiner Schwertlilie	Kreta-Melisse	Muskateller-Salbei	Rosen	Zitronenmelisse
Cleveland-Salbei	Gartennelke	Lavendel	Nelken-Basilikum	Vetivergraswurzeln	Zitronen-Thymian
Duftgeranien	Grüne Minze	Lorbeer	Orangen-Minze	Waldmeister	Zitronen-Verbene

Teegärten

Andorn	Dill	Echter Salbei	Gewürz-Tagetes	Niederliegende Scheinbeere	Zitronenmelisse
Anis	Duftgeranien (Rosen- oder Zitronen-Geranien)	Engelwurz	Hagebutten	Ringelblume	Zitronen-Verbene
Anis-Ysop	Eberraute (verwenden Sie sie nicht, wenn Sie schwanger sind)	Fenchel	Kamille	Rosmarin	
Basilikum-Arten		Frauenminze	Kreta-Melisse	Safran	
Bergamotte		Gemeiner Odermennig	Liebstöckel	Schafgarbe	
Blaue Katzenminze		Gewöhnliche Katzenminze	Majoran	Wiesen-Kümmel	
			Minzen		

Topfgärten für Balkon und Terrasse

Basilikum-Arten	Gartennelke	Majoran	Rosmarin	Thymian-Arten	Zitronen-Verbene
Beifuß ('Silver Mound')	Heiligenkraut	Minzen	Safran	Veilchen	Zwiebel-Arten
Bohnenkraut	Kamille-Arten	Oregano	Salbei	Wein-Raute	
Currystrauch	Knoblauch	Petersilie	Schnitt-Knoblauch	Wermut	
Dill	Kreta-Melisse	Polei-Minze	Schnittlauch	Ysop	
Diptam-Dost	Lavendel	Resede	Stiefmütterchen	Zitronen-Katzenminze	
Duftgeranien	Lorbeer	Ringelblume	Tagetes	Zitronenmelisse	

Gärten nach Shakespeare

Indianernessel	Lorbeer	Ringelblumen	Stiefmütterchen	Wein-Raute
Knoblauch	Mohn	Rosmarin	Veilchen	Zitronenmelisse

Bienengärten

Andorn	Beinwell	Echte Kamille	Minzen	Salbei	Wollziest
Anis-Ysop	Bockshornklee	Heiligenkraut	Oregano	Thymian	Ysop
Basilikum	Borretsch	Indianernessel	Polei-Minze	Winter-Bohnenkraut	Zitronenmelisse

– aus *Just the Facts!*

11 DER ZIERGARTEN

EINJÄHRIGE • STAUDEN • ZWIEBELN UND KNOLLEN BLÜTENSTRÄUCHER • ROSEN • WILDBLUMEN KUNST AUS DEM GARTEN • TROCKENBLUMEN

Hardie Newton führte viele Jahre lang ein sehr erfolgreiches Blumengeschäft in Washington, D.C., und träumte davon, nach Virginia aufs Land zu ziehen. Sie fand schließlich durch Zufall ihren Platz in den Blue Ridge Mountains, als sie und ihr Immobilienmakler sich verirrten. Es war genau, was sie suchte – eine wundervolle Kombination aus Waldung und Wiese. Hardie wurde mit der Gestaltung vieler öffentlicher und privater Anlagen beauftragt. Sie gibt bei sich zuhause Floristik-Workshops und arbeitet besonders gern mit Kindern. Ihr Buch heißt Hardie Newton's Celebration of Flowers.

Seit der Zeit, als wir unser erstes Landhaus besaßen, wollte ich immer frische Blumen auf dem Küchentisch haben – möglichst das ganze Jahr. Jedes Jahr wurde der Ziergarten größer, und nun bin ich experimentierfreudiger mit den Sorten, die ich pflanze. Anbau, Ernte, Gestaltung, Trocknen und Pressen von einjährigen wie auch von mehrjährigen Pflanzen wurden zu einem vorweggenommenen Vergnügen. Und ich lernte, daß „alles geht", wenn man die wunderbaren Schätze, die man aufgezogen und gepflückt hat, zusammenstellt. Gräser, blühende Zweige, sogar Brokkoli, der in die Blüte gegangen ist, können eine reizende Beigabe zu einem natürlichen Arrangement sein.

– Martha Storey

Blumen steigern unser Wohlbefinden. Sie führen uns mit ihrem Anblick und ihren unwiderstehlichen Düften subtile Energie zu. Ob wir kniend Samen in den warmem Frühlingsboden legen, die Sämlinge hegen oder Blumen in ausgesuchten Gefäßen arrangieren: Ich glaube, daß Blumen auf eine einzigartige Weise von Seele zu Seele mit uns sprechen.

Blumen verkörpern eine Lebensart. Wie eine Sprache wecken sie und ihre Artverwandten – die Kletterpflanzen, Sträucher und Bäume – unser Bewußtsein auf einer elementaren Stufe. Ich denke gern über das Gestalten mit Blumen als erste schöpferische Kunstform nach und glaube, daß Blumen schon von unseren Vorfahren zur Dekoration ihrer Höhlen und Burgen verwendet wurden.

Wo Sie auch leben – Bauern- oder Hochhaus, Groß- oder Kleinstadt –, erfreuen Sie sich an der Welt der Blumen. Feiern Sie mit ihnen. Lassen Sie sich von ihnen berühren. Holen Sie Blumen in Ihr Leben.

LEXIKON

Arten: eine Gruppe von verschiedenen Pflanzen, die zur selben Gattung gehören (ähnliche Merkmale)

Ausputzen: Ausschneiden oder Auszwicken von verwelkten Blüten

Bodendecker: niedrigwachsende Pflanzen, die sich durch Samen, unterirdische Stengel oder flächiges Wachstum des Krauts ausbreiten

Einjährige: Pflanzen, die in einem Jahr blühen, Samen produzieren und absterben

Kompost: nährstoffreiche, durchlässige Erde, die aus verrottetem organischem Material gewonnen wird

Stauden: Pflanzen, die mehr als zwei Jahre leben; häufig auch bezeichnet als krautige (nicht verholzende) mehrjährige Pflanzen

Trocknungsmittel: eine Substanz, die Feuchtigkeit aufnimmt

Einjährige Pflanzen

Einjährige Pflanzen sind der einfachste und lohnendste Weg, Farbe in Ihren Garten zu bringen. Sie schaffen Stimmung, fügen eine zusätzliche Dimension hinzu und machen Ihr Haus schöner.

Wo immer es der Platz erlaubt, sollten Sie Beete oder Rabatten mit einjährigen Blumen in die Gesamtgestaltung Ihres Gartens einbinden. Pflanzen Sie Einjährige, um einen Bestand von Immergrünen und blühenden Bäumen oder Sträuchern zu verbinden, um bestimme Bereiche hervorzuheben oder zu verbergen oder um die Wege zu betonen. Wenn Sie die Aufmerksamkeit auf Ihre Eingangstür lenken möchten, sollten Sie sie mit Farben umrahmen. Wenn Sie Ihre Mülltonnen verbergen möchten, können Sie eine einjährige Kletterpflanze an einem Spalier davor hochwachsen lassen. Wenn Sie nicht wollen, daß die Kinder über den Rasen im Vorgarten rennen, kann eine Rabatte mit einjährigen Pflanzen als Barriere dienen, die sie veranlaßt, den Rasen auf dem Weg zu umgehen.

Frische Sträuße im Haus beleben nicht nur den Geist, sondern sind auch gut für den Garten, denn das Abschneiden von Blüten fördert bei den meisten Pflanzen ein kräftiges Wachstum.

Zusätzlich zu ihrer ursprünglichen Verwendung in Beeten und Rabatten können Freilandpflanzen auch in vielfältiger Weise anders genutzt werden. Blühende Kletterpflanzen sind unvergleichlich als zeitweilige Abschirmungen an Zäunen, Spalieren und Lauben. Sie können unter Kaiserwinde, Schwarzäugiger Susanne, Kardinalswinde, Mondblüte, Wicke, Prunkbohne oder Kapuzinerkresse wählen.

Bei einer neubepflanzten Gartenanlage können Einjährige als rasche Bodenbedeckung verwendet werden, bis sich die Sträucher und die dauerhaften Bodendecker ausreichend entwickelt haben. In warmen Klimaten können Sie Portulak, Petunien oder Duftsteinrich wählen, in kühleren Regionen etwa Phlox oder Lobelien.

Vielleicht möchten Sie etwas von der Schönheit Ihres Gartens ins Haus bringen und Blumen für das Wohnzimmer schneiden. Sie können somit zwei Fliegen mit einer Klappe schlagen, wenn Sie Arten auswählen, die geschnitten und in Sträußen verwendet werden können. Denn häufiges Schneiden der Blumen regt zu neuem Wachstum ebenso an wie zu vermehrter Blütenbildung.

– aus *Landscaping with Annuals* von Ann Reilly

Schneiden Sie Blumen schräg ab. Stellen Sie sie anschließend über Nacht in einen Eimer mit warmem Wasser.

Tips zum Gestalten mit Blumen

- Kaufen Sie sich in eine gute, strapazierfähige Baumschere zum Abschneiden von verholzten Zweigen.
- Halten Sie Messer und Scheren scharf, damit die Stiele nicht gequetscht werden.
- Schneiden Sie Blumen möglichst nach Sonnenuntergang.
- Schneiden Sie die Stiele schräg ab, um eine größere Oberfläche zur Wasseraufnahme zu erhalten.
- Zum Vorbereiten für Gestecke werden die Blumen und die anderen Materialien über Nacht in einen Plastikeimer mit warmem Wasser gestellt.
- Entfernen Sie das gesamte Laub unterhalb der Wasseroberfläche, um Bakterienwachstum zu verhindern.
- Wenn Sie Rosen vorbereiten, dürfen Sie nur die Dornen unterhalb der Wasseroberfläche entfernen.
- Blumen halten in frischem Wasser (mit Schnittblumendünger) länger, als wenn sie in einem Steckschaum arrangiert werden.
- Wechseln Sie das Wasser in Glasvasen alle zwei bis vier Tage und geben Sie frischen Schnittblumendünger zu.
- Universal-Steckschaum ist die beste Variante für den normalen Gebrauch.
- Heu, Stroh, getrocknete Blätter, Moose, Steine und Flechten sind sehr gute Deckmaterialien für den Steckschaum.
- Halten Sie die Blumen von Heizungsauslässen, Lufteintrittsöffnungen und Ventilatoren fern.
- Schneiden Sie die verwelkten Blumen aus dem Strauß, anstatt sie herauszuziehen.

– aus *Hardie Newton's Celebration of Flowers*

EINJÄHRIGE PFLANZEN

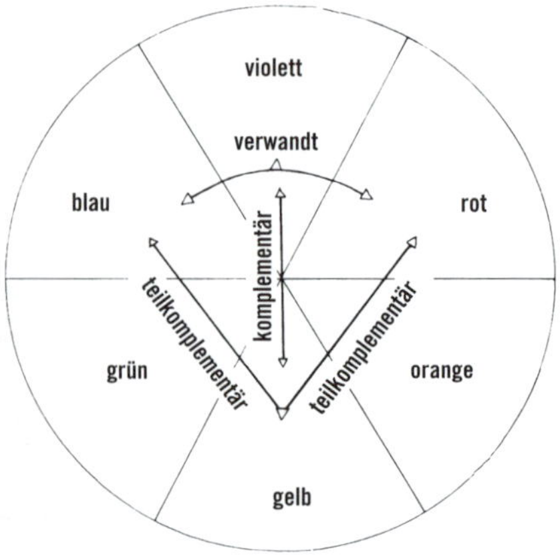

Verwenden Sie einen Farbkreis für Ihre Gartengestaltung.

Nutzen Sie verschiedene Formen wie etwa spitze Löwenmäulchen, kugelige Tagetes oder gekräuselte Petunien (von links).

Setzen Sie hohe Pflanzen in den Hintergrund eines Gartenbeets und bodendeckende Einjährige in den Vordergrund.

„Malen“ mit Einjährigen

Farben sind meistens der auffälligste Gestaltungsaspekt eines Blumenbeets. Warme Töne wie Gelb, Gold, Orange und Rot lenken die Aufmerksamkeit auf jene Bereiche, in denen sie verwendet werden. Blau und Violett erzeugen hingegen eine stille, ruhigere Atmosphäre. Warme Farben lassen eine Pflanzung kleiner erscheinen, als sie eigentlich ist, während kühle Farben sie größer wirken lassen.

Sie können aus einer Reihe von Farbharmonien wählen. Suchen Sie sich komplementäre (gegensätzliche) Farben wie Orange und Blau oder Violett und Gelb aus. Teilkomplementäre Farben verknüpfen eine Farbe mit einer anderen, die rechts oder links von ihrer Komplementärfarbe liegt. Beispiele sind Rot mit Blau und Rot mit Gelb. Behandeln Sie Rosarot, einen rötlichen Ton, bei der Gestaltung wie Rot und Lila genauso wie Violett.

Drei auf dem Farbkreis nebeneinanderliegende Farben wie Gelb, Gelborange oder Gold und Orange werden als analoge Farbharmonie bezeichnet. Einfarbige Gestaltungen enthalten verschiedene Töne der gleichen Farbe. Wählen Sie eine Harmonie aus und behalten Sie diese durchgehend im Beet oder in der Rabatte bei, um die bestmögliche Wirkung zu erzielen.

Gestalten mit Einjährigen

Die Anordnung ist der nächste Schritt beim Gestalten Ihrer farbenfrohen Welt. Hier sind ein paar grundlegende Hinweise:

Größe: Verwenden Sie niedrigwachsende Pflanzen in kleinen Beeten oder als Einfassungen. Auf großen Flächen sollten Sie die Höhe variieren, um eine interessantere Wirkung zu erzielen, insbesondere wenn der Untergrund eben ist. In freistehenden Beeten setzt man große Pflanzen in die Mitte und geht stufenweise zu mittelgroßen Pflanzen und schließlich im Vordergrund zu bodennahen Einjährigen über. Wählen Sie für ein gemischtes Beet oder eine gemischte Rabatte drei Pflanzengrößen aus, wobei Sie drei Sorten der gleichen Pflanze oder aber drei verschiedene Pflanzen kombinieren können.

Formen: Pflanzen wachsen in vielen unterschiedlichen Formen, und eine Kombination dieser Formen wirkt in gemischten Beeten sehr attraktiv. Aber eine Flächenpflanzung mit nur einer Sorte in einer Form oder einer Farbe kann genauso reizvoll sein. Die Entscheidung hängt von der Wirkung ab, die Sie erzielen möchten.

Gartenfläche: Wenn nur wenig Platz verfügbar ist, sollten Sie die Bereiche bepflanzen, die besonders im Blickpunkt stehen. So können Sie Beete oder Rabatten mit Einjährigen am Fußweg zur Haustür oder an der Einfahrt entlang anlegen und sich daran erfreuen, wenn Sie nach Hause kommen – oder auch hinter dem Haus, wo Sie an den Wochenenden entspannen. Die Form des Pflanzbereichs hängt auch vom Stil Ihres Hauses ab. Eine herrschaftliche Villa oder ein sehr modernes Haus erfordern ein formales, geradliniges Beet. Ein altes ländliches Haus verlangt nach einer dichtbepflanzten Anlage im Stil eines Bauerngartens. Die meisten heute üblichen Bauweisen harmonieren gut mit halbformalen, klar umrissenen Blumenbeeten und Rabatten.

Einjährige pflanzen

Wenn Sie Freilandpflanzen kaufen, anstatt Einjährige aus Samen zu ziehen, sollten Sie nach tiefgrünen gesunden Pflanzen suchen, die weder zu gedrungen noch zu langbeinig sind und möglichst noch nicht blühen.

Die meisten Freilandpflanzen werden in Anzuchtpaletten mit Einzelzellen angeboten. Wenn Sie die Setzlinge nicht sofort einpflanzen können, stellen Sie sie an einen leicht beschatteten Platz. Gießen Sie bei Bedarf und noch einmal kurz vor dem Pflanzen.

Empfindliche Einjährige können nicht ausgepflanzt werden, bevor die Frostgefahr vorbei und der Boden warm ist. *Bedingt winterharte* Einjährige können gefahrlos gepflanzt werden, auch wenn die Nächte noch kalt sind, solange es nicht mehr gefriert.

Erfahrungen vom Lande

Folgen Sie bei der Planung von Ziergärten einer möglichst einfachen Farbanordnung. Verwenden Sie mehr als ein oder zwei Farben nur in Beeten mit gleichen Pflanzen wie Zinnien, Fleißigen Lieschen, Dahlien oder Hahnenkämmen.

– Ann Reilly, Autorin von *Landscaping with Annuals*

Ein traditioneller Landhausgarten kann über die längste Zeit des Jahres frische Schnittblumen liefern.

Winterharte und *sehr winterharte* Pflanzen können dagegen schon im zeitigen Frühjahr, sobald der Boden bearbeitet werden kann, nach draußen gesetzt werden. Pflanzen Sie Setzlinge an einem wolkigen oder bedeckten Spätnachmittag aus.

Nehmen Sie die Pflanzen zum Einpflanzen aus den Anzuchtgefäßen. Die Wurzelballen sollten unversehrt bleiben. Drücken Sie den Boden des Gefäßes vorsichtig durch, wenn er biegsam genug ist, oder drehen Sie es um, damit die Pflanze in Ihre Hand fällt.

Drehen Sie den Topf um und klopfen Sie auf den Boden, um die Pflanze in Ihre Hand fallen zu lassen.

Gelegentlich werden Sie Pflanzen in Anzuchtkisten ohne einzelne Zellen finden. Vereinzeln Sie die Pflanzen direkt vor dem Einsetzen vorsichtig von Hand oder mit einem Messer. Bisweilen können Pflanzen noch in Torftöpfen stehen, in denen sie angezogen wurden. Schälen Sie in diesem Fall entweder die Hülle so weit wie möglich ab oder sorgen Sie dafür, daß der obere Rand nach dem Pflanzen unter der Erdoberfläche ist.

Graben Sie ein Loch, das etwas größer ist als der Wurzelballen, setzen Sie die Pflanze genau so tief ein, daß die Oberflächen von Ballen und Beet auf gleicher Höhe liegen, und drücken Sie die Erde rund um die Wurzeln an. Gießen Sie gleich nach dem Pflanzen kräftig an und danach noch mehrmals, bis die Pflanze angewachsen ist.

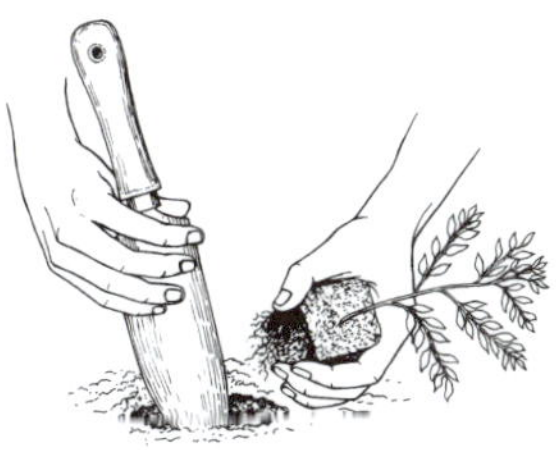

Graben Sie ein Loch, das etwas größer ist als der Wurzelballen, und drücken Sie die Erde nach dem Pflanzen fest.

– aus *Landscaping with Annuals* von Ann Reilly

Ein farbenfroher Garten – jeden Tag

Die ersten Schritte zu einem schönen Ziergarten sind eine gute Bodenvorbereitung und richtiges Pflanzen. Danach liegt es an Ihnen und Mutter Natur, die Farbenpracht in ihrer ganzen Fülle zu erhalten.

Mulchen: Legen Sie nach dem Pflanzen eine 5 bis 8 cm dicke Schicht Mulch an, um das Unkraut zu reduzieren und die Bodenfeuchtigkeit zu erhalten. Die besten Mulcharten sind die organischen, zu denen Rindenmulch, Piniennadeln, gehäckseltes Laub oder Torfmoos gehören.

Gießen: Reichliches, aber seltenes Gießen fördert ein tiefes Wurzelwachstum. Halten Sie beim Gießen das Blattwerk trocken, indem Sie einen Tropfschlauch verwenden. Wenn oberirdische Rasensprenger verwendet werden müssen, sollten Sie frühmorgens gießen.

Düngen: Die meisten Einjährigen benötigen keine hohen Düngergaben. Geben Sie ein- bis zweimal während der Vegetationsperiode pro Quadratmeter 50 bis 90 g 5+10+5-Dünger oder einen Dünger mit einem ähnlichen Nährstoffverhältnis. Sie können auch alle vier bis sechs Wochen einen 20+20+20-Flüssigdünger ausbringen.

Jäten: Entfernen Sie das Unkraut so bald wie möglich, damit es nicht um Nährstoffe und Wasser konkurriert. Zupfen Sie es vorsichtig aus, um die Wurzeln der Einjährigen nicht zu beeinträchtigen.

Ausputzen: Bei manchen Einjährigen müssen die verwelkten Blüten entfernt werden. Das wird Ausputzen genannt und erhält die Pflanzen ansehnlich und in voller Blüte. Das Ausputzen kann mit einer Gartenschere, manchmal auch durch Abkneifen der Blüten mit den Fingern erledigt werden.

Zurückschneiden: Wuchernde Pflanzen sollten Sie mit einer Gartenschere oder einer mechanischen Heckenschere zurückschneiden, um sie zu stärkerer Blüte anzuregen.

Schneiden Sie Pflanzen zurück, um sie zum Blühen anzuregen.

EINJÄHRIGE PFLANZEN

Aster

Duft-Wicke

Fleißiges Lieschen

Kapuzinerkresse

Löwenmäulchen

Petunie

Prunkwinde

Ringelblume

Salvie

Schmuckkörbchen

Sonnenblume

Stiefmütterchen

Tagetes

Zinnie

14 beliebte einjährige Blütenpflanzen

Aster: Astern sind einfach- oder gefülltblühend in vielen Formen und Farben erhältlich. Dazu gehören Pompon-Aster, Strahlen-Aster, Prinzeß-Aster, Berg-Aster und Garten-Aster mit blauen, weißen, lavendel- oder rosafarbenen, violetten, gelben und roten Blüten. Sie werden in Schnittblumengärten, Beeten und Rabatten verwendet und bevorzugen fruchtbare, feuchte Böden.

Duft-Wicke: Die rankende oder buschige Pflanze hat violette, rosafarbene, rote, weiße, rosarote oder blaue ein- oder zweifarbige Blüten. Rankende Sorten werden an Spalieren gezogen, buschige für Rabatten verwendet. Sie wachsen in nährstoffreichen, kalkhaltigen, fruchtbaren und feuchten Böden.

Fleißiges Lieschen: Sie ist die bekannteste Blume für schattige Bereiche und blüht weiß, rosa, lachsfarben, orange, scharlachrot, rot und violett. Fleißige Lieschen werden unter Bäume, in Gefäße und in schattige Rabatten gepflanzt. Sie wachsen auf schweren, feuchten, aber auch auf mageren Böden.

Kapuzinerkresse: Die buschige oder rankende Pflanze läßt sich einfach aus Samen ziehen. Die roten, gelben oder orangefarbenen Blüten sowie die Blätter und Knospen sind eßbar. Sie wächst auf trockenen, mageren Standorten.

Löwenmäulchen: Die prächtigen aufrechten Ähren sind rosa, weiß, gelb, scharlachrot, pink-, bronze-, creme-, magenta- und apricotfarben, orange, karminrot oder lila und von leicht würzigem Duft. Löwenmäulchen werden in Rabatten, Beeten, Steingärten und als Schnittblumen verwendet und gedeihen auf trockenen, mageren Böden.

Petunie: Die Blüten können alle Farben haben und sind manchmal auch mehrfarbig. Grandiflora-Hybriden haben große Blüten und sind am besten für Töpfe geeignet. Multiflora-Hybriden haben viele kleine Blüten und werden für Flächenpflanzungen verwendet. Sie wachsen in trockenen, sandigen Böden.

Prunkwinde: Die Rankpflanze hat himmelblaue, magentafarbene oder tiefblaue Blüten. Manche Hybriden sind mehrfarbig. Wässern oder kerben Sie ihre harten Samen vor der Aussaat. Prunkwinden treiben in feuchter, stickstoffarmer Erde mehr Blüten.

Ringelblume: Die Blüten sind glänzend orange oder gelb und 7 bis 10 cm groß. Sie werden in Flächenpflanzungen und Gefäßen gezogen und bevorzugen nährstoffreiche feuchte Böden. Die Blütenblätter dienen auch als Garnitur für Speisen. Ringelblumen eignen sich für Flächenpflanzungen und Gefäße mit nährstoffreichen feuchten Böden.

Salvie: Salvien haben rote, weiße, korallenrote oder blauviolette Blüten. Sie werden für Beete, Rabatten, Einfassungen und in Gefäßen verwendet und wachsen in nährstoffreichen, mittelfeuchten bis feuchten Böden.

Schmuckkörbchen: *Cosmos bipinnatus* hat stark gefiederte Blätter und gänseblümchenartige Blüten in Weiß, Rosa oder Lavendel. *C. sulphureus* hat breitere Blätter und halbgefüllte, rote, gelbe, goldene oder orangene Blüten. Beide Arten eignen sich für Rabatten und Flächenpflanzungen und gedeihen auf trockenen, mageren Böden.

Sonnenblume: Für Garteneinfassungen und niedrige Hecken sind Zwergsorten verfügbar. Die gelb, bronze-, gold- oder mahagonifarben, cremeweiß oder dunkelrot blühenden Pflanzen gedeihen auf trockenen, mageren Böden.

Stiefmütterchen: Die Blüten sind weiß, blau, bronzefarben, gelb, violett, lavendelfarben oder orange – ein- oder zweifarbig. In wärmeren Regionen können Sie Stiefmütterchen im Herbst für die Frühjahrsblüte pflanzen. Sie bevorzugen kühleres Wetter und fette, feuchte und fruchtbare Böden.

Tagetes: Tagetes sind mittelhohe bis hohe streng aufrecht wachsende Pflanzen mit gelben, gold- oder orangefarbenen Blüten. Sie werden in hohen Rabatten, Einfassungen und als Hintergrund verwendet. Tagetes wachsen auf mittleren Böden.

Zinnie: Zinnien sind eine Gruppe von Einjährigen in allen Farben außer echtem Blau. Sie sind in vielen Blütenformen und -arten erhältlich und können für jeden Zweck im Garten und auch als haltbare Schnittblume verwendet werden. Zinnien gedeihen auf mittleren bis trockenen Böden.

– aus *Landscaping with Annuals* von Ann Reilly

Besondere Pflanzen für besondere Standorte

Die meisten einjährigen Pflanzen fühlen sich am wohlsten, wenn sie in Sonnenlicht baden und bei gemäßigten Temperaturen in mittleren Böden wurzeln können. Hier sind die nennenswerten Ausnahmen:

Starker Schatten
Begonie
Browallie
Buntnessel
Fleißiges Lieschen
Fuchsie
Gewöhnliche Gauklerblume
Torenie

Halbschatten
Aster
Duftsteinrich
Garten-Springkraut
Leberbalsam
Lobelie
Nelke
Salvie
Silber-Greiskraut
Stiefmütterchen
Vergißmeinnicht
Ziertabak

Trockenste Bedingungen
Fuchsschwanz
Hahnenkamm
Kapkörbchen
Petunie
Portulak
Silber-Greiskraut
Strandflieder
Strohblume

Feuchte Bereiche
Aster
Fleißiges Lieschen
Fuchsie
Garten-Springkraut
Knollenbegonie
Lobelie
Phlox
Ringelblume
Stiefmütterchen
Vergißmeinnicht
Ziertabak

Heißeste Standorte
Buntnessel
Fuchsschwanz
Garten-Springkraut
Hahnenkamm
Petunie
Portulak
Salvie
Silber-Greiskraut
Strandflieder
Ziertabak
Zinnie

Kühle Klimate
Browallie
Duft-Wicke
Kapkörbchen
Knollenbegonie
Lobelie
Löwenmäulchen
Nelke
Phlox
Ringelblume
Stiefmütterchen
Vergißmeinnicht
Zier-Kohl

Alkalische Böden
Aster
Duft-Wicke
Nelke
Skabiose
Strohblume

Hängeampeln
Begonie
Browallie
Buntnessel
Duftsteinrich
Fleißiges Lieschen
Fuchsie
Lobelie
Petunie
Portulak

Ein Garten mit Einjährigen für Kinder

In einem Garten, der nur für Kinder angelegt ist, können die Kleinen spielen und lernen. Hier sind einige Grundregeln, die Sie im Auge behalten sollten, wenn Sie einen Garten für Kinder anlegen.

- Halten Sie die Beete schmal, damit die kurzen Arme darüberreichen. Die gesamte Ausstattung, wie Tische und Pergolen, sollte ebenfalls klein sein. Werkzeuge sollten Kindergröße haben und robust sein.
- Pflanzen mit interessanten Strukturen können die Aufmerksamkeit von Kindern für Stunden fesseln.
- Kinder lieben es, wenn etwas passiert. Wählen Sie deshalb schnellwachsende Pflanzen aus: Petunien, Tagetes, Kapuzinerkresse, Stockrosen und Zinnien.
- Pflanzen, die gut riechen, sind bei Kindern immer beliebt. Zu den Blumen mit reichem Duft gehören blaue Petunien, Duftsteinrich, Löwenmäulchen, Wunderblumen, Levkojen und Spinnenpflanzen.
- Mit etwas Schnur und einigen Holzstangen läßt sich ganz leicht ein Spalier in Tipiform aufstellen (siehe Seite 176) – perfekt für ein Refugium. Pflanzen Sie Prunkbohnen an die Stangenbasis und verfolgen Sie, wie die Ranken das Spalier in einen begrünten Schlupfwinkel verwandeln.

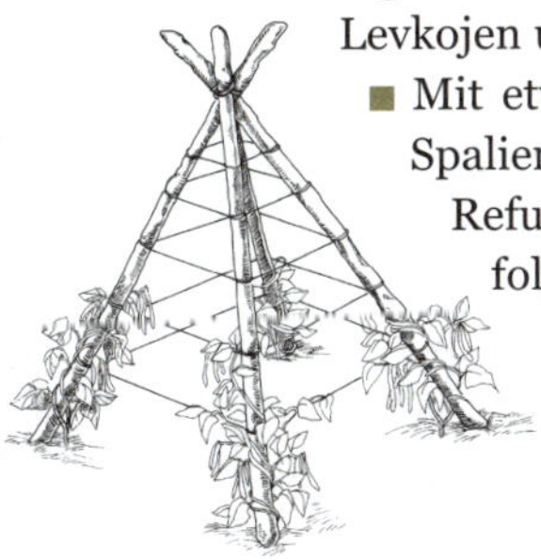

– aus *The Big Book of Gardening Secrets* von Charles W.G. Smith

Grundregeln für Gefäßpflanzungen

Wenn Sie Einjährige in Gefäße pflanzen, können Sie Farben einsetzen, wo immer Sie möchten – und sie auch wieder wegnehmen. Hier sind einige Tips:

- Wählen Sie Einjährige, die kompakt und langblühend sind und zur Gefäßgröße passen.
- Sie können alle Gefäße verwenden, die Pflanzsubstrat aufnehmen, solange sie über eine gute Drainage verfügen (oder schütten Sie eine dicke Schicht Kies auf den Boden des Gefäßes).
- Verwenden Sie ein Substrat, das frei von Erde ist, wie Torfmoos oder Rinde mit Perlit und/oder Vermiculit. Richtige Erde zieht mehr Insekten und Krankheiten an.
- Lassen Sie oben einen Rand von 2 cm, so daß das Wasser nicht überläuft.
- Um eine vollere Wirkung zu erzielen, müssen Sie dichter pflanzen, als Sie es im Freiland tun würden.
- Prüfen Sie täglich die Bodenfeuchtigkeit im Gefäß. Töpfe und Schalen neigen zum Austrocknen.
- Düngen Sie nur leicht, aber regelmäßig.
- Drehen Sie den Blumenkübel regelmäßig in Richtung der Lichtquelle, um einen ebenmäßigen Wuchs zu erzielen.

– aus *Landscaping with Annuals*

STAUDEN

Ein kleiner blühender Baum bildet einen eindrucksvollen Blickfang in diesem Garten.

Stauden auswählen

Es kann verlockend sein, Staudenarten für Ihren Garten allein nach dem Aussehen auszuwählen. Aber wie bei der Suche nach einem Ehepartner müssen Sie sich bewußt werden, was Sie alles nicht sehen, bevor Sie den Sprung wagen. Die Unmengen von verschiedenen Stauden unterscheiden sich in ihrem Wachstum und in ihren Blühgewohnheiten weit voneinander, und jede hat unterschiedliche Ansprüche, die erfüllt werden müssen, um Erfolg zu haben. Informieren Sie sich über die Pflanzen, die Sie gerne anpflanzen würden, finden Sie heraus, ob andere Hobbygärtner in der Umgebung damit Erfolg hatten, und achten Sie darauf, ob die Pflanzen in einer Gärtnerei oder einem Nachbargarten blühen, bevor Sie sie vor Ihrer eigenen Haustür pflanzen.

Lewis und Nancy Hill über die Freude an Stauden

Vom Durchforsten der neuen Gartenkataloge Mitte Januar bis zum Zudecken der Pflanzen kurz vor dem ersten Schnee im Winter ziehen wir unendlich viel Freude aus unseren mehrjährigen Blumen. Sobald im Frühjahr der Schnee schmilzt, eilen wir in den Garten, um festzustellen, welche Pflanzen nach dem langen Winterschlaf aus der feuchten Erde schauen. Mit dem ersten Frühjahrsregen treiben einige, die bei der ersten Inspektion tot schienen, plötzlich grüne Knospen, und wir wissen, daß es jeden Tag neue Überraschungen geben wird, bis der Kreislauf der Jahreszeiten den Winter wiederbringt.

Es ist das Charakteristikum der Verwandlung, das uns bei den Stauden anzieht. Die einjährigen Blumen, die wachsen, blühen, Samen bilden und im gleichen Jahr absterben, sind hübsch, farbenfroh und während des ganzen Sommers berechenbar. Krautige Mehrjährige dagegen sind faszinierend, weil die meisten nur während eines kurzen Zeitraums blühen und selten zwei Tage – oder gar zwei Jahre – hintereinander gleich aussehen. Sie belohnen uns mit endlosen Variationen von Strukturen, Größen und Düften.

Manchmal fragen wir uns dennoch, warum wir unsere Sommer mit Graben, Ein- und Umpflanzen, Düngen und Beregnen verbringen, während andere schwimmen, Boot fahren, Tennis oder Golf spielen oder in einer Hängematte entspannen. Die Staudengärtnerei ist nicht immer nur Vergnügen. Ein Gärtner hat das Ringen mit Böden, Unkraut, Schädlingen und Krankheiten sogar einmal als einen „(Pfingst-)Rosenkrieg“ beschrieben.

Unser Wunsch zu gärtnern, und die Freude, die es uns macht, haben zweifellos etwas zu tun mit der Herausforderung, diesen Kampf zu gewinnen und an einer Stelle, wo sonst nur Gras und Unkraut zu finden wären, Schönheit zu erschaffen. Das Gärtnern bietet uns außerdem körperliche Bewegung, reizvolle Blumensträuße und einen guten Grund, im Freien zu sein. Aber die Wurzeln unseres inneren Antriebs reichen tiefer bis zu dem Frieden, der fast unmerklich über uns kommt, wenn wir in unsere Pflanzen vertieft sind. Während wir in der Erde arbeiten, reihen wir uns ein in den langen Zug der Menschheit, die seit Anbeginn der Zeit mit dem Zyklus des Pflanzens und Erntens verbunden ist.

– Lewis und Nancy Hill haben zahlreiche Bücher über die Arbeit in ihrer Gärtnerei im nördlichen Vermont geschrieben, zu denen auch *Successful Perennial Gardening* gehört.

Schattenliebende Funkien ergeben eine ruhige Bodenbedeckung unter großen Bäumen.

Einen Staudengarten anlegen

In einige berühmte Gärten sind riesige Staudenbeete integriert, aber schon ein paar klug angeordnete Pflanzen können in einer kleinräumigen Gartenlandschaft Wunder wirken. Ein Staudengarten ist, wie auch ein Gemüsegarten, schöner und ertragreicher und gibt mehr Befriedigung, wenn er überschaubar bleibt. Die Chinesen haben ein Sprichwort, das alle Gärtner beherzigen sollten: „Rühme große Gärten, aber lege kleine an."

Wechselnde Höhen und Pflanzenstrukturen erwecken Interesse, ob die Pflanzen nun gerade blühen oder nicht.

Einen Standort auswählen

Die meisten blühenden Stauden bevorzugen volle Sonne. Idealerweise sollte sich ein Staudengarten über mehrere Jahre auf dem gleichen Standort entwickeln. Deshalb sollten Sie nicht nur an die derzeitigen Lichtverhältnisse denken, sondern auch an die zukünftigen. Wenn Sie oder Ihr Nachbar in der Nähe junge Bäume gepflanzt haben, wird der Schattenanteil zunehmen, wenn sie wachsen, und sie müssen zurückgeschnitten oder gar gefällt werden, damit Ihre Stauden genügend Sonnenlicht bekommen.

Boden

Die meisten üblichen Stauden mögen Böden, die denen von Gemüsegärten ähnlich sind. Manche bevorzugen jedoch trockene Böden; andere mögen es feucht. Die meisten gedeihen in Böden mit pH-Werten von 5,5 bis 6,5, aber es gibt auch Ausnahmen. Wilde Orchideen brauchen sehr saure Böden, Rittersporn bevorzugt kalkhaltige. Lesen Sie die Beschreibungen der einzelnen Stauden, um herauszufinden, ob sie spezielle Licht- und Bodenansprüche haben.

Pflanzenanordnung

Das Konzept der Gruppierung ist grundlegend für eine gute Gartengestaltung. Um die Farben- und Formenvielfalt hervorzubringen, die Staudenrabatten so anziehend macht, sollten Sie Gruppen derselben Sorte pflanzen, die sich innerhalb des Gartens wiederholen.

Wenn Sie die Pflanzen anordnen, sollten Sie reichlich Raum für die Ausbreitung der Gruppen vorsehen. Jede wächst unterschiedlich, aber als Regel sollten Sie mindestens 30 cm Abstand zwischen den Pflanzen einer Gruppe und 60 cm oder mehr zwischen den Gruppen einplanen. Dennoch müssen die meisten Stauden auch bei großzügigen Abständen von Zeit zu Zeit geteilt und die Gruppen auf eine kontrollierbare Größe reduziert werden.

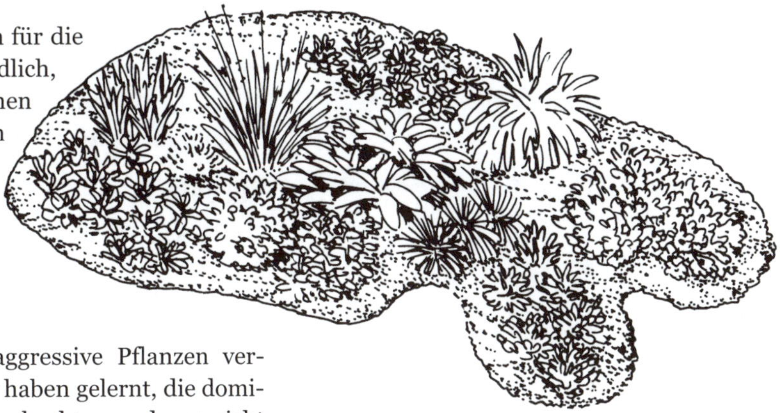

Beete in freien Formen sind akzeptabel, solange Sie Ihnen gefallen und zur Gesamtfläche passen.

Ein Hinweis zu unkrautartigen Pflanzen

Einige unkrautartige Pflanzen können andere, weniger aggressive Pflanzen verdrängen und endlose Mühe und Enttäuschung bereiten. Wir haben gelernt, die dominanteren Pflanzen zu begrenzen, indem wir sie sorgfältig beobachten und uns nicht scheuen, sie zurückzuschneiden, wann immer unsere Blumenbeete von einer „feindlichen Übernahme" bedroht sind.

– aus *Successful Perennial Gardening* von Lewis und Nancy Hill und *The Big Book of Gardening Skills*

Die Gestaltung Ihres Staudengartens

Die eine „richtige" Art, eine Pflanzung zu gestalten, gibt es nicht. Dennoch ist es notwendig, ein paar Richtlinien für gute Gartengestaltung zu befolgen, wenn Sie möchten, daß der Gesamteindruck Ihres Gartens den meisten Betrachtern gefällt.

Pflanzengröße

Der gesunde Menschenverstand gibt vor, daß Pflanzen ihrer Größe entsprechend angeordnet werden sollten, so daß Pflanzen wie die Bartnelke oder das Stiefmütterchen nicht völlig hinter einer Gruppe Fingerhut verborgen sind. Allerdings können starre Gestaltungen künstlich wirken. Ein Garten wirkt für das Auge angenehmer, wenn Pflanzen unterschiedlicher Höhe, Farbe und Spielart so angeordnet sind, als würden sie innerhalb des Gartens natürlich wachsen. Denken Sie daran, daß gleiche Arten unterschiedlich groß werden können – abhängig vom Boden, den Lichtverhältnissen und dem Klima.

Blütezeiten

Die meisten Stauden blühen nur während einer begrenzten Zeit innerhalb ihres Vegetationszyklus, und nicht nur Anfänger, sondern auch langjährige Gärtner klagen über „Lücken", wenn der Garten – wenn überhaupt – nur wenige Blüten hervorbringt.

Obwohl Tabellen als umfassende Richtlinien hilfreich sind, ist die Sachkenntnis des benachbarten Hobbygärtners genauer. Wenn Sie die Stauden in Ihrer Umgebung ein oder zwei Sommer beobachtet haben, werden Sie besser verstehen, wie sie sich voraussichtlich in Ihrem Garten verhalten werden.

– aus *Successful Perennial Gardening* von Lewis und Nancy Hill

Planen Sie Ihren Garten so, daß die verschiedenen Höhen und Farben natürlich erscheinen. Eine Massenpflanzung ist ein Weg, dies zu erreichen.

Berücksichtigen Sie beim Einsetzen der Stauden in Ihren Garten die Blütezeit der Pflanzen.

Stauden beschneiden

Für viele beschwört das Wort „beschneiden" die Vorstellung des Abschneidens von Ästen aus Bäumen mit Astscheren und Sägen mit scharfen Zähnen herauf. Im praktischen Sinne allerdings ist Beschneiden einfach das Entfernen von Pflanzenteilen. Ob Sie einen Ast abschneiden oder verwelkte Blüten ausknipsen: es handelt sich um einen Schnitt.

Folgende Schnittformen werden für den oberirdischen Teil von Stauden angewandt: Ausputzen, Auszwicken, Ausknipsen von Knospen und Zurückschneiden.

Ausputzen

Das Ausputzen oder Entfernen von abgestorbenen oder verwelkten Blüten regt die Pflanzen zur Ausbildung zusätzlicher Blütenknospen an, weil die Samenbildung unterbunden wird. Das verlängert die Blütezeit. Alte Blüten sind zudem wichtige Eintrittspforten für Krankheiten. Das regelmäßige Ausputzen erhält Ihre Pflanzen daher gesünder.

Verwenden Sie zum Ausputzen eine Haushaltsschere oder eine kleine Gartenschere. Bei Pflanzen wie Taglilien, die viele Knospen geballt am Ende eines Stengels haben, müssen Sie die einzelnen verwelkten Blüten vorsichtig herausknipsen. Dagegen sollten Sie bei Pflanzen wie Phlox, dessen Blütenstände aus vielen kleinen Blüten bestehen, oder Pfingstrosen mit großen einzelnen Blüten warten, bis die meisten Blüten eines Blütenstands oder bei großen Blüten die meisten Blütenblätter vergangen sind. Dann können Sie den Blütenstiel bis zum ersten Laubblatt abschneiden.

Entfernen Sie verwelkte Blüten mit einer scharfen Gartenschere.

Auszwicken

Das Auszwicken oder Entfernen der Triebspitze einer Pflanze veranlaßt die am Stengel sitzenden Knospen, aufzubrechen und neue Zweige auszubilden.
Das Auszwicken von Stauden wird normalerweise im Frühjahr ausgeführt, wenn die Pflanzen gerade kräftig zu wachsen beginnen. Dabei wird der Abschnitt der Pflanze über dem obersten Blattkranz entfernt. Stauden, die vom Auszwicken der Triebspitze profitieren, sind Astern, Scheinkamille, Chrysanthemen und alle anderen, aus denen Sie gerne runde, buschige Pflanzen formen möchten.

Zwicken Sie die Triebspitzen aus, um die Verzweigung der Pflanze anzuregen.

Knospen ausknipsen

Das Entfernen von Blütenknospen ist bei einigen Stauden sinnvoll. So bilden etwa Pfingstrosen große Endblüten mit zwei seitlichen Achselknospen, aus denen sich ebenfalls Blüten bilden. Bei vielen Pflanzen sind die Endknospen weiblich und die Achselknospen männlich. Die endständigen weiblichen Blüten sind meist größer und viel auffälliger als die aus den männlichen Achselknospen. Wenn Sie jedoch die männlichen Achselknospen entfernen, reagiert die weibliche Endknospe oft darauf, indem sie eine größere und schönere Blüte austreibt, als die Pflanze normalerweise hätte.

Entfernen Sie die kleinen Seitenknospen, um die prächtigeren Hauptblüten zu fördern.

Zurückschneiden

Der Rückschnitt ist die gärtnerische Entsprechung zum Haarschnitt. Es ist das gleichmäßige Beschneiden von Pflanzen, um ihre Höhe und ihren Umfang zu verringern. Der Rückschnitt verbessert das Erscheinungsbild einer ausufernden Pflanze und fördert bei manchen Pflanzen die Blüte. Zu den Pflanzen, die regelmäßig zurückgeschnitten werden, gehören Lavendel, Schafgarbe und Storchschnabel.

– aus *The Big Book of Gardening Secrets* von Charles W.G. Smith

Schneiden Sie ausufernde Pflanzen zurück, um ein besseres Erscheinungsbild und mehr Blüten zu erhalten.

Leitstauden für die vier Blütezeiten

Ein Garten ist einfacher zu planen, wenn Sie zuerst ein paar Basis- oder Leitpflanzen für jede der vier Blütezeiten auswählen. Leitpflanzen sind herausragende Stauden, die das Rückgrat der Anlage bilden – kräftig wachsende Pflanzen, die ausdauernd sind, reizvolle Blüten haben und über den größten Teil der Vegetationsperiode mit interessantem Blattwerk ausgestattet sind. Wenn Sie bei der Auswahl der besten Basispflanzen unsicher sind, kann die folgende Liste vielleicht helfen.

Frühjahr

Hoch
Akelei
Gemswurz
Sibirische Schwertlilie
Tränendes Herz
Mittelhoch
Bartnelke
Taglilie (frühe Sorten)
Zwerg-Herzblume
Niedrig
Polster-Phlox
Veilchen

Frühsommer

Hoch
Deutsche Schwertlilie
Lupine
Pfingstrose
Rittersporn
Mittelhoch
Dalmatinische Insektenblume
Färber-Hundskamille
Glockenblume
Kornblume
Lilie
Roter Bartfaden
Taglilie
Niedrig
Blut-Purpurglöckchen
Gänseblümchen
Karpaten-Glockenblume

Sommer

Hoch
Blutweiderich
Funkie
Indianernessel
Kugeldistel
Phlox
Prachtscharte
Schleierkraut
Taglilie
Mittelhoch
Fackellilie
Garten-Margerite
Lichtnelke
Purpur-Sonnenhut
Spierstrauch
Niedrig
Ballonblume
Kornblumenaster
Storchschnabel
Strandflieder

Spätsommer und Herbst

Hoch
Aster
Herbst-Anemone
Salbei
Sumpfeibisch
Mittelhoch
Chrysantheme
Schlangenkopf
Niedrig
Aster (Zwergsorten)
Chrysanthemen (Zwergsorten)
Ziest

Janet Macunovich ist Besitzerin von Perennial Favorites, einem Unternehmen für Landschaftsbau in Michigan, und gibt beliebte Kurse zu Gartengestaltung und -pflege. Sie weiß aus Erfahrung, daß sich erfolgreiche Gärtner „im Frühjahr ins Zeug legen" müssen, um „im Sommer trödeln" zu können. Mit anderen Worten: Die Zeit, die Sie im März und April damit verbringen, Beete und Einfassungen anzulegen, Unkraut zu jäten und so weiter, zahlt sich durch erholsame Tage im Hochsommer aus. Das spiegelt den Zyklus der Pflanzen wider, die im Frühjahr am schnellsten wachsen. Janet ist Autorin von Caring for Perennials *und* Easy Garden Design.

Die Pflege Ihrer Stauden

Einfassungen: Grenzen und Blickfänge

Einfassungen werden benötigt, um Staudenbeete vor Unkraut zu schützen, das seine Wurzeln von den Seiten in den Garten hineinschiebt. Eine Einfassung dient aber noch anderen Zwecken. Sie grenzt den Garten exakt nach außen ab und gibt dem Beet eine geschlossene Erscheinung. Oft macht sie den Unterschied zwischen einem schönen und einem mittelmäßigen Garten aus.

Legen Sie eine Einfassung an, wenn Sie das Beet zum ersten Mal vorbereiten. Wenn Sie eine gerade Kante haben möchten, verwenden Sie eine gespannte Schnur zwischen zwei Pfosten an den beiden Enden als Führung. Ein unregelmäßiges oder geschwungenes Beet können Sie gestalten, indem Sie ein Seil, eine Wäscheleine oder einen Gartenschlauch auslegen, um den Bereich festzulegen.

In vielen Gärten besteht die Einfassung einfach aus einem dünnen Streifen blanker Erde, der etwa 20 cm breit zwischen den Blumen und dem Rasen entlangläuft. Dies war früher sehr beliebt, und das Werkzeug, das dafür benutzt wurde – ein scharfes Messer an einem geraden Griff –, war unentbehrlich für jeden ernsthaften Gärtner.

Drei Methoden, Ihre Pflanzen zu stützen

1.

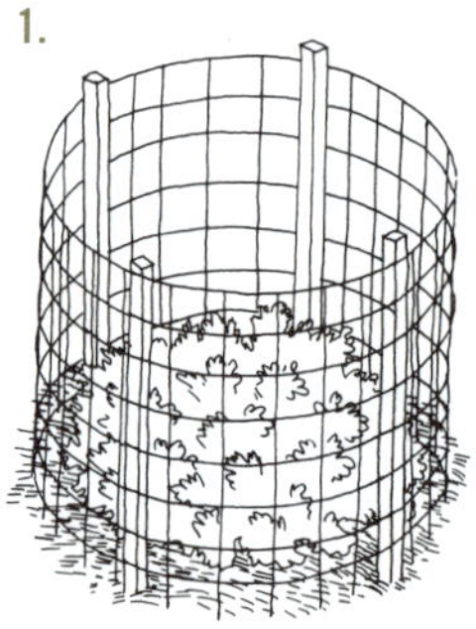

2.

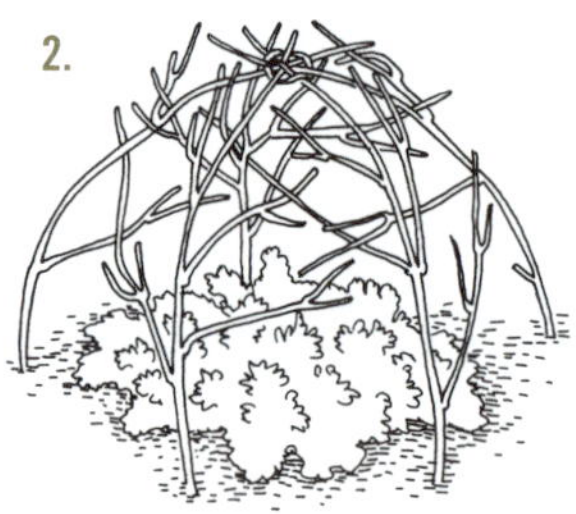

3.

1. Pfosten und Körbe wie dieser aus Zaundraht wirken normalerweise höchstens kurzzeitig störend. Die Pflanzen überwachsen sie rasch.
2. Das Einstecken von dünnen Zweigen ist kostengünstiger, aber zeitaufwendiger als andere Methoden.
3. Meine bevorzugte Stützvorkehrung sind Pflöcke und Schnüre. Schlagen Sie zuerst fünf Pfähle rund um die Blätterkrone ein und verbinden Sie diese im Umkreis miteinander, bevor Sie die Schnur über der Pflanze verkreuzen. Spannen Sie die erste Schlinge mindestens eine Handbreit über dem Boden, um Raum für das Jäten zu lassen.

Wenn die Pflanzen wachsen, bietet das Netz den Stengeln Halt, und der ganze Aufbau wird nach und nach mit Blättern bedeckt.

– aus *Caring for Perennials* von Janet Macunovich

Gartenbeete mit einem eleganten S-Schwung sind nicht nur schön anzusehen, sondern auch einfacher zu mähen als eckige Beete. Verwenden Sie einen Gartenschlauch oder ein Seil als Führung, wenn Sie das Beet anlegen.

Diese Schnittkanten sehen gut aus, aber sie werden heutzutage seltener verwendet, weil sie regelmäßig nachgeschnitten werden müssen.

Das Anbringen von Kunststoff-, Stahl- oder Aluminiumeinfassungen erfordert etwas mehr Zeit. Es handelt sich jedoch um wirkungsvolle und haltbare Abgrenzungen. Sie sind in den meisten Baumärkten und Gartencentern zu bekommen und können einfach in jedwede Form gebogen werden, so daß sie sowohl für ein Inselbeet oder einen Weg als auch für eine gerade Rabatte verwendet werden können.

Die erforderliche Tiefe der Einfassung ist abhängig von der Art des Bewuchses, der die Anpflanzung umgibt. Bei 10 cm Tiefe werden flachwurzelnde Unkräuter und die meisten Rasengräser draußen gehalten, aber 20 cm sind noch wirkungsvoller. Einfassungen mit 60 cm Tiefe und mehr sind nötig, um tief austreibende Wurzeln von Sträuchern und Hecken zu stoppen. Um eine Einfassung einzubauen, müssen Sie nach dem Markieren des Rabattenrandes einen Graben bis auf die benötigte Tiefe ausheben. Setzen Sie die Einfassung senkrecht hinein, aber achten Sie darauf, daß die Oberkante mit dem Boden abschließt, so daß sie nicht sichtbar ist und das Rasenmähen nicht behindert.

Viele Staudenbeete sind umgeben von sichtbaren Einfassungen, die den Garten verschönen sollen. Dafür werden Ziegelsteine (entweder horizontal oder auf eine Kante gestellt), Steinplatten, Pflastersteine, flache Dachziegel, Beton, Holzpflöcke, Schotter oder vergleichbare Materialien verwendet. Wenn Sie sich für Einfassungen aus Holz entscheiden, sollten Sie Eiche, Edelkastanie, Douglasie oder ähnlich haltbare Hölzer verwenden. Weniger haltbare Hölzer sollten mit einem ungiftigen Schutzmittel behandelt werden. Verwenden Sie keinesfalls Materialien wie Bahnschwellen, die mit Teeröl oder anderen für Pflanzen giftigen Chemikalien getränkt sind.

Ziegel- oder Aluminiumeinfassungen sind wirkungsvoll und haltbar.

Ansprechende Einfassungen können auch aus lebenden Pflanzen wie niedrigen, dichten Hecken von Zwergsträuchern, aus Stauden oder einjährigen Pflanzen gestaltet werden. Häufig werden Buchs, Berberitze, Efeu, Lavendel, Dickmännchen, Schleifenblume, Thymian, Grasnelke, Steinkraut und Wald-Erdbeere als Einfassungen verwendet, besonders in großen formalen Gärten. Sie sind zwar schön, brauchen aber mehr Pflege als unbelebte Einfassungen. Zudem halten sie Unkrautwurzeln nicht aus dem Beet heraus.

– aus *The Big Book of Gardening Skills*

Stauden teilen

Das Teilen ist eine einfache Form des Beschneidens. Es ist genauso wichtig für den ansehnlichen Staudengarten wie der Rückschnitt eines Obstbaums für einen ertragreichen Obstgarten.

Vermehren Sie flachwurzelnde Stauden, indem Sie den Ballen vorsichtig auseinanderziehen.

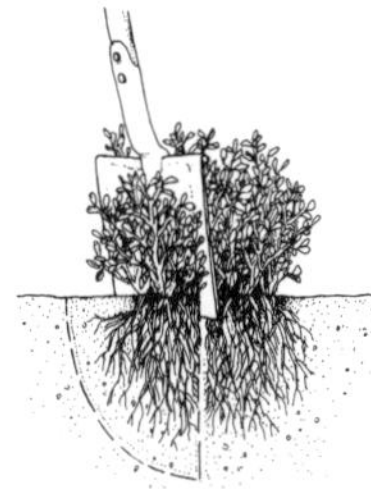

Durch das gelegentliche Abstechen von äußeren Teilen halten Sie Pflanzenstöcke gesund. Pflanzen Sie die kleinen Wurzelstöcke an anderer Stelle wieder ein.

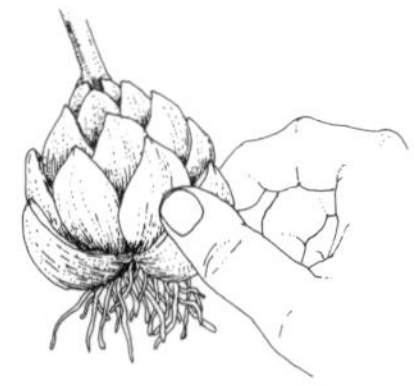

Knollen können durch Trennen und Wiedereinpflanzen von Teilen vermehrt werden, oder Sie entfernen kleine Knöllchen und setzen sie in ein Aufzuchtbeet.

Wenn Pflanzen karottenähnliche Wurzeln haben, ist es erforderlich, die ganze Pflanze auszugraben und die Pfahlwurzel mit einem Messer in mehrere kleinere Stücke zu schneiden.

– aus *Successful Perennial Gardening* von Lewis und Nancy Hill

STAUDEN

Chrysantheme

Funkie

Mädchenauge

Pfingstrose

Phlox

Prachtspiere

Ein Dutzend beliebte Stauden

Chrysantheme: Winterastern mögen volle Sonne und nährstoffreiche Böden. Zwicken Sie junge Pflanzen im Frühjahr und im Frühsommer mehrmals aus und knipsen Sie regelmäßig die verwelkten Blüten aus, damit die Pflanzen schön aussehen und lange blühen.
Klimazonen: 3 bis 9, abhängig von der Art.
Vermehrung: Teilen Sie die Pflanzen oder lassen Sie die Spitzen, die Sie im Frühjahr und im Frühsommer abzwicken, in feuchter, sandiger Erde anwurzeln.

Funkie: Die winterharten Funkien sind pflegeleichte Pflanzen, die häufig gedeihen, wo andere Pflanzen nicht mehr wachsen. Sie bevorzugen leichten Schatten, aber sie wachsen auch in voller Sonne, wenn der Boden feucht, tiefgründig und gut mit Humus und Nährstoffen versorgt ist.
Klimazonen: 3 bis 9.
Vermehrung: Durch Teilung der Ballen im zeitigen Frühjahr.

Mädchenauge: Diese Pflanzen mit ihren strahlenden, gänseblümchenartigen Blüten in Gelbtönen erreichen eine Höhe von 30 bis 90 cm. Sie bevorzugen Sonne und feuchte Gartenerde. Zwicken Sie zur Verlängerung der Blütezeit die verwelkten Blüten ab. In kälteren Regionen sollten Sie Mädchenaugen zum Schutz vor Frösten mulchen.
Klimazonen: 4 bis 8, abhängig von der Art.
Vermehrung: Durch Teilung einfach zu vermehren. Frühe Aussaaten blühen häufig bereits im ersten Jahr.

Pfingstrose: Pfingstrosen sind winterhart, duftend und langlebig. Sie eignen sich hervorragend als Schnittblume. Das strauchartige Laubwerk wird bis zu 90 cm hoch und breit, und die Blüten können einen Durchmesser von 25 cm und mehr haben. Pfingstrosen mögen volle Sonne, aber sie wachsen auch an der Südostseite eines Gebäudes gut, wo sie am Nachmittag leichten Schatten, aber reichlich Himmelslicht haben. Lassen Sie jeder Pflanze 90 cm Platz und stützen Sie die Stauden, sobald sich die Knospen zu entwickeln beginnen.
Klimazonen: 3 bis 8, abhängig von der Art.
Vermehrung: Pfingstrosen müssen nur selten – gewöhnlich alle acht bis zehn Jahre – geteilt werden.

Phlox: Garten-Phlox gedeiht in nährstoffreichen, tiefgründigen Gartenböden und bevorzugt volle Sonne. Er braucht ausreichend Feuchtigkeit und etwas zusätzlichen Dünger und Kalk. Eine gute Luftzirkulation ist entscheidend, um den Befall mit Echtem Mehltau zu vermeiden. Pflanzen Sie daher die Stauden mit mindestens 60 cm Abstand. Dünnen Sie die Phloxstengel aus, solange sie noch klein sind.
Klimazonen: 2 bis 9, abhängig von der Art.
Vermehrung: Durch Teilung der Wurzelballen im Herbst oder im zeitigen Frühjahr oder durch das Schneiden von Sproßstecklingen im Frühsommer.

Prachtspiere: Die Prachtspieren haben federartig rispige Blüten in Rosa, Rot, Cremeweiß und Weiß. Ihre Höhe reicht von wenigen Zentimetern bis über 2 m. Sie mögen volle Sonne oder lichten Schatten und gewöhnliche Gartenerde. Da Prachtspieren eine hohe Nährstoffaufnahme haben, ist während der Blüte eine zusätzliche Düngung nötig.
Klimazonen: 2 bis 8, abhängig von der Art.
Vermehrung: Durch Teilung im zeitigen Frühjahr.

> Die USDA-Klimazonen sind ein Standardmaß für die Beurteilung der Winterhärte von Pflanzen. Sie reichen von 1 bis 11. In Deutschland, Österreich und der Schweiz sind die Zonen 4 bis 8 relevant, wobei 4 bis 5 die harten Winter in den Hochalpen bezeichnet und 8 die milden Winter auf den Nordseeinseln.
> – Anita Heidenfelder

Purpur-Sonnenhut: Purpur-Sonnenhut oder Echinacea zeigt im Spätsommer große, gänseblümchenähnliche, kegelförmige Blüten. Die Pflanzen mögen sonnige Standorte, vertragen aber auch leichten Schatten und wachsen in gewöhnlicher, guter Gartenerde. Sie werden 90 bis 120 cm hoch. (Lesen Sie in Kapitel 10 auf Seite 205 mehr über den Purpur-Sonnenhut.)
Klimazonen: 3 bis 8.
Vermehrung: Teilen Sie die Pflanzen, wenn die Wurzelballen zu groß werden, oder alle drei bis vier Jahre.

Rittersporn: Rittersporn mag Sonne, verträgt aber auch leichten Schatten am Nachmittag. Die Stauden brauchen nährstoffreiche Gartenerde mit etwas Kalk. Geben Sie den Pflanzen ausreichend Platz, um eine gute Luftzirkulation zu ermöglichen. Das beugt Mehltau vor. Die Stengel sollten nach der Blüte abgeschnitten werden. In manchen Regionen blühen sie dann im September noch einmal.
Klimazonen: 3 bis 7, die meisten Arten bevorzugen kühleres Klima.
Vermehrung: Einfach aus Samen zu ziehen. Pflanzen Sie Jungpflanzen im Frühjahr (kühle Regionen) oder im Herbst (warme Regionen), oder schneiden Sie im Frühsommer Sproßstecklinge.

Schafgarbe: Diese einfach anzubauende Gattung variiert in der Größe von winzigen, kriechenden Steingartenpflanzen bis zu 1,20 m hohen Riesen. Schafgarben sind trockenheits- und hitzetolerant und gedeihen in voller Sonne auf mageren, trockenen Böden mit pH-Werten zwischen 5,5 und 7,0. Drei bewährte Arten sind die Gold-Garbe, die Sumpf-Schafgarbe und die Wiesen-Schafgarbe.
Klimazonen: 3 bis 9, abhängig von der Art.
Vermehrung: Einfache Vermehrung durch Teilung im Frühjahr oder im Herbst. Gewöhnliche Sorten können auch ausgesät oder aus abgeschnittenen Wurzeln vermehrt werden.

Schwertlilie: Alle Arten der Schwertlilie bevorzugen volle Sonne, aber jede Art hat ihre eigenen Ansprüche an Bodenart und Bodenfeuchtigkeit. Von den vielen eindrucksvollen Arten mit Bärten oder Kämmen ist die Deutsche Schwertlilie die bekannteste, weil sie in gewöhnlichen Böden mit normalen Feuchtigkeitsverhältnissen gut gedeiht. Schneiden Sie alles erkrankte Laub und jeden Rüßler-Schaden sofort ab.
Klimazonen: 3 bis 9.
Vermehrung: Durch Teilung der Wurzelballen im Spätsommer. Geteilte Pflanzen mit drei oder mehr Trieben sollten im Folgejahr blühen.

Sedum: Sedum oder Mauerpfeffer mag trockene, unfruchtbare Böden und wächst in der Sonne oder im leichten Schatten. Eine der besten Arten für die Ränder ist die auffallende, 45 bis 60 cm hohe Prachtfetthenne mit ihren Sorten. Einige Arten sind gut für den Steingarten oder als Bodendecker geeignet.
Klimazonen: 3 bis 8.
Vermehrung: Durch Stecklinge. Nahezu jedes Teil wurzelt praktisch sofort an und wächst zu einer neuen Pflanze heran.

Taglilie: Die Taglilien sind problemlos zu kultivieren, vermehren sich gut, sind einfach zu pflegen und nicht anfällig für Schädlinge und Krankheiten. Jede Blüte hält nur einen Tag. Taglilien bevorzugen volle Sonne, vertragen aber auch etwas Schatten am Nachmittag und gedeihen auf fruchtbaren, gut wasserdurchlässigen und leicht sauren bis neutralen Böden.
Klimazonen: 4 bis 9, abhängig von der Art.
Vermehrung: Durch Teilung der Wurzeln im zeitigen Frühjahr oder im Spätsommer nach der Blüte. Stecklinge können in feuchtem Sand oder in sandiger Erde angewurzelt werden.

– verändert nach *The Big Book of Gardening Secrets* von Charles W.G. Smith und *Successful Perennial Gardening* von Lewis und Nancy Hill

Purpur-Sonnenhut

Rittersporn

Schafgarbe

Schwertlilie

Sedum

Taglilie

BLUMENZWIEBELN UND -KNOLLEN

Die Verwendung von Blumenzwiebeln im Garten

Zwiebel- und Knollengewächse gehören zu den beliebtesten Blumen. Sie sind einfach zu pflegen und dennoch von bezaubernder Schönheit – vom ersten Schneeglöckchen im Spätwinter bis zur letzten Taglilie im Herbst.

Planung von Blumenzwiebelpflanzungen

Bevor Sie sich entscheiden, welche Blumenzwiebeln und -knollen Sie stecken, sollten Sie die Wirkung bedenken, die Sie damit erzielen möchten:

- **Formaler oder lockerer Stil:** Ein formaler Garten ist eher symmetrisch mit klaren Linien. Er ist ein passender Standort für Tulpen oder Hyazinthen in ein oder zwei Farben in Blöcken. Ein aufgelockerter Stil ist hübsch, wenn die Blumenzwiebeln in natürlich wirkendem Versatz wachsen und in allen Regenbogenfarben blühen.
- **Farbe:** Leuchtendes Rot, Gelb oder Orange sind warme, aufregende Farben. Blau, Rosa, Weiß oder Lila sind kühle und das Auge beruhigende Farben. Kaufen Sie in einem Laden für Künstlerbedarf einen Farbkreis, der Ihnen hilft, die gewünschte Farbharmonie auszuwählen.
- **Blühfolge:** Wählen Sie die Blumenzwiebeln für Ihre Gartengestaltung so aus, daß Sie vom Spätwinter bis in den Herbst kontinuierlich die Farben blühender Blumen haben.
- **Geometrische Muster:** Sie sind in Zwiebelpflanzungen sehr wirkungsvoll. Denken Sie an Kreise, Bögen, Mulden oder ein beliebiges Muster, das Ihnen gefällt.
- **Stauden:** Stauden sind eine wunderbare Ergänzung zu Zwiebel- und Knollenpflanzen. Frühblühende Arten beginnen etwa zu der Zeit zu blühen, wenn die ersten Zwiebelblumen verwelken.
- **Gruppen:** Zwiebelblumen wirken fast immer besser, wenn sie in Gruppen von mindestens drei gepflanzt werden. Je kleiner die Zwiebel, desto mehr Blumen brauchen Sie für eine Gruppe.

Zwiebeln und Knollen von Frühlingsblühern richtig setzen

Setzen Sie Zwiebeln und Knollen, die im Frühjahr blühen, irgendwann im Herbst, bevor der Boden gefriert. Wenn Sie nicht alle auf einmal stecken können, beginnen Sie am besten mit den kleineren, früher blühenden Arten wie Krokus, Blaustern, Sternhyazinthe, Winterling und anderen winzigen Zwiebeln und Knollen. Danach können Sie Tulpen und Narzissen pflanzen.

Zwiebelblumen bevorzugen im allgemeinen Sonne bis lichten Schatten. Zwiebeln, die unter großen Laubbäumen wachsen, scheinen zwar im vollen Schatten zu stehen, da viele Zwiebeln aber blühen, bevor die Bäume austreiben, ist dies kein Problem.

Eine gute Bodenvorbereitung ist entscheidend. Weil die Wurzeln von Blumenzwiebeln und -knollen tief hinabreichen, müssen Sie zur Pflanzbeetbereitung 30 cm tief umgraben. Fügen Sie etwa 25 Prozent des Bodenvolumens an organischer Masse zu, bevor Sie pflanzen. Dies kann Torfmoos, Kompost, verrottendes Laub oder etwas Ähnliches sein.

Bereiten Sie zur Pflanzzeit nach einer der beiden Methoden Löcher vor: Graben Sie entweder einzelne Löcher für jede Zwiebel oder Knolle oder heben Sie ein größeres Areal aus. Letzteres ist besser geeignet, wenn Sie eine größere Anzahl Zwiebeln oder Knollen pflanzen möchten.

Lockere Pflanzungen von Narzissen verteilen sich ungehindert in der Wiese.

Tulpen wachsen in Massen längs des Zauns.

Graben Sie für eine größere Pflanzung den ganzen Bereich bis auf die empfohlene Tiefe aus.

Setzen Sie Blumenzwiebeln mit dem spitzen Ende nach oben ein.

Obwohl Blumenzwiebeln und -knollen alle Nährstoffe für die erste Saison bereits enthalten, fördert eine Düngung das zukünftige Wachstum. Fügen Sie dem Boden am Grund des Pflanzlochs phosphorreiches Knochenmehl zur Förderung des Wurzelwachstums zu und legen Sie die Zwiebel mit der Spitze nach oben darauf. Schaufeln Sie anschließend den Boden in das Loch zurück und treten Sie ihn behutsam fest.

– aus *Landscaping with Bulbs* von Ann Reilly

Fügen Sie dem Boden vor dem Pflanzen organisches Material und Knochenmehl zu.

Zwiebel- und Knollenblumen für das Frühjahr

Blume	Höhe (cm)	Blütezeit	Pflanztiefe (cm)
Schneeglöckchen	10 – 15	zeitiges Frühjahr	10
Krokus	8 – 12	zeitiges Frühjahr	8 – 10
Balkan-Windröschen	13	zeitiges Frühjahr	5
Traubenhyazinthe *(Muscari)*	15 – 25	zeitiges Frühjahr	8
Frühblühende Tulpen	25 – 33	zeitiges Frühjahr	15
Hyazinthe	30	zeitiges Frühjahr	15
Narzisse	30	Frühling	15
Darwin-Tulpen-Hybriden	70	Frühling	15
Kaiserkrone *(Fritillaria imperialis)*	75 – 120	Frühling	13
Spätblühende Tulpen	90	Spätfrühling	15
Holländische Iris	60	Spätfrühling	10
Riesen-Lauch	120	Spätfrühling	25

Pflegeleichte Frühlingsblüher

Die Frühlingsblüher unter den Zwiebel- und Knollenpflanzen sind die am einfachsten zu pflegenden Gartenpflanzen überhaupt. Ein paar Routinearbeiten im Frühjahr erhalten die Zwiebeln in blühender Höchstform.

- **Düngung:** Wenn die Blätter herauskommen, sollten Sie den Boden mit 5+10+5- oder Blumenzwiebeldünger berieseln und diesen eingießen. Um den maximalen Erfolg zu erzielen, können Sie nochmals düngen, wenn die Blätter gelb zu werden beginnen.
- **Gießen:** Gießen Sie Blumenzwiebeln reichlich, wenn im Frühjahr kein Regen fällt.
- **Pflege nach der Blüte:** Wenn Tulpen, Narzissen, Hyazinthen und andere große Zwiebeln verblüht sind, müssen Sie die Blüten abschneiden, um die Samenbildung zu vermeiden und so die Energie in die Zwiebeln zu leiten. Kleinere Zwiebeln können Sie in Samen gehen lassen, der dann ausstreut und die Kolonie vergrößert. Das Altern des Blattwerks ist ein wichtiger Vorgang, um der Zwiebel Kraft zu verleihen. Entfernen Sie deshalb niemals die Blätter, bevor sie völlig braun sind und einfach aus der Pflanze herausgezogen werden können.

- **Mulchen:** Mulchen hilft, kleinere Zwiebeln im Winter vom Austreiben abzuhalten. Verwenden Sie einen organischen Mulch wie verrottendes Laub, Kompost, Rindenmulch, Holzspäne oder Piniennadeln, um den Boden anzureichern.
- **Teilen und Verpflanzen:** Narzissen und Krokusse sollten alle fünf bis sechs Jahre ausgegraben und geteilt werden, wenn die Gruppen zu groß werden und die Blütengröße oder -anzahl abnimmt. Tun Sie dies am besten im Frühjahr, gleich wenn das Laub gelb zu werden beginnt, und pflanzen Sie die Zwiebeln an einer anderen Stelle sofort wieder ein.
- **Zwiebeln ersetzen:** Tulpen- und Hyazinthenzwiebeln schrumpfen eher, als daß sie sich vermehren. Deshalb sollten sie alle paar Jahre ersetzt werden.

BLUMENZWIEBELN UND -KNOLLEN

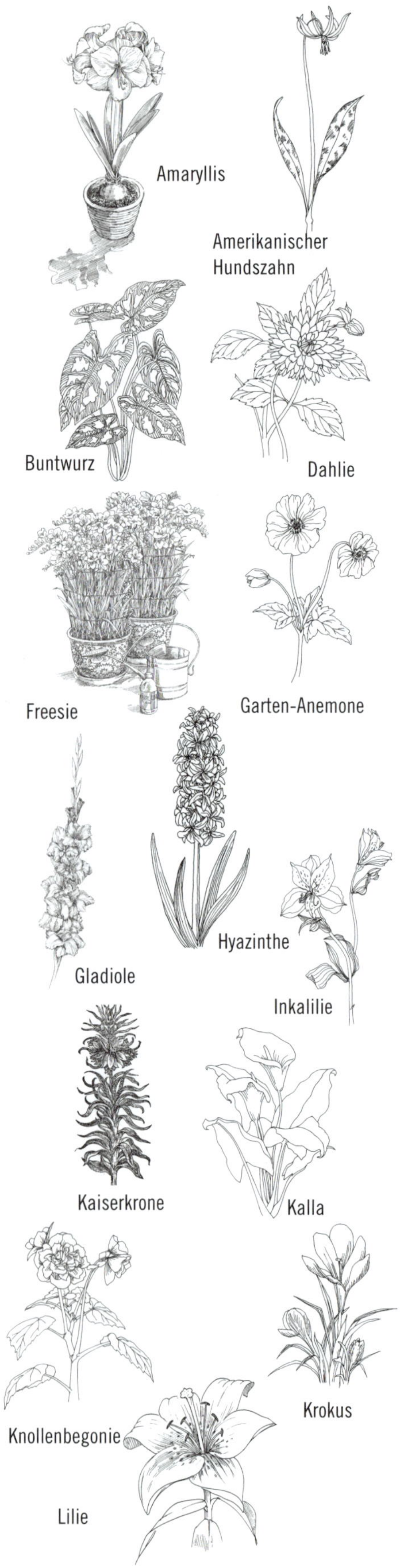

26 beliebte Zwiebel- und Knollenblumen

Amaryllis
Blüht im Winter im Haus
Höhe: 45 cm
Boden: nährstoffreich, feucht
Licht: im Haus am Fenster
Pflanztiefe: das obere Drittel der Zwiebel sollte über der Erde sein
Pflanzabstand: 15 cm

Amerikanischer Hundszahn
Frühlingszwiebel
Höhe: 15 bis 30 cm hohe Stengel
Boden: nährstoffreich, feucht
Licht: Schatten
Pflanztiefe: 8 cm
Pflanzabstand: 10 cm

Buntwurz
Gedeiht besonders gut in warmen Regionen
Sommerknolle
Boden: nährstoffreich, feucht
Licht: Halbschatten bis Schatten
Pflanztiefe: 3 cm
Pflanzabstand: 30 cm

Dahlie
Sommerknolle
Höhe: 30 bis 120 cm
Boden: nährstoffreich, feucht
Licht: volle Sonne oder Halbschatten
Pflanztiefe: 10 cm
Pflanzabstand: 15 bis 60 cm

Freesie
Sommerknolle
Höhe: 30 bis 45 cm hohe Stengel
Boden: mittlere Gartenerde
Licht: volle Sonne
Pflanztiefe: 5 cm
Pflanzabstand: 5 cm

Garten-Anemone
Frühlingsknolle
Boden: sehr gut wasserdurchlässig
Licht: volle Sonne
Pflanztiefe: 8 cm
Pflanzabstand: 15 cm

Gladiole
Sommerknolle
Höhe: 90 cm
Boden: gut wasserdurchlässig
Licht: volle Sonne
Pflanztiefe: 10 cm
Pflanzabstand: 15 cm

Hyazinthe
Frühlingszwiebel
Boden: nährstoffreich, gut wasserdurchlässig
Licht: volle Sonne bis Halbschatten
Pflanztiefe: 15 cm
Pflanzabstand: 15 cm

Inkalilie
Die Knollen brauchen in rauhen Lagen einen Winterschutz aus Mulch
Sommerknolle
Höhe: 30 bis 120 cm hohe Stengel
Boden: nährstoffreich, feucht
Licht: volle Sonne
Pflanztiefe: 15 cm
Pflanzabstand: 40 bis 45 cm

Kaiserkrone
Frühlingszwiebel
Höhe: 75 bis 120 cm hohe Stengel
Boden: mittlere Gartenerde
Licht: Halbschatten
Pflanztiefe: 13 cm
Pflanzabstand: 45 cm

Kalla
Sommerblüher aus Rhizomen
Höhe: 30 bis 150 cm, je nach Art
Boden: nährstoffreich, feucht
Licht: Sonne oder Halbschatten
Pflanztiefe: 8 cm
Pflanzabstand: 30 bis 60 cm

Knollenbegonie
Sommerknolle
Boden: nährstoffreich, feucht
Licht: Halbschatten
Pflanztiefe: 5 cm
Pflanzabstand: 20 cm

Krokus
Sehr winterharte Frühlingszwiebel
Boden: nährstoffreich, gut wasserdurchlässig
Licht: Sonne oder Halbschatten
Pflanztiefe: 8 bis 10 cm
Pflanzabstand: 8 cm

Lilie
Höhe: 120 bis 180 cm hohe Stengel
Boden: tiefgründig, nährstoffreich, feucht
Licht: volle Sonne
Pflanztiefe: 20 cm
Pflanzabstand: 15 bis 20 cm

= Schnittblume = Topfpflanze = Duftpflanze

Milchstern
Gedeiht unter mageren Bedingungen
Frühlingszwiebel
Höhe: 15 cm hohe Stengel
Boden: mittlere bis magere Gartenerde
Licht: volle Sonne bis Halbschatten
Pflanztiefe: 10 cm
Pflanzabstand: 8 bis 10 cm

Narzisse und Jonquille
Frühlingszwiebeln
Höhe: 15 bis 30 cm hohe Stengel
Boden: nährstoffreich, gut wasserdurchlässig
Licht: volle Sonne oder Halbschatten
Pflanztiefe: 15 cm
Pflanzabstand: 15 bis 30 cm

Ranunkel
Knollen vor dem Pflanzen wässern; bevorzugt kühles Klima
Sommerknolle
Höhe: 30 bis 45 cm
Boden: nährstoffreich, feucht, gut wasserdurchlässig
Licht: Sonne
Pflanztiefe: 5 cm
Pflanzabstand: 20 cm

Ruhmeskrone
Sommerblüher aus Rhizomen
Höhe: 180 cm (braucht ein Spalier als Stütze)
Boden: nährstoffreich, gut wasserdurchlässig
Licht: volle Sonne
Pflanztiefe: 10 cm
Pflanzabstand: 15 bis 20 cm

Schmucklilie
Reichlich gießen und düngen; blüht schwerlich bei beengtem Wurzelraum
Sommerblüher aus Rhizomen
Höhe: 45 bis 90 cm hohe Stengel
Boden: nährstoffreich, feucht
Licht: volle Sonne oder Halbschatten
Pflanztiefe: 3 cm
Pflanzabstand: 45 bis 60 cm

Schneeglöckchen
Frühlingszwiebel
Höhe: 10 bis 15 cm hohe Stengel
Boden: mittlere Gartenerde
Licht: volle Sonne oder Halbschatten
Pflanztiefe: 10 cm
Pflanzabstand: 5 cm

Schwertlilie
Frühlingsknolle
Höhe: 10 bis 20 cm
Boden: gut wasserdurchlässig
Licht: volle Sonne
Pflanztiefe: 10 cm
Pflanzabstand: 8 bis 10 cm

Stern-Gladiole
In 10er-Gruppen pflanzen
Sommerknolle
Höhe: 50 cm
Boden: gut wasserdurchlässig, grobkörnig
Licht: volle Sonne
Pflanztiefe: 5 cm
Pflanzabstand: 13 cm

Traubenhyazinthe
Frühlingszwiebel
Boden: mittlere Gartenerde
Licht: volle Sonne bis Halbschatten
Pflanztiefe: 8 cm
Pflanzabstand: 10 cm

Tulpe
Frühlingszwiebel
Höhe: bis 75 cm
Boden: nährstoffreich, sehr gut wasserdurchlässig
Licht: volle Sonne
Pflanztiefe: 15 cm
Pflanzabstand: 10 bis 15 cm

Winterling
Knolle nicht austrocknen lassen
Frühlingsknolle
Boden: nährstoffreich, feucht
Licht: volle Sonne oder Halbschatten
Pflanztiefe: 5 cm
Pflanzabstand: 8 bis 10 cm

Zierlauch
Sommerzwiebel
Höhe: 30 bis 150 cm
Boden: nährstoffreich, gut drainiert, feucht
Licht: volle Sonne
Pflanztiefe: 8 cm bei kleinen, 30 cm bei großen Sorten

Milchstern

Narzisse

Ranunkel

Ruhmeskrone

Schmucklilie

Schneeglöckchen

Schwertlilie

Stern-Gladiole

Tulpe

Traubenhyazinthe

Winterling

Zierlauch

BLUMENZWIEBELN UND -KNOLLEN

Pflege von Sommerknollen

- **Gießen:** Gießen Sie oft und reichlich. Mit 5 bis 8 cm organischem Mulchmaterial können Sie die Feuchtigkeit konservieren und die Wurzeln kühl halten.
- **Düngen:** Sommerknollen profitieren von reichlichen Gaben eines ausgewogenen Düngers.
- **Winterpflege:** Nehmen Sie die Knollen zum Überwintern aus dem Boden. Graben Sie Knollenbegonien vor dem ersten Herbstfrost aus. Alle anderen können Sie lassen, bis die Blätter vom Frost schwarz geworden sind. Waschen Sie mit einem sanften Wasserstrahl soviel Erde wie möglich ab und trocknen Sie die Knollen für einige Tage an einem sonnigen Platz. Lagern Sie die Knollen anschließend dunkel und trocken bei 4 bis 10 °C. Ein guter Lagerort ist trockenes Sphagnum-Moos in einem Plastikbeutel.

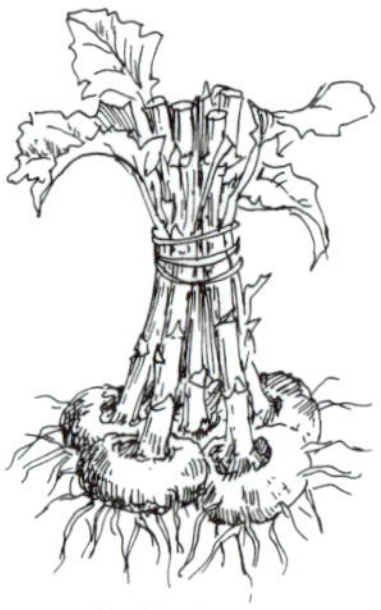

Knollenbegonie

- **Teilen:** Wenn Ihre Sommerknollen geteilt werden müssen, sollten Sie dies im Frühling direkt vor dem Auspflanzen tun. Schneiden Sie die Wurzeln und Knollen mit einem scharfen Messer auseinander. Jeder Teil muß mindestens einen Sproß oder ein Auge haben.

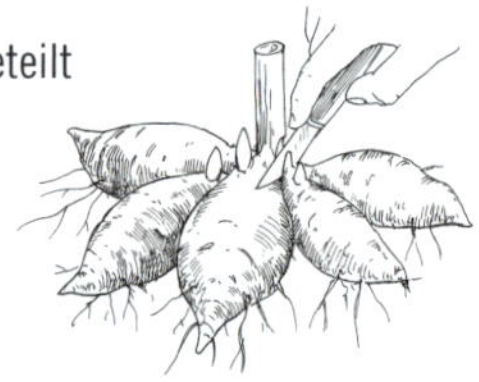

Knollen teilen

- **Knospen ausbrechen:** Manche Sommerknollen, besonders Dahlien, profitieren vom Ausknospen. Wenn sich die Blütenknospen entwickeln, zwicken Sie die Seitenknospen ab und lassen nur die Hauptknospen austreiben.
- **Stützen:** Bei höherwachsenden Sommerknollen sollten Sie bereits zur Pflanzzeit Stangen in den Boden treiben, damit die Knollen später nicht verletzt werden. Große Pflanzen oder Gruppen von kleineren Pflanzen können mit einem Drahtreifen oder -korb gestützt werden.

– aus *Landscaping with Bulbs*
von Ann Reilly

Sommerblühende Knollen richtig pflanzen

Sommerblühende Knollen benötigen Böden mit sehr guter Wasserdurchlässigkeit. Achten Sie darauf, daß der Boden reich an organischer Substanz und gut vorbereitet ist, bevor Sie im Frühjahr mit dem Auspflanzen beginnen. Bearbeiten Sie den Boden mehrere Zentimeter tiefer als die geforderte Pflanztiefe der Knollen.

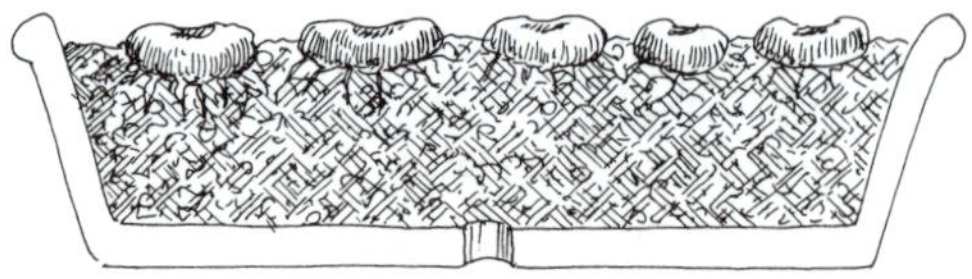

Knollenbegonien, Buntwurz und Kalla sollten vor dem Auspflanzen vier bis sechs Wochen in Saatkisten im Haus vorgetrieben werden.

Wenn die Frostgefahr im Frühjahr vorüber ist, können die Knollen auch direkt in den Boden gesetzt werden. Aber es ist besser, sie vier bis sechs Wochen im Haus vorzuziehen, bevor man sie nach draußen pflanzt. Am nötigsten ist dieses Verfahren bei Knollenbegonien, Buntwurz und Kalla. Treiben Sie diese Knollen in einem Nährmedium aus 50 Prozent Sphagnum-Moos und 50 Prozent Perlit vor. Sie sollten an einem warmen, hellen Platz, aber nicht in der direkten Sonne stehen und feucht gehalten werden.

Pflanzen Sie große Knollen einzeln aus und kleinere in Gruppen, um eine Massenwirkung zu erzielen. Sommerknollen können perfekt mit einjährigen Pflanzen und Stauden kombiniert werden.

– aus *Landscaping with Bulbs*

Sommerblühende Knollen

Pflanze	Höhe (cm)	Pflanzzeit	Pflanztiefe (cm)	Pflanzabstand (cm)
Stern-Gladiole	50	zeitiges Frühjahr	5	13
Garten-Anemone (de-Caen- und St.-Brigid-Gruppe)	45	zeitiges Frühjahr	5	8
Dahlie				
große Sorten	120	nach dem letzten Frost	10	60
Zwergsorten	30		10	15
Sommerhyazinthe	100	April – Mai	13	25
Gladiole				
großblütige	150	April – Mitte Juni	8 – 10	15
kleinblütige	75		8 – 10	15
Lilie	90 – 120	Herbst oder zeitiges Frühjahr	20	20
Montbretie	60	April – Ende Mai	10	10
Ranunkel	30	Herbst (wärmere Regionen) oder zeitiges Frühjahr	5	13
Tigerblume	40	zeitiges Frühjahr	8	15

Einstieg mit Sträuchern

Wenn Sie gerade mit dem Gärtnern anfangen, sollten Sie sich einiges über Sträucher aneignen, bevor Sie Pflanzen für Ihren Garten erwerben. Gehen Sie im zeitigen Frühjahr einfach einmal an den schönbepflanzten Gärten der Nachbarschaft vorbei und achten Sie auf die blühenden Sträucher. Die meisten Hobbygärtner reden gerne über ihre Pflanzen und können Ihnen eine Menge Informationen geben. Andere gute Möglichkeiten, um ausgewachsene Sträucher zu besichtigen, bieten Baumschulen, Parks, botanische Gärten und Friedhöfe.

Sträucher wachsen tendenziell in verschiedenen Formen. Sie können daher einzeln angepflanzt oder kombiniert werden, um so in Ihrem Hausgarten eine Vielfalt von Wirkungen zu erzielen. Diese Formen sind: rundlich, kugel-, säulen- oder pyramidenförmig, aufrecht, ausgreifend, sparrig, daniederliegend oder überhängend.

Mit Sträuchern gestalten

Überlegen Sie sich, wofür Sie Ihre Sträucher nutzen möchten. Hätten Sie gerne eine Hecke aus Sträuchern, um Ihr Haus von dem des Nachbarn abzugrenzen? Oder brauchen Sie einen Windschutz auf der Nordseite Ihres Hauses? Hätten Sie gerne eine kleine Hecke, die Ihren Weg zum Haus säumt, oder vielleicht nur ein paar Sträucher, um Ihren Eingang zu betonen? Bevor Sie irgendeinen Strauch kaufen oder pflanzen, sollten Sie die folgenden Faktoren bedenken:

Strauchgröße und -form: Beachten Sie die endgültige Höhe, den Umriß und die Wuchsform. Pflanzen, die in akkuraten, kompakten Formen wachsen, verleihen dem Garten einen eher formalen Stil, während solche, die ungezügelt austreiben, die Gartengestaltung eher ungezwungen wirken lassen. Eine Grundregel, nach der sich Landschaftsgärtner zumindest bei einer lockeren Gestaltung richten, ist, daß man zwei Formen in einer einzelnen Pflanzung kombinieren kann, aber fast nie drei.

Farbe: Blühende Sträucher gibt es in einer erstaunlichen Farbfülle mit feinen Unterschieden sowohl bei den Blüten als auch beim Laub. Es gibt viele Schattierungen von Grün, aus denen man wählen kann – von hellem Mintgrün bis zu fast schwarzem Dunkelgrün.

Textur: Die Textur wird durch das Laub der Sträucher vermittelt. Manche haben große Blätter, andere sehr kleine. Die großblättrigen Pflanzen geben dem Garten eher eine üppige Wirkung, während die kleinblättrigen ihm einen eher formalen Stil verleihen.

– aus *Flowering Shrubs* von Patricia R. Barrett

Kluge Fragen für den Straucheinkauf

Überdenken Sie die folgenden Fragen, bevor Sie einen Strauch auswählen:

- Passen die Ansprüche des Strauchs zum gewählten Standort?
- Entspricht seine endgültige Größe dem verfügbaren Platz?
- Findet er die richtigen Lichtverhältnisse vor?
- Ist er winterhart genug für die Region?
- Blüht oder fruchtet er zur passenden Zeit?

– aus *Flowering Shrubs*

Strauchformen

rundlich

säulenförmig

überhängend

pyramidenförmig

aufrecht

ausgreifend

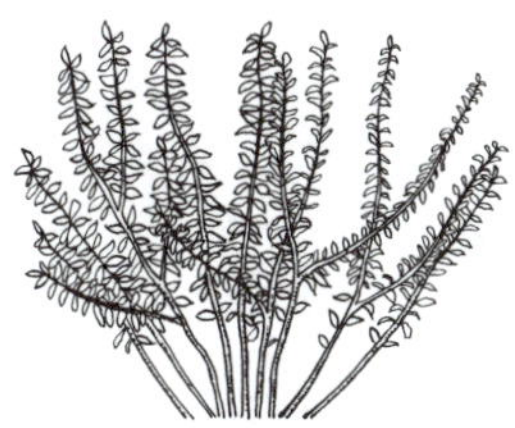

sparrig

daniederliegend

BLÜHENDE STRÄUCHER

1. Entfernen Sie abgestorbene oder sich kreuzende Zweige.

2. Entfernen Sie ein Fünftel bis ein Drittel der ältesten Äste.

3. Schneiden Sie verwelkte Blüten direkt über den Seitentrieben ab.

Rückschnitt von frühblühenden Sträuchern

Viele laubabwerfende Sträucher blühen im Frühling und bieten so eine schöne und oft duftende Kulisse für den Garten der Vorsaison. Einer davon ist der Pfeifenstrauch, wie hier dargestellt. Diese Sträucher sind leicht zu pflegen; sie müssen einfach nur gegossen, gedüngt und geschnitten werden. Es ist allerdings wichtig, sie möglichst bald, nachdem die Blüten verwelkt sind, zu schneiden, da sie dann die neuen Triebe entwickeln, die über den Sommer und den Herbst heranwachsen und im nächsten Frühling blühen.

1. **Abgestorbene und sich kreuzende Zweige entfernen:** Bemühen Sie sich beim Schneiden, die von Natur aus anmutige Wuchsform beizubehalten und zu fördern und Sträucher nicht in unnatürliche Formen zu zwängen. Säubern Sie die Krone des Strauchs und den Bereich um seine Äste von Blättern und anderen Resten, damit Sie die ganze Pflanze sehen können. Schneiden Sie mit einer Garten- oder Astschere die toten Zweige direkt über dem Boden ab. Außerdem sollte man Zweige entfernen, die krank oder unnormal aussehen, und solche, die andere Äste kreuzen oder aneinanderreiben.
2. **Verjüngungsschnitt:** Junge Zweige von alten, stark nachwachsenden Sträuchern neigen dazu, so dicht zu werden, daß sie die ältesten Äste daran hindern, kräftige neue Seitentriebe zu bilden. Um solchen Sträuchern neue Kraft zu geben, müssen Sie Licht und Luft in das Innere der Pflanze lassen und Raum für neue Blütenzweige schaffen. Schneiden Sie ein Fünftel bis ein Drittel der ältesten Stöcke bis auf den Boden zurück. Wiederholen Sie den Schnitt im Folgejahr, falls der Strauch noch stärker ausgedünnt werden muß.
   Wenn einige übermäßig lange Äste übrigbleiben, sollten Sie erwägen, sie zu kürzen. Aber bedenken Sie auch, daß Zweige, die zurückgeschnitten werden, häufig zu einer Fülle von neuen Trieben führen und den Strauch verwildert erscheinen lassen. Schneiden Sie diese Äste bis an eine Stelle zurück, wo ein Seitenast in die von Ihnen gewünschte Richtung wächst, normalerweise von der Pflanzenmitte nach außen.
3. **Verblühte Zweige abschneiden:** Sie können bereits während der Blüte beginnen, ein paar Zweige für duftende Sträuße abzuschneiden. Sofort nach dem Abwelken sollten Sie selektiv die verwelkten Blüten entfernen, indem Sie alle Zweige bis auf ein Paar Seitentriebe abschneiden. Diese Triebe wachsen während des Sommers und bilden Knospen für die nächstjährige Blüte.
4. **Regelmäßige Pflege:** Einige regelmäßige Pflegemaßnahmen halten Ihren frühblühenden Strauch gesund und lassen ihn reich blühen. Wenn Sie im Frühjahr noch nicht gedüngt haben, sollten Sie es nach dem Schnitt tun. Streuen Sie etwas organischen Universaldünger im Umkreis bis zu den äußeren Enden der Äste aus und gießen Sie ihn gründlich in den Boden ein. Eine Mulchschicht aus gereiftem Kompost, geschreddertem Laub oder Stroh erhält die Bodenfeuchtigkeit und unterbindet weitgehend das Unkrautwachstum.

– aus *Year-Round Gardening Projects*; Zeichnungen von Elayne Sears

4. Gießen Sie den Dünger in den Boden ein.

Zehn beliebte Sträucher

Strauch	Erläuterungen	Größe	Blüten	Blütezeit
Buddleia ○	Der Sommerflieder oder Schmetterlingsstrauch mag gut drainierte, nährstoffreiche, lehmige Böden.	1,5 bis 3 m hoch und 2,5 m breit, abhängig von der Art	lila, orange, weiß, weitere Farben in den Blütenrispen	Sommer
Chaenomeles ○	Alle Mitglieder der Scheinquitten-Familie – der blühenden Quitten – sind beliebte Sträucher.	90 bis 180 cm	3 bis 5 cm große Blüten in Rosa, Rot und Weiß	Spätfrühling
Cornus ○	Die Hartriegel sind auf jedem guten Boden einfach zu ziehen.	viele Größen, abhängig von der Art	klein, weiß oder gelb	Spätfrühling bis Frühsommer
Daphne ○	Seidelbast wächst in jeder guten Erde, aber bevorzugt lockeren sandigen, pH-neutralen oder sogar schwach alkalischen Boden. Er liebt außerdem volle Sonne und kühlen Boden.	90 cm	ins Rosa gehendes Weiß, duftend, manche mit roten Beeren	Frühling
Hydrangea ○◐	Hortensien gedeihen gut in feuchten, gut drainierten Böden.	bis 1,5 m hohe Büsche	Blüten meist weiß, aber auch blau, rosa oder lila	Sommer
Potentilla ○◐	Der Fingerstrauch mag gewöhnliche Gartenerde mit guter Wasserdurchlässigkeit.	60 bis 120 cm hoch	leuchtend gelb, weiß und rot	den ganzen Sommer
Rhododendron ◐	Rhododendren brauchen feuchte, saure Böden. Viele sind in nördlicheren Breiten nicht winterhart.	90 bis 180 cm, abhängig von der Art	pinkfarben, orange, rosa, rot, cremeweiß, gelb	Spätfrühling bis Hochsommer
Spiraea ◐	Spiersträucher gedeihen in fast jeder Gartenerde. Sie sind einfach zu versetzen und haben keine Schädlinge. Eine alte Spiraea kann durch Abschneiden über dem Boden ganz einfach revitalisiert werden.	1,2 bis 2,5 m	weiß, rosa, rot	Spätfrühling bis Hochsommer
Syringa ○◐	Flieder liebt neutralen oder mit Torfmoos oder Lauberde angereicherten Boden. Schneiden Sie jedes Jahr die Blütenköpfe ab, sobald sie verblüht sind.	von Zwergformen bis zu 6 bis 9 m	lila, weiß, rosa, gelb	Frühling
Viburnum ◐	Schneeball ist gegenüber den meisten Böden tolerant.	große Variationsbreite	weiß, cremefarben, leuchtend rotes Laub im Herbst	meistens im Frühling, aber variierend

○ Sonne
◐ Halbschatten

– aus *Flowering Shrubs*

GARTEN, HOF UND OBSTGARTEN

ROSEN

Rosen sind etwas Wunderbares

Es gibt wenige Menschen, die Rosen nicht kennen und lieben. Und es gibt auch wenige, die glauben, daß sie einfach zu ziehen sind. Über die diversen Probleme mit Insekten, Krankheiten, Auswinterung, Spezialdünger und komplizierten Schnitttechniken ist eine ganze Mythologie entstanden.

In Wahrheit sind Rosen nicht komplizierter zu ziehen als jeder andere Strauch oder jede andere Blume. Ein gewisses Grundverständnis für die richtige Rosenauswahl und -pflege wird mit den prächtigen Blüten belohnt, die wir alle so schätzen.

Rosen können eine wertvolle Bereicherung für die Gartengestaltung sein. Kein anderer Strauch kann fast durchgängig vom Frühsommer bis zum Frost blühen. Keinen anderen Strauch gibt es in einer so breiten Auswahl an Wuchsformen. Und keine andere Pflanze treibt jedes Jahr Blüten in dieser Menge und Einzigartigkeit, sogar schon im Pflanzjahr.

Rosen in der Gartengestaltung

Die traditionelle Art, Rosen in der Gartengestaltung zu verwenden, sind Beete. Sie sind in jedweder Form eine attraktive, wenngleich konservative Variante für formale Gärten. Aber es gibt viele andere interessante Arten, Rosen zu ziehen. Hier sind einige Ideen zum Ausprobieren:

- Pflanzen Sie Floribunda- oder Zwergrosen zu beiden Seiten Ihrer Eingangstreppe oder als Gruppe vor eine gleichförmige Pflanzung aus Immergrünen, um einen kraftvollen Farbkontrast zu bewirken.
- Lassen Sie Rosen um Ihre Veranda oder Terrasse wachsen oder sich um einen Pfeiler oder Laternenpfahl ranken. Entlang von Wegen und Einfahrten lassen sie Ihr Anwesen besonders einladend wirken.
- Vergessen Sie nicht, Edelrosen, Grandiflora-, Floribunda- und Englische Rosen in Ihre Sträucherrabatte einzubeziehen. Zwergrosen können als Randbepflanzung mit anderen Rosen und weiteren Pflanzen verwendet werden. Alle Rosen können auch in Blumenrabatten gepflanzt werden.
- Kletterrosen verleihen Lauben, Spalieren und Pavillons einen Hauch von Romantik. Sie können Türen einrahmen, Wände bekleiden oder einen unansehnlichen Ausblick verdecken und die strengen Linien eines Zauns auflockern.
- Mit Strauchrosen lassen sich breite, lockere Hecken gestalten. Grandiflora-Rosen ergeben hohe schmale Hecken, während Floribunda-Rosen am besten für niedrige geeignet sind. Schneiden Sie beide nach dem Pflanzen stark zurück, um die Verzweigung anzuregen.
- Rosen können genausogut in Gefäße gepflanzt werden. Sie sind bestens als Umrahmung für Sonnenterrassen oder Eingänge geeignet. Zwergrosen gedeihen sogar in 16er-Blumentöpfen.

Binden Sie die Kletterrosen locker am Spalier fest.

Versuchen Sie es einmal mit Zwergrosen in 16er-Töpfen.

– aus *10 Steps to Beautiful Roses* von Maggie Oster

Strauchrosen

Da Strauchrosen normalerweise aufrecht wachsen, brauchen sie keine Stütze. Sie werden je nach Sorte und Klima 60 cm bis 1,8 m hoch. Hier sind einige bekannte Strauchrosenklassen:

Edelrosen (Teehybriden) sind langstielige Rosen mit schmalen Knospen, die sich zu großen Blüten öffnen. Sie werden normalerweise 90 cm hoch oder höher und blühen während der Vegetationsperiode in vielen Farben.

Floribunda-Rosen sind winterharte, kompakte Pflanzen von 60 bis 90 cm Höhe. Sie bilden den ganzen Sommer hindurch im Überfluß mittelgroße Blüten in kurzstieligen Büscheln. Floribunda-Rosen gelten als eine der am einfachsten zu kultivierenden Rosenklassen.

Grandiflora-Rosen werden 1,5 bis 1,8 m hoch und tragen während der ganzen Vegetationsperiode große Blüten in Büscheln auf langen Stielen. Diese Rosen sind hervorragend als Hintergrundbepflanzung geeignet.

Alte Rosen umfassen eine Vielzahl unterschiedlicher Rosensorten, die vor 1867 gezüchtet wurden. Die meisten sind direkte Nachfahren von Wildrosen und haben unterschiedliche Pflanzen- und Blütenformen, Winterhärte und sonstige Eigenschaften.

Zwergrosen

Zwergrosen sind die kleinen Versionen aus fast allen Gruppen. Sie werden normalerweise nur maximal 60 cm hoch. Die Blüten und das Laub sind dementsprechend ebenfalls kleiner. Sie sind winterhart und kräftig. Im allgemeinen werden sie in Rand- oder Flächenpflanzungen oder als besonderer Akzent verwendet oder in Gefäße gepflanzt.

Kletterrosen

Rosen klettern genau genommen nicht wie Bohnen oder Erbsen, aber einige Arten haben so lange flexible Triebe, daß sie ohne weiteres an Lauben, Spalieren, Pfosten oder Zäunen angebracht werden können. *Großblütige Kletterrosen* haben dicke, kräftige Stöcke, die bis zu 3 m lang werden. Sie blühen fortlaufend oder immer wieder während des ganzen Sommers. *Rambler-Rosen* haben längere und dünnere Triebe und tragen einmalig im Spätfrühling oder Frühsommer kleine Blüten in Büscheln.

Wildrosen

Wildrosen wachsen aufrecht mit leicht bogenförmigen Trieben. Die meisten sind winterharte und pflegeleichte Pflanzen von 1,2 bis 3,5 m Höhe. Sie sind gut für Hecken und Hintergrund- oder Flächenpflanzungen geeignet. Wildrosen bilden häufig nach der Blüte Früchte, die sogenannten Hagebutten. Sie sind reich an Vitamin C und können für Tee oder zum Kochen verwendet werden.

Bodendeckerrosen

Bodendeckerrosen haben biegsame, bogenförmige Triebe, die sich über den Boden ausbreiten und eine leicht gewölbte Pflanzenform ausbilden. Es gibt einmalblühende und mehrmalsblühende Sorten.

Stammrosen

Jede Rose, die auf einen geraden kräftigen Stamm veredelt ist, ist eine Stammrose. Der Stamm kann bei Zwerg- oder Floribunda-Rosen 30 bis 60 cm hoch sein oder 90 bis 120 cm bei Edelrosen. Um einen Hängeeffekt zu erzielen, werden Kletterrosen auf 1,8 m hohe Stämme veredelt (Kaskadenstämme). Stammrosen brauchen außer in sehr milden Klimazonen grundsätzlich einen Winterschutz.

– verändert aus *10 Steps to Beautiful Roses*

Floribunda-Rose

Edelrose

Grandiflora-Rose

Wurzelnackte Rosen in fünf Schritten pflanzen

Wässern Sie den Wurzelballen der Rose vor dem Einpflanzen.

Wenn Sie einen Rosenstock kaufen, halten Sie das Potential für viele Jahre der Zufriedenheit und der Freude in der Hand. Damit aus diesem Potential Wirklichkeit wird, müssen Sie Ihre Rose richtig einpflanzen.

Grundvoraussetzung ist, daß Ihre Rose nicht austrocknet, während Sie das Pflanzloch vorbereiten. Wässern Sie den Wurzelballen sofort und für mindestens zwölf Stunden, so daß es der Pflanze möglich ist, so viel Wasser aufzunehmen, wie sie halten kann. Dann können Sie den Stock zum Pflanzen herausnehmen. Wenn Sie die Rose nicht sofort einpflanzen können, müssen Sie den Wurzelstock bis zum Einsetzen zunächst in Erde, feuchte Rinde oder Sägemehl einschlagen. Denken Sie daran, daß schon ein paar Minuten an einer trockenen Stelle verhängnisvoll sein können.

1. Um das Pflanzloch vorzubereiten, müssen Sie zuerst alles Unkraut und dessen Wurzeln auf und um den Standort entfernen. Graben Sie ein Loch, das 40 bis 45 cm breit und tief ist. Mischen Sie ein Viertel Torfmoos, Kompost oder ein anderes organisches Material mit Erde aus dem Loch und türmen Sie mit einem Teil davon im Pflanzloch eine abgestumpfte Pyramide auf.
2. Entfernen Sie alle abgebrochenen oder verletzten Wurzeln oder Triebe, aber auch Stiele, die weniger als bleistiftdick sind, von der Pflanze. Setzen Sie die Rose auf die Erdpyramide, so daß die Veredlungsstelle (die Verdickung an der Stammbasis) etwa 5 cm unter der Oberfläche liegt. Spreizen Sie die Wurzeln über der Spitze der Pyramide in einer natürlichen Form auseinander.
3. Drücken Sie die Erdmischung ringsum dicht an die Wurzeln, um jedwede Lufttasche zu vermeiden, und verfestigen Sie den Boden um den Stock. Füllen Sie das Loch zu drei Vierteln mit Erde auf.
4. Füllen Sie jetzt das Loch mit Wasser. Sobald die erste Teilmenge aufgesaugt ist, müssen Sie nachfüllen. Wenn das Wasser ein zweites Mal versickert ist, prüfen Sie noch einmal, ob die Veredlungsstelle auf der richtigen Höhe sitzt. Wenn nicht, fügen Sie nach Bedarf Erde zu. Füllen Sie das verbleibende Loch mit Erde auf und treten Sie sie leicht fest. Schneiden Sie die Triebe auf 20 cm zurück, wobei Sie die Schere im 45°-Winkel 0,5 cm über einer nach außen gerichteten Knospe ansetzen müssen.
5. Häufeln Sie um und über die Pflanze etwa 15 cm Erde auf. Das schützt die Rose vor dem Austrocknen. Wenn die Blätter austreiben, entfernt man den Erdhügel nach und nach vorsichtig – zumeist innerhalb von zwei Wochen.

Setzen Sie die Rose so ein, daß die Veredlungsstelle etwa 5 cm unter der Erde liegt.

Häufeln Sie Erde über die Pflanze.

Füllen Sie das Pflanzloch mit Wasser.

– aus *10 Steps to Beautiful Roses* von Maggie Oster und *Hardy Roses* von Robert Osborne

Edelrosen schneiden

Edelrosen sind die bekanntesten Rosen. Hunderte benannte Sorten werden jedes Jahr in Katalogen, Rosenschulen und Gartencentern angeboten. Sie müssen jedes Jahr im Frühling geschnitten werden, um die Blühfreudigkeit zu erhalten. Die Blüten bilden sich an neuen Trieben, die aus den alten Ästen vom letzten Jahr austreiben.

1. Dünnen Sie die alten, geschwächten Triebe und solche mit Frostschäden aus. Auch Triebe, die über Kreuz wachsen oder zu nahe beieinanderstehen, sollten entfernt werden. Wenn Sie hochwachsende Rosen bevorzugen, möchten Sie die Triebe vielleicht nicht kürzen, außer um schlaffe Äste etwas stabiler zu machen. Wenn kleine, buschige Pflanzen besser in Ihren Garten passen, sollten Sie die Triebenden weiter zurückschneiden.
2. Entfernen Sie alle Wurzeltriebe von unterhalb der Veredlungsstelle.
3. Schneiden Sie ältere Hauptäste bis zu einem starken neuen Trieb zurück. Setzen Sie die Schere nur leicht schräg an, nicht im 45°-Winkel.
4. Etwa fünf Hauptäste von circa 20 bis 25 cm Länge sollten erhalten bleiben. Die Pflanze bricht dann in kräftiges Wachstum aus und wird ihre frühere Höhe aus dem letzten Sommer wieder erreichen.

Schritt 1: Dünnen Sie die alten und schwachen Triebe aus.

Schritt 2: Entfernen Sie alle Wurzeltriebe unterhalb der Veredlungsstelle.

Schritt 3: Schneiden Sie ältere Hauptäste zurück.

Schritt 4: Wählen Sie etwa fünf starke Hauptäste aus und schneiden Sie diese auf 20 bis 25 cm zurück.

Rosen düngen

Damit die Rosen üppiges und gesundes Laub und prachtvolle Blüten bilden können, müssen sie ausreichend gedüngt werden. Eine Grunddüngung für mehrmalsblühende Rosen umfaßt drei Gaben:

- im zeitigen Frühjahr, wenn die Knospen aufzubrechen beginnen
- wenn die Blütenknospen sich entwickelt haben
- etwa sechs Wochen vor dem ersten Frost.

Wenn Ihr Boden sandig ist oder Sie in einer warmen Klimaregion mit verlängerter Wachstumsperiode wohnen, sollten Sie häufiger düngen.

Für die ersten zwei Düngergaben verwendet man eine halbe Tasse granulierten Mehrnährstoffdünger je Rosenstock in der Zusammensetzung 10+10+10, wenn die Pflanzen gemulcht sind, ansonsten 5+10+10. Für die letzte Düngergabe sollten Sie eine Zusammensetzung ohne Stickstoff wie 0+10+10 verwenden. Arbeiten Sie den Dünger in den Boden um die Pflanze ein und gießen Sie anschließend ausreichend.

– aus *10 Steps to Beautiful Roses*

Floribunda-Rosen schneiden

Floribunda-Rosen ähneln den Edelrosen, haben aber mehrere Blüten in Büscheln und sind gewöhnlich kleinwüchsiger. Behandeln Sie diese Rosen genauso, wie Sie es bei Edelrosen tun würden. Schneiden Sie während der Winterruhe nahezu alles Holz, das älter als ein Jahr ist, heraus. Jüngere Triebe werden leicht zurückgeschnitten und schwache ganz entfernt.

GARTEN, HOF UND OBSTGARTEN

Rosen überwintern

Wie stark eine frostempfindliche Edelrose geschützt werden muß, hängt vom Klima ab. Rosen, die in den USDA-Klimazonen 8 bis 10 wachsen (Nordseeküste, Bodenseeregion), brauchen gewöhnlich keinen Schutz. Rosen in den Klimazonen 6 und 7 (verbleibender deutschsprachiger Raum außer Hochgebirge) benötigen wahrscheinlich eine Abdeckung und solche in der Klimazone 5 und darunter (Hochgebirgslagen) brauchen unbedingt einen Schutz.

Die altbewährte Schutzvorkehrung ist das Anhäufeln von Erde um die Pflanzenbasis, kurz bevor der Boden aller Voraussicht nach gefriert. Der Hügel sollte 15 bis 20 cm hoch sein, wenn Sie in einer gemäßigten Zone leben, und mindestens 30 cm in kälteren Gebieten. Hier sind die einzelnen Schritte zum Überwintern Ihrer Rosen dargestellt:

1. **Rückschnitt:** Schneiden Sie einige Wochen nach dem ersten Frost die langen Triebe der Rosenstöcke um die Hälfte und die kürzeren um etwa ein Drittel zurück. Auf die Knospen müssen Sie beim Rückschnitt nicht achten. Ziel ist es, die Rosenstöcke rundum zu verkleinern, um sie bestmöglich schützen zu können.
2. **Mit Erde bedecken:** Wann immer Sie das Gefühl haben, daß der Boden gefrieren könnte, sollten Sie unbedingt zusätzliche Erde lose um die Basis Ihrer Pflanzen aufhäufeln.
3. **Mulch zufügen:** In kälteren Regionen sollten Sie Stroh, Rindenmulch, Piniennadeln oder Blätter über dem Boden aufhäufen und mit Zweigen oder Ästen von Fichten oder anderen Koniferen befestigen.
4. **Vorsicht beim Auswintern im Frühjahr:** Warten Sie im Frühjahr, bis der Boden aufgetaut ist, und entfernen Sie dann umgehend die Erde, damit der Neuaustrieb nicht beeinträchtigt wird. Halten Sie etwas Mulch bereit, um ihn um Ihre Pflanzen anzuhäufeln, falls noch ein Spätfrost auftreten sollte.

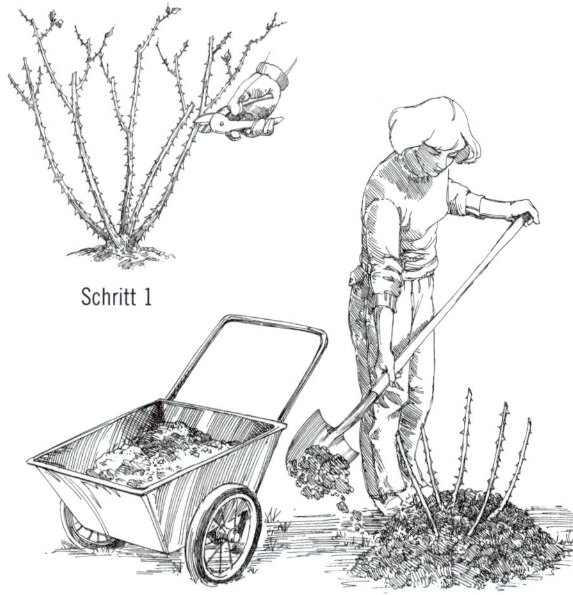

Schritt 1

Schritt 2

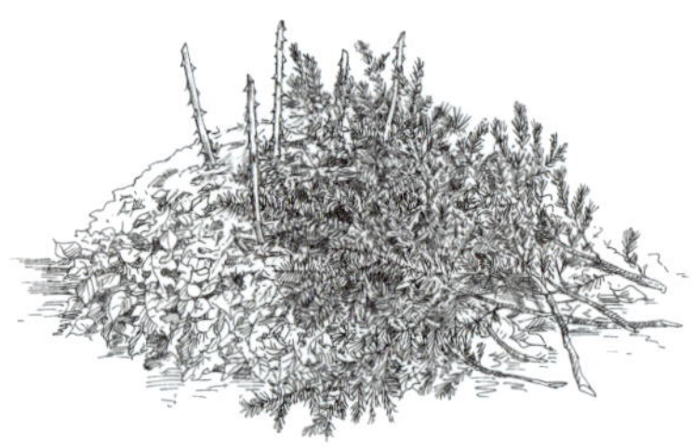

Schritt 3

Schritt 4

– verändert aus *Gardening Techniques Illustrated*,
Text von Oliver E. Allen; Zeichnungen von Elayne Sears

Sieben wundervolle alte Rosen

Hier sind einige Rosensorten, die in Mitteleuropa besonders gut gedeihen und einen außergewöhnlichen Duft verströmen:

- **Weiß:** *Rosa x alba* 'Jeanne d'Arc'
- **Gelb:** *Noisette-Rose* 'Céline Forestier'
- **Hellrosa:** *R. x alba* 'Céleste'
- **Rosa:** *R. centifolia* 'Muscosa'
- **Rosarot:** *R. gallica,* Apothekerrose
- **Violett:** *R. rugosa* 'Hansa'
- **Dunkelrot:** *R. rugosa* 'Roseraie de l'Hay'

– verändert aus *Hardy Roses*
von Robert Osborne

Leitfaden für die Krankheits- und Schädlingensbekämpfung an Rosen

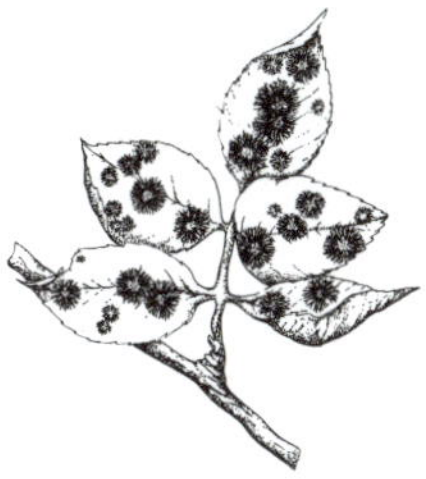
Sternrußtau

Blattlaus

Käfer

Bohrer

Zikade

Spinnmilbe

Thrips

Krankheit/Schädling	Sichtbare Merkmale	Bekämpfung
Krankheiten		
Sternrußtau	Runde schwarze Flecke auf vergilbenden Blättern, die schließlich abfallen; häufig während regnerischer oder heißer, feuchter Witterung; der Pilz überwintert an Blättern oder in Wunden an den Trieben.	Entfernen und Vernichten von befallenen Blättern und Trieben; Trockenhalten der Blätter beim Gießen; für gute Durchlüftung des Standorts sorgen; während der Saison regelmäßig mit Fungizidspray, Kupfersulfat oder Schwefel behandeln.
Echter Mehltau	Blätter, Sprosse und Knospen mit weißem Belag bedeckt; deformierte, verkrüppelte Triebe; häufig während heißer, trockener Witterung mit kühlen, feuchten Nächten.	Feuchte, schattige Bedingungen oder zu dichte Pflanzen vermeiden; geschädigte Pflanzenteile entfernen und vernichten; für gute Durchlüftung des Standorts sorgen; während der Ruhephase Schwefelkalk einsetzen; mit Fungizidspray oder Schwefel behandeln.
Rost	Auf der Blattoberseite verteilte gelbe Flecken, später kleine orange- bis rotorangefarbene Pusteln auf den Blattunterseiten; Blätter fallen schließlich ab; am häufigsten auf kühl-feuchten Standorten.	Entfernen und Vernichten von geschädigten Pflanzenteilen; für gute Durchlüftung des Standorts sorgen; mit Fungizidspray oder Schwefel behandeln.
Schädlinge		
Blattläuse	Verkrüppelte, deformierte Blätter und Blüten; Kolonien von grünen, roten, braunen oder schwarzen Insekten an neuen Trieben, Blütenknospen oder auf der Unterseite der Blätter.	Nützlinge wie Marienkäfer, räuberische Wanzen, Florfliegenlarven schützen; frühzeitiges Abspritzen mit einem scharfen Wasserstrahl; mit Kaliseife oder Pyrethrin behandeln.
Käfer	Fraßstellen an Blättern und Blüten; unter Käfer fallen Dickmaulrüßler und Rosenkäfer.	Käfer nachts (Dickmaulrüßler) oder morgens (Rosenkäfer) von Hand absammeln.
Bohrer	Schlagartiges Welken neuer Triebe; Bohrlöcher, verursacht durch den Rosentriebbohrer, in Stielen und Trieben sichtbar.	Befallene Triebe direkt über einer nach außen weisenden Knospe abschneiden und darauf achten, daß die Larve enthalten ist; das Triebende mit Kitt, Paraffin oder Nagellack abdichten.
Rosenblattrollwespe	Blätter rollen sich auffällig zusammen, anfänglich ohne sichtbare Schädlinge; später weißliche oder hellgrüne Larven in den Rollen sichtbar; die Wespe selbst ist sehr klein und unauffällig.	Befallene Blätter sofort entfernen und vernichten; in seltenen Fällen bei kontinuierlichem Befall mit Insektiziden bekämpfen.
Raupen und Würmer	Fraßschäden an Blättern und Stengeln durch Larven von Schmetterlingen und Motten.	Absammeln von Hand und vernichten; mit *Bacillus-thuringiensis*-Präparaten behandeln.
Zikaden	Blätter werden fahl mit weißen oder gelblichen Sprenkeln; 6 mm lange, grünlichgelbe, hüpfende Insekten.	Triebe im Herbst umfassend zurückschneiden und den Schnittabfall vernichten; mit Kaliseife oder Pyrethrin behandeln.
Spinnmilben	Blätter bekommen gelbliche Sprengel; Gespinste und mikroskopisch kleine Milben auf den Blattunterseiten.	Die Blätter über drei Tage morgens mit einem Wasserstrahl abspritzen; mit Kaliseife oder Schwefel behandeln.
Thrips	Deformierte Blüten mit ungleichmäßiger Färbung; braune Ränder an den Blütenblättern oder sich nicht öffnende Knospen; winzige gelbe, schwarze oder braune Insekten.	Geschädigte Blüten entfernen und vernichten; mit Kaliseife oder Pyrethrin behandeln; Natürliche Feinde sind Raubmilben, Florfliegen, Marienkäfer und nützliche Nematoden.

– verändert aus *10 Steps to Beautiful Roses* von Maggie Oster

Einheimische Gräser bringen Schönheit in den Garten

Natürliche Wiesen sind eine Kombination aus Wildblumen und Gräsern. Die Gräser bieten eine Stütze und den optimalen Umfang an Konkurrenz für die Wildblumen, um sie aufrecht und hoch werden zu lassen. In nördlichen Regionen bietet der verbleibende Rest der abgestorbenen Gräser eine zusätzliche Isolierung, welche die überwinternden Wurzeln der Wildblumen schützt.
Einige Gräser bilden Grasnarben und sind dort optimal, wo ein flächendeckender, dichter Bewuchs erwünscht ist, aber sie sind kein gutes Umfeld, um Wildblumen wachsen zu lassen. Andere Gräser bilden ausgeprägte Horste oder Büschel und bieten so Platz für das Nebeneinander mit Wildblumen. Wenn Sie Ihre Wildblumenwiese gestalten, sollten Sie horstbildende Gräser säen.
Heimische Wildblumensamen sollten mit einer Mischung aus heimischen Gräsern kombiniert sein, die in Ihre Region passen. Der Grasanteil sollte 60 bis 90 Prozent der Mischung ausmachen. Mischungen aus Wildblumen- und Grassamen werden, abhängig von der Zusammensetzung der Arten, mit einer Saatstärke von 6 bis 20 g/m² ausgebracht. Wenn Sie Wildblumen- und Grassamen lose kaufen, kann Ihnen der Händler eine genaue Angabe zur Saatstärke vorschlagen.

Henry Art über Wildblumenwiesen

Wildblumen verschönern Ihren Garten, ob er handtuchgroß ist oder eine Fläche von einem Hektar und mehr hat. Vielleicht möchten Sie einen Teil des Rasens zu einer natürlichen Landschaft umgestalten. Wildblumenwiesen benötigen weniger Pflege als Rasenflächen und erfordern weniger Wasser, Benzin, Dünger und Zeit.

Wildblumen auswählen

Um optimale Ergebnisse zu erzielen, sollten Sie Wildblumen wählen, die Ihrem Klima und Ihren Umweltbedingungen angepaßt sind. Manche Wildblumen sind winterhart, während andere bei Frost absterben. Denken Sie daran, daß sonnige Südhänge normalerweise wärmer sind als das klimatische Mittel einer Region und sie deshalb dort Wildblumen aus südlicheren Gebieten anbauen können.

Wildblumen beschaffen

Wildblumen sollen niemals in der Natur ausgegraben werden, außer wenn dies Teil einer Rettungsaktion ist, um Pflanzen zu schützen, die sonst zerstört würden. Vermehren Sie Wildpflanzen entweder über Stecklinge, durch Teilung oder durch Aussaat.
Der schnellste Weg, sich Samen zu besorgen, ist der Einkauf bei einem seriösen Anbieter. Die Samen sind normalerweise das ganze Jahr über verfügbar und können mit der Post versandt werden. Wenn Sie große Flächen anlegen möchten, fragen Sie nach Großhandelspreisen für Wildblumen- und einheimische Grassamen.
Verwenden Sie fertige Wildblumenmischungen mit Bedacht. Manche Anbieter haben sorgfältig spezielle Mischungen mit qualitativ hochwertigen Arten für Ihre Region ausgearbeitet, andere mischen einfach die billigsten, am leichtesten verfügbaren Samen zusammen. Wenn Sie schon Ihr Geld für Wildblumensamen ausgeben möchten, sollten Sie auch Arten kaufen, die in Ihrer Region gut überleben.
Am meisten Freude macht es, Wildblumensamen in der Natur zu sammeln. Folgen Sie den allgemein gültigen Naturschutzrichtlinien und sammeln Sie nur einige Samen oder Früchte von verbreiteten Arten, die am Ort reichlich vorhanden sind. Sammeln Sie keine Samen oder Früchte von Pflanzen auf öffentlichen Flächen und holen Sie auf Privatgrundstücken das Einverständnis der Besitzer ein.

– Henry W. Art ist Autor von *A Garden of Wildflowers* und *The Wildflower Gardener's Guide*.

Wildblumenwiesen bieten neben angepaßten Gräsern nahezu über die gesamte Vegetationsperiode eine bunte Vielfalt an blühenden Pflanzen – und damit ein Festmahl für Bienen.

Wildblumen und ihre Ansprüche

Deutscher Name	Botanischer Name	Boden	Überwinterung	Standortansprüche
Echter Wundklee	*Anthyllis vulneraria*	nährstoffarm, schwach sauer	Rhizome	trocken, sonnig
Gemeine Schafgarbe	*Achillea millefolium*	nährstoffreich, schwach sauer	grün überwinternd	trocken bis halbtrocken, sonnig
Gewöhnlicher Hornklee	*Lotus corniculatus*	nährstoffarm, schwach sauer	Rhizome	mäßig trocken, sonnig
Kartäuser-Nelke	*Dianthus carthusianorum*	nährstoffarm, schwach sauer	grün überwinternd	trocken bis halbtrocken, sonnig
Klatsch-Mohn	*Papaver rhoeas*	kalkhaltig, humos, durchlässig	Samen	sonnig, trocken
Kleine Bibernelle	*Pimpinella saxifraga*	nährstoffarm	Rhizome	trocken, sonnig bis lichter Halbschatten
Kleine Braunelle	*Prunella vulgaris*	mäßig nährstoffreich, schwach sauer	grün überwinternd	feucht, sonnig
Kleiner Odermennig	*Agrimonia eupatoria*	kalkhaltig, nährstoffarm	Rhizome	trocken bis halbtrocken, sonnig bis halbschattig
Knolliger Hahnenfuß	*Ranunculus bulbosus*	kalkhaltig, nährstoffarm	Rhizome	mäßig trocken, sonnig
Kornblume	*Centaurea cyanus*	kalkhaltig, humos, durchlässig	Samen	sonnig, feucht
Kornrade	*Agrostemma githago*	kalkhaltig, mäßig nährstoffreich	Samen	trocken, sonnig
Kuckucks-Lichtnelke	*Silene flos-cuculi*	nährstoffreich, schwach sauer	grün überwinternd	feucht bis vernäßt, sonnig
Magerwiesen-Margerite	*Leucanthemum vulgare*	mäßig nährstoffreich, schwach sauer	grün überwinternd	feucht, sonnig
Rundblättrige Glockenblume	*Campanula rotundifolia*	nährstoffarm, schwach sauer	Rhizome	trocken bis halbtrocken, sonnig
Skabiosen-Flockenblume	*Centaurea scabiosa*	kalkhaltig, nährstoffarm	Rhizome	trocken bis halbtrocken, sonnig
Spitzwegerich	*Plantago lanceolata*	mäßig nährstoffreich, schwach sauer	grün überwinternd	feucht, halbschattig
Wiesen-Sauerampfer	*Rumex acetosa*	nährstoffreich, schwach sauer	grün überwinternd	feucht, sonnig
Wiesen-Flockenblume	*Centaurea jacea*	mäßig nährstoffreich, schwach sauer	Rhizome	trocken bis feucht, sonnig
Wiesen-Pippau	*Crepis biennis*	nährstoffreich, schwach sauer	zweijährig, Samen	feucht, halbschattig
Wiesen-Salbei	*Salvia pratensis*	kalkhaltig, nährstoffarm	Rhizome	trocken bis halbtrocken, sonnig
Wiesen-Schaumkraut	*Cardamine pratensis*	sehr nährstoffreich, schwach sauer	grün überwinternd	feucht bis vernäßt, halbschattig

– Anita Heidenfelder

Gewöhnlicher Hornklee
(Lotus corniculatus)

Kuckucks-Lichtnelke
(Silene flos-cuculi)

Spitzwegerich
(Plantago lanceolata)

WILDBLUMEN

Fünf Wildstaudenpflanzungen

Der Anbau einheimischer Wildstauden eröffnet neue Horizonte für Gärten, die pflegeleicht sein sollen. Es gibt für alle Geländeformen und Umweltansprüche passende Kombinationen. Die folgenden fünf Varianten zeigen erfolgreiche Wildblumenpflanzungen. Beachten Sie, daß die genannten Wildstauden nicht gleichzeitig blühen müssen.

Frühjahrsblüher unter Gehölzen

A. Arznei-Schlüsselblume *(Primula veris)*
B. Busch-Windröschen *(Anemone nemorosa)*
C. Lerchensporn *(Corydalis cava)*
D. Maiglöckchen *(Convallaria majalis)*
E. Rote Waldnessel *(Lamium maculatum* 'Argenteum'*)*
F. Schöllkraut *(Chelidonium majus)*
G. Türkenbundlilie *(Lilium martagon)*

Diese Wildblumen blühen im zeitigen Frühjahr, bevor die Bäume und Sträucher das Laub voll ausgetrieben haben.

Trockenlandschaften

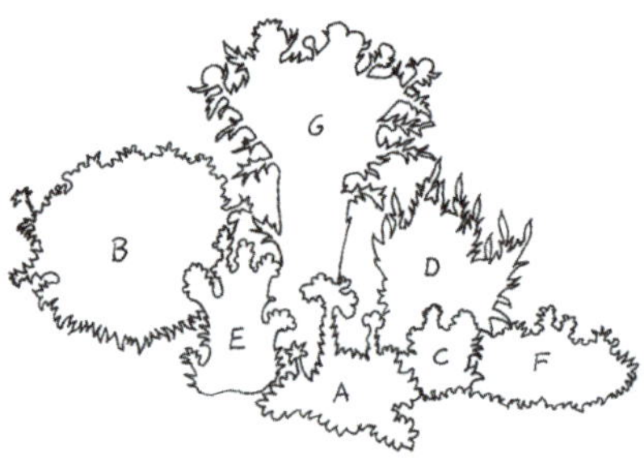

A. Dach-Hauswurz *(Sempervivum tectorum)*
B. Färber-Hundskamille *(Anthemis tinctoria* 'Grallagh-Gold'*)*
C. Feld-Steinquendel *(Acinos arvensis)*
D. Ähriger Ehrenpreis *(Pseudolysimachion spicatum)*
E. Pechnelke *(Silene viscaria)*
F. Polsterseifenkraut *(Saponaria ocymoides)*
G. Wolldistel *(Cirsium eriophorum)*

Die Anlage von Trockenlandschaften empfiehlt sich für besonders trockene und heiße Standorte, zum Beispiel an Südhängen. Wenn Sie für solche Standorte mit flachen, nährstoffarmen Böden folgende Pflanzen auswählen, werden Sie viel Freude daran haben.

Wildstauden für Bienen und Schmetterlinge – und für die Vase

Die folgenden Wildstauden bieten geflügelten Gästen eine lange Saison. Viele davon eignen sich auch besonders zur Verwendung als Schnittblumen.

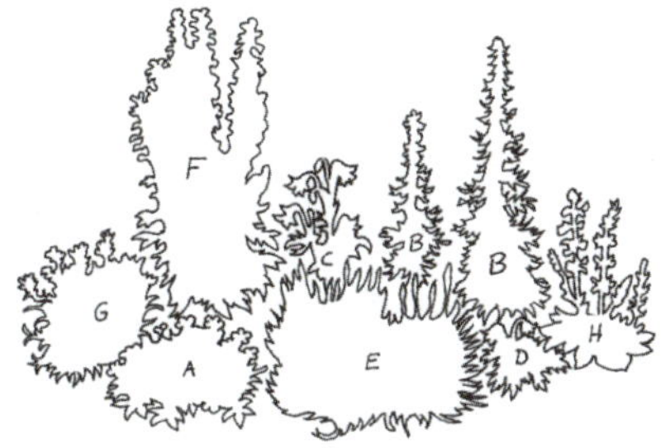

A. Blutroter Storchschnabel *(Geranium sanguineum)*
B. Eisenhut (*Aconitum napellus*)
C. Gewöhnliche Akelei *(Aquilegia vulgaris)*
D. Küchenschelle *(Pulsatilla vulgaris)*
E. Lavendel *(Lavendula angustifolia)*
F. Rittersporn *(Delphinium elatum)*
G. Rote Kartäuser-Nelke *(Dianthus carthusianorum)*
H. Wiesensalbei *(Salvia pratensis)*

Steingärten

Kein Steingarten ist wirklich vollständig ohne die charakteristischen einheimischen Arten. (Lesen Sie in Kapitel 12 mehr über Steingärten.)

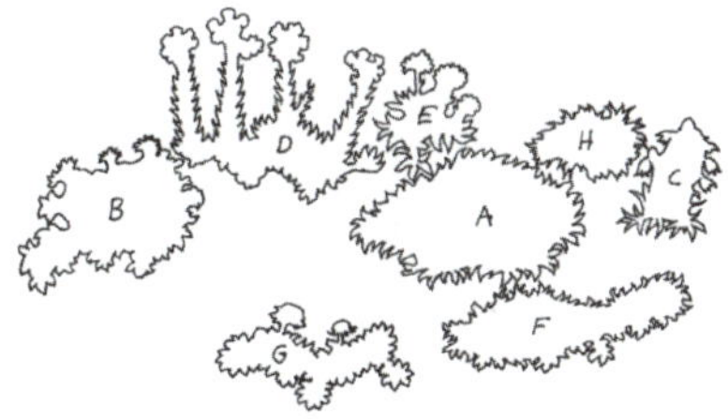

A. Alpenaster *(Aster alpinus)*
B. Alpen-Frauenmantel *(Alchemilla alpina erythropoda)*
C. Alpen-Zwergglockenblume *(Campanula cochleariifolia)*
D. Dach-Hauswurz *(Sempervivum tectorum)*
E. Glühendes Steinkraut *(Alyssum arduinii)*
F. Sand-Thymian *(Thymus serpyllum)*
G. Rundblättrige Fetthenne *(Sedum anacampseros)*
H. Silberdistel *(Carlina acaulis)*

Bodendecker

Einheimische Pflanzen geben hervorragende Bodendecker ab. Die folgenden Arten gedeihen in schwach sauren Böden.

– Anita Heidenfelder, graphische Gestaltung von Sylvia Bespaluk

A. Gundelrebe *(Glechoma hederacea)*
B. Haselwurz *(Asarum europaeum)*
C. Heidenelke *(Dianthus deltoides)*
D. Purpurgünsel *(Ajuga reptans)*
E. Garten-Maiglöckchen *(Convallaria majalis* 'Grandiflora'*)*
F. Hellerkraut *(Lysimachia nummularia)*
G. Wald-Erdbeere *(Fragaria vesca)*

WILDBLUMEN

19 beliebte Wildblumen

Ähriger Ehrenpreis
(Pseudolysimachion spicatum)
Farbe: blau
Blütezeit: Juni bis August
Höhe: 20 bis 40 cm
Vegetationszyklus: mehrjährig, grün überwinternd

Blutroter Storchschnabel
(Geranium sanguineum)
Farbe: purpurrot
Blütezeit: Mai bis August
Höhe: 20 bis 50 cm
Vegetationszyklus: mehrjährig, Überwinterung durch Rhizome

Echtes Mädesüß
(Filipendula ulmaria)
Farbe: gelblichweiß
Blütezeit: Juni bis August
Höhe: 60 bis 150 cm
Vegetationszyklus: mehrjährig, Überwinterung durch Rhizome

Frauenflachs
(Linaria vulgaris)
Farbe: hellgelb
Blütezeit: Juni bis Oktober
Fruchtreife: Juli bis September
Höhe: 30 bis 60 cm
Vegetationszyklus: mehrjährig, Überwinterung durch Rhizome

Gefleckte Taubnessel
(Lamium maculatum)
Farbe: purpurfarben, selten weiß
Blütezeit: April bis Oktober
Höhe: 20–70 cm
Vegetationszyklus: mehrjährig, Überwinterung durch Rhizome

Gewöhnlicher Natternkopf
(Echium vulgare)
Farbe: blauviolett
Blütezeit: Juni bis September
Höhe: 30–100 cm
Vegetationszyklus: zweijährig, Samen

Große Küchenschelle
(Pulsatilla vulgaris)
Farbe: violett
Blütezeit: März bis Juni
Fruchtreife: ab Juni
Höhe: 10–20 cm
Vegetationszyklus: mehrjährig, Überwinterung durch Rhizome

Hohler Lerchensporn
(Corydalis cava)
Farbe: purpurfarben, weiß
Blütezeit: März bis April
Höhe: 10–35 cm
Vegetationszyklus: mehrjährig, Überwinterung als Knolle

Kartäuser-Nelke
(Dianthus carthusianorum)
Farbe: purpurfarben
Blütezeit: Juni bis September
Höhe: 20–50 cm
Vegetationszyklus: mehrjährig, grün überwinternd

Klatsch-Mohn
(Papaver rhoeas)
Farbe: rot
Blütezeit: Mai bis August
Fruchtreife: Juli bis August
Höhe: 30–70 cm
Vegetationszyklus: einjährig, Überwinterung als Samen

Kriechender Günsel
(Ajuga reptans)
Farbe: blau
Blütezeit: April bis Juli
Höhe: 10–30 cm
Vegetationszyklus: mehrjährig, Überwinterung durch Rhizome

Kornblume
(Centaurea cyanus)
Farbe: blau
Blütezeit: Juni bis August
Höhe: 30–80 cm
Vegetationszyklus: einjährig, Überwinterung als Samen

Magerwiesen-Margerite
(Leucanthemum vulgare)
Farbe: weiß
Blütezeit: Mai bis Oktober
Höhe: 40–80 cm
Vegetationszyklus: mehrjährig, grün überwinternd

Maiglöckchen
(Convallaria majalis)
Farbe: weiß
Blütezeit: Mai bis Juni
Fruchtreife: Juli bis September
Höhe: 10–25 cm
Vegetationszyklus: mehrjährig, Überwinterung durch Rhizome

Pfennig-Gilbweiderich
(Lysimachia nummularia)
Farbe: gelb
Blütezeit: Mai bis Juli
Höhe: 5–10 cm
Vegetationszyklus: mehrjährig, grün überwinternd

Schöllkraut
(Chelidonium majus)
Farbe: gelb
Blütezeit: Mai bis September
Höhe: 40–70 cm
Vegetationszyklus: mehrjährig, Überwinterung durch Rhizome

Silberdistel
(Carlina acaulis)
Farbe: weiß
Blütezeit: Juli bis September
Höhe: 10–20 cm
Vegetationszyklus: mehrjährig, Überwinterung durch Rhizome

Türkenbund
(Lilium martagon)
Farbe: purpurfarben
Blütezeit: Juli bis August
Höhe: 50–120 cm
Vegetationszyklus: mehrjährig, Überwinterung als Zwiebel

Wald-Erdbeere
(Fragaria vesca)
Farbe: weiße Blüten; rote Früchte
Blütezeit: April bis Juni
Fruchtreife: Mai bis Juli
Höhe: 10–20 cm
Vegetationszyklus: mehrjährig, grün überwinternd

– Anita Heidenfelder

Favoriten für den Floristengarten

Bäume
Birke
Fächer-Ahorn
Hartriegel
Holzapfel
Japanischer Ahorn
Kirsche
Magnolie

Sträucher
Azalee
Berberitze
Buchs
Flieder
Forsythie
Ginster
Pfeifenstrauch
Rhododendron
Schneeball
Sommerflieder
Spindelstrauch
Stechpalme
Zaubernuß
Zypresse

Einjährige Blumen
Färber-Mädchenauge
Löwenmäulchen
Ringelblume
Schmuckkörbchen
Tagetes
Ziertabak
Zinnie

Mehrjährige Blumen
Akelei
Chrysantheme
Eberraute
Ehrenpreis
Eisenhut
Frauenmantel
Funkie
Glockenblume
Indianernessel
Kokardenblume
Lilie
Mädchenauge
Pfingstrose
Phlox
Prachtspiere
Purpurglöckchen
Rittersporn
Salvie
Schafgarbe
Schleierkraut
Schwertlilie
Skabiose

Der Floristengarten

Floristen sind Künstler, deren Material die Dinge sind, die um sie herum wachsen. Sein eigenes Material auszuwählen und anzubauen kann ein ebenso kreatives Erlebnis sein wie das Gestalten eines vollendeten Arrangements. Mit einiger Voraussicht kann man bestimmte Blumen für besondere Anlässe wie eine Hochzeit heranziehen, ausreichend Blattwerk für größere Gestaltungen zur Verfügung haben und sein Haus das ganze Jahr hindurch mit Sträußen aus selbst angebauten Blumen schmücken.

Ein Floristengarten muß keineswegs groß sein. Er kann auf kleinem Raum angelegt werden und dennoch während des ganzen Jahres Blumen und Blattwerk liefern. Bäume, Sträucher, Randbepflanzungen und sogar Kräuter- und Gemüsegärten können mit dem Gedanken an Blumengebinde angepflanzt werden. Fertigen Sie eine Liste des Pflanzenmaterials an, das Sie bereits haben, und eine zweite von dem, was Sie gerne noch hätten. Die Aufzählung auf dieser Seite beinhaltet einige der vielen, vielen Pflanzen, die für Ihren Floristengarten in Frage kommen könnten.

Einen Floristengarten planen

Suchen Sie aus der Auswahl auf dieser Seite oder aus anderen Angeboten die Blumen aus, die Sie am liebsten mögen. Ein kleiner Floristengarten könnte umfassen: einen Spindelstrauch, einen kleinen Wacholder, eine Pfingstrose, drei Schafgarben, drei Prachtspieren, zwei Purpurglöckchen, drei Sonnenaugen, drei Ehrenpreis, ein Dutzend Narzissen und so viele Zinnien und Schmuckkörbchen wie möglich dazwischen. Diese und die Dinge, die Sie nebenher auf Feldern und Grundstücken ernten, ergeben während des ganzen Jahres viele reizende Blumensträuße.

Suchen Sie eine Stelle für Ihren Floristengarten aus und skizzieren Sie den Bereich maßstabgetreu auf Millimeterpapier. Wenn Sie bereits einen Gartenplatz haben, fügen Sie dem Boden für die neue Pflanzung organisches Material zu, um ihn zu verbessern. Wenn Sie einen neuen Gartenabschnitt in der Rasenfläche planen, versuchen Sie folgendes:

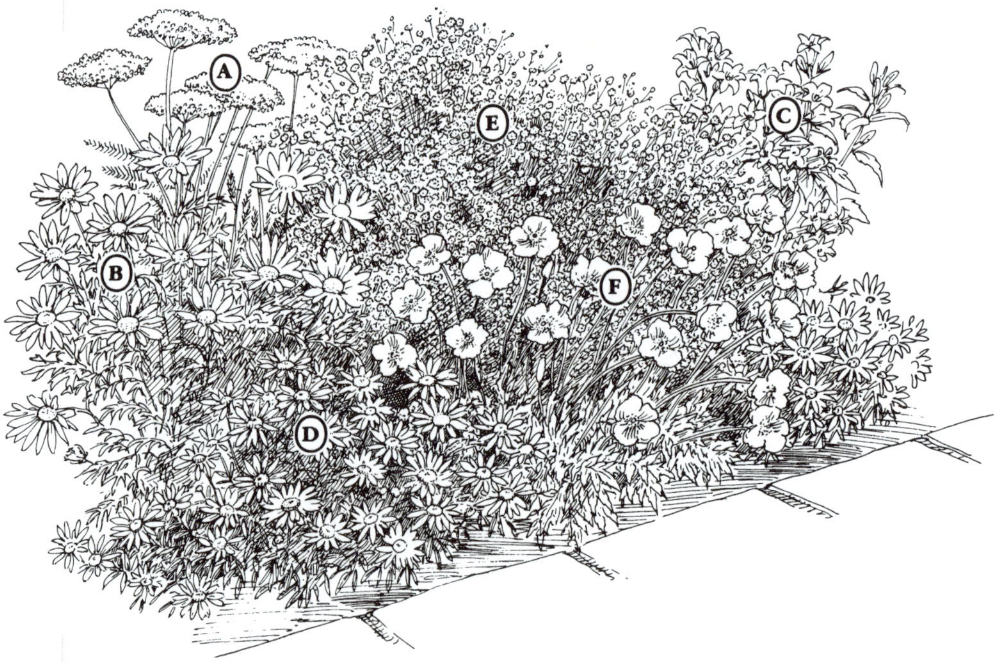

A. *Achillea* (Schafgarbe), B. *Anthemis tinctoria* (Färber-Hundskamille), C. *Campanula* (Glockenblume), D. *Leucanthemum maximum* oder *L.* x *superbum*-Hybride (Pyrenäen- oder Garten-Margerite), E. *Gypsophila paniculata* (Schleierkraut), F. *Papaver* (Mohn)

- Umreißen Sie die vorgesehene Fläche im zeitigen Frühjahr oder im Herbst mithilfe von Stangen, einer Kordel oder einem langen Gartenschlauch auf dem Rasen oder „zeichnen" Sie die Ränder mit Kalk auf.
- Graben Sie den Boden um. Wenn Sie es im Herbst tun, müssen Sie die Soden umwenden und organisches Material darüberschichten, um einen Mini-Komposthaufen zu erzeugen. Graben Sie im Frühjahr um, müssen Sie die Soden entfernen und sie durch Torfmoos, verrotteten Mist und Kompost ersetzen und wenn nötig Kalk oder Kalziumphosphat zugeben.

– aus *The Flower Arranger's Garden* von Patricia R. Barrett

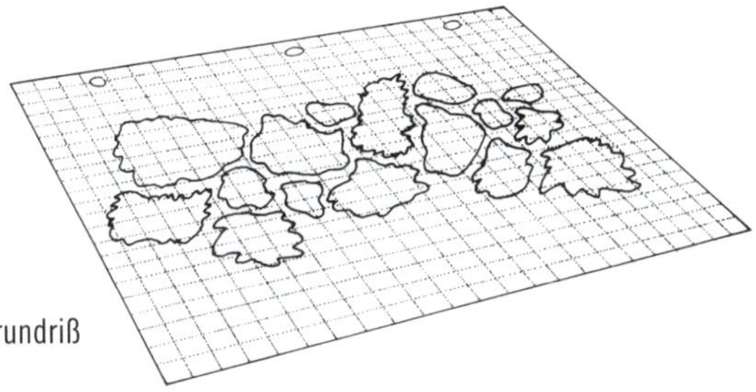

Zeichnen Sie Ihren Grundriß auf Millimeterpapier.

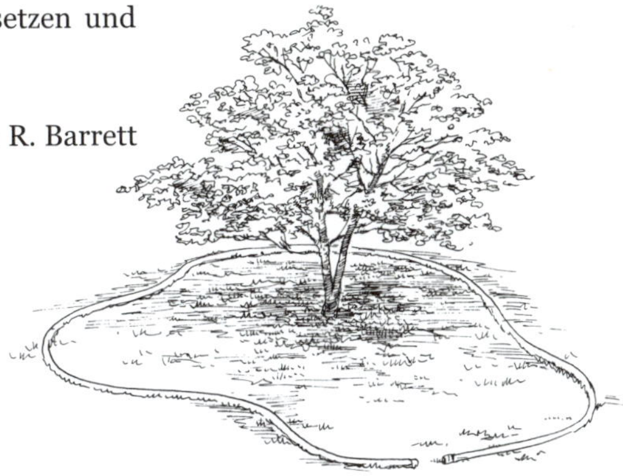

Umreißen Sie die Gartenfläche mit einem Wasserschlauch.

Blumen für Gebinde ernten und aufbereiten

Blume	Wann schneiden	Wie behandeln
Anemone	½ bis vollständig geöffnet	Stiele schräg anschneiden
Aster	¾ bis vollständig geöffnet	Stiele schräg anschneiden
Azalee	von der Knospe bis vollständig geöffnet	Stiele schräg anschneiden und quetschen
Chrysantheme	vollständig geöffnet abbrechen	Stiele schräg anschneiden oder quetschen
Dahlie	vollständig geöffnet	Stiele in der Flamme versengen
Flieder	½ bis vollständig geöffnet	Stiele schräg anschneiden oder quetschen, welke Zweige für eine Stunde in sehr heißes Wasser stellen
Gänseblümchen	½ bis vollständig geöffnet	Stiele schräg anschneiden oder in der Flamme versengen
Gladiole	wenn sich die zweite Blüte öffnet	Stiele schräg anschneiden
Kornblume	¾ bis vollständig geöffnet	Stiele schräg anschneiden
Lilie	wenn sich die erste Blüte öffnet	nicht mehr als ein Drittel des Stiels abschneiden
Mohn	in der Nacht vor dem Öffnen	Stiele versengen, ein Tropfen Wachs in die Mitte der Blüte hält sie offen
Narzisse	wenn die Knospe Farbe zeigt	Laub sparsam abschneiden und Stiele schräg anschneiden
Nelke	vollständig geöffnet, von der Pflanze abknicken oder -brechen	Stiele schräg anschneiden
Pfingstrose	Knospe in Farbe oder vollständig geöffnet	Stiele schräg anschneiden oder schlitzen
Ringelblume	vollständig geöffnet	Stiele schräg anschneiden
Rittersporn	¾ bis vollständig geöffnet	Stiele schräg anschneiden, die obersten Knospen abbrechen
Rose	wenn das zweite Blütenblatt sich entfaltet, Stiele genau über einem fünffingrigen Blatt abschneiden	Stiele schräg anschneiden und unter Wasser nochmals abschneiden
Schwertlilie	wenn sich die erste Blüte öffnet	Blätter belassen, Stiele ankratzen
Tagetes	vollständig geöffnet	Stiele ankratzen
Tränendes Herz	4 oder 5 Blütchen offen	Stiele ankratzen
Tulpe	Knospe ½ geöffnet	Blätter sparsam abschneiden, Stiele ankratzen, über Nacht tief ins Wasser stellen
Zinnie	vollständig geöffnet	Stiele in der Flamme versengen

BLUMEN, DIE BLEIBEN

Betty E. M. Jacobs und ihr Ehemann hatten über mehrere Jahre eine Kräuterfarm auf Vancouver Island, British Columbia, und entwickelten eine Vorliebe für unvergängliche Blumen. Ihr Rat: Das frische Pflanzenmaterial muß von makelloser Qualität sein und wirklich vollständig austrocknen, damit es haltbar bleibt. Der Trockenraum sollte trocken, gut durchlüftet und dämmrig oder dunkel sein. Ein freies Schlafzimmer oder eine Dachkammer sind gut geeignet.

Pflanzen lufttrocknen

Bevor Sie beginnen, muß gewährleistet sein, daß das Pflanzenmaterial, das Sie trocknen möchten, in einwandfreiem Zustand ist, wenn Sie es pflücken. Es ist Zeitverschwendung, unförmige Stücke, überreife Blumen oder Material, das verblüht oder schlaff ist, zu verwenden. Das Pflanzenmaterial sollte äußerlich vollständig trocken sein, wenn Sie es pflücken. Pflücken Sie es also am späten Vormittag oder am frühen Nachmittag, nachdem es ein paar Stunden Sonne hatte – am besten zwei oder drei Sonnentage hintereinander.

Entfernen Sie vor dem Trocknen einen Teil der Blätter. Wenn die Blätter dick oder zu zahlreich sind, verlangsamt dies den Trocknungsprozeß.

Muschelblumen müsse beim Lufttrocknen in etwas Wasser stehen.

Hängend lufttrocknen: Stellen Sie das Pflanzenmaterial zu kleinen Bündeln zusammen, wobei die Blüten nicht in einer Ebene sein sollten, und binden Sie die Stiele mit Gummibändern zusammen. Große Blüten hängt man wegen der besseren Luftzirkulation einzeln auf. Schieben Sie einen plastikummantelten Bindedraht durch das Gummiband und biegen Sie eine Schlaufe, an der Sie das Bündel aufhängen können. Wenn Sie eine Schnur verwenden, binden Sie einen Slipknoten. Hängen Sie die Bündel an Haken, Kleiderbügeln oder Leisten auf.

Aufrecht lufttrocknen ohne Wasser: Beschweren Sie eine große Konservendose mit Steinen oder Sand und spannen Sie Kaninchendraht über die Öffnung. Stecken Sie einen oder mehrere Pflanzenstiele durch die Löcher, aber drängen Sie die Pflanzen nicht zusammen. Stellen Sie das Gefäß an einen warmen, dunklen und gut durchlüfteten Ort. Die meisten Gräser trocknen bei dieser Technik gut ab.

Schafgarben lassen sich in Sand stehend lufttrocknen.

Aufrecht lufttrocknen mit Wasser: Wenn Schleierkraut, Muschelblumen, Hahnenkämme, Gold-Garben und alle Hortensienarten oder Mimosen aufrecht stehend lufttrocknen sollen, muß das Gefäß mit etwa 3 cm Wasser gefüllt sein, da diese Pflanzen sonst welken. Nach dem Verdunsten des Wassers können die Pflanzen im nun trockenen Gefäß weitertrocknen.

32 klassische Pflanzen zum Trocknen

Banater Kugeldistel	Italienische Strohblume	Schafgarbe
Besenheide	Jungfer im Grünen	Schleierkraut
Echtes Federgras	Kapkörbchen	Silberblatt
Papierknöpfchen	Kugel-Amaranth	Silberdistel
Färberdistel	Lampionblume	Silberimmortelle
Garten-Fuchsschwanz	Mähnengerste	Strandflieder
Gold-Garbe	Mannstreu	Strohblume
Hafer	Muschelblume	Wilde Artischocke
Hahnenkamm	Pampasgras	Wilde Karde
Hasenschwanzgras	Papierblümchen	Zittergras
Hiobsträne	Rasselblume	

Betty Jacobs über das Konservieren von Blumen

Vor einigen Jahren, als mein Mann und ich noch unseren Kräuterbetrieb auf Vancouver Island hatten, bauten wir eine Menge Trockenblumen und -pflanzen an. In letzter Zeit haben wir erneut Interesse an diesen nützlichen Pflanzen gefunden. Am besten geeignet zum Trocknen sind die echten Strohblumen, weil sie von Natur aus papierähnliche Blütenblätter und Samenhülsen haben, und die Papierblumen, die sich durch Aufhängen trocknen lassen und lang halten. Einige der reizvollen Ziergräser trocknen ebenfalls gut.

Wenn Sie noch nie irgend etwas anderes angepflanzt haben, werden Ihnen die echten Strohblumen eine vortreffliche Auswahl an getrocknetem Material bieten, mit dem Sie arbeiten können. Alle können mit minimalem Aufwand haltbar gemacht werden und behalten beim Trocknen ihre Farbe und Form zuverlässig bei. Und Sie können sich unabhängig von den Jahreszeiten an ihnen erfreuen, auch im Winter, wenn frische Blumen teuer sind. Sie können Arrangements für besondere Gelegenheiten im voraus anfertigen, und wenn Sie sie luftdicht unter Glas aufbewahren, können sie tatsächlich ewig halten. Getrocknete Blumen sind kostensparend und vielseitig verwendbar. Weil sie kein Wasser brauchen, bieten sie Nutzungsmöglichkeiten, die mit Frischblumen nicht gegeben sind.

Pflanzen, die gut lufttrocknen

Anemone	Lavendel	Rosmarin
Besenginster	Leberbalsam	Salbei, Blauer und Mehliger
Besenheide	Lupine	Salbei, Muskateller-
Binse	Mimose	Salweide
Blaudolde	Mohn (Kapseln)	Schafgarbe
Buchs, Gewöhnlicher	Montbretie	Segge
Chrysantheme	Paradiesvogel	Silber-Greisblatt
Frauenmantel	Pfingstrosen	Stockrose
Funkie	Pracht-Akanthus	Virginia-Gelenkblume
Garten-Hortensie	Prachtscharte	Weinraute
Garten-Rittersporn	Prachtspiere	Weißer Beifuß 'Silver King'
Glockenheide	Purpur-Sonnenhut	Weizen
Goldrute	Rainfarn	Wilde Möhre
Heiligenkraut	Ravennagras	Woll-Ziest
Hopfen, Gewöhnlicher	Reisarten	Zinnie
Knoblauch	Rittersporn, Hoher	Zuckermais, Ziermais
Kokardenblume	Rittersporn, Niederer	Zwiebel-, Lauch- und Schnittlaucharten
Korallenmoos	Rose	

– aus *Flowers That Last Forever* von Betty E. M. Jacobs

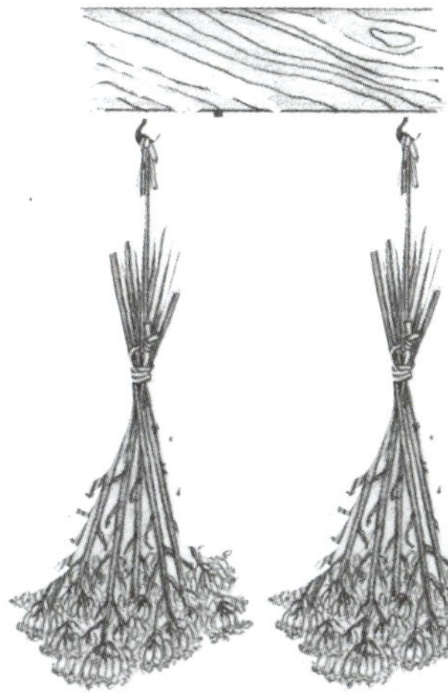

Was beim Lufttrocknen zu beachten ist

Zu empfehlen

- Lagern Sie das Material an einem warmen, trockenen und dunklen Ort.
- Lassen Sie rundherum und zwischen den Bündeln Raum, damit die Luft zirkulieren kann.
- Stellen Sie Glasbehälter mit getrocknetem Pflanzenmaterial in einen dunklen Schrank.
- Geben Sie Silikagel zu getrocknetem Pflanzenmaterial in Plastikbeuteln, sonst kann es in den Beuteln zu Kondensation kommen.

Zu vermeiden

- Lagern Sie zu trocknendes Pflanzenmaterial niemals an kühlen Orten.
- Stellen Sie das Pflanzenmaterial nie in die Nähe von Wärmequellen, weil dies zu höherer Brüchigkeit und Sprödigkeit führt.
- Bringen Sie das Pflanzenmaterial nie in einem offenen Schuppen, einem Treibhaus oder einer feuchten Garage unter.
- Lagern Sie Material mit verschiedenen Düften nie im selben Behälter.
- Stellen Sie Glasbehälter nie dort auf, wo irgendwelches Licht darauf fallen kann.

Schnell pressen

Wenn Sie ganz schnell gepreßte Blätter oder Blüten brauchen, müssen Sie sie genauso vorbereiten, wie Sie es für eine normale Pressung tun würden. Nachdem die Stücke einige Stunden gepreßt worden sind, werden sie direkt zwischen je 3 cm Silikagel in einen Behälter gelegt. Dann wird das Ganze mit Gewichten beschwert, abgedeckt und über Nacht stehen gelassen.
Wenn Sie nicht bis zum nächsten Tag warten können, stecken Sie den Behälter mit dem Silikagel (ohne die Gewichte) schnell für eine Minute bei hoher Stufe in die Mikrowelle. Lassen Sie ihn eine halbe Stunde auskühlen und schütten Sie dann so viel Silikagel aus dem Behälter, daß eine etwa 3 cm dicke Schicht verbleibt. Legen Sie Ihre Blüten oder Blätter darauf und schütten Sie nochmals 3 cm darüber.

Die Trockenheit prüfen

Seien Sie vorsichtig, wenn Sie prüfen, ob die Blumen trocken sind. Kippen Sie den Behälter an und betasten Sie einige der Blütenblätter. Wenn sie noch weich sind, brauchen sie noch etwas Zeit. Wenn sie sich anfühlen wie trockenes Seidenpapier, sind sie fertig. Wenn sie spröde sind und bröseln, waren sie zu lange im Behälter – ein Totalverlust.

Pressen Sie Blüten oder Blätter zwischen Schichten aus Silikagel.

Trocknen mit Trocknungsmitteln

Blumen, die sich durch Lufttrocknung nicht gut trocknen lassen, können häufig unter Verwendung eines Sikkativs konserviert werden. Sikkative sind Trocknungsmittel, die Feuchtigkeit aufnehmen. Auch Pflanzen, die erfolgreich an der Luft getrocknet werden können, bewahren mehr natürliche Farbe, wenn ein Sikkativ verwendet wird, und fast jede Blüte behält ihre Gestalt besser.

Übliche Vorgehensweisen

Trocknen Sie alle feuchten Teile der Stengel äußerlich oder schneiden Sie diese ab, bevor Sie die Pflanzen in ein Sikkativ legen, und streifen Sie das Laub ab. Es ist wichtig, den zu trocknenden Pflanzen ausreichend Raum zu geben. Achten Sie darauf, daß zwischen den einzelnen Blütenköpfen Platz ist und daß sich die Blütenblätter von verschiedenen Blumen nicht berühren.
Es ist schwierig, genau anzugeben, wie lange jede einzelne Blume im Trocknungsmittel aufbewahrt werden muß. Dies hängt vom Feuchtegehalt des zu trocknenden Materials und vom jeweiligen Trocknungsmittel ab. Die Trockendauer kann zwischen zwei Tagen und bis zu drei Wochen variieren – prüfen Sie das Material einfach regelmäßig, bis es vollständig trocken ist.
Wenn Sie die Blumen herausnehmen, kann noch etwas Sikkativ an den Blütenblättern kleben. Um es zu entfernen, müssen Sie den Stiel mit der Blume nach unten halten und mit den Fingern an den Stengel klopfen oder schnippen. Was dann noch an Trocknungsmittel anhaftet, sollte mit einem weichen Kamelhaarpinsel abgebürstet werden.

Trocknen mit Silikagel

Trocknen mit Silikagel hat gegenüber allen anderen Methoden zwei Vorzüge: Es geht schneller, und die Blumen behalten ihre natürliche Farbe besser. Silikagel kann man als grobe oder feine Kristalle oder in sandiger Form kaufen. Sie brauchen die feingemahlene sandige Form. Silikagel ist nicht giftig, aber Sie sollten das Einatmen vermeiden, weil es Ihre Nasennebenhöhlen reizen kann.
Wenn Silikagel weiß oder blaßrosa ist, ist es feucht und muß getrocknet werden. Um seine Eigenschaften zu reaktivieren, heizen Sie es im Backofen für 20 bis 30 Minuten auf 120 °C oder in der Mikrowelle für zwei Minuten auf der höchsten Stufe auf. Wenn es blau ist, ist es für den nächsten Einsatz bereit. Lagern Sie es in luftdichten Gefäßen.
Beim Verwenden von Silikagel zum Trocknen von Blumen sind die allgemeinen Regeln beim Umgang mit Trocknungsmitteln zu befolgen. Blumen können drei bis sechs Tage zum Trocknen brauchen. Um den Verlauf zu beschleunigen, sollten Sie das Silikagel verwenden, solange es noch warm vom Ofen ist, aber achten Sie darauf, daß Sie die Blumen herausnehmen, bevor sie brüchig werden.

Trocknen mit Sand, Borax und Maismehl

Um Pflanzen mit diesen Substanzen zu trocknen, müssen Sie die Handelsklasse „Gewaschener Feinsand“ kaufen. Da Sand schwer ist, ist er in reiner Form nur für einige Blüten mit dicken Blütenblättern wie Pfingstrosen oder großblütige Dahlien geeignet. Um empfindlichere Blüten zu trocknen, müssen Sie eine Tasse Sand mit zwei Tassen Borax oder Maismehl oder Silikagel mischen. Das Pflanzenmaterial kann zum Trocknen bis zu drei Wochen brauchen, wenn Sie Sand oder Sandmischungen verwenden.

Blumen pressen

Jedwedes Pflanzenmaterial, das Sie pressen möchten, muß äußerlich vollständig trocken sein, wenn Sie es pfücken. Pressen Sie es sofort.

Pressen in einem Buch

Öffnen Sie das Buch ein paar Seiten von einem Ende entfernt und legen Sie ein Papiertaschentuch oder ein gefaltetes Stück Löschpapier auf die Seite. Zerdrücken Sie die Mitte jeder Blüte behutsam zwischen Daumen und Zeigefinger. Wenn sie einen harten Blütenkelch hat, schneiden Sie ihn heraus oder pressen Sie ihn mit dem kalten Bügeleisen zwischen zwei Blättern Wachspapier.

Legen Sie die Blüten so auf das Papiertaschentuch oder das Löschpapier, daß sie sich gegenseitig nicht berühren. Bedecken Sie die Blüten mit einem zweiten Taschentuch oder klappen Sie das gefaltete Löschpapier darüber. Blättern Sie etwa zehn Seiten weiter und wiederholen Sie das Vorgehen, bis das Buch voll ist oder Sie keine Blüten mehr haben.

Beschweren Sie das Buch hinreichend. Geeignet sind Ziegel, Behälter mit Sand oder schwere Bücher. Nach ein oder zwei Tagen können Sie das Buch vorsichtig öffnen. Wenn die Taschentücher oder das Löschpapier feucht aussehen, müssen Sie die Blüten mit einer Pinzette auf frisches Papier legen und zum nochmaligen Pressen wieder in das Buch geben. Die Blüten sollten etwa zwei Wochen trocknen. Zum Aufbewahren können Sie sie einfach im Buch lassen.

Pressen Sie Pflanzen in einem Buch zwischen Papiertaschentüchern oder Löschpapier, welche die Feuchtigkeit aufnehmen können.

Bauanleitung für eine Blumenpresse

Um eine Presse für Blüten und Blätter zu bauen, brauchen Sie zwei Sperrholzplatten, vier Schrauben mit Flügelmuttern und Beilagscheiben, etwas Zeitungspapier und Löschpapierblätter. Eine kleine Presse könnte 26 x 36 cm groß sein, was etwa der Größe eines DIN-A4-Blattes entspricht.

1. Bohren Sie etwa 1,5 cm von den Kanten entfernt in jede Ecke der Sperrholzplatten ein Loch, das groß genug sein muß, um die Schraube aufnehmen zu können. Die Länge der Schrauben hängt von der Stärke ab, die Ihre Presse haben soll.
2. Setzen Sie die vier Schrauben – B, C, D, E – in die Löcher der Sperrholzplatte A.
3. Legen Sie ein paar Blätter Zeitungspapier auf A. Sie sollten kleiner als die Sperrholzplatte zugeschnitten sein.
4. Legen Sie auf das Zeitungspapier ein in der Mitte gefaltetes Löschblatt.
5. Das zu pressende Material wird nun zwischen das gefaltete Löschpapier gelegt. Geben Sie nur Material von gleicher Stärke in eine Schicht.
6. Decken Sie wieder ein paar Bögen Zeitungspapier darüber und legen Sie weiteres Pflanzenmaterial, Löschpapier und Zeitungspapier im Sandwich-Verfahren übereinander.
7. Bedecken Sie das Ganze oben mit der Sperrholzplatte F.
8. Ziehen Sie die Flügelmuttern fest an.
9. Bewahren Sie die Presse in einem warmen, trockenen Raum abseits von Sonnen- und Neonlicht auf.
10. Prüfen Sie täglich die Straffheit der Flügelmuttern. Kontrollieren Sie nach ein paar Tagen das Pflanzenmaterial. Lassen Sie alles unverändert, wenn das Löschpapier nicht feucht ist. Wenn es jedoch feucht ist, muß es mit größter Vorsicht ausgewechselt werden.
11. Der Trocknungsprozeß sollte, je nach Feuchtegehalt des Pflanzenmaterials, in zwei bis drei Wochen abgeschlossen sein.

Diese DIN-A4-Blumenpresse kann große Blüten wie Taglilien, Wilde Möhre und Schmuckkörbchen ebenso aufnehmen wie Gräser und Blätter.

– aus *Flowers That Last Forever*

12

WASSER- UND STEINGÄRTEN

TEICHGÄRTEN • WASSER IN DER GARTENGESTALTUNG PFLANZEN FÜR WASSERGÄRTEN • STEINGÄRTEN

Mein Verhältnis zur Autorin und Freundin Louise Riotte hatte einen steinigen Anfang, als ich mich in einer Veröffentlichung auf sie als „meine 80jährige Lieblingsautorin" bezog. Mein Telefon knackte. Louise schalt: „Bringen Sie Ihre Daten in Ordnung – ich bin erst 79!" Bei allem, was Louise in Angriff nahm, war sie mit Leidenschaft dabei, auch bei ihrem Weiher. Daß sie im von Land umschlossenen Ardmore, Oklahoma, lebte, machte den Gedanken an einen Weiher so alles beherrschend. Der Weiher, den ihr Sohn baute, wurde der Brennpunkt von Louises Leidenschaften für Fischen, Gärtnern, Naturwissenschaften und Kochen. Ihr Cajun-Wels und ihre Texhoma-Maismehlklößchen, ihre geschmorte Schildkröte und ihre gegrillte Klapperschlange werden so bald nicht vergessen sein. Dieses Kapitel beginnt mit einem Bericht von einem kleinen Seerosenteich im Garten hinter dem Haus.

– John Storey

Freunde kicherten, schrieb Luise Riotte im Alter, als ihr Sohn Eugene ein Grundstück kaufte, das eine große Schlucht umfaßte – bis er diese Schlucht in einen wunderbaren Weiher umwandelte. Mit ihren damals über 80 Jahren übernahm Louise die Aufgabe, den Weiher mit Bäumen, Sträuchern und Wildblumen landschaftlich zu gestalten. Dann schrieb sie darüber ihr zwölftes und letztes Buch, Catfish Ponds and Lily Pads.

Eine der schönen Seiten beim Gärtnern mit Wasser ist, daß nach der Errichtung der Anlage und der Bepflanzung nur ein minimaler Aufwand erforderlich ist. Solange das ökologische Gleichgewicht der Fläche beibehalten wird, gibt es kein Hacken und Pflegen, wenig Jäten und natürlich kein Gießen!

Einige Jahre hatten wir einen kleinen Teich in unserem Garten hinter dem Haus, der mit roten und weißen Seerosen bepflanzt war. Er hat sowohl uns erfreut als auch einen sympathischen grünen Frosch, der viel Zeit damit verbrachte, auf den Seerosenblättern zu sitzen, Insekten zu fangen und von Besuchern fotografiert zu werden. Wir legten unseren Garten an, indem wir ein Kinderplanschbecken in den Boden versenkten und mit Wasser füllten. Dann stellten wir verschiedene Töpfe mit jeweils einer in Erde gepflanzten Seerose hinein. Durch ein getarntes Zuflußrohr rieselte langsam Wasser hinein, und der geringe Überlauf schwappte auf den Rasen. Er hätte nicht einfacher und pflegeleichter sein können – was schließlich sein Verderben war. Wir hatten uns so daran gewöhnt, ihn nicht zu beachten, daß wir eines Sommers während einer Trockenperiode vergaßen, den Wasserzufluß zu kontrollieren. Er hatte aufgehört zu existieren, und wir verloren alle Pflanzen.

LEXIKON

Einheimische Pflanzen: Pflanzen, die aus dem Gebiet stammen, in dem man sie vorfindet

Steingarten: ein Garten mit flachwachsenden, sich ausbreitenden Stauden, die zwischen Steinen wachsen, häufig an Hängen

Sumpf: Feuchtgebiet mit einem hohen Wasserspiegel und einem geringen Wasserzu- und -abfluß

Wasserpflanzen: Pflanzen, die im Wasser leben; sie können frei treiben oder im Untergrund verwurzelt sein, mit überspülten oder schwimmenden Blättern

Wenn Sie bereits einen von Natur aus feuchten Bereich im Garten haben, können Sie einen Teil davon etwa 60 cm tief ausbaggern, um einen Weiher anzulegen. Pflanzen Sie die Seerosen direkt in den schlammigen Boden, vorausgesetzt, daß das Wasser nicht mehr als 60 cm tief ist. Versuchen Sie nicht, Enten oder Gänse auf einem Teich zu halten, in dem Sie Wasserpflanzen ziehen, weil die Tiere die Bepflanzung zerstören würden.

– aus *Catfish Ponds and Lily Pads* von Louise Riotte

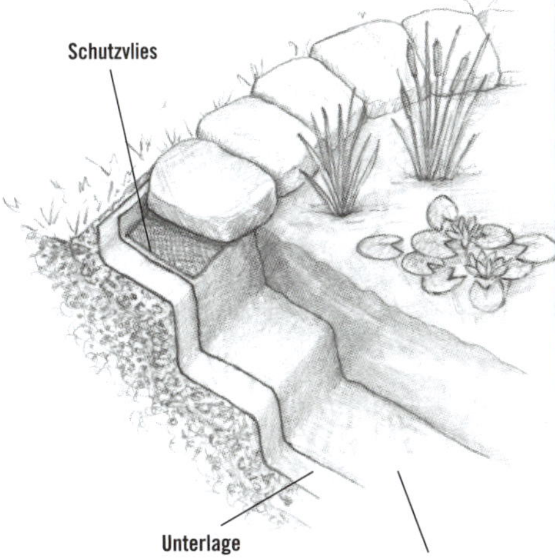

Fassen Sie Ihren Teich mit flachen Steinen auf einem Absatz knapp unter der Wasseroberfläche ein.

Der Gartenteich

Seerosen brauchen mindestens fünf Stunden Sonnenlicht am Tag. Ihr Standort muß abseits von Bäumen sein, die Blätter oder Nadeln ins Wasser fallen lassen können. Der Gartenteich sollte 60 bis 80 cm tief sein, um ein bestmögliches Ergebnis zu erzielen. Früher wurden die meisten Teiche aus armiertem Beton gebaut, aber heute werden häufiger glasfaserverstärkter Kunststoff und PVC verwendet, weil die Formen einfacher einzubauen sind und bei Frost weniger leicht platzen. Gärtnereien, die Wasserpflanzen verkaufen, haben häufig vorgeformte Teiche und Auskleidungen in vielen Größen auf Lager.

Obwohl ein Teich keinen stetigen Durchfluß von frischem Wasser braucht, sollten Rohrleitungen installiert sein, so daß Wasser zugeführt werden kann, wann immer die Verdunstung es nötig werden läßt. Der Gartenteich muß gelegentlich gereinigt werden; ein Abfluß mit Absperrhahn an der tiefsten Stelle erspart Ihnen das Abpumpen des Wassers.

Pflege des Gartenteiches

Obwohl ein Wassergarten weniger Pflege erfordert als ein in Erde angelegter, kann er nicht völlig vernachlässigt werden. Entfernen Sie alles unansehnliche gelbe Laub und Samenstände, sobald sie auftauchen. Wenn die Pflanzen nicht gedeihen, müssen Sie alle zwei Wochen lösliche Düngetabletten um ihre Wurzeln legen.

Seerosen, die in der Erde auf dem Grund eines flachen Teiches wachsen, können Sie ungestört lassen, aber die in Behältern sollten alle zwei bis fünf Jahre geteilt werden. Wenn die Pflanzen zu groß werden, werden die Blüten weniger und kleiner. Aber wenn die Pflanzen sachgemäß versorgt werden, können Sie 50 Jahre oder älter werden.

Wie ihre Gegenstücke im Boden werden auch Wasserpflanzen von Schädlingen befallen. Verwenden Sie in Weihern oder Teichen dennoch niemals Insektizide zur Schädlingskontrolle, besonders wenn Sie dort Fische oder Frösche haben.

– aus *Successful Perennial Gardening* von Lewis und Nancy Hill

Beispiele für die Arten von Wasserpflanzen (von links nach rechts): aquatisch (Seerosen), überspült und treibend.

Einbau vorgeformter Teichwannen

Einen sehr guten Zugang zum „Wassergärtnern“ bieten vorgeformte Teichwannen, die über Kataloge und manche Gartencenter erhältlich sind. Das ist weniger entmutigend, als ein freigeformtes Loch zu graben und ein großes Stück Plastikfolie dafür zuzuschneiden. Eine Person kann eine Teichwanne allein an einem einzigen Nachmittag einsetzen.

Teichwannen gibt es in einer Vielzahl von Formen und Größen. Sie sind langlebig und stoßfest. Formen aus 6 mm starkem glasfaserverstärktem Kunststoff halten mehr als 50 Jahre. Wenn Sie in Ihrem Teich Seerosen anpflanzen möchten, sollten Sie eine mindestens 50 cm tiefe Form wählen. Die 1,2 x 1,8 m große bohnenförmige Wanne, die hier gezeigt wird, faßt etwa 560 l Wasser und bietet Platz für ein bis zwei Seerosen, drei oder vier Randpflanzen wie Binsen oder Sumpf-Schwertlilien, einige Pflanzen zur Sauerstoffanreicherung, um Algen fernzuhalten, und vielleicht einige Goldfische oder Kois.

1. Markieren Sie den Umriß der Teichwanne mit einer Kelle.

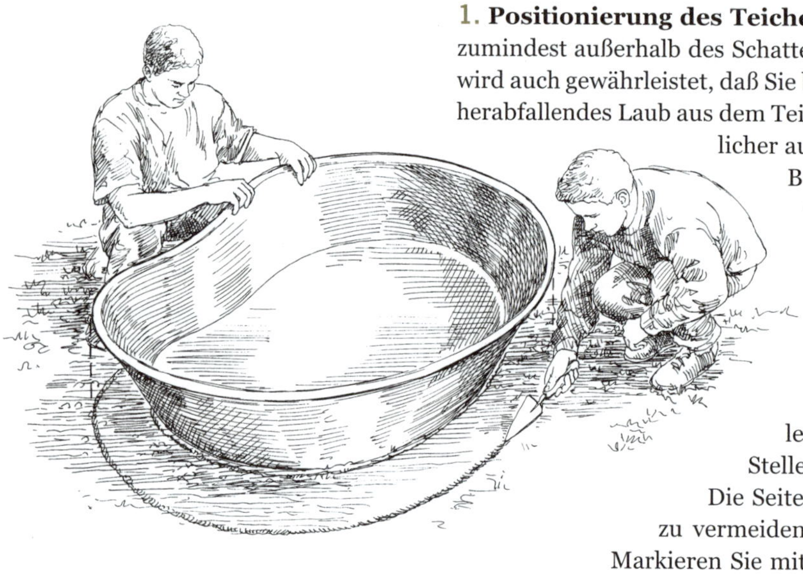

1. Positionierung des Teiches: Wählen Sie einen Standort auf freier Fläche oder zumindest außerhalb des Schattens von überhängenden Bäumen und Sträuchern. So wird auch gewährleistet, daß Sie beim Graben nicht auf Baumwurzeln treffen und kein herabfallendes Laub aus dem Teich entfernen müssen. Ein Wassergarten pflegt natürlicher auszusehen, wenn er in einem tiefer gelegenen flachen Bereich plaziert ist. Vermeiden Sie es aber, ihn an den tiefsten Punkt Ihres Gartens zu legen, weil er bei längerem Regen überflutet werden könnte oder durch mit Dünger, Herbiziden, Insektiziden oder sonstwie verunreinigtem Oberflächenabfluß gefährdet wäre. Positionieren Sie den Teich außerdem in Reichweite eines Gartenschlauchs. Das macht es einfacher, den Teich am Anfang aufzufüllen und den Wasserstand, wenn nötig, zu erhöhen.

Stellen Sie die Teichwanne auf den gewählten Standort. Die Seitenflächen sind leicht angewinkelt, um ein Ausbeulen zu vermeiden. Das künftige Loch muß diese Form wiedergeben. Markieren Sie mit einer Kelle, einem Seil oder einem Gartenschlauch den Umriß des Teichbodens und des oberen Randes. Das Ergebnis sollte eine Ring-im-Ring-Zeichnung sein.

2. Heben Sie das Loch etwas größer aus, als die Teichwanne ist.

2. Graben des Loches: Schachten Sie das Loch 3 bis 5 cm größer aus als die Teichwanne. Graben Sie von der äußeren Grenzlinie schräg nach unten zur inneren und versuchen Sie, dem Winkel der Teichwanne zu entsprechen. Entfernen Sie bei der Arbeit alle Rasenstücke, Steine und Fremdkörper. Der Boden des Lochs muß waagerecht sein, damit das Wasser nach dem Befüllen gleichmäßig hoch in der Wanne steht. Sobald das Loch tief genug ist, müssen Sie den Boden feststampfen oder mit der Rückseite des Schaufelblatts nach unten drücken. Ebnen Sie ihn abschließend mit einem Stück Holz.

Die Oberkante des Loches sollte ebenfalls waagerecht sein. Um dies festzustellen, müssen Sie ein Brett mit einer Wasserwaage darauf an verschiedenen Stellen quer über das Loch legen. Wenn die Oberfläche nicht waagerecht ist, ist es besser, den Boden um die Teichwanne auszugleichen, als die Tiefe des Loches zu verändern.

3. Einsetzen der Teichwanne: Die Teichwanne wird sicherer im Loch sitzen und leichter auf die Feinausrichtung reagieren, wenn sie auf ein Fundament aus Sand gesetzt wird. Der Sand bildet zudem ein schützendes Polster und bietet eine gleichmäßige Oberfläche als Auflage für die Teichwanne. Schütten Sie genug Bausand für eine mindestens 3 cm dicke Schicht in das Loch. Setzen Sie anschließend die Teichwanne ein und rütteln Sie sie in Position. Entfernen Sie die Wanne wieder, um zu sehen, ob sich ein Abdruck im Sand ergibt, und füllen Sie gegebenenfalls weiteren Sand auf, bis dies der Fall ist, damit keine Hohlräume unter der Wanne bleiben. Geben Sie noch mehr Sand hinein, wenn Sie möchten, so daß die Oberkante der Teichwanne leicht über dem Bodenniveau liegt. Das ist eine gute Lösung, wenn Sie sich Sorgen wegen des Oberflächenabflusses machen.

3. Schütten Sie eine 3 cm dicke Sandschicht auf den Grund des Lochs.

Setzen Sie nun die Teichwanne in das Loch zurück und bugsieren Sie sie in die endgültige Position. Prüfen Sie mit Brett und Wasserwaage, ob die Teichwanne vollkommen waagerecht sitzt.

4. Füllen des Teiches: Um den Druck des Wassers und der Erde auszugleichen und Ausbeulungen zu vermeiden, ist es wichtig, gleichzeitig den Teich mit Wasser und die Hohlräume um die Außenwand mit Erde aufzufüllen.
Fixieren Sie das Schlauchende auf dem Boden des Teichs und beginnen Sie, ihn langsam mit Wasser zu füllen. Fangen Sie gleichzeitig an, die Lücke zwischen dem Erdreich und der Teichwanne mit der ausgehobenen Erde auszufüllen. Stopfen Sie den Boden mit einer Kelle oder einem Brett fest. Arbeiten Sie ein paarmal außen herum, bis die Lücke auf allen Seiten gleichmäßig gefüllt ist.

4. Füllen Sie den Teich mit Wasser und stopfen Sie gleichzeitig den äußeren Hohlraum mit Erde aus.

Um den Teichrand zu verbergen und ihm ein natürlicheres Aussehen zu geben, können Sie Ziegel, Steine oder Platten rundherum und leicht über die Kanten legen. Sie müssen stabil befestigt oder in Mörtel gesetzt werden, so daß sie nicht verschoben werden können.
Wenn der Teich fertig ist, sollten Sie 24 Stunden warten, bevor Sie Pflanzen und Fische einsetzen, damit das im Wasser gelöste Chlor verdunsten kann. Falls das Wasser außerdem Chloramine enthält, müssen Sie den Teich mit einer konzentrierten Chemikalienlösung behandeln, wie sie bei Anbietern von Wassergärten dafür erhältlich sind.

– aus *Year-Round Gardening Projects,* Text von Teri Dunn;
Zeichnungen von Elayne Sears

Die besten Pflanzen für Sumpfgärten

- Pflanzen Sie Schwertlilien, Schachtelhalm, Rohrkolben und Hechtkraut im ganzen Areal in natürlich wirkenden Gruppen.
- Beziehen Sie an der Oberfläche schwimmende Pflanzen wie Vierblättrigen Kleefarn und Wasserhyazinthen ein, deren Blätter wie Seerosenblätter auf der Wasseroberfläche schwimmen, aber eine andere Struktur hinzufügen. Sie brauchen für diese Schwimmpflanzen mindestens 20 cm Wassertiefe.
- Tropische Schwimmpflanzen fügen Ihrem Garten eine exotische Note hinzu. Pflanzen Sie sie genau wie ihre winterharten Verwandten. Wenn im Spätherbst das kalte Wetter beginnt, sterben sie ab. Deshalb werden tropische Sumpfpflanzen wie Einjährige behandelt – wunderschön, solange sie halten.

– aus *Creating Your Own Water Garden* von Charles B. Thomas

Verschiedenfarbige Schwertlilie

Anlage und Pflege von Sumpfgärten

Gibt es in Ihrer Rasenfläche eine schlecht drainierte und sumpfige Stelle, mit der Sie gerade nichts anzufangen wissen? Dieser Problembereich, der zu feucht für die meisten Landpflanzen ist, ist der natürliche Standort für einen Wassergarten. Wenn der Bereich immer naß ist, auch während der heißen Sommermonate, können Sie die Sumpfpflanzen ohne jeglichen vorausgehenden Aufwand direkt in die Erde pflanzen. Denken Sie daran, daß sich Sumpfpflanzen im allgemeinen gerne ausbreiten, so daß es zur Konkurrenz zwischen verschiedenen Bewohnern des Sumpfes kommen kann.

Wenn die von Natur aus tief gelegene Stelle Wasser nicht zurückhält, können Sie mithilfe einer PVC-Abdichtung trotzdem leicht einen Sumpfgarten anlegen. Graben Sie die Fläche bis auf eine Tiefe von 20 bis 30 cm aus und legen Sie die Folie in die Grube. Schaufeln Sie die entnommene Erde zurück auf die Folie und durchtränken Sie den Boden gründlich mit Wasser. Die Sumpfpflanzen pflanzt man direkt in die Erde. Halten Sie den Sumpfbereich etwas unter der umliegenden Geländeoberfläche, um den Oberflächenabfluß einzufangen.

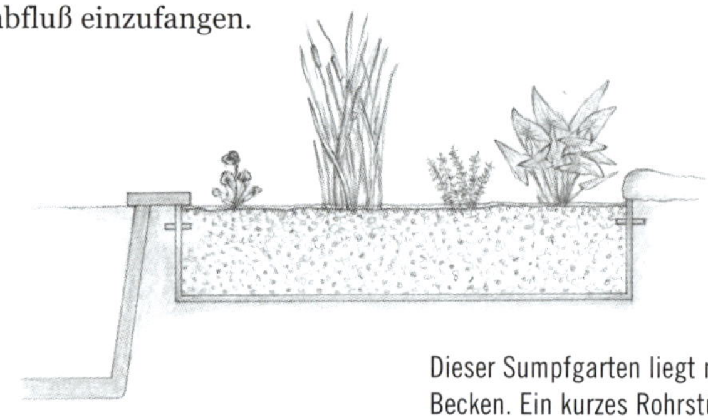

Dieser Sumpfgarten liegt neben einem künstlichen Becken. Ein kurzes Rohrstück bildet das Abflußloch.

Schwertlilien – die Königinnen der Sümpfe

Pflanzenname	Wuchshöhe (cm)	Wassertiefe (cm)	Blühsaison	Blütenfarbe	Winterhärtezone
Louisiana-Iris 'Black Gamecock'	60	0–10	Frühling	blau	6–9
Louisiana-Iris 'Clyde Redmond'	60	0–15	Vollfrühling	blau	4–9
Iris ensata 'Amethyst'	90	0–10	Frühsommer	violett	4–9
I. ensata 'Variegata'	50	0–5	Frühsommer	blau (panaschierte Blätter)	4–9
I. fulva	60	0–15	Frühsommer	rot	5–9
I. laevigata 'Albopurpurea'	60	0–20	Sommer	blau-weiß	4–9
I. laevigata 'Rose Queen'	70	0–20	Sommer	rosa	4–9
I. pseudocorus 'Berlin Tiger'	100	0–10	Frühsommer	gelb	4–9
I. pseudocorus 'Golden Queen'	80	0–25	Frühsommer	gelb	4–9
I. versicolor 'Between the lines'	50	0–10	Sommer	weiß	4–9
I. versicolor 'Kermesina'	70	0–5	Frühsommer	purpur	4–9

– verändert aus *Creating Your Own Water Garden*

Sumpfpflanzen halten ihre Wurzeln gerne in sumpfigem Boden oder in 3 bis 15 cm tiefem Wasser naß. Sie können in Töpfe von fast jeder Größe gepflanzt werden, aber wenn es sich um eine einzelne Pflanze handelt, genügt ein 5- oder 10-l-Kübel vollauf. Wenn der erste harte Frost kommt, müssen Sie die Blätter zurückschneiden. Die Wurzeln der an der Oberfläche schwimmenden Pflanzen dürfen nicht gefrieren, sonst stirbt die Pflanze wahrscheinlich ab. Bringen Sie diese Pflanzen nach Möglichkeit in ihren Töpfen zum Überwintern ins Haus. Halten Sie sie feucht (mit Plastiktüten abdecken) und kühl, etwa bei 5 °C.

Anlegen eines Wasserlaufs

Wenn ein Teich, ein kleiner Wasserlauf und ein Wasserfall in Ihr Konzept des Wassergartens passen, muß das Bachbett gleichzeitig mit dem Teich betoniert werden. Hier sind einige Punkte, die zu beachten sind, wenn Sie einen Wasserlauf integrieren möchten:

Eine Kombination aus Teich, Wasserlauf und Quelle erfordert ein flexibles PVC-Rohrnetz (empfohlen werden 3/4 Zoll Innendurchmesser), das auf der Teichseite an eine Tauchpumpe angeschlossen ist. Das Wasser wird bergauf in ein erhöhtes Becken oder zur Quelle gepumpt. Wegen des natürlicheren Aussehens der Anlage sollten Sie die Rohre verdecken.

Das Wasser muß zunächst in einem Auffangbecken abgesetzt werden, bevor es den Wasserlauf hinunter in den tiefer liegenden Teich fließt. Der Wasserlauf sollte mäandern. Das verlangsamt die Fließgeschwindigkeit und sieht natürlicher aus, als wenn das Wasser in einer geraden Linie auf den Teich zuschießen würde.

Graben Sie das Bachbett tief genug aus, um die flexible Kunststoffwasserleitung unter Beton verlegen zu können, und bauen Sie die Leitung vor dem Auffüllen ein. Der Beton muß nur 6 bis 8 cm dick, aber armiert sein. Sie können dazu Kaninchendraht verwenden.

Heben Sie zu beiden Seiten des Wasserlaufs einen 30 cm tiefen und breiten Graben aus und füllen Sie ihn mit Feinkies und Sand. Die Gräben nehmen während eines Starkregens jedweden Abfluß auf und bieten Farnen, Zwerg-Iris und anderen feuchtigkeitsliebenden Pflanzen Halt.

Zierfische im Teich

Für Zierfische im Teich gibt es eine Faustregel: 1 cm Fisch auf 4,5 l Wasser. Um den Sauerstoffgehalt im Teich zu erhöhen, können Sie das Wasser in einem Kreislauf mit einem Springbrunnen oder einem Wasserfall umpumpen oder Pflanzen im Wasser wachsen lassen.
Halten Sie den pH-Wert, besonders in frisch betonierten Teichen, zwischen pH 6,7 und 7,3. Der Beton kann das Wasser sehr alkalisch werden lassen. Überfüttern Sie die Fische nicht. Geben Sie ihnen 48 Stunden Zeit, damit sie sich auf den Teich einstellen können, bevor Sie sie füttern. Übermäßige Futtergaben können, ebenso wie das Verfüttern von Brot oder ähnlichem, das Wasser im Teich eintrüben. Verwenden Sie nur qualitativ hochwertiges Futter, das für die von Ihnen ausgewählten Fische konzipiert ist, und unterbrechen Sie die Fischfütterung, wann immer die Wassertemperatur unter 7 °C fällt.

– aus *Catfish Ponds and Lily Pads*

Pumpen

Eine Tauchpumpe, die 5 000 l Wasser pro Stunde auf 30 cm Höhe fördern kann, ist genau richtig, um eine Kombination aus Teich, Wasserlauf und Quelle zu betreiben. Mit einem 6-A-Motor kann sie 18 l Wasser in der Minute auf 6 m Höhe pumpen. Eine etwas zu leistungsstarke Pumpe ist auf jeden Fall besser als eine zu schwache.

Bevor Sie die 3/4-Zoll-Rohre unter dem Wasserlauf verlegen, passen Sie das Rohrende am tiefer gelegenen Teich an den Standardnippel der Schlauchsteckverbindungen an und fügen Sie ein kleines Stück eines flexiblen Gartenschlauchs zwischen dem Rohr und der Pumpe ein, das ebenfalls standardisierte Gartenschlauch-Steckverbindungen hat. Dann ist es einfach, das System zu verbinden. Die Pumpe können Sie auf einen flachen Stein am Rand legen. (Lesen Sie in Kapitel 3 mehr über die Auswahl von Pumpen und das Anlegen von Teichen.)

– aus *Catfish Ponds and Lily Pads* von Louise Riotte

Ein Wasserlauf im Garten: Ein Wasserlauf mäandert aus einem Auffangbecken etwa 6 m weit den Hang hinunter und über einen kleinen Wasserfall in einen tiefer gelegenen Teich. Der gelegentliche Überlauf bildet einen sumpfigen Bereich für wasserliebende Pflanzen. Der Wasserlauf ist etwa 30 cm breit. Der untere Teich mit einer umlaufenden Einfassung aus Steinen ist 35 bis 40 cm tief und hat einen Durchmesser von 1,5 bis 3 m.

Eine Seerose pflanzen

Eine Wanne oder ein Teich mit Seerosen im Garten erfreut Besitzer wie Nachbarn mit ausdauernden farbenfrohen Blüten und deren Duft und bietet mancherlei Tieren wie Bienen und Fröschen ein kleines Paradies. Wenn Sie eine in Größe und Farbe passende Seerose ausgewählt haben, werden Sie feststellen, daß es einfach ist, sie zu pflanzen und zu pflegen. Alles, was sie braucht, sind ein Topf, in den sie gesetzt wird, eine Wanne oder ein Teich von mindestens 50 cm Tiefe und ein Standort, der mindestens fünf Stunden Sonne am Tag bekommt.

Es gibt zwei Arten von Seerosen: winterharte und nichtwinterharte, sogenannte tropische. Am einfachsten lassen sie sich daran unterscheiden, daß die Blüten von winterharten Seerosen gewöhnlich auf der Wasseroberfläche schwimmen, während die der tropischen ein paar Zentimeter darüberstehen.

Winterharte Seerosen wachsen aus einem Rhizom und können in 10 °C kaltes Wasser gesetzt werden. Sie können sie früh in der Saison pflanzen und ihre Blüten bis in den Herbst hinein genießen. Tropische Seerosen wachsen hingegen aus Knollen und brauchen eine Wassertemperatur von mindestens 18 °C. Sie haben eine kürzere Blühsaison als winterharte Seerosen, halten aber die Sommerhitze besser aus.

1. **Das Rhizom oder die Knolle vorbereiten:** Seerosen werden wurzelnackt verkauft, normalerweise mit einigen unversehrten Blättern. Halten Sie das Rhizom oder die Knolle bis zum Pflanzen in einer Wanne mit Wasser feucht.

Untersuchen Sie das Rhizom oder die Knolle sorgfältig auf entwicklungsfähige Wurzeln, die weiß und knackig sind, und schneiden Sie mit einem scharfen Messer alle braunen, schwarzen oder schlaffen ab. Sie werden auch einige kleine hellgrüne oder bronzefarbene Blätter bemerken, die aus dem Vegetationspunkt der Pflanze herauskommen.

Schritt 1: Schneiden Sie dunkle oder schlaffe Wurzeln ab und setzen Sie das Rhizom dann in Wasser.

2. **Zum Eintopfen bereitmachen:** In der Natur wachsen Seerosen im Boden auf dem Teichgrund, aber Gartenhybriden gedeihen gut im Topf. Die Topfgröße, die Sie verwenden müssen, hängt von der Größe Ihrer Wanne oder Ihres Teichs ab. Je mehr Raum Sie den Wurzeln geben, desto kräftiger wird die Pflanze werden. Ein 5-l-Gefäß ist ausreichend für 60 l Wasser; für einen größeren Teich müssen Sie ein größeres Gefäß oder einen kleinen Waschbottich verwenden. Auf jeden Fall sollte das Gefäß ein Abflußloch haben, auch wenn die Pflanze und das Gefäß im Wasser untergetaucht werden. Es beugt der Anreicherung von Gasen im Topf vor.

Füllen Sie das Gefäß zu einem Drittel mit schwerem Mutterboden oder Gartenlehm auf. Diese Erde kommt der Moorerde eines Teichs am nächsten und wird nicht so abschwemmen, wie eine Mischung auf Torfbasis dies tun würde. Außerdem hilft die schwere Erde, das Rhizom oder die Knolle fest an ihrem Platz zu halten.

Geben Sie als nächstes eine Tablette Seerosendünger (bei Versandgärtnereien oder Gartencentern erhältlich) oder eine Handvoll schwach dosiertes Düngergranulat wie 5+10+5 oder 6+10+4 in das Gefäß. Füllen Sie es dann bis oben mit Erde und durchnässen Sie diese, bis Wasser aus dem Abflußloch kommt.

Schritt 2: Füllen Sie die Wanne mit Muttererde, geben Sie eine Düngertablette dazu und gießen Sie gründlich.

3. **Die Pflanze eintopfen:** Um das Rhizom oder die Knolle einzutopfen, müssen Sie ein Drittel der durchtränkten Erde entfernen und beiseite stellen. (Es empfiehlt sich, Gummihandschuhe zu tragen, denn dies ist eine schlammige Angelegenheit.) Wenn Sie eine winterharte Seerose pflanzen, müssen Sie das Rhizom mit den Wurzeln nach unten im 45°-Winkel einsetzen. Richten Sie die Wurzeln so aus, daß die Pflanze Platz hat, sich quer durch das Gefäß auszustrecken, und die Triebspitze nach oben zeigt. Es ist in Ordnung, wenn Sie das der Triebspitze entgegengesetzte Ende bündig an das Gefäß setzen. Wenn Sie eine tropische Seerose einpflanzen, müssen Sie auf eine weiße

Linie an der Knolle achten. Sie zeigt, wie hoch die Erde aufgefüllt werden soll. Setzen Sie die Knolle der Länge nach mit den Wurzeln nach unten in den Topf. Füllen Sie das Gefäß vorsichtig bis 3 bis 5 cm unter den Rand mit der zurückgelegten Erde auf. Selbstverständlich sollten Sie den Vegetationspunkt des Rhizoms oder der Knolle frei von Erde lassen. Um Lufträume zu vermeiden, müssen Sie die Erde beim Auffüllen mit den Daumen festdrücken. Gießen Sie das Gefäß noch einmal und achten Sie darauf, die Erde nicht von den Wurzeln zu spülen. Füllen Sie es mit Feinkies auf (auch hierbei muß der Vegetationspunkt frei bleiben), um das Abschwemmen von Erde zu verhindern, wenn das Gefäß in der Wanne oder im Teich steht.

Schritt 3: Setzen Sie das Rhizom mit den Wurzeln nach unten ein und füllen Sie die Erde wieder ein.

4. **Das Gefäß ins Wasser setzen:** Die meisten Seerosen bevorzugen eine Wassertiefe von etwa 30 cm. Wenn Ihr Teich tiefer ist, setzen Sie einige Ziegelsteine oder einen auf den Kopf gestellten Topf auf den Boden, um die Pflanze anzuheben. Lassen Sie das Gefäß langsam und leicht angewinkelt absinken, damit Luftblasen entweichen können, und setzen Sie es dann ab. Wenn die Pflanze einige Blätter hat, legen Sie sie vorsichtig auf, so daß sie auf der Wasseroberfläche schwimmen.

Innerhalb einiger Wochen wird sich Ihre Seerose auf ihr neues Zuhause einstellen. Bald wird sie neue Blätter zu treiben beginnen, und kurz danach sollten die ersten Blüten ihr Debüt geben.

Schritt 4: Setzen Sie das Gefäß ins Wasser.

– aus *Year-Round Gardening Projects*, Text von Teri Dunn;
Zeichnungen von Elayne Sears

PFLANZEN FÜR WASSERGÄRTEN

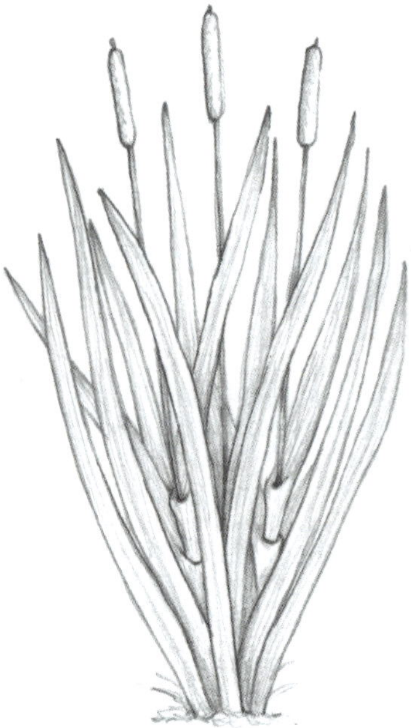

Winterharte Sumpfpflanzen

Gewöhnliches Pfeilkraut *(Sagittaria sagittifolia)*
Sumpf-Calla *(Calla palustris)*
Zwerg-Bambus *(Pleioblastus pumilus)*
Breitblättriger Rohrkolben (*Typha latifolia)*
Laxmanns Rohrkolben *(T. laxmannii)*
Schmalblättriger Rohrkolben *(T. angustifolia)*
Buntblättriger Rohrkolben *(T. latifolia* 'Variegata')
Gewöhnliche Wassernuß *(Trapa natans* var. *natans)*
Gewöhnliche Seekanne *(Nymphoides peltata)*
Goldkeule *(Orontium aquaticum)*
Schachtelhalm *(Equisetum* sp.)
Molchschwanz *(Saururus cernuus)*
Brasilianisches Tausendblatt *(Myriophyllum aquaticum)*
Hechtkraut *(Pontederia cordata)*
Weißes Hechtkraut *(Pontederia cordata* 'Alba')
Sumpfsimse *(Eleocharis palustris)*
Kalmus *(Acorus calamus)*
Weißbunter Kalmus *(Acorus calamus* 'Variegata')
Scheinkalla *(Lysichiton americanus)*
Sumpfblutauge *(Potentilla palustris)*
Scheinzypergras-Segge *(Carex pseudocyperus)*
Schwertblättrige Binse *(Juncus ensifolius)*

Pflanzen für Wassergärten

Gräser für feuchte Böden

Einheimische Gräser
Größtes Zittergras *(Briza maxima)*
Mittleres Zittergras *(Briza media)*
Sumpf-Rispengras *(Poa palustris)*
Wasser-Schwaden *(Glyceria maxima)*
Moor-Reitgras *(Calamagrostis stricta)*
Rasen-Schmiele *(Deschampsia cespitosa)*
Blaues Pfeifengras *(Molinia caerulea)*
Rohr-Glanzgras *(Phalaris arundinacea)*

Kultivierte Gräser
Weißbunter Wasser-Schwaden (*Glyceria maxima* 'Variegata')
Gamagras *(Tripsacum dactyloides)*
Zwerg-Chinaschilf *(Miscanthus sinensis* 'Adagio')
Pazifikschilf *(Miscanthus floridulus)*
Taiwanisches Chinaschilf *(Miscanthus transmorrisonensis)*
Kanadischer Reis *(Zizania aquatica)*

Einheimische blühende Zierpflanzen

Frühling
Bach-Nelkenwurz *(Geum rivale)*
Sumpfveilchen *(Viola palustris)*
Sumpf-Vergißmeinnicht *(Myosotis palustris)*
Sumpfwolfsmilch *(Euphorbia palustris)*
Fieberklee *(Menyanthes trifoliata)*
Trollblume *(Trollius europaeus)*
Sumpfdotterblume *(Caltha palustris)*
Schachblume *(Fritillaria meleagris)*

Sommer
Sumpf-Schwertlilie *(Iris pseudacorus)*
Verschiedenfarbige Schwertlilie *(Iris versicolor)*
Echte Engelwurz *(Angelica archangelica)*
Echtes Mädesüß *(Filipendula ulmaria)*
Minzen *(Mentha* sp.)
Weißer Spierstrauch *(Spiraea alba)*
Großer Wiesenknopf *(Sanguisorba officinalis)*
Sibirische Schwertlilie *(Iris sibirica)*
Sumpf-Storchschnabel *(Geranium palustre)*
Sumpf-Siegwurz *(Gladiolus palustris)*
Straußblütiger Gilbweiderich *(Lysimachia thyrsiflora)*
Gottes-Gnadenkraut *(Gratiola officinalis)*
Bach-Kratzdistel *(Cirsium rivulare)*
Ähriges Tausendblatt *(Myriophyllum spicatum)*

Spätsommer/Herbst
Neuengland-Aster *(Aster novae-angliae)*
Sumpf-Herzblatt *(Parnassia palustris)*
Gewöhnlicher Wasserdost *(Eupatorium cannabinum)*
Lungen-Enzian *(Gentiana pneumonanthe)*
Sumpf-Schafgarbe *(Achillea ptarmica)*
Echtes Labkraut *(Galium verum)*

Kultivierte blühende Zierpflanzen

Frühling
Prärielilie *(Camassia* sp.)
Götterblume *(Dodecatheon meadia)*
Porzellansternchen *(Houstonia caerulea)*
Blaue Binsenlilie *(Sisyrinchium angustifolium)*
Pfingstveilchen *(Viola sororia)*
Weiße Zephirblume *(Zephyranthes candida)*

Sommer
Rote Seidenpflanze *(Asclepias incarnata)*
Gauklerblume *(Mimulus guttatus)*
Indianernessel *(Monarda didyma)*
Wiesen-Phlox *(Phlox maculata)*
Virginische Gelenkblume *(Physostegia virginiana)*
Dreimasterblume *(Tradescantia virginiana)*
Kandelaber-Ehrenpreis *(Veronicastrum virginicum)*
Prachtspiere *(Astilbe* x *arendsii)*
Rosa Mädesüß *(Filipendula palmata)*

Spätsommer/Herbst
Prachtscharte *(Liatris spicata)*
Schlangenkopf *(Chelone obliqua)*
Lanzen-Verbene *(Verbena hastata)*
Japanischer Goldkolben *(Ligularia dentata)*
Schmaler Straußgoldkolben *(Ligularia stenocephala)*
Rhabarber *(Rheum rhabarbarum)*
Tafelblatt *(Astilboides tabularis)*

Einen Steingarten anlegen

Wenn Ihr Grundstück an einem Hang liegt und mit interessantem Gestein durchsetzt ist, könnte es ein idealer Platz für einen Steingarten sein. Aber jeder Garten, in dem Steine eine wichtige Rolle spielen, kann als Steingarten bezeichnet werden. Es muß nicht einmal ein Hang vorhanden sein – er kann aus ein paar Ladungen Mutterboden und einem Haufen Steine oder Felsbrocken auch auf ebenem Grund errichtet werden.

Einige Puristen glauben, daß ein Steingarten nur solche Pflanzen enthalten sollte, die natürlicherweise an steinigen Hängen auf mageren Böden gedeihen, aber die meisten Besitzer von Steingärten verwenden eine große Vielfalt von niedrigwachsenden Stauden, einjährigen Pflanzen, Zwiebeln und Knollen sowie Sträuchern. Wenn man einen schönen Gesamteindruck haben möchte, muß ein Steingarten sorgfältig geplant und gestaltet werden, daß er aussieht, als ob er sich auf natürliche Weise entwickelt hätte – auch wenn die Planung vielleicht Wochen gedauert hat.

Weil Steingärten von Hand bepflanzt und gepflegt werden müssen, ist es am besten, mit einem kleinen Areal zu beginnen, es sei denn, Sie haben viel Zeit, Interesse und Geschick. Wenn Sie den perfekten Standort haben, brauchen Sie nur die Pflanzen auszuwählen sowie Pfade und flache Erhöhungen zum Draufknien anzulegen. Aber wenn Sie erst Steine und Erde herbeischaffen müssen, werden Sie vorher Planungsaufwand und Arbeit haben.

Sie sollten möglichst zur Landschaft passende Steine verwenden, sofern sie erhältlich sind, aber auf behauene, stark farbige oder polierte verzichten. Wenn ausgebaggert werden muß, sollten Sie den Mutterboden in der Nähe aufschütten, damit Sie ihn später wieder einbringen können.

Setzen Sie die Steine oder Felsbrocken zuerst in den tiefsten vorderen Teil des Gartens und arbeiten Sie von dort aufwärts. Graben Sie alle Blöcke mehr als zur Hälfte fest ein, damit sie gut verankert sind. Danach sollte sich die Erde ringsherum ein paar Tage setzen können, bevor Sie pflanzen. Prüfen Sie Ihre Anlage am Anfang regelmäßig sowohl aus der Entfernung als auch aus der Nähe, um sicher zu sein, daß die Anordnung ästhetisch ansprechend ist.

– aus *Successful Perennial Gardening* von Lewis und Nancy Hill

Bepflanzen eines Fußwegs

Sie können Kräuter zwischen den Pflastersteinen eines Weges pflanzen und so einen duftenden Mini-Steingarten anlegen. Am besten eignen sich dafür Kriechender Thymian, Katzenminze und Echte Kamille. Wenn sie von Fußtritten zerdrückt werden, geben sie ihre Düfte frei, werden aber nicht geschädigt. Auf schattigen Flächen gedeihen Moose zwischen den Pflastersteinen.

Diese Pflanzen gedeihen in vielen Steingärten:
(A) Glockenblumen
(B) Schleifenblume
(C) Zwerg-Iris
(D) Feld-Thymian

Jan Kowalczewski Whitner lebt im pazifischen Nordwesten und ist eine sachkundige Autorin und Gartenplanerin. Sie war immer fasziniert vom Kontrast der „lebenden" Komponenten wie Pflanzen, Wasser, Sonne, Schatten und der Verwendung und Anordnung von Steinen. Sie ist Autorin von Stonescaping: A Guide to Using Stone in Your Garden.

Ein Felsaufschluß an einem Hang

Wenn Ihr Garten keinen natürlichen Felsaufschluß hat, aber Böschungen, kleine Hügel oder Bereiche mit einer erheblichen Neigungsänderung, sind dies die besten Plätze, um einen Felsaufschluß zu planen und anzulegen.

Sie sollten besonders darauf achten, die Anlage so natürlich wie möglich aussehen zu lassen. Studieren Sie Felsaufschlüsse in der natürlichen Landschaft. Sie erscheinen stets als verschlissene bloßliegende Spitzen großer unterirdischer Felsformationen. Um diese Wirkung zu kopieren, sollten Sie Ihre Fläche zu einer sanften Böschung von nicht mehr als 45° planieren. Lassen Sie Raum für eine 1 bis 2 m breite relativ ebene Fläche am Fuß der Böschung, die den Aufschluß nach dem Mulchen und dem Pflanzen als letztem Schritt der Ausführung mit dem übrigen Garten verbindet.

Legen Sie die Konturen des Hanges mindestens 50 cm tief frei. Tragen Sie dann eine 15 cm dicke Drainageschicht aus Schotter auf, gefolgt von 5 cm feinem Kies oder Grobsand darüber. Graben Sie zuvor unter diese Schicht ein paar große Felsbrocken als stabiles Fundament für die großen freiliegenden Steine oder Felsbrocken ein.

Die meisten natürlichen Felsaufschlüsse weisen einen oder zwei große Felsbrocken auf, die zwischen kleineren, von der Hauptmasse abgeplatzten Steinen sitzen. Wenn Sie Ihren Aufschluß gestalten, sollten Sie die größeren Felsbrocken leicht nach oben und innen kippen, damit der Regen auf den Oberflächen zu den benachbarten Pflanzenwurzeln abfließt. Setzen Sie anschließend vorsichtig ein paar Steine um sie herum, besonders an deren Basis. Füllen Sie die Spalten zwischen den Steinen mit einer geeigneten Erdmischung und stampfen Sie sie fest. Wenn Sie ein Schichtgestein wie Kalkstein oder Sandstein verwenden, sollten Sie alle Steine so setzen, daß ihre Schichten im gleichen Winkel liegen, als ob ein Erdbeben sie gleichzeitig an ihren Platz gewuchtet hätte.

Große, eingegrabene Steine auf einer Schicht Feinkies bilden ein stabiles Fundament für einen Steingarten.

Ein Steingarten auf ebener Fläche

Wenn Sie einen Steingarten auf einer ebenen Fläche anlegen möchten, können Sie eine Bautechnik anwenden, die von den chinesischen Gärtnern im Altertum entwickelt wurde, um unterschiedliche Höhen einzubeziehen. Heben Sie zunächst Erde aus, so daß eine Fläche unterhalb der natürlichen Bodenoberkante entsteht. Häufen Sie die ausgehobene Erde zu Wällen und Hochflächen auf. Verwenden Sie halbvergrabene, verwitterte Steine, um einen Felsaufschluß nachzubilden. Arbeiten Sie vom Fuß des Steingartens nach oben.

Ein paar Blöcke mit kleinen Steinen und Kies darum herum wirken natürlicher und harmonischer als ein Mischmasch aus kleineren Steinen oder, schlimmer noch, Felsblöcke in regelmäßigen Abständen wie Grabsteine. Als Alternative können Sie flache Sedimentsteine einsetzen, mit denen Sie beruhigende Horizontalen oder auch Staffelungen gestalten können, indem Sie die Höhe von Ebene zu Ebene variieren, um ein natürliches Aussehen zu erzielen.

In den USA gibt es Hobbygärtner, die auch auf einer ebenen Fläche auf großflächige Ausschachtungen verzichten und stattdessen alte Reifen als Fundament für ihre

Steingärten verwenden. Sie legen auf ebener Erde mit den Reifen die Basis des Hügels an und füllen die Reifen dann mit Kies, Sand oder Schotter. Nach dem Aufbau mehrerer Reifenschichten zu einem groben Hügel bedecken sie die ganze Konstruktion mit guter durchlässiger Erde und graben dann die Steine darin ein.

– aus *Stonescaping* von Jan Kowalczewski Whitner

Pflanzen für den Steingarten

Die besten Pflanzen für den Steingarten sind kompakte, niedrigwachsende Stauden. Um ansprechende Kombinationen zu verwirklichen, müssen nicht nur die Farben und die Höhe im ausgewachsenen Zustand, sondern auch die Formen der Pflanzen beachtet werden: Sind sie rundlich (Storchschnabel), aufragend (Schwertlilien) oder kriechend und flächendeckend (Thymian oder Polster-Phlox)?

Die Größe der Pflanzen sollte mit der Größe des Gartens selbst harmonieren. Sehr kleine Pflanzen sehen auf kleinem Raum am besten aus; höhere Stauden, zwergwüchsige Immergrüne und niedrigwachsende Sträucher sind für lange und breite Hänge geeignet. Und weil so viele der Pflanzen, die am besten in Steingärten passen, nur im Frühjahr blühen, sollten Sie wohlüberlegt sommerblühende Besen- und Glockenheiden und eventuell Einjährige einbeziehen, um auch während des Restes der Vegetationsperiode Farbe zu haben.

Wählen Sie Pflanzen, die für Ihr Klima und die Ausrichtung zur Sonne geeignet sind. Wenn bei Ihnen die Winter lang sind und die Vegetationsperiode kurz ist, können Sie vielleicht einen richtigen alpinen Garten anlegen mit Pflanzen, die in den europäischen Gebirgen, den Rocky Mountains oder anderen Höhenlagen heimisch sind. Die meisten davon sind klein und kompakt und haben robuste Wurzelsysteme, die ihnen das Leben auf mageren Böden und unter rauhen Witterungsbedingungen ermöglichen. Sie brauchen kühles Wetter und einen Untergrund, der perfekt entwässert, um gut zu gedeihen.

Ein Steingarten mit einem Fundament aus Reifen: Zusätzliche Steingruppen verbinden den Steingarten mit dem übrigen Garten.

Die Pflege des Steingartens

Ihr Steingarten läßt sich mit einer Kollektion Topfpflanzen vergleichen: Jede gedeiht am besten, wenn Sie sie entsprechend pflegen. Sorgen Sie also dafür, daß jeder „Topf" gut drainiert ist, so daß sich das Wasser dort nicht ansammelt und die Pflanze ertränkt. Lockern Sie die Erde in jeder Nische gelegentlich mit einer kleinen Grabegabel auf. Obwohl die meisten Steingartenpflanzen gut in mageren Böden gedeihen, sollten Sie trockenen Dung oder Flüssigdünger zugeben, wenn die Pflanzen schwächlich erscheinen.

Die Pflegearbeiten in Ihrem Steingarten umfassen:

- das Zurückschneiden von langbeinigen Pflanzen nach der Blüte
- das Abzwicken von abgestorbenen Pflanzenteilen
- das Teilen von Pflanzen, deren Wurzelraum zu eng wird oder die für ihren Standort zu groß werden
- das Kontrollieren auf Insekten und Krankheiten – und besonders auf Schnecken
- das Ausmerzen unerwünschter Pflanzen aus Ecken und Ritzen

Der Winter im Steingarten kann für empfindliche Pflanzenarten hart sein, weil sie kalten Winden und Austrocknung stärker ausgesetzt sind als Pflanzen, die in ebenen Beeten wachsen. Wenn es an Schnee fehlt, hilft eine Mulchschicht, sowohl die winterharten als auch die empfindlichen Pflanzen zu schützen. In besonders exponierten Bereichen sollten Sie das ganze Beet, kurz bevor der Boden zu gefrieren beginnt, mit Koniferenzweigen oder auch mit Stroh abdecken.

– aus *Successful Perennial Gardening* von Lewis und Nancy Hill

Bekannte alpine Pflanzen

Alpen-Akelei
Alpen-Aster
Alpen-Gänsekresse
Alpen-Küchenschelle
Alpen-Mohn
Alpen-Pechnelke
Alpen-Vergißmeinnicht
Edelweiß
Pfauen-Nelke
Stengelloser Enzian
Winter-Bohnenkraut
Zwerg-Glockenblume

STEINGÄRTEN

Diese Steine wurden harmonisch in der Landschaft angeordnet.

Japanische Traditionen in westlichen Steingärten

Die Japaner glauben, daß Stein ein magisches, sinnträchtiges Gartenmaterial ist. Westliche Gärtner können diesem Ansatz ebenfalls folgen, wenn sie diese Leitsätze als Richtschnur verwenden:

- Respektieren Sie die Voraussetzungen und das Aussehen eines Standortes und der ihn umgebenden Landschaft. Verwenden Sie Steine und Felsblöcke aus der Region oder nichtheimische Steine, die mit dem Standort harmonieren.
- Lassen Sie sich von der Natur leiten, wenn Sie Steine im Garten aufstellen.
- Vermeiden Sie, wann immer es möglich ist, die Verwendung von verschiedenen Stein- oder Felsarten in derselben Anlage.
- Wenn Sie Steine gruppieren, sollten Sie darauf achten, daß deren Schichtungen und Rillen in die gleiche Richtung zeigen.
- Setzen Sie Steine und Steingebilde mit deutlichen horizontalen Linien, um ein Gefühl von Ruhe und Klarheit zu erzeugen. Verwenden Sie niedrige Sedimentsteine mit flacher Oberfläche, große gerundete Kiesel oder aneinandergelehnte Blöcke als Hauptsteine mit ein paar hohen senkrechten Steinen als Akzent.
- Achten Sie auf ein ausgewogenes Verhältnis zwischen Steingebilden und Pflanzen. Zu viele Steine machen den Garten schwer und erdrückend; zu kleine lassen ihn lächerlich und nicht überzeugend wirken.

– aus *Stonescaping* von Jan Kowalczewski Whitner

Ein Stein-, Kies- und Thymiangarten

Die Hauptmerkmale von Zen-Trockengärten sind Steine und Kies, die während des ganzen Jahres niemals Wasser brauchen. In traditionellen japanischen Gärten sind Trockengärten häufig von weißgetünchten Wänden umgeben, welche die Formen und Farben der Steingebilde hervorheben. So mancher westliche Hobbygärtner würde zweifellos gern etwas von der besonderen Atmosphäre der japanischen Trockengärten und ihr wassersparendes Konzept übernehmen. Sie könnten etwa überlegen, Bereiche aus ihrer (durstigen) Rasenfläche abzutrennen, den Rasen abzustechen, die Fläche mit Kies zu überziehen und sie ringsum mit dezenten Sträuchern und Bäumen zu bepflanzen, die typisch für japanische Gärten sind, wie etwa Rhododendren oder Pinien.

Solch ein Garten kann zwischen den Sträuchern und der gekiesten Fläche sanft geschwungene Abgrenzungslinien aufweisen, mit Steinen und Thymian, der als Unterwuchs für die Sträucher fungiert. Eine Insel, zusammengesetzt aus einem trockentoleranten Strauch wie etwa *Elaeagnus pungens*, natürlichen Steinen und Thymian, mildert die Wirkung der gekiesten Fläche ab und verbindet sie mit der umgebenden Vegetation. Kalebassenförmige Inseln aus Thymian machen die Anlage interessanter. Die Thymianinseln sind etwa 4 cm höher als die Kiesoberfläche und eingefaßt von einem Rand aus zirka 4 cm dicken Holzpflöcken, die 2 cm über die Kiesoberfläche herausstehen.

– aus *Stonescaping*

35 bewährte Steingartenpflanzen

Akelei: Einheimische wilde Arten sind für den Staudengarten am besten geeignet.
Amorpfeil: Die blauen oder weißen Blüten eignen sich hervorragend zum Trocknen.
Blaukissen: Die vielen verfügbaren Hybriden bieten neben verschiedenfarbenen Blüten auch mehrfarbiges Laub.
Blauschwingel: Das silbriggraue, büschelige Gras wird bis zu 25 cm hoch.
Echter Ziest: Die lavendelfarbenen Blüten erscheinen im Sommer.
Edelweiß: Sie ist eine der beliebtesten alpinen Pflanzen und in Steingärten einfach zu ziehen.
Felsen-Steinkraut: Die Staude eignet sich hervorragend zum Einfassen von Rabatten und für Steingärten.
Frauenmantel: Der gute Bodendecker verbreitet sich rasch durch Samen.
Gänseblümchen: Die dauerblühende Zwergstaude hat margeritenähnliche Blüten.
Gelbe Schafgarbe: Die gelbblühende zwergwüchsige Pflanze wird etwa 30 cm hoch.
Glockenblume: Zwerg-Glockenblumen sind gute Steingartenpflanze. Sie gedeihen am besten, wenn sie über den Winter gemulcht werden.
Kanadische Haselwurz: Die niedrigwachsende Pflanze hat duftende Rhizome und reizvolle Blätter.
Kokardenblume: Eine der besten Sorten ist 'Goblin'. Sie wird nur 30 cm hoch und trägt von Juli bis zum Frost rot-gelbe Blüten.
Kriechender Günsel: Der Zwerg-Bodendecker wächst sehr schnell.
Küchenschelle: Sie wird 20 bis 30 cm hoch mit fein geschnittenen gräulichen Blättern und violetten Blüten.
Lein: Die blau blühenden Stauden sind eine ideale Steingartenpflanze.
Mauerpfeffer: Viele der Arten sind im Steingarten altbewährt.
Nelken: Viele Arten der Gattung *Dianthus* bringen noch Farbe in den Steingarten, wenn sonst kaum etwas blüht. Unter den besten sind Bart-Nelke, Feder-Nelke und Heide-Nelke.
Nordischer Drachenkopf: Die Staude wird etwa 30 cm hoch und bildet violette Blüten in Ähren.
Phlox: Die zwergwüchsigen kriechenden Arten sind für den Steingarten am besten geeignet.
Purpurglöckchen: Die kleinen anmutigen Blumen blühen den ganzen Sommer hindurch in Rosa, Rot und Weiß.
Römische Kamille: Die duftende Pflanze bildet dichte Teppiche aus und ist sogar trittfest.
Schleierkraut: Die Zwergsorten sehen im Steingarten hervorragend aus.
Schwertlilie: Zwerg-Schwertlilien sind ideal für den Steingarten. Sie mögen Sonne und brauchen wenig Pflege.
Seifenkraut: Die kriechend wachsende Pflanze mit rosafarbenen Blüten breitet sich schnell aus.
Silberraute: Sie wird meist eher aufgrund ihres silbrig-grauen Laubwerks als ihrer Blüten gepflanzt.
Sonnenröschen: Die buschige Pflanze eignet sich gut für heiße, trockene Standorte.
Steinbrech: Verschiedene Arten sind ideal für den Steingarten, denn sie wachsen problemlos an rauhen Standorten.
Storchschnabel: Die niedrigwachsende Pflanze mag feuchte, kühle Plätze.
Taglilie: Zwergsorten tragen Sommerblüten bei, wenn die Blühsaison für die meisten anderen Steingartenpflanzen vorbei ist.
Taubenkropf-Leimkraut: Die zwergwüchsige Pflanze trägt im Sommer rosafarbene Blüten.
Thymian: Einige Thymiane bilden eine dicke Matte mit üppiger Blütenpracht in Rosa oder Lila – ideal für Steingärten.
Veilchen: Wählen Sie die Sorten der einfach zu ziehenden Staude sorgfältig aus.
Vergißmeinnicht: Lassen Sie sie in Samen gehen, die dann für neue Pflanzen sorgen.
Waldmeister: Der zuverlässige Bodendecker gedeiht gut in winzigen Spalten zwischen Steinen.

– aus *The Big Book of Gardening Skills*

Dieser Steingarten ist auf verschiedenen Ebenen mit Pflanzen in unterschiedlichen Wuchshöhen bepflanzt.

Ein Stein-, Kies- und Thymiangarten ist trockentolerant und läßt sich mit vielen Gartenstilen kombinieren.

GARTEN, HOF UND OBSTGARTEN

13 DEN BODEN VERBESSERN

**DEN BODEN KENNENLERNEN • BODEN-PH-WERT
BODENNÄHRSTOFFE • KOMPOSTIERUNG • MULCHEN
GRÜNDÜNGUNG**

In den 1960er Jahren wurde ich in einer Zeitschrift auf eine Kleinanzeige mit der verblüffenden Überschrift „Lassen Sie einen Regenwurm Ihren Müllmann sein" aufmerksam. Bald darauf fand ich heraus, daß es mehr als 3000 verschiedene Arten von Regenwürmern gibt, aber nur ein paar davon zur Bodenproduktivität beitragen. Wir legten einen Komposthaufen an, gaben ein paar Kompostwürmer hinein und hatten bald Hunderte davon – genug, um sie in den Garten zu setzen und an vorbeikommende Angler zu verkaufen. Die Würmer schienen über Nacht aus Kompost Erde „herzustellen". Jedes Jahr wurde unser Garten lockerer und ergiebiger. Diese sich windenden Würmer bohrten Gänge, die eine einfache Wasserverteilung durch den Ober- und Unterboden ermöglichen, statt es durch den Oberflächenabfluß zu verlieren.

– John Storey

Liz Stell hat ihre naive Zuneigung zur Erde seit Kindheitstagen nie verloren. Sie untersuchte die Erde an der Universität wissenschaftlich, begann, sie Boden zu nennen, und gewann Achtung vor dessen Komplexität. Jahre des Gärtnerns haben sie gelehrt, wie unverwüstlich Boden ist. Über ihre Begeisterung für Erde schreibt sie in ihrem Buch Secrets of Great Soils: A Grower's Guide to Composting, Mulching, and Creating Healthy Fertile Soil for Your Garden and Lawn.

Am einfachsten und nachhaltigsten kann der Gärtner seinen Garten verbessern, indem er den Boden verbessert. Wenn Sie Ihren Boden aufbauen, wird er krümelig und läßt sich einfach umgraben. Sie werden belohnt mit gesunden Pflanzen, die besser aussehen und besser tragen, auch wenn sie Wetterlaunen wie Trocken- und Kältephasen unterworfen sind. Außerdem können Sie Krankheitsprobleme und den Verbrauch von Pflanzenschutzmitteln beträchtlich verringern. Gesunde Erde ist für die Erzeugung gesunder Pflanzen einfach besser.

Obwohl die Erde unter Ihren Füßen fest erscheint, besteht nur die Hälfte des Bodens aus festen Partikeln. Die andere Hälfte ist eine Kombination aus Luft und Wasser. In guten Böden ist etwa die Hälfte dieser „hohlen" Hälfte mit Wasser gefüllt. In ihm sind zahlreiche chemische Verbindungen einschließlich der für das Pflanzenwachstum erforderlichen Nährstoffe gelöst. Die verbleibende Luft ist ebenfalls wichtig. Sie versorgt die Pflanzenwurzeln und die Bodenorganismen mit Sauerstoff.

LEXIKON

Humus: organische Substanz, die so vollständig verrottet ist, daß sie nicht mehr als Pflanzenmaterial zu erkennen ist

Leguminosen: auch Hülsenfrüchte genannt, weil ihre Früchte von einer Hülse umgeben sind; gehen Symbiose mit stickstoffixierenden Knöllchenbakterien ein

Lehm: idealer Boden, bestehend aus einer ausgeglichenen Mischung aus Sand, Schluff und Ton

Oberboden: die obere Schicht des Bodens, wo die meisten Nährstoffe, Wurzeln und Bodenorganismen vorhanden sind; gewöhnlich dunkler und krümeliger als tiefere Schichten

Organische Substanz: verrottete Pflanzenmaterialien

Stickstoffixierung: Prozeß der Umwandlung von anorganischem Stickstoff aus der Luft in organischen Stickstoff, der im Boden festgehalten wird

Unterboden: die tiefere Schicht des Bodens, in der das Wasser gespeichert wird; normalerweise heller in der Farbe

Wurmkompost: hochkonzentrierte Substanz, die aus Kompost und Regenwurmlosung besteht; hervorragender Bodenverbesserer

Was Ihnen der Unterboden sagt

Graben Sie ein 60 bis 90 cm tiefes Loch und achten Sie auf die Bodenschichten. Verschiedene Farben zeigen, wie gut der Unterboden entwässert, was wiederum die Wasserdurchlässigkeit des darüberliegenden Oberbodens beeinflußt.

Was Sie sehen	Was es Ihnen sagt
Roter oder gelber Unterboden	verweist auf einen hohen Gehalt an Eisenoxiden aus der Verwitterung des Ausgangsmaterials; normalerweise gute Wasserdurchlässigkeit; kennzeichnet häufig sauren Boden; in warmen Klimaten verbreitet
Blauer oder blaugrauer Unterboden	weist auf Sauerstoffmangel und demzufolge schlechte Wasserdurchlässigkeit hin; in dicken Lehmschichten verbreitet
Weißer oder aschgrauer Unterboden	verweist auf die Auswaschung von Nährstoffen und Humus; normalerweise sitzt er oberhalb einer dunkleren Schicht, wo die ausgewaschenen Nährstoffe und der Humus sich abgelagert haben; zeigt häufig sauren und/oder sandigen Boden an; unter Pinien und ähnlichen Bäumen verbreitet
Einheitlich mittelbrauner Unterboden	zufriedenstellende Wasserdurchlässigkeit
Fahler Unterboden, kaum verschieden vom Oberboden	sehr junger und wenig entwickelter Boden; der ursprüngliche Oberboden könnte erodiert oder verlagert worden sein (wie etwa durch Planierarbeiten während des Hausbaus)
Dunkelbrauner Unterboden	zeigt reichlich (gewöhnlich zersetzte) organische Substanz an; kommt normalerweise nur bei Torf- oder Moorböden vor oder dort, wo ehemalige Feuchtgebiete drainiert wurden
Flecken oder Schlieren in unterschiedlichen Farben	kennzeichnet Inseln mit geringer Wasserdurchlässigkeit oder verschiedene Böden (siehe entsprechende Farben); die Pflanzenwurzeln haben möglicherweise Schwierigkeiten, sich von einer Insel zur nächsten zu schieben
Alle Wurzeln enden in derselben Tiefe	kennzeichnet eine verdichtete Bodenschicht (Ortstein) oder, in trockenen Klimaten, eine zementierte Schicht (Caliche); bedingt gewöhnlich schlechte Wasserdurchlässigkeit und erschwert das Pflanzenwachstum

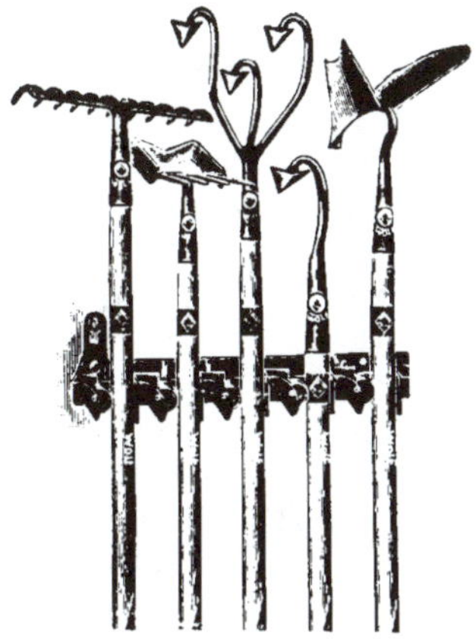

Sechs Wohltaten für Ihren Boden

Mit den folgenden sechs Wohltaten bewirken Sie mehr für Ihren Boden als all die Dünger, die Sie kaufen können:

- Halten Sie den Gehalt an organischer Masse hoch, indem Sie regelmäßig Kompost, abgelagerten Stallmist oder Pflanzenreste zufügen oder indem Sie Gründüngungskulturen unterarbeiten. Dies fördert reichliche und gesunde Bodenorganismen.
- Bearbeiten Sie den Boden nicht, wenn er naß oder übermäßig trocken ist.
- Sorgen Sie dafür, daß Ihr Boden gut mit Kalzium und Magnesium versorgt ist, aber vermeiden Sie eine Überkalkung.
- Decken Sie nackten Boden ab; mulchen Sie Flächen, die nicht von Pflanzenblättern bedeckt sind, um das Aufschlagen von Starkregen abzupuffern.
- Halten Sie den Boden soweit wie möglich in Nutzung; bauen Sie Kulturen zur Gründüngung oder zur Bodenbedeckung an, wenn ein Bereich über einige Monate brachliegt.
- Reduzieren Sie den Einsatz der Motorhacke und andere Formen der Bearbeitung auf ein Minimum, weil dies die erwünschten Bodenkrümel und Gänge zerstört.

– aus *Secrets to Great Soil* von Elizabeth P. Stell

DEN BODEN KENNENLERNEN

Den Boden „lesen“

Hoher Sandgehalt

Der Boden

- kann bei Feuchtigkeit und Nässe kultiviert werden
- ist etwas staubig, wenn er trocken ist
- bildet keine Klumpen
- erwärmt sich im Frühjahr rasch
- hat geringe Gehalte an organischer Substanz
- zersetzt organische Masse schnell, besonders in warmen, feuchten Klimaten
- erlaubt eine einfache Korrektur der Bodenazidität und -basizität, aber nur für kurze Zeit
- zeigt ein geringes bis mittleres Risiko für Wassererosion
- fühlt sich zwischen den Fingern sandig an

Hoher Schluffgehalt

Der Boden

- läßt sich, wenn er feucht oder naß ist, schwerer kultivieren
- ist häufig sehr staubig, wenn er trocken ist
- bildet selten Klumpen
- erwärmt sich im Frühjahr etwas langsam
- hat mittlere bis hohe Gehalte an organischer Substanz
- zersetzt organische Masse relativ schnell
- läßt sich schwer in der Bodenazidität und -basizität korrigieren
- zeigt ein hohes Risiko für Wind- und Wassererosion
- fühlt sich zwischen den Fingern seidig an (sehr feinsandig)

Hoher Tongehalt

Der Boden

- sollte nicht bearbeitet werden, wenn er naß oder klebrig ist (hohe Verdichtungsgefahr)
- ist hart oder zementartig, wenn er trocken ist
- erwärmt sich im Frühjahr schwer
- hat hohe bis mittlere Gehalte an organischer Substanz
- zersetzt organische Masse langsam
- ist in der Bodenazidität und -basizität schwierig zu korrigieren (eine Korrektur ist jedoch nachhaltig)
- zeigt ein geringes Risiko für Winderosion
- zeigt bei guter Struktur ein geringes und bei mangelhafter Struktur ein hohes Risiko für Wassererosion
- fühlt sich zwischen den Fingern glatt und bei Nässe klebrig an

Textur: Sand, Schluff oder Ton?

Die Textur beschreibt die Bodenbestandteile. Zuviel Ton führt zu „schwerem“ Boden mit sehr viel Nährstoffen, aber mangelhafter Belüftung und schleppender Drainage. Zuviel Schluff kann ebenfalls zu Drainageproblemen führen. Zuviel Sand („leichter“ Boden) bedeutet, daß es niemals Abflußschwierigkeiten gibt, aber kontinuierlich Dünger zugeführt werden muß, weil das meiste davon ausgewaschen wird. Die beste Bodentextur ist Lehm, der aus einer ausgeglichenen Mischung der Bestandteile besteht.

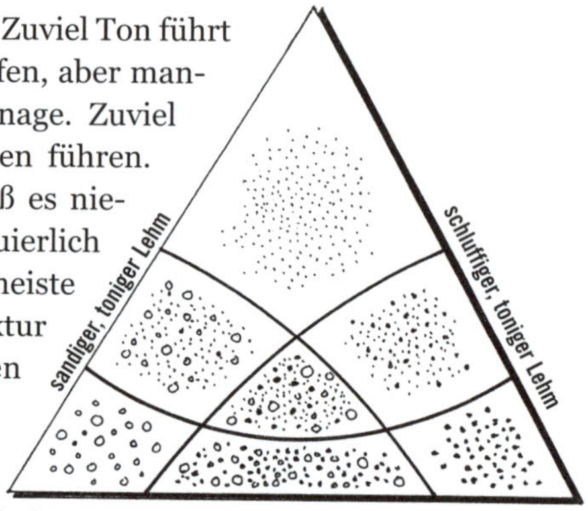

Struktur: Krümel oder Klumpen?

Die Struktur beschreibt, wie die Erde zusammenhängt, ob die Bodenpartikel zu Krümeln oder Klumpen aggregieren. Lockere Krümel und Klumpen gewährleisten reichlich Porenraum. Böden mit einer guten Struktur nehmen größere Niederschlagsmengen rascher auf, und überflüssiges Wasser versickert schnell. Wurzeln und Bodenorganismen können sich leichter ihren Weg bahnen, und das Umgraben geht leicht. Eine günstige Struktur ergibt gute Gärten.

Hilfe für den Boden – einfach und schnell

Hier ist eine einfache Hilfe für Böden mit einer nicht ganz idealen Textur und Struktur: Fügen Sie organische Substanz wie etwa Kompost hinzu. Reichliche Mengen organischer Masse erhöhen die Fähigkeit sandiger Böden, feucht zu bleiben und Nährstoffe zu speichern. Sie verbessern auch die Durchlüftung und die Wasserdurchlässigkeit bei tonigen Böden.

Wenn der Boden verdichtet ist – also auf der Oberfläche verkrustet ist oder eine dichte Schicht unter der Oberfläche ausgebildet hat –, reicht die Zufuhr von organischer Substanz nicht aus. Sie müssen außerdem rigolen (siehe Seite 169) oder den Boden mit einer Grabegabel lockern.

Den Boden bearbeiten – aber wann?

Greifen Sie sich eine Handvoll Erde und pressen Sie sie aus. Wenn sie zu losem Staub zerfällt, ist Ihr Boden zu trocken. Gießen Sie den Boden und warten Sie einige Stunden (idealerweise über Nacht), bevor Sie umgraben. Wenn beim Zusammenpressen Wasser austritt oder Sie einen festen, klebrigen Batzen in Ihrer Hand haben, ist der Boden zu naß. Warten Sie etwa einen Tag und testen Sie nochmals eine Handvoll, bevor Sie umgraben. Wenn Sie einen weitgehend stabilen Brocken haben, der leicht auseinanderbricht, wenn Sie an ihm herumstochern, können Sie umgraben. Der Boden ist leicht feucht und genau richtig für die Bearbeitung.

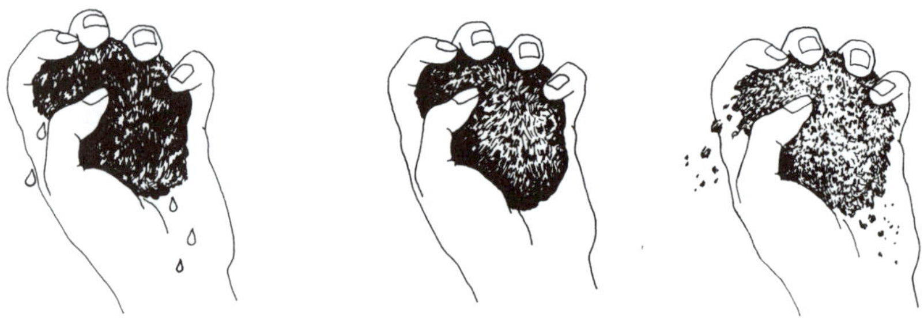

Drücken Sie eine Handvoll Erde zusammen. Das hilft Ihnen, den Boden zu „lesen“.

Obwohl Sie es vielleicht nicht merken, wimmelt es in guten Böden von einer Vielfalt von Leben. Die meisten Bodenlebewesen sind mikroskopisch klein, auch wenn einige, wie Würmer oder Ameisen, leicht zu sehen sind. Pflanzen (und Gärtner) sind von den Bodenorganismen abhängig, weil diese Nährstoffe in Formen überführen, die Pflanzen nutzen können, und sie aus der organischen Substanz zurückgewinnen. Die verschiedenen Arten des Lebens, die im Boden vorhanden sind, wirken zusammen und bilden ein komplexes Ökosystem.

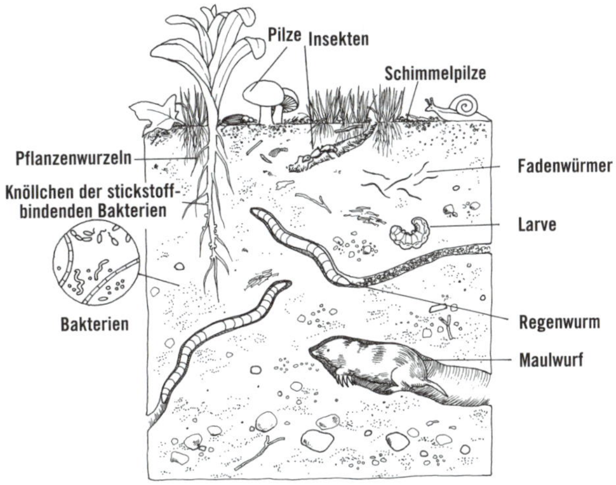

Grundbedingung für einen herausragenden Boden ist die Erhaltung des Gleichgewichts seines komplexen Ökosystems.

Sechs Wege zur Förderung des Bodenlebens

1. Fügen Sie organische Substanz wie etwa Kompost zu, um die Bodentextur und -struktur zu verbessern und eine gute Wasserdurchlässigkeit zu gewährleisten.
2. Beheben Sie extrem niedrige (sauer) oder hohe (alkalisch) pH-Werte und halten Sie den Wert zwischen pH 6,0 und 7,5.
3. Achten Sie darauf, daß Ihr Boden gut mit Kalzium versorgt ist, weil dieser Nährstoff sowohl von den Bodenorganismen als auch von den Pflanzen benötigt wird.
4. Minimieren Sie den Einsatz von Pflanzenschutzmitteln.
5. Vermeiden Sie Überdüngung, weil der Überschuß an bestimmten Nährstoffen das chemische Gleichgewicht des Bodens durcheinanderbringt.
6. Untersuchen Sie Ihren Boden regelmäßig, um zu sehen, welche Nährstoffe tatsächlich gebraucht werden und ob andere sich zu stark angereichert haben.

Der mächtige Regenwurm

Regenwürmer sind die besten Bodenverbesserer. Untersuchungen haben gezeigt, daß eine steigende Anzahl Regenwürmer im Boden direkt mit der steigenden Ertragsfähigkeit der Pflanzen zusammenhängt, die in dem Boden angebaut werden.

Regenwürmer graben in guten Böden 60 bis 90 cm tief. Dabei schließen sie Gänge auf, um die Durchlüftung und die Wasserdurchlässigkeit des Bodens zu erhöhen. Sie sind leistungsfähige Kompostierer, die 8 bis über 80 t Boden pro Hektar verschlucken, verarbeiten und wieder ausscheiden. Ihr Verdauungssystem zersetzt die organische Substanz in reinen Mutterboden.

Die Aktivität der Regenwürmer steigert sowohl die Größe als auch die Stabilität der Bodenkrümel. Somit tragen diese kleinen Lebewesen mehr zur Verbesserung der Bodenstruktur bei als jeder andere grabende Organismus.

– aus *Secrets to Great Soil* von Elizabeth P. Stell

Eine Regenwurmzählung

Sie können die Regenwurmaktivität in Ihrem Boden messen. Die in einer Stichprobe Ihres Bodens vorhandene Anzahl von Regenwürmern vermittelt Ihnen eine ziemlich gute Vorstellung über die organische Substanz und die allgemeine Gesundheit.

1. Wählen Sie eine 30 x 30 cm große Fläche, die einen guten Mittelwert Ihres Gartens darstellt. Graben Sie die oberen 15 cm aus und werfen Sie die Erde in eine flache Wanne.

2. Ermitteln Sie die Anzahl der Regenwürmer in der entnommenen Erde. Beginnen Sie damit, die gesamte Erde an das eine Ende der Wanne zu schieben. Bewegen Sie beim Zählen die Erde nach und nach auf die andere Seite der Wanne.

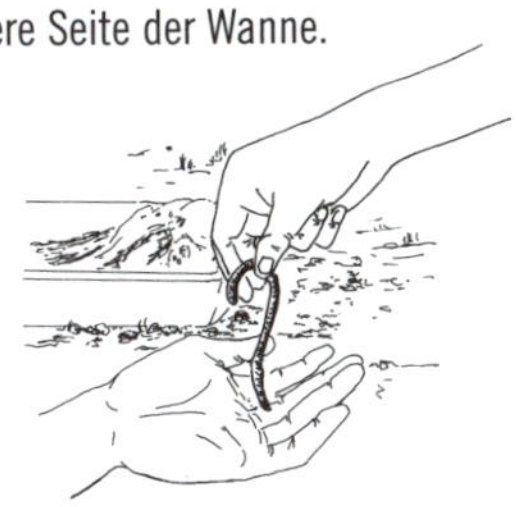

3. Wenn Sie nur einen oder zwei Regenwürmer finden, braucht Ihr Boden Hilfe in Form von organischer Substanz. Fünf bis neun Regenwürmer bedeuten, daß Sie auf dem richtigen Weg sind, aber noch weitere organische Substanz benötigen. Wenn Sie zehn und mehr Regenwürmer finden, haben Sie einen gesunden, biologisch aktiven Boden.

DIE BODENCHEMIE VERBESSERN

Ein autarkes Ökosystem

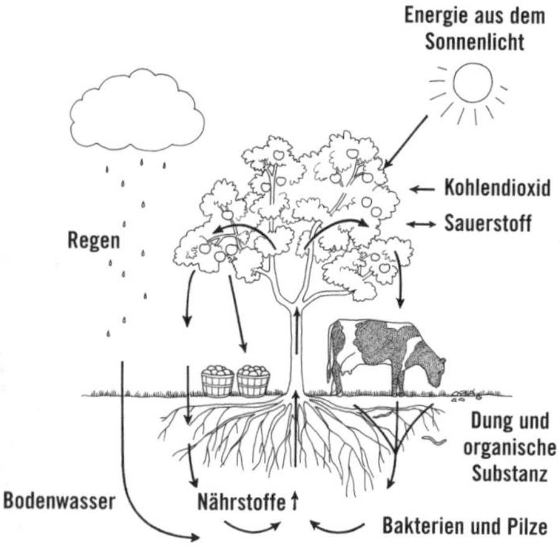

Die besten Quellen für organische Substanz

Hier sind einige leicht verfügbare Quellen für organische Substanz:

- **Kompost** (siehe Seiten 270–276)
- **Pflanzenreste,** wie zerhackte Blätter von Laubbäumen (fahren Sie mit einem Rasenmäher darüber), Rasenschnitt, Treber oder Trester aus der Bier- und Weinherstellung, Sägemehl und Stroh (die beiden letzten sollten in Maßen verwendet werden oder im Herbst, um ihnen Zeit für die Verrottung zu geben)
- **Tierdung,** besonders abgelagerter Rinder-, Pferde- und Hühnermist
- **Gründüngung** (siehe Seite 280 f.)

Zusätzlich zur Art des organischen Materials müssen Sie entscheiden, wie Sie es aufbringen möchten. Eines oder mehrere der folgenden Verfahren funktioniert bei den meisten dieser Materialien.

- **Bodenzusatz:** Mischen Sie das Material unter die Erde.
- **Oberflächendüngung:** Streuen Sie das Material auf die Bodenoberfläche. Es sollte schnell verrotten, damit es für die Pflanzen verfügbar wird.
- **Mulchen:** Mulch ist eine wirklich ganzjährige, langsam wirkende Oberflächendüngung. Idealerweise sollte er langsam verrotten, damit Sie ihn nicht so oft ergänzen müssen.

– verändert aus *Secrets to Great Soil*

pH-Wert

Wenn Sie die Azidität oder Basizität Ihres Bodens testen, messen Sie in Wirklichkeit die Konzentration der Wasserstoffionen. Der Säuregrad regelt, wie gut Nährstoffe in Lösung gehen. In sehr sauren und alkalischen Böden werden die meisten Nährstoffe nur langsam oder überhaupt nicht gelöst. Sie können unlösliche Verbindungen bilden, welche die Nährstoffe blockieren, so daß Pflanzen sie nicht nutzen können. Deshalb ist es wichtig, den pH-Wert Ihres Bodens zu testen und auszugleichen, bevor Sie düngen. Wenn Sie extreme Azidität oder Basizität ausgleichen, können Sie mehr Nährstoffe in Reichweite der Pflanzen bringen, ohne Dünger zuzugeben.

Den pH-Wert testen

Sie können Ihren Boden professionell in einem Labor für Bodenuntersuchungen testen lassen. Fragen Sie bei Ihrem örtlichen Gartenbauverein nach Details und Preisen. Oder kaufen Sie in einem Gartencenter oder im Versandhandel einen einfach zu handhabenden Schnelltest zur Bodenuntersuchung. Einige bestimmen nur den pH-Wert, andere messen den Stickstoff-, Phosphor- und Kaliumgehalt.

1. Graben Sie mehrere 15 cm tiefe Löcher in verschiedenen Bereichen Ihres Gartens oder Rasens.
2. Schneiden Sie eine dünne senkrechte Scheibe von jeder Seite des Loches ab und legen Sie sie in einen Eimer. Mischen Sie die Proben zusammen, zerkleinern Sie Klumpen und entfernen Sie Geröll und große Pflanzenteile.
3. Befolgen Sie die Anweisungen des Schnelltests bezüglich der Bodenmenge und der Menge an benötigten Indikatorchemikalien. Mischen Sie nach Vorschrift, lassen Sie die Erde absetzen und vergleichen Sie das Prüfröhrchen mit der Farbtabelle des Schnelltests.

Den Boden-pH-Wert regeln

Die Bodenazidität oder -basizität auszugleichen kann Ihren Garten grundlegender sanieren als jede andere bodenbildende Maßnahme. Leicht saure Böden (pH 6,3 bis 6,8) sind für die meisten Pflanzen und Bodenorganismen am besten, weil sie die höchste Verfügbarkeit an lebensnotwendigen Nährstoffen gewährleisten.

Saure Böden (pH 5,0 bis 6,0): Die regelmäßige Kalkung von sauren Böden kann das neutralisierende Kalzium und Magnesium ersetzen, das bei Regen ausgewaschen wird. Geben Sie Kalk aber nur zu, wenn der Boden ihn wirklich braucht. Überkalkung löst schlimmere Probleme aus als Azidität. Arbeiten Sie reichlich organische Substanz ein, besonders alkalische Nährstoffquellen wie abgelagerten Mist, Knochenmehl, Gesteinsmehl und Guano (vermeiden Sie saure Bestandteile wie Piniennadeln oder Torfmoos). Beachten Sie auch, was Sie anbauen möchten. Wenn es sich um Obst oder Gemüse handelt, das sauren Boden mag, wie Blaubeeren oder Kartoffeln, brauchen Sie nicht zu kalken.

Alkalische Böden (pH 7,0 bis 8,0): Geben Sie bei mäßig alkalischen Böden pulverisierten Schwefel zu, um den pH-Wert abzusenken. Das gelingt in sechs bis acht Wochen und hält sechs Monate und mehr vor. Für eine langsamere, aber nachhaltigere Behandlung müssen Sie saure Bestandteile wie Eichenlaub, Laubhumus, gemahlene Rinde, abgelagerte Sägespäne, Torfmoos, Piniennadeln oder Rindenmulch einarbeiten. Weil diese Materialien drei Monate und bis zu einem Jahr brauchen können, bis sie vollständig abgebaut sind, hält ihr Nutzen sehr viel länger an als der von Schwefel.

Nährstoffe in Ihrem Garten

Die Hauptnährstoffe, die Pflanzen brauchen, sind Stickstoff (N), Phosphor (P), Kalium (K), Kalzium (Ca), Magnesium (Mg) und Schwefel (S). Ohne sie ist das Wachstum von Gartenpflanzen begrenzt. Die meisten Böden, die intensiv bewirtschaftet werden – sei es im Gartenbau oder in der Landwirtschaft –, brauchen eine regelmäßige Zufuhr an Stickstoff, Phosphor und Kalium (NPK-Dünger), Kalzium, Magnesium und Schwefel sind in vielen Böden ausreichend enthalten und müssen möglicherweise überhaupt nicht zugeführt werden.

Mikronährstoffe werden auch Spurenelemente genannt, weil sie für ein gesundes Wachstum nur in jeweils sehr kleinen Mengen erforderlich sind. Sie umfassen Eisen, Bor, Mangan, Kupfer, Zink und Molybdän. Sie brauchen sich keinerlei Gedanken über Mikronährstoffe zu machen, wenn Sie regelmäßig Kompost oder Stallmist zuführen oder von Zeit zu Zeit Fischemulsion und/oder flüssigen Seetang als Dünger verwenden.

Organische Substanz: Der Schlüssel zur Ausgewogenheit der Nährstoffe

Arbeiten Sie organische Substanz in Ihren Boden ein, um eine gleichmäßige Nährstoffversorgung, besonders mit Stickstoff und Kalium, zu erhalten. Frische Pflanzenreste und Stallmist stellen alle Nährstoffe bereit. Gut verrottetes Material und Humus liefern Mikronährstoffe und geringe Mengen an Stickstoff, Phosphor und Schwefel, aber kaum Kalzium, Magnesium oder Kalium.

– aus *Secrets to Great Soil* von Elizabeth P. Stell

Neue Flächen umbrechen

Wenn Sie auf einem neuen Stück Land gärtnern möchten, hilft Ihnen eine Bodenuntersuchung, die Gehalte an Phosphor und Kalium zu bestimmen, und gibt Ihnen den Kalkbedarf an.
Das Zufügen von verrottetem Stallmist gleicht die meisten Mängel aus.
Arbeiten Sie sowohl im Herbst als auch im Frühjahr 5 kg/m^2 ein.

– aus *Grow the Best Tomatoes* von John Page

Nährstoffmängel erkennen

Hier sind einige Hinweise zu möglichen Nährstoffmangelerscheinungen bei Gartenpflanzen und zu ihrer Behebung:

Nährstoff: Stickstoff
Symptome: hellgrüne Blätter, langsames Wachstum, etwas kleinwüchsiger
Behandlung: Stallmist, Blutmehl, Fischmehl, Hornspäne und andere Bodenverbesserer, die Stickstoff liefern.

Nährstoff: Phosphor
Symptome: violette Verfärbung auf Blättern, Stengeln und anderen ungewöhnlichen Stellen
Behandlung: Erde, die regelmäßig Kompost erhält, sollte keinen Mangel zeigen; beseitigen Sie die Gefahr durch Einstreuen von Knochenmehl oder Kalziumphosphat in den Boden alle paar Jahre.

Nährstoff: Kalium
Symptome: dünne Stengel, Blätter mit braunen Rändern
Behandlung: Fügen Sie Kompost, Stallmist oder organische Bodenverbesserer zu oder bringen Sie alle paar Jahre jeweils im Herbst Gesteinsmehl oder Holzasche in den Boden ein.

Nährstoff: Magnesium
Symptome: gelbe, rote, orange oder purpurne Flecken auf den älteren Blättern der Pflanzen, die Blattspitzen rollen sich nach oben
Behandlung: Wenn die Bodenuntersuchung ein Problem andeutet, gleichen Sie mit Dolomitkalk aus; bis der Kalk Wirkung zeigt, können Sie die Pflanzen mit flüssigem Seetangdünger einsprühen; wenn der Boden alkalisch ist, muß Kompost statt Kalk verwendet werden.

Nährstoff: Eisen
Symptome: fahlgrüne oder gelbliche Färbung an den jüngsten Blättern
Behandlung: Gleichen Sie den Boden-pH-Wert aus; fügen Sie bei alkalischen Böden einen sauren organischen Bodenverbesserer wie verrottete Blätter oder Torfmoos zu; geben Sie dem Kompost vor der Verwendung eine Eisendüngerlösung zu, um den Eisengehalt zu erhöhen.

Nährstoff: Mangan
Symptome: gelbe Verfärbung auf jungen Blättern, ähnlich wie bei Eisenmangel, aber nicht so stark, besonders bei alkalischen Böden
Behandlung: Gleichen Sie den Boden-pH-Wert aus.

Nährstoff: Bor
Symptome: schwarze Bereiche im Inneren von Roten Beten; Verbräunung von den Triebspitzen her; verkrüppelter Wuchs; verdrehte, deformierte Blätter
Behandlung: Verwenden Sie ausreichend Kompost oder benetzen Sie den Boden mit einer sehr kleinen Menge (ein Teelöffel pro Quadratmeter) Borax aus dem Haushalt.

Nährstoff: Zink
Symptome: kleine Blätter, ältere Blätter mit gelben Pünktchen oder Streifen
Behandlung: Gleichen Sie den pH-Wert aus oder fügen Sie dem Boden Stallmist zu.

KOMPOSTIERUNG

Bereitung und Verwendung von Kompost

Kompost ist so einfach zu bereiten, daß Sie ihn auch selbst herstellen können, anstatt ihn zu kaufen. Schließlich versuchen Sie ja nur, das natürliche Nährstoffrecyclingprogramm zu beschleunigen, das fortwährend überall um uns herum abläuft. Dazu bedarf es keines ausgeklügelten Systems. Es genügt, einfach Laub aufhäufen, wenn es nicht eilt. Wenn Sie keine Laubbäume haben, können Sie mit einem pflegeleichten Wurmbehälter im Haus aus Küchenabfällen konzentrierten Kompost – reine Muttererde – herstellen.

– aus *Secrets to Great Soil*

Materialien für die Kompostierung

Um kompostiert zu werden, braucht ein Stoff nur zwei Eigenschaften: Er muß biologisch abbaubar sein, und er muß Bestandteile enthalten, die für Mikroorganismen verfügbar und verwertbar sind. Hier ist eine unvollständige Liste solcher Stoffe:

Blätter	Holzasche	Seegras (Kelp)
Federn	Hopfen (Brauereiabfall)	Torfmoos
Gemahlene Steine und Muscheln	Lederabfall	Unkräuter (ohne Samenstände)
Grasnarbe	Organische Abfälle	Zeitungen
Heckenschnitt	Piniennadeln	
Heu und Stroh	Rasenschnitt	
	Sägemehl	

Blätter

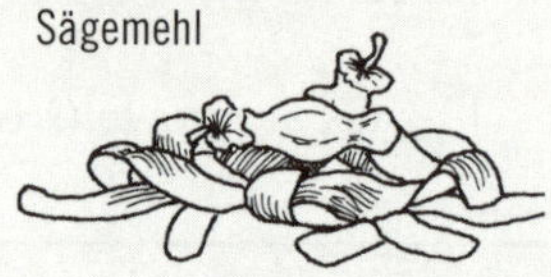
Küchenabfälle

Stroh

Ungeeignete Stoffe

Tierische Produkte	Farbiges Papier	Haustierkot
Kohle	Kranke Pflanzen	Haustiereinstreu
Kohleasche	Pflanzenschutzmittel	Samen und Kerne

– verändert aus *Let It Rot!* von Stu Campbell und *The Big Book of Gardening Secrets* von Charles W. G. Smith

Das Kohlenstoff-Stickstoff-Verhältnis im Kompost

Wenn Sie Kompostiermaterial sammeln, sollten Sie das Verhältnis von kohlenstoffhaltigen Stoffen zu stickstoffhaltiger Masse im Auge behalten. Wissenschaftler haben ermittelt, daß ein günstiges Verhältnis zwischen Kohlenstoff (C) und Stickstoff (N) im Komposthaufen bei 25 bis 30 Teilen Kohlenstoff zu 1 Teil Stickstoff oder 30:1 liegt (im allgemeinen abgekürzt zu „30“). Praktisch bedeutet dies, daß das meiste Material, das Sie zufügen, kohlenstoffhaltig sein sollte. Ein Haufen mit einem deutlich höheren C:N-Verhältnis als 25 oder 30 braucht lange, um zu verrotten. Wenn das C:N-Verhältnis sehr niedrig ist (wenn also zuviel Stickstoff enthalten ist), setzt Ihr Komposthaufen den Überschuß wahrscheinlich als übelriechendes Ammoniakgas frei.

Das C:N-Verhältnis muß nicht exakt stimmen. Im allgemeinen sollten Sie 2 bis 3 kg Stickstoffmaterial auf 100 kg Kohlenstoffmaterial zufügen. Ich setze den Haufen trotz des leichten Geruches lieber mit etwas mehr Stickstoff an, einfach um sicherzugehen, daß immer ausreichend für eine rasche Verrottung verfügbar ist.

Kompost – ein Segen für Ihren Boden

Kompost ist die beste Form von organischer Substanz, die man dem Boden zuführen kann. Er ist eine Mischung aus organischen Materialien wie Rasenschnitt, Gartenabfällen und Küchenresten, die zu einer krümeligen dunklen Masse verrottet sind. Als ausgewogene Bezugsquelle, welche die Nährstoffe langsam abgibt, kann Kompost im Boden alle von den Pflanzen benötigten Mikronährstoffe vorrätig halten. Er liefert stetig geringe Mengen an Hauptnährstoffen nach und hilft dem Boden, Nährstoffe und Wasser lange genug zu speichern, damit die Pflanzen sie verwenden können. Er steigert die allgemeine Gesundheit Ihres Gartens, indem er Krankheitskeime im Boden unterdrückt. Wenn er in Form von Komposttee auf die Blätter gesprüht wird, kann er Mehltau, Schimmelpilze und andere Blattkrankheiten verhindern. Kompost fördert zudem nützliche Bodenorganismen, die sich von Krankheitskeimen ernähren oder Nährstoffe pflanzenverfügbar machen.

Hier sind die mittleren C:N-Verhältnisse für einige üblicherweise verwendete kompostierbare Materialien:

- Rasenschnitt: 25
- Leguminosen (Erbsen- und Bohnenpflanzen): 15
- Stallmist mit Einstreu: 23
- Dung: 15
- Eichenlaub: 50
- Piniennadeln: 60 bis 100
- Sägemehl: 150 bis 500
- Stroh: 50 bis 100
- Küchenabfälle: 12 bis 20
- Gemüseabfall: 25

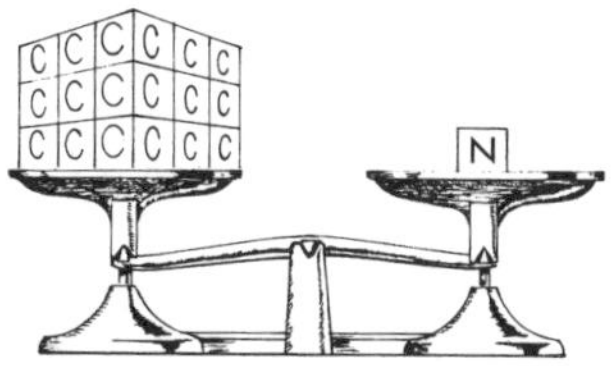

Das Verhältnis von Kohlenstoff zu Stickstoff sollte in einem Komposthaufen 25 bis 30 zu 1 sein.

– verändert aus *Let It Rot!* von Stu Campbell

Kostenlose Dünger

In einer Welt der Ungeduld ist die Herstellung von Laubkompost weitgehend vergessen. Weil Blätter wenig Stickstoff haben, verrotten sie langsam und erwärmen sich nicht, wie es ein Kompost tut, dem Material mit hohem Stickstoffgehalt zugeführt wird.

Der zweijährige Zersetzungsprozeß kann beschleunigt werden, wenn die Blätter vor dem Aufhäufen geschreddert werden. Umzäunen Sie den Haufen mit Maschendraht, damit die Blätter sich nicht wieder über Ihren Rasen verteilen, und stampfen Sie den Haufen fest. Wundern Sie sich nicht: Wenn die Blätter zu gebrauchsfertigem Laubkompost umgesetzt sind, wird der Haufen nur noch die Hälfte des Ausgangsvolumens haben.

Nach einem Jahr müssen Sie den Haufen wenden und dabei so gut wie möglich auflösen und mischen. In dieser Phase kann der Kompost als Mulch verwendet werden und ist den Regenwürmern in Ihrem Garten willkommen.

– aus *Fertilizers for Free* von Charles Siegchrist

Komposttee brauen

Kompost führt dem Garten langsam und zuverlässig Nährstoffe zu. Aber manchmal ist es schön, die Dinge etwas zu beschleunigen, zum Beispiel wenn das Sommergemüse einen kleinen Schub braucht. Dafür bietet sich Komposttee an. Um ihn zu brauen, müssen Sie etwa drei Eimer frischen, fertigen Kompost in eine wasserdichte Tonne geben und sie bis 30 cm unter den Rand mit Wasser auffüllen. Decken Sie die Tonne ab und lassen Sie die Mischung einige Tage an einem kühlen, schattigen Platz gären. Füllen Sie den Tee in eine Gießkanne um und vergießen Sie den zuverlässigen, natürlichen und leicht aufzunehmenden Dünger im Garten.

– aus *The Big Book of Gardening Secrets* von Charles W. G. Smith

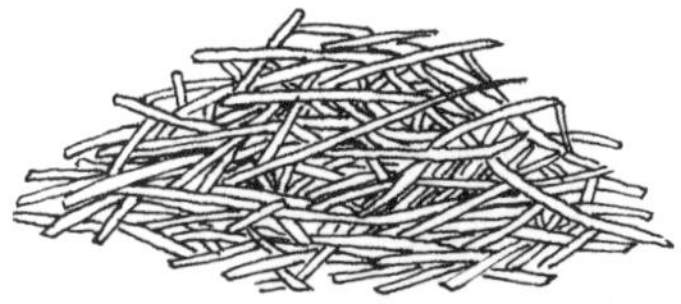

Kompostbeschleuniger

Jede Substanz, welche die Verrottung in Ihrem Komposthaufen fördert, ist ein Beschleuniger. Kompostbeschleuniger liefern hauptsächlich Stickstoff oder Mikroorganismen oder beides. Sie können Geld sparen, wenn Sie aus den unten angegebenen Zutaten Ihren eigenen Beschleuniger herstellen. Vermeiden Sie mineralische Dünger, die kein Eiweiß enthalten und auf die Kompostlebewesen hemmend wirken. Beschleuniger funktionieren am besten, wenn sie gründlich durchmischt sind. Wenn Sie den Haufen bald umsetzen möchten, brauchen Sie lediglich etwa alle 15 cm eine dünne Schicht zu streuen. Verwenden Sie nur eine Tasse pro Quadratmeter, wenn Sie Weizenmehl verwenden, aber eine bis zu 5 cm dicke Schicht Erde oder Kompost.

Stickstoff-/Eiweißquellen

- Weizenmehl
- Blutmehl
- Getrockneter Dung
- Frischer Rasenschnitt
- Frischer Mist
- Hornmehl

Mikroorganismenquellen

- Kompost (je frischer, desto besser)
- Frischer oder gut abgelagerter Mist
- Gesunde humusreiche Erde
- Streifen von Grasnarbe

– aus *Secrets to Great Soil* von Elizabeth P. Stell

KOMPOSTIERUNG

Stuart Campbells Buch Let It Rot! *ist ein klassischer Leitfaden, um Haushaltsabfälle in Gärtnergold umzuwandeln. Der Autor lebt in Stowe, Vermont, und ist ein ebenso versierter Gärtner, Schriftsteller und Skiläufer wie besessener Kompostierer, der Haufen von besonders gut aussehendem Laub am Straßenrand sammelt. Stuart ist zudem Autor von* The Mulch Book *und* The Home Water Supply.

Kompostbehälter oder -haufen anlegen

Legen Sie Ihren Komposthaufen so nahe wie möglich am Garten an, damit Sie die Materialien nicht über eine weite Strecke hin und her schleppen oder karren müssen. Der Kompostbehälter oder -haufen sollte nahe an einer Wasserquelle liegen, aber nicht zu nahe am Haus selbst oder direkt unter tröpfelnden Traufen oder Fallrohren. Wenn Sie in einer kalten Klimaregion wohnen, werden Sie sicher die Hilfe der Sonne nutzen wollen, um den Haufen zu erwärmen. Es kann aber sein, daß Sie den Komposthaufen gießen müssen, damit er nicht austrocknet. In einem wärmeren Klima können Sie ihn in den Schatten setzen, wo er nicht so schnell austrocknet. Wenn Sie so weit vorausplanen können, sollten Sie Ihren Komposthaufen auf eine zukünftige Nutzfläche setzen, damit die Nährstoffe, die aus dem Haufen ausgewaschen werden, später gut genutzt werden.

Ein ganz allgemeiner Ratschlag ist, den Komposthaufen auf der Nord-, Ost- und Westseite durch eine Art Mauer, Hecke oder Gehäuse zu schützen, und die Südseite, wenn möglich, offen zu lassen.

– aus *Let It Rot!* von Stu Campbell

Kompostbehälter bauen

Ein Komposthaufen funktioniert gut, wenn Sie die Zeit und die Geduld haben, ihn sorgfältig zu gründen, richtig zu gestalten und korrekt in Form zu erhalten, nachdem Sie ihn umgesetzt oder frisches Material zugefügt haben. Der Hauptvorteil eines Behälters besteht darin, daß Sie keine Zeit dafür verschwenden müssen, den Haufen abzuschrägen, um ihn davor zu bewahren, daß er kopflastig wird und umfällt. Der Behälter kann komplex sein oder ganz einfach. Hier sind zwei bewährte, wirkungsvolle Bauweisen.

Die Neuseelandbox

Die Neuseelandbox ist ein aus Holz hergestellter Behälter. Außer verschiedenen Schrauben, Muttern und Beilagscheiben brauchen Sie:

- als Ständer: 6 Kanthölzer à 5 x 5 cm, 1 m lang
- für die Seitenflächen: 24 Bretter à 15 x 2,5 cm, 1,2 m lang
- für die Querleiste: 1 Kantholz à 5 x 5 cm, 1,4 m lang.

Schlagen Sie die Ständer 8 cm tief in den Boden. Die beiden Seitenflächen und die Rückseite bestehen aus je sechs Brettern, die an die Ständer geschraubt werden. Lassen Sie jeweils 1,2 cm Platz dazwischen, um Luft in den Haufen zu lassen.

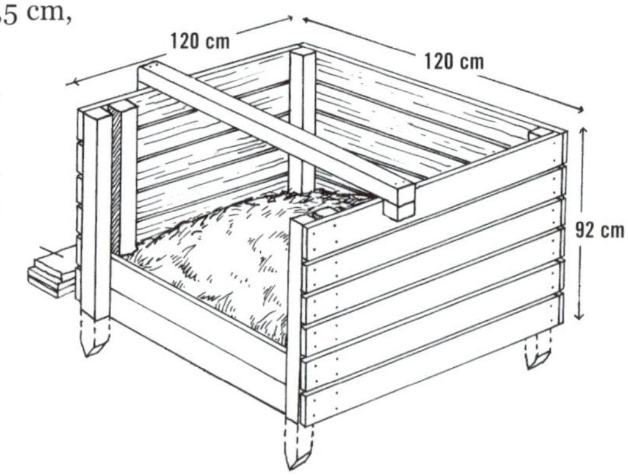

Die Box hat weder Deckel noch Boden, aber herausnehmbare Bretter an der Vorderseite. Diese sind nicht mit Schrauben befestigt, sondern können bei Bedarf in die Führung zwischen zwei Ständern hineingeschoben und auch wieder herausgehoben werden, um den Zugang zum Komposthaufen zu gewähren. Die Grundfläche beträgt 1,2 x 1,2 m. Die Box ist 92 cm hoch und läßt von allen Seiten eine Luftzirkulation zu. Um die Seitenwände vor dem Ausbeulen zu bewahren, können Sie eine Querleiste mit Klötzen an den beiden Seiten verwenden. Schneiden Sie von dem 1,4 m langen Kantholz zwei 5-cm-Stücke ab und schrauben Sie sie an den beiden Enden jeweils auf der gleichen Seite fest. Das Kantholz bleibt unbefestigt auf dem Behälter liegen.

Der Rundbehälter

Um einen Rundbehälter von 1 m Durchmesser zu bauen, brauchen Sie:

- 3,8 m Kaninchendraht, 90 cm breit
- 4 Metall- oder Kunststoffklammern oder Betonbindedrähte aus Kupfer
- 5 Holz- oder Metallpfosten à 1,2 m lang, um den Kaninchendraht zu stützen.

Rollen sie den Kaninchendraht aus und schneiden Sie 3,8 m ab. Klappen Sie 8 bis 10 cm an beiden Schnittkanten um, um feste saubere Kanten zu bekommen, die sich einfach verklammern oder verzurren lassen. Stellen Sie den Drahtkreis auf den Standort für den Komposthaufen und sichern Sie die Enden mit den Klammern oder den Betonbindedrähten. Verteilen Sie die Pfosten an der Innenseite rund um den Drahtkreis. Schlagen Sie sie fest in den Boden, und zwar so, daß der Draht gespannt wird, um ihm Halt zu bieten.

Der Draht gewährleistet eine gute Belüftung, aber die Ränder des Haufens könnten bei warmem Wetter austrocknen. Berieseln Sie die Seiten und die Oberfläche im Sommer häufig mit Wasser, um den Komposthaufen feucht zu halten.

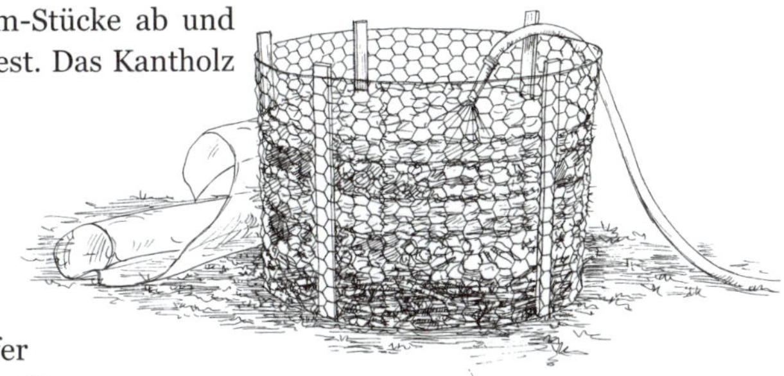

Berieseln Sie die Oberfläche und die Seiten des Komposts mit Wasser, um ihn feucht zu halten.

Kompostprobleme beheben

Die meisten „Kompostprobleme" lösen sich von selbst, indem Sie einfach warten. Das meiste Material wird letztendlich zersetzt. Aber wenn Sie nicht ein Jahr oder länger warten möchten, bis die Natur ihren Lauf nimmt, können Sie die unten aufgeführten Hilfen nutzen.

Merkmal	Ursache	Lösung
Der Haufen erwärmt sich nicht; fühlt sich trocken an.	zu trocken	Geben Sie Wasser zu, bis sich das Material in der Mitte gleichmäßig feucht anfühlt. Gießen Sie den Haufen in Trockenperioden ab und zu.
Der Haufen erwärmt sich nicht; fühlt sich feucht an.	nicht groß genug	Sorgen Sie dafür, daß der Haufen 90 cm Durchmesser hat und mindestens 1,2 m hoch ist, oder warten Sie, bis eine kalte Kompostierung stattfindet.
Ein großer Haufen erwärmt sich nicht; fühlt sich feucht an.	nicht genug Stickstoff	Fügen Sie Weizenmehl, Dung, frischen Rasenschnitt oder eine andere Stickstoffquelle hinzu und setzen Sie den Haufen um.
Der Haufen kühlt ab, bevor das Material zersetzt ist.	muß umgesetzt werden	Setzen Sie den Haufen mit einer Mistgabel um und mischen Sie das Material in der Mitte mit äußerem oder unkompostiertem Material.
Der Haufen kühlt ab und riecht schlecht; sumpfig oder naß.	zu naß	Fügen Sie Stroh oder anderes trockenes kohlenstoffreiches Material zu und wenden Sie den Haufen. Achten Sie auf ausreichende Drainage.
Das gesamte Material zersetzt sich nicht.	zuviel Stickstoff oder nicht genug Luft	Fügen Sie Stroh oder anderes trockenes kohlenstoffreiches Material (plus Wasser) zu und wenden Sie den Haufen zur Durchlüftung.
Eine verfilzte Schicht zersetzt sich nicht.	zu trocken oder nicht genug Stickstoff; muß umgesetzt werden	Bei zu trockenem Substrat: Fügen Sie Wasser zu, bis sich das Material in der Mitte gleichmäßig feucht anfühlt. Bei Substrat, das Stickstoff benötigt: Fügen Sie Dung, frischen Rasenschnitt oder eine andere Stickstoffquelle hinzu und setzen Sie den Haufen um.
Einige Stücke zersetzen sich nicht.	Stücke zu groß oder zu holzig	Setzen Sie den Haufen um, lösen Sie verfilzte Schichten auf und mischen Sie sie mit anderem Material. Sieben Sie den Kompost.

– aus *Secrets to Great Soil*

Grubenkompostierung

Wenn Ihnen Umgraben nichts ausmacht, ist die Kompostierung direkt im Boden das einfachste Verfahren. Heben Sie eine Vertiefung (Loch oder Graben) aus, füllen Sie sie mit Küchenabfällen und/oder Gartenschnitt und decken Sie alles mit der entnommenen Erde ab. Nach ein paar Monaten wird auch der hartnäckigste Lehmboden krümelig, einfach zu graben und mit Regenwürmern angereichert sein.

Grubenkompostierung ist ideal, wenn Sie Küchen- und/oder Gartenabfälle in den Boden zurückbringen, sich aber nicht um das C:N-Verhältnis oder das Umsetzen des Komposthaufens kümmern möchten. Es ist eine hervorragende Möglichkeit, den Boden für ein neues Beet zu verbessern, wenn Sie sechs Monate vorausplanen können. Wenn Sie sich entscheiden sollten, zu rigolen oder ein erhöhtes Beet anzulegen, ist der Boden wesentlich einfacher zu bearbeiten und hat eine verbesserte Struktur.

Grubenkompostierung im Turnus

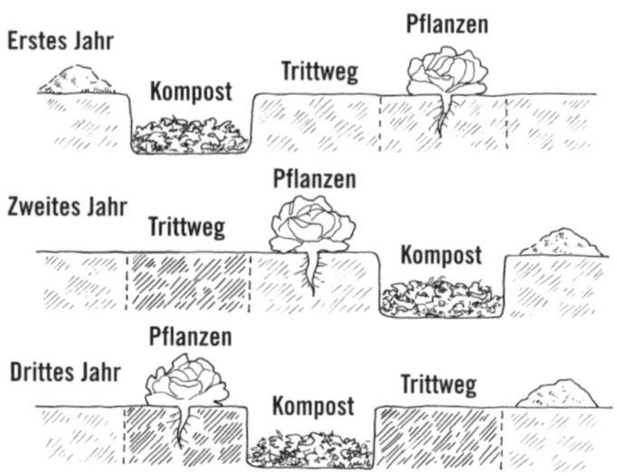

Um den Boden in einem Bereich Ihres Gartens zu verbessern, müssen Sie ihn für eine Saison aus der Bewirtschaftung nehmen. Heben Sie einen Graben oder eine Reihe von Gräben aus und füllen Sie sie mit Kompostmaterial. Nutzen Sie diesen Bereich des Gartens erst wieder, wenn alles vollständig kompostiert ist.

Für ein kleines Beet können Sie eine Grube in der gewünschten Größe Ihres Beetes vorbereiten. Entfernen Sie die Grasnarbe und legen Sie sie zur Seite. Graben Sie das Loch etwa 45 cm tief aus und legen Sie die entfernte Grasnarbe umgedreht auf den Grund des Loches. Fügen Sie Pflanzenabfälle zu und decken Sie jede neue Schicht mit etwas von der entnommenen Erde ab. Sobald die Grube gefüllt ist, wird die gesamte verbleibende Erde darübergestreut. Lassen Sie den Kompost sechs Monate absetzen; danach können Sie pflanzen.

Tips für den Grubenaushub

- Versuchen Sie nicht, den Graben auszuheben, wenn der Boden knochentrocken ist. Das ist ziemlich anstrengend. Warten Sie, bis die Erde feucht ist – in den meisten Gegenden im Frühjahr oder Herbst.
- Heben Sie die Erde nicht aus, wenn sie naß ist.
- Wo der Boden gefriert, brauchen Sie einen wasserdichten, mit trockenem Sand oder Sägemehl gefüllten Behälter, um die Küchenabfälle während des Winters zu erfassen. Streuen Sie im Frühjahr etwas Erde auf die Oberfläche.

Einfache Wurmkompostierung

Die in Ihrem Gartenboden lebenden Regenwürmer arbeiten mit Mikroorganismen zusammen, um organische Abfälle zu verdauen, sie in einfachere Formen zu zersetzen und als Nährstoffe für lebende Pflanzen besser zugänglich zu machen.

Die Wurmkompostierung wendet diesen Prozeß an und begrenzt ihn. Sie bauen einen Wurmbehälter, statten ihn mit Futter aus, das die Würmer gedeihen läßt (Ihre eigenen Küchen- und Gartenabfälle), halten ihn voller Streu und setzen Würmer zu. Dies sind nicht dieselben Regenwürmer, die Sie im Garten finden, sondern Kompostwürmer, die für das Leben im Wurmbehälter geeignet sind.

Die Würmer hinterlassen sogenannten Vermikompost, eine hochkonzentrierte hervorragende Bodenergänzung, die aus Kompost und Wurmkot besteht. Verwenden Sie dieses Endprodukt in Ihrem Garten, für die Zimmerpflanzen oder den Rasen. Sie reichern damit nicht nur Ihre Gartenerde an und ernähren die Pflanzen, sondern verringern auch erheblich die Abfallmenge, die Ihre Familie zur Mülldeponie beisteuert.

Aufstellen der Wurmkompostbehälter

Viele Gartencenter verkaufen Behälter komplett mit einer Grundmenge Würmer. Alternativ können Sie einen einfachen Kunststoffbehälter aufstellen, der genauso gut funktioniert. Sie brauchen mindestens 0,1 m^2 Oberfläche im Wurmbehälter für jede Person im Haushalt. Und Sie brauchen etwa 0,5 kg Würmer pro Person.

1. Verwenden Sie einen Kunststoffbehälter mit Handgriffen und einem passenden Deckel, etwa 45 x 60 cm groß und mindestens 20 cm hoch. Bohren Sie mit einem 12er-Bohrer in jeweils 10 bis 12 cm Abstand zwölf Löcher in den Boden des Behälters. Stellen Sie den Behälter auf ein paar 30 cm lange Stücke Abfallholz in eine Wanne.
2. Legen Sie ein 60 x 45 cm großes Stück Fiberglas-Fliegengitter über den Behälterboden und füllen sie den Behälter halb mit feuchter Einstreu wie etwa Zeitungsstreifen oder zerhackten Blättern. Setzen Sie etwa 1 kg Kompostwürmer (*Eisenia foetida* oder *Eisenia andrei*) auf die Oberfläche der Einstreu.
3. Stellen Sie den Behälter in frostgefährdeten Regionen an einem trockenen Ort im Haus auf oder – in gemäßigten Klimaten – an einem geschützten, aber gut zugänglichen Ort im Freien.
Würmer sind sensibel für Erschütterungen. Stellen Sie den Behälter deshalb nicht in die Nähe lauter oder vibrierender Anlagen, wie etwa der Heizung. Die Würmer könnten sonst versuchen, das Haus zu verlassen und sich einen friedlicheren Platz zu suchen.

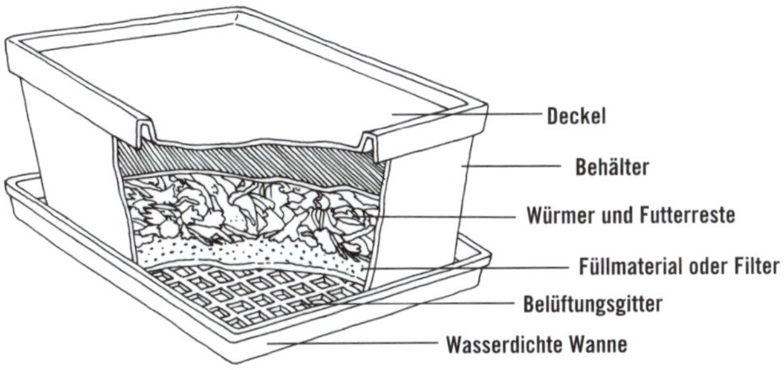

Füttern

Füttern Sie Ihren Würmern Gemüse- oder Gartenabfälle und/oder Kaffeesatz, aber fügen Sie keine Fette, Öle, Fleischreste und keinen Käse zu. Ziehen Sie fertig kompostierte Streu ab, um ein paar Kilogramm Nahrung pro Woche zuzugeben. Lassen Sie den Deckel zur Belüftung etwas offen und öffnen Sie ihn weiter, wenn der Inhalt zu feucht wird.

Verwendung des Wurmhumus

Wenn die organische Substanz im Behälter wie Erde aussieht, ist sie für die Verwendung in Ihrem Garten bereit. Vor der Ausbringung können Sie zumindest einen Teil der Würmer aus dem Substrat nehmen und für den nächsten Ansatz verwenden. Wo immer Sie herkömmlichen Kompost oder Dünger nehmen würden, können Sie stattdessen mit Wurmkompost arbeiten. Fügen Sie den Pflanzlöchern für Ihre Tomaten eine Kelle zu, verstreuen Sie ihn vor dem Regen auf Ihrem Rasen, mischen Sie ihn in Gefäßen mit der Erde, fügen Sie allen Saatlöchern und -rillen vor der Saat eine 5 mm dicke Schicht zu und arbeiten Sie im Frühjahr großzügige Mengen in Ihren Gemüsegarten ein.

Wenn Sie Ihren Kompost im Winter ernten, aber erst im Frühjahr verwenden möchten, streuen Sie ihn aus und lassen Sie ihn leicht trocknen, bevor Sie ihn bis zum Frühjahr in einem Plastikbeutel aufbewahren.

– aus *Worm Composting* von Joshua D. Nelson

Wurmkost

Gut geeignet

- Blätter und Rasenschnitt
- Obst- und Gemüseabfälle wie Bananenschalen, Apfelgehäuse, Kartoffelschalen, Möhren- und Kohlblätter
- Stallmist, insbesondere abgelagerter Kuh-, Pferde- und Hühnermist
- Getreideprodukte wie übriggebliebener Reis, altes Müsli, Nudeln und altes Brot
- Teebeutel, Kaffeefilter und Kaffeesatz
- zerstoßene Eierschalen
- Gartenabfälle
- Dung von Pflanzenfressern wie Pferden oder Kühen

Ungeeignet

- ölige Nahrungsmittel
- Milchprodukte
- Dung von Fleischfressern wie Hunden und Katzen
- Dung von Tieren, die kürzlich entwurmt wurden.

Gekochte Küchenabfälle sind nicht geeignet, wenn Ratten Zugang zum Wurmkompost haben.

Würmer kaufen

Viele Angelläden haben Rotwürmer für Angler auf Lager. Eine andere Bezugsmöglichkeit ist der Gartenbedarfshandel – vor Ort oder im Versand. Die Würmer werden üblicherweise pro Kilogramm verkauft. Erschrecken Sie nicht, aber 1 kg Würmer sind etwa 2 000 Stück.

– aus *Worm Composting*

KOMPOSTIERUNG

Verwendung von Kompost

Fertiger Kompost kann überall im Garten verwendet werden. Fertig ist er, wenn er den süßen, waldigen Geruch von schwerem Boden entwickelt und die meisten Inhaltsstoffe zu krümeligem oder flockigem, dunkelbraunem, erdähnlichem Material geworden sind. Zwar bleiben meist einige große oder erkennbare Stücke übrig, aber alles sollte relativ einheitlich dunkelbraun sein.

Um die Vorzüge des fertigen Komposts optimal ausnutzen zu können, sollten Sie ihn innerhalb weniger Monate verwenden, obgleich auch der älteste Kompost, ähnlich wie gut abgelagerter Mist, noch den Boden verbessert.

Geben Sie eine Handvoll fertigen Kompost auf den Boden jedes Loches, wenn Sie Setzlinge verpflanzen. Zu größeren Pflanzen und Nährstoffzehrern wie Tomaten, Kürbis und Zucchini geben Sie je eine Schaufelvoll. Streuen Sie frischen Kompost zur Aussaat in die Reihen.

Im Herbst können Sie unfertigen Kompost in Ihrem Garten ausstreuen. Im Frühjahr ist er vollständig zersetzt und kann auf der Oberfläche belassen oder untergearbeitet werden. Vermeiden Sie es, unfertigen Kompost als Oberflächendüngung um Gemüse oder Blumen zu streuen. Streuen Sie bei einjährigen Blumen oder Gemüse als Mulch eine Schicht fertigen Kompost darunter. Für Bäume und Sträucher können sie unfertigen Kompost als Mulch verwenden.

Kompost kann auch in Form von Komposttee als Blattdüngung verwendet werden (Herstellungsanleitung siehe Seite 271). Diese flüssige Form des Kompostes kann auf die Blätter gesprüht oder darübergegossen werden. Sie können ihn auch zum Gießen von Zimmerpflanzen einsetzen. Komposttee gibt den Pflanzen einen Nährstoffschub und reguliert einige Krankheiten.

– aus *Secrets to Great Soil* von Elizabeth Stell

Mulchmaterialien

Mulch stellt eine schützende Decke für den Boden dar, und Mulchen ist eine der einfachsten Arten, organisches Material einzubringen. Streuen Sie das Material auf die Bodenoberfläche und lassen Sie die Regenwürmer das Bearbeiten für Sie übernehmen. Mulch (oder sein naher Verwandter, die Oberflächendüngung) ist oft der einzige Weg, Bäume, Büsche, Beerensträucher und Stauden mit organischem Material zu versorgen. Besonders Flachwurzler werden jeden Versuch, Zusätze einzuarbeiten, übelnehmen. Zusätzlich reduziert das Mulchen die Routinearbeiten Gießen und Jäten ganz erheblich. Mulchen verbessert den Boden auf vielerlei Arten, von der Humuszufuhr über die Erosionsminderung bis zur Förderung der Bodenorganismen.

Organischer Mulch

Nur organische Mulchmaterialien stellen organische Substanz und Nährstoffe bereit. Organischer Mulch kann fast alles sein, was Sie auch auf den Komposthaufen werfen. Allerdings eignet sich organisches Material für das Mulchen – im Gegensatz zur Kompostierung – umso besser, je länger die Zersetzung dauert.
Mulch kann jedoch in nassen Böden und sehr feuchten Klimaten einige Krankheiten begünstigen und die Fäulnisgefahr erhöhen. Wenn Mulch zu dick gestreut wird, kann er die Bodendurchlüftung behindern. Frische, unverrottete und kohlenstoffreiche Mulchmaterialien wie Sägespäne können zeitweise genug Stickstoff abziehen, um das Pflanzenwachstum zu beeinträchtigen. Dieses Problem ist einfach zu lösen, indem Sie solche Materialien zunächst verrotten lassen, bis ihre Farbe verblaßt, oder indem Sie stickstoffreiches Material darunterstreuen.

Anorganischer Mulch

Anorganische Mulchmaterialien umfassen schwarzes Papier, schwarze Folie, Kies und Mulchgewebe. Diese Mulchmaterialien bieten einige Vorteile, wie etwa das Anwärmen des Bodens im Frühjahr. Es ist günstig, 3 bis 5 cm Kompost oder abgelagerten Mist über den Boden zu verteilen, bevor man anorganische Mulchmaterialien verwendet. Wenn die Mulchmaterialien einmal aufgebracht sind, ist es schwierig, die organische Substanz im Boden zu ergänzen.

Oberflächendüngung

Mulchmaterialien, die sich sehr schnell zersetzen, werden genauer als Oberflächendüngung bezeichnet. Das Ziel der Oberflächendüngung ist es, so schnell wie möglich mehr organische Substanz und Nährstoffe in den Boden zu bekommen. Mulchmaterialien müssen etwas länger erhalten bleiben, um ihren Hauptzweck zu erfüllen, der im Schutz des Bodens besteht.

Schwarzer Plastikmulch gleicht die Feuchtigkeitszufuhr aus, nimmt eine Menge Wärme auf und beschleunigt normalerweise die Entwicklung.

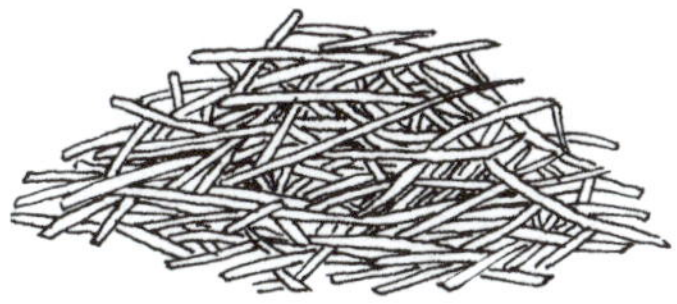

18 Gründe für das Mulchen

Mulch
- hält den Boden feucht
- unterdrückt die meisten Unkräuter
- hält den Boden locker, so daß Unkräuter sich leicht herausziehen lassen und mehr Regen eindringen kann
- beschattet den Boden, verringert den Hitzestreß für die Pflanzen und Bodenorganismen
- erhält den Boden in kalten Herbstnächten wärmer
- vermeidet plötzliche Ausschläge der Bodentemperatur und erhöht das Überleben der Pflanzen im Winter
- hilft zu vermeiden, daß Pflanzen im Winter aus dem Boden gedrückt werden
- vermindert die Wasser- und die Winderosion
- beugt der Pfützen- oder Krustenbildung nach Starkregen vor
- vermindert oder unterbindet bodenbürtige Krankheiten, indem er den Regen daran hindert, Boden an die Pflanzen zu spritzen
- hält Obst und Gemüse sauber
- minimiert Streß für frische Setzlinge.

Wenn der Mulch zudem organisch ist:
- fügt er dem Boden organische Substanz und Humus zu
- nährt und fördert er Regenwürmer und andere Bodenorganismen
- bereitet er den Boden auf
- fügt er dem Boden langsam Nährstoffe zu
- erhöht er das Rückhaltevermögen und die Verfügbarkeit von Nährstoffen
- führt er Rasen-, Garten- und Baumschnitt der Wiederverwertung zu.

– aus *Secrets to Great Soil*

Stu Campbell über die Auswahl des besten Mulchs

Obwohl es keinen vollkommenen Mulch gibt, gibt es Gründe, die einen Mulch für eine gegebene Situation zu einer besseren Wahl machen. Jede Mulchart hat Vor- und Nachteile. Worauf ist bei der Entscheidung zu achten?

Verfügbarkeit

Die Verfügbarkeit eines Mulchmaterials bestimmt häufig, was es kostet. Was im Überfluß vorhanden und verfügbar ist, ist wahrscheinlich preisgünstig – in manchen Fällen sogar kostenlos — zu haben. Klären Sie zum Beispiel mit den örtlichen Kommunen, Versorgungsunternehmen und Sägewerken, ob Sie dort gehäckselten Strauchschnitt, Baumrinden oder ähnliches bei Selbstabholung kostenlos bekommen.

Aufbringungsaufwand

Sie sollen kein Sklave des Mulchens werden. Wenn Sie eine dauerhaft angelegte Fläche mit Bäumen und Sträuchern haben, möchten Sie vielleicht nicht Dutzende von Löchern in Mulchgewebe oder schwarze Folie schlitzen, um die Fläche abzudecken. Und Sie wollen sich sicher nicht mit einer Menge schweren Schotters herumärgern, um einen schmalen Gartenweg zu mulchen. Wählen Sie stets ein Mulchmaterial aus, das Sie handhaben können.

Aussehen

Wählen Sie ein Mulchmaterial aus, das Ihren Nachbarn kein Ärgernis ist und in Material, Farbe und Form gut in Ihren Garten paßt. Stellen Sie sich bei der Besichtigung vor, wie es in Ihrem Garten aussehen wird. Harmonieren diese leuchtend roten Lavasteine zu den restlichen Farben in Ihrem Garten? Schwarze Folie und Stroh sind im Gemüsegarten beliebt, könnten aber in einem Pfingstrosenbeet nicht sehr ansprechend aussehen.

Wasserzufuhr und Luftaustausch

Sie möchten gewiß, daß das Regenwasser zu den Pflanzenwurzeln durchsickert, aber beim Mulchen eines Weges ist dies nicht so wichtig. Entscheiden Sie also immer nach dem Hauptzweck. Dasselbe gilt für den Luftaustausch. Folien reduzieren den Luftaustausch. Wenn allerdings die Feuchtigkeitskontrolle Ihr Hauptanliegen ist, ist ein verringerter Luftaustausch eventuell willkommen.

Dauerhaftigkeit

Im Gemüsegarten arbeitet man den Mulch normalerweise am Ende der Saison in den Boden ein. Dazu braucht man Mulchmaterial, das sich schnell zersetzt. Dagegen halten mineralische Mulchmaterialien wie Kies oder Schotter nahezu unbegrenzt bei minimalem Aufwand. Bedenken Sie auch, daß feine oder zerkleinerte Mulchmaterialien schneller verrotten, während gröberes Material dazu neigt, länger vorzuhalten, und weniger Pflege verlangt.

Ortsfestigkeit

Sie möchten Ihren Samstagnachmittag sicher nicht damit verbringen, Ihrem Mulchmaterial durch den Garten nachzujagen. Wenn Sie auf einem windigen Hügel wohnen, sind leichte Mulchmaterialien wie Stroh oder Sägespäne ungeeignet. Mulchgewebe oder -folie sollten mit Pflöcken, Steinen oder ähnlichem verankert werden. Kleine feine Rindenschnitzel können schon bei sehr geringem Gefälle mit dem ersten Starkregen abgewaschen werden.

Geruch

Dung und Geflügeleinstreu haben ihre Stärken, und der Geruch ist häufig eine von ihnen. Rasenschnitt kann ebenfalls im wahrsten Sinne des Wortes Gestank verursachen. Manche Menschen haben sogar etwas gegen den Geruch nach Wald einzuwenden, der von Rindenmulch abgegeben wird. Denken Sie also auch an den Geruch, wenn Sie Ihr Mulchmaterial auswählen.

– Stu Campbell ist Autor von *The Mulch Book, Let It Rot!* und *The Home Water Supply*

Verwendung von organischem Mulch

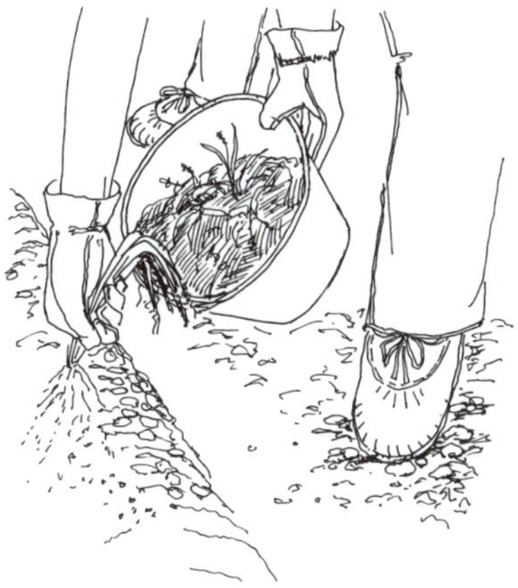

Bereiten Sie den Garten vor, bevor Sie mulchen. Entfernen Sie alle Unkräuter und ebnen oder glätten Sie die Oberfläche.

Verteilen Sie den Mulch gleichmäßig, mindestens 5 cm dick und 3 bis 5 cm von den Pflanzenstengeln entfernt, um einen guten Luftaustausch zu begünstigen und Krankheiten zu minimieren.

Verwendung von Mulchgewebe oder -folie

Breiten Sie das Material über den Garten aus. Bei kleinen Pflanzen müssen Sie ein X in das Gewebe schneiden und es behutsam über die Pflanzen ziehen. Bei großen Pflanzen hingegen müssen Sie, beginnend mit einem Schnitt vom Rand aus, kleine Kreise oder Quadrate ausschneiden, die so groß sind, daß sie um die Stengel passen.

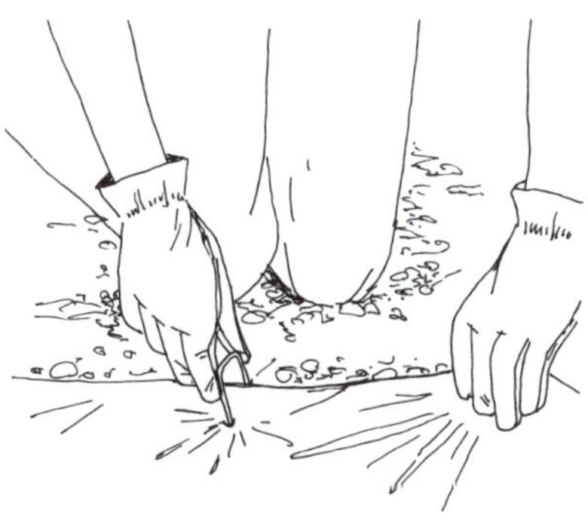

Sichern Sie die Ränder des Materials mit Erde. In windigen Gegenden brauchen Sie außerdem ein paar große Steine oder U-förmige Drahtstifte.

Bedecken Sie Mulchgewebe mit ansprechendem Mulch aus Kies oder Rindenschnitzeln.

Die besten Mulchmaterialien

Blätter
Folie (Polyethylen)
Gehäckselter Strauchschnitt
Heu
Holzhackschnitzel
Hopfen
Kaffeesatz
Kompost
Kompostierbare Mulchfolie
Maiskolben und -stengel
Mulchpapier
Piniennadeln
Rasenschnitt
Rinde
Steine/Kies
Stroh

– verändert aus *The Mulch Book* von Stu Campbell

GRÜNDÜNGUNG

Stickstoffsammler

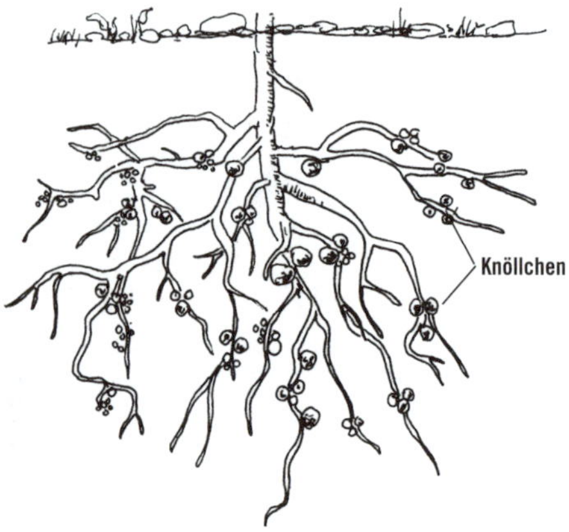

Die runden Knöllchen, die sich an den Wurzeln von gesunden Erbsen- und Bohnenpflanzen bilden, wandeln anorganischen Stickstoff in organischen Stickstoff um, den die Pflanzen nutzen können.

Über Gründüngung

Gründünger sind Kulturen, die angebaut werden, um in einem unreifen Stadium ihrer Entwicklung untergepflügt zu werden und so den Gehalt an organischer Substanz im Boden zu erhöhen. Es gibt zwei Arten von Pflanzen, die für diesen Zweck angebaut werden – Leguminosen und Nichtleguminosen.

Leguminosen können eine Partnerschaft mit bestimmten Bodenorganismen, sogenannten Rhizobien, eingehen, die Stickstoff aus der Atmosphäre aufnehmen, wobei die Rhizobien selbst an den Wurzeln der Leguminosen hängen und dort kleine Knöllchen bilden. Die Knöllchen helfen, die Pflanze mit Stickstoff zu versorgen, indem sie anorganischen Luftstickstoff in organischen Stickstoff umwandeln, der von den Pflanzen genutzt wird. Dieser Prozeß ist als Stickstoffixierung bekannt.

Zu den kultivierten Leguminosen gehören Gemüsearten wie Erbsen, Linsen und Bohnen. Sie alle zählen zu den nahrhaftesten Kulturen. Als Zwischenfrucht sind Leguminosen wertvoll, weil manche mehr Stickstoff aus der Atmosphäre binden, als sie für sich selbst benötigen. Anstatt den Boden auszuzehren, können Leguminosenkulturen Bodenverbesserer sein.

Im allgemeinen erhalten Nichtleguminosen die Vorräte an Stickstoff und organischer Substanz im Boden, während Leguminosen als Gründüngung den Stickstoffgehalt unter günstigen Bedingungen sogar erhöhen.

Zwischenfrüchte anbauen

Idealerweise sollte ein Hobbygärtner zwei Flächen haben: Während eine zur Gemüseproduktion genutzt wird, können auf der anderen bodenverbessernde Zwischenfrüchte wachsen. Ein kontinuierlicher Wechsel gewährleistet eine stetige Verbesserung beider Flächen.

Eine der einfachsten Methoden ist es, die frühen Gemüsearten jedes Jahr an einen anderen Standort im Garten zu pflanzen und mit Zwischenfrüchten abzuwechseln. Spinat, Radieschen und Salat sind alle verhältnismäßig früh in der Gartensaison aus dem Boden. Graben Sie nach der Ernte dieser Frühlingskulturen deren Reste unter und mischen Sie etwas Kompost hinein. Ebnen Sie mit der Motorhacke oder dem Rechen ein gutes Saatbeet ein und säen Sie eine Gründüngekultur.

Säen Sie die Hälfte der Samen in die eine Richtung – von Ost nach West zum Beispiel –, dann die andere Hälfte von Nord nach Süd. Das hilft, eine gleichmäßige Bedeckung und dadurch einen guten Stand für die Pflanzen zu erreichen.

Zurück zur Erde

Einige Kulturen zur Gründüngung, wie etwa Luzerne, erbringen den größten Nutzen, wenn man sie mehr als ein Jahr wachsen läßt. Andere sind Sommerkulturen, die nach drei bis vier Monaten in den Boden zurückgeführt werden können.

Die Zersetzung von Nichtleguminosen kann beschleunigt werden, indem etwa zwei Wochen, bevor die Kultur untergegraben werden soll, ein stickstoffreicher Dünger wie Blutmehl ausgestreut wird.

Um die besten Ergebnisse zu erzielen, müssen Sie die Gründüngung untergraben, während sie kräftig wächst und weich und saftig ist, aber bevor sie blüht. Die Zersetzung der organischen Substanz wird verlangsamt, sobald die Pflanze holzig zu werden beginnt.

Die Gründüngung kann auch mit einer Sense oder einer Motorsense geerntet und als Mulch für Gemüse anderswo im Garten eingesetzt werden. So können Sie den Reichtum Ihres Gründüngers „mit vollen Händen“ ausstreuen.

– aus *Fertilizers for Free* von Charles Siegchrist

17 bekannte Kulturen zur Gründüngung

Leguminosen
Ackerbohne
Blaue und gelbe Lupine
Echter Steinklee
Futter-Erbsen
Futter-Wicke
Inkarnatklee
Luzerne
Perserklee
Platterbsen
Rot-Klee

Nichtleguminosen
Buchweizen
Gelbsenf
Ölrettich
Phazelie
Raps
Roggen
Trespe

– verändert aus *Fertilizers for Free*

Mächtige, ertragreiche Böden durch Gründüngung

1. Lockern Sie die oberste Bodenschicht und entfernen Sie alle Soden und Unkräuter. Verbessern Sie mageren Boden mit organischer Substanz und Dünger oder wählen Sie eine Kultur für die Gründüngung, die magere Böden toleriert. Dies ist ein guter Zeitpunkt, um eine langsam wirkende Nährstoffquelle wie etwa Gesteinsmehl, Kalziumphosphat oder Kalk zuzufügen. Rechen Sie das Saatbeet eben.

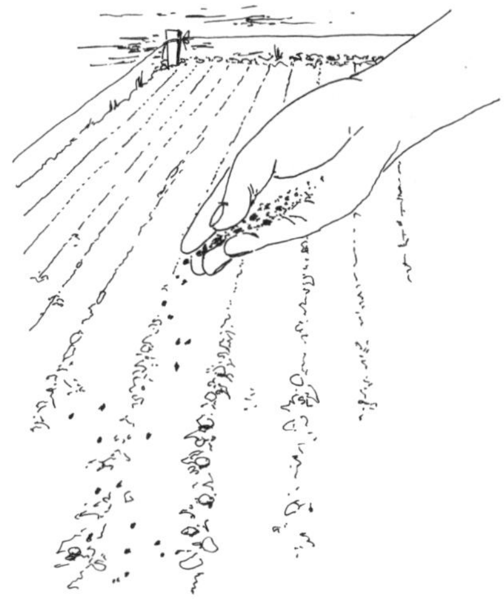

2. Streuen Sie die Samen gleichmäßig über das ganze Beet. Für große Flächen ist ein Streuwagen zu empfehlen. Wenn Sie weniger als 0,5 kg auf 100 m² säen möchten, sollten Sie den Samen mit Sand oder gesiebter Erde mischen, um eine gleichmäßige Verteilung zu erreichen. Rechen Sie das Beet, um die Samen zu bedecken, und verdichten Sie die Oberfläche mit einem Brett. Streuen Sie eine leichte Decke aus Stroh oder aufgelockertem Rasenschnitt darüber, um den Wasserverbrauch zu reduzieren. (Ein Folientunnel vermindert ebenfalls den Wasserbedarf.)

3. Schneiden oder mähen Sie die Kultur vor dem Einarbeiten. Eine Motorsense leistet bei einem weichen, üppigen Aufwuchs gute Arbeit. Bei hohen Kulturen sollten Sie mehrmals mit der Motorsense durchgehen, um sie während des Schneidens gleich zu zerkleinern. Ein Balkenmäher oder eine Handsense schneidet härtere Stiele. Lassen Sie dem abgeschnittenen Material ein paar Tage zum Welken, bevor Sie es einarbeiten.

4. Arbeiten Sie das abgeschnittene Material unter und mischen Sie es in die oberen 15 cm des Bodens ein. Verwenden Sie für große Flächen eine Motorhacke. (Kleine Geräte arbeiten nur gut, wenn das Material gehäckselt ist.) Bei wüchsigen Winterfrüchten wie etwa Winterroggen muß der Boden möglicherweise nach einer Woche noch einmal gewendet werden, um den Wiederaustrieb zu stoppen. Lassen Sie die Bodenoberfläche nach dem Einarbeiten rauh. Das Beet sollte nach ein oder zwei Wochen fertig zum Einebnen und Bepflanzen sein – oder später, wenn Sie eine große Menge grobes Material (voll ausgewachsene Luzerne) eingearbeitet haben oder nach der Einarbeitung von Winterroggen einsäen wollen.

– aus *Secrets to Great Soil* von Elizabeth P. Stell

14 PFLANZENSCHÄDLINGE UND -KRANKHEITEN

GARTENBEWIRTSCHAFTUNG • HÄUFIGE GARTENINSEKTEN SCHÄDLINGSBEKÄMPFUNGSMITTEL • PFLANZENKRANKHEITEN ABSCHRECKUNG VON SCHADNAGERN

In den frühen 1960er Jahren entdeckten wir ein im Eigenverlag erschienenes Buch mit dem Titel The Bug Book: Harmless Insect Controls. *Die Autoren, John und Helen Philbrick, waren Gärtner, die schon früh nach der biologisch-dynamischen Wirtschaftsweise arbeiteten und nach ihren eigenen Worten halfen, „jeden Hof, jedes Grundstück und jeden Gartenteil in ein in sich geschlossenes Ganzes umzuwandeln". Sie lehnten giftige Chemikalien ab und vertraten die Meinung, daß wir über „die Beißer und Sauger und Kriecher und Flieger" Bescheid wissen sollten. Wir waren stolz darauf, daß wir ihre Verleger wurden, und wir haben fortan das Kleingetier mit anderen Augen angesehen.*

– John & Martha Storey

Gesunde Pflanzen in gesunder Erde ziehen keine Insekten oder Krankheitsorganismen an. Ist Ihnen schon einmal aufgefallen, daß Insekten vorzugsweise von bereits geschwächten Pflanzen Besitz zu ergreifen scheinen? Es ist tatsächlich so. Untersuchungen bestätigen, daß gesunde Pflanzen tendenziell gesund bleiben, während kränkliche einen Kampf zu erwarten haben. Eine Pflanze, die durch Krankheit, Verpflanzungsschock, unsachgemäße Abhärtung, Mangelernährung oder Insekten geschwächt ist, ist ein einfaches Zielobjekt. Die Pflanzenfarbe verändert sich, und einige Insekten nehmen dies wahr. Diese Pflanzen könnten für ein Insekt anders riechen oder schmecken. Eine „Taktik", robustere Pflanzen aufzuziehen, besteht darin, sie weniger zu gießen. Wenn Pflanzen einem leichten Wassermangel unterliegen, reagieren sie, indem sie eine härtere Außenschicht bilden, um sich vor dem Feuchtigkeitsverlust zu schützen. Während reichlicher Wasserverbrauch Pflanzen erzeugt, die zart und saftig sind, haben mit Wasser leicht unterversorgte Pflanzen möglicherweise Stengel, Blätter und sonstige Bestandteile, die weniger anziehend für Insekten sind. Es ist unwahrscheinlich, daß der menschliche Abnehmer dieser Gartenerzeugnisse irgendeinen Qualitätsunterschied feststellt, aber für die Insekten könnten solche Unterschiede ausreichend sein, um sich abzuwenden.

LEXIKON

Erstauftreten: der Zeitpunkt im Jahr, an dem eine Insektenart erstmals erscheint
Fangfrucht: eine Kultur, die angebaut wird, um Insekten anzulocken; die Kultur kann beseitigt oder zerstört werden, wenn sie von Insekten befallen ist
Fruchtwechsel: die Methode, Kulturpflanzen bei jeder Pflanzung auf einer anderen Fläche anzubauen, so daß Pflanzen aus einer Familie nicht zwei oder mehr Jahre nacheinander im selben Beet wachsen; das unterbricht häufig den Lebenszyklus von gefährlichen Krankheitsorganismen und/oder Insekten
Integrierter Pflanzenschutz (IP): der Einsatz komplexer vorbeugender Maßnahmen, um einen gesunden, ausgeglichenen Garten zu erhalten, in dem Pflanzen gedeihen
Nützling: ein Garteninsekt, das andere Insekten frißt oder parasitiert, welche Kulturpflanzen schädigen oder vernichten
Pflanzenschutzmittel: biologische und synthetische Präparate zur Schädlingsbekämpfung für die Verwendung in vorgegebenen Kulturen; dieser Allgemeinbegriff umfaßt Insektizide (gegen Insekten), Fungizide (gegen Pilze), Herbizide (gegen Unkräuter) und weitere Mittel
Solarisation: der Einsatz einer durchsichtigen Kunststoffolie, die über den Gartenboden gelegt wird, um die Sonnenwärme in den Boden einzuschließen; dabei werden Schädlinge und Krankheiten abgetötet

Das A und O: vorausplanen

Vernünftige Bewirtschaftungsverfahren tragen viel zur Abschreckung von Schädlingen und Krankheiten in Ihrem Garten bei. Ein Ansatz, der sogenannte Integrierte Pflanzenschutz (IP), kombiniert vorbeugende Planung und sorgsame gezielte Bekämpfung. Die Grundidee ist, in Ihrem Garten ein gesundes, ausgewogenes Umfeld aufrechtzuerhalten, in dem Schädlinge sich nicht wohl fühlen, Pflanzen hingegen gedeihen.

Fruchtfolgen

Landwirte und Gärtner nutzen Fruchtfolgen seit Jahrhunderten. Indem sie die gleiche Kulturpflanze oder Pflanzenfamilie nicht zwei oder mehr Jahre auf demselben Feld oder Beet anbauen, können sie viele bodenbürtige Krankheiten und Insekten regulieren. Indem die Kulturen bei jeder Pflanzung auf einem anderen Standort angebaut werden, wird der Lebenszyklus schädlicher Organismen unterbrochen.

Insekten, die Eier legen, sich verpuppen oder sonstwie im Boden überwintern, erwachen im Frühjahr, bereit, die ersten zarten Triebe und Wurzeln zu fressen. Sie erwarten das gleiche Futter wie in der letzten Saison. Indem Sie eine Kulturpflanze aus einer komplett anderen Familie anbauen, können Sie die Schädlinge von ihrer Futterquelle abschneiden. So können etwa Kohlfliegen, die wohlschmeckende Brokkoliwurzeln erwarten, in einem Beet mit gesunden Erbsen verhungern.

Bestimmte Schädlinge sind robuster als andere, so daß es manchmal nötig ist, ein bestimmtes Beet Ihres Gartens für drei bis fünf Jahre nicht für eine bestimmte Kultur einzuplanen. Dies gilt besonders für Kulturen aus der Kohlfamilie wie Brokkoli, Blumenkohl, Rosenkohl, Rot- und Weißkohl sowie Grünkohl.

Einige Kulturen wie Zuckermais, Sellerie und Tomaten werden als „Starkzehrer" bezeichnet, denn sie brauchen mehr Bodennährstoffe als andere Kulturpflanzen. Ihr Boden und dementsprechend Ihre zukünftigen Pflanzungen profitieren außerordentlich, wenn Sie zwischen zwei Aussaaten solcher Kulturen Erbsen, Bohnen oder andere Leguminosen oder Zwischenfrüchte anbauen, um Stickstoff und andere Nährstoffe wieder aufzustocken.

– aus *The Big Book of Gardening Skills*

Gesunde Gärten durch Vorausplanung

- Schädlingsbekämpfung ist zu jeder Zeit wichtig, von der Pflanzung und dem Beschneiden bis zur Ernte.
- Bevor Sie Schädlingsbekämpfungsmittel einsetzen, sollten Sie genau überlegen, was sie anstreben. Jede Bekämpfung ist weitaus erfolgreicher, wenn sie sorgsam terminiert ist und auf ein bestimmtes Problem abzielt.
- Mit Pflanzenschutzmitteln zu spritzen oder zu bestäuben ist nur ein Teil eines Schädlingsbekämpfungsprogramms und möglicherweise nicht ausreichend, um Insekten und Krankheiten Einhalt zu gebieten. Häufig können Sie den Einsatz von Pflanzenschutzmitteln vermeiden, wenn Sie zuerst andere Methoden anwenden.
- Vorbeugende Maßnahmen sind meist wirkungsvoller als eine Spritzung, nachdem Insekten und Krankheiten die Pflanzen bereits geschädigt haben. Diese Maßnahmen umfassen die Fruchtfolge, die Terminwahl für die Bepflanzung und die Ernte (rechtzeitig vor dem Auftauchen der Schadinsekten), das Anpflanzen von resistenten Sorten, die Auswahl der Nachbarpflanzen und die Verwendung von Pflanzenabdeckungen.

Pflanzen abdecken

Kulturschutznetze können Insekten, Kaninchen und Vögel fernhalten, schützen vor Wetterextremen, Wind und Hagel sowie vor durch Wind übertragenen Unkrautsamen.

Einige Abdeckungen sind aus Spinnvlies (Polypropylen) gemacht. Sie sind durchlässig und durchscheinend und lassen Luft, Wasser und 70 bis 90 Prozent des verfügbaren Sonnenlichts zu den Pflanzen gelangen. Diese Gewebe sind stabil und reißfest, obwohl sie außergewöhnlich leicht sind. Sie können für mehrere Vegetationsperioden verwendet werden, wenn man sie schonend behandelt. Vermeiden Sie es, auf den Abdeckungen zu laufen. Heben Sie sie während der Pflegearbeiten auf und legen Sie sie außerhalb des Weges ab. Lagern Sie Kulturschutznetze ein, wenn sie nicht gebraucht werden.

Alle Pflanzenabdeckungen stauen Wärme auf. Sie sind ideal für das Verlängern der Saison, da sie sowohl ein frühes Anpflanzen als auch den Schutz der Kulturen im Herbst ermöglichen. Aber im Frühjahr und Sommer können sich die Temperaturen darunter um 15 bis 35 °C erhöhen – zuviel für viele Pflanzen.

Legen Sie diese Gewebe über die Kultur, sobald sie in den Boden kommt. Beschweren Sie die Ränder und Enden mit Erde oder Brettern, so daß nichts darunterkriechen und der Wind das Gewebe nicht wegblasen kann. Lassen Sie zusätzliche Kopffreiheit für die Pflanzen, wenn sie wachsen. Die Abdeckung kann ohne negative Auswirkungen auf den Pflanzen aufliegen oder mithilfe von Bügeln über ihnen aufgehängt werden.

Verlegen einer Reihenabdeckung

Insekten und Krankheiten mit Sonnenlicht bekämpfen

Wäre es nicht schön, wenn es einen sicheren Weg gäbe, praktisch jede Art von schädlichen Insekteneiern und -larven in Ihrem Gartenboden zu vernichten, und wenn das Vorgehen einfach und billig wäre und eine Menge weiterer Vorzüge hätte?

Die Bodensolarisation ist ein einfaches Verfahren in fünf Schritten, das Insekten, Nematoden, schädliche Pilze und Unkrautsamen abtötet und Pflanzenkrankheiten ausmerzt. Gleichzeitig profitieren hilfreiche Mikroorganismen im Boden offenbar davon, möglicherweise durch das Fehlen von Konkurrenz. Ein Boden, der solarisiert wurde, ermöglicht Pflanzen, Nährstoffe leichter aufzunehmen, insbesondere Stickstoff, Kalzium und Magnesium. Samen keimen rascher, Pflanzen wachsen schneller und kräftiger und werden bei wesentlich höheren Erträgen häufig früher reif als in unbehandeltem Boden.

Solarisation funktioniert genau wie ein Treibhaus. Eine transparente Abdeckung, in diesem Fall 0,1 bis 0,3 mm starke Folie, fängt die Sonnenhitze ein. Nach einigen Tagen Sonnenschein steigt die Bodentemperatur bis auf 60 °C auf der Bodenoberfläche und bis über 38 °C in einer Tiefe von 45 cm an. Nach vier bis sechs Wochen sonnigem Wetter ist der Boden nahezu keimfrei. In den meisten Regionen bedeutet das, die Folie irgendwann zwischen Mitte Juni und Anfang September aufzuspannen. Folgen Sie beim Solarisieren den fünf Schritten in der linken Randspalte.

– aus *The Big Book of Gardening Skills*

Solarisation: Bodenaufbereitung in fünf einfachen Schritten

1. **Den Boden vorbereiten:** Ziehen Sie Unkraut oder alte Kulturen heraus. Arbeiten Sie alle Zusätze ein und rechen Sie die Oberfläche glatt. Entfernen Sie alle Steine oder Klumpen, welche die Folie anheben oder Lufttaschen bilden können, was zu einer ungleichmäßigen Erhitzung führen könnte.
2. **Gründlich gießen:** Das schafft 100 Prozent Feuchtigkeit unter der Folie. Die Feuchtigkeit arbeitet mit der Hitze zusammen, um unerwünschtes Getier abzutöten.
3. **Eine Rinne graben:** Graben Sie eine 15 bis 20 cm tiefe Furche rund um das Beet oder das Areal.
4. **Durchsichtige Folie auslegen:** Legen Sie eine 0,1 bis 0,3 mm dicke Folie über den Bereich, so daß sie den Graben an allen Seiten überlappt. Füllen Sie den Graben wieder auf, beschweren Sie dabei die Folie mit der Erde und ziehen Sie sie so stramm wie möglich.
5. **Sich zurücklehnen, entspannen und warten:** Auch wenn wolkiges Wetter den Prozeß der Keimabtötung verlangsamt, indem es die Temperatur unter der Plane absinken läßt, verbessern ein paar Wochen Sonnenschein Ihren Boden grundlegend.

Den Boden im Sommer für einige Wochen mit Folie abzudecken kann viele gefährliche Schädlinge ausmerzen.

– aus *The Big Book of Gardening Skills*

Kräuter als Begleitpflanzen

Kräuter	Kulturen und Wirkungen
Basilikum	Paßt zu Tomaten; mag Raute nicht; wehrt Fliegen und Stechmücken ab
Borretsch	paßt zu Tomaten, Kürbis und Erdbeeren
Dill	paßt zu Kohl; mag keine Karotten
Eberraute	paßt zu Kohl; schreckt Kohlweißlinge ab
Fenchel	die meisten Pflanzen mögen ihn nicht; abseits vom Gemüsegarten pflanzen
Kamille	paßt zu Kohl und Zwiebeln
Kapuzinerkresse	paßt zu Rettich/Radieschen, Kohl und Kürbis; unter Obstbäume pflanzen; schreckt Blattläuse, Weiße Fliege und Ameisen ab
Katzenminze	an die Ränder pflanzen; zieht Florfliegen (Nützling) an
Kerbel	paßt zu Rettich/Radieschen
Knoblauch	paßt zu Gurken, Tomaten, Erdbeeren und Himbeeren; vertreibt Pilze, Milben, Insekten und Mäuse
Kreuzblättrige Wolfsmilch	schreckt Maulwürfe und Mäuse ab, wenn sie um den Garten gepflanzt wird
Lein	paßt zu Karotten und Kartoffeln; schreckt Kartoffelkäfer ab
Meerrettich	an die Ecken von Kartoffelflächen pflanzen; schreckt Kartoffelkäfer ab
Minze	paßt zu Kohl und Tomaten; schreckt Kohlweißlinge ab
Petunie	paßt zu Bohnen
Rainfarn	unter Obstbäume pflanzen; Begleitpflanze zu Rosen und Himbeeren; schreckt fliegende Insekten und Ameisen ab
Ringelblume	paßt zu Tomaten; aber auch überall pflanzen; schreckt Spargelhähnchen und andere Schädlinge ab
Rosmarin	paßt zu Kohl, Bohnen, Karotten und Salbei; wehrt Kohlweißlinge und Möhrenfliegen ab, vertreibt Ameisen
Salbei	zusammen mit Rosmarin, Kohl und Karotten pflanzen; paßt zu Rosen und Himbeeren; schreckt Kohlweißlinge und Möhrenfliegen ab
Schafgarbe	entlang von Rabatten, Wegen und in die Nähe von Duftkräutern pflanzen; steigert die Produktion von ätherischen Ölen
Schnittlauch	paßt zu Karotten
Sommerbohnenkraut	paßt zu Bohnen und Zwiebeln; schreckt Läuse an Bohnen ab
Stengelumfassende Taubnessel	allgemeines Insektenabwehrmittel
Tagetes	überall in den Garten pflanzen; schreckt Nematoden und Insekten ab; das „Arbeitstier" der Begleitpflanzen
Weinraute	paßt zu Rosen und Himbeeren; mag keinen Basilikum
Wermut	als Rabatte; hält Tiere aus dem Garten
Wiesenkümmel	hier und dort anpflanzen, lockert den Boden
Ysop	paßt zu Kohl und Weintrauben; schreckt Kohlweißlinge ab

– verändert aus *Tips for the Lazy Gardener* von Linda Tilgner

Begleitpflanzung

Seit Generationen beobachten Gärtner, daß manche Pflanzen in Gemeinschaft mit anderen besser wachsen. Ein Teil dieses erfreulichen Nebeneinanders wird der Fähigkeit von bestimmten Pflanzen zugeschrieben, Insekten zurückzudrängen, abzuweisen oder zu irritieren. Ein „Patchwork"-Garten aus gemischten Pflanzungen hilft, die Verbreitung von Insekten zu unterbrechen. Schädlinge haben es am leichtesten, wenn sie in Reihen, die nur mit einer Art bepflanzt sind, von Pflanze zu Pflanze entlangwandern können.

– aus *Carrots Love Tomatoes* von Louise Riotte

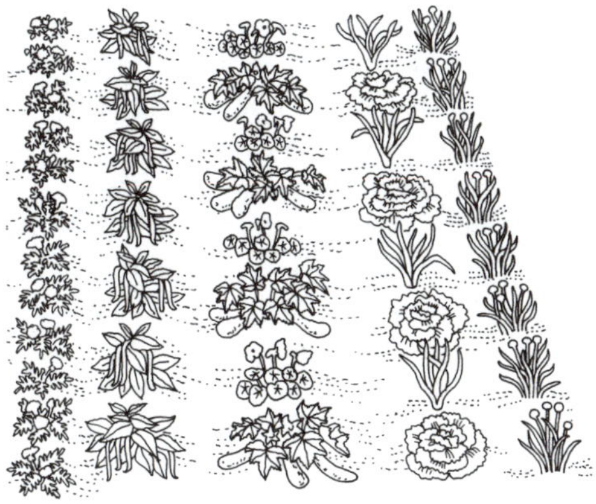

Dieser Beetplan zeigt von links nach rechts: Tagetes, grüne Buschbohnen, Zucchini abwechselnd mit Kapuzinerkresse, Salat abwechselnd mit Zwiebeln, und Schnittlauch.

HÄUFIGE INSEKTEN IM GARTEN

Barbara Pleasant über Insekten im Garten

Wenn wir Seite an Seite mit Insekten leben und gärtnern, müssen wir wissen, wer sie sind und wie sie leben. Viele Bücher bieten Farbfotografien, die Ihnen helfen können, ein Insekt vom anderen zu unterscheiden. Zusätzlich zur visuellen Bestimmung von Insekten sollten Sie beachten, wo Sie sie finden und was sie tun. Die meisten Insekten sind ziemlich eigen, was ihre Futterversorgung angeht, und fressen nur bestimmte Pflanzen. Da sehr junge Insekten sich nur in geringem Maße frei bewegen können, legen die Erwachsenen die Eier gewissenhaft auf oder sehr nahe bei Pflanzen ab, die für ihre Jungen zum Fressen geeignet sind. Aber die geeignete Wirtspflanze für ein Ei oder eine Larve muß nicht unbedingt auch die richtige Wirtspflanze für die erwachsene Form desselben Insekts sein.

Wie finden Insekten ihre Pflanzen? Viele sind fähig, die Eigenart einer Pflanze mit Ihren Füßen oder Fühlern zu „riechen", während andere bestimmte Farben, wie etwa das leuchtende Orangegelb von Zucchiniblüten, suchen. Wieder andere kosten von Pflanzen, auf denen sie zufällig landen, und entscheiden dann, ob sie einen guten Nahrungsplatz gefunden haben. Sie können eine Insektenart häufig schon erkennen, wenn Sie darauf achten, wo Sie sie vorfinden.

Ein anderer hilfreicher Erkennungsfaktor ist der Zeitpunkt, an dem die Insekten auftreten. Manche Schädlinge, wie Erdflöhe, fressen am stärksten im zeitigen Frühjahr; andere warten mit ihrem Erscheinen bis zum Hochsommer oder gar Herbst. Der Zeitpunkt, an dem Sie eine bestimmte Art erstmals sehen können, wird Erstauftreten genannt.

Das Zurückverfolgen des Erstauftretens von Schädlingen, die Jahr für Jahr in Ihrem Garten vorzufinden sind, liefert hervorragende Informationen, die Sie in der Planung für einen schädlingsresistenteren Garten nutzen können. In vielen Fällen sollten Sie die Pflanzungen so terminieren können, daß sie vollständig von Schäden verschont bleiben. Spät ausgesetzte Auberginen zum Beispiel haben wenig Probleme mit Erdflöhen. Als guter Gärtner sollten Sie Ihre Aufzeichnungen über das Erstauftreten und die Schädlingsaktivitäten aufbewahren.

Behutsame Eingriffe

Wenn eine Regulierung vonnöten ist, können Gärtner sowohl aus einer Produktpalette von natürlichen oder mild wirkenden chemischen Präparaten als auch aus einer Reihe von Eigenzubereitungen wählen. Nutzen Sie das am wenigsten toxische Verfahren, das einen ausreichenden Regulierungseffekt bietet.

Nicht jede Insektenbekämpfung wird durch ausgebrachte Wirkstoffe geleistet. Viele Insekten im Garten können einfach durch die Schaffung der maximalen biologischen Leistungsfähigkeit der Pflanzen selbst reguliert werden. Gesunde Pflanzen haben vielleicht ein paar Insekten, die hier und da naschen, aber sie sind nicht ernsthaft geschädigt. Bei gutgenährten Pflanzen ist der Schaden kaum erkennbar und kann sogar die Abwehrkräfte der Pflanzen stärken.

Eine andere Form der Insektenbekämpfung ist die Nutzung von räuberischen Insekten, die Jagd auf die Schadensverursacher machen. Bei dieser Art von „organisierter Körperverletzung" werden die pflanzenfressenden Insekten von anderen getötet. Zu den Räubern können umherziehende Gottesanbeterinnen und Raubwanzen ebenso gehören wie Marienkäfer im Larvenstadium und Florfliegen, die Blattläuse fressen, sowie parasitische Brackwespen, die sich in oder an den Körpern von Tomatenschwärmerlarven niederlassen.

Eine der schonendsten Schädlingsbekämpfungsmethoden ist das Anbauen von Pflanzensorten, die Insekten nicht mögen. Die Gründe, warum Insekten insektenresistente Sorten umgehen, reichen von chemischen bis zu physikalischen. Im Fall der bitterfreien Gurken scheitert der Gurkenkäfer daran, die chemische Verbindung zu finden, die ihn zum Fressen animiert.

Pflanzen können außerdem eine physikalische Resistenz gegen Schädigungen durch Insekten zeigen. Viele Pflanzen verteidigen sich selbst mit Blatthaaren, die scharf genug sind, um kleine Insekten anzustechen, oder klebrigen Haaren mit Chemikalien, die Insekten krank machen. Einige Gemüsearten halten die Insekten im Zaum, indem sie diese so viel Pflanzenfaser zu sich nehmen lassen, daß sie beim Fressen zu viel Energie verbrauchen.

– Barbara Pleasant ist Autorin von *The Gardener's Bug Book.*

Nützliche Insekten – „die Guten“

Raubwanzen
Greifen Raupen des Kohlweißlings, Kartoffelkäferlarven, Blattsauger, Weiße Fliege und Thripse an

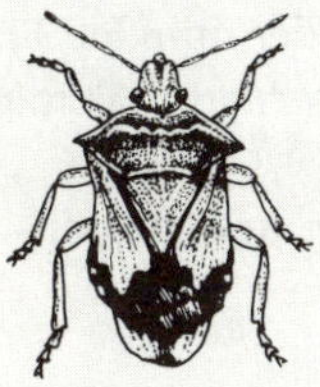

Florfliege
Larve greift Blatt- und Schmierläuse, Spinnmilben, Zwergzikaden und Thripse an

Raubmilben
Greifen Schadmilben, Weiße Fliege und Thripse an

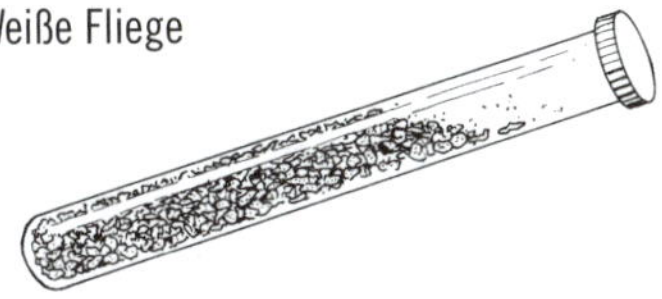

Laufkäfer
Greifen Raupen und nichtgepanzerte Larven an

Australischer Marienkäfer
Greift Schmierläuse an

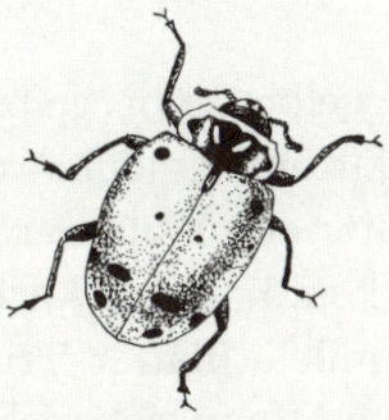

Nützliche Nematoden
Greifen Dickmaulrüßler-, Trauermücken-, Gartenlaubkäfer- und andere wurzelschädigende Insektenlarven sowie Nacktschnecken an

Brackwespen
Greifen Blattläuse, Raupen von Eulenfalter und Kohlweißling, Käfer-, Wanzen- und Fliegenlarven an

Räuberische Gallmücken
Greifen Blattläuse und Spinnmilben an

Marienkäfer
Greifen Blatt-, Schild- und Schmierläuse sowie Weiße Fliege an

Schlupfwespen
Greifen Raupen, Blatt-, Schild- und Schmierläuse, Minierfliegen-, Apfelwickler- und andere Larven an

Ohrwurm
Greift Blattläuse an

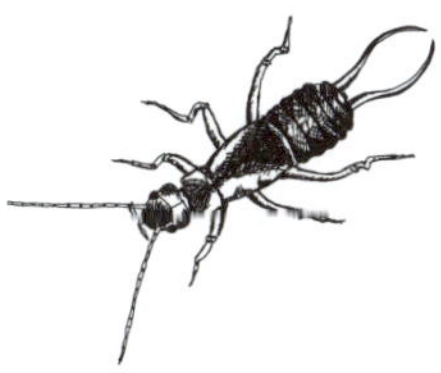

Schwebfliegen
Greifen Blattläuse und andere Blattsauger, aber auch Spinnmilben an

– verändert aus *Easy Gardening 101* von Pat Stone und *Bugs, Slugs & Other Thugs* von Rhonda Massingham Hart

HÄUFIGE GARTENINSEKTEN

Baumwolleule: Larve 5 cm

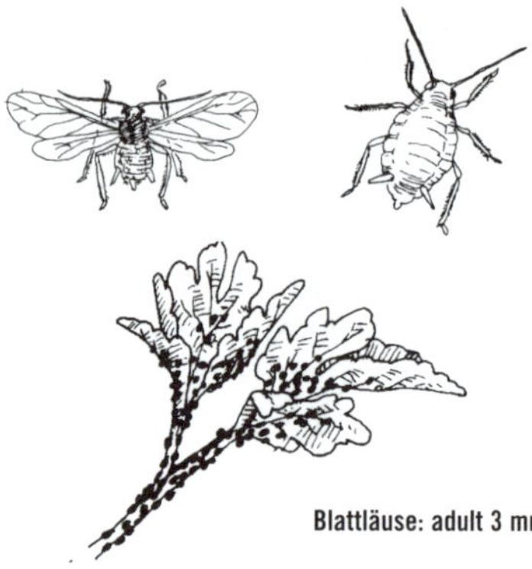

Blattläuse: adult 3 mm

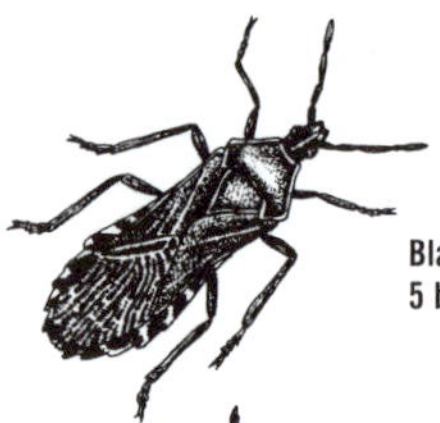

Blattwanze: adult 5 bis 10 mm

Dickmaulrüßler: adult und Larve 1 cm

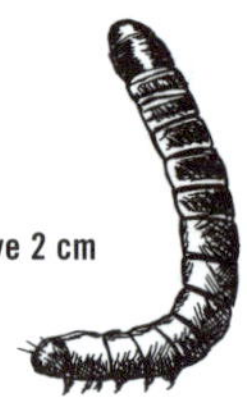

Drahtwürmer: Larve 2 cm

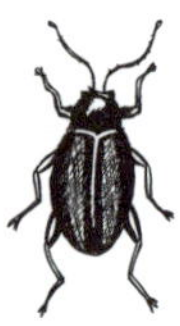

Erdfloh: adult 4 mm

Kartoffelkäfer: adult 1 cm

14 Insekten, die im Gemüsegarten unerwünscht sind

Baumwolleule

Beschreibung: 5 cm lange Raupe eines Nachtfalters in grünen, blaßgelben oder braunen Schattierungen mit hellen oder dunklen Flanken.

Zielpflanzen im Garten: Zuckermais, Tomaten, Paprika, Auberginen, Kartoffeln, Zucchini, Bohnen und Erbsen.

Schadbild: zerkaute Maiskolben und Rispen, fressen Löcher in grüne Tomaten und Stücke von Blättern und Knospen.

Blattläuse

Beschreibung: winzig, meist weniger als 3 mm lang. Weiche birnenförmige Körper mit zwei langen Fühlern an der Spitze des Kopfes und einem Paar röhrenartigen Ausstülpungen; die Farbe reicht von durchscheinendem Grün bis zu perlenartigem Schwarz, mit rosafarbenen, roten, violetten und blaugrauen Arten.

Zielpflanzen im Garten: Die meisten Gemüse- und Zierpflanzen sind anfällig. Obstbäume können geschädigt werden oder verkrüppeln.

Schadbild: Blätter werden häufig gelb, während die Pflanze schwächer wird; Blätter von Kartoffelpflanzen werden braun und kräuseln sich; Obstbäume mit Wucherungen an Ästen und Zweigen und bedeckt mit einem weißen Flaum sind von der Apfelblutlaus befallen.

Blattwanzen

Beschreibung: meist 5 bis 10 mm groß, gelbgrün bis gelbrot oder braun, flache Rücken, lange Beine und Fühler; die Eier sind glänzend golden, wenn sie frisch gelegt sind, dann braun und werden in einem Muster unter den Blattadern angeordnet.

Zielpflanzen im Garten: Zucchini, Gurken, Bohnen, Kartoffeln, Kohl und Beeren.

Schadbild: Einstichstellen werden bräunlich; Blätter, Triebspitzen, Blüten und Früchte verkrüppeln und verkümmern; Knospen öffnen sich nicht.

Dickmaulrüßler

Beschreibung: 1 cm langer, glänzend schwarzer Käfer mit rüsselförmigem Kopf; flugunfähig und nachtaktiv; Larven ebenfalls 1 cm lang, weißlich mit braunem Kopf.

Zielpflanzen im Garten: Erdbeeren, Kartoffeln, Rüben und viele Zierpflanzen, auch im Rasen.

Schadbild: Buchtenfraß an Blättern und Blüten durch Käfer, Larven schädigen Wurzeln und den Wurzelhals, Knollen werden von innen aufgefressen.

Drahtwürmer

Beschreibung: durch Chitinpanzerung relativ harte, etwa 2 cm lange Larven der Schnellkäfer; meist gelblichweiß mit auffälligen Augenpunkten.

Zielpflanzen im Garten: Kartoffeln, Salat, Spinat und Zwiebeln, auch im Rasen.

Schadbild: plötzliches Welken, angefressene unterirdische und bodennahe Pflanzenteile, lückiger Saataufgang.

Erdflöhe

Beschreibung: bis 4 mm große springende Käfer, glänzend schwarz oder gelb gestreift.

Zielpflanzen im Garten: meist Jungpflanzen von Rettich, Radieschen und Kohl.

Schadbild: Käfer fressen rundliche Löcher oder Fenster in die Blätter, zerstören Keimlinge schon im Boden.

Kartoffelkäfer

Beschreibung: 1 cm lang; harte runde Außenschale, Flügeldecken cremegelb mit zehn schwarzen Streifen; Kopf und Brust mit schwarzen Flecken verziert.

Zielpflanzen im Garten: Kartoffeln, Tomaten, Auberginen, Paprika, Kohl, Petunien.

Schadbild: Kahlfraß; hinterlassen auch schwarze Exkremente.

Kleine Kohlfliege
Beschreibung: dicke, weißliche Larve, 9 mm lang; verjüngt sich zu einem spitzen Kopf.
Zielpflanzen im Garten: Zwiebeln, Kopfkohl, Brokkoli, Blumenkohl, Rosenkohl, Speiserübe, Rettich, Steckrübe.
Schadbild: plötzliches Welken, in Hitzephasen vergilbend; die Blätter vernarben; Fraßgänge in den Wurzeln.

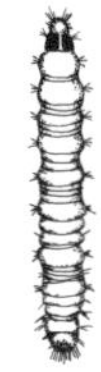
Kleine Kohlfliege: adult 9 mm

Kohlweißling und Kohleule
Beschreibung: Kohlweißlingraupen sind 3 cm lang und blaßgrün mit gelben Streifen und samtigen Haaren. Kohleulenraupen werden bis zu 2 cm lang und variieren in der Farbe von Grün bis Braun.
Zielpflanzen im Garten: Kraut, Brokkoli, Blumenkohl, Grünkohl, Kohlrabi, Rettich und Speiserüben.
Schadbild: unregelmäßige Löcher in den Blättern; bei der Kohleule zuerst Schabfraß an der Blattunterseite; können sich zum Fressen in den Kohlkopf bohren; hinterlassen grüne Fäkalkügelchen.

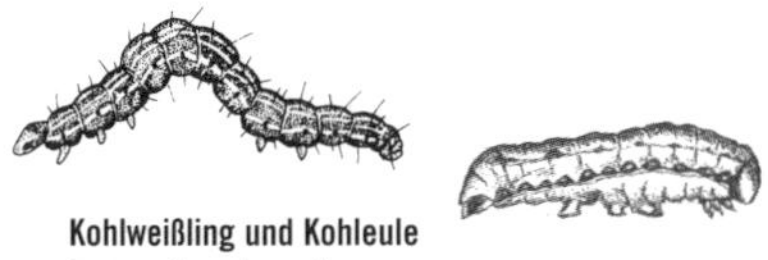
Kohlweißling und Kohleule Larven 3 cm bzw. 2 cm

Spinnmilben
Beschreibung: winzige Fleckchen; die Farbe variiert mit der Ernährung von Rot über Gelb bis Grün.
Zielpflanzen im Garten: Erdbeeren, Bohnen, Zuckermais, Tomaten, Auberginen und Gurken.
Schadbild: Blätter werden zuerst entlang der Blattadern gelb; das Laub welkt; feine Gespinste haften an den Blättern und Stielen.

Spinnmilbe: adult weniger als 0,5 mm

Thripse
Beschreibung: winzige, 1 mm lange Tierchen, sichtbar als helle oder dunkle Flecken, häufig flugunfähig.
Zielpflanzen im Garten: Erbsen, Gurken, Lauch, Zwiebeln, Paprika, Tomaten und Kohl.
Schadbild: 5 mm große graue Flecken auf vergilbenden Blättern; Knospen sind verkrüppelt, öffnen sich nicht, sondern trocknen ein oder verfaulen; verkrüppelte unreife Früchte.

Thripse adult 1 mm

Weiße Fliege
Beschreibung: winzig, milchweiß, bedeckt mit wachsartigem Puder.
Zielpflanzen im Garten: fast alles im Garten.
Schadbild: Pflanzen werden schwächer und gelb; ihre Ausscheidungen gehen häufig mit Pilzwachstum einher.

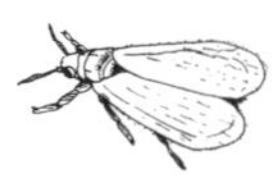
Weiße Fliege: adult 3 mm

Wespen
Beschreibung: Ausgewachsene Wespen sind 1,3 bis 2,5 cm lang; leuchtend gelbe und schwarze oder weiße und schwarze Bänder zieren ihren Hinterleib; durchscheinende Flügel.
Verhalten: verteidigen ihr Nest wütend; in der Nacht inaktiv
Zielpflanzen im Garten: Erwachsene nehmen Pollen und Nektar auf; zerkauen süße reife Früchte wie Erdbeeren, Heidelbeeren, Baumobst und Melonen.
Schadbild: Löcher in reifen Früchten.

Wespe: adult 2 cm

Wurzelläuse
Beschreibung: winzig wie Blattläuse; hellgelblich, rund und glänzend; wirken häufig wie gepudert; treten oft zusammen mit Roten Waldameisen auf.
Zielpflanzen im Garten: Salat, Karotten, Sellerie, aber auch Bohnen, Dill, Petersilie und Zwiebelgewächse.
Schadbild: vergilbte Blätter und verringertes Wachstum; Pflanzen welken schnell; Salat bildet häufig keinen Kopf.

– verändert aus *Bugs, Slugs & Other Thugs* von Rhonda Massingham Hart

Wurzellaus: adult 3 mm

SCHÄDLINGSBEKÄMPFUNGSMITTEL

Leitfaden zum Spitzen

Hier erfahren Sie, wie man Pflanzenschutzmittel so sicher und wirksam wie möglich verwendet:

1. Lesen und befolgen Sie die Gebrauchsanweisung. Fragen Sie Ihre Gärtnerei oder den Pflanzenschutzdienst Ihres Bundeslandes um Rat, wenn Sie sich unsicher im Umgang mit Pflanzenschutzmitteln sind. Tragen Sie Handschuhe und Schutzbrille, wenn dies vorgeschrieben ist.
2. Lagern Sie Pflanzenschutzmittel in ihren Originalbehältern und immer vor Kindern und Haustieren weggeschlossen.
3. Mischen Sie nur, was Sie auf einmal verbrauchen können.
4. Mischen Sie benetzbares Pulver in einem getrennten Behälter, nicht im Zerstäuber. Filtern Sie die Mischung durch ein Seihtuch, bevor Sie es in den Zerstäuber umfüllen. Das gewährleistet, daß das Pulver den Spender nicht verstopft.
5. Spritzen Sie nicht bei windigem Wetter. Denn die Pflanzenschutzmittel sollen genau dort ankommen, wo Sie es möchten.
6. Reinigen Sie alles sorgfältig, wenn Sie fertig sind. Spülen Sie das Auftragegerät gründlich aus, waschen Sie sich die Hände und werfen Sie die Gartenkleidung in die Wäsche.
7. Verwenden Sie die Behälter niemals wieder. Entsorgen Sie Überreste wie in der Gebrauchsanweisung vorgeschrieben.

Tragen Sie Schutzkleidung, einschließlich Schutzbrille und Handschuhen, wenn die Produktanweisungen dies fordern.

Sprays und Pulver zur Insektenbekämpfung

Einer der Hauptvorteile biologischer Pflanzenschutzmittel ist, daß sie rasch abgebaut werden und somit kaum eine Gefährdung durch chemische Anreicherung im Boden oder in den Pflanzen oder durch Verschmutzung des Grundwassers darstellen. Hier sind einige biologische Sprays und Pulver, die Ihnen helfen können, die Gartenschädlinge zu bekämpfen.

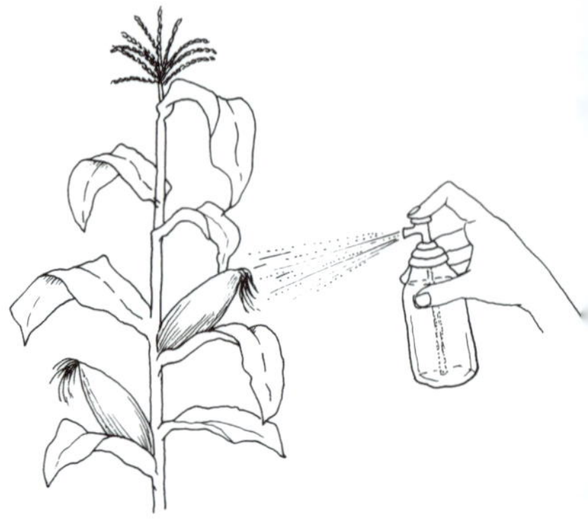

Sprühen Sie Seifenspritzbrühen direkt auf die Blätter.

Seifenspritzbrühen

Spritzbrühen aus reiner Kaliseife gehören zu den sichersten Zubereitungen. Sie wirken gegen Blatt- und Schmierläuse, Spinnmilben, Schaumzikaden, Stinkwanzen, Grillen, Heuschrecken und andere Insekten mit einem weichen Körper. Mischen Sie drei Eßlöffel reine Kaliseife aus der Apotheke oder einer milden Schmierseife in 5 l Wasser und tragen Sie die Brühe mit einer Handspritze auf das Laub auf. Die meisten Insekten sterben innerhalb einer Stunde ab, aber die Spritzbrühe zersetzt sich schnell, so daß die Spritzung häufig wiederholt werden muß. Seifenspritzbrühen können manche Pflanzen wie Melonen, Gurken und Usambara-Veilchen schädigen. Um die Möglichkeit von Blattschäden zu verringern, verwenden Sie möglichst handelsübliche Präparate und spülen Sie die Pflanzen mit klarem Wasser ab, sobald die Schädlinge abgestorben sind – normalerweise in weniger als einer Stunde.

Knoblauch- und Peperonisprays

Sie sind gegen viele Insekten wirksam, weil Insekten empfindlich sind für Unterschiede im Geruch oder Geschmack ihrer bevorzugten Pflanzen. Die natürlich vorkommenden Schwefelverbindungen im Knoblauch stoßen viele Schädlinge ab, von Insekten bis zu größeren Tieren.

Bacillus thuringiensis (Bt)

Bt ist ein natürlich vorkommendes Bakterium, das pflanzenfressende Raupen infiziert und vernichtet. Es muß gefressen werden, um zu wirken. Besprühen Sie die Pflanzen einschließlich der Blattunterseiten deshalb gründlich, während die Schädlinge fressen. Um den größten Effekt zu erreichen, müssen Sie Bt auftragen, wenn die Raupen noch klein sind und somit am empfindlichsten. Die Bakterien werden sofort abgebaut und stellen kein Gesundheitsrisiko dar.

Pflanzliche Insektizide

Die natürlichen Pflanzenableitungen Pyrethrin und Azadirachtin (Neem) sind wirksame Insektenvernichter. Kaufen Sie die reinste Form und tragen Sie sie entsprechend der Gebrauchsanweisung auf.

Kieselgur

Diese Substanz besteht aus den Skelettresten von mikroskopisch kleinen Meereslebewesen, Kieselalgen genannt. Die Schalen enthalten Quarzteilchen, welche in die Körper mancher Insekten eindringen und andere austrocknen. Das Ausstreuen nach einem leichten Regen oder das Einmischen in eine Spritzbrühe sorgt dafür, daß das Pulver dort bleibt, wo Sie es aufbringen. Obwohl Kieselgur als sicher gilt, kann sie bei manchen Menschen zu Lungenreizungen führen. Selbstverständlich sollten Sie nur Kieselgur kaufen, die für den Gebrauch im Garten hergestellt ist.

Weitere umweltverträgliche Lösungen bei Insektenproblemen

Hier ist eine Auswahl von althergebrachten und neueren Rezepten und Methoden zur Regulierung von Garteninsekten.

Aromatische Kräuter

Zu den besten Kräutern für Tees zum Spritzen gehören Wermut, Minzen, Lavendel, Rosmarin, Salbei, Rainfarn und Eberraute. Zerkleinern Sie zur Herstellung von Kräuterbrühen ein großes Büschel Blätter und Stengel von frischen Kräutern mit der Hand und geben Sie alles in einen hitzebeständigen Behälter. Gießen Sie 1 l kochendes Wasser darüber, rühren Sie den Sud gut durch und lassen Sie ihn abkühlen. Seihen Sie ihn durch ein Metallsieb, dann durch ein Baumwolltuch oder einen anderen feinmaschigen Stoff. Geben Sie zwei Tropfen milde Flüssigseife dazu und füllen Sie den Tee in eine Pumpsprühflasche. Tragen Sie ihn am frühen Morgen auf.

Wermut enthält Substanzen, die zur Herstellung eines wirkungsvollen Insektenbekämpfungsmittels für den Garten verwendet werden können.

Kragen gegen Schnecken und Raupen

Schneckenkragen können aus Pappe, Kunststoff oder Metall sein. Sie bilden eine Barriere, die Schädlinge nicht überwinden können. Kragen, die Raupen vom Zerfressen junger Gemüsepflanzen abhalten, sind einfach aus Pappbechern herzustellen, indem der Boden entfernt wird, oder aus Pappkartonstreifen, die zu einem Ring zusammengeheftet werden. Stellen Sie diese Ringe beim Auspflanzen um Tomaten, Paprika und Auberginen. Kragen aus biegsamen Metallstreifen schützen ausgezeichnet gegen Nackt- und Gehäuseschnecken. Der Kragen sollte 8 bis 10 cm hoch sein und zur Hälfte aus der Erde ragen.

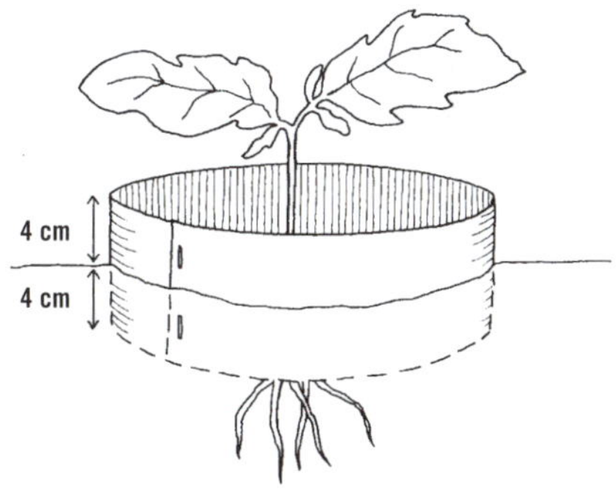

Schützen Sie junge Setzlinge mit einem 8 cm hohen Kragen aus Metall oder Karton vor Raupenschäden.

Bewirtschaftung

Viele Schädlinge verbringen als Eier, Larven oder Puppen ihre Zeit im Boden. Wenn Sie den Boden bearbeiten, werden sie vertrieben oder desorientiert und vielleicht von größeren Räubern gefressen oder gehen aufgrund der Wetterbedingungen an der Bodenoberfläche zugrunde.

Von Hand aufsammeln

Das Aufnehmen von Hand ist als vorrangige Maßnahme zur Bekämpfung aller Schädlinge zu empfehlen, die groß genug und langsam genug dafür sind. Werfen Sie die gesammelten Insekten in ein Gefäß mit Pflanzenöl, sehr heißem Wasser oder einer Mischung aus je einer Hälfte Reinigungsalkohol und Wasser. Auf festen Blättern und an Stengeln können Sie die Insekten auch mit einem Handstaubsauger entfernen.

Leimtafeln

Sie sind eines der brauchbarsten Hilfsmittel des Gärtners. Besonders einige Blattlausarten und die Weiße Fliege kann man mit gelben Leimtafeln von den Pflanzen ablenken. Hängen Sie die handelsüblichen Fallen einfach auf, und Sie können die Insekten beobachten, zählen und beseitigen, die Sie erbeutet haben.

– verändert aus *The Gardener's Bug Book* von Barbara Pleasant

PFLANZENKRANKHEITEN

Bakterielle Blattflecken

Blattfleckenpilze befallen Rüben, Mangold, Rosen und Tomaten.
Behandlung: Vermeiden Sie das Berühren von nassen Blättern. Vernichten Sie befallene Teile. Halten Sie den Bereich sauber und sorgen Sie für ausreichende Belüftung. Übergießen Sie die Pflanzen mit Komposttee (siehe Seite 271).

Viruskrankheiten befallen viele Pflanzen.
Behandlung: Pflanzen Sie resistente Sorten. Bekämpfen Sie Unkräuter und Insekten und sterilisieren Sie die Gartengeräte.

Krankheiten und Ihr Garten

Einen gänzlich von Krankheiten freien Garten gibt es nicht. Wie Flöhe auf einem Hund sind auch Organismen, die Pflanzenkrankheiten verursachen, immer gegenwärtig und warten auf einen passenden Wirt, um auszubrechen. Für die Beseitigung einer Krankheit gibt es keine einfache magische Formel. Notwendig sind ein gewisses Verständnis für das Wirken ihrer Verursacher und ein schlüssiger Behandlungsplan.

– aus *The Gardener's Guide to Plant Diseases* von Barbara Pleasant

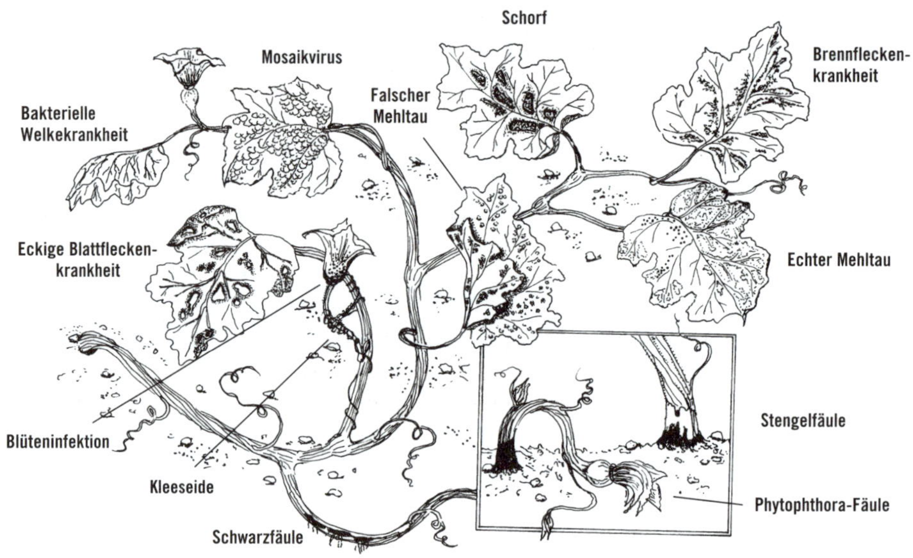

Verschiedene Krankheiten haben sehr unterschiedliche Auswirkungen, wie diese bedauernswerte Kürbispflanze zeigt.

Durch Pilze verursachte Auflaufkrankheiten betreffen viele Pflanzen.
Behandlung: Pflanzen Sie in gut drainierten Boden und verwenden Sie für die Anzucht im Haus sterile Blumenerde.

Das Mosaikvirus tritt bei Bohnen, Gurken, Melonen, Paprika, Zucchini und Tomaten auf.
Behandlung: Pflanzen Sie gesunde Keimlinge und resistente Sorten. Vernichten Sie infizierte Pflanzen und beseitigen Sie die Unkräuter. Zur Blattlausbekämpfung können Sie Seifenspritzbrühe verwenden.

Die Übeltäter kennenlernen

Organismen, die Pflanzenkrankheiten verursachen, sind Lebewesen, die in das Pflanzengewebe eindringen und sich dort vermehren.

- **Pilze** sind mikroskopisch kleine Organismen, die Pflanzen parasitisieren. Sie können die Wurzeln, die Stengel oder die Blätter infizieren und verursachen an den Pflanzen Fäule, Welke oder Blattfleckenkrankheiten. Pilze entstehen aus samenähnlichen Sporen, die keimen, sobald sie mit einer geeigneten Wirtspflanze in Kontakt kommen. Sie entsenden winzige fadenähnliche Fasern, Hyphen genannt, in das Pflanzengewebe und weichen die Zellwände zur Nährstoffgewinnung auf.
- **Bakterien** sind viel kleiner als Pilze. Sie nehmen Nahrung aus Pflanzenzellen auf und vervielfachen sich schnell und aggressiv, bis die Zellwände platzen. Bakterien nötigen ihre Wirte, ihre rasend zunehmende Population aufzunehmen, indem sie während des Wachstums Enzyme und Gifte freisetzen. Dies verstopft das Gefäßsystem der Pflanzen in wenigen Tagen, so daß diese welken und absterben.
- **Mykoplasmen und Viren** sind noch kleiner als Bakterien. Ihre winzigen viralen Botschaften berauben die Pflanzen ihrer genetischen Ordnung und lenken Energie zu sich selbst um. Sie können während der ganzen Saison in den Pflanzen leben, wobei sie diese nie abtöten, aber viele Anomalien im Pflanzenwachstum verursachen. Die Blätter kräuseln oder verbiegen sich oder zeigen Blasen mit Farbverlust. Insekten verbreiten Viren, indem sie diese bei der Nahrungsaufnahme von Pflanze zu Pflanze transportieren.
- **Nematoden** sind die größten Organismen, die Pflanzenkrankheiten verursachen. Sie werden häufig Älchen oder Fadenwürmer genannt und gleichen mikroskopisch kleinen Schlangen, die Pflanzenparasiten geworden sind. Nematoden leben in Wurzeln, Stengeln und Blättern. Ihre Eier überleben viele Jahre im Boden. Sie saugen Pflanzensäfte durch einen nadelähnlichen Mundstachel. Die Löcher, die sie in die Pflanzen stechen, stellen Eintrittspforten für Sekundärinfektionen dar.

– aus *The Gardener's Guide to Plant Diseases*

Grauschimmel befällt Beeren, Salat, Bohnen, Spargel, Tomaten und viele Blumen, besonders Tulpen.
Behandlung: Halten Sie die Pflanzen ausgedünnt. Sprühen Sie sie mit Komposttee (siehe Seite 271) oder Natron (1 Teelöffel auf 1 l Wasser) ein.

Checkliste Pflanzengesundheit

Bei der ersten Begegnung mit einer Pflanzenkrankheit sollten Sie sich fragen, wie es dazu kommen konnte. Die folgende Checkliste kann Ihnen helfen, die entscheidenden Faktoren zu ermitteln:

- Ist die Pflanze für Ihren Bodentyp, Ihr Klima und die Länge der Vegetationsperiode geeignet? Pflanzen zum Wachstum in einer feindseligen Umgebung zu drängen erhöht ihre Anfälligkeit.
- Wie ist die Wasserdurchlässigkeit? Wassergesättigte Böden können zu Wurzelfäulekrankheiten führen.
- Sind angrenzende Pflanzen befallen oder nur vereinzelte Pflanzen oder Blätter? Kleine Probleme kann man häufig ausräumen, indem man die ersten Pflanzen oder Pflanzenteile, die befallen wurden, entfernt.
- Haben Sie Samen oder Pflanzen verwendet, die eine Krankheit in sich getragen haben könnten? Samen oder Pflanzen, die unter Freunden verteilt wurden, sind nicht unbedingt sicher.
- Welche Pflanze wuchs vor der erkrankten in diesem Boden? Welche ist Wirtspflanze für die gleiche Krankheit?
- Wie gut kann frische Luft durch die Pflanze zirkulieren? Führt eine zu enge Anordnung oder die Unterlassung des Rückschnitts zu einem zu gedrängten Wuchs?
- Gibt es andere Wirtspflanzen in der Nähe?
- Ist die Pflanze alt und hat sich einen ehrenvollen Tod verdient?
- Haben Sie Insekten gesehen, welche die Krankheit übertragen haben könnten?
- Gibt es resistente Sorten, die statt der anfälligen gepflanzt werden könnten?

– aus *The Gardener's Guide to Plant Diseases*

ABSCHRECKUNGSMITTEL GEGEN TIERE

Vierbeinige Verwüster

Im allgemeinen ist ein eingezäunter Garten besser als ein frei zugänglicher. Ein Zaun hält den Hund des Nachbarn, Ihre eigenen Kinder, ein paar Kaninchen und Katzen fern, nicht aber Maulwürfe, Waschbären, Eichhörnchen, Rehe oder Vögel. Zäune können teuer und manchmal unpraktisch sein. In Kapitel 27 erfahren Sie mehr über Zäune.

Es ist zweckmäßig, eine Zeitlang an einem Standort zu gärtnern, um zu sehen, wer genau die Übeltäter sind und welche Pflanzen für sie am attraktivsten sind. Dann können Sie Schritte unternehmen, um sie abzuwehren, und sich auf den Schutz der entsprechenden Kulturen konzentrieren.

Gegen Kaninchen und Nagetiere gibt es nicht nur tödliche Fallen und Nagergift; hier sind einige Alternativen:

Gefürchtete tierische Schädlinge

Kaninchen

Maulwurf

Ratte

Maus

Wühlmaus

Kaninchen

Kaninchen knabbern an Möhren, Erbsen, Bohnen, Salat, Roten Beten, Erdbeeren und vielen Blumen ebenso wie an Tulpentrieben und der Rinde von Rosen und Beerensträuchern.

Ein altbekanntes Abwehrmittel gegen Kaninchen ist das Streuen von Holzasche, Kalksteinsplitt, geriebener Peperoni, gemahlenem schwarzen Pfeffer, Chili- und Talkumpulver um die Pflanzen. Auf den Boden gestreutes Blutmehl funktioniert genauso wie Mulch aus Menschen- oder Hundehaaren. Pflanzen Sie Knoblauch, Zwiebeln oder Tagetes zusammen mit den Zielpflanzen an, oder verwenden Sie flüssigen Fischdünger. Weil Kaninchen scheu sind, können Sie sie mit Hunden, Schlangen- oder Eulenimitaten abschrecken oder auch mit leeren Glasflaschen, die mit den Hälsen nach oben ragen. Kaninchen fürchten sich vor dem Pfeifen des Windes in den Flaschenhälsen.

Maulwürfe

Maulwürfe fressen eher Larven, Regenwürmer, Insekten und Schnecken als Pflanzen. Der größte Schaden durch Maulwürfe entsteht beim Graben der unterirdischen Gänge. Bevor Sie sich dazu entschließen, sie zu vertreiben – Maulwürfe stehen unter Naturschutz –, sollten Sie wirklich sicher sein, daß sie Probleme verursachen. Sie können auch nützlich sein, weil sie Schädlinge vertilgen.

Das Verfestigen des Bodens mit einer schweren Walze macht ihn für Maulwürfe weniger anziehend. Das Pflanzen von Kreuzblättriger Wolfsmilch *(Euphorbia lathyris)*, auch Wühlmauswolfsmilch genannt, kann Maulwürfe abschrecken. Allerdings sind die Samen der Pflanze sehr giftig. Sie können es auch mit Rizinusöl probieren: Mischen Sie zwei Teile Rizinusöl mit einen Teil Flüssigwaschmittel. Verdünnen Sie zwei Eßlöffel mit 5 l Wasser und durchtränken Sie damit den Hügel und den Boden um ihn herum.

Ratten, Mäuse und Wühlmäuse

Ratten und Mäuse graben frisch ausgesäte Samen aus, knabbern an zarten Setzlingen und probieren Früchte und Beeren. Wühlmäuse richten Feldfrüchte wie Hülsenfrüchte, Getreide und Kartoffeln zugrunde.

Allgemeine Hygiene ist eine Grundbedingung, um Nagetiere fernzuhalten. Beseitigen Sie Futter- und Wasserquellen sowie Unterschlupfmöglichkeiten. Das bedeutet, Abfälle zu entsorgen, zu verbrennen oder tief zu vergraben, gelagerte Lebensmittel ordnungsgemäß zu verpacken und Nagern den Zugang in oder unter Gebäude zu verwehren. Sie mögen außerdem keine Narzissen, Hyazinthen und Blausterne.

Eichhörnchen

Eichhörnchen tun sich an Beeren, Früchten, Nüssen, frisch gesäten Samen, zarten Pflanzen und Pflanzenteilen sowie Blumenzwiebeln gütlich.
Ein Spray aus pürierten und gefilterten Peperoni, mit etwa einem Eßlöffel Flüssigseife in Wasser aufgelöst, soll Eichhörnchen von den Pflanzen abhalten. Eine Katze schränkt Eichhörnchenbesuche wesentlich ein; manchmal reichen schon Katzen- oder Hundehaare, die in Beuteln aufbewahrt oder um die Pflanzen verstreut werden, um die Eichhörnchen in Schach zu halten.

– verändert aus *Bugs, Slugs & Other Thugs* von Rhonda Massingham Hart und *SCAT: Pest-Proofing Your Garden* von Ruth Harley

Eichhörnchen

Steinmarder

Steinmarder zählen zu den Raubtieren und sind in Mitteleuropa häufig in der Nähe von Menschen zu finden. Auch wenn sie hauptsächlich aufgrund der Schäden, die sie im Motorraum von Autos oder an der Dämmung von Wohnhäusern anrichten, gefürchtet sind, können sie auch im Garten unangenehm auffallen. Im Sommer naschen sie gerne an Beeren und Früchten. Zudem ist der Kot, den sie häufig auf Wegen und Terrassen hinterlassen, lästig.
Zum Vertreiben von Mardern gibt es eine Vielzahl von technischen Geräten, die freilich in den meisten Fällen dem Schutz von Fahrzeugen dienen. Das Ausstreuen von Pfeffer auf Wegen kann helfen. Als günstig erweist es sich auch, wenn man die Behausung findet, denn Marder mögen keinen Lärm und kein Licht. Dauerbeleuchtung dort kann ihn rasch zum Auszug bewegen. Das Töten von Steinmardern ist nicht erlaubt; die Tiere unterliegen dem Jagdrecht.

– Anita Heidenfelder

Steinmarder

Schutz vor kulturpflanzenfressenden Vögeln

Ein wenig Vogelbeobachtung während der Vegetationsperiode hilft Ihnen, festzustellen, welche Kulturen vor Vögeln geschützt werden müssen. Ihr Ziel sollte es nicht sein, all diese Vögel loszuwerden. Dieselben Vögel, die Sie schikanieren, indem sie die Maissämlinge herausreißen, vertilgen auch Insekten und Nacktschnecken. Die Kunst besteht darin, Lösungen zu finden, von denen sowohl Sie als auch die Vögel profitieren. Hier sind einige Überlegungen:

- Weil wilde Beeren für Vögel attraktiver sind als kultivierte, sollten Sie in der Nähe Ihres Nutzgartens auch Wildpflanzen wachsen lassen.
- Säen Sie ordentlich. Vermeiden Sie es, Samen auf die Oberfläche fallen oder die Saat unbedeckt zu lassen. Eine Krähe erspäht hier und da ein loses Maiskorn und entdeckt dann die ganze Reihe.
- Bedecken Sie frisch gesäte Maiskörner und andere große Samen wie Bohnen mit Mulch. Wenn ihre Spitzen durchstoßen, können Sie den Mulch beiseite ziehen; Krähen sind dann nicht mehr interessiert.
- Säen Sie Mais, Bohnen und ähnlich große Samen in einen schmalen Graben und bedecken Sie ihn mit feinmaschigem Kaninchendraht.
- Decken Sie Gartennetze über Beerensträucher, Zwergobstbäume und Erdbeerbeete. Ein einfaches Nylonnetz ist genauso wirkungsvoll.
- Überziehen Sie Weintrauben mit Abschnitten von Nylonstrümpfen.
- Spannen Sie eine Leine über eine Reihe mit abreifenden Erdbeeren und hängen Sie Streifen von Alufolie oder Kuchenförmchen aus Aluminium daran auf, so daß sie im Wind baumeln können.

– aus *SCAT: Pest-Proofing Your Garden*

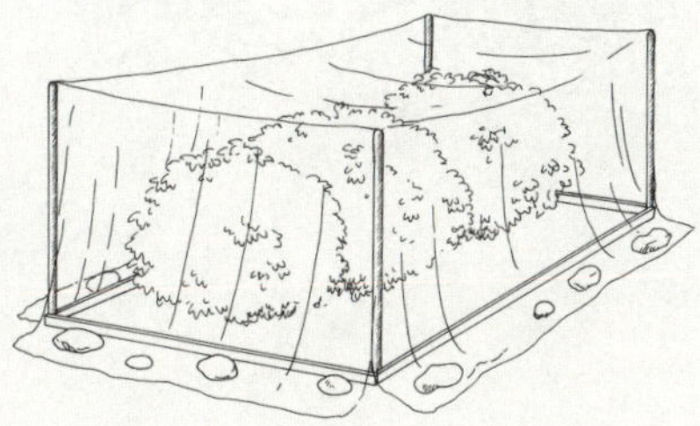

Umschließen Sie Beerensträucher mit Gartennetzen.

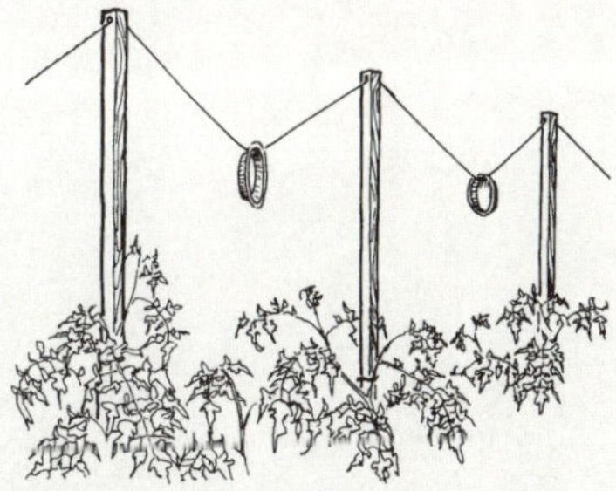

Hängen Sie Kuchenförmchen aus Aluminium über den Pflanzen auf.

ABSCHRECKUNGSMITTEL GEGEN TIERE

Schützen Sie Maiskolben, indem Sie sie anbinden.

Zucchini- oder Kürbisranken und Stangenbohnen bilden eine natürliche Barriere um den Mais.

Plündernde Waschbären

Waschbär

Waschbären sind nachtaktive Raubtiere, die ihren Geschäften im Schutz der Dunkelheit nachgehen. Sie sind außerordentlich intelligent und können dem Verstand des Gärtners mehr als ebenbürtig sein. Ihr vielseitiger Speiseplan umfaßt Insekten, Schnecken, Krebse, Eier und Mäuse genauso wie Nahrungsmittel aus dem Garten. Ihre absoluten Lieblingsspeisen sind Mais und Melonen.

Abschreckungsmittel

Die Witterung von natürlichen Feinden hält viele Waschbären fern. Lassen Sie einfach einmal Ihre schmutzige Kleidung im Maisbeet. Ein anderes Abwehrmittel ist das Bestäuben von Maiskolben und -blättern sowie von Beeren mit Babypuder, das Waschbären offensichtlich hassen. Das Berieseln von Maisfäden oder anderen gefährdeten Kulturpflanzen mit gemahlenen Peperoni macht sie für Waschbären ebenfalls weniger schmackhaft. Schließlich könnten Sie den Mais einfach ein bißchen früher ernten, um Ihre tierischen Konkurrenten zu überlisten.

Waschbärzaun

Schaffen Sie einen lebenden Zaun, indem Sie rankende Pflanzen (Gurken, Stangenbohnen, Zucchini und Kürbis) um den Mais herum anpflanzen.
Waschbären sind sehr gute Kletterer. Dennoch wird ein 1,2 m hoher Kaninchendraht oder ein Drahtgitterzaun mit 25 x 40 mm Maschenweite, der frei steht und nach außen gebogen ist, die meisten Waschbären fernhalten.

Hirsche und Rehe: Wunderschöne Laubäser

Hirsche – dazu gehören auch Rehe – zählen zu den anmutigsten, stattlichsten, aber auch lästigsten Wildtieren. Zu ihren ganzjährigen Grundnahrungsmitteln gehören Blätter, Stengel und Knospen von holzigen Pflanzen. Allerdings wird ihr Speisezettel davon beeinflußt, was verfügbar ist, und sie scheinen erpicht darauf, neue Kost zu probieren. Hirsche zerstören mühelos Mais, Getreide, Luzerne, Gemüse und Obstbäume. Rosen sind ein Hochgenuß für sie.
Am sichersten hält man Hirsche aus dem Garten heraus, indem man sie daran hindert, daß sie hereinkommen. Das Aufstellen von Wildzäunen ist die bewährteste Methode. Für einen langlebigen, wenngleich teuren Zaun benötigen Sie 2,5 m lange Zaunpfosten. Lassen Sie im Abstand von 6 m die Pfosten 60 cm tief ein und bringen Sie einen 1,8 m hohen Wildzaun an, der so fest wie möglich auf dem Erdboden aufsitzen muß.

– verändert aus *Bugs, Slugs & Other Thugs* von Rhonda Massingham Hart

Hirschkuh

Gartenplage: Nackt- und Gehäuseschnecken

Diese Mollusken gehören zu den häufigsten Gartenschädlingen. Nacktschnecken können mehr als 10 cm lang werden, und ihr markantestes Kennzeichen ist der muskulöse Schneckenfuß, der sich über die ganze Länge des Körpers erstreckt. Gehäuseschnecken sind ganz ausgefallene Mollusken. Das Hauptziel im Garten sind für Nackt- und Gehäuseschnecken die jungen zarten Setzlinge, Blattgemüsearten, Grünpflanzen und Blumen. Ernsthafte Schäden in Gärten richten allerdings vornehmlich Nacktschnecken an. Eine Bekämpfung von Gehäuseschnecken ist in den meisten Fällen nicht nötig.

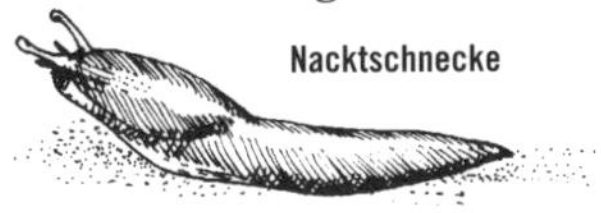
Nacktschnecke

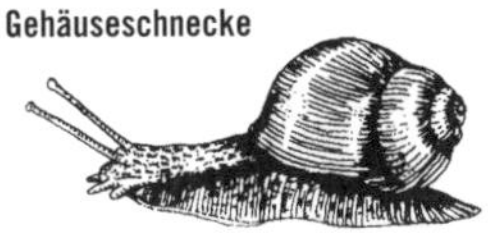
Gehäuseschnecke

Weil Nackt- und Gehäuseschnecken verfaulende Vegetation mögen, sollten Sie Ihren Garten so gut wie möglich frei von abgestorbenen Blättern und Abfällen halten. Da sie sich unter Mulch verbergen können, sollten Sie mit dem Mulchen warten, bis die Pflanzen sich gut etabliert haben oder die Temperaturen über 21 °C steigen. Manche Mulchmaterialien wie Eierschalen, Holzasche und Kies bilden wirksame Hindernisse für Schnecken.
Ein wirkungsvolles Hausmittel zur Bekämpfung ist das Dazwischenpflanzen von abweisenden Pflanzen wie Kriechendem Rosmarin oder Wermut. Letzterer kann auch als Tee um die Basis von potentiellen Zielpflanzen gespritzt werden. Ein anderes wirksames Mittel ist das Ausstreuen von gemahlenem Ingwer um die Pflanzen, um so eine Sperre zu errichten, die Nackt- und Gehäuseschnecken nicht überqueren. Eine 1:1-Essig-Wasser-Lösung kann ebenfalls direkt auf die Pflanzen oder die Schnecken aufgebracht werden. Schneckenzäune aus im Boden eingegrabenen Blechen mit einer nach außen gebogenen Kante halten auch die guten Kletterer von den eingezäunten Salatpflanzen fern.
Nach wie vor gelten Laufenten als unermüdliche Schneckenjäger und sind für Gärtner, die Freude an diesen Tieren haben, sicher eine langfristige und natürliche Alternative. Für einen normalgroßen Garten reicht ein Entenpaar vollkommen aus. Aber schützen Sie sie vor allem nachts vor Füchsen.

Wie Nacktschnecken leben – und was man daraus lernen sollte

Für Nacktschnecken ist ein Garten nicht nur wegen des reichgedeckten Tisches, sondern auch aufgrund der gleichmäßigen Feuchtigkeit und des lockeren Bodens schlichtweg das Paradies. Nacktschnecken sind dämmerungsaktiv und gehen bevorzugt abends auf Nahrungssuche. Frisch gegossene Beete werden geradezu als Einladung verstanden. Besser ist es daher, erst morgens zu gießen, denn trockener Boden ist bei Schnecken unbeliebt.
Tagsüber suchen Nacktschnecken geeignete Ruheplätze auf. Dort sollte es am besten feucht, dunkel und nicht zu warm sein. Wenn Sie also morgens an einem halbschattigen Platz ein Brett ins feuchte Gras legen, wird es gerne als Versteck angenommen. Am nächsten Morgen brauchen Sie die Tiere nur noch einzusammeln.
Im Herbst legen die Nacktschnecken ihre Eier bevorzugt in lockerem Boden ab, bevor sie selbst in der Erde überwintern. Wenn Sie im Herbst auf das Hacken verzichten, verderben Sie Ihren Schnecken den Spaß an dieser gemütlichen Kinderstube. Eine Bodenbearbeitung im Frühjahr ist dagegen sinnvoll, weil Sie dann sicher einige der Gelege finden und zerstören können, bevor die Schnecken schlüpfen.
Auch Nacktschnecken haben natürliche Feinde wie etwa Igel, Erdkröte, Maulwurf und Blindschleiche. In einem naturnahen Garten finden diese Tiere einen geeigneten Lebensraum und wissen ein Überhandnehmen der Schneckenpopulation zu verhindern. Ideal ist es, wenn Sie dabei mit Ihren Nachbarn „zusammenarbeiten".

– Anita Heidenfelder

Hausbräu für Nacktschnecken

Hier sind einige Lockmittel, die Sie in einer im Boden eingelassenen flachen Schüssel anbieten können. Sie sollte jedoch tief genug sein, um die Nacktschnecken zu ertränken, wenn sie sie aufsuchen.

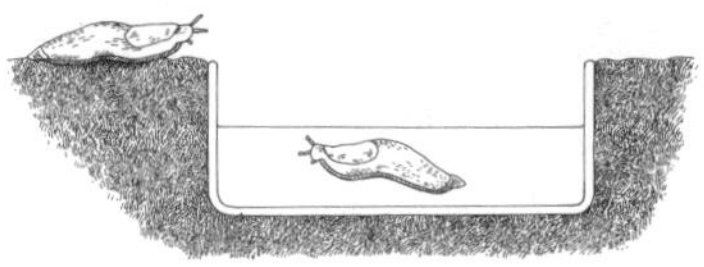

- Mischen Sie Apfelessig mit Zucker.
- Lassen Sie Obstschalen zusammen mit ½ Päckchen Trockenhefe und ½ Tasse Bier in 1 l Wasser gären.

– aus *Bugs, Slugs & Other Thugs*

15 VÖGEL, WILDBIENEN UND SCHMETTERLINGE

VÖGEL FÜTTERN • GÄRTNERN FÜR DIE VÖGEL
NISTKÄSTEN BAUEN • BIENEN- UND HUMMELGÄRTEN
SCHMETTERLINGSGÄRTEN

Jan Mahnken liebte Vögel von Kindheit an und hat sie auf ihrem Bauernhof in Massachusetts genauer kennengelernt. Sie ist Autorin von Feeding the Birds, Hosting the Birds *und* The Backyard Bird-Lover's Guide *und hat außerdem für viele überregionale Zeitschriften geschrieben.*

Vor Jahren fragte ich die Autorin Jan Mahnken, warum wir nicht mehr so viele Hüttensänger sehen. Sie erklärte mir, daß sie es hauptsächlich wegen der Entstehung und Ausbreitung der Vorstädte in der jüngeren Vergangenheit besonders schwer gehabt hätten. Es war daher höchst erfreulich, als im letzten Frühjahr im Champlain Valley ein wunderschöner Hüttensänger einen unserer Nistkästen belegte. Eine Nachbarin erzählte mir, daß die Adirondack Mountains tatsächlich von einem Hüttensängerzug, der den Staat New York überquert, profitiert haben. Sie hatte augenscheinlich recht, da unser Hüttensänger diesen Frühling Freunde mit zurückgebracht hat. Die Indianer glaubten, daß ein Hüttensänger, der in der Dämmerung um Ihr Haus fliegt, Glück bringt. Wenn dies so ist, müssen gute Zeiten bevorstehen.

– John Storey

Vermutlich ist Ihre Liebe zu den Vögeln das beste Argument, mit dem Vogelfüttern zu beginnen. Sie erfreuen sich an ihnen aus einer Vielzahl von – meist ästhetischen – Gründen. Ihr Gesang, ihr Gekreische und ihre „Kommentare“, die der Wind an Sommertagen durch die offenen Fenster weht, halten Sie auf dem laufenden, was draußen passiert, ob Sie es sehen können oder nicht. Wenn wir nach dem Abendessen auf den Verandastufen herumsitzen, beobachten wir die Schwalben, wie sie über die Weide jagen, und die Amsel, die reglos auf einem Zaunpfosten sitzt. Die Kohlmeisen, die Rotkehlchen und die Eichelhäher hellen einen Wintertag auf, wenn der Rest der Welt düster in Schwarz und Weiß mit grauen Schatten erscheint.

Wo auch immer Sie leben, finden Sie eine Vielzahl von Wildtieren, und viele davon sind Vögel. Weltweit gibt es über 8500 Vogelarten, 950 davon in Nordamerika; 530 Arten brüten in Europa. Viele davon sind gut zu beobachten und relativ leicht anzulocken, wenn Sie ihnen Wasser und einen Unterschlupf – oder im Winter Futter – anbieten.

Speisekarte für Vögel

Wenn Sie auch im Winter Vögel in Ihrem Garten beobachten möchten, können Sie sie durch Füttern anlocken. Allerdings ist eine Fütterung nur bei langanhaltender geschlossener Schneedecke und starkem Frost nötig und sinnvoll.
Die Angebote von Vogelfutter unterscheiden sich – sowohl was den Preis als auch die Qualität betrifft – weit voneinander. Im Futtermittelhandel bekommen Sie möglicherweise bessere Angebote als in Supermärkten oder Gartencentern. Aber die Futterqualität muß immer Vorrang haben. Achten Sie zum Beispiel darauf, daß das angebotene Mischfutter keine Ambrosia-Samen enthält. Die Beifuß-Ambrosia ist eine – hauptsächlich durch Samen in Vogelfuttern – in Deutschland eingeschleppte Pflanze, die eine stark allergene Wirkung aufweist.

Distelsamen

Distelsamen erscheinen teuer, aber sie sind so leicht, daß Sie eine Menge Samenkörner pro Kilogramm bekommen. Verwenden Sie sie nur in dafür geeigneten Futterhäuschen.
Finken schwärmen genau wie Spatzen, Meisen und Ammern für Distelsamen. Tauben mögen sie auch, können aber wegen ihrer Größe die geeigneten Futterstationen meist nicht nutzen.

Sonnenblumenkerne

Wenn man geschälte Kerne füttert, sieht es zwar um das Futterhaus herum „ordentlicher“ aus, aber sie sind teurer. Sie können durchaus auch ungeschälte Kerne verwenden. Die Vögel sind es ohnehin gewohnt, sich ihre Nahrung in der Natur selbst zu erschließen.
Zu den zahlreichen „Kernknackern“ gehören Meisen, Kleiber, Eichelhäher, Kernbeißer, Gimpel und Finken. Stare und Sperlinge haben Schwierigkeiten, die Schalen zu knakken, aber sie fressen die übriggelassenen Häppchen.
Die meisten Vögel bevorzugen schwarze Sonnenblumenkerne.

Getreide

An Wildvögel werden hauptsächlich Hafer, Weizen und Gerste verfüttert – sowohl als ganze Körner als auch in Form von Flocken oder grobem Schrot. Sie enthalten jedoch nur relativ geringe Mengen Energie, weshalb sie häufig in Verbindung mit Fetten wie Rindertalg oder Kokosfett angeboten werden.
Ganze Körner können Sie in Bioläden, Reformhäusern und in manchen Drogeriemärkten kaufen. Fettfuttermittel kann man ohne allzu großen Aufwand aus Kokosfett und verschiedenen Getreide- und Samenarten selbst herstellen.
Getreideflocken werden besonders von Amsel, Rotkehlchen, verschiedenen Meisenarten, Zaunkönig und Bergfink angenommen.

Fettfutter

Fettfutter (siehe nächste Seite) können Sie zum Beispiel in Form von Meisenknödeln oder -ringen überall kaufen. Es ist normalerweise nicht teuer.
Unter den vielen Vögeln, die Fettfutter mögen, sind Sperlinge, Kleiber, Stare, Zaunkönig, Amseln, Rotkehlchen und natürlich Meisen.

– verändert aus *The Backyard Bird-Lover's Guide*

Was Vögel noch mögen

Beeren
Erdnußbutter (ungesalzen)
Früchte
Geschälte Nüsse
Grassamen
Hirse
Kürbiskerne
Maismehl
Rosinen
Zucchinisamen

Für Vögel ungesund

Gesalzene Erzeugnisse
Hundefutter
Erzeugnisse aus Weißmehl und Zucker

– verändert aus *The Backyard Bird-Lover's Guide* von Jan Mahnken

Vogelfutter selbst sammeln

Statt Vogelfutter zu kaufen, können Sie im Herbst in der Natur die winterliche Kost für Ihre Gartenlieblinge selbst sammeln. Das ist nicht nur kostengünstiger, sondern bei weitem natürlicher und vielseitiger. Zudem können Sie sicher sein, daß Sie an Ihrer Futterquelle nicht unbeabsichtigt unerwünschte Neophythen wie etwa Ambrosia einschleppen.
Besonders gerne werden von vielen Vögeln Beeren angenommen. Die Früchte von Weißdorn, Sanddorn, Schlehe, Holunder, Schneeball und Eberesche bieten sich daher besonders an. Um die Beeren haltbar zu machen, können Sie sie entweder einfrieren oder an einem warmen Ort zum Trocknen auslegen.
Aber auch selbstgesammelte Samen von vielen Wildpflanzen wie Brennesseln, Disteln oder Ampfer sowie Nüsse und Bucheckern bereiten den Wintergästen Freude. Ernten Sie aber niemals alle Beeren eines Strauches ab, um auch die Futterplätze in der Natur zu erhalten. Und: In Naturschutzgebieten dürfen Sie keine Pflanzenteile, also auch keine Samen, entfernen.

– Anita Heidenfelder

VÖGEL FÜTTERN

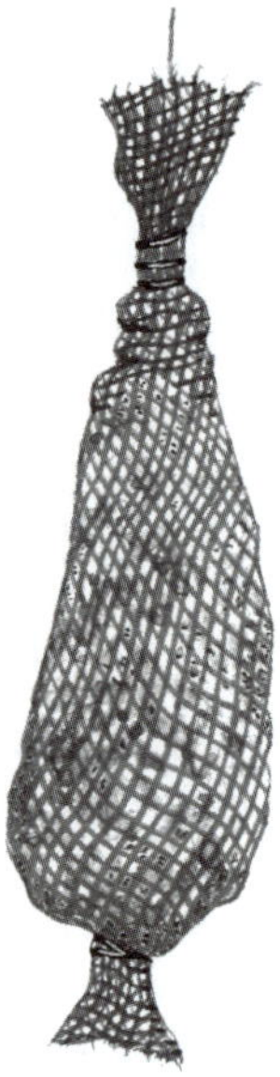

Rindertalg anbieten

Rindertalg ist ein durch Schmelzen gewonnenes Fett, und insektenfressende Vögel wie Stare, Spechte, Kleiber und Meisen lieben ihn. Sie können Rindertalg im November und Dezember in Metzgereien bestellen oder ihn folgendermaßen selbst herstellen: Zerkleinern Sie fette Abschnitte von Steaks oder Rinderbraten, legen Sie sie in einen schweren Topf mit Deckel und kochen Sie sie bei mittlerer Hitze in Wasser. Wenn das Fett zu schmelzen beginnt, entfernen Sie den Deckel und kochen über schwacher Hitze weiter, bis das meiste Fett geschmolzen ist und das Brodeln aufhört. Seihen Sie die gekochte Mischung durch ein Sieb in eine Schüssel und lassen Sie sie abkühlen. Schöpfen Sie das erstarrte reine Fett ab.

Um Rindertalgkuchen zu machen, gießen Sie das geschmolzene Fett in Kuchen- oder kleine Aluminiumförmchen. Stellen Sie die Förmchen, wenn sie Zimmertemperatur erreicht haben, in den Kühlschrank, damit das Fett auszuhärten kann. Um den Rindertalgkuchen anzubieten, geben Sie ihn am besten in ein Zwiebelnetz. Ziehen Sie es zu, so daß es oben geschlossen ist, und hängen Sie es an einen Baumast.

– aus *Everything You Never Learned about Birds* von Rebecca Rupp

Beerenmischung

Rindertalg
Rosinen
Getrocknete Brombeeren
Ebereschenbeeren
Getrocknete Holunderbeeren

Verflüssigen Sie den Rindertalg auf kleiner Flamme, ohne ihn zu kochen. Mischen Sie so viele Beeren in den geschmolzenen, noch warmen Rindertalg, bis sich eine breiige Masse ergibt. Sie können zusätzlich auch eine geringe Menge Vollkornhaferflocken einrühren. Legen Sie ein längeres Stück feste Schnur auf den Boden einer großen Tasse und behalten Sie ein Ende der Schnur in der Hand. Dann gießen Sie die Masse hinein. Wenn die Masse fest wird, können Sie die überstehende Schur in die Mitte ziehen und um ein Stück Holz knoten. Nach dem Aushärten stürzen Sie die Beerenmischung aus der Tasse und ziehen das andere Schnurende zum Aufhängen aus der Masse. Besonders Amseln und andere Drosseln werden begeistert sein.

Stieglitzruhm

Rindertalg
Distelsamen
Hirse
Hanfsaat

Gießen Sie den zweimal geschmolzenen Rindertalg über eine Mischung der Samen und lassen Sie ihn auskühlen. Legen Sie die feste Masse in einem Futterhäuschen aus.

Müsli für Allesfresser

300 g Rindertalg oder ungehärtetes Kokosfett
150 g Rosinen
150 g zerhackte Haselnußkerne und Erdnüsse
150 g Hafer- und sonstige Getreideflocken
150 g Sonnenblumenkerne

Schneiden Sie das Fett in kleine Stücke, geben Sie es in einen Topf und lassen Sie es langsam schmelzen. Dann geben Sie die restlichen Zutaten zu und rühren, bis eine zähe Masse entsteht. Geben Sie die Mischung in eine flache schwere Schüssel und lassen Sie sie aushärten. Stellen Sie die Schüssel in einem ausreichend großen Vogelhäuschen auf, so daß das Futter bei Regen und Schnee nicht feucht wird.

Rotkehlchenringe

Ungesalzener gekochter Reis
Zerhackter Apfel
Zerhackte Nüsse
Rindertalg

Richten Sie den Reis in Muffinförmchen aus Papier an. Geben Sie den Apfel und die Nüsse dazu. Gießen Sie den geschmolzenen Rindertalg über die Mischung und lassen Sie das Ganze abkühlen. Entfernen Sie das Papier und legen Sie die Kuchen auf dem Boden aus.

Meisenglocke

100 g Pflanzenfett oder Rindertalg
50 g ungeschälte Sonnenblumenkerne
50 g Vollkornhaferflocken
50 g gemischte Samen wie Hanf, Mohn, Distel und andere

Erwärmen Sie das Pflanzenfett oder den Rindertalg in einem kleinen Topf, bis sie komplett geschmolzen sind, und fügen Sie die Kerne, Flocken und Samen der noch warmen Masse zu. Ziehen Sie durch das Bodenloch eines mittelgroßen Blumentopfs ein Naturseil und machen Sie innen und außen jeweils einen Knoten. Am einen Ende können Sie den Topf später aufhängen, am anderen können sich die Vögel festhalten, um im Topf zu picken. Füllen Sie jetzt die noch warme Masse hinein und lassen Sie sie zuerst bei Zimmertemperatur, dann im Kühlschrank aushärten. Hängen Sie die Futterglocke an einem stabilen Ast im Schatten auf, damit das Fett nicht schmilzt.

Kommt einer, kommen alle

3 Teile Sonnenblumenkerne
3 Teile Hirsekörner
1 Teil fein gehackte Maiskörner
3 Teile Hanfsamen
1 Teil gehackte Nüsse

Mischen Sie die Zutaten und bieten Sie sie sowohl im Futterhaus als auch auf den Boden gestreut an. Diese gesunde Mischung hat eine enorme Anziehungskraft.

– verändert aus *Bird Food Recipes* von Rhonda Massingham Hart

Sechs Arten von Futterstellen

	Futterstelle	Beschreibung
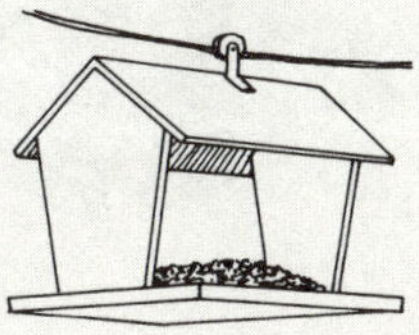	**Durchblick**	In diesem Futterhäuschen mit seinem Dach und den vier Wänden können sich Vögel richtig zuhause fühlen. Es kann eine oder mehrere Glasscheiben haben, um ein geschlosseneres Aussehen zu bieten. Wenn Sie es mit einer Rolle an einem Seil befestigen, können Sie es jeden Tag etwas dichter zu einem wirklich guten Aussichtspunkt für die Vogelbeobachtung heranziehen.
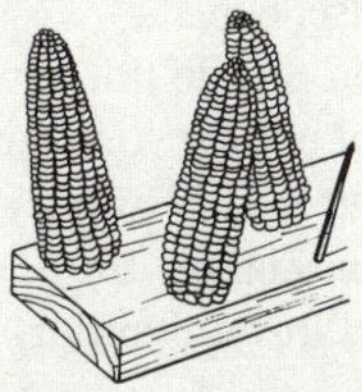	**Maisfutter-tisch**	In ländlichen Gebieten oder an den Randzonen der Vororte tauchen scheue Vögel aus Schlupfwinkeln auf, um an Ihrem Maisfuttertisch zu schlemmen. Das ist eine Art Futterbrett. Die Maiskolben werden auf Dornen gesetzt, die aufrecht durch das Brett getrieben sind. Bringen Sie die Bretter unter oder in der Nähe von Hecken direkt über der Schneelinie an.
	**Samen- und Fettknödel**	Formen Sie eine Mischung aus Samen und geschmolzenem Rindertalg zu einem Knödel. Lassen Sie den Knödel aushärten und legen Sie ihn in ein locker gewirktes Garnsäckchen. Verwenden Sie keinen Draht oder andere Metalle – bei extremer Kälte können die Zungen oder Augen der Vögel an dem eiskalten Metall ankleben. Hängen Sie den Knödel unter ein Vordach oder an einen Baumast.
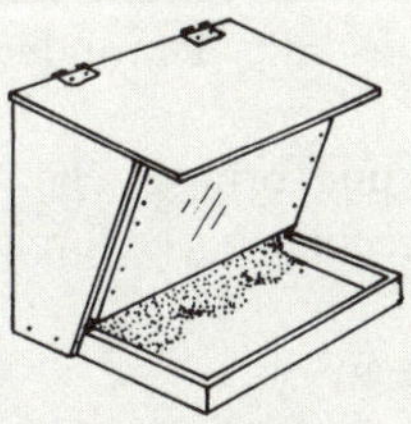	**Futtersilo**	Das einfache Futtersilo ist nützlich, weil es einen großen Futtervorrat aufnimmt und vor Verschmutzung bewahrt. Es bietet das Futter außerdem bequem und auf sparsame Weise an.
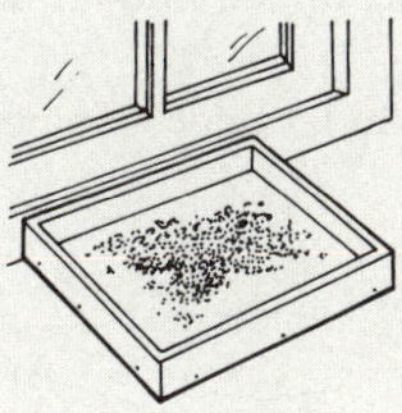	**Futterbrett am Fenster**	Das Futterbrett am Fenster ist die am häufigsten verwendete Art der Futterstation. Es kann ebenso in einem Baum oder an einem Mast befestigt werden. Es ist jedoch am besten, das Brett an einem sonnigen Fenster auf der geschützten Seite des Hauses aufzustellen.
	Milchkarton	Leere Milchkartons geben, geringfügig verändert, gute Futterstationen für Vögel ab.

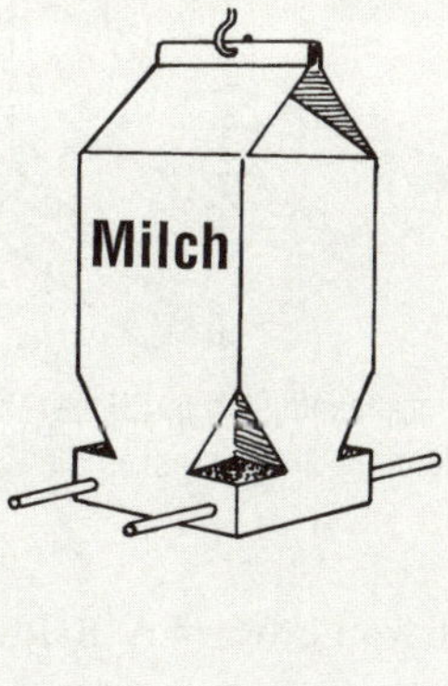

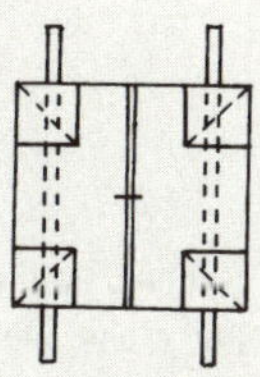

Draufsicht

Schneiden Sie den Milchkarton an jeder Ecke 3 cm über dem Boden etwas ein und klappen Sie die darüberliegende Kante nach innen. Stecken Sie ca. 1 cm dicke runde Holzstäbe als Sitzstangen unter den Ausschnitten hindurch. Bringen Sie oben einen Aufhänger an und hängen Sie das Futterhaus an einem Ast auf.

– aus *Bird Food Recipes*

Die einfachste Futterstation

Viele Vögel fressen gerne auf dem Boden. Diese Vögel mögen ein Brett oder eine tischähnliche Futterstelle. Ein Futtertisch kann ein ganz schlichtes flaches Stück Sperrholz auf Ziegelsteinen oder auf einem Baumstumpf im Garten sein. Sie können aber auch einen eigenen einfachen Tisch bauen.
Eine gute Größe für einen Futtertisch sind etwa 60 x 90 cm und 15 bis 30 cm hohe Beine. Ein 8 cm hoher Rand um die Tischplatte schützt das Futter vor dem Weggeblasenwerden. Außerdem sollten Drainagelöcher in den Ecken sein, damit sich der Futtertisch nicht mit Wasser füllt.

– aus *Everything You Never Learned about Birds*

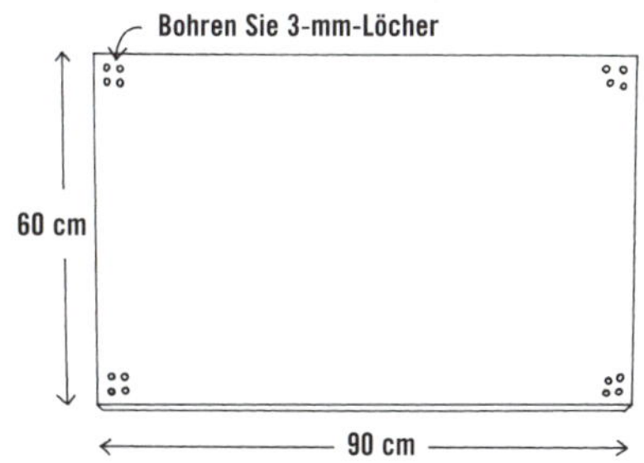

1,2 cm dickes Sperrholz

Bohren Sie Wasserabflußlöcher in die Ecken.

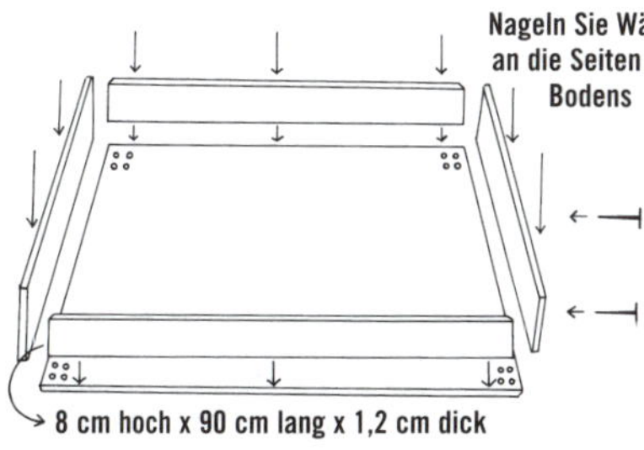

Bringen Sie einen Rand um Ihren Tisch an, um die Samen vor dem Weggeblasenwerden zu schützen.

Eine Saftflasche als Futterspender

Sie können eine Saftflasche mit weitem Hals wiederverwenden, indem Sie sie in einen Vogelfutterspender umfunktionieren. Lösen Sie das Papieretikett in heißem Wasser ab. Fügen Sie sie in die beschriebene Holzkonstruktion ein, und Sie haben eine zweckmäßige und ansehnliche Futterstation für Vögel.

Material

- 1 Brett 90 x 15 x 2,5 cm, druckbehandelt, davon
- 2 Abschnitte 20 x 15 cm für Decke und Boden
- 1 Abschnitt 25 cm lang für die Rückwand
- 1 Abschnitt 9 x 15 cm als Mittelstütze
- 2 Leisten 15 x 2 x 2 cm als Sitzstangen
- 1 6-mm-Holzstab, mindestens 20 cm lang
- 2 Schraubhaken, 1,2 cm
- 6 Schrauben, 38 mm, aus rostfreiem Stahl
- Gummiband oder Kordel
- Silikonkleber
- 1 1-l-Saftflasche

Werkzeuge

- Bohrmaschine mit einer 2,5-cm-Lochsäge
- Schraubenzieher
- Hammer
- Hand- oder Stichsäge

Anleitung

1. Messen Sie alle Holzstücke ab und schneiden Sie sie zu. Schneiden Sie aus der Mittelstütze einen Halbkreis mit dem Durchmesser der Saftflasche aus.
2. Legen Sie die Mittelstütze an die Rückwand an und befestigen Sie sie mit Kleber und Schrauben. Sie können die Löcher auch mit einem Versenkbohrer vorbohren.
3. Setzen Sie das Bodenbrett an das Ende des rückwärtigen Brettes an. Bringen Sie den Rand der Saftflasche auf dem Bodenbrett in Position. Ziehen Sie einen Bleistiftstrich um den Rand der Flasche und markieren Sie so ihren Standort auf dem Bodenbrett. Nehmen Sie die Flasche weg.
4. Entfernen Sie das Bodenbrett von der Rückwand und bohren Sie drei 2,5-cm-Löcher mit dem gezeigten Abstand bis zur Hälfte durch das Bodenbrett.
5. Kleben und schrauben Sie das Boden- und das obere Brett an die Enden der Rückseite.
6. Schneiden Sie von dem 6-mm-Holzstab vier Stücke von je 5 cm Länge ab.
7. Legen Sie eine der Sitzstangenleisten an der Seite des Bodenbretts an und bohren Sie je etwa 2,5 cm von den Enden entfernt zwei 6-mm-Löcher durch die Sitzstange und 1,5 cm tief in das Bodenbrett. Wiederholen Sie dies mit der anderen Sitzstange.
8. Kleben Sie die Holzstäbe in die Löcher des Bodenbretts und bringen Sie die Sitzstangen mit Kleber an den Holzstäben an; lassen Sie dabei einen 2,5 cm breiten Spalt zwischen der Sitzstange und dem Bodenbrett.
9. Bringen Sie die Schraubhaken an den Seiten der Mittelstütze an.
10. Füllen Sie die Flasche mit Vogelfutter und befestigen Sie sie an der Futterstation, indem Sie das Gummiband oder die Kordel um die Flasche schlingen und an den Schraubhaken befestigen.
11. Befestigen Sie die Futterstation an der Seitenwand eines Gebäudes oder an einem Pfosten.

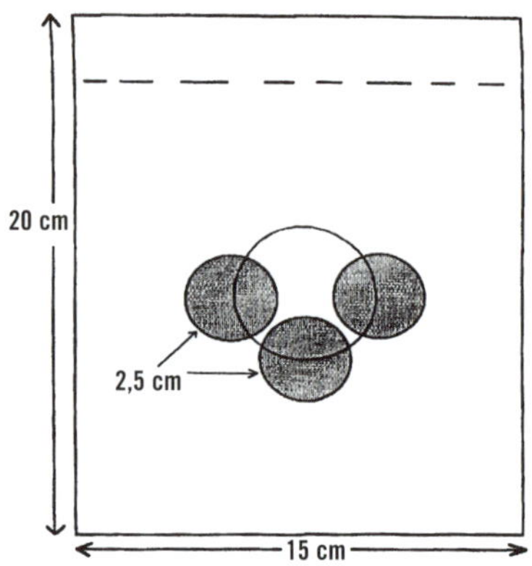

Zeichnen Sie den Rand der Flasche an der richtigen Stelle auf das Bodenbrett und bohren Sie dann, wie gezeigt, drei 2,5-cm-Löcher bis zur Hälfte durch das Brett.

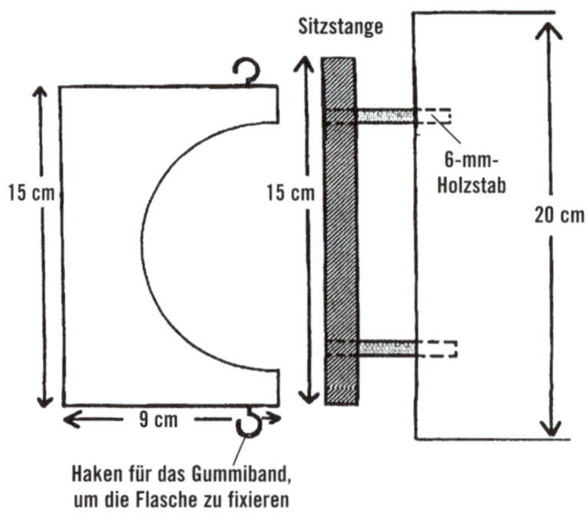

Fügen Sie die Teile wie gezeigt zusammen.

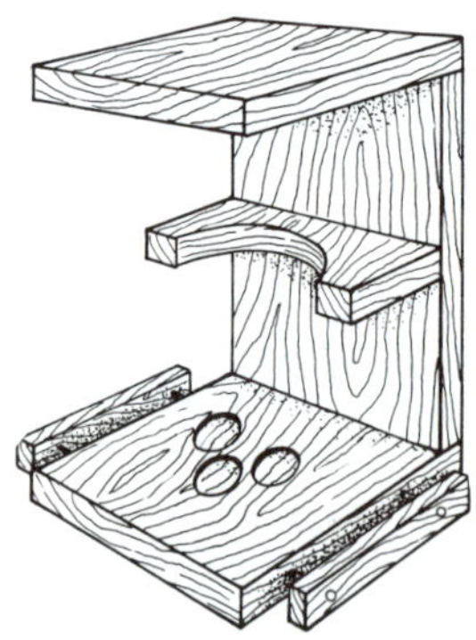

Bringen Sie die Sitzstangenleisten mit Holzstäben und Kleber am Bodenbrett an und lassen Sie 2,5 cm Abstand.

– aus *Birdfeeders, Shelters & Baths* von Edward A. Baldwin

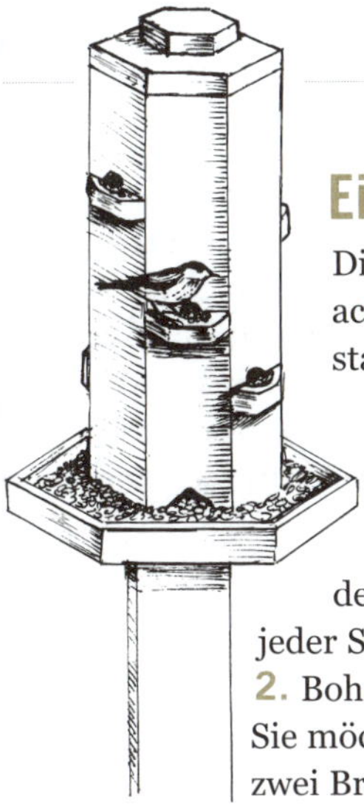

Eine sechseckige Futterstation

Diese hohe und anmutige Futterstation ist eigentlich eine Station mit acht Futterstellen. Sie kann auf einem Pfosten befestigt oder an einer stabilen Kette an einem Baumast aufgehängt werden.

Anleitung

1. Messen Sie die sechs Seiten der Futterkammer mit jeweils 10 cm Breite und 40 cm Länge auf dem 2 cm dicken druckbehandelten Sperrholz aus und schneiden Sie sie mit einer 30°-Schräge auf jeder Seite zu.
2. Bohren Sie mittig in jedes der sechs Seitenbretter ein 2,5-cm-Loch. Wenn Sie möchten, können Sie die Lage der einzelnen Löcher staffeln. Bohren Sie zwei Bretter 13 cm von oben, zwei 13 cm vom Boden und zwei Bretter in der Mitte durch. Schneiden Sie eine flache V-Kerbe in das untere Ende der zwei Bretter mit dem Loch auf halber Bretthöhe.
3. Stellen Sie die Bretter so zusammen, daß die mit den gleichen Lochhöhen einander gegenüberliegen. Kleben Sie alle Bretter aneinander und halten Sie sie mit einem Spanngurt, Gummibändern oder einem Strick fest zusammen. Lassen Sie den Kleber trocknen.
4. Messen Sie die Grundplatte für die Futterstation auf dem Sperrholz aus und schneiden Sie sie zu. Richten Sie die Grundplatte auf die Mitte aus und befestigen Sie sie mit Kleber und 40-mm-Schrauben an der Futterkammer.
5. Fertigen Sie die Sitzflächen, indem Sie alle 9 cm ein 2,5-cm-Loch 2,5 cm tief in die Mitte des Kantholzes bohren. Dann trennen Sie das Kantholz längs durch die Mitte der Löcher und schneiden die Sitzflächen auf 9 cm zu, mit jeweils einem halben Loch in der Mitte. Formen Sie die Sitzflächen mit einer Band- oder Stichsäge.
6. Bohren Sie ein Versenkloch in die untere Mitte jeder Sitzfläche und befestigen Sie sie mit 50-mm-Schrauben an den Seiten der Futterkammer. (Setzen Sie die Sitzflächen so, daß die Oberkante des Loches in der Futterkammer 0,6 cm über der Oberkante der Sitzfläche ist.)
7. Messen Sie die drei Platten für den Deckel aus und schneiden Sie sie zu. Fügen Sie alle Teile mit dem mittelgroßen als Griff oben und dem kleinsten unten zusammen. Verwenden Sie Kleber und 50-mm-Holzschrauben.
8. Messen Sie die sechs Randleisten für die Grundplatte am Kantholz ab und schneiden Sie sie zu. Befestigen Sie die Leisten mit Drahtstiften und Kleber an der Grundplatte. Bearbeiten Sie die Teile so, daß sie exakt bündig sind.
9. Wenn Sie möchten, können Sie die Seitenflächen der Futterstation ganz nach Belieben dekorieren.

Material

Sperrholz, 2 cm, druckbehandelt:
1 Grundplatte, Sechseck mit 32 cm Durchmesser
1 Grundplatte für den Deckel, Sechseck mit 20 cm Durchmesser
1 Platte für den Deckelaufsatz, Sechseck mit 13 cm Durchmesser
1 Platte für den Innenteil des Deckels, Sechseck mit 5,5 cm Durchmesser
6 Seitenbretter, 10 x 40 cm
Kantholz, 3,8 x 9 cm druckbehandelt:
6 Sitzflächen, 4,5 x 9 cm
16 x 2,5 x 18 cm für den Rand der Grundplatte
Eisenwaren und Verschiedenes:
7 Schrauben, 40 mm
7 Schrauben, 50 mm
12 Drahtstifte, 20 mm, verzinkt
Silikonkleber

Werkzeuge

Bohrmaschine mit Versenkbohrer, 2,5- und 6,5-cm-Lochsäge
Schraubenzieher
Hammer
Tischkreissäge
Zirkel
Band- oder Stichsäge
Spanngurt, Gummibänder oder Seil

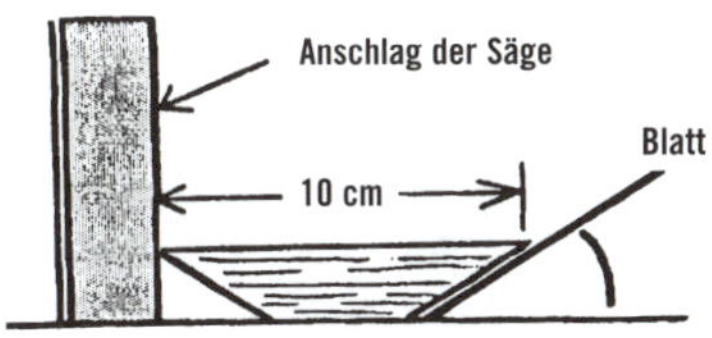

Schneiden Sie sechs 10 x 40 cm große Seitenflächen aus dem Sperrholz und kanten Sie die Ränder in einem 30°-Winkel ab.

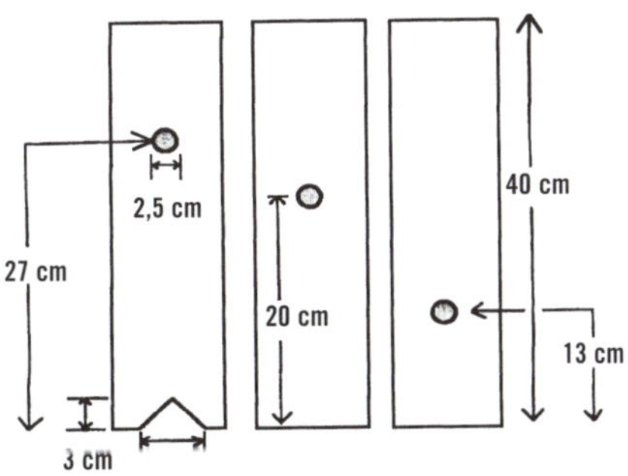

Staffeln Sie die Lage der Futterlöcher so, daß sie jeweils an zwei gegenüberliegenden Brettern in gleicher Höhe liegen.

– aus *Birdfeeders, Shelters & Baths*

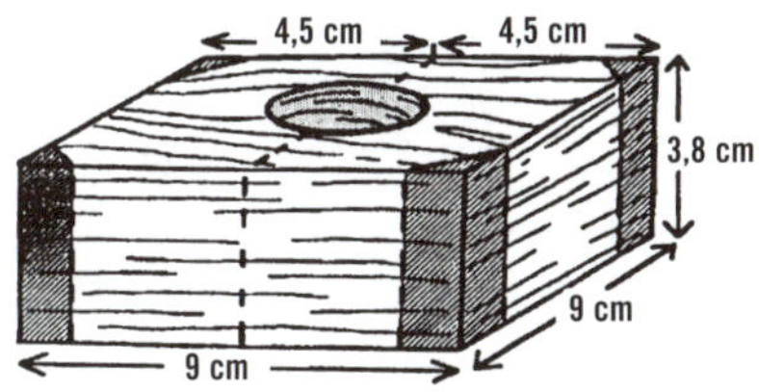

Die Sitzflächen sind aus 3,8x9-cm-Kantholz angefertigt. Bohren Sie zuerst die 2,5-cm-Löcher und trennen Sie dann das Kantholz längs durch die Mitte. Schneiden Sie die Sitzflächen auf 9 cm Länge ab und sägen Sie die spitzen Ecken weg.

GÄRTNERN FÜR DIE VÖGEL

Jedes Grundstück kann ein Vogelschutzgebiet sein. Das bedeutet, daß der Garten natürliche Deckung, passendes Futter und Schutz vor natürlichen Feinden bietet. Die Anzahl und die Arten von Wildvögeln, die sich angezogen fühlen, hängen von der Größe Ihres Grundstücks ebenso ab wie von den natürlichen Gegebenheiten. Es wird als allgemeine Richtlinie empfohlen, daß acht bis zwölf Prozent Ihrer Dauerbepflanzung Futter oder schützenden Unterschlupf für Vögel bieten sollten. Beginnen wir mit dem Größten und Wichtigsten dieser Dauerbepflanzung – den Bäumen.

Nadelbäume

Besonders in kälteren Klimaten sind Nadelbäume – auch Koniferen genannt – als Unterschlupf für Vögel nützlich und bringen Farbe in Ihren Garten, wenn die Laubbäume und Sträucher kahl sind.

Kiefern aller Arten finden bei praktisch allen Vögeln Anklang. Ihre langen weichen Nadeln bieten bei rauhem Wetter Unterschlupf, und die Zapfen halten Futter bereit. Neben den Kiefern gehören auch Fichten, Tannen und Lärchen zu den Koniferen. Fichten ziehen Sperber, Meisen, Goldhähnchen und andere Vogelarten an. Finken haben ebenfalls eine Vorliebe für Fichtensamen.

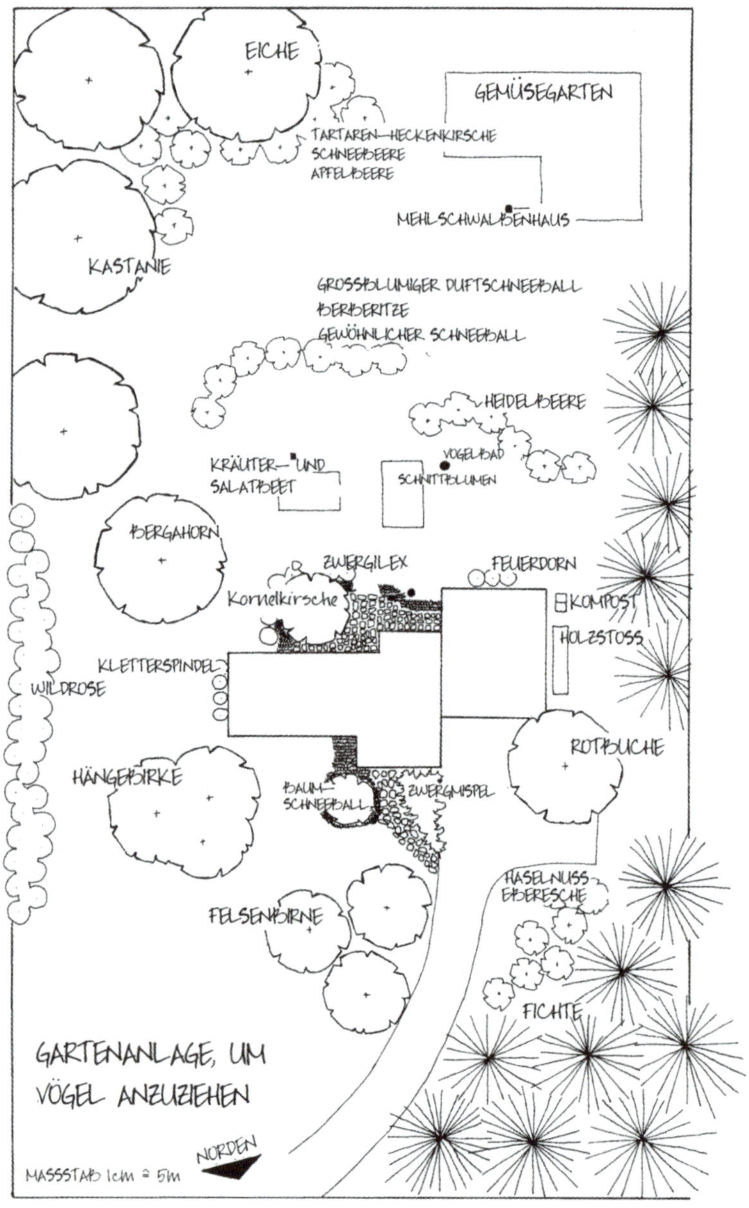

Schattenbäume

Viele Schattenbäume sind eine Wohltat gerade für junge und eher kleine Vögel.

In Deutschland gibt es zwei Arten von Eichen, die Stieleiche und die Traubeneiche. Spechte, Eichelhäher, Kleiber und Finken zählen zu den Vögeln, die deren Früchte fressen.

Buchen produzieren ebenfalls Früchte, die sogenannten Bucheckern, die vor allem von Buchfinken und Kernbeißern gerne genommen werden – lassen Sie die Bucheckern im Winter möglichst unter dem Baum liegen. Auch der Specht, der Kuckuck, die Kohlmeise und der Schnäpper fühlen sich in Buchen zuhause.

Die paarweise geflügelten Früchte des Ahornbaums sind eine Lieblingsnahrungsquelle für Kernbeißer und Buchfinken.

In diesem Garten wachsen Bäume und Sträucher, die während des ganzen Jahres Schutz und Nahrung für Vögel bieten.

Kleinere Bäume

Lassen Sie uns größenmäßig nach unten zur Birkenfamilie weitergehen. Die wundervoll aussehenden Bäume der Birkenfamilie bilden Blütenkätzchen, ergrünen im Sommer und werden im Herbst golden oder braun. Zeisige lieben sie ebenso wie Kreuzschnäbel, Finken, Kleiber und Meisen.

Die Eberesche oder Vogelbeere ist ein anderer mittelgroßer Baum. Ihre Früchte, rote Beeren in großen Dolden, die bis weit in den Winter hinein an den Ästen hängen, ziehen Rotkehlchen, Mönchsgrasmücken, Kleiber und Gimpel sowie verschiedene Drosselarten an. Der Grünspecht baut seine Nisthöhlen gern in diese Bäume. Jede Art von Kirschbäumen kann Amseln, Kernbeißer, Krähen, Seidenschwanz und Specht in Ihren Garten bringen.

Zierbäume

Selbst wenn Sie nur einen kleineren Garten haben, möchten Sie sicher ein oder zwei kleinere Zierbäume einpflanzen. Versuchen Sie es mit dem Trompetenbaum, einem kleinen Baum aus der Familie der Trompetenbaumgewächse, wenn er in Ihrem Klima wächst. Kernbeißer finden ihn wunderbar.

Kornelkirschen sind bei vielen Singvögeln beliebt, ebenso wie der Schneeball in verschiedenen Arten und Sorten. Weißdornfrüchte sehen aus wie winzige Äpfel und werden von vielen beliebten Vögeln gefressen. Holunderbeeren sagen Rotkehlchen, Mönchsgrasmücke, Amsel, Wacholderdrossel, Braunkehlchen und Hausrotschwanz zu. Eiben bieten Nahrung für Amsel, verschiedene Drosselarten, Grünfink, Gimpel und Kernbeißer.

Vergessen Sie nicht den Holzapfel, der besonders im Frühjahr hübsch aussieht. Wenn die Seidenschwänze eine Sorte entdecken, die sie mögen, werden sie innerhalb weniger Tage seine Früchte abernten.

Sträucher

Die beste Art, eine Vielfalt an Vögeln anzulocken, ist es, buschige Hecken in die Gartengestaltung einzubeziehen. Außer daß sie Schutz bieten, können sie auch mit unterschiedlichen Arten natürlichen Futters aufwarten. Wald-Geißblatt und Vogel-Kirsche sind die besten Beispiele, wie auch Johannisbeeren, Stachelbeeren und wilde oder kultivierte Heidelbeeren – wenn Sie sie gerne teilen möchten.

Falls Sie Sträucher bevorzugen, die eher dekorativ als nutzbringend sind: Die Zwergmispel ist ein breitwachsender Zierstrauch, dessen Früchte Amsel, Seidenschwanz, Grünfink, Wacholderdrossel und Kernbeißer genießen. Amseln und Drosseln teilen mit den Finken ihre Begeisterung für die Früchte der Eßbaren und der Schirm-Ölweide. In den Schlehenhecken mit ihrer unüberschaubaren Formenfülle fühlen sich Drosseln, Gimpel, Grünfinken und Kernbeißer wohl.

– verändert aus *The Backyard Bird-Lover's Guide* von Jan Mahnken

Pflanzen, die bei Vögeln beliebt sind

Blumen und Kräuter

Aster
Distel
Fingerhut
Gemeine Nachtkerze
Lavendel
Majoran
Männertreu
Mohn
Petunie
Schmuckkörbchen
Sonnenblume
Thymian
Vergißmeinnicht

Bäume

Birke
Buche
Eiche
Erle
Fichte
Kiefer
Lärche
Pappel
Tanne
Weide

Sträucher

Bärentraube
Berberitze
Feuerdorn
Geißblatt
Hartriegel
Holunder
Japanische Zierquitte
Rose
Schlehe
Stechpalme
Wacholder
Weißdorn

Rankpflanzen

Bittersüßer Nachtschatten
Brombeere
Efeu
Wein

– verändert aus *The Backyard Birdhouse Book* von René und Christyna M. Laubach

NISTKÄSTEN BAUEN

Die Haubenmeise und ihre Verwandten, die Kohlmeise und die Blaumeise, sind Höhlenbrüter – Vögel, die in Höhlen von Bäumen brüten und Nistkästen annehmen. Der Nistkasten sollte etwa 12 x 12 cm Grundfläche und ein Einflugloch von 3 cm Durchmesser haben. Er sollte 1,5 bis 4,5 m über dem Boden aufgehängt werden.

Warnhinweise

- Kaufen Sie niemals einen Nistkasten mit einer Sitzstange, die Räubern den Zutritt ins Innere ermöglicht.
- Kaufen Sie niemals einen Nistkasten, der geklebt oder geheftet ist. Er sollte genagelt oder geschraubt sein.
- Streichen und beizen Sie nie das Innere des Nistkastens und behandeln sie es nicht mit Holzschutzmitteln oder Insektenspray. Die Dämpfe können Jung- und Altvögel töten.

Das A und O bei Nistkästen: Konstruktion und Standort

Vögel dabei zu beobachten, wie sie einen Nistplatz auswählen, ein Nest bauen und Junge aufziehen, kann eine faszinierende und aufregende Erfahrung sein. Es kann außerdem eine große Befriedigung für jene sein, die mit dem Anbringen von Nistkästen ihren Teil dazu beigetragen haben, daß das natürliche Gleichgewicht, das vom Menschen gestört wurde, wiederhergestellt wird.

Das Wichtigste – der richtige Standort

Bevor Sie einen Nistkasten anbringen, prüfen Sie sorgfältig, ob Sie den richtigen Lebensraum für die Vogelart haben, die Sie anzulocken versuchen. Sie sollten die Bedürfnisse des Vogels kennen, um den Nistkasten richtig plazieren zu können. Nicht alle Höhlenbrüter nehmen einen Nistkasten an, der in der Mitte eines Grundstücks oder einer Wiese ohne schützende Deckung durch Wald oder Unterholz aufgestellt ist. Bedenken Sie, daß die meisten Waldvogelarten in der Nähe des Nistkastens Gebüsch haben möchten und daß die Vögel in seiner Umgebung Futter finden müssen.

Der richtige Kasten

Gute Nistkästen sollten aus 2 bis 2,5 cm dickem unbehandeltem Schnittholz gefertigt sein. Wenn Sie selbst einen bauen, sollte die rauhe Holzoberfläche die Innenseite bilden, um den Vögeln einen Halt zu bieten. Eine Reihe von waagerechten Kerben im Holz unter dem Eingang kann den Jungvögeln helfen, das Nest zu verlassen, wenn sie flügge werden.

Das Dach der Nistkästen sollte geneigt sein und über die Seitenwände des Kastens hinausreichen. Abhängig vom Aufbau sollte das Dach vorn den Kasten um 5 bis 12 cm überragen. Dies hält Schlagregen, Wind und Sonne ab und hilft, Räuber abzuschrekken. Grundsätzlich sollten die Seitenwände des Kastens mindestens 0,5 cm über der Bodenplatte überstehen, damit das Regenwasser abtropfen kann.

Achten Sie darauf, daß das Einflugloch groß genug ist, um den Vogel, den Sie ansiedeln möchten, hineinzulassen, und klein genug, um unerwünschte Arten fernzuhalten. Wenn Sie mit den Vögeln vertraut sind, die das Gelände um den Nistkasten aufsuchen, haben Sie auch eine ausreichende Vorstellung bezüglich Ihres möglichen Mieters.

Überprüfung des Nistkastens

Wenn Sie Ihren Nistkasten über den Winter hängen gelassen haben, sollten Sie ihn im Spätwinter oder im zeitigen Frühjahr abnehmen und kontrollieren. Manche Nistkästen lassen sich mittels eines Scharniers öffnen, bei anderen muß man eine der Wände abschrauben. Falls der Nistkasten von kleinen Säugetieren wie Mäusen beansprucht wurde, ziehen Sie Gummihandschuhe an, stellen Sie sich gegen den Wind und entfernen Sie den Inhalt. Vermeiden Sie es, den Staub einzuatmen.

Sie können den Innenraum des Nistkastens während der Brutsaison gelegentlich kontrollieren, solange die Eier nicht bebrütet werden oder die Jungen nicht gerade im Begriff sind, zu fliegen. Sie würden verfrüht abziehen, wenn sie gestört werden.

Sitzstangen werden für Nistkästen nicht empfohlen.

– aus *The Backyard Birdhouse Book* von René und Christyna M. Laubach

Ein Kohlmeisenhaus bauen

Obwohl dieser Nistkasten für Kohlmeisen gedacht ist, kann er auch von Feldsperling, Kleiber, Trauerschnäpper, Halsbandschnäpper und Wendehals bewohnt werden. Das Ansiedeln jeder einheimischen Art in Ihrem Nistkasten sollte als Erfolg angesehen werden. Alle heimischen Vögel haben ihren Reiz und ihre Schönheit, und jeder von ihnen hat eine bestimmte Nische im Ökosystem.

1. Schneiden Sie diesen Nistkasten aus einem 1,6 m langen Brett, das 2,5 cm dick und 18 cm breit ist. Wenn Sie die Schnitte markieren, müssen Sie den Sägeschlitz – die Breite des Schnittes Ihrer Säge – mit einberechnen, normalerweise 3 mm. Sie brauchen außerdem ein 8 cm langes Stangenscharnier aus Messing, 6 Holzschrauben von 18 mm Länge und eine Handvoll 45 mm lange verzinkte oder Aluminiumnägel.
2. Sägen Sie an jeder Ecke des Bodens jeweils 5 mm für die Wasserabläufe ab und bohren Sie Lufteinlässe in eine Seitenwand (siehe Zeichnung unten rechts).
3. Fügen Sie den Nistkasten mit den verzinkten oder Aluminiumnägeln zusammen. Achten Sie darauf, daß die Nägel nicht in die Nisthöhle hineinragen.
4. Die Lufteinlässe und die Wasserabläufe sind für die Gesundheit und das Wohlbefinden der Nistkastenbewohner notwendig.
5. Verbinden Sie die Rückwand und das Dach des Nistkastens mithilfe der Holzschrauben mit dem Stangenscharnier.

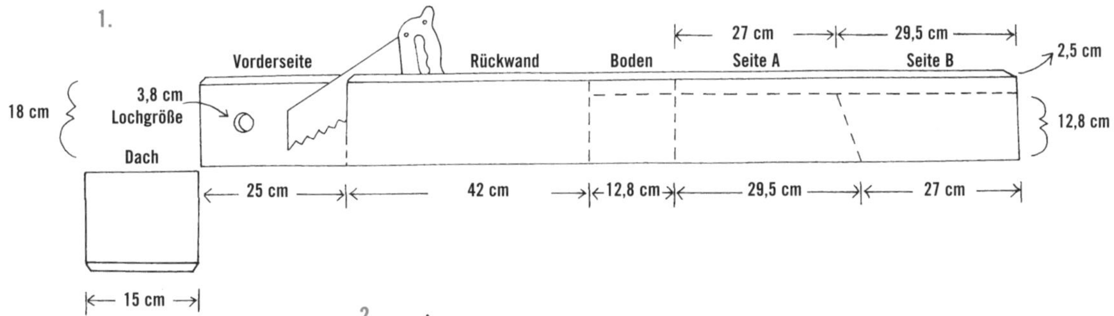

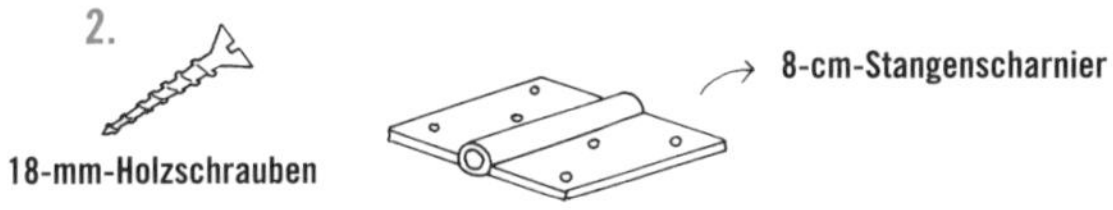

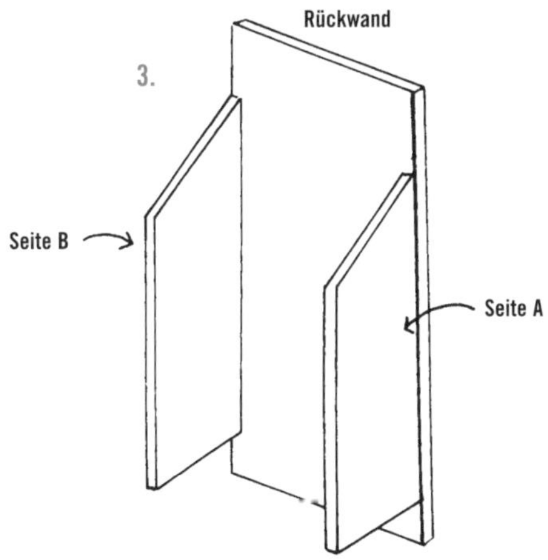

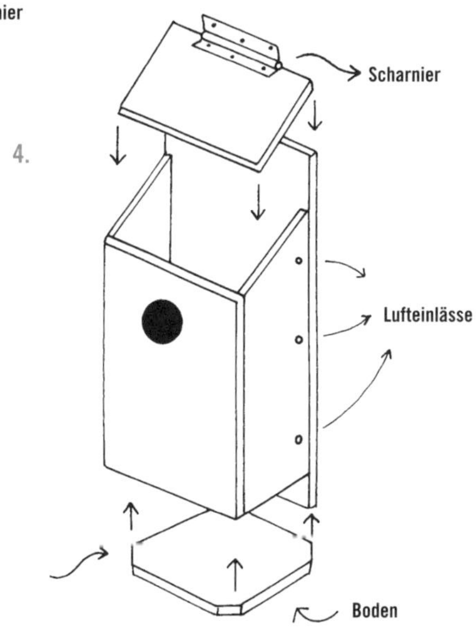

– verändert aus *Everything You Never Learned about Birds* von Rebecca Rupp

BIENEN- UND HUMMELGÄRTEN

Wählen Sie Blüten mit kräftigen Farben und röhrenförmigem Aufbau wie Fingerhut und Indianernessel.

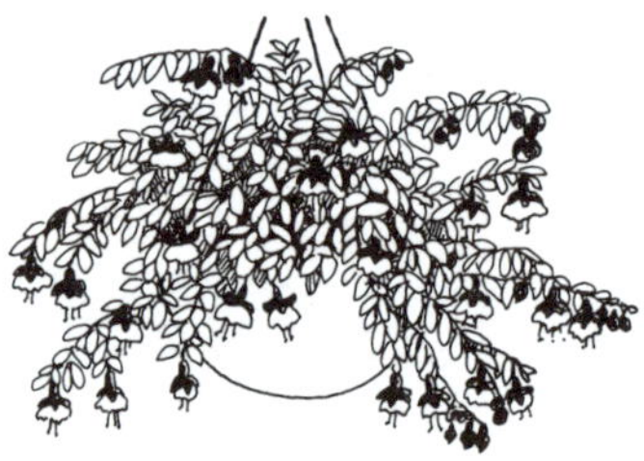

Hängeampeln mit Fuchsien werden eifrig von Hummeln besucht.

Stauden, die bei Hummeln beliebt sind

Die folgenden Stauden ziehen Hummeln und Wildbienen an und liefern außerdem Nektar.

- Akelei
- Blauer Eisenhut
- Blutweiderich
- Echte Katzenminze
- Fingerhut
- Goldregen
- Großblütige Glockenblume
- Heil-Ziest
- Indianernessel
- Knollige Seidenpflanze
- Krokus
- Kugeldistel
- Lupine
- Mohn
- Nelke
- Prunkwinde
- Purpurglöckchen
- Rotklee
- Rittersporn
- Salbei
- Schwertlilie
- Sommerflieder
- Stockrose

Gestaltung eines Hummel- und Bienengartens

Daß Honigbienen wichtige Bestäuberinsekten im Obstbau sind, ist weithin bekannt. Aber auch Wildbienen und vor allem deren Unterart, die Hummeln, leisten im Nutzgarten gute Dienste. Im Gegensatz zu Bienen sind Hummeln temperaturunempfindlich. Sie können daher auch an kühlen und regnerischen Tagen fliegen, um Nektar und Pollen zu sammeln, und sind daher im Obst- und Gemüsegarten ebenfalls unentbehrlich. Um jederzeit eine angemessene Versorgung mit Nektar sicherzustellen, müssen Sie eine Auswahl von Blütenbildnern in jeweils hinreichender Anzahl pflanzen. Bei Einjährigen und Stauden sollten es mindestens drei Exemplare sein. Junge Hummeln müssen für jede Pflanzenart eine besondere Technik lernen, wie sie die Blüte am besten ausbeuten können. Dieser Aufwand lohnt sich für die Tiere nur, wenn sie eine ausreichende Anzahl der gleichen Blüten auf engem Raum vorfinden. Der Sammelflug wird erst bei einer sogenannten Massentracht effektiv, die nur dann gegeben ist, wenn eine lohnende Blüte häufig vorkommt. Dann fliegen Hummeln – besonders bei einer Sommertracht – sogar aus 2 km Entfernung an. Die Nektarproduktion einiger Pflanzen kann sich zudem verlangsamen oder gänzlich aufhören, wenn es zu heiß, zu kalt, zu feucht oder zu trocken ist.

Pflanzen auswählen

Gemeinsam haben die Hummeln mit den anderen Bienen, daß sie über die gesamte Vegetationsperiode ausreichend Nahrung finden müssen. Wenn Sie diese Nützlinge fördern möchten, lautet das oberste Gebot, in Ihrem Garten eine Vielfalt an Blumen und Blütensträuchern zu erhalten, die eine durchgehende Ernährung der Bienen und Hummeln sichern. Wenn Sie Pflanzen für einen Bienen- und Hummelgarten aussuchen, sollten Sie solche mit überlappenden Blütezeiten wählen. Sie können Einjährige, Stauden, blühende Sträucher, Rankpflanzen und einige Gemüsearten und Kräuter kombinieren. Pflanzen Sie Arten, die in Ihrer Region heimisch sind, insbesondere Wildblumen. Sie sind viel bessere Nektarproduzenten als nicht einheimische und kultivierte Pflanzen. Gefülltblühende Sorten bieten keine oder nur wenig Nahrung.

Die meisten Gärten weisen eine Kombination aus krautigen Stauden und Einjährigen auf. Obwohl Stauden jedes Jahr wiederkommen, blühen sie jeweils nur drei oder vier Wochen je Saison, wohingegen viele Einjährige den ganzen Sommer lang Blüten ausbilden. Im Frühjahr ist der Tisch dank Löwenzahn und blühenden Obstbäumen wie Apfel, Birne und Pflaume reich gedeckt. Aber im Sommer gibt es häufig Versorgungsprobleme, vor allem, weil die vielen Klee-, Taubnessel- und Hahnenfußarten, die bei Hummeln und Bienen sehr beliebt sind, in den häufig gemähten Zierrasen nicht überleben können oder nicht geduldet werden.

Achten Sie deshalb besonders darauf, über den Sommer und bis in den Herbst hinein genügend Nahrung anzubieten, damit die Tiere nicht verhungern. Eine Wildblumenwiese, wie auf Seite 238 vorgestellt, kann hier schon einiges bewirken. Spät- oder Dauerblüher wie Löwenmäulchen, Thymian, Nachtkerzen, Sommerflieder, Kugeldistel, Blauer Eisenhut und späte Sonnenblumen, die über den Sommer und teilweise noch bis in den Oktober hinein Nektar und Pollen anbieten, sind daher besonders wichtig.

Pflanzen gruppieren

Sobald Sie Pflanzen, die Hummeln und Bienen anlocken und für Ihre Region, Klimazone und Bodenbedingungen geeignet sind, ausgewählt haben, können Sie den ersten Spatenstich machen. Gruppieren Sie die Pflanzen in Ihrem Garten so, daß die Blüten für Hummeln und Bienen einfach zugänglich sind. Bienen und Hummeln können Farben ähnlich wie Menschen sehen – allerdings bis in den UV-Bereich – und Blüten an ihrer Farbe und Form erkennen. Sie sehen Blumen genau wie wir besser, wenn sie gestaffelt sind – die höchsten hinten und die kleineren im vorderen Bereich.

Die Staffelung ermöglicht ihnen außerdem einen besseren Zugang zu allen Blüten. Übersehen Sie die Terrassen und Veranden oder auch die Balkone von Wohnungen nicht. Auch sie können in den Hummel- und Bienengartens integriert werden. Hummeln und Bienen sind furchtlose Lebewesen, die Pflanzen in Gefäßen, Balkonkästen und Hängeampeln genauso häufig besuchen wie die auf dem Boden wachsenden.

Wie Hummeln und Wildbienen leben

In Deutschland leben 36 Hummel- und 560 Wildbienenarten. Alle Hummelarten bilden genau wie die Honigbienen Staaten mit einer Königin und bis zu 300 Arbeiterinnen. Unter den Wildbienen gibt es staatenbildende, aber auch solche, die ihr Leben individuell verbringen, sogenannte Solitärbienen.

Allen ist gemein, daß sie eine Art Nest bauen – an das natürlich je nach den verschiedenen Lebensweisen völlig unterschiedliche Ansprüche gestellt werden – und dort ihren Nachwuchs einzeln oder im Verband mit Honig versorgen. Die Wildbienen inklusive der Hummeln nisten im Erdboden, wobei sie vegetationsarme, nicht zu feuchte und sonnige Flächen bevorzugen. Je nach Art graben Wildbienen ihr Nest selbst in den Boden oder auch in morsches Holz, oder sie nutzen Hohlräume wie Erd- und Felsspalten, hohle Stengel oder sogar leere Gallen und Schneckenhäuser. Hummeln besetzen auch ausgediente Mäuselöcher oder nisten in Schuppen oder Dachböden. Da sie jedoch im allgemeinen ungefährlich sind, sollte man sie, wann immer möglich, auch im Gebäude nisten lassen.

Wenn Sie Wildbienen und Hummeln gerne dauerhaft in Ihrem Garten halten möchten, sollten Sie versuchen, den Nektarsammlern Stellen anzubieten, die sich für den Nestbau eignen. Pflanzen Sie beispielsweise nicht alles zu, sondern lassen Sie hier und da – besonders an trockeneren Stellen – Lücken in der Vegetationsdecke. Steinhaufen oder Trockenmauern, wie sie in Steingärten vorkommen, bieten auch einigen Wildbienenarten Nistplätze, ebenso wie ein oder zwei morsche Äste, die sie am Baum lassen oder nach dem Absägen irgendwo im Garten auslegen.

– Anita Heidenfelder

Wildblumen für Wildbienen

Es ist wahrscheinlich, daß sich auf Ihrem Grundstück oder in der Nähe bereits wildbienenanlockende Wildblumen angesiedelt haben. Sie können helfen, daß sie gedeihen, indem Sie Ihre Bäume ausdünnen und zurückschneiden, um mehr Licht durchzulassen, und die Wildblumen in Trockenphasen gegebenenfalls gießen. Sehen Sie sich das Beispiel eines Gartenplans auf Seite 241 an. Hier sind einige klassische Wildbienenlieblinge:

Echtes Johanniskraut
Ehrenpreis
Gemeine Flockenblume
Hahnenfuß
Kleearten
Königskerze
Kornblume
Natternkopf
Odermennig
Sumpfdotterblume
Taubnesselarten
Wegwarte
Wilde Möhre

Das Insektenhotel

Vielen Solitärbienen – also solchen, die einzeln leben – kann man „Wohnraum" in einem sogenannten Insektenhotel zur Verfügung stellen. Darunter versteht man einen Kasten, der eine nahezu beliebige Größe haben kann, in dem verschiedenste Materialien so angeboten werden, daß sie von möglichst vielen Insektenarten – also neben Wildbienen auch anderen Nützlingen im Garten – als Nistplatz angenommen werden. Wichtig ist der Standort: Am besten geeignet sind vor Wind und Regen geschützte sonnige bis halbschattige Ecken. Große Insektenhotels haben oft eigene Dächer als Regenschutz. Kleine werden am besten unter einem Vordach aufgehängt oder aufgestellt.

Sie können Ihr Insektenhotel bei einem Gartencenter oder im Versandhandel kaufen oder mit einfachsten Mitteln selbst bauen. Als Behälter für die Nisthilfen bieten sich – unbehandelte – Holzkästen jeder Art an, die möglichst mit einem kleinen Vordach versehen sein sollten. Konservendosen oder Tonröhren können mit verschiedenen Materialien gefüllt und gestapelt werden.

Als Nisthilfen bieten sich an:

- hohle Röhren aus alten Schilfmatten (Sichtschutz), Stroh sowie Bambus
- markhaltige Röhren aus Himbeer- oder Brombeerranken oder Stengeln von Sommerflieder, Königskerze oder Distelarten
- handelsübliche Lochziegel mit waagerecht angeordneten Löchern
- Nistblöcke oder Baumscheiben aus Eiche oder einem anderen Hartholz mit selbstgebohrten waagerechten Löchern (5 bis 10 mm Durchmesser) und schrägem Dach
- Niststeine oder Nistziegel aus Holzbeton mit selbstgebohrten waagerechten Löchern von 5 bis 10 mm Durchmesser.

Um Ihr Insektenhotel vor dem Zugriff von Vögeln zu schützen, bietet es sich an, in einem gewissen Abstand zu den Einfluglöchern Kaninchendraht anzubringen, so daß die Schnäbel der Vögel nicht an die Nisthöhlen heranreichen, die Insekten aber bequem hindurchfliegen können.

– Anita Heidenfelder

Ein Insektenhotel kann verschiedene Wildbienenarten beherbergen, je nachdem, wie viele unterschiedliche Strukturen Sie anbieten. Beim Aufbau sind der Fantasie keine Grenzen gesetzt.

SCHMETTERLINGSGÄRTEN

Schmetterlinge sind Sonnenanbeter. Pflanzen Sie Schmetterlingsgärten deshalb an einen sonnigen Standort. Wenn Sie einen Blumenkasten für Schmetterlinge bepflanzen, sollten Sie ihn an der Südseite des Hauses anbringen. Obwohl Schmetterlinge bei sengender Sonne etwas Schatten brauchen, verbringen sie den größten Teil ihrer Zeit im Sonnenschein, weil sie ihre Körpertemperatur zum Fliegen auf 30 bis 40 °C anheben müssen.

Schmetterlinge selbst heranziehen

In der Natur überleben nur wenige Raupen so lange, bis sie Schmetterlinge werden. Wenn Sie eine Raupe finden, können Sie versuchen, sie selbst aufzuziehen.

1. Bringen Sie die Raupe in ein Glasgefäß oder ein altes Aquarium. Bedecken Sie das Gefäß mit Folie, die Sie mit einem Gummiband befestigen.
3. Versorgen Sie die Raupe reichlich mit Blättern ihrer Wirtspflanze (normalerweise die Pflanze, an der Sie sie gefunden haben) und stellen Sie einen trockenen Zweig auf, an dem sie zum Verpuppen hinaufklettern kann. Entfernen Sie täglich den Kot aus dem Gefäß.
3. Wenn der Schmetterling aus seiner Puppe geschlüpft ist, müssen Sie die Folie entfernen und das Gefäß nach draußen stellen. Der Schmetterling braucht einige Zeit, um seine Flügel zu trocknen und seine Körpertemperatur zu erhöhen, aber bald wird er sich in die Luft erheben.

Anlegen eines Schmetterlingsgartens

Sie brauchen keine große Fläche für einen Schmetterlingsgarten, in dem es von geflügelten Farben wimmelt: Sie können ihn in einem Blumenkasten oder einer Hängeampel auf der Terrasse oder dem Balkon anlegen oder in einem Beet auf Ihrem Grundstück.

Die meisten Schmetterlingsblumen sind einfach zu ziehen und brauchen wenig Pflege. Kultivieren Sie Wirtspflanzen und Nektarblumen zusammen, um möglichst viele Schmetterlinge anzulocken.

Wirtspflanzen: Die Pflanzen, auf denen die Schmetterlinge ihre Eier ablegen, werden Wirtspflanzen genannt. Wenn die Raupen aus den Eiern schlüpfen, bieten die Pflanzen ihnen Nahrung und Schutz, damit sie überleben können. Manche Raupen fressen nur an einer bestimmten Pflanzenart, während andere an vielen verschiedenen Pflanzen der gleichen Familie fressen können.

Beispielsweise sind Brennesseln die Wirtspflanze vieler Arten wie Tagpfauenauge, Landkärtchen und Admiral. Fragen Sie bei geeigneten Stellen (z. B. der Unteren Naturschutzbehörde oder regionalen Naturschutzgruppen) nach den bevorzugten Wirtspflanzen der Schmetterlinge in Ihrer Region.

Nektarpflanzen: Die Pflanzen, an denen die ausgewachsenen Schmetterlinge fressen, heißen Nektarpflanzen. Die gegenüberstehende Liste verzeichnet Einjährige und Stauden, die beliebte Nektarpflanzen sind.

Farbe: Schmetterlinge bevorzugen häufig Violett, Rosa, Gelb und Weiß. Behalten Sie daher diese Farben im Blick, wenn Sie Ihren Garten bepflanzen. Weil Farben beim Anlocken von Schmetterlingen eine so entscheidende Rolle spielen, sollten Sie besser Gruppen oder Anhäufungen von Pflanzen einer bestimmten Farbe pflanzen als einzelne Pflanzen mit verschiedenen Farben. Eine Gruppe Purpur-Sonnenhut und eine Anhäufung von weißem Phlox ziehen mehr Schmetterlinge an als einzelne Pflanzen von jeder Farbe.

Kräuter: Ziehen Sie Ihre Lieblingskräuter im Schmetterlingsgarten und schneiden Sie sie reihum, so daß immer mindestens ein Kraut in Blüte steht. Pflanzen Sie zusätzlich Dill, Petersilie und Fenchel als Wirtspflanzen für den Schwalbenschwanz.

Ein Schmetterlingsgarten im Sommer mit (im Uhrzeigersinn von links oben) Purpur-Sonnenhut, Lupine, Mädchenauge, Türkenmohn und Knolliger Seidenpflanze.

Schmetterlingsblumen

Pflanze	Überwinterung	Höhe (cm)	Blütezeit	Blütenfarbe
Aster	winterharte Staude, manche Arten einjährig	15–180	Frühling bis Spätherbst	weiß, lila, violett, blau, rosa
Ausdauerndes Silberblatt	winterharte Staude	30–90	Sommer	violett, weiß
Bartnelke	einjährig	15–60	Spätfrühling bis Sommer	rot, weiß, violett, rosa
Bunte Kronwicke	winterharte Staude	20–40	Frühsommer bis Herbst	weiß, rosa
Feinstrahlaster	bedingt winterharte Staude	10–90	Sommer bis Frühherbst	rosa, violett, weiß, gelb, orange
Fleißiges Lieschen	einjährig	30–60	Spätfrühling bis zum Frost	rosa, lila, orange, weiß
Flockenblume	winterharte Staude	40–150	Sommer	blau, rosa, weiß, gelb
Goldrute	winterharte Staude	15–240	Sommer bis Frühherbst	gelb
Großblütiger Ziest	winterharte Staude	40–60	Sommer bis Frühherbst	lila
Indianernessel	winterhart	60–120	Sommer	normalerweise rot
Kartäuser-Nelke	winterharte Staude	20–50	Frühsommer bis Frühherbst	rosa
Kugeldistel	winterharte Staude	30–90	Sommer bis Herbst	blau
Lavendel	winterharte Staude	30–60	Sommer	lila
Mädchenauge	winterharte Staude	20–70	Sommer bis Frühherbst	gelb, orange
Mexikanische Sonnenblume	einjährig	60–180	Hochsommer bis zum Frost	orange
Phlox	winterharte Staude	15–120	Frühling bis Frühherbst	rot, rosa, violett, weiß, blau
Prachtscharte	winterharte Staude	60–180	Sommer bis Frühherbst	violett
Purpur-Fetthenne	winterharte Staude	30–50	Sommer	rosa
Schmuckkörbchen	einjährig	30–120	Spätfrühling bis Frühherbst	rosa, rot orange, gelb, weiß
Schwarzäugige Susanne	Staude, wird einjährig kultiviert	60–90	Sommer	gelb, orange
Seidenpflanze	winterharte Staude	30–180	Sommer	orange, andere
Skabiose	winterharte Staude	15–60	Sommer bis Frühherbst	violett, rosa, weiß, hellblau
Sommerflieder	winterharter Strauch	150–200	Hochsommer bis Herbst	rosa, violett
Sonnenhut	winterharte Staude	60–120	Frühsommer bis Herbst	weiß, rot rosa, hellviolett
Spornblume	winterharte Staude	bis zu 90	Frühsommer und Herbst	rot
Tagetes	einjährig	15–45	Sommer bis zum Frost	gelb, orange
Vanilleblume	Staude, wird einjährig kultiviert	30–90	Frühsommer bis Frühherbst	violett
Verbene	Staude, wird einjährig kultiviert	10–60	Spätfrühling bis zum Frost	rosa, weiß, violett, rot
Wasserdost	winterharte Staude	60–300	Hochsommer bis Frühherbst	weiß, rosa, lila
Wilde Malve	ein- bis zweijährig	30–120	Sommer	hellrosa, violett, blau
Zinnie	einjährig	20–80	Sommer bis zum Frost	hellrosa, weiß, rot, orange

16 RASENPFLEGE

EINEN NEUEN RASEN ANLEGEN • UNKRAUTPROBLEME BEWÄLTIGEN • RASENVERJÜNGUNG • RASENALTERNATIVEN

Ich wuchs in der Nähe von New York City auf einem 670-m²-Grundstück auf. Jeder Rasen war „manikürt", und als die chemische Rasenbehandlung aufkam, entwickelte sich auch ein aufnahmebereiter Markt unter dem Motto „Alles grün und kein Unkraut". Nach und nach fanden wir den Wert eines natürlichen und ungebändigten Rasens heraus. Freilich ist es ein Vergnügen, barfuß durch den Garten zu rennen, aber einen Rasen in eine Weide übergehen zu lassen, eine Wildblumenwiese zu erschaffen und Beete mit Bodendeckern und pflegeleichten Stauden einzubeziehen schafft eine interessantere Umwelt.

– John Storey

Stuart Franklin glaubt, daß man einen Rasen haben kann, der gleichzeitig wunderschön und gesund ist, wenn man nur versteht, wie Gras wächst und was es braucht, um zu gedeihen. Stuarts Buch heißt treffend Building a Healthy Lawn. *Er lebt im westlichen Teil des Staates New York.*

Wer sagt, daß es langweilig sei, das Wachsen von Gras zu beobachten? Jeder, der einen Rasen hat, kann eine Menge Zeit, Mühe und Geld sparen, wenn er weiß, wie Gras sich entwickelt und welche Art von Gras wächst.

Diese Ersparnis kann erreicht werden, wenn man die Bewässerungs-, Dünge- und Schnittbedürfnisse der verschiedenen Gräser ebenso versteht wie die Krankheiten, die sie bedrängen. Zu erkennen, wie Gras wächst, kann Ihnen helfen, mit der Natur zu arbeiten statt gegen sie.

Gräser überleben, weil sie sich von vielen anderen Pflanzen unterscheiden. Wenn diese bis fast auf den Boden gemäht oder abgegrast werden, sterben sie ab. Aber Gräser wachsen nicht wie die meisten Pflanzen an ihren oberen Enden. Das ist der ganze Unterschied. Gras wächst aus dem Stengelgrund, der knapp über der Bodenoberfläche liegt, aber tief genug, um Rasenmähern oder Weidetieren zu entgehen. Aufrecht aus der Mitte des Stengelgrunds wächst die Blattscheide, die um den Stengel gewickelt ist. Wenn der Stengel wächst, werden die Laubblätter ausgewickelt, wachsen von der Hülle weg und bilden das Blattwerk, an das die meisten von uns bei Gras denken.

Weil das Wachstum vom Stengelgrund ausgeht und nicht von der Spitze, können wir Gras mähen, ohne es abzutöten, solange wir es nicht zu kurz schneiden. Den Rasen zu kurz zu schneiden kann dazu führen, daß er flach wurzelt und anfällig für Trockenheit wird. Denn je mehr Gras man über der Oberfläche wachsen läßt, desto größer ist die Wurzelmasse, die sich unterirdisch entwickelt.

LEXIKON

Herbizid: Substanz zum Abtöten von Unkräutern und Ungräsern
Nachsaat: das Beheben kleiner kahler oder ausgedünnter Stellen im Rasen durch partielles Aussäen von Grassamen
Photosynthese: der Prozeß, durch den die Pflanze Kohlenhydrate (Nahrung) und Sauerstoff aus Sonnenlicht, Kohlendioxid und Wasser bildet; findet normalerweise in den Blättern statt
Rasenfilz: eine verfilzte Schicht aus abgestorbenen Grashalmen, Wurzeln und Rasenschnitt, der auf der Bodenoberfläche liegt; erstickt das Gras
Rollrasen: Grasnarbe, die auf landwirtschaftlichen Flächen angesät und als dichter Grasteppich in Bahnen vom Boden abgespalten wird; diese werden im Garten als Fertigrasen ausgelegt
Stengelgrund: Hauptvegetationszentrum für den oberirdischen Teil der Graspflanze; liegt knapp über der Bodenoberfläche
Wurzelzone: die oberen 15 cm des Bodens unter dem Vegetationszentrum des Rasens

Die Grundlage für einen neuen Rasen schaffen

Die besten Zeiten, um einen neuen Rasen einzusäen, sind der Frühling und der Herbst. Schieben Sie es im Herbst nicht hinaus, bis es zu spät ist, denn Rasen braucht eine Woche und länger zum Keimen und mindestens sechs Wochen, um sich zu etablieren. Eine sorgfältige Bodenvorbereitung ist für das Gedeihen eines schönen Rasens unumgänglich. Je mehr Sorgfalt Sie in die Vorbereitung stecken, desto weniger Pflegeaufwand haben sie auf lange Sicht. Hier sind die wesentlichen Schritte:

- Lockern Sie den Boden mit einer Motorhacke. Stellen Sie die Klingen so ein, daß sie 15 cm tief schneiden, und arbeiten Sie kreuzweise.
- Erwägen Sie das Aufbringen neuen Mutterbodens, entweder um das Oberflächenniveau anzuheben oder um die Bodenqualität zu verbessern.
- Testen Sie den pH-Wert des Bodens mit einem Bodenuntersuchungsset. Boden mit einem Wert unter pH 7,0 ist sauer; wenn der pH-Wert unter 5,0 ist, trägt der Boden keinen Rasen. Sie können die Azidität durch das Einbringen von Kalk herabsetzen. Eine Faustregel gibt an, 2,5 bis 3,5 kg Kalk auf 10 m² Rasen zu streuen; befolgen Sie aber lieber die Hinweise auf der Verpackung.
- Entfernen Sie alle Wurzeln, Steine und anderen Überbleibsel und rechen Sie gründlich nach, um wirklich alle Fremdkörper zu entfernen.
- Sorgen Sie auf der ganzen Fläche für eine ausgeglichene Korngrößenverteilung. Am einfachsten geht das mit einem alten, an einem Seil befestigten Reifen. Lassen Sie den Reifen flach auf der Seite liegen und ziehen Sie ihn mehrmals über das Saatbeet, um es einzuebnen.
- Gießen Sie die Fläche gründlich und berieseln Sie sie einmal täglich über mindestens eine Woche. Durch das Wasser setzt sich die frischgepflügte Erde ab, und die Unkrautsamen werden zum Keimen angeregt.
- Wiederholen Sie drei Wochen nach dem ersten Hacken die Arbeitsschritte Hacken, Rechen und Einebnen. Das lockert nicht nur den Boden ein weiteres Mal, sondern tötet auch die jungen Unkrautkeimlinge ab. Verwenden Sie kein Herbizid für die Unkräuter, weil es die Keimung der Grassamen für ein Jahr oder mehr beeinträchtigen kann.
- Wenn Ihr Boden besonders hart oder tonig ist und eine geringe Wasserdurchlässigkeit aufweist, können Sie ihn mit Mist, Kompost, grobem Sand oder gut verrottetem Sägemehl verbessern. Oder Sie geben neuen Mutterboden zu und mulchen 5 cm hoch über die ganze Fläche.

– aus *The Big Book of Gardening Skills*

Tips zum Rasensäen

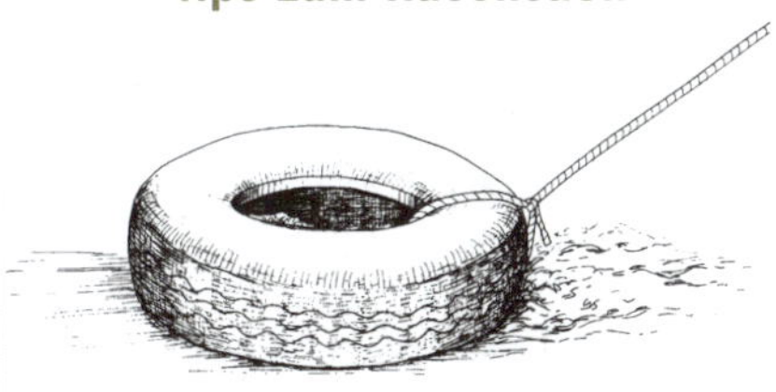

Ebnen Sie die Rasenfläche vor dem Säen ein, indem Sie einen alten Reifen darüberziehen.

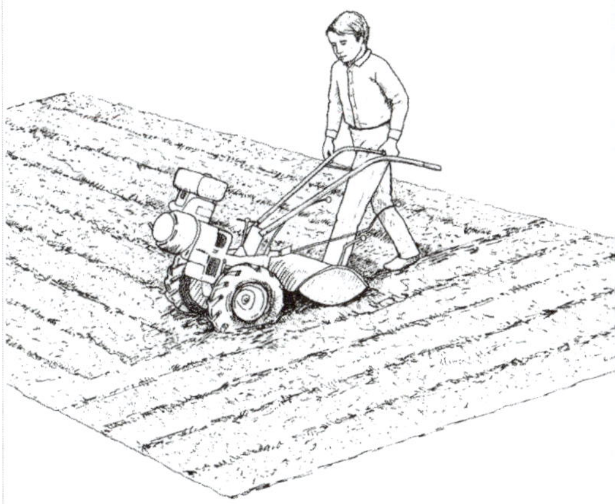

Hacken Sie die Fläche zweimal: zuerst in einer Richtung, dann nochmals im rechten Winkel zum ersten Arbeitsgang.

Gräser im Überblick

Ausläufer-Rotschwingel
Eignung: läßt sich in Saatmischungen gut mit Wiesenrispengras verschneiden
Erscheinungsbild: feine Blätter, dunkelgrüne Farbe
Stärken: wächst gut in Sonne oder Schatten und in einer Vielzahl von Böden
Schwächen: anfällig für Krankheiten in heißen, feuchten Gebieten; Laubblätter zerreißen leicht beim Mähen

Deutsches Weidelgras (Rasentypus)
Eignung: Spielwiesen, Flächen mit hoher Beanspruchung
Erscheinungsbild: neuere Sorten sind dunkelgrüner als viele andere Gräser
Stärken: entwickelt sich rasch; neuere Sorten sind resistent gegen Insekten und Krankheiten
Schwächen: Auswinterung in kalten Regionen

Einjähriges Weidelgras
Eignung: ein Ammengras für Dauersorten; ein ausgezeichneter Bodendecker für den Gemüsegärten
Erscheinungsbild: abhängig von der Sorte feine bis grobe Struktur; wird während der Vegetationsperiode horstig
Stärken: dunkelgrüne Farbe; viele Sorten sind hitzetolerant
Schwächen: grobblättrige Sorten reißen beim Mähen

Horst-Rotschwingel
Eignung: schattige Flächen und Mischungen
Erscheinungsbild: fein, dünn, aufrechte Blätter
Stärken: verträgt tiefes Mähen und Belastung; benötigt wenig Dünger oder Wasser, wenn er etabliert ist
Schwächen: anfällig für Krankheiten in Gebieten mit warmen, feuchten Sommern; gießen Sie am frühen Morgen, um Krankheitsproblemen vorzubeugen

Lägerrispe
Eignung: schattige Flächen mit starker Beanspruchung
Erscheinungsbild: sehr fein und sattgrün
Stärken: sehr trittverträglich, eignet sich auch für Wege; sehr gut schattenverträglich; ausdauernd; nach der Etablierung konkurrenzstark gegenüber anderen Gräsern
Schwächen: empfindlich gegen Trockenheit; sehr langsame Jugendentwicklung, Ansaat am besten zusammen mit einem Ammengras

Langblättriger Schafschwingel
Eignung: pflegeleichte Flächen
Erscheinungsbild: ein Horstgras mit mittelgrüner Farbe
Stärken: erträgt Schatten, Hitze, Trockenheit und viele Krankheiten besser als andere feinblättrige Schwingel; hat außerdem einen geringen Düngebedarf und ist günstig auf mageren Böden
Schwächen: entwickelt sich langsam

Rohrschwingel
Eignung: Spielrasen, Flächen mit hoher Beanspruchung
Erscheinungsbild: mittlere bis grobe Struktur; ganzjährig grün
Stärken: gute Schatten- und mittelmäßige Trockenheitstoleranz
Schwächen: kann höher wachsen als die Sorten, die damit gemischt werden

Rotes Straußgras
Eignung: guter Mischungspartner für Zier- und Gebrauchsrasen
Erscheinungsbild: sehr feinblättrig, etwas hell
Stärken: unempfindlich gegen Witterungseinflüsse; ausdauernd und strapazierfähig; verträgt tiefes Mähen; konkurrenzstark gegen Unkräuter
Schwächen: anfällig für Rasenkrankheiten

Weißes Straußgras
Eignung: Tiefschnittrasen (Golfrasen); guter Mischungspartner für Spielrasen
Erscheinungsbild: fein, eher hellgrün
Stärken: sehr dichte einheitliche Grasnarbe; ausdauernd und strapazierfähig; verträgt tiefes Mähen gut
Schwächen: langsame Jugendentwicklung; empfindlich gegen Hitze und Trockenheit; anfällig für Schneeschimmel

Wiesenrispengras
Eignung: sonnige Flächen
Erscheinungsbild: dunkelgrün, fein strukturiert, ansprechend
Stärken: breitet sich gut aus; bildet dichte Soden; neue Sorten vertragen Trockenheit und tiefes Mähen und sind krankheitsresistent
Schwächen: nicht für Schatten geeignet; kann bei Hitze leiden und in eine Ruhephase übergehen oder unter extremen Bedingungen absterben; ältere Sorten sind pflegebedürftig

– verändert aus *Down-to-Earth Natural Lawn Care* von Dick Raymond und *Building a Healthy Lawn* von Stuart Franklin

Saatgut auswählen

Zwei grundsätzliche Aspekte sind bei der Auswahl Ihrer Saatgutmischung zu berücksichtigen:

Standortverhältnisse: Hier spielen insbesondere Trockenheit im Sommer und Beschattung durch Bäume, Sträucher oder Gebäude eine Rolle. Während bei trockentoleranten Mischungen Rot- und Schafschwingelarten dominieren, zeichnen sich Schattenmischungen durch hohe Anteile an Wiesen- und Lägerrispe sowie Deutschem Weidelgras aus.

In kälteren Regionen spielt, insbesondere bei eher geringer Schneebedeckung, die Winterhärte eine Rolle. Manche Gräserarten neigen bei trockener Kälte zur Auswinterung, also zum Absterben der Pflanzen bei starken Kahlfrösten.

Spätere Nutzungsart: Insbesondere müssen Sie überlegen, ob Sie Ihren wohlgepflegten Rasen kaum betreten wollen oder ob er sogar die täglichen Trainingseinheiten Ihrer fußballbegeisterten Kinder vertragen muß. Im ersten Fall sind Sie mit einem sehr feinen und gut tiefschnittverträglichen „englischen" Rasen gut bedient, auch wenn dieser möglicherweise etwas mehr Aufwand erfordert. Bei häufiger Nutzung sollten Sie sich in jedem Fall für einen Sport- und Spielrasen entscheiden, der die vielen Fußtritte und Schlimmeres nicht so übelnimmt.

Mischungen für Landschaftsrasen sind ebenfalls für eine geringe Nutzung ausgelegt, benötigen aber nur maximal drei Schnitte im Jahr und erfordern somit einen deutlich geringeren Pflegeaufwand. Außerdem entfällt bei dieser Variante die Düngung, und sie wirkt natürlicher. Spezielle Landschaftsrasenmischungen gibt es für trockene, feuchte und halbschattige Standorte – mit und ohne Wildblumen.

Die verfügbaren Mischungen werden fast immer von gewerblichen Großhändlern gemischt, die geeignete Sorten auswählen, um ein ausdauerndes Wachstum sicherzustellen. Versuchen Sie nicht, Ihre eigene Mischung herzustellen; überlassen Sie es den Fachleuten. Kaufen Sie stets etwas mehr Samen, als nötig scheint. Es ist immer besser, teurere Grassamen zu kaufen, weil diese meist vollständig frei von Unkrautsamen und Saat von unerwünschten Gräsern sind.

– Anita Heidenfelder

Grassamen aussäen

Streuen Sie Rasensamen gleichmäßig über die gesamte Fläche, die eingesät werden soll. Einen Hausrasen von der üblichen Größe können Sie von Hand aussäen. Laufen Sie in gleichmäßigen Schritten über die Fläche und streuen Sie die Grassamen in möglichst ebenmäßigen Bögen mit einem Winkel von etwa 120° aus, um eine einheitlich dichte Aussaat zu gewährleisten. Verwenden Sie nicht zu viel Grassamen; üblich sind 25 g/m².

Laufen Sie nach dem Aussäen mit einem Gartenrechen rückwärts über die Fläche. Rechen Sie den Samen Reihe für Reihe behutsam und leicht ein und verteilen Sie ihn gleichmäßig, während sie gehen. Achten Sie darauf, daß sich die gerechten Flächen nicht überschneiden, und rechen Sie nur einmal. Das Rechen gibt den Samen einen besseren Bodenkontakt, so daß die Keimung gleichmäßiger verläuft.

– verändert aus *The Big Book of Gardening Skills*

Häufige Fehler beim Rasensäen

Hier sind die häufigsten Fehler, die beim Anlegen eines neuen Rasens gemacht werden und die Sie vermeiden sollten.

- zu wenig Samen auftragen
- alten Samen verwenden
- den für das Klima und die Bedingungen falschen Samen verwenden
- minderwertigen Schnäppchensamen verwenden
- den Boden mangelhaft vorbereiten

– aus *Building a Healthy Lawn* von Stuart Franklin

Ausrollen oder säen: Vor- und Nachteile

Vorteile

Rollrasen

- bringt sofort eine grüne Abdeckung
- etabliert sich rasch
- kann während der Vegetationsperiode jederzeit verlegt werden
- kann an Hängen verlegt werden und wird nicht abgeschwemmt
- unterdrückt viele potentielle Unkräuter in der Nähe der Bodenoberfläche

Saatgut

- ist in fast unbegrenzter Vielfalt für alle Bedürfnisse verfügbar
- ist kostengünstiger als Rollrasen
- kann schnell auf große Flächen gesät werden
- wächst nach der Aussaat normalerweise von selbst, ohne weitere Hilfe

Nachteile

Rollrasen

- bedeutet höhere Kosten
- bietet eine sehr begrenzte Auswahl von Gräsern
- ist möglicherweise so verfilzt, daß er aufgelockert werden muß
- könnte Insekten, Krankheiten oder Unkräuter eintragen

Saatgut

- erfordert mehr Zeit und Wasser
- ist der Unkrautkonkurrenz ausgesetzt
- ist schwierig an Hängen auszusäen
- kann zwischen Spätfrühling und Hochsommer nicht angelegt werden
- braucht normalerweise eine Nachsaat in Bereichen, wo die Saat nicht gut aufgegangen ist

EINEN NEUEN RASEN ANLEGEN

Rollrasen verlegen

Der schnellste Weg, aus einem Stück nackten Boden einen üppigen Rasen zu machen, ist das Verlegen von Rollrasen. Diese vorgezogenen Rasenbahnen sind einfach zu verlegen. Sie sehen sofort gut aus und schützen den Boden vor dem Abschwemmen. Der Herbst ist eine besonders günstige Zeit zum Verlegen von Rollrasen, da das Gras etwa einen Monat hat, um sich zu etablieren, bevor die Winterkälte das Wachstum stoppt.
Rollrasen wird in Streifen von 2,0 bis 2,5 m Länge und 40 bis 50 cm Breite verkauft. Weil die Streifen rasch austrocknen, müssen sie möglichst bald nach der Abholung oder Lieferung verlegt werden. Bei heißem Wetter müssen Sie den Rasen innerhalb eines Tages aufbringen, bei kühlem Wetter innerhalb von zwei bis drei Tagen. Halten Sie den gelagerten Rollrasen feucht, aber nicht durchnäßt.
Die Streifen trocknen während der Arbeit weniger leicht aus, wenn sie an einem kühlen, wolkigen Tag verlegt werden. Sie sollten vorher unbedingt den Feuchtezustand des Standorts prüfen. Der Boden sollte gerade feucht genug sein, um in Ihrer Hand bei leichtem Druck zu krümeln. Wenn er zu naß ist, warten Sie, bis er etwas getrocknet ist; wenn er zu trocken ist, müssen Sie ihn gründlich sprengen und können erst am nächsten Tag mit der Arbeit beginnen.

1. **Den Untergrund vorbereiten:** Erwarten Sie nicht, daß Rollrasen, der einfach auf den Untergrund gelegt wird, wächst. Zuerst müssen Sie die Fläche vorbereiten. Wenn der Boden dicht mit Unkraut oder altem Rasen bedeckt ist, müssen Sie den Bewuchs mit einer Schaufel oder einer Rasenschälmaschine abtragen, um das Hacken zu erleichtern.
   Streuen Sie vor dem Hacken wenn nötig beliebig Kalk oder Schwefel, um den Boden-pH-Wert einzustellen. Geben Sie anschließend eine 8 cm dicke Schicht organisches Material wie verrotteten Mist, Kompost, angefeuchtetes Torfmoos oder verbrauchtes Champignonsubstrat darüber.
   Hacken Sie die Fläche zuerst der Länge nach, dann quer, um den Boden bis zu einer Tiefe von 15 cm aufzulockern. Übertreiben Sie nicht! Ihr Ziel ist es, den Boden in erbsengroße Partikel umzusetzen, nicht in Staub.
   Streuen Sie als nächstes etwa 1,2 kg phosphorreichen Dünger auf 10 m² Boden, um das Wurzelwachstum anzuregen. Hacken Sie anschließend noch einmal, um den Dünger in die oberen 8 cm des Bodens einzuarbeiten.
   Rechen Sie zum Schluß die Oberfläche eben, sondern Sie dabei Steine und andere Fremdkörper aus und verfestigen Sie den Boden mit einer Rasenwalze.
2. **Die erste Reihe auslegen:** Legen Sie die erste Reihe Rollrasen exakt geradlinig aus. Nutzen Sie, wenn möglich, eine Zufahrt oder einen Weg als Führung, ansonsten eine straff zwischen zwei Pflöcke gespannte Schnur.
   Rollen Sie den Rasenstreifen auf und achten Sie darauf, daß er nicht reißt. Drücken Sie ihn in der gewünschten Lage fest an. Der Rollrasen schrumpft nach dem Verlegen etwas, so daß Sie ihn beim Verlegen nicht dehnen sollten – besonders dort, wo Ränder aufeinandertreffen. Lassen Sie ihn aber auch nicht aufwölben. Wenn Sie sich sorgen, daß die Streifen beim Arbeiten austrocknen, können Sie jeden einzelnen sofort nach dem Verlegen mit dem Gartenschlauch besprühen.
3. **Die folgenden Reihen verlegen:** Legen Sie ein Bohle auf die erste Reihe, um Ihr Gewicht während der Arbeit an der angrenzenden Reihe zu verteilen. Ziehen Sie die nächste Reihe dicht an die erste Reihe heran und berücksichtigen Sie den Schwund. Um zu vermeiden, daß die Stoßfugen an den Schmalseiten eine durchgehende Linie quer über den Rollrasen bilden, müssen Sie sie versetzen, indem Sie die Länge der Anfangsbahnen variieren.

1. Hacken Sie den Rasenbereich zuerst in die eine Richtung und dann nochmals im rechten Winkel dazu.

2. Rollen Sie die Rasenbahn aus und drücken Sie sie fest.

Fahren Sie mit den anderen Reihen auf die gleiche Weise fort. Wenn Sie den Rand des neuen Rasens erreichen, müssen Sie den Rollrasen mit einem scharfen Spaten oder einem gezahnten Messer, zum Beispiel einem Brotmesser, zurechtschneiden.

4. **Den letzten Schliff geben:** Wenn Sie den Boden mit Rollrasen bedeckt haben, gehen Sie mit einer leicht beschwerten Walze darüber, um Hohlräume zu beseitigen und einen guten Kontakt zwischen dem Rollrasen und dem darunterliegenden Boden sicherzustellen. Eine zu schwere Walze beschädigt die Grasnarbe und zerstört die Bodenstruktur. Walzen Sie zuerst im rechten Winkel zur Streifenrichtung, danach in Längsrichtung. Heben Sie nach dem Walzen die Grashalme vorsichtig mit einem Laubrechen an.

5. **Gießen:** Lassen Sie sich durch das „fertige" Aussehen des Rollrasens nicht täuschen. Die oberen 2,5 cm dürfen vor allem in der ersten Zeit nicht austrocknen, während seine Wurzeln in die darunterliegende Erde einwachsen.
Stellen Sie den Rasensprenger auf, sobald Sie mit dem Ausrollen und Rechen fertig sind, und wässern Sie bis zu einer Tiefe von 15 cm. Gießen Sie in den folgenden Wochen an jedem sonnigen, warmen Tag um die Mittagszeit leicht an, weil dann die größte Gefahr besteht, daß der sich entwickelnde Rasen Feuchtigkeit verliert. Achten Sie besonders auf den Rollrasen in der Nähe von befestigten Flächen; dort trocknet er am schnellsten aus und braucht möglicherweise eine stärkere punktuelle Bewässerung. Während die Rasenwurzeln in die Erde wachsen, können Sie allmählich zu einem normalen Gießrhythmus übergehen. Betreten Sie den Rollrasen in den Wochen, die er zum Anwachsen braucht, möglichst nicht.

3. Knien Sie sich auf eine Bohle, wenn Sie den nächsten Rasenstreifen ausrollen. Drücken Sie jeden neuen Streifen eng gegen den bereits ausgerollten.

4. Walzen Sie den Rollrasen und heben Sie die Grashalme mit einem Laubrechen an.

5. Gießen Sie gut und betreten Sie den Rollrasen nach dem Verlegen für ein paar Wochen nicht.

– aus *Year-Round Gardening Projects*, Text von Lee Reich; Zeichnungen von Elayne Sears

UNKRAUTPROBLEME BEWÄLTIGEN

19 häufige Unkräuter und Ungräser und ihre umweltfreundliche Regulierung

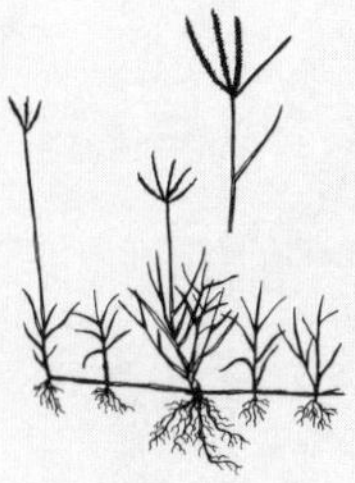

Bermudagras
Merkmale: Ungras, das bei der ersten Kälte braun wird
Bekämpfung: Ausstechen der Horste und Nachsaat

Gänseblümchen
Merkmale: mehrjährige Staude mit flachen Rosetten, die kaum abgemäht werden können
Bekämpfung: Rasen düngen und regelmäßig wässern, damit die Grasnarbe dichter wird; Rosetten ausstechen; im Frühjahr vertikutieren

Blutrote Fingerhirse und Fadenhirse
Merkmale: beide sind einjährige, langsamwachsende Ungräser; können keinen Schatten aushalten
Bekämpfung: Rasen höher mähen und nicht so häufig gießen; wenn möglich, von Hand herausziehen und mit einer wüchsigen, sich ausbreitenden Sorte nachsäen

Giersch
Merkmale: mehrjähriges Unkraut, das sich über unterirdische Ausläufer ausbreitet
Bekämpfung: bei Einzelpflanzen Standort 20 cm tief ausgraben und Erde sieben; keinesfalls von Hand herausreißen – oder wenn, über längere Zeit sehr konsequent; Neuanlage nach Einsatz eines geeigneten Totalherbizids

Breit- und Spitzwegerich
Merkmale: zweikeimblättriges Unkraut, das kahle Stellen besiedelt
Bekämpfung: von Hand herausziehen; Nachsaat, um den Rasen zu verdichten

Günsel
Merkmale: zweikeimblättrige, kriechende Staude mit rundlichen Blättern und lilafarbenen Blüten
Bekämpfung: Boden durch organische Substanz verbessern und lüften; weniger gießen; einzelne Pflanzen von Hand ausstechen

Ehrenpreis
Merkmale: blaublühendes, sich ausbreitendes Unkraut mit ein- und mehrjährigen Arten
Bekämpfung: durch Etablierung einer dichten Grasnarbe

Gundermann
Merkmale: mehrjähriges Unkraut mit Minzegeruch und violetten Blüten
Bekämpfung: von Hand herausziehen und Boden durch Zugaben von organischer Substanz verbessern; seltener gießen

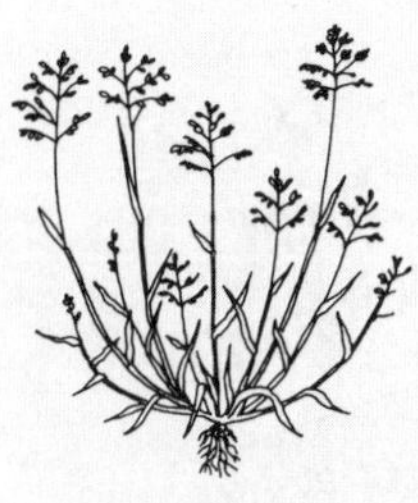

Einjähriges Rispengras
Merkmale: flachwurzelndes einjähriges Gras, das früh austreibt
Bekämpfung: höher mähen, um die Pflanzen zu verdrängen; Boden belüften und Gras von Hand herausziehen

Hahnenfuß
Merkmale: meist mehrjähriges Unkraut mit gelben Blüten und gefiederten Blättern
Bekämpfung: von Hand herausziehen; durch Düngung und regelmäßiges Gießen für eine dichte Grasnarbe sorgen

Fingerkraut
Merkmale: zweikeimblättrige Staude mit Blättern, die denen von Erdbeeren ähneln; Fingerkraut hat fünffingrige Blätter, Erdbeeren haben meist dreifingrige
Bekämpfung: organische Substanz im Boden ergänzen, um den Boden zu verbessern und die Grasnarbe zu verdichten

Löwenzahn
Merkmale: mehrjähriges Unkraut mit gelben Blüten, die in weiße Samenbäusche übergehen
Bekämpfung: dichter gesunder Rasen ist die beste Vorbeugung; einzelne Pflanzen von Hand ausstechen; häufiger mähen

Quecke
Merkmale: mehrjähriges Ungras, das sich über unterirdische Wurzelausläufer verbreitet
Bekämpfung: tief und regelmäßig mähen; keinesfalls von Hand herausreißen – oder wenn, über eine längere Zeit sehr konsequent; Neuanlage nach Einsatz eines geeigneten Totalherbizids

Taubnessel
Merkmale: einjähriges Unkraut, das auch während milder Winter auskeimen kann
Bekämpfung: von Hand herausziehen; mehrmaliges Walzen des Rasens, besonders nach milden Wintern; Umbruch und Neuansaat

Rohrschwingel
Merkmale: rauhes, mehrjähriges Gras, das als Ungras angesehen wird, wenn es im Rasen nicht gewünscht ist
Bekämpfung: den Rasen dicht halten; einzelne Pflanzen ausstechen

Vogelknöterich
Merkmale: einjähriges Unkraut, das eine dicke Matte bilden kann
Bekämpfung: Boden durch organische Substanz verbessern und lüften; Pflanzen von Hand herausziehen, wenn der Boden feucht ist

Sauerklee
Merkmale: mehrjähriges Unkraut, das Klee ähnelt
Bekämpfung: Boden durch die Zufuhr von organischer Substanz verbessern

Vogelmiere
Merkmale: zweikeimblättriges einjähriges Unkraut, das Schatten und kühles, feuchtes Wetter bevorzugt
Bekämpfung: Pflanzen von Hand herausziehen; häufig mähen; nachsäen mit wüchsigen, sich ausbreitenden Gräsern

Weißklee
Merkmale: mehrjähriges Unkraut mit weißen Blüten, die Bienen anlocken
Bekämpfung: mit wüchsigen, sich ausbreitenden Gräsern nachsäen und kürzer mähen

– verändert aus *Building a Healthy Lawn* von Stuart Franklin

IHREN RASEN VERJÜNGEN

Problemrasen aufbessern

Einen schlecht wachsenden Rasen aufzubessern ist nicht so schwierig, wie Sie vielleicht glauben. Die meisten Rasenprobleme kommen daher, daß ein paar einfache Dinge wie etwa das Belüften vergessen werden.

Belüften und den Boden verbessern

Im Frühjahr oder im Herbst sollten Sie, zum Beispiel im Gartencenter, einen Rasenlüfter mieten. Dieses Werkzeug entnimmt kleine Bohrkerne von etwa 1,2 cm Durchmesser und 5 bis 7 cm Länge aus dem Boden.

Geben Sie anschließend eine Oberflächendüngung aus Sand, Torf und etwas gutem Kompost oder verrottetem Mist darüber, um die Wurzeln zu fördern. Das füllt die Löcher aus, die beim Lüften entstanden sind, und verbessert die Bodenqualität.

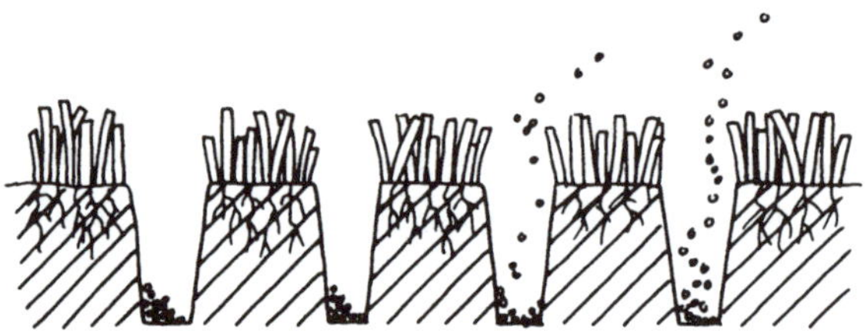

Querschnitt eines gelüfteten Rasens

Den Rasen vertikutieren

Filz ist eine Schicht aus totem Pflanzenmaterial auf der Bodenoberfläche. Wenn sie mehr als 1 cm dick wird, verlangsamt sie das Eindringen von Wasser, Luft und Dünger in den Boden oder verhindert es sogar. Der Rasen beginnt trockene, abgestorbene Stellen zu zeigen; der Untergrund fühlt sich federnd an, wenn Sie darübergehen.

Alle drei bis vier Jahre sollte vertikutiert werden. Sie können einen elektrischen Vertikutierer mieten, der etwa so groß ist wie ein Rasenmäher und wirklich einfach zu bedienen. Er hat acht bis zwölf Klingen, die durch den Filz schneiden und ihn an die Oberfläche bringen. Nachdem der Filz entfernt ist, sollten Sie Dünger auftragen und den Rasen täglich gießen. Der Rasen sollte sich in etwa sechs Wochen komplett erholt haben.

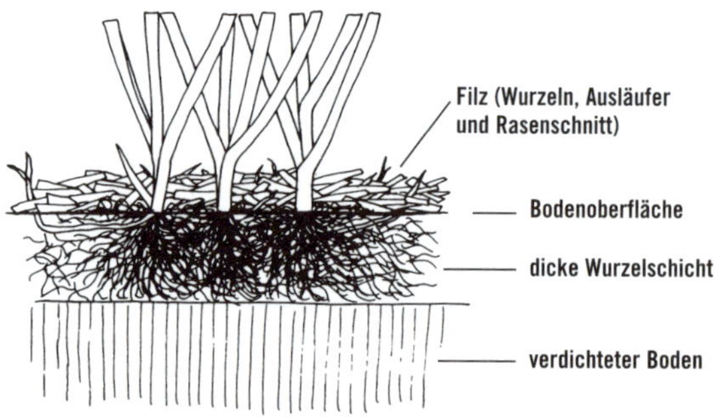

– aus *The Big Book of Gardening Skills*

Rasenkrankheiten

Alles, was das Bodenleben abtötet, macht einen Rasen anfälliger für Krankheiten. Ist es ein Wunder, daß Rasen, die mit mineralischem Dünger behandelt werden, regelmäßige Spritzungen brauchen? Und natürlich töten die Spritzmittel zur Krankheitsbekämpfung noch mehr Bodenleben ab. Die einzige wirkliche Lösung besteht darin, Ihren Rasen in einen gesunden Zustand zu bringen und dann so zu erhalten.

Drei nützliche Werkzeuge für den Rasen

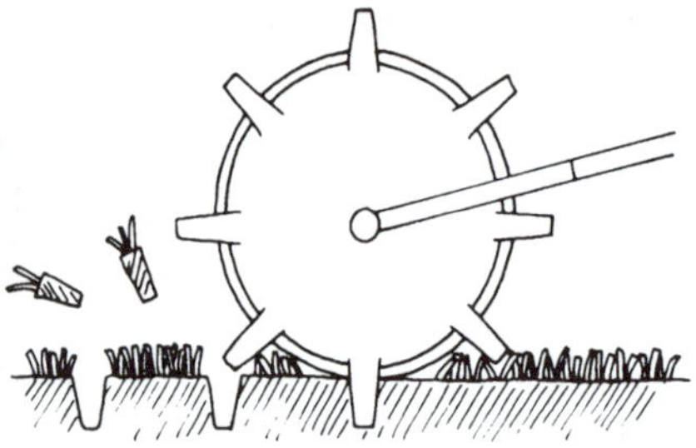

Rasenlüfter: Er wird benutzt, um die Grasnarbe für Dünger, Luft und Wasser zu öffnen.

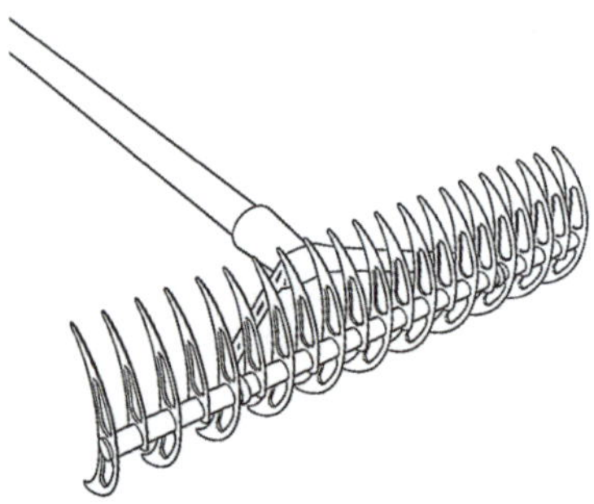

Schneidrechen: Er wird verwendet, um leichteren Rasenfilz aufzubrechen.

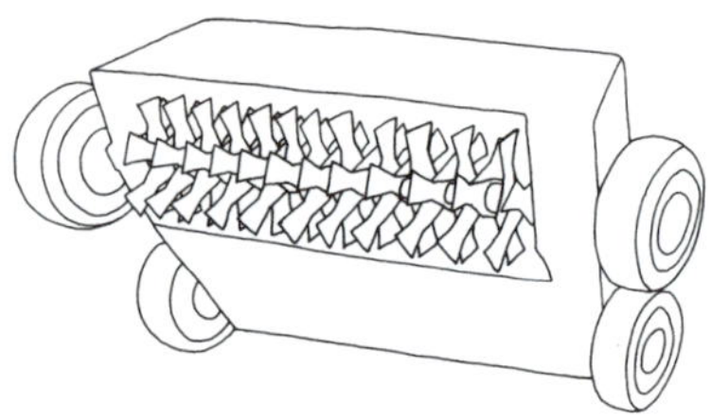

Vertikutierer: Metallklingen durchschneiden den Filz, dünnen ihn aus und bringen ihn an die Oberfläche.

Ist es eine Krankheit?

Rasenkrankheiten festzustellen kann knifflig sein. Normalerweise sehen Sie Flecken oder Stellen mit braunem Gras und Grashalme, die verwelkt oder mit irgendeiner Form von Aufwuchs bedeckt sind. Ziehen Sie einen geübten Fachmann hinzu, der das Problem bestimmen und Lösungsmöglichkeiten vorschlagen kann.
Manchmal erfüllt das Spritzen von Wasser und Seife seinen Zweck. Vielleicht kann auch eines der natürlichen Produkte auf dem Markt helfen. Wenn die Krankheit durch Filz, zu nassen Boden, Verdichtung oder einen falschen pH-Wert verursacht ist, können Sie das Problem beheben, ohne direkt auf die Krankheitsorganismen einzuwirken.

Natürliche Krankheitsvorbeugung

Hier sind ein paar einfache und gezielte Methoden, um Rasenkrankheiten vorzubeugen.

- Säen Sie besser eine Gräsermischung als nur eine einzige Sorte.
- Säen Sie krankheitsresistente Sorten.
- Gießen Sie ausreichend, aber nicht übermäßig.
- Sorgen Sie für eine gute Luftzirkulation in Ihrem Garten, indem Sie zu dichte Sträucher oder Bäume ausdünnen.
- Entfernen Sie Filz.
- Versuchen Sie es ab und zu mit Seifenspray.

– aus *Building a Healthy Lawn* von Stuart Franklin

Häufige Rasenschädlinge

Gesunde Böden und Rasenflächen wimmeln von lebenden Insekten. Die meisten Insekten sind harmlos, mache sind nützlich und manche können Ihrem Rasen schaden. Hier sind ein paar Schadinsekten:

Engerlinge: Die größten Schädlinge sind die Engerlinge, also die Larven vieler Käferarten, insbesondere des Mai- und des Junikäfers. Sie vernichten das Gras, indem sie die Wurzeln abfressen. Sie bewegen sich langsam durch den Rasen und töten auf ihrem Weg alle Graspflanzen ab. Wenn Sie die Engerlinge rechtzeitig bemerken, können Sie eine biologische Bekämpfung versuchen. Eine neuere Methode nutzt eine nützliche parasitierende Nematode, die sich von gefährlichen Bodenschädlingen ernährt. Der Pilz *Beauveria brongniartii* kontrolliert Maikäfer sicher; *Metarhizium anisopliae* ist bei Larven des Junikäfers angezeigt. Sie können außerdem bis zu viermal im Jahr 60 bis 90 g Kieselgur pro Quadratmeter Rasen aufbringen.

Tipulalarven: Die ausgewachsenen Wiesenschnaken legen ihre Eier in das Gras. Dann entwickeln sich die aschgrauen beinlosen Larven, die das Gras abbeißen. Im Frühsommer können Sie die nesterförmigen Kahlstellen im Rasen sehen. Neben den direkten Fraßschäden kommt es zu Folgeschäden, da Stare und Krähen im Boden nach den Larven suchen. Bekämpfen können Sie Tipulalarven mit einer parasitierenden Nematode. Zudem hilft der Einsatz eines phosphorhaltigen organischen Düngers dem Rasen, die Angriffe gut zu überstehen, da er das Wurzelwachstum fördert.

Maulwurfsgrillen: Maulwurfsgrillen sind etwa 3 bis 8 cm große nachtaktive Insekten. Sie ernähren sich überwiegend von Würmern, Maden und anderen Bodenlebewesen – unter anderem auch Schneckeneiern und Engerlingen. Sie graben jedoch waagerecht unter der Rasenfläche fingerdicke Röhren und bauen ihre Bruthöhlen gerne unter dem Rasen, was zu tellergroßen Flecken mit vertrocknetem Gras führt. Parasitäre Nematoden können Abhilfe schaffen. Ab Juni können Sie zudem die Bruthöhlen ausheben. Da Maulwurfsgrillen jedoch andere, oft schlimmere Schädlinge vertilgen, sollten Sie eine Bekämpfung nur im Notfall erwägen.

– verändert aus *Building a Healthy Lawn*

Rasen nachsäen

Säen Sie nach, wenn Sie kleine Bereiche des Rasens, wie ausgedünnte oder durch Reifen geschädigte Stellen, neu anlegen müssen.

Die Stelle vorbereiten: Ziehen Sie zuerst das Unkraut heraus. Kratzen Sie dann den Boden mit einem stabilen Gartenrechen oder einer Harke auf. Wenn noch etwas gutes Gras wächst, arbeiten Sie darum herum.
Mischen Sie einen Teil Sphagnum-Moos oder Kompost mit zwei Teilen guter Gartenerde. Fügen Sie ½ Tasse eines ausgewogenen organischen Düngers auf 20 l Erde zu. Streuen Sie diese Mischung über die kahle Stelle, bis sie etwas höher als die Bodenoberfläche des umliegenden Rasens ist, und mischen Sie sie behutsam in den aufgekratzten Boden.

Säen: Streuen Sie den Samen darüber, etwa zwei bis drei Körnchen pro Quadratzentimeter. Drücken Sie die Samen etwa 5 mm tief in den Boden. Mit einem Rechen mit den Zinken nach oben lassen sich die Samen gut einarbeiten. Drücken Sie die Erde behutsam fest, bis sie auf gleicher Höhe mit dem umliegenden Boden ist. Verdichten Sie den Boden nicht, damit Wasser leicht aufgenommen werden kann. Werfen Sie abschließend etwas zusätzlichen Samen direkt um die nachgesäte Stelle, damit sich der neue Rasen besser einfügt, wenn er wächst.

– aus *The Big Book of Gardening Skills*

Bodendecker: Weit mehr als ein Rasenersatz

Bodendecker sind flachwachsende, sich ausbreitende oder schnell vermehrende Pflanzen, die Flächen rasch ausfüllen und auch unter Bedingungen wachsen, unter denen Rasen nicht gedeiht. Sie brauchen außerdem sehr wenig Pflege. Aber Bodendecker werden nicht nur auf Flächen verwendet, die für Rasen schwierig sind. Sie sind häufig als Teil von Beeten oder Rabatten in Gartengestaltungen eingebunden und können zudem Erosion verhindern.

Jede Pflanze, die zum Ausbreiten neigt und nicht zu hoch ist, kann als Bodendecker verwendet werden. Sie können bei Ihrer Auswahl phantasievoll sein, solange Sie die Wachstumsbedingungen der Pflanzen beachten. Lilien, Farne, Kräuter, Blumen, Rankpflanzen, Zwiebeln und Knollen sowie besondere Gräser können als Bodendecker fungieren, ebenso kleine Sträucher wie flachwachsende Wacholder- und Spindelstraucharten, wenn sie sich über einen Hang oder ein Beet ausbreiten.

Beliebte Bodendecker

Buchs: Buchs wirkt aufgrund seiner kleinen glänzenden Blätter und seines ebenmäßigen Wuchses sehr elegant und ist dank seiner hervorragenden Schnittverträglichkeit auch als Bodendecker geeignet. Allerdings breitet er sich nur langsam aus, bildet dafür aber sehr kompakte Triebe. Die absolut winterharte Pflanze mag sonnige bis halbschattige Standorte und nährstoffreiche, gut durchlässige Böden.

Bunte Kronwicke: Zusammen mit Hornklee ist die Kronwicke eine hervorragende Wahl zur Erosionsbekämpfung an steilen Böschungen. Kronwicken wachsen dicht, werden 20 bis 40 cm hoch und tragen Mengen von rosafarbenen Blüten im Sommer. Sie werden aus Samen oder Wurzelstöcken gezogen und mit 45 bis 60 cm Abstand gesetzt.

Dickmännchen: Die 20 cm hohen immergrünen Pflanzen mit dunklen, glänzenden Blättern wachsen im Schatten oder in der Sonne in allen Teilen Mitteleuropas außer den heißesten und kältesten Regionen. Sie bevorzugen feuchte lockere Böden und breiten sich langsam mit Wurzeln und unterirdischen Sprossen aus. Ein gelegentlicher Rückschnitt beschleunigt die Ausbreitung. Die weißen Blütenähren sind kaum wahrnehmbar.

Duftveilchen: Die 5 bis 10 cm hohen Pflanzen wachsen in der Sonne und im Schatten. Obwohl sie im Rasen zur Plage werden können, sind sie hervorragende Bodendecker, die sich allmählich ausbreiten und hübsche Blüten ansetzen. Völlig winterhart.

Efeu: Efeu ist ein kriechender Bodendecker, der auch kletternde Ranken treiben kann. Er bildet eine bis 20 cm dicke, sich rasch ausbreitende immergrüne Decke, die im Winter leicht violett wird. Efeu ist an Hängen sehr nützlich.

Farne: Diese vielseitigen Pflanzen können als Rabattenpflanzung auf schattigen, feuchten Standorten verwendet werden, wo alles andere fehlschlägt. Farne gedeihen gut auf naturnah angelegten Flächen.

Funkie: Sie wächst aus einem Wurzelstock und treibt einen Stiel mit glockenförmigen Blüten in die Höhe, die in der Farbe je nach Sorte von Dunkelrosa bis Weiß reichen. Sie werden häufig in Rabatten, Randbepflanzungen und um Baumstämme gepflanzt, am besten im Halbschatten. Es gibt Sorten mit sehr unterschiedlichen Laubfärbungen, die von blassem Grün mit Elfenbein bis zu dunklem Blaugrün reichen. Pflanzen Sie Funkien 60 bis 90 cm auseinander. Sie sind sehr winterhart.

Immergrün: Die 10 bis 20 cm hohe immergrüne Pflanze mit ovalen Blättern an drahtigen Stengeln treibt im Spätfrühling und Frühsommer helle blauviolette Blüten. Immergrün verbreitet sich sowohl über die Wurzeln als auch über oberirdische Ausläufer. Es beugt Erosion vor, sobald es sich etabliert hat, und kann auf leicht feuchten Böden in der Sonne oder im Schatten angepflanzt werden.

Kanadische Haselwurz: Die Blätter dieser Pflanze sind herzförmig und die Stengel flaumig mit einer braunen Blüte in Bodennähe. Sie wächst im Schatten sehr dicht und wird etwa 20 cm hoch.

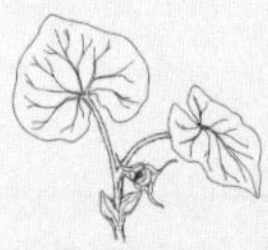

Kanadischer Hartriegel: Im Herbst erinnern die leuchtend roten Beerenbüschel und das dunkelgrüne Laub an Stechpalmen. Im Sommer bildet sich in der Mitte einer Gruppe aus sechs Blättern eine weiße Blüte. Hartriegel mögen kühle, feuchte und schattige Standorte und sehr saure und humusreiche Böden. Nur unter diesen Bedingungen gedeihen sie gut. Verbreiten Sie die Pflanzen durch Teilung.

Kriechender Günsel: Ajuga kommt in allen Klimaten mit Ausnahme der sehr heißen vor. Diese 15 cm hohe Pflanze verbreitet sich rasch über die Wurzeln und bildet dunkelblaue Blüten aus. Sie verträgt sowohl Sonne als auch Schatten.

Pflanzverfahren

Bevor Sie einen Bodendecker pflanzen, müssen Sie das Gras komplett entfernen. Sie können es mit einer Hacke abkratzen oder ausgraben, unterpflügen oder bedecken.
Bereiten Sie ein 15 bis 20 cm tiefes Beet vor. Wenn die Fläche von Baumwurzeln durchzogen ist, fügen Sie Erde und organische Substanz zu, um das Beet aufzubauen. Mischen Sie mindestens 5 cm organische Substanz wie zum Beispiel verrottete Blätter, Rasenschnitt, Sägemehl, Kompost, Mist und Torfmoos unter. Wenn einige der Materialien nicht ausreichend verrottet sind, sollten Sie einen stickstoffreichen Dünger zugeben, um die Kompostierung zu beschleunigen. Lassen Sie ihn vor dem Pflanzen ein paar Wochen wirken.
Legen Sie das Beet wegen der besseren Entwässerung und auch aus ästhetischen Gründen höher an, als der Rasen ist. Je kleiner die Pflanzen, desto kleiner sollte der Abstand im Beet sein. Lassen Sie die Pflanzen nicht austrocknen. Eine 3 bis 5 cm dicke Schicht aus Rindenmulch bewahrt die Feuchtigkeit und unterdrückt das Unkrautwachstum.

– aus *The Big Book of Gardening Skills*

Kriechender Thymian: Er kann auf kahlen Flächen ausgesät oder in Gruppen verpflanzt werden. Kriechender Thymian setzt sich möglicherweise auf feuchten und schattigen Standorten nicht durch, aber wo er es tut, ist er robust und muß nicht gemäht werden. Mähen ruft winzige Blüten hervor, die gut riechen.

Lavendel: Der bis zu 60 cm hohe Strauch eignet sich für sonnige, eher trockene Standorte. Die silbriggrauen Blätter haben eine nadelähnliche Form und sind ziemlich dick. Im Juli erfreut er mit unzähligen lilafarbenen Blüten an hohen Rispen. Und wenn Sie den immergrünen winterharten Strauch kurz vor Ende der Blütezeit zurückschneiden, können Sie die duftende Pracht trocknen.

Maiglöckchen: Diese sich rasch verbreitende, 15 cm hohe Pflanze braucht gut drainierten Boden. Maiglöckchen breiten sich durch unterirische Sprosse aus und sterben im Herbst ab. Im Mai oder Juni treiben sie wundervoll duftende, glockenförmige Blüten. Sie wachsen in der Sonne und im Schatten.

Pfennigkraut: Pfennigförmige Blätter bilden sich entlang hängender Ranken aus, die im Sommer gelbe Blüten treiben. Die Pflanzen sind wüchsig und eignen sich gut zum Stabilisieren von Böschungen. Auf Terrassen hängt das Laubwerk kaskadenartig über Mauern herab. Die Pflanze ist auch für Hängeampeln und Blumenkästen geeignet und mag Sonne oder Halbschatten.

Polster-Phlox: Diese bis 20 cm hohe Phloxart ist absolut winterhart. Im Mai und Juni ist er übersät mit kleinen fünfblättrigen Blüten, die in der Farbe von Weiß über Rosa bis Violett reichen. Er liebt sonnige Standorte und hängt an Terrassen auch über Mauern herab.

Porzellansternchen: Sie wachsen in flachen Matten unter unterschiedlichsten Bedingungen. Ihre kleinen vierblättrigen Blüten reichen in der Farbe von Weiß bis zu Hellblau mit einer gelben Mitte. Die Pflanzen breiten sich langsam aus, was auf großen Flächen von Nachteil sein kann.

Purpurglöckchen: Die winterharte Staude wird 20 bis 40 cm hoch und gedeiht auf halbschattigen bis schattigen Standorten. Auf dem Markt gibt es zahllose Sorten mit den verschiedensten Blattschattierungen, von blassem Gelbbraun bis zu tiefem Violett und panaschiert. Von Juli bis September erscheinen auf filigranen Stielen die glockenförmigen Blüten wie rötliche Wolken über den Blättern.

Schleifenblume: Diese 20 cm hohe, immergrüne Pflanze ist wegen ihrer weißen Blütenbüschel im Mai und Juni beliebt. Sie breitet sich langsam über unterirdische Ausläufer aus, mag Sonne oder Schatten und wächst fast überall in Mitteleuropa.

Sedum: Es gibt so viele Größen und Farben von Sedum, daß es schwer zu glauben ist, daß sie alle Teil derselben Gattung sind. Sie sind goldfarben bis leuchtend rot und werden von 10 bis 12 cm bis zu 60 cm hoch. Die kriechenden Pflanzen breiten sich rasch aus und mögen heißes, trockenes Wetter. Sedum wächst auch dort noch, wo Gras nicht mehr gedeiht. Pflanzen Sie es im Abstand von 30 bis 60 cm an sonnige oder halbschattige Standorte

Waldmeister: Der duftende Bodendecker wächst auf halbschattigen feuchten Standorten. Er treibt im Frühjahr weiße Blüten, die traditionell für die Maibowle verwendet werden. Setzen Sie die Pflanzen im Abstand von 30 cm oder etwas weniger.

Zwergmispel: Die kleinen ovalen sattgrünen Blätter des Strauches wachsen an elegant geschwungenen Trieben. Im Frühjahr treibt er kleine weiße Blüten, und im Herbst erscheinen die roten Beeren, die während des Winters gerne von Vögeln abgepickt werden. Dieser Bodendecker zeichnet sich auch dadurch aus, daß er außer einem gelegentlichen Rückschnitt keine Pflege braucht und auch bezüglich des Standorts anspruchslos ist.

– verändert aus *Down-to-Earth Natural Lawn Care* von Dick Raymond und *The Big Book of Gardening Skills*

17 BEEREN UND FRÜCHTE

**ERDBEEREN • HIMBEEREN UND BROMBEEREN
HEIDELBEEREN • JOHANNISBEEREN UND STACHELBEEREN
WEINTRAUBEN • OBSTBÄUME**

Als Kind plünderte Lewis Hill den uralten Obstgarten seiner Familie auf seinem Weg von der Dorfschule nach Hause und lernte einige der alten Apfelsorten zu genießen, die heute nur noch selten angebaut werden. Später begannen er und seine Frau Nancy Berry Hill zu bewirtschaften, eine Gärtnerei im Norden von Vermont, die sich jahrzehntelang auf winterharte Obstbäume, Beeren und Ziersträucher spezialisierte. Die Hills sind Autoren zahlreicher gerühmter Bücher, darunter Fruits and Berries for the Home Garden.

Unser Zuhause in den Berkshires war mit einem Dutzend ausgewachsenen Obstbäumen, darunter Äpfel, Kirschen und Birnen, ausgestattet. Wir kümmerten uns liebevoll um unseren Obstgarten und pflückten in guten und schlechten Jahren Früchte, bis in einem Oktober ein außergewöhnlicher Sturm schweren, nassen Schnee auf unsere Bäume lud, die noch ihre Sommerbelaubung trugen. Das Ergebnis war katastrophal: Die Bäume gefroren, knickten und brachen, bevor wir den Schnee entfernen konnten. Wie durch ein Wunder überlebten zwei Bäume – eine Birne und ein Apfel. Der Rest wurde zu Feuerholz, mit dem wir unser Haus heizten und unseren Grillpartys einen besonderen Duft verleihen konnten. Mit ihren Birnenkuchen und Apfelaufläufen würdigt Martha das Überleben der beiden Stärksten. Dieses Kapitel beginnen wir mit einem Rat unserer alten Freunde Lewis und Nancy Hill.

– John Storey

Jedes Frühjahr pflegte dasselbe Paar in unsere Gärtnerei zu kommen, um Gemüse- und Blumenpflanzen zu kaufen. Sie schauten auch sehnsüchtig auf unsere kleinen Bäume und sagten: „Wenn wir nur nicht so alt wären, würden wir ein paar Obstbäume und Beerensträucher einsetzen." Sie wiederholten diesen Satz mehr als 15 Jahre, und ich mußte mich beherrschen, sie nicht darauf hinzuweisen, daß sie bereits ein Dutzend Ernten eingebracht hätten, wenn sie ihren Obstgarten im ersten Jahr angepflanzt hätten!

Die Wahrheit ist, daß Obstbäume und Beeren nicht mehr – häufig sogar weniger – Pflege brauchen als andere Kulturen, wenn Sie die richtigen Sorten auswählen, ihnen einen passenden Standort zuweisen und ein wenig Aufmerksamkeit widmen.

Sie können Ihr eigenes Obst und Gemüse anpflanzen und genießen, auch wenn Sie schon älter sind und nur ein kleines Grundstück haben. Zwergobstbäume beginnen mit zwei oder drei Jahren zu tragen, und viele wachsen innerhalb eines 2,5-m-Kreises zu voller Größe heran. Zwergobstbäume können bereits im vierten Jahr große Ernten erzeugen, und immertragende Erdbeeren können Sie schon im ersten Jahr pflücken. Unser Obstgarten und der Beerenbereich sind klein, aber Jahr für Jahr legen wir Hunderte von Packungen in unseren Gefrierschrank und füllen außerdem unseren Vorratskeller. Wir schätzen unseren Obst- und Beerengarten jedes Jahr mehr.

LEXIKON

Ausläufer: horizontale Stiele mit neuen Pflanzen daran
Edelreis: der Anteil der veredelten Pflanze oberhalb des Wurzelstocks
Selbstbefruchtend: beschreibt eine Pflanze oder eine Sorte, die durch die eigenen Pollen befruchtet werden kann
Sorte: eine kultivierte Züchtung, die aus zwei verschiedenen Pflanzen innerhalb einer Art erzeugt wurde
Stock: der verholzte Stamm vieler Beeren, von Weintrauben und manch anderen Pflanzen
Veredelung: die chirurgische Verbindung von zwei verschiedenen Sträuchern oder Bäumen durch das Anfügen eines Edelreises an einen Wurzelstock

Erdbeeren anbauen

Wenn es ein Obst gibt, das jeder Gartenbesitzer anbauen sollte, dann sind es Erdbeeren. Wo Sie auch leben, es gibt immer eine Sorte, die in Ihrer Region gedeiht. Obwohl sie in kühlen, feuchten Regionen am besten wachsen, können sie auch in warmen, trockenen Klimaten angebaut werden, besonders wenn Windschutz geboten wird und im Juli, August und September eine zusätzliche Bewässerung möglich ist.

Die besten Beeren auswählen

Es gibt hinsichtlich der Fruchtbildung drei Erdbeertypen. Einmaltragende Sorten bringen eine große Ernte je Saison hervor, normalerweise innerhalb von drei Wochen. Je nach Vegetationsperiode und Region können Sie frühe, mittelfrühe und späte Sorten kaufen. Immertragende Erdbeeren bringen den Hauptertrag im Frühsommer und dann entweder durchgehend kleinere Mengen oder einen weiteren größeren Ertrag im Herbst. Die Walderdbeere als heimische Wildform ist mehrjährig und wird häufig als Rabatte oder Bodendecker gepflanzt. Im Gegensatz zu den anderen Arten kann sie aus Samen gezogen werden und trägt während der gesamten Vegetationsperiode. Ihre Früchte sind klein und oft hocharomatisch.

Erdbeeren anbauen

Erdbeeren brauchen zwei Jahre, bis sie die schönsten Früchte tragen. Wenn Sie im zeitigen Frühjahr gesunde Pflanzen in feuchte Erde und ein vorbereitetes Pflanzbeet setzen, werden sie in ein paar Tagen neue Wurzeln bilden, gefolgt von neuen normalgroßen Blättern.

Bei den meisten Sorten beginnen sich im Juni die Ausläufer zu entwickeln, an denen sich neue Pflanzen bilden, die in der Nähe der Mutterpflanze anwurzeln. Die neuen Pflanzen treiben wiederum Ausläufer, und so wächst bald eine Nachkommenschaft aus neuen Pflanzen um die Mutterpflanze. Diese können zur Vermehrung verwendet werden.

Selbst im Frühjahr eingesetzte Pflanzen bilden schon im ersten Jahr Blüten und Früchte. Allerdings ist die Ernte noch nicht so üppig. In der zweiten Saison bringen Erdbeeren den höchsten Ertrag an großen, gesunden und köstlichen Beeren.

Jeweils im Herbst bilden sich bereits die Blütenknospen für die Fruchtbildung des kommenden Jahres. Die erste Knospe, die sich innerhalb einer Gruppe ausbildet, enthält die meisten Stempel (weiblicher Teil der Blüte) und wird die größte Frucht mit den meisten Samen. Alle weiteren Blüten entwickeln sich nacheinander zu immer kleineren Früchten.

– verändert aus *Grow the Best Strawberries* von Louise Riotte

Bekannte Erdbeersorten

Die folgenden Erdbeersorten sind bekannt für ihren ausgezeichneten Geschmack:

- **'Honeoye'** ist eine besonders frühe einmaltragende Sorte mit hohem Ertrag. Bei einer Abdeckung mit Vlies oder unter Folie kann sie bis zu zwei Wochen vor den mittelfrühen Sorten Früchte tragen. Die großen dunkelroten Beeren sind sehr aromatisch und lassen sich leicht pflücken. Die Pflanzen sind gut winterhart und wenig anfällig für Fäulen.
- **'Korona'** ist eine einmaltragende holländische Züchtung, die je nach Region von Ende Mai bis in die dritte Junidekade hinein große glänzende Früchte trägt. Die Sorte ist sehr ertragreich. Die Stöcke werden groß und kräftig und sind gut winterhart.
- **'Senga Sengana'** ist eine sehr alte und die wohl bekannteste Sorte. Sie ist mittelfrüh und trägt eher etwas kleinere, sehr süße Früchte in großer Anzahl. In milden Regionen kann sie im Herbst eine zweite Ernte hervorbringen. Sie ist allerdings anfällig für Fruchtfäule.
- **'Mieze Schindler'** ist eine späte Liebhabersorte, die sich besonders durch ihr Walderdbeeraroma auszeichnet. Die dunkelroten runden Früchte können je nach Region von Mitte Juni bis Ende August geerntet werden. **Vorsicht:** Sie sind etwas druckempfindlich. Da die Sorte nur weibliche Blüten ausbildet, ist eine späte Befruchtersorte nötig, die etwa 20 Prozent des Bestands ausmachen sollte.
- **'Seacape'** ist eine immertragende Sorte aus Kalifornien, die entsprechend hohe Sommertemperaturen verträgt. Sie bildet von Juni bis September feste große Früchte. Die Züchtung zeigt eine sehr geringe Fäuleanfälligkeit, verfügt jedoch über eine geringere Winterhärte als europäische Sorten und sollte in rauhen Lagen abgedeckt werden.

– Anita Heidenfelder

ERDBEEREN

Wann sind sie reif?

Bei milder Witterung reifen Erdbeeren etwa 30 Tage nach der Blüte, bei heißem Wetter sehr viel schneller.

Erdbeeren pflanzen

Bereiten Sie den Boden gut vor, weil Ihre Erdbeeren für mindestens zwei Jahre auf derselben Fläche wachsen. Die kleinen flachwurzelnden Pflanzen müssen ihren gesamten Bedarf an Feuchtigkeit und Nährstoffen aus den oberen paar Zentimetern des Bodens aufnehmen.

Der Boden sollte leicht, fett, etwas sauer (pH 5,5 bis 6,0) sein und reichlich Humus (reifen Mist, Kompost oder Torf) enthalten, der die Feuchtigkeit auch während des trockensten Wetters hält. Erdbeeren gedeihen am besten in feuchtem Boden und voller Sonne.

– aus *The Big Book of Gardening Skills*

Schritt 1: Graben Sie den Boden bis in eine Tiefe von 15 cm um und entfernen Sie Unkräuter und Wurzeln. Arbeiten Sie eine 5 cm mächtige Schicht organische Substanz, wie etwa Torfmoos oder gut verrotteten Mist, in den Boden ein.

Schritt 2: Erdbeerpflanzen erhalten Sie meist als Topfballen, die Sie nach gründlichem Wässern einfach einpflanzen können. Falls Sie (kostengünstigere) Wurzelware kaufen, schneiden Sie die Wurzeln vor dem Pflanzen auf eine Länge von 10 cm zurück und zwicken Sie das Blattwerk bis auf zwei oder drei der jüngsten Blätter von jeder Pflanze ab. Dies reduziert den Wasserverlust, wenn die Pflanzen im Boden sind. Lassen Sie die Pflanzen während des Aussetzens in einer Wanne mit etwas Wasser auf dem Boden und hängen Sie ein feuchtes Stück Stoff darüber.

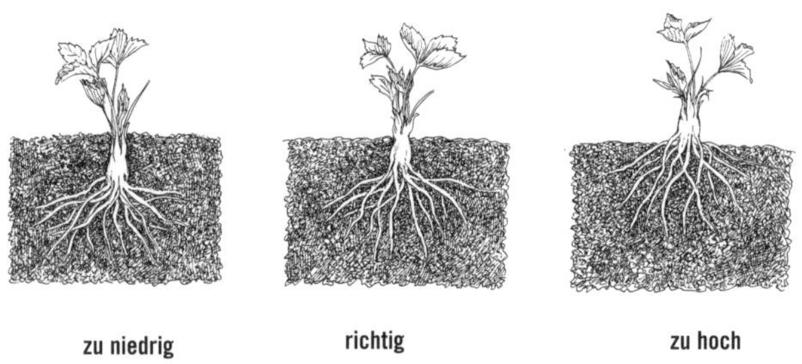

Schritt 3: Stechen Sie beim Pflanzen die Pflanzkelle gerade in den Boden. Ziehen Sie den Griff zu sich heran und schaffen Sie so einen Spalt im Boden. Fächern Sie die Wurzeln auf und achten Sie darauf, daß Sie sie nicht knicken, wenn Sie die Pflanzen in den Spalt setzen. Setzen Sie das Herz direkt über die Bodenoberfläche. Etwas tiefer, und das Herz verfault; etwas flacher, und die Wurzeln trocknen aus. Ziehen Sie die Pflanzkelle heraus und verfestigen Sie den Boden mit Ihrem Handballen. Geben Sie jeder Pflanze 1 l Wasser, damit sich der Boden setzt.

Schritt 4: Erdbeeren sollten besonders im Jungpflanzenstadium unkrautfrei gehalten werden. Außerdem sollten Sie, wenn Sie die Erdbeeren nicht vermehren möchten, alle Ausläufer konsequent entfernen. Sie rauben der Pflanze Kraft, die ihr in der nächsten Saison fehlt.

– verändert aus *Gardening Techniques Illustrated*; Text von Lee Reich; illustriert von Elayne Sears

Anbau, Pflege und Ernte

Setzen sie Erdbeerpflanzen im Beet mit jeweils 30 cm Abstand in der Reihe und zwischen den Reihen. Wenn Sie die Erdbeeren vermehren möchten, lassen Sie sie so viele Ausläufer wie möglich ansetzen. Ordnen Sie die Ausläufer kreisförmig um die Mutterpflanzen an und lassen Sie sie zu kräftigen Jungpflanzen heranwachsen. Dann können Sie die Ausläufer abschneiden, die Jungpflanzen vorsichtig mit einem ausreichend großen Wurzelballen ausgraben und an einer anderen Stelle wieder einpflanzen. Wenn Sie Ihre Pflanzen nicht vermehren möchten, sollten Sie die Ausläufer regelmäßig abschneiden, weil sie die Pflanzen Energie kosten, bevor sie selbst ausreichend Wurzeln gebildet haben.

Anbau auf Erddämmen

Der Anbau auf Erddämmen ist ein vielseitig einsetzbares Verfahren, das auch in erhöhten Beeten erfolgreich ist. Um auf diese Weise zu pflanzen, entfernen Sie zuerst alle Ausläufer von den Mutterpflanzen. Setzen Sie Ihre Pflanzen 25 bis 30 cm auseinander in angehäufelte Doppelreihen mit ebenfalls 25 bis 30 cm Abstand. Halten Sie zwischen den Doppelreihen 45 cm Abstand.
Eine Abwandlung des Erddammsystems erfordert 60 cm breite erhöhte Beete, die normalerweise mit Bohlen eingefaßt werden. Füllen Sie die Beete mit sandigem Lehm, der mit Kompost oder verrottetem Mist angereichert ist, und stellen Sie den pH-Wert zwischen 6,0 und 6,5 ein. Setzen Sie je eine Doppelreihe mit einem Abstand von 15 cm zu den Kanten der Balken und 30 cm dazwischen.

Diese Erdbeeren sind auf Erddämme gepflanzt.

Ein rundes Hochbeet ist eine formschöne und zweckmäßige Lösung für den Erdbeeranbau.

Düngung

Düngen Sie die Erdbeerpflanzen zu Beginn der Vegetationsperiode und wenn sich die Blüten öffnen. Im Handel ist Spezialdünger für Erdbeeren erhältlich. Eine gute Versorgung mit Kalium hilft Grauschimmel vorzubeugen. Frischer Mist ist schädlich für Erdbeeren. Wenn Sie ihn dennoch verwenden möchten, sollten Sie ihn im Herbst einarbeiten, wenn Sie im darauffolgenden Jahr pflanzen möchten.

Gießen

Erdbeeren brauchen, während die Früchte reifen, etwa 2,5 mm Wasser in der Woche, um große, saftige Beeren zu tragen. Zu viel Wasser in dieser Zeit ergibt große Früchte mit einem wäßrigen, faden Geschmack. Im allgemeinen reduziert eine Bewässerung des Bodens, bei der die Blätter nicht naß werden, die Verbreitung von Blattkrankheiten.

Kälte- und Frostschutz

Mulch hilft, die Feuchtigkeit im Boden zu halten, und schützt so das Wurzelsystem. Er verringert außerdem das Heben des Bodens im Spätwinter und im zeitigen Frühjahr. In Regionen, in denen die Temperatur bei fehlender Schneedecke unter –18 °C fällt, kann eine dicke Strohschicht ernsthaften Schäden vorbeugen.

Ernte

Wann ist es Zeit, die Erdbeeren zu pflücken? Wenn sie reifen, wechselt die Fruchtfarbe von Weiß über Rosa zu Rot. Während die Farbe wechselt, wird Zucker in die Frucht eingelagert. Beeren, die geerntet werden, bevor sie voll ausgereift sind, haben nicht so viel Zucker wie reife. Pflücken Sie in der Morgenkühle, wenn die Beeren fest sind.

– verändert aus *The Big Book of Gardening Secrets* von Charles W. G. Smith

HIMBEEREN UND BROMBEEREN

Beliebte Himbeersorten

Diese Beeren haben alle einen hervorragenden Geschmack.

- **'Meeker'** ist eine Kreuzung aus zwei amerikanischen Sorten. Die Züchtung ist mittelfrüh und zeichnet sich durch eine lange Erntezeit aus. Sie gilt als sehr ertragreich. Die mittelgroßen Früchte zeichnen sich durch ihre dunkelrote Farbe, ihren sehr aromatischen Geschmack und ihre Festigkeit aus. Außerdem sind die Stöcke sehr robust und insgesamt wenig krankheitsanfällig.
- **'Schönemann'** ist eine altbekannte deutsche Sorte. Sie reift etwas später als 'Meeker' und trägt über einen langen Erntezeitraum sehr große, süße und aromatische rote Beeren, die sich leicht ernten lassen. Die Stöcke sind sehr wüchsig. Die Sorte ist etwas anfällig für Pilzkrankheiten und sollte daher luftig stehen.
- **'Autumn Bliss'** ist eine sogenannte Herbstsorte. Die reiche Ernte beginnt ab Mitte August und dauert bis zum ersten Frost. Die Beeren sind groß, fest, glänzend rot und aromatisch. Die Stöcke sind widerstandsfähig gegen Wurzelfäule und virusübertragende Blattläuse.

Beliebte Brombeersorten

- **'Black Satin'** ist eine stachellose Sorte, die sehr gut für den Hausgarten geeignet ist. Die Früchte sind groß und glänzend schwarz, aber etwas weich und daher transportempfindlich. Sie reifen von Anfang August bis Mitte Oktober. Der Geschmack ist leicht säuerlich und aromatisch. Die Blüten erscheinen sehr früh und sind deshalb etwas spätfrostgefährdet. Die Stöcke sind wüchsig und sollten an ein Stützgerüst gebunden werden.
- **'Navaho'** ist ebenfalls eine stachellose Sorte, die jedoch aufrecht wächst und kein Spalier benötigt. Die Früchte sind mittelgroß, glänzend schwarz und sehr aromatisch, wenn sie reif gepflückt werden – von Anfang August bis in den Oktober. Sie zeichnen sich durch eine hohe Festigkeit aus. Die Stöcke wachsen nur mäßig schnell und sind sehr robust. Bei starkem Frost können jedoch vereinzelt Triebe abfrieren.

– Anita Heidenfelder

Himbeeren und Brombeeren sind ertragreich, zuverlässig, wertvoll und langlebig. Sie blühen meist spät, so daß Spätfröste selten den Ertrag ruinieren. Die Krankheiten und Schädlinge, die sie befallen, sind einfach zu bekämpfen, wenn Sie virenfreie und virusresistente Pflanzen kaufen. Sie brauchen wenig Pflege und sind einfach zu pflücken, ohne daß man sich bücken muß.

Himbeerklassen

Rote Himbeeren sind die bekannteste Form. Es gibt sie sowohl als einmaltragende (Sommerhimbeeren) als auch als remontierende (Herbsthimbeeren) Sorten. Sommerhimbeeren tragen die Früchte an Ruten aus der vorangegangenen Saison, die nach dem Tragen innerhalb weniger Wochen absterben. Herbsthimbeeren fruchten zweimal. Sie tragen einmal während des Sommers und bilden im Herbst an den Ruten, die während des laufenden Jahres gewachsen sind, eine zusätzliche Ernte aus. Bei den meisten Herbstsorten werden jedoch nach der Ernte oder im folgenden Frühjahr alle Ruten entfernt, so daß es nur zu einer einmaligen Ernte im Herbst kommt.

Gelbe Himbeeren sind nahe verwandt mit den roten und variieren in der Farbe von Gelb zu fahlem Rosa. Sie sind so empfindlich, daß man sie selten in Läden sieht. Für Hausgärten sind sie aber sehr gut geeignet, und viele Obstliebhaber betrachten reife gelbe Himbeeren als die herrlichste Frucht der Welt.

Schwarze Himbeeren haben einen ungewöhnlichen Geschmack, den viele sehr mögen. Sie unterscheiden sich von roten Himbeeren dadurch, daß sie niemals Wurzeltriebe produzieren. Stattdessen bilden Sie neue Pflanzen, wenn ihre langen Ruten sich biegen und den Boden berühren. Die Spitzen bilden Wurzeln aus und wachsen zu neuen Pflanzen heran.

Violette Himbeeren sind eng verwandt mit den schwarzen. Sie sind ihnen in Geschmack und Wuchsform ähnlich. Manche Sorten treiben Wurzeltriebe aus wie rote.

Brombeerklassen

Es gibt drei Arten von Brombeeren: die aufrecht und die halbaufrecht wachsenden sowie die rankenden Sorten. Die aufrechte Wuchsform ist der von roten Himbeeren sehr ähnlich. Rankende Brombeeren jedoch ähneln schwarzen Himbeeren darin, daß sie keine Wurzeltriebe bilden. Ihre rankenähnlichen Ruten winden sich auf dem Boden, bis sie gestützt werden, wobei sie Ableger aussetzen. Die halbaufrechten teilen einige der Eigenschaften von beiden.

Winterhärte

Viele der roten und gelben Himbeersorten sind sehr gut winterhart. Andere wurden für Winterhärtezonen bis maximal –7 °C gezüchtet. Schwarze und violette Himbeeren sind etwas weniger winterhart, obwohl einige Sorten für Wintertemperaturen bis –35 °C geeignet sind. Die meisten Herbsthimbeeren sind sehr gut winterhart.

Die meisten Brombeeren haben winterharte Wurzelstöcke. Ihre Ruten sind jedoch nicht so winterhart wie die von Himbeeren und neigen in kalten Klimaten dazu, bis auf den Grund abzusterben. Manche Gärtnereien führen die älteren, winterharten Sorten nicht mehr, so daß Anbauer in kalten Regionen möglicherweise Mühe haben, eine Brombeere zu finden, die Früchte trägt. Rankende Brombeeren sind noch empfindlicher. Die meisten eignen sich nur für Klimazone 6 (bis –17 °C) und wärmere Klimate.

– verändert aus *Fruits and Berries for the Home Garden* von Lewis Hill

Anlegen eines Himbeerbeets

Kein Obst ist schmackhafter, aber auch empfindlicher als reife Himbeeren – ein Grund, sie möglichst in Reichweite anzubauen. Sorgen Sie für einen guten Start Ihrer Himbeerkultur, indem Sie gesunde, auf Virusfreiheit getestete Pflanzen kaufen. Ableger von den Pflanzen eines Nachbarn kosten zwar nichts, übertragen aber häufig Krankheiten.

Wählen Sie einen sonnigen, gut wasserdurchlässigen Standort, der so weit wie möglich von anderen kultivierten oder wilden Himbeerpflanzen entfernt liegt. Himbeeren sollten nicht an einer Stelle ausgepflanzt werden, wo vor kurzem noch Auberginen, Paprika, Kartoffeln, Tomaten oder Erdbeeren gewachsen sind, weil dies Wirte von Himbeerkrankheiten sind. Entfernen Sie alle Ungräser und Unkräuter, bevor Sie mit der Bearbeitung beginnen.

1. Bereiten Sie für die Pflanzen eine Fläche von 60 cm Breite und in der gewünschten Länge vor. Arbeiten Sie einige Zentimeter Kompost, Torf oder verrottete Sägespäne in die oberen 30 cm des Bodens ein. Himbeeren brauchen vor allem ausreichend Stickstoff. Die Stickstoffdüngung sollten Sie mit der empfohlenen Menge Kalk oder Schwefel abrunden, die nötig ist, um den pH-Wert auf 6,0 einzustellen.

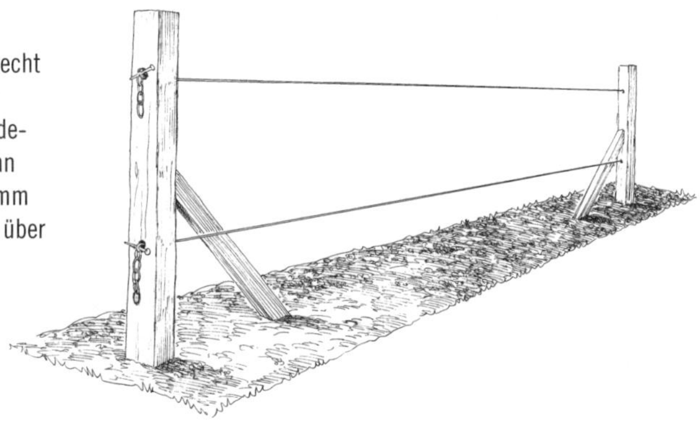

2. Errichten Sie ein Spalier, um die Pflanzen aufrecht zu halten. Setzen Sie an die beiden Enden der Reihe je einen 10 x 10 cm dicken Pfosten mindestens 60 cm tief in die Erde und stützen Sie ihn ab. Spannen Sie je einen Draht von 1,6 bis 2 mm Durchmesser in einer Höhe von 0,6 und 1,5 m über dem Boden zwischen die Pfosten.

3. Weichen Sie die Wurzeln vor dem Pflanzen einige Stunden in einem Kübel Wasser ein. Graben Sie im Abstand von 60 bis 90 cm Pflanzlöcher in einer Reihe. Setzen Sie eine Pflanze in jedes Loch, breiten Sie die Wurzeln aus und füllen Sie das Loch mit loser Erde. Der Wurzelansatz muß stets knapp unter der Oberfläche sein. Drücken Sie die Erde mit den Fingern an, schneiden Sie die Triebe zurück und gießen Sie jede Pflanze mit etwa 4 l Wasser an.

– aus *Gardening Techniques Illustrated*; Text von Lee Reich; illustriert von Elayne Sears

HIMBEEREN UND BROMBEEREN

Himbeeren und Brombeeren: Schritte zum Erfolg

Erstes Jahr

Bereiten Sie den Boden sorgfältig vor und pflanzen Sie die Beeren mit 60 cm Abstand. Schneiden Sie, wenn Sie wurzelnackte Pflanzen einsetzen, die Ruten nach dem Pflanzen bis auf 5 cm über dem Boden zurück; getopfte Pflanzen lassen Sie unbeschnitten. Gießen Sie sowohl getopfte als auch wurzelnackte Pflanzen mit Flüssigdünger und mulchen Sie sie anschließend. Richten Sie einen Zaun oder eine Stütze auf.

Zweites Jahr

Frühjahr: Schneiden Sie alle Pflanzen, die im vergangenen Jahr keinen kräftigen Eindruck gemacht haben, bis auf 5 cm über der Bodenoberfläche zurück. Ergänzen Sie den Mulch und geben Sie etwas Pflanzendünger zu.
Herbst: Schneiden Sie die Ruten bis auf 1,2 m Länge zurück. Das ergibt eine stabile Pflanze, die sich im Winter nicht umlegt.

Drittes Jahr und danach

Frühjahr: Geben Sie Dünger und frischen Mulch zu. Schneiden Sie alle abgestorbenen und geknickten Ruten heraus. Spritzen Sie ein Fungizid, wenn Sie Hinweise auf Himbeerruten- oder Brennfleckenkrankheit feststellen.
Frühsommer: Spritzen Sie noch einmal mit einem Fungizid, wenn irgendwelche Krankheiten auftreten. Schneiden Sie Ablegerpflanzen ab oder reißen Sie sie aus, wenn sie an unerwünschten Stellen wachsen. Entfernen Sie verwelkte Spitzen und alle krank aussehenden Pflanzen aus dem Garten und vernichten Sie sie.
Spätsommer: Schneiden Sie alle Ruten, die Früchte getragen haben, über dem Boden ab und entfernen Sie sie. Schneiden Sie alle schwachen Ruten heraus und dünnen Sie die verbleibenden auf einen Abstand von 15 cm aus.
Spätherbst: Schneiden Sie die Ruten für den Winter auf 1,2 bis 1,5 m Höhe zurück. Straffen Sie wenn nötig die Stützdrähte.

– aus *Fruits and Berries for the Home Garden* von Lewis Hill

Pflege und Ernte von Himbeeren und Brombeeren

Schnitt: Um Ihr Beet ertragreich zu erhalten, müssen Sie alle abgestorbenen Ruten auf Bodenhöhe abschneiden. Sie erkennen diese Ruten an ihrer blassen Farbe und ihrer Sprödigkeit. Da Insekten und Krankheiten in alten Ruten überwintern, sollten Sie sie so bald wie möglich aus dem Garten entfernen.

Wenn Ihr Beerenbeet altert, werden stärkere Rückschnitte nötig, denn die Pflanzen bilden jedes Jahr zu viele neue Ruten aus. Schneiden Sie, wenn Sie die alten Ruten entfernen, auch alle schwachen neuen Ruten heraus, dünnen Sie die starken, gesunden Ruten aus, wenn sie näher als 15 cm beieinanderstehen.

Lassen Sie Reihen mit roten oder gelben Himbeeren oder aufrechtwachsenden Brombeeren nicht mehr als 60 cm breit werden und die von schwarzen oder violetten Himbeeren oder rankenden Brombeeren nicht mehr als 45 cm. Das ermöglicht eine bequemere Ernte und einen einfacheren Schnitt und läßt die Luft besser zirkulieren.

Ernte: Sommerhimbeeren reifen ein paar Wochen vor den Brombeeren, und dank der langen Erntezeit von beiden werden Sie wochenlang beim täglichen Pflücken ihre Freude haben. Wenn Sie die Saison noch weiter ausdehnen möchten, müssen Sie frühe und späte Sommerhimbeeren sowie Herbstsorten pflanzen. Verwenden Sie zum Himbeerenpflücken nur kleine Eimer, weil das Aufhäufen zu vieler Beeren die auf dem Boden liegenden zerquetscht. Fassen Sie die Beeren nicht häufiger als nötig an und nehmen Sie frisch gepflückte Beeren möglichst bald aus der Sonne.

Himbeer- und Brombeerschädlinge regulieren

Schädling	Beschreibung	Bekämpfung
Himbeerkäfer	Der gelbgraue Käfer frißt im Mai an Blüten und Knospen der Himbeeren. Ab Juni legt das Weibchen die Eier einzeln in den Früchten ab.	Die Käfer lassen sich bei Erschütterungen fallen. Man kann sie durch Schütteln z. B. in einer unter der Rute aufgestellten Wanne sammeln.
Brombeer-gallmilben	Die winzigen Gallmilben saugen an Blüten und jungen Beeren. Auffällig ist das ungleichmäßige Ausreifen. Viele Früchte bleiben rot; die schwarzen werden nicht süß.	Befallene Ranken stark abschneiden und aus dem Garten entfernen. Mumienfrüchte entfernen. Vorbeugend im Herbst zurückschneiden.
Himbeerruten-gallmücke	Die Mücken legen im Frühjahr die Eier in junge Ruten. Durch den Fraß der Larven entsteht ein kugeliger brauner Knoten an der Rute, die Galle. Der Befall schafft Eintrittspforten für Pilzkrankheiten.	Befallene Triebe absammeln und vernichten oder aus dem Garten entfernen.
Spinnmilben	Die kaum sichtbaren Schädlinge erzeugen dünne Gespinste auf den Blattunterseiten. Das Laub erscheint fahl und gesprenkelt mit winzigen gelben Flecken. Am schlimmsten bei heißem, trockenem Wetter.	Mit Neem oder Rapsöl spritzen. Raubmilben einsetzen.

Himbeerkäfer   Brombeergallmilbe   Himbeerrutengallmücke und Galle

Es wäre nicht überraschend, eines Tages die Redensart „so amerikanisch wie Heidelbeerkuchen" zu hören, denn diese Leckerei zählt mittlerweile in amerikanischen Restaurants zu den beliebtesten Desserts. Auch in Europa kommt die Amerikanische Heidelbeere *(Vaccinium corymbosum)*, hierzulande Kultur- oder Gartenheidelbeere genannt, mehr und mehr in Mode. Im Gegensatz zu den heimischen Heidelbeeren ist die Amerikanische Heidelbeere ein mindestens 2 m hoher Strauch. Die großtraubigen Früchte werden im Juli und August reif. Kulturheidelbeeren sind aber nicht nur ergiebige Beerenlieferanten, sondern sehen im Frühjahr mit den weißen Blüten und im Herbst mit ihrer intensiven Laubfärbung auch noch schön aus.

Kulturheidelbeeren gedeihen am besten in saurem Boden mit einem pH-Wert von 4,5 bis 5,0. Wenn Ihr Boden auf einen pH-Wert von 5,5 bis 6,0 getestet ist, mischen Sie Sphagnum-Torfmoos in den Boden um die Pflanze. Sie können auch Rhododendren-Erde untermischen. Mulchen Sie nach dem Pflanzen mit Piniennadeln, Eichenblättern oder Hobelspänen von Eichen, Pinien oder Tannen, um die Azidität des Bodens zu erhalten.

– verändert aus *Fruits and Berries for the Home Garden*

Heidelbeeren pflanzen und pflegen

Heidelbeerpflanzen werden im Container, wurzelnackt oder als Ballenware vermarktet. Sie können im Herbst gepflanzt werden, aber der Frühling ist in den meisten Regionen die beste Zeit. Pflanzen Sie, sobald der Boden bearbeitet werden kann, möglichst an einem wolkigen Nachmittag. Schneiden Sie bei wurzelnackter Ware alle beschädigten oder langen Wurzeln, die schwachen oder geknickten Triebe und alle Blütenknospen ab, da die Fruchtbildung im ersten Jahr das Wachstum des Strauches behindern kann.

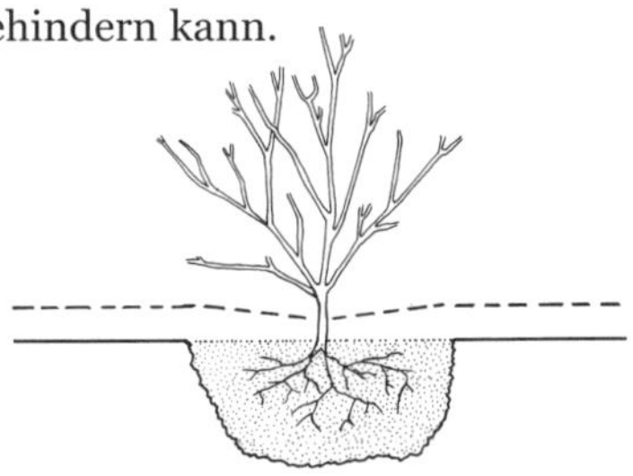

Schritt 1: Pflanzen Sie Ihre Sträucher 3 bis 5 cm tiefer, als dies in der Gärtnerei der Fall war, und 1,2 bis 1,6 m voneinander entfernt. Trennen Sie in großen Pflanzungen Sorten mit gleichen Erntezeiten nicht durch mehr als zwei Reihen andere Sorten.

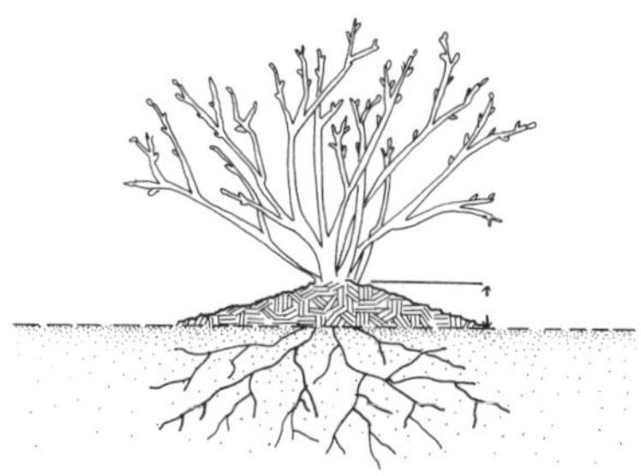

Schritt 2: Füllen Sie das Pflanzloch nach dem Einsetzen der Pflanze zu Dreiviertel mit Erde oder einer 50/50-Lehm-Torf-Mischung und Sand auf; überfluten Sie es dann mit Wasser. Füllen Sie nach dem Versickern des Wassers den Rest des Loches aus und stampfen Sie die Erde behutsam fest. Gießen Sie die Pflanze mit einem verdünnten Jungpflanzendünger und verteilen Sie eine Schicht sauren Mulch wie etwa Piniennadeln darüber.

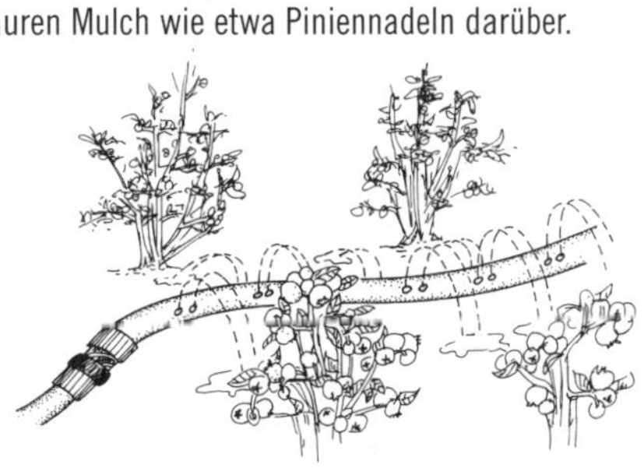

Schritt 3: Wenn Bewässerung nötig ist, gießen Sie in den frühen Morgenstunden, aber benetzen Sie den Strauch nicht, wenn die Beeren zu reifen beginnen. Sie können eine Tröpfchenbewässerung installieren oder einen Gartenschlauch verwenden. Geben Sie jedesmal 2,5 mm Wasser zu.

– aus *The Big Book of Gardening Skills*

Heidelbeerkuchen vom Feinsten

Wir backen diesen Lieblingskuchen immer während der Beerensaison und dann wieder in den Wintermonaten, wenn wir an einen Liter frische Beeren kommen. Die köstliche Konsistenz und der Geschmack, die aus der Kombination von rohen und gekochten Beeren resultieren, machen diesen Kuchen unvergleichlich.

Für den Teig:
250 g Mehl
150 g Butter oder Margarine
4 Teelöffel kaltes Wasser
1 Prise Salz
oder 500 g fertigen Mürbeteig
(gekühlt oder tiefgefroren)

Für den Belag:
170 g Kristallzucker
3 Eßlöffel Maisstärke
1 Messerspitze Salz
4 große Tassen Heidelbeeren
(frisch oder gefroren)
60 ml Wasser
1 Eßlöffel Butter
1 Eßlöffel Zitronensaft
Schlagsahne (je nach Geschmack)

Geben Sie das Mehl, das Salz und das in Würfel geschnittene Fett in eine Schüssel und verkrümeln Sie die Zutaten mit kalten Händen. Geben Sie das Wasser zu und verkneten Sie alles zu einem glatten Teig. Stellen Sie den Teig – zu einer Kugel geformt – für 30 Minuten in den Kühlschrank, bevor Sie ihn mit der Hand in eine runde Kuchenform (22 oder 24 cm Durchmesser) drücken. Backen Sie den Boden bei 180 °C etwa 20 Minuten.

Mischen Sie für den Belag Zucker, Maisstärke und Salz in einem mittelgroßen Stieltopf. Fügen Sie zwei Tassen frische oder aufgetaute Heidelbeeren und das Wasser zu und erwärmen Sie die Mischung unter stetigem Rühren bei mittlerer Hitze, bis sie kocht, eindickt und sich klärt. Nehmen Sie den Topf vom Herd und rühren Sie die Butter und den Zitronensaft unter, bevor Sie die Mischung abkühlen lassen.

Geben Sie die verbleibenden zwei Tassen Beeren auf den Kuchen und bedecken Sie sie mit der gekochten Mischung. Stellen Sie den Kuchen kalt, bevor Sie ihn mit Schlagsahne servieren.

– verändert aus *Fruits and Berries for the Home Garden*

JOHANNISBEEREN UND STACHELBEEREN

Beliebte Sorten

Rote Johannisbeeren

'Rovada' ist eine rote Standardsorte. Sie ist resistent gegen Mehltau und Rost. Die Beeren sind mittelgroß und hängen ab Mitte Juli in langen Trauben an den Sträuchern. Der Geschmack ist etwas säuerlich mit kräftigem Aroma.
'Jonkheer van Tets' ist eine sehr alte robuste Sorte und mit einem Pflücktermin ab Ende Juni eine der frühesten. Daher sind die Blüten auch spätfrostgefährdet. Die großen Früchte hängen an langen Trauben und sind dunkelrot und saftig. Leider ist sie etwas empfindlich für die Blattfallkrankheit.

Schwarze Johannisbeeren

'Ometa' ist eine wüchsige schwarze Sorte mit Resistenzen gegen Mehltau und Gallmilben. Die Beeren sind mittelgroß, süß, aromatisch und hängen an langen Trauben. Die Sorte ist mittelspät.
'Titania' ist eine der Hauptsorten und resistent gegenüber Blattfallkrankheit, Mehltau und Rost. Sie ist bedingt selbstbefruchtend und sollte deshalb nicht allein stehen. Die großen Beeren an mittellangen Trauben sind süß und mild. Die Sorte ist mittelfrüh.

Stachelbeeren

'Invicta' ist eine ertragreiche, mittelfrühe Sorte mit geringer Anfälligkeit für Mehltau und Blattfallkrankheit. Die mittelgroßen hellgrünen Früchte werden mit zunehmender Reifung gelber und süßer und lassen sich gut pflücken.
'Rokula' ist weitgehend mehltauresistent und gering anfällig für die Blattfallkrankheit. Die großen runden Beeren sind bräunlichrot, wohlschmeckend und sehr aromatisch. Sie können ab Mitte Juli geerntet werden. Aufgrund der frühen Blüte besteht Spätfrostgefährdung.

Johannisbeeren wachsen in Trauben von bis zu 30 Einzelbeeren.
Stachelbeeren hängen einzeln oder in kleinen Gruppen meist am einjährigen Holz.

Johannisbeeren und Stachelbeeren sind eng miteinander verwandt. Sie gehören der gleichen Pflanzengattung an. Die Beeren sind besonders zum Backen und für die Herstellung von Desserts, Marmeladen und Gelees beliebt. Sie lassen sich auch gut einfrieren, so daß Sie auch im Winter noch etwas Frisches, Fruchtiges auf den Tisch bringen können. Schwarze Johannisbeeren werden außerdem für den bekannten Cassis-Likör verwendet und als Beerenwein angesetzt.
Sowohl Johannisbeeren als auch Stachelbeeren können wie Himbeeren und Brombeeren am Draht als Spalier gezogen werden (siehe Seite 329). Die Drahthöhe sollte bei maximal 1,2 m liegen. Dies erleichtert die Ernte.

Johannisbeeren

Im Garten werden die Rote Johannisbeere *(Ribes rubrum)* mit roten und weißen Sorten und die Schwarze Johannisbeere *(Ribes nigrum)* kultiviert. Sie unterscheiden sich jedoch nicht nur in der Farbe, sondern auch im Wuchs, in der Befruchtung und in der Winterhärte, wie die Übersicht unten zeigt.
Beide Arten bevorzugen nährstoffreichen, humosen Boden. Die Sträucher werden bis zu 1,5 m hoch, sind robust und für unser Klima ausreichend winterhart.

Stachelbeeren

Stachelbeersträucher werden selten höher als 1 m und sind daher etwas kleiner als Johannisbeersträucher. Die Triebe sind – trotz des Namens Stachelbeere – mit Dornen besetzt, und auch die Früchte fühlen sich etwas picksig an. Es gibt jedoch auch dornenlose Sorten. Die Beeren werden im Juli und August reif und variieren in der Farbe je nach Sorte von Grün über Gelb bis glänzend Rot. Sie sind deutlich größer als Johannisbeeren und haben einen angenehm säuerlichen Geschmack, obwohl sie sehr viel Zucker enthalten. Stachelbeeren kann man wie Tomaten nachreifen lassen.
Stachelbeersträucher bevorzugen einen sonnigen bis leicht schattigen Standort. Auf nährstoffreichem, humosem und kalkhaltigem Boden gedeihen sie besonders gut. Auf vollsonnigen Standorten werden die Beeren süßer. Sie sind aber etwas empfindlich gegen Sonnenbrand. Staunässe und Trockenheit bekommen den Pflanzen nicht.
Pflanzen Sie Stachelbeersträucher im Abstand von 1,5 bis 2 m in tief gelockerten Boden und mulchen Sie mit Rindenmulch oder Stroh. Beim Schnitt ist zu beachten, daß Stachelbeeren wie Schwarze Johannisbeeren am einjährigen Holz fruchten. Daher wird auch der gleiche Pflegeschnitt ausgeführt.

Unterschiede zwischen Roten und Schwarzen Johannisbeeren

	Rote Johannisbeeren	Schwarze Johannisbeeren
Standort	sonnig und windgeschützt, kann aber auch etwas Schatten vertragen, allerdings bei geringerer Ernte und etwas weniger süßen Beeren	sonnig und windgeschützt
Pflanzabstand	1,5 bis 1,8 m	2 m
Fruchtbildung	tragen am zwei- bis dreijährigen Holz	tragen am einjährigen Holz
Befruchtung	selbstbefruchtend	meist selbstbefruchtend; die Ernte ist bei Fremdbestäubung deutlich höher (mind. zwei Stöcke pflanzen)
Pflegeschnitt	überjährige Triebe (dunkles Holz) bei der Ernte oder im Herbst herausschneiden; höchstens sieben Triebe erhalten, wobei alte um ein Drittel eingekürzt und zwei bis drei neue herangezogen werden	gleich nach der Ernte die Triebe bis auf acht bis zehn Triebe, davon drei Jungtriebe, zurückschneiden

Johannisbeeren und Stachelbeeren düngen

Die Sträucher werden zweimal jährlich gedüngt: im Frühjahr und nach der Ernte. Bei Schwarzen Johannisbeeren und Stachelbeeren bilden sich die Knospen schon im Herbst. Wichtig ist vor allem Stickstoff, der das Triebwachstum anregt – besonders wenn die Sträucher gemulcht sind, weil verrottender Mulch dem Boden Stickstoff entziehen kann.

Insbesondere im Frühjahr bietet sich der Eintrag von frischem Kompost an. Aber Vorsicht: Johannis- und Stachelbeeren sind Flachwurzler. Achten Sie darauf, daß Sie beim Harken die Wurzeln nicht beschädigen. Wenn Sie Komposttee gießen, sind Sie auf der sicheren Seite. Durch eine zusätzliche Gabe von 100 g Hornmehl je Strauch können Sie den Stickstoffbedarf abdecken. Wenn kein Kompost zur Verfügung steht, können Sie im Gartencenter oder im Baumarkt handelsüblichen Spezialdünger für Beerensträucher kaufen. Kombi-Dünger aus organischen und mineralischen Komponenten enthalten sowohl sofort für die Pflanze verfügbaren Stickstoff als auch organisches Substrat, das erst von den Bodenorganismen umgebaut werden muß, bevor die Nährstoffe von der Pflanze aufgenommen werden können. Diese Komponente wirkt daher zeitversetzt.

Hochstämme pflegen

Sowohl Johannisbeeren als auch Stachelbeeren werden auch als Hochstämme angeboten. Dank der sehr guten Winterhärte ist es auch bei starkem Frost nicht nötig, die Pflanzen „einzupacken", wie man dies von Rosenhochstämmen kennt. Dennoch müssen einige Dinge beachtet werden, damit Sie sich lange an der schmucken Form und den köstlichen Beeren erfreuen können.

- Pflanzen Sie Hochstämme am besten im August oder September. Dann haben die Wurzeln noch genug Zeit, sich vor dem Frost gut auszubreiten, und die Pflanzen kommen vital durch den Winter.
- Besonders bei Hochstämmen ist darauf zu achten, daß sie windgeschützt stehen, weil Sie leicht abbrechen können oder umgedrückt werden. Halten Sie einen Pflanzabstand von etwa 1,3 m zwischen den einzelnen Stämmen ein.
- Schlagen Sie vor dem Pflanzen mehrere stabile Metallstäbe oder einen Holzpfosten in den Boden, damit Sie die Pflanze abstützen können. So verhindern Sie, daß Sie beim Einschlagen die Wurzeln verletzen.
- Fixieren Sie die Hochstämme möglichst nicht unter, sondern in der Krone, sonst kann sie leicht abbrechen. Und ganz wichtig: Achten Sie darauf, daß das Befestigungsmaterial nicht einwächst. Locker gebundene robuste Textil- oder Lederstreifen sind besser geeignet als Draht.
- Beachten Sie auch beim Schnitt von Hochstämmen, daß Schwarze Johannisbeeren und Stachelbeeren an einjährigen Ästen, Rote Johannisbeeren aber an zwei- bis dreijährigen fruchten. Auslichten und Verjüngen ist besser als Einkürzen. Schneiden Sie deshalb wenn nötig die ältesten Äste heraus.
- Bei Beerenhochstämmen wurde – wie bei Rosenhochstämmen – die tragende Sorte auf eine geeignete Unterlage, meist eine robuste Wildform, aufgepfropft. Schneiden Sie alle Triebe, die über dem Boden oder in der Krone unterhalb der Pfropfstelle austreiben, konsequent ab, damit die Unterlage nicht durchwächst.
- Man kann aus einem alten Johannisbeer- oder Stachelbeerstrauch auch selbst einen Hochstamm ziehen. Wählen Sie den kräftigsten Hauptstamm aus, schneiden Sie alle Seitentriebe ab und kürzen Sie die Spitze ein, damit sie sich verzeigt. Sie brauchen allerdings eine Menge Geduld, bis daraus eine schöne Krone wird.

– Anita Heidenfelder

Johannisbeer- und Stachelbeerhochstämme (im Bild) sehen nicht nur elegant aus, sondern erleichtern auch das Ernten.

Die wichtigsten Krankheiten

Echter Mehltau: Die Hauptkrankheit bei Schwarzen Johannisbeer- und Stachelbeersträuchern ist der Echte Mehltau, aber auch der artenspezifische Amerikanische Stachelbeermehltau, beide durch Pilze verursacht. Schwülwarme Witterung begünstigt sie. Beim Kauf der Pflanzen sollten Sie besonders auf die Mehltauresistenz achten. Wenn sich dennoch Befall zeigt – erkennbar an dem erst weißen, später schwarzen Belag an den Triebspitzen –, müssen Sie die kranken Pflanzenteile abschneiden und aus dem Garten entfernen.

Blattfallkrankheit: Sie geht ebenfalls auf Pilzbefall zurück und tritt häufig bei Roten Johannisbeeren und Stachelbeeren auf, besonders bei feuchtwarmem Wetter. Zuerst zeigen sich bräunliche und schwarze Flecken auf den Blättern. Die Blattränder rollen sich nach oben, vertrocknen und fallen verfrüht ab. Dies kann schlimmstenfalls zu völliger Entlaubung im Hochsommer führen. Zwicken Sie befallene Blätter konsequent aus. Die Sporen des Pilzes überwintern im Fallaub. Dessen Entsorgen ist daher bei Anzeichen der Krankheit erstes Gebot. Zahlreiche robuste Sorten werden kaum infiziert.

– Anita Heidenfelder

Blattfallkrankheit an Roten Johannisbeeren.

Echter Mehltau an Stachelbeeren.

TRAUBEN

Der beste Dünger für Trauben

Die besten Dünger für Trauben sind gut verrotteter Mist oder Kompost mit einem hohen Gehalt an strohreichem Mist, die während der Vegetationsperiode als Mulch zugeführt werden. Bringen Sie im Herbst je Quadratmeter entweder 0,7 bis 1 kg Mistkompost oder reinen, gut verrotteten Mist auf. In den meisten Fällen ist kein weiterer Dünger nötig. Weinstöcke, denen Sie diese Behandlung regelmäßig zukommen lassen, bringen mindestens 30 Prozent mehr Trauben als solche, die mit handelsüblichen Präparaten gedüngt werden.

– aus *The Big Book of Gardening Secrets*

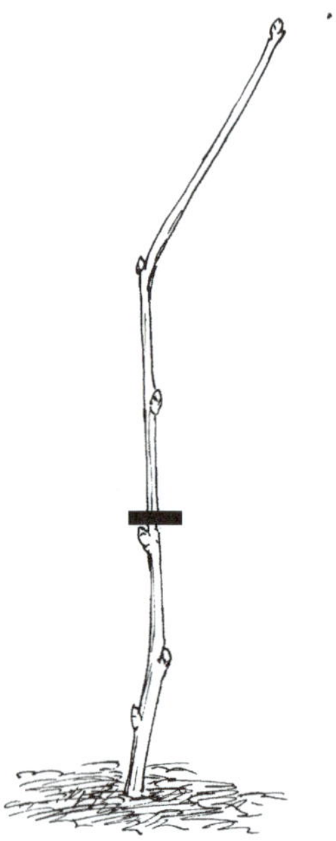

Schneiden Sie die Reben nach dem Pflanzen auf zwei oder drei Knospen.

Trauben stehen im Ruf, sie seien schwierig zu kultivieren. Viele Gärtner aus kühleren Regionen versuchen den Anbau erst gar nicht, doch manche Rebsorten gedeihen durchaus in Regionen, die auf den ersten Blick nicht dafür geeignet scheinen. Besonders Tafeltrauben im Spalieranbau sind in Deutschland auch in rauheren Gebieten im Norden und Süden verbreitet.

Reben brauchen zum Wachsen und Tragen reichlich Wärme und Sonne. Sie gehören zu den letzten Kulturen im Obstgarten, die im Frühjahr mit dem Wachstum einsetzen, und sie blühen viel später als alle Obstbäume. In kühleren Regionen im Norden und in Höhenlagen sollten sie einen warmen, geschützten Standort mit Morgen- und Mittagssonne haben. Sie können auch mit schwarzer Folie oder Schotter mulchen. Weinstöcke halten je nach Sorte Winterfröste von –15 bis –20 °C aus. Aber auch in Regionen, wo es häufig noch kälter wird, können Sie Weinstöcke pflanzen. Sie müssen dann allerdings im Spätherbst an der Veredelungsstelle als Schutz Erde aufhäufeln.

Bodenansprüche

Weinstöcke stellen geringe Ansprüche an den Boden. Sie gedeihen sowohl in gut wasserdurchlässigen, tiefen, fruchtbaren Lößböden als auch auf magereren Schiefer-, Kies-, Tonschiefer- und Sandböden. Kiesige, steinige Böden drainieren generell gut und stellen dem Weinstock Wärme zur Verfügung, die sie tagsüber speichern und nachts abgeben. Sehr trockene, sehr nasse und sehr schwere Böden sind ungünstig für Trauben. Magerere Böden bringen vergleichsweise bescheidene Erträge.

Wenn der Boden dies zuläßt, sollte der Weingarten vor dem Pflanzen tief durchgearbeitet werden, feinkrümelig und unkrautfrei sein. Allerdings besteht dann in Steillagen Erosionsgefahr. Eine rasche Begrünung zwischen den Reihen kann Abhilfe schaffen.

Wein- oder Tafeltrauben – die Sortenwahl

Bevor Sie an das Pflanzen gehen, müssen Sie sich entscheiden, wie Sie die Trauben nutzen möchten. Wenn Sie Ihre Ernte essen oder zu Marmeladen und Gelees verarbeiten möchten, brauchen Sie Tafeltrauben. Wenn Sie sich dagegen an der Herstellung von eigenem Wein versuchen wollen, sollten Sie eine entsprechende Rebsorte wählen. Sie können sich zwischen weißen, roten und blauen Trauben entscheiden.

Achten Sie bei der Sortenauswahl auch auf die Resistenzen, insbesondere gegen Mehltau. Es gibt pilztolerante Sorten, die deutlich weniger anfällig gegenüber Pilzkrankheiten sind. Dabei handelt es sich um Kreuzungen zwischen europäischen Reben und amerikanischen Wildarten. Die europäischen Edelsorten, die vor allem durch ihre Geschmacksqualitäten überzeugen, müssen Sie entweder mehrmals jährlich mit Fungiziden behandeln oder unter einem Glasdach anpflanzen und regelmäßig gießen, sonst haben Sie wenig Freude an Ihren Weinstöcken.

Für kühlere Anbaugebiete sind frühe bis mittelfrühe Sorten besser geeignet. Am besten ist es, sich vorab von einem Fachmann beraten zu lassen, um eine für Ihren Standort passende Rebe zu finden.

Weinstöcke pflanzen und stützen

In kühleren Regionen sollten Rebstöcke im Frühling gepflanzt werden, sobald sich die Erde bearbeiten läßt; in wärmeren können sie auch im Herbst gesetzt werden. Sie müssen sich vor den langen heißen Sommertagen am Standort etabliert haben.

Bestellen Sie Ihre Weinreben bei einer Rebschule oder Gärtnerei, die so nahe wie möglich liegt. Wählen Sie, wenn möglich, die Pflanzen selbst aus und holen Sie sie selbst ab. Am besten sind kräftige, stämmige einjährige Pflanzen mit einem großen, gleichmäßigen Wurzelsystem; zweijährige Pflanzen sind teurer und tragen auch nicht früher. Graben Sie ein Loch in den aufbereiteten Boden, das groß genug ist, um die in aller Regel schon beschnittenen Wurzeln der Rebe oder bei Topfreben den Wurzelballen bequem aufzunehmen. Verfestigen Sie die Erde um die Wurzeln gut, damit es zum

Bodenschluß kommt und die Pflanze nicht vertrocknet. Pflanzen Sie die Weinstöcke so, daß sich die Veredelungsstelle über dem Boden befindet. Schneiden Sie sie anschließend auf zwei oder drei sichtbare Knospen zurück. Im zeitigen Frühjahr, wenn der Boden feucht ist, muß nicht gegossen werden. Wird später gepflanzt, sollte je nach Witterung gut gewässert werden. Für die Folgejahre wird eine Stützvorrichtung benötigt.

Die meisten Rebsorten werden im Abstand von 1,0 bis 1,5 m in einer Reihe gesetzt. Je nach regionalen Klimabedingungen können die Reihenabstände unterschiedlich sein. Je kleiner die Abstände, desto stärker werden die Trauben von den gegenüberliegenden Stöcken beschattet. Im professionellen Weinbau sind Abstände von 1,8 bis 2 m üblich. In Grenzregionen des Anbaus können sie aber bis zu 2,5 m betragen, damit die Besonnung möglichst gleichmäßig ist.

– verändert aus *The Big Book of Gardening Skills*

Tip:
Beim Pflanzen mehrerer Stöcke für Tafeltrauben empfiehlt es sich, Sorten mit unterschiedlichen Reifezeitpunkten auszuwählen, um das Erntefenster zu erweitern.

Wichtiger Hinweis:
In Deutschland dürfen sogenannte Hobbyweinberge nicht größer als 100 m² sein und nur dem Eigenverbrauch dienen. Die Pflanzung solcher Anlagen ist der zuständigen Behörde zu melden.

Rebsorten für den Hausgarten

Europäische Sorte

Weißer Gutedel
Winterhärte/Eignung: kälteempfindlich, nur in geschützten Lagen
Anfälligkeit: anfällig für Mehltau, gering anfällig für Fäulepilze
Geschmack: leicht, frisch, fruchtbetont, meist trocken
Farbe: grüngelb, an der Sonnenseite gebräunt
Qualität: große Beeren mit dünner fester Haut an lockeren Trauben; gute Lagerfähigkeit
Reife: mittelspät
Verwendung: Tafeltraube, Wein

Kreuzungen zwischen europäischen und amerikanischen Sorten

Birstaler Muskat
Winterhärte/Eignung: gut, für kühlere Anbaugebiete
Anfälligkeit: hohe Pilzresistenz auch in nassen Jahren
Geschmack: fruchtig-süß mit feinem Muskataroma
Farbe: gelbgrün bis gelb
Qualität: mittelgroße Beeren, regelmäßiger Ertrag
Reife: früh, ab Anfang September, kann über vier bis sechs Wochen geerntet werden
Verwendung: Tafeltraube

Phoenix
Winterhärte: ab –17 °C gegen Frost schützen
Anfälligkeit: sehr gute Pilzresistenz
Geschmack: fruchtig, frisch, würzig, erinnert an Bacchus
Farbe: gelbgrün
Qualität: mittelgroße längliche Beeren in kompakten Trauben
Reife: mittelfrüh, ab Mitte September
Verwendung: Wein, auch zum Essen

Muscat Bleu
Winterhärte/Eignung: sehr gut, für kühlere Anbaugebiete und höhere Lagen
Anfälligkeit: hohe Mehltauresistenz; neigt zum Verrieseln
Geschmack: feinaromatisch, deutliches Muskataroma
Farbe: tiefblau
Qualität: große, lockere Trauben mit großen Beeren
Reife: früh, Mitte August bis Mitte September
Verwendung: Tafeltraube

Regent
Winterhärte/Eignung: ab –17 °C gegen Frost schützen; für ungünstigere, jedoch nicht kalte Lagen geeignet
Anfälligkeit: gute Pilzfestigkeit
Geschmack: kräftig, samtige Note, schmeckbares Tannin
Farbe: tiefblau
Qualität: mittelgroße lockere Trauben mit rundlichen, mittelgroßen Beeren, hohes Mostgewicht
Reife: früh
Verwendung: Wein, Saft, auch zum Essen

Magliasina
Winterhärte/Eignung: sehr gut, auch für weniger begünstigte Standorte
Anfälligkeit: sehr gute Pilzfestigkeit
Geschmack: süß, leichter, nicht unbedingt angenehmer Erdbeerton
Farbe: schwarzblau
Qualität: lockere Trauben mit mittelgroßen Beeren
Reife: mittelspät, ab Mitte September
Verwendung: Tafeltraube, hoher Zierwert

Amerikanische Sorten

Canadice
Winterhärte: sehr gut
Anfälligkeit: sehr gute Pilzfestigkeit
Geschmack: süß, fruchtig mit einer Spur Würze
Farbe: rot
Qualität: hervorragend, mittelgroße kernlose Beeren an großen Trauben
Reife: früh, Mitte August bis Ende September
Verwendung: Tafeltraube, Saft, Gelee, Wein

Boskoops Glory
Winterhärte/Eignung: sehr gut, auch für ungünstigere Lagen
Anfälligkeit: in ungünstigen Jahren etwas anfällig für Pilzkrankheiten
Geschmack: mild, wohlschmeckend
Farbe: dunkelblau
Qualität: mittelgroße bis große Beeren an großen lockeren Trauben; sicherer Ertrag
Reife: früh, Ende August bis Anfang September
Verwendung: Tafeltraube

Ontario
Winterhärte: sehr gut
Anfälligkeit: sehr gute Pilzfestigkeit
Geschmack: süß, sehr aromatisch
Farbe: blauviolett
Qualität: lockere gesunde Trauben mit großen ovalen Beeren
Reife: mittelspät, Mitte September bis Anfang Oktober; verlängerte Erntezeit, da sich die Trauben lange am Stock halten
Verwendung: Tafeltraube, selten Wein

– Anita Heidenfelder

Rebstöcke schneiden: die Halbbogenerziehung an Drahtrahmen

Der Schnitt ist ein sehr wichtiger Teil des Weinbaus, der nicht vernachlässigt werden darf. Weil Reben zu einem kräftigen Wuchs neigen, muß jedes Jahr viel Holz weggeschnitten werden. Verwahrloste Weinstöcke werden so dicht, daß die Sonne nicht dorthin scheinen kann, wo sich die Früchte bilden sollen. Am einfachsten ist es für Anfänger, die Reben hinter dem Haus an einem Drahtrahmen zu führen. Die sogenannte Halbbogenerziehung basiert auf zwei Biegedrähten unten und zwei doppelten Heftdrähten darüber. Das Prinzip dieses Rebschnitts besteht darin, daß immer die abgetragenen Bögen des Vorjahres entfernt und neue Bögen in Form von einjährigen Ruten gewonnen werden. Dabei sollte der Rebstamm nicht höher werden. Bei dieser Art der Erziehung kann jeder Weinstock 3 bis 5 kg (8 bis 15 Trauben) pro Jahr erzeugen. Überzählige Trauben müssen entfernt werden, sobald sich die Beeren entwickeln, weil ein Überbehang die Fruchtqualität mindern und die Pflanze schwächen würde. Auf diese Weise können Ihre Rebstöcke 50 Jahre und länger tragen.

Im ersten Jahr

Befestigen Sie 2,5 oder 3 mm dicke verzinkte Drähte zwischen Pfosten aus Holz, Metall oder stabilem Kunststoff und spannen Sie diese mit einem Ankerdraht ab, damit die waagerechten Drähte nicht durchhängen. Setzen Sie die Pflanze in die Mitte zwischen die Pfosten – bei mehreren Rebstöcken mit etwa 1,2 bis 1,5 m Abstand zwischen den Pflanzen und 1,8 bis 2,5 m zwischen den Zeilen.

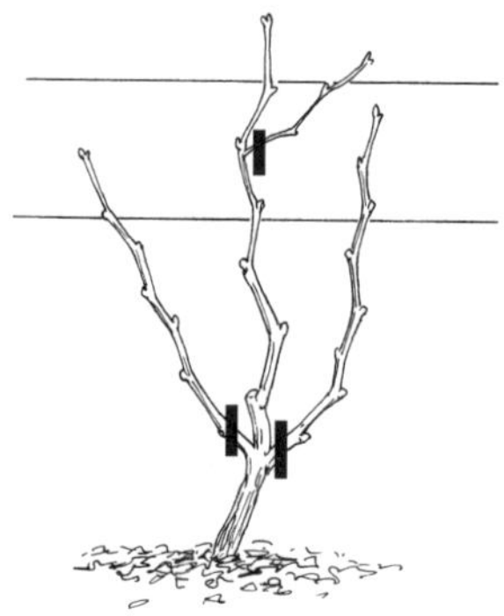

Schneiden Sie Wurzelreben nach dem Pflanzen so weit zurück, daß jede nur 12 bis 15 cm lang ist und nur zwei oder drei dicke Knospen hat, falls dies die Rebschule noch nicht erledigt hat. Dies regt das Wurzelwachstum an. Wenn Sie Topfreben gepflanzt haben, dürfen Sie diesen Rückschnitt nicht ausführen. Gießen Sie die Rebstöcke regelmäßig. Lassen Sie im ersten Jahr einen Trieb wachsen und ziehen Sie ihn an einem Pflanzstab hoch.

Im zweiten Jahr

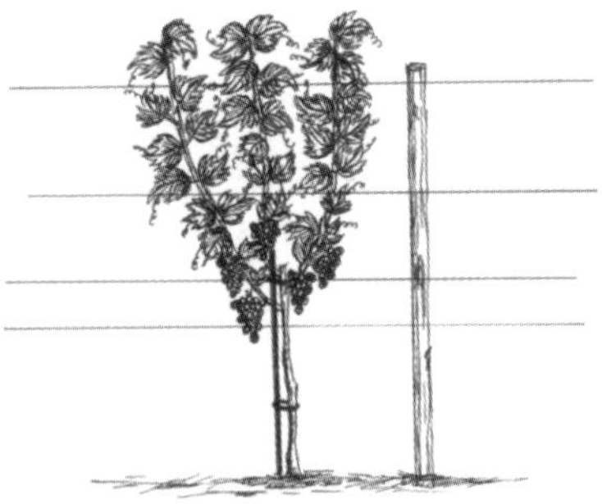

Schneiden Sie im Februar oder März, bevor die Knospen anzuschwellen beginnen, den Rebstock bis auf einen einzelnen Stamm ohne Verzweigungen zurück. Das fördert ein rascheres Wachstum. Lassen Sie während des Jahres drei Triebe nach oben wachsen und kürzen Sie sie ein, wenn sie über die Drähte hinausragen. Zwicken Sie alle weiteren Triebe aus. Zum Ende des zweiten Jahres hin sollte, wenn das Wachstum gut war, der Raum an den Drähten gefüllt sein.

Im dritten und vierten Jahr

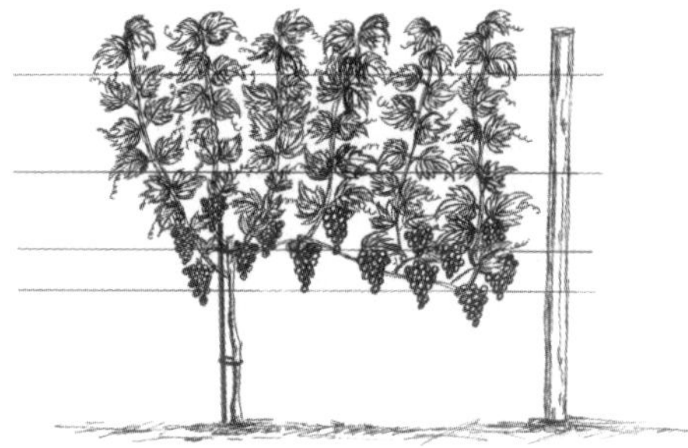

Schneiden Sie im Februar oder März des dritten Jahres alle Seitentriebe bis auf einen ab; das ist die Fruchtrute. Führen Sie diese in einem Bogen an den unteren Drähten entlang und binden Sie sie dort fest. Da manche Rebsorten leicht brechen, müssen Sie sehr vorsichtig zu Werke gehen. Sie können auch eine zweite Rute stehen stehen, die sie nach dem erfolgreichen Binden entfernen. Lassen Sie während des Jahres fünf bis sieben weitere Reben aus Knospen entlang der Bogrebe wachsen und ziehen Sie diese parallel zueinander an den Drähten hoch. Diese Triebe bringen an der Basis bereits erste Trauben. Lassen Sie aber nicht mehr als eine Traube pro Trieb ausreifen. Wenn sie über den oberen Draht hinauswachsen, kappen Sie sie. Beim Rebschnitt im vierten Jahr wird die vorjährige Fruchtrute entfernt. Der Trieb, der am nächsten am Stamm ist, bildet die neue Fruchtrute, die gebogen wird. Zur Sicherheit sollte stets noch ein kurzer Zapfen von maximal zwei Knospen in Stammnähe belassen werden, weil aus ihm meist brauchbare Ruten wachsen. Für den Zapfen wird eine weitere Rute in Stammnähe daher bis auf zwei Augen eingekürzt.
Im Sommer verfahren Sie so wie im dritten Jahr, es werden fünf bis sieben Triebe aus der gebogenen Fruchtrute in die Heftdrähte eingeheftet, auch ein bis zwei Triebe aus dem Zapfen werden belassen. Wird der Stock älter, so kann, je nach Platzangebot, die Rute etwas länger belassen werden, oder es werden zwei Ruten nach rechts und links gebogen. So läßt sich der Ertrag steigern.

– Text verändert von Anita Heidenfelder; Illustration und fachliche Beratung: Gerd Götz, Dienstleistungszentrum Ländlicher Raum Rheinland-Pfalz, Weinbauberatung

Jeff Cox zum Geheimnis guter Weine

Es gibt ein Bekenntnis unter weitgereisten Weintrinkern, wonach jeder Wein in der Region, aus der er kommt (und zu dem regionalen Essen), am besten schmeckt. Wenn das wahr ist, müssen selbstgemachte Weine am besten schmecken, wenn sie zuhause getrunken werden. Mit diesen mit wenig Aufwand hergestellten „Hausweinen" sind uns allerdings nicht viele Gipfelerfahrungen vergönnt.

Weinmacher sagen, das Geheimnis des Weins liege in den Trauben, aus denen er gemacht ist. Die Aufgabe des Kellermeisters sei es, die Charakteristika der Trauben zur Geltung zu bringen und in der Flasche zu konservieren. Jim Mitchell von den Sakonnet Vineyards in Rhode Island nennt folgende Grundsätze:

1. Die wichtigsten Voraussetzungen guter Weine sind: erstens die Rebsorte, zweitens das Klima, drittens der Boden und viertens die Fähigkeiten des Kellermeisters – in dieser Reihenfolge.
2. Die besten Weine werden an den nördlichen Anbaugrenzen der Rebsorten erzeugt.
3. Um große Weine entstehen zu lassen, muß der Rebstock „leiden" – vergleichbar einem Athleten.

Die Voraussetzungen für gute Weine sind folglich für den Hobbywinzer dieselben wie für kommerzielle Weingüter: Die richtige Rebsorte im richtigen Klima und Boden bewirkt das richtige Gleichgewicht aus Zucker, Säure, pH-Wert und Geschmackskomponenten. Wenn all diese Dinge zusammenkommen, können die Ergebnisse tatsächlich eindrucksvoll sein.

Wie auch immer Ihre Anbaufläche beschaffen ist: Es gibt eine dafür besonders geeignete Rebsorte, die den bestmöglichen Wein liefert. Diese Sorte müssen Sie herausfinden, lange bevor die ersten Flaschen in Ihrem Keller liegen.

– aus *From Vines to Wines* von Jeff Cox

Weingartenboden und Traubenqualität

Alle Reben haben eine Zuneigung zu Kies, Splitt, Schiefer oder steinigen Böden. Ein Grund, warum Steilhänge so gut für Reben sind, ist, daß die Erosion den Boden bis auf seine magersten, steinigsten Bestandteile abgeschwemmt hat. Die besten Flächen sind so unfruchtbar und steinig, daß ein Getreidebauer sie nicht geschenkt nehmen würde. Böden, die erstklassige Trauben (und feine Weine) hervorbringen, müssen eine Reihe Merkmale aufweisen, welche die Trauben gedeihen lassen. Hier sind einige:

- Gute Wasserdurchlässigkeit ist entscheidend. Reben mögen keine nassen Füße.
- Der pH-Wert muß für die Sorte passen.
- Ausreichend Bodentiefe: Der Boden sollte wegen der tiefwurzelnden Rebstöcke mindestens 75 cm durchwurzelbar sein. Die Wurzeln können aber mehrere Meter tief in rissiges Gestein eindringen.
- Angemessene Bodenvorbereitung: Lockern Sie den Boden, graben Sie ihn um und mischen Sie, wo dies möglich ist, die Bodenschichten auch unterhalb der normalen Bearbeitungstiefe durch.

Echter und Falscher Mehltau

Obwohl beide Krankheiten auf Pilze zurückzuführen sind und ähnlich heißen, unterscheiden sie sich in einigen wichtigen Punkten. Das wirkt sich auf die vorbeugenden Maßnahmen und auf die Bekämpfung aus.

Symptome: Echter Mehltau bildet einen mehligen grauweißen Belag auf der Blattoberseite und an den Trieben und Beeren. Wenn eine Rebe sehr früh im Jahr befallen wird, kann es auch zu gestauchten Trieben kommen. Die Beeren neigen zum Aufplatzen, so daß die Samen sichtbar werden. Falscher Mehltau zeigt sich zu Befallsbeginn als gelblichgrüne Flecken auf der Blattoberseite, später als weißgrauer Belag auf den Blattunterseiten. Im schlimmsten Fall werden die Blätter braun und vertrocknen, bevor sie ganz absterben. Bei einem Spätbefall werden die Beeren teilweise braun und trocknen ein (Lederbeeren).

Neuinfektion: Der Echte Mehltau überwintert als Myzel in Knospenschuppen. Schon hohe Luftfeuchtigkeit kombiniert mit Wärme kann zu einem Krankheitsausbruch führen. Der Falsche Mehltau bildet Wintersporen, die im Fallaub und im Boden überwintern. Eine Infektionsgefahr für die Rebe besteht vor allem bei hohen Temperaturen und nassem Boden, insbesondere nach Gewitterregen.

Vorbeugung: In erster Linie bietet sich die Auswahl mehltautoleranter Sorten an. Zudem ist schon bei der Gestaltung der Anlage und später bei der Pflege der Reben darauf zu achten, daß die Stöcke gut durchlüftet werden und das Laub rasch abtrocknen kann. Mit einer Kompostdüngung wird das Bodenleben gefördert und so der Abbau des Fallaubs beschleunigt und die Wintersporen des Falschen Mehltaus zerstört.

Bekämpfung: Beim Echten Mehltau hilft es, die ersten Befallsstellen konsequent herauszuschneiden und die Triebe zu vernichten. Ansonsten gilt: Gleich, ob ein Befall mit chemischen Fungiziden oder biologischen Präparaten bekämpft werden soll, es sind regelmäßige Spritzungen alle sechs bis zwölf Tage, je nach Befallsdruck, nötig. Kupferpräparate helfen gegen Falschen Mehltau. Schwefelhaltige Spritzmittel und Fenchelöl können gegen Echten Mehltau ausgebracht werden. Lassen Sie sich unbedingt von einem Fachmann beraten, denn nicht alle Mittel lassen sich in jedem Stadium anwenden oder miteinander kombinieren. Fragen Sie auch nach, wenn Sie sich bei der eindeutigen Bestimmung der Krankheit unsicher sind.

– Anita Heidenfelder

Echter Mehltau

Falscher Mehltau

OBSTBÄUME

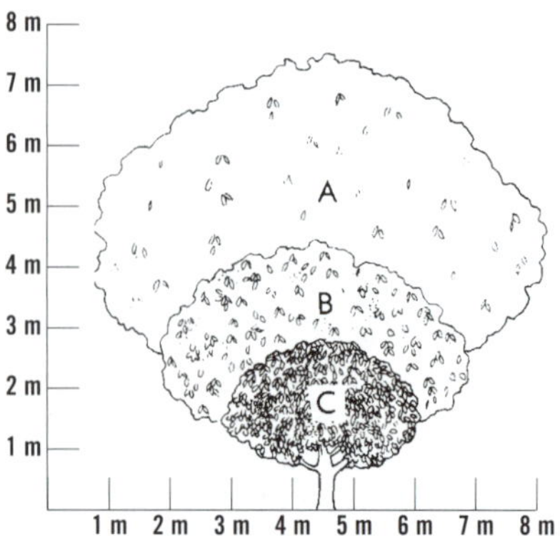

(a) Hochstamm, (b) Halbstamm, (c) Busch

Wie groß sind sie?

Die folgenden Maße sind die ungefähren Durchmesser einiger ausgewachsener Obstbäume. Lassen Sie beim Pflanzen genug zusätzlichen Raum, so daß Sie zwischen ihnen hindurchlaufen können und das Licht die ganze Krone jedes Baumes erreicht.

Obstbaum	Kronendurchmesser
Apfel	
Hochstamm	7,5 bis 10 m
Halbstamm	4,5 bis 6 m
Busch	2 bis 3 m
Aprikose	
Hochstamm	5,5 m
Busch	2,5 m
Birne	
Hochstamm	5,5 m
Busch	2,5 m
Kirsche	
Hochstamm	3 bis 5 m
Busch	2,5 bis 3 m
Pfirsich	
Hochstamm	5,5 m
Busch	2,5 m
Pflaume/Zwetschge	
Hochstamm	5,5 m
Busch	2,5 m
Quitte	3,5 m

Der eigene Obstgarten

Wenn Sie sich mit einem eigenen Obstgarten befassen, der höchstwahrscheinlich ein Leben und mehr überdauern wird, wollen Sie sicher alles richtig machen. Fehler, die am Anfang gemacht werden, pflegen zurückzukommen und uns zu verfolgen.

Auch wenn Sie nicht alles, was Sie pflanzen möchten, gleich im ersten Jahr einsetzen können, sollten Sie einen Plan aufstellen, damit Sie die geeignetsten Bäume am bestmöglichen Standort ziehen können. Bieten Sie Ihren Bäumen volle Sonne, viel Raum zum Wachsen und gut wasserdurchlässigen Boden.

Es empfiehlt sich, den Obstgarten vorher auf Papier aufzuzeichnen. Messen Sie zuerst den Bereich aus, auf dem Ihr Obstgarten entstehen soll, und übertragen Sie die Maße auf Millimeterpapier. Vermerken Sie Objekte, die Sie beim Anlegen berücksichtigen müssen, wie Gebäude, große Felsblöcke, Grundstücksgrenzen, Fußgängerwege, ungeeignete Nachbarpflanzen und alles, was Ihre Pflanzentscheidungen beeinflussen könnte.

Nachdem Sie die Obstarten sowie die Anzahl und den Wuchstyp der Bäume ausgewählt haben, die Sie pflanzen möchten, müssen Sie jeden Baum mit seinem Kronendurchmesser im ausgewachsenen Zustand einzeichnen. Lassen Sie genug Raum dazwischen, damit sie wachsen können, ohne einander zu bedrängen.

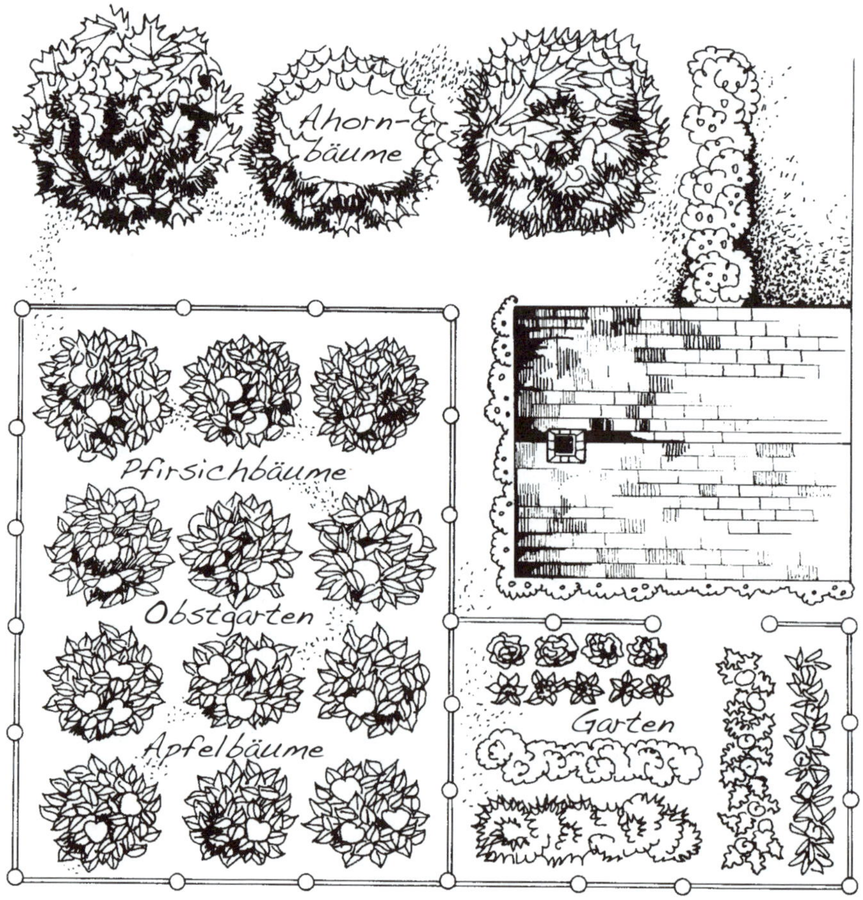

Skizzieren Sie Ihr gesamtes Grundstück – Haus, Gartenanlagen und bereits vorhandene Bäume inbegriffen – und planen Sie dann die Anordnung Ihres Obstgartens. Beachten Sie dabei auch, welche Bäume nahe beieinanderstehen müssen, um sich gegenseitig zu befruchten.

– aus *The Big Book of Gardening Skills*

Im Kleinen denken: Der Zwergobstgarten

Das Obst von Zwergbäumen – der sogenannten Buschform – ist mindestens genauso groß und schmackhaft wie das von Hochstämmen. Der grundlegende Unterschied zwischen Hochstämmen und Zwergbäumen ist ihre Wuchsform. Ein Zwergobstbaum wächst weniger kräftig als ein Hochstamm, ist im ausgewachsenen Zustand kleiner und beginnt früher – bereits ab dem zweiten Jahr nach dem Pflanzen – Blüten und Früchte zu bilden. Und es gibt noch weitere Vorteile: Auf der Fläche, die vier Hochstammapfelbäume brauchen, wenn sie im Abstand von 12 x 12 m gepflanzt werden, können Sie 30 bis 40 Zwergbäume pflanzen, ohne sie einzuengen. Das erlaubt es, frühe, mittelspäte und spätreifende Sorten zu pflanzen und so die Ernteperiode zu verlängern. Die makelloseren Früchte wachsen häufig an Zwergbäumen, weil die Pflege einfacher ist. Und man braucht keine Leiter: Sowohl der Schnitt als auch die Ernte können vom Boden aus erledigt werden.

Bekannte und bewährte Obstsorten

Apfel	Birne	Süß- und Sauerkirsche	Pflaume und Zwetschge	Pfirsich und Aprikose
Frühe Sorten				
Grahams Jubiläumsapfel, Jamba, Klarapfel, Piros, Retina	Bunte Julibirne, Clapps Liebling, Frühe von Treveux, Gute Graue, Rote Williams Christ, Weiße Williams Christ	**süß:** Burlat, Earlise, Kassins Frühe Herzkirsche, Georgia **sauer:** Heimanns Rubinweichsel, Ludwigs Frühe	**Pflaume:** Ontariopflaume, Opal, Unika **Zwetschge:** Bühler Frühzwetschge, Katinka, Tegera	**Pfirsich:** Amsden, Dixired, Früher Roter Ingelheimer, Red Haven **Aprikose:** Frühe Rosenmarille, Mombacher Frühe, Orangered
Mittelspäte Sorten				
Alkmene, Braeburn, Danziger Kantapfel, Dülmener Rosen, Gerlinde, Golden Delicious, Elstar, Gravensteiner, Rebella	Blutbirne, Deutsche Nationalbergamotte, Doppelte Philippsbirne, Kaiser Alexander	**süß:** Celeste, Oktavia, Sylvia, Summit, Techlovan, Van **sauer:** Koröser Weichsel, Morellenfeuer, Schattenmorelle	**Pflaume:** Haferpflaume, The Czar **Zwetschge:** Felsina, Hanita, Topfive	**Pfirsich:** Eiserner Kanzler, Revita, Weinbergpfirsich **Aprikose:** Gold Rich, Kuresia, Nancy
Späte Sorten				
Carola, Prinz Albert, Santana	Alexander Lukas, Concord, Conference, Köstliche von Charneux, Vereinsdechantsbirne	**süß:** Dönissens Gelbe Knorpel, Katalin, Regina, Schneiders Späte Knorpel **sauer:** Gerema	**Pflaume:** Kirkes, Königin Victoria **Zwetschge:** Anna Späth, Hauszwetschge, Harmona, Jojo, Top, Presenta	**Pfirsich:** Benedicte, Rekord aus Alfter, Roter Ellenstädter, Roter Weinbergpfirsich, South Haven **Aprikose:** Bergeron, Hargrand, Ungarische Beste
Lagersorten				
Goldjuwel, Pinova, Roter Berlepsch, Roter Boskoop, Topaz, Schweizer Orangen	Gräfin von Paris, Großer Katzenkopf, Jeanne d'Arc, Madame Verte, Novembra, Uta, Winterdechantsbirne	–	–	–

– verändert aus *The Big Book of Gardening Skills*

Obstbäume pflanzen in drei Schritten

Obstbäume werden im Herbst gepflanzt. Eine rasche Wurzelentwicklung ist wichtig für jeden neu gepflanzten Baum. Wenn Sie etwa Ende Oktober pflanzen, haben die Bäume noch genug Zeit zum Anwurzeln und treiben im Frühjahr kräftig aus. Ein im Herbst gepflanzter Baum wird Sie in den folgenden Jahren mit Körben voll köstlichen Obstes belohnen. Die ersten Früchte zeigen sich in einigen Fällen bereits im übernächsten Sommer.

Schritt 1: Weichen Sie wurzelnackte Pflanzen für mehrere Stunden in einem Eimer Wasser ein, damit sie sich vollsaugen können. Schneiden Sie vor dem Pflanzen die langen und ausgefransten Wurzeln auf 20 bis 30 cm zurück.
Wenn der Baum Äste hat, wählen Sie drei oder vier kräftige aus, die mindestens 60 cm über dem Boden liegen, und kürzen Sie sie um ein Drittel. Jeder sollte mit einer nach außen zeigenden Knospe enden. Schneiden Sie alle anderen Äste ab und kürzen Sie die Stammspitze oberhalb des höchsten Astes. Wenn der Baum keine Äste hat, wird der Stamm einfach bis auf 90 cm zurückgeschnitten.

Schritt 2: Fügen Sie einen Bodenverbesserer wie beispielsweise Knochenmehl (für eine gute Wurzelentwicklung) zu und kalken Sie (bei saurem Boden) über einen Bereich, der dem Durchmesser des ausgewachsenen Baumes entspricht. Graben Sie dann in der Mitte ein Loch und ordnen Sie die Wurzeln über einem kleinen Hügel in der Mitte des Pflanzlochs an. Justieren Sie die Höhe des Hügels so, daß Ihr Baum ungefähr 5 cm höher steht, als die Linie der alten Bodenoberfläche am Stamm zeigt. Wenn der Baum Äste hat, richten Sie ihn mit dem untersten Ast nach Südwesten aus. Wenn dieser Ast wächst, wird er den Stamm beschatten und die Gefahr eines Sonnenbrands verringern. Neigen Sie den Baum auf windexponierten Standorten leicht gegen die Hauptwindrichtung.

Schritt 3: Bewegen Sie den Baum leicht auf und ab, während Sie das Loch füllen, damit sich die Erde zwischen den Wurzeln absetzt. Legen Sie nach dem Verfüllen des Loches einen Erdwall rund um den Baumfuß an, um ein Auffangbecken für Wasser zu bilden – ein Radius von 60 cm rund um den Stamm sollte reichen. Streuen Sie Kompost oder Mist über dieses Auffangbecken und dann eine Schicht Stroh oder Laubmulch. Durchnässen Sie den Boden, damit er sich setzen kann und der Baum einen stabilen Stand bekommt. Gießen Sie einmal in der Woche großzügig, wenn der Boden trocken ist. Achten Sie darauf, das Auffangbecken sorgfältig zu jäten, weil Unkraut mit dem Baum um Nährstoffe und Wasser konkurriert.

– verändert aus *Gardening Techniques Illustrated*;
Text von Lee Reich; illustriert von Elayne Sears

Obstbäume veredeln

Das Veredeln ist die am häufigsten angewandte Methode zur Vermehrung von Obstbäumen. Es ist einfach das Zusammenfügen von zwei verschiedenen Pflanzen durch einen chirurgischen Eingriff. Jeder kann es tun, aber nur Pflanzen, die nahe verwandt sind, können erfolgreich miteinander veredelt werden.

Veredeln ist eine Methode, um schnell eine große Anzahl Bäume derselben Sorte anzusetzen. Es erlaubt dem Obstbauern, aus einer Vielfalt von Unterlagen zu wählen, die festlegen, ob der Baum eine Buschform, ein Halbstamm oder ein Hochstamm wird. Mit dem Veredeln kann außerdem festgelegt werden, in welchem Alter der Baum zu fruchten beginnt und wie gut er sich an bestimmte Boden- und Klimaverhältnisse anpaßt. Ein letzter und sehr wichtiger Grund ist der Aufbau von Resistenzen, die so von wenig anfälligen Wildsorten, die als Unterlage dienen, auf die gewünschte Edelsorte übertragen werden.

Die Spaltveredelung

Für Hobbygärtner ist die Spaltveredelung eine zweckmäßige und einfache Art der Veredelung. Sie können sie anwenden, um kleine Bäume zu veredeln oder um neue Sorten auf die Äste von großen Bäumen zu übertragen; dieses Verfahren heißt Gerüstveredelung.

Die beste Zeit zum Veredeln ist Ende April bis Mitte Mai, wenn die Blätter gerade ausgetrieben sind. Der Saft fließt um diese Zeit, so daß die Edelreiser weniger austrocknen dürften, bevor sie zu wachsen beginnen. Zum Veredeln brauchen Sie ein hochwertiges, scharfes Messer – das Sie vorher sterilisieren sollten –, etwas Bast oder speziellen Plastikfilm und Wachs oder Baumharz. Wählen Sie am besten einen Baum oder Ast zwischen 1,5 und 5 cm Durchmesser aus und folgen Sie dann diesen Schritten:

1. Schneiden Sie den Baum, den Sie als Unterlage verwenden möchten, ein paar Zentimeter über dem Boden ab. Wenn Sie einen Ast eines älteren Baumes veredeln möchten, können Sie diesen Ast an irgendeiner Stelle abschneiden, um die Veredelung durchzuführen. Setzen Sie den Schnitt so glatt wie möglich.
2. Schlitzen Sie mit einem Veredelungsmesser oder einem anderen scharfen Messer das abgeschnittene Ende in der Mitte je nach Größe des Astes etwa 2 bis 4 cm tief auf. Vermeiden Sie einen zu tiefen Schnitt.
3. Bereiten sie nun das Edelreis vor. Schneiden Sie ein Stück von einem Ast des Obstbaumes ab, den Sie vermehren möchten. Ein 5 bis 12 cm langes Edelreis mit höchstens zwei oder drei Knospen hat etwa die richtige Größe. Es sollte etwa denselben Durchmesser haben wie der Ast oder der Stamm, auf den veredelt werden soll, oder etwas dünner sein.
4. Verjüngen Sie nach dem Aufschlitzen der Unterlage die Schnittfläche des Edelreises zu einem Keil (nicht zu einer Spitze). Verwenden Sie ein scharfes Messer, damit die Schnitte glatt werden. Lassen Sie das Edelreis nicht fallen und berühren Sie mit den beschnittenen Kanten nichts, was infiziert sein könnte – nicht einmal Ihre Finger.
5. Hebeln Sie den Spalt in der Unterlage mit Ihrem Messer auf und schieben Sie das keilförmig zugespitzte Edelreis darin nach unten. Da das Edelreis und die Unterlage wahrscheinlich nicht exakt den gleichen Durchmesser haben, müssen Sie die Kambiumschichten auf einer Seite gewissenhaft aneinander anpassen. Das ist nötig, damit der Saft von der Unterlage in das Edelreis fließen kann.
6. Wenn das Edelreis exakt ausgerichtet ist, müssen Sie die Wunde bedecken, damit sie nicht durch die Luft ausgetrocknet werden kann. Normales Veredelungswachs ist das herkömmliche Material für den Wundverschluß. Dennoch bevorzugen viele ein handelsübliches Baumharz oder umwickeln die Verbindungsstelle mit Plastikfilm oder Gummiverbänden. Isolierband ist nicht so gut, weil es das Wachstum einschränkt.

Die Augenveredelung

Die Augenveredelung oder Okulation ist eine weitere Methode, die sich besonders für Veredelungen im Juli und August eignet.

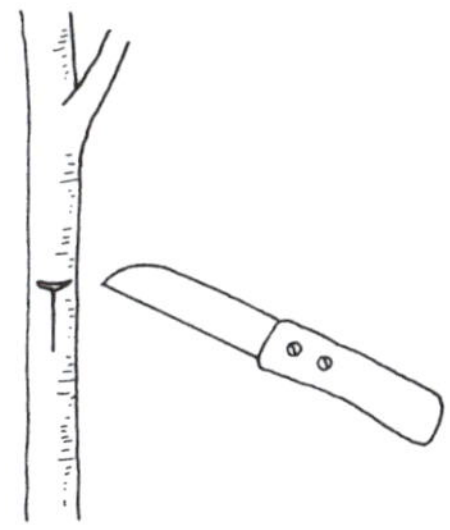

Schritt 1: Machen Sie einen T-förmigen Einschnitt so flach wie möglich in den Baum, der okuliert werden soll.

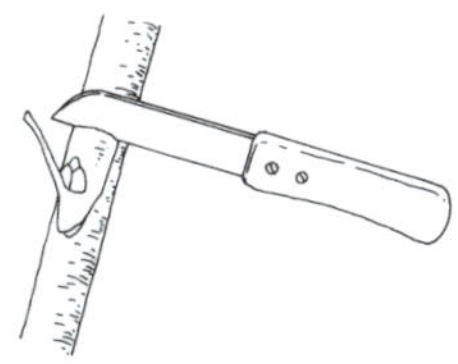

Schritt 2: Schneiden Sie ein kleines, schildförmiges Stück mit einer dicken Knospe und einem Blattstiel aus dem Baum, den Sie vermehren möchten.

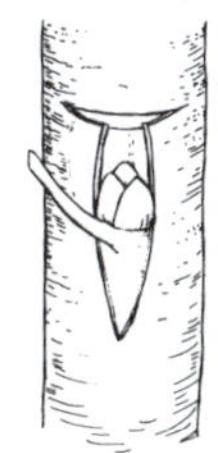

Schritt 3: Schlagen Sie die Klappen des T-Schnitts zurück und fügen Sie das schildförmige Stück ein, wobei Sie es an dem Blattstiel festhalten.

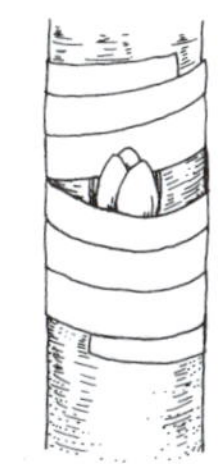

Schritt 4: Schließen Sie die Klappen und binden Sie die Knospe mit einer Okulette (einem mitwachsenden Gummiband) an Ort und Stelle fest. Den Blattstiel können Sie anschließend kürzen. Der ursprüngliche Haupttrieb wird im nächsten Frühjahr abgeschnitten.

Obstbaumschnitt in vier Schritten

Ein Baum, der seine endgültige Größe erreicht hat und Früchte trägt, benötigt einen regelmäßigen Rückschnitt, um gesund und produktiv zu bleiben. Zwar entfernen Sie einige Blütenknospen und damit potentielle Früchte, wenn Sie zurückschneiden, aber die Qualität der verbleibenden wird besser. Außerdem erhält der Rückschnitt das Gleichgewicht zwischen der Fruchtbildung und dem Wachstum. Nach einem Rückschnitt reagiert der Baum mit einer Fülle von belaubten Austrieben, die neues Fruchtholz schaffen und die sich entwickelnden Früchte ernähren.

Die beste Zeit für den Rückschnitt eines Baumes ist während der Winterruhe. Warten Sie dort, wo die Winter streng sind, bis nach dem Hochwinter, um Kälteschäden an den Schnittstellen zu vermeiden.

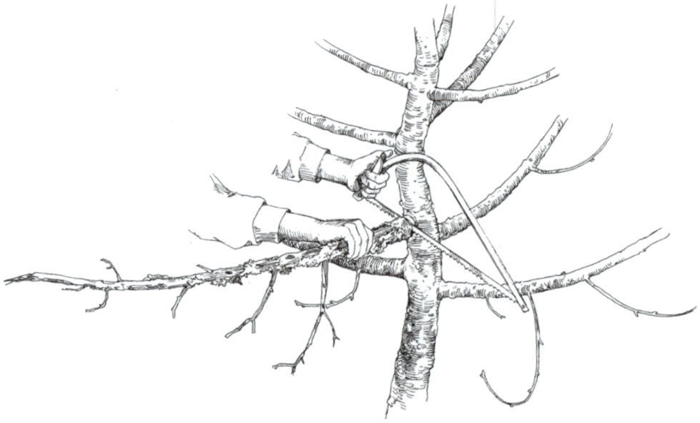

Schritt 1: Schneiden Sie abgestorbene oder gebrochene Äste am Stamm oder an einer gesunden Knospe ab. Prüfen Sie dann die Zweige und Äste auf Krankheitshinweise wie etwa dunkle, eingefallene Wunden oder schwarze Flecken von Pilzsporen. Schneiden Sie infiziertes Holz 15 cm vor dem erkrankten Bereich ab.

Schritt 2: Entfernen Sie große Äste an ihrem Ansatz oder schneiden Sie sie zurück bis zu kleinen gesunden Seitenästen. Kürzen Sie den Ast zuerst auf etwa 30 cm. Schneiden Sie anschließend den verbliebenen Teil nahe der Verzweigung leicht von unten an, bevor Sie ihn von oben absägen. Sägen Sie abschließend den Stummel ab, wobei Sie einen leichten Kragen lassen, um eine gute Heilung zu begünstigen.

Schritt 3: Nehmen Sie die meisten der Wassertriebe oder Wurzelschößlinge – übermäßig wüchsige, aufrecht stehende Äste, die nur ein paar minderwertige Früchte bringen und das Innere des Baumes beschatten – an ihrem Ansatz heraus. Wenn viele Wassertriebe vorhanden sind, können Sie ein paar ausgewählte stehen lassen, um den Baum vor Sonnenbrand zu schützen. Kürzen Sie außerdem Äste, die nach unten hängen, und entfernen Sie die ganz dünnen Zweige, die aus der Unterseite der Äste wachsen.

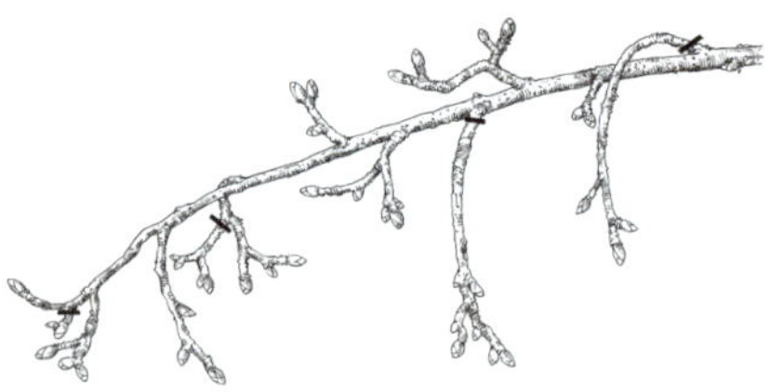

Schritt 4: Nur an Apfel- oder Birnbäumen müssen Sie zu dicht stehendes Fruchtholz ausdünnen – die dicken stummeligen Auswüchse, an denen diese Bäume die meisten ihrer Früchte tragen. Schneiden Sie die verbleibenden bis auf kräftige Knospen zurück, so daß die Früchte sich gleichmäßig, aber nicht zu dicht hängend an den Ästen verteilen.

– aus *Year-Round Gardening Projects,*
Text von Lee Reich; illustriert von Elayne Sears

Die Befruchtung unterstützen

Fast alle Obstbäume gedeihen mit einem Partner besser. Obwohl einige selbstbefruchtend sind, was bedeutet, daß ein einzelner Baum aus sich selbst heraus Früchte tragen kann, benötigen die meisten eine sogenannte Fremdbestäubung und einen Partner in der Nähe. Um sich gegenseitig bestäuben zu können, müssen die Bäume zur selben Gattung gehören. Weder können Äpfel Birnen bestäuben noch Birnen Pflaumen. Deshalb ist es meist nötig, von jeder Obstbaumart mindestens zwei verschiedene Sorten zu pflanzen.

Die meisten Zierpflanzen, Gemüsearten und Obstbäume werden von Insekten – vornehmlich von Bienen – bestäubt. Im Regelfall sollten Bienen nicht weiter als 150 bis 180 m fliegen müssen, um die Paarung von zwei Blüten zu bewirken.

Wenn nur eine Sorte eines Obstbaumes blüht und es nirgends in der Nachbarschaft eine passende Befruchtersorte gibt, tun wir folgendes: Wir fahren durch die Stadt zu einem verlassenen Hof, wo ein großer alter Birnbaum immer zur selben Zeit blüht wie unserer. Wir schneiden ein paar Äste ab, bringen sie nach Hause und stellen sie in einem Eimer Wasser unter unseren Birnbaum. Die Bienen übernehmen Pollen von dort.

Wenn Bienen rar sind, bestäuben wir manchmal einen Teil unserer Obstbäume selbst. Wir nehmen einen kleinen Künstlerpinsel und wischen den Pollen von den Blüten behutsam in eine Teetasse. Dann pinseln wir ihn vorsichtig auf die Blüten eines benachbarten Baumes.

Wenn Sie dies tun, müssen Sie die Äste markieren, um zu sehen, welche behandelt wurden. Wenn Sie die Energie haben, können Sie auch den ganzen Baum bestäuben. Es dauert nicht lange, einen kleinen Obstgarten mit Zwergbäumen zu bestäuben, weil Sie nur eine Blüte in einem Büschel bestäuben müssen.

Erntezeit im Obstgarten

Wie können Sie feststellen, wann eine Frucht reif ist? Die meisten Sorten fallen bald nach dem Reifen vom Baum. Eine Frucht ist daher erntebereit, sobald sie sich mit einer leichten Drehung vom Ast nehmen läßt. Die meisten Früchte verändern die Farbe, während sie reifen. Wenn Sie unsicher sind, ob ein Apfel oder eine Birne reif ist, schneiden Sie eine Frucht auf. Wenn die Samen dunkelbraun sind, ist sie reif zum Pflücken. Nur Birnen und Winteräpfel, die ihre Reifung im Lager abschließen, sollten gepflückt werden, bevor sie am Baum gereift sind.

Pflücken Sie wenn möglich an einem trockenen Tag. Wenn die Früchte feucht sind, könnten sie rasch anfangen zu verderben. Bringen Sie das Obst möglichst bald nach dem Pflücken an einen kühlen Ort.

Beim Kirschen- und Pflaumenpflücken kann man einfache Plastikeimer verwenden. Für Aprikosen, Pfirsiche, Nektarinen, Birnen und Äpfel bevorzugen wir Taschen, wie sie professionelle Obstbauern verwenden. Sie hängen wie Rucksäcke vor dem Bauch und sind leicht zu handhaben, auch wenn man von einer Leiter aus arbeitet. Man kann die Früchte in Körbe schütten, ohne sie zu verletzen oder die Tasche abzunehmen.

Pflücken Sie jede Frucht von Hand; schlagen oder schütteln Sie sie niemals vom Baum. Biegen Sie die Frucht leicht nach oben und drehen Sie sie behutsam. Wenn sie reif ist, läßt sich der Stiel einfach vom Baum lösen und bleibt an der Frucht. Ziehen Sie den Stiel niemals heraus, weil dann ein Loch zurückbleibt, in dem sich Fäule entwickelt.

– aus *Fruits and Berries for the Home Garden* von Lewis Hill

Befruchtungsanforderungen von Obstbäumen

Wenn Sie Ihre Obstbäume in der Baumschule kaufen, erhalten Sie auch detaillierte Informationen zur Befruchtung.

Äpfel: Zur Befruchtung werden zwei oder mehr verschiedene Sorten empfohlen. Wenn mehrere Apfelbäume derselben Sorte zusammengepflanzt sind, setzen Sie eine andere Sorte in die Nähe. Besonders geeignet sind unter anderem 'Alkmene', 'Berlepsch' und 'Pinova'.

Birnen: Für gute Erträge werden zwei oder mehr verschiedene Sorten empfohlen. Die Sorten 'Frühe von Trevoux', 'Conference' und 'Vereinsdechantsbirne' eignen sich besonders als Befruchtersorten.

Pfirsiche: Die meisten Pfirsichsorten sind selbstfruchtbar, aber bei Fremdbefruchtung sind in vielen Fällen die Erträge höher. Zur Sicherheit sollte man zwei verschiedene Sorten pflanzen.

Pflaumen: Es gibt unterschiedliche Arten von Pflaumen, etwa Zwetschgen, Edelpflaumen und Mirabellen. Zahlreiche Sorten sind selbstfruchtbar; einige benötigen aber auch Befruchtersorten.

Sauerkirschen: Sauerkirschen sind eine der wenigen Obstarten, die sich fast immer gut selbst befruchten. Deshalb brauchen Sie nur eine Sorte.

Süßkirschen: Es werden zwei oder mehr verschiedene Sorten benötigt. Nur einige neuere Sorten sind selbstfruchtbar. Sauerkirschen sind keine guten Befruchter für Süßkirschen, weil sie häufig zu verschiedenen Zeiten blühen.

– verändert aus
Fruits and Berries for the Home Garden

Ausdünnen – kleiner Trick, große Wirkung

Hier ist ein kleiner Trick, der bei Hobbygärtnern angewendet wird und um dessen Resultate Ihre Nachbarn Sie beneiden werden: Wenn Sie möchten, daß Ihr Baum die besten Früchte trägt und jedes Jahre hohe Erträge bringt, dünnen Sie einfach die kleinen Früchte aus, sobald sie Murmelgröße erreicht haben. Kraft und Energie des Baums werden in die verbleibenden Früchte geleitet, die dann viel größer werden. Pfirsiche, Äpfel, Birnen und großfruchtende Pflaumen profitieren alle vom Ausdünnen, aber machen Sie sich diese Mühe nicht bei Kirschen, Holzäpfeln, den kleinen Birnen zum Einkochen oder kleinfruchtenden Pflaumen. Wieviel sollen Sie auspflücken? Wir lassen gerne nur eine Frucht in einem Büschel und etwa 15 bis 18 cm zwischen den Früchten.
So schmerzlich es ist, vollkommen gute Äpfel, Birnen und Pfirsiche wegzuwerfen, Sie werden nicht mehr daran denken, wenn Sie später sehen, wieviel größer und schöner die Früchte sind, und wenn Sie feststellen, daß Sie sogar mehr Körbe voll verwertbarer Früchte als sonst haben.

– aus *Fruits and Berries for the Home Garden* von Lewis Hill

Biologische Schädlings- und Krankheitsbekämpfung

Wegen der möglichen gesundheitlichen und ökologischen Nebenwirkungen von Pflanzenschutzmitteln wurden viele Alternativen zu den gefährlichen Chemikalien populär. Das erste und Einfachste, was Sie tun können, wenn Sie ein unwillkommenes Insekt in Ihrem Obstgarten sehen, ist, es von Hand aufzusammeln und zu vernichten. Das hat normalerweise keine schädlichen Nebenwirkungen.

Fallen und Bänder

Eine Falle kann, abhängig davon, hinter welchem Insekt Sie her sind, ein Glas oder eine Tasse mit Sirup und Wasser, Essig oder auch Bier sein. Stellen Sie die Falle in die Nachbarschaft der Insekten, beobachten Sie sie gewissenhaft und entfernen und vernichten Sie die eingefangenen Insekten. Füllen Sie das Lockmittel wenn nötig auf.
Ein Band kann einfach ein gefalteter Stoffstreifen sein, der um den Baum gebunden wird. Wenn krabbelnde Insekten in dem Gewebe hängenbleiben, entfernen und vernichten Sie sie. Überprüfen Sie die Bänder regelmäßig; sonst können sie letztlich Schädlingen Unterschlupf bieten. Andere Bänder können aus Teerpappe hergestellt und mit klebrigen Materialien wie etwa Vaseline oder Sirup bestrichen werden. Sie stoppen krabbelnde Insekten. Auch klebrige Handelsprodukte wurden dafür entwickelt.

Pflanzliche Insektizide

Diverse Pflanzenteile werden zur Herstellung von Insektiziden verwendet. Obwohl pflanzliche Insektenbekämpfungsmittel relativ sicher sind, müssen Sie immer die Gebrauchsanweisungen befolgen.
Wirksame Mischungen können außerdem aus Kräutern und Pflanzen hergestellt werden, die Sie möglicherweise im Haus oder im Garten haben. Insekten meiden normalerweise starkriechende Kräuter wie Petersilie, Rainfarn, Knoblauch, Meerrettich und Wermut. Sie können ein Spray herstellen, indem Sie die Blätter zerreiben, etwas Seife und Wasser zugeben und die Mischung vor dem Abseihen ziehen lassen. Der Brei kann im Garten vergraben werden, um den Boden anzureichern und bodenbürtige Schädlinge abzuschrecken.
Wirksam gegen viele Insekten ist auch ein Kaltauszug aus Brennesseln. 300 bis 400 g Pflanzenmaterial wird mit 10 l Wasser angesetzt und immer wieder umgerührt. Stellen Sie den Eimer weitab vom Wohnhaus auf, denn der Sud riecht durchdringend. Nach zwei bis drei Tagen kann die Brühe durch ein altes Tuch abgeseiht und auf befallene Äste und Zweige gespritzt werden.
Pyrethrum stammt aus Pflanzen und wird gewöhnlich in handelsüblichen Insektiziden verwendet, weil es eine Vielzahl von Insekten abtötet. Es wird leicht abgewaschen und hat eine relativ geringe Giftigkeit, was sowohl gut als auch schlecht ist, weil es bedeutet, daß es regelmäßig aufgebracht werden muß, um nützlich zu sein. Da es aber bienengefährlich ist, sollte es erst verwendet werden, wenn die Bienen abends in ihren Stock zurückgekehrt sind.

Ölige Winterspritzmittel

Biogärtner verwenden ölhaltige Winterspritzmittel, um viele Schädlinge schon beim ersten Befall zu bekämpfen. Winterspritzmittel auf Paraffinöl- oder Rapsölbasis können bei vielen Gartencentern fertig gekauft oder zuhause aus 2 l Paraffin- oder Rapsöl mit ½ Tasse Flüssigwaschmittel gemischt werden. Mischen Sie bei Bedarf 1 Teil davon mit 20 Teilen Wasser und verwenden Sie es sofort, weil sich Öl und Wasser bei der Lagerung entmischen. Spritzen Sie Winterspritzmittel im zeitigen Frühjahr, bevor das Wachstum beginnt, auf die Stämme und Äste der Bäume.

Andere Spritzmittel

Handelsübliche Kaliseife aus der Apotheke hilft gegen viele Schädlinge. Auch eine Spritzbrühe aus Wasser mit einem kleinen Anteil Seifenflocken kann Läuse, Weiße Fliegen und andere Insekten entfernen.

Bacillus thuringiensis (Bt) ist ein Bakterium, das beißende Insekten wie Raupen und andere wurmähnliche Larven erkranken läßt. Die Insekten schlucken die Krankheitsorganismen zusammen mit den abgebissenen Blatthäppchen.

Abschleifende Substanzen

Kratzige Materialien können wirkungsvoll sein, wenn sie in Staubform auf Oberflächen aufgebracht werden, die Insekten häufig aufsuchen. Sie haben im allgemeinen keine giftigen Nebenwirkungen.

Kieselgur ist aus nadelspitzen Bruchstücken von Muschelschalen und Fossilien hergestellt. Wenn sie auf Blätter, Früchte und Zweige gestreut wird, zerkratzt und durchbohrt sie die Leiber von Maden und Raupen. Selbst wenn Schädlinge durch diese Wunden nicht abgetötet werden, wird sie das kratzige Material abweisen.

– verändert aus *The Big Book of Gardening Skills*

Häufige Insekten an Obstbäumen

Insekt	Befall an	Befallene Pflanzenteile
Blattlaus	alle Obstarten, besonders Apfel	Blätter, Früchte
Apfelfruchtfliege	Apfel	Früchte
Kleiner Frostspanner	alle Obstarten	Blätter
Kirschfruchtfliege	Kirsche	Früchte
Apfelwickler	Apfel, Birne	Früchte, Blätter
Fruchtschalenwickler	Apfel	junge Triebe, Früchte
Spinnmilbe	Apfel, Pfirsich, Pflaume, Nektarine	Früchte, Blätter
Pflaumenwickler	Pflaume, Aprikose, Pfirsich, Kirsche	Früchte
Birnenblattsauger	Birnen	Blätter
San-José-Schildlaus	alle Obstarten	Stamm, Zweige, Früchte, Blätter
Apfel-Gespinstmotte	Apfel, Birne	Blätter

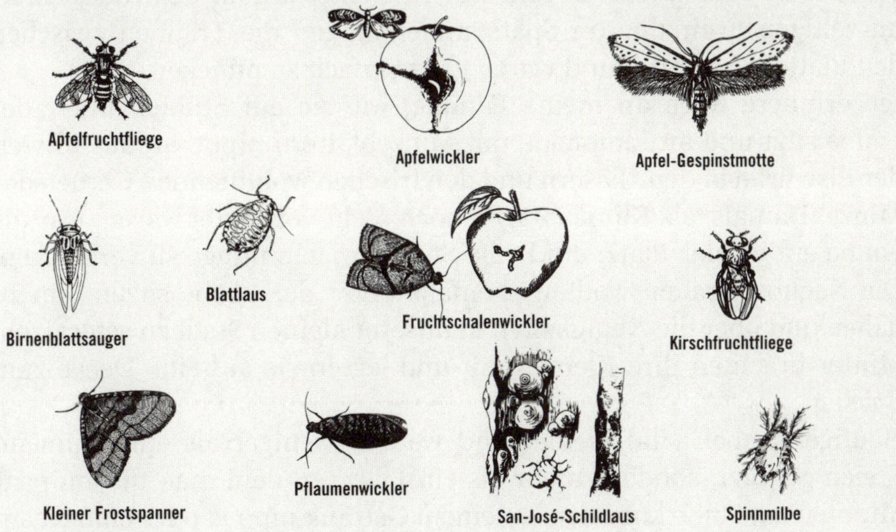

Nützlinge fördern

Eine große Hilfe bei der Bekämpfung von Schädlingen können Nützlinge sein. Wenn Sie den einen oder anderen Tip beherzigen, sparen Sie sich möglicherweise eine Menge Arbeit.

- Verwenden Sie möglichst keine handelsüblichen Insektizide. Viele sind für Nutzinsekten ebenso tödlich wie für Schädlinge.
- Verabschieden Sie sich von dem Gedanken, auch den letzten Schädling noch bekämpfen zu müssen. Eine kleine Kolonie Blattläuse hält beispielsweise die Marienkäfer in Ihrem Garten, die wiederum die Ausbreitung der Blattläuse regulieren.
- Viele Singvögel wie Meisen, Gartenrotschwänzchen und Kleiber ernähren sich von Schmetterlingsraupen und Käfermaden. Nistkästen für diese Vögel wirken als Einladung, in Ihren Garten zu kommen.
- Vergessen Sie die Nutzinsekten nicht. Viele Arten von Schlupfwespen, Florfliegen, Schwebfliegen, Raubwanzen, Laufkäfern und Gallmücken greifen entweder Schädlinge an oder legen ihre Eier in die Larven von Schädlingen. Es gibt unter den Insekten mindestens so viele „Gute“ wie „Böse“. Einige der Guten nehmen auch gern Insektenhotels (siehe Seite 309) in Anspruch.

– Anita Heidenfelder

18

LAUBEN UND SPALIERE

EINE WEINLAUBE BAUEN • EINEN ROSENBOGEN GESTALTEN
RANKENDE KULTUREN STÜTZEN
EIN RANKGERÜST AUS RUTEN BAUEN

Jim Long wuchs bereits mit der Liebe zur Form jener Äste auf, die sich unter der Schneelast oder schwer von den reifenden Früchten nach unten bogen. Mit sechs Jahren begann er mit flexiblen Ästen zu experimentieren, indem er Reben und junge Baumtriebe zu Gegenständen für Mutters Garten bog. Spaliere waren seine Lieblingsprojekte. „Beim Biegen von flexiblen Hölzern zu bestimmten Strukturen“, schreibt er in seinem Buch Making Bendwood Trellises, Arbors, Gates & Fences, *„ist es ganz wichtig, daß Sie nicht versuchen, ein perfektes, formvollendetes Aussehen zu erzielen. Die einzigartigen Wölbungen und Charakteristika der Äste, die Sie auswählen, sind Teil des rustikalen Charmes.“ Auf Seite 354 f. sehen Sie einen von Jims Entwürfen.*

Dies wird ein Jahr neuer Vorhaben auf unserem Anwesen, wobei die meisten den Hof und den Garten betreffen. Seit Jahren ziehen wir unsere Stangenbohnen an Tipigerüsten, um Platz im Garten zu sparen, Rückenverspannungen zu vermeiden und einen lustigen Schlupfwinkel für unsere Enkelkinder zu schaffen. Nun möchten wir noch einige hübsche Dinge hinzufügen und haben uns für natürliche Rankgerüste entschieden, die wir selbst aus jungen Gehölzen unseres Waldes bauen wollen: Wir haben ein Gartentor im Sinn, das durch einen Bogen aus Prunkwinden hervorgehoben wird, und einen Sitzbereich mit großzügig rankenden Weinreben, die Schatten spenden und gesunde Naschereien bieten. Jim Longs Reflexionen über den Sommer leiten das Kapitel ein.

– John & Martha Storey

Wenn ich an eine Laube denke, kommen mir die Weinlauben aus meiner Kindheit in den Sinn. Sie bestanden meist einfach aus ein paar langen Pfosten, die in den Boden gesetzt, oben mit Sparren verbunden und mit quer darüberliegenden Sprossen oder Leisten vervollständigt waren. An den Pfosten hinauf und dann über das ganze „Dach“ wurden Weinranken gezogen – eine praktische Anbaumethode und eine Erleichterung für den Rückschnitt im zeitigen Frühjahr. Im Spätsommer hingen die Trauben zwischen den Blättern herunter und waren ganz einfach zu pflücken.

Ich erinnere mich an meine Familie, wie sie auf Stühlen unter der Laube sitzt und an Limonade mit Minzeblättern nippt, an das Klirren der Eiswürfel in den Gläsern und den frischen wohltuenden Geruch der Minze. Damals, als Klimaanlagen noch nicht verbreitet waren, war die Laube ein idealer Platz, um heiße Sommernachmittage zu verbringen. Die Nachbarsfrauen wollten ebenfalls unter der Laube sitzen, um zu nähen und über die Neuigkeiten in unserer kleinen Stadt zu schwatzen. Mütter brachten ihre Kleinen mit und legten sie auf eine Decke zum Spielen.

Heutige Lauben sind kleiner und werden weniger als ein Raum im Freien genutzt, sondern mehr als ein Platz, an dem man für ein paar Minuten zur Ruhe kommen, an einem Getränk nippen oder einfach auf einer Bank sitzen kann.

Eine Weinlaube

Die Laube kann ortsfest mit Pfosten, die mittels Pfostenschuhen in Betonfundamenten verankert sind, errichtet werden. Sie kann aber auch transportabel gebaut sein, so daß Sie sie versetzen können, wenn Sie Ihren Garten umgestalten möchten.
Der Aufbau sollte aus langlebigem und feuchtigkeitsresistentem Material wie druckimprägniertem Holz errichtet werden. Verwenden Sie als Verbindungselemente Edelstahlnägel und -schrauben, um Verfärbungen zu vermeiden und eine wirklich dauerhafte Konstruktion zu erhalten.

Den Grundriß abstecken

Sobald Sie den Standort Ihrer Laube festgelegt haben, schlagen Sie zwei Pflöcke ein, um die Position der hinteren Pfosten zu markieren. Messen Sie die Position für die vorderen Pfosten aus und schlagen Sie ebenfalls zwei Pflöcke ein. Achten Sie darauf, daß die Pfosten genau positioniert sind, damit die Laube exakt rechteckig wird. Sie können das ermitteln, indem Sie die Diagonalen zwischen den Pflöcken ausmessen. Wenn sie nicht gleich lang sind, ist der Grundriß nicht rechteckig, und Sie müssen die Pflöcke versetzen.

Die Pfosten setzen

Graben Sie an den Standorten der Pflöcke die Löcher für die Pfosten. In kalten Gebieten, die eine tiefe Frostgrenze haben, sollten Sie einen Fachmann fragen, wie tief das Fundament für die Pfosten sein muß und ob Sie eine Armierung brauchen. Gießen Sie den Beton in die Löcher und setzen Sie die Pfostenschuhe hinein. Achten Sie dabei darauf, daß die Standfläche für die Pfosten in beiden Richtungen waagerecht ist. Sie können den Beton ein paar Zentimeter unter der Bodenoberfläche enden lassen und den Rest später mit Muttererde auffüllen, damit es natürlicher aussieht. Um sich das Mähen zu ersparen, können Sie Kies oder andere Materialien wie Rindenmulch auf den Boden der Laube auftragen.
Achten Sie auch darauf, daß die Pfostenschuhe im rechten Winkel zueinander sitzen, indem Sie eine Maurerschnur um die Außenkante führen und an der Schnur auf rechte Winkel prüfen. Lassen Sie den Beton trocknen.
Für eine versetzbare Laube können Sie Einschlaghülsen verwenden.
Die Innenhöhe der Laube ist eine Frage der Vorliebe. Der gezeigte Entwurf mißt vom Boden bis zur Unterseite der Dachleisten 1,9 m und 1,75 m vom Boden bis zur unteren Kante des vorderen und hinteren Sparrens. Ich empfehle 1,9 m lange Pfosten. Wenn Sie einen höheren Freiraum unter der Laube bevorzugen, müssen Sie entsprechend längere Pfosten kaufen.

Materialliste

4 Pfosten, 10 x 10 cm, 2,0 m lang
2 untere Seitenstreben, 10 x 5 cm, 1,2 m lang
2 seitliche Sparrenstützen, 10 x 5 cm, 1,3 m lang
1 hintere Absteifung, 10 x 5 cm, 2,15 m lang
2 Abstandhalter, 10 x 5 cm, 1,0 m lang, passend zugeschnitten
2 Sparren, 15 x 5 cm, 2,45 m lang
9 Dachleisten, 5 x 5 cm, 1,4 m lang
3 Bohlen für die Rückenlehne, 15 x 5 cm, 2,15 m lang
4 Sitzbretter, 15 x 5 cm, 1,95 m lang
1 hinteres Rankgitter (diagonale Lattung), 2,15 x 1,2 m
2 seitliche Rankgitter (diagonale Lattung), 1,45 x 1,2 m
4 Pfostenschuhe oder Einschlaghülsen (versetzbar)
Edelstrahlschrauben in den Größen 6,0 x 100, 5,0 x 80 und 4,5 x 60
Edelstahlnägel, 40 mm lang

Benötigte Werkzeuge

- Hammer
- Maurerschnur
- Winkel
- Wasserwaage
- Handsäge oder Kettensäge
- Tischkreissäge oder Kappsäge oder Handkreissäge
- Stichsäge
- Arbeitsböcke
- Bohrmaschine mit Bits

Für einige der Arbeiten werden Sie wahrscheinlich einen Helfer brauchen.

Diese Laube bietet Kletterpflanzen wie Wein, Glyzinie, Clematis und Kletterrosen eine stabile Stütze und ist gleichzeitig ein angenehmer schattiger Ruheplatz in Ihrem Garten oder Hof.

– verändert aus *64 Yard & Garden Projects You Can Build Yourself* von Monte Burch

EINE WEINLAUBE BAUEN

Setzen Sie die Pfosten in die Pfostenschuhe oder Einschlaghülsen, loten Sie sie in beide Richtungen aus und schrauben Sie sie in den Metallschuhen fest. Wenn Sie die Pfosten gesetzt haben, messen Sie an dem Pfosten, der an der tiefsten Stelle steht (falls die Geländeoberfläche nicht ganz eben ist), die genaue Höhe ab. Nehmen Sie eine lange Wasserwaage und ein gerades Brett, um dieselbe Höhe an den anderen Pfosten zu markieren. Zeichnen Sie mit Hilfe eines Winkels diese Höhe rund um die drei höher gelegenen Pfosten an und schneiden Sie diese Pfosten mit einer Handsäge oder einer Kettensäge an der Markierung ab.

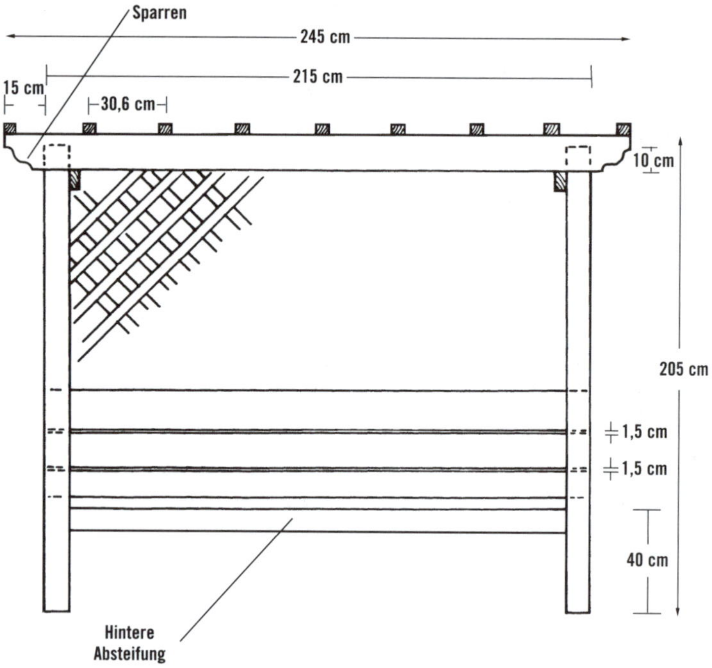

Rückansicht

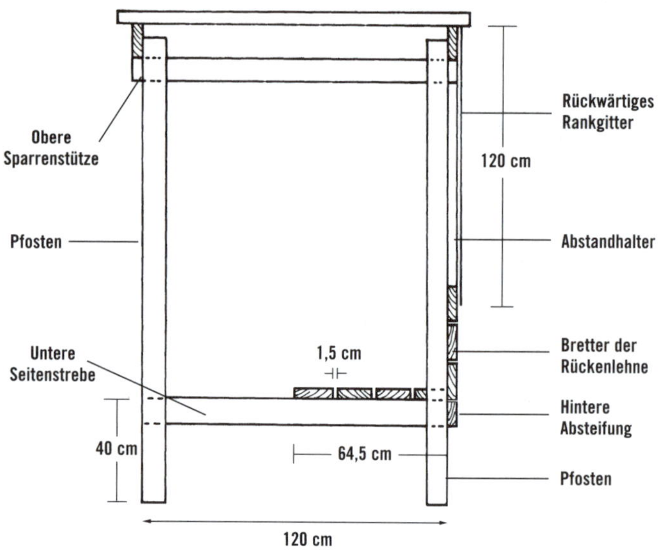

Seitenansicht

Die Stützen, Sparren und Seitenstreben zuschneiden

Längen Sie die seitlichen Sparrenstützen ab und befestigen Sie sie mit 6,0x100-Edelstahlschrauben oben an der Innenseite der Pfosten. Die Sparrenstützen sollten 10 cm unterhalb des oberen Endes der Pfosten angebracht werden und seitlich je 5 cm über die Pfosten hinausragen. Schneiden Sie den vorderen und den hinteren Sparren auf die richtige Länge zu. Vergrößern Sie die karierte Zeichenvorlage (Bild rechts) für die Enden, übertragen Sie sie auf die Sparren und schneiden Sie diese mit einer leistungsstarken Stichsäge in Form. Plazieren Sie diese Sparren an der Vorder- und der Rückseite auf den vorher angebrachten Stützen und befestigen Sie sie mit 6,0x100-Edelstahlschrauben an den Pfosten. Sägen Sie die unteren Seitenstreben auf die richtige Länge zu und befestigen Sie sie mit 6,0x100-Edelstahlschrauben an der Innenseite der Pfosten, mit der Oberkante etwa 40 cm über dem Boden. Wenn Sie das Stück für die untere rückwärtige Absteifung ablängen, denken Sie daran, daß es bis an die äußeren Kanten der hinteren Pfosten reicht. Befestigen Sie die Absteifung mit der Unterkante bündig zu den zwei Seitenstreben und schrauben Sie sie mit 6,0x100-Edelstahlschrauben sowohl an den Pfosten als auch an den unteren Seitenstreben fest.

Die Sitzbretter anfertigen

Längen Sie die Bretter für die Rückenlehne ab und schrauben Sie sie ein, wobei Sie zur unteren Absteifung und zwischen den Brettern einen Abstand von je 1,5 cm einhalten. Die 5x10-cm-Abstandhalter müssen nach Maß abgeschnitten und zwischen der hinteren Sparre und dem oberen Brett der Rückenlehne eingepaßt werden. Schrauben Sie sie mit 6,0x100-Edelstahlschrauben an der Rückseite der hinteren Pfosten fest. Sägen Sie die Sitzbretter auf die genaue Länge zu und befestigen Sie sie mit 6,0x100-Edelstahlschrauben an den unteren Seitenstreben, wobei sie ebenfalls jeweils eine Abstand von 1,5 cm einhalten sollten.

Rankgitter

Die Rückseite und die Seiten sind mit druckimprägnierten Rankgittern versehen, die es 1,8 m hoch und in verschiedenen Breiten gibt. Sie können schwierig zu bearbeiten und zu schneiden sein. Die Gitter können beim Einbau sehr leicht splittern oder brechen. Lehnen Sie sie zum Lagern an eine flache, glatte Oberfläche.

Zum Einpassen sollten sie folgendermaßen geschnitten werden: Stellen Sie zwei Arbeitsböcke im Abstand von 1,5 m auf und legen Sie vier mindestens 1,8 m lange Abfalleisten darüber, welche die Gitter stützen. Messen Sie die Schnitte auf den Gittern ab und markieren Sie sie mit einer langen Meßlatte quer über die Gitter. Verwenden Sie zum Durchschneiden des Gitters eine Handkreissäge mit einem Blatt, das so eingerichtet ist, daß es das Rankgitter durchläuft, ohne zu tief in die Stützleisten einzudringen. Sägen Sie erst zum Schluß den Rahmen durch. Wenn Sie keine Stützleisten verwenden, kann sich das Gitter verbiegen, hinunterfallen und dabei in Stücke zerbrechen, oder das Sägeblatt kann sich verfangen und eine gefährliche Rückschlagsituation verursachen. Sogar mit Stützen müssen Sie genau darauf achten, daß der Sägeschuh vorn nicht unter die diagonalen Leisten gleitet und sich verhakt, während Sie die Säge vorwärts rücken. Arbeiten Sie langsam.

Schneiden Sie zuerst das rückwärtige Rankgitter zu, um es der Länge nach einzupassen. Es darf beim Einpassen nicht aufgerissen werden. Wenn Sie keine ausreichend breites Rankgitter bekommen, müssen Sie zwei Gitter so zuschneiden, daß sich die Rahmen beider Gitter genau in der Mitte treffen. Befestigen Sie das Rankgitter mit 5,0x80-Edelstahlschrauben mit jeder Ecke am hinteren Sparren und am oberen Brett der Rückenlehnen, um es stabil zu stützen. Messen Sie vor dem Zuschneiden des Seitengitters sorgfältig zwischen den Seitenpfosten, sowohl oben als auch unten, um sicherzugehen, daß Sie das Gitter schmal genug schneiden, um es genau einzupassen. Schneiden Sie erst das eine Gitter zu und befestigen Sie es, bevor Sie das gegenüberliegende zuschneiden und anbringen. Spannen Sie beide Gitter mit 5,0x80-Edelstahlschrauben entlang der oberen und der unteren Streben ab.

Letzte Hand anlegen

Schneiden Sie mit einer Handkreissäge und einer Führungsschiene 2,5 cm dicke Leisten für die äußeren vorderen und die hinteren Gitterhalterungen zu. Einfacher ist es, ein behandeltes 2,5x10-cm-Brett zu kaufen und in 2,5 cm breite Streifen zu sägen. Schneiden Sie diese Halteleisten auf die genaue Länge zu und befestigen Sie sie an der Innenseite auf den Pfosten, so daß sie gegen das Gitter stoßen. Achten Sie darauf, daß Sie das Gitter nicht wegdrücken. Schrauben Sie die Halteleisten mit 4,5x60-Edelstahlschrauben im Abstand von 15 cm an und befestigen Sie anschließend die Gitter mit 4 cm langen Edelstahlnägeln von der Innenseite.

Sie können Ihre Weinlaube beizen, bemalen oder einfach mit einem Schutzanstrich versehen. Dann ist es Zeit, sich ein Kissen zu nehmen und ein erstes Nickerchen darin zu halten.

– verändert aus *64 Yard & Garden Projects You Can Build Yourself* von Monte Burch

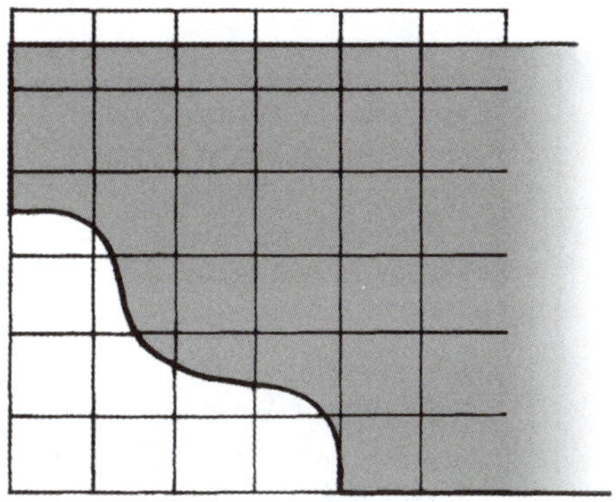

Muster für die Enden der Sparren
(Jedes Quadrat hat 2,5 cm Seitenlänge)

EINEN ROSENBOGEN GESTALTEN

Rosenbögen sind ein traditioneller Gartenschmuck, an dem man viele Jahre Freude haben kann.

Materialliste

- 4 Pfosten, 10 x 10 cm, 2,45 m lang
- 8 Bogenstücke, 14 x 3,5 cm, 48 cm lang, passend zugeschnitten
- 2 obere Seitenquerstreben, 10 x 5 cm, 73 cm lang
- 3 obere Bogenquerstreben, 10 x 5 cm, 73 cm lang
- 2 untere Seitenquerstreben, 10 x 5 cm, 60 cm lang
- 8 obere und untere horizontale Gitterhalteleisten, 2,5 x 2 cm, 60 cm lang
- 8 vertikale Gitterhalteleisten, 2,5 x 2 cm, 2,25 m lang
- 2 behandelte Rankgitter, 60 x 225 cm
- 4 Winkelverbinder, 10 x 10 cm
- 4 Pfostenschuhe oder Einschlaghülsen
- Edelstrahlschrauben in den Größen 6,0 x 120, 5,0 x 80 und 4,5 x 60
- Edelstahlnägel, 40 mm lang
- Holzdübel

Benötigte Werkzeuge

Leistungsstarke Stichsäge oder Bandsäge ■ Zirkel ■ Meßlatte ■ Dübelbohrlehre Hammer ■ Zimmermannswinkel oder Kombinationswinkel ■ Handsäge Handkreissäge ■ Winkelmesser Wasserwaage ■ wasserbeständiger Dispersionsleim ■ Bohrmaschine mit 2-mm-Bohrer und Bits

Kletterrosen

Genau genommen gibt es keine Kletterrosen, weil keine Rose Ranken besitzt, mit denen sie sich selbständig an einer senkrechten Oberfläche festhalten könnte. Aber bestimmte Rosen wachsen mit besonders langen Trieben, und diese Pflanzen können atemberaubend schön sein, wenn sie an Spalieren, Lauben, Wänden, Zäunen oder ähnlichem gezogen werden. Hier sind einige Tips, wie man sie schön und gesund erhält:

- **Binden Sie nach Bedarf.** Binden Sie die Triebe mit Schnur oder Stoffstreifen von 20 bis 25 cm Länge an. Binden Sie das Material zuerst fest um die Stütze, anschließend sehr locker um den Ast.
- **Lassen Sie die Triebe nach außen wachsen.** Rosen blühen am besten an horizontalen, nicht an vertikalen Trieben.
- **Schneiden Sie im Frühjahr leicht zurück.** Öfterblühende Kletterrosen bilden ihre schönsten Blüten am jüngsten Holz. Schneiden Sie zu Frühjahrsbeginn jeden Haupttrieb so zurück, daß jeweils drei oder vier Knospen bleiben. Einmalblühende werden direkt nach der Blüte geschnitten. Kürzen Sie die längsten Triebe bis auf etwa ein Drittel ihrer Länge. Setzen Sie die Schere schräg an.
- **Entfernen Sie die Blüten, wie sie verblühen.** Schneiden Sie genau über einem fünfteiligen Blatt.
- **Schneiden Sie altes Holz ab.** Entfernen Sie alle Triebe mit harter, baumähnlicher Rinde.

In Kapitel 11 erfahren Sie mehr über Rosen.

Ein Bogen für Rosen

Ein Rosenbogen kann allein stehen oder mit einem Zaun oder Tor verbunden sein. Dieser Entwurf ist recht einfach zu bauen. Jeder Bogen wird aus vier verdübelten 14x3,5-cm-Brettern errichtet.

Den Bogen zusammenfügen

Zeichnen Sie zum Zuschneiden der Bogenstücke ein 1:1-Muster auf einen großen Karton auf. Ein großer Zirkel ist dafür nützlich, aber ein provisorischer Zirkel aus Schnur, Bleistift und Nagel zum Verankern der Schnur auf dem Karton tut es auch.

Messen Sie mit einer Meßlatte eine Linie auf dem unteren Teil Ihres Kartons aus und zeichnen Sie sie genauso lang, wie der Gesamtabstand von einem äußeren Ende des Bogens zum anderen werden soll. Der Bogen in der Zeichnung ist 1,2 m breit. Positionieren Sie die Spitze des Zirkels (oder den an ein Stück Schnur gebundenen Nagel) in der Mitte der Grundlinie. Ziehen Sie den anderen Schenkel bis auf einen Endpunkt auf dem äußeren Radius (die Hälfte der Gesamtlänge der Grundlinie) aus, um den gewünschten Bogen zu erhalten. Halten Sie die Spitze in der Mitte ruhig und reißen Sie den äußeren Bogen von einem Ende der Grundlinie zur anderen an. Setzen Sie dann den Schenkel mit der Mine auf den inneren Radiuspunkt Ihres Bogens (14 cm innerhalb des äußeren Punkts) und ziehen Sie diesen Bogen. Teilen Sie den Bogen mithilfe des Winkelmessers in vier Winkelsegmente von je 45° ein (siehe Zeichnung der Vorderansicht). Diese vier Abschnitte werden einzeln zugeschnitten und dann mit Holzdübeln verbunden. Verwenden Sie die Bogenvorlage, um die einzelnen Stücke (vier für jeden Bogen) mit einer Stich- oder Bandsäge auszuschneiden.

Verwenden Sie die Dübelbohrlehre, um die Stecklöcher exakt in die Enden der Winkelstücke zu bohren. Bestreichen Sie anschließend jeden Dübel und die Fügeflächen mit Dispersionsleim. Drücken Sie auch Leim in die Stecklöcher, bevor Sie die Dübel in das eine Segment klopfen und das zweite Segment daran anschließen. Fügen Sie zuerst je zwei Elemente eines jeden Bogens zusammen und verbinden Sie dann diese beiden Hälften miteinander. Die komplette Baugruppe kann mit großen Schraubzwingen und einem 10x5-cm-Kantholz am unteren Ende des Bogens entlang eingespannt werden.

Wenn der Bogen zusammengefügt ist, können Sie den Abstand zwischen den unteren Enden messen. Das ist der genaue Abstand, in dem die Pfosten gesetzt werden müssen. Sie müssen also zuerst die Bögen zusammensetzen, weil nur so die Pfosten exakt positioniert werden können.

Die Pfosten setzen

Markieren Sie den Abstand der Pfosten und graben Sie die Löcher, wenn Sie Pfostenschuhe einbetonieren möchten. Ansonsten können Sie auch Einschlaghülsen verwenden. Betten Sie die Pfostenschuhe in den Beton ein und achten Sie darauf, daß sie nach allen Seiten lotrecht sind. Messen Sie noch einmal, um sicherzugehen, daß die Bögen genau auf die Pfosten passen. Sobald der Beton getrocknet ist, können Sie die Pfosten in die Metallhalterungen schrauben.

Markieren Sie die gewünschte Pfostenhöhe an einem der Pfosten und dann mithilfe einer langen Wasserwaage oder einer Wasserwaage, die Sie auf ein Kantholz legen, auch an den verbleibenden Pfosten. Zeichnen Sie mit einem Zimmermanns- oder Kombinationswinkel das Maß rundum an allen vier Seiten der Pfosten an. Dann können Sie sie mit einer Handsäge oder einer Handkreissäge auf die richtige Höhe schneiden.

Die Querstreben zuschneiden

Schneiden Sie die unteren Querstreben und befestigen Sie sie, indem Sie 5,0x80-Edelstahlschrauben schräg hineintreiben oder, noch besser, 6,0x120-Edelstahlschrauben durch die Pfosten in das Ende der Querstreben einschrauben.

Schneiden Sie als nächstes die oberen Querstreben zu und befestigen Sie sie, indem Sie durch die Querstreben nach unten in die Kopfenden der Pfosten schrauben. Beachten Sie, daß die Querstreben kürzer sein müssen als das Außenmaß von Pfosten zu Pfosten, damit die Bögen bündig mit der Vorder- bzw. der Rückseite der Pfosten angebracht werden können.

Die Bögen verankern

Wenn die oberen Querstreben befestigt sind, setzen Sie den vorderen Bogen auf den Pfosten und schrauben drei 5,0x80-Edelstrahlschrauben durch die Bogenenden in die Querstreben. Verankern Sie den hinteren Bogen auf dieselbe Weise. Sie werden möglicherweise die oberen Enden der Bögen abspannen müssen, bis die restlichen Streben angebracht sind. Diese Streben bestehen aus 10x5-cm-Kanthölzern, die zwischen die Bögen gesetzt und mithilfe von 5,0x80-Edelstahlschrauben mit ihnen verbunden werden. Außerdem können auf den Innenseiten der Bogenenden Winkelverbinder angeschraubt werden, um den Aufbau zusätzlich zu stabilisieren (siehe Seitenansicht).

Schneiden Sie vier waagrechte und vier senkrechte Gitterhalteleisten für die Innenseiten zu. Trennen Sie sie mit einer Handkreissäge mit Führung oder einer Tischkreis- oder Kappsäge der Länge nach aus 2,5 cm dickem Material und längen Sie sie auf Maß ab. Befestigen Sie mit 4,5x60-Edelstahlschrauben beidseitig je eine Leiste an den Innenseiten der Pfosten und je eine an der oberen und der unteren Querstrebe. Schneiden Sie die Rankgitter auf die passende Größe zu und setzen Sie sie hinter den inneren Halteleisten ein. Verwenden Sie dafür 40 mm lange Edelstahlnägel. Dünnes Material wie Rankgitter splittert manchmal beim Nageln. Durch Vorbohren von geringfügig kleineren Löchern als der Nageldurchmesser läßt sich das vermeiden. Schneiden Sie die senkrechten und die waagerechten Halteleisten für die Außenseiten zu und befestigen Sie sie beidseitig an den Pfosten und Querstreben sowie an den Rankgittern, um diese sicher zu halten. Nun können Sie je nach Wunsch beizen, versiegeln oder streichen.

Der Bogen ist dafür ausgelegt, einen Kletterrosenstrauch auf jeder Seite zu stützen. Graben Sie die Löcher entsprechend der Beschreibung, die Sie mit der Rose erhalten, oder orientieren Sie sich beim Pflanzen am Abschnitt „Rosen" in Kapitel 11 (ab Seite 232). Es empfiehlt sich, um die Pflanzen herum zu mulchen, um die Feuchtigkeit zu speichern und Unkräuter zu unterdrücken.

– verändert aus *64 Yard & Garden Projects You Can Build Yourself* von Monte Burch

Seiten- und Vorderansicht

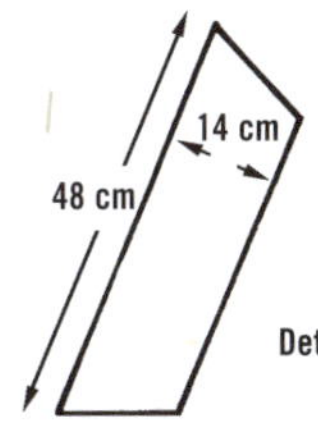

Detail eines Bogenstücks

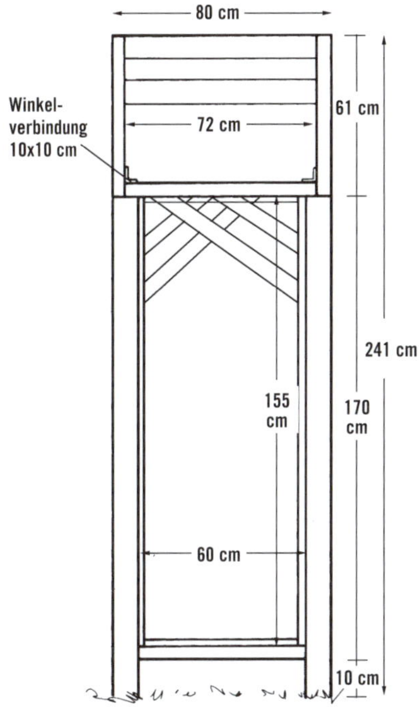

Seitenansicht

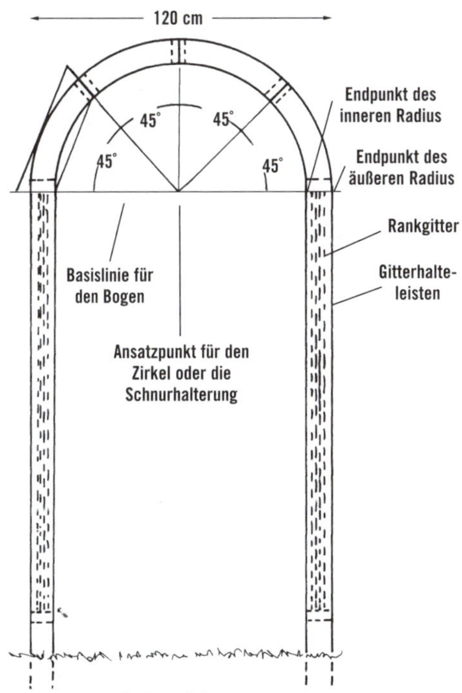

Vorderansicht

RANKENDE KULTUREN STÜTZEN

Dick Raymond über das Stützen von Gemüsepflanzen

Viele Rankpflanzen wachsen an Spalieren. Gurken gedeihen ebenso gut daran wie Zucchini, einige Arten von Kürbissen und (mit etwas zusätzlicher Unterstützung) sogar Gartenkürbisse.

Das sinnvollste Rankgitter ist eines, das lange hält. Ich mache meine aus stabilen Pfosten und strapazierfähigem 1,0 bis 1,2 m breitem Kaninchendraht. Stellen Sie die Rankgitter vor dem Pflanzen auf. Wenn Sie später Pfähle in den Boden einschlagen, könnten Sie die Wurzeln verletzen.

Stellen Sie Rankgitter mit einer kleinen Neigung auf, damit die vorherrschenden Winde die Pflanzen an das Gitter drücken – und nicht davon weg. Außerdem erleichtert das Schrägstellen des Gitters den Pflanzen das Klettern.

Rankgitter sind nicht wartungsfrei. Sie müssen die Pflanzen das Rankgitter hinaufführen und manchmal Ranken auch festbinden. Schwere Flaschenkürbisse, kleine Gartenkürbisse und manche Zucchini müssen möglicherweise zusätzlich fixiert werden, um sie am Spalier zu halten.

Zu Saisonbeginn ist die Erde auf der Rückseite meines Spaliers immer unbebaut und aufnahmebereit für eine Aussaat Salat, Steckzwiebeln oder andere schnellwachsende Kulturen wie Radieschen oder Spinat. Man erhält so eine Art „zweistöckigen" Garten mit kletternden Rankpflanzen oben und einer anderen Gemüseart, die neben dem Spalier am Boden „kauert".

Wenn Sie Rankpflanzen an einem Spalier anbauen, müssen Sie auf ihren Wasserbedarf achten. Weil Spalierpflanzen dem Wind und der Sonne stärker ausgesetzt sind, können sie schnell Feuchtigkeit verlieren.

– Dick Raymond ist Autor von *The Joy of Gardening* und vielen anderen Büchern.

Schritt 1: Betonbewehrungsmatten, auf einen A-Rahmen aus 5,5x7,5-cm-Kanthölzern genagelt, ergeben optimale Rankgitter für Melonen, kleinere Kürbisse und Zucchini. Richten Sie das Gitter nach Süden aus.

Melonen und andere Rankpflanzen stützen

Das Ziehen von Melonen an Rankgittern ist eine Technik, die häufig in asiatischen Gärten angewandt wird und gut gegen ausufernde Rankpflanzen hilft. Da diese Anbauform die Triebe eher zum Klettern als zum Ausbreiten anregt, vergrößert sich – speziell in kleineren Gärten von Bedeutung – die Fläche, die für andere Pflanzen zur Verfügung steht. Außerdem wird die Ernte erleichtert, und die verbesserte Durchlüftung erhält die Triebe gesünder und frei von der Plage des Echten Mehltaus (siehe Kapitel 14). Das hier beschriebene System kann für alle Arten von rankenden Pflanzen verwendet werden – Gurken, Zucchini und sogar Kürbisse.

1. **Das Rankgitter aufstellen:** Eine Konstruktion aus 5x7,5-cm-Kanthölzern und Bewehrungsmatten ist stabil, kostengünstig und einfach zu bauen. Es sollte etwa 1,2 m hoch und in der Länge Ihres Gartens angepaßt sein. Ein 60°-Winkel zwischen den Schenkeln des Rahmens ist optimal für die Ausrichtung zum Sonnenlicht und die einfache Ernte. Behandeln Sie das Holz mit einem Konservierungsmittel, bevor Sie die Schenkel 30 cm tief in die Erde schlagen, um sie fest zu verankern.
   Je mehr Wärme und Licht die Triebe erhalten, desto besser ist der Ertrag. Stellen Sie also das Rankgitter so auf, wie Sie es mit einem Sonnenkollektor tun würden. Das Spalier sollte nach Süden ausgerichtet sein. Stellen Sie es deshalb am nördlichen Ende Ihres Gartens in Ost-West-Richtung auf, wo es den anderen Pflanzen keine Sonne wegnimmt. (Der Streifen beschattete Erde unterhalb des Spaliers ist übrigens ideal für den Salatanbau.)
2. **Pflanzen – zum Beispiel Zucchini:** Ab Mitte Mai, wenn nicht mehr mit Spätfrost zu rechnen ist, können Zucchini nach draußen gepflanzt werden, aber Sie können sie bereits ab Mitte April in Torftöpfe aussäen. Zwei Pflanzen sind für einen normalen Haushalt genug. Da Zucchini große Nährstoffmengen aufnehmen, sollten Sie sie in ein Beet mit eigens angereichertem Boden pflanzen. Heben Sie an der Vorderseite des Rankgitters entlang einen 30 cm tiefen und 60 cm breiten Graben aus. Geben Sie eine 15 cm dicke Schicht gut verrotteten Pferde- oder Kuhmist sowie mehrere Handvoll Knochenmehl hinein, bevor Sie die ausgegrabene Erde wieder einfüllen.
   Zucchini sind wärmeliebend. Wenn der Boden noch frisch ist, können Sie mit einem Stück schwarzer Mulchfolie die Erde auf Temperaturen erwärmen, wie Zucchini sie mögen.
   Pflanzen Sie die Setzlinge in Abständen von 60 cm. Schlitzen Sie für das Pflanzloch die Folie mit einem Messer auf und gießen Sie die Pflänzchen (durch den Schlitz) mit einem phosphorreichen Flüssigdünger, der wurzelfördernd wirkt.
3. **Erziehen:** Ziehen Sie die Triebe den Draht hinauf, wenn sie noch jung und weich sind – je früher Sie „Ausreißer“ umleiten, desto besser. Wenn die Triebe altern, werden sie spröder und können brechen, wenn Sie versuchen, sie zu bewegen. Fixieren Sie den Zuwachs mit Bändern aus weichem Garn oder Streifen von alten Feinstrumpfhosen, aber verwenden Sie keinen Draht. Um eine Verdichtung Ihres sorgfältig vorbereiteten Bodens zu vermeiden, sollten Sie sich auf ein Brett stellen, während Sie am Rankgitter arbeiten.

– verändert aus *Year-Round Gardening Projects*; Text von Thomas Christopher; illustriert von Elayne Sears

Schritt 2: Bedecken Sie den Boden mit schwarzer Folie und pflanzen Sie die Zucchinisetzlinge im Abstand von 60 cm ein.

Schritt 3: Ziehen Sie die Triebe, wenn sie noch jung sind, am Gitter empor.

Junge Kürbisse und Melonen können Sie mit einer „Hängematte“ aus alten Nylonstrümpfen stützen.

EIN RANKGERÜST AUS RUTEN BAUEN

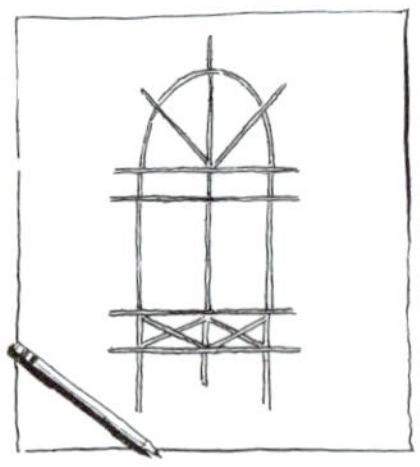

Schritt 1: Zeichnen Sie Ihre Konstruktion auf.

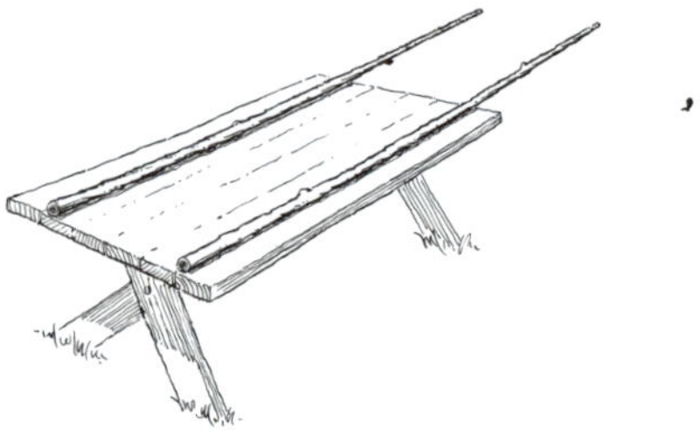

Schritt 3: Legen Sie die Seitenstützen aus.

Schritte 4 and 5: Bringen Sie die untere und die obere Querstrebe an.

Schritte 6 and 7: Fixieren Sie die Verbindungen mit Draht und schlagen Sie die Enden der Nägel um.

Schritt 8: Biegen Sie die Seitenstützen zu einem Bogen.

Dieses Spalier hat fertig eine Höhe von 2,2 bis 2,5 m und ist groß genug für Klematis oder Feuerbohnen.

Materialliste

2 Seitenstützen, 3,6 bis 4,3 m lang, etwa 4,5 cm Durchmesser am unteren Ende, sich bis etwa auf die Dicke Ihres kleinen Fingers verjüngend
4 Querstreben, 90 cm lang, etwa 4,5 cm Durchmesser
1 Mittelstütze, 2,4 bis 2,7 m lang, etwa 4 cm Durchmesser
4 oder 5 Stöcke für Zierelemente, 1,8 m lang, etwa daumendick im Durchmesser
Nägel, Bindematerial

Benötigte Werkzeuge

Hammer ■ Zange ■ Gartenschere

1. **Die Konstruktion entwerfen.** Zeichnen Sie, bevor Sie beginnen, die Form Ihres Spaliers auf.
2. **Das Holz aussuchen.** Fertigen Sie auf dieser Grundlage eine Liste aller Holzteile an, die Sie zusammentragen müssen. Vermerken Sie, welche davon flexibel sein müssen und welche gerade Querstreben sind. (Bei einer endgültigen Höhe von 2,5 m sollten die seitlichen Stützen 3,6 bis 4,3 m lang sein, damit sie sich ausreichend umbiegen lassen.) Nun können Sie das benötigte Holz auswählen. Am besten eigenen sich Weiden- oder Haselruten. Prüfen Sie die Stöcke, um sicherzugehen, daß die, die flexibel sein sollen, sich auch wirklich biegen lassen. Schneiden Sie vorsichtshalber noch ein paar zusätzliche Äste.
3. **Die Seitenstützen auslegen.** Legen Sie nach Ihrer Zeichnung die zwei Seitenstützen mit etwa 60 cm Abstand parallel auf einen Arbeitstisch oder eine harte, ebene Fläche und lassen Sie die dickeren Enden mit der vorderen Tischkante abschließen.
4. **Die untere Querstrebe anbringen.** Legen Sie die Strebe etwa 40 cm von den Enden entfernt quer über die zwei Seitenstützen. Zentrieren Sie sie, so daß sie etwa 15 cm über jede Seite hinaussteht. Nageln Sie die Querstreben mit Nägeln fest, die lang genug sind, um durch die Querstreben und größtenteils oder vollständig durch die Seitenstützen zu reichen.
5. **Die obere Querstrebe befestigen.** Legen Sie die zweite Strebe 1,0 bis 1,15 m von der unteren entfernt quer über die Seitenstützen. Richten sie alle Teile so aus, daß die ganze Konstruktion rechteckig wird und die Querstreben im rechten Winkel zu den Seitenstützen liegen. Wenn Sie die zweite Querstrebe ausgerichtet haben, nageln Sie sie an beiden Kreuzungsstellen fest. Wenn die Querstreben an den Seitenstützen nicht symmetrisch aussehen, ist es jetzt noch einfach, die Nägel herauszuziehen, die Stücke neu anzusetzen und wieder zusammenzunageln.
6. **Die Verbindungen fixieren.** Fixieren Sie die vier Verbindungen mit Bindedraht. Zwicken Sie ein 30 cm langes Stück Draht ab und legen Sie es um die Verbindung, wobei Sie beide Holzteile einschließen. Verdrillen Sie den Draht mit der Zange, bis er so eng wie möglich anliegt. Schneiden Sie einen Teil des überstehenden Drahtes ab und biegen Sie den Rest um. Das Holz wird innerhalb von zwei Wochen um etwa 25 Prozent schwinden, so daß Sie diese Verbindungen möglicherweise dann nachspannen oder neu verdrahten müssen.
7. **Die Nägel umbiegen.** Drehen Sie das gesamte Spalierrechteck um und schlagen Sie jedes herausstehende Nagelende um. Dann können Sie die Vorderseite wieder nach oben wenden.
8. **Die Seitenstützen zu einem Bogen biegen.** Wenn ein Arbeitsschritt schwierig wird, dann ist es dieser. Entweder Sie bitten jemanden darum, die Stücke zusammenzuhalten, während Sie sie biegen, oder Sie biegen zunächst ein Stück des dünnen Endes einer Seitenstütze und binden es vorläufig an der Querstrebe fest, bevor Sie das andere biegen und die beiden fest miteinander verbinden.
   Tip: Schlagen Sie je einen Nagel durch die beiden Seitenstützen in die Arbeitsfläche. Das ermöglicht eine gewisse Hebelwirkung beim Biegen der Stützen und verhindert das Verrutschen des Rankgitters auf dem Tisch.

9. **Die Mittelstütze anbringen.** Legen Sie das Rankgitter mit den Querstreben nach unten auf den Tisch und bringen Sie in der Mitte die zentrale Stütze an, wobei das dickere Ende etwa 15 cm unterhalb der unteren Querstrebe enden sollte. Auf den Überstand am Bogen brauchen Sie nicht zu achten. Nageln Sie die Stütze an jeder Querstrebe fest, aber nicht am Bogen, da die Nägel das gebogene Holz spalten könnten. Diese Verbindung sollte nur verdrahtet werden.

10. **Weitere Querstreben anbringen.** Drehen Sie das Rankgitter um und bringen Sie 15 cm oberhalb der unteren Querstrebe eine weitere an. Nageln Sie sie an die Stützen und verdrahten Sie die Verbindungen fest.
Setzen Sie die letzte Querstrebe 15 cm unterhalb der oberen an und nageln und verdrahten Sie sie ebenfalls. Drehen Sie das Gitter herum und biegen Sie jede Nagelspitze um, die aus der Rückseite herausragt.

11. **Die Gitterstücke einsetzen.** Schneiden Sie, beginnend mit dem dünneren Ende, ein Stück einer Stange für Zierelemente lang genug ab, daß es diagonal über eines der Rechtecke paßt, die sich aus den beiden unteren Querstreben und der Mittelstütze ergeben. Nageln Sie es fest und schneiden Sie alle Überstände mit einer Gartenschere ab.
Schneiden Sie ein weiteres Stück mit der gleichen Länge von demselben Stock, legen Sie es diagonal über das Rechteck, so daß sich ein X bildet, und nageln Sie es ebenfalls fest. Verfahren Sie beim Rechteck auf der anderen Seite der Mittelstütze ebenso.

12. **Die Fächerstücke anbringen.** Drehen Sie das Rankgitter um, so daß die Querstreben wieder oben liegen. Schneiden Sie zwei etwa 90 cm lange Zierelemente zu. Legen Sie das untere Ende des einen an die Kreuzung der obersten Querstrebe und der Mittelstütze, so daß der Schenkel etwa einen 45°-Winkel durch die eine Seite des Bogens ausbildet. Stecken Sie dieses Ende unter die Mittelstütze und nageln Sie es fest. Verfahren Sie mit dem zweiten Element auf der anderen Seite des Bogens analog. Schlagen Sie keine Nägel in den Bogen, sondern verdrahten Sie die oberen Enden der Zierelemente mit ihm.

13. **Zuschneiden und fertigstellen.** Schneiden Sie alle Enden der Querstreben bis auf 15 cm Überstand auf jeder Seite ab. Kappen Sie die Fächerstücke und die Mittelstütze so weit, daß etwa 20 cm (oder eine andere Ihnen genehme Länge) über den Bogen hinausragen. Ganz nach persönlichem Geschmack können Sie weitere Zierelemente einfügen.

– aus *Making Bentwood Trellises, Arbors, Gates & Fences*
von Jim Long

Schritt 13: Je nach Geschmack können Sie weitere Elemente ergänzen.

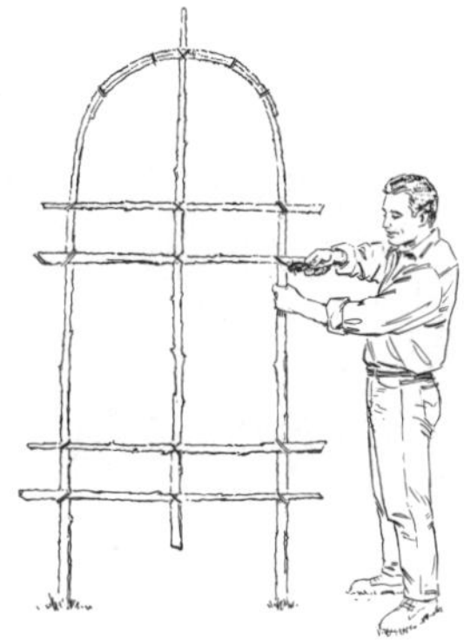

Schritt 10: Bringen Sie 15 cm unterhalb der oberen Querstrebe eine weitere an.

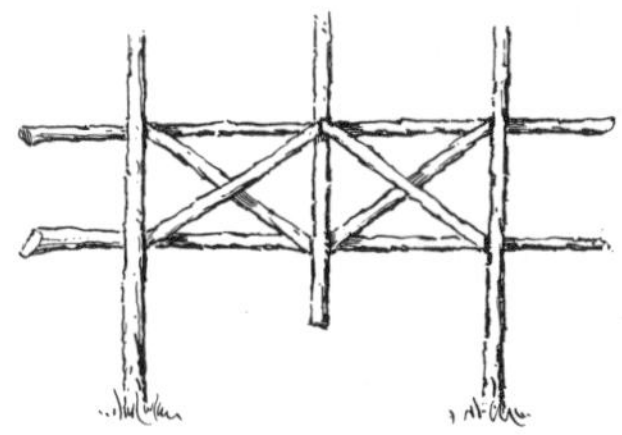

Schritt 11: Setzen Sie Diagonalen in die beiden unteren Rechtecke ein.

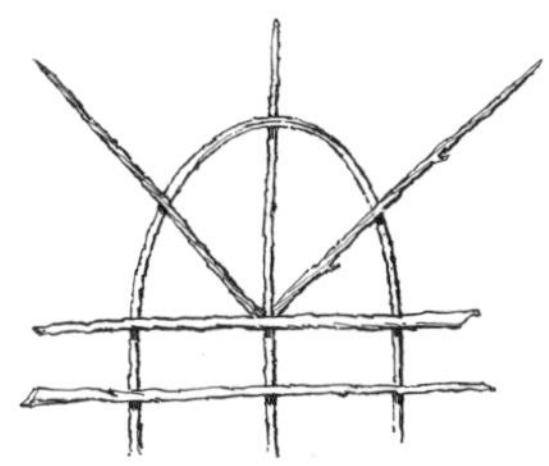

Schritt 12: Befestigen Sie die dekorativen Fächerstücke.

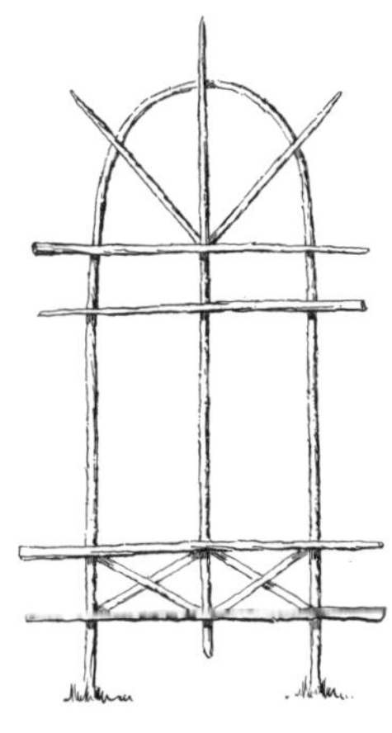

Schritt 13: Kürzen Sie die Querstreben, die Fächerstücke und die Mittelstütze ein.

GARTEN, HOF UND OBSTGARTEN

19 GEWÄCHSHÄUSER

GEWÄCHSHAUSTYPEN • EIN GEWÄCHSHAUS PLANEN • ANBAU IM GEWÄCHSHAUS • PROBLEME IN GEWÄCHSHAUSKULTUREN

Ich gebe zu, daß der Grund unserer Entscheidung für ein Gewächshaus die Überschrift „Genießen Sie das Aroma frischen Basilikums im Februar" auf der Broschüre des Herstellers war. Das war wirklich eine Verheißung zu einer Zeit, als das stark aromatische Kraut noch nicht generell in Supermärkten erhältlich war. Wir kauften einen guten Bausatz, aber es aufzustellen und richtig in Betrieb zu halten war mehr Arbeit, als wir dachten. Wir ertappten uns dabei, daß wir bei heißem Wetter in der Mittagspause nach Hause kamen, um zu gießen oder Pflanzen zu drehen, um sie vor dem Welken zu bewahren. Und das ist wirklich nichts gegen einen Befall mit Weißer Fliege! Aber das Aroma von Basilikum im Februar! Dieses Kapitel beginnt mit einem Rat von Sandie Shores, die während der eisigen Winter in Minnesota frische Schnittkräuter anbaut.

– John Storey

Um besonders effizient zu sein, schreibt Sandie Shores, die Autorin von Growing and Selling Fresh-Cut Herbs, *muß ein Gewächshaus doppelt so lang wie breit sein. Die Außenhülle des Gewächshauses, Verglasung genannt, besteht normalerweise aus Glas oder starrem Kunststoff. Das Dach sollte abgeschrägt sein, um maximale Lichtdurchlässigkeit zu gewährleisten, sonst neigen sich die Pflanzen der Sonne entgegen.*

Ein Gewächshaus gibt Ihnen die Möglichkeit, das Wetter zu steuern. Frost, Regen, Sturm und Winter sind kein Problem für Pflanzen, die im Gewächshaus wachsen. Sie können das Milieu regulieren und unabhängig von der Natur draußen genau das anbieten, was Ihre Pflanzen für ein optimales Wachstum brauchen.

Ein Gewächshaus kann dafür genutzt werden, Pflanzen früh vorzuziehen und sie dann nach draußen zu pflanzen, um die Anbausaison zu verlängern oder ganzjährig Kräuter zu ziehen. Wenn Sie Kräuter und andere Pflanzen kommerziell anbauen, benötigen Sie eines Tages ein Gewächshaus. Während die Pflanzen wachsen, brauchen sie sehr viel Raum und Licht. Ohne ausreichendes Licht werden die Pflanzen langbeinig und schwächlich im Wuchs. Pflanzen, die im Gewächshaus vorgezogen werden, bevor sie nach draußen gesetzt werden, sind von besserer Qualität.

Falls Sie ganzjährig Pflanzen anbauen wollen, brauchen Sie eine Heizung, eine Belüftungsanlage und künstliche Beleuchtung, was teuer werden kann. Ich weiß, wovon ich rede! Aber es ist ein wunderbares Gefühl, in eine warme, feuchte Umgebung zu kommen, nachdem man sich durch Schnee und kalten Wind gekämpft hat. Augenblicklich Sommer!

GEWÄCHSHAUSTYPEN

Obwohl sich die meisten Menschen unter Gewächshäusern freistehende Gebäude vorstellen, gibt es sie in einer Vielfalt von Formen und Größen. Großerzeuger mögen riesige verglaste Gebäude haben, aber ein Hobbygärtner kann ein kleines, freistehendes Gartengewächshaus bauen oder kaufen, das aus einem Aluminiumrahmen konstruiert und mit Folie überzogen oder mit Polykarbonat verglast ist. Ungeachtet der Größe des Gewächshauses sollte die Kultivierung der Pflanzen den gleichen Richtlinien folgen (siehe nächste Seiten).

Welches Gewächshaus ist für Sie geeignet?

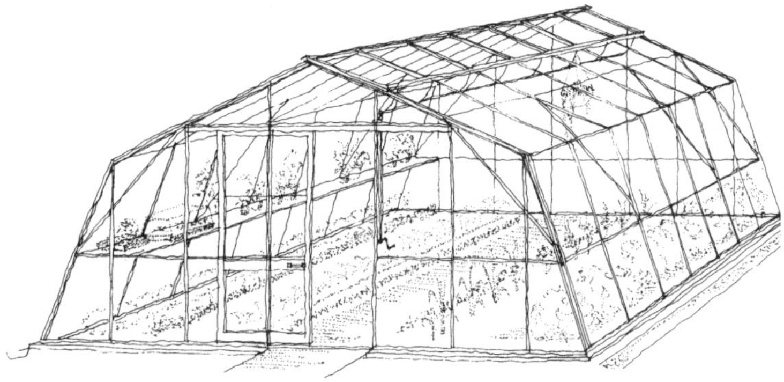

Herkömmliche Gewächshäuser sind freistehende Glasgehäuse. Dieses Treibhaus hat schräge Seitenwände, die gut für bauliche Steifigkeit sind und die Pflanzfläche auf dem Boden vergrößern.

Ein **Tomatenhaus** besteht meist aus einem Aluminiumrahmen und Folie oder Polykarbonatplatten und bietet Platz für einige Tomaten- und Paprikapflanzen zum Schutz vor Kälte, Wind und Regen. Sie können ein Tomatenhaus aber ebensogut selbst aus Holzlatten und Folie bauen.

Eine vergrößerte **Fensterbank mit Glasabdeckung** kann an fast allen Gebäuden angebracht werden und bietet eine kleine Anbaufläche.

Fenstervorbauten und Wintergärten können in die Gestaltung eines Hauses integriert werden. Sie sind zweckmäßig und – richtig angelegt – sehr ansprechend, ideal für Pflanzen und Pflanzenliebhaber und visuell sowohl von innen als auch von außen interessant.

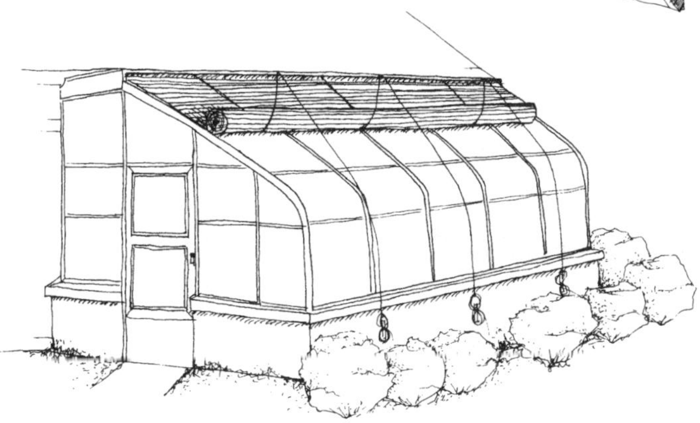

Anlehnhäuser sind an die Südseite eines Gebäudes angebaut und können auch als Wintergarten dienen. Rollos regulieren das Licht und die Wärme.

– verändert aus *The Big Book of Gardening Skills*

EIN GEWÄCHSHAUS PLANEN

Die Auswahl des Standortes

Der Standort für ein Gewächshaus ist entscheidend. Auch wenn Sie kein zweites Gewächshaus planen, sollten Sie einen Standort auswählen, der mindestens doppelt soviel Platz bietet, wie für das eine benötigt wird. Hier sind noch einige weitere Hinweise:

Sonnenlicht: Wählen Sie einen Standort, der unbehindert Sonnenlicht bekommt, besonders von Süden. Bedenken Sie, daß die Sonne im Winter tiefer steht.

Ebene Fläche: Der Standort sollte fest und eben sein. Eine Anhöhe auf der Nordseite kann im Winter Schutz vor kalten Nordwinden bieten.

Entwässerung der Fläche: Ermitteln Sie, wo das Wasser bei Starkregen oder Frühjahrshochwasser auf Ihrem Grundstück abfließt. Die Fundamentoberkante des Gewächshauses sollte mindestens 30 cm über der Umgebungsfläche liegen.

Schnee: Wenn in Ihrer Region viel Schnee fällt, sollten Sie darauf achten, daß rund um Ihr Gewächshaus ausreichend Platz für seine Beseitigung ist. Der Schnee rutscht vom Gewächshaus und kann große Schneewälle um das Fundament bilden, die in die Seitenwände drücken oder die Sonneneinstrahlung blockieren.

Anschlüsse: Beachten Sie die Anschlußmöglichkeiten an Ihrem Standort. Sie brauchen Wasser und höchstwahrscheinlich auch Strom. Ein Fahrweg direkt zum Gewächshaus ist für Materialanlieferungen nützlich. Sie müssen außerdem die Lage von Erdkabeln und Gasleitungen kennen, bevor Sie mit dem Bau beginnen.

– aus *Growing and Selling Fresh-Cut Herbs* von Sandie Shores

Von Tischen und Beeten

In Ihrem Gewächshaus können Sie Pflanzen in Gefäßen, Hochbeeten, Grundbeeten oder einer Kombination aus diesen anbauen. Zweckmäßigkeit und Nutzwert sind die Hauptkriterien bei der Planung der Einrichtung.

Die meisten Gärtner benötigen etwas Tischfläche für getopfte Pflanzen und Saatkisten. Diese Flächen sollten sich an der Nordseite oder am Ende des Gewächshauses befinden, wo sie die Beete nicht beschatten.

Platzsparende Hängeampeln können für niedrigwachsende Pflanzen wie Thymian, Stiefmütterchen und Kapuzinerkresse verwendet werden. Hängen Sie die Ampeln knapp über Kopfhöhe auf, damit Sie nicht dagegenstoßen. Auch sie werden am besten an der Nordseite aufgehängt, um eine Beschattung der Beete zu vermeiden.

Die Beete oder Tischflächen sollten gut zugänglich sein. Wenn sie breiter als 60 cm sind, könnten Sie Mühe haben, die hinten stehenden Pflanzen zu erreichen. Lassen Sie zwischen den Beeten oder Tischen einen ausreichend breiten Gang, normalerweise 60 bis 90 cm, um leicht hindurchzukommen und sich umdrehen zu können. Wenn er noch breiter ist, können Menschen sich frei bewegen und Arbeitsgeräte transportiert werden.

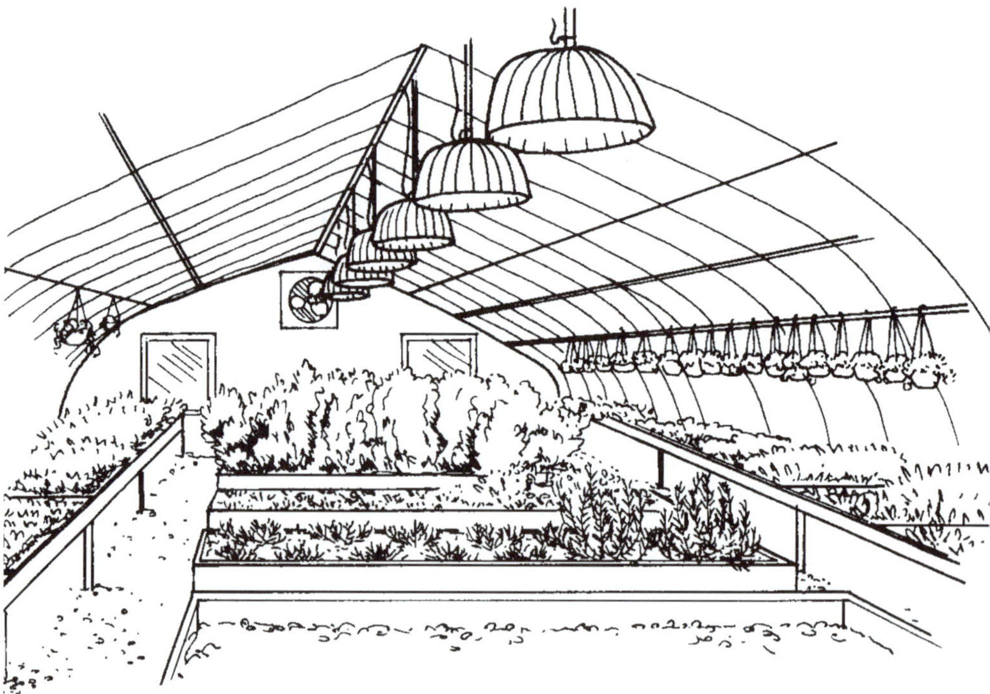

Nutzen Sie den Raum in Ihrem Gewächshaus mit Beeten, Tischen und hängenden Töpfen, die alle einfach zu erreichen sein sollten, effizient aus.

Kräuter im Gewächshaus

Nährstoffreiche, schwere Erde ist für den Anbau von Kräutern nicht nötig, entscheidend ist eine gute Wasserdurchlässigkeit. Die meisten Kräuter mögen keine „nassen Füße" und wachsen schlecht in schweren, feuchten Böden. Eine Bodenmischung, die zu schwer ist, hält zu viel Wasser zurück und läßt nicht genug Sauerstoff an die Wurzeln.

Die Bodenmischung für Hochbeete im Gewächshaus sollte leicht genug sein, um während der kühlen Monate bei hoher Luftfeuchtigkeit innerhalb von vier bis fünf Tagen komplett auszutrocknen. Sie muß aber auch schwer genug sein, damit die Wurzeln große Pflanzen stützen können, ohne aus dem Boden gezogen zu werden. Eine gute Drainage kann durch das Einmischen von Bodenverbesserern in die Erde erreicht werden. Optimale Komponenten sind:

- sterilisierter Mutterboden, um Nahrung zu liefern und Standsicherheit zu gewährleisten
- Torfmoos, um die Erde zu lockern, das Wasser zu halten und an sich zu binden, wenn es feucht ist
- Perlit (zerkleinertes Vulkangestein), um die Durchlüftung und eine gute Wasserdurchlässigkeit zu gewährleisten
- Sand oder feiner Kies (erbsengroße Steinchen), um eine gute Drainage zu bieten
- Kompost, um dem Boden Nährstoffe zu geben und Krankheiten zu unterdrücken.

Das Mikroklima regeln

Jedes Gewächshaus hat mehrere Mikroklimate. Manche Bereiche sind kälter, wärmer, sonniger oder schattiger als andere. Die Bedingungen und Temperaturen können sogar auf der gleichen Seite des Gewächshauses stark variieren.

Direkt an der Verglasung auf der Südseite des Gewächshauses ist es während eines sonnigen Tages am heißesten, aber in der Nacht am kältesten. Die Nordseite ist kühler und bekommt weniger Licht.

Sie können aus diesen Mikroklimaten Vorteile ziehen, weil nicht alle Kräuter die gleichen Wachstumsbedingungen bevorzugen. Basilikum zum Bespiel mag Sonne und Hitze; Minze bevorzugt kühlere Bedingungen.

– aus *Growing und Selling Fresh-Cut Herbs*

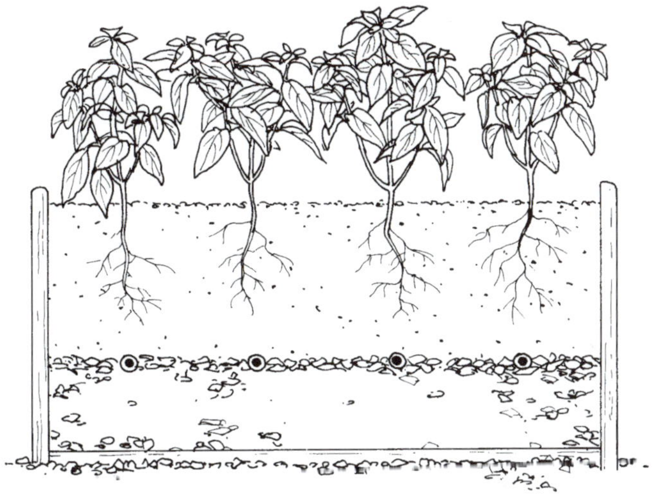

Der Untergrund dieses Hochbeets ist mit Kies zur Drainage ausgefüttert. Bodenerwärmende Rohre oder PVC-Leitungen können unter, in oder über dem Kies verlegt werden, bevor Sie die Bodenmischung einbringen. Füllen Sie den Rest des Beetes bis auf einige Zentimeter unter dem oberen Rand mit der Bodenmischung auf.

Sturmschäden vermeiden

Stürme jeder Art erfüllen alle Gewächshausgärtner mit Sorge, denn sie können an allen Gewächshaustypen ernsthafte Schäden anrichten. Wenn Sie jedoch einige Dinge beachten, sollten Gewächshäuser, die nach der geltenden Norm DIN 1055 gebaut sind, sogar Orkane überstehen.

- Achten Sie darauf, daß der Bereich um das Gewächshaus frei von Unrat ist, der herumgewirbelt werden und die Polykarbonat-Verglasung durchschlagen könnte.
- Prüfen Sie metallene Kaminrohre auf einwandfreie Befestigung.
- Alle Türen, Fenster, Lüftungsschlitze und -klappen sollten dicht geschlossen sein. Wenn Wind in das Gewächshaus gelangen kann, bildet sich innen ein stärkerer Winddruck aus. Bei Gewächshäusern mit Polykarbonat-Doppelverglasung verursachen starke Winde einen Hubeffekt, und das Gewächshaus hebt sich und schwankt mit den Böen. Achten Sie darauf, daß das Polykarbonat sicher an den Sockelleisten und den Seitenwänden befestigt ist.
- Wenn der Strom ausfällt, können Ihre Pflanzen unter Temperaturextremen oder Wassermangel leiden. Wenn Sie auf Ihr Gewächshaus angewiesen sind oder die Früchte Ihrer Arbeit schützen wollen, sollten Sie erwägen, in einen gasbetriebenen Generator zu investieren, der bei einem Stromausfall automatisch startet.

ANBAU IM GEWÄCHSHAUS

Sechs empfindliche Pflanzen für Gewächshäuser

Begonie
Bonsai
Fuchsie
Gardenie
Kaktus
Orchidee

Begonie

Gardenie

Bonsai

Kaktus

Fuchsie

Orchidee

Empfindliche Stauden

Empfindliche Stauden sind die häufigsten Gewächshauspflanzen. Dazu gehören die meisten bekannten Zimmerpflanzen, aber auch viele Blütenpflanzen, die der trockenen Wärme eines gewöhnlichen Hauses nicht standhalten. Sie werden aufgrund der Schönheit ihrer Blüten oder ihres Laubs gezüchtet. Fast jede attraktive winterharte Gartenpflanze kann ebenfalls hereingebracht werden, damit sie ein paar Wochen früher blüht. So können Sie sich daran erfreuen, während die Blüten vor Wetterunbilden geschützt sind.

Gute Bedingungen für Gewächshauspflanzen

Die meisten Zierpflanzen wachsen gut in einer handelsüblichen oder selbst hergestellten Mischung aus zwei Teilen Lehm, einem Teil Torf und einem Teil Bausand. Samen können in die gleiche Mischung mit etwas zusätzlichem Torf und Sand gesät werden. Stecklinge gedeihen am besten in einem Teil Torf und einem Teil Sand oder in reinem Vermikulit.

Pflanzen hören häufig zu blühen auf oder sehen schlecht aus, wenn die Temperaturen zu niedrig sind. Wenn empfindliche Pflanzen gefrieren, können Sie sie manchmal durch Einsprühen mit kaltem Wasser retten, bevor die Sonne darauf scheint.

Im allgemeinen bevorzugen Grünpflanzen indirektes Licht oder tolerieren es zumindest. Idealerweise bedeutet dies eine Ausrichtung nach Norden mit viel Tageslicht und ohne direkte Sonne, aber partieller Schatten durch andere Pflanzen oder ein Platz im hinteren Teil eines Gewächshauses mit massivem Dach ist meist auch geeignet.

Die meisten Blütenpflanzen brauchen viel Sonnenschein. (Usambara-Veilchen, Begonien und Fleißige Lieschen sind die wichtigsten Ausnahmen von dieser Regel.) Sie wachsen zwar bei weniger Licht weiter, aber sie werden lang und spindeldünn und hören bald auf zu blühen.

Das Sauberhalten der Blätter erhöht die Photosynthese und macht die Pflanze außerdem reizvoller. Wischen Sie die Blätter mit einem feuchten Lappen ab, sobald sie staubig auszusehen beginnen. Vermeiden Sie hartes Wasser, da es Kalkflecken hinterläßt. Eine Mischung aus gleichen Teilen Wasser und Magermilch gibt den Blättern einen schönen Glanz. Große Pflanzen können nach draußen in einen sanften Regen gestellt oder auch abgeduscht werden, um sie dann zu reinigen.

Umtopfen im Interesse der Gesundheit

Besonders große Exemplare brauchen große Gefäße, aber setzen Sie keine kleinen Pflanzen in große Töpfe. Warten Sie, bis die Wurzeln die verfügbare Erde verbraucht haben, bevor Sie sie in den nächstgrößeren Topf setzen. Wenn das unpassend ist, können Sie auch einfach soviel Erde wie möglich aus dem Wurzelballen schütteln, mit einem scharfen Messer ein Viertel bis ein Drittel der Wurzeln abschneiden und die Pflanze mit frischer Erde in einen sauberen Topf der gleichen Größe setzen. Schneiden Sie gleichzeitig auch die oberirdische Pflanze um etwa ein Viertel zurück.

Die meisten Pflanzen müssen jährlich umgetopft werden oder sollten mindestens einmal im Jahr die obere Schicht Erde ersetzt bekommen. Die beste Zeit dafür ist im Spätwinter oder im zeitigen Frühjahr.

Einjährige und Beetpflanzen

Im allgemeinen werden Einjährige und Beetpflanzen in Saatkisten im Gewächshaus angezogen und im Sommer nach draußen gepflanzt. Die meisten von ihnen können aber auch im Spätsommer oder im Herbst gesät werden, damit sie im Winter oder Frühjahr drinnen blühen, wenn ausreichend Licht und Wärme gegeben ist. Wenn winterblühende oder Zimmersorten verfügbar sind, sollten Sie diese verwenden, um sie im Winter zu treiben.

Hier sind einige Tips für das Ziehen von Pflanzen aus Samen im Gewächshaus:

1. Verwenden Sie eine normale Pflanzmischung mit etwa zusätzlichem Torf und Bausand oder probieren Sie die Rezeptur auf der rechten Randspalte aus.
2. Säen Sie Samen von Einjährigen dünn und flach.
3. Wenn die Samen der Art, die sie säen, für die Keimung Licht benötigen, dürfen Sie sie nur vorsichtig in die Oberfläche des Aussaatsubstrats drücken. Ansonsten werden die Samen mit einer dünnen Schicht feinem Torf oder feiner Erde bedeckt.
4. Bedecken Sie die Saatkiste mit einer Folie oder einer Glasscheibe, bis die Samen gekeimt sind, um die Feuchtigkeit darin zu erhalten. Dann wird die Abdeckung entfernt, damit die Luft zirkulieren kann.
5. Die meisten Einjährigen keimen innerhalb von etwa zwei Wochen. Mit einer Bodenheizung läßt sich dies um ein paar Tage beschleunigen.
6. Pikieren Sie Ihre Sämlinge oder dünnen Sie sie aus, sobald sich die Blätter berühren. Zwicken Sie die Triebspitze aus, um die Verzweigung zu fördern, wo dies sinnvoll ist.
7. Härten Sie die Pflanzen, die Sie nach draußen versetzen möchten, allmählich ab.
8. Einjährige werden normalerweise zwei oder drei Wochen nach dem letzten in Ihrer Region zu erwartenden Spätfrost nach draußen gepflanzt.

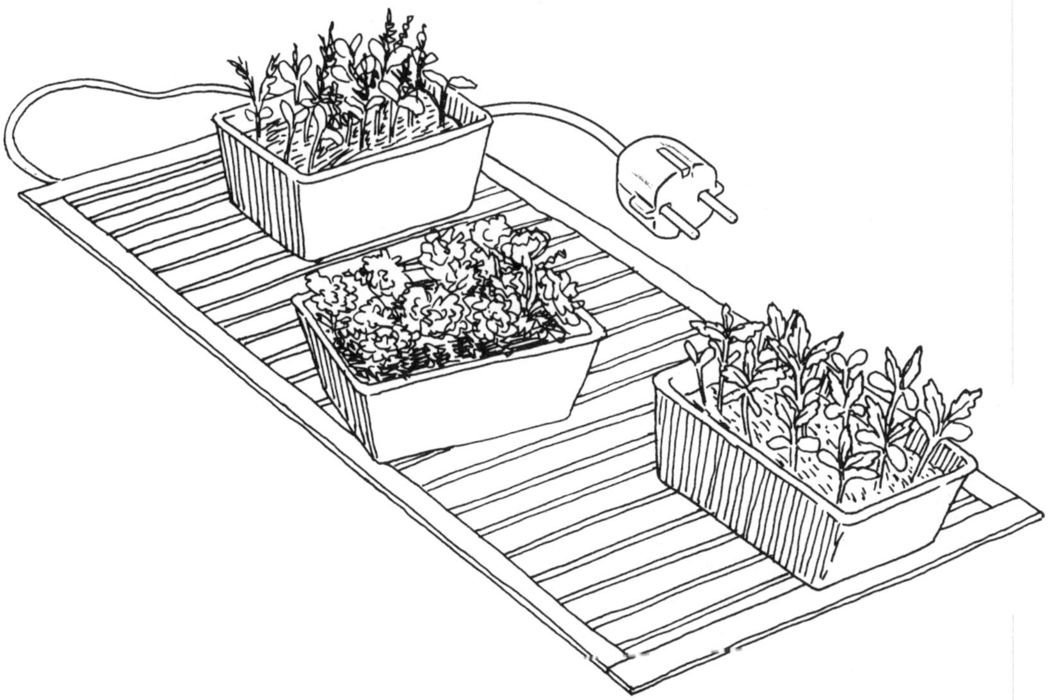

Eine Bodenheizung in Form einer Heizmatte ist eines der besten Verfahren, um eine gute Auskeimung zu sichern. Sie bekommen sie im Gartencenter oder im Versandhandel.

Selbstgemachte Topferde

- Fünf Teile Laubhumus oder Pflanzenkompost (kompostierter Mist könnte Krankheitskeime enthalten)
- Vier Teile gute Muttererde
- Zwei Teile Bausand

Mischen Sie alles gründlich durch.

– aus *Easy Gardening 101* von Pat Stone

ANBAU IM GEWÄCHSHAUS

Zwiebeln und Knollen lagern und antreiben

Winterharte Zwiebeln wie Krokus, Hyazinthe, Narzisse und Tulpe brauchen eine kalte, dunkle Phase für die Wurzelbildung. Sie können jederzeit zur Blüte gebracht werden, wenn ihnen zuerst eine Kälteperiode gewährt wird. Manche Leute stellen Töpfe mit Zwiebeln im August oder September in den Kühlschrank, um im Dezember Blüten zu haben. Für eine spätere Blüte ist es besser, die Zwiebeln in den Töpfen draußen zu lassen, mit Laub oder Stroh zu bedecken, sobald das Wetter frostig wird, und sie dann hereinzuholen. Sie können auch speziell präparierte Zwiebeln kaufen, welche die benötigte Kälteperiode bereits ganz oder teilweise hinter sich haben, so daß sie früher blühen.

Setzen Sie gekaufte Zwiebeln in Töpfe mit gut wasserdurchlässiger Erde. Wenn die Zwiebeln gut angewurzelt und die Blätter 3 bis 5 cm hoch sind, sollte am Blattgrund die dicke Knospe erscheinen. Dann ist die Pflanze soweit, daß sie ans Licht gestellt werden kann. Einige können auch noch ein paar Wochen länger am kalten, dunklen Standort belassen werden, um eine kontinuierliche Blühfolge zu erreichen.

Gewähren Sie den Pflanzen in der ersten Woche drinnen etwas Schatten, solange die weißen Blätter nachgrünen, und dann volle Sonne bei 7 bis 10 °C. Nach ein paar weiteren Wochen können Sie die Temperatur auf 15 °C erhöhen, um das Wachstum zu forcieren, aber lassen Sie es niemals wirklich warm werden, bis sich die Knospen geöffnet haben. Und sogar dann verlängert Kälte das Leben der Blüten.

Getriebene Krokusse

Gemüse im Gewächshaus

Wie Gartenpflanzen benötigen fast alle Gewächshausgemüsearten für ein optimales Wachstum volle Sonne. Aber solche, die eher wegen ihrer Blätter oder Wurzeln angebaut werden als wegen ihrer Früchte, wachsen normalerweise auch im Halbschatten mäßig gut, wenngleich langsamer. Wintergemüse sollte Mitte Oktober gut entwickelt sein. Es bleibt in guter Verfassung, wird aber im tiefen Winter nicht mehr viel wachsen.

Boden

Die meisten Gemüsearten werden in Standardbodenmischungen aus zwei Teilen Lehm, einem Teil Torf und einem Teil Sand angebaut. Die benötigte Bodentiefe hängt davon ab, wie groß die ausgewachsene Pflanze wird und ob das Wachstum mehr ober- oder unterirdisch stattfindet (Karotten brauchen offensichtlich tieferen Boden als Salat, auch wenn sie oberirdisch weniger Platz brauchen). Normalerweise reichen 25 bis 40 cm mit einer 5 bis 10 cm dicken Schicht aus Kies oder anderem gut drainierendem Material darunter aus.

Aussäen

Die meisten Gemüsesamen keimen bei 10 bis 15 °C, treiben aber bei mehr Wärme schneller aus. Einige Pflanzen wie Mais, Gurken, Auberginen, Melonen, Paprika, Kürbisse, Zucchini und Tomaten brauchen unbedingt mehr Wärme für die Keimung.

Zwiebeln im Gewächshaus

Pflanzen, die sich aus Zwiebeln, Wurzel- oder Sproßknollen entwickeln, kommen im allgemeinen nicht richtig aus Samen. Wenn Sie zusätzlichen Platz im Gewächshaus haben, macht das Experimentieren Spaß, aber Sie werden die Elternsorten kaum verbessern können.

Boden

Für winterharte Zwiebeln eignet sich gute und gut drainierende Gewächshauserde. Gleiche Teile von Torf, Sand und Lehm (oder Kompost) ergeben eine geeignete Mischung. Viele Zwiebeln können erfolgreich in Torfmoos mit etwas Holzkohle oder auch in einfachem Kies gezogen werden, aber dabei verbrauchen sie ihre gesamte gespeicherte Energie, und es ist unwahrscheinlich, daß sie überleben und im nächsten Jahr draußen blühen. Sie lassen sich in diesen Materialien außerdem schwieriger stützen. Wenn die Blüten abblühen, sollten Sie nur den Blütenkopf abschneiden und den grünen Stengel einziehen lassen, um die Zwiebel für das nächste Jahr mit Nahrung zu versorgen.

PROBLEME IN GEWÄCHSHAUSKULTUREN

Schädlings- und Krankheitsprobleme im Gewächshaus

Ihr Gewächshaus bietet gute Wachstumsbedingungen für Pflanzen. Es kann aber auch der Zufluchtsort für viele Insekten und Krankheitsverursacher sein, weil ihre natürlichen Feinde nicht vorhanden sind. In einem umschlossenen Raum sind Spritzmittel und andere Heilmittel, die im Garten wirkungsvoll sind, möglicherweise nicht zweckmäßig. Ein gut geführtes Gewächshaus ist viel weniger anfällig für Probleme, so daß Vorbeugen die beste Verteidigung ist.

Probleme vermeiden

- Eine gute Belüftung schreckt Insekten ab und beugt Pilzkrankheiten vor, deren Verursacher in stehender, feuchter Luft gedeihen.
- Räumen Sie abgestorbene Blätter, Laub und alte Töpfe weg, weil sie Insekteneier und Pilzsporen beherbergen könnten.
- Kontrollieren Sie die Pflanzen regelmäßig auf Blattläuse und andere kleine Insekten, die Beschädigungen verursachen und Krankheiten verbreiten.
- Desinfizieren Sie einmal im Jahr die Gläser und Oberflächen mit zehnprozentiger Bleichlösung, um wachsende Pilze abzutöten. Räumen Sie die Pflanzen heraus, die durch Tropfen oder Spritzer geschädigt werden könnten, oder decken Sie sie ab. Die Reinigung des Glases verbessert die Ausleuchtung und verringert das Risiko, daß Kondenswasser auf die Pflanzen tropft.
- Verwenden Sie beim Umtopfen nur saubere Töpfe. Schrubben und sterilisieren Sie Töpfe vor der Wiederverwendung. Alte Tontöpfe sollten eingeweicht und von jeglichen mineralischen Krusten freigeschabt werden, welche die Diffusion von Luft und Wasser durch den Ton vermindern.
- Verwenden Sie für Samen und Stecklinge pasteurisierte Erde.
- Wenn Sie getopfte Pflanzen von draußen hereinbringen, sollten Sie die Töpfe zum Einweichen über Nacht bis zum Rand in Wasser stellen, um jedwedes Insekt im Boden zu ertränken.
- Fassen Sie die Pflanzen nicht an, wenn sie naß sind, weil Krankheiten dann leichter übertragen werden.

Wenn Probleme auftreten

- Stellen Sie, wenn Sie ausreichend Platz haben, kränkliche Pflanzen in Quarantäne – isoliert von den gesunden Exemplaren.
- Vernichten Sie stark befallene und sehr kranke Pflanzen, bevor sich das Problem ausbreitet.
- Waschen Sie nach dem Umgang mit Pflanzen, insbesondere nach der Kontrolle von kränklichen Pflanzen, Ihre Hände und alle Werkzeuge, die Sie verwendet haben, bevor Sie andere Pflanzen berühren.
- Um Läuse und andere kleine Insekten zu entfernen, reicht häufig ein kräftiges Abduschen mit Wasser aus.
- Einzelne größere Insekten können Sie von Hand absammeln und anschließend vernichten.

Bestäubung im Gewächshaus

Da ein Gewächshaus ein größtenteils geschlossener Raum ist, kann auch noch ein anderes Problem auftreten: mangelnde Fremdbestäubung durch Bienen, Hummeln und sonstige Insekten. Selbst bei Tomaten, die eigentlich selbstbefruchtend sind, bringt die Fremdbestäubung höhere Erträge. Daher sollten Sie gerade zur Blütezeit daran denken, sofern es die Wetterlage erlaubt, sowohl die Lüftungsklappen als auch die Tür weit zu öffnen. In großen Gewächshäusern kann man ein Erdhummelvolk etablieren. Bei einem kleinen Gartengewächshhaus hilft nur die manuelle Bestäubung mit dem Pinsel, wenn es nicht ausreichend lange geöffnet werden kann.

Weiße Fliege

Gewächshaus-Weiße Fliege

Diese Insekten bevorzugen hohe Temperaturen und werden inaktiver, wenn die Temperatur fällt. Frost überleben sie nicht. Die beste Bekämpfung ist der Ausschluß durch Abschirmung. Vermeiden Sie es, gelbe Kleidung zu tragen, weil Weiße Fliegen von Gelb angezogen werden und auf diese Weise in das Gewächshaus getragen werden können.

Lassen Sie das Gewächshaus, wenn möglich, im Winter einfrieren. Eine Alternative besteht darin, alle Pflanzen während des Sommers für eine Woche herauszuräumen und das Gewächshaus dicht zu verschließen. Erwachsene Weiße Fliegen sterben nach einer Woche ohne Futter ab.

Weiße Fliegen sind empfindlich gegenüber pflanzlichen Spritzmitteln wie Pyrethrum, Nikotin, Neem sowie Kaliseife und ölhaltigen Mitteln. Sie bilden allerdings rasch Resistenzen gegen diese Produkte mit Ausnahme der ölhaltigen Substanzen.

Es gibt außerdem einige biologische Methoden zur Regulierung, wie etwa die winzige Erzwespe *Encarsia formosa* und die Raubwanze *Macrolophus caliginosus*.

– verändert aus *Growing und Selling Fresh-Cut Herbs* von Sandie Shores

GARTEN, HOF UND OBSTGARTEN

20 SCHUPPEN UND MEHR

GARTENGERÄTEHAUS • LAGERSCHUPPEN WERKZEUGSCHUPPEN • BAUMHAUS

Am Anfang war mir im unternehmerischen Verlagswesen nie klar, wie die Entscheidungen zustandekamen. Ich verließ eine Besprechung mit einer bestimmten Ansicht, und kam zurück, nur um eine neue zu gewinnen. Als ich mich mit dem Unternehmer Lyman Wood zusammentat, dem Gründer von Garden Way Publishing, wurde die Entscheidungsfindung viel klarer. Wenn Lyman der Verlauf einer Besprechung in seiner Blockhütte nicht gefiel, kündigte er eine Pause an und legte einem oder zwei seiner irrenden Manager nahe, „einen Spaziergang zu machen". Unweigerlich landeten sie draußen hinter dem Holzschuppen. Und wenn sie zurückkamen, hatten sie einen Sinneswandel hinter sich. So diente der Holzschuppen außer zum Trockenhalten von Hartholz für gemeinschaftliche Lagerfeuer auch als Vehikel, um „Feuer" zu vermeiden.

– John Storey

Für viele Gärtner kann ein Schuppen unzählige Probleme lösen. In ihm lassen sich all die tausend Sachen lagern, die zu einem richtigen Garten gehören: gebrauchte Saatkisten, Torfsäcke, Gartenschläuche, Bambusstäbe und Mulchgewebebahnen. Wenn er nahe am Garten steht, kann man Hacken, Spaten und Kellen darin aufbewahren, damit sie nicht rosten, aber immer bei der Hand sind. Ein Schuppen mit einem ausreichend großen Eingang und einer Rampe kann kleine Maschinen wie Motorhacken oder Rasenmäher samt Zubehör wie Kraftstoff und zusätzliche Bauteile aufnehmen. Und an der warmen Südwand eines Schuppens können sich rankende wärmeliebende Kulturen wie Gurken oder blühende Kletterpflanzen wie Prunkwinden gut entfalten.

Achten Sie darauf, daß Sie Ihren Schuppen auf einen flachen Standort mit guter Entwässerung stellen. Und machen Sie sich vor Baubeginn mit den regionalen Bauvorschriften vertraut. Die Gemeinden haben unterschiedliche Regelungen, insbesondere bezüglich der Gebäudehöhe und der Abstände zu den Grundstücksgrenzen.

L E X I K O N

Pfette: ein waagerechter Träger in einer Dachkonstruktion
Schrägnagelung: einen Nagel in einem spitzen Winkel durch ein Holzstück in ein anderes treiben
Versenken: eine Technik, die verwendet wird, um den Kopf eines Bolzens oder einer Schraube unter die Oberfläche des umliegenden Holzes abzusenken
Winkelverstärkung: eine Platte oder ein Beschlag, um einen Winkel zu verstärken

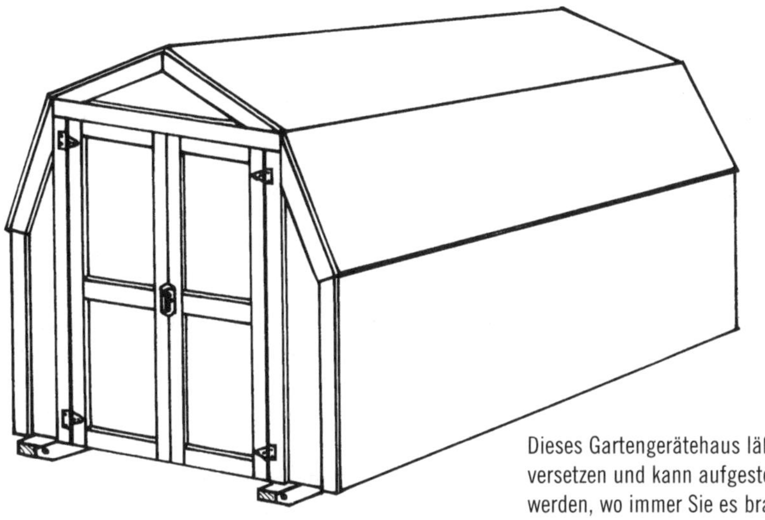

Dieses Gartengerätehaus läßt sich versetzen und kann aufgestellt werden, wo immer Sie es brauchen.

Ein transportables Gartengerätehaus

In Vorstädten und auf dem Land sind Gartengerätehäuser häufig praktische Ergänzungen zu den Häusern. Sie können verwendet werden, um Gartentraktoren, Rasenmäher, Motorhacken, Rechen, Hacken und all die anderen Garten- und Rasengeräte zu lagern. Schuppen können einen Schwerpunkt der Gartenausstattung bilden.

Dieses Gerätehaus hat ein Mansarddach, das es ansprechender macht und mehr Kopffreiheit bietet. Obwohl der Mansardaufbau etwas kompliziert erscheint, ist er sogar für Anfänger eine wirklich einfache Konstruktion.

Weil der Schuppen auf Kufen aufgebaut ist, kann er versetzt werden. Wenn Ihnen der ursprüngliche Standort nicht mehr zusagt, können Sie den Schuppen an einen anderen Platz verschieben. Durch das Gründen auf Kufen vermeiden Sie auch Fundamente, Sockel und andere teure ortsfeste Auflager.

Mit der Konstruktion beginnen

1. Das Gerätehaus steht auf 10x14-cm-Kanthölzern. Beginnen Sie deshalb damit, die Kufen auf 4 m abzulängen. Schneiden Sie die Vorder- und Rückseiten in einem 45°-Winkel ab, so daß sie sich nicht eingraben, wenn die Konstruktion gezogen oder bewegt wird. Bohren Sie je ein Loch von 2 cm Durchmesser durch die vorderen und hinteren Enden. In jedem dieser Löcher werden Schlaufen aus 3 mm dickem Draht befestigt, die Sie zum Einhängen einer Kette verwenden können, wenn Sie die Konstruktion bewegen möchten.

Materialliste

Grundplatte
2 Kufen, 10 x 14 cm, 4 m lang
2 Bodenschwellen (vorn und hinten), 5 x 15 cm, 2,44 m lang
2 Seitenschwellen, 5 x 15 cm, 3,55 m lang
5 innere Trägerbalken, 5 x 15 cm, 2,34 m lang
3 Siebdruckplatten, 1,8 cm dick, 2,5 x 1,25 m

Rückseite
4 kurze Ständer, 5 x 10 cm, 1,15 m lang
3 lange Ständer, 5 x 10 cm, 2,02 m lang
1 Fußriegel, 5 x 10 cm, 2,44 m lang
2 Brustriegel, 5 x 10 cm, 57 cm lang
2 Kopfriegel, 5 x 10 cm, 1,3 m lang

Seitenwände
14 Ständer, 5 x 10 cm, 1,15 m lang
2 seitliche Fußriegel, 5 x 10 cm, 3,55 m lang
2 seitliche Brustriegel, 5 x 10 cm, 3,55 m lang

Vorderseite
6 kurze Ständer, 5 x 10 cm, 1,15 m lang
2 lange Ständer, 5 x 10 cm, 2,02 m lang
1 Fußriegel, 5 x 10 cm, 2,44 m lang
2 Brustriegel, 5 x 10 cm, 57 cm lang
2 Türriegel, 5 x 10 cm, 1,3 m lang
10 Siebdruckplatten, 1,8 cm dick, 2,5 x 1,25 m (inkl. Rückseite und Seitenwände)
28 lfd. m Zierleisten, 2,5 x 10 cm

Tür
4 Pfosten, 5 x 5 cm, 2,0 m lang
6 Querstreben, 5 x 5 cm, 49 cm lang
12 Ankerschrauben, 10 x 200 mm
Türbeschläge und Scharniere

Dach
1 Firstbalken, 5 x 15 cm, 3,65 m lang
14 Dachsparren (A), 5 x 10 cm, 1,07 m lang, auf Maß schneiden
14 Dachsparren (B), 5 x 10 cm, 74 cm lang, auf Maß schneiden
12 Dachstreben, 5 x 10 cm, 62 cm lang, auf Maß schneiden
24 Winkelverstärkungen aus Siebdruckplatten, 1 cm dick, 15,3 x 30,5 cm
12 Winkelverstärkungen aus Siebdruckplatten, 1 cm dick, 18,5 x 76,2 cm
6 Siebdruckplatten, 1 cm dick, 2,5 x 1,25 m
14 m² Schindeln

Sonstige Materialien
Verbindungmaterial wie Schrauben und Nägel in unterschiedlichen Abmessungen sowie Dispersionsleim

– verändert aus *64 Yard & Garden Projects You Can Build Yourself* von Monte Buch

2. Legen Sie die Kufen mit 2,44 m Abstand auf eine ebene Oberfläche. Schneiden Sie die vorderen und die hinteren Bodenschwellen zu und befestigen Sie sie mit 20 cm langen Ankerschrauben in abgesenkten Löchern durch die Schwellen in die Kufen. Sägen Sie die Seitenschwellen zu und verankern Sie sie ebenfalls in den Kufen, indem Sie weitere Ankerschrauben durch die Seitenschwellen in die Kufen einfügen. Es ist außerordentlich wichtig, zu diesem Zeitpunkt dafür zu sorgen, daß die Konstruktion rechtwinklig ist. Nutzen Sie dazu zuerst einen Zimmermannswinkel und messen Sie dann diagonal von Ecke zu Ecke. Wenn die diagonalen Maße gleich sind, ist die Konstruktion rechtwinklig. Wenn nicht, müssen Sie durch Verschieben die Winkel der Ecken verändern, bis die Maße übereinstimmen. Ziehen Sie anschließend die Ankerschrauben noch einmal fest.
3. Wenn das Bauteil rechtwinklig ist, können Sie die inneren Trägerbalken im Abstand von jeweils 55 cm von der Mitte ausgehend zwischen die Seitenschwellen legen und mit verzinkten 8,0x140-Schrauben festschrauben.
4. Schneiden Sie die Siebdruckplatten zu, legen Sie sie über den Schwellen aus und schrauben Sie sie mit verzinkten 5,0x80-Schrauben an den Schwellen fest.

Die Vorderseite

5. Bauen Sie die Vorderseite, indem Sie die Bauteile ablängen, bevor Sie sie auf der Oberfläche aus Siebdruckplatten zusammensetzen. Beginnen Sie mit dem Fußriegel und schneiden Sie dann die beiden langen und die beiden kürzeren äußeren Ständer sowie die kurzen Brustriegel zu. Legen Sie alle Teile mitsamt dem Fußriegel auf die Plattform. Beachten Sie, daß der Fußriegel die volle Länge hat; die Öffnung für die Tür wird erst ausgeschnitten, wenn der Rahmen aufgerichtet ist.
6. Schneiden Sie die zwei 5x10-cm-Kanthölzer für den Türriegel über den langen Ständern zu. Nageln Sie sie zusammen, um einen Doppelbinder zu erhalten, und legen Sie ihn in Position.
7. Beginnen Sie, die vorhandenen Teile zusammenzuschrauben. Drehen Sie verzinkte 6,0x120-Schrauben durch den Fußriegel in die Stirnseiten der langen und der äußeren Ständer. Schrauben Sie anschließend durch die Brustriegel in die oberen Enden der äußeren Ständer, bevor Sie das andere Ende der Riegel mit Schrauben durch die langen Ständer an der richtigen Stelle befestigen. Schneiden Sie die kurzen inneren Ständer auf jeder Seite der Tür zu und bringen Sie sie außen an den langen Ständern an (siehe Vorderansicht).
8. Legen Sie den doppelten Türriegel mit den beiden Kanthölzern nebeneinander auf die beiden langen Ständer auf und schrauben Sie ihn an der Außenkante bündig von oben fest.
9. Schneiden Sie zwei der unteren Dachsparren (A) in Form und befestigen Sie sie an den Brustriegeln und am Türriegel, indem Sie verzinkte 4,0x100-Ankernägel schräg hindurchnageln.
10. Längen Sie die oberen vorderen Dachsparren (B) ab und schrägen Sie sie an beiden Seiten ab. Sägen Sie eine Winkelverstärkung aus der 1 cm dicken Siebdruckplatte. Nageln und kleben Sie sie mit 4,0x60-Ankernägeln und wasserbeständigem Dispersionsleim oben an der Rückseite des Sparrenpaares fest. Befestigen Sie dann die obere Sparrenverbindung mit schräg eingeführten 4,0x100-Ankernägeln oben auf dem Türriegel.

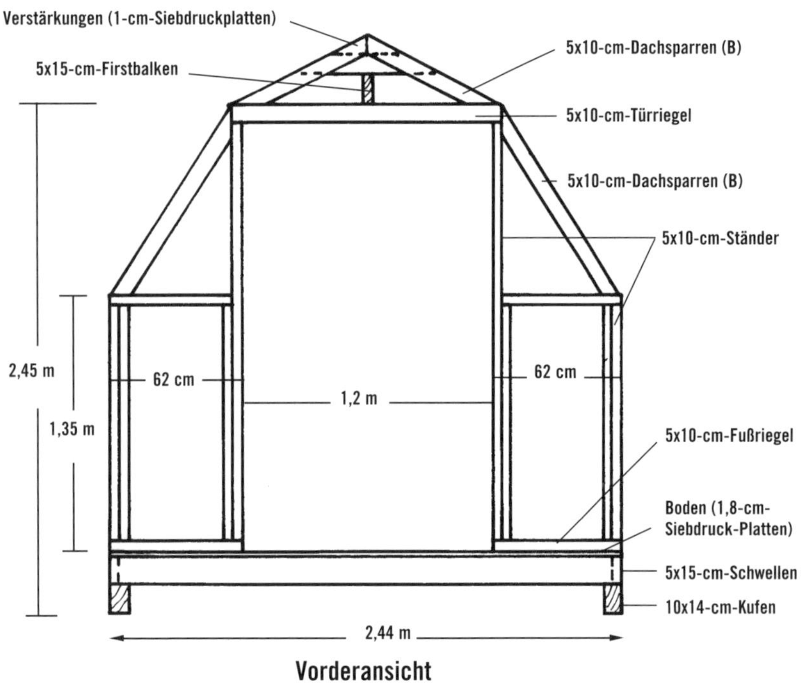

Vorderansicht

11. Stellen Sie die zusammengefügte Vorderseite auf der Bodenplattform auf und loten Sie sie mit einer Wasserwaage aus. Prüfen Sie mit dem Zimmermannswinkel auch, ob sie rechtwinklig ist, wenn Sie nicht sicher sind, ob die Bodenplattform absolut eben ist. Verankern Sie als nächstes die Baugruppe an Ort und Stelle, indem Sie die beiden Teile des Fußriegels an den seitlichen Ständern und hinten an den Seitenschwellen festschrauben.

Rückwärtiger Rahmen und Seitenrahmen

12. Bauen Sie den hinteren Rahmen auf dieselbe Art und Weise auf wie die Vorderseite, mit Ausnahme des oberen Abschnitts über den Ständern, wo Sie die beiden 5x10-cm-Kanthölzer für den Kopfriegel flach auflegen. Schrauben Sie das untere Kantholz auf den langen Ständern fest, bevor Sie das obere darüber befestigen.
13. Die Seitenrahmen werden zusammengefügt, indem die Fuß- und die Brustriegel sowie alle Ständer auf Maß geschnitten werden, bevor sie auf der Bodenplattform zusammengeschraubt werden. Stellen Sie die Baugruppe auf und schrauben Sie die äußeren Ständer der Vorder- und der Rückwand an den Ständern der seitlichen Rahmen und durch den Fußriegel an den Seitenschwellen fest.
14. Schneiden Sie den 5x15-cm-Firstbalken zu und befestigen Sie ihn mittels Schrägnagelung vorn auf dem Türriegel und hinten auf dem oberen Kopfriegel. Außerdem können kurze Füllstücke aus Holz auf beiden Seiten angenagelt werden, um die Festigkeit zu erhöhen.

Rückansicht

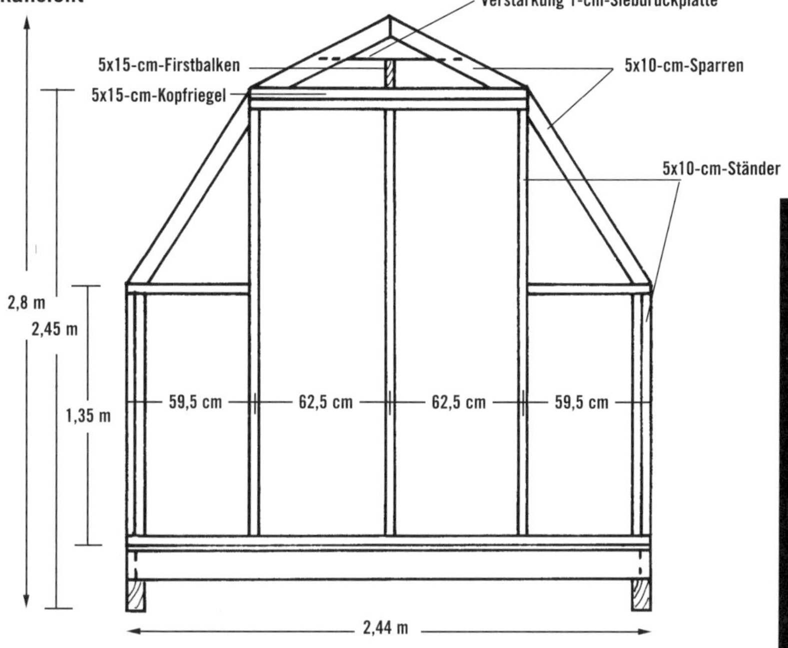

Seitenansicht

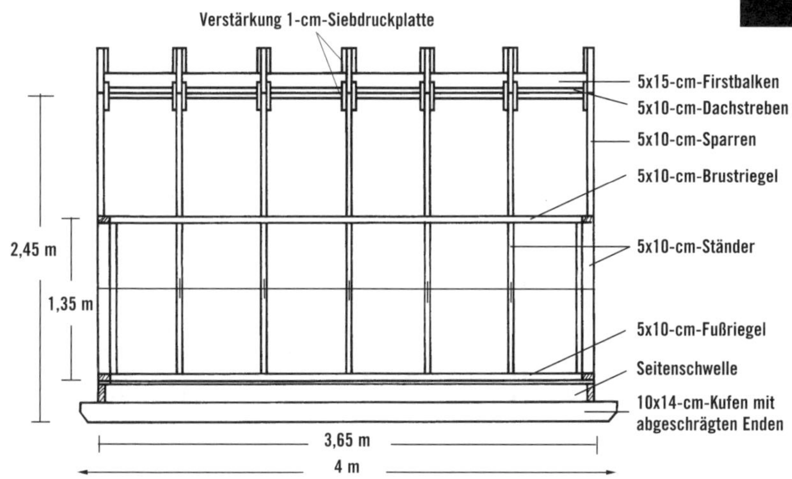

Innere Sparren

15. Die innenliegenden Sparren sind eigentlich der Dachstuhl, der gefertigt wird, indem Sparren in die passende Form mit den entsprechenden Winkeln geschnitten werden, wie in der Zeichnung gezeigt, und mit Verstärkungen aus 1 cm dicken Siebdruckplatten auf beiden Seiten jeder Verbindung fixiert werden. Bauen Sie einen Sparren zusammen und verwenden Sie ihn als Muster, um die anderen zusammenzufügen. Sie können auch die Teile darauf aufschichten und sie direkt nacheinander montieren, um sicherzustellen, daß alle auf die gleiche Weise zusammengebaut sind.
16. Heben Sie mit einem Helfer den ersten innenliegenden Sparren an und legen Sie ihn auf dem Firstbalken ab. Befestigen Sie die Enden des Bauteils mit schräg eingeschlagenen 4,0x100-Ankernägeln auf den seitlichen Brustriegeln und die Verstärkungen aus Siebdruckplatten am Firstbalken. Montieren Sie die verbleibenden Sparren auf die gleiche Weise.
17. Wenn die Sparren montiert sind, können Sie die Dachstreben, die zwischen den Sparren verlaufen, zuschneiden und anbringen.

GARTENGERÄTEHAUS

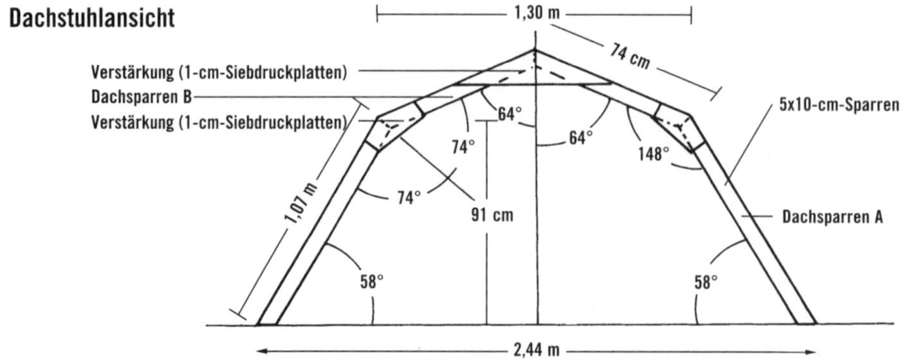

Die Wände

18. Die Schuppenwände können mit einer dauerhaften Metall- oder Kunststoffverkleidung oder mit wasserfesten Siebdruckplatten versehen werden. Siebdruckplatten lassen sich schnell und problemlos anbringen. Schneiden Sie die Verkleidungsteile zu und befestigen Sie sie mit verzinkten 5,0x80-Schrauben an den Ständern und den Brust- und Fußriegeln. Die Verkleidung sollte unter den Fußboden bis zur unteren Kante der Seitenschwelle hinabreichen und oben auf beiden Seiten bündig mit der oberen Kante des Brustriegels abschließen.
19. Messen Sie die Flächen und Winkel exakt aus, bevor Sie die Verkleidung für die Vorder- und die Rückseite zuschneiden. Schneiden Sie den Türausschnitt auf der Vorderseite so aus, daß Sie ihn später für die Türblätter verwenden können. Schrauben Sie Plattenteile mit verzinkten 5,0x80-Schrauben an den Ständern und Riegeln fest.
20. Sobald die Verkleidungen montiert sind, können Sie dekorative Zierleisten anbringen. Diese sollte in einer anderen Farbe gestrichen werden, die von der Verkleidung absticht. Schneiden Sie die Zierleisten zuerst auf Maß zu und streichen Sie sie, bevor Sie sie mit verzinkten 3,0x40-Nägeln befestigen.

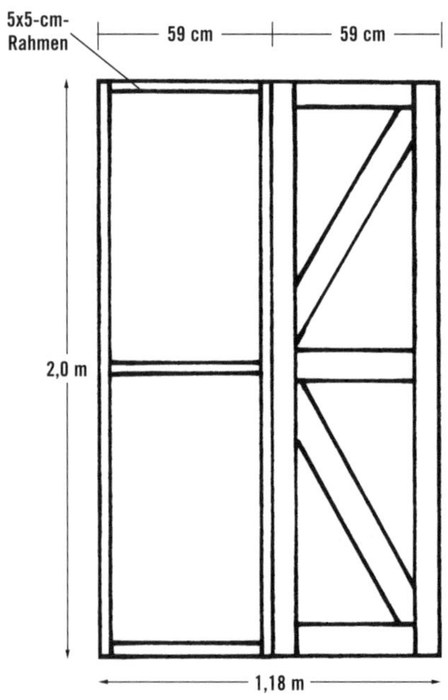

Tür

Das Dach

21. Das Dach kann, wenn Sie dies vorziehen, aus Metall sein, wobei dann horizontale Dachpfetten über die Sparren genagelt werden. Die Metalleindeckung wird mit Dachnägeln mit Neopren-Dichtscheiben auf die Pfetten genagelt.
22. Häufig hat das Dach eine Holzeindeckung mit Schindeln. Decken Sie die Dachfläche zuerst mit 1 cm dicken Siebdruckplatten ab. Beginnen Sie bei den unteren Sparren und beachten Sie, daß die Unterkanten etwa 3 cm an den Wänden überstehen sollten. Nageln Sie die auf die richtige Größe zugeschnittenen Teile mit 3,0x40-Ankernägeln auf die Sparren. Schneiden Sie dann die oberen Eindeckungsplatten zu und nageln Sie sie auf die gleiche Weise fest. Lassen Sie die Verkleidungsteile auf beiden Seiten flach über das obere Ende der unteren Eindeckungen hinausragen.
23. Danach können Sie Schindeln aus Holz, Faserzement oder Bitumen auf dem Dach anbringen.

Letzte Handgriffe

24. Bauen Sie die Doppeltür aus den Siebdruckplatten, die Sie als Türöffnung ausgeschnitten haben (siehe Schritt 19), indem Sie sie, wie abgebildet, auf einen 5x5-cm-Rahmen schrauben. Sie können auch Zierleisten auf die Türverkleidung nageln.
25. Hängen Sie die Türen mit dekorativen Türbändern ein und montieren Sie dann eine Verriegelung, die von außen mit einem Vorhängeschloß abgesperrt werden kann.

– verändert aus *64 Yard & Garden Projects You Can Build Yourself* von Monte Burch

TRANSPORTABLES LAGERHÄUSCHEN

Dieses transportable, freistehende Lagerhäuschen hat eine Rahmung aus 5x10-cm-Kanthölzern, aber Sie können an den Ecken auch behandelte 10x10-cm-Pfosten einsetzen, wenn Sie ihm mehr Stabilität geben und es dauerhaft verankern möchten. Bauen können Sie die Konstruktion wie in der Zeichnung dargestellt.

1. Beginnen Sie mit der Rahmung der Wände mit 5x10-cm-Kanthölzern. Sie sind an der Tür aufgedoppelt, um genug Fläche zum Anbringen der Türbänder zu schaffen. Bei der Rückwand sind die 5x10-cm-Ständer hinauf zu den Sparren und zum Firstbalken verlängert.
2. Befestigen Sie die vier Wände aneinander, indem Sie unten, in der Mitte und oben jeweils außen horizontale 5x10-cm-Querbalken anbringen und diese miteinander verschrauben.
3. Befestigen sie den Firstbalken auf der Vorderseite oben auf dem kurzen Ständer über dem Türriegel und an der Rückwand auf dem verlängerten 5x10-cm-Mittelständer.
4. Schneiden Sie die Sparrenenden mit den erforderlichen Winkeln zu und schrauben Sie sie an den Firstbalken und der Oberseite der Wandteile fest. Fixieren Sie die Pfetten.
5. Setzen Sie die Türen aus aufgedoppelten 5x10-cm-Kanthölzern zusammen, welche die Angeln aufnehmen.
6. Streichen oder beizen Sie die Rahmung.
7. Bringen Sie die Bretter oder Platten für die Verkleidung an.
8. Hängen Sie die Türen ein und montieren Sie die Türbeschläge. Setzen Sie einen Türstopper ein, indem Sie ein 5x10-cm-Kantholz so an den Türrahmen schrauben, daß es mit der 10 cm breiten Seite aufliegt.

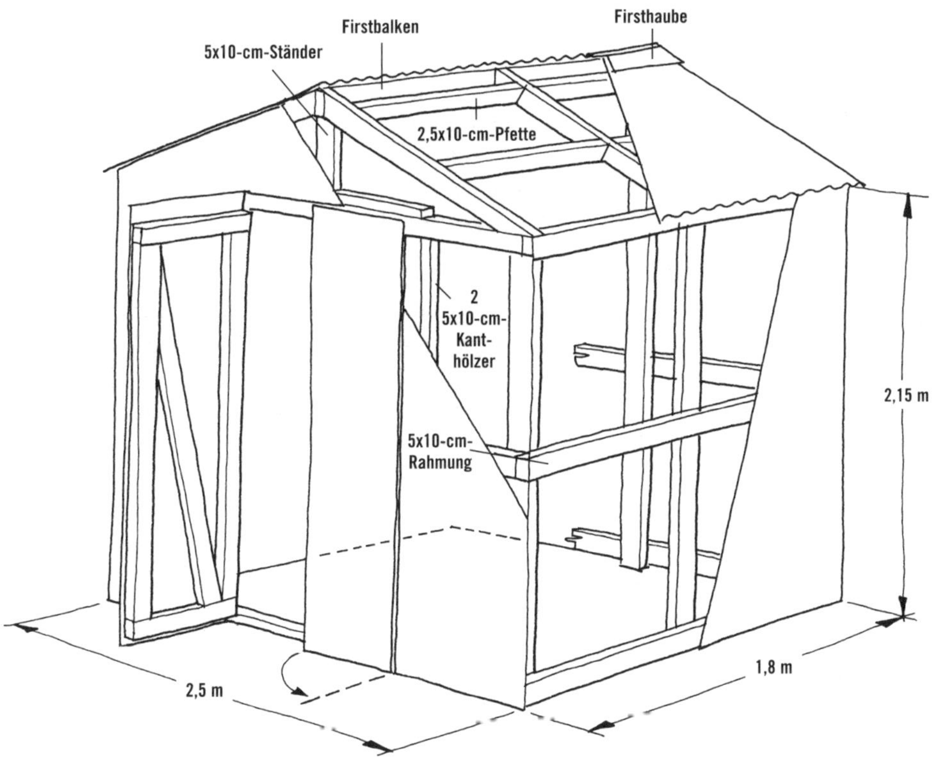

Dieses kleine Lagerhäuschen hat durchweg 5x10-cm-Rahmen. Wenn Sie ihm mehr Stabilität geben möchten, können Sie 10x10-cm-Balken als Eckpfosten verwenden.

– verändert aus *Building Small Barns, Sheds & Shelters* von Monte Burch

GARTEN, HOF UND OBSTGARTEN

WERKZEUGSCHUPPEN

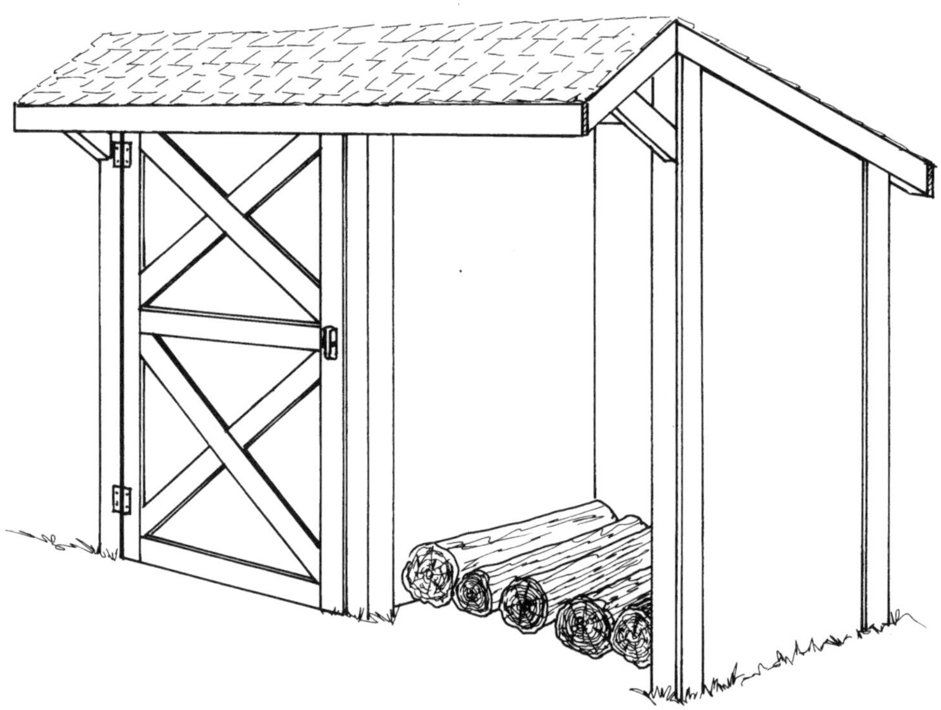

Materialliste

3 Pfosten, 10 x 10 cm, 2,45 m lang
3 Pfosten, 10 x 10 cm, 1,85 m lang
1 oberer vorderer Querbalken, 5 x 10 cm, 2,45 m lang
1 unterer vorderer Querbalken, 2,35 m lang
3 hintere Querbalken, 5 x 10 cm, 2,45 m lang
12 seitliche Querbalken, 5 x 10 cm, 90 cm lang
3 innere hintere Querbalken, 5 x 10 cm, 1,14 m lang
3 Bodenschwellen, 5 x 10 cm, 1,05 m lang
1 Boden, Siebdruckplatte, 1,8 cm dick, 1,05 x 1,22 m
2 senkrechte Frontverkleidungen, Mitte und links vorn, 2,5 x 13 cm, 2,00 m
1 waagerechte Frontverkleidung, links oben, 2,5 x 13 cm, 41 cm
1 senkrechte Frontverkleidung, rechts, 2,5 x 18,5 cm, 2,00 m
1 waagerechte Frontverkleidung, rechts oben, 2,5 x 18,5 cm, 41 cm
2 Firstbalken, 5 x 10 cm, 2,45 m lang
5 rückwärtige Sparren, 5 x 10 cm, 1,65 m lang
5 vordere Sparren, 5 x 10 cm, 70 cm lang
5 Verstärkungen aus Siebdruckplatten, 1,2 cm dick, 15 x 30 cm
2 vordere Stützbalken, 5 x 10 cm, 64 cm lang, auf Maß schneiden
2 Stirnbretter, 5 x 10 cm, 2,45 m lang
8 Siebdruckplatten für die Wände, 1,8 cm dick, 2,50 x 1,25 m
Türrahmen, 6,75 lfd. m Kanthölzer, 5 x 5 cm
Türverzierung, 12,5 lfd. m, 2,5 x 10 cm
3 Siebdruckplatten für die Dachabdeckung, 1,2 cm dick, 2,50 x 1,25 m
6 m² Schindeln
6 Pfostenschuhe oder Einschlaghülsen
Beschläge, Türbänder und Riegel

– verändert aus *64 Yard & Garden Projects You Can Build Yourself* von Monte Burch

Werkzeug- und Holzdepot

Dieses Werkzeuglager nimmt Feuerholz ebenso auf wie Rechen, Hacken, einen Spindelmäher und alles, was sonst zum Pflegen Ihres Rasens und Gartens gebraucht wird. Es hat einen ortsfesten Aufbau mit einem umschlossenen Raum für Werkzeuge und einem offenen Bereich für das Holzlager. Die Ständerbauweise ist auch für einen angehenden Hobbyzimmermann einfach anzuwenden.

Mit dem Bau beginnen

Bestimmen Sie zunächst den genauen Standort des Gebäudes und markieren Sie die Positionen der Pfosten. Achten Sie darauf, daß die Pfosten nicht mit Versorgungsleitungen oder unterirdischen Kabeln in Konflikt geraten. Vermessen Sie beim Aufriß des Gebäudes die Entfernung der vier Ecken gemäß den Plänen und schlagen Sie an der Position der Pfostenmitten Pflöcke ein. Denken Sie daran, daß die Pfostenmitte jeweils etwa 8 cm innerhalb des Gebäudeumrisses ist. Um zu gewährleisten, daß das Gebäude rechtwinklig ist, messen Sie diagonal von Pflock zu Pflock. Die diagonalen Meßwerte müssen gleich sein. Wenn sie es nicht sind, versetzen Sie die Pflöcke, bis die diagonalen Abmessungen gleich sind, wobei die richtigen Maße für die Seiten, die Vorder- und die Rückfront beibehalten werden.

Die Pfosten setzen

Graben Sie die Löcher für die Pfosten. Ein Fachmann kann Ihnen sagen, wie tief Sie graben müssen. Die Löcher sollten doppelt so breit wie die Pfosten sein. Für ein Gebäude dieser Größe können Sie aber auch einfach sechs Einschlaghülsen verwenden, die Sie mithilfe eines kurzen Balkenstücks und eines Vorschlaghammers in den Boden treiben.

Für die Pfostenfundamente können Sie Fertigbeton verwenden, den Sie in Säcken kaufen können. Sie brauchen nur noch Wasser zuzugeben, die Masse durchzurühren und in das Loch zu gießen. Drücken Sie dann den Pfostenschuh hinein und streichen Sie den Beton um den Pfostenschuh leicht abfallend glatt, so daß das Wasser vom Pfostenschuh wegfließt.

Richten Sie die Aufstandsfläche der Pfostenschuhe – oder der Einschlaghülsen – in beide Richtungen waagerecht aus. Messen Sie nochmals die Diagonalen, um die rechten Winkel zu prüfen, und lassen Sie den Beton für mindestens 48 Stunden trocknen.

Setzen Sie die Pfosten ein und verschrauben Sie sie mit dem Pfostenfuß. Richten Sie sie mithilfe einer langen Wasserwaage in beiden Richtungen (ihren beiden Außenseiten) exakt senkrecht aus.

Markieren Sie mithilfe einer Richtlatte, zum Beispiel eines langen 5x10-cm-Balkens, und einer Wasserwaage, vom kürzesten hinteren Pfosten ausgehend, die Höhe der übrigen rückwärtigen Posten und schneiden Sie diese mit einer Handsäge oder einer Kettensäge auf die richtige Länge ab. Verfahren Sie mit den vorderen Pfosten ebenso.

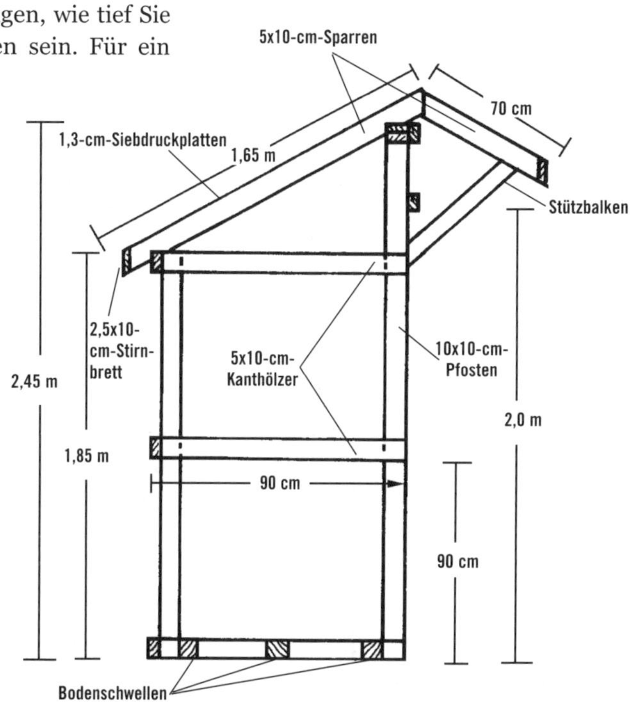

Seitenansicht

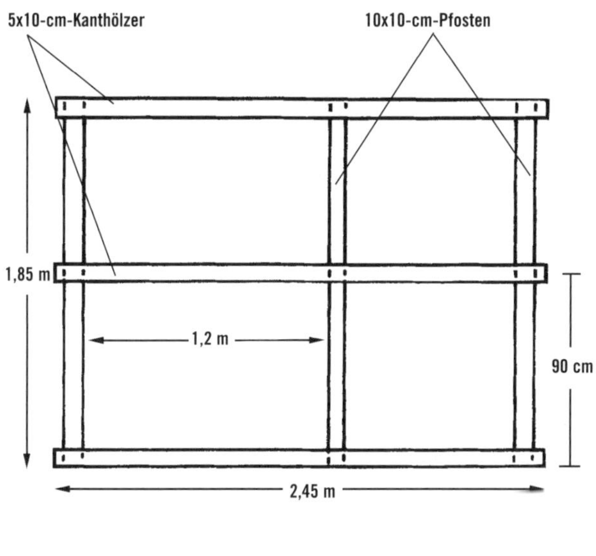

Rückansicht

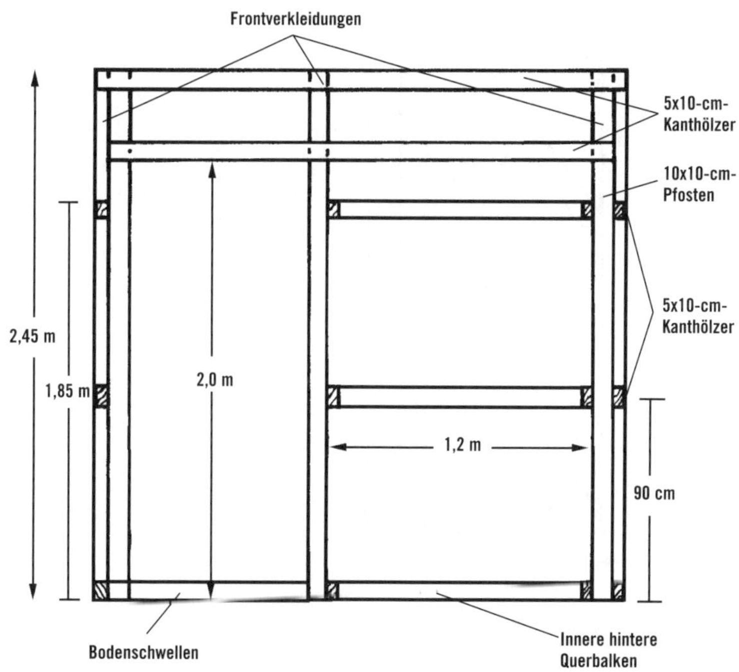

Vorderansicht

WERKZEUGSCHUPPEN

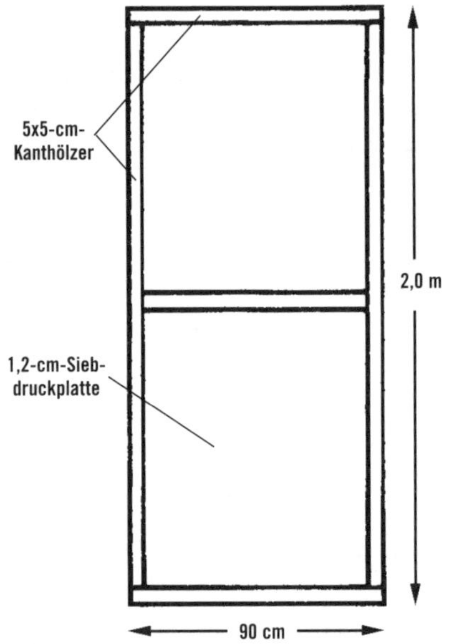

Rückseite der Tür

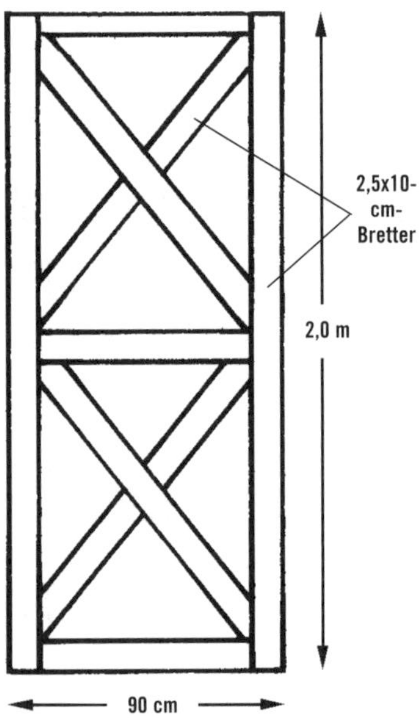

Vorderseite der Tür

Boden, Dach und Wandrahmen

Schneiden Sie die kurzen seitlichen Querbalken zu und schrauben Sie sie an die Pfosten, die den Werkzeuglagerbereich an der Außen- und der Innenwand umgeben. Schneiden Sie dann die langen hinteren Querbalken zu und schrauben Sie sie mit verzinkten 5,0x80-Schrauben quer an den hinteren Pfosten fest. Sägen Sie die beiden 5x10-cm-Kanthölzer für den Firstbalken zu und schrauben Sie sie aufeinander. Befestigen Sie diesen aufgedoppelten Balken mit 8,0x140-Schrauben quer über den vorderen Pfosten. Schrauben Sie an dessen Vorderseite den oberen und an die Vorderseite des Pfostens den unteren vorderen Querbalken an. Schneiden Sie die Bodenschwellen zu und bringen Sie eine vorn, eine hinten und eine in der Mitte an.
Die Sparren, die das ausladende Dach stützen, sind eigentlich Binder, die durch das Verkleben und Vernageln von jeweils zwei Sparren – einem langen und einem kurzen – mithilfe von Verstärkungen aus Siebdruckplatten an den Verbindungen gebildet werden. Schneiden Sie die Sparren in die richtige Länge, sägen Sie je eine Kerbe in das untere und das obere Ende der langen Sparren und fügen Sie jeweils beide Sparren zu Bindern zusammen. Setzen Sie einen Binder auf das eine Ende des Gebäudes und nageln Sie ihn mit 4,0x100-Ankernägeln durch die Kerben am hinteren Querbalken und am Firstbalken fest. Befestigen Sie die verbleibenden Sparren auf die gleiche Weise. Nageln Sie die Stirnbretter an die Frontflächen der vorderen und rückwärtigen Sparren. Schrauben Sie abschließend vorn die Stützbalken an.

Verkleidungen und Tür

Es gibt eine ganze Reihe von Möglichkeiten, die Konstruktion zu verkleiden. Am einfachsten und schnellsten geht es mit Siebdruckplatten oder Hohlkammerpaneelen aus Kunststoff, die wie Nut-und-Feder-Bretter aussehen.
Verkleiden Sie zuerst die Rückwand und dann die Seitenwände. Achten Sie darauf, daß Sie die erste Platte senkrecht setzen, damit die zweite einwandfrei anschließt. Nageln sie die Platten an der Trennwand in der Mitte auf die gleiche Weise fest. Schneiden Sie die äußeren Abdeckbretter zu, um die Stoßfugen der Platten zu überdecken und die vorderen Pfosten zu verkleiden. Verwenden Sie die schmaleren Zierleisten für die anderen Flächen oder gestalten Sie alle Verkleidungen mit breiten Leisten, wenn Sie dies möchten. Befestigen Sie die 1,2 cm dicken Siebdruckplatten mit 3,0x40-Ankernägeln auf den Sparren und decken Sie das Dach mit einem Material ein, das zur vorhandenen Architektur paßt.
Die Tür hat einen 5x5-cm-Rahmen, der durch das Auftrennen von 5x10-cm-Kanthölzern mit einer Handkreissäge mit Führung oder einer Tischkreis- oder Kappsäge hergestellt wird. Schrauben Sie 1,8 cm dicke Siebdruckplatten an den Rahmen, bevor Sie die Zierleisten für die Außenkanten vorn auf der Tür zuschneiden und anbringen. Sie können die Tür mit Scharnieren einhängen, aber Türbänder sind dekorativer. Bringen Sie zum Schluß noch den Schloßriegel für das Vorhängeschloß sowie den Türgriff an. Wenn Sie keine beschichtete Verkleidung verwendet haben, müssen Sie den Schuppen noch passend streichen.

– verändert aus *64 Yard & Garden Projects You Can Build Yourself* von Monte Burch

BAUMHAUS

Ein dreieckiges Baumhaus

Dieses besondere Baumhaus benötigt keine Äste als Stütze. Stattdessen steht die Hütte mithilfe von Stützbalken und Stahlseilen vom Baumstamm ab. Die dreieckige Form der Konstruktion gibt ihr eine größere Stabilität.

Sie brauchen eine lange Leiter, um diese Konstruktion zu bauen und um nach der Fertigstellung in das Häuschen zu kommen. Verstecken Sie die Leiter im Gebüsch, um unwillkommene Gäste am Eindringen zu hindern, wenn Sie es nicht benützen.

– aus *Rustic Retreats* von Jeanie und David Stiles

BAUMHAUS

Jeanie und David Stiles gelten als das amerikanische Autorenpaar für Heimwerker-Bauprojekte. Sie haben gemeinsam 14 Bücher über Holzbearbeitung geschrieben, die mehr als 300 000mal verkauft wurden – zu ihnen gehören Rustic Retreats *und* Garden Retreats.

Materialliste

Die für die Balken angegebenen Längen sind Näherungsmaße. Sie können abhängig von der Größe des Baumes variieren.

Bauteil	Anzahl	Beschreibung
Podestrahmen		
Seitliche Tragebalken	2	5 x 20 cm, 2,45 m lang
Querbalken	3	5 x 20 cm, etwa 2,5 m, 1,5 m und 1,0 m lang
Rückwärtiger Stützbalken	1	5 x 15 cm, 90 cm lang
Vordere Stützbalken	2	5 x 15 cm, 1,85 lang
Hütte		
Boden	1½ Platten	1,8-cm-Siebdruckplatten, 2,50 x 1,25 m
Seitliche Deckenbalken	2	5 x 20 cm, 2,45 m lang
Querbalken	3	5 x 20 cm, etwa 2,5 m, 1,5 m und 1,0 m lang
Wandpfosten	10	5 x 10 cm, 2,15 m lang
Verkleidung		Schnittholzschwarten
Dach	1½ Platten	1,8-cm-Siebdruckplatten, 2,50 x 1,25 m
Dachrand	2	Dachlatten, 2,5 x 5 cm, 2,45 m lang
Andere Materialien	2	Spannschlösser
	2	Sechskantholzschrauben, 20,0 x 100 mm
	2	Schrauben mit Beilagscheiben, 12,0 x 180 mm
	2	Schrauben mit Beilagscheiben, 12,0 x 80 mm
		Drahtseil, 8 mm Ø, 6,10 m lang
		Stahlrohr, 4 cm Ø, genauso lang wie der Baumdurchmesser
		Dachpappe
		verzinkte Nägel, 10 cm lang
		sonstige verschiedene Nägel und Schrauben

– aus *Rustic Retreats* von David and Jeanie Stiles

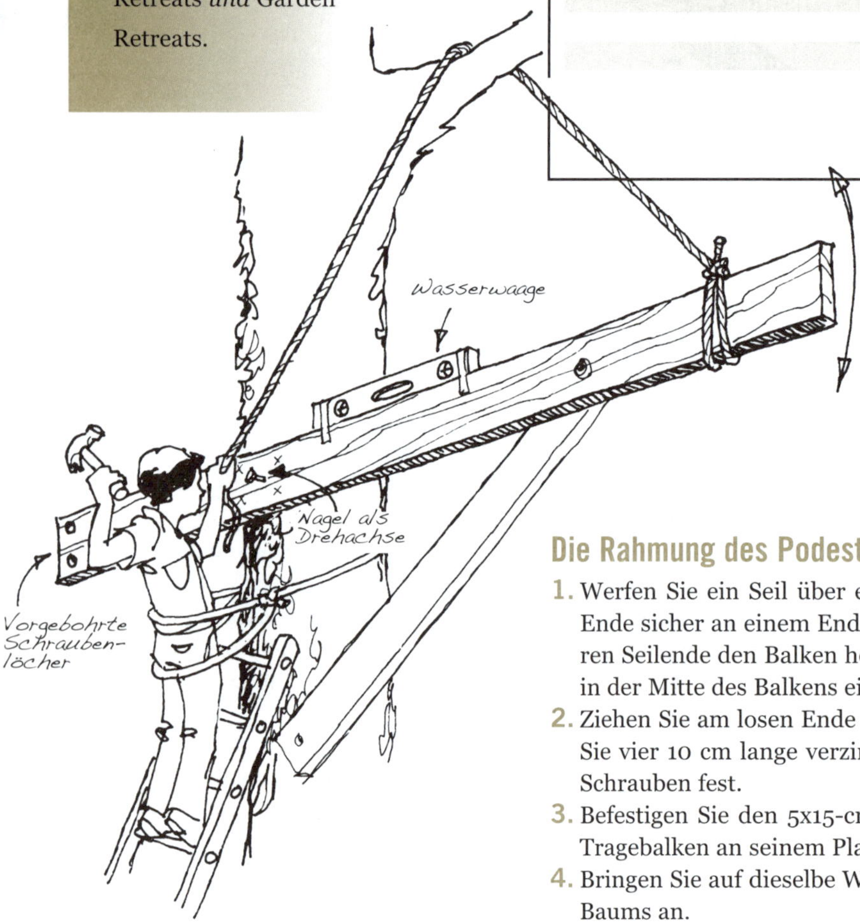

Die Rahmung des Podests

1. Werfen Sie ein Seil über einen Ast hoch oben im Baum. Befestigen Sie das freie Ende sicher an einem Ende eines 5x20-cm-Tragebalkens und ziehen Sie am anderen Seilende den Balken hoch. Schlagen Sie dort, wo der Balken am Baum anliegt, in der Mitte des Balkens einen Nagel als Drehachse ein.
2. Ziehen Sie am losen Ende des Seils, bis der Balken waagerecht liegt, und schlagen Sie vier 10 cm lange verzinkte Nägel ein oder schrauben Sie ihn mit ebensolchen Schrauben fest.
3. Befestigen Sie den 5x15-cm-Stützbalken am Tragebalken und am Baum, um den Tragebalken an seinem Platz zu halten.
4. Bringen Sie auf dieselbe Weise den zweiten Tragebalken auf der anderen Seite des Baums an.

5. Verbinden Sie die beiden Tragebalken mit den 5x15-cm-Querbalken an drei Stellen miteinander. Befestigen Sie den mittleren Querbalken zuerst, indem Sie die beiden Enden an den Tragebalken festnageln. Die drei Querbalken sind etwa 2,5 m, 1,5 m und 1,0 m lang, aber die Länge variiert in Abhängigkeit vom Baumdurchmesser. Wenn Sie allein arbeiten, müssen Sie provisorische Haltevorrichtungen anbringen, um die Querbalken an Ort und Stelle zu halten, während Sie sie an die seitlichen Tragebalken nageln.
6. Schrauben Sie den rückwärtigen Stützbalken zwischen die beiden Tragebalken und nageln Sie das obere Ende an den Baum.
7. Ziehen Sie zur zusätzlichen Stabilität ein 8-mm-Drahtseil durch ein 4 cm dickes Eisenrohr von der Länge des Baumdurchmessers. Schrauben Sie 2,1 m über der Plattform zwei 20x100-Sechskantholzschrauben von hinten in den Baum und legen Sie das Rohr darauf ab. Bringen Sie auf beiden Seiten je ein Spannschloß am Stahlseil an und befestigen Sie die beiden freien Enden mit Ankerschrauben an den Tragebalken fest.

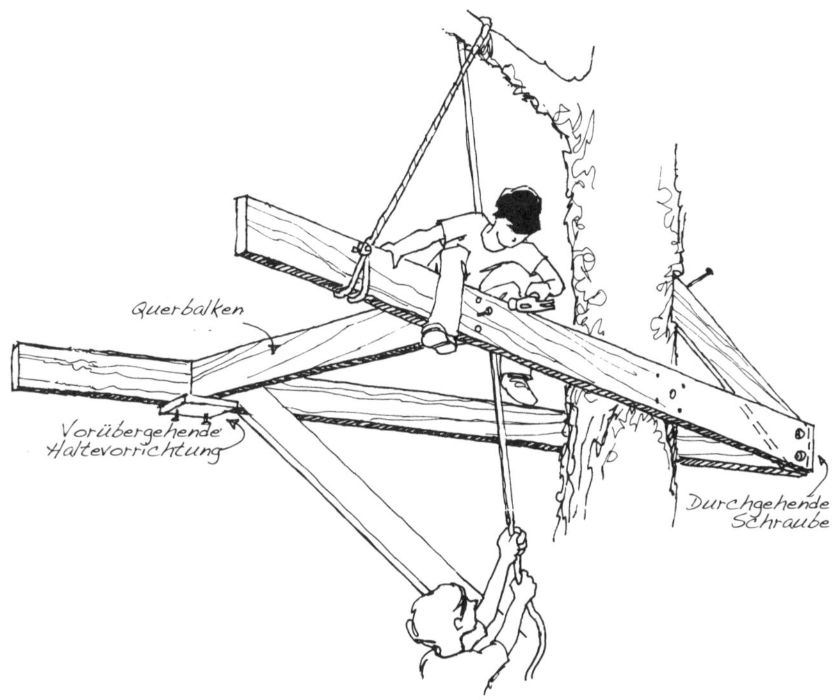

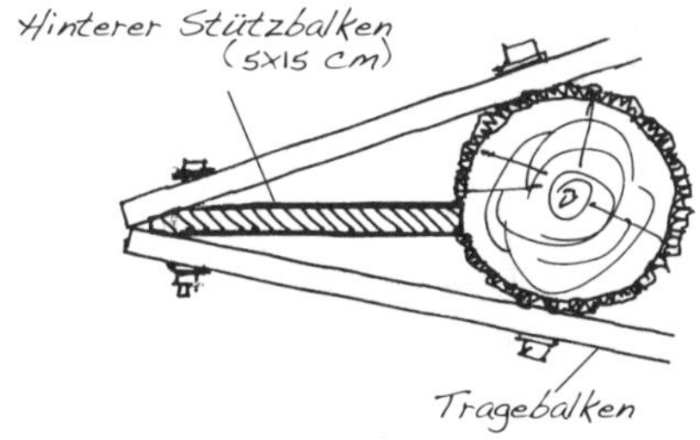

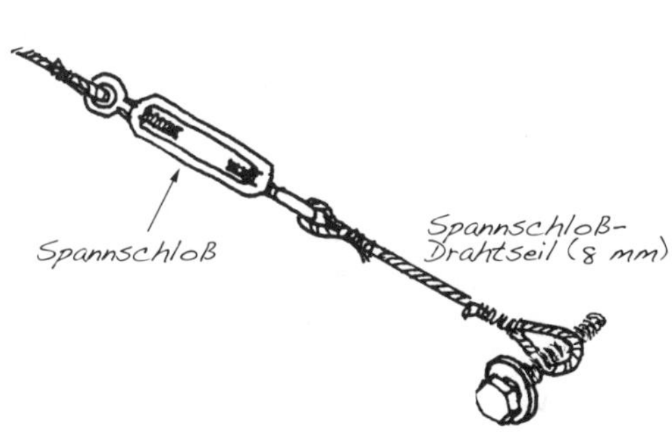

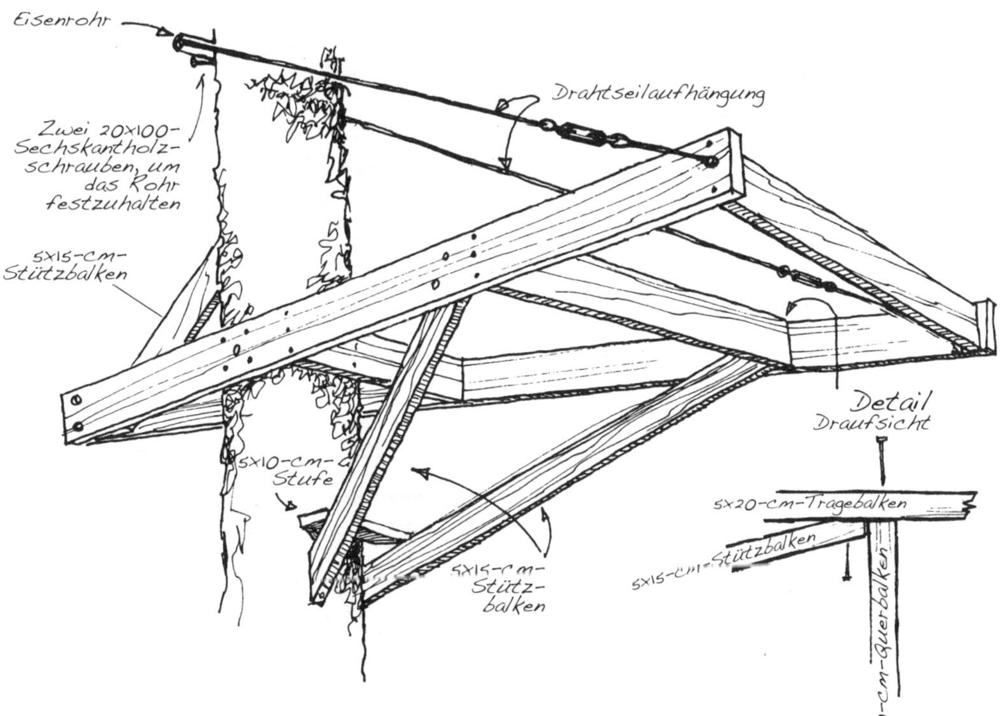

BAUMHAUS

Zu Ihrer Sicherheit: Mehr Baumhaustips

- Errichten Sie das erste Podest möglichst in Armreichweite vom Boden aus oder zumindest innerhalb der Reichweite einer Stehleiter.
- Verwenden Sie einen Klettergurt und achten Sie darauf, daß das Seil zum Gurt an einem starken Ast angebracht ist.
- Bringen Sie solide Handgriffe oben an der Leiter und innen an der Türöffnung an, um das Hinein- und Herausklettern sicherer und einfacher zu machen.
- Achten Sie darauf, daß der Baum, in den Sie bauen, kräftig und gesund ist, wenn Sie Ihr Baumhaus über mehrere Jahre nutzen möchten.
- Lassen Sie an den Befestigungspunkten Beweglichkeit zu, so daß der Baum wachsen und sich im Wind bewegen kann.
- Verwenden Sie nur verzinkte oder Edelstahlnägel. Ungeschützte Nägel rosten innerhalb von drei Jahren weg.
- Für den Rahmen von Baumhäusern sind Schrauben zweckmäßiger als Nägel. Sie halten besser und können entfernt werden, wenn Sie Ihre Hütte verändern müssen.
- Verwenden Sie zum Anbringen von Balken besser verzinkte Sechskantschrauben von 12 mm Durchmesser mit Beilagscheibe, als sich auf mehrere kleine Nägel zu verlassen. Zum Eindrehen der Schrauben in das Holz ist ein Steckschlüsselsatz sehr nützlich.

Hütte

1. Bauen Sie aus 1,8 cm dicken Siebdruckplatten einen Boden mit einer nach innen öffnenden Falltür.
2. Montieren Sie die Deckenbalken zur Rückseite des Baumhauses abfallend, damit Regen abfließen kann, und befestigen Sie die 5x10-cm-Wandpfosten auf der Innenseite der Deckenbalken.
3. Rahmen Sie das Dach bis auf die Schräge genauso wie die Bodenplattform und decken Sie es mit Siebdruckplatten und Dachpappe ein. Klappen Sie die Dachpappe um die überstehenden Kanten der Siebdruckplatten und nageln Sie sie unten an ein Stück Dachlatte.
4. Gestalten Sie die Seitenwände und die Vorderseite mit 5x10-cm-Kanthölzern im Abstand von 40 cm und decken Sie sie mit Schwarten ein, die Sie, von unten beginnend, überlappen lassen. (Schwarten sind der ungenutzte Teil des Baumstamms, der im Sägewerk weggeschnitten wird.)
5. Bringen Sie Stufen aus 5x10-cm-Kanthölzern an. Schneiden Sie keilförmige Klötze zu, um die Stufen auszurichten und zu stützen, und nageln Sie sie auf die Stützbalken.

– aus *Rustic Retreats* von David und Jeanie Stiles

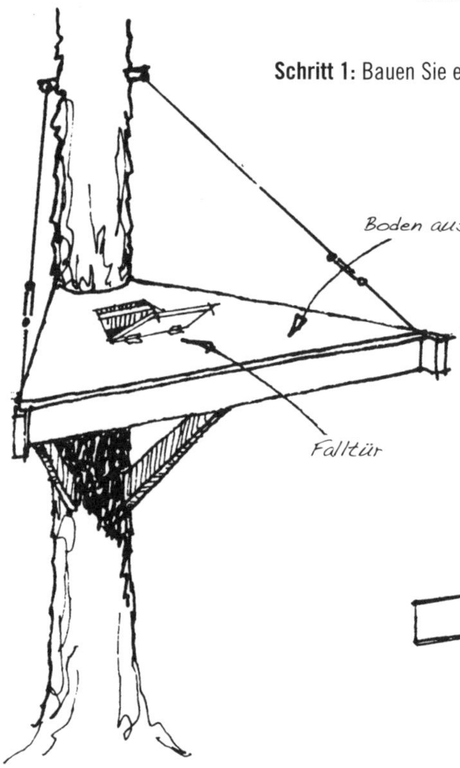

Schritt 1: Bauen Sie einen Boden aus Siebdruckplatten.

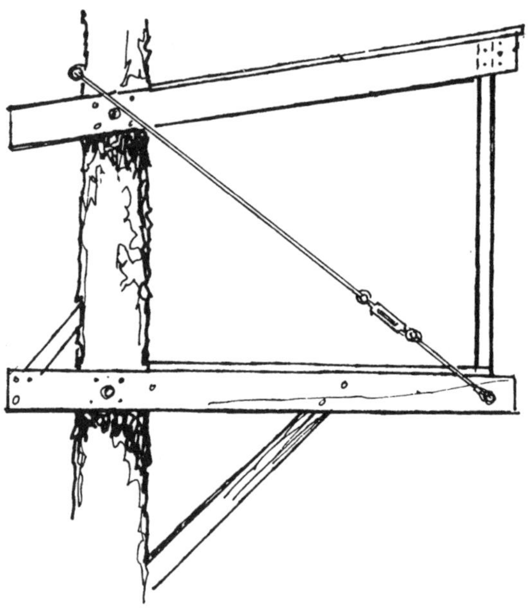

Schritt 2: Montieren sie die Deckenbalken und die Eckpfosten.

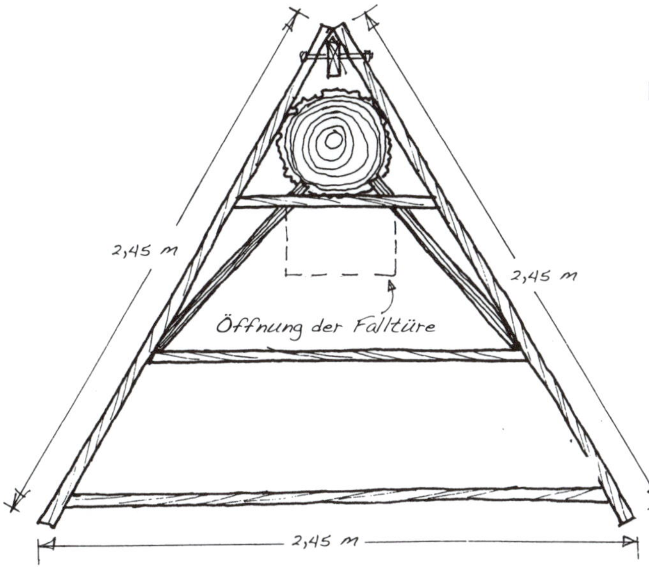

Draufsicht

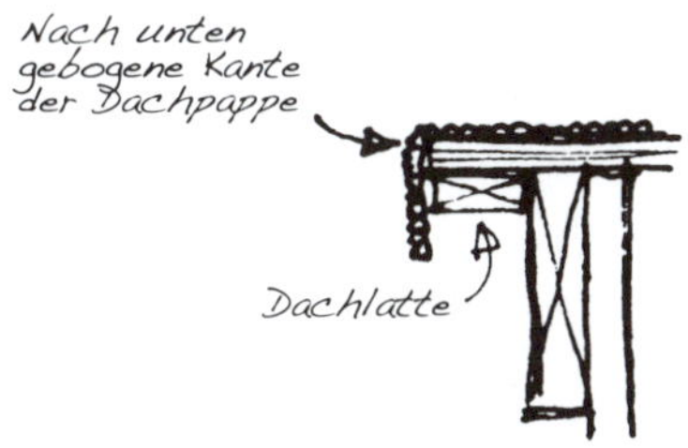

Schnitt durch den Deckenbalken

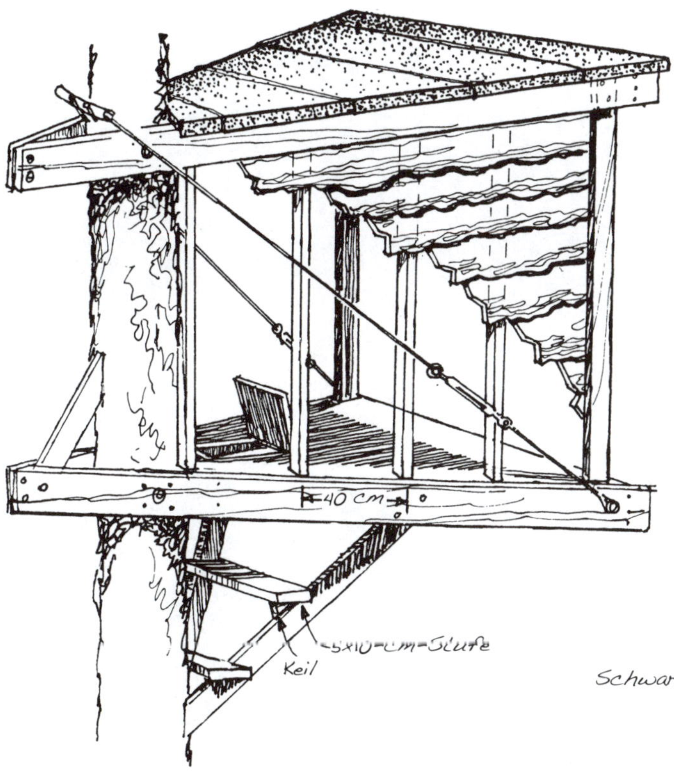

Schritte 3 bis 5: Montieren Sie die Dachkonstruktion und dekken Sie die Siebdruckplatten mit Dachpappe ab. Gestalten Sie die Seitenwände und die Vorderseite und verkleiden Sie sie mit Schwarten. Bringen Sie die Stufen an.

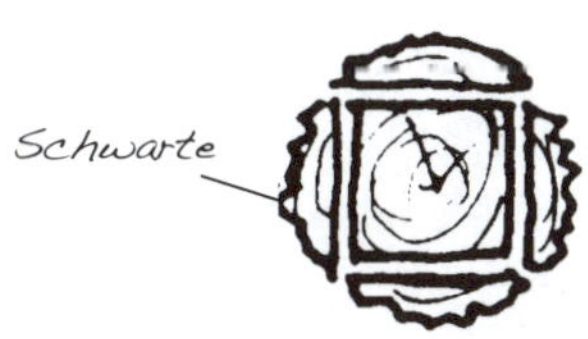

Noch mehr Baumhaustips

- Materialien, die sich besonders gut für Baumhauskonstruktionen eignen, sind Kunststoff- oder Drahtseile (kein Hanf) und Astgabeln (als Stützbalken).
- Sie können in große Bäume nageln oder schrauben, ohne viel Schaden anzurichten, aber schneiden sie niemals rund um den Baum die Rinde ab.
- Der Rahmen Ihres Baumhauses muß nicht um jeden Preis rechtwinklig sein. Es ist viel wichtiger, daß der Boden eben ist.
- Verwenden Sie 5x15-cm-Stützbalken, wo Unterstützung nötig ist und Äste fehlen.
- Fragen Sie bei Ihrem örtlichen Sägewerk nach astfreiem Abfallholz oder bei regionalen Zimmereien nach Holzresten von einem Neubau.
- Nutzen Sie, was der Baum an natürlichen Stützen bereithält. Planen Sie Ihr Baumhaus erst, nachdem Sie einen geeigneten Baum gefunden haben.

– aus *Rustic Retreats*

TEIL III

Landküche und Vorratshaltung

Kochen und Konservieren sind nicht nur grundlegende Fertigkeiten; sie sind die wahre Kunst des Landlebens. Dieser Teil bietet eine Auswahl traditioneller und neuerer ländlicher Rezepte: von Suppen über Obstkuchen bis zu appetitlichen selbstgemachten Wurstwaren. Sie werden außerdem eine Vielfalt wichtiger Verfahren wie das Einwecken von Obst und Gemüse, die Käsezubereitung, die Apfelsafterzeugung und das Herstellen von Fruchtlikören kennenlernen. All dies hilft Ihnen, den Reichtum an frischen Landprodukten – Obst, Gemüse, Milch, Fleisch, Eier – in schmackhafte und gesunde ländliche Kost zu verwandeln.

21

LANDFRAUENREZEPTE

SUPPEN AUS VERSCHIEDENEN REGIONEN • LANDBÄCKEREI EIGENE WURSTHERSTELLUNG • KUCHEN, TORTEN UND PLÄTZCHEN • SELBSTGEMACHTE SÜSSIGKEITEN

Ich wuchs in einer großen texanischen Familie auf, zusammen mit meinem Vater und meiner Mutter, Brüdern und Schwestern, Tanten und Onkeln sowie Cousinen und Cousins ersten und zweiten Grades. Familientreffen waren eine große Freude, und im Mittelpunkt stand immer ein Mahl aus all den vielen Köstlichkeiten, welche auf unserem Hof erzeugt oder in unserem großen Garten angebaut wurden. Meine Mutter brachte meist die Kuchen mit, dick bedeckt mit Äpfeln, Pfirsichen, Beeren oder Nüssen und umhüllt von liebevoll selbst hergestellten Teigmänteln. Auch heute noch bäckt sie, obwohl sie allein lebt, drei Kuchen gleichzeitig – einen zum Essen, einen zum Einfrieren und einen für die Nachbarn. Wir beginnen dieses Kapitel mit Ratschlägen von Ed und Carolyn Robinson zum Einbau einer Wirtschaftsküche.

– Martha Storey

Ed und Carolyn Robinsons Buch The „Have-More" Plan *ist erstmals in den 1940er Jahren erschienen und regte eine ganze Generation dazu an, das Landleben wiederzuentdecken. Besonders Carolyn Robinsons guter Rat, eine Wirtschaftsküche einzurichten, fand bei Hobbygärtnern und Hausfrauen Widerhall. Die Küche ist schließlich das Herz eines Landhauses und muß sowohl komfortabel als auch funktionell sein.*

Der Hauptunterschied zwischen einem herkömmlichen Haus und einem produktiven Gehöft ist die erheblich größere Anzahl von Tätigkeiten, die in diesem anfallen. Dazu gehören Einkochen von Gemüse, Einfrieren, Butter- und Käseherstellung, Lebensmittellagerung, Fleischzerlegung und -verarbeitung, Kräutertrocknung, Honiggewinnung und vieles mehr.

Die meisten dieser Tätigkeiten werden in der Küche erledigt. Deshalb ist eine große Küche in ländlichen Anwesen mehr als eine schöne Tradition – sie ist unerläßlich. Wenn Ihr Haus eine kleine Küche hat, können Sie vielleicht eine eigene Wirtschaftsküche zum Einkochen, Einfrieren, Herstellen von Käse und anderen Hausarbeiten einrichten und Ihre ursprüngliche Küche für die tägliche Essenszubereitung behalten.

Ein Bereich der Wirtschaftsküche kann für das Einmachen von Obst und Gemüse zur Erntezeit vorgesehen werden. Zur Lagerung von konservierten Waren und zur Obst- und Gemüselagerung können Teile des Kellers, sofern sie sich trocken und kühl halten lassen, mit Regalen ausgestattet werden (siehe S. 180 f.). Ein Keller kann außerdem hilfreich sein, wenn die Temperatur zur Zubereitung von Essigen, Apfelwein, Wein und Bier sowie Sauerkraut oder anderen eingelegten Produkten geeignet ist.

Falls Sie sich in der Bienenhaltung versuchen möchten, ist ein Honigraum für die Extraktion des Honigs und das Abfüllen in Gläser nützlich. Weil dies eine klebrige Angelegenheit ist, müssen Arbeitstisch und Fußboden leicht abzuwaschen sein. Möglicherweise wird, vielleicht in der Wirtschaftsküche, auch ein besonderer Bereich zum Bebrüten von Eiern oder eine Kühlbox für die Eierlagerung gebraucht.

Wenn Sie Fleischrinder oder Schlachtschweine aufziehen, sollte vielleicht ein Zerlegeraum eingerichtet werden – oder wenn Sie nur ein- oder zweimal im Jahr schlachten lassen, eine geeignete Fläche improvisiert werden. Diese könnte kombiniert werden mit einer Räucherkammer, die nicht größer als $0{,}25\ m^2$ und 1,8 m hoch sein muß.

Plan für eine Wirtschaftsküche

Die Robinsonsche Wirtschaftsküche bietet Raum für all Ihre Arbeiten zum Konservieren von Nahrungsmitteln mitsamt einem Fenstervorbau als Minigewächshaus, einem Hackstock, einem Becken zum Gemüsewaschen, verglasten Schrankfächern für Lebensmittelkonserven, einem Schreibtisch für Aufzeichnungen und einer Schaukelstuhlecke.

– aus *The „Have-More" Plan* von Ed und Carolyn Robinson

Ausstattung einer Landfrauenküche

Wie jede andere Fachkraft braucht auch die Hausfrau in der ländlichen Küche die geeigneten Werkzeuge und eine angemessene Ausstattung. Hier ist eine Grundausstattung an Geräten für die Nahrungszubereitung.

- **Chefmesser:** Ein scharfes Chefmesser ist vielseitig nutzbar. Sie können z. B. rasch gleichgroße Stücke schneiden, die dann gleichmäßig garen.
- **Küchenmaschine:** Küchenmaschinen sparen Zeit. Sie können in Scheiben schneiden, schnippeln, reiben und zerhacken. Außerdem können sie pürieren, schlagen, mischen, mixen, verrühren und kneten.
- **Mixer:** Er eignet sich hervorragend zum Mixen von größtenteils flüssigen Bestandteilen zu glatten Saucen, Suppen usw.
- **Gemüseschäler:** Dieses Gerät ist praktisch zum raschen Schälen bei geringstmöglichem Anteil an Abfall.
- **Butterformer:** Die elastische, gezahnte, schlaufenförmige Schneide eines Butterformers ist ideal zum Herauskratzen der Samen und Fasern aus Kürbissen, Melonen und Zucchini.
- **Zitronenpresse mit Becher:** Die Kombination dient gleichzeitig als Presse, Kernabscheider und Meßbecher.
- **Faltbarer Dämpfkorb:** Ich bevorzuge einen Dämpfkorb, der groß genug ist, daß sich das Gemüse ausbreiten kann, und für jeden Topf einstellbar, den ich gerade zur Hand habe.
- **Töpfe und Pfannen:** Je dicker der Boden, desto besser!
- **Wok:** Dieser Küchenhelfer ist hochwandige Schwenkpfanne, Dampfgarer, Minifriteuse und drei oder vier verschieden große Töpfe in einem.

– aus Garden Way's *Joy of Gardening Cookbook* von Janet Ballantyne

SUPPEN AUS VERSCHIEDENEN REGIONEN

Sämige Fischsuppe aus dem Nordosten

Für 4 oder 5 Portionen

700 g weiße Fischfilets
500 ml Wasser
3 mittelgroße Kartoffeln
2 Frühlingszwiebeln
100 g gepökelter Schweinebauch in Würfeln (nicht geräuchert)
1 gehackte Zwiebel
1 Teelöffel gehackter frischer Thymian
1 Bund frische gehackte Petersilie
700 ml Milch
1 Teelöffel gehackter frischer Estragon
Salz und schwarzer Pfeffer aus der Mühle

1. Schneiden Sie den Fisch in Stücke und geben Sie ihn mit dem Wasser in einen Topf. Lassen Sie ihn bei mittlerer Hitze drei bis vier Minuten köcheln. Nehmen Sie den Topf vom Herd und stellen Sie ihn zur Seite.
2. Schälen Sie die Kartoffeln und schneiden Sie sie in dünne Scheiben. Raspeln Sie die Zwiebeln fein.
3. Braten Sie das Schweinefleisch in einem großen Topf an, bis es goldbraun ist. Nehmen Sie die gebräunten Stücke mit einem Schaumlöffel heraus und lassen Sie sie auf einem doppelt gelegten Stück Küchenpapier abtropfen.
4. Gießen Sie das Schweinefett, wenn nötig, bis auf zwei Eßlöffel aus dem Topf und fügen Sie die zerhackten Zwiebeln, den Thymian und die Hälfte der Petersilie zu. Kochen Sie die Mischung für zwei oder drei Minuten, bis die Zwiebeln weich sind. Gießen Sie den Fischsud in den Topf und geben Sie die Kartoffeln, die Frühlingszwiebeln, das Pökelfleisch und ausreichend Wasser zu, um alles zu bedecken. Lassen Sie es etwa zehn Minuten kochen, bis die Kartoffeln gar sind.
5. Fügen Sie Fisch, Milch, Estragon sowie Salz und Pfeffer nach Geschmack zu. Erhitzen Sie die Suppe bei starker Hitze, ohne sie kochen zu lassen. Verwenden Sie die verbleibende Petersilie als Garnitur, wenn die Suppe fertig zum Servieren ist.

– aus *Herbal Soups* von Ruth Bass

Eine Suppenparty veranstalten

Für eine einfache Feier eignet sich ein Suppenbuffet aus allem, was man im Herbst ernten kann. Leihen Sie sich zwei Tage vor dem Treffen drei oder vier elektrische Suppentöpfe aus. Holen Sie bei einer örtlichen Bäckerei frische Brote und bereiten Sie verschiedene Blattsalate vor. Wenn Sie die Suppen direkt in den Suppentöpfen servieren, ist Ihr Buffet schon fertig! Oder noch besser: Bitten Sie drei Freunde, ihre Lieblingssuppen in ihren eigenen Suppentöpfen mitzubringen, so daß Sie nur eine selbst zubereiten müssen.

– aus *Keeping Entertaining Simple* von Martha Storey

Hähnchen-Gumbo aus dem Süden

Ergibt 3 Liter

180 ml Pflanzenöl
1 Suppenhuhn in Stücken (1,8 bis 2,2 kg)
350 g mageres Kalbfleisch, in 4 cm große Würfel geschnitten
1 kleine Zwiebel in Ringen
1,7 l kochendes Wasser
120 g frische oder gefrorene Maiskörner (oder eine kleine Dose)
500 g Okraschoten, in 2,5 cm lange Stücke geschnitten
Salz und schwarzer Pfeffer aus der Mühle
½ Teelöffel Filé-Pulver oder 1 fein zerkleinertes Lorbeerblatt

1. Erhitzen sie das Öl in einer großen Kasserolle und bräunen Sie das Hühner- und das Kalbfleisch an. Geben Sie die Zwiebeln zu. Lassen Sie das Ganze zugedeckt zehn Minuten köcheln und rühren Sie zwischendurch um. Schöpfen Sie das Fett ab.
2. Gießen Sie die Mischung in einen großen Suppentopf um und lassen Sie sie mit dem Wasser zugedeckt zwei Stunden leicht köcheln. Nehmen Sie das Huhn heraus, lösen Sie es aus und geben Sie das Fleisch ohne Haut in den Topf zurück.

3. Geben Sie den Mais und die Okra zu und kochen Sie die Suppe nochmals für 15 Minuten auf mittlerer Hitze. Schmecken Sie sie mit Salz und Pfeffer ab. Vor dem Servieren wird das Filé-Pulver oder das fein zerhackte Lorbeerblatt zugegeben und die Suppe nochmals gut durchgerührt.

– aus *Satisfying Soups* von Phyllis Hobson

Ausgang West: Wyoming Chili

Ergibt etwa 2,5 Liter

500 g Wachtelbohnen (oder 2 Dosen Weiße Bohnen à 255 g Abtropfgewicht)
1 l Wasser
6 Eßlöffel Pflanzenöl
1 kleine Zwiebel, gehackt
2 gehackte Knoblauchzehen
4 Eßlöffel Chilipulver
1 Eßlöffel Mehl
1,4 kg mageres Rindfleisch in 2,5-cm-Würfeln oder grob durchgedreht
3 große Dosen geschälte Tomaten, gehackt
1 Teelöffel geriebener Oregano, Salz

1. Geben Sie die Bohnen zusammen mit dem Wasser in einen großen Suppentopf und bringen Sie sie zum Kochen. Erhitzen Sie drei Eßlöffel Öl in einem Stieltopf und braten Sie die Zwiebeln und den Knoblauch an, bis sie goldbraun sind. Mischen Sie das Chilipulver und das Mehl unter und geben Sie die Mischung in den Suppentopf.
2. Erhitzen Sie das verbleibende Öl und bräunen Sie das Rindfleisch in einer großen Kasserolle an. Gießen Sie, wenn nötig, das Fett ab, bevor Sie das Fleisch in den Suppentopf geben. Lassen Sie die Suppe eine Stunde zugedeckt köcheln und rühren Sie gelegentlich um. Schöpfen Sie den Schaum ab.
3. Fügen Sie die Tomaten und den Oregano hinzu und lassen Sie die Suppe für weitere eineinhalb Stunden zugedeckt köcheln. Rühren Sie gelegentlich um. Geben Sie vor dem Servieren Salz zu.

– aus *Satisfying Soups*

Wonne aus dem Nordwesten: Apfelsuppe

Ergibt 2,5 Liter

700 g säuerliche Äpfel, geviertelt und entkernt
1 Stange Zimt
Schale einer halben Zitrone
2,5 l Wasser
5 Eßlöffel Speisestärke
2 Eßlöffel kaltes Wasser
6 Eßlöffel trockener Weißwein
Zucker, Schlagsahne

1. Kochen Sie die Äpfel mit 1 l Wasser, der Zimtstange und der Zitronenschale 35 Minuten oder bis die Äpfel weich sind, bei mittlerer Hitze in einem großen Suppentopf. Nehmen Sie dann die Zimtstange heraus.
2. Pürieren Sie die Äpfel in einem Mixer oder einer Küchenmaschine oder drücken Sie sie durch ein Metallsieb oder ein Passiergerät. Geben Sie die Apfelmasse wieder in den Suppentopf.
3. Geben Sie das restliche Wasser zu und erhitzen Sie das Püree erneut. Lösen Sie die Stärke in einer kleinen Schüssel in zwei Eßlöffel kaltem Wasser auf und geben Sie sie in den Topf. Kochen Sie die Masse unter häufigem Rühren, bis sie eindickt. Geben Sie den Wein und den Zucker zu und lassen Sie die Suppe leicht abkühlen.
4. Garnieren Sie jede Portion vor dem Auftragen mit geschlagener Sahne.

– aus *Satisfying Soups*

Grundlagen des Backens

Jeder – Mann, Frau oder Kind – kann sein eigenes Brot backen. Man braucht weder aufwendige Technik noch ausgeklügelte Pläne. Auch unter bescheidensten Bedingungen ist Brotbacken eine schöpferische, beeindruckende und nützliche Tätigkeit.

Wenn Sie eine Tüte Mehl, eine Wasserquelle, einen Laden, in dem Sie etwas Hefe kaufen können, und Zugang zu einem Ofen, einem offenen Kamin oder einer Feuerstelle draußen haben, können Sie die Art von Brot backen, welche die Menschen über Tausende Jahre ernährt hat.

Brotbacken ist nicht schwer. Wie andere Tätigkeiten, die wir schon bald als selbstverständlich betrachten (Autofahren, einen Garten bepflanzen), besteht es aus einer Anzahl von Schritten, die in der richtigen Abfolge ausgeführt werden müssen. Es gibt beim Backen ein paar Grundregeln, ein paar anspruchsvolle Handgriffe und ein paar Maßangaben, die genau einzuhalten sind. Brotbacken kann die Menschen verunsichern, weil das Verhalten von Hefe sie irritiert (sie trauen ihr nicht recht) und die Anzahl der Arbeitschritte erdrückend groß und aufwendig wirkt. Aber wenn Sie es ein paarmal gemacht haben, werden Sie sich dieses komplexe Tun so angeeignet haben, daß Sie ohne Angst vor Mißlingen und mit wachsender Sicherheit Brot backen können.

– aus *The Bread Book* von Ellen Foscue Johnson

Lauras einfaches und gutes Weißbrot

Ergibt 2 Laibe

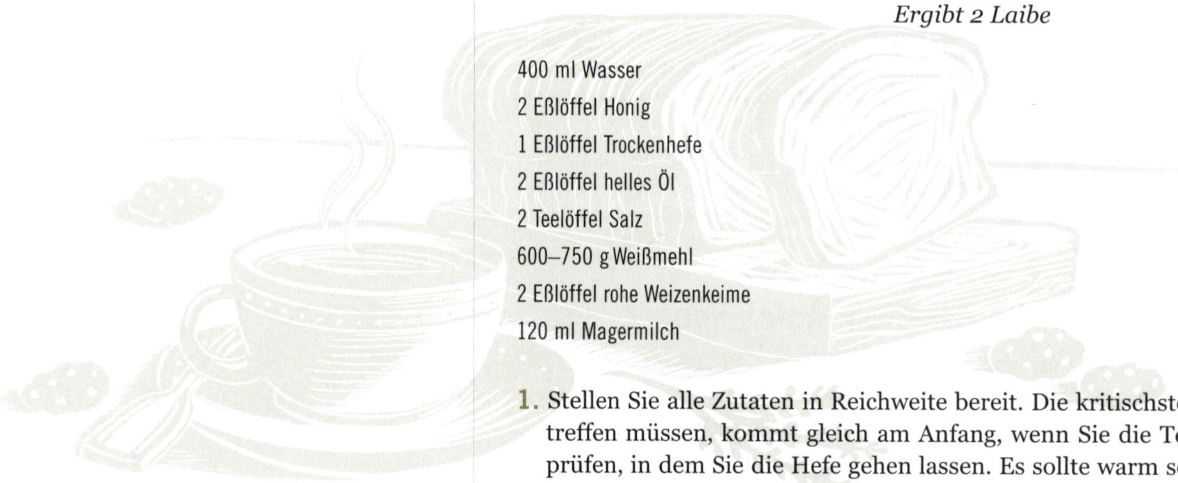

400 ml Wasser
2 Eßlöffel Honig
1 Eßlöffel Trockenhefe
2 Eßlöffel helles Öl
2 Teelöffel Salz
600–750 g Weißmehl
2 Eßlöffel rohe Weizenkeime
120 ml Magermilch

1. Stellen Sie alle Zutaten in Reichweite bereit. Die kritischste Entscheidung, die Sie treffen müssen, kommt gleich am Anfang, wenn Sie die Temperatur des Wassers prüfen, in dem Sie die Hefe gehen lassen. Es sollte warm sein, nicht lauwarm und nicht heiß – etwa 38 °C. Lassen Sie das Wasser über Ihr Handgelenk laufen; wenn es sich eindeutig warm, aber nicht unangenehm heiß anfühlt, ist es richtig.
2. Geben Sie 400 ml warmes Wasser in eine große Rührschüssel. Fügen Sie den Honig und die Trockenhefe zu und verrühren Sie die Mischung. Stellen Sie sie je nach Raumtemperatur für 3 bis 15 Minuten zur Seite.
3. Wenn die Hefe blasig ist, geben Sie das Öl, das Salz und 250 g Mehl zu. Verrühren Sie den Teig gründlich. Wenn Sie ein Rührgerät haben, rühren Sie ihn zwei Minuten oder länger auf mittlerer Stufe. Oder führen Sie von Hand mit einem Holzlöffel mindestens 200 Schläge aus.
4. Fügen Sie die Weizenkeime und die Magermilch zu und rühren Sie alles gut durch. Geben Sie dann in kleinen Schritten weitere 250 bis 350 g Mehl zu und rühren Sie den Teig mit dem Holzlöffel (oder mit den Knethaken des Rührgeräts), bis der Teig zu fest zum Rühren ist und sich von den Wänden der Schüssel ablöst.

5. Kneten Sie den Teig auf einer sauberen Oberfläche, bis er glatt und geschmeidig ist und in die Ausgangsform zurückgeht, wenn Sie ihn eindrücken. Zehn Minuten sind ein guter Richtwert. Wenn direkt unter der Haut Blasen auftreten, ist dies ein sicheres Zeichen dafür, daß ein Weißmehlteig genug geknetet ist.
6. Geben Sie den Teig in eine Schüssel von mindestens der doppelten Größe des Teigs. Die Schüssel muß mit weicher Butter oder Margarine eingerieben oder mit geschmolzener Butter eingepinselt werden. Drehen Sie den Teig einige Male um, damit alle Seiten mit einer dünnen Schicht bedeckt sind, oder bestreichen Sie den Teig mit geschmolzener Butter. Decken Sie die Schüssel mit einem Küchentuch ab und stellen Sie sie an einen warmen, zugfreien Platz. Viele Leute empfehlen den Backofen. Wenn Ihr Ofen keine Kontrolleuchte hat, heizen Sie ihn eine halbe Minute vor und stellen ihn dann aus, bevor Sie die Schüssel hineinstellen. Lassen Sie den Teig gehen, bis er seine Größe verdoppelt hat. Sie können ihn auch kontrollieren, indem Sie einen Finger etwa 3 cm tief in die Oberfläche des Teigs stecken. Wenn das Loch, das Sie hineingestoßen haben, erhalten bleibt, ist er genug gegangen. Das kann von 45 Minuten bis zu einigen Stunden dauern.
7. Drücken Sie den Teig mit Ihrer Faust zusammen. Das wird durchschlagen genannt. Stürzen oder ziehen Sie den Teig aus der Schüssel auf ein leicht bemehltes Nudelbrett. Kneten Sie ihn ein paarmal, um die Blasen herauszudrücken, bevor Sie ihn mit einem scharfen Messer in zwei gleiche Teile schneiden. Mit einem Tuch bedeckt sollte der Teig nochmals 5 bis 15 Minuten ruhen.
8. Fetten Sie zwei 20 oder 22 cm lange Kastenformen mit weicher oder geschmolzener Butter, vorzugsweise Süßrahmbutter, ein.
9. Formen Sie für den Laib den einen Teil des Teigs mit den Händen zu einer Kugel und flachen Sie ihn dann ab, bis er die doppelte Breite der Backform hat und etwas länger als diese ist. Falten Sie die beiden Längsseiten nach unten, so daß sie in der Mitte des Bodens aufeinandertreffen. Schlagen Sie die beiden kurzen Enden darunter und legen Sie den geformten Teig in die Kastenform. Wiederholen Sie dies mit dem anderen Teil des Teigs. Bepinseln Sie die Oberflächen der beiden Laibe mit weicher oder geschmolzener Butter. Decken Sie die Formen mit einem Tuch ab, bevor Sie den Teig an einem zugfreien Platz gehen lassen.
10. Heizen Sie den Ofen auf 190 °C vor. Wenn die Laibe ihre Größe fast verdoppelt haben, stellen Sie die Kastenformen in den Ofen und lassen sie 25 bis 30 Minuten backen.
11. Nehmen Sie die Laibe aus dem Ofen. Klopfen Sie auf den Boden der beiden Formen, um die Laibe herauszulösen. Stürzen Sie sie auf ein Gitter und lassen Sie sie an einem zugfreien Platz auskühlen. Schneiden Sie das Brot in Scheiben und servieren Sie es, wenn es ausgekühlt ist. Guten Appetit!

– verändert aus *The Bread Book*

Von den Freuden, auf einem Holzofen zu kochen

Die Verfahren beim Kochen auf einem Holzofen sind so verschieden wie die Öfen selbst und ihre Besitzer, und mit der Zeit entwickelt jeder Holzofenkoch seine eigenen Techniken. Hier sind einige der schönen Seiten (und der Fallstricke), die zum Kochen nach Art unserer Großeltern gehören.

- Das Kochen auf einem Holzofen erfordert Geschicklichkeit und Feingefühl. Der Ofen ist eher Partner als Sklave. Deshalb müssen Sie lernen, gemeinsam mit ihm zu kochen.
- Die Oberfläche des Ofens kann Hitze jeder Stärke liefern, von wohltuend bis glühend. Er bietet damit Platz zum Braten, Kochen und Warmhalten.
- Ein Holzofen spricht viele Sinne an. Nahrungsmittel können stundenlang kochen, und während die verschiedenen Zutaten sich langsam mischen und aufeinander abstimmen, reichert der Geruch von brennendem Holz und kochendem Essen die Luft an. Der Anblick eines schön polierten und sauberen Holzofens, der seine wohltuende und gleichmäßige Wärme ausstrahlt, ist eine Freude.
- Die Vorbereitung ist häufig genauso anspruchsvoll wie das Kochen. Sie müssen sich mit dem schmutzigen und manchmal umständlichen Feuern mit Holz oder Kohle beschäftigen. Sie brauchen Geduld, während das Feuer zu brennen beginnt und der Ofen sich erhitzt, und Sie müssen bereit sein, das Feuer zu hüten.
- Ein Holzofen verlangt besondere Sorgfalt, weil er mit brennendem Heizmaterial arbeitet. Er muß umsichtig eingebaut und richtig gewartet werden. Die Risiken, die mit dem verbunden sind, was Dickens den „roten heißen Tyrannen" nannte, sind potentiell größer als bei anderen Küchenherden, aber bei richtiger, vorausschauender Planung besteht kein Grund zur Sorge.

– aus *Woodstove Cookery*
von Jane Cooper

Sauerteigbrot nach französischer Art mit Vollkornmehl

Ergibt 5 Laibe

Weil Sauerteig Zeit braucht, um als Treibmittel zu arbeiten, müssen Sie mit dem Backvorgang früher anfangen als bei handelsüblicher Hefe oder Backpulver.

½ Tasse Vorteig für Sauerteig
600 g Weißmehl
2 Eßlöffel Öl
1 Eßlöffel Honig
1 l Wasser
600 g Weizenvollkornmehl
1 Eßlöffel Salz
350–600 g Weißmehl

1. Mischen Sie die ersten fünf Zutaten in einer großen Schüssel. Decken Sie sie locker ab und lassen Sie sie fünf bis zehn Stunden an einem warmen Platz stehen. Je länger dieser Vorteig steht, desto saurer wird das Brot.
2. Geben Sie das Vollkornmehl und das Salz dazu und mischen Sie alles gut durch. Sieben Sie dann nach und nach so viel Weißmehl zu, bis sich ein Teig ergibt, den Sie bearbeiten können.
3. Formen Sie den Teig zu einer Kugel. Bedecken Sie ihn mit einem feuchten Tuch und lassen Sie ihn vor dem Kneten 15 bis 20 Minuten stehen.
4. Kneten Sie so lange, bis der Teig glatt und geschmeidig ist. Stellen Sie ihn in einer großen gefetteten Schüssel an einen warmen Platz und lassen Sie ihn bis zur doppelten Größe aufgehen. Dann können Sie ihn durchschlagen.
5. Formen Sie den Teig zu fünf langen, dünnen Strängen und legen Sie sie auf ein großzügig mit Mehl bestäubtes Backblech. Schieben Sie das Blech in den warmen Ofen.
6. Wenn die Brote aufzugehen beginnen, heizen Sie den Ofen auf 200 °C auf und backen Sie sie, bis die Kruste braun ist – etwa 25 Minuten. Schlitzen Sie die Laibe vor dem Backen je dreimal, damit sie wie die traditionellen französischen Baguettes aussehen. Wenn Sie eine stärkere Kruste möchten, müssen Sie die Brote während der Backzeit ein- oder zweimal mit kaltem Wasser einpinseln. Lassen Sie sie ohne Abdeckung auf einem Gitter abkühlen.

– aus *Baking with Sourdough* von Sara Pitzer

Einen Vorteig aus Trockenhefe ansetzen

Für einen Vorteig aus Trockenhefe, der für Sauerteigrezepte geeignet ist, benötigen Sie folgende Zutaten:

1 Packung Trockenhefe
240 g Weißmehl
350 ml warmes Wasser
1 Eßlöffel Honig

Mischen Sie die Zutaten sorgfältig in einem nicht aus Metall bestehenden Gefäß, das so groß ist, daß sich das Volumen der Mischung verdoppeln und verdreifachen kann. Lassen Sie sie locker abgedeckt für ein oder zwei Tage stehen, bis sie schaumig und voller Blasen ist. Warten Sie, bis die Blasen die Mischung durchsetzen und sich der saure Geruch entwickelt, der für Sauerteig typisch ist. Nachdem die Mischung gegärt hat und sauer geworden ist, rühren Sie sie klein und kühlen sie. Sie wird besser, wenn sie ein paar Tage im Kühlschrank gereift ist. Wenn der Sauerteig einmal verwendet und die daraus zurückbehaltene Portion etwa eine Woche lang aufgestockt wurde, ist er sogar noch besser.

– aus *Baking with Sourdough*

Schnelles Winterbrot mit Kräutern

Für 8 Portionen

180 g Weißmehl
½ Teelöffel Salz
1½ Teelöffel Backpulver
½ Teelöffel Backnatron
½ Teelöffel getrockneter Majoran
½ Teelöffel getrockneter Oregano
½ Teelöffel getrocknetes Basilikum
1 Prise getrockneter Thymian
100 g Rosinen
50 g gehackte Nüsse
1 Ei
2 Eßlöffel Honig
4 Eßlöffel geschmolzene Süßrahmbutter
180 ml Buttermilch oder Sauermilch

1. Heizen Sie den Ofen auf 200 °C vor. Sieben Sie das Mehl, das Backpulver und das Natron zusammen mit dem Salz in eine Schüssel. Streuen Sie die Kräuter darüber und heben Sie sie mit zwei Gabeln unter, bis sie gleichmäßig verteilt sind. Mischen Sie die Rosinen und die Nüsse und heben Sie sie ebenfalls darunter. Achten Sie darauf, daß sie nicht zusammenkleben.
2. Schlagen Sie das Ei in einer großen Rührschüssel, bis es hell und leicht schaumig ist. Fügen Sie den Honig zu und schlagen Sie ihn unter. Rühren Sie die geschmolzene Butter und die Buttermilch hinein.
3. Mischen Sie die trockenen und die feuchten Zutaten mit nur wenigen Schlägen zusammen und geben Sie die Masse auf ein gut bemehltes Nudelbrett.
4. Heben Sie mit einem Teigschaber oder einem Pfannenwender einen Teil des Teigs auf und klappen Sie ihn auf den untenliegenden. Wiederholen Sie dies einige Male und klopfen Sie die Mischung mit bemehlten Händen behutsam zusammen. Wenn der Teig sehr klebrig ist, kann man ihn noch ganz leicht mit Mehl bestäuben.
5. Wenn der Teig gerade so zusammenhält, aber noch klumpig ist, drücken Sie ihn mit bemehlten Handballen leicht in eine gebutterte Kuchenform.
6. Backen Sie das Brot etwa 20 Minuten oder so lange, bis es leicht gebräunt ist und die Mitte sich bei Druck federnd anfühlt. Lassen Sie es nicht zu lange backen. Schneiden Sie es in Keile und servieren Sie es warm mit Butter.

– aus *The Bread Book* von Ellen Foscue Johnson

Coras echtes Maisbrot aus den Südstaaten

Für 6 Portionen

Dieses Maisbrot braucht keinerlei Süßungsmittel und wird aus weißem Maismehl ohne Weizenmehl hergestellt. Für Südstaatler ist nur diese Version authentisch.

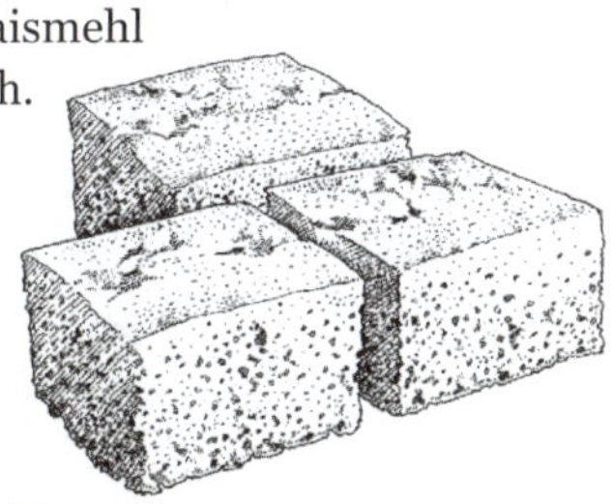

- 1 Ei
- 240 ml Buttermilch, Sauermilch, dünner Joghurt oder Milch mit einem Teelöffel Essig
- 1 Teelöffel Salz
- 1 Teelöffel Backnatron
- 2 Teelöffel Backpulver
- 150 g Maismehl
- 3–4 Teelöffel Schweineschmalz oder Öl

1. Heizen Sie den Ofen auf 190 °C vor. Geben Sie das Ei in einen Mixer oder schlagen Sie es mit dem Rührgerät, bis es schaumig ist. Geben Sie Milch, Salz, Backnatron und Backpulver zu und rühren oder schlagen Sie die Masse, bis sie gründlich durchmischt ist.
2. Gießen Sie die Masse über das Maismehl in einer anderen Schüssel und rühren Sie so lange, bis die Zutaten vollständig vermischt sind. Der Backteig sollte eher dünnflüssig sein. Wenn er zu dünnflüssig ist, müssen Sie etwas mehr Mehl zugeben oder ihn ein paar Minuten setzen und eindicken lassen.
3. Geben Sie das Schweineschmalz in eine Gußeisenpfanne mit 18 cm Durchmesser. Erhitzen Sie sie auf dem Herd, bis das Fett heiß ist. Schwenken Sie die Pfanne vorsichtig, damit die Seitenwände ebenfalls gefettet werden.
4. Gießen Sie den Teig hinein und lassen Sie ihn einige Minuten auf dem Herd backen, damit sich am Boden eine knusprige braune Kruste bildet. Backen Sie ihn anschließend etwa 20 Minuten im Ofen, bis die Mitte fest ist.

– aus *The Bread Book* von Ellen Foscue Johnson

EIGENE WURSTHERSTELLUNG

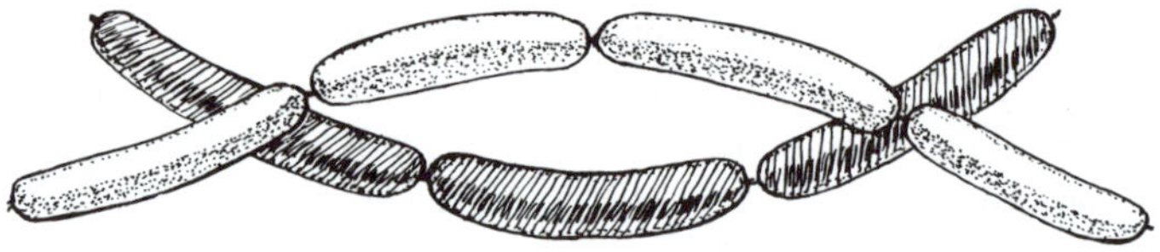

Charles Reavis definiert Wurst als eine Mischung aus zerkleinertem Fleisch, dem Kräuter und Gewürze zugesetzt sind. Allerdings, sagt er, beschreibe dies die geradezu grenzenlose Vielzahl von Würsten nicht einmal ansatzweise. Alle Würste lassen sich einer von zwei Gruppen zuordnen: Frische Würste müssen im Kühlschrank gelagert und vor dem Essen gekocht werden. Gepökelte Würste sind mit bestimmten Zutaten, wie etwa Salz, konserviert und eventuell getrocknet, um ein Verderben zu verhindern. Sie können gegessen werden, wie sie sind, oder man erhitzt sie. Das vorliegende Rezept ergibt eine klassische italienische Wurst aus der Gruppe der Frischwürste.

Scharfe oder milde Wurst nach norditalienischer Art

Ergibt 1,5 Kilogramm

Diese Art von Wurst ist einfach herzustellen und schmeckt gegrillt oder in würziger Tomatensauce.

1 m mitteldicker Schweinedarm (5 cm Durchmesser)
1,2 kg magerer Schweinenacken, gewürfelt
250 g fetter Schweinespeck, gewürfelt
1½ Teelöffel Salz
2 Teelöffel grob gemahlener schwarzer Pfeffer aus der Mühle
2 Teelöffel fein gemahlener Koriander
2 fein zerhackte Knoblauchzehen
1 Teelöffel zerkleinerter roter Pfeffer für scharfe Würste

1. Bereiten Sie die Därme vor (siehe unten).
2. Drehen Sie das Fleisch und den Speck zusammen durch die grobe Scheibe Ihres Fleischwolfs.
3. Mischen Sie die verbleibenden Zutaten mit dem Fleisch.
4. Füllen Sie die Masse in die Därme und drehen Sie 8 cm lange Würstchen ab.
5. Kühlen Sie die Würste und verbrauchen Sie sie innerhalb von drei Tagen, oder frieren Sie sie ein.

Wurstdarm vorbereiten

Würste werden im allgemeinen in Schweine- oder Schafsdärme gefüllt. Diese Umhüllungen sind peinlich gereinigt und in Salz verpackt, um sie unbegrenzt frisch zu halten. Sie können Därme bei Ihrem Metzger bestellen oder – in größeren Mengen – über den Versandhandel kaufen. Ich empfehle Naturdarm. Alle Wursthüllen sollten bis zum Gebrauch gekühlt oder eingefroren werden.
Bereiten Sie die Wursthüllen folgendermaßen vor:

- Schneiden Sie etwas mehr Darm ab, als Sie benötigen. Jede Zugabe kann wieder in Salz verpackt und später verwendet werden.
- Spülen Sie den Darm unter fließendem kaltem Wasser, um das Salz zu entfernen. Legen Sie ihn in eine Schüssel mit kaltem Wasser und lassen Sie ihn etwa eine halbe Stunde quellen.
- Spülen Sie den Darm nach dem Quellen nochmals unter fließendem kaltem Wasser. Schieben Sie ein Ende des Darms über den Wasserhahn. Halten Sie ihn gut fest und drehen Sie das kalte Wasser auf – zuerst behutsam, dann kräftiger. Das spült alles Salz, das noch im Darm verblieben ist, aus und zeigt alle Risse genau auf. Wenn Sie einen Riß finden, schneiden Sie einfach ein kleines Stück Darm heraus.
- Legen Sie den Darm in eine Schüssel mit Wasser und geben Sie etwas Essigessenz zu. Ein Teelöffel Essig auf 0,5 l Wasser ist ausreichend. Der Essig weicht den Darm auf und macht ihn transparenter. Lassen Sie den Darm bis zur Verwendung in der Lösung liegen. Spülen Sie ihn gut durch und lassen Sie ihn vor dem Befüllen leerlaufen.

Würste füllen

Um Wurstdarm zu füllen, müssen Sie zunächst ein Stück des vorbereiteten Darms über einen Wurstfüller schieben, bis dessen Ende mit der Öffnung des Füllers abschließt. Ziehen Sie nun etwa 5 cm wieder herunter und machen Sie einen Knoten hinein. Das verhindert, daß Luftblasen in die Wurst gelangen.

Drücken Sie das gemahlene Fleisch von Hand durch den Wurstfüller. Dosieren Sie in jeweils kleinen Mengen und füllen Sie den Darm fest, aber nicht bis zum Platzen. Wenn der Darm zu fest gefüllt ist, können Sie die einzelnen Würste nicht abdrehen, ohne sie zu zerreißen. Versuchen Sie den ganzen Darm gleichmäßig dicht zu füllen. Entfernen Sie nach dem Einfüllen des ganzen Fleisches den gesamten restlichen Darm vom Wurstfüller.

Nehmen Sie, am geknoteten Ende des gefüllten Darms beginnend, etwa 8 cm Wurst und drehen Sie sie drei- bis viermal in dieselbe Richtung, um eine Abtrennung zu bilden. Fahren Sie mit dem Abdrehen über die gesamte Länge des Darms fort.

Schneiden Sie alle Trennungen mit einem scharfen Messer auseinander und trennen Sie jedwede leeren Darmstücke ab. Der Darm sitzt wie angegossen auf der Fleischmischung, und sie wird nicht herausgequetscht.

– aus *Home Sausage Making* von Charles Reavis

Baguettepizza

Für 4 bis 6 Portionen

500 g frische milde oder scharfe Wurst nach norditalienischer Art (siehe vorhergehende Seite), als Masse oder aus der Hülle entfernt und zerbröckelt

500 g Tomatensauce, selbst zubereitet oder aus dem Glas

2 Knoblauchzehen, fein zerhackt

1 Teelöffel Oregano

Schwarzer Pfeffer aus der Mühle

Salz

1 Laib frisches, knuspriges Baguette, der Länge nach halbiert

250 g gewürfelter Mozzarella

120 g geriebener Parmesan

1. Heizen Sie den Ofen auf 230 °C vor. Braten Sie die Wurstfüllung in einer großen Pfanne an, bis sie leicht gebräunt ist. Holen Sie die Wurstmasse mit einem Schaumlöffel heraus und gießen Sie soviel Fett wie möglich ab. Stellen Sie die Wurst zur Seite und halten Sie sie warm.
2. Mischen Sie die Tomatensauce mit Knoblauch, Oregano, Pfeffer und Salz. Teilen Sie diese Mischung zwischen den Brothälften auf und verstreichen Sie sie gleichmäßig über jede Hälfte. Teilen Sie auch den Käse auf und streuen Sie ihn gleichmäßig über die Sauce.
3. Streuen Sie die zurückbehaltene Wurst über die beiden Hälften. Legen Sie die Pizzas auf ein Backblech und schieben Sie sie fünf bis sieben Minuten in den Ofen, bis der Käse blasig wird.

– aus *Cooking with Fresh Sausage* von Charles Reavis

Ausstattung zur Wurstherstellung

Mit vielleicht ein oder zwei Ausnahmen haben Sie vermutlich die gesamte Ausstattung, die Sie zur Wurstherstellung brauchen, schon in Ihrer Küche. Hier ist eine Liste der Basiswerkzeuge.

- **Fleischwolf:** Ein altmodischer, gußeiserner Fleischwolf mit Handbetrieb wie der in der Küche Ihrer Großmutter ist bei den heutigen Preisen nach wie vor günstig, aber die Arbeit ist anstrengend.
- **Elektrischer Fleischwolf:** Für das kraftsparende Durchdrehen von Fleisch empfiehlt sich ein elektrischer Fleischwolf mit mindestens zwei Lochscheiben.
- **Wurstfüller:** Wenn Ihr Fleischwolf kein Zubehör zum Wurstfüllen hat oder wenn Sie eine Küchenmaschine verwenden, um das Fleisch zu zerkleinern, brauchen Sie zum Befüllen des Darmes einen Wurstfüller. Zum Ausprobieren können Sie auch einen handelsüblichen Spritzbeutel mit einer groben Tülle verwenden.
- **Messer:** Das Messer ist das wichtigste Werkzeug bei der Wurstherstellung, weil sehr viele der Arbeitsschritte Schneiden, Ausbeinen oder Zurichten des Fleisches bedingen. Ein Ausbeinmesser hilft, soviel Fleisch wie möglich vom Knochen zu lösen. Zum In-Scheiben-Schneiden wird ein 20 bis 25 cm langes Chefmesser verwendet.
- **Wetzstahl:** Das ist ein Stahl- oder Keramikstab mit einem Griff, der zum feinen Abziehen der Messerklingen benötigt wird.

– verändert aus *Home Sausage Making*

Das Geheimnis guter Mürbeteigböden

Ein Obstkuchen kann niemals besser sein als sein Teig. Zum Glück lassen sich erstklassige Kuchenböden ganz leicht herstellen, wenn man die grundlegenden Tricks erst einmal beherrscht.

- Das wahre Geheimnis eines schuppigen Bodens ist, daß die Zutaten kalt gehalten werden müssen und der Boden vor dem Backen so lange wie möglich kühl bleiben muß.
- Halten Sie die Margarine für den Boden sehr kalt. Eigentlich empfiehlt es sich, mit gefrorener Margarine zu beginnen. Lassen Sie das Fett nicht weich werden oder gar schmelzen, bevor der Boden in den Ofen kommt.
- Geben Sie zusammen mit der Flüssigkeit, gleich welche Sie verwenden, ein paar Eiswürfel in den Meßbecher. Wenn Sie sie dann zugießen, ist sie durchgekühlt.
- Wenn Sie zuviel Flüssigkeit verwenden, neigt der Boden zum Festwerden; zuwenig, und der Boden fällt auseinander. Der Trick besteht darin, die Flüssigkeit langsam zuzugeben und aufzuhören, wenn es gerade genug ist, um den Teig zusammenzuhalten.
- Fachleute sind sich einig, daß Mürbteigböden, die in Glas- oder Schwarzblechformen gebacken werden, die knusprigsten und am gleichmäßigsten gebräunten Krusten haben. Am schlechtesten eignen sich Formen aus glänzendem Metall.

– verändert aus *Perfect Fruit Pies*

Heidelbeerauflauf

Ergibt 8 Portionen

1 Ei
3 Eßlöffel geschmolzene Margarine
80 ml Milch
200 g Zucker
180 g gesiebtes Weizenmehl
2 Teelöffel Backpulver
½ Teelöffel Salz
600 g feste, reife Heidelbeeren
¼ Teelöffel gemahlene Muskatnuß
¼ Teelöffel gemahlener Zimt

1. Schlagen Sie das Ei mit Margarine, Milch und 100 g Zucker zusammen. Sieben Sie Mehl, Backpulver und Salz und rühren Sie alles in die Eimischung.
2. Mischen Sie die Heidelbeeren mit dem restlichen Zucker, Muskatnuß und Zimt und geben Sie die Mischung in eine geölte 26-cm-Springform.
3. Verteilen Sie den Backteig behutsam über die Früchte.
4. Backen Sie den Auflauf 30 Minuten oder bis die Kruste knusprig und goldbraun ist, im vorgeheizten Ofen bei mittlerer Hitze (190 °C).
5. Servieren Sie ihn heiß mit Schlagrahm, Vanillesauce oder süßer Buttersauce.

– aus *Berries: Rasp- & Black* von Louise Riotte

Grundrezept Pastetenteig

Ergibt 1 Boden mit Rand und Deckel oder 2 Böden mit kleinem Rand für eine 22-cm-Springform

150 g Mehl
1 Teelöffel Salz (optional)
1 Eßlöffel Zucker (optional)
75 g kalte Butter oder gefrorene Margarine
2 Eßlöffel gekühlte Margarine, Pflanzenfett oder Schmalz
3 Eßlöffel Eiswasser in einem Meßbecher mit Eiswürfeln

1. Geben Sie das Mehl (und Salz und Zucker, wenn gewünscht) in die Rührschüssel einer Küchenmaschine mit Metall-Schneidscheibe oder Knethaken. Schneiden Sie beide Fette in 1,5 cm große Stücke und geben Sie sie in die Rührschüssel. Schalten Sie für etwa drei Sekunden ein, bis das Mehl und das Fett gerade so gemischt sind.
2. Entfernen Sie die Eiswürfel aus dem Eiswasser und gießen Sie es in die Rührschüssel. Schalten Sie wieder für zwei bis drei Sekunden ein – bis der Teig gerade eine zusammenhängende Masse bildet. Wenn der Teig nicht zusammenhält, fügen Sie noch einige Tropfen sehr kaltes Wasser zu und starten Sie die Maschine noch einmal kurz.
3. Schneiden Sie den Teig in zwei Hälften, formen Sie jede Hälfte zu einem kleinen flachen Kuchen und wickeln Sie diese in Aluminium- oder Frischhaltefolie. Kühlen Sie den Teig ein bis zwei Stunden oder bis er vollständig fest ist. Dieser Teig hält im Kühlschrank eine Woche und wesentlich länger, wenn Sie ihn einfrieren.

– aus *Perfect Fruit Pies* von Granny Stark

Apfelkuchen mit Sauerrahm

Ergibt 1 Springform

6 säuerliche Backäpfel, geschält, entkernt und in Scheiben geschnitten
350 g Sauerrahm
1 verquirltes Ei
100 g Zucker
3 Eßlöffel Mehl
1 Grundrezept Mürbeteig, nicht gebacken, in einer 22-cm-Springform

Für die Streusel:

120 ml geschmolzene Butter
4 Eßlöffel Kristallzucker
4 Eßlöffel brauner Zucker
60 g Mehl
1 Teelöffel gemahlener Zimt
130 g gehackte Walnüsse

1. Heizen Sie den Ofen auf 230 °C vor. Geben Sie die Äpfel mit dem Sauerrahm, dem Ei, dem Zucker und dem Mehl in eine große Schüssel. Rühren Sie alles um, bis die Äpfel ummantelt sind.
2. Schütten Sie die Apfelmischung auf den vorbereiteten Teig und backen Sie den Kuchen zehn Minuten. Stellen Sie die Ofentemperatur auf 180 °C zurück und lassen Sie ihn noch 35 bis 40 Minuten weiterbacken.
3. Mischen Sie die Zutaten für die Streusel in einer mittelgroßen Schüssel. Streuen Sie die Streusel über den Kuchen und backen Sie ihn nochmals 15 bis 20 Minuten, bis die Streusel knusprig aussehen. Lassen Sie den Kuchen auf einem Gitter auskühlen.

– aus *Picnic!* von Edith Stovel

Köstliche Schokoladensplitter-Cookies

Ergibt 5 bis 6 Dutzend

200 g Weißmehl
180 g Weizenvollkornmehl
1 Teelöffel Backnatron
1 Teelöffel Salz
200 g Margarine oder Backfett
200 g Kristallzucker
180 g brauner Zucker
2 Eier
2 Eßlöffel heißes Wasser
2½ Teelöffel Vanilleextrakt
350 g halbbittere Schokoladenchips
120 g gehackte Nüsse

1. Sieben Sie das Mehl zusammen mit dem Backnatron und dem Salz in eine Schüssel und stellen Sie es beiseite.
2. Schlagen Sie die Margarine und den Zucker schaumig. Geben Sie die Eier, das heiße Wasser und die Vanille zu und schlagen Sie die Mischung, bis sie luftig ist. Rühren Sie die gesiebten Zutaten unter, bevor Sie die Schokoladenchips und die Nüsse langsam zugeben.
3. Tropfen Sie den Teig teelöffelweise auf ein gefettetes Backblech und backen Sie ihn acht bis zehn Minuten oder bis die Kekse hellbraun sind, bei 190 °C.

– aus *The Search for the Perfect Chocolate Chip Cookie*,
Rezept beigesteuert von Carol Joy Brendlinger

Äpfel zum Backen auswählen

Wenn Sie einen Apfelkuchen backen möchten, brauchen Sie einen Apfel, der die Form hält und nicht zu Mus wird. Hier sind einige Sorten, die besonders gut für Kuchen geeignet sind:

- **Granny Smith.** sauer; es hilft, etwas mehr Zucker zuzugeben, als im Rezept angegeben ist
- **Jonathan:** würzig
- **Roter Boskop:** fruchtig-säuerlich, viel Vitamin C
- **Golden Delicious:** leicht würzig, süßer Duft
- **Jonagold:** feinsäuerlich, lang anhaltendes Aroma
- **Elstar:** saftig, feinsäuerlich

– verändert aus *Perfect Fruit Pies*

Die besten Erdbeeren verwenden

- Ihre eigenen Erdbeeren sollten Sie am besten am frühen Morgen pflücken, bevor die Sonne sie weich werden läßt. Auch wenn es einfacher erscheint, Erdbeeren in große Gefäße zu füllen und so zu transportieren, halten sie besser, wenn Sie sie in kleine Körbchen legen, so daß die unterste Schicht nicht zerdrückt wird.
- Wenn Sie Ihre Erdbeeren kaufen müssen: Ich denke, daß die beste Qualität normalerweise regionale Erzeuger und Obst- und Gemüsestände, Bauernmärkte, kleine, qualitätsbewußte Lebensmittelgeschäfte und Supermärkte bieten – in dieser Reihenfolge.
- Wählen Sie Erdbeeren, die fest, prall und leuchtend rot mit einem natürlichen Glanz sind. Die Kronenblätter sollten noch unversehrt sein und glänzend grün und frisch aussehen. Erdbeeren, die eher orange als rot aussehen, kleine weiche Stellen an der Oberfläche haben oder etwas weich und verwelkt erscheinen, schmecken kein bißchen appetitlicher, als sie aussehen.
- Nehmen Sie die Erdbeeren zu Hause aus der Verpackung oder dem Transportgefäß und bewahren Sie sie bis zum Verbrauch in einer einzigen Lage in flachen Gefäßen auf. So halten sie länger frisch.
- Waschen Sie Erdbeeren erst kurz bevor Sie sie brauchen. Lassen Sie die Kronenblätter bis nach dem Waschen daran. Je kürzer vor dem Anrichten Erdbeeren gewaschen und geputzt werden, desto mehr Geschmack und Nährstoffe bleiben erhalten.

– aus *Simply Strawberries* von Sara Pitzer

Oma Beas Erdbeertörtchen

Ergibt 8 Portionen

Boden

240 g Mehl
¼ Teelöffel Salz
4 Teelöffel Backpulver
2 Eßlöffel Zucker
50 g sehr kalte Butter
1 verquirltes Ei
75 ml Sahne

Erdbeerfüllung

1,5 kg frische Erdbeeren, ungewaschen und ungeputzt
4 Eßlöffel Zucker

Schlagsahne

500 ml Schlagsahne
2 Eßlöffel Grand Manier oder 2 Teelöffel Vanilleextrakt

Boden

1. Heizen Sie den Ofen auf 230 °C vor. Geben Sie die trockenen Zutaten in eine Küchenmaschine mit einer Metall-Schneidscheibe oder dem Knethaken. Arbeiten Sie die Mischung kurz durch. Fügen Sie die Butter zur Mehlmischung und bearbeiten Sie die Mischung so lange, bis sie grobe Krümel bildet.
2. Mischen Sie das Ei in einer kleinen Schüssel mit der Sahne und gießen Sie es bei laufendem Motor in die Mehlmischung. Rühren Sie weiter, bis der Teig eine Kugel bildet.
3. Legen Sie den Teig auf eine leicht bemehlte Fläche und kneten Sie ihn etwa zehn Minuten. Klopfen oder rollen Sie den Teig auf 4 cm Dicke aus.
4. Stechen Sie aus dem Teig mit einer runden Ausstechform Plätzchen mit 7 cm Durchmesser aus und legen Sie sie auf ein ungefettetes Backblech.
5. Backen Sie die Törtchen 10 bis 12 Minuten oder bis sie goldbraun sind. Holen Sie sie aus dem Backofen und lassen Sie sie auf einem Gitter abkühlen. Schneiden Sie die Törtchen nach dem Auskühlen horizontal in zwei Hälften.

Erdbeerfüllung

Geben Sie die Erdbeeren in ein Abtropfsieb und waschen Sie sie rasch in kaltem Wasser. Legen Sie acht Beeren zurück und entfernen Sie von den verbleibenden die Kronenblätter. Schneiden Sie größere Beeren in Hälften oder Viertel, so daß alle Stücke etwa die gleiche Größe haben. Legen Sie die geputzten Beeren in ein 2-l-Gefäß und streuen Sie Zucker darüber, um den Saft auszuziehen. Decken Sie das Gefäß ab und stellen Sie es in den Kühlschrank. Die zurückbehaltenen Beeren können einstweilen in einem Plastikbeutel aufbewahrt werden.

Schlagsahne

Gießen Sie die Sahne in eine mittelgroße Schüssel für das Handrührgerät und schlagen Sie sie mit hoher Geschwindigkeit, bis sich zarte Spitzen bilden. Rühren Sie den Grand Manier oder die Vanille ein.

Servieren

Legen Sie die unteren Tortenbodenhälften einzeln in Schalen und bedecken Sie sie großzügig mit Erdbeeren. Geben Sie einen großen Löffel geschlagene Sahne darauf und decken Sie die obere Hälfte des Bodens darüber. Verteilen Sie die restlichen Beeren auf die acht Portionen, geben Sie weitere Schlagsahne zu und legen Sie je eine der zurückbehaltenen Erdbeeren oben auf jedes Törtchen.

– aus *Picnic!* von Edith Stovel

Zucchini-Schokoladen-Kuchen

Ergibt 8 Portionen

120 g ungesüßte Blockschokolade
120 ml Pflanzenöl
120 g Butter mit Raumtemperatur
400 g Zucker
3 verquirlte Eier
1 Eßlöffel Vanilleextrakt
240 g gesiebtes Weißmehl
40 g Kakaopulver
2 Teelöffel Backnatron
2 Teelöffel Backpulver
1 Teelöffel Salz
80 ml Buttermilch oder Sauerrahm
400 g grob geraspelte Zucchini
60 g gemahlene Nüsse

1. Zerlassen Sie die Schokolade bei sehr geringer Hitze im Öl in einem kleinen Stieltopf.
2. Schlagen Sie die Butter, bis sie hell ist; fügen Sie Zucker, Eier und Vanille zu. Schlagen Sie alles gut durch. Gießen Sie die geschmolzene Schokolade hinein und mischen Sie die Zutaten gründlich.
3. Sieben Sie die trockenen Zutaten und rühren Sie sie mit der Buttermilch in den Teig, bevor Sie die Zucchini und die Nüsse daruntermischen.
4. Fetten und bemehlen Sie zwei 22-cm-Springformen. Teilen Sie den Teig auf die beiden Formen auf.
5. Backen Sie die Kuchen auf der mittleren Schiene 40 Minuten oder bis ein Zahnstocher, den Sie in die Mitte des Kuchens stechen, beim Herausziehen sauber ist. Lassen Sie den Kuchen vor dem Einfrieren auskühlen.

– aus Garden Way's *Joy of Gardening Cookbook* von Janet Ballantyne

In einer Kürbisschale

Wenn Sie einen Kürbiskuchen backen, können Sie die übriggebliebene ausgehöhlte Kürbisschale als raffinierte Servierschüssel verwenden, sofern Sie den Kürbis folgendermaßen behandeln: Waschen Sie die Schale und trocknen Sie sie ab. Schneiden Sie oben einen breiten Deckel ab und kratzen Sie die Samen und die zähen Fasern und anschließend das Fleisch für den Kuchen heraus. Kleine ungekochte Kürbisse können Sie mit Obst- oder Gemüsesalat, kalter Suppe, Dip oder Eiskrem füllen.

Eine gekochte Schale ergibt eine ansprechende Schüssel zum Servieren von heißen Suppen, Eintöpfen, Schmorgerichten oder anderen vorbereiteten Speisen. Dazu müssen Sie das Fruchtfleisch mit etwas Pflanzenöl bepinseln und mit Salz und Pfeffer bestreuen. Stellen Sie die Schale auf ein Backblech und legen Sie den Deckel daneben. Backen Sie beides bei 190 °C, bis das Fleisch weich ist, was bei einem 3 kg schweren Kürbis etwa 20 Minuten dauert. Prüfen Sie das Innere des Kürbisses ein- oder zweimal auf angesammelte Flüssigkeit und entfernen Sie sie mit einem großen Löffel.

Wenn sich das Fruchtfleisch gerade mit einer Gabel durchstechen läßt, können Sie die Schale mit dem vorbereiteten Gericht füllen. Setzen Sie den Deckel auf die Schale und backen Sie den Kürbis nochmals 20 Minuten oder bis das Fleisch vollkommen weich ist. Bringen Sie die ganze Schale auf den Tisch und schöpfen Sie mit jeder Portion etwas gekochten Kürbis mit heraus. Wenn Sie den Deckel darauf lassen, bleibt das Gericht in der Schale etwa 20 Minuten warm.

Gekochte Minikürbisse ergeben pfiffige Gefäße für einzelne Portionen. Füllen Sie sie mit Preiselbeersauce, Reis oder einer Brot- oder Auflauffüllung. Sie können die Brot- oder Auflauffüllung auch direkt in der Schale backen.

– aus *The Perfect Pumpkin* von Gail Damerow

SELBSTGEMACHTE SÜSSIGKEITEN

Himmlische selbstgemachte Bonbons

Was ist das beste Geschenk, das Sie einem Menschen, der alles hat, machen können? Meine Wahl fällt auf selbstgemachte Bonbons. Jeder bewahrt heimlich seine Liebe zu Bonbons. Die Bonbons, die Sie selbst machen, sind frischer, unverfälschter und besser als alle, die Sie kaufen können.

Zutaten

Wenn Sie Bonbons herstellen, sollten Sie unbedingt reine echte Vanille – keine künstliche Vanille oder Vanillin – und echte Schokolade verwenden. Vermeiden Sie künstliche „Schokoladen"-Chips oder -Stückchen. Gefüllte und geformte Schokoladenbonbons erfordern eine spezielle Schokolade, aber für andere Zwecke können Sie eine Standardschokolade (Halbbitter- oder ungesüßte Blockschokolade) verwenden, wie es sie im Lebensmittelhandel gibt.

Die Wahl zwischen Butter und Margarine liegt bei Ihnen. Nach meinem Geschmack ist es in Ordnung, für so stark gewürzte Naschereien wie Schokoladenkaramellen Margarine zu verwenden, aber für feinere Zubereitungen wie Vanillebuttercreme ist Butter unerläßlich.

Vermeiden Sie künstliche Lebensmittelfarben und Aromastoffe, wo immer Sie können. Kaufen und verwenden Sie reine Extrakte.

Wie man Bonbons zieht

Lassen Sie die gekochte Bonbonmasse setzen, bis sie gerade kalt genug ist, daß man damit arbeiten kann. Wenn sie zu kalt wird, können Sie sie vier bis fünf Minuten im 175 °C heißen Ofen erwärmen. Formen Sie sie zu einer oder mehreren Kugeln. Nun beginnen Sie mit dem Ziehen:

Benutzen Sie nur Ihre Fingerspitzen und die Daumen, die Sie vorab gut mit Stärke oder Butter überziehen. Arbeiten Sie rasch. Ziehen Sie einen Klumpen der Bonbonmasse zwischen Ihren Fingerspitzen, bis er etwa 40 cm lang ist. Nun knicken Sie den Strang zusammen und ziehen wieder. Wiederholen Sie dies, bis die Bonbonmasse porös zu werden beginnt und sich schwerer ziehen läßt.

Dehnen Sie die Masse zu einem Strang von knapp 2 cm Durchmesser. Schneiden Sie mit einer gefetteten Schere 2,5 cm lange Stücke ab und wickeln Sie sie ein.

Temperaturmessung

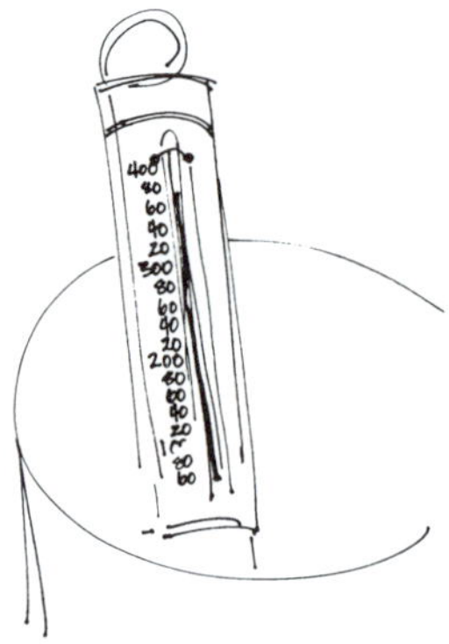

Zu bestimmten Zeitpunkten müssen Sie die Temperatur Ihrer Bonbonmasse messen. Am allereinfachsten ist es, die Masse in einer elektrischen Friteuse zu kochen. Mischen Sie die Zutaten, bevor Sie die Friteuse einschalten, und stellen Sie die gewünschte Temperatur ein. Sie ist erreicht, wenn die Kontrolleuchte erlischt.

Ein herkömmlicheres Verfahren ist die Verwendung eines Backthermometers. Prüfen Sie seine Genauigkeit durch Erhitzen in Wasser. Wenn das Wasser kocht, sollte es – auf Meereshöhe – 100 °C anzeigen.

Saltwater Taffy

Saltwater Taffy sind eine Bonbonspezialität von der nördlichen Ostküste.

200 g Zucker
180 ml Wasser
120 ml Maissirup
1 Teelöffel Salz
Butter zum Einfetten einer großen Pfanne oder Platte
Aroma und Farbstoff (siehe unten)

1. Mischen Sie den Zucker mit dem Wasser, dem Maissirup und dem Salz in einem großen Stieltopf. Rühren Sie so lange, bis der Zucker sich aufgelöst hat, und erhitzen Sie die Masse dann bis auf 130 °C.
2. Gießen Sie die Masse in eine Schüssel und heben Sie sie mit einem Teigschaber von den Rändern zur Mitte hin, damit sie gleichmäßig auskühlt. Ziehen Sie die Bonbons nach den Anweisungen in der linken Randspalte. Fügen Sie während des Ziehens alle gewünschten Aroma- und Farbstoffe zu. Für einen Ansatz dieser Größe brauchen Sie einen Teelöffel Vanille oder ein anderes Extrakt oder 1/4 Teelöffel Aromaöl (aus dem Reformhaus) und etwa drei Tropfen Lebensmittelfarbe.

Erdnußkrokant

Krokant sollte nur bei trockenem Wetter hergestellt werden. Es hält unbegrenzt, wenn Sie es in luftdichten Dosen lagern.

Butter zum Einfetten des Backblechs

250 g Zucker

1 Dose Erdnüsse (200 g)

1. Fetten Sie das Backblech sehr sorgfältig ein.
2. Kochen Sie den Zucker in einer Bratpfanne bei geringer Hitze, bis er geschmolzen und hellbraun ist. Rühren Sie die Erdnüsse hinein und gießen Sie die Masse anschließend auf das Backblech.
3. Beginnen Sie damit, die Süßigkeit mit den Rückseiten von zwei Löffeln auf dem Blech auseinanderzuziehen. Berühren Sie die Masse nicht mit den Händen, weil sie sehr heiß ist. Ziehen Sie so lange, bis das Krokant nur noch die Dicke einer Erdnuß hat.
4. Wenn die Süßigkeit vollständig abgekühlt ist, können Sie sie zum Aufbewahren in Stücke brechen.

Sahnige Schokoladenkaramellen

1 Eßlöffel Butter oder Margarine (und zusätzlich etwas zum Einfetten der Pfanne)

425 g Zucker

170 g stark eingedickte Kondensmilch (ungesüßt)

350 g Halbbitter-Schokoladenchips

15 g Blockschokolade (ungesüßt)

100 g Marshmallow-Creme

½ Teelöffel echte Vanille

60 g zerhackte Wal- oder Pekannüsse

1. Geben Sie die Butter, den Zucker und die Kondensmilch in einen Stieltopf. Lassen Sie die Masse für genau sechs Minuten sprudelnd kochen.
2. Geben Sie in der Zwischenzeit die Schokoladenchips, die ungesüßte Schokolade und die Marshmallow-Creme in eine große Schüssel für das Handrührgerät.
3. Gießen Sie die heiße Zuckermasse, nachdem sie sechs Minuten stark gekocht hat, über die Zutaten in der Schüssel. Rühren Sie so lange, bis die Masse gleichmäßig ist, und geben Sie dann die Vanille und die Nüsse zu. Gießen Sie die Masse in eine 26-cm-Springform und lassen Sie sie vor dem Schneiden auskühlen.

– verändert aus *Making Homemade Candy* von Glenn Andrews

22 MILCH, KÄSE, EIER

KÄSE • JOGHURT • BUTTER • SELBSTGEMACHTE EISCREME SORBET UND GEFRORENER JOGHURT • EIER KONSERVIEREN UND LAGERN • KOCHEN MIT EIERN

Gerade weil unsere Familie keine eigenen Kühe hält, sind wir glücklich, daß wir auf der anderen Straßenseite unseres Hauses in den Adirondacks einen Milchbauern haben. Unser direkter westlicher Nachbar bringt uns häufig frische, noch warme Eier direkt aus dem Legenest. Im Sommer ist eine Schüssel selbstgemachte Eiscreme mit ein paar Pfirsichen von unseren Zwergobstbäumen die schmackhafteste Form, Sahne und Eier frisch vom Bauernhof zu verbrauchen. Das Rühren geht leicht von der Hand, wenn jeder eine Runde kurbelt, und der Lohn ist wirklich süß! Phyllis Hobson beginnt dieses Kapitel mit einer anderen ländlichen Gaumenfreude – selbstgemachtem Käse.

– John & Martha Storey

Kaum eine Familie, selbst mit mehreren Milchtrinkern, kann die tägliche Milchmenge einer guten Kuh frisch verbrauchen, und auch die meisten Ziegen geben im Durchschnitt während der Sommermonate 4 l Milch am Tag. Die beste Lösung bei Milchüberschuß ist Käse – die wohlschmeckendste und nahrhafteste Form der Milchkonservierung, die bisher erdacht wurde. Auch wenn Sie selbst keine Kuh und keine Ziegen haben, können Sie sich vielleicht von einem Bauernhof frische Rohmilch beschaffen.

Selbstgemachter Käse ist nicht unbedingt günstiger als der aus dem Supermarkt, aber er schmeckt oft besser und ist bekömmlicher, weil er keine Konservierungsstoffe enthält. Wenn Sie Vegetarier sind, können Sie Ihren Käse mit einem rein pflanzlichen Lab herstellen. Käsen ist ein einfaches Verfahren, das leicht an die Küchenverhältnisse angepaßt werden kann. Es werden nur wenige Inhaltsstoffe benötigt, und die meisten Arbeitsgeräte sind schon vorhanden.

Die Anleitung für die Käseherstellung klingt kompliziert, aber das Verfahren ist wirklich sehr viel einfacher, als einen Kuchen zu backen. Sehen Sie sich bei jedem Käserezept zuerst die grundlegenden Anweisungen zur Käseherstellung an, bevor Sie das spezielle Rezept lesen. Mit ein wenig Übung können Sie zu einem versierten Hobbykäser werden.

L E X I K O N

Bruch: der weiße, feste Bestandteil geronnener Milch
Lab: ein Produkt, das aus dem Belag von Kälbermägen gewonnen wird und Milch schnell zum Gerinnen bringt
Molke: die klare, wäßrige Flüssigkomponente der Milch nach der Gerinnung
Sauermilch: geronnene Rohmilch
Stocken: Gerinnen oder Sauerwerden von Milch
Thermostabilisierung: ein Verfahren zum Haltbarmachen von Eiern, wobei diese hoch genug erhitzt werden, um Schadorganismen zu vernichten, aber nicht so hoch, daß sie gekocht werden
Wasserglas: eine sirupähnliche konzentrierte Lösung aus Natriumsilikat, die zum Konservieren von Eiern verwendet wird

Mit wachsendem Selbstvertrauen werden Sie die grundlegenden Einflußfaktoren der Käseherstellung herausfinden – den Grad der Milchreifung und seine Wirkung auf den Geschmack; die Erhitzungsdauer des Bruchs und deren Einfluß auf die Konsistenz; die Salzmenge; die Anzahl der Ziegelsteine, die zur Pressung verwendet werden, und deren Auswirkung auf den Feuchtegehalt, und wie lange der Käse gelagert werden muß, um einen kräftigen Geschmack zu bekommen. Je mehr Sie darüber lernen, desto faszinierender wird das Käsen.

Die drei Hauptkäsearten

Hartkäse: Hartkäse entsteht aus dem Käsebruch der Milch (dem weißen, festen Teil), der von der Molke (der wäßrigen klaren Flüssigkeit) getrennt wird. Sobald der Käsebruch separiert ist, wird er zu festen Laiben gepreßt und reift anschließend, damit er Geschmack bekommt. Die meisten Hartkäsesorten sind geschmacksintensiver, wenn sie gereift sind. Je länger Hartkäse lagert, desto kräftiger wird der Geschmack. Je schwerer das Preßgewicht, desto härter die Konsistenz. Hartkäse ist am besten, wenn er aus Vollmilch hergestellt wird.
Weichkäse: Weichkäse wird auf die gleiche Art hergestellt wie Hartkäse, aber er wird nur kurz gepreßt. Er hat keine feste Rinde und reift nur kurz. Die meisten Weichkäsearten sind am besten, wenn sie innerhalb weniger Wochen gegessen werden. Weichkäse kann aus Vollmilch oder aus Magermilch hergestellt werden.
Frischkäse: Frischkäse ist ein Weichkäse, hergestellt aus sehr nassem Käsebruch, den man nicht reifen läßt. Handelsüblicher Frischkäse wird häufig aus Magermilch gemacht, aber auch Vollmilch kann verwendet werden.

Hauptzutaten

Milch: Rohmilch von Ziegen, Schafen oder Kühen ergibt den fettesten Käse, aber teilentrahmte Milch kann ebenfalls verwendet werden.
Kultur: Die Kultur ist für den guten Käsegeschmack nötig. Sie können Buttermilch, Joghurt oder eine handelsübliche Kultur in Pulverform kaufen, die Sie dann allerdings vor der Verwendung erst ansetzen müssen, oder Sie können selbst eine Sauerkultur herstellen, indem Sie zwei Tassen frische Milch 12 bis 24 Stunden bei Raumtemperatur aufstellen, bis die Milch gerinnt. Wenn Sie Buttermilch oder Joghurt verwenden möchten, müssen Sie unbedingt ein Produkt mit lebenden Milchsäurebakterien kaufen.
Lab: Lab ist ein Enzymgemisch, das aus dem Magen von Kälbern gewonnen wird. Es bringt Milch in weniger als einer Stunde zum Ausflocken (Gerinnen), ohne daß sie sauer wird. In Bioläden und Reformhäusern können Sie rein pflanzliches Lab bestellen.
Salzflocken: Dieses Salz wird schneller absorbiert als normales Speisesalz.

– aus *Making Cheese, Butter & Yogurt* von Phyllis Hobson

Grundausstattung für das Käsen

Hier ist die Grundausrüstung, die Sie für die Käseherstellung brauchen:

- **Käseform:** Kaufen Sie für den Anfang am besten kleinere pflegeleichte Formen aus Kunststoff. Die Käseform wird zuerst mit einem Käsetuch ausgelegt und vor dem Pressen mit dem nassen Käsebruch gefüllt.
- **Käsekessel:** Als Käsekessel setze ich einen 25-l-Einmachtopf in einen 35-l-Einmachtopf, nach dem Prinzip eines Wasserbadtopfs. Der kleinere Topf sollte mindestens 18 l Milch fassen.
- **Stempel:** Der Stempel ist eine 1,2 cm dicke Scheibe aus Sperrholz, die einen etwas kleineren Durchmesser hat als die Käseform. Der Stempel preßt den nassen Käsebruch in der Form.
- **Käsepresse:** Sie können eine Käsepresse kaufen oder an einem Nachmittag aus Holzresten und einem Besenstiel selbst bauen (siehe S. 399). Die Käseform wird in die Presse gestellt, der Stempel auf den Käsebruch gelegt und das obere Brett mit ein oder zwei Ziegelsteinen beschwert. Dies übt langsam und stetig Druck auf den Käse aus.
- **Diverses:** Sie brauchen außerdem ein Sieb, ein Thermometer, einen langstieligen Löffel, ein großes Messer, vier Käsetücher (jeweils 90 x 90 cm) und sechs bis acht Ziegelsteine.

KÄSE HERSTELLEN

Den Käsebruch schneiden

Schneiden Sie den Bruch mit einem sauberen langen Messer in 1,2 cm dicke senkrechte Scheiben.

Neigen Sie dann das Messer so schräg wie möglich und fahren Sie so durch den Bruch.

Drehen Sie den Topf nun um eine Vierteldrehung und schneiden Sie die Masse im rechten Winkel zu den ersten Schnitten.

Führen Sie auch die schrägen Schnitte rechtwinklig zu den ersten aus und rühren Sie den Bruch dann sorgfältig um.

Grundanleitung für Hartkäse

Hier ist eine allgemeine Anweisung zur Herstellung von Hartkäse. Sie werden in speziellen Rezepten viele Variationen finden, insbesondere bezüglich der Temperatursteuerung und der Preßzeiten.

1. **Die Milch reifen lassen:** Erwärmen Sie 9 bis 10 l Milch auf 30 °C, geben Sie 50 ml Kultur dazu und rühren Sie zwei Minuten lang gründlich um. Decken Sie den Topf zu und lassen Sie ihn über Nacht an einem warmen Platz stehen. Probieren Sie die Milch am nächsten Morgen. Wenn sie einen leicht säuerlichen Geschmack hat, ist sie bereit für den nächsten Schritt. Wenn Sie kein Lab verwenden, können Sie den nächsten Schritt überspringen und die Milch weitere 18 bis 24 Stunden stehen lassen, bis sich der Bruch gebildet hat und die Molke sich abtrennt.
2. **Das Lab zugeben:** Die Milch sollte Raumtemperatur haben, wenn Sie das Labpulver oder die Labtabletten zugeben. Auf dem Markt gibt es Produkte mit unterschiedlich hoher Labkonzentration. Beachten Sie deshalb unbedingt die auf der Verpackung angegebene Dosierung. Labtabletten müssen vor der Zugabe in kaltem Wasser aufgelöst werden. Rühren Sie die Milch etwa zwei Minuten um, damit sich das Lab vollständig untermischt. Decken Sie den Topf ab und lassen Sie ihn ungestört stehen, bis die Milch geronnen ist – etwa 30 bis 45 Minuten.
3. **Den Bruch schneiden:** Wenn der Käsebruch fest ist und sich bereits etwas Molke auf der Oberfläche bildet, ist der Bruch reif zum Schneiden. Schneiden Sie ihn mit einem sauberen Messer in 1,2 cm große Würfel. Rühren Sie den Bruch behutsam mit einem Holzlöffel oder einem Teigschaber um und zerschneiden Sie alle Würfel, die noch nicht der gewünschten Größe entsprechen.
4. **Den Bruch erhitzen:** Füllen Sie einen großen Topf so weit mit warmem Wasser, daß Sie den Topf mit dem Bruch hineinstellen können (nach dem Prinzip eines doppelwandigen Milchtopfs). Erhitzen Sie den Bruch und die Molke langsam um 2 °C in jeweils fünf Minuten. In 30 bis 40 Minuten sollten 38 °C erreicht sein. Halten Sie dann die Temperatur, bis der Bruch die gewünschte Festigkeit erreicht hat. Rühren Sie gleichmäßig weiter, damit die Bruchwürfel nicht zusammenkleben und Klümpchen bilden. Prüfen Sie die Festigkeit des Bruchs, indem Sie eine kleine Handvoll behutsam zusammendrücken und dann schnell loslassen. Wenn er eine geringe Tendenz zum Zusammenhängen zeigt, ist er fertig. Nehmen Sie dann das innere Gefäß aus dem Wasserbad.
5. **Die Molke entfernen:** Legen Sie ein großes Gefäß mit einem Käsetuch aus und gießen Sie den Käsebruch und die Molke hinein. Heben Sie das Käsetuch mit dem Bruch heraus und lassen Sie die Molke durch ein großes Küchensieb abfließen. Wenn der größte Teil der Molke abgeflossen ist, können Sie den Bruch aus dem Käsetuch nehmen, in ein Gefäß geben und es mehrmals kippen, um die Molke abfließen zu lassen. Rühren Sie den Bruch durch oder bearbeiten Sie ihn mit den Händen, um ihn von der restlichen Molke zu trennen. Wenn er auf 32 bis 30 °C abgekühlt ist und eine gummiartige Textur hat, ist er ausreichend entwässert.
6. **Die Käseform befüllen:** Nach dem Abkühlen auf 32 bis 30 °C muß der Bruch in eine mit einem Käsetuch ausgelegte Käseform geschöpft werden. Tauchen Sie das Käsetuch vorab in die noch warme Molke und winden Sie es wieder aus, so daß es feucht, aber nicht naß, und vor allem warm ist.
7. **Den Bruch pressen:** Legen Sie ein passend zur Oberfläche gefaltetes Käsetuch auf den Bruch, setzen Sie den Stempel auf und stellen Sie die Käseform in die Presse. Beginnen Sie mit zwei oder drei Ziegelsteinen für zehn Minuten. Entfernen Sie den Stempel und das Käsetuch. Winden Sie das Tuch aus, bevor Sie es wieder um den Käse legen. Setzen Sie den Stempel wieder auf und fügen Sie jeweils einen Ziegelstein hinzu, bis Sie bei fünf bis sechs Steinen sind. Nach einer Stunde unter dieser starken Pressung sollte der Käse fertig zum Nacharbeiten sein.

8. **Den Käse nacharbeiten:** Entfernen Sie die Steine und den Stempel und drehen Sie den Käse um, damit er abtropft. Nun können Sie das Käsetuch vom Käse entfernen. Glätten Sie alle kleinen Löcher mit den Fingern, damit der Käse eine ebenmäßige Oberfläche bekommt.
Schneiden Sie ein Stück Käsetuch 5 cm breiter als die Dicke des Käses und lang genug zu, um es mit einer geringen Überlappung um den Käse wickeln zu können. Rollen Sie den Käse straff ein und verwenden Sie zwei kreisrunde Stücke Käsetuch, um die beiden Seiten abzudecken. Geben Sie den Käse zurück in die Käseform, setzen Sie den Stempel darauf und pressen Sie den Käse nochmals für 18 bis 24 Stunden mit fünf bis sechs Steinen. Nach zwei, fünf und acht bis zehn Stunden sollten Sie den Käse jeweils aus der Form nehmen und umdrehen, damit er sich gleichmäßig entwickelt.
9. **Den Käse trocknen:** Nehmen Sie den Käse aus der Presse und entfernen Sie die Käsetücher. Der Käse muß jetzt einige Stunden in ein Salzbad, damit sich eine widerstandsfähige Rinde bildet. Legen Sie ihn in ein Gefäß und geben Sie so viel warmes Wasser hinein, bis der Käse darin schwimmen kann. Nehmen Sie den Käse wieder heraus. Sie müssen nun so viel Salz in das Wasser rühren, bis es sich nicht mehr löst. Dann geben Sie den Käse wieder hinein und lassen ihn je nach Größe für etwa vier bis sechs Stunden darin liegen. Nach der Hälfte der Zeit muß er einmal umgedreht werden.
10. **Den Käse reifen lassen:** Sie sollten den Käse nach dem Salzbad mit einem sauberen trockenen Tuch abreiben. Dann können Sie ihn auf ein Brett legen und an einem kühlen, nicht zu trockenen Ort lagern. Bewahren Sie etwas von der Salzlösung auf, um den Käse täglich damit abzuwischen. Er darf aber nur feucht, nicht naß werden. Drehen Sie ihn nach dem Abwischen jeweils um, so daß die obere Seite dann unten liegt. Nach etwa zwei Wochen können Sie damit beginnen, ihn nur noch jeden zweiten Tag zu waschen und zu drehen. Waschen Sie einmal wöchentlich das Brett und lassen Sie es an der Sonne trocknen. Nach einer Reifezeit von etwa sechs bis acht Wochen bei Temperaturen zwischen 8 und 15 °C ist der Käselaib fest und hat ein mildes Aroma. Käse mit einem kräftigen Geschmack brauchen mindestens drei bis fünf Monate zum Reifen. Wie lange er reifen muß, hängt von der individuellen Vorliebe ab.

– verändert aus *Making Cheese, Butter & Yogurt* von Phyllis Hobson

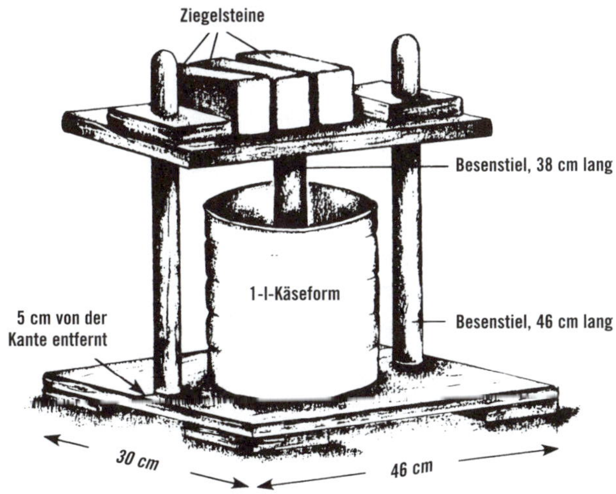

Eine Käsepresse kann aus Holzresten, einem Besenstiel, Ziegelsteinen und einer 1-l-Käseform hergestellt werden.

Eine Käsepresse selbst bauen

Für eine Käsepresse brauchen Sie Holzreste und einen hölzernen Besenstiel. Schneiden Sie aus einem Meterstück einer 2 cm dicken Sperrholzplatte oder einem 30 cm breiten und 2,5 cm dicken Brett zwei Platten der Größe 30 x 46 cm heraus. Bohren Sie in die Mitte des einen Brettes ein Loch von 2,5 cm Durchmesser. Durch dieses Loch fließt später die Molke ab.

In das andere Brett müssen Sie zwei Löcher mit einem Durchmesser von 2,5 cm und einem Abstand von je 5 cm zum Rand hin bohren. Zur Verstärkung können Sie jeweils oben ein weiteres kleines Brett aufschrauben und beide durchbohren. Die Löcher sollten gerade groß genug sein, daß der Besenstiel sich leicht durchschieben läßt.

Schneiden Sie den Besenstiel in drei Teile: zwei Stücke von je 46 cm Länge und eines 38 cm lang. Schrauben Sie die 46-cm-Stücke jeweils 5 cm vom Rand entfernt auf dem unteren Brett fest, so daß sie in die Löcher des oberen Brettes passen. Das dritte Stück müssen Sie in der Mitte des oberen Brettes festschrauben. An ihm wird unten eine runde Scheibe für den Stempel befestigt. Diese muß einen etwas geringeren Durchmesser als die Käseform haben. Schrauben Sie zwei Holzblöcke unter das Bodenbrett oder stellen Sie die Presse auf zwei Backsteine oder Holzblöcke, damit Sie einen Behälter unter das Abflußloch schieben können, um die Molke aufzufangen.

KÄSE HERSTELLEN

Ein Rezept für Cheddar-Käse

Um meine Art von Cheddar-Käse herzustellen, müssen Sie dem Grundrezept für Hartkäse bis Schritt 5 folgen und die Molke entfernen. Dann geben Sie die Würfel des erwärmten Käsebruchs in ein Sieb und erhitzen ihn auf 38 °C. Das kann im Wasserbad oder im Ofen erfolgen, falls er sich so exakt einstellen läßt.

Nach 20 bis 30 Minuten bildet der Bruch eine feste Masse. Dann sollte er in 2,5 cm dicke Streifen geschnitten werden, die dann alle 15 Minuten mit einem Holzlöffel umgewendet werden müssen, damit sie gleichmäßig trocknen. Halten Sie diese Streifen noch etwa eine Stunde auf 38 °C. Nehmen Sie sie dann aus der Wärme und fahren Sie mit Schritt 6 des Grundrezeptes fort. Verwenden Sie in diesem Fall trockene Käsetücher. Lassen Sie den Käse sechs Monate reifen.

Frischkäse

Rühren Sie 250 ml Kultur in 500 ml warme Milch und lassen Sie sie 24 Stunden bei Zimmertemperatur stehen. Geben Sie weitere 2 l Milch zu und lassen Sie sie dann innerhalb von 24 Stunden bei Zimmertemperatur sauer werden, bevor Sie sie in einen Stoffsack gießen, um sie zu entwässern. Lassen Sie die Masse eine Stunde setzen. Salzen Sie den Käse je nach Geschmack und geben Sie ihn in ein beliebiges Gefäß. Er kann nun verwendet werden. Lagern Sie ihn gekühlt.

Eine andere Methode, Frischkäse herzustellen, besteht darin, einem Liter Sauerrahm einen Eßlöffel Salz zuzugeben. Geben Sie ihn in einen Stoffsack und lassen Sie ihn drei Tage an einem kühlen Platz abtropfen.

Hüttenkäse

Erwärmen Sie 4 l Vollmilch oder entrahmte Milch auf 24 bis 27 °C und geben Sie 240 ml Kultur zu. Decken Sie den Topf zu und stellen Sie ihn 12 bis 24 Stunden oder bis sich feste Sauermilch bildet, an einen warmen Platz.

Schneiden Sie die Masse in 1,2-cm-Würfel und stellen Sie das Gefäß in einen größeren Topf mit warmem Wasser. Erhitzen Sie den Bruch unter häufigem Rühren auf 44 °C. Sie dürfen ihn jedoch nicht überhitzen.

Wenn der Bruch die richtige Temperatur erreicht hat, probieren Sie ihn von Zeit zu Zeit, um die Festigkeit zu prüfen. Sobald er die gewünschte Konsistenz hat, gießen Sie ihn in ein mit einem Käsetuch ausgelegtes Küchensieb und lassen ihn zwei Minuten abtropfen. Ziehen Sie das Käsetuch mit dem Bruch aus dem Sieb und halten Sie es unter lauwarmes Wasser, das Sie kontinuierlich kälter werden lassen, um die Molke auszuspülen. Geben Sie den abgekühlten Bruch in eine Schüssel und fügen Sie je nach Geschmack Salz oder Sahne zu. Kühlen Sie den Käse vor dem Servieren sorgfältig. Hüttenkäse ißt man am besten, sobald er durchgekühlt ist, aber er hält sich auch bis zu einer Woche im Kühlschrank.

Colby-Käse

Um einen kleinen Colby-Käse herzustellen, geben Sie drei Eßlöffel Kultur auf 4 l lauwarme Milch. Lassen Sie sie über Nacht stehen, so daß sie gerinnt. Dann verfahren Sie nach dem Grundrezept für Hartkäse (Seite 398) bis Schritt 4 weiter.

Sobald Sie den Bruch so weit erhitzt haben, daß er keine Neigung zum Zusammenkleben mehr zeigt, nehmen Sie den Behälter aus dem Wasserbad und lassen ihn eine Stunde stehen, wobei Sie alle fünf Minuten umrühren.

Nun fahren Sie mit Schritt 5 fort. Pressen Sie den Bruch für 18 Stunden. Dann können Sie den Käse etwa einen Tag trocknen und ihn entweder anschließend als Weichkäseaufstrich verwenden oder 30 Tage reifen lassen.

Mozzarella

Mozzarella ist ein leckerer Weichkäse aus Italien, der frisch verwendet wird. Zur Herstellung folgen Sie dem Grundrezept auf Seite 398 bis zu Schritt 3. Lassen Sie den Bruch anschließend vier bis fünf Stunden ruhen. Nun müssen Sie die Bruchklumpen in der Molke möglichst rasch auf eine Temperatur erhitzen, die Ihre Hände gerade noch aushalten. Rühren, kneten und ziehen Sie den Bruch dann so lange mit einem Holzlöffel und mit den Händen, bis er eine geschmeidige Masse ergibt. Von dieser können Sie faustgroße Klumpen abtrennen und formen.

Nach dem Abtropfen werden die Mozzarellakugeln in kaltem Salzwasser abgekühlt und drei Tage darin gelagert. Dann sind sie fertig für den Verzehr.

Käse nach Feta-Art

Feta ist ein weißer, zur Reifung in Salzlake eingelegter Käse aus Ziegen- oder Schafmilch. Zur Herstellung folgen Sie dem Grundrezept bis Schritt 3. Erhitzen Sie den Bruch im nächsten Schritt auf höchstens 35 °C und nehmen Sie ihn aus der Molke, solange er noch weicher ist, als für die meisten Hartkäse gewünscht.

Gießen Sie dazu den Bruch mit der Molke in einen Beutel aus Käsetuch und hängen Sie ihn für 48 Stunden auf, bis er fest ist. Feta wird nicht in einer Käseform gepreßt. Sobald der Käsebruch fest ist, können Sie ihn in Scheiben schneiden. Bestreuen Sie die Scheiben mit trockenem Salz und reiben Sie es mit den Fingern ein. Geben Sie den Käse dann in das Käsetuch zurück. Drehen und bearbeiten Sie das Säckchen, um möglichst viel Molke auszutreiben und den Käse fest werden zu lassen. Nach 24 Stunden können Sie den Käse aus dem Käsetuch holen und auf ein Küchenbrett legen, damit er außen etwas fest wird. Nach drei bis vier Tagen ist er zum Essen geeignet. Sie können Feta in abgekochter Salzlake über mehrere Wochen im Kühlschrank aufbewahren. Er reift in dieser Zeit nach und wird herzhafter.

– verändert aus *Making Cheese, Butter & Yogurt* von Phyllis Hobson

Zieger

Zieger ist ein Schweizer Frischkäse, der traditionell aus Molke gewonnen wird. Aus Vollmilch herstellt schmeckt er aber feiner. Statt Lab werden für die Gerinnung Joghurt und möglichst geschmacksneutraler Essig verwendet.

Erhitzen Sie 5 l Vollmilch unter gelegentlichem Rühren auf 90 bis 95 °C in einem möglichst großen Topf. Während sich die Milch erwärmt, können Sie 400 ml Kultur und 50 ml geschmacksneutralen Essig mit etwas warmem Wasser verrühren und bereitstellen. Rühren Sie die Mischung langsam und vorsichtig in die Milch ein, sobald diese kocht. Lassen Sie den Topf auf dem Herd stehen, bis sich große weiße Flocken bilden, die an der Oberfläche schwimmen. Die Molke wird dabei gelblich bis grünlich. Schöpfen Sie die Flocken mit einer Suppenkelle vorsichtig in eine Käseform und geben Sie lagenweise reichlich Salz darüber, da ein Teil davon mit der Molke wieder ausgeschwemmt wird. Nach sechs bis acht Stunden ist die Molke abgetropft.

Zieger schmeckt ganz frisch am besten, kann aber auch einige Tage getrocknet werden. Beim Backen, zum Beispiel von Quarkkrapfen, kann der Quark durch den deutlich aromatischeren Zieger ersetzt werden.

– Anita Heidenfelder

Milch einfrieren

Während der Sommermonate, wenn das Gras saftig und grün ist und unsere Milcheimer überlaufen, frieren wir einen Teil der Milch ein, um im Winter Käse daraus herzustellen. Wir verwenden 2-l-Milchkartons aus dem Supermarkt, die unsere Freunde aus der Stadt für uns im Austausch gegen einige frische Landeier sammeln. Wir füllen sie immer bis zur Bruchkante und heften die Oberseiten zu.

Wenn die Milch nach ein oder zwei Monaten verwendet wird, ist sie immer noch so gut wie frisch. Danach neigt sie dazu, zu gerinnen und sich aufzuspalten, was zwar die Konsistenz beeinflußt, nicht aber den Geschmack. Manchmal gießen wir sie durch ein Sieb und trinken sie, aber normalerweise trinken wir frische Milch und kochen mit der aufgetauten.

– aus *Making Cheese, Butter & Yogurt*

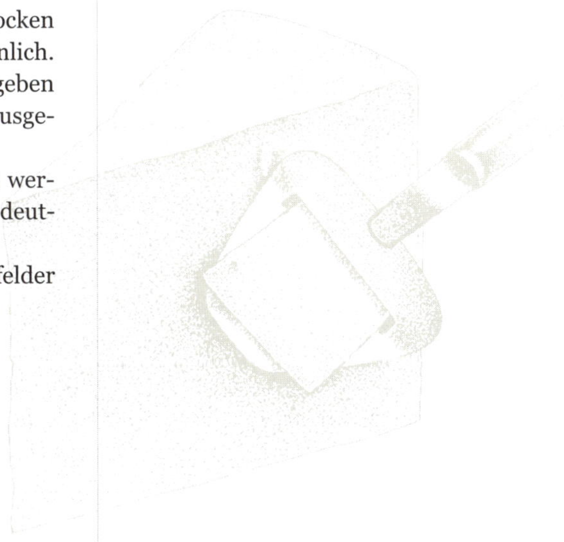

JOGHURT HERSTELLEN

Joghurt: Eine Sache der Kultur

Joghurt bereiten ist im wesentlichen dasselbe wie Käsekultur herstellen. Die Milch wird auf 38 bis 43 °C erwärmt, die Joghurtkultur zugegeben und die Mischung für mehrere Stunden auf der gewünschten Temperatur gehalten. Bei etwa 38 °C können Sie Joghurt in fünf bis sechs Stunden herstellen, aber Sie können den Ansatz auch zehn bis zwölf Stunden stehen lassen, wenn Sie einen reiferen Geschmack und mehr Säure mögen.

Wenn Sie Rohmilch verwenden, sollten Sie die Milch vor der Joghurtbereitung unter Rühren bis zum Siedepunkt erhitzen, ein paar Minuten sachte köcheln und anschließend im kalten Wasserbad auf die gewünschte Temperatur abkühlen lassen. Es ist wichtig, die Mischung über die erforderliche Zeitspanne auf der richtigen Temperatur zu halten, damit sich die Kultur entwickeln kann. Wenn Sie eine Joghurtmaschine haben, halten Sie sich einfach an die Bedienungsanleitung, wenn nicht, können Sie eine dieser raffinierten Methoden nutzen. Bei etwas abfallender Temperatur dauert der Prozeß entsprechend länger.

Mit einer Thermoskanne

Füllen Sie eine Thermoskanne (möglichst mit Weithals) fast voll mit auf 38 °C erwärmter Milch. Geben Sie zwei Eßlöffel Naturjoghurt dazu und verrühren Sie ihn sorgfältig. Verschließen Sie die Kanne und wickeln Sie sie in zwei oder drei Frotteehandtücher. Stellen Sie sie so über Nacht an einen warmen, zugfreien Platz.

Im Ofen

Gießen Sie 1 l Milch in eine Auflaufform und geben Sie drei Eßlöffel Naturjoghurt dazu. Rühren Sie gut um und decken Sie die Form ab. Stellen Sie sie in den warmen (38 °C), aber ausgeschalteten Ofen und lassen Sie sie über Nacht stehen.

Auf einem Heizkissen

Stellen Sie ein elektrisches Heizkissen auf mittlere Temperatur ein und legen Sie es auf den Boden eines Kartons mit Deckel. (Ein großer Schuhkarton eignet sich gut.) Füllen Sie kleine Plastikbecher mit warmer Milch, geben Sie jeweils Joghurtkultur zu und verrühren Sie sie gut. Verschließen Sie die Becher. Wickeln Sie das Heizkissen um die Behälter und decken Sie Handtücher darüber, um die Schachtel zu füllen. Legen Sie den Deckel darauf und lassen Sie die Schachtel ungestört fünf bis sechs Stunden stehen.

In der Sonne

Gießen Sie warme Milch in eine Schüssel oder eine Auflaufform mit Glasdeckel. Geben Sie Joghurtkultur zu und bedecken Sie das Gefäß mit dem Glasdeckel oder einer Tortenplatte aus Klarglas. Stellen Sie das Gefäß an einem warmen (nicht zu heißen) Sommertag für vier bis fünf Stunden in die Sonne. Achten Sie darauf, daß es nicht beschattet ist, wenn die Sonne weiterwandert.

Hinter einem Holzofen

Viele Großmütter bereiteten Sauermilch zu, indem sie eine Schüssel frisch gemolkene Milch nach dem Abendessen hinter den Ofen stellten. Geben Sie eine Tasse Kultur auf 2 l Milch und lassen Sie sie über Nacht, mit einem Geschirrtuch leicht abgedeckt, an der Rückseite des auskühlenden Holzofens stehen.

Süß- oder Sauerrahm: Die Grundlagen der Butter

Butter kann aus Süß- oder Sauerrahm hergestellt werden. Süßrahmbutter wird manchmal bevorzugt wegen ihres milden, angenehmen Geschmacks. Sauerrahmbutter hat einen reichhaltigeren Geschmack. Süßrahmbutter braucht länger zum Ausflocken als Sauerrahmbutter. Wenn der Rahm sehr frisch ist, kann es mehrere Stunden dauern, bis er zu Butter wird. Sauerrahm wird innerhalb von 30 bis 35 Minuten zu Butter. Sowohl Süßrahm- als auch Sauerrahmbutter klumpen schneller, wenn der Rahm zwei oder drei Tage im Kühlschrank gereift ist. Rühren Sie Rahm während der Lagerung ein- bis zweimal täglich um, damit er keine Fettschicht auf der Oberfläche bildet.

Süßrahmbutter

Wenn Sie wöchentlich aus dem angesammelten Rahm Butter herstellen, gibt dies dem Rahm Zeit, etwas zu reifen, was den Geschmack verbessert und das Schlagen erleichtert. Rühren Sie ihn während dieser Zeit regelmäßig um. Oder lassen Sie den frischen Rahm etwa einen Tag bei Zimmertemperatur stehen, bis er zu säuern beginnt. 1 l gut getrennter, dicker Rahm ergibt etwa 500 g Butter und 0,5 l Buttermilch.

1. Gießen Sie den kalten, dicken Rahm in eine gekühlte Rührschüssel. Schalten Sie das Rührgerät nach und nach auf die höchste Stufe und lassen Sie den Rahm über die Phasen Schlagrahm und steifgeschlagene Sahne in zwei getrennte Produkte übergehen – Butter und Buttermilch. Wenn sich die Butter von der Buttermilch zu trennen beginnt, müssen Sie auf eine langsame Geschwindigkeit zurückschalten.
2. Nach der Trennung können Sie die Buttermilch abgießen und für Plätzchen oder Pfannkuchen aufheben oder einfach trinken.
3. Kneten Sie die weiche Butter mit einem feuchten Holzlöffel oder einem Gummischaber, um die Buttermilch herauszudrücken. Gießen Sie die Milch während des Knetens ab. Wenn Sie den Eindruck haben, als sei die gesamte Milch herausgedrückt, müssen Sie die Schüssel mit Eiswasser füllen und mit dem Kneten fortfahren, um die gesamte verbliebene Milch herauszuwaschen. Jeder Milchrest, der in der Butter verbleibt, führt dazu, daß sie ranzig wird. Gießen Sie das Wasser nochmals ab und wiederholen Sie den Prozeß, bis das Wasser klar ist.
4. Nun haben Sie Süßrahmbutter. Zum Salzen können Sie je nach Geschmack Salzflocken untermischen.

Sauerrahmbutter

1. Säuern Sie den Rahm mit ¼ Tasse Kultur je Liter dickem Rahm an. Lassen Sie ihn für 24 Stunden bei Zimmertemperatur stehen und rühren Sie gelegentlich um. Kühlen Sie den gereiften Rahm zwei bis drei Stunden vor dem Buttern ab.
2. Gießen Sie den Rahm in ein hölzernes Butterfaß oder eines mit Glasbehälter. Halten Sie Rahm und Butterfaß kühl und drehen Sie den Mechanismus gleichförmig mit mäßiger Geschwindigkeit. Etwa 30-minütiges Drehen ergibt normalerweise Butter, aber das Alter des Rahms, die Temperatur und die Herkunft des Rahms aus dem Morgen- oder dem Abendgemelk beeinflussen die erforderliche Zeitdauer.
3. Wenn die Butterflocken die Größe von Weizenkörnern erreicht haben, müssen Sie die Buttermilch abziehen und sehr kaltes Wasser zugeben. Buttern Sie etwa eine Minute langsam weiter und gießen Sie dann das Wasser ab.
4. Geben Sie die Butter in eine Holzschüssel und bestreuen Sie sie je nach Geschmack mit Salzflocken. Lassen Sie sie einige Minuten stehen, bevor Sie mit einem Holzlöffel die gesamte verbliebene Buttermilch und alles Wasser herausarbeiten und dabei das Salz untermischen. Zuviel Salz können Sie sie mit kaltem Wasser auswaschen; bei zuwenig hilft Nachsalzen. Halten Sie die Butter während der Arbeit kalt.

– aus *Making Cheese, Butter & Yogurt* von Phyllis Hobson

Buttern

Butter kann mit einer Vielzahl von Arbeitsgeräten hergestellt werden, angefangen vom elektrischen Rührgerät oder einer Küchenmaschine bis hin zu einem gläsernen Butterfaß mit dichtschließendem Deckel.
Wenn Sie häufig buttern, möchten Sie vielleicht ein Butterfaß kaufen. Diese variieren von großen traditionellen Holzfässern, die für Rahmmengen ab etwa 18 l geeignet sind, bis hin zu den kleinen Holz- oder Glasbehältern mit Holzpaddel, die als handbetriebene Modelle angeboten werden.

SELBSTGEMACHTES SPEISEEIS

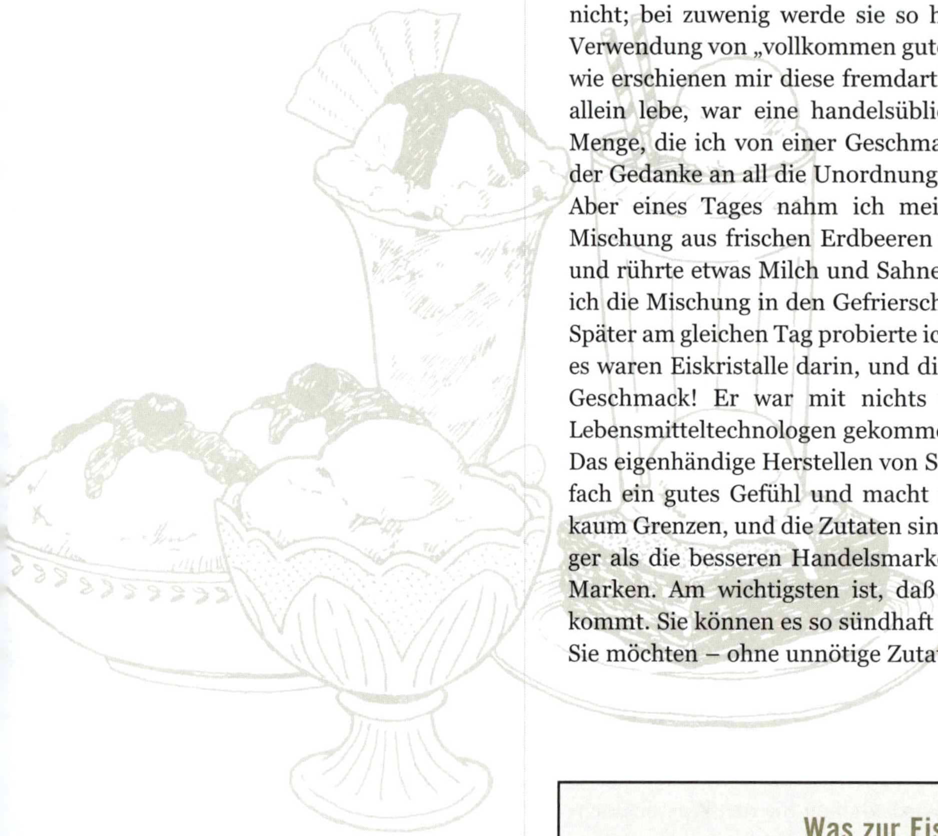

Speiseeis zu Hause herstellen

Für mich hatte das Zubereiten von Speiseeis zu Hause immer viel Geheimnisvolles. Kochbücher mahnten: Bei der Verwendung von zuviel Zucker gefriere die Mischung nicht; bei zuwenig werde sie so hart wie ein Ziegelstein. Viele Autoren regten die Verwendung von „vollkommen guten" Zutaten wie Gelatine und Mehl an, aber irgendwie erschienen mir diese fremdartig für so einen einfachen Gaumenschmaus. Da ich allein lebe, war eine handelsübliche 1,8-l-Speiseeismaschine viel zu groß für die Menge, die ich von einer Geschmacksrichtung haben wollte. Und schließlich war da der Gedanke an all die Unordnung, die sich für mich mit dem Eisbereiten verband.

Aber eines Tages nahm ich meinen ganzen Mut zusammen und bereitete eine Mischung aus frischen Erdbeeren und Honig zu, zerdrückte sie, kochte sie kurz auf und rührte etwas Milch und Sahne, zu gleichen Teilen gemischt, hinein. Dann stellte ich die Mischung in den Gefrierschrank. Genau so – ohne magische Beschwörungen. Später am gleichen Tag probierte ich die Erfindung. Das Ergebnis war sensationell. Ja, es waren Eiskristalle darin, und die Konsistenz war alles andere als cremig, aber der Geschmack! Er war mit nichts vergleichbar, was jemals vom Fließband eines Lebensmitteltechnologen gekommen ist. Mir eröffnete sich eine ganz neue Welt.

Das eigenhändige Herstellen von Speiseeis und anderen gefrorenen Desserts gibt einfach ein gutes Gefühl und macht viel Spaß. Bei den Geschmacksrichtungen gibt es kaum Grenzen, und die Zutaten sind ohne weiteres zu bekommen. Ihr Eis kostet weniger als die besseren Handelsmarken und ist weitaus hochwertiger als die billigeren Marken. Am wichtigsten ist, daß Sie selbst kontrollieren können, was in Ihr Eis kommt. Sie können es so sündhaft gehaltvoll oder so streng kalorienarm machen, wie Sie möchten – ohne unnötige Zutaten.

Was zur Eisbereitung benötigt wird

Arbeitsgeräte, die zur Eigenproduktion von Speiseeis nötig sind:

- **Speiseeismaschine:** Für den Haushaltsbedarf gibt es Größen von 0,6 bis 1,9 l. Die meisten sind relativ günstig, aber sehr funktionell. Es gibt Geräte, die mit einem Kühlakku ausgestattet sind, der vorab im Gefrierschrank gekühlt werden muß, und solche, die ein eigenes Kühlaggregat besitzen. Manche sind mit einem Rührwerk zum Sahneschlagen ausgerüstet. Das Schlagen dauert normalerweise 20 Minuten.
- **Meßlöffel und Meßbecher**
- **Mixer, Küchenmaschine oder Passiergerät**
- **Küchensieb**
- **Schüsseln** (Glas, Keramik oder Edelstahl)
- **Schneebesen**
- **Rührgerät**
- **Flache Behälter** wie etwa eine 20-cm-Springform oder eine quadratische Kuchenform
- **Gefrierbehälter**

Die Grundzutaten umfassen ein Milchprodukt, ein Süßungsmittel und eine Geschmackszutat. Sie können die Zutaten Ihrem Geschmack entsprechend auswechseln.

- **Milchprodukte:** Schlagrahm, Sahne, Kaffeesahne, Vollmilch, Magermilch, Buttermilch, Kondensmilch, Sauerrahm, Sojamilch
- **Süßungsmittel:** weißer Kristallzucker, brauner Zucker, Honig, Zuckerrohrmelasse, Zuckerrübensirup, Ahornsirup, Glukosesirup, Fruktose
- **Geschmackszutaten:** Vanille, Schokolade, Zimt, Früchte, Nüsse, Kaffee, Liköre

Grundsätzliche Arbeitsweise bei geschlagener Eiscreme

1. Bereiten Sie die Mischung für das Speiseeis oder andere gefrorene Desserts ohne die festen Zutaten wie Früchte oder Nüsse zu, gießen Sie sie in eine Schüssel, decken Sie sie ab und lassen Sie sie für einige Stunden abkühlen.
2. Legen Sie den Kühlakku Ihrer Speiseeismaschine in den Gefrierschrank. Waschen Sie den Rührer, den Deckel und den Behälter der Maschine ab, spülen Sie mit Wasser nach und lassen Sie sie trocknen. Kühlen Sie diese Teile, sofern Sie sie aus der Eismaschine entnehmen können.
3. Gießen Sie die abgekühlte Mischung in den Behälter und achten Sie darauf, daß er höchstens zu zwei Dritteln gefüllt ist, damit sich die Masse ausdehnen kann. Setzen Sie den Deckel auf.
4. Nehmen Sie den Kühlakku Ihrer Eismaschine aus dem Gefrierschrank und setzen Sie ihn in die Eismaschine ein, wenn Ihre Maschine kein eigenes Kühlaggregat besitzt. Bei Speiseeismaschinen mit eigenem Kühlaggregat brauchen Sie später nur zu starten.
5. Stellen Sie den Behälter in die Speiseeismaschine und setzen Sie die Rühreinheit ein.
6. Stellen Sie die Speiseeismaschine an und lassen Sie sie rühren, bis der Durchgang beendet ist (nach 15 bis 20 Minuten). Wenn es Ihnen nötig erscheint, können Sie sie nochmals für einige Minuten rühren lassen.
7. Entfernen Sie den Deckel und heben Sie die Rühreinheit heraus, wenn die Eiscreme fertig ist. Schaben Sie die Eiscreme vom Rührer ab. Fügen Sie, je nach Belieben, gehackte Nüsse und Früchte hinzu oder ziehen Sie Saucen unter. Komprimieren Sie die Eiscreme in der Schüssel mit einem Löffel. Legen Sie einige Lagen Wachspapier darüber und verschließen Sie den Deckel wieder.
8. Lassen Sie die Eiscreme in einem Gefrierschrank oder im Eisfach Ihres Kühlschranks etwa eine Stunde reifen und aushärten.

Grundsätzliche Arbeitsweise bei nichtgeschlagener Eiscreme

1. Bereiten Sie die Speiseeismischung nach Rezept zu und gießen Sie sie in eine flache Schale wie etwa eine Kuchenform oder einen Eiswürfelbehälter ohne Gitterfacheinsatz.
2. Stellen Sie die Schale für 30 Minuten bis 1 Stunde auf kältester Stufe in das Gefrierfach Ihres Kühlschranks oder in den Gefrierschrank, bis die Mischung breiig ist.
3. Geben Sie die Mischung in eine gekühlte Schüssel und schlagen Sie sie mit einem Handquirl, so schnell Sie können, oder mit einem elektrischen Rührgerät auf höchster Stufe, bis die Mischung wieder glatt und geschmeidig ist.
4. Füllen Sie die Mischung zurück in die Schale und stellen Sie sie wieder in den Gefrierschrank. Wenn die Eiscreme fast fest ist, müssen Sie sie noch einmal durchschlagen. Ziehen Sie nach Belieben gehackte Nüsse und Früchte oder Sauce unter.
5. Füllen Sie die Eiscreme zurück in die Schale und decken Sie sie mit Frischhaltefolie ab, um die Bildung von Eiskristallen zu verhindern. Stellen Sie die Eiscreme nochmals in den Gefrierschrank, bis sie fest ist.

– verändert aus *Making Ice Cream and Frozen Yogurt* von Maggie Oster

Naturgesetze nutzen: Eiscreme ohne Gefrierschrank herstellen

Sie können Eiscreme auch herstellen, ohne die Masse in den Gefrierschrank zu geben. Das macht besonders mit größeren Kindern Spaß.

- Bereiten Sie in einer kleinen Schüssel die Mischung wie im Rezept beschrieben zu.
- In einer deutlich größeren Schüssel werden Eiswürfel aufgeschichtet und mit Salz bestreut. Das Verhältnis sollte etwa 3:1 sein. Auf 100 g Eiswürfel kommen also etwa 33 g Kochsalz. Stellen Sie nun die kleine Schüssel mit der Speiseeismasse zwischen die Eiswürfel und füllen Sie wenn nötig Eiswürfel und Salz nach. Dann werden die Schüsseln mit einem Geschirrtuch abgedeckt und an einen kühlen Ort gestellt.
- Rühren Sie die Eiscreme gelegentlich um, damit sie keine zu großen Kristalle bildet. Es dauert etwa eine Stunde, bis das Speiseeis gefroren ist.

Und deshalb funktioniert's:
Die Zugabe von Salz setzt den Gefrierpunkt von Wasser herab. Während Wasser normalerweise bei 0 °C gefriert, bleibt es durch die Zugabe von Salz auch noch bei viel niedrigeren Temperaturen flüssig und umschließt die Schüssel mit der Eiscreme mit bis zu –20 °C. Dadurch wird der Eiscreme die Wärme entzogen, und sie gefriert.

– Anita Heidenfelder

SELBSTGEMACHTES SPEISEEIS

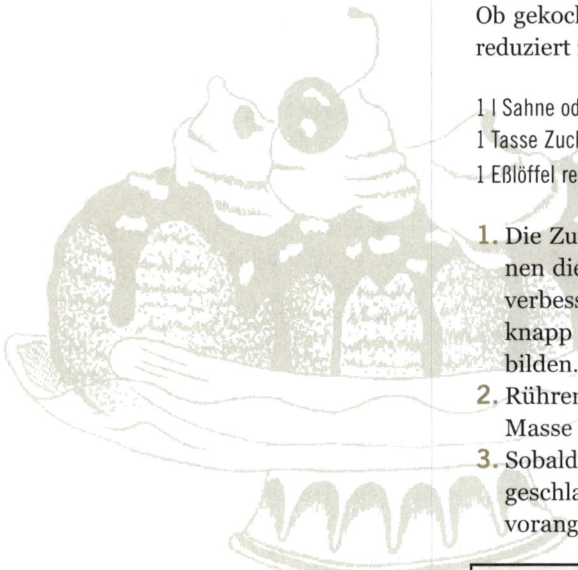

Grundrezept: Einfaches Vanilleeis

Ob gekocht oder nicht, diese einfache schnelle Version kann so üppig oder kalorienreduziert zubereitet werden, wie Sie es möchten.

1 l Sahne oder Schlagrahm oder eine Mischung aus einem Teil Sahne und einem Teil Milch
1 Tasse Zucker oder 1/3 Tasse Honig
1 Eßlöffel reines Vanilleextrakt

1. Die Zutaten können durchgemischt und verwendet werden, wie sie sind. Sie können die Mischung aber auch erhitzen. Das konzentriert die Milchinhaltsstoffe und verbessert den Geschmack. Erhitzen Sie die Sahne langsam in einem Stieltopf bis knapp unter den Siedepunkt. An den Rändern beginnen sich dann Bläschen zu bilden. Rühren Sie einige Minuten und nehmen Sie dann den Topf von der Platte.
2. Rühren Sie den Zucker oder Honig und das Vanilleextrakt ein. Gießen Sie die Masse in eine Schüssel, decken Sie sie ab und lassen Sie sie auskühlen.
3. Sobald sie vollständig ausgekühlt ist, können Sie entweder nach dem Verfahren für geschlagene Eiscreme oder für nichtgeschlagene Eiscreme fortfahren, wie auf der vorangegangenen Seite beschrieben.

Vanillevariationen

Sobald Sie die einfache Vanilleeiscreme gemeistert haben, werden die Variationen nur noch von Ihren Zutaten begrenzt. Hier ist eine Auswahl:

- **Supercremiges Vanilleeis:** Verwenden Sie das Grundrezept für einfache Vanilleeiscreme, aber weichen Sie 1½ Teelöffel geschmacklose Gelatine oder Agar in ¼ Tasse Wasser auf und geben Sie sie mit dem Zucker zur abgekochten Milch. Lassen Sie die Masse bei geringer Hitze noch etwas weiterkochen, bis sich die Gelatine oder das Agar gelöst hat.
- **Eismilch:** Verwenden Sie das Grundrezept für einfaches Vanilleeis, aber ersetzen Sie die Sahne durch Vollmilch, fettarme oder Magermilch oder verwenden Sie Milchpulver.
- **Eissojamilch:** Verwenden Sie das Grundrezept, aber ersetzen Sie die Sahne durch Sojamilch, ohne sie zu kochen. Mischen Sie Sojamilch, Süßungsmittel, Geschmackszutaten und ¼ Tasse Pflanzenöl und verrühren Sie die Zutaten in einem Mixer.
- **Bananeneis:** Verwenden Sie das Grundrezept und geben Sie direkt vor dem Einfrieren einen Eßlöffel Zitronensaft und 1½ Tassen pürierte Bananen zu der Sahnemischung.
- **Butter-Walnuß-Eis:** Verwenden Sie das Grundrezept und geben Sie zur bereits angefrorenen Eiscreme 80 g gehackte Walnüsse zu, die Sie vorab in drei Eßlöffeln Butter goldbraun geröstet haben.
- **Schokoladeneis:** Verwenden Sie das Grundrezept. Schmelzen Sie 60 bis 180 g Bitter- oder Halbbitterschokolade bei schwacher Hitze in einem kleinen Stieltopf und geben Sie sie zur gekochten Milch. Erhöhen Sie die Zuckerzugabe je nach Geschmack. Normalerweise nimmt man die doppelte Menge Zucker wie beim Grundrezept angegeben.
- **Eis mit Schokoladenchips:** Geben Sie kurz vor dem Gefrieren eine Tasse feingehackte Schokoladenchips in die Sahnemischung des Grundrezepts.
- **Kaffee-Eis:** Verwenden Sie das Grundrezept. Lösen Sie drei Teelöffel lösliches Kaffee- oder Getreidekaffeepulver in vier Eßlöffeln heißem Wasser, oder verwenden Sie vier Eßlöffel Espresso oder ¾ Tasse Filterkaffee. Geben Sie die abgekühlte Flüssigkeit vor dem Gefrieren in die Sahnemischung.
- **Fruchteis:** Geben Sie dem Grundrezept vor dem Gefriervorgang 1½ Tassen Fruchtpüree zusammen mit zwei Teelöffeln frischem Zitronensaft und zwei Eßlöffeln Zucker oder einem Eßlöffel Honig zu. Verwenden Sie frisches oder ungesüßt eingefrorenes Obst. Bei Ananas sollten Sie auf Früchte aus der Dose zurückgreifen. Passieren Sie Früchte mit Kernen, wie etwa Himbeeren oder Heidelbeeren, nach dem Pürieren.
- **Minzeis:** Reduzieren sie das Vanilleextrakt im Grundrezept auf einen Teelöffel und geben Sie zwei Teelöffel Pfefferminzextrakt zur gekühlten Eiscreme.
- **Pistazieneis:** Verwenden Sie das Grundrezept, aber geben Sie mit der Vanille einen Teelöffel Mandelextrakt zu. Mischen Sie, wenn das Eis bereits leicht angefroren ist, eine Tasse feingehackte Pistazien unter.

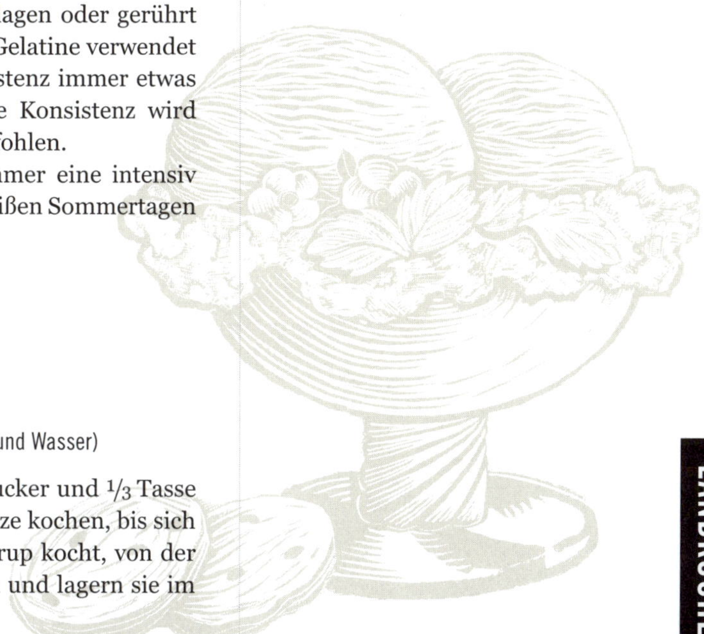

Sorbet: Ein leichtes Dessert

Sorbets bestehen im wesentlichen aus Fruchtpüree oder -saft, Süßungsmittel und Wasser oder Milch – nach amerikanischer Art. Sie können geschlagen oder gerührt gefroren werden. Um eine glattere Creme herzustellen, kann auch Gelatine verwendet werden, aber bei Sorbets wird vorausgesetzt, daß sie in der Konsistenz immer etwas grobkörnig sind, so daß dies wirklich nicht nötig ist. Für diese Konsistenz wird Zuckersirup, Honig oder ein anderer Sirup als Süßungsmittel empfohlen.
Wie auch immer Sorbets hergestellt werden, das Resultat ist immer eine intensiv schmeckende, erfrischende Gaumenfreude. Sie sind vor allem an heißen Sommertagen sehr angenehm – oder immer dann, wenn Sie Kalorien zählen.

Fruchtsorbet – amerikanische Variante mit Milch

½ Tasse einfacher Sirup oder ¼ Tasse Honig

2 Tassen Fruchtpüree oder -saft

2 Eßlöffel Zitronensaft

2 Tassen Milch (Vollmilch, fettarme oder Magermilch, Buttermilch oder Milchpulver und Wasser)

1. Um einen einfachen Sirup herzustellen, müssen Sie $1/3$ Tasse Zucker und $1/3$ Tasse Wasser in einem kleinen Stieltopf mischen und bei mittlerer Hitze kochen, bis sich der Zucker gelöst hat. Nehmen Sie den Topf, kurz bevor der Sirup kocht, von der Kochstelle. Wenn die Mischung abgekühlt ist, decken Sie sie zu und lagern sie im Kühlschrank.
2. Mischen Sie Sirup, Honig oder andere Süßungsmittel mit den pürierten Früchten oder dem Fruchtsaft, dem Zitronensaft und der Milch. Verwenden Sie Püree oder Saft von Früchten wie Zitronen, Limetten, Orangen, Grapefruits, Trauben, Aprikosen, Pflaumen, Äpfeln, Birnen, Pfirsichen, Erdbeeren, Heidelbeeren, Himbeeren oder Melonen. Passieren Sie bei Früchten wie Heidelbeeren und Himbeeren die Kerne aus. Um eine cremigeres Sorbet herzustellen, können Sie die Milch durch eine Mischung aus Milch und Sahne, durch Schlagrahm oder Sahne ersetzen. Die zusammengerührte Zutatenmischung kann wie geronnen aussehen, aber das beeinflußt das fertige Erzeugnis nicht.
3. Kühlen Sie die Masse gut ab, bevor Sie den Schritten zur Herstellung von geschlagener oder nichtgeschlagener Eiscreme auf Seite 405 folgen.

Gefrorener Joghurt

Joghurt ist dank seines einzigartigen Geschmacks ein beliebtes Dessert. Selbstgemachter gefrorener Joghurt ist eine köstliche und sogar kostengünstige Nascherei. Hier ist das Rezept für gefrorenen Joghurt mit Vanille oder mit Früchten.

4 Tassen Naturjoghurt

¼ bis ½ Tasse Honig oder ein anderes Süßungsmittel

1 Eßlöffel Vanilleextrakt

1. Mischen Sie die Zutaten in einem Mixer oder schlagen Sie sie mit einem Handrührgerät zu einer luftigen, glatten Masse. Wenn Sie Obst verwenden, müssen Sie die Vanille weglassen und stattdessen zwei Tassen pürierte ungesüßte Früchte oder Fruchtsaft zugeben. Das Obst kann frisch oder gefroren sein oder aus der Dose kommen.
2. Folgen Sie nun den Schritten zur Herstellung von geschlagener oder nichtgeschlagener Eiscreme auf Seite 405.

– aus *Making Ice Cream and Frozen Yogurt* von Maggie Oster

EIER KONSERVIEREN UND LAGERN

Gail Damerow über das Sammeln und Beurteilen von Eiern

Ab dem Moment, in dem ein Ei gelegt wurde, beginnt es an Qualität zu verlieren. Wie langsam oder schnell die Qualität abnimmt, hängt von den Methoden des Sammelns und der Lagerung ab.

Eier sammeln

Sammeln Sie die Eier häufig – am besten zwei- bis dreimal täglich –, so daß sie nicht schmutzig werden oder zerbrechen, weder bei heißem Wetter zu verderben beginnen noch bei kaltem Wetter gefrieren. Transportieren Sie die Eier in einem mit einem Tuch ausgelegten Korb, in dem sie nicht aneinanderschlagen und nicht umherrollen können.

Die eingesammelten Eier sollten sauber sein. Ein geringfügig verschmutztes Ei kann abgebürstet oder mit einem feinkörnigen Sandpapier abgerieben werden. Stärkere Verschmutzungen können unter Wasser abgespült werden, das etwas wärmer ist als das Ei selbst. Kälteres Wasser kann Bakterien durch die Schale in das Ei treiben.

Trocknen Sie jedes Ei ab, bevor Sie es in den Karton legen. Waschen Sie Eier nur ab, wenn es wirklich unumgänglich ist, weil Wasser den natürlichen Immunschutz von der Schale spült, der die Frische des Eis zu erhalten hilft.

Lagern Sie Eier in sauberen Kartons. In verschlossenen Eierkartons halten Eier länger frisch als in oben offenen. Legen Sie die Eier mit dem spitzen Ende nach unten, um ihre Dotter gut zentriert zu halten, und kühlen Sie sie baldmöglichst.

Qualität von Eiern

Handelsübliche Eier sind in Deutschland sortiert in die vier Gewichtsklassen XL, L, M und S, nach der Haltungsform der Hühner – Biohaltung, Freilandhaltung, Bodenhaltung und Käfig- oder Kleingruppenhaltung in Legebatterien – und in Güteklassen, wobei nur die Güteklasse A für den Verkauf an Konsumenten zugelassen ist.

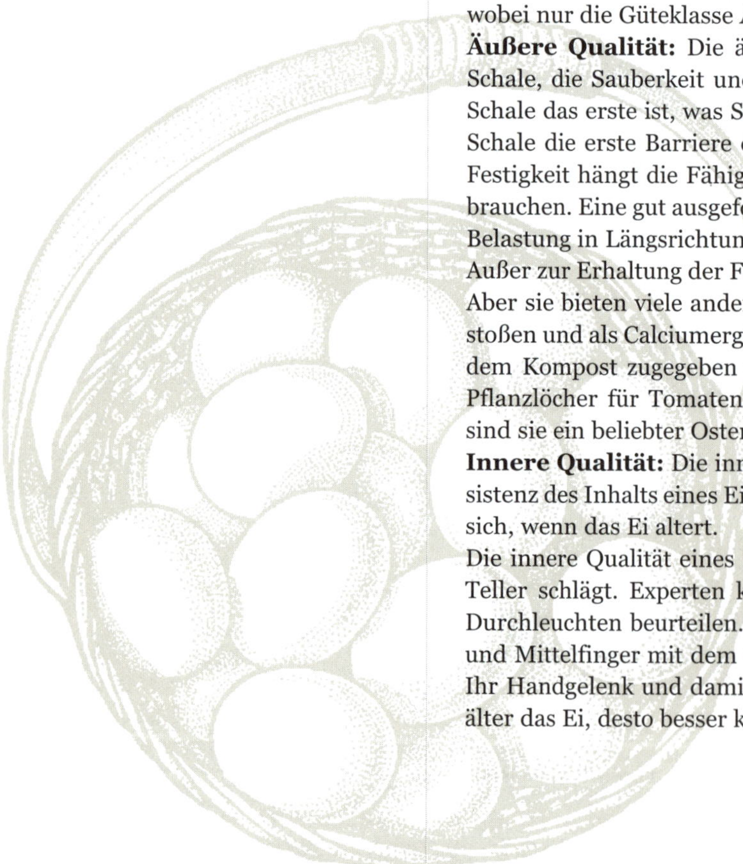

Äußere Qualität: Die äußere Qualität bezieht sich auf das Erscheinungsbild der Schale, die Sauberkeit und die Festigkeit. Das Erscheinungsbild ist wichtig, weil die Schale das erste ist, was Sie vom Ei wahrnehmen. Die Sauberkeit ist wichtig, weil die Schale die erste Barriere des Eies gegen bakterielle Kontamination ist. Und von der Festigkeit hängt die Fähigkeit des Eies ab, so lange unversehrt zu bleiben, bis Sie es brauchen. Eine gut ausgeformte Schale sollte bis zu 4 kg/cm² Druck bei gleichmäßiger Belastung in Längsrichtung aushalten, bevor sie bricht.

Außer zur Erhaltung der Frische des Eies haben Schalen keinen kulinarischen Nutzen. Aber sie bieten viele andere Verwendungsmöglichkeiten. Sie können getrocknet, zerstoßen und als Calciumergänzung wieder an die Hühner verfüttert werden. Sie können dem Kompost zugegeben werden, um den Boden-pH-Wert zu erhöhen, oder in die Pflanzlöcher für Tomaten gelegt werden, um Tomatenfäule zu verhindern. Verziert sind sie ein beliebter Osterschmuck.

Innere Qualität: Die innere Qualität bezieht sich auf die Erscheinung und die Konsistenz des Inhalts eines Eies. Die Qualität des Eiweißes und des Dotters verschlechtert sich, wenn das Ei altert.

Die innere Qualität eines Eies kann leicht bestimmt werden, indem man es in einen Teller schlägt. Experten können die Qualität eines unversehrten Eies auch mittels Durchleuchten beurteilen. Halten Sie das Ei zwischen dem Daumen und dem Zeige- und Mittelfinger mit dem dicken Ende schräg vor eine 60-W-Glühlampe. Drehen Sie Ihr Handgelenk und damit das Ei rasch, was zum Verdrehen des Eiinneren führt. Je älter das Ei, desto besser können Sie seinen Dotter sehen.

Frischetests

Sofern Ihre Hühner nicht eingesperrt sind, werden Sie gelegentlich ein Ei oder ein ganzes Gelege mit fraglichem Alter finden. Hier sind vier Methoden, um das Alter der Eier zu schätzen.

1. Die Luftkammer wird mit zunehmendem Alter des Eies größer. Ein frisch gelegtes Ei hat keine Luftkammer. Wenn das Ei abkühlt, schrumpft der Inhalt, und es bildet sich eine Kammer oder Tasche am dicken Ende des Eies. Wenn Feuchtigkeit aus dem Ei verdunstet, schrumpft der Inhalt weiter, und die Luftkammer wächst. Die Größe der Luftkammer, die sich per Durchleuchtung ermitteln läßt, gibt Ihnen eine Vorstellung vom Alter des Eies. Die Luftkammer eines frisch gelegten, abgekühlten Eies ist nicht mehr als 3 mm tief.
2. Wenn Sie das Ei in unbewegtem Wasser treiben lassen, können Sie die Größe der Luftkammer abschätzen, ohne es zu durchleuchten. Ein frisches Ei sackt auf den Grund des Gefäßes und bleibt horizontal liegen. Die größere Luftkammer eines eine Woche alten Eies bewirkt, daß das dicke Ende des Eies sich leicht vom Behälterboden abhebt. Und ein Ei, das zwei oder drei Wochen alt ist, sinkt vertikal, mit dem dicken Ende nach oben, auf den Behälterboden ab.
3. Riechen ist der einfachste Weg, um das Alter eines sehr alten Eies zu erkennen. Ein verwesendes Ei verströmt faulig riechenden Schwefelwasserstoff, auch als typischer Faule-Eier-Geruch bekannt.
4. Das Ei aufzuschlagen und den Inhalt zu begutachten ist eine weitere Methode der Altersbestimmung. Ein frisches Ei hat trübes, festes Eiweiß, das den Dotter oben hält; ein altes Ei hat klares, wäßriges Eiweiß, das sich dünn um den Dotter ausbreitet. Je älter das Ei, desto größer ist die Wahrscheinlichkeit, daß der Dotter platzt. Allerdings ist dieser Test nicht völlig sicher, da auch das frischeste Ei gelegentlich ein wäßriges Eiweiß oder einen leicht aufplatzenden Dotter hat.

– verändert aus *A Guide to Raising Chickens* von Gail Damerow

Dotterfarbe

Farbe	Ursache
Rohe Dotter	
Rötlich, olivgrün, schwarz	grünes Gras, Silage, Baumwollsaatmehl
Grünlich	Eicheln, Hirtentäschel
Orange bis dunkelgelb	Grünfutter, gelber Mais
Dunkelgelb	Blütenblätter der Studentenblume
Mittelgelb	Luzernemehl, gelber Mais
Blaßgelb	Weizen oder Kokzidiose (Krankheit)
Gekochte Dotter	
Gelbe Ringe	normale Schichten des Dotters
Graue oder grüne Oberfläche	zu lange gekochter Dotter, Eisen im Kochwasser
Grüne Ringe	Eisen im Hühnerfutter oder Tränkewasser
Grünlich, wenn zerhackt	zu lange gekochtes Ei und/oder zu langer Zeitraum zwischen Kochen und Verzehr

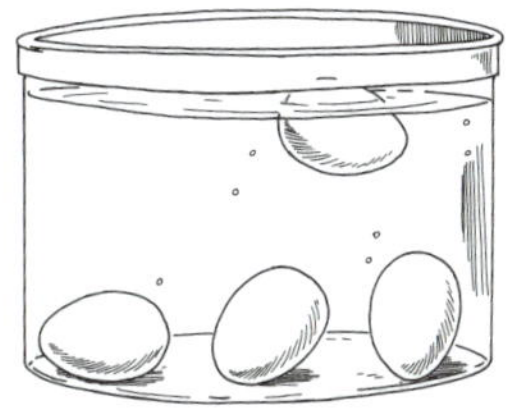

Ein frisches Ei bleibt horizontal auf dem Boden eines Gefäßes mit Wasser liegen. Wenn es älter wird, wird seine Luftkammer größer und hebt das dicke Ende an. Wenn ein Ei im Wasser schwebt, ist es sehr alt.

Unbedenklichkeit von Eiern

Trotz der schlechten Presse, die Eier bekommen, werden sie immer noch als perfektes Nahrungsmittel betrachtet. Ein Ei enthält fast alle lebenswichtigen Nährstoffe; es fehlt nur Vitamin C. Um sicherzugehen, daß Sie unversehrte Eier verwenden, und um eine Lebensmittelvergiftung zu vermeiden, müssen Sie folgendes tun:

- Halten Sie die Nester sauber und streuen Sie sie regelmäßig frisch ein.
- Sammeln Sie die Eier mehrmals am Tag und kühlen Sie sie sofort.
- Waschen Sie sich die Hände und reinigen Sie die Arbeitsgeräte nach dem Arbeiten mit rohen Eiern.
- Kochen oder kühlen Sie Speisen, die mit rohen oder nicht durchgegarten Eiern zubereitet wurden, unverzüglich.
- Bereiten Sie Eier und eireiche Speisen bei mindestens 70 °C zu.
- Kühlen Sie Reste sofort.

KOCHEN MIT EIERN

Fettfreies Baiser-Gebäck

Für 48 Stück

2 Eiweiß (große Eier)
1/8 Teelöffel Salz
1/8 Teelöffel Weinstein-Backpulver
150 g Zucker
1/2 Teelöffel Vanille
1/8 Teelöffel Mandelextrakt

1. Heizen Sie den Backofen auf 105 °C vor.
2. Rühren Sie das Eiweiß schaumig. Fügen Sie das Salz und das Weinstein-Backpulver zu und schlagen Sie die Masse, bis sie weiche Spitzen bildet.
3. Schlagen Sie nach und nach den Zucker unter. Sobald er sich gelöst hat, können Sie die Vanille und das Mandelextrakt zugeben. (Zur Abwechslung können Sie ¼ Tasse gehackte Nüsse, kandierte Früchte, geröstete Kokosflocken oder geraspelte Schokolade hineinrühren.)
4. Setzen Sie ca. 48 Häufchen aus je einem Teelöffel Baisermasse eng nebeneinander auf ein gefettetes Backblech und backen Sie sie eine Stunde bei 105 °C. Lassen sie die Plätzchen noch eine Stunde im Ofen auskühlen, bevor Sie sie vom Blech nehmen.

Das vielseitige Ei

Hartgekochte Eier kann man vielseitig verwenden, von der Garnitur für ein Picknick bis zum Nachmittagsimbiß, vom Hauptgang eines Mittagessens bis zum Appetithäppchen vor dem Abendmenü.

Wenn Sie noch nie versucht haben, ein hartgekochtes frisches Ei zu schälen, könnten Sie einen Schreck bekommen. Das Innere eines frischen Eies füllt die ganze Schale fast vollständig aus. Wenn das Ei hartgekocht ist, haftet es an der Schale. Wenn Sie es zu schälen versuchen, schälen Sie auch mehrere Schichten Eiweiß ab. Die Füllung eines mindestens eine Woche alten Eies ist bereits von der Schale weggeschrumpft, so daß es sich leichter schälen läßt. Im Laden gekaufte Eier lassen sich leicht schälen, weil sie meist mindestens eine Woche alt sind, wenn Sie sie nach Hause bringen. Bei alten Eiern ist der Dotter nicht mehr in der Mitte zentriert, was nicht so schön aussieht wie ein mittig angeordneter Dotter, wenn das gekochte Ei aufgeschnitten oder gefüllt ist. Je frischer das Ei, desto mittiger liegt der Dotter, aber desto schlechter läßt es sich auch schälen. Ein guter Kompromiß ist ein hartgekochtes Ei, das sieben bis zehn Tage alt ist. Wenn Sie frischere Eier kochen möchten, lassen Sie sie vorher über Nacht bei Zimmertemperatur liegen.

Eiweiß schlagen

Ein Gourmetkoch schlägt Eiweiß ausschließlich in einer Kupferschüssel. Das Kupfer der Schüssel reagiert mit dem Conalbumin im Eiweiß. Dies stabilisiert den Schaum, so daß die hineingeschlagene Luft nicht geradewegs wieder entweicht. Sie können das gleiche Ergebnis in einer Glas- oder einer Edelstahlschüssel erzielen, indem Sie eine sauer wirkende Zutat zugeben.

Weinstein-Backpulver ist solch eine sauer wirkende Zutat. Geben Sie, außer wenn Sie Baisers bereiten, 1/8 Teelöffel pro Eiweiß zu. Für Baisers können Sie 1/8 Teelöffel auf zwei Eiweiße nehmen. Zitronensaft oder Essig dienen demselben Zweck wie Weinstein-Backpulver.

Beim Schlagen von Eiweiß läßt sich das größte Volumen erzielen, wenn die Eier zuvor etwa 30 Minuten auf Zimmertemperatur erwärmt werden. Weil Fett das Steifwerden verhindert, müssen Sie darauf achten, daß auf keinen Fall Dotter in das Eiweiß gerät, wenn Sie die Eier trennen. Bei richtig geschlagenem Eiweiß sollte das Volumen um das Vierfache zunehmen.

– aus *A Guide to Raising Chickens* von Gail Damerow

Wie viele Eier?

Den meisten Rezepten liegen mittelgroße Eier zugrunde. Wenn Sie Eier einer anderen Größe verwenden, können Sie mit der folgenden Tabelle herausfinden, wie viele Sie brauchen:

XL (sehr groß)	L (groß)	M (mittel)	S (klein)
1	1	1	1–2
2	2	2–3	3
3	3	4	4–5
4	4–5	5	6
5	5–6	6–7	7–8
6	7	8	9

– Anita Heidenfelder

Sieben Methoden zum Haltbarmachen und Lagern frischer Eier

Methode	Lagerbedingungen	Maximale Lagerdauer	Erläuterung
Kühlen	unterstes Kühlschrankfach	5 Wochen	Lagern Sie die Eier im geschlossenen Karton.
Einfrieren	–18 °C	1 Jahr	Frieren Sie nur rohe Eier ohne Schale ein. Schlagen Sie die ganzen Eier in eine Schüssel. Rühren Sie gerade lange genug, um die Dotter mit dem Eiweiß zu vermischen. Pressen Sie die Eier durch ein Sieb. Mischen Sie ½ Teelöffel Salz (für Hauptgerichte) oder ½ Eßlöffel Honig, Glukosesirup oder Zucker (für eine Süßspeise) je Tasse Eier unter, wenn Eiweiß und Dotter nicht durchgemischt sind. Frieren Sie die Eier in einem geeigneten Behälter ein.
Einlegen	kühlen	6 Monate	Verwenden Sie kleine oder mittelgroße Eier und Weithalsgläser. Mischen Sie die Beizflüssigkeit aus Essig und Gewürzen (Nelken, Zimt, Senfpulver, Salz und Pfeffer) oder verwenden Sie Saft von Essiggurken oder eingelegten roten Beten. Gießen Sie die kochende Flüssigkeit über die hartgekochten und geschälten Eier im Glas. Lassen Sie kleine Eier mindestens zwei Wochen, mittelgroße mindestens vier Wochen ziehen.
Einölen	0 °C	7 Monate	Warten Sie mit dem Einölen bis 24 Stunden nach dem Legen. Erhitzen Sie medizinisches Weißöl für etwa 20 Minuten auf 82 °C. Gießen Sie es in eine kleine Schüssel und lassen Sie es auf 21 °C abkühlen. Tauchen Sie die Eier nacheinander mit einer Zange oder einem Schaumlöffel in das Öl. Um überschüssiges Öl zu entfernen, sollten Sie die Eier mindestens 30 Minuten auf einem Gitter abtropfen lassen.
Thermostabilisieren	Zimmertemperatur oder gekühlt	2 Wochen bei 20 °C, 8 Monate bei 1 °C	Thermostabilisieren Sie die Eier am Legetag. Erhitzen Sie Leitungswasser auf exakt 55 °C. Legen Sie die Eier in einen Drahtkorb und tauchen Sie sie 15 Minuten in das Wasser, wenn die Eier Zimmertemperatur haben, und 18 Minuten, wenn sie gekühlt sind. Heben Sie den Korb aus dem Wasser, lassen Sie die Eier abtropfen und trocknen Sie sie dann ab.
Thermostabilisieren und einölen	1 °C	8 Monate	Sie können die Methoden kombinieren, indem Sie Öl auf 60 °C erhitzen und auf dieser Temperatur halten. Wenden Sie die Eier mit einer Zange zehn Minuten im heißen Öl. Legen Sie die Eier dann zum Abtropfen auf ein Gitter.
In Wasserglas einlegen	1 °C	6 Monate	Wasserglas ist sirupähnliches Natronsilikat, das Sie in Apotheken kaufen können. Legen Sie die Eier am Legetag ein. Geben Sie einen Teil Wasserglas auf zehn Teile kochendes Wasser. Rühren Sie die Mischung gut durch und lassen Sie sie abkühlen. Geben Sie die Eier in ein abgekochtes Glas mit einem dicht schließenden Deckel. Gießen Sie die abgekühlte Flüssigkeit langsam darüber, bis sie mindestens 5 cm über den Eiern steht. Schrauben Sie den Deckel auf das Glas und lagern Sie es im Kühlschrank, im Keller oder an einem anderen kühlen Platz.

– verändert aus *A Guide to Raising Chickens*

23 FLEISCH, FISCH UND WILD

GRUNDLAGEN DES SCHLACHTENS • FLEISCH EINFRIEREN
FLEISCH PÖKELN • EINE RÄUCHERKAMMER BAUEN

Eines Morgens im März, während wir einen zugefrorenen See überquerten, entdeckte unser Freund Tom etwas, das im Eis steckte und wie ein Ast eines Baumes aussah. Bei genauerer Betrachtung stellte er fest, daß es das Geweih eines Elchs war, der durch das eisüberzogene Wasser gegangen war und dann bei den Minustemperaturen fest einfror. Tom rief den Wildhüter an, der ihm versicherte, daß der Elch ihm gehöre, wenn er ihn denn bergen könne. Tom hat sich mit Axt, Kettensäge und Schlachterausrüstung an diese Aufgabe gemacht. Geblieben ist Tom davon das schmackhafte Elchfleisch, das seinen Gefrierschrank prall füllt, und in seiner Hütte ist der massige Kopf des Elchs zu sehen, dessen Pech Toms Glück wurde. Phyllis Hobson beginnt dieses Kapitel mit allen Argumenten, warum es lohnen könnte, selbst das Schlachten zu lernen.

– John Storey

Wenn Sie es auf sich nehmen, Nutztiere selbst aufzuziehen, gibt es mehrere Gründe, sie auch zu Hause zu schlachten oder schlachten zu lassen. Sie möchten sichergehen, daß das Fleisch, das Sie in Ihren Gefrierschrank packen, auch das ist, dem Sie all Ihre Zeit bei der Aufzucht gewidmet haben. Sie möchten sich um jeden einzelnen Arbeitsschritt selbst kümmern. Sie möchten besseres Fleisch – zuckergepökelte Schinken mit diesem süßen Geschmack, wie ihn nur langes und langsames Pökeln hervorbringen kann, mageres Rinderhackfleisch und zarte saftige Steaks. Sie möchten Geld sparen. Sie rechnen sich aus, daß Sie Ihr Fleisch für deutlich weniger abhäuten, zerlegen und verpacken können, als der örtliche Schlachtbetrieb verlangt.

Sie haben mit Ihren Gründen recht. Außerdem können Sie Fleisch besser nach Ihrem Geschmack verarbeiten als ein professioneller Metzger, der in großen Mengen produziert. Nur Sie wissen, wie lange Ihr Rindfleisch abhängen sollte und wieviel Pfeffer Sie in der Wurst mögen.

Zu Hause zu schlachten ist nicht schwierig. Alles, was Sie brauchen, ist ein schlachtreifes Tier, ein gewisses Maß an Kraft (aber nicht viel, wenn Sie die richtige Ausrüstung haben), geeignete Werkzeuge und die richtigen Räumlichkeiten.

LEXIKON

Afterklauen: zwei verkümmerte Klauen auf der Rückseite des Fußgelenks oder der Fessel bei Rindern, Schweinen, Schafen, Ziegen und Hirschen
Ausbluten: einen Schlachtkörper mit dem Kopf nach unten aufhängen, bis das Blut herausgelaufen ist
Haxe: der Teil des Beins zwischen Knie- bzw. Ellenbogen- und Fußwurzelgelenk beim Schwein
Kalträuchern: eine Konservierungsmethode für Fleisch mit Rauch von verglimmendem Material bei 15 bis 25 °C
Kloake: die Öffnung des Mastdarms nach außen bei Geflügel
Konservieren: Fleisch trocknen lassen, mit Salz pökeln oder räuchern
Zurichten: Ausnehmen, Waschen und Häuten eines Tieres
Zwerchfell: fasrige muskulöse Muskel-Sehnen-Platte zwischen Brust- und Bauchhöhle

Das Tier und die Umgebung für das Schlachten auswählen

Beginnen Sie damit, das beste Tier, das Sie haben oder bekommen können, auszusuchen. Ein gesundes, wohlgenährtes und gutaussehendes Tier ist die Grundvoraussetzung für wirklich gutes Fleisch. Es sollte klare Augen und ein glänzendes Fell (oder glänzende Federn) haben und in bester Verfassung sein.

Verwöhnen Sie Ihr Tier für ein oder zwei Wochen vor dem Schlachten, um geschmacklich besseres und nahrhafteres Fleisch zu bekommen. Halten Sie es, wenn möglich, in einem sauberen und behaglichen Extrastall. Bieten Sie das beste Futter und Heu an und halten Sie das Wasser frisch. Sie können auch etwas Melasse hineingeben. Ein Tier, das vor dem Schlachten entspannt und zufrieden ist, hat seinen Stoffhaushalt im Gleichgewicht.

Nehmen Sie am Tag vor dem Schlachten das gesamte Futter und Heu heraus, um dem Magen des Tieres Zeit zum Entleeren zu geben. Es ist einfacher, besonders für einen Anfänger, ein Tier zu schlachten, dessen Magen-Darm-Trakt entleert ist. Halten Sie aber den Tränkeimer gefüllt und geben Sie einen Schlag Melasse hinein, damit das Tier mehr trinkt.

Wählen Sie die geeignete Umgebung aus. Der Schlachtbereich muß sauber und kühl sein. Ein gekühlter, aseptischer Raum ist ideal, aber ein Schuppen mit einem frisch geschrubbten Tisch ist ebenfalls geeignet. Bei entsprechendem Wetter können Sie sich mit einem Baumast zum Aufhängen größerer Tiere behelfen. Arbeiten Sie jedoch besonders beim Zerlegen unter einwandfreien hygienischen Bedingungen.

Wichtig ist eine niedrige Temperatur. Der Schlachtkörper muß rasch auskühlen und kühl gehalten werden. Jedes Fleisch außer Schweine- und Kalbfleisch muß ein oder zwei Wochen bei 0 bis 2 °C reifen.

In nördlichen Klimaten sollten Sie größere Tiere im Spätherbst schlachten, wenn die Temperaturen fast bis auf den Gefrierpunkt gefallen sind und es wahrscheinlich ist, daß sie für mindestens eine Woche in diesem Bereich bleiben. Kleine Tiere und Geflügel können Sie jederzeit schlachten. Legen Sie sie zum Auskühlen in den Kühlschrank. Im Notfall können Sie den Schlachtkörper in Viertel zerlegen und diese in einem Bottich mit Eis oder einem freien Kühlschrank kühlen.

– aus *Butchering Livestock at Home* von Phyllis Hobson

Geräte und Materialien

Sie müssen nicht alle Arbeitsgeräte für jede Schlachtung haben. Aber wenn Sie planen, mehrere Tierarten zu schlachten, ist dies die Mindestausstattung, die sie brauchen werden. Achten Sie darauf, daß Sie alles Notwendige beisammenhaben, bevor Sie mit dem Schlachten beginnen.

- Bolzenschußapparat (für Ziegen, Schafe und Schweine), Beil (für Geflügel) oder Knüppel (für Kaninchen)
- Fleischhaken (oder Ketten oder Stricke) zum Aufhängen des Tieres
- Kloben und Hebezeug oder einen Flaschenzug für große Tiere
- Scharfe Metzgermesser (so viele wie möglich)
- Messerschärfer
- Schneidbrett oder -oberfläche aus Hartholz (oder Hartplastik)
- Fleischwolf für Hackfleisch und Würste
- Fleischsäge
- Fleischbeil
- Großer Kessel, Wanne oder Bottich für Abfälle
- 10-l-Eimer mit Loch im Boden oder Schlachttrichter für Hühner
- Heißes Wasser zum Abbrühen von Hühnern und Schweinen
- Ausreichend kaltes sauberes Wasser
- Plastikschürze
- Dünne Plastikhandschuhe
- Folie oder Zeitung zum Schutz des Bodens, wenn nötig

GRUNDLAGEN DES SCHLACHTENS

Tierschutzgerechtes Schlachten

Oberster Grundsatz beim Schlachten sollte immer die weitestgehende Vermeidung von Streß und Schmerzen beim Tier sein. Dazu ist ein bestimmtes Grundwissen nötig.

Gehen Sie möglichst ruhig mit dem Tier um, wenn Sie es aus dem Stall holen. Vermeiden Sie Lärm im Stall und gewähren Sie nur den Menschen Zutritt zum Stall und zum Schlachtbereich, die wirklich gebraucht werden – im Normalfall Sie und gegebenenfalls ein Metzger oder Helfer. Wer selbst gestreßt ist, überträgt diese innere Haltung unweigerlich auf das Tier.

Grundsätzlich ist zwischen dem Betäuben und dem Töten zu unterscheiden. Der Schlag auf den Kopf (bei Kaninchen und Geflügel) oder der Schuß mit einem Bolzenschußapparat (Ziegen, Schafe, Schweine) kann zwar zum Tod eines Tieres führen, muß aber nicht. Diese Verfahren lösen aber, wenn sie fachgerecht durchgeführt werden, eine Gehirnerschütterung und eine teilweise Zerstörung des Gehirns aus und führen zur Bewußtlosigkeit. Sie dienen daher primär der Betäubung des Tieres.

Der sichere Tod des Tieres tritt erst durch das Ausbluten ein. Daher müssen nach dem Betäuben schnellstmöglich die Hauptschlagader und die vordere Hohlvene durchtrennt werden, damit der Tod möglichst rasch eintritt, solange das Tier bewußtlos ist. Durch das Aufhängen mit dem Kopf nach unten blutet es zügig und vollständig aus.

Wann ist ein Tier tot?

Bevor nach dem Ausbluten mit den Schlachtarbeiten fortgefahren werden kann, muß das Tier sicher tot sein. Das ist erst dann der Fall, wenn folgende Punkte zutreffen:

- Das Tier zeigt beim Berühren der Hornhaut des Auges keine Reaktion mehr.
- Es ist keine Atmung mehr erkennbar.
- Die Muskeln sind vollständig erschlafft.

Kein Beweis ist es dagegen, wenn Sie keinen Herzschlag mehr feststellen oder wenn das Tier auf anderweitige Berührungen oder Anstoßen nicht reagiert. Selbst nach einem minutenlangen Atemstillstand sind noch einzelne Atemzüge (Schnappatmung) möglich.

– Anita Heidenfelder

Gesetzliche Bestimmungen

In Deutschland ist für das Schlachten von Haustieren, insbesondere von Schafen, Ziegen, Schweinen, Rindern und Pferden sowie von Wild in Gehegehaltung, der Sachkundenachweis „Betäuben und Töten landwirtschaftlicher Nutztiere (Rind, Schwein, Schaf und Ziege)" nötig. Das Fleisch muß ausschließlich für den Eigenbedarf bestimmt sein, da sonst weitere rechtliche Regelungen, insbesondere aus dem Lebensmittelrecht, eingehalten werden müssen. Den Sachkundenachweis können Sie nach dem Besuch eines entsprechenden Kurses, wie sie häufig in Form von zweitägigen Intensivkursen von den Landwirtschaftskammern angeboten werden, und bestandener Prüfung bei Ihrem Kreisveterinäramt beantragen.

Zudem ist bei Schafen, Ziegen, Schweinen und Rindern eine Schlachttier- und Fleischuntersuchung, die sogenannte Fleischbeschau, durch einen amtlichen Tierarzt oder Fleischkontrolleur vorgeschrieben, der zunächst das lebende Tier auf seine Gesundheit hin überprüft und nach einer weiteren Prüfung den Schlachtkörper für den Verzehr freigibt, wenn keine Beanstandungen vorliegen. Näheres zur Schlachttier- und Fleischuntersuchung finden Sie auf Seite 419. Holen Sie in jedem Fall beim Veterinäramt Ihres Landkreises weitere Informationen ein, wenn Sie Ihre Tiere selbst schlachten möchten.

Sie können Ihre selbstaufgezogenen Tiere wie Schafe, Ziegen oder Schweine auch von einem Metzger entweder als Hausschlachtung – ein amtlicher Tierarzt oder Fleischkontrolleur für die Schlachttier- und Fleischuntersuchung ist auch hierbei nötig – oder in einem regionalen Schlachthaus schlachten lassen. Bei einer Schlachtung im Schlachthaus bringen Sie das Tier hin und können den Schlachtkörper, gehäutet und ausgenommen, nach dem Abhängen wieder abholen, wobei Sie darauf achten sollten, daß Sie den Schlachtkörper Ihres eigenen Tieres zurückbekommen.

In Österreich ist bei der Hausschlachtung – mit Ausnahme von Rindern – keine Schlachttier- und Fleischuntersuchung nötig, sofern das Fleisch für den Eigenbedarf bestimmt ist und kein besonderer Verdacht auf Krankheiten oder Seuchen vorliegt.

– Anita Heidenfelder

Kaninchen

Schlachtalter: drei bis sechs Monate.
Gewicht: abhängig von Rasse und Geschlecht.
Vor dem Schlachten: Nehmen Sie Getreide und Heu 24 Stunden vorher aus dem Stall, aber stellen Sie reichlich Wasser bereit.
Kaninchen liefern qualitativ hochwertiges Eiweiß zu geringen Kosten und in kurzer Zeit. Das Fleisch von Hauskaninchen schmeckt fast wie Hähnchen. Kaninchen können Sie jederzeit schlachten und das Fleisch im Kühlschrank auskühlen lassen. Das Schlachten und Abziehen kann auch draußen erfolgen; säubern und zerlegen sollten Sie das Tier dann in der Küche.

Empfohlene Methode

1. Halten Sie das Kaninchen an den Hinterbeinen und schlagen Sie ihm mit einem Knüppel hinter den Ohren in den Nacken.
2. Schneiden Sie dem Kaninchen sofort nach dem Schlag mit einem scharfen Messer die Kehle durch, so daß die Halsschlagader durchtrennt wird.
3. Hängen Sie den Schlachtkörper an den Hinterbeinen auf und lassen Sie ihn sorgfältig ausbluten. Führen Sie zum Aufhängen kleine Fleischhaken oder eine feste Schnur durch einen Schnitt, den Sie zwischen den Knochen und die Sehnen genau oberhalb des Sprunggelenks machen. Es hilft, die Hinterläufe abzuschneiden und das Fell in diesem Bereich zurückzuziehen, bevor Sie den Schnitt setzen. Kaninchen bluten innerhalb weniger Minuten aus.
4. Schneiden Sie nun den Kopf, den Schwanz und die Vorderbeine ab. Schlitzen Sie die Haut jedes Hinterbeines und von jedem Vorderbein zum Hals jeweils zu einem Zwickel auf. Schneiden Sie nicht auf der Mitte des Bauches entlang.
5. Beginnen Sie oben an den Hinterbeinen und ziehen Sie das Fell nach außen und dann langsam nach unten. Verwenden Sie ein Messer, um es rund um den Darmausgang vom Tierkörper abzulösen sowie Fett und Gewebe abzutrennen. Ziehen Sie das Fell in einem Stück ab, wie Sie es bei einem engen Strumpf tun würden.
6. Nehmen Sie den Schlachtkörper vom Haken, spülen Sie ihn unter fließendem Wasser ab, um das Blut und die Haare zu entfernen, und legen Sie ihn auf ein Schneidbrett oder einen Tisch.
7. Schlitzen Sie mit einem scharfen Messer den Bauch vom Darmausgang bis zum Brustbein auf. Seien Sie dabei vorsichtig, damit Sie weder die Blase noch die Eingeweide durchstechen.
8. Schneiden Sie den Darmausgang heraus, um den Darm vom Schlachtkörper zu trennen. Greifen Sie dann hinein und ziehen Sie die Eingeweide heraus. Sie finden darin die Leber und die Gallenblase, einen Beutel mit dunkelgrüner Flüssigkeit. Schneiden Sie ihn von der Leber ab, ohne ihn zu beschädigen. Werfen Sie Gallenblase und Eingeweide weg, aber behalten Sie die Leber.
9. Greifen Sie in die Brusthöhle und ziehen Sie das Herz und die Lunge heraus. Werfen Sie die Lunge weg. Waschen Sie das Herz und die Leber und kühlen Sie beides.
10. Waschen Sie den Schlachtkörper rasch unter kaltem fließendem Wasser. Das Fleisch darf sich dabei nicht vollsaugen. Lassen Sie es abtropfen und decken Sie es ab, damit es nicht austrocknet. Legen Sie den Schlachtkörper drei bis fünf Tage in den Kühlschrank, um das Fleisch reifen zu lassen.
11. Das gereifte Fleisch kann am Stück gebraten oder gegrillt werden. Sie können es auch zerlegen und in Teilen braten oder schmoren. Kaninchenfleisch läßt sich zum Bevorraten einfrieren, einkochen oder pökeln.

– verändert aus *Butchering Livestock at Home* von Phyllis Hobson

Kaninchen schlachten

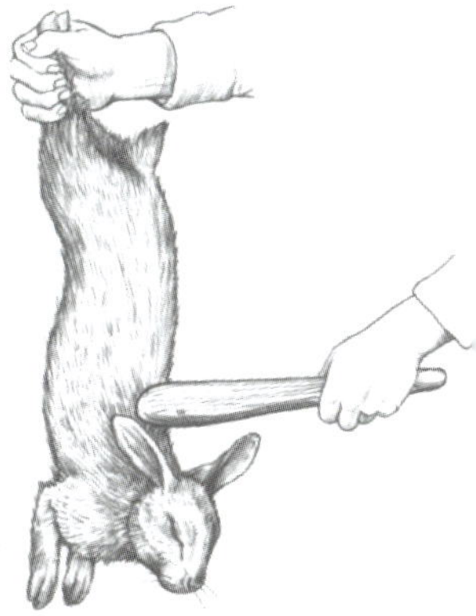

Schlagen Sie dem Kaninchen in den Nacken.

Schneiden Sie ihm vor dem Abziehen des Fells den Kopf ab.

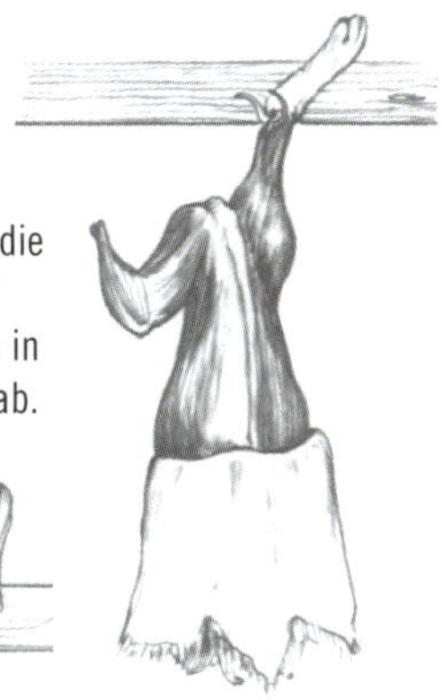

Schlitzen Sie die Haut auf und ziehen Sie sie in einem Stück ab.

Spülen Sie den Schlachtkörper mit Wasser ab und schneiden Sie dann den Bauch zum Ausnehmen auf.

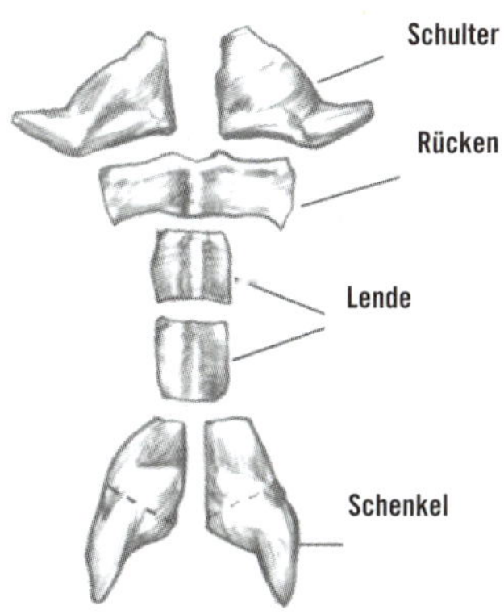

GRUNDLAGEN DES SCHLACHTENS

Geflügel schlachten

Hängen Sie den Vogel mit dem Kopf nach unten in einen Schlachttrichter und schlagen Sie mit einem Knüppel gezielt auf den Hinterkopf.

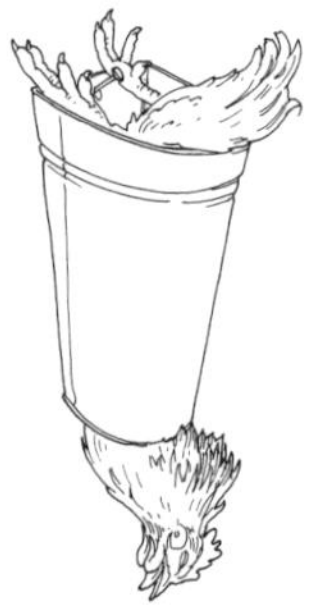

Brühen Sie den Vogel nach dem Ausbluten eine Minute in heißem Wasser.

Rupfen Sie die Flügel- und die Schwanzfedern zuerst.

Entfernen Sie die Bürzeldrüse direkt oberhalb des Schwanzes.

Schlitzen Sie die Haut auf und entnehmen Sie die Eingeweide.

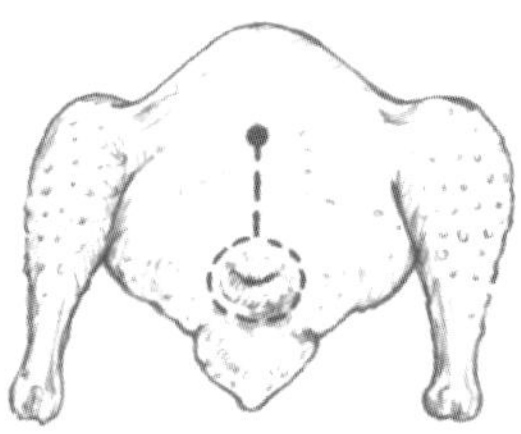

Rupfen leichtgemacht

Um sich das Rupfen zu erleichtern, sollten Sie rasch arbeiten, solange der geköpfte Vogel noch warm ist. Tauchen Sie ihn in ein Gefäß mit heißem Wasser, das ein geschmolzenes Stück Paraffin enthält. Das Wasser sollte aber keinesfalls kochend heiß sein, weil dies die Haut beeinträchtigt. Reißen Sie die Federn händeweise aus, sengen Sie den Flaum über einer Flamme ab und entfernen Sie Stoppelfedern mit einem Messer oder einer Pinzette.

– aus *Easy Game Cookery* von Phyllis Hobson

Geflügel

Schlachtalter: Mastbrathähnchen: 8 bis 12 Wochen; Hühner zum Schmoren oder Braten und Puten: 6 bis 12 Monate; Enten und Gänse: 15 bis 20 Wochen.
Gewicht: abhängig von der Geflügelart.
Vor dem Schlachten: Hühner und Puten sollten Sie vor dem Schlachten 24 Stunden einsperren und ihnen kein Getreide mehr geben, aber für ausreichend Wasser sorgen. Gänse und Enten sollten vier bis sechs Wochen vor dem Schlachttermin weniger Auslauf und dafür Mastfutter erhalten, damit sie fett werden.

Das nahrhafte, wohlschmeckende Fleisch von Hühnern, Puten, Enten und Gänsen bringt Abwechslung in den Speiseplan. Hier ist eine einfache Methode zum Töten von Hühnern, kleinen Puten und Enten: Schneiden Sie in den Boden eines 10-l-Eimers ein Loch von etwa 8 cm Durchmesser (oder mehr, wenn der Vogel groß ist). Sie können auch im Landhandel einen Schlachttrichter kaufen.

Empfohlene Methode

1. Halten sie den Vogel eine Minute an den Beinen hoch. Das betäubt ihn etwas.
2. Stecken Sie das Tier mit dem Kopf voran in den aufgehängten Eimer oder den Schlachttrichter und ziehen Sie den Kopf durch das Loch. Ausgewachsene Gänse oder Puten, die für das Gefäß zu groß sind, können Sie in einem 20-l-Eimer mit entsprechend großem Loch oder in einem großen Schlachttrichter aufhängen.
3. Setzen Sie mit einem Knüppel einen gezielten, aber nicht zu festen Schlag auf den Hinterkopf des Tieres, so daß es betäubt ist. Legen Sie das Tier im Eimer oder Schlachttrichter so auf einen Hackstock oder ein massives Küchenbrett, daß Sie mit einem Fleischbeil den Kopf abschlagen können. Dies muß sehr schnell gehen, damit das Tier noch betäubt ist. Hängen Sie den Eimer wieder auf und lassen Sie den Schlachtkörper ausbluten. Da Geflügel beim Ausbluten meist noch mit den Muskeln zuckt, sollten Sie es dafür unbedingt noch im Eimer oder Schlachttrichter lassen. Die Flügelschläge einer Pute können starke Prellungen verursachen.
4. Wenn der Blutfluß aufhört, müssen Sie den Vogel eine Minute lang in heißem Wasser (60 °C für Hühner und Puten, 70 °C für Enten und Gänse) abbrühen.
5. Legen Sie den Vogel auf einen Tisch und rupfen Sie zuerst die Flügel- und die Schwanzfedern aus, dann den Rest. Sengen Sie bei älteren Vögeln alle Haare über einer offenen Flamme ab.
6. Schneiden Sie die Füße ab und waschen Sie den Schlachtkörper sorgfältig unter fließendem Wasser ab.
7. Legen Sie den Vogel auf den Rücken und schneiden Sie den Schwanz einschließlich der oberhalb liegenden Bürzeldrüse ab.
8. Schneiden Sie vorsichtig rund um die Kloake und führen Sie einen kurzen Schnitt auf der Bauchseite nach oben, um das Loch zu vergrößern. Drücken Sie auf den Magen des Tieres, so daß die Därme nach außen gepreßt werden. Greifen Sie nun hinein und holen Sie den Rest mit der Hand heraus.
9. Entfernen Sie die Gallenblase vorsichtig von der Leber. Waschen und enthäuten Sie dann den Muskelmagen.
10. Schneiden Sie den Hals ab und ziehen Sie den Kropf und die Luftröhre heraus.
11. Greifen Sie in die Brusthöhle und entnehmen Sie das Herz und die Lunge. Waschen und kühlen Sie den Hals, die Leber, das Herz und den Muskelmagen und entsorgen Sie den Rest der Eingeweide.
12. Waschen Sie den Schlachtkörper innen und außen mit kaltem Wasser. Decken Sie ihn zu und kühlen Sie ihn für 48 Stunden, um das Fleisch reifen und zart werden zu lassen.
13. Sie können Geflügelfleisch durch Einfrieren, Einkochen oder Pökeln haltbar machen – ganz oder zerlegt.

– verändert aus *Butchering Livestock at Home* von Phyllis Hobson

Schafe und Ziegen

Schlachtalter: Beliebig, aber drei bis vier Monate alte Lämmer und Zicklein gelten vielen als besonderer Genuß. Schlachten Sie Schaf- und Ziegenböcke bis zu einem Alter von einem Jahr, aber lassen Sie sie vom Tierarzt kastrieren, wenn sie zwei bis drei Monate alt sind, da sie dann besser schmecken.

Gewicht: Lämmer und Zicklein: 16 bis 25 kg; ausgewachsene Schafe und große Ziegen: bis zu 45 kg.

Vor dem Schlachten: Sperren Sie erwachsene Tiere für sieben bis zehn Tage ein, halten Sie sie ruhig und füttern Sie sie ausreichend. Geben Sie während der letzten 24 Stunden nur noch Wasser. Bei Tieren, die weniger als drei Jahre alt sind, können Sie das Futter auch erst sechs bis acht Stunden vor dem Schlachten absetzen.

Auch wenn Schafe und Ziegen so klein sind, daß jeder mit ihnen umgehen kann, werden sie geschlachtet wie größere Nutztiere. Ihre Schädel sind zum Stoßen verstärkt, so daß es schwierig ist, ein Schaf oder eine Ziege am Kopf zu betäuben oder in den Kopf zu schießen. Daher müssen diese Tiere durch einen Bolzenschuß durch den Hinterkopf in das Gehirn betäubt werden. Für das Töten und Ausblutenlassen von Ziegen und Schafen brauchen Sie einen Sachkundenachweis, nicht jedoch für die weiteren Arbeiten. Zudem ist in Deutschland eine Schlachttier- und Fleischuntersuchung durch einen amtlichen Tierarzt oder Fleischkontrolleur vorgeschrieben.

Nach dem Aufhängen des Tieres und dem Abschneiden von Kopf, Schwanz und Füßen müssen Sie das Fell am Bauch entlang aufschlitzen. Beginnen Sie mit dem Abziehen bei den Hinterbeinen.

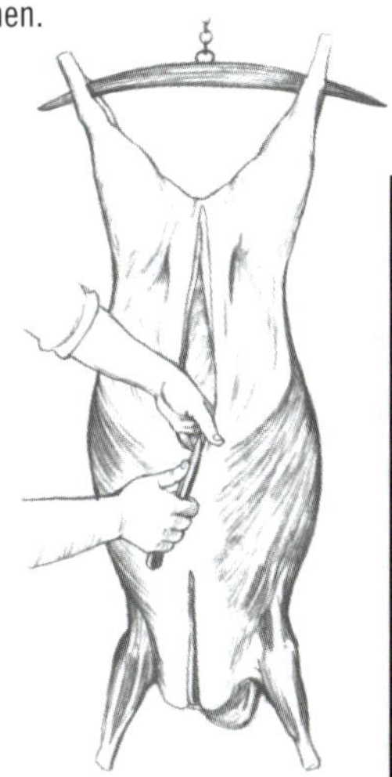

Schneiden Sie den Unterleib vorsichtig auf, entfernen Sie die Eingeweide und spülen Sie die Bauchhöhle mit Wasser aus.

Empfohlene Technik

1. Lenken Sie das Tier ab, indem Sie ihm eine kleine Schale mit Getreide auf den Boden stellen. Wenn es den Kopf gesenkt hat, muß die zum Töten berechtigte Person auf einen Punkt direkt unter dem Ohr zielen.
2. Sofort nachdem das Tier zusammengesunken ist, ist die Kehle aufzuschlitzen, und der Schlachtkörper muß an den Hinterbeinen aufgehängt werden. Schneiden Sie zum Aufhängen jeweils zwischen der Sehne und dem Knochen direkt oberhalb des Sprunggelenks einen Schlitz durch den Fuß und führen Sie einen Fleischhaken oder einen Strick hindurch.
3. Schneiden Sie dem hängenden Tier, wenn es ausgeblutet ist, den Kopf, den Schwanz und die vier Füße an den Sprunggelenken ab. Schneiden Sie rund um den Genitalbereich und machen Sie dann jeweils einen waagerechten Schnitt genau zwischen den beiden Vorder- und Hinterbeinen durch die Haut. Von der Mitte dieser beiden Schnitte aus können Sie nun die Mitte des Bauches aufschlitzen.
4. Häuten Sie das Tier, beginnend bei den Hinterbeinen, indem Sie das Fell mit einer Hand abziehen, während Sie es mit der anderen mit einem Messer ablösen.
5. Sobald die Haut entfernt ist, müssen Sie den Schlachtkörper mit einem Wasserschlauch oder einem feuchten Lappen abwaschen. Schneiden Sie um den Darmausgang herum und binden Sie ihn mit einem Stück Schnur ab, damit der Inhalt das Fleisch nicht verunreinigt. Greifen Sie in die Bauchhöhle und ziehen Sie den Darmausgang nach innen.
6. Schlitzen Sie mit einem sauberen Messer den Unterleib vom Beckenboden bis zum Brustbein auf, ohne den Magen und die Därme zu durchstechen.
7. Ziehen Sie die Eingeweide vorsichtig heraus und geben Sie sie in einen Behälter. Spritzen Sie die Bauchhöhle mit einem Wasserschlauch aus und lassen Sie den Schlachtkörper zum Auskühlen und Reifen an einem kühlen Platz (0 bis 2 °C) fünf bis sieben Tage hängen.

– verändert aus *Butchering Livestock at Home*

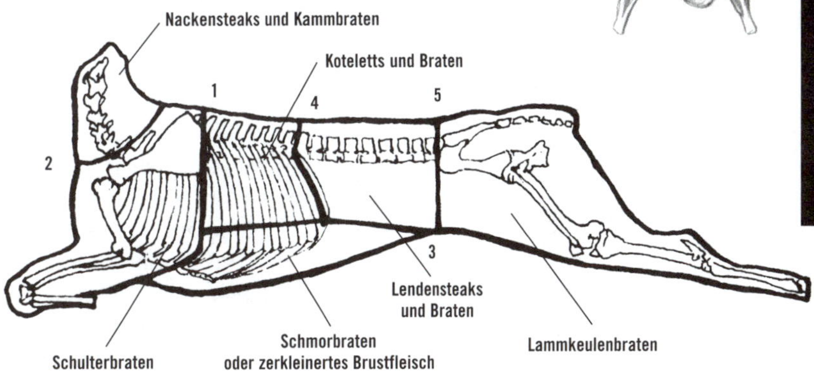

Schlachtkörper von Lämmern und Zicklein

Schnitt 1: Sägen Sie beide Schultern zwischen der fünften und der sechsten Rippe ab.

Schnitt 2: Schneiden Sie den Nacken auf Höhe der Schulter ab.

Schnitt 3: Trennen Sie die Brust mit einer Säge ab.

Schnitt 4: Schneiden Sie zwischen den letzten beiden Rippen hindurch. Sägen Sie durch das Rückgrat.

Schnitt 5: Trennen Sie die Lende am Kreuz von den Keulen. Sägen Sie durch das Rückgrat.

GRUNDLAGEN DES SCHLACHTENS

Brühen Sie den Schlachtkörper in einem großen Behälter mit heißem Wasser.

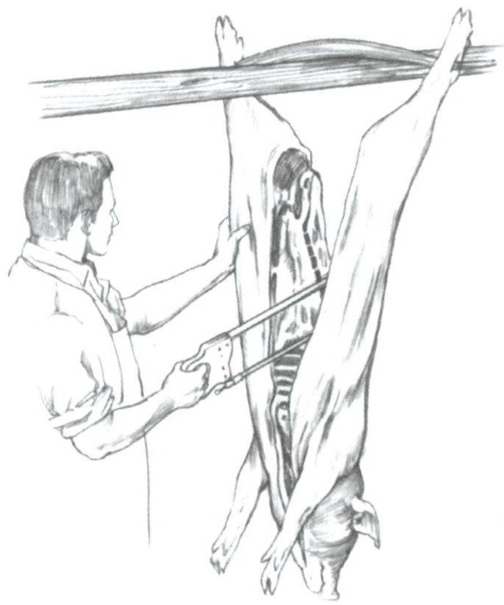

Trennen Sie das Rückgrat mit einer Fleischsäge .

Schweinefleisch kühlen

Schweinefleisch läßt man nicht abhängen. Aber es sollte sorgfältig gekühlt werden, bevor es zerlegt oder weiterverarbeitet wird. Hängen Sie es wenn möglich für 24 Stunden bei 0 bis 2 °C auf.

Schweine

Schlachtalter: Sechs bis acht Monate.
Gewicht: 90 bis 100 kg.
Vor dem Schlachten: Sperren Sie das Schwein zwei bis drei Tage vor dem Schlachten ein. Setzen Sie 24 Stunden vorher das Futter ab und bieten Sie nur noch Wasser an. Zum Schlachten brauchen Sie eine Hilfskraft.
Mit Schweinen läßt sich am einfachsten und kostengünstigsten Fleisch erzeugen. Ein Anfänger mit einem kleinen Stall und ohne Weide kann in vier bis sechs Monaten ein bis zur 70 kg schweres Schwein aufziehen.
Für das Töten und Ausblutenlassen von Schweinen, nicht aber für alle weiteren Arbeiten, brauchen Sie einen Sachkundenachweis. Zudem ist in Deutschland eine Schlachttier- und Fleischuntersuchung durch einen amtlichen Tierarzt oder Fleischkontrolleur vorgeschrieben.

Empfohlene Technik

1. Setzen Sie einen für Schweine geeigneten Bolzenschußapparat in der Stirnmitte auf, oder lassen Sie es eine andere Person mit Sachkundenachweis tun.
2. Drehen Sie das Tier sofort nach dem Zusammensinken auf den Rücken und strecken Sie seinen Hals, indem Sie die Oberseite der Nase auf den Boden drükken. Setzen Sie ein scharfes Messer mit einer langen Klinge etwa 4 bis 6 cm oberhalb der Brustbeinspitze in Richtung des gegenüberliegenden Schulterblatts an. Stechen Sie tief ein und führen Sie das Messer quer durch den Brustkorb, um die Hauptblutgefäße zu durchtrennen.
3. Hängen Sie den Schlachtkörper sofort an Fleischhaken, Stricken oder Ketten auf, die Sie durch einen Einschnitt zwischen der Sehne und dem Knochen oberhalb des Sprunggelenks führen. Warten Sie, bis das Tier vollständig ausgeblutet ist.
4. Schweine werden nicht gehäutet, sondern gebrüht und abgeschabt, um Haare und Schmutz zu entfernen. Brühen Sie das Tier in einem Behälter, in den mindestens die Hälfte des Schlachtkörpers paßt – besonders gut eignet sich eine alte Badewanne. Stellen Sie den Behälter unter den aufgehängten Schlachtkörper und füllen Sie ihn halbvoll mit heißem Wasser (63 °C bei warmem Wetter, 70 °C bei kaltem). Geben Sie ½ Tasse Lauge zu und rühren Sie mit einer Holzkelle um.
5. Lassen Sie den Schlachtkörper mithilfe eines Flaschenzugs in den Trog gleiten. Wenn nur die Hälfte es Schlachtkörpers in das Gefäß paßt, beginnen Sie mit dem vorderen Ende. Drehen Sie das Tier im Wasser oder ziehen Sie es heraus und lassen es wieder hineingleiten. Brühen Sie den Schlachtkörper fünf Minuten bei 63 °C heißem Wasser oder drei Minuten bei 70 °C heißem.
6. Legen Sie den Schlachtkörper auf eine ebene Fläche und schaben Sie die Borsten mit einem Spachtel oder der stumpfen Seite der Messerklinge ab. Schaben Sie danach nochmals mit einem Messer oder einer Drahtbürste, um den Schmutz und die äußere Schicht der Haut zu entfernen.
7. Spülen Sie den Schlachtkörper vor den Wiederaufhängen gut mit Wasser ab. Stellen Sie ein Gefäß für die Eingeweide unter den Schlachtkörper. Öffnen Sie die Brusthöhle mit einem Schnitt von der Einstichstelle an der Kehle aufwärts bis zum Brustbein. Durchtrennen Sie das Brustbein mit einer Fleischsäge.
8. Schneiden Sie weiter bis zur Bauchhöhle, aber nicht in Magen oder Därme.
9. Setzen Sie einen Schnitt um die Fortpflanzungsorgane herum bis zum Darmausgang, aber schneiden Sie nicht hinein. Um die Därme freizugeben, muß der Darmausgang ausgeschnitten werden. Binden Sie das Ende mit einem Stück Schnur zu und ziehen Sie es durch das Loch in den Bauchraum.
10. Ziehen Sie die Eingeweide heraus und lassen Sie sie in den Behälter fallen. Trennen Sie die Speiseröhre von der Brusthöhle ab und ziehen Sie sie mit dem Magen heraus.

11. Spritzen Sie die Innenseite mit dem Wasserschlauch aus und entfernen Sie große Stücke Fett einschließlich des flockig aussehenden Flomens, der am Schlachtkörper entlang verläuft. Bewahren Sie das Fett auf.
12. Teilen Sie den noch warmen Schlachtkörper mit einer Säge längs durch das Rückgrat. Lassen sie 30 cm Haut an der Schulter unversehrt, um die Hälften zusammenzuhalten.

– verändert aus *Butchering Livestock at Home*

Die Teilstücke des Schweins

Auch wenn Sie keine Schweine halten und nicht schlachten, sollten Sie etwas über die Zerlegung und die Teilstücke des Schlachtkörpers sowie deren Verwendung wissen. Denn in vielen Landmetzgereien oder manchmal sogar im Supermarkt können Sie oft günstig ganze Schweinehälften kaufen.

Die Graphik unten zeigt eine typische Zerlegung eines Schweineschlachtkörpers.

1. Kopf mit Backe: Kopffleisch eignet sich besonders für Eintöpfe und Sülzen. Bei traditionellen Hausschlachtungen wird der Kopf am Stück im Kessel gekocht – manchmal zusammen mit Bauchfleisch, Innereien und der Zunge – (Kesselfleisch) und noch am Schlachttag mit frischem Bauernbrot oder Kartoffeln und Sauerkraut verzehrt.

2. Nacken oder Kamm: Diese Partie ist durchwachsen und eignet sich besonders als saftiger Braten, den Sie wie gewachsen – also mit Knochen – oder ausgelöst, zum Beispiel als Rollbraten, zubereiten können. Auch der Klassiker der Grillsaison, das Nackensteak, wird aus dem Kamm geschnitten. Gepökelt oder geräuchert werden Nackenkoteletts als Kasseler Rippchen bezeichnet.

3. Bug oder Schulter: Die Schulter ergibt mit dem natürlichen Fettansatz und der Schwarte den klassischen Schweinebraten. Sie können aber auch Schwarte und Fett entfernen und das dann magere Fleisch zu Rollbraten oder Gulasch verarbeiten.

4. Rückenspeck: Er ist als Geschmacksträger in Suppen und Eintöpfen sowie zum Spicken von Wildbret beliebt. Wenn Sie ihn klein schneiden und auslassen, erhalten Sie Schweineschmalz. Es kann im Kühlschrank gut gelagert werden.

5. Kotelettstrang: Dieses Teilstück zieht sich vom Nacken an beiden Seiten der Wirbelsäule entlang. Durch das Zerteilen der Wirbelsäule mit einer Fleischsäge und die anschließende Trennung zwischen den Wirbeln ergeben sich die einzelnen Kotelette. Die vorderen – Stielkotelette genannt – ergeben die klassischen Kotelette mit Knochen. Die hinteren Lendenkotelette – die einen Teil des Filets enthalten – werden häufig ausgebeint und als Schnitzel oder Steaks zum Kurzbraten vorbereitet.

6. Filet: Das Filet ist das zarteste, magerste und damit hochwertigste Teilstück des Schweins. Es kann als ganzes gebraten, aber auch zum Kurzbraten in Scheiben (Medaillons) geschnitten werden. Auch für Fondue wird gerne Filet verwendet.

7. Schinken: Der Schinken läßt sich in Oberschale, Unterschale, Nußschinken und Schinkenspeck aufteilen. Während die beiden letzteren besonders häufig geräuchert werden und damit den klassischen Schweineschinken abgeben, werden die Ober- und die Unterschale auf vielerlei Arten zum Kochen und Braten verwendet, zum Beispiel als klassischer Schweinebraten, aber auch als Schnitzel, Gulasch oder Steaks.

8. Vorder- und Hintereisbein: Die im süddeutschen Raum Haxen genannten Teile sind stark durchwachsen und von einer Fettschicht, der Schwarte, umgeben. Sie können gebraten, gegrillt oder auch, teils vorgepökelt, als Eisbein gekocht werden.

9. Bauch: Er kommt trotz seines Namens aus dem unteren Brustkorb und kann mit oder ohne Rippen und Schwarte zubereitet werden. Meist in größeren Stücken gebraten oder geschmort, läßt er sich aber auch zu Rouladen verarbeiten. Bauchfleisch muß lange gegart werden. Sie können Bauchspeck zudem salzen und räuchern.

10. Dicke Rippe: Dieses kleinere Teilstück liegt zwischen Schulter und Bauch. Es ist grobfaserig und kann auf vielerlei Arten zubereitet werden: gebraten, gegrillt und geschmort, aber auch als Gulasch und in herzhaften Eintöpfen.

– Anita Heidenfelder

Die Schlachttier- und Fleischuntersuchung

Die Schlachttier- und Fleischuntersuchung – landläufig häufig Fleischbeschau genannt – gewährleistet, daß vom Verzehr des Fleisches keine Gesundheitsgefährdung ausgeht. Die Untersuchung führt ein amtlicher Tierarzt oder ein amtlicher Fleischkontrolleur durch, der bei einer Hausschlachtung eigens hinzugezogen werden muß. Der erste Teil, die Lebendbeschau, findet direkt vor der Schlachtung am lebenden Tier statt, um festzustellen, ob das Tier gesund und damit zur Schlachtung tauglich ist. Der Tierarzt ermittelt, ob es Krankheiten, Verletzungen oder sonstige Auffälligkeiten zeigt, bevor er eine Schlachterlaubnis oder ein Schlachtverbot erteilt. Nach der Schlachtung werden der Schlachtkörper und die inneren Organe auf Krankheiten und sonstige Auffälligkeiten untersucht. Hierbei wird auch darauf geachtet, daß die sogenannten Konfiskate – also alle für den Verzehr ungeeigneten Schlachtabfälle – vom Schlachtkörper getrennt und ordnungsgemäß entsorgt werden. Schweine werden zusätzlich auf Trichinen untersucht, parasitisch in Säugetieren und Vögeln lebende Fadenwürmer, die hauptsächlich beim Verzehr von belastetem Schweinefleisch auf den Menschen übertragen werden können. Die Trichinenuntersuchung ist auch bei Wildschweinen vorgeschrieben. Sind die Lebend- und die Schlachttierbeschau ohne Befund, wird das Fleisch als verzehrtauglich eingestuft und kann weiterverarbeitet werden.

– Anita Heidenfelder

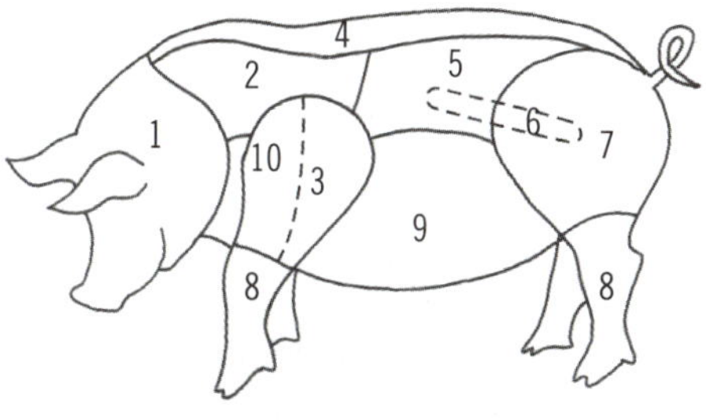

Die Teilstücke des Schweins
Die einzelnen Teilstücke eignen sich aufgrund ihrer spezifischen Eigenschaften wie Art der Muskelfasern oder Fettansatz besser oder schlechter für bestimmte Zubereitungsarten. Aus allen können Sie jedoch köstliche Gerichte zaubern. Die Einzelheiten zu den numerierten Partien können Sie dem nebenstehenden Text entnehmen.

LANDKÜCHE UND VORRATSHALTUNG

GRUNDLAGEN DES SCHLACHTENS

Ziehen Sie den Schlachtkörper wie in Schritt 2 beschrieben ab. Beginnen Sie mit den Fußgelenken und arbeiten Sie sich nach unten.

Wildtiere

Zum Töten von Wildtieren brauchen Sie entweder einen Jagdschein oder – für Damwild in Gehegehaltung – einen entsprechenden Sachkundenachweis. Richten Sie große Wildtiere wie folgt zu:

1. Hängen Sie den Schlachtkörper möglichst sofort nach dem Töten an den Hinterbeinen an einem kühlen Ort auf.
2. Zum Abziehen müssen Sie zuerst um die beiden Fußgelenke herumschneiden und die Füße hindurchziehen. Schneiden Sie den Kopf und die Füße ab und entsorgen Sie beides. Lösen Sie das Fell von den Hinterbeinen abwärts, wobei Sie vorsichtig mit dem Messer nachhelfen.
3. Schlitzen Sie den Körper auf der Unterseite vom Schwanz bis zur Kehle auf und entnehmen Sie die Eingeweide. Entfernen Sie die Gallenblase, ohne sie zu verletzen. Kühlen Sie Herz und Leber und entsorgen Sie die anderen Innereien.
4. Stellen Sie eine Lösung aus einem Eßlöffel Essig auf eine Tasse Wasser her und wischen Sie den Schlachtkörper innen und außen gründlich mit einem in die Lösung getauchten Tuch ab.
5. Lassen Sie das Wildbret bei 2 bis 5 °C ein bis zwei Wochen abhängen. Dieser Reifungsprozeß macht das Fleisch zarter und gibt ihm Geschmack.

– verändert aus *Basic Butchering of Livestock & Game* von John J. Mettler, Jr., D.V.M. und *Easy Game Cookery* von Phyllis Hobson

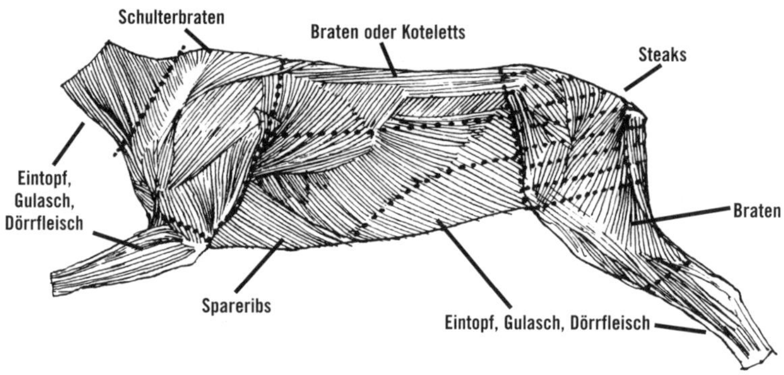

Zerlegen Sie großes Wildbret wie dargestellt.

Zurichten von Wildhasen

Das Zurichten eines Wildhasen unterscheidet sich nur geringfügig vom Zurichten eines großen Wildtieres. Folgen Sie diesen Schritten:

1. Schneiden Sie Kopf, Schwanz und Vorderläufe ab.
2. Schneiden Sie rund um die Sprunggelenke der Hinterbeine nur die Haut auf.
3. Hängen Sie das Tier an den Hinterbeinen auf oder befestigen Sie es an einem Tisch.
4. Schlitzen Sie die Haut von einem Hinterbein zum anderen und durch die Halsöffnung von einem Vorderbein zum anderen auf.
5. Beginnen Sie von oben, stülpen Sie das Fell um und ziehen Sie es mit der Innenseite nach außen ab.
6. Schneiden Sie den Muskel direkt am Darmausgang durch und entfernen Sie die Eingeweide. Verletzen Sie dabei die Gallenblase nicht. Bewahren Sie das Herz und die Leber auf und entsorgen Sie den Rest.
7. Waschen Sie das Wildbret unter fließendem Wasser und wickeln Sie es in ein feuchtes Handtuch.
8. Kühlen Sie junge Tiere einen Tag und ältere bis zu vier Tagen.

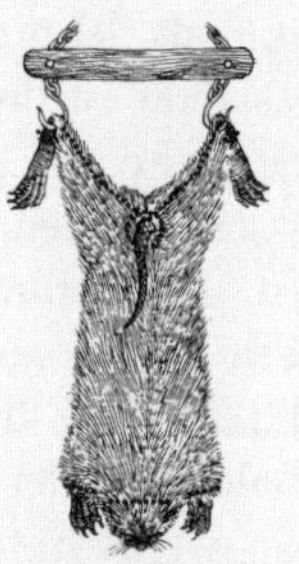

Hängen Sie das Tier an den Hinterbeinen auf.

Stülpen Sie das Fell um und ziehen Sie es ab.

Tips für eine sichere Verarbeitung

- Tragen Sie zum Abziehen oder Ausnehmen jeder Art von Wildbret Gummihandschuhe.
- Nehmen Sie jedes Wildtier möglichst sofort nach dem Töten aus.
- Richten Sie niemals ein Wildtier zu, das krank oder schwächlich aussieht. Graben Sie es stattdessen so schnell wie möglich und so tief wie möglich ein, ohne es mit bloßen Händen zu berühren.

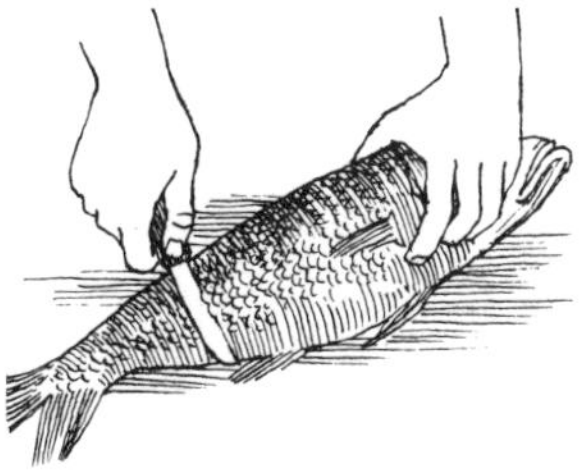

Schuppen Sie einen Fisch von der Schwanzflosse zum Kopf.

Schlitzen Sie den Bauch von der Darmöffnung zu den Kiemen auf und entnehmen Sie die Innereien.

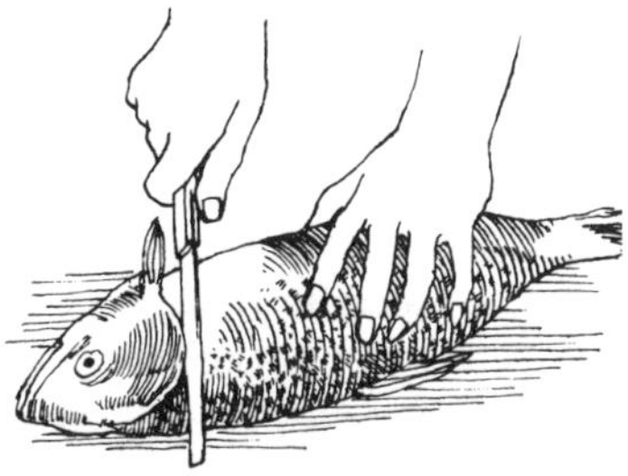

Schneiden Sie den Kopf und alle Flossen ab.

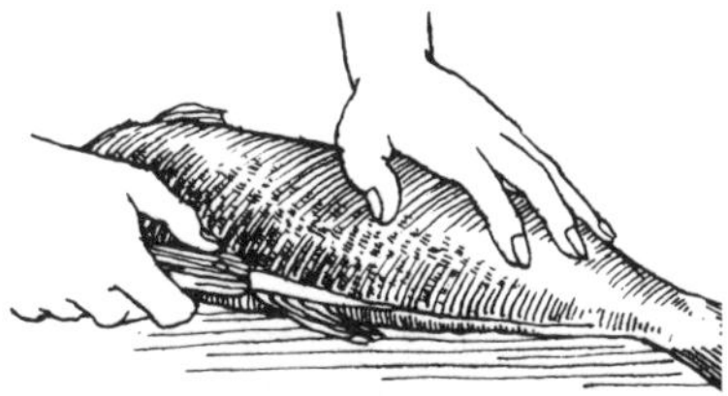

Trennen Sie das Fischfilet mit einem scharfen Messer vom Rückgrat ab.

Lösen Sie eine Seite des Filets vollständig vom Rückgrat.

Fisch ausnehmen

Die meisten Fische müssen vor dem Ausnehmen abgeschuppt werden. Um sich diese Arbeit zu erleichtern, kann man den Fisch für einige Minuten in kaltes Wasser legen. Dann drückt man ihn fest nach unten und schabt mit einem stumpfen Messer von der Schwanzflosse zum Kopf. Achten Sie darauf, daß Sie alle Schuppen um den Ansatz der Flossen und des Kopfes entfernen. Folgen Sie beim Ausnehmen diesen Schritten:

1. Schlitzen Sie mit einem scharfen Messer den Bauch von der Darmöffnung bis zu den Kiemen auf. Entnehmen Sie die Eingeweide und werfen Sie sie weg.
2. Schneiden Sie rundum alle Flossen und den Kopf ab.
3. Spülen Sie den Fisch rasch unter kaltem Wasser ab und reiben Sie ihn trocken. Lassen Sie ihn nach dem Ausnehmen nicht im Wasser liegen.
4. Wenn Sie die Haut des Fisches ablösen möchten – bei vielen Fischen ist dies allerdings nicht nötig –, müssen Sie sie sowohl über die ganze Länge des Rückgrats als auch unterhalb des Kiemenlappens bis zur Schwanzflosse aufschneiden. Am Kopf beginnend können Sie die Haut nun mit einer Gabel anheben und dann mit einem Messer abwickeln. Verfahren Sie auf der anderen Seite ebenso.
5. Um grätenfreie Filets zu schneiden, brauchen Sie ein scharfes Messer. Trennen Sie das Filet vom Schwanzende in Richtung Kopf vom Rückgrat ab.
6. Schneiden Sie das Filet los und heben Sie die ganze Seite des Fisches in einem Stück ab. Drehen Sie dann den Fisch um und wiederholen Sie den Vorgang auf der anderen Seite. So bekommen Sie zwei grätenfreie Filets pro Fisch.

– verändert aus *Easy Game Cookery*

Aufgerollte Fischfilets

Ergibt 6 Portionen

3 Eßlöffel Butter oder Margarine
1 kleine feingehackte Zwiebel
6 bis 8 Fischfilets
Salz und Pfeffer
2 Tassen gewürfelte Tomaten, frisch oder aus der Dose
½ Tasse frische Champignons in Scheiben geschnitten
1 Tasse kaltes Wasser
2 Eßlöffel Mehl

Schmelzen Sie einen Eßlöffel Butter in einer Pfanne. Braten Sie die Zwiebel bei geringer Hitze unter stetigem Rühren zwei Minuten an. Verteilen Sie die Zwiebeln auf dem Boden der Pfanne. Würzen Sie die Filets mit Salz und Pfeffer und rollen Sie sie ähnlich einer Biskuitrolle auf. Ordnen Sie die Rollen über den Zwiebeln an und bedecken Sie sie mit den Tomaten, den Champignons und dem Wasser. Lassen Sie das Ganze zehn Minuten leicht köcheln, bis der Fisch gar ist. Legen Sie ihn auf eine Servierplatte, stellen Sie ihn warm und kochen Sie die verbleibende Tomatensauce, bis sie eingedickt ist. Würzen Sie mit Salz und Pfeffer. Mischen Sie das Mehl in zwei Eßlöffel Butter und binden Sie die Sauce damit. Lassen Sie sie noch einmal kurz aufkochen, bevor Sie den Fisch damit begießen.

– verändert aus *Easy Game Cookery*

FLEISCH EINFRIEREN

Fleisch aufbewahren

Selten verbraucht eine Familie ein ganzes Rind, Schwein oder Wildbret direkt nach dem Schlachten. In diesem Fall wäre auch keine Zeit, saftigen Schinken, gepökeltes Rindfleisch, Speck oder geräucherte Zunge herzustellen.
Fleisch einschließlich Geflügel, Fisch und Wild wird üblicherweise auf irgendeine Art konserviert und gelagert, bis es auf den Tisch kommt. Das Lagern von Fleisch erfordert, daß die Tätigkeit von unerwünschten Enzymen unterbrochen und die gesundheitsgefährdenden Mikroorganismen in eine Ruhephase versetzt oder abgetötet werden müssen. Dies geschieht auf verschiedene Weise: durch Einwecken, Einfrieren, Pökeln, Räuchern, aber auch durch Trocknen von Fleisch oder Auslassen von Fett zu Schmalz.

Was Sie zum Einfrieren von Fleisch brauchen

Das Einfrieren größerer Mengen von Fleisch zur Aufbewahrung erfordert eine Grundausrüstung und Zubehör. Hier ist eine Liste von notwendigen und hilfreichen Dingen:

- Gefrierschrank
- Vakuumiergerät
- Behälter aus Kunststoff oder Aluminium mit Deckeln, die dicht schließen und somit zum Einfrieren geeignet sind
- Wachspapier, nicht als Verpackung, sondern zum Trennen von Koteletts und Aufschnitt
- Gefrierbeutel in verschiedenen Größen, ggf. solche für Vakuumiergeräte
- Verschlußclips oder Gummiringe
- Filzschreiber zum Beschriften von Packungen

Einfrieren zum Frischhalten von Fleisch

Keine andere Lagerungsmethode bewahrt sowohl die Beschaffenheit als auch den Geschmack besser als das Einfrieren. Und keine andere Methode ist so einfach.
Schneiden Sie vor dem Verpacken überflüssiges Fett weg und entfernen Sie alle Knochen, die leicht herausgeschnitten werden können. Fett wird schnell ranzig und verringert die Lagerdauer von Fleisch. Knochen brauchen zu viel Platz im Gefrierschrank.
Geben Sie dem Fleisch vor dem Einfrieren weder Salz noch andere Gewürze zu. Frieren Sie Fleischstücke in der für eine Mahlzeit Ihrer Familie benötigten Menge ein. Je kleiner die Päckchen, desto einfacher lassen sie sich einfrieren, lagern und auftauen. Legen Sie eine doppelte Lage Papier zwischen Koteletts, Steaks und Schnitzel, damit sie sich einfach trennen lassen.
Die Lagerdauer von geräuchertem oder getrocknetem Fleisch am Stück beträgt zwei bis drei Monate bei –18 °C. Schweinefleisch und jede Form von Hackfleisch lassen sich bei dieser Temperatur vier Monate lagern. Kalbfleisch ist so bis zu sechs Monaten haltbar, Rinder- und Lammteilstücke bis zu neun Monaten.
Geflügel hält besser, wenn es am Stück verpackt wird, aber es ist manchmal zweckmäßiger, Hühner zu zerlegen und die Teile zu sortieren, um die fleischigeren von den knochigeren zu trennen. Wenn Sie mehrere Hühner einfrieren, können Sie auch alle Schenkel oder Keulen oder die Brustfilets für bestimmte Gerichte zusammenpacken. Packen Sie die Lebern extra und verwenden Sie sie innerhalb von drei Monaten. Andere Innereien und Geflügelfleisch können bis zu neun Monaten eingefroren werden.

– aus *A Guide to Canning, Freezing, Curing* und *Smoking Meat, Fish and Game* von Wilbur F. Eastman, Jr.

Warum Fleisch einfrieren?

- Beim Einfrieren von Fleisch bleiben die Nährstoffe gut erhalten.
- Einfrieren geht im allgemeinen schneller als andere Konservierungsmethoden.
- Einfrieren ist kostengünstiger bezüglich der erforderlichen Geräte und Materialien (wenn Sie die Anschaffungskosten für den Gefrierschrank nicht mitrechnen).
- Einfrieren ist einfacher als Einmachen.
- Gefrorene Lebensmittel haben eine höhere Güte bezüglich Frische.

Stromausfall!

Es kann passieren, daß Ihr Gefrierschrank einmal aufgrund einer Störung oder eines Stromausfalls nicht funktioniert. Kurze Stromunterbrechungen wirken sich nicht auf das eingelagerte Fleisch aus. Aber wenn der Strom für einen Tag oder mehr ausfällt, sollten Sie Lösungen parat haben.

Lösung 1: Legen Sie 12 kg Trockeneis auf ein Stück Karton auf die Oberfläche der gefrorenen Päckchen in Ihrem Gefrierschrank. Sie können es über das Internet mit teils sehr kurzen Lieferzeiten bestellen. Schließen Sie den Gefrierschrank dicht. Wenn er halb voll ist, sollte das Trockeneis die Lebensmittel zwei bis drei Tage gefroren halten. Prüfen Sie den Gefrierschrank dennoch alle 24 Stunden, um zu sehen, ob weiteres Trockeneis erforderlich ist. Wenn er nahezu voll ist, können Sie die Zwischenräume mit Trockeneispellets auffüllen. So sollten die Lebensmittel drei bis vier Tage gefroren bleiben.

Lösung 2: Wenn Verwandte oder Freunde funktionierende Gefriergeräte haben, können Sie vielleicht Ihre gefrorenen Lebensmittel bei ihnen zwischenlagern. Wickeln Sie die Päckchen in Zeitungspapier und Decken, damit sie beim Transport nicht auftauen.

Fleisch zum Einfrieren verpacken

Wegen der niedrigen Luftfeuchtigkeit in Gefriergeräten neigt Fleisch leicht zum Austrocknen (Gefrierbrand). Das ist der Hauptgrund, warum Fleisch in dichten Verpackungen oder Behältern eingeschlossen wird. Fleisch sollte straff verpackt werden, um die Luft herauszupressen, die Bakterien und andere Feinde von Lebensmitteln enthält. Wenn das Fleisch in starre Behälter gepackt wird, sollten diese aus dem gleichen Grund eng bepackt werden. Gefrierbeutel müssen genauso feuchtigkeits- und druckbeständig sein wie Behälter. Verwenden Sie ausschließlich qualitativ hochwertige Ware.

Verwenden Sie für ein Fleischstück den kleinstmöglichen Behälter, aber nicht unbedingt den kleinstmöglichen Gefrierbeutel, denn Sie benötigen noch einiges an Material, um den Beutel dicht zu verschließen. Schieben Sie das Fleischstück in den Beutel und achten Sie streng darauf, daß kein Knochensplitter den Beutel beim Verpacken aufschlitzt oder später beim Transport oder bei der Lagerung durchsticht. Halten Sie die Öffnung mit einer Hand zusammen und drücken Sie mit der anderen Hand möglichst viel Luft aus dem Beutel. Am sichersten verschließen Sie den Beutel, wenn Sie die Öffnung über dem Fleischstück wie bei einer Kordel verdrehen, bis es nicht mehr geht. Dann legen Sie das Ende um, so daß eine Schlaufe entsteht. Diese können Sie entweder mit speziellen Clips oder einem Gummiring zusammenhalten. Die beste Form, Fleisch zu verpacken, ist das Vakuumieren in speziellen Beuteln mit Hilfe eines Vakuumiergeräts.

Wenn starre Behälter keine Schraubverschlüsse oder sonstigen luftdichten Deckel haben, müssen Sie diese ebenfalls in Gefrierbeutel stecken und wie oben beschrieben verschließen. Lassen Sie bei Flüssigkeiten und Saucen mindestens 1 cm Raum im Behälter als Luftraum frei, damit sich die Flüssigkeit ausdehnen kann, ohne den Deckel zu heben.

Es empfiehlt sich, die Päckchen mit allen wichtigen Informationen wie Art des Fleisches, Name des Teilstücks, Einfrierdatum u. ä. zu beschriften. Das erleichtert später das Auffinden und die sachgerechte Verwendung des Inhalts.

– verändert aus *A Guide to Canning, Freezing, Curing* und *Smoking Meat, Fish and Game*

Temperaturen bei der Konservierung von Fleisch

Temperaturen für das Einkochen von Fleisch, Fisch, Wildbret und Geflügel im Schnellkochtopf: 116 bis 122 °C

Mindesttemperatur für das Einkochen von Fleisch, Fisch, Wildbret und Geflügel: 116 °C

Temperaturbereich, in dem die meisten Bakterien abgetötet werden: 75 bis 116 °C (die zur Abtötung benötigte Zeit sinkt mit steigender Temperatur)

Luftaustritt aus Einmachgläsern und Dosen bei der Verwendung von rohen/kalten Lebensmitteln: 77 °C

Aufhalten des Bakterienwachstums, wobei einige überleben: 60 bis 75 °C

Bakterienwachstum möglich, viele überleben: 49 bis 60 °C

Gefahrenbereich: rasches Bakterienwachstum und Bildung von Toxinen möglich: 15 bis 49 °C

Mögliches Wachstum von Bakterien, die Lebensmittelvergiftungen hervorrufen (lagern Sie Fleisch, Fisch und Geflügel nicht länger als eine Woche): 4 bis 8 °C

Temperatur zum Auskühlenlassen von Fleisch, Fisch, Wildbret und Geflügel: unter 4,5 °C und so nahe am Gefrierpunkt wie möglich (aber nicht darunter)

Langsames Wachstum einiger für den Verderb von Lebensmitteln verantwortlicher Bakterien möglich: 0 bis 4,5 °C

Gefrierpunkt für die meisten Flüssigkeiten und Lebensmittel: 0 °C

Abbruch des Bakterienwachstums; aber die Bakterien können überleben: –18 bis 0 °C

Lagerung von gefrorenem Fleisch, Fisch, Wildbret und Geflügel: –18 °C

Höchsttemperatur für rasches Einfrieren: –12 °C

FLEISCH PÖKELN

Das Pökeln verlängert nicht nur die Lagerfähigkeit von Fleisch, sondern gibt ihm auch einen ganz charakteristischen Geschmack. Obwohl Schinken und Speck die Teilstücke sind, die traditionellerweise gepökelt werden, können auch alle anderen Fleischstücke auf diese Weise konserviert werden. Schweinekoteletts und Rippchen lassen sich vorzüglich pökeln, und fast jedes Rindfleisch kann zu Trockenfleisch oder Pökelfleisch verarbeitet werden. Gepökelte Hähnchen- oder Putenbrust ist ebenfalls köstlich.

Eine gute Konservierung verlangt niedrige Temperaturen, die richtige Salzmenge und eine genau bemessene Einwirkzeit.

Niedrige Temperaturen: Sie müssen das Fleisch während des gesamten Konservierungsprozesses kühl halten. Wenn nicht gewährleistet ist, daß die Temperaturen in Ihrem Vorratsraum unter 5 °C bleiben, können Sie kleine Teile auch in einer abgedeckten Schüssel oder einem Plastikbeutel im Kühlschrank pökeln.

Salz: Wiegen Sie das Salz und das Fleisch ab. Zucker gibt dem gepökelten Fleisch sein Aroma, aber das Salz verhindert das Verderben. Verwenden Sie feinkörniges Tafelsalz, kein Jodsalz.

Zeit: Die Einwirkzeit ist sehr wichtig beim Pökeln. Wenn Sie dem Fleisch zuviel Zeit lassen, wird es hart und salzig, lassen Sie ihm zuwenig, verdirbt es. Das Fleisch sollte abhängig von der Größe der Fleischstücke vier bis acht Wochen im Pökelsalz oder drei bis vier Wochen in der Salzlake liegen.

Nach dem Pökeln sollte das Fleisch zum Reifen ein bis drei Wochen an einem kühlen Ort abhängen. Achten Sie darauf, daß es vor Fliegen und Nagern geschützt ist.

– verändert aus *Butchering Livestock at Home* von Phyllis Hobson

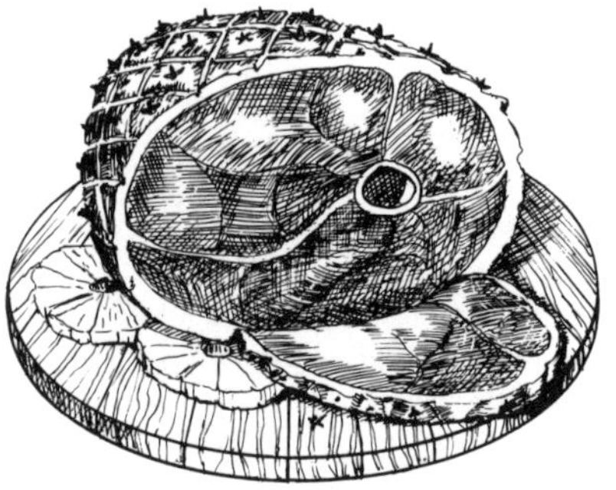

Pökeln gibt dem Schinken seinen charakteristischen Geschmack.

Rezept für Salzlake

Hier ist ein Rezept für Salzlake zum Naßpökeln. Die Zutaten reichen jeweils für 1 kg Fleisch.

0,75 l Wasser
100 g Salz oder Pökelsalz
1 g Natriumnitrit, nicht nötig bei Verwendung von Pökelsalz
5 g Kandiszucker
Nach Belieben können zusätzlich Gewürze wie Knoblauch, Wacholderbeeren und Lorbeerblätter zugegeben werden.

1. Lösen Sie das Salz, das Natriumnitrit und den Zucker im Wasser auf und bringen Sie die Lösung zum Kochen. Rühren Sie gut um und lassen Sie sie vor dem Verwenden vollständig abkühlen.
2. Wenn das Fleisch und die Salzlake gut ausgekühlt sind, schichten Sie das Fleisch in einen sauberen Tontopf oder ein Holzfaß. Wenn Sie größere Mengen pökeln, sollten Sie folgendermaßen vorgehen: Legen Sie den Schinken mit der Speckseite nach unten auf den Boden, dann die Schulterstücke und schließlich den Bauchspeck mit der Außenhaut nach oben darauf. Schichten Sie das Fleisch dicht und beschweren Sie es, damit es nicht in der Salzlake schwimmt.
3. Gießen Sie die Salzlake über das Fleisch, bis es vollständig bedeckt ist.
4. Stellen Sie das Gefäß für sieben Tage an einen kalten Ort (unter 5 °C).
5. Gießen Sie die Lake nach sieben Tagen in einen Topf. Schichten Sie das Fleisch im Pökelgefäß um, damit es gleichmäßig konserviert wird.
6. Gießen Sie die Lake wieder über das Fleisch und lassen Sie das Gefäß an dem kalten Ort, bis der Pökelvorgang abgeschlossen ist.
7. Hängen Sie das Fleisch nach dem Pökeln ein bis drei Wochen, vor Fliegen geschützt, an einem kalten Ort auf. Dann kann es direkt verwendet oder geräuchert werden.

In diesem hölzernen Faß sind Fleischstücke richtig zum Pökeln aufgeschichtet.

Eine eigene Räucherkammer bauen

Das Räuchern von Fleischstücken bringt verlockende Aromen hervor. Es treibt außerdem die verbleibende Feuchtigkeit aus dem Fleisch und gibt ihm eine angenehme Farbe. Die Menge an Rauch, die Art der Holzspäne, die als Brennstoff verwendet werden, und die Behandlung (mit Zucker, Honig, Ahornsirup usw.), die dem Räuchern vorangegangen ist, bestimmen den besonderen Geschmack.
Die Grundbestandteile einer Räucherkammer sind eine Feuergrube, die eigentliche Räucherkammer, in der das Fleisch geräuchert wird, und ein Rauchtunnel, der den Rauch von der Feuerstelle zur Räucherkammer leitet. Zum Bau dieser Bestandteile lassen sich rund um das Haus leicht geeignete Materialien finden.

Die Feuergrube

Die Feuergrube sollte in einem 60 bis 75 cm tiefen Loch eingerichtet werden. Der Raum selbst kann ein alter Kessel, ein einfacher Blechkasten oder jede andere Form eines Gehäuses sein, in dem man Feuer machen kann. Ein einfaches, mit Steinen ausgekleidetes Loch funktioniert ebenso gut. Die Grube muß einen Deckel haben, der als Rauchschieber dient, und wenn es nur ein quer darübergelegtes Brett ist. Eine Metallabdeckung ist ideal.

Die Räucherkammer

Die Kammer sollte groß genug sein, um die üblicherweise zu verarbeitende Fleischmenge unterbringen zu können. Sie können eine alte saubere Metalltonne, eine Holzkiste aus abgelagertem Hartholz oder einen Metallkasten verwenden. Waschen Sie das Teil mit einem milden Reinigungsmittel aus, bevor Sie mit reichlich klarem Wasser nachspülen und es an der Luft trocknen lassen, bis es genutzt werden kann.
Die Räucherkammer muß einen Deckel haben, der sich öffnen und schließen läßt, damit er als Drosselklappe für die Luftströmung wirken kann. Er kann aus Brettern, dem Deckel einer Metalltonne, einem Stück Blech oder anderen Gegenständen improvisiert werden. Sie brauchen außerdem Vorrichtungen zum Aufhängen des Fleisches. Stege aus Ästen oder Holzstäben können quer über den Rand der Kammer gelegt werden. Befestigen Sie das Fleisch an den Stegen mithilfe von Bindfaden, Draht oder Fleischerhaken.
Die Räucherkammer sollte etwa 3 m von der Feuergrube entfernt sein und ihr Boden idealerweise etwas oberhalb des Deckels der Feuergrube liegen. Das fördert die Luftströmung von der Feuergrube zur Räucherkammer und vereinfacht den Bau des Rauchtunnels.

Der Rauchtunnel

Schneiden Sie etwa 30 cm unter der Oberkante der Feuergrube ein Loch mit etwa 15 cm Durchmesser in die Seitenwand und ein ähnliches Loch in den Boden der Räucherkammer und verbinden Sie beide. Dafür können Sie ein Ofenrohr mit Knie verwenden.
Der Rauchtunnel liegt vollständig unter der Bodenoberfläche. Das ist wichtig, weil dadurch der Rauch auf der geeigneten niedrigen Temperatur gehalten wird. Heben Sie für den Rauchtunnel einen Graben zwischen der Feuergrube und der Räucherkammer aus und legen Sie das Ofenrohr mit Knie zum Einführen in die Kammer hinein. Decken Sie das Rohr mit einem Brett ab und bedecken Sie dieses bis zur Bodenoberfläche mit Erde.

Das Feuer

Sie brauchen ein kleines, beständiges Feuer, das Rauch bildet. Zünden Sie Holzkohle an und geben Sie dann langsam und stetig Holz zu.

Der Brennstoff

Verwenden Sie die Holzart, die am besten Ihren Geschmack trifft. Als Anfänger sollten Sie zunächst nach Lust und Laune experimentieren. Verwenden Sie aber nur Hartholz – Buche, Ahorn, Kirsche, Apfel, Eiche, Kastanie oder Esche. Besonders in Neuengland werden seit langem auch getrocknete Maiskolben erfolgreich eingesetzt. Schneiden Sie Ihr Brennmaterial in kleine Stückchen oder verwenden Sie Hobel- oder Sägespäne. Wenn der Brennstoff zu rasch abbrennt, benetzen Sie ihn mit Wasser oder verwenden Sie grüne Ästchen oder grünes Laub von Hartholzbäumen zum Schwelen und zur Rauchentwicklung.

– verändert aus *The Canning, Freezing, Curing, and Smoking of Meat, Fish, and Game*

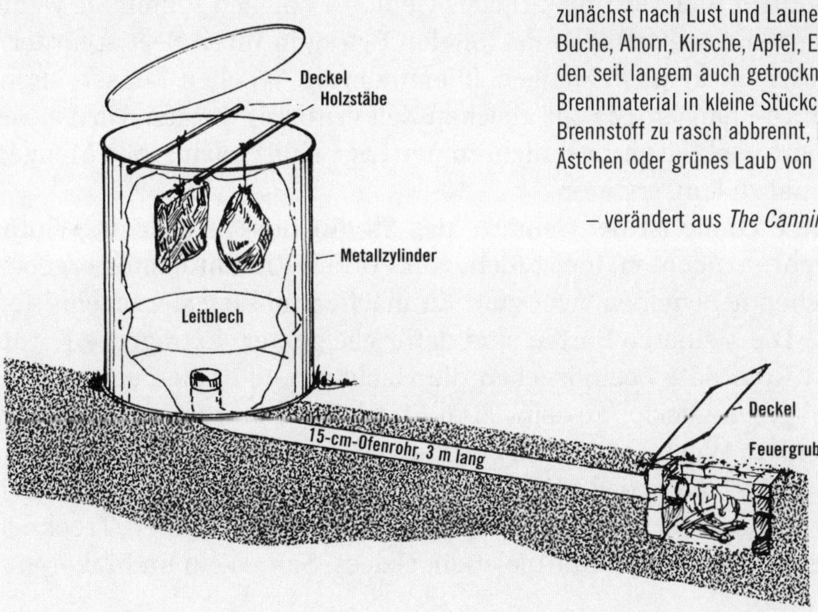

24 DIE ERNTE KONSERVIEREN

GEMÜSE BLANCHIEREN • OBST UND GEMÜSE EINFRIEREN EINMACHVERFAHREN • TROCKNEN VON FRISCHEN LEBENSMITTELN

Wenn es im Garten ruhiger wird, kommt in der Küche bei der Vorbereitung der Ernte für die Lagerhaltung Leben auf. Ich trockne eine Fülle von Kräutern, friere gehackte Paprika und Zwiebeln ein und mache Tomaten als Sauce, Saft, Ketchup und im ganzen ein. Aber mein Lieblingsrezept zur Erntezeit ist Tante Inas Würzsauce, ein echter Familienschatz! Sie benötigt beträchtliche Mengen von Gemüse auf einen Schwung – Kohlarten, rote und grüne Paprika, Karotten, Zwiebeln und auch die überschüssigen grünen Tomaten. Für meine Familie ist sie das Beste aus der Speisekammer, und ihr Geschmack ist unübertroffen. Versuchen Sie es selbst!

– Martha Storey

Tante Inas Würzsauce

- 2 große Kohlköpfe, rot und weiß
- 12 große Karotten
- 12 große Paprikaschoten (rot und grün)
- 12 große Zwiebeln
- 12 große grüne Tomaten
- Peperoni nach Geschmack (wahlweise)
- ½ Tasse Salz (kein Jodsalz)
- 6 Tassen Apfelessig
- 6 Tassen Zucker
- 1 Eßlöffel Kurkuma
- 1 Eßlöffel Senfsamen
- 1 Eßlöffel Selleriesamen

Zerkleinern Sie alle Gemüsearten mit der Küchenmaschine und mischen Sie das Salz sorgfältig unter. Decken Sie die Masse ab und lassen Sie sie zwei Stunden stehen. Drücken Sie mit den Händen den gesamten Saft heraus – Sie können ihn anderweitig verwenden – und geben Sie die verbleibende Gemüsemasse in eine große Keramikschüssel. Erhitzen Sie inzwischen Essig, Zucker, Kurkuma, Senf- und Selleriesamen in einer beschichteten Pfanne, bis der Zucker sich gelöst hat.
Geben Sie den Essig zum Gemüse und mischen Sie es gut durch. Lassen Sie die Masse 20 Minuten stehen, bevor Sie sie in 500-ml-Gläser abfüllen und dicht verschließen. Kochen Sie sie für 15 Minuten im Heißwasserbad ein.

Von allen Lehren, die wir aus unserem Garten gezogen haben, ist die wichtigste, eine reife Kultur sofort zu ernten und zu essen oder zu konservieren. Ansonsten haben Sie überreifes, qualitativ minderwertiges Obst und Gemüse, das auch durch Konservieren nicht besser wird. Was frisch zweitklassig ist, wird verarbeitet drittklassig. Wenn Sie Ihr Gemüse ernten, sobald es reif ist, haben Sie eine kontinuierliche Ernte. Lassen Sie ein paar Tage vergehen, haben Sie weniger und nicht mehr so appetitliches Gemüse. Folglich sollten Sie weniger Pflanzen einsetzen, den maximalen Ertrag in Ihren Beeten fördern und diesen in kleinen Mengen über mehrere Wochen konservieren. Wenn Ihre Pflanzen alle zur gleichen Zeit erntereif werden, wird vieles verderben, weil Sie einfach nicht in der Lage sind, solch große Mengen auf einmal zu konservieren.

Besondere Größe ist bei Gemüse, das Sie für den Verzehr im Winter aufbewahren möchten, meist nicht von Vorteil. Riesentomaten ergeben ansprechende Scheiben, aber zum Einmachen müssen sie zerschnitten werden. Die kleineren Sorten sind dafür geeigneter. Extragroße Karotten und Rote Bete beeindrucken die Nachbarn, aber sie neigen dazu, zäh und geschmacklos zu sein. Zum Frischessen und für die Lagerung sind kleinere Wuchsformen zu bevorzugen.

Zu den vielen Methoden zur Konservierung von Lebensmitteln zählen Einlagern, Einfrieren, Einkochen, Einlegen in Essig, Vergären, Trocknen und das Herstellen von Marmeladen, Gelees, Saft, Wein und Likören.

LEXIKON

Blanchieren: der Prozeß, Gemüse für ein bis fünf Minuten in heißes Wasser einzutauchen oder in Wasserdampf zu halten, um Enzyme zu inaktivieren, die Lebensmittel verderben lassen

Einkochen: eine Methode, um Lebensmittel in Gläsern aufzubereiten, indem man sie für bestimmte Zeit bei 100 °C kocht, um das Bakterienwachstum zu unterbinden

Heißeinfüllverfahren: eine Methode, um Obst und Gemüse zu konservieren, indem diese zuerst vorgekocht und dann in Gläser abgefüllt werden

Luftraum: der 1,5 bis 2,5 cm hohe Raum zwischen der Oberfläche des eingefüllten Nahrungsmittels und dem Deckel des Gefäßes, der die Ausdehnung des Nahrungsmittels ermöglicht

Pektin: ein Geliermittel, das in allen Früchten vorkommt und Gelees ihre Konsistenz verleiht

Roheinfüllen: ein Konservierungsverfahren, bei dem ungekochtes Obst und Gemüse in Gläser gefüllt und heiße Flüssigkeit zugegeben wird

Schnellkochtopf: ein spezieller Topf mit dichtschließendem Deckel und Temperaturregulierung. Er baut zwischen 1,8 und 2,0 bar Dampfdruck auf, wodurch Temperaturen von 116 bis 121 °C erreicht werden, die wiederum Bakterien abtöten

Einfrieren

Einfrieren ist eine einfache Konservierungsmethode, die für fast alle Obst- und Gemüsearten verwendet werden kann. Es reduziert die Vitamine, mit Ausnahme von Vitamin E und B_6, nicht wesentlich. Das heißt, der Nährstoffverlust ist gering. Allerdings ist es im Vergleich zu anderen Konservierungsmethoden teuer. Bedenken Sie vor allem, daß bei längerer Lagerung die Energiekosten abhängig vom Stromverbrauch Ihres Gefrierschranks und dem Befüllungsgrad beträchtlich zu Buche schlagen können.

Gefriergut auswählen

Falls Sie über die Voraussetzungen für alle Konservierungsverfahren verfügen, wird Einfrieren nur ein Bestandteil Ihres Lagerhaltungsplans sein. Frieren Sie nur das ein, was sich am besten dafür eignet. Kartoffeln halten sich gut im Lagerkeller, Tomaten und Würzsaucen können eingekocht werden und Äpfel lassen sich trocknen, aber ein Großteil Ihres Obstes und Gemüses läßt sich gut einfrieren.

Wie einfrieren?

- Wählen Sie nur Obst und Gemüse von erstklassiger Qualität. Verarbeiten Sie Gemüse so schnell wie möglich. Frieren Sie Obst nur ein, wenn der Geschmack sich voll entwickelt hat.
- Arbeiten Sie unter einwandfreien hygienischen Bedingungen.
- Gestalten Sie den Arbeitsplatz und die Arbeitsabläufe rationell und behalten Sie die erforderliche Zeit im Blick.
- Sortieren Sie das Gefriergut nach einheitlichen Größen.
- Waschen oder schrubben Sie das Gefriergut gründlich. Schälen Sie es und schneiden Sie es, wenn nötig, in Scheiben. Blanchieren Sie Gemüse in kochendem Wasser oder heißem Dampf und kühlen Sie es rasch in Eiswasser ab.
- Verpacken Sie das Gefriergut richtig und drücken Sie soviel Luft wie möglich aus dem Behälter. Lassen Sie einen Freiraum, weil Lebensmittel sich beim Gefrieren ausdehnen.
- Beschriften Sie das Gefriergut und legen Sie es in einer Schicht in Ihren Gefrierschrank. Schalten Sie ihn für ein paar Stunden auf „Schockfrosten", wenn diese Funktion vorhanden ist, damit das Gefriergut so schnell wie möglich durchgefriert.

– verändert aus *Keeping the Harvest* von Nancy Chioffi und Gretchen Mead

Einlagern im Keller

Das Einlagern im Keller ist die einfachste aller Aufbewahrungsmethoden. Sie können viele Gemüsearten mehrere Monate in einem kalten Keller oder an jedem Ort mit einem geeigneten Mikroklima lagern. Diese Methode erfordert keine Vorbereitung und funktioniert gut bei Zwiebeln, Karotten, Roten Beten, Kartoffeln, Kürbissen, Kohl und Äpfeln. Getreide und getrocknete Samen wie etwa Bohnen oder ausgelöste Erbsen benötigen nur Dunkelheit und kalte, trockene Orte, geschützt vor Schimmel, Feuchtigkeit und Mäusen. (Mehr über Einlagerung im Keller erfahren Sie im Kapitel 9 – Der Gemüsegarten.)

GEMÜSE BLANCHIEREN

Gemüse blanchieren

Blanchiertes und anschließend eingefrorenes Gemüse gerät besser als roh eingefrorenes. Blanchiertes Gemüse gewinnt an Geschmack, Farbe und Textur. Zudem hilft Blanchieren, die Nährstoffe zu erhalten und den Verlust der Vitamine A und C sowie der B-Vitamine zu verhindern.

Es gibt mehrere Möglichkeiten, Gemüse zu blanchieren. Wenn Sie 1500 m oder mehr über Meereshöhe leben, erhitzen Sie es eine Minute länger, als in der Tabelle angegeben.

Gemüse blanchieren und einfrieren

Mit Ausnahme von Kürbissen, die nur zwei bis drei Monate gelagert werden können, halten sich diese Gemüsearten zwölf Monate bei –18 °C, wenn sie richtig vorbereitet und verpackt sind.

Gemüse	Erntekriterien	Vorbereitung	Blanchierzeit in Minuten Kochen	Dampf
Artischocken	am besten, wenn noch klein	Spitzen und Stacheln abschneiden, Stiele kürzen, waschen	8	8–10
Auberginen	klein mit weicher Schale	waschen, schälen, in Scheiben oder Würfel schneiden, mit 1 Eßlöffel Zitronensaft auf 1 l Wasser blanchieren	4	6
Blumenkohl	gut ausgebildete Köpfe, keine braunen Flecken	waschen, in Röschen schneiden, auf Raupen kontrollieren, für 10 bis 15 Minuten in kaltes Wasser einlegen	3	5
Bohnen (gelb)	kleine Bohnen in den Hülsen	waschen, auf gewünschte Länge schneiden, Stielenden entfernen	3	4
Bohnen (grün)	jung, zart	waschen, auf gewünschte Länge schneiden, Stielenden entfernen	3	4
Bohnen (Lima)	hellgrün, schwach ausgefüllte Hülsen	waschen, blanchieren und enthülsen	2	4
Brokkoli	keine gelben Köpfe oder kernigen Stengel	waschen, in gleichmäßige Stücke schneiden; auf Raupen prüfen; für 10 bis 15 Minuten in kaltes Salzwasser einlegen	2–4	3–6
Erbsen (grün)	ausgefüllt, grün, zart	enthülsen, aber nicht waschen	2	3
Grünspargel	jung, sehr grün	waschen, gleichmäßige Stücke schneiden	4	3
Kürbis	satte Farbe, harte Schale	waschen, in gleichmäßige Stücke schneiden; bei 180 °C im Ofen backen, bis sie weich sind; Schalen abheben (außer Hokkaido)	3–4	3–4
Paprika	glänzende Haut, satte Farbe	waschen und halbieren, Samen entfernen; Blanchieren unwichtig, vereinfacht aber das Einpacken	2	2
Spinat	sattgrün, feste Blätter	waschen und putzen	3	3
Weißkraut	zarte grüne Köpfe	waschen; hobeln oder in Keile schneiden	1½–2	2–3
Zucchini	tiefgrün, weiche Schale, klein	waschen und hobeln, in Scheiben schneiden oder würfeln	2–3	2–3
Zuckermais	junge, reife, kleine Kolben	enthülsen, Seide entfernen, waschen; je drei Kolben zusammen blanchieren, abkühlen, Körner vom Kolben schneiden	4	6
Zuckerschoten	grün, nicht ausgefüllt	waschen	2	3

OBST UND GEMÜSE EINFRIEREN

Blanchieren mit Dampf: Diese Methode erzeugt neben dem Einfrieren den besten Geschmack und bietet den besten Schutz gegen Vitaminverlust. Sie können einen Dampftopf verwenden, der speziell für das Dampfgaren ausgelegt ist, oder einen Dampfeinsatz in einem Topf mit Deckel. Bringen Sie unter dem Dampfeinsatz 10 bis 12 cm Wasser zum Kochen. Geben Sie eine dünne Schicht Gemüse in den Korb. Beginnen Sie mit der Zeitmessung, wenn Sie den Deckel auflegen.

Blanchieren in kochendem Wasser: Das ist die einfachere Methode, aber das Ergebnis ist nicht so gut wie beim Blanchieren mit Dampf, weil die hohe Temperatur und das Eintauchen in Wasser leicht zu einer Minderung des Geschmacks führen können. Lassen Sie 4 l Wasser sprudelnd kochen und geben Sie dann 0,5 kg sauberes, geschnittenes Gemüse hinein. Lassen Sie das Wasser wieder aufkochen und beginnen Sie dann mit der Zeitmessung.

Blanchieren in der Mikrowelle: Folgen Sie der Bedienungsanleitung des Herstellers. Obwohl diese Methode attraktiv erscheint, widersprechen sich Fachleute in ihren Empfehlungen. Zudem kann nur jeweils ein 0,5- oder 1-l-Beutel mit Gemüse aufbereitet werden.

Der letzte Schritt: Beenden Sie ungeachtet der Blanchiermethode den Kochvorgang, indem Sie das Gemüse in Eiswasser tauchen.

Gemüse einfrieren im Überblick

Richten Sie Ihre Arbeitsgeräte und das Zubehör bereits am Vortag her. Legen Sie Ihre Geräte in der Reihenfolge zurecht, wie Sie sie brauchen. Sie möchten sicher schnell, aber sorgfältig arbeiten und wenn möglich nur kleine Mengen Lebensmittel verwenden. Wie immer, sollten Sie frisches und zartes Gemüse auswählen. Ernten oder kaufen Sie Gemüse früh am Tag und achten Sie darauf, daß es so gut wie reif ist und keinerlei Flecken und Druckstellen hat.

1. Waschen Sie das Gemüse und schneiden Sie es in gleichgroße Stücke, wenn dies zweckmäßig ist.
2. Zum Blanchieren mit Dampf müssen Sie den Drahtkorb des Dampftopfs mit 0,5 kg vorbereitetem Gemüse füllen. Hängen Sie ihn über das kochende Wasser und dekken Sie den Topf zu. Beginnen Sie mit der Zeitmessung. Auf der gegenüberliegenden Seite finden Sie die exakten Zeiten.
3. Um das Gemüse schnell abzukühlen, müssen Sie es im Korb in Eiswasser tauchen. Sie können den Korb aber auch auf mit Eiswürfeln gefüllte Beutel mit Zipverschluß stellen und mit weiteren Beuteln abdecken. Diese Methode hält das dem Gemüse zugefügte Wasser auf einem Minimum.
4. Schütten Sie das abgekühlte Gemüse aus dem Korb auf ein sauberes Handtuch. Rollen Sie das Handtuch vorsichtig auf, um überflüssiges Wasser zu entfernen, aber quetschen Sie das Gemüse nicht.
5. Geben Sie das Gemüse umgehend in Gefrierbehälter oder -beutel, verschließen Sie sie dicht und beschriften Sie sie. Gemüsearten, die beim Packen bereits Lufträume um sich haben, wie Brokkoli und Artischocken, brauchen keinen zusätzlichen Raum zur Ausdehnung.

– aus *The Big Book of Preserving the Harvest* von Carol W. Costenbader

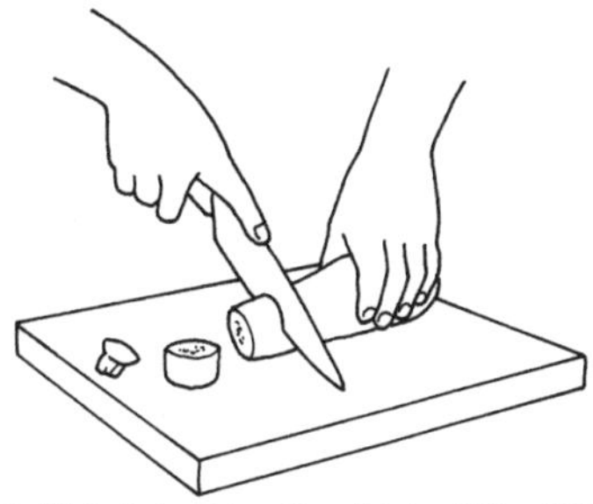

Schritt 1: Schneiden Sie gleichmäßige Stücke.

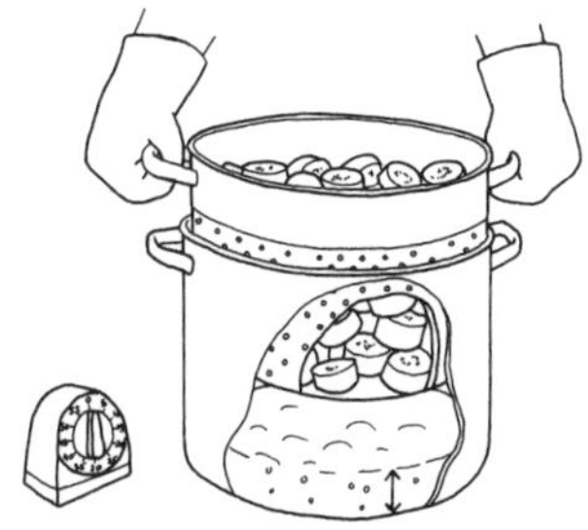

Schritt 2: Hängen Sie den Einsatz in den Dampftopf und dämpfen Sie über die vorgegebene Zeit.

Schritt 3: Tauchen Sie den Korb in Eiswasser.

Schritt 4: Rollen Sie das Gemüse in ein sauberes Handtuch.

Schritt 5: Packen Sie das Gemüse ab und verschließen Sie die Beutel.

LANDKÜCHE UND VORRATSHALTUNG

OBST UND GEMÜSE EINFRIEREN

Obst einfrieren

Obst läßt sich von allen Lebensmitteln am einfachsten einfrieren. Es muß nicht blanchiert werden. Früchte behalten beim Einfrieren einen Großteil ihrer Nährstoffe, und ihre Farbe, ihre Textur und ihr Geschmack sind besser, als wenn sie eingekocht würden. Dennoch wird Obst während des Einfrierens etwas weich.

Obst vorbehandeln

Manche Früchte werden braun, nachdem sie zum Einfrieren geschält worden sind. Das betrifft besonders Äpfel, Aprikosen, Pfirsiche und Nektarinen. Um das Braunwerden zu verhindern, können Sie die geschnittenen Früchte vor dem Einfrieren in Ascorbinsäure, Zitronensäure, Zitronensaft oder konzentrierten Fruchtsaft tauchen. Machen Sie sich aber bewußt, daß dadurch der Geschmack des Obstes (manchmal durchaus zum Besseren) verändert werden kann. Das Blanchieren für drei bis fünf Minuten mit Dampf sofort nach dem Schälen unterbindet das Braunwerden, ohne den Geschmack zu verändern.

Einzeln einfrieren

Diese Art des Einfrierens soll die Form der Früchte weitgehend erhalten und es ermöglichen, gefrorene Früchte später einzeln aus der Packung zu entnehmen. Sie werden ohne den Zusatz von Flüssigkeiten oder anderen Zutaten eingefroren und müssen zuvor lediglich gewaschen und mit sauberen Tüchern abgetrocknet werden. Behandeln Sie die Früchte vorsichtig, um sie nicht zu zerquetschen.
Verteilen Sie die sauberen trockenen Früchte in einer Schicht auf Backbleche oder Schneidbretter und geben Sie sie in den Gefrierschrank. Wenn die Früchte fest sind, verpacken Sie sie lose in saubere Behälter oder Gefrierbeutel. Lassen Sie in Behältern etwa 1,5 cm Luftraum.

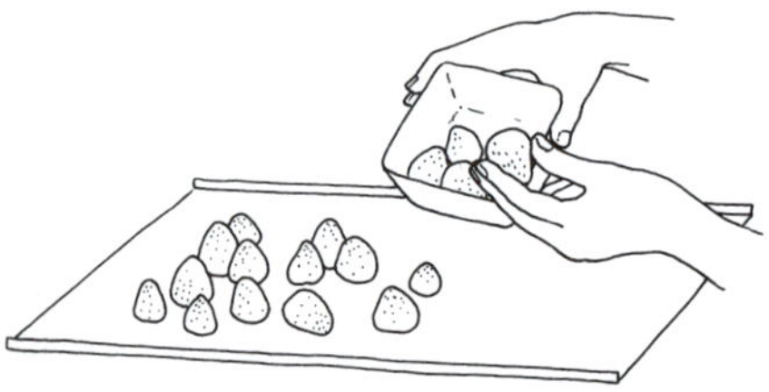

Frieren Sie ganze, einwandfreie Früchte auf einem Tablett vor, bevor Sie sie in Behälter oder Beutel umfüllen.

Mit Flüssigkeit einfrieren

Beim Einfrieren mit Flüssigkeiten werden vor dem Einfrieren Sirup, Saft oder Wasser zum Obst gegeben. Sie können die Früchte aber auch einfach vor dem Einfrieren pürieren.
Geben Sie beim Einpacken 80 bis 110 ml kalten Zuckersirup, Saft oder kaltes Wasser auf einen 500-ml-Behälter mit sauberem Obst. Mischen Sie behutsam durch, beschriften Sie den Behälter und frieren Sie den Inhalt ein. Lassen Sie bei 0,5-l-Behältern etwa 1,5 cm Luftraum und bei 1-l-Behältern etwa 2,5 cm.
Obst kann auch mit Honig eingefroren werden. Dazu müssen Sie einfach Wasser erhitzen und Honig einrühren. Verwenden Sie für einen dünnen Sirup eine Mischung aus einem Teil Honig und vier Teilen Wasser und für einen mittleren Sirup zwei Teile Honig auf drei Teile Wasser. Lassen Sie den Honigsirup nach dem Rühren auf Raumtemperatur abkühlen. Geben Sie 120 ml Honigsirup in einen 0,5-l-Behälter mit Obst und 240 ml in ein 1-l-Gefäß. Lassen Sie bei 0,5-l-Behältern etwa 1,5 cm Luftraum und bei 1-l-Behältern etwa 2,5 cm.

Mischen Sie zum Einfrieren mit Zucker 180 g davon auf 1 l Früchte unter.

Mit Zucker einfrieren

Beim Einfrieren mit Zucker wird je nach Geschmack Zucker über das frische Obst gestreut. Mischen Sie beides behutsam oder zerdrücken Sie die Mischung leicht, um den Saft aus den Früchten zu ziehen. Rühren Sie so lange, bis der gesamte Zucker gelöst ist. Geben Sie das gezuckerte Obst in Behälter oder Gefrierbeutel, beschriften Sie sie und frieren Sie sie ein. Lassen Sie bei 0,5-l-Behältern etwa 1,5 cm Luftraum und bei 1-l-Behältern etwa 2,5 cm.

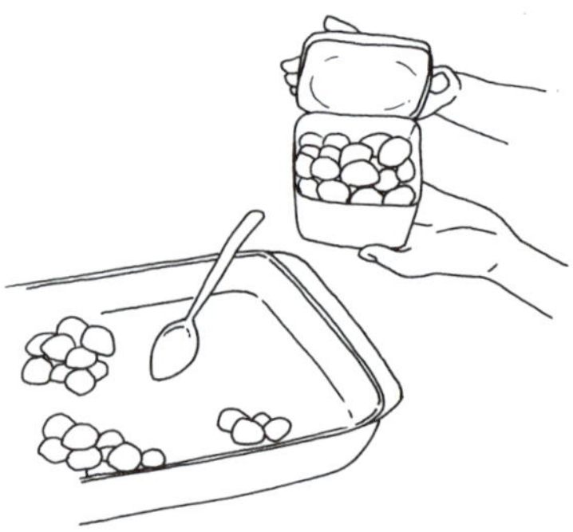

Füllen Sie die Früchte in Behälter und lassen Sie Platz zum Ausdehnen frei.

– aus *The Big Book of Preserving the Harvest* von Carol W. Costenbader

Obst einfrieren

Fruchtart	Erntezeitkriterien	Vorbereitung
Äpfel	fest, knackig, aber reif	waschen, schälen, Kernhaus entfernen und in Scheiben schneiden; vorbehandeln, um das Braunwerden zu verhindern, oder mit Flüssigkeit einfrieren
Aprikosen	weich und reif, aber fest	15 bis 30 Sekunden in kochendes und dann in kaltes Wasser tauchen; Haut abziehen, halbieren, entkernen; mit Flüssigkeit einfrieren
Birnen	fest, knackig, aber reif	waschen, schälen, Kernhaus entfernen und in Schnitze schneiden; vorbehandeln, um das Braunwerden zu verhindern; vereinzelt einfrieren
Brombeeren	fest, süß, reif	behutsam waschen und entkelchen; dann vereinzelt oder in sehr dünnem Sirup einfrieren
Erdbeeren	reif, weich, makellos	behutsam waschen, halbieren oder im Ganzen vereinzelt einfrieren; oder in dünnem Sirup einfrieren
Heidelbeeren	frisch, prall, süß, aber weich	waschen, trocknen und lose in Behälter packen; oder zerquetschen, pürieren; oder mit Flüssigkeit einfrieren
Himbeeren	fest, süß, reif	behutsam waschen und entkelchen; dann vereinzelt oder in sehr dünnem Sirup einfrieren
Johannisbeeren	weich, reif, aber fest, prall mit glänzender Haut	waschen, trocknen, vereinzelt einfrieren; oder als Saft einfrieren, um nach dem Auftauen Gelee zu machen
Kirschen (Süß- und Sauerkirschen)	weich, frisch, prall mit glänzender Haut	waschen, halbieren, entsteinen, gegen Braunwerden behandeln und vereinzelt einfrieren
Kiwis	weich, aber fest und reif	schälen und in Scheiben schneiden; nur mit Flüssigkeit einfrieren
Melonen	süß, reif	würfeln, in Scheiben schneiden oder Melonenbällchen ausstechen; vereinzelt einfrieren
Nektarinen	reif, makellos, weich, aber fest	waschen, schälen und entsteinen; in Scheiben schneiden oder halbieren; vorbehandeln oder mit Flüssigkeit gegen Braunwerden einfrieren
Pfirsiche	reif, makellos, weich, aber fest	waschen, schälen und entsteinen; in Scheiben schneiden oder halbieren; vorbehandeln oder mit Flüssigkeit gegen Braunwerden einfrieren
Pflaumen	reif, süß, aber fest	Waschen, halbieren und entsteinen; vorbehandeln oder mit Flüssigkeit gegen Braunwerden einfrieren
Rhabarber	fest, zarte rote Stiele	Waschen, schälen und in kleine Stücke schneiden; 1½ Minuten in Dampf oder kochendem Wasser blanchieren, dann vereinzelt einfrieren; oder ohne Blanchieren in Sirup einfrieren
Trauben (kernlos)	weich, süß, fest, aber reif	waschen, entstielen und vereinzelt einfrieren

Zuckersirup zum Einfrieren von Obst

Stellen Sie ihn am Tag vor dem Einfrieren des Obstes nach einem der folgenden Rezepte her. Bringen Sie die Zutaten zum Kochen, um den Zucker aufzulösen. Lassen Sie den Sirup anschließend abkühlen.

Dünner Sirup
Zucker: 2 Tassen
Wasser: 4 Tassen
Fertige Menge: 5 Tassen

Mittlerer Sirup
Zucker: 3 Tassen
Wasser: 4 Tassen
Fertige Menge: 5½ Tassen

Dicker Sirup
Zucker: 8¾ Tassen
Wasser: 4 Tassen
Fertige Menge: 8⅔ Tassen

– aus *The Big Book of Preserving the Harvest*

EINMACHVERFAHREN

Eine Auswahl von normalen und Weithalsgläsern zum Einmachen

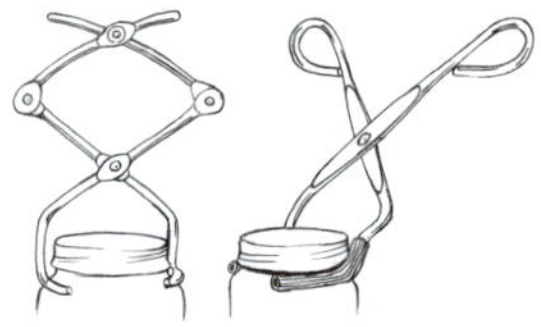

Glasheber

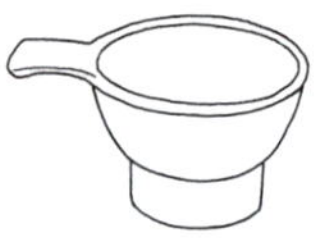

Einmachtrichter

Hoher Topf mit Einsatz

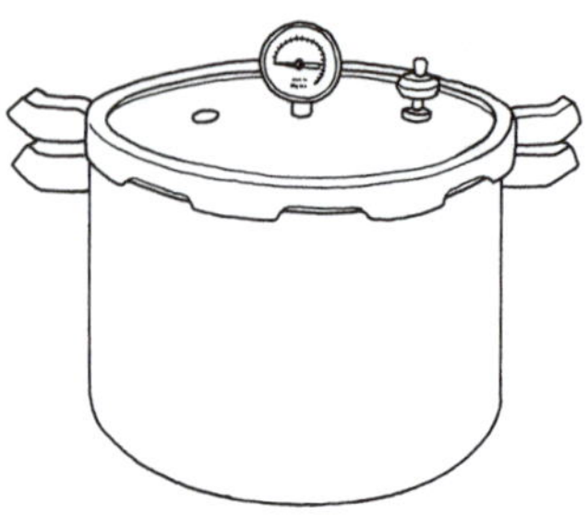

Schnellkochtopf

Gemüse und Obst einkochen

Selbsteingemachtes Gemüse ist mindestens so gut wie gekauftes und vielleicht besser, wenn Sie es selbst angebaut haben und genau wissen, wie es behandelt wurde und welche Art von Insektiziden und Düngern verwendet oder auch nicht verwendet wurden. Der Vorteil von Eingemachtem gegenüber Eingefrorenem liegt darin, daß Sie keine teure Ausstattung brauchen, um es aufzubewahren – nur ein Regal an einem kühlen, dunklen und trockenen Platz.

Als wir das erste Mal Hefebrot machten, war dies mit vielen Verzögerungen und ständigen Stockungen und Pausen verbunden, weil wir die uns unendlich kompliziert erscheinende Anleitung lesen mußten. Heute können wir flott arbeiten, ohne es an Genauigkeit fehlen zu lassen. Das gleiche gilt für das Einkochen. Das erste Mal war es zeitaufwendig, frustrierend und etwas beängstigend, aber nun machen wir es mit Selbstvertrauen und Können. Lesen Sie also die Anweisungen und Warnungen sorgfältig, bevor Sie handeln. Sie werden selten erfreulichere Anblicke finden als die Reihen glänzender Gläser mit Tomaten, Essiggurken, Würzsaucen, Gemüse und Obst, die Sie selbst abgefüllt haben.

Was zum Einmachen benötigt wird

Eine gute Planung ist Grundbedingung, damit das Einmachen gelingt. Halten Sie alle Utensilien, Zutaten und Informationen bereit, die Sie brauchen. Sehen Sie reichlich Zeit vor, damit Sie alle Arbeitsschritte in Ruhe ausführen können. Räumen Sie eine große Arbeitsfläche frei. Verwenden Sie die folgenden Arbeitsgeräte und achten Sie darauf, daß alles sauber ist:

- Gläser sind die Hauptutensilien beim Einmachen. Die meisten Zeitangaben sind für 1-l-Gläser bemessen. Es gibt sie entweder in schmaler oder in Weithalsform. Weithalsgläser sind einfacher zu füllen. Prüfen Sie alle Gläser, indem Sie mit dem Finger rund um die Kante fahren. Wenn Sie dabei Absplitterungen oder Sprünge feststellen, entsprechen die Gläser nicht den Anforderungen zum Einmachen. Sie werden nicht dicht schließen.
- Übliche moderne Einmachgläser haben entweder Schraubdeckel mit integrierter Dichtung oder Deckel mit Bügelverschluß und Gummidichtung. Die Schraubdeckel und die Gummidichtungen können an einem trockenen Ort für das nächste Jahr gelagert werden. Allerdings sollten Sie die Gummidichtungen keinesfalls in der Spülmaschine reinigen, weil sie sonst spröde werden und nicht mehr abdichten.
- Ein einfacher Glasheber wird verwendet, um die heißen Gläser aus dem Einkochtopf zu holen.
- Topflappen
- Einmachtrichter
- Messer, Schneidbretter, große Töpfe und ein Küchensieb
- Für das Einkochen brauchen Sie einen hohen Topf mit einem Deckel und einem Einsatz oder einen elektrischen Einkochtopf. Außerdem ist ein Wasserkocher nötig, um bei Bedarf heißes Wasser nachfüllen zu können.
- Für das Einmachen im Schnellkochtopf bedarf es eines entsprechenden Topfes mit Einsatz.

– aus *Keeping the Harvest* von Nancy Chioffi und Gretchen Mead

Lebensmittel und Gläser zum Einkochen vorbereiten

1. Waschen Sie das Einmachgut. Schneiden Sie es, wenn nötig, in einheitliche Stücke. Stellen Sie es beim Roheinlegen zunächst zur Seite. Beim Heißeinfüllverfahren müssen Sie es in einen großen Kochtopf geben, mit Wasser überdecken und zum Kochen bringen. Lassen Sie es zwei bis fünf Minuten köcheln.
2. Sterilisieren Sie die Gläser, indem Sie sie mit heißem (nicht kochendem) Wasser füllen und auf einem Einsatz in einen mit Wasser gefüllten Topf senken. Achten Sie darauf, daß das Wasser mindestens 2,5 cm über den Rändern der Gläser steht. Bringen Sie das Wasser zum Kochen und lassen Sie es zehn Minuten weiterkochen. Halten Sie die Gläser heiß. Alternativ können Sie sie samt Deckel auch im Geschirrspüler waschen.
3. Nehmen Sie die Gläser aus dem Topf, gießen Sie sie aus und füllen Sie sie sofort mit dem Einmachgut. Wenn Sie es roh hineingeben, sollten Sie es dicht schichten, beim Heißeinfüllverfahren dagegen locker.
4. Geben Sie die sehr heiße Flüssigkeit zu, je nach Rezept Wasser, Sirup oder Fruchtsaft, bis die Lebensmittel bedeckt sind, und lassen Sie einen angemessenen Luftraum.
5. Entfernen Sie Luftblasen, indem Sie einen nichtmetallischen Gegenstand hineinschieben und das Obst fest gegeneinanderdrücken.
6. Wischen Sie den Glasrand sorgfältig mit einem sauberen Tuch ab, um ein sicheres Schließen zu ermöglichen.
7. Setzen Sie den Deckel auf und verschließen Sie ihn dicht. Bei Gläsern mit Bügelverschluß müssen Sie eine saubere Dichtung auf den Rand legen, den Deckel aufdrücken und diesen mit einem Bügel anpressen.
8. Wiederholen Sie die Schritte 3 bis 7, bis alle Gläser gefüllt und verschlossen sind.

– verändert aus *The Big Book of Preserving the Harvest* von Carol W. Costenbader

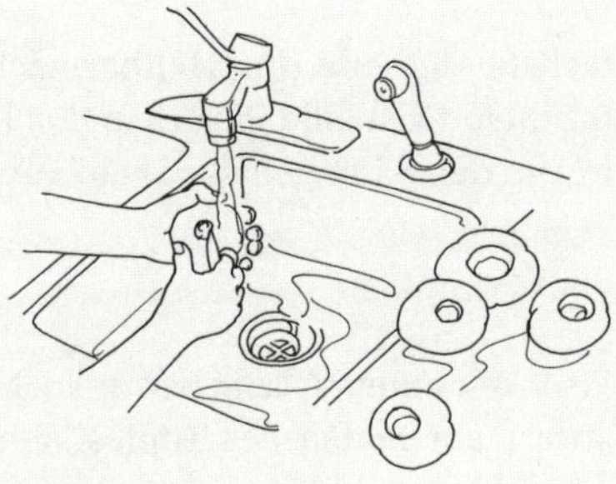

Schritt 1: Waschen Sie das Einmachgut.

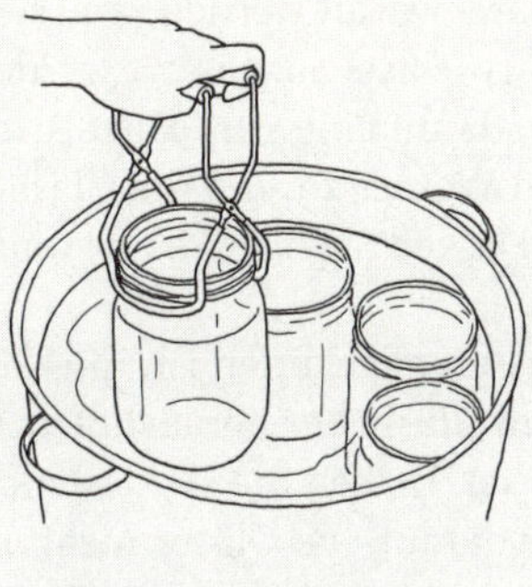

Schritt 2: Sterilisieren Sie die Gläser.

Schritt 3: Befüllen Sie das Glas.

Schritt 4: Bedecken Sie das Einmachgut mit heißem Wasser.

Schritt 5: Entfernen Sie Luftblasen.

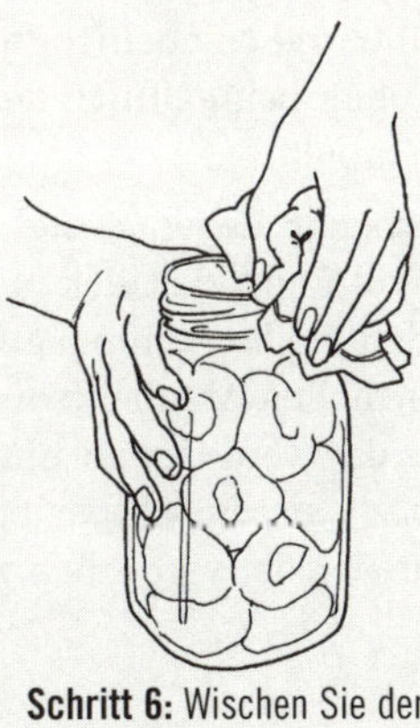

Schritt 6: Wischen Sie den Glasrand ab.

Schritt 7: Setzen Sie den Deckel auf.

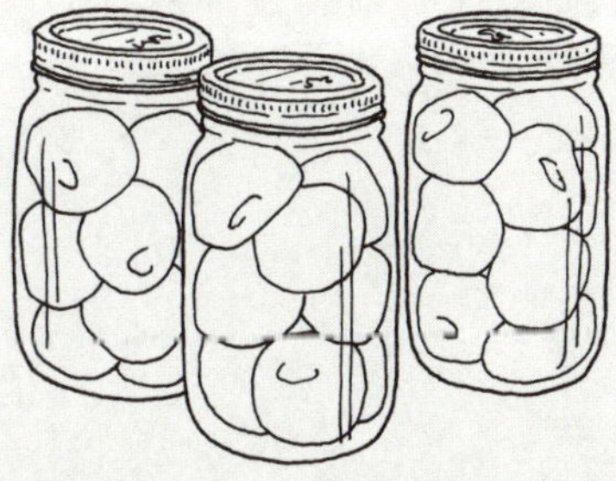

Schritt 8: Befüllen Sie die übrigen Gläser.

EINMACHVERFAHREN

Schritt 1: Senken Sie die Gläser in das kochende Wasser.

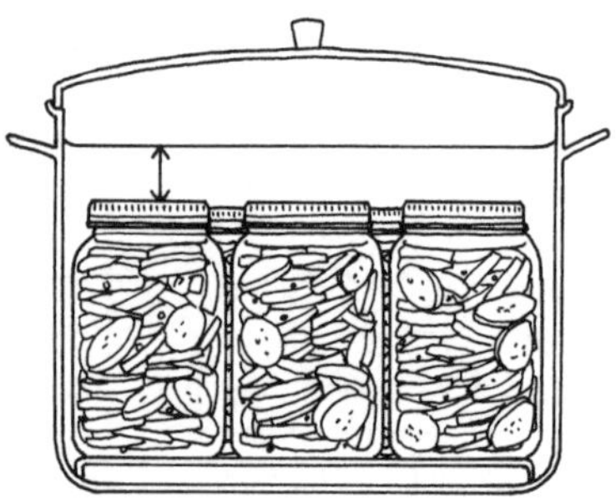

Schritt 2: Bedecken Sie die Gläser mit 5 bis 7 cm Wasser.

Schritt 3: Stellen Sie die Gläser zum Auskühlen auf ein Handtuch.

Einkochen

Das Einkochen in siedendem Wasser ist die einfachste Methode zum Haltbarmachen von stark säurehaltigen Lebensmitteln. Zu ihnen zählen Obst, alle Pickles und solche Gemüsekonserven, denen Essig zugegeben wurde, um den Säuregehalt auf ein ausreichendes Maß anzuheben.

Schritt für Schritt

1. Senken Sie die gefüllten und vorbereiteten Gläser mit einem Glasheber in kochendes Wasser. Die Gläser sollten auf einem Einsatz am Boden des Topfes stehen. Kalte Gläser müssen vorgewärmt werden, weil sie springen können, wenn sie einem plötzlichen Temperaturwechsel ausgesetzt werden. Achten Sie darauf, daß sich die Gläser nicht berühren, damit eine gute Hitzezirkulation gewährleistet ist.
2. Geben Sie ausreichend Wasser zu, um die Gläser 5 bis 7 cm zu überdecken. Legen Sie den Deckel auf und lassen Sie das Wasser wallend aufkochen. Erst ab dann zählt die Einmachzeit.
3. Wenn die empfohlene Zeit abgelaufen ist, müssen Sie den Topf vom Herd nehmen und die Gläser mit dem Glasheber herausholen. Alte Gläser sollten besonders vorsichtig behandelt werden. Lassen Sie sie deshalb im Wasser, bis es zu kochen aufgehört hat. Achten Sie darauf, die Gläser nicht aneinanderschlagen zu lassen, weil sie leicht zerbrechen, wenn sie heiß sind. Decken Sie die auskühlenden Gläser, außer bei Zugluft, nicht ab.
4. Lassen Sie die Gläser stehen, bis sie vollständig ausgekühlt sind. Prüfen Sie dann die Dichtheit (siehe gegenüberliegende Seite). Wenn eines nicht dicht ist, können Sie den Einkochvorgang binnen 24 Stunden wiederholen. Wenn das Glas sicher verschlossen ist, können Sie es trocken wischen. Vermerken Sie auf einem Etikett die Art des Inhalts, seine Herkunft und das Datum.
5. Lagern Sie die Gläser höchstens ein Jahr an einem kühlen, trockenen und dunklen Ort. Als Lagertemperatur werden 10 bis 20 °C empfohlen.

– aus *Keeping the Harvest* von Nancy Chioffi und Gretchen Mead

Gefahren beim Einmachen

Probieren Sie niemals auch nur einen winzigen Bissen von eingemachten Lebensmitteln, die verdorben sein könnten. Kontrollieren Sie Gläser sorgfältig, um Zeichen von Verderb zu entdecken. Dies können sein:

- Schimmel auf dem Inhalt oder während der Lagerung austretende Flüssigkeit
- Schimmel auf der Innenseite des Deckels
- vollständig und sehr dunkel verfärbtes Einmachgut im Glas
- geschrumpft, schwammig, schleimig oder trübe aussehende Lebensmittel
- nicht ruhende und blubbernd erscheinende Flüssigkeit im Glas
- „herausschießender“ Inhalt beim Öffnen des Glases
- schlechter Geruch des Inhalts

Kleinere Mengen verdorbener Lebensmittel können – gut verpackt, am besten in Plastikbeuteln verschlossen und/oder dick in Zeitungspapier gewickelt – in die Restmülltonne entsorgt werden. Sollten einmal größere Mengen anfallen, können Sie sich sicherheitshalber beim örtlichen Abfallentsorgungsbetrieb erkundigen.

Gläser samt Deckel, die das verdorbene Einmachgut enthielten, dürfen keinesfalls mehr verwendet werden, da sie unsichtbar beschädigt sein könnten und beim nächsten Mal das Eingemachte wieder verderben würde.

Wenn andere Gefäße oder Arbeitsgeräte mit dem verdorbenen Gut in Kontakt gekommen sind, müssen diese gründlich mit heißem Wasser und Spülmittel gereinigt und nachgespült werden. Die Hände sollten Sie danach gründlich mit heißem Wasser und Seife waschen. Reinigungslappen oder -schwämme sollten ausgewaschen oder mit entsorgt werden.

– verändert aus *The Big Book of Preserving the Harvest* und *Keeping the Harvest*

Einkochen stark säurehaltiger Lebensmittel in siedendem Wasser

Obst oder Gemüse	Beschaffenheit beim Einfüllen	Einmachzeit (Minuten auf Meereshöhe) 0,5-l-Glas	1-l-Glas	Luftraum (cm auf Meereshöhe)
Äpfel	heiß	15	20	1,5
Aprikosen	roh heiß	25 20	30 25	1,5 1,5
Birnen	roh heiß	25 20	30 25	1,5 1,5
Grapefruit, Orangen, Mandarinen	heiß	10	10	1,5
Heidel-, Him- und Brombeeren	roh heiß	15 15	20 15	1,5 1,5
Johannisbeeren und Trauben	roh heiß	15 10	20 10	1,5 1,5
Kirschen	roh heiß	25 15	25 20	1,5 1,5
Pfirsiche	roh heiß	25 20	30 25	1,5 1,5
Pflaumen	roh oder heiß	20	25	1,5
Püree (Apfelmus, Babynahrung)	heiß	20	20	1,0
Rhabarber	heiß	15	15	1,5
Tomaten (Saft)	heiß	35	40	1,5
Tomaten (Saft und Fleisch)	heiß	35	40	1,5
Tomaten (zerkleinert, ohne Zugabe von Flüssigkeit)	heiß	35	45	1,5
Tomaten (Sauce)	heiß	35	40	1,0
Tomaten (halbiert oder ganz, in Saft)	roh oder heiß	85	85	1,5
Tomaten (halbiert oder ganz, ohne Flüssigkeit)	roh	85	85	1,5

– aus *The Big Book of Preserving the Harvest*

Prüfen Sie die Dichtheit mit den Daumen.

Die Dichtheit prüfen

Wenn die Gläser nach dem Einmachen abgekühlt sind, können Sie mit den Daumen die Dichtheit der Metalldeckel prüfen. Drücken Sie auf die Mitte jedes Deckels. Wenn sich der Deckel nicht nach unten bewegt oder federt, ist das Glas dicht geschlossen. Bei Bügelgläsern müssen die Deckel auch nach Öffnen des Bügels absolut fest sitzen. Verschließen Sie den Bügel nach dem Test wieder. Wenn einzelne Gläser nicht verschlossen sind, können Sie sie kühl stellen und den Inhalt

binnen ein oder zwei Tagen aufbrauchen. Bei Bügelgläsern können Sie auch das Gewicht des gefüllten Glases nutzen, um die Festigkeit der Dichtung zu prüfen, indem Sie das Glas am Deckel anheben. Um sich selbst und das Glas zu schützen, sollten Sie dies über dem mit einem Handtuch ausgelegten Ausguß tun, falls sich ein Glas vom Deckel ablöst und herabfällt.

– aus *The Big Book of Preserving the Harvest* von Carol W. Costenbader

EINMACHVERFAHREN

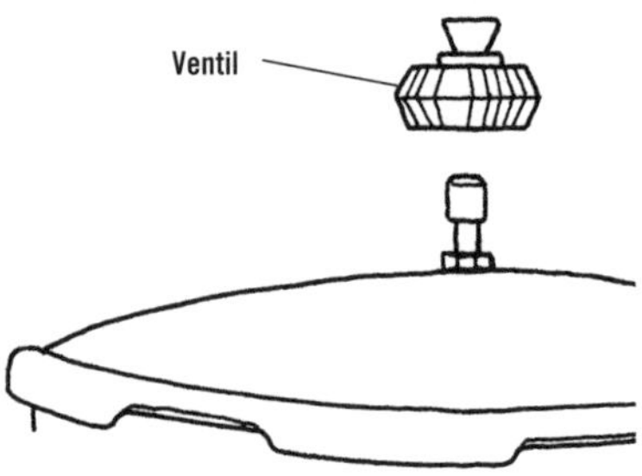

Anzeige mit Federkontrolle

Skalenanzeige

Einkochen im Schnellkochtopf

Alle Gemüsearten mit Ausnahme von Tomaten, Sauerkraut und Essiggemüse sind säurearm und sollten im Schnellkochtopf behandelt werden. Andere Methoden sind nicht so sicher, und weil verdorbene Lebensmittel krank machen können, ist der Einkochtopf vielleicht die wichtigste Anschaffung, die Sie tätigen.

Alle Schnellkochtöpfe funktionieren nach dem gleichen Prinzip. Der Topf hat einen dichtschließenden Deckel mit einem Regler. Wenn die geringe Wassermenge (normalerweise 3 bis 7 cm) im Schnellkochtopf erhitzt wird, geht sie in Dampf über, der Druck erzeugt und Temperaturen erreicht, die wesentlich über denen von kochendem Wasser liegen. Bei 1,6 bis 2 bar Druck beträgt die Temperatur 116 bis 120 °C. Ein Sicherheitsventil hält den Druck auf einem angemessenen Niveau und läßt Dampf ab, wenn der Druck zu hoch wird.

Es gibt, was die Druckanzeige betrifft, zwei Arten von Schnellkochtöpfen – solche mit Skalenanzeige und solche mit Federkontrolle, bei der zwei farbige Ringe im Ventil sichtbar werden, wenn der erforderliche Druck erreicht ist. Bevor Sie einen Schnellkochtopf verwenden, sollten Sie prüfen, ob alle Teile in einem einwandfreien Zustand sind, und die Bedienungsanleitung einschließlich der Angaben zu den auf verschiedenen Meereshöhen erforderlichen Temperaturen lesen.

Schritt für Schritt

1. Nach dem Befüllen der Einmachgläser und dem Aufsetzen der Deckel müssen Sie den Einsatz in den Schnellkochtopf stellen und 5 bis 7 cm Wasser eingießen. Stellen Sie dann die Gläser auf den Einsatz. Setzen Sie den Deckel (mit der Gummidichtung) auf den Schnellkochtopf und verriegeln Sie ihn.
2. Öffnen Sie das Regelventil vollständig und erhitzen Sie den Topf auf höchster Stufe, bis Dampf austritt.
3. Erhitzen Sie für zehn Minuten auf höchster Stufe weiter, bevor Sie das Regelventil schließen. Während der nächsten drei bis fünf Minuten baut sich der Druck im Inneren auf.
4. Wenn das Skalenventil den empfohlenen Druck anzeigt oder an der Druckanzeige am Ventil der zweite Ring erscheint, stellen Sie einen Kurzzeitwecker auf die in Ihrem Rezept vorgegebene Zeitspanne ein.
5. Halten Sie eine Temperatur am oder knapp über dem vorgegebenen Überdruck ein. Vermeiden Sie größere Temperaturschwankungen, weil dadurch Flüssigkeit aus den Gläsern gedrückt und die Abdichtung gefährdet werden könnte.
6. Nehmen Sie nach Ablauf der Zeit den Schnellkochtopf von der Platte und schalten Sie sie aus. Lassen Sie den Überdruck im Topf abfallen. Verwenden Sie kein kaltes Wasser, um den Druckabfall zu beschleunigen, und öffnen Sie das Ventil nicht. Lassen Sie den Schnellkochtopf 30 Minuten stehen, wenn er 0,5-l-Gläser enthält, und 45 Minuten bei 1-l-Gläsern. Manche Modelle kühlen rascher ab als andere. Sie können entweder an der Skala oder am Ventil – es sind keine Ringe mehr sichtbar – ablesen, wann der Normaldruck wieder erreicht ist.
7. Wenn der Normaldruck wieder erreicht ist, können Sie, wenn möglich, das Ventil herausschrauben und den Deckel entriegeln und abnehmen. Halten Sie Ihr Gesicht nicht direkt über den Topf, um dem entweichenden Dampf zu entgehen.
8. Entnehmen Sie die Gläser mit einem Glasheber und stellen Sie sie auf ein gefaltetes Handtuch. Halten Sie mindestens einen Abstand von 3 cm zwischen den Gläsern ein, damit die Luft dazwischen zirkulieren kann.
9. Lassen Sie sie abkühlen und lagern Sie sie an einem kühlen, trockenen und dunklen Ort.

– verändert aus *Keeping the Harvest* und *The Big Book of Preserving the Harvest*

Schritt 1: Befüllen Sie den Einsatz mit Gläsern, bevor Sie ihn in den Topf geben.

Schritt 2: Erhitzen Sie den Schnellkochtopf ohne Ventil, falls Sie dies entfernen können.

Zeittafel für das Einkochen verschiedener Gemüsearten im Schnellkochtopf

Gemüse	Beschaffenheit beim Einfüllen	Luftraum (cm)	Vorkochen (Minuten)	Dampfgaren (Minuten) 0,5-l-Gläser	Dampfgaren (Minuten) 1-l-Gläser
Auberginen	nur heiß	2,5	5	30	40
Blumenkohl	nur heiß	2,5	3	30	35
Bohnen (frische Lima-)	heiß	2,5	zum Kochen bringen	40	50
Bohnen (Garten-)	roh	1,5	–	20	25
	heiß	1,5	5	20	25
Brokkoli	nur heiß	2,5	3	30	35
Erbsen	roh	2,5	–	40	40
	heiß	2,5	zum Kochen bringen	40	40
Karotten	roh	2,5	–	25	30
Kartoffeln (ganz)	nur heiß	1,5	10	35	40
Kartoffeln (gewürfelt)	nur heiß	1,5	2	35	40
Kohlrabi	nur heiß	2,5	10	40	50
Kopfkohl	nur heiß	2,5	3	45	55
Paprika	nur heiß	2,5	3	35	nur 0,25 l o. 0,5 l
Pastinaken	nur heiß	2,5	3	30	35
Pilze	nur heiß	1,5	5 Minuten kochen	45	–
Rosenkohl	nur heiß	2,5	3	30	35
Rote Bete	nur heiß	1,5	15	30	35
Spargel	roh	1,5	–	30	40
	heiß	1,5	2–3	30	40
Spinat und andere Blattgemüse	nur heiß	1,5	10 Minuten dämpfen	70	90
Stangensellerie	nur heiß	2,5	3	30	35
Zucchini	nur heiß	1,5	zum Kochen bringen	30	40
Zuckermais (ganze Körner)	roh	2,5	–	55	nur 0,5 l
	heiß	2,5	zum Kochen bringen	55	nur 0,5 l
Zuckermais (in Sauce)	nur heiß	2,5	zum Kochen bringen	85	nur 0,5 l

– verändert aus *Keeping the Harvest*

TROCKNEN VON FRISCHEN LEBENSMITTELN

Lebensmittel zum Trocknen vorbereiten

Lebensmittel zu trocknen ist eine natürliche Alternative für Menschen mit wenig Zeit und begrenzten Kapazitäten zur Lagerung von gefrorenen oder eingemachten Lebensmitteln. Fast jedes Lebensmittel kann getrocknet werden, aber am beliebtesten ist das Trocknen von Obst, Kräutern und einigen Gemüsearten einschließlich Pilzen.

Lassen Sie vorbehandeltes Obst oder Gemüse abtropfen.

Blanchieren oder Tunken

Das Trocknen von Lebensmitteln beendet die enzymatische Aktivität nicht, die Obst reifen und verderben läßt; es verzögert sie nur. Manche Lebensmittel halten sich auch ohne Vorbehandlung gut, aber andere verschlechtern sich hinsichtlich Farbe, Geschmack, Beschaffenheit und Nährstoffen noch monatelang nach dem Trocknen, wenn sie nicht behandelt sind. Blanchieren oder Einlegen in Tunken sind solche Vorbehandlungen. Um mehr über das Blanchieren zu erfahren, sollten Sie den Abschnitt über das Vorbereiten von Gemüse zum Einfrieren zu Beginn dieses Kapitels lesen. Für die Tunken gibt es zahlreiche Zubereitungen:

Salzwassertunke: Lösen Sie drei Eßlöffel Pökelsalz in 2 l handwarmem Wasser auf. Um Obst vor dem Braunwerden zu schützen, schneiden oder spalten Sie es direkt in das Wasser. Lassen Sie es für höchstens fünf Minuten einweichen, sonst zieht das Obst zu viel Wasser und bekommt einen salzigen Geschmack. Lassen Sie die Früchte abtropfen, bevor Sie die Gitter zum Trocknen bestücken. Die Methode wird für Personen, die sich natriumarm ernähren, nicht empfohlen.

Ascorbinsäuretunke: Ascorbinsäure ist eine Form von Vitamin C. Lösen Sie zwei Eßlöffel Ascorbinsäurekristalle oder -pulver oder fünf zerhackte Vitamin-C-Tabletten à 1 g in 1 l handwarmem Wasser. Schneiden oder hacken sie die Früchte direkt in die Lösung. Wenn sich ein oder zwei Tassen Früchte angesammelt haben, rühren Sie um und entnehmen das Obst mit einem Schaumlöffel. Lassen Sie das Obst vor dem Trocknen abtropfen.

Fruchtsafttunke: Tauchen Sie Pfirsiche, Äpfel oder Bananenscheiben in 1 l unverdünnten Ananassaft oder 1 l handwarmes Wasser, in das 60 ml Zitronensaft gerührt wurden. Weichen Sie das Obst fünf bis zehn Minuten ein und lassen Sie es vor dem Trocknen gut abtropfen.

Lebensmittel im Trockenofen trocknen

Mit einem Trockenofen erhalten Sie sicherlich die einheitlichsten Ergebnisse, und das Trocknen funktioniert so problemlos, daß Sie den Ofen über Nacht oder während Sie am Tage außer Haus sind, arbeiten lassen können. Wenn eine Charge zur Schlafenszeit fast trocken ist, regeln Sie einfach die Temperatur auf 40 bis 44 °C herunter, und Sie können zu Bett gehen. Am Morgen ist das Trockengut fertig zum Einlagern.

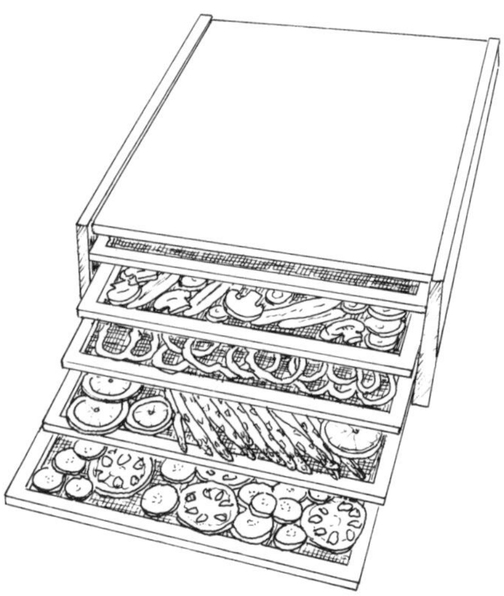

Handelsüblicher Trockenofen

1. Reinigen Sie Ihre Arbeitsfläche und legen Sie Messer, Schäler, ein Schneidbrett, Meßbecher und Löffel, eine Schüssel (wenn Sie vorbehandeln möchten), ein Sieb und ein dickes Handtuch bereit. Trockenöfen werden mit eigenen Trockeneinsätzen angeboten.
2. Wählen Sie junges, frisches Obst und Gemüse aus, das schon gut zum Essen oder noch nicht ganz reif ist. Waschen Sie es und trocknen Sie es dann auf Handtüchern.
3. Heizen Sie den Trockenschrank auf die gewünschte Temperatur vor. Empfohlen werden 46 °C für ungekochte Früchte, 49 °C für Gemüse und einige gekochte Früchte und 44 °C für Blattkräuter.
4. Schälen, hacken oder halbieren Sie die Lebensmittel, schneiden Sie sie in Scheiben oder feine Stifte oder belassen Sie sie im Ganzen, je nachdem, was für das Obst, Gemüse oder Kraut empfohlen wird. Behandeln Sie die Lebensmittel wenn nötig vor oder blanchieren Sie sie nach den jeweiligen Empfehlungen.

5. Verteilen Sie die Lebensmittel gleichmäßig in dünnen Schichten auf den Einsätzen des Trockenofens. Verschiedene Lebensmittel können gleichzeitig getrocknet werden, aber Sie sollten weder sehr feuchte Lebensmittel zusammen mit nahezu trokkenen behandeln, noch sollten Sie Lebensmittel mit kräftigen Gerüchen oder Geschmacksrichtungen mit anderen kombinieren.
6. Trocknen Sie die Lebensmittel entsprechend der jeweils festgelegten Zeit. Drehen bzw. verschieben Sie die Einsätze mindestens einmal von vorn nach hinten, von Seite zu Seite und von oben nach unten. Bewegen oder wenden Sie die Lebensmittelstücke zusätzlich.
7. Verpacken Sie die getrockneten Lebensmittel in luftdichten Flaschen, Gläsern oder Plastikbeuteln und lagern Sie sie an einem kühlen, dunklen Ort.

Lebensmittel im Backofen trocknen

Lebensmittel in einem Backofen zu trocknen hat den Vorteil kontrollierter, gleichbleibender Temperaturen, aber den Nachteil der geringen Luftzirkulation. Bereiten Sie die Lebensmittel vor, wie Sie es für das Trocknen im Trockenofen tun würden (siehe vorhergehende Seite). Sie brauchen ein großes, leicht abzulesendes Thermometer, das 38 bis 66 °C anzeigt, einen elektrischen Lüfter und handelsübliche oder selbst hergestellte Trockengitter.

1. Legen Sie das Thermometer auf einen Rost auf der obersten Schiene und heizen Sie auf die gewünschte Temperatur. Die empfohlenen Temperaturen liegen bei 46 °C für ungekochte Früchte, 49 °C für Gemüse und einige gekochte Früchte und 44 °C für Blattkräuter.
2. Bereiten Sie die Lebensmittel vor und breiten Sie sie dann dünn, aber gleichmäßig auf den Trockengittern aus.
3. Schieben Sie die Trockengitter in den Ofen. Um die Luftzirkulation zu erhöhen, lassen Sie auf jeder Seite 2,5 cm Platz, jeweils 8 cm oben und unten sowie 6 cm zwischen den Gittern. Lassen Sie zusätzlich die Tür einen Spaltbreit offen (10 bis 15 cm) und stellen Sie einen Lüfter vor den Ofen, um die feuchte Luft abzutransportieren, und schalten Sie, wenn vorhanden, die Umluftfunktion ein.

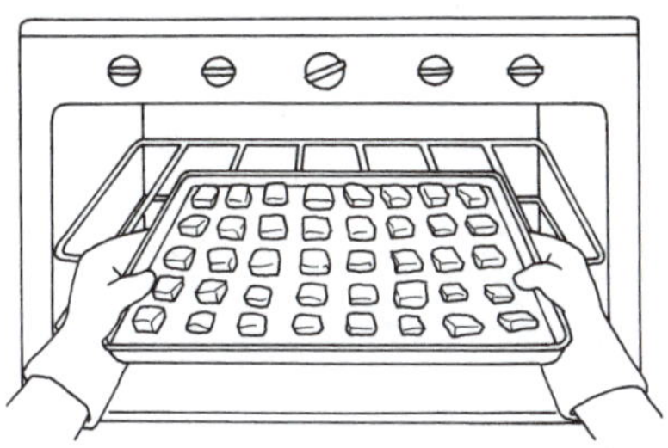

Breiten Sie die Lebensmittel gleichmäßig und spärlich auf einem Trockengitter aus.

4. Trocknen Sie die Lebensmittel entsprechend den jeweiligen Vorgaben. Mischen Sie die Stücke gelegentlich durch und wechseln Sie die Gitter alle zwei bis drei Stunden von vorn nach hinten, von Seite zu Seite und von oben nach unten.
5. Verpacken Sie die getrockneten Lebensmittel in luftdichten Flaschen, Gläsern oder Plastikbeuteln und lagern Sie sie an einem kühlen, dunklen Ort.

– aus *The Busy Person's Guide to Preserving Food* von Janet Chadwick

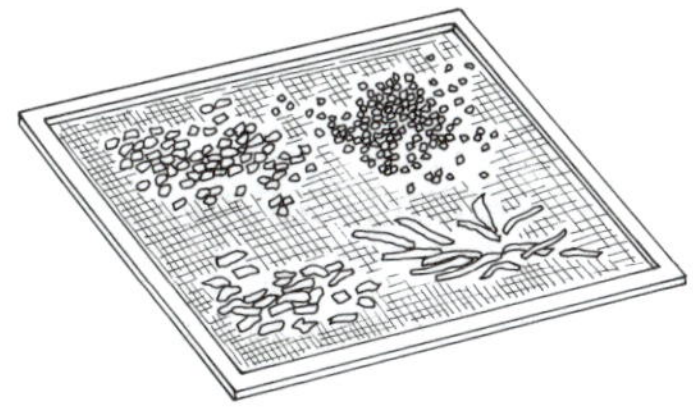

Nutzen Sie die Sonnenwärme!

Wenn Sie mit sauberer Luft, geringer Luftfeuchtigkeit und heißen sonnigen Tagen im Überfluß gesegnet sind, ist das Trocknen mithilfe der Sonne die kostengünstigste und einfachste Methode, Lebensmittel haltbar zu machen. Aber draußen zu trocknen birgt Unwägbarkeiten, außer wenn die Temperaturen über 38 °C liegen und die Luftfeuchtigkeit gering ist. Wenn die Temperatur zu gering ist oder die Luftfeuchtigkeit zu hoch oder beides auftritt, kommt es zum Verderb, bevor der Trocknungsprozeß abgeschlossen ist. Weil das Trocknen in der Sonne langsamer vor sich geht und die Lebensmittel während eines längeren Zeitraums den Umweltbedingungen ausgesetzt sind, ist eine Vorbehandlung wichtig. Beginnen Sie also damit, Ihre Lebensmittel vorzubehandeln und herzurichten. Sie können Backbleche oder selbsthergestellte Holztabletts verwenden, aber Fiberglas- oder Edelstahlgitter funktionieren am besten. Verwenden Sie keine verzinkten Bleche, welche die Lebensmittel kontaminieren. Sie brauchen außerdem Seihtücher, um die Lebensmittel vor Insekten und Vögeln zu schützen.

1. Verteilen Sie die Lebensmittel in je einer Schicht dünn, aber gleichmäßig auf den Trockengittern. Verschiedene Lebensmittel können gleichzeitig getrocknet werden. Bedecken Sie sie mit einem Seihtuch.
2. Stellen Sie die Gitter an eine gut belüftete Stelle in der prallen Sonne. Wenden oder verschieben Sie die Lebensmittel alle paar Stunden und holen Sie die Gitter in der Nacht herein. Trocken Sie die Lebensmittel entsprechend den jeweiligen Vorgaben, aber rechnen Sie die Zeit im Haus nicht in die Trocknungszeit ein, wenn Sie die Trocknungsdauer ermitteln.
3. Schieben Sie die Lebensmittel vor dem Lagern für 30 Minuten bei 52 °C in einen Ofen, um Insekteneier abzutöten, die darauf abgelegt worden sein könnten, oder geben Sie die Lebensmittel für ein oder zwei Tage in den Gefrierschrank.
4. Verpacken Sie die getrockneten Lebensmittel in luftdichten Flaschen, Gläsern oder Plastikbeuteln und lagern Sie sie an einem kühlen, dunklen Ort.

TROCKNEN VON FRISCHEN LEBENSMITTELN

Trocknungszeiten

Obst	Trocknungszeit im Trockenofen (Stunden)
Ananas	24–36
Äpfel	6–8
Aprikosen	8–12
Bananen	6–8
Beeren	12–24
Birnen	12–18
Erdbeeren	8–12
Feigen	36–48
Kirschen	12–24
Pfirsiche	10–12
Pflaumen	36–48
Rhabarber	8–12
Trauben	24–48

Gemüse	
Auberginen	3–4
Blattgemüse	8–12
Blumenkohl	8–12
Bohnenkerne	48
Brokkoli	8–10
Erbsen	12–18
Grüne Bohnen	12–14
Gurken	8–10
Karotten	12–18
Kartoffeln	18–24
Kohlrabi	18–24
Kopfkohl	12–15
Kräuter	2–3
Kürbisse	12–18
Paprika	8–12
Pastinaken	8–12
Pilze	8–12
Rosenkohl	8–10
Rote Bete	4–8
Spargel	8–10
Speiserüben	12–18
Sprossen	8–12
Stangensellerie	12-18
Tomaten	6–8
Zucchini	6–8
Zuckermais	8–12
Zwiebeln	12–24

– verändert aus *Keeping the Harvest*

Fruchtleder herstellen

Jedes Obst (oder Gemüse) oder eine Kombination von Früchten kann zu Fruchtleder verarbeitet werden. Leder sind eine hervorragende Möglichkeit, leicht überreife Früchte zu verarbeiten, die mehr Geschmack haben als gerade reifes Obst. Fruchtleder werden im allgemeinen aus Pürees von rohen oder gekochten Früchten gemacht. 500 ml Püree sollten für ein Standardbackblech von etwa 45 x 35 cm ausreichen.

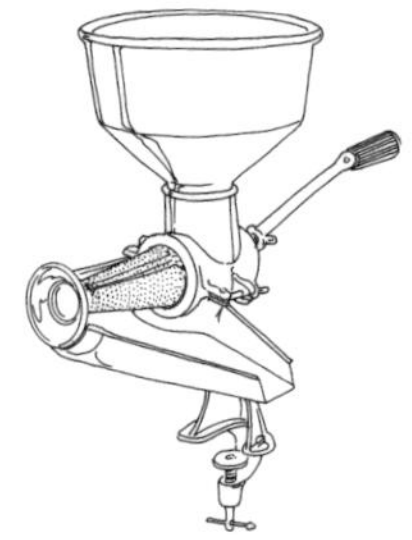

Schritt 1: Drehen Sie das Obst durch einen Fleischwolf.

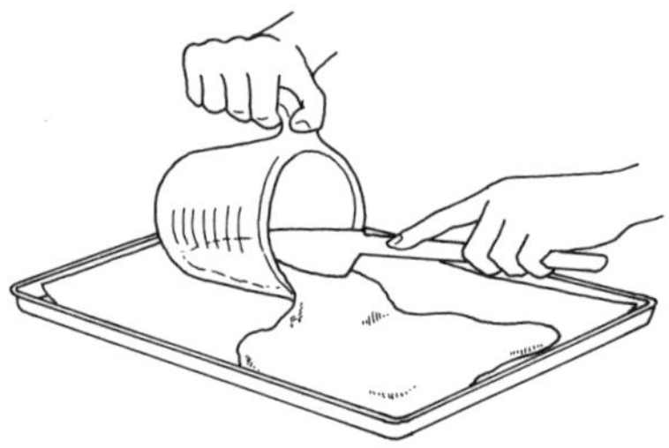

Schritt 2: Verteilen Sie das Püree auf einem Backblech.

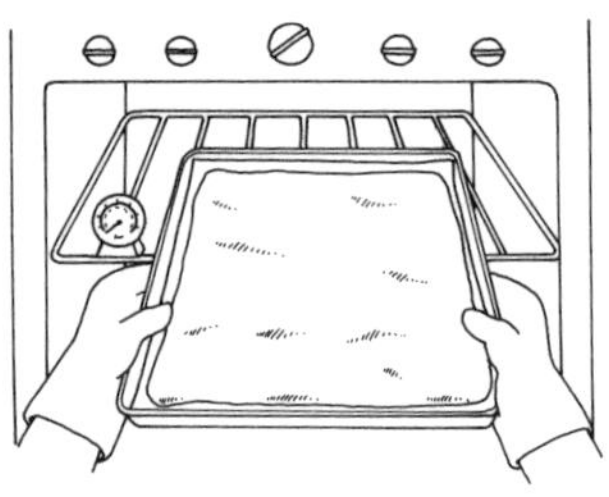

Schritt 3: Trocknen Sie die Masse.

Schritt 4: Rollen Sie das Fruchtleder zum Lagern in Wachspapier oder Frischhaltefolie ein.

1. Drehen Sie das gekochte oder das gereifte rohe Obst durch einen Fleischwolf oder rühren Sie es in einem Mixer, bis es fein ist. Geben Sie bei Bedarf Fruchtsaft oder Wasser zu, damit die Masse dünn genug zum Ausgießen wird.
2. Legen Sie einen Trocknungseinsatz mit Frischhaltefolie aus oder verwenden Sie den Einsatz für Fruchtleder, wenn Ihrem Trockenofen ein solcher beiliegt. Verteilen Sie das Püree etwa 4 mm dick auf dem Trocknungseinsatz.
3. Um Fruchtleder im Trockenofen zu trocknen, müssen Sie es für sechs bis acht Stunden bei 49 °C darin lassen oder so lange, bis das Leder sich leicht von der Folie abziehen läßt. Drehen Sie das Leder um, entfernen Sie die Folie und lassen Sie es weitere sechs bis acht Stunden trocknen. Wenn Sie im Backofen trocknen möchten, können Sie genauso vorgehen. Verwenden Sie hier am besten ein Backblech als Unterlage. Wenn Sie Fruchtleder an der Sonne trocknen möchten, müssen Sie es auf seiner Unterlage etwa einen Tag nach draußen stellen oder bis sich das Leder leicht von der Folie löst. Drehen Sie das Leder um, entfernen Sie die Folie und lassen Sie es einen weiteren Tag trocknen.
4. Rollen Sie das Fruchtleder zum Lagern in Wachspapier oder Frischhaltefolie ein, schließen Sie die Enden und verdrillen Sie sie. Im Kühlschrank hält sich Fruchtleder bis zu sechs Wochen.

– aus *The Busy Person's Guide to Preserving Food* von Janet Chadwick

Die geeignetsten Konservierungsmethoden für Obst und Gemüse

Die folgende Liste der empfohlenen Konservierungsmethoden ist ein Versuch, Ernährungsweise, Geschmack, Zweckmäßigkeit – und die persönlichen Vorlieben – abzuwägen.

Obst	Methode
Äpfel	als Apfelmus einmachen, als Fruchtleder oder Schnitze trocknen, im Keller einlagern
Aprikosen	einkochen
Birnen	einkochen, im Keller einlagern
Brombeeren	einfrieren oder Gelee kochen
Erdbeeren	einfrieren oder für Marmeladen verwenden
Heidelbeeren	einfrieren
Himbeeren	einfrieren oder für Marmeladen und Gelees verwenden
Johannisbeeren	einfrieren oder Gelee kochen
Kirschen, sauer	einkochen
Kirschen, süß	einkochen
Pfirsiche	einkochen
Pflaumen	einkochen
Trauben	als Saft einkochen, Wein herstellen

Gemüse	Methode
Auberginen	als Bestandteil von vorbereiteten Aufläufen einfrieren
Blumenkohl	einfrieren
Bohnen, grüne	einfrieren
Bohnen, Lima-	einfrieren
Bohnen, trockene	an der Pflanze trocknen und in luftdichten Behältern lagern
Brokkoli	einfrieren
Erbsen	einfrieren
Gurken	als Essiggurken einmachen
Karotten	im Keller in Sand oder Sägemehl einlagern
Kartoffeln	im Keller einlagern
Kohlrüben	im Keller in Sand oder Sägemehl einlagern
Kopfkohl	Sauerkraut herstellen oder in Zeitungspapier eingeschlagen im kalten Keller lagern
Kräuter	trocknen oder einfrieren
Kürbisse	an einer trockenen, etwas warmen Stelle lagern, im Spätwinter als Püree einfrieren
Mangold	kann auch bei Frost im Garten stehen gelassen werden
Paprika	einfrieren
Pastinaken	im Garten im Boden lagern und nach dem Bodenfrost oder im Frühjahr ernten
Petersilie	im Topf auf dem Fensterbrett kultivieren oder einfrieren
Rhabarber	einfrieren
Rosenkohl	einfrieren oder bis zum Verzehr im Garten lassen
Rote Bete	im Keller in Sand oder Sägemehl einlagern
Schwarzkohl	im Garten lassen
Spargel	einfrieren
Speiserüben	im Keller in Sand oder Sägemehl einlagern
Spinat	einfrieren
Stangensellerie	im Keller einlagern
Tomaten	als Saft, Püree oder ganz einkochen
Zucchini	als Püree oder gerieben einfrieren
Zuckermais	ganze Körner einfrieren
Zwiebeln und Knoblauch	in Zöpfen oder Netzbeuteln aufhängen, kalt und trocken lagern

– verändert aus *Keeping the Harvest* von Nancy Chioffi und Gretchen Mead

25 DIE SPEISEKAMMER

MARMELADEN UND GELEES • APFELSAFT HOLUNDERSAFT UND -SEKT • FRUCHTLIKÖRE • KETCHUP UND SENF • KRÄUTERESSIGE • PICKLES UND RELISHES

Für mich gehört es zu den befriedigendsten Augenblicken eines Wintertages, die großen Türen meiner Speisekammer aufzumachen und ein Glas selbstgemachte Erdbeermarmelade für den Frühstückstoast auszuwählen oder ein Glas selbsteingekochte Tomaten für „Mama Martha's Marinara Sauce", eine Spezialität von mir. Damit läßt sich nicht nur schnell und einfach eine Mahlzeit zubereiten, sondern es macht mich auch wirklich stolz zu wissen, daß wir alles gehegt, geerntet und eingekocht haben und es nun gemeinsam essen werden. John baut genug an, um einen kleinen Laden eröffnen zu können, und hat seine Freude daran, Körbe voll Gemüse in unsere Wirtschaftsküche zu bringen. Während ich von winterlichen Festessen mit der Familie und Freunden träume, erscheint mir das Einkochen nicht wie Arbeit. Carol Costenbader erzählt hier mehr davon.

– Martha Storey

Zu Hause in North Carolina würde mir einfach etwas fehlen, wenn ich im August aus der überreichen Fülle von Früchten der Saison keine Konfitüren machen könnte. Die Ernteausbeute, in wundervolle konservierte Zubereitungen umgewandelt, wartet dann in ganzen Reihen auf den Regalbrettern darauf, in der kargen Winterzeit heruntergenommen zu werden. Die wohlige Freude an einer Tasse Tee aus einer Kräutermischung zu einem Toast mit selbstgemachtem Apfelkraut gehört zu den oft unterschätzten einfachen Genüssen des Lebens. Der Toast ist dabei nur das Medium, um sich verschwenderisch an der Marmelade zu laben.

Auch der Duft von köchelnden Himbeeren, der durch das Haus schwebt, läßt Erinnerungen aufsteigen. Zu den Ritualen der Saison kann auch das Beerenpflücken mit den Kindern gehören. Sie können zu einem Feld zum Selbstpflücken fahren oder wilde Brombeeren sammeln.

Die Kunst, frische Früchte als verlockende Fruchtaufstriche haltbar zu machen, vermittelt tiefe Befriedigung. Häufig möchten junge Beerenpflücker auch beim Einkochen der Marmelade helfen. Es ist nie zu früh, kreative, wirtschaftliche und ökologische Gewohnheiten zu

LEXIKON

Chutney: eine Mischung aus Obst und/oder Gemüsen und Gewürzen, die mit Zucker und Essig gekocht wird
Gelee: ein Aufstrich, der aus Fruchtsäften oder anderen gewürzten Säften hergestellt wird und gerade genug geliert, um fest zu sein
Konfitüre: ein Aufstrich, der ganze Früchte oder große Fruchtstücke in einem leicht gelierten Sirup enthält
Kraut: ein Aufstrich aus Fruchtmus, das mit Zucker gekocht wird, bis es eingedickt ist
Maische: die breiige Masse der gemahlenen Äpfel
Marmelade: ein Aufstrich, der aus zerkleinertem Obst gekocht wird
Pasteurisieren: Konservierungsmethode; kurze Erwärmung von Lebensmitteln auf 60 bis 85 °C zur Abtötung von Mikroorganismen
Salzlake: Wasser, das verschiedene Salzanteile enthält

erlernen. Zudem kann das Konservieren Ihre Küche, Ihr Vorratsregal oder Ihren Gefrierschrank zu einer wahren Fundgrube für den verzweifelten Koch machen. Ein 250-ml-Glas Apfelgelee ist nicht nur für das Frühstücksbrot geeignet, sondern auch für die Marinade zu einem Schweinebraten oder einem gegrillten Hähnchen. Orangenmarmelade kann eßlöffelweise zu Bratensaft oder Saucen für Enten, Schweinebraten oder Brathähnchen verwendet werden. Lassen Sie Ihrer kulinarischen Phantasie freien Lauf.

– aus *The Big Book of Preserving the Harvest* von Carol W. Costenbader

Zutaten für einen guten Fruchtaufstrich

Fruchtaufstriche selbst zu machen ist einfach. Marmeladen, Gelees, Konfitüren werden in der Regel nicht in siedendem Wasser eingekocht, sondern heiß in erhitzte, sterilisierte Schraubgläser abgefüllt und dicht verschlossen.

Die Hauptzutaten in Fruchtaufstrichen sind Zucker, Früchte (die Säure enthalten), zusätzliche Fruchtsäure (für Früchte mit wenig Säure) und Pektin. Diese Zutaten in einem bestimmten Verhältnis zueinander bilden das Gel und konservieren den Geschmack von selbstgemachten Fruchtaufstrichen. In Deutschland werden unter dem Begriff Gelierzucker bereits fertige Mischungen aus Zucker und Pektin – mit unterschiedlichen Pektinanteilen – angeboten.

Zucker wirkt in den großen Mengen, wie sie in Rezepten für Fruchtaufstriche genannt werden, als Konservierungsmittel. Der ausgeprägte Geschmack kommt von den Früchten. Außerdem tragen die natürlichen Fruchtsäuren, abhängig von der Fruchtart und der Reife, zur Gelbeschaffenheit bei. Wenn die Frucht von Natur aus nicht säurehaltig genug ist, wird das Rezept nach der Zugabe von Säure, normalerweise Zitronensaft, verlangen.

Pektin ist ein Geliermittel, das natürlicherweise in allen Früchten vorkommt. Früchte, die noch nicht voll ausgereift sind, enthalten sehr viel mehr Pektin als reifes Obst. Einige noch nicht ganz reife Früchte in die im Rezept vorgegebene Menge zu geben hilft beim Gelieren des Endprodukts. Sie können Pektin entweder in konzentrierter Form als Pulver oder flüssig in den meisten Supermärkten kaufen.

– verändert aus *The Big Book of Preserving the Harvest*

Geräte zum Einkochen von Marmeladen und Gelees

Wenn Sie schon häufiger eingekocht haben, haben Sie die meisten Arbeitsgeräte schon in Ihrer Küche. Allerdings werden ein paar Geräte speziell für das Herstellen von Fruchtaufstrichen benötigt. Hier ist eine Liste:

- Großer Edelstahl- oder Emailtopf (kein Aluminium oder Eisen)
- Gläser und Deckel, die zum Einkochen geeignet sind
- Rost zum Abkühlen der Gläser
- Meßbecher und Löffel
- Seihtuch und Küchenzwirn
- Kartoffelpresse oder Stampfer
- Langstieliger Holzlöffel
- Schaumlöffel
- Saubere Tücher oder Geschirrtuch
- Backthermometer
- Seiher
- Weiche Gemüsebürste
- Messer
- Kurzzeitmesser
- Spachtel
- Schöpfkelle
- Einmachtrichter
- Glasheber
- Einkochtopf mit Einsatz
- Küchenwaage

MARMELADEN UND GELEES

Schritt 1: Extrahieren Sie den Saft durch Erhitzen.

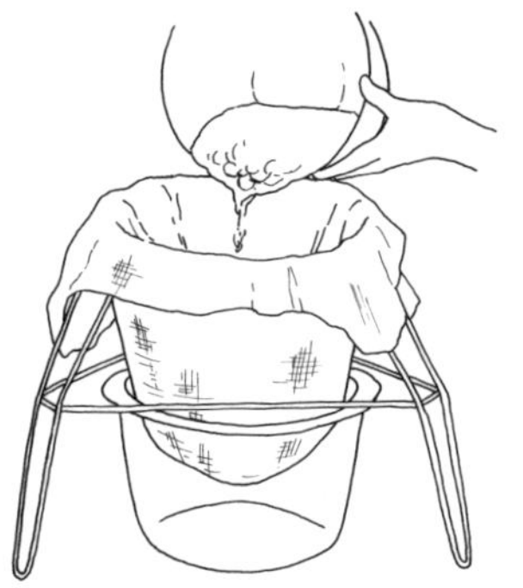

Schritt 2: Seihen Sie den Saft durch ein Seihtuch ab.

Schritte 3 und 4: Rühren Sie, wenn nötig, flüssiges Pektin ein und lassen Sie die Mischung bis zur Gelierphase kochen.

Schritt 5: Machen Sie eine Gelierprobe.

Schritt 6: Gießen Sie das Gelee in die Gläser und verschließen Sie sie.

Grundrezept: Gelee selbst herstellen

1. **Den Saft extrahieren:** Waschen Sie das leicht unreife Obst und schneiden Sie es in einen Topf. Zerdrücken Sie die untere Schicht, wenn Sie Beeren verwenden. Geben Sie etwas Wasser zu, um das Anbrennen zu vermeiden, wenn es den Früchten an Saft mangelt. Äpfel und Pflaumen erfordern den Zusatz von Wasser. Beginnen Sie auf kleiner Stufe und erhöhen Sie die Temperatur, wenn sich Saft bildet. Kochen Sie das Obst, bis es weich ist – etwa 3 Minuten bei Beeren und 15 bis 25 Minuten bei härterem Obst.
2. **Den Saft abseihen:** Geben Sie das gekochte Obst in ein feuchtes Seihtuch und lassen Sie den Saft in eine Schüssel tropfen. Vermeiden Sie es, das Tuch zu pressen und auszudrücken, denn dies trübt den Saft und das Gelee. Sie können aus vier Lagen Seihtüchern eine Art Beutel herstellen, indem Sie die Ecken an einem Gestell festbinden und eine Schüssel darunterstellen.
3. **Den Pektingehalt testen:** Geben Sie einen Eßlöffel Saft in ein Glas. Fügen Sie einen Eßlöffel Reinigungsalkohol zu und schütteln Sie behutsam. Probieren Sie nicht. Wenn Sie ein transparentes Klümpchen sehen, ist der Pektingehalt hoch. Verwenden Sie in diesem Fall für die Geleeherstellung Saft und Zucker zu gleichen Teilen. Wenn sich zwei oder drei Klümpchen bilden, ist der Pektingehalt niedriger. Verwenden Sie dann $2/3$ bis $3/4$ Tassen Zucker auf eine Tasse Saft. Wenn sich kleinere Klümpchen bilden, mischen Sie einen Teil Zucker auf zwei Teile Saft. Der Pektingehalt kann durch die Zugabe von saurem Apfelsaft zum von Ihnen zubereiteten Saft erhöht werden.
   Früchte mit hohem Pektingehalt wie unreife Äpfel werden beim Geleeherstellen häufig in Kombination mit pektinarmen Früchten verwendet. Andere Rezepte fordern den Zusatz von handelsüblichem Pektin. Flüssiges Pektin wird erst zugefügt, nachdem der Zucker zum Saft gegeben und die Mischung zum Kochen gebracht worden ist. Pulverförmiges Pektin wird zum noch nicht erhitzten, ungesüßten Saft gegeben. Wenn Sie Gelierzucker verwenden, müssen Sie den darin enthaltenen Pektinanteil mit einbeziehen.
4. **Bis zur Gelierphase kochen:** Gießen Sie den Saft in einen Meßbecher, um die Menge zu bestimmen, und von dort in den Topf. Lassen Sie ihn fünf Minuten im offenen Topf köcheln. Schöpfen Sie den Schaum ab und geben Sie dann den Zucker zu. Lassen Sie den Saft kräftig kochen.
5. **Die Gelierprobe machen:** Der Gelierpunkt liegt bei 104 °C. Er ist erreicht, wenn das Gelee sich in einer Platte als leicht zähe Masse von einem Löffel ablösen läßt. Sie können auch einen Klecks Gelee auf einen kalten Teller geben und ein bis zwei Minuten warten, ob es fest wird. Fangen Sie zehn Minuten nach dem Kochbeginn zu testen an. Nehmen Sie, wenn das Gelee fertig ist, den Topf von der Kochstelle und entfernen Sie den gesamten Schaum.
6. **Das Gelee abfüllen:** Schöpfen oder gießen Sie das heiße Gelee in heiße sterilisierte Schraubgläser und lassen Sie 4 mm Luftraum. Wischen Sie die Glasränder mit einem sauberen feuchten Tuch ab, um alle Geleereste zu entfernen, welche die Versiegelung verderben könnten. Nehmen Sie die Schraubdeckel aus dem heißen Wasser und schrauben Sie sie fest auf die Gläser.
7. **Die letzten Schritte:** Stellen Sie die Gläser zum Abkühlen auf einen Rost. Drehen Sie die Gläser nach wenigen Minuten auf den Kopf und lassen Sie sie etwa 20 Minuten so stehen, bevor Sie sie wieder umdrehen und vollständig auskühlen lassen. Beschriften Sie die Gläser und lagern Sie sie an einem kühlen und trockenen Platz.

Gewürzte Erdbeermarmelade

Ergibt 14 Gläser à 250 ml

Einfach herzustellen; sie ist würziger als die meisten anderen Erdbeermarmeladen.

2 l gewaschene und entstielte Erdbeeren
½ Teelöffel gemahlener Piment
½ Teelöffel Zimt
¼ Teelöffel gemahlene Nelken
50 g Pektin in Pulverform
1,5 kg Zucker

1. Zerkleinern Sie die Erdbeeren und mischen Sie sie mit den Gewürzen in einem 8-l-Topf. Geben Sie das Pektin zu und bringen Sie die Mischung auf großer Stufe unter ständigem Rühren zum Kochen.
2. Rühren Sie den Zucker ein und mischen Sie alles gut durch. Erhitzen Sie die Masse wieder und lassen Sie sie genau eine Minute unter stetigem Rühren kräftig kochen.
3. Nehmen Sie den Topf vom Herd und schöpfen Sie mit einem Schaumlöffel den gesamten Schaum ab.
4. Schöpfen Sie die Marmelade in sterilisierte Gläser und lassen Sie 6 mm Luftraum. Wischen Sie die Glasränder sorgfältig ab. Verschließen Sie die Gläser mit Deckeln und schrauben Sie sie fest zu. Stellen Sie die Gläser beim Abkühlen einige Minuten auf den Kopf.

Weintraubengelee

Ergibt 8 Gläser à 250 ml

Ein Favorit für Liebhaber von Erdnußbutter mit Gelee; dieses Weintraubengelee ist rosa, obwohl es aus grünen Trauben gemacht ist.

1,2 kg grüne Trauben, gewaschen, entstielt und gehackt
Saft von 2 Zitronen
½ l Wasser
500 g Zucker

1. Bringen Sie die Trauben mit dem Zitronensaft und dem Wasser in einem 5-l-Topf zum Kochen und lassen Sie sie etwa 30 Minuten köcheln, bis sie sehr weich sind.
2. Brühen Sie in der Zwischenzeit die Seihtücher in kochendem Wasser ab und pressen Sie sie danach gründlich aus. Hängen Sie sie an einer geeigneten, etwas abgelegenen Stelle auf und stellen Sie einen großen Topf zum Auffangen des Saftes darunter.
3. Gießen Sie die Traubenmischung in das feuchte Seihtuch und lassen Sie die Masse 24 Stunden oder auch weniger austropfen. (Pressen Sie die Masse im Seihtuch nicht aus.)
4. Messen Sie den durchgeseihten Saft ab. Geben Sie den Zucker zu 500 ml Saft. Gießen Sie den gesüßten Saft in einen schweren 3-l-Topf und rühren Sie bei mittlerer Hitze, bis der Zucker sich gelöst hat. Kochen Sie dann den Saft zehn bis zwölf Minuten oder bis die Kochtemperatur 104 °C erreicht hat.
5. Nehmen Sie mit einem Schaumlöffel den gesamten Schaum ab. Schöpfen Sie das Gelee in sterilisierte Gläser und lassen Sie 6 mm Luftraum. Wischen Sie die Glasränder sorgfältig ab und schrauben Sie die Deckel fest zu. Stellen Sie die Gläser beim Abkühlen einige Minuten auf den Kopf.

– verändert aus *Jams, Jellies & More* von Carol W. Costenbader

Pektin selbst herstellen

Sie können Ihr eigenes „Fruchtpektin" herstellen, um es bei Erdbeeren, Pfirsichen und anderen pektinarmen Früchten zu verwenden. Wählen Sie harte, saure reife Äpfel aus. Sie müssen sie nur wiegen, waschen und klein schneiden; die Stiele und Kerngehäuse brauchen nicht entfernt zu werden. Geben Sie 1 l Wasser und zwei Eßlöffel Zitronensaft auf je 1 kg Äpfel zu. Decken Sie den Topf ab und lassen Sie alles 30 Minuten kräftig kochen. Rühren Sie gelegentlich um, damit die Masse nicht anbrennt. Drücken Sie sie anschließend durch ein feuchtes Seihtuch und seihen Sie die Flüssigkeit dann ohne jeden Druck durch mehrere Lagen Seihtücher. Erhitzen Sie die Flüssigkeit wieder bis zum Siedepunkt und verschließen Sie sie in Einmachgläsern. Mischen Sie bei Bedarf dieses Pektin und den Saft von pektinarmen Früchten zu gleichen Teilen.

– aus *Keeping the Harvest* von Nancy Chioffi und Gretchen Mead

MARMELADEN UND GELEES

Apfelkraut

Ergibt 10 Gläser à 250 ml

Apfelschalen enthalten sehr viel Pektin, so daß sie helfen, das Apfelkraut einzudicken. Zusammen mit den Gewürzen erzeugen sie einen intensiven Geschmack.

10 große reife Äpfel (etwa 2,2 kg)
500 ml Apfelsaft
0,6–1,1 kg Zucker
3 Teelöffel gemahlener Zimt
¾ Teelöffel gemahlene Nelken
½ Teelöffel gemahlener Piment
½ Teelöffel gemahlene Muskatnuß

1. Waschen Sie die Äpfel, entfernen Sie das Kernhaus und vierteln Sie sie mit der Schale. Kochen Sie die Apfelstücke langsam in Apfelsaft, bis sie weich sind. Mixen Sie sie dann. Sie sollten 2,8 bis 3,2 l Mus haben.
2. Geben Sie 650 g Zucker zu und dann zusätzlich so viel, wie Sie für die gewünschte Süße brauchen. Geben Sie die Gewürze zu und rühren Sie gut durch.
3. Kochen Sie die Masse sechs bis acht Stunden unter häufigem Rühren bei 180 °C im Backofen oder in einem elektrischen Suppentopf. Um die gewünschte Dicke zu prüfen, können Sie etwas von der Masse auf einen kalten Teller geben. Wenn am Rand keine Flüssigkeit austritt, ist sie dick genug.
4. Schöpfen Sie die Masse in sterilisierte Gläser und lassen Sie 6 mm Luftraum. Reinigen Sie die Glasränder sorgfältig. Verschließen Sie die Gläser und drehen Sie den Deckel fest zu. Stellen Sie sie beim Abkühlen einige Minuten auf den Kopf.

Heidelbeermarmelade

Ergibt 6 Gläser à 250 ml

Diese neue Geschmackskombination gefällt Ihnen bestimmt.

1 Zitrone, unbehandelt
1 mittelgroße Orange, unbehandelt
180 ml Wasser
1/8 Teelöffel Backnatron
4 Tassen Heidelbeeren, abgebraust, entstielt und zerdrückt
1,1 kg Zucker
170 g flüssiges Pektin

1. Schälen Sie die Zitrone und die Orange und hacken Sie die Schale klein. Entfernen Sie die weißen Häute von den Früchten und zerhacken Sie das Fruchtfleisch.
2. Mischen Sie die zerhackten Zitrusschalen, das Wasser und das Backnatron in einem kleinen Stieltopf. Bringen Sie die Mischung zum Kochen, reduzieren Sie die Hitze und lassen Sie sie unter gelegentlichem Rühren zehn Minuten köcheln. Lassen Sie die Zitrusschalen gut abtropfen und halten Sie sie zurück.
3. Mischen Sie die Heidelbeeren, das Zitrusfruchtfleisch und den Zucker in einem 8-l-Topf und bringen Sie die Mischung zum Kochen. Reduzieren Sie die Hitze und lassen Sie die Marmelade fünf Minuten köcheln.
4. Nehmen Sie den Topf vom Herd und lassen Sie die Marmelade fünf Minuten abkühlen. Geben Sie die abgetropften Zitrusschalen und das flüssige Pektin zu. Bringen Sie alles wieder zum Kochen und lassen Sie es unter ständigem Rühren genau eine Minute kochen.
5. Nehmen Sie mit einem Metalllöffel den Schaum ab und verfahren Sie dann weiter wie bei Apfelkraut unter Punkt 4 beschrieben.

– verändert aus *Jams, Jellies & More* von Carol W. Costenbader

Rote Himbeermarmelade

Ergibt 3 Gläser à 250 ml

Schnell und einfach!

4 Tassen Himbeeren, gewaschen, entkelcht und abgetropft
3 Tassen Zucker
¼ Tasse frischen Zitronensaft, abgeseiht

1. Mischen Sie die Zutaten in einer 2-l-Keramikschüssel. Rühren Sie etwa zwei Stunden lang gelegentlich um, damit sich der Zucker auflöst.
2. Geben Sie die Mischung in einen schweren 3-l-Stieltopf. Bringen Sie sie zum Kochen, reduzieren Sie die Hitze, rühren Sie häufig um und lassen Sie die Masse köcheln, bis das Backthermometer 104 °C anzeigt – nach etwa fünf Minuten.
3. Nehmen Sie den Topf vom Herd und schöpfen Sie den Schaum vollständig mit einem Metalllöffel ab.
4. Schöpfen Sie die Marmelade in sterilisierte Gläser und verfahren Sie dann weiter wie bei Apfelkraut unter Punkt 4 beschrieben.

Birnenkraut für den Kühlschrank

Ergibt 8 Gläser à 250 ml

Diese wohlschmeckende Alternative zu Apfelkraut erfordert keine Nachbehandlung zur Konservierung, sollte aber innerhalb von zwei Wochen gegessen werden.

12 reife Bosc- oder Williams-Christ-Birnen, geschält und gehackt
170 g Zucker
Saft einer Zitrone
70 ml Wasser
3 Streifen Zitronenschale, 5 cm lang und 6 mm breit
1 Vanilleschote

1. Mischen Sie die Zutaten in einem schweren 8-l-Topf. Kochen Sie die Birnen 2½ Stunden auf niedriger Stufe, bis die Früchte sehr weich sind. Rühren Sie häufig um und achten Sie darauf, daß das Mus nicht anbrennt.
2. Entfernen Sie die Zitronenschalen und die Vanilleschote.
3. Rühren Sie das Mus durch ein Passiergerät. Füllen Sie es in sterilisierte Gläser und verschließen Sie sie dicht. Lassen Sie sie auf Zimmertemperatur abkühlen, bevor Sie sie in den Kühlschrank stellen, wo sich das Kraut zwei Wochen hält.

– verändert aus *Jams, Jellies & More* von Carol W. Costenbader

APFELSAFT

Schütten Sie die gewaschenen Äpfel in den Füllschacht der Obstmühle und zermahlen Sie sie mitsamt Kerngehäusen und Schalen.

Fangen Sie den frischen Apfelsaft in einem sauberen Kunststoff- oder Edelstahlbehälter auf.

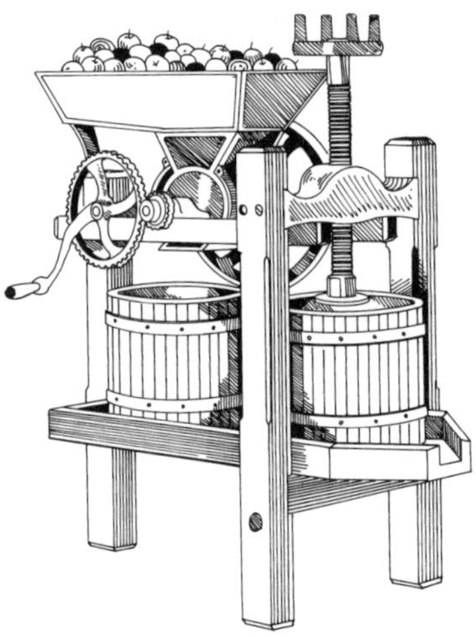

Diese altertümliche Presse kann Apfelsaft für die ganze Gemeinde herstellen.

Süßen Apfelsaft herstellen

Der berauschende Wohlgeruch von frischem süßem Apfelsaft, der von der Presse rinnt, ist eine herrliche Mischung aus reifen Äpfeln, dem schwach herben Geruch von gefallenem Laub und der belebenden Würze klarer Landluft nach einem Nachtfrost. Bereiten Sie Ihren Apfelsaft draußen, vorzugsweise an einem kühlen, windigen Tag. Alle Materialien und Arbeitsgeräte müssen sauber und hygienisch einwandfrei sein.

1. **Äpfel ernten:** Ernten oder kaufen Sie vollentwickelte, reife, unversehrte Äpfel. Halten Sie verschiedene Apfelsorten getrennt, falls Sie nach dem Pressen eine ausgewogene Mischung herstellen möchten.
2. **Äpfel zum Verschneiden auswählen:** Basierend auf den folgenden Mengen aus den einzelnen Kategorien (siehe Kasten auf der gegenüberliegenden Seite) können Sie eine harmonische Saftmischung herstellen.
   - Neutrale oder säurearme Grundlage: 40 bis 60 Prozent der Gesamtmenge. Der milde süße Saft läßt sich gut mit säuerlicheren und aromatischeren Sorten mischen.
   - Durchschnittlich und stark sauer: Diese sauren Äpfel können 10 bis 20 Prozent der Gesamtmenge ausmachen.
   - Aromatisch: 10 bis 20 Prozent dieser Äpfel geben dem Saft den Duft.
   - Streng (Tannin): 5 bis 20 Prozent des gesamten Safts. Seinen Sie sparsam damit. Zuviel davon im Saft wirkt stark adstringierend.
3. **Äpfel mahlen:** Waschen Sie die Äpfel kurz vor dem Mahlen in einem großen Bottich mit sauberem kaltem Wasser. Spritzen Sie sie mit einem Gartenschlauch unter hohem Druck ab. Schütten Sie die gewaschenen Äpfel in den Fülltrichter der Obstmühle, um sie zu feiner, breiiger Maische zu zerkleinern. Wenn dies Ihre erste Erfahrung mit dem Herstellen von Apfelsaft ist, sollten Sie die Äpfel und die Maische sortenrein verarbeiten und den Saft später nach Geschmack verschneiden. Pressen Sie die Maische sofort.
4. **Maische pressen:** Wenn Sie eine Spindelpresse mit einem Preßkorb oder eine Ratschenpresse verwenden, müssen Sie das Nylonpreßtuch in den Preßkorb einlegen und ihn mit Maische füllen. Verwenden Sie keine verzinkten oder Metallkellen, die mit der Säure der Maische reagieren. Legen Sie nun die Preßscheiben darauf und ziehen Sie nochmals am Tuch, um mögliche Falten glattzuziehen. Erhöhen Sie den Druck auf die Maische langsam. Drehen Sie die Spindel zu oder pumpen Sie an der Ratsche, um den Druck weiter zu erhöhen, wenn der Saft fließt. Wenn Sie eine Saftpresse mit zwei Preßkörben haben, können Sie mit ein oder zwei Helfern einen kontinuierlichen Arbeitsablauf beim Saftpressen einrichten, was eine Ausbeute von 30 bis 35 l in der Stunde ermöglicht.
   Fangen Sie den frischen Apfelsaft in sauberen Edelstahl-, Kunststoff- oder unversehrten Emailbehältern auf. Lassen Sie ihn nicht in Kontakt mit anderen Metallen kommen. Wenn Sie die Säfte von verschiedenen Sorten verschneiden möchten, müssen Sie die abgepreßten Säfte zunächst getrennt halten.
5. **Saft verschneiden:** Nehmen Sie 1-l-Proben von jeder Saftcharge. Verwenden Sie einen Meßbecher, um die genauen Mengen zu ermitteln, und versuchen Sie ein harmonisches Mischungsverhältnis zu finden. Testen Sie die Proben zuerst auf den Tannin- und den Säuregehalt. Geben Sie kleine Mengen des tanninreichen Saftes zur neutralen oder säurearmen Saftgrundlage, bis Ihnen der „Strengegrad“ zusagt. Geben Sie nun aromatischen Saft zu und mischen Sie schließlich den säurereichen Saft vorsichtig bei, bis der Saft spritzig, duftend und gut ausgewogen ist. Mischen Sie die großen Mengen im gleichen Verhältnis.
6. **Saft filtern:** Um einen leicht trüben, natursüßen Saft zu erzeugen, müssen Sie ihn durch eine dünne Schicht Seihtücher oder Nylongewebe führen. Dabei werden Fremdstoffe und Maischeflocken zurückgehalten.

7. **Saft lagern:** Apfelsaft kann in sauberen Glas- oder Kunststoffkrügen oder -flaschen gekühlt werden. Er schmeckt zwei bis vier Wochen frisch. Nach dem Kühlen können Sie den Saft einfrieren (nicht in Glasgefäßen). Lassen Sie, abhängig von der Größe des Gefäßes, etwa 5 cm Luftraum in den Behältern wegen der Ausdehnung während des Gefrierens. Tauen Sie den Saft einen Tag im Kühlschrank auf, wenn Sie ihn trinken möchten.
   Die bevorzugte Konservierungsmethode ist jedoch das Pasteurisieren, also das Erhitzen für mindestens 2 (75° C) bis 30 (65° C) Minuten, wodurch der sofort heiß abgefüllte Saft mindestens ein Jahr ungekühlt gelagert werden kann. Verwenden Sie sterilisierte Flaschen mit Schraubverschlüssen oder spezielle Beutel, die für die Nutzung in dafür vorgesehene Kartons eingehängt werden. Lagern Sie pasteurisierten Saft an einem kühlen, dunklen Ort.

– verändert aus *Making the Best Apple Cider*

Kleiner Apfelsortenführer

Säurereiche Äpfel
Bismarckapfel
Bitterfelder
Boskoop
Cox Orange
Geheimrat Oldenburg
Gehrers Rambour
Glockenapfel
Grahams Jubiläumsapfel
Granny Smith
Gravensteiner
Hauxapfel
Jonathan
Luikenapfel
Melba
Ribston Pepping
Santana

Äpfel mit mittlerem Säuregehalt
Alkmene
Elstar
Engelsberger
Gloster
Idared
Jonagold
Prinz Albrecht
Rambo
Topas

Säurearme Äpfel (neutrale Grundlage)
Ambassy
Fuji
Gala
Golden Delicious
Pinova
Red Delicious

Aromatische Äpfel
Alkmene
Ananasrenette
Braeburn
Cox Orange
Delicious
Elstar
Gloster
Golden Delicious
Gravensteiner
Ribston Pepping
Roter Berlepsch
Rubinette

Strenge Äpfel (Tannin)
Bitterfelder
Brixner Plattling
Hauxapfel
Holzapfel
Rheinischer Bohnapfel
die meisten Wildäpfel
außerdem die Frucht des Speierlings

Geräte und Zubehör für die Saftherstellung

Eine moderne Ausstattung zur Saftherstellung ist leistungsfähiger, einfacher zu reinigen und wiegt weniger als die Anlagen aus schwerem Gußeisen und Eiche, die Großvater verwendet hat. Hier ist eine Liste des notwendigen Zubehörs.

- **Obstmühle:** Die normalerweise handbetriebene Mühle mit einem Edelstahl- oder Aluminiumschneidwerk oder -walzen ist auf einem Stahlrahmen montiert und hat oben einen Fülltrichter, der bis zu 35 l Obst faßt.
- **Obstpresse:** Es gibt kleine Pressen mit einem Preßkorb, handbetriebene Spindelpressen, Spindelpressen mit zwei Preßkörben, Systempressen mit Ratschen und ein oder zwei Preßkörben, kleine hydraulische Pressen mit Holzeinlagen und Nachbauten von Pressen aus dem 19. Jahrhundert. Lassen Sie sich beim Kauf am besten beraten.
- **Preßtuch und sonstige Tücher:** Die meisten sind aus Nylon herstellt.
- **Filtertuch:** Verwenden Sie eine Lage Seihtuch oder ein Nylonfiltertuch zum Auffangen von Stielen, Samen und größeren Maischeklumpen.
- **Auffangbehälter:** Eimer, Schüsseln oder Bottiche eignen sich zum Auffangen des frischen Safts aus der Presse. Das Gefäß sollte aus Edelstahl, Polyethylenkunststoff, Glas oder unbeschädigtem Email sein.
- **Einkochtopf mit Ablaufhahn:** Ältere Geräte werden auf dem Herd erhitzt. Die modernen Töpfe funktionieren mit Strom und lassen sich dank Thermostat hervorragend regeln. Der Ablaufhahn erleichtert das Abfüllen.
- **Lagerbehälter:** Sie können saubere Kunststoff- oder Glasflaschen mit Schraubverschluß verwenden oder (im Landhandel) spezielle 5- oder 10-l-Beutel kaufen, die für die Saftentnahme in passende Kartons gehängt werden.

HOLUNDERSAFT UND -SEKT

Schwarzer Holunder

Der Schwarze Holunder *(Sambucus niger)*, kurz Holunder oder auch Holler genannt, ist ein in Mitteleuropa häufiger Wildstrauch, der auf stickstoffreichen Standorten mit bis zu 7 m Höhe auch zum kleinen Baum werden kann. Typisch sind seine großen gefiederten Blätter. Ab Mai bis Juni erscheinen die großen Schirmdolden mit vielen weißen Einzelblüten. Die Pflanze kann man dann schon von weitem am Duft erkennen. Bis August oder September entwickeln sich daraus die zuerst roten, später schwarzen Beeren. Sie enthalten hohe Mengen Vitamin C und Kalium.
Schwarzer Holunder wird nur selten bewußt gepflanzt oder gar kommerziell angebaut. Daher gibt es auch kaum gezüchtete Sorten. Die Blätter, die Rinde, die unreifen Beeren und die Samen reifer Beeren sind giftig, nicht jedoch die Blüten und die reifen Beeren selbst. Daher werden diese Pflanzenteile von alters her als Heilmittel verwendet. Tee aus Holunderblüten wirkt harntreibend und blutreinigend und stärkt das Immunsystem. Daher wird er auch zur Behandlung von Erkältungskrankheiten empfohlen. Der Saft aus den Beeren stärkt aufgrund des hohen Vitamin-C-Gehalts im Winter die Abwehrkräfte. Daneben werden die Blüten und Beeren wegen ihrer Vielseitigkeit auch in der Küche verwendet.

Holunderblüten nutzen

Nicht alles müssen Sie mühsam kultivieren. Holunder wächst praktisch überall und läßt sich prima in der Vorratsküche verwenden. Die Holunderblüten eignen sich vor allem zur Herstellung von Sirup und Gelee. Beliebt ist auch der sogenannte Holundersekt, der nach einigen Tagen am sonnigen Fensterbrett wirklich zu moussieren beginnt. Probieren Sie es aus!

Holunderblütensekt

Holunderblütensekt enthält kaum Alkohol, da der Zucker stattdessen direkt in Kohlensäure umgesetzt wird.

20 Holunderblüten
4 l Wasser
300 g Zucker
Saft einer Zitrone

1. Pflücken Sie die Dolden, wenn der größte Teil der Blütchen geöffnet ist. Schütteln Sie sie kräftig und kontrollieren Sie sie auf Insekten, aber waschen Sie sie nicht.
2. Kochen Sie das Wasser ab, lösen Sie den Zucker darin auf und lassen Sie es wieder abkühlen.
3. Geben Sie inzwischen die Holunderblüten mit dem Zitronensaft in eine große Glaskaraffe und gießen Sie das Zuckerwasser darüber. Rühren Sie die Mischung gut durch.
4. Decken Sie die Karaffe mit einem Geschirrtuch oder einem kleine Teller ab (nicht dicht verschließen) und lassen Sie sie zwei bis drei Tage auf einem sonnigen Fensterbrett stehen. Die aufsteigenden Bläschen zeigen, daß das Getränk fertig ist.
5. Gießen Sie die Flüssigkeit vor dem Servieren durch einen Seiher. Sie können das Getränk mit Mineralwasser verdünnen oder auch mit Eiswürfeln und einer Scheibe Zitrone als Aperitif reichen. Gekühlt hält sich Holundersekt etwa 24 Stunden.
   Da die Pflanzenbestandteile nicht abgekocht werden, kann es zu Fehlgärungen kommen. Probieren Sie also vorsichtig. Wohlschmeckenden Sekt können Sie problemlos trinken. Wenn sich Schleim gebildet hat, sollten Sie die Mischung auf jeden Fall entsorgen und es noch einmal versuchen.
   Experimentierfreudige füllen Holundersekt sogar in leere Champagnerflaschen und lagern ihn mehrere Wochen vor dem Verkosten. Aber nicht jede dieser Flaschen ist danach für den Genuß geeignet.

Holunderblütensirup

Holunderblütensirup schmeckt nicht nur mit Leitungswasser verdünnt. Auch teelöffelweise in geschlagene Sahne gerührt ist er zum Beispiel zu Obstsalat ein Hochgenuß.

20 Holunderblüten
2 l Wasser
2 kg Zucker
50 g Zitronensäure aus der Apotheke

1. Pflücken Sie die Dolden, wenn der größte Teil der Blütchen geöffnet ist. Schütteln Sie sie kräftig und kontrollieren Sie sie auf Insekten, aber waschen Sie sie nicht.
2. Kochen Sie das Wasser ab, lösen Sie den Zucker darin auf und lassen Sie es etwas abkühlen.

3. Schneiden Sie mit einer Schere die Holunderblütchen von den Stielen und geben Sie sie zusammen mit der Zitronensäure in das noch lauwarme Wasser. Rühren Sie kräftig um.
4. Decken Sie die Mischung mit einem Tuch oder einem Teller ab und lassen Sie sie ein bis zwei Tage stehen. Rühren Sie dabei gelegentlich um, damit sich der Zucker nicht absetzt.
5. Gießen Sie die Mischung dann durch ein Seihtuch und lassen Sie den Sirup noch einmal sprudelnd aufkochen. Füllen Sie ihn noch heiß in sterilisierte Schraubverschlußflaschen und verschließen Sie sie dicht. Sie können die Flaschen an einem kühlen dunklen Ort ein Jahr lagern. Geöffnete Flaschen halten sich im Kühlschrank drei bis vier Wochen.

Holunderbeeren verarbeiten

Auch Holunderbeeren kann man vielseitig verwenden. Pflücken Sie die Beeren erst, wenn sie sehr dunkel, fast schwarz sind und sich leicht vom Stiel lösen. Zudem sollten Sie darauf achten, daß sie nicht bereits von Vögeln angepickt sind. Vögel lieben Holunderbeeren. Für Menschen sind sie jedoch im rohen Zustand unbekömmlich. Also nicht probieren!
Aus Holunderbeeren läßt sich sehr einfach ein wohlschmeckender und sehr gesunder Saft herstellen. Häufig ist er Grundlage für Gelees – auch in Kombinationen mit anderen Früchten – oder auch Likör. Hier zunächst das Grundrezept zur Herstellung von Holundersaft.

Grundrezept Holundersaft

Ergibt etwa 1,2 l Saft

2 kg Holunderbeeren
500 ml Wasser

1. Waschen Sie die Beeren an den Dolden. Wenn Sie sie kurz in kaltem Wasser mit etwas Essig liegen lassen, bekommen Sie auch die Schädlinge heraus. Lösen Sie nun die Beeren von den Dolden.
2. Geben Sie die Beeren in einen großen Topf, gießen Sie das Wasser darüber und bringen Sie sie im abgedeckten Topf zum Kochen. Lassen Sie die Beeren unter regelmäßigem Rühren 20 Minuten kochen. Dann sollten sie weich sein und sich mit einem Löffel am Topfrand zerdrücken lassen.
3. Hängen Sie ein feuchtes Seihtuch an einem Gestell auf und stellen Sie einen ausreichend großen Topf darunter. Gießen Sie die Masse in das Tuch und lassen Sie den Saft über Nacht austropfen. Wenn es etwas schneller gehen soll, legen Sie ein feuchtes Seihtuch in einem großen Seiher aus, hängen Sie diesen über einen Topf und gießen Sie die Masse nach und nach hindurch. Hier können Sie durch Reiben und Drücken nachhelfen. Wenn die Masse schon etwas abgekühlt ist, können Sie sie auch mit den Händen ausquetschen, um möglichst viel Saft zu gewinnen. Tragen Sie dabei wegen der intensiven Farbe unbedingt Einmalhandschuhe.
4. Wenn Sie den Saft nicht weiterverwenden möchten, müssen Sie ihn jetzt noch haltbar machen. Stellen Sie den Topf wieder auf den Herd und kochen Sie den Saft noch einmal kurz auf. Füllen Sie ihn in saubere Flaschen und verschließen Sie sie dicht. Stellen Sie die Flaschen in einen mit Wasser gefüllten Einmachtopf und lassen Sie das Wasser 30 Minuten kochen. Danach ist der Saft sterilisiert und kann einige Monate an einem kühlen dunklen Ort gelagert werden.

– Anita Heidenfelder

Reichen Sie doch einmal Apfel-Holunder-Gelee statt Preiselbeeren zu einem Wildgulasch.

Apfel-Holunder-Gelee

Ergibt 8 Gläser à 250 ml

1 l Apfelsaft (siehe Seiten 448–449)
500 ml Holundersaft (siehe Grundrezept auf dieser Seite)
Saft einer Zitrone
1 Vanilleschote
1 Stange Zimt
1,5 kg Gelierzucker

1. Gießen Sie die Säfte zusammen. Schaben Sie das Vanillemark aus der längs aufgeschnittenen Schote und geben Sie es zusammen mit der Schote und der Zimtstange zu. Lassen Sie die Gewürze über Nacht im Saft ziehen.
2. Entfernen Sie am folgenden Tag die Vanilleschote und die Zimtstange und rühren Sie den Gelierzucker in den Saft. Erwärmen Sie den Saft und lassen Sie ihn unter Rühren vier Minuten sprudelnd kochen. Machen Sie eine Gelierprobe.
3. Wenn die Gelierfestigkeit erreicht ist, schöpfen Sie den gesamten Schaum ab und füllen das Gelee in sterilisierte Gläser. Wischen Sie die Glasränder sorgfältig ab. Verschließen Sie die Gläser und drehen Sie den Deckel fest zu. Stellen Sie die Gläser beim Abkühlen einige Minuten auf den Kopf.

Wie Fruchtliköre – zu denen auch Holunderlikör gehört – hergestellt werden, erfahren Sie auf den folgenden Seiten.

– Anita Heidenfelder

FRUCHTLIKÖRE

Früchte, die sich zur Likörherstellung eignen

- Ananas
- Aprikosen
- Birnen
- Brombeeren
- Erdbeeren
- Himbeeren
- Holunderbeeren
- Johannisbeeren
- Kirschen
- Kiwi
- Orangen
- Pfirsiche
- Pflaumen
- Quitten
- Rhabarber
- Schlehen
- Walnüsse, grün oder ausgereift
- Weintrauben
- Zitronen

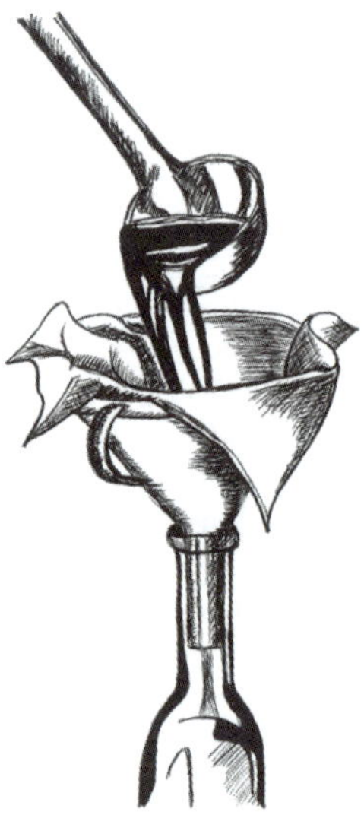

Zum Abseihen können Sie ein Stück feuchtes Leinentuch in einen Trichter legen oder einfach ein ganz gewöhnliches Teesieb aus Baumwolle verwenden.

Grundlagen der Likörherstellung

Vorsicht: Die Herstellung von Fruchtlikören kann zur Sucht werden. Aufgrund der vielfältigen Möglichkeiten und des geringen Zeitaufwands stehen selbst bei manchem Anfänger nach kurzer Zeit vier bis fünf Ansätze im Keller.

Das Obst muß wie beim Einkochen zuerst vorbereitet werden, das heißt, Sie müssen es gründlich waschen und je nach Fruchtart schälen, entkernen, entstielen und klein schneiden. Nicht ausgesonderte grüne Pflanzenteile können zu einem herben, teils strengen Nachgeschmack führen. Verwenden Sie nur voll ausgereiftes, einwandfreies Obst und setzen Sie den Likör sofort an, wenn Sie mit der Vorbereitung der Früchte fertig sind, um die Qualität zu erhalten.

Da die Früchte für Liköre nicht vergoren werden, muß der Alkohol zugesetzt werden. Manche bevorzugen geschmack- und geruchlosen Weingeist (aus der Apotheke) als Basisalkohol, der jedoch zu hochprozentig ist und daher verdünnt werden muß. Sie können aber auch verschiedenste Spirituosen wie Grappa, Obstbrände, Wodka, Korn- oder Weinbrand und sogar Rum verwenden. Aber nicht jeder Brand paßt zu jeder Frucht. Sie sollten darauf achten, daß die Eigenarten des Alkohols mit der Frucht harmonieren. Wodka ist neben Weingeist am neutralsten. Und auch hier zählt die Qualität.

Neben Früchten und Alkohol wird in den allermeisten Fällen Zucker zum Süßen zugesetzt. Und je nach Belieben können Sie verschiedenste Gewürze zugeben. Häufig werden Zimt, Vanille, Sternanis oder Nelken verwendet, aber auch Minzen sind möglich. Tip: Werfen Sie einfach ein Pfefferminzbonbon in den Ansatz.

Verwenden Sie wie beim Einkochen Gefäße und Geräte aus Edelstahl, Kunststoff oder Glas. Gegenstände aus anderen Metallen können mit der Fruchtsäure reagieren und den Geschmack verderben. Achten Sie darauf, daß die Früchte immer vollständig mit Alkohol überdeckt sind, da sie sonst zu schimmeln beginnen. Um die Farbe des Ansatzes zu erhalten, sollten Sie ihn besser an einem dunklen Ort aufstellen, wobei es Ausnahmen gibt wie den Likör aus grünen Walnüssen auf der gegenüberliegenden Seite.

Die Reifezeit hängt von dem verwendeten Obst, aber auch vom Basisalkohol ab. Zum Abfiltern eignet sich ein feinmaschiges Teesieb aus Baumwolle besonders gut. Es dürfen auf keinen Fall Obstrückstände im Likör verbleiben. Vor dem Genießen müssen die meisten Fruchtliköre noch einige Monate an einem dunklen kühlen Ort reifen. Sie können Fruchtlikör gut über Desserts genießen oder sich einfach ein Gläschen pur gönnen.

Kirschlikör

1 kg Sauerkirschen
1 Zimtstange
Schale einer unbehandelten Orange
400 g weißer Kandiszucker
1 l Rum (54 Vol.-%)

1. Waschen, entstielen und entsteinen Sie die Kirschen. Zerschlagen Sie etwa die Hälfte der Steine mit einem Hammer und geben Sie sie zusammen mit den Kirschen, dem Rum, den Gewürzen und dem Kandiszucker in ein großes Einmachglas.
2. Stellen Sie das Glas etwa acht Wochen an einen kühlen, dunklen Ort. Seihen Sie die Flüssigkeit anschließend durch ein feinmaschiges Teesieb und füllen Sie sie in saubere Flaschen ab.
3. Nach zwei bis drei weiteren Monaten Lagerung an einem kühlen, dunklen Ort ist der Likör fertig zum Genießen.

Likör aus grünen Walnüssen

Mein absoluter Favorit!

12 grüne Walnüsse (etwa Anfang Juli gepflückt)
200 g Kandiszucker
2 Nelken
2 Sternanis
1 Zimtstange
1 Vanilleschote
1 l Wodka

1. Die Walnüsse pflücken, waschen und ungeschält vierteln. (Verwenden Sie dafür am besten Einweghandschuhe, denn die Nüsse färben stark.) Geben Sie sie zusammen mit den Gewürzen und dem Zucker in ein großes Einmachglas oder eine Weithalsflasche und gießen Sie den Wodka darüber.
2. Verschließen Sie das Gefäß und stellen Sie es für vier bis sechs Wochen an ein sonniges Fenster. Rühren Sie ab und zu um, damit sich der Zucker besser löst.
3. Seihen Sie den Likör durch ein feuchtes Teesieb und schmecken Sie ihn, wenn nötig, mit Zuckersirup ab. Füllen Sie den Likör in saubere Flaschen und lassen Sie ihn noch bis in den Winter an einem kühlen, dunklen Ort reifen. Wohl bekomm's!

Fruchtliköre als Geschenk

Was schenkt man bloß diesen Menschen, die schon alles haben? Wie wäre es mit einem Fläschchen selbstgemachtem Fruchtlikör? Es gibt ihn in so vielen Varianten, daß für jeden Geschmack etwas dabei ist. Und glauben Sie nicht, das sei nur etwas für ältere Damen: Ein Likör aus grünen Walnüssen mit kräftigen Gewürzen kommt bestimmt auch bei jüngeren männlichen Gourmets an – es muß ja nicht immer Himbeerlikör sein.

Es kommt aber nicht nur auf den Inhalt an. Likör macht beim Verschenken gleich noch mehr her, wenn Sie ihn in eine besonders schöne oder ausgefallene Flasche füllen. Geschäfte, die Liköre, Brände oder Essig selbst abfüllen, haben meist auch eine große Auswahl an Flaschen in verschiedensten Größen, die sie natürlich auch ohne Inhalt verkaufen. Wenn Sie sich dann noch mit dem Etikett etwas Mühe geben, werden Sie beim Überreichen sicher in ein strahlendes Gesicht blicken.

Übrigens: Auch der Rumtopf eignet sich – in ein hübsches 250-ml-Glas umgefüllt – durchaus als Geschenk.

– Anita Heidenfelder

Rumtopf ansetzen

Die ganze Fülle eines Sommers können Sie in einem Rumtopf sammeln. Als Gefäß eignet sich ein mittelgroßer Topf aus Steingut mit einem lose aufliegenden Deckel. Im Gegensatz zu den Fruchtlikören wird ein Rumtopf nicht auf einmal angesetzt. Vielmehr können Sie während des Sommers fortlaufend Früchte zugeben, wann immer sie reif sind. Die Auswahl der Früchte treffen Sie selbst nach Ihrer persönlichen Vorliebe. Alle Früchte für den Rumtopf müssen gründlich gewaschen, einige zudem entsteint und kleingeschnitten werden. Verwenden Sie für Rumtopf 54prozentigen Rum und gewöhnlichen weißen Haushaltszucker. Die Früchte müssen durchgehend mindestens einen Fingerbreit mit Rum überdeckt sein, weil sie sonst schimmeln. Hier ein Vorschlag, wie Sie vorgehen können:

- **Juni:** 500 g Erdbeeren und 250 g Aprikosen (letztere überbrüht, gehäutet, entsteint und geviertelt), 750 g Zucker und 1 l Rum
- **Juli:** 500 g Himbeeren, 250 g Zucker, 0,5 l Rum
- **August:** insgesamt 500 g Sauerkirschen (entstielt, mit Steinen), Pflaumen und Pfirsiche (beide überbrüht und gehäutet, entsteint und geviertelt) in beliebigen Anteilen, 250 g Zucker, 0,3 l Rum
- **September:** 500 g Zwetschgen (überbrüht und gehäutet, entsteint und halbiert), 250 g Zucker, 0,5 l Rum
- **Oktober:** 500 g Birnen (geschält, vom Kernhaus befreit, in Stücke geschnitten) 250 g Zucker, 0,4 l Rum

Kontrollieren Sie den Rumtopf etwa alle zehn Tage und gießen Sie bei Bedarf etwas Rum nach. Wenn er nicht zu abseits steht, fällt Ihnen die Kontrolle leichter.

Im Dezember ist dann die erste Kostprobe fällig. Rumtopf schmeckt mit Sahne oder über Pudding und Vanille- oder Walnußeis. Sie können ihn auch mit Sekt aufgießen und als Aperitif genießen.

Denken Sie aber daran: Rumtopf enthält sehr viel Alkohol, und vor allem die Früchte haben es in sich.

– Anita Heidenfelder

LANDKÜCHE UND VORRATSHALTUNG

KETCHUP UND SENF

Rühren Sie häufig um, während die Zutaten eindicken.

Schöpfen Sie das Ketchup nach Entnahme des Gewürzbeutels vorsichtig in saubere heiße 500-ml-Gläser.

Grundrezept für Tomatenketchup

Ergibt 2,2 bis 2,8 l

3,5–4,5 kg sehr reife Tomaten
1–2 reife rote (oder grüne) Paprika
1–2 grüne Paprika
4–5 Zwiebeln
1–3 Tassen Zucker oder Honig
3 Eßlöffel Salz
700 ml Apfelessig

In einen Gewürzbeutel binden:
½–1½ Teelöffel ganze Pimentkörner
½–1½ Teelöffel ganze Nelken
½–1½ Teelöffel zerbrochene Zimtstangen

Binden Sie die Gewürze in ein kleines quadratisches Seihtuch, so daß Sie sie leicht wieder herausnehmen können.

1. Vierteln Sie die Tomaten, entfernen Sie Blüten und Stiele sowie Makelstellen.
2. Putzen Sie die Paprika und schneiden Sie sie klein. Würfeln Sie die Zwiebeln.
3. Mischen Sie das Gemüse und kochen Sie es (15 bis 30 Minuten), bis es weich ist. Geben Sie es durch ein Passiergerät. Sie können das rohe Gemüse auch im Mixer zerkleinern und dann in einem jeweils zu drei Vierteln gefüllten Topf zusammen kochen lassen.
4. Geben Sie die verbleibenden Zutaten außer dem Essig zu. Lassen Sie die Masse im offenen Topf unter häufigem Rühren sieden, bis sie eingedickt ist.
5. Geben Sie den Essig zu und kochen Sie das Ketchup weitere 15 Minuten.
6. Entfernen Sie den Gewürzbeutel und schöpfen Sie das Ketchup in saubere heiße 500-ml-Gläser.

– aus *Keeping the Harvest* von Nancy Chioffi und Gretchen Mead

Honigsenf

Die selbstgemachten Varianten von heutigen Gourmetsenfen sind einfach herzustellen. Und meist sind sie so gut oder sogar besser als die im Laden gekauften Senfe.

4 Eßlöffel Senfpulver
2 Eßlöffel Wasser
1 Teelöffel Essig
1 Eßlöffel Pflanzenöl
2 Eßlöffel Honig

1. Mischen Sie das Senfpulver mit dem Wasser und dem Essig zu einem steifen Brei.
2. Rühren Sie Öl unter, bis die Masse geschmeidig ist, und rühren Sie dann den Honig ein.
3. Gießen Sie den Senf in ein sterilisiertes Glas. Dieser Senf ist ein guter Brotaufstrich für Sandwichs mit gekochtem Schinken oder anderen kalten Aufschnitten und paßt auch gut zu gebratenem Schinken, Schweine- oder Grillfleisch.

– aus *Making and Using Mustards* von Claire Hopley

Chilisauce

Verwenden Sie für eine scharfe Chilisauce das Grundrezept für Ketchup, aber geben Sie ein oder zwei scharfe Chilischoten und ½ Teelöffel gemahlenen Cayennepfeffer zu. Schälen Sie die Tomaten und schneiden Sie das Gemüse klein. Lassen Sie alles zusammen kochen, ohne es durch ein Passiergerät zu drehen. Für weitere Geschmacksrichtungen können Sie Stangensellerie oder Selleriesamen, Basilikum, ein Lorbeerblatt, Äpfel oder Apfelmus, Pfefferkörner, Senfsamen oder -pulver zugeben.

– aus *Keeping the Harvest*

Basilikumessig

Würzessige eignen sich vortrefflich zum Eigenverbrauch wie auch als besondere Geschenke. Es gibt viele hervorragende Essige auf dem Markt, aber selbstgemachte dürften besser sein – frischer, schmackhafter und ausgefallener. Für Kräuteressige können Sie entweder nur ein Kraut oder eine Kombination von mehreren Kräutern – ganz nach Ihren Vorlieben – verwenden. Das folgende Rezept ist ein Essig aus nur einem Kraut. Sie können das Basilikum nach Belieben durch jedes andere Kraut ersetzen.

4 große Zweige frisches Basilikum

500 ml Weißwein- oder Champagneressig

Geben Sie die Basilikumzweige in eine 500-ml-Flasche und gießen Sie den Essig darüber. Verschließen Sie die Flasche und lagern Sie sie vor der Verwendung des Essigs zwei bis drei Wochen.

Rosmarin-Estragon-Essig

Wenn ich einen Lieblingskräuteressig herausgreifen müßte, wäre es dieser. Aber es gibt noch andere gute Kombinationen. Jedes Kraut paßt mit jedem anderen Kraut zusammen. Oregano und Dill sind eine interessante Verbindung, genau wie Basilikum und Bohnenkraut. Sie können auch mehrere Kräuter kombinieren.

2 große Zweige Rosmarin

2 große Zweige Estragon

500 ml Weißwein- oder Champagneressig

Stellen Sie diesen Essig genauso her wie den Basilikumessig. Wenn Sie ihn auf zwei Flaschen aufteilen, müssen Sie je einen Zweig Rosmarin und einen Zweig Estragon in jede Flasche geben.

Essig mit Thymian, Zitronenschale und schwarzem Pfeffer

Neben dem guten Geschmack macht das ansprechende Aussehen diesen Essig besonders attraktiv zum Verschenken. Andere aromatische Zutaten, die Sie mit Kräutern kombinieren können, sind Dillsamen, ganze Pimentkörner, weiße Pfefferkörner, Zimtstangen, Orangenschalen, winzige getrocknete Chilischoten oder Selleriesamen.

1 großer Zweig frischer Thymian

1 lange Spirale Zitronenschale

2 gehäufte Teelöffel schwarze Pfefferkörner

500 ml Weißwein- oder Champagneressig

Geben Sie den Thymian, die Zitronenschale und die schwarzen Pfefferkörner in eine 500-ml-Flasche. Gießen Sie den Weinessig darüber und verschließen Sie die Flasche. Lagern Sie den Essig vor dem Gebrauch etwa einen Monat, wobei Sie die Flasche alle ein bis zwei Tage sachte schütteln sollten. Wenn Sie zwei 250-ml-Flaschen verwenden, brauchen Sie zwei kleinere Thymianzweige und zwei kleinere Spiralen Zitronenschale. Geben Sie jeweils eines davon plus je einen gehäuften Teelöffel Pfefferkörner in jede Flasche.

Geben Sie nach dem Absieben und dem Umfüllen des Essigs in saubere Flaschen einen frischen Kräuterzweig hinein, bevor Sie die Flasche verschließen.

Himbeeressig

Viele halten Himbeeressig für den besten unter den aromatisierten Essigen. Weil er mit frischen Früchten angesetzt wird, unterscheidet sich das Verfahren etwas von dem bei gewöhnlichen Essigen. Lassen Sie den Zucker oder Honig nicht weg (außer bei vorgesüßten Beeren); dieser Essig braucht etwas Süße, um seinen vollen Geschmack zu entfalten.

2–2½ Tassen frische Himbeeren, leicht zerquetscht (oder die gleiche Menge gefrorene Himbeeren)
2 Eßlöffel Zucker oder Honig
500 ml Rotweinessig

Mischen Sie alle Zutaten in einem Wasserbadtopf (nicht aus Aluminium). Hängen Sie den Innentopf über das kochende Wasser, drehen Sie die Hitze zurück und erwärmen Sie den Essig für zehn Minuten über gerade noch kochendem Wasser. Füllen Sie den Essig dann in ein großes Glas mit Schraubverschluß um und lassen Sie ihn drei Wochen stehen, bevor Sie ihn abseihen und den gesamten Saft aus den Beeren pressen. Wenn der Essig zu trübe ist, lassen Sie ihn durch einen Kaffeefilter laufen. Gießen Sie ihn in eine oder mehrere frische Flaschen und geben Sie ein paar frische Beeren dazu.

– aus *Herbal Vinegar* von Maggie Oster und *Making and Using Flavored Vinegars* von Glenn Andrews

Flaschenverschlüsse

Ziehen Sie vor dem Verschließen ein Stück Frischhaltefolie über die Flaschenöffnung, wenn der Verschluß ganz oder teilweise aus Metall besteht.

PICKLES UND RELISHES

Beschriften Sie die Gläser mit Inhalt und Datum und lagern Sie sie an einem kühlen, dunklen Ort.

Geräte und Zubehör für Pickles und Relishes

- **Töpfe, Schüsseln und Geräte:** Verwenden Sie grundsätzlich Edelstahl-, Glas- oder Keramikbehälter und -geräte. Die Salze und Säuren in Essiggemüse reagieren mit Metall und erzeugen einen Fremdgeschmack.
- **Einkochtopf:** Essiggemüse wird in einem Einkochtopf – einem großen Topf mit Einsatz, der die Gläser im Wasser trägt – konserviert. Manche verwenden auch einen Schnellkochtopf.
- **Universal-Küchenmaschine:** Dies ist ein großer Zeitsparer, der zu gleichmäßigen Arbeitsergebnissen führt und damit die Konsistenz des Essiggemüses verbessert.
- **Einmachgläser mit Schraubverschlüssen:** Gläser mit Bügelverschlüssen können ebenfalls verwendet werden. Vermeiden Sie Kratzer und Absplitterungen im Deckel oder am Glasrand, weil sie einen dichten Abschluß verhindern können.
- **Glas-, Kunststoff- oder Keramiktöpfe:** Sie sind brauchbar für Salzgurken.

Essiggemüse und Würzsaucen

Ob süß-sauer, stark sauer oder höllenscharf, Pickles und Relishes bringen Würze auf den Tisch. Sie beleben alltägliche Mahlzeiten, geben Salaten das gewisse Etwas, bringen Schwung in Picknicks und Buffets und geben ganz ungewöhnliche Geschenke ab. Mit modernen Methoden sind gerade einmal ein paar Stunden in der Küche nötig, um die reichen Gaben Ihres Gartens in Köstlichkeiten für das ganze Jahr zu verwandeln.
Der Unterschied zwischen gutem und hervorragendem Essiggemüse besteht in der Frische der Zutaten. Wählen Sie junge oder auch noch nicht ganz reife, einwandfreie Früchte und Gemüse aus. Idealerweise sollten sie früh am Tag, bevor sie in der Sonne welken, geerntet und sofort verarbeitet werden. Da dies nicht immer möglich ist, sollten Sie Ihr Gemüse rasch abkühlen, um später knackiges Gemüse im Glas zu haben. Dies ist bei Gurken besonders wichtig.
Wenn Sie keinen Garten haben, sollten Sie bei einem regionalen Erzeuger, an einem Straßenstand oder auf einem Bauernmarkt einkaufen. Falls Sie in einem Supermarkt einkaufen müssen, sollten Sie gewachstes Obst und Gemüse meiden. Waschen Sie Obst und Gemüse, unabhängig davon, wo es herkommt, immer sorgfältig und lassen Sie es vor der Verwendung gut abtropfen.

Essiggurken mit Zwiebeln

Ergibt 2 Gläser à 500 ml

4 Tassen reife Gurken, geschält und in Stücke geschnitten
1 Eßlöffel Salz
1 mittelgroße Zwiebel, in Scheiben geschnitten
1 rote Paprika, in Scheiben geschnitten
120 ml Weißweinessig
1 Teelöffel Selleriesamen
220 g Zucker
1 Teelöffel Senfkörner

1. Bereiten Sie die Gurken vor und vermischen Sie sie gut mit dem Salz.
2. Bedecken Sie sie für zwei Stunden mit Leitungswasser und lassen Sie sie anschließend abtropfen.
3. Mischen Sie die verbleibenden Zutaten in einem großen Stieltopf. Geben Sie die Gurken zu und kochen Sie sie, bis sie bißfest sind.
4. Füllen Sie die Gurkenstücke mit dem Essig in saubere heiße 500-ml-Gläser und lassen Sie 1,3 cm Luftraum. Verschließen Sie die Gläser dicht und kochen Sie sie zehn Minuten im Einkochtopf ein.

Roh eingelegte Dillgurken

Ergibt 2 l

8 Tassen kleine Einmachgurken
4 Dilldolden
2 Knoblauchzehen
2 Scheiben Meerrettich (je nach Geschmack)
1 l Wasser
250 ml Weißweinessig
50 g Salz

1. Waschen Sie die Gurken und trocknen Sie sie ab. Stechen Sie jeweils ein paar Löcher hinein.

2. Geben Sie je eine Dilldolde in jedes sterilisierte 1-l-Glas. Fügen Sie jeweils eine Knoblauchzehe und (je nach Geschmack) eine Scheibe Meerrettich zu. Füllen Sie die Gläser mit Gurken auf und legen Sie die verbleibenden Dilldolden darauf.
3. Mischen Sie Wasser, Essig und Salz in einem mittelgroßen Stieltopf. Lassen Sie die Mischung kochen und anschließend auf Zimmertemperatur abkühlen.
4. Gießen Sie die Flüssigkeit über die Gurken. Achten Sie darauf, daß sie vollständig bedeckt sind. Verschließen Sie die Gläser.
5. Lassen Sie die Gurken vor dem Verzehr mindestens acht Wochen im Kühlschrank oder in einem sehr kühlen Keller stehen.

Eingelegte Rote Bete

Ergibt 7 Gläser à 500 ml

4,5–5,5 kg Rote Bete
1 l Apfelessig
150 g Zucker
250 ml Wasser
2 Eßlöffel Salz

1. Schneiden Sie die Köpfe und die Wurzeln bündig mit der Rübe ab und bürsten Sie diese sorgfältig.
2. Legen Sie die Roten Bete auf den Rost eines Gänsebräters. Decken Sie ihn zu und garen Sie die Bete in etwa einer Stunde (bei mittelgroßen Rüben) bei 200 °C weich.
3. Heizen Sie inzwischen das Wasser und die Gläser im Einkochtopf vor.
4. Mischen Sie Essig, Zucker, Wasser und Salz in einer Stielkasserolle und bringen Sie die Flüssigkeit zum Kochen.
5. Füllen Sie den Gänsebräter zum Abschrecken mit eiskaltem Wasser, wenn die Bete weich sind, und schälen Sie die Rüben.
6. Schichten Sie die Bete ganz oder geschnitten in saubere, heiße 500-ml-Gläser. Bedecken Sie sie mit der Essigmischung und lassen Sie 1,2 cm Luftraum. Kochen Sie sie 30 Minuten im Einkochtopf ein.

Mais-Relish

Ergibt 4 bis 5 Gläser à 500 ml

1 kg rohe Zuckermaiskörner, vom Kolben gelöst
3 große Zwiebeln, gehackt
½ grüne Paprikaschote, gehackt
½ rote Paprikaschote, gehackt
110 g braunen Zucker
110 ml Maissirup
7 Teelöffel Salz
1 Eßlöffel Senfpulver
700 ml Apfelessig

1. Mischen Sie alle Zutaten sorgfältig. Decken Sie sie zu und kochen Sie sie 15 Minuten unter häufigem Rühren.
2. Gießen Sie die Sauce in saubere, heiße 500-ml-Gläser und lassen Sie 1,2 cm Luftraum.
3. Kochen Sie die Gläser 15 Minuten im Einkochtopf.

– teils verändert aus *Favorite Pickles and Relishes* von Andrea Chesman

Einmachtips

- Gurken gibt es in zwei Varianten: Einmachgurken und Salatgurken. Einmachgurken sind klein und haben eine dünne, teils warzige Schale. Kleine Salatgurken lassen sich in Scheiben geschnitten etwa als Auflage für Vesperbrote verarbeiten, und sie eignen sich für Würzpasten. Sie ergeben jedoch selten gute Dillgurken.

Entfernen Sie Luftblasen.

- Füllen Sie Einmachgläser mithilfe eines Einmachtrichters und eines Holzlöffels ordentlich und dicht an dicht. Schieben Sie ein Eßstäbchen oder einen Spatel zwischen die Gurken und den Glasrand, um Blasen zu entfernen. Geben Sie weitere Flüssigkeit zu, bis Sie die richtige Füllhöhe erreicht haben.
- Die Angaben der zu erwartenden Gläser sind grob berechnet. Sie sollten immer ein oder zwei zusätzliche Gläser bereithalten.
- Halten Sie Salzgurken in der Lake, indem Sie sie mit einem Brett und Gewichten beschweren. Die Gärung beginnt innerhalb von zwei Tagen. Probieren Sie gelegentlich, ob die Gurken für Ihren Geschmack sauer genug sind. Kühlen unterbricht den Gärprozeß. Die Gärung ist abgeschlossen, wenn keine Gasblasen mehr an die Oberfläche des Topfes aufsteigen – nach etwa zwei bis vier Wochen.

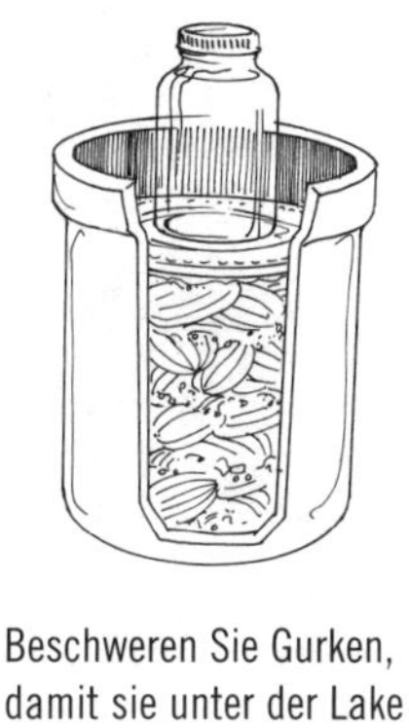

Beschweren Sie Gurken, damit sie unter der Lake bleiben.

TEIL IV

Scheune, Stall und Feld

Wenn Sie das Glück haben, einen majestätischen alten Stall zu besitzen, möchten Sie gewiß auch Tiere darin halten. Allerdings hat sich die Stallbauweise in den letzten Jahrzehnten verändert. Mehrere Tierarten unter einem Dach zu halten wird nicht mehr als gesund erachtet, weil das Risiko für Krankheiten und Parasiten oder von Verletzungen durch das Aufeinandertreffen unterschiedlich großer Tiere zu hoch ist. Verschiedene Tierarten sollten voneinander getrennt eingestallt werden. Und bei der Unterbringung von Nutztieren ist weniger mehr: Viele Arten können in einem einfachen dreiseitig geschlossenen Unterstand, der sie vor Unwettern und Temperaturextremen schützt, überleben und gedeihen. Schließlich sollten Sie aus Brandschutzgründen das Heu extra lagern.

26

NUTZTIERE

HÜHNER • PUTEN • WASSERGEFLÜGEL • MILCH- UND FLEISCHRINDER • ZIEGEN • SCHAFE • LAMAS • SCHWEINE PFERDE • ZUGTIERE • TIERGESUNDHEIT UND -SICHERHEIT

Ein Spaziergang unsere Landstraße entlang führt uns die Fülle der Tiere auf den Farmen vor Augen. Direkt gegenüber von uns ist ein 400-ha-Milchviehbetrieb mit etwa 150 Milchkühen und neuen Färsen jedes Frühjahr. Wenn wir in westliche Richtung gehen, halten wir an, um die alten Stuten von Familie Jones zu füttern, die immer noch von der munteren achtzigjährigen Charlotte Jones in Schwung gehalten werden. Auf der anderen Seite sind die zwei lebhaften hübschen Fohlen der LaFleurs, die sich anmutig beim täglichen Training auf der alten Festwiese von Essex County bewegen. Nach Osten erspähen wir einige schmucke, massive Zugpferde auf dem Barber-Grundstück. Wir lieben es, Teil dieser ländlichen Welt zu sein und immer neue Seiten dieses Lebens zu entdecken. Die Farmerin Carol Ekarius aus Colorado beginnt dieses Kapitel mit Ratschlägen zum Erwerb von Nutztieren.

– John & Martha Storey

Die Gesellschaft von Tieren sei ein Heilmittel und ein Jungbrunnen, meint die Farmerin Carol Ekarius, Autorin von Small-Scale Livestock Farming: A Grass-Based Approach for Health, Sustainability, and Profit. *Tiere um sich zu haben vermindere Streß, senke den Blutdruck und überschütte den Körper mit Endorphinen. Dies seien meßbare, positive physiologische Reaktionen.*

Manche von uns werden von dem Bedürfnis getrieben, Tiere zu einem Teil ihres Lebens zu machen. Wir werden ruhiger bei ihrer Anwesenheit, sind gefesselt von ihrem Verhalten, haben Spaß an ihren Possen und achten sie als Mitgeschöpfe.

Wenn Sie mit der Tierhaltung beginnen, können Sie leicht übervorteilt werden, wenn Sie noch keine Marktkenntnis haben, nicht viel von Fleisch oder Exterieur verstehen und die Anzeichen von Alter, Krankheit oder ungünstigem Temperament nicht erkennen.

Vor dem ersten Kauf müssen Sie Entscheidungen treffen. Wollen Sie Herdbuchtiere oder Nichtherdbuchtiere? Möchten Sie Jungvieh kaufen oder ausgewachsene Tiere? Wo möchten Sie kaufen und wie wollen Sie die Tiere transportieren? Und am wichtigsten: Ist der geforderte Preis für die Tiere angemessen?

Beurteilen Sie den Preis, den Sie zu zahlen gewillt sind, im Hinblick auf Ihre Ziele. Herdbuchtiere zahlen sich nicht in jedem Falle aus. Wenn es Ihr vorrangiges Ziel ist, Ihren Lebensunterhalt mit dem Aufziehen von Nutztieren zu verdienen, sollten Sie qualitativ hochwertige Nichtherdbuchtiere kaufen. Wenn Sie aber vorrangig Ihre Jungtiere vermarkten wollen mit der Möglichkeit, Ihre Nutztiere auf Zuchtschauen zu zeigen, können Herdbuchtiere den Mehrpreis wert sein.

LEXIKON

Ad libitum: Fütterungsmethode, bei der den Tieren das Futter zur freien Aufnahme zur Verfügung steht
Exterieur: Form und Aufbau eines Tierkörpers
Futterverwertung: das Verhältnis, das die Effizienz eines Tieres beim Überführen von Futter in Fleisch oder Gewichtszuwachs beschreibt
Herdbuch: eine Datenbank, in der alle Abstammungsnachweise von Zuchttieren, Tierfamilien und Stämmen einer Rasse systematisch zusammengestellt sind
Merzung: Töten von kranken Mitgliedern einer Herde
Pansen: der größte der drei Vormägen des Wiederkäuermagens, in dem Zellulose abgebaut wird
Stallhaltung: Aufzuchtsform von Nutztieren, bei der diese eingesperrt sind und das gesamte Futter zugeführt wird
Tiere ohne Herdbuch: Tiere, die die Eigenschaften einer Rasse haben, aber nicht im Herdbuch registriert sind und keine Zulassung zur Zucht haben
Viehmarkt: eine Einrichtung zum Versteigern von Nutztieren
Widerrist: der erhöhte Übergang vom Hals zum Rücken bei Vierbeinern
Zweinutzungsrasse: Haustierrassen, die auf zwei Leistungsmerkmale gezüchtet sind, etwa Fleisch- und Milch- bzw. Fleisch- und Eierproduktion

Wenn Sie Ihren Lebensunterhalt damit bestreiten möchten, sollten Sie den Markt beobachten, bevor Sie nicht im Herdbuch geführte Tiere kaufen. Zahlen Sie den üblichen Preis – oder unter Umständen einen kleinen Aufschlag, wenn Sie direkt bei einem Landwirt kaufen, der für die Gesundheit der Tiere einsteht.

Guten Rat suchen

Tiere zu bewerten lernt man mit der Zeit. Versuchen Sie einen erfahrenen Landwirt zu finden, der mit Ihnen die Tiere anschaut, die Sie in Erwägung ziehen. Befassen Sie sich genauer mit Tiergesundheit und -reproduktion, um jene Beobachtungsfähigkeiten zu entwickeln, die Sie brauchen.

Wenn Sie planen, eine ganze Herde oder Tiergruppe zu kaufen, oder ein teures Herdbuchtier zur Zucht in Erwägung ziehen, sollten Sie einen Tierarzt mitnehmen, der die Tiere vor dem Kauf untersucht. Das Tierarzthonorar kann eine der sinnvollsten Geldanlagen sein, die Sie tätigen können.

Mit seriösen Landwirten handeln

Kaufen Sie Ihre Nutztiere von seriösen Landwirten. Machen Sie sich auf deren Betriebsgelände ein Bild, ob die Tiere gesund wirken und ob die Einrichtungen sauber sind. Fragen Sie die Bauern, ob sie die Gesundheit der Tiere für mindestens drei Tage garantieren. Viele Landwirte tun es.

Nutztiere auf einem Viehmarkt oder bei einer Verkaufsauktion zu erstehen ist für Anfänger ein riskantes Unterfangen. Gesunde Tiere können auf einem Viehmarkt in Kontakt mit kranken Tieren kommen. Der Besuch eines Viehmarkts ist aber eine gute Möglichkeit, um die Preise zu beobachten. Kaufen Sie dort aber nicht ein, solange Ihre veterinärmedizinischen Kenntnisse nicht ausreichen.

Nutztierhaltung und Behörden

Bei der Nutztierhaltung in Deutschland sind einige gesetzliche Regelungen zu beachten:

- Informieren Sie sich, bevor Sie sich Nutztiere anschaffen, bei Ihrem zuständigen Kreisveterinäramt über die rechtlichen Rahmenbedingungen, die Sie einhalten müssen, zum Beispiel Stallgröße und -einrichtung, Gülle-, Jauche- und Mistlagerung, Impfungen usw., und prüfen Sie dann, ob und wie Sie dem nachkommen können.
- Die Haltung von Geflügel, Schafen, Ziegen, Schweinen, Rindern und Pferden muß ab dem ersten Tier aus Seuchenschutzgründen beim Veterinäramt Ihres Landkreises angemeldet werden. Eine Ausnahme bilden Kaninchen.
- Schafe, Ziegen, Schweine und Rinder müssen zur eindeutigen Identifikation mit Ohrmarken versehen werden.
- Selbstverständlich gelten auch für die Hobby-Nutztierhaltung die tierschutzrechtlichen Vorgaben der Nutztierhaltungsverordnung.

– Anita Heidenfelder

Jungtiere in Betracht ziehen

Jungtiere erfordern deutlich geringere Anschaffungskosten als ausgewachsene Tiere, aber Sie müssen Sie aufziehen, bevor Sie sie nutzen können. Wir gründeten unsere Milchviehherde mit entwöhnten Kälbern, die wir selbst aufzogen. Das ersparte uns Geld, ermöglichte es uns, eine gute Beziehung zu unseren Tieren aufzubauen, und gab uns Zeit, an den Gebäuden und Zäunen zu arbeiten. Aber wir hatten fast zwei Jahre keinerlei Einkommen aus der Landwirtschaft! Bewerten Sie, wie bei allem anderen auch, die Alternativen mit Blick auf Ihre Ziele und Ihren Geldbeutel.

– aus *Small-Scale Livestock Farming* von Carol Ekarius

HÜHNER

Zweinutzungsrassen

Grundsätzliche Eignung für Zweinutzung

Marans
Ramelsloher
Rhodeländer
Sundheimer
Sussex
Welsumer

Marans

Schwerpunkt Eierproduktion

Amrock
Brakel
Italiener
Rheinländer

Amrock

Schwerpunkt Fleischerzeugung

Deutsches Lachshuhn
Mechelner
New Hampshire
Sulmtaler
Wyandotten

Sulmtaler

– Anita Heidenfelder

Grundwissen Hühner

Welche Rasse für Sie die beste ist, hängt davon ab, wozu Sie Hühner halten – zur Fleisch- oder Eierproduktion oder zu beidem, für Ausstellungen oder einfach zu Ihrer Freude. Hühner gibt es in allen Kombinationen von Legeleistung, Zuwachsrate, Größe, Form und Farbe.
Die Rassen werden in zwei Gruppen eingeteilt: Zwerg- und Großhühner. Zwergrassen haben nur ein Drittel bis ein Viertel der Größe von Großhühnern. Manche sind „Miniaturausgaben" der entsprechenden Großhuhnrasse, andere sind selbst ausgeprägte Rassen.
Die meisten Rassen werden weiter unterteilt in *Zuchtformen* – Gruppen, die normalerweise auf der Farbe beruhen, aber manchmal auch auf der Federanordnung oder der Kammform. Eine *Linie* ist eine verwandte Sippe von Vögeln, die mit Betonung auf besondere Merkmale gezüchtet wird. Handelsübliche Linien sind häufig Hybriden, die zur effizienten Produktion entwickelt wurden und aus der Henne einer Linie und dem Hahn einer anderen gezogen werden.

Legelinien

Die besten Legehennen legen im Durchschnitt 250 bis 280 Eier im Jahr. Im Vergleich zu größeren Hühnern brauchen diese kleinen Vögel nicht so viel Futter, um die Muskelmasse aufrechtzuerhalten. Reinrassige Hennen können sich selten mit der Legefähigkeit und Legeleistung von kommerziellen Linien messen, aber für eine Hofschar durchaus produktiv genug sein.

Fleischlinien

Hühner, die wegen des Fleisches aufgezogen werden, werden Masthähnchen oder Broiler genannt. Masthähnchen werden je nach Mastverfahren (Kurz-, mittelschwere oder Langmast) mit einem Gewicht zwischen 1,4 und 2,8 kg geschlachtet. Je schneller ein Vogel bis zu seinem Schlachtgewicht heranwächst, desto zarter ist er und desto kostengünstiger ist die Aufzucht.
Eine Fleischhühnerschar im Hof aufzuziehen ist ein „Kurzzeitprojekt". Kaufen Sie einen Satz Küken, füttern Sie sie bis zum Schlachtalter, befördern Sie sie in den Gefrierschrank und genießen Sie die Frucht Ihrer Arbeit für den Rest des Jahres.

Zweinutzungsrassen

Wenn Sie sowohl Eier als auch Fleisch produzieren möchten, haben Sie zwei Möglichkeiten: Sie können ganzjährig eine Schar Legehennen halten und daneben einen Satz einer Fleischlinie aufziehen oder mit der Haltung einer Zweinutzungsrasse einen Kompromiß eingehen. Zweinutzungshühner haben vier Eigenschaften gemeinsam:

- Sie sind ziemlich groß im Wuchs.
- Sie sind widerstandsfähig und relativ selbständig.
- Die meisten legen große braunschalige Eier.
- Viele haben einen Brutinstinkt.

Zweinutzungsrassen sind die klassischen Hofhühner. Sie sind großbrüstig mit einer beträchtlichen Fleischmenge an den Knochen, und die Hennen legen für die Futtermenge, die sie fressen, eine annehmbare Anzahl Eier.

Beachten Sie die Anleitung zum Bau eines Geflügelhauses in Kapitel 27.

Hühner auswählen

Wenn Sie eine Legehennenschar aufbauen möchten, sollten Sie am besten gesexte Küken kaufen – also Jungtiere, die bereits als weiblich sortiert sind. Bei den Zweinutzungsrassen können Sie mit einem Satz ungesexter Küken beginnen und die Hähne „für den Gefrierschrank“ aufziehen. Wenn es Ihnen vor allem um Fleischerzeugung geht, können Sie Geld sparen und die Vögel rascher ausfüttern, wenn Sie nur Hähnchen nehmen.

Ein gutgehaltener Vogel jeden Alters ist parasitenfrei. Sehen Sie unter den Flügeln und um die Kloake nach. Ektoparasiten sind sichtbar; Endoparasiten verursachen häufig Durchfälle, der an den Federn um die Kloake haftet.

Wenn Sie Küken im Versandhandel bestellen, müssen Sie den Karton vor dem Zusteller öffnen, um jedwede mögliche Reklamation wegen Verlusten belegen zu können. Versorgen Sie die Küken sofort nach ihrem Eintreffen mit Wärme und Wasser. Stellen Sie die Küken Ihren Haustieren vor, um ihnen zu zeigen, daß die Küken Ihnen gehören und nicht berührt werden dürfen.

Schargröße

Neulinge unter den Geflügelhaltern erwerben häufig zu schnell zu viele Vögel. Entscheiden Sie, wie viele Vögel Sie möchten oder brauchen, bauen Sie dementsprechend (oder etwas größer, falls Sie sich mit dem „Hühnervirus“ infizieren) Ihre Einrichtungen, kaufen Sie die geplante Anzahl Vögel und halten Sie die Schar auf dieser Größe. Wenn Sie Küken kaufen, sollten Sie unter Berücksichtigung natürlicher Todesfälle und Verluste mindestens 25 Prozent mehr Tiere einplanen, als Sie am Schluß haben möchten.

Wenn Sie eine Legehennenschar halten wollen, müssen Sie vorher entscheiden, wie viele Eier Sie haben möchten, und Ihre Hühnerschar dementsprechend auslegen. Als groben Mittelwert können Sie von jeweils drei Hennen Ihrer Schar zwei Eier am Tag erwarten.

Die Hühner füttern

Um sicherzugehen, daß Ihre Hühner eine ernährungsphysiologisch ausgewogene Kost bekommen, ist es am besten, ein handelsübliches Alleinfutter zu kaufen. In den meisten Futtermischungen liefert Getreide die Stärke (Energie), und Sojaextraktionsschrot oder Erbsen liefern das Eiweiß. Alleinfutter für Küken enthalten hohe Einweißmengen. Wenn die Vögel wachsen, brauchen sie nach und nach weniger Eiweiß und mehr Stärke.

Kükenstarter ist für frisch geschlüpfte Küken. Die medikamentierte Version ist konzipiert, um Kokzidiose, die häufigste Todesursache bei Küken, zu vermeiden.

Hähnchenmastfutter ist für Mastvögel bis zu einem Alter von drei bis vier Wochen zusammengestellt; Mastendfutter unterstützt den abschließenden Fleischzuwachs.

Junghennenaufzuchtfutter ist dafür konzipiert, Junghühner zu erstklassigen Legehennen zu machen.

Ausgewogenes **Legehennenalleinfutter** für ausgewachsene Hennen enthält 17 Prozent Protein und all die anderen Nährstoffe, die Legehennen für die kontinuierliche Eierproduktion brauchen. In Regionen, wo die Temperaturen während des Sommers sehr hoch sind, hilft eine Mischung mit 18 Prozent Eiweiß, die Hennen am Legen zu halten.

Ein Legehennenalleinfutter ist ausreichend für die Eierproduktion, enthält aber nicht alle notwendigen Nährstoffe für einen guten Bruterfolg. **Zuchtfutter** dagegen enthält die hohe Proteinmenge und die anderen zusätzlichen Nährstoffe, die für die Produktion von Bruteiern gebraucht werden.

Außer während und direkt vor der Brutsaison brauchen Hähne nicht die gleiche nährstoffreiche Ration wie Legehennen. Wenn Sie Hähne mit den Hennen halten, können Sie sie schlecht davon abhalten, aus demselben Trog zu picken. Wenn Sie Hähne getrennt halten, können Sie Futterkosten sparen, indem Sie die Ration mit **geschrotetem Getreide** mischen.

– aus *A Guide to Raising Chickens* von Gail Damerow

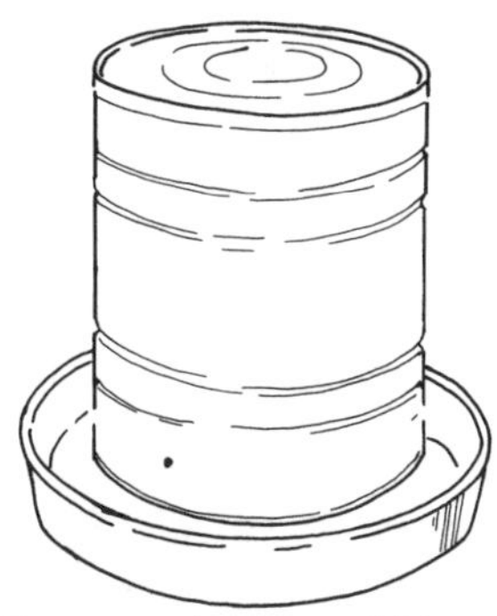

Sie können aus einer leeren 5-l-Konservendose, wie sie in Cafés und Restaurants anfallen, einen kostengünstigen Wasserbehälter für Ihre Küken herstellen. Als Basis brauchen Sie eine runde Kuchenform mit 5 cm mehr Durchmesser, als die Dose hat. Schlagen oder bohren Sie zwei kleine, sich gegenüberliegende Löcher 2 cm vom offenen Rand entfernt in die Dose. Füllen Sie die Dose mit Wasser, decken Sie sie mit der umgedrehten Kuchenform ab und drehen Sie das Ganze um. Füllen Sie nun die Kuchenform bis über die Löcher mit Wasser auf. Die kleinen Löcher lassen immer dann, wenn ein Küken ein Schlückchen nimmt, Wasser aus dem Behälter nachtropfen und halten so die Kuchenform mit frischem Wasser gefüllt.

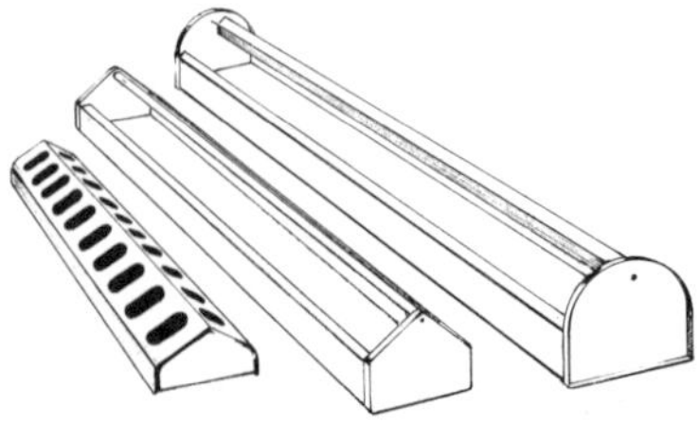

Futtertröge sollten groß genug sein, damit jeder Vogel sie bei minimalen Futterverlusten nutzen kann.

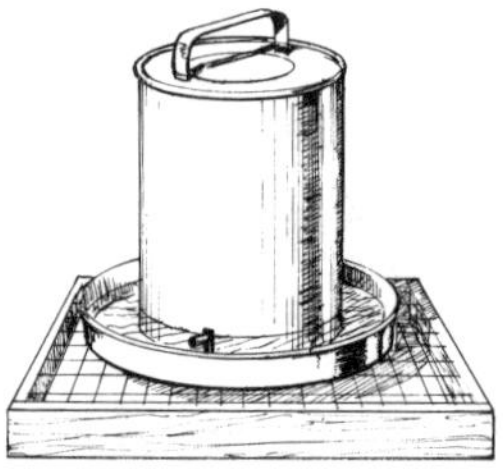

Ein Tränkebehälter sollte auf einen Unterbau gestellt werden, der mit 1x2-Zoll-Schweißgitter bespannt ist, damit die Einstreu nicht so leicht ins Wasser gelangt.

Ein Brutkasten mit Infrarotlampe ermöglicht es Ihnen, jederzeit ein Auge auf die Küken zu haben.

Befestigen Sie Volierennetze unter den Schlafplätzen, um die Küken davon abzuhalten, den Kot aufzupicken.

Einen Hühnerstall einrichten

Die Ausstattung eines Hühnerstalls hängt von der Art und der Größe des Unternehmens ab. Bei Masthühnern sind die Hauptvoraussetzungen eine Brutausstattung, Futtertröge und Tränken. Legehennen erfordern Futtertröge und Tränken, Legenester, Hühnerstangen und ein Brutnest.

Futtertröge: Futtertröge sollten groß genug sein, um den Bedarf der Schar für einen oder mehrere Tage bereitzustellen, ohne daß Futter verschwendet wird. Die Verwendung eines Geräts mit Gitterbügelabdeckung und ohne Längsstange, die als Schlafplatz verwendet werden könnte, hilft Verluste zu vermeiden. Bei Futterautomaten hilft ein Rand um den Futterteller, die Vögel am Herausscharren des Futters zu hindern. Futterautomaten sollten höchstens zu einem Drittel bis zur Hälfte gefüllt sein.

Tränken: Vögel aller Altersklassen brauchen Zugang zu ausreichend sauberem, frischem Wasser. Für kleine Küken können die Tränken aus 5-l-Konservendosen und Kunststoffschalen bestehen (siehe Anleitung auf Seite 463). Wenn die Tiere größer werden, müssen Sie diese Vorrichtung durch größere Stülptränken oder Geflügeltränkeeimer ersetzen.

Aufzuchtboxen: Wenn Sie mit Eintagsküken beginnen möchten, brauchen Sie irgendeine Art Aufzuchtbox (Wärmequelle). Stellen Sie genug Nestfläche bereit, damit jeder Vogel bei Bedarf unter die Wärmequelle schlüpfen kann. Infrarotlampen funktionieren bei kleinen Gruppen gut und ermöglichen es Ihnen, die Küken jederzeit zu beobachten. Elektrische Aufzuchtboxen sind teurer zu betreiben als einfache Isolierkisten mit Wärmelampe.

Hühnerstangen: Sitzstangen werden für die meisten kleinen Legehennengruppen empfohlen. Junghennen sollten 15 bis 20 cm Sitzbreite je Tier zur Verfügung haben. Es gibt verschiedene Systeme für Schlafplätze. Eine der gebräuchlicheren Formen ist die Kotgrube mit Sitzstangen darüber. Ein anderes Verfahren nutzt das Kotbrett. Es wird in einer Höhe von etwa 75 cm an der Wand angebracht. Die Hühnerstangen befinden sich darüber und sind von der Wand abgeklappt. Sie sollten abgerundet oder an der oberen Kante abgeschrägt sein, um Verletzungen an der Brust und den Füßen zu vermeiden.

Legenester: Legehennen sollte eine ausreichende Zahl gutgeschnittener Legenester mit sauberem Nestmaterial angeboten werden. Dies können Einzel- oder Gruppennester sein. Für jeweils vier Legehennen sollte ein Einzelnest oder eine Fläche von 30 x 30 cm im Gruppennest bereitgestellt werden. Einzelnester sollten mindestens 30 x 30 cm Grundfläche haben und 30 cm hoch sein. Gemeinschaftsnester müssen mindestens zwei 23 x 30 cm große Öffnungen für jeweils 1,8 m² Nestfläche haben. Dunkeln Sie die Nester ab, indem Sie jeweils zwei Drittel des Eingangs mit einer Stoffklappe verhängen.

Kleinvolieren: Legehennen können auch in Drahtvolieren gehalten werden, falls Freilandhaltung nicht möglich ist. Die Kleinvolieren können in einem offenen Gebäude – Vorsichtsmaßnahmen gegen Füchse und Marder nicht vergessen! – oder einem geschlossenen, mit Ventilatoren belüfteten Stall stehen. Kleinvolieren vereinfachen das Betreiben der Legehennenhaltung, aber Vögel in Volieren sind anfälliger für die Auswirkungen extremer Wetterbedingungen. Kleinvolieren sind normalerweise aus 1x2-Zoll-Schweißdraht hergestellt; der Boden ist mit einer Neigung von etwa 5 cm auf 30 cm Länge konstruiert, so daß die Eier auf eine Eiablage herausrollen. Akzeptable Kleinvolieren bestehen aus einem Einstreubereich am Boden, einer erhöhten Ebene mit Kotbrettern, einem ausreichend langen Futtertrog, mehreren Tränken und einem durch Matten abgetrennten Legenest.

– verändert aus *Raising Poultry the Modern Way* von Leonard S. Mercia

Legehennenhaltung

Alle Junghennen legen am Anfang kleine Eier, und sie legen nur alle drei oder vier Tage. Wenn eine Henne etwa 30 Wochen alt ist, erreichen ihre Eier die normale Größe. Sie sollte dann mindestens zwei Eier in drei Tagen legen.

Die Legehäufigkeit einer Henne wird beeinträchtigt von einer Reihe von Faktoren wie Temperatur und Licht. Hennen legen am besten, wenn die Temperatur zwischen 7 und 27 °C liegt. Im Winter hören Hennen mit dem Legen auf, nicht weil es kalt wird, sondern weil die Tageslichtstunden geringer sind.

Gesteuerte Beleuchtung

Um im Winter Eier zu bekommen, müssen Sie Ihren Hennen vortäuschen, daß dies die richtige Jahreszeit zur Fortpflanzung ist. Verwenden Sie dafür künstliches Licht. Beginnen Sie mit dem Steigern der natürlichen Beleuchtungsdauer, wenn die natürliche Tageslänge 15 Stunden erreicht, also etwa Anfang September, und führen Sie das Beleuchtungsprogramm fort, bis die Tageslichtdauer wieder 15 Stunden beträgt. Fügen Sie die zusätzlichen Lichtstunden besser morgens als am Abend hinzu.

Eine 60-W-Lampe etwa 2 m über dem Boden bietet genug Licht für etwa 18 m² Lebensraum. Ein Reflektor hinter jeder Lampe vergrößert ihre Helligkeit, so daß Sie die Wattzahl verringern können.

Junghennen füttern

Legejunghennen sollten langsam wachsen, so daß sie bei Legebeginn voll entwickelt sind. Um das Wachstum zu kontrollieren und Probleme zu vermeiden, sollten Sie nicht die Gesamtfuttermenge begrenzen. Geben Sie stattdessen, wenn die Junghennen ein Alter von acht Wochen erreicht haben, dem Futter Hafer zu, bis Sie ein Gleichgewicht von 50/50 erreichen, und füttern Sie sie ad libitum weiter.

Wenn Ihre Junghennen in die Legeperiode kommen und die Höchstlegeleistung erreichen, wächst ihr Bedarf an Nahrungseiweiß. Reduzieren Sie deshalb den Hafer nach und nach, wenn Ihre Junghennen etwa 18 Wochen alt sind (20 Wochen bei schwereren Rassen), und stellen Sie von Junghennenaufzuchtfutter auf Legehennenfutter mit etwa 17 Prozent Eiweiß um. Die Vögel sollten zu Legebeginn komplett darauf umgestellt sein.

Legehennen füttern

Leichtgewichtige Legehennen benötigen etwa 1,8 kg Futter für ein Dutzend Eier. Zweinutzungshennen fressen ein bißchen mehr, Zwerghennen ein bißchen weniger. Füttern Sie Ihre Hennen ad libitum, und sie fressen soviel, wie sie brauchen.

Wenn Sie Zugang zu einer günstigen Bezugsquelle für Getreide und zu einem Legehennenfutter mit 20 Prozent Eiweiß haben, können Sie Geld sparen, indem Sie das Getreide im Verhältnis 40 zu 60 mit dem Mischfutter kombinieren. Die proteinreiche Futtermischung gleicht das proteinarme Getreide aus.

– verändert aus *A Guide to Raising Chickens* von Gail Damerow

Bezeichnungen für Hühner

Gelege: Gruppe von Eiern
Hahn: ausgewachsenes männliches Tier
Henne: ausgewachsenes weibliches Tier
Junghahn: noch nicht ausgewachsener Hahn
Junghenne: noch nicht ausgewachsene Henne
Kapaun: kastrierter Hahn
Küken: Neugeborenes

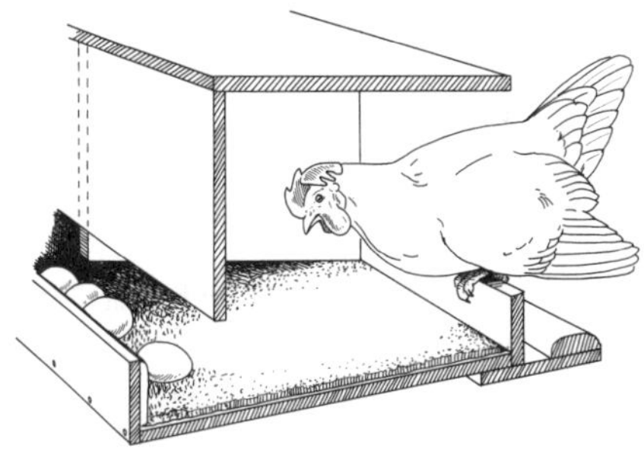

Die Konstruktion dieses Nestes gewährleistet saubere Eier. Die Eier rollen eine mit Kunstrasen ausgelegte geneigte Fläche hinunter. Eine Schaumstoffpolsterung bewahrt sie vor dem Zerbrechen.

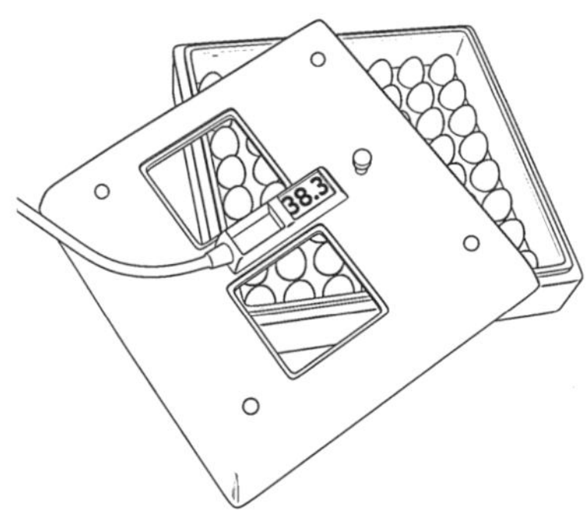

Ein elektrischer Brutkasten ist notig, wenn Sie Küken außerhalb der Brutsaison oder in größerer Zahl haben möchten, als Ihre Hennen ausbrüten können.

Masthühner halten

Die Verfahren zur Aufzucht von Masthühnern fallen in drei Hauptgruppen: Stallhaltung, Haltung im mobilen Unterstand und Auslaufhaltung. Die Haltung im mobilen Unterstand überbrückt die Diskrepanz zwischen Stallhaltung und freiem Auslauf.

Stallhaltung

Stallhaltung wird von Haltern kleiner Gruppen praktiziert, die wenig Platz haben, um Masthühner zu halten. Die Tiere werden auf einer weichen Schicht aus tiefer, trockener Einstreu gehalten und bekommen Wasser und Futter gebracht.
Das Ziel der Stallhaltung ist es, durch eine effiziente Umwandlung von Futter in Fleisch möglichst viel Fleisch bei geringsten Futterkosten zu bekommen. Die Standardfutterverwertung liegt bei 2:1. Das bedeutet, daß jeder Vogel 1 kg Futter frißt, um sein Gewicht um 0,5 kg zu steigern. Um eine so gute Futterverwertung zu erreichen, müssen Sie handelsübliche Fleischlinien aufziehen, die auf diese Verwertungsfähigkeit gezüchtet wurden.

Richtwert für den Futterverbrauch

Je größer ein Vogel ist, desto mehr frißt er. Deshalb sollte der Futterverbrauch einer Gruppe stetig ansteigen, während die Tiere wachsen. Ziehen Sie vom Alter der Küken in Wochen zehn Prozent ab, um die Mindestfuttermenge abzuschätzen, die 100 rationiert gefütterte Küken am Tag fressen sollten. 100 vier Wochen alte Masthähnchen sollten beispielsweise nicht weniger als 3,6 kg am Tag fressen. Wenn der Futterverbrauch konstant bleibt oder unter diesen Richtwert abfällt, könnte das an Mängeln in der Betriebsführung oder an Krankheiten liegen.

Eine mobile Unterkunft versetzen

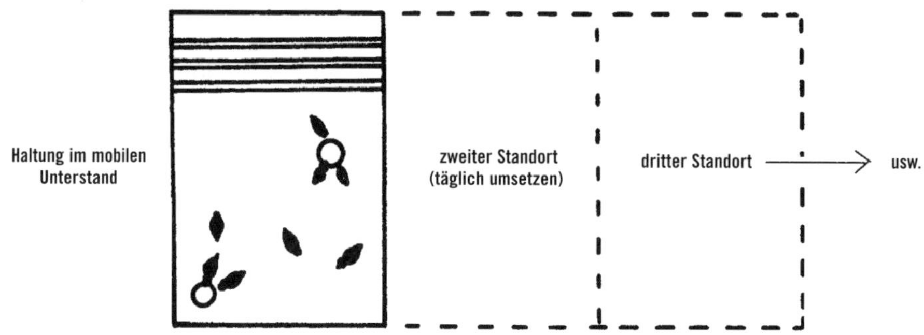

Stellen Sie die mobile Unterkunft täglich auf einen neuen Standort.

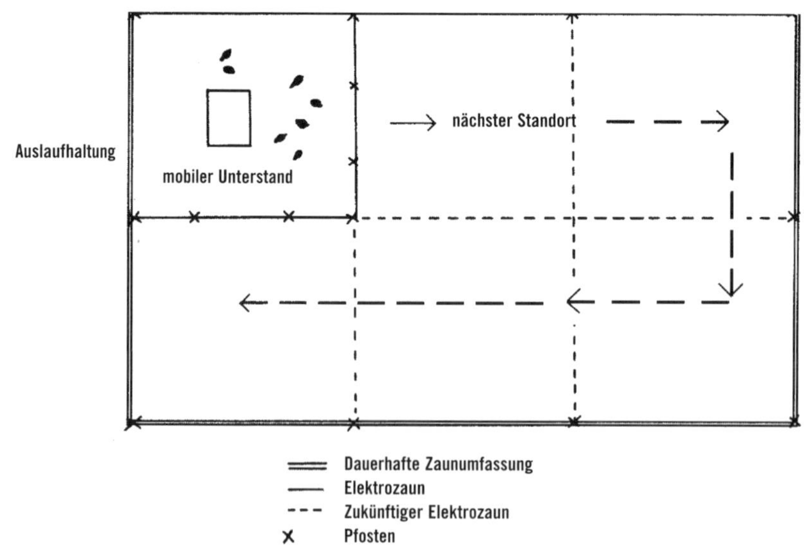

Versetzen Sie bei einer Masthähnchengruppe in Auslaufhaltung den Unterschlupf, wenn die Weide abgegrast ist oder wenn kahle Stellen auftreten.

Eine effiziente Futterverwertung bedeutet, den Stall auf einer Temperatur zwischen 18 und 30 °C zu halten, was die Bereitstellung zusätzlicher Wärme erfordert oder eine hohe Bestandsdichte, um die Tiere warm zu halten, was nicht unproblematisch ist.

Ein anderer Aspekt der effizienten Futterverwertung ist die Lichtsteuerung. Sie haben weniger Probleme, wenn Sie das Tageslicht auf zehn Stunden am Tag begrenzen. Lassen Sie während des Rests des Tages gerade genug Licht zu, daß die Vögel den Futterautomaten finden. Lassen Sie Küken zu Beginn unter 2,1 bis 2,4 m über dem Boden angebrachten 60-W-Lampen mit Reflektoren fressen und trinken. Wechseln Sie nach zwei Wochen zu 15-W-Lampen. Sehen Sie 1 W pro 0,8 m² für den Aufenthaltsbereich vor. Manche Mäster behaupten, daß höchstens 14 Stunden Licht am Tag für effizientes Wachstum ausreichen.

Schon ein einfaches Schrägdach auf Pfosten als Unterstand kann Ihre Vögel vor Sonne und Wind schützen. Das Dach kann aus einem Stück mit Dachpappe bedeckter Spannplatte bestehen oder, um weniger Gewicht zu haben, einer gewellten Metall- oder Fiberglasabdeckung.

Haltung im mobilen Stall

Wie die Stallhaltung setzt die Haltung von Masthühnern im mobilen Stall auf Behausungen, aber diese haben keinen Boden und lassen sich bewegen. Sie werden auf Weiden gestellt und täglich versetzt. Bei Hybriden und reinrassigen Linien ist eine Weidebeschränkung angemessen.

Die Haltung im mobilen Stall vermindert die Futterkosten, besonders wenn Sie morgens als erstes die Behausung umstellen, um die hungrigen Tiere zum Futtersuchen zu animieren. Weil sie so viel Zeit mit Grasen verbringen, haben sie weniger Zeit, sich gegenseitig anzupicken. Eine der Schattenseiten ist, daß Sie viel gute Weide brauchen, um die Unterkunft täglich zu versetzen. Wenn die Vögel dem Mastende entgegengehen, weiden sie die Pflanzen schneller ab und setzen größere Kotmengen ab, so daß sie häufiger umgesetzt werden müssen – mindestens zweimal am Tag. Damit die Küken auf der Weide gut gedeihen, müssen sie ab einem Alter von 25 Tagen mit der Futtersuche beginnen.

Auslaufhaltung

Die Auslaufhaltung, zweifellos am artgerechtesten, reduziert die Kosten der gemischten Ration und erlaubt den Vögeln, sich frei zu bewegen. Die zusätzliche Aktivität bewirkt dunkleres, festeres und schmackhafteres Fleisch, aber sie führt auch dazu, daß die Vögel mehr fressen und langsamer wachsen. Sie erreichen die Brathähnchengröße wahrscheinlich nicht innerhalb von etwa 13 Wochen.

Die Auslaufhaltung verursacht weniger Arbeit als die Haltung im mobilen Unterstand, aber Sie müssen den Unterstand dennoch gelegentlich umstellen. Im Vergleich mit jeder Form der Stallhaltung erfordert die Auslaufhaltung mehr Fläche – genug für den Unterschlupf und die Weide zum Grasen –, die zudem immer wieder gewechselt werden muß, um stets frisches Futter zu gewähren. Sie brauchen mindestens 1 000 m² für 100 Tiere.

Weil nicht jeder Masthühner fünf Wochen länger aufziehen möchte und auch nicht jeder den Geschmacks- und den Texturunterschied des Fleisches würdigt, wird die Auslaufhaltung bei Masthühnern seltener genutzt als bei Legehennen.

Verglichen mit einem nichtkastrierten Junghahn (oben) bleibt ein Kapaun (unten) ruhiger, wird größer und kräht selten.

Kombinierte Haltung

Die kombinierte Haltung besteht darin, die Vögel acht Wochen im Stall zu halten und einige von ihnen als Brathähnchen zu schlachten und die übrigen für weitere vier bis fünf Wochen zur Langmast auf die Weide zu lassen.

– aus *A Guide to Raising Chickens*
von Gail Damerow

PUTEN

Mit der Putenhaltung beginnen

Sie können die Putenhaltung in Angriff nehmen, indem Sie einen Tag alte Putenküken oder fünf bis acht Wochen alte Jungputen kaufen, die dann nicht mehr so empfindlich sind wie Küken. Sie können auch einen Zuchtbestand kaufen, aber das kommt Sie ziemlich teuer. Die meisten kleinen Bestände werden als Putenküken von einer Brüterei oder im Landhandel erworben.

Wenn Sie Putenküken kaufen, sollten Sie einen Stamm auswählen, der für gute Aufzuchtergebnisse bekannt ist. Puten sollten aus Beständen kommen, die frei von Salmonellen sind, und vorzugsweise aus Herden ohne Sinusitits oder Luftsackinfektionen in der Vorgeschichte. Erkundigen Sie sich bei Ihrem Landwirtschaftsamt, der zuständigen Landwirtschaftskammer oder einer sachkundigen Person nach einer guten Quelle für Putenküken oder Jungputen in Ihrer Gegend. Kaufen Sie die Puten so nahe wie möglich bei Ihrem Wohnort.

Fütterung und Haltung von Puten

Einer der wichtigsten Ratschläge für Putenzüchter ist, gutes Markenfutter auszuwählen und den Empfehlungen des Futtermittelherstellers zu folgen.

Es gibt zwei grundsätzliche Fütterungsverfahren für Puten: Eines ist ein Futterprogramm mit Alleinfuttermitteln, das zweite die Fütterung von Eiweißzusätzen zu Getreide. Füttern Sie den Vögeln während der ersten acht bis zehn Wochen einen unlöslichen Sand wie etwa Granitsand zu. Lassen Sie Ihre Putenküken im Alter von etwa zehn Tagen gegen Kokzidiose impfen, um den stetigen Zusatz von Medikamenten gegen diese Krankheit im Futter zu vermeiden. Wenn Sie Jungputen kaufen, sollten Sie den Züchter nach der Impfung fragen. Puten brauchen normalerweise 2 l Wasser pro Kilogramm Futter, und das Fehlen von Wasser kann gesundheitsschädlicher sein als das Fehlen von Futter.

– verändert aus *Raising Poultry the Modern Way* von Leonard S. Mercia

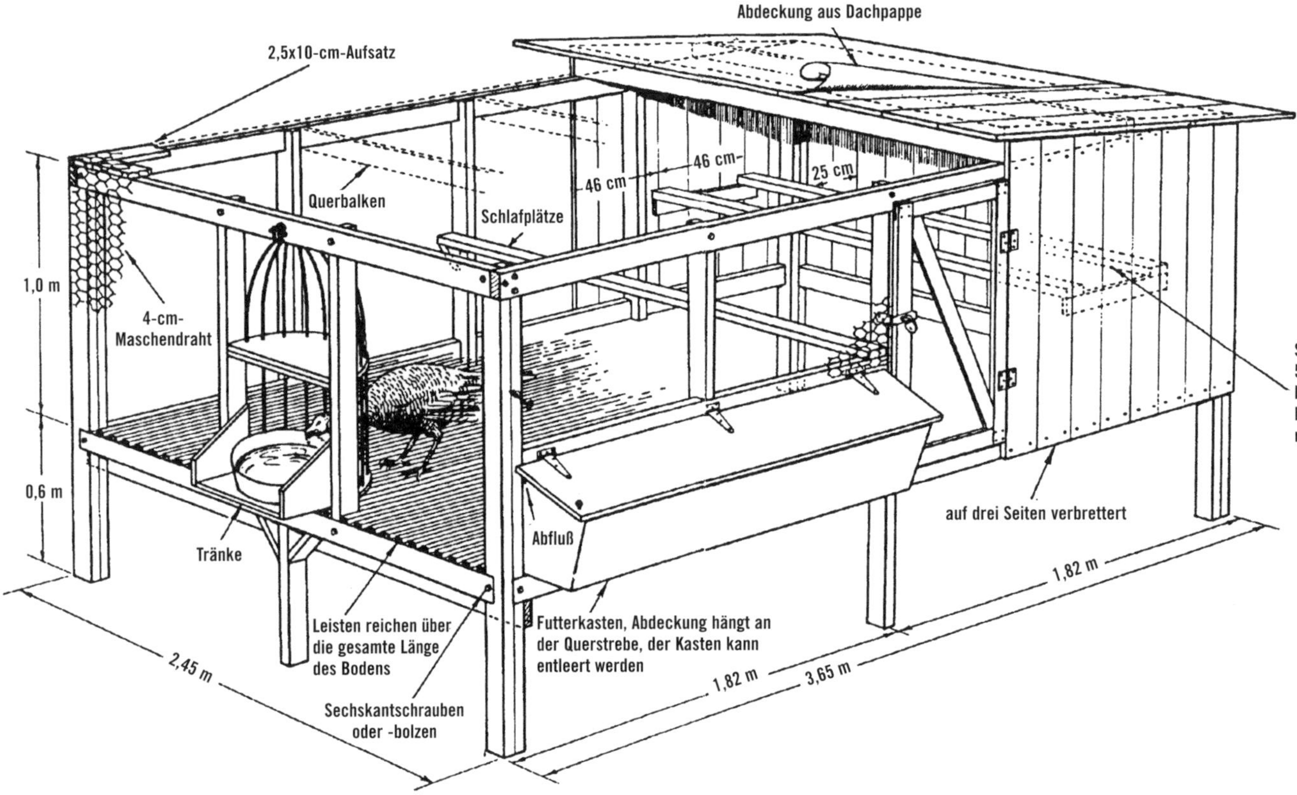

Ein Putenstall muß nichts Besonderes sein, weil Puten während der warmen Monate des Jahres aufwachsen. Aber der Brutraum (nicht im Bild) sollte stabil und leicht zu belüften sein. Der gesamte Bau sollte sich einfach reinigen lassen und gut gedämmt sein.

WASSERGEFLÜGEL

Haltung und Fütterung von Wasservögeln

Enten- oder Gänseküken sollten an Futter und Wasser gesetzt werden, sobald sie im Bruthaus geschlüpft sind. Sie müssen warm, trocken und zugfrei gehalten werden. Jede Art von Gebäude, das dies gewährleistet, ist geeignet.

Der Stall für brütende Wasservögel sollte gut beleuchtet, gut belüftet und mit reichlich trockener Einstreu ausgestattet sein. Ein einfacher Schuppen, ein kleines Häuschen oder ein Bereich in einem vorhandenen Stall kann als Bruthaus verwendet werden.

Die Flächenansprüche variieren. Enten in Stallhaltung brauchen etwa 0,5 m² pro Tier, aber nur 0,25 m² Stallfläche, wenn ein Garten als Auslauffläche angeboten wird. Für Gänse mit Zugang zu einem Garten sollten im Stall 0,5 m² Fläche je Tier verfügbar sein. Sehen Sie mindestens 4 m² Auslauffläche pro Vogel vor.

Wassergeflügel braucht einen gut beleuchteten und gut belüfteten Stall.

Fütterung

Manche Futterproduzenten stellen spezifische Mischungen für Enten und Gänse her. Allerdings sind diese Alleinfutter nicht überall erhältlich. Nehmen Sie wegen der Futterzusammensetzung Kontakt zu einem Geflügelspezialberater auf, bevor Sie Ihr eigenes Futter mischen.

Entenküken können in den ersten zwei Wochen mit einem granulierten oder pelletierten Kükenstarter für Hühner versorgt werden. Der Kükenstarter sollte keine Medikamente enthalten, die für Entenküken schädlich sind.

Enten- und Gänseküken gedeihen mit einer Startermischung, die 22 Prozent Eiweiß enthält. Ab einem Alter von zwei Wochen können sie auf Futtermittel mit 15 bis 18 Prozent Eiweiß umgestellt werden. Wenn keine spezielle Aufzuchtmischung verfügbar ist, kann auch ein Aufzuchtfutter für Hühnerküken verwendet werden. Bieten Sie den Vögeln durchgehend Futter und sauberes Tränkewasser an und versorgen Sie sie mit gewaschenem Sand.

– verändert aus *Raising Poultry the Modern Way*

Mit der Enten- und Gänsehaltung anfangen

Am besten beginnen Sie mit einer kleinen Schar, indem Sie eintägige Enten- oder Gänseküken kaufen. Das erspart es Ihnen, Zuchtvögel zu halten und die Eier zu bebrüten. In den meisten Regionen gibt es Bestände an eintägigen Küken. Eine Liste der Brütereien ist bei den Landwirtschaftskammern oder -ämtern verfügbar. Eine weitere gute Informationsquelle sind die Geflügelfachberater.

Entenrassen

Die Wahl der Entenrasse ist abhängig vom Haltungszweck. Zur Zierde, als Hobby oder für Ausstellungen sind kleinere Rassen geeignet. Dazu gehören Zwergenten, Brautenten, Mandarinenten und Stockenten. Wenn Sie vorrangig Eier erzeugen möchten, sind Khakifarbene Campbellenten oder Indische Laufenten die beste Wahl. Wenn Sie Enten zur Fleischproduktion halten möchten, gehören Weiße Pekingenten, Aylesbury-, Rouen- und Sachsenenten zu den geeignetsten Rassen. Alle, mit Ausnahme der Rouenente, bilden sehr gut verkäufliches Fleisch. Das pigmentierte Gefieder der Rouenente verleiht ihr eine weniger wünschenswerte Erscheinung, wenn sie gerupft ist, aber für den Eigenbedarf ist ihr helles, wohlschmeckendes Fleisch vorzüglich geeignet.

Gänserassen

Die bekanntesten Rassen zur Fleischproduktion sind die Toulouser, die Emdener und die Afrikanischen Höckergänse. Andere gut zur Mast geeignete Gänse sind in Deutschland die Pommerngans sowie die etwas kleineren Rassen Diepholzer Gans und Fränkische Landgans, die sich auch gut für Weidehaltung eignen.

Gänse können zur Fleisch- oder Eierproduktion gehalten werden, aber auch als Unkrautjäter, Ausstellungsvögel oder Wachgänse auf dem Hof.

MILCHKÜHE UND FLEISCHRINDER

Bezeichnungen für Rinder

Bulle: junges oder ausgewachsenes männliches Rind
Färse: junges weibliches Rind, das noch nicht gekalbt hat
Kalb: Jungtier bis zu acht Monaten
Kuh: ausgewachsenes weibliches Rind
Ochse: kastriertes männliches Rind

Eine Kuh melken

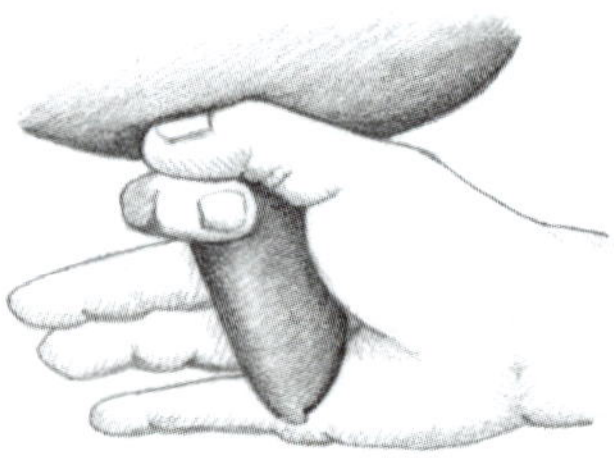

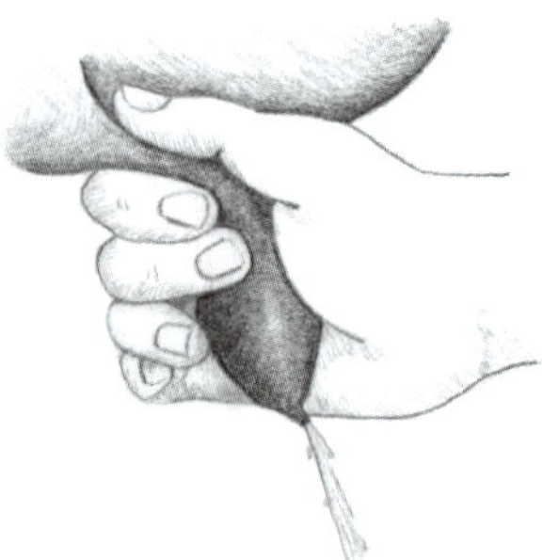

Ergreifen Sie beim Handmelken zuerst die Zitze so hoch, daß der Daumen und der Zeigefinger die Zitze dort, wo sie aus dem Euter hervortritt, umschließen können. Sperren Sie die Zitzenzisterne oben ab, indem Sie den Daumen und den Zeigefinger oberhalb des Venenrings zusammendrücken. Schließen Sie den Rest der Faust, so daß die Milch, die in der Zitzenzisterne abgetrennt ist, durch den Strichkanal herausgedrückt wird.

Dirk van Loon über das Halten einer „Familienkuh"

Die Landfläche, die Sie für eine Kuh und ein Kalb brauchen, variiert von ein paar hundert Quadratmetern zu bis zu 10 ha, abhängig vom Boden und vom Klima und auch davon, wie jemand beim Aufziehen von Tieren vorzugehen plant.

Im Mittel sollten in den meisten Regionen 2 bis 4 ha durchschnittliches Grünland ausreichen, um die Kuh und das Kalb mit Weidefläche und Rauhfutter für den Winter zu versorgen.

Kühe brauchen nicht viel Bewegung. Obwohl die Wörter „Weide" und „Kuh" oft in einem Atemzug genannt werden, werden in Wahrheit jedes Jahr Unmengen von Milch von Kühen produziert, die sich ausschließlich auf betonierten Laufflächen bewegen. Dieses System wird Stallhaltung genannt und schließt ein, daß jeder Bissen Futter zu den wartenden Kühen transportiert wird.

Das andere Extrem der Landnutzung ist das Beweiden der trockenen, sandigen Böden im amerikanischen Südwesten. Dort empfiehlt die landwirtschaftliche Anbauberatung von Colorado 8 bis 10 ha durchschnittliche Weide pro Kuh. Aber auch dort kann die Fläche durch Bewässerung und Betriebsführung mindestens halbiert werden.

Mancher könnte meinen, daß die Richtzahl 2 bis 4 ha übertrieben ist; daß eine Kuh und ein Kalb auf der Hälfte davon gehalten werden können. Das stimmt für viele Regionen. Aber in den meisten Fällen braucht es ein paar Jahre Erfahrung und gute Betriebsführung, weil verfügbares Land häufig über Jahre genutzt und übermäßig beansprucht worden ist. Die meisten Halter von einzelnen Kühen, die ich kennengelernt habe, bewirtschafteten etwa 3,2 ha. Eine Familie hatte schon immer eine Kuh auf dem Hof und kam auch wunderbar mit 1,6 ha zurecht.

Sie brauchen einen Unterstand und Land. Was sonst noch? Eine Schubkarre, eine Heugabel, eine Mistgabel, eine Schaufel, eine Hacke und einen Strick. Es besteht immer Bedarf an einem weiteren Stück 6- oder 12-mm-Seil in Stallnähe – und ein paar robusten Eimern. Das reicht für den Anfang.

– Dirk van Loon ist Autor von *The Family Cow* und *Small-Scale Pig Raising*.

Eine Kuh kaufen

Die schönste Kuh mit den besten Zeugnissen hinsichtlich ihres Wesens und ihrer Leistungsfähigkeit ist nutzlos, wenn:

1. das Euter und die Zitzen nicht in gutem Zustand sind
2. sie nicht tragend ist
3. sie nicht getestet und als frei von Rindertuberkulose und Brucellose zertifiziert ist, möglichst innerhalb des vergangenen Monats. Wenn Blauzungenkrankheit in Ihrer Region vorkommt, sollte zudem nachgewiesen sein, daß sie frei von dieser Krankheit ist.

Wonach suchen?

Die beste Kuh für Anfänger hat einen Abkalbetermin für das zweite oder ein späteres Kalb in den nächsten zwei oder drei Monaten. Weil sie am Schluß ihrer derzeitigen Laktationsperiode ist, läßt sie sich besser melken und leidet wahrscheinlich nicht so sehr, wenn sie in den ersten Wochen, während Sie das Melken lernen, nicht vollständig ausgemolken wird.

Sie sollte eher klein sein, also bis zu 550 kg wiegen. Und die meisten Menschen scheinen eine Kuh der Rassen Holstein Friesian, Fleckvieh oder Braunvieh vorzuziehen.

Keiner braucht einen Sieger der Holstein-Schau als Milchkuh zur Versorgung der Familie, aber ein paar Punkte bei der Körperkondition sind gute Indikatoren für Kraft und Langlebigkeit. Fehlerhafte Oberlinien wie Verdrehungen, Kurven oder Durchbiegungen sollte eine Kuh, die in ihrer Blüte steht, nicht haben.

Der Kopf und der Nacken einer Milchkuh sollten schlank mit einer leicht zu den Schultern gewölbten Oberlinie sein. Von da sollte sich die Oberlinie nahezu auf gleicher Höhe bis zum Schwanz fortsetzen. Die Linie vom Hüfthöcker zu den Dornfortsätzen sollten etwa eben sein, aber es ist in Ordnung, wenn sie etwas nach hinten abfällt. Wenn Sie von vorn oder hinten auf die Kuh schauen, sollten ihre Beine und Füße nicht gespreizt, nicht nach innen gestellt und nicht gekrümmt sein. Die Schulterblätter sollten nicht nach außen hervorstehen.

Die Kuh muß mühelos umhergehen können, ohne zu hinken. Prüfen Sie den Bereich oberhalb der Klauen auf Schwellungen. Ein Ring von Schwellungen kann ein Zeichen von Klauen- und Ballenfäule oder von Ernährungsproblemen sein.

Zum Fressen braucht die Kuh auf jeden Fall eine gute Reihe Schneidezähne. Die Kiefer sollten direkt aufeinandertreffen, das heißt ohne Vor- oder Rückbiß. Wenn Sie die Schneidezähne zählen und ihre Abnutzung prüfen, bekommen Sie möglicherweise eine Vorstellung vom Alter der Kuh.

Eine Kuh sollte munter aussehen und scharfsichtig sein. Ihr Maul sollte feucht sein. Es sollten keine Ausflüsse aus den Augen oder der Nase vorhanden sein und kein anhaltender Husten auftreten. Sie sollte empfänglich dafür sein, was um sie herum vorgeht. Ihr Fell sollte glänzend und recht weich sein und flach anliegen. Es ist ein Zeichen von Gesundheit, wenn eine Kuh frißt oder wiederkäut.

Das Euter der Kuh muß nicht sehr groß sein. Die vier Zitzen sollten gleichmäßige Abstände haben und einzeln bequem in eine Hand passen. Das Euter sollte sowohl vorn als auch hinten gut aufgehängt und der Euterboden sollte eher eben als knollig sein.

– verändert aus *The Family Cow*

Übliche Futtergräser für Rinder

Pflanze: Deutsches Weidelgras, Welsches Weidelgras
Wuchsort: Frische und mäßig feuchte Standorte, geringe Auswinterungsgefahr (Norddeutsches Tiefland, Flußtäler)

Pflanze: Wiesenschwingel, Rotschwingel, Wiesenlieschgras, Wiesenrispe, Weißes Straußgras, Wiesenfuchsschwanz
Wuchsort: Frische und mäßig feuchte Standorte, hohe Auswinterungsgefahr (Mittel- und Hochgebirgslagen, kontinental geprägte Lagen)

Pflanze: Knaulgras, Deutsches Weidelgras, Rohrschwingel, Glatthafer, Bastardweidelgras
Wuchsort: Sommertrockene Standorte, geringe Auswinterungsgefahr (Sandböden der Tieflagen)

Pflanze: Knaulgras, Rotschwingel
Wuchsort: Sommertrockene Standorte, hohe Auswinterungsgefahr (Süd- und Südwesthänge in Mittel- und Hochgebirgslagen)

Alte Rinderrassen

Gerade für Hobbytierhalter bieten sich alte Rinderrassen besonders an, da sie häufig kleiner, anspruchsloser und robuster sind. Auch die Milchleistung entspricht eher dem Bedarf einer Familie als die der Hochleistungsrassen. Für jede Region gibt es typische Vertreter, die man häufig schon am Namen erkennt: Pinzgauer und Murnau-Werdenfelser (Österreich und bayerische Alpen), Vorderwälder und Hinterwälder (Schwarzwald), Harzer Rotvieh (Harz) und viele mehr. Wenn Sie sich für Zuchttiere und den Eintrag in das entsprechende Herdbuch entscheiden, können Sie für Ihre Herde sogar Zuschüsse bekommen. Es lohnt sich also, sich zu informieren – entweder bei den Landwirtschaftsämtern und -kammern oder bei der Gesellschaft zur Erhaltung alter und gefährdeter Haustierrassen e.V. (GEH).

– Anita Heidenfelder

Der richtige Anfang: das beste Mastkalb kaufen

- **Kaufen Sie ein ruhiges Kalb:** Ein wildes, schnaubendes Tier stellt ein erhebliches Risiko dar, auch wenn es noch so groß und schön ist. Es wird aufbrausend reagieren, wenn Sie mit ihm arbeiten. Ein sanftes Kalb nimmt besser zu, und sein Fleisch ist meist zarter und besser koloriert.
- **Ziehen Sie einen Ochsen einem Bullen vor:** Wenn Sie ein männliches Kalb kaufen, sollten Sie darauf achten, daß es bereits kastriert ist. Ein Bulle liefert zwar gutes Fleisch, aber er ist schwieriger zu handhaben als ein Ochse.
- **Kaufen Sie ein Kalb, das bereits entwöhnt ist:** Wenn Sie ein Milchkalb kaufen, für das die erste Erfahrung ohne Mutter die Ankunft auf Ihrem Hof ist, wird es verzweifelt versuchen, zu ihr zurückzukommen, sobald Sie es abgeladen haben.
- **Kaufen Sie zwei Kälber:** Es ist grundsätzlich besser, zwei Kälber zu kaufen. Sie leisten einander Gesellschaft und sind einfacher zu handhaben. Sie werden rascher zunehmen, weil sie nicht so verunsichert sind. Wenn Ihre Familie keine zwei gebrauchen kann, können Sie eines davon im Schlachtalter verkaufen. Damit sind gewöhnlich die Kosten für Futter und Versorgung gedeckt.

Gefährliche Pflanzen

Prüfen Sie die Weidefläche auf giftige Pflanzen wie Gefleckten Schierling, Jakobs-Kreuzkraut oder Herbstzeitlose. Einige wachsen in Feuchtbereichen entlang von Gräben oder Flüssen. Wenn Sie sich bei einer Pflanze nicht sicher sind, sollten Sie einen Futterbauberater bitten, Ihnen bei der Kontrolle unerwünschter Pflanzen zu helfen.
Der Gefleckte Schierling oder der Wasser-Schierling sind für Rinder, aber auch für Menschen stark giftig. Versuchen Sie nicht, Schierling abzupflücken. Rainfarn und Gelbe Lupine wirken zwar nicht tödlich, aber verursachen bei Rindern Magen-Darm-Beschwerden und Krämpfe.

Rinder erziehen

Wenn Sie Ihre Rinder mit einem Hund treiben möchten, gewöhnen Sie sie an ihn. Laufen Sie häufig mit dem Hund zwischen ihnen herum (besonders bei jungen Färsen), damit sie Sie und den Hund kennen, Ihnen vertrauen und Sie respektieren.
Die beste Zeit, um Kälber zu sanftmütigen Wesen zu formen, ist das Entwöhnen, wenn die Tiere Sie mit Futter in Verbindung bringen. Entwöhnte Kälber lassen sich schnell erziehen, wenn Sie sie für einige Tage mit einem Schubkarren füttern, ihnen einen Ballen gutes Heu geben und es von Hand verteilen. Bald werden sie sich darauf freuen, Sie zu sehen. Auch wenn Sie sie im ersten Winter mit einem Traktor füttern, sollten Sie sich die Zeit nehmen, an ihnen vorbeizulaufen und mit ihnen zu sprechen. So bekommen Sie eine Herde gutmütiger Färsen anstatt flüchtender wilder Tiere. Beachten Sie außerdem die folgenden Leitlinien:

1. **Verbringen Sie Zeit mit den Tieren:** Reden oder singen Sie leise, ohne sie direkt anzusehen, wenn sie verschreckt sind. Wenn Sie ihnen direkt in die Augen sehen, halten sie Sie für ein Raubtier.
2. **Bringen Sie ihnen bei, daß die Herde der sicherste Ort ist:** Wenn Sie die Tiere mit Hunden treiben, müssen sie lernen, den Hund zu respektieren und ihn nicht einfach zu überholen – eben daß der sicherste Ort die Herde ist, die in die richtige Richtung geht. Lassen Sie, wenn Sie Rinder treiben, eine Färse oder eine junge Kuh niemals davonlaufen oder sich im Gebüsch verstecken.
3. **Treiben Sie Rinder nicht zur Eile:** Rinder sind Herdentiere. Es ist deshalb einfach, ihnen das Zusammenbleiben beizubringen. Wenn sie zu sehr gedrängt werden, besteht die Gefahr, daß sie sich trennen oder wegzulaufen versuchen.

Wenn Sie Mastkälber aufziehen möchten, brauchen Sie einen Abkalbestall – einen Schuppen, um kalbende Kühe und Neugeborene vor Wind und Kälte zu schützen.

Wasser nicht vergessen!

Ihre Rinder brauchen auf der Weide eine angemessene Wasserquelle. Ein Bach, Weiher, Kanal oder Graben reicht aus, wenn er stetig Wasser führt. Ansonsten müssen Sie Wasser in einem Trog, Bottich oder Wasserfaß mit Tränkevorrichtung anbieten.

Achten Sie bei frostigem Wetter darauf, daß das Wasser nicht gefroren ist. Brechen Sie das Eis täglich auf, wenn die Rinder an einem Graben oder Weiher trinken. Da sie sich davor fürchten könnten, auf dem Eis zu laufen oder sich hinzuknien, um an Wasser zu kommen, wenn das Eis dick ist, brauchen Sie möglicherweise einen Trog oder Wannen, um sicherzustellen, daß die Tiere trinken können.

Rinder trinken nicht aus einem Trog oder Behälter, wenn Dung darin ist. Wassertröge müssen regelmäßig umgekippt und ausgespült werden. Wenn Sie nur ein oder zwei Tiere haben, sind robuste Gummibehälter im Winter zu empfehlen, denn man kann sie umkippen und daraufschlagen, um das Eis zu entfernen, ohne sie zu beschädigen.

Rinder trinken bei heißem Wetter immer mehr. Kühe, die Milch geben, trinken mehr als nichtlaktierende Tiere. Kleine Kälber brauchen besonders bei heißem Wetter zusätzliches Wasser. Wenn Rinder mit einem Wasserfaß oder einer automatischen Weidetränke getränkt werden, die für Kälber nicht leicht zu erreichen sind, müssen Sie ihnen Wasser anbieten, an das sie herankommen können. Waschen Sie die Behälter täglich aus, weil Kälber dazu neigen hineinzutreten.

– aus *A Guide to Raising Beef Cattle* von Heather Smith Thomas

Setzen Sie den Wassereimer in einen Reifen, damit er nicht umgestoßen werden kann.

Weidemanagement

Es gibt verschiedene Verfahren, um den Tieren Weidefläche zuzuteilen. Die einfachste Form ist die Standweide. Sie wird über eine längere Dauer, im Extremfall ganzjährig, beweidet. Das setzt voraus, daß fortlaufend neues Futter nachwachsen kann. Die Besatzdichte ist daher eingeschränkt, was eine entsprechend große Fläche erfordert. Zudem wird viel Futter zertreten.

Die Portionsweide ist das andere Extrem und die intensivste Form der Beweidung. Die Weidetiere bekommen täglich den Anteil der Weidefläche zusätzlich zugeteilt, den sie an einem Tag abfressen. Sie nehmen auf der frisch zugeteilten Fläche Futter auf und ruhen jeweils im abgeweideten Bereich, wie in der Abbildung gezeigt. Daher wird wenig Futter verschwendet. Bei großen Flächen können auch Teile der abgeweideten Fläche wieder abgetrennt werden, um den Aufwuchs zu schonen. Allerdings ist dieses System arbeitsintensiv, da ein Teil des Zaunes täglich versetzt werden muß. Außerdem müssen solche Weiden gedüngt werden, da die Nährstoffabfuhr durch das intensive Grasen hoch ist.

– Anita Heidenfelder

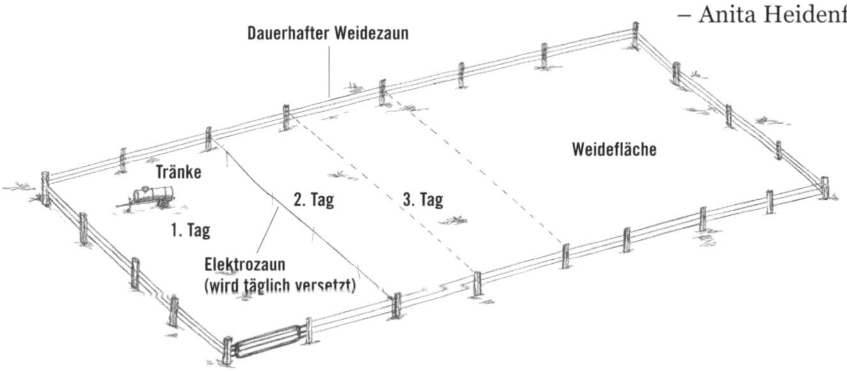

Bei der Portionsweide bekommen die Tiere täglich die Weidefläche, die sie zum Fressen brauchen, zusätzlich zugeteilt.

Wie man Rinder treibt

- Vermeiden Sie Schreien oder Rennen.
- Versuchen Sie nicht, die Tiere von hinten zu treiben, wenn sie den Weg nicht kennen. Sie könnten weglaufen oder anhalten und sich umdrehen, um nach Ihnen zu sehen.
- Treiben Sie sie in bedächtigem Schritt. Konzentrieren Sie sich darauf, die Leitkuh anzutreiben; die anderen werden ihr folgen, wohin sie geht.
- Bringen Sie die Herde in Bewegung, bevor Sie sie in eine bestimmte Richtung lenken.
- Nähern Sie sich dem Weg, auf den sie die Herde bringen möchten, in einem stumpfen Winkel.
- Gehen Sie beim Treiben knapp hinter der Schulter der Leitkuh, um sie am Laufen zu halten.
- Wenn Sie ruhig vorgehen, bleibt die Herde zusammen; Nachzügler folgen normalerweise.

– aus *A Guide to Raising Beef Cattle*

ZIEGEN

Bezeichnungen für Ziegen

Bock: ausgewachsenes männliches Tier
Geiß: ausgewachsenes weibliches Tier
Mönch: kastriertes männliches Tier
Zicklein: Neugeborenes

Mit der Ziegenhaltung beginnen

Weltweit gibt es mehr als 200 Ziegenrassen. Die verschiedenen Rassen haben unterschiedliche für den Menschen nützliche Eigenschaften. Manche Rassen wandeln das Futter, das sie fressen, wirtschaftlich in Wolle für Schals, Pullover und andere Kleidungsstücke um. Andere sind produktiv bei der Umsetzung in Milch oder Fleisch.

Keine Rasse ist besser als irgendeine andere. Kleinere Rassen produzieren weniger Milch oder Fleisch als größere Ziegen, aber sie sind auf kleinem Raum einfacher zu halten. Hier ist eine Auswahl bekannter Rassen:

- **Milchrassen:** Toggenburger, Saanenziege, Bunte deutsche Edelziege
- **Fleischrassen:** Burenziege, Walliser Schwarzhalsziege, Pfauenziege
- **Zwergrassen:** Ostafrikanische Zwergziege, Westafrikanische Zwergziege
- **Wollrassen:** Angoraziege, Kaschmirziege

Einen Verkäufer finden

Am besten kaufen Sie Ziegen von einem regionalen Züchter. Ziegen, die Sie in der Nähe Ihres Wohnorts kaufen, sind gut an Ihre Region angepaßt, und Sie haben jemanden, den Sie fragen können, wenn Sie Hilfe brauchen. Wenn Sie Geißen kaufen, hat der Verkäufer vielleicht einen Bock, dem Sie sie zuführen können.

Sie können Verkäufer auf verschiedene Weise finden:

- Besuchen Sie Ziegenschauen, zum Beispiel auf Landwirtschaftsmessen.
- Fragen Sie regionale Futtermittelhändler nach Kunden, die Ziegenfutter kaufen.
- Fragen Sie bei der Landwirtschaftskammer oder dem Landwirtschaftsamt Ihres Kreises nach Ziegenhaltern in der Gegend.
- Fragen Sie bei der Zuchtorganisation der Rasse, die Sie gerne hätten, nach Mitgliedern in Ihrer Region.

Der ungünstigste Ort, um neue Ziegen zu kaufen, ist eine Viehauktion oder ein Viehmarkt. Sie wissen nicht, woher die Ziegen kommen, und können nicht erkennen, ob sie gesund sind.

Ziegen erwerben

Es ist wichtig, mit gesunden Tieren zu beginnen. Eine gesunde Ziege hat ein sauberes Fell und glänzende, aufmerksame Augen. Sie sollte ebenso neugierig auf Sie sein wie umgekehrt.

Eine gute Ziege hat einen kräftigen, breiten Rücken, gerade Beine, fehlerfreie Füße und eine breite tiefe Brust. Kaufen Sie keine Ziegen mit einem eingesunkenen Rücken, einer schmalen Brust, einem Kugelbauch, schlechten Füßen, lahmen Beinen oder einem fehlerhaften Maul.

Bitten Sie den Verkäufer um eine Liste der Medikamente und Impfungen, die das Tier bekommen hat, einschließlich der jeweiligen Verabreichungsdaten, und fragen Sie ihn nach seinen Empfehlungen für zukünftige Impfungen inklusive der Verabreichungsdaten.

Besorgen Sie, wenn Sie Ihre Ziege kaufen, genug Futter für mindestens eine Woche. Wenn Sie planen, die Futterration der Ziege umzustellen, tun Sie dies nach und nach. Ein plötzlicher Futterwechsel kann das Tier sehr krank machen.

Bitten Sie den Verkäufer, den Tieren die Klauen zu schneiden, die Hornknospen zu entfernen (falls Sie das möchten), die Tiere, wenn erforderlich, zu impfen und alle anderen notwendigen Maßnahmen auszuführen, bevor Sie die Ziegen in Ihren Stall bringen. Denn diese Maßnahmen wären für sie in der neuen Umgebung weit streßreicher.

– aus *Your Goats* von Gail Damerow

Die Ziegen einstallen

Ziegen werden in Garagen und Schuppen, alten Hühnerverschlägen und Ställen gehalten. Diese können aus Holz, Beton, Zement- oder Natursteinen sein. Auch wenn Ziegenbesitzer gerne über die Vorzüge der einzelnen Behausungen diskutieren, gedeihen Ziegen in allen gut.

Ziegenställe müssen trocken und zugfrei sein, da Ziegen sehr anfällig für Lungenentzündung sind. Idealerweise sollte der Ziegenstall hell und luftig und nach Süden ausgerichtet sein. Man sollte bequem darin arbeiten können, das heißt, die Gänge und Türen sollten breit genug für eine Schubkarre sein. Das Lager für Futter und Einstreu sollte in der Nähe sein. Außerdem sollten fließendes Wasser und Elektrizität verfügbar sein.

Böden

Holzböden, wie sie in Geflügelställen üblich sind, können warm und trocken sein, wenn der Rest des Gebäudes behaglich und dicht ist. Aber Holz verrottet. Das bedeutet, daß eine sehr saugfähige Einstreu verwendet und häufig ausgemistet werden muß.

Viele Fachleute halten Betonböden für weniger erstrebenswert. Beton ist hart und kalt, und der Harn kann nicht versickern. In diesem Fall weist eine tiefe Einstreu nicht auf einen nachlässigen Ziegenhalter hin. Für Ziegen gilt: je tiefer, desto besser, ganz gewiß auf Betonböden und besonders im Winter.

Lehmböden sind am einfachsten zu unterhalten, allerdings nur in Weideunterständen zulässig. Der Harn sickert weg, und es ist viel weniger Einstreu nötig. Dies ist eine wichtige Erwägung, wo Einstreu teuer ist. Erde ist wärmer als Beton und bequemer für die Tiere.

– verändert aus *Raising Milk Goats the Modern Way* von Jerry Belanger

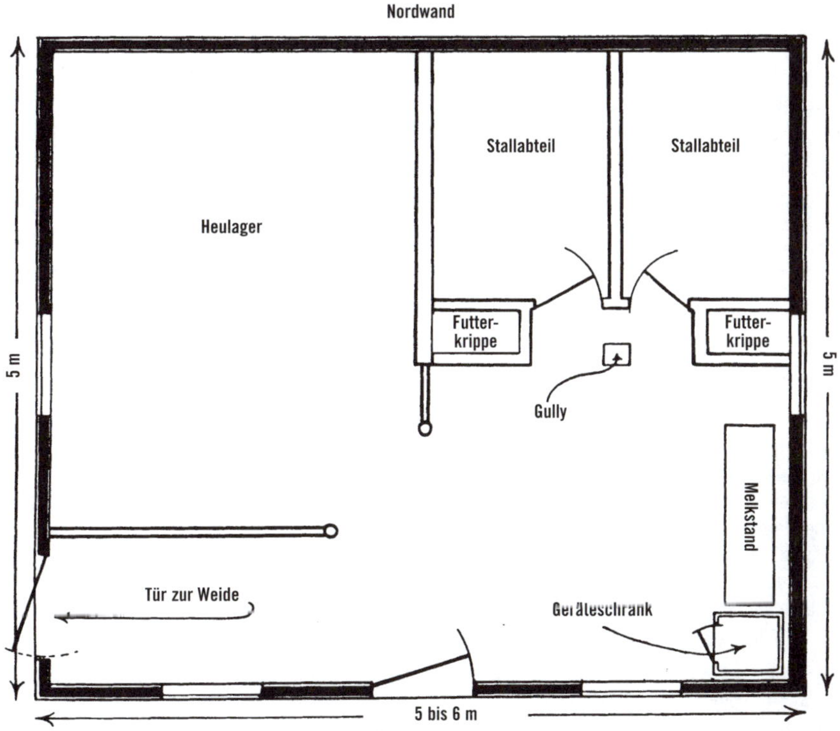

Dieser Grundriß zeigt einen zweckmäßigen und behaglichen Ziegenstall.

Ziegen einzäunen

Das Einzäunen ist bei Ziegen vermutlich wichtiger – und schwieriger – als bei jedem anderen Nutztier. Allerdings ist ein kleiner, trockener und sonniger Laufhof am Stall in den meisten Fällen ausreichend. Legen Sie den Bereich solide an und füttern Sie die Ziegen im Stall.

Der ideale Ziegenzaun für eine kleine Fläche ist ein Maschendrahtzaun, aber er ist teuer. Eine sehr gute und preisgünstige Alternative ist ein Wildzaun, der aus punktgeschweißtem und verzinktem Draht hergestellt und in vielen Längen und Höhen erhältlich ist. Für Ziegen sollte er 1,3 m hoch sein. Wildzäune können an normale Stahl- oder Holzpfosten angebracht werden.

Elektrozäune sollten für Ziegen häufiger verwendet werden als üblich. Verlangen Sie beim Kauf ein Weidezaungerät, dessen Leistung für Ziegen ausreicht. Den Tieren muß – zunächst auf kleiner Fläche – antrainiert werden, den Zaun zu respektieren. Aber wenn sie einmal wissen, was passiert, wenn sie ihn berühren, können Sie auch große Bereiche kostengünstig einzäunen.

Knotengittergeflecht mit einer Litze eines Elektrozauns innen etwa auf Nasenhöhe ergibt eine sehr gute Ziegenabsperrung. Die Litze hält die Ziegen vom Geflecht ab, und die Einzäunung bietet mehr Sicherheit als der Elektrodraht allein.

– verändert aus *Raising Milk Goats the Modern Way*

Beweidung und Verbiß

Ziegen sind opportunistische Futtersucher, das heißt, sie fressen, was sie finden. Wenn Sie Ihre Ziegen grasen lassen, reduziert dies die Fütterungszeit und den Fütterungsaufwand. Weil Ziegen auch Sträucher und Bäume verbeißen und diese somit besser zurückdrängen als Schafe, werden sie gerne zum Freihalten von Naturschutzflächen eingesetzt. Fragen Sie bei der Unteren Naturschutzbehörde Ihres Kreises, ob es solche Flächen gibt, die Sie mit Ihren Ziegen beweiden können. Allerdings ist dies nur für Fleisch- oder Wollrassen zu empfehlen. Diese Tiere haben keine großen Euter, die von Brombeergestrüpp und niedrigen Ästen leicht aufgekratzt oder eingerissen werden können.
Milchziegen läßt man eher auf guten Weiden grasen, wo ihre Euter vor Verletzungen sicher sind und mittels Unkrautkontrolle Giftpflanzen unterdrückt werden können.

Füttern nach Bedarf

Wie Menschen brauchen auch Ziegen eine ausgewogene Ernährung, um aktiv und gesund zu bleiben. Wir erwarten von unseren Ziegen, daß sie Zicklein, Milch, Fleisch und Wolle erzeugen. Es ist also nicht verwunderlich, daß das Verdauungssystem bis zu einem Drittel ihres Körpers einnimmt.

Heu: Alle Ziegen brauchen Heu. Die Heuqualität schwankt ebenso wie der Nahrungsbedarf einer Ziege. Heranwachsende Ziegen sowie tragende und laktierende Geißen haben einen höheren Nährstoffbedarf als ausgewachsene Mönche oder eine nichttragende und nichtlaktierende Ziege.

Leguminosenheu (mit hohen Anteilen an Klee-Arten und Luzerne) liefert eine hervorragende Nahrung für Zicklein, tragende und laktierende Geißen. Wiesenheu aus Weidelgras, Wiesenlieschgras und Schwingel-Arten ist weniger nährstoffreich. Eine gute Mischung ist Wiesenheu mit geringen Klee- und Luzerneanteilen. Suchen Sie nach Heu, das als Pferdefutter verkauft wird, und verfüttern Sie es ad libitum an Ihre Ziegen.

Kraftfutter: Eine junge Ziege, die noch wächst, oder eine erwachsene Ziege, die tragend ist oder Milch oder Wolle produziert, braucht mehr Nährstoffe, als Heu liefern kann. Sie benötigt Kraftfutter, eine Nahrungsergänzung aus Getreide und anderen nährstoffreichen Futtermitteln. Ihre Ziegen brauchen nicht alle die gleiche Kraftfuttermenge zur gleichen Zeit. Geben Sie Kraftfutter immer sparsam, da es bei hoher Dosierung das Verdauungssystem der Wiederkäuer schädigen kann! Füttern Sie Zwergziegen etwa die Hälfte der Menge, die große Ziegen benötigen. Führen Sie Buch, damit Sie immer wissen, wieviel jede Ziege bekommt.

Dosieren Sie das Kraftfutter abhängig von der Qualität des Rauhfutters, das Ihre Ziegen erhalten, und von der Konstitution jeder einzelnen Ziege. Wenn Ihre Ziegen frisches Laubwerk, Weidegras oder gutes Heu fressen, brauchen sie kaum Kraftfutter.

Eine Ziege in gutem Zustand ist ausgefüttert, aber nicht fett. Eine Milchziege ist zu fett, wenn Sie ihre Rippen nicht spüren können. Eine Woll- oder Fleischziege ist zu fett, wenn Sie hinter dem Knie eine Handvoll Fleisch greifen können.

Mineralfutter: Zur Versorgung der Ziege mit Mineralstoffen sollten neben gutem Rauhfutter und Weidegras Lecksteine angeboten werden. Häufig sind darin auch Vitaminmischungen enthalten. Wenn die Ziegen einen Leckstein nicht annehmen, liegt dies häufig am Geschmack. In diesem Fall müssen Sie den Stein durch ein anderes Produkt ersetzen.

– verändert aus *Your Goats* von Gail Damerow

Richtlinien zur Fütterung von Kraftfutter*

Tier/Lebenszyklus	Kraftfuttermenge pro Tag**
Milchzicklein	kleinste Mengen ad libitum
Entwöhntes Zicklein	80 bis 100 g
Mönch oder nichttragende und nichtsäugende Fleischziege	–
Tragende Fleischziege	–
Trockenstehende Fleischziege 6 Wochen vor der Geburt	300 bis 500 g
Säugende Fleischziege	100 g
Nichtlaktierende Fleischziege 3 Monate nach der Geburt	–
Tragende, trockenstehende Milchziege bis 2 Wochen vor der Geburt	–
Trockenstehende Milchziege ab 2 Wochen vor der Geburt	400 bis 800 g
Laktierende Milchziege	1,0 bis 1,5 kg

* Reduzieren Sie die Kraftfuttermenge für Zwergziegen auf die Hälfte. Passen Sie die Mengen der Konstitution jeder einzelnen Ziege an.
** Kraftfuttergaben über 500 g sind auf mindestens zwei Gaben pro Tag zu verteilen.

Mit der Schafhaltung beginnen

Wenn Sie klein anfangen, können Sie mit geringem finanziellem Aufwand Erfahrungen in der Schafhaltung sammeln. Wenn Sie mit weniger Schafen beginnen, als Ihre Weidefläche versorgen kann, können Sie zumindest für ein paar Jahre ihr jeweils bestes weibliches Lamm behalten. Nach einigen Jahren, wenn Ihre Mutterschafe ein unproduktives Alter erreichen, können Sie sie durch Ihre besten Lämmer ersetzen.
Wenn Sie keinerlei Zuchterfahrung haben, sollten Sie erwägen, die in Ihrer Region vorherrschende Rasse zu kaufen. Sie ist wahrscheinlich gut an das Klima angepaßt, und in der Nähe einzukaufen erspart Ihnen Transportkosten und dem Tier eine aufreibende Fahrt. Sie können außerdem leichter Böcke tauschen.

18 Dinge, die Sie beim Erwerb von Schafen vermeiden sollten

Es ist nicht immer möglich, alle folgenden Kriterien zu beachten, aber wenn Sie wissen, was unerwünscht ist, können Sie die Schafe und den geforderten Preis besser beurteilen. Tiere mit folgenden Auffälligkeiten sollten Sie möglichst nicht kaufen:

1. Jedweder Zustand der Augen, der Bindehautentzündung ähnelt, und jedwede Beeinträchtigung der Augen.
2. Fehlende Zähne: Ein Schaf, dem Zähne fehlen, kann nicht gut fressen.
3. Unterkiefer, der nicht sauber auf den Oberkiefer trifft.
4. Klumpen im Euter: Dies kann auf Euterentzündung hindeuten.
5. Hinken: Dies kann auf Klauenkrankheiten hinweisen.
6. Ungeschnittene Klauen, deren Spitzen wie bei Skiern nach oben gebogen oder die überwachsen und an den Kanten nach unten gedreht sind.
7. Kehlgangsödem: Die Beule oder Schwellung unter der Haut wird normalerweise durch Endoparasiten verursacht.
8. Ungewöhnlich dünnes Mutterschaf: Wenn es nicht gerade Zwillinge oder Drillinge aufgezogen hat, könnte es eine Krankheit oder eine hohe Parasitenbelastung haben.
9. Ungewöhnlich dickes Mutterschaf: Es wird möglicherweise nicht tragen oder Schwierigkeiten beim Ablammen haben.
10. Wolle reicht zu weit die Beine hinunter: Das macht beim Scheren mehr Umstände.
11. Wolle bedeckt das Gesicht: Das Gesicht zu scheren kostet Zeit, und die Wolle muß entfernt werden, wenn sie in die Augen wächst.
12. Zu zierliches Schaf: Die grobknochigeren Tiere sind winterfester und leistungsfähiger.
13. Geringe Körpergröße: Unter Umständen geringere Wollproduktion und weniger Lämmer.
14. Schmal oder flach gebaute Schafe: Ihren Lämmern mangelt es an gutem Exterieur.
15. Alte Schafe: Über sieben bis acht Jahre alte Schafe sind weniger produktiv.
16. Zottiges, unansehnliches Vlies: Dies kann bedeuten, daß das Schaf sich aufgrund von Zecken und Milben kratzt.
17. Wäßriger Kot: Kann durch Endoparasiten verursacht sein.
18. Schaf aus einer Einzelgeburt: Die Anlagen zu Zwillingsgeburten sind durchaus vererblich, und Zwillinge sind sehr viel profitabler.

– verändert aus *Raising Sheep the Modern Way* von Paula Simmons

Bezeichnungen für Schafe

Bock: junges oder ausgewachsenes männliches Schaf
Hammel: kastriertes männliches Schaf
Lamm: Neugeborenes
Schaf oder Mutterschaf: junges oder ausgewachsenes weibliches Schaf

Vor- und Nachteile von Reinzuchten

Reinzuchten besitzen die eindeutigen Merkmale ihrer Rasse. Vorteile von Reinzuchten sind eine größere Einheitlichkeit im Erscheinungsbild und in der Leistung und die Chance auf Einnahmen aus dem Verkauf von Zuchttieren. Sie können außerdem gesünder sein, weil der Besitzer sich um ein wertvolles Tier besser kümmert.
Nachteile sind der höhere Kaufpreis plus die Kosten für die Registrierung der Einzeltiere im Herdbuch, ohne einen besseren Preis für das Fleisch oder die Wolle zu bekommen. Wenn ein Tier stirbt, ist der finanzielle Verlust höher.

Der Bock

Ein reinrassiger Bock ist häufig eine gute Anschaffung, weil er beim Einsatz in nichtregistrierten Mutterschafherden in jedem Lamm seine guten Eigenschaften zeigt. Viele Fachleute glauben, daß die Rasse des Bocks mehr Einfluß auf das Lamm hat als die Rasse des Schafs. Achten Sie, wenn Sie einen Bock kaufen, darauf, daß er ein negatives ELISA-Test-Ergebnis aufweist und frei von Moderhinke ist.

– aus *Raising Sheep the Modern Way* von Paula Simmons

Legen Sie das Schaf auf den Boden, wie in den Schritten 1 bis 3 beschrieben.

Scheren Sie das Bruststück, die linke Seite des Kopfes und die Schulter, wie in den Schritten 4 und 5 beschrieben.

Scheren Sie die linke Seite, wie in den Schritten 6 und 7 beschrieben.

Ein Schaf scheren

Die Kunst des Schafscherens besteht nicht nur im Schnittschema, das den Zeitaufwand für das Entfernen der Wolle verringert, sondern auch im Ruhigstellen des Schafes durch die unterschiedlichen Positionen, die dem Tier keine Hebelkraft lassen, sich zu wehren. Hier ist ein Vorschlag, wie sich in 20 Schritten ein Schaf scheren läßt:

1. Schieben Sie Ihren linken Daumen hinter den Schneidezähnen in das Maul des Schafes und legen Sie Ihre andere Hand auf die rechte Hüfte des Schafs.
2. Biegen Sie den Kopf des Schafes scharf über seine rechte Schulter und drehen Sie das Schaf gegen Ihre Beine.
3. Lassen Sie das Schaf zu Boden, indem Sie zurücktreten. Aus dieser Position können Sie es flach auf den Boden legen oder auf seinem Hinterteil absetzen, um die Füße zu scheren.
4. Beginnen Sie damit, die Brust bis hinauf in den linken Schulterbereich zu scheren. Behalten Sie ein Knie hinter dem Rücken des Tieres, den anderen Fuß stellen Sie nach vorn.
5. Das Schaf liegt auf seiner linken Seite. Scheren Sie die Oberseite des Kopfes. Halten Sie dann ein Ohr fest und scheren Sie die Wange, den seitlichen Nacken bis zur Schulter hinunter und weiter bis zur Blöße im Brustbereich.
6. Setzen Sie das Schaf zwischen Ihren Beinen auf sein Hinterteil. Scheren Sie von der Schulter abwärts.
7. Halten Sie in dieser Position den Kopf des Schafes wie gezeigt und scheren Sie die linke Seite nach unten.
8. Halten Sie das linke Vorderbein in Richtung Nacken und scheren Sie die Seite und den Bauch.
9. Mit nur einer kleinen Veränderung der Position des Schafes können Sie nun die hintere Flanke scheren.
10. Drücken Sie das Schaf nach unten auf die hintere Flanke, um das Bein geradezuziehen. Das macht das Scheren einfacher.
11. Scheren Sie in dieser Position das Rückgrat des Schafes und, wenn möglich, einige Zentimeter darüber hinaus.
12. Wenn Sie das linke Bein des Schafes hochhalten, können Sie den Leistenbereich scheren.
13. Die Arbeit ist nun zur Hälfte getan. Stellen Sie sich mit Ihren Füßen so nahe an den Bauch des Schafes, daß es nicht aufstehen kann.
14. Halten Sie ein Ohr fest und beginnen Sie, auf der rechten Seite vom Nacken nach unten zu arbeiten.
15. Legen Sie Ihre linke Hand unter das Kinn des Schafs und um den Hals. Scheren Sie nun die rechte Schulter.

Tips zur Schafschur

- Scheren Sie so früh im Jahr, wie es das Wetter erlaubt, so daß Scharten von der Schur heilen, bis die Fliegensaison beginnt.
- Scheren Sie niemals, wenn die Wolle naß oder feucht ist.
- Sperren Sie die Schafe am Nachmittag vor dem Scheren ein, damit sie beim Scheren nicht vollgefressen sind.
- Scheren Sie auf einer sauberen Plane und schütteln Sie sie nach jedem Schaf aus, oder arbeiten Sie auf einem Holzboden, der gefegt werden kann.
- Scheren Sie das Vlies in einem Stück ab, aber beschneiden Sie die Beine und Klauen nicht auf dem Vlies.
- Entfernen Sie Kotanhänge.
- Vermeiden Sie es, zweimal über die gleiche Stelle zu gehen, um auszubessern, oder die Scherstriche überlappen zu lassen.
- Rollen Sie das Vlies sauber ein und binden Sie es mit einer Papierschnur zusammen, wenn Sie es an einen Wollhändler verkaufen möchten.
- Wenn Sie an Handspinner verkaufen, können Sie das ungerollte Vlies in leere Futtermittelsäcke aus Papier packen, je ein Vlies in einen Sack, oder mehrere in einem großen flachen Karton auslegen.
- Das Abschneiden eines etwa 7 cm breiten Streifens an den Rändern des Vlieses ist korrekt, insbesondere wenn Sie an Handspinner verkaufen.

16. Ziehen Sie das Schaf nun zu sich, um die rechte Seite freizulegen. Scheren Sie auf dieser Seite nach unten.

17. Verändern Sie die Position wie gezeigt und scheren Sie weiter die rechte Seite und die Hüfte.

18. Verändern Sie die Position ein weiteres Mal und scheren Sie die rechte Flanke und das Hinterteil fertig.

19. Bewegen Sie das Schaf noch einmal, damit Sie den hinteren Fuß halten können. Scheren Sie die rechte Seite der Leistenpartie.

20. Nun sind Sie fertig. Stellen Sie das Schaf wieder auf seine Füße. Nach einer Minute wird es wieder Gras fressen.

– aus *Raising Sheep the Modern Way* von Paula Simmons

Scheren Sie den Bauch des Schafes und die hintere Flanke, wie in den Schritten 8 bis 11 beschrieben.

Stellen Sie Ihren Fuß dicht neben den Bauch des Schafes und scheren Sie seine rechte Seite, wie in den Schritten 12 bis 16 beschrieben.

Scheren Sie die rechte Flanke, das Hinterteil und die Leistengegend, wie in den Schritten 17 bis 20 beschrieben.

Gebrauchshunde für Nutztierherden

Man unterscheidet drei Spezialisierungen:

Hütehunde
Hütehunde wurden über Jahrhunderte gezüchtet, um den Hirten das Zusammenhalten der Herde zu erleichtern. Auch heute werden Hütehunde noch in der professionellen Schäferei eingesetzt. Da diese Tiere zudem sehr umgänglich und auch für Familien mit Kindern geeignet sind, sind sie auch bei Hobbyzüchtern beliebt. Die wichtigsten Rassen sind Collie, Border Collie und Australian Shepherd.

Herdenschutzhunde
Da in manchen Regionen Wölfe und sogar Bären wieder Einzug halten, könnten unter den Schafhaltern auch Schutzhunde, die ganzjährig in der Herde leben und die Schafe gegen Räuber beschützen, wieder an Bedeutung gewinnen. Rassen zur Verwendung als Herdenschutzhund sind Pyrenäenberghund, Kuvasz, Tibetdogge und Anatolischer Hirtenhund.

Hirtenhunde
Diese dritte Gruppe umfaßt Rassen, die sowohl zum Zusammenhalten der Herde als auch zu ihrem Schutz eingesetzt werden. Dazu zählen Rassen wie Deutscher Schäferhund, Bobtail, Briard und Bergamasker Hirtenhund.

– Anita Heidenfelder

Schafe füttern und einzäunen

Wie viele Schafe können auf einem Hektar gehalten werden? Manche Landwirte veranschlagen zehn Schafe pro Hektar gute Weide, mit zusätzlichem Heu und etwas Getreide im Winter, und vier bis fünf Schafe für einen Hektar magere Weide. Sehen Sie sich den Zustand Ihrer Flächen an. Es ist am besten, im ersten Jahr weniger Schafe zu halten und zu schauen, wie die Weidefläche sich verhält.

Weidewechsel

Durch Weidewechsel kann die Anzahl Schafe, die eine vorgegebene Fläche trägt, maximiert werden. Er dient außerdem der Kontrolle von Parasiten. Das Prinzip besteht einfach darin, die Weide mit Elektrozäunen oder einer anderen leichten Umzäunung in kleine Flächen aufzuteilen, so daß jede der kleineren Weiden in 10 bis 14 Tagen komplett abgegrast ist. Wenn die Fläche abgefressen ist, werden die Schafe auf eine frische Weide gebracht. Ein weiteres System ist auf Seite 473 beschrieben.

Futtermittel

Weide allein reicht selten aus, um Schafe zwölf Monate im Jahr angemessen zu versorgen. Deshalb muß mit Heu und Getreide zugefüttert werden. Während des Jahres werden nicht durchgehend die gleichen Mengen an Zusatzfutter gebraucht; sie richten sich vielmehr nach dem Fortpflanzungszyklus.

Mit Ausnahme von Hafer sind ganze Getreidekörner besser für Schafe als geschrotetes Korn. Ganze Getreidekörner fördern einen gesünderen Pansen. Luzerneheu ist ein ausgezeichnetes Futter für Schafe, auch weil es neun Vitamine enthält. Je grüner das Heu, desto höher ist der Vitamingehalt. Heu sollte im dunkelsten Teil des Stalles gelagert werden, um den Vitamin-A-Gehalt zu bewahren. Heu dem Regen auszusetzen kann zum Auswaschen der Mineralstoffe und zu Schimmel führen, einem Grund für Aborte bei Mutterschafen.

Schafe können eine große Vielfalt an Futtermitteln aufnehmen, wenn gewährleistet ist, daß die Übergänge fließend erfolgen. Ein unvermittelter Wechsel der Ration, wie etwa ein plötzlicher Zugang zu einem Übermaß an Futter, kann zum Tod führen. Und Schafe, denen längere Zeit nur Getreide gefüttert wurde, können sich nicht plötzlich auf Heu umstellen.

Schafzäune

Die Lebensdauer eines Zaunes hängt davon ab, wie stark die Schafe ihm zusetzen und wie lange die Pfosten – insbesondere die Endpfosten – halten. Sie sollten massiv und robust sein, denn wenn sie zu verrotten beginnen und die Schafe ihre Köpfe durch den Zaun stecken, ist es vorbei mit Ihrem Zaun.

Die Verwendung von Stahlpfosten kann Ihnen einen Menge Arbeit mit dem Graben und dem Feststampfen der Erde um die Pfosten ersparen. Feuerverzinkte Stahlpfosten halten am längsten, gefolgt von Pfosten mit einem Zinkanstrich. Natürlicher wirken dicke Eichenpfähle – bei vergleichbarer Lebensdauer.

Die zweckmäßigste Einzäunung für Schafe ist ein Knotengittergeflecht, zumindest für die untere Hälfte des Zaunes. Es gibt sie in verschiedenen Stabilitätsgraden und Ausführungen. Eine Höhe von 70 bis 80 cm kann relativ einfach verbaut werden, und Sie können die Einzäunung mit Stacheldraht erhöhen.

– verändert aus *Raising Sheep the Modern Way* von Paula Simmons

Ein stabiler Knotengitterzaun mit Eichenpfosten und einigen Reihen Stacheldraht darüber hält die Schafe über viele Jahre zuverlässig auf der Weidefläche.

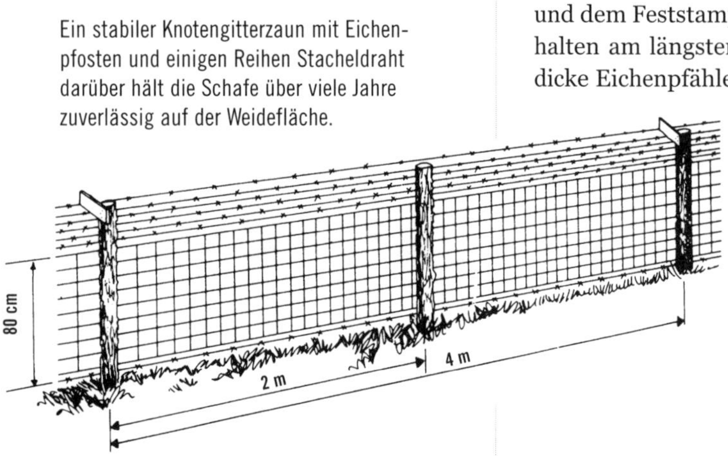

Das erste Lama kaufen

Lamas – und ihre kleinen Verwandten, die Alpakas – sind amüsant, gutmütig und freundlich, insbesondere wenn sie in einer Herde oder mit anderen Nutztieren gehalten werden. Die Infektion mit dem „Lamavirus" könnte Sie verleiten, schnell Tiere zu erwerben. Aber gehen Sie besonnen vor. Schließen Sie sich einer Interessengemeinschaft von Lamahaltern in Ihrer Region an. Für eine kluge Wahl brauchen Sie erst genug Kenntnisse.

Achten Sie auf die Farbe, die Qualität des Felles, die Fortpflanzungsfähigkeit und den Körperbau, wenn Sie Lamas für einen Zuchtbestand suchen. Im allgemeinen werden Lamas und vor allem Alpakas wegen der Wolle gehalten. Lamas, die als Packtiere vorgesehen sind, sollten groß und langbeinig sein. Streicheltiere brauchen insbesondere ein gutmütiges Wesen. Besuchen Sie so viele Lamahalter wie möglich, und bitten Sie jeden Züchter, Ihnen andere Halter in der Region zu nennen.

Klein anfangen

Denken Sie darüber nach, mit nur einem Lama zu beginnen. Mit einem günstig zu bekommenden kastrierten Tier können Sie gut praktische Erfahrung sammeln. Ein einzelnes neues Lama kann im allgemeinen zusammen mit anderen Nutztieren eingestallt werden und gewöhnt sich normalerweise innerhalb weniger Stunden ein. Ein Lamahengst sollte jedoch nicht zusammen mit weiblichen Schafen oder Ziegen eingestallt werden.

In den allermeisten Fällen werden Sie das erste Lama behalten, wenn die Herde wächst. Es wird das Lieblingstier werden. Wenn Sie richtig gewählt haben, wird es sich als Partner der neuen Lamas verhalten und die Unterkunft mit ihnen teilen. Es wird Ihnen auch helfen, sich das Rüstzeug für den Umgang mit Lamas und ihre Erziehung anzueignen.

Klein, aber dafür mit hochwertigen Tieren zu beginnen zahlt sich am Ende aus. Ich bin seit zehn Jahren Lamabesitzer, und meine Herdengröße schwankt um die 15 Tiere. Während ich mit einem Lama ins Geschäft einstieg, kauften andere Züchter gleich fünf oder zehn Stuten, um ihre Zucht schnell aufzubauen. Heute erzeugen etliche dieser Züchter minderwertige Tiere, weil sie vorschnell eingekauft haben.

– verändert aus *A Guide to Raising Llamas* von Gale Birutta

Was Lamas fressen

Lamas sind modifizierte Wiederkäuer, das heißt, sie kauen ihren Wiederkäuerbrei, aber sie haben keinen Pansen. Für die Ernährung von Lamas sind drei Grundbestandteile lebenswichtig: Eiweiß, Vitamine und Mineralstoffe. Die Tiere erhalten diese Stoffe durch Grünfutter, Futterzusätze, Getreide und Kraftfutter.

Eine gutdurchdachte Futterauswahl liefert den größten Teil des Nahrungsbedarfs der Lamas. Wenn Futterzusätze benötigt werden, bieten Sie etwas Getreide sowie Salz und Mineralfutter zur freien Aufnahme an. Sie sollten allerdings sicher sein, daß Ihr Lama Mineralstoffe braucht, bevor Sie Futterzusätze verabreichen.

Das richtige Heu trägt zur Gesundheit und zur ausgewogenen Ernährung Ihrer Lamas bei. Die Heuqualität wird beeinflußt vom Entwicklungsstadium der Grünpflanzen bei der Ernte, vom Kräuteranteil, vom Geruch und von der Farbe. Qualitativ hochwertiges Heu besitzt einen hohen Eiweiß- und verdaulichen Gesamtnährstoffgehalt.

Eine sachgerechte Heulagerung ist einfach, aber wichtig. Achten Sie darauf, daß das Heu beim Einlagern trocken ist. Heu sollte nicht auf dem Erdboden gelagert werden, sondern vorzugsweise in einem Heuboden. Zuviel Licht kann das Heu seiner Nährstoffe berauben; daher sollte es möglichst dunkel gelagert werden.

SCHWEINE

Bezeichnungen für Schweine

Abferkeln: Junge zur Welt bringen
Borg: kastriertes männliches Schwein
Eber: junges oder ausgewachsenes männliches Schwein
Ferkel: Jungtier von der Geburt bis ca. 25 kg
Jungsau: junges weibliches Schwein für die Zucht
Läufer: Mastschwein zwischen 25 und 50 kg
Sau: ausgewachsenes weibliches Zuchtschwein

Frisch entwöhntes oder leichtgewichtiges Ferkel

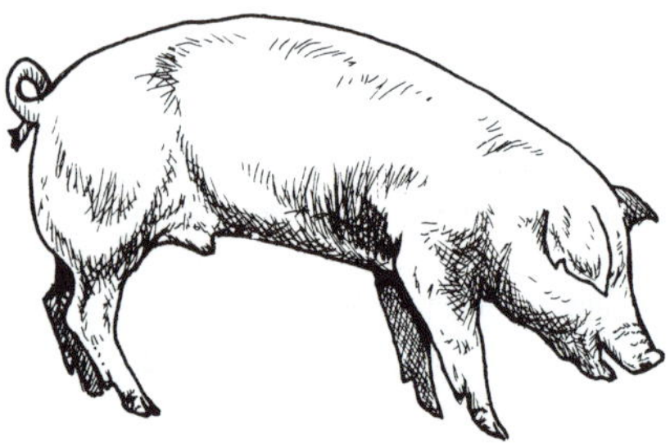

Mastschwein etwa nach der Hälfte der Mastdauer

Schlachtreifes Schwein

Mit der Schweinehaltung anfangen

Die meisten Leute denken über die Schweinehaltung zuerst als eine Methode zur Erzeugung von qualitativ hochwertigem Fleisch für den Eigenbedarf bei moderaten Kosten nach. Wenn Sie selbst Schweine aufziehen, wählen Sie sie aus, füttern sie bis zu einem genauen Schlachtgewicht und bestimmen über die Verarbeitung. Nur so haben Sie wirklich die Sicherheit, daß das Fleisch von hoher Qualität und gesund ist.

Wo einkaufen?

Am besten kaufen Sie Läufer im Herkunftsbetrieb. Dort können Sie häufig das Muttertier und die Geschwister anschauen. Das gibt Ihnen eine Vorstellung davon, was Sie von den Schweinen erwarten können, wenn sie ausgewachsen sind.
Wenn Sie Schweine in einem Aufzuchtbetrieb kaufen, fragen Sie unbedingt nach, welche Schweinkrankheiten latent im Bestand vorkommen und wogegen im Betrieb routinemäßig geimpft wird.

Wann kaufen?

Das zeitige Frühjahr ist möglicherweise die Zeit, in der Sie Läufer am teuersten kaufen. Dennoch sind diese Tiere wünschenswert, weil sie ein gutes Schlachtgewicht erreichen, bevor das Wetter übermäßig heiß wird.
Spätsommer bis Herbst ist ebenfalls eine gute Zeit für die Endmast, weil die Schweine normalerweise ausgewachsen sind, bevor Spätherbstregen und Winterkälte beginnen. Schweine, die in dieser Zeit zum Mastende kommen, ergeben den klassischen Wintervorrat.

Einkaufstips

Ein gesundes Schwein zeichnet sich durch ein waches und neugieriges Verhalten aus. Jedes Schwein, das Sie kaufen, sollte ein glänzendes, sauberes Haarkleid, eine gute Größe für sein Alter und die Fähigkeit haben, unbehindert und sicher zu laufen. Hier sind noch einige Tips mehr:

- Die größte Auswahl an Schweinen und die höchste Qualität sind im Bereich von 20 bis 30 kg verfügbar.
- Kreuzungstiere sind normalerweise kräftiger und schnellwüchsiger als Reinzuchten.
- Schweine sollten innerhalb eines vorgesehenen Zuchtprogramms gekreuzt werden, nicht planlos gemischt.
- Kaufen Sie Schweine, die schon kastriert worden sind, wenn Sie Börge aufziehen möchten.
- Kaufen Sie Schweine, die gegen Endo- und Ektoparasiten behandelt sind.
- Kaufen Sie Schweine, welche die Belastung der Entwöhnung gut überstanden haben, also nicht kümmern und keine Durchfallerscheinungen zeigen.
- Da weibliche Mastschweine langsamer wachsen als Börge, ergeben sie normalerweise magerere Schlachtkörper und können mit nährstoffreicheren Futterrationen angeschoben werden.

Grundausstattung für die Schweinehaltung

Um Schweine zu mästen, brauchen Sie ein Stallabteil und eine Einzäunung (siehe Kapitel 27), einen Laufhof für die Schweine, eine Laderutsche, eine Schweinebremse, einen Futtertrog und eine Tränke.

– verändert aus *A Guide to Raising Pigs* von Kelly Klober

Die Schweine füttern

Eine alte Daumenregel besagte, daß ein Schwein, um zur Schlachtreife (98 bis 110 kg) heranzuwachsen, 250 kg Getreide und 56 kg Eiweiß verzehrt. Sie trifft auch heute noch ziemlich exakt zu. Schweinerationen bestehen typischerweise aus folgenden Bestandteilen:

- **Futtergetreide:** Gerste bleibt das Hauptfuttergetreide für Schweine. Es ist weithin verfügbar und hat in den meisten Jahren einen moderaten Preis.
- **Getreidealternativen:** Futterweizen, Triticale oder Körnermais sind Alternativen zu Futtergerste als Hauptfuttergetreide für Schweine. Sie sollten zu grobem Mehl vermahlen werden und mit Ausnahme von Weizen nicht mehr als 40 Prozent der Mischration ausmachen.
- **Sojabohnenprodukte:** Sojaextraktionsschrot wird mit Futtergetreide gemischt und mit Vitaminen und Mineralstoffen ergänzt, um eine komplette Futterration für die Mittel- und die Endmast zu erhalten. Achten Sie darauf, daß die Sojaprodukte nicht gentechnisch verändert sind, wenn Sie Ihre Tiere nicht mit derartigen Futtermitteln aufziehen möchten, oder verwenden Sie Alternativen.
- **Sojaalternativen:** Zumindest teilweise kann Sojaextraktionsschrot durch heimische Eiweißfuttermittel wie Ackerbohne, Süßlupine oder Futtererbse ersetzt werden. Süßlupinen dürfen maximal 5 Prozent, Ackerbohnen maximal 20 und Futtererbsen maximal 40 Prozent der Mastschweineration ausmachen. Auch Rapsextraktionsschrot kann in geringen Anteilen eingesetzt werden.

– verändert aus *A Guide to Raising Pigs*

Schweine brauchen Zuwendung

Mehrmals am Tag gibt es für Schweinehalter nichts Wichtigeres zu tun, als einfach hinauszugehen und nach ihren Schweinen zu sehen und zu hören. Früh am Morgen und spätabends (um Sonnenaufgang und um Sonnenuntergang) sind die besten Zeiten, um einen gründlichen Blick auf die Tiere in Ihrer Obhut zu werfen.
Widmen Sie Ihren Tieren dabei volle Aufmerksamkeit, beobachten Sie das allgemeine Wohlbefinden und bleiben Sie wachsam bezüglich früher Anzeichen von Problemen.

Schweine treiben

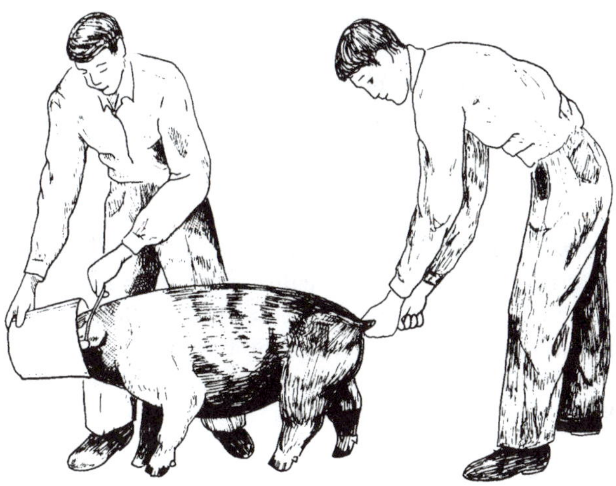

Nichts ist schwieriger als der Versuch, ein verschrecktes eigensinniges Schwein von 45 kg und mehr festzuhalten. Die Zeichnung links zeigt das Überstülpen eines Eimers über den Kopf des Schweins, um es rückwärts dorthin zu schieben, wo Sie es haben möchten. Die Zeichnung unten zeigt ein selbstgemachtes Geschirr, das ebenso funktioniert.

Eine Schweinebremse ist das zweckdienlichste Gerät, um ein Schwein einzufangen. Es ist ein 60 cm langes Rohr mit einer eingefädelten Drahtseilschlaufe. Durch Ziehen am Griff wird die Schlinge zugezogen.

– aus *Keeping Livestock Healthy* von N. Bruce Haynes, D.V.M.

PFERDE

Bezeichnungen für Pferde

Fohlen: Neugeborenes
Hengst: ausgewachsenes männliches Pferd
Hengstfohlen: junges männliches Pferd
Stute: ausgewachsenes weibliches Pferd
Stutfohlen: junges weibliches Pferd
Wallach: kastriertes männliches Pferd

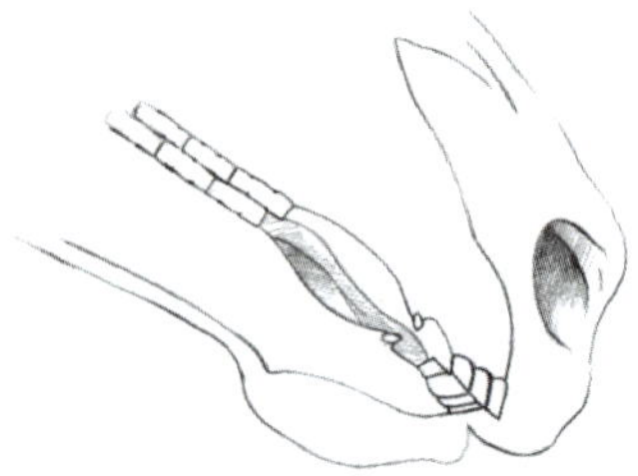

In den meisten Fällen ist der Überbiß gering. In ernsten Fällen jedoch ist der Unterkiefer mißgebildet, und das Pferd kann keine Trense tragen.

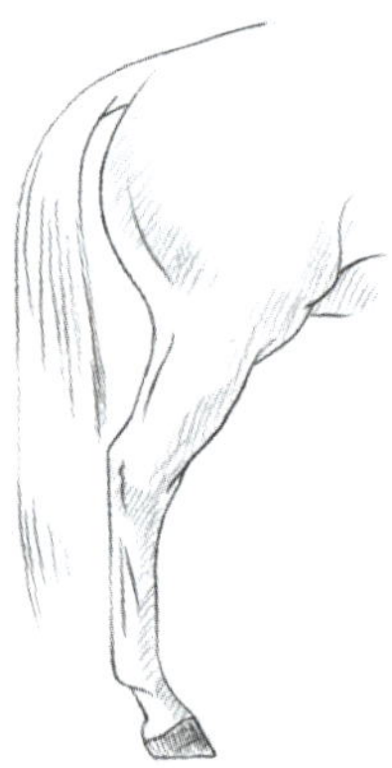

Die Hinterbeine eines Pferdes sollten weder zu weit unter dem Körper noch zu weit nach hinten stehen, sondern direkt senkrecht unter dem Schwanz. Dieser sollte gerade in der Mitte herabhängen und in jede Richtung ausschwingen können.

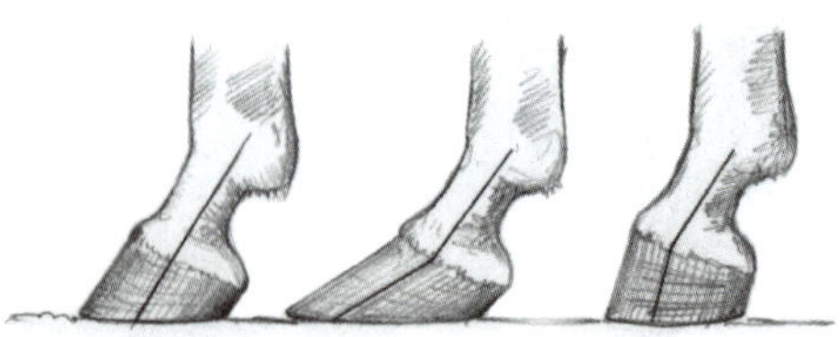

Die Länge der Fessel ist wichtig, weil sie der Hauptstoßdämpfer für die Erschütterung ist, die bei jedem Auftreten des Pferdes entsteht.

Was bei einem Pferd zu beachten ist

Pferde sind genauso individuell wie Menschen, und keines ist perfekt. Sie sind wunderbare Tiere, aber wie erfahrene Pferdebesitzer wissen, zeigt sich wahre Schönheit am Verhalten. Manchmal erfüllen die schönsten Pferde die Erwartungen nicht. Und manche scheinbar kleinen Fehler im Körperbau können große Probleme verursachen.

Die Augen

Sie werden sicher kein Pferd mit beeinträchtigtem Sehvermögen erwerben wollen, weil es möglicherweise nicht sicher zu reiten ist. Bevor Sie ein Pferd kaufen, müssen Sie die Augen von einem Tierarzt untersuchen lassen. Viele Menschen glauben, daß Pferde mit kleinen Augen ungebärdig oder übellaunig sind. Daran mag etwas Wahres sein. Ein Pferd mit kleinen Augen mag vielleicht nicht das periphere Sehen haben wie andere Pferde, so daß ein sich bewegendes Objekt, das von hinten oder von der Seite kommt, es erschreckt. Dennoch sind kleine Augen kein Grund, ein Pferd auszusortieren. Seien Sie sich einfach des Problems bewußt.

Das Maul

Der Form des Mauls ist wichtig, weil die Trense gut und bequem sitzen muß. Die häufigste Mißbildung des Kiefers ist der sogenannte Überbiß, vergleichbar mit dem Überbiß beim Menschen. Ein weniger verbreitetes Problem ist eine durch die Verwendung von scharfen Gebissen oder anderen Dressurmitteln geschädigte Zunge. Um sicherzugehen, daß ein Pferd, das Sie kaufen möchten, eine Trense tragen und bequem fressen kann, müssen Sie die Zunge prüfen.

Die Hufe

Schauen Sie nach einem Pferd, dessen Hufe groß genug sind, um das Tier zu tragen. Kleine Hufe können große Pferde für Lahmheit anfällig machen. Hüten Sie sich vor Pferden mit einer Hufform, die korrigiert wurde. Das Problem entsteht, wenn der fehlerhafte Huf bearbeitet oder zugeschnitten wird, um ihn korrekt aussehen zu lassen. Diese Hufe und Beine können die Erschütterung nicht mehr wirkungsvoll dämpfen, und das Endergebnis kann ein lahmes Pferd sein. Ziehen Sie einen Tierarzt zur Beurteilung hinzu.

Die Beine

Gerade Beine sind etwas, worüber alle Bücher über Exterieurbeurteilung berichten. Wenn Sie vor dem Pferd stehen und eine senkrechte Linie vom Buggelenk auf den Boden ziehen, sollte sie das Bein halbieren und durch die Mitte des Knies hinunter zur Mitte des Hufs verlaufen. Gerade Beine dämpfen den Stoß richtig. Gekrümmte Beine leiten die Kräfte der Erschütterung auf einige Körperteile, die nicht dazu ausgebildet sind, sie zu dämpfen. Das kann beträchtliche Probleme verursachen.

Die Fesseln

Die Fesseln sind der Abschnitt des unteren Beins, der vom Fesselgelenk bis zum Huf reicht. Wenn sie sehr kurz sind, bescheren sie Ihrem Pferd und Ihnen einen holprigen Ritt. Es kann frühzeitig Lahmheit auftreten. Wenn die Fesseln zu lang sind, sinkt das Fesselgelenk fast bis zum Boden, wenn das Pferd viel Druck darauf gibt. Dies macht das Pferd anfällig für Sehnenzerrungen oder schwerwiegendere Beinverletzungen.

– verändert aus *Getting Your First Horse* von Judith Dutson

Einteilung der Pferde nach Gruppen

Pferd ist nicht gleich Pferd. Sie sollten sich also zuallererst überlegen, wofür Sie ein Pferd haben möchten.

Ponys

Sie unterscheiden sich in erster Linie durch ihre Körpergröße von den anderen Pferdegruppen. Die sehr intelligenten Tiere brauchen eine konsequente Ausbildung. Ponys werden zum Reiten, vor allem für Kinder, und zum Fahren verwendet. Bekannte Rassen sind Shetland- (Zeichnung) und Gotlandponys sowie das Dülmener Wildpferd.

Kleinpferde

Sie sind mit einem Stockmaß zwischen 1,30 und 1,48 m nur wenig größer als Ponys, können aber dank ihres kräftigeren Körperbaus auch erwachsene Reiter tragen. Typische Vertreter sind Isländer, Haflinger (Zeichnung) und das Norwegische Fjordpferd. Sie gelten als robust und freundlich und sind aufgrund ihrer Gutmütigkeit und Ausdauer beliebte Reit- und Kutschpferde.

Großpferde

Sie liegen im Stockmaß über 1,48 m und wurden immer dort verwendet, wo viel Kraft kombiniert mit Schnelligkeit gebraucht wurde. Für Laien entspricht das Großpferd der „normalen" Pferdegröße. Großpferde sind eine sehr heterogene Gruppe.

Warmblüter: Ursprünglich wurde der Warmblüter als Mehrnutzungspferd in der Landwirtschaft zum Reiten, Fahren und als Zug- und Lasttier verwendet. Zu den Warmblütern gehören die Holsteiner, Hannoveraner und Trakehner (Zeichnung), die heute als vielseitige Sport- und Freizeitpferde verwendet werden, aber auch schwerere Rassen wie Freiberger, die heute noch als Zug- und leichte Arbeitspferde dienen.

Vollblüter: Ihre Abstammung geht auf Araberpferde zurück. Aufgrund Ihrer Schnelligkeit werden sie hauptsächlich im Galopprennsport eingesetzt. Sie sind sensibel und temperamentvoll und daher anspruchsvoll im Umgang. Die Hauptvertreter sind Vollblutaraber (Zeichnung), Englisches Vollblut und Anglo-Araber.

Halbblüter: Diese Kreuzungstiere zwischen Warm- und Vollblütern sind in der Regel temperamentvoller als Warmblüter und daher etwas schwieriger im Umgang. Dennoch gelten sie als vielseitige Sport- und Freizeitpferde.

Kaltblüter: Sie bilden aufgrund ihres schweren Körperbaus – sie können bis zu knapp 1 t schwer werden – und ihres Stockmaßes von meist über 1,60 m eine eigene Gruppe. Sie wurden über Jahrhunderte als Zug- und Arbeitspferde für die Landwirtschaft und die Waldarbeit gezüchtet. Heute sind sie wegen ihrer Kraft, Ausdauer und Nervenstärke beliebte Zugpferde bei Festumzügen. Aber auch in der Waldarbeit werden sie, vor allem aus Gründen der Bodenschonung, wieder eingesetzt. Typische Rassen sind Belgisches Zugpferd, Rheinisch-Deutsches Kaltblut und Noriker (Zeichnung).

– Anita Heidenfelder

Prüfliste für die Sattelkammer

Der Begriff Sattel- und Zaumzeug bezieht sich auf eine Vielzahl von Ausrüstungsgegenständen, die Pferdefreunde zum Reiten und Abrichten von Pferden brauchen. Hier ist eine kurze Übersicht des üblicherweise verwendeten Zubehörs.

- **Zaumzeug:** Es besteht aus dem Halfter, dem Stirnriemen, dem Genickstück, dem Kehlriemen, dem Backenstück, dem Zügel und der Trense. Seine Hauptfunktion ist es, den Kopf des Pferdes zu kontrollieren.
- **Sattel:** Sättel werden in Englische (flach) und Westernsättel (Horn) unterteilt. Anfänger schätzen häufig die Sicherheit eines tief eingewölbten Westernsattels mit dem Horn, an dem man sich festhalten kann. Wenn Sie jedoch auf einem Englischen Sattel reiten lernen, können Sie problemlos auf einen Westernsattel umsteigen.
- **Satteldecke:** Sie schützt den Rücken des Pferdes vor Reibung und Druck und saugt Schweiß auf.
- **Sattelgurt:** Der breite Riemen hält den Sattel an seinem Platz. Die meisten Sattelgurte sind heute aus verschiedenen Kunstfasern oder Neopren hergestellt. Schnurgurte sind für Pferde geeignet, deren Haut weich ist und zu Wundscheuern neigt.
- **Steigbügelriemen:** Sie sind aus verschiedenen Lederarten oder Kunststoff hergestellt. Achten Sie auf eine einwandfreie Versteppung.
- **Steigbügel:** Sie können aus Aluminium, verchromtem Eisen, Messing oder Edelstahl sein und sollten eine rutschhemmende Trittfläche haben. Messing und Edelstahl halten ewig und sind am sichersten.
- **Sicherheitssteigbügel:** Eine einfache Vorrichtung gewährleistet das Loslösen des Fußes im Falle eines Sturzes. Der Sicherheitssteigbügel wird mit einem Auslöser an der Außenseite hergestellt und sollte von allen Anfängern verwendet werden.

– verändert aus *Your Horse* von Judy Chapple

PFERDE

Arten von Pferdefutter

Wiesenheu ist das herkömmliche Pferdeheu.
Luzerneheu ist eiweißreicher als Wiesenheu.
Weide bietet die nötige Bewegung und Nährstoffe.
Getreide ist bei vielen Pferden nicht nötig.
Hafer ist ein herkömmliches, sicheres Getreide für Pferde.
Mais stellt eine Menge Energie bereit.
Handelsübliche Getreidemischungen werden als Pellets oder Körnermischungen angeboten.
Lecksteine stellen zusätzlich Mineralstoffe und Spurenelemente zur Ergänzung der Pferderation bereit.
Mineralsalz enthält Tafelsalz und wichtige (Spuren-)Elemente.
Melasse ist wie ein großer Lutscher für Pferde und liefert „schnelle Energie".

– verändert aus *Your Pony, Your Horse* von Cherry Hill

Ein Pferd führen

Wenn Sie ein Pferd führen, zwingen Sie es, direkt neben Ihnen zu laufen. Sie sollten neben seinem Hals und der linken Schulter gehen. Wenn Sie Ihr Pferd wenden, drehen Sie es von sich weg und laufen Sie darum herum.

Pferde füttern und tränken

Pferde zu füttern ist eine Kunst und Wissenschaft für sich, aber die folgenden Prinzipien können Ihnen bei der Auswahl der Futtermittel und beim Abwägen der Ration helfen.

- Pferde haben sich als Grasfresser entwickelt, so daß ihr Verdauungssystem auf viele kleine Mahlzeiten am Tag eingestellt ist. Deshalb sollten Sie Ihre Pferde täglich zwei- bis dreimal füttern.
- Was Fütterung anbelangt, haben Pferde eine außerordentlich genaue innere Uhr. Spät oder uneinheitlich zu füttern kann Koliken und andere Verdauungsstörungen zur Folge haben. Füttern Sie jeden Tag um dieselbe Zeit dieselbe Menge.
- Das Verdauungssystem von Pferden ist an große Mengen mit geringem Nährstoffgehalt angepaßt. Verschieben Sie die Anteile der Ration nicht zu stark in Richtung Getreide.
- Füttern Sie jedes Pferd individuell nach seinem Bedarf. Das verhindert Konkurrenz und Kämpfe.
- Sie müssen genau wissen, was Sie füttern. Lesen Sie die Kennzeichnungen auf Fertigfuttermischungen genau und beachten Sie die Informationen beim Füttern. Lassen Sie den Jahresvorrat an Heu, wenn möglich, auf den Nährstoffgehalt untersuchen.
- Achten Sie genau darauf, wieviel Sie füttern. Füttern Sie nach Gewicht, nicht nach Volumen. Geben Sie etwa 1,5 bis 1,75 kg Heu auf 100 kg Körpergewicht. Verfüttern Sie Getreide an junge Pferde im Wachstum, hart arbeitende Pferde und laktierende Zuchtstuten.
- Vollziehen Sie einen Futterwechsel schrittweise.
- Achten Sie darauf, daß es für Pferde unmöglich ist, an das Futter in Ihrem Lager zu kommen. Pferde können sich buchstäblich krank fressen.
- Füttern Sie ein Pferd nicht direkt nach einer harten Arbeit und lassen Sie es für mindestens eine Stunde nach einer vollen Mahlzeit nicht hart arbeiten.
- Füttern Sie das hochwertigste Heu, das Sie bekommen können.
- Achten Sie darauf, daß Futtertröge sauber und sicher sind. Lassen Sie nicht zu, daß sich Futter auf dem Boden des Trogs ansammelt, weil verschimmeltes und verdorbenes Futter Probleme verursacht. Prüfen Sie Futtertröge auf scharfe Kanten, abgebrochene Teile, lose Drähte oder Nägel und andere Gefährdungen.
- Füttern Sie Pferde nicht auf dem Boden, wo sie Sand zusammen mit dem Futter aufnehmen könnten. Dies kann ein gefährliches Anhäufen von Sand im Verdauungssystem verursachen, die sogenannte Sandkolik.
- Gleichen Sie die Futterration Ihres Pferdes aus, indem Sie Mineralsalz zur freien Aufnahme zur Verfügung stellen.
- Ein Pferd trinkt 20 bis 75 l Wasser am Tag. Wasser sollte sauber, von guter Qualität und stetig verfügbar sein.
- Die Wasseraufnahme eines Pferdes nimmt zu mit steigender Umgebungstemperatur, größerer Anstrengung, in der Laktation, bei vermehrter Heuaufnahme, bei verstärkter Salzaufnahme und bei manchen Krankheiten. Bei extremer Kälte und bei manchen Krankheiten trinken Pferde weniger.
- Pferde sollten während langanhaltender Belastungen häufig getränkt werden.

– verändert aus *Horsekeeping on a Small Acreage* von Cherry Hill

Grundlagen des Putzens

Das Putzen entfernt Schmutz, Schweiß, Drüsenabsonderungen, tote Hautzellen und Haare von Ihrem Pferd. Es erleichtert das Haaren und bringt natürliche Fette an die Oberfläche. Gründliches Putzen ermöglicht Ihnen eine genaue Untersuchung Ihres Pferdes und hilft so, dessen Gesundheit zu überwachen.

Die Massage beim Putzen erhöht die Blutzirkulation und entspannt die Psyche des Pferdes. Das Pferd gewöhnt sich an den Umgang, und die Massage hilft, kitzlige Bereiche zu desensibilisieren. Das Putzen bietet Gelegenheit, an Eigenschaften des Pferdes wie Geduld und Folgsamkeit zu arbeiten, und ermöglicht Ihnen, Zeit mit Ihrem Pferd zu verbringen.

Für die Grundpflege Ihres Pferdes brauchen Sie einen Hufkratzer, einen Gummistriegel, eine Bürste mit harten Borsten, eine Kardätsche, ein Frotteetuch, einen Eisenstriegel, Noppenhandschuhe und eine Kopfbürste mit weichen Borsten. Folgen Sie diesen Schritten:

1. Nehmen Sie sich zuerst die Hufe vor. Nehmen Sie, neben dem Pferd stehend, einen Fuß nach dem anderen hoch und kratzen Sie sämtlichen Schmutz sorgfältig aus dem Hohlraum unter dem Huf heraus.
2. Beginnen Sie nun, mit dem Gummistriegel kräftige kreisförmige Bewegungen über die Körperoberfläche auszuführen.
3. Entfernen Sie mit der Bürste lose Haare, Schmutz und Hautschuppen aus dem Pferdefell. Beginnen Sie jeden Strich mit der flach auf das Fell aufgelegten Bürste.
4. Schlagen Sie den Schmutz mit einem raschen Klaps auf das Handgelenk aus der Bürste. Reinigen Sie die Bürste regelmäßig, indem Sie sie über den Eisenstriegel streichen. Verwenden Sie den Eisenstriegel nicht auf dem Körper des Pferdes.
5. Bürsten Sie zur nochmaligen Reinigung des Fells mit der Kardätsche in langen Strichen in Fellrichtung über den Pferdekörper.
6. Zum Abschluß der Fellreinigung und zum Glätten des Fells können Sie Wasser oder ein verdünntes Glanzspray auf ein sauberes Frotteetuch sprühen. Wischen Sie das Fell in Fellrichtung ab. Das feuchte Tuch ist ein vorzüglicher „Schmutzmagnet“.
7. Stellen Sie sich zum Ausbürsten des Schwanzes neben das Pferd.
8. Beginnen Sie mit dem Putzen des Kopfes. Verwenden Sie die Noppenhandschuhe anstelle eines Striegels und reiben Sie den Pferdekopf rundum kräftig ab. Dies ist für das Pferd sehr entspannend.
9. Vergessen Sie die Ohren nicht. Manche Pferde schmelzen dahin vor Behagen, wenn Sie die Ohren innen und außen gut abreiben.
10. Wischen Sie mit der Kopfbürste die Haare und den Schmutz ab, die das Reiben an die Oberfläche gebracht hat. Seien Sie um die Augen herum vorsichtig.
11. Wischen Sie nach dem Bürsten mit dem feuchten Tuch den ganzen Kopf ab. Vergessen Sie die Ohren nicht.
12. Zum abschließenden Glätten des Fells am Kopf brauchen Sie die Kopfbürste. Reinigen Sie zuerst die Bürste, indem Sie die Borsten einige Male über das feuchte Tuch führen. Bürsten Sie nun das Gesicht des Pferdes, die Backen, den Hals und den Bereich des Hinterkopfes in Fellrichtung.

– verändert aus *Horse Handling and Grooming* von Cherry Hill

Mit dem Gummistriegel arbeiten

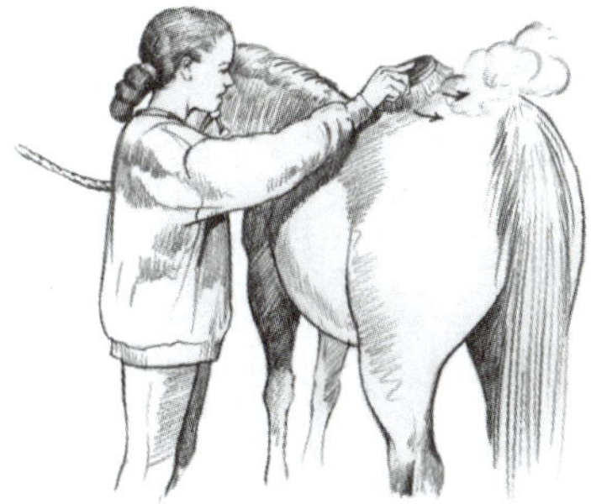

Mit der harten Bürste arbeiten

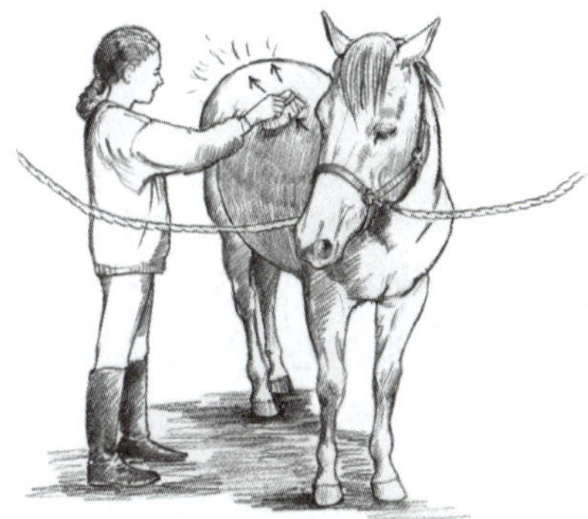

Mit der Kardätsche arbeiten

Den Schwanz ausbürsten

Den Kopf abwischen

ZUGTIERE

Gail Damerow ist Bäuerin, Autorin zahlreicher Bücher über Landwirtschaft und Herausgeberin der Zeitschrift Rural Heritage. *Dieses zweimonatlich erscheinende Periodikum wird seit 1976 zur Unterstützung der Landwirtschaft und der Holzgewinnung mit Pferden, Maultieren und Ochsen herausgegeben.*

Zugtiere auswählen

Das Wort Zugtier steht nicht für eine spezielle Rasse oder eine Tierart, sondern für alle Tiere, die eine Last ziehen können. Obwohl viele Menschen denken, daß Zugpferde und Großpferde ein und dasselbe sind, können Pferde jeder Größe darauf trainiert werden, Lasten zu ziehen. Außer Pferden sind auch Maultiere, Esel, Ochsen, Ziegen und sogar Hunde dafür geeignet.

Pferde, Maultiere und Esel

Für schwere landwirtschaftliche Arbeiten oder große Ackerflächen ist eine schwere Pferderasse mit mindestens 750 kg Körpergewicht und mindestens 1,60 m Stockmaß (vom Boden bis zum Widerrist) die beste Wahl. Es gibt viele Kaltblüter, die diese Voraussetzungen erfüllen, zum Beispiel Rheinisch-Deutsches Kaltblut, Belgisches Zugpferd und Süddeutsches Kaltblut.

Das Rheinisch-Deutsche Kaltblut und das Belgische Zugpferd sind heute die am häufigsten verwendeten Rassen. Beide Züchtungen gehen auf den Brabanter, eine alte belgische Kaltblutrasse, zurück.

Vor allem das Belgische Zugpferd ist als Brauereipferd bekannt. Zahlreiche Brauereien nutzen diese Rasse aufgrund ihrer beeindruckenden Größe und Statur – sie wiegen bis zu 1 t bei einer Widerristhöhe von bis zu 1,70 m – zum Ziehen der Faßwagen bei Festumzügen. Die Tiere haben eine starke Bemuskelung, kräftige Röhrbeine und stabile Gelenke. Sie sind von ruhigem, freundlichem und aufmerksamem Charakter, lernwillig und auch für schwere Arbeiten leicht zu motivieren.

Das Süddeutsche Kaltblut geht auf die Noriker, eine alte österreichische Kaltblutrasse, zurück. Die Tiere sind etwas leichter, dafür aber sehr wendig und trittsicher, was bei der Waldarbeit, vor allem in bergigen Regionen, von Vorteil ist. Da diese Rasse etwas mehr Temperament hat als alle anderen Kaltblutrassen, werden leichtere Tiere auch als gutmütige Reitpferde eingesetzt.

Für kleine Ackerflächen und leichtere Arbeiten eignen sich Warmblüter wie etwa das Freiberger Pferd gut. Sie müssen wie ein Arbeitspferd starke Knochen haben, gut bemuskelt und von guter Kondition sein. Viele verwenden Warmblüter, um Feuerholz zu rücken oder Zaunpfosten zu schleppen.

Wenn Ihr Gelände hügelig ist, sollten Sie über ein kräftiges Kleinpferd wie etwa Haflinger oder Norwegisches Fjordpferd nachdenken. Auf den ersten Blick sieht ein Haflinger wie ein kleines Belgisches Zugpferd aus.

Landbewohner mit wenig Grund, die Zugtiere für leichte Aufgaben suchen, sollten vielleicht einen Esel, ein Pony oder eine Ziege in Erwägung ziehen. Ziegen und Zwergesel sind nützlich bei der Gartenarbeit oder beim Tragen von leichtem Knüppelholz. Obwohl nicht so schnell wie Pferde, sind gut trainierte Ziegen oder Esel umsichtig, trittsicher und zuverlässig.

Esel reichen in der Größe von 140-kg-Zwergen bis zum American Mammoth Jack, der genauso groß wie ein Zugpferd werden kann und imstande ist, die gleichen Arbeiten zu verrichten. Mammoth Jacks werden auch mit Kaltblutstuten gekreuzt, meist Belgischen Zugpferden oder Percheron, um Maultiere für Zugarbeiten zu gewinnen.

Ein Maultier ist ein Hybride aus der Paarung einer Pferdestute mit einem Eselhengst. Esel und Maultiere sind gemeinsam als „Langohren“ bekannt. Sie teilen den unverdienten Ruf, störrisch zu sein, eine Eigenschaft, die aus ihrer Weigerung resultiert, Dinge zu tun, die sie selbst gefährden könnten. Jeder Langohrbesitzer erzählt Ihnen mit Vergnügen, daß diese Eigenart Esel und Maultiere klüger macht als Pferde.

Ochsen

Ochsen sind günstiger in der Anschaffung und in der Haltung als Pferde und Langohren, was sie zur ersten Wahl für jeden macht, der mit Zugtieren anfängt. Ochsen sind kastrierte Bullen verschiedenster Rinderrassen. Fleischrinder sind muskulöser, aber Milchrassen sind gewöhnlich günstiger zu haben. Andererseits liegt die Nutzungsdauer eines Ochsen nur bei gut 10 Jahren, verglichen mit etwa 20 Jahren bei einem Pferd und 30 Jahren und mehr bei einem Maultier.

Ochsen teilen mit Langohren das starke Gespür zur Selbsterhaltung, die Widerstandskraft gegen Krankheiten und die Fähigkeit, mit hügeligem Gelände fertig zu werden, unterscheiden sich aber von ihnen darin, daß sie bei heißem Wetter lethargisch werden. Die Kraft eines Ochsen ist vergleichbar mit der eines schweren Pferdes, aber wo das Pferd schneller ist, hat der Ochse mehr Geduld und Ausdauer.

Ochsen werden mit gerufenen Kommandos geführt, bekräftigt durch Klapse mit einem Stecken oder einem Treibstock. Sie arbeiten mit einem Stirn- oder einem Nackenjoch. Andere Zugtiere arbeiten mit einem Kummet, das traditionell aus Leder hergestellt wurde, heute aber häufig aus Nylon besteht. Tiere, die mit einem Kummet arbeiten, werden mit gerufenen Kommandos und Fahrleinen oder Zügeln geführt.

Wenn Sie darüber nachdenken, mit Zugtieren zu arbeiten, sollten Sie sich durch Lesen, Belegen eines Fahrkurses und vielleicht ein Praktikum oder eine Ausbildung so viel wie möglich darüber aneignen. Eine Ausbildung vermittelt Ihnen umfassendes Wissen und praktische Erfahrungen, erfordert aber einen größeren Zeitaufwand. Ein Praktikum hat den Vorteil, daß es nicht teuer ist, da Sie häufig vereinbaren können, Ihre Arbeitskraft gegen das Wissen des Landwirts plus Unterkunft und Verpflegung einzutauschen. Ein Fahrkurs hingegen bietet Ihnen zwar ein intensives Training innerhalb weniger Tage, kann aber einige hundert Euro kosten. Für das Holzrücken mit Pferden gibt es spezielle Kurse.

Die Entscheidung, mit Zugtieren zu arbeiten, läuft auf einen Kompromiß zwischen Aufwand (Anschaffung und Betrieb eines Maschinenparks) und Zeit (lernen, ein guter Fuhrmann zu sein, das Gespann auszubilden und das Land zu bearbeiten) hinaus. Als Belohnung erwarten Sie Befriedigung, die sich aus dem engeren Zusammenleben mit der Natur ergibt, und Gelassenheit, die mit dem intensiven Wahrnehmen der Natur um Sie herum einhergeht.

– beigetragen von Gail Damerow; verändert von Anita Heidenfelder

Warum Zugtiere verwenden?

Ihren Garten, Ihre Äcker oder Ihr Waldstück mit Pferden, Maultieren oder Ochsen zu bearbeiten hat viele Vorteile, unter anderem diese:

- Zugtiere treten leicht auf den Boden auf. Verglichen mit Maschinen arbeiten sie sehr bodenschonend.
- Sie helfen beim Anpflanzen und Ernten ihrer eigenen „Energie“ und machen Sie damit unabhängiger von fossilen Energiequellen.
- Ihre Anschaffungs- und Unterhaltskosten sind niedriger als bei mechanisierten Betriebsmitteln. Zugtiere sind wertbeständiger und zuverlässiger.
- Sie arbeiten sehr gut in hügeligem Gelände, das einem Traktor oder einer Ackerfräse Schwierigkeiten bereitet.
- Sie können Böden bearbeiten, die so feucht sind, daß Maschinen steckenbleiben würden.
- Sie ermöglichen Ihnen, ohne Helfer zu arbeiten. Ein gut trainiertes Gespann zieht auf Kommando an, während Sie Kartoffeln ernten, Steine aus dem Feld räumen oder Ihr Feuerholz aufladen.
- Ihr langsameres Tempo gibt Ihnen viel Zeit, bei der Arbeit nachzudenken, und verringert das Unfallrisiko für Sie.
- Sie bieten Gesellschaft. Sie werden unweigerlich eine enge Beziehung zu Ihrem Pferde- oder Ochsengespann aufbauen.

Einen Tierarzt auswählen

Es ist sinnvoll, ein Tier vor dem Kauf von einem Tierarzt untersuchen zu lassen, nicht nur, um mehr über das Tier zu erfahren, sondern auch zum wechselseitigen Kennenlernen. Dann sind Sie, wenn Sie ihn künftig anrufen, nicht nur ein weiterer „Kunde“, sondern ein bekannter Klient mit einem bekannten Tier. Wie wählt man einen Tierarzt aus? Bitten Sie andere Pferde- und Nutztierhalter in Ihrer Region um Empfehlungen. Sie möchten sicherlich jemanden, der sowohl erfahren als auch über das Aktuellste in der Tiermedizin informiert ist. Achten Sie darauf, daß der Tierarzt die Haltung von Hobbytieren auf kleiner Fläche ernst nimmt. Ist er gewillt, sich die Zeit zu nehmen, Ihnen all die kleinen Dinge über Pferdepflege zu erklären, die Landwirte und Züchter längst wissen?

Wenn Sie Ihre Wahl getroffen haben, müssen Sie sich nicht dauerhaft an ihn binden. Sie sollten aber vor einem Wechsel gewährleisten, daß Sie im Ernstfall auch Hilfe für Ihr Tier bekommen. Klienten, die jedesmal einen anderen Tierarzt rufen oder einen Spezialisten von weither für Routinetätigkeiten in Anspruch nehmen und nur im Notfall einen lokalen Tierarzt rufen, stehen früher oder später an einem Sonntagnachmittag im Sommer mit einem Notfall und ohne Tierarzt da.

– verändert aus *Horse Sense: A Complete Guide to Horse Selection and Care* von John J. Mettler, Jr., D.V.M.

Ernährung und Tiergesundheit

Ein wohlgenährtes Tier ist mit größerer Wahrscheinlichkeit ein gesundes Tier. Aber was bedeutet wohlgenährt? Es gibt keine einfache Antwort. Aufgrund der individuellen Unterschiede besteht das Füttern eines Rindes oder eines anderen Tieres aus einem Teil Wissenschaft und einem Teil Kunst. Ein guter Herdenbetreuer erkennt die individuellen Unterschiede und paßt die Futtergabe entsprechend an.

Rinder

- Junge Kälber sollten täglich zehn Prozent ihres Körpergewichts als Vollmilch erhalten. Weil Kolostrum etwa zweimal soviel Trockensubstanz enthält wie Vollmilch, sollten Sie die tägliche Biestmilchgabe ab dem zweiten Lebenstag für das Kalb auf die Hälfte der Vollmilchmenge begrenzen.
- Überschüssiges Kolostrum kann mit 50 Prozent Wasser verdünnt und an andere Kälber verfüttert werden. Es kann auch eingefroren werden und ist dann unbegrenzt haltbar, oder es kann für drei Tage bei Raumtemperatur aufbewahrt und als angesäuertes Kolostrum verfüttert werden.
- Probleme mit Überfütterung treten im allgemeinen bei Kälbern von Fleischrassen nicht auf, weil die meisten Mutterkühe nicht deutlich mehr Milch produzieren, als benötigt wird.
- Milch von Kühen mit Mastitis sollte nicht an Kälber verfüttert werden.
- Die Zugabe von steigenden Wassermengen zu einer gleichbleibenden Milchmenge ist eine gute Methode zum Absetzen von Kälbern. Zum Schluß wird die Milch so verdünnt, daß die Kälber sie kaum vermissen, wenn sie abgesetzt wird.
- Die Milchproduktion einer Kuh ist höher, wenn sie jederzeit freien Zugang zu Wasser hat.
- Um die Wiederherstellung der Verdauungsfunktion zu unterstützen und den Appetit anzuregen, können Sie den wiedergekäuten Brei einer gesunden Kuh einer anderen geben, die keinen Appetit hat. Öffnen Sie einer kauenden Kuh einfach das Maul und entnehmen Sie den Brei, auf dem sie herumkaut. Geben Sie ihn in das Maul der appetitlosen Kuh.

Pferde

- Eine Daumenregel besagt, daß ein Pferd täglich 1,5 bis 1,75 kg qualitativ hochwertiges Heu auf 100 kg Körpergewicht als Erhaltungsbedarf braucht. Wenn es einfache Arbeiten verrichtet oder geritten wird, braucht es zusätzlich 350 bis 700 g Getreide pro Arbeitsstunde; bei schwerer Arbeit steigt dieser Bedarf bis auf 3,5 kg Getreide pro Arbeitsstunde. Die Stute hat zum Ende der Trächtigkeit und während der Laktation einen Zusatzbedarf von 1,5 bis 1,75 kg Getreide pro 100 kg Körpergewicht.
- Der häufigste Fütterungsfehler bei leichten Pferden ist das Überfüttern.
- Hafer hat mehr Rohfaser und weniger Energie als Mais und Weizen, so daß Auswirkungen auf die Gesundheit beim Überfüttern des Pferdes unwahrscheinlicher sind.
- Nehmen Sie jeden Futterwechsel stufenweise über mehrere Tage vor, weil ein plötzlicher Wechsel häufig Verdauungsstörungen und Koliken verursacht.
- Füttern Sie niemals schimmeliges oder „rauchiges“ Heu an Pferde. Pferde, Schweine und Hühner reagieren empfindlich auf die Giftstoffe, die manche Schimmelpilze produzieren.
- Das Getreide für Pferde (oder jedes anderes Nutztier) sollte ganz, grob gemahlen oder pelletiert sein. Feingemahlenes Getreide kann zum Ersticken des Tieres führen.

Schweine

- Abfälle zu verfüttern ist riskant, weil in Fleischresten Krankheitserreger vorhanden sein könnten. Viele Menschen, die ein oder zwei Schweine halten, füttern Haushaltsabfälle, weil es die Futterkosten reduziert. Daran ist nichts falsch, sofern sie keine rohen Fleischreste enthalten.
- Ernährungsprobleme sind am einfachsten zu vermeiden, wenn Sie eine Futtermischung verwenden, die für das jeweilige Wachstumsstadium Ihrer Schweine zubereitet ist.
- Mais ist eine hervorragende Energiequelle, aber wenn er ein Leben lang den Großteil der Ration ausmacht, wird das Schwein kümmern und an Skelettkrankheiten leiden. Das Verwenden einer Getreidemischung verringert diese Möglichkeit.
- Holen Sie sich, wenn Sie selbstangebautes Getreide für die Schweineration verwenden, für die Zusammenstellung professionelle Hilfe. Ihr regionaler Landwirtschaftsberater oder Ihr Futterhändler können Ihnen weiterhelfen.

Schafe und Ziegen

- Eine produktive Milchziege benötigt mindestens die Hälfte ihres Tagesbedarfs in Form von Weidegras oder Heu und den Rest als Kraftfutter wie etwa Milchleistungsfutter. Als Daumenregel gilt, daß eine melkende Geiß täglich etwa 250 g Milchleistungsfutter pro Liter erzeugter Milch erhalten sollte, zusätzlich zu Weidegras und Heu zur freien Verfügung (siehe Seite 476).
- Gute Weide oder Heu, ergänzt mit etwas Milchleistungsfutter zum Ende der Trächtigkeit hin, hält Schafe im allgemeinen frei von Ernährungsproblemen.
- Tasten Sie mit den Fingerkuppen über die Schulter und die Lende nach unten, um die Körperkonstitution eines Schafes zu bestimmen. Wenn Sie nur Knochen spüren, füttern Sie ihnen mehr. Wenn es schwierig ist, den Knochen durch das Fett zu ertasten, füttern Sie ihnen weniger.
- Schafen und Ziegen sollten Sie eher loses Salz füttern, statt Salzlecksteine anzubieten.
- Ein verwaistes Lamm zu pflegen bedeutet normalerweise Flaschenfütterung. Kuhmilch oder Milchaustauscher für Kälber kann mit Milchflaschen und Nuckeln für Lämmer oder mit einer Babyflasche verabreicht werden. Waisenkinder sollten immer am Anfang ihres Lebens Kolostrum bekommen. Melken Sie einfach ein anderes Schaf, das frisch abgelammt hat. Wenn Sie Milchaustauscher verwenden müssen, sollten Sie auf einen Austauscher für die Kälbermast mit mindestens 25 Prozent Fettgehalt zurückgreifen.

– aus *Keeping Livestock Healthy* von N. Bruce Haynes, D.V.M.

Tiere auf Ausstellungen präsentieren

Eindringlich sei jenen zur Vorsicht geraten, die Tiere auf Ausstellungen zeigen. Das ist ein idealer Ort zum Übertragen von ansteckenden Krankheiten, nicht nur, weil eine große Anzahl von Tieren und Krankheitserregern aus einer Vielzahl von Regionen zusammengebracht wird, sondern auch, weil die Tiere durch den Transport, die fremde Umgebung und die häufig komplette Umstellung der Futterration unter Anspannung stehen. Das macht sie sehr viel empfindlicher für Infektionen, die sich nach ihrer Rückkehr in der ganzen Herde ausbreiten können.

Ein vernünftiger Aussteller sollte den Streß so weit wie möglich minimieren, die Tiere gegen jede Krankheit, für die sichere und bewährte Impfstoffe verfügbar sind, impfen lassen und sie nach der Ausstellung für zwei Wochen von der Herde getrennt halten.

– aus *Keeping Livestock Healthy*

Gründe, um einen Tierarzt zu rufen

Sie sollten den Tierarzt kommen lassen, wenn Ihr Tier:

- offensichtlich verletzt ist
- lahmt
- die Futteraufnahme verweigert
- beim Fressen Speichel absondert
- hustet
- beim Fressen Heubatzen ausspuckt
- Verhaltensänderungen wie Depression, einen hängenden Kopf, schlaffe Ohren oder Nervosität zeigt
- Ausfluß aus Nase und Augen hat
- eine Veränderung des normalen Erscheinungsbildes der Augen zeigt
- aus unersichtlichem Grund schwitzt
- sich unruhig verhält
- häufig aufsteht und sich wieder hinlegt
- gegen seinen Bauch tritt
- sich anspannt und/oder quiekt
- Durchfall hat oder die Kotkonsistenz sich verändert
- nicht abkotet
- ständig Harn abläßt oder auf das Harnlassen zu warten scheint
- Fieber hat

Außerdem müssen Sie einen Tierarzt rufen, wenn Sie die Infektion eines Ihrer Tiere mit einer meldepflichtigen Krankheit vermuten.

– aus *Horse Sense*

Erste Hilfe für verletzte Pferde

Wie bei der Ersten Hilfe für Menschen ist das Stoppen der Blutung das erste, was Sie bei einem verletzten Pferd tun müssen, nachdem Sie es beruhigt und an einer Stelle festgebunden haben, wo es keine Angst hat und sich nicht wieder verletzen kann. Stoppen Sie die Blutung jedoch nur, wenn das Blut offensichtlich aus einer Arterie mit 1,5 mm Durchmesser heraussprudelt oder in nicht nachlassender Menge aus einer tiefen Wunde herausfließt. Die meisten Blutungen hören innerhalb von fünf Minuten von selbst auf, wenn das Pferd ruhiggehalten wird, und die Blutung wäscht den Schmutz und die Bakterien aus der Wunde.

Wenn nötig, drücken Sie eine sterile Mullkompresse direkt auf die Stelle, wo das Blut herzukommen scheint, oder füllen Sie eine tiefe Wunde mit Mullkompressen. Verwenden Sie kein Wasser, weder heiß noch kalt, und kein stark blutstillendes Puder oder, noch schlimmer, Mehl oder kalziumhaltiges Wundpuder.

– aus *Horse Sense* von John J. Mettler, Jr., D.V.M.

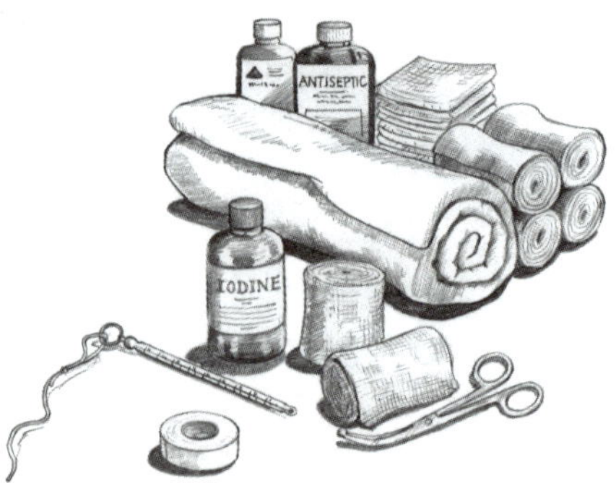

Eine Erste-Hilfe-Grundausstattung für Pferde

Die Bedeutung der Tierbeobachtung

Kurz gesagt ist Krankheit jede Abweichung von der normalen Funktion. Daraus folgt, daß Sie mit Ihren Tieren völlig vertraut sein müssen, bevor Sie eine Krankheit erkennen können. Es ist deshalb gut angelegte Zeit, täglich ein paar Minuten dem Beobachten Ihrer Tiere zu widmen. Das Wissen um das Verhalten der Tiere und ihr „Funktionieren“ kennzeichnet den Unterschied zwischen einem Fachmann in der Nutztierhaltung und einem weniger erfahrenen Tierhalter.

Werden Sie beispielsweise immer mit einem Wiehern begrüßt, wenn Sie morgens in den Pferdestall kommen? Das ist typisch für die meisten Pferde. Aber nehmen wir einmal an, Sie würden das Wiehern eines Morgens nicht hören. Was bedeutet das? Vielleicht nichts, aber es verdient zweifellos Aufmerksamkeit. Nehmen Sie sich Zeit, um das Verhalten des Tieres zu beobachten. Zieht es sich mit hängendem Kopf oder hängenden Ohren in den hinteren Teil des Stalls zurück? Wirkt es am Futter interessiert? Schwitzt es, oder sondert es ständig Speichel ab? Auf solche Dinge müssen Sie achten.

Achten Sie bei der weidenden Herde auf ungewöhnliche Verhaltensweisen. Das Tier, das allein in einer Ecke der Weide steht, tut dies normalerweise nicht ohne Grund. Wenn es dies ständig tut, liegt es vielleicht nur an einem abweichenden Sozialverhalten. Wenn ein Tier, das sich normalerweise in der Herde aufhält, die Abgeschiedenheit sucht, kann das einen ganz natürlichen Grund wie etwa eine bevorstehende Geburt haben, aber es kann sich auch aus einer Krankheit ergeben.

Gesunder Menschenverstand, etwas Wissen und Ihre intuitive Wahrnehmung können das Problem häufig aufdecken. Wichtig ist, die Tiere systematisch zu beobachten und keine voreiligen Schlüsse zu ziehen.

– aus *Keeping Livestock Healthy* von N. Bruce Haynes, D.V.M.

Ein Tier untersuchen

Das erste, was man bei einer Untersuchung tun muß, ist, das Tier aus einiger Entfernung zu betrachten. Achten Sie auf Dinge wie eine ebenmäßige Gestalt. Schwellungen können, abhängig von der Lage, ein ernsthaftes Problem anzeigen oder nur einen blauen Fleck. Schauen Sie auf den Kopf. Hängt ein Ohr herab? Ist ein Auge nur halb geöffnet?

Geifert das Tier oder macht ziellose Bewegungen mit der Zunge? Sind die Augen klar, oder fehlt ihnen der Glanz? Sind sie eingesunken, was eine Dehydrierung anzeigt? Der Glanz der Augen ist insgesamt ein guter Maßstab für das Wohlbefinden eines Tieres.

Wirkt der Bauch wie eingezogen? Achten Sie auf die Beschaffenheit und Festigkeit des Kotes. Ist er ungewöhnlich hart oder weich? Macht das Tier pressende Bewegungen? Hat der Urin eine normale Farbe? Fließt der Urin bei männlichen Tieren in einem normalen Strahl? Ist das Tier mager und/oder sein Haarkleid rauh? Fallen Haare aus oder werden abgescheuert?

Beobachten Sie, wie sich das Tier bewegt. Ist sein Gang normal, unnatürlich oder schwankend? Bewegt sich das Tier widerstrebend oder lahmt es?

Wenn ein Problem nicht offensichtlich ist, können die Möglichkeiten durch folgende Schritte eingegrenzt werden:

- **Messen Sie die Temperatur:** Fieber ist im allgemeinen ein Indikator für virale oder bakterielle Infektionen oder gelegentlich für starke Schmerzen. Die Körpertemperatur von Tieren ist jedoch nicht annähernd so gleichmäßig wie beim Menschen.
- **Prüfen Sie den Puls:** Üben Sie das Pulsnehmen an mehreren unauffälligen Tieren, bis Sie es sicher beherrschen, wenn Sie es brauchen.
- **Kontrollieren Sie die Atmung:** Eine erhöhte Atemfrequenz ist zusammen mit Fieber und Husten häufig ein Indikator für Lungenentzündung. Ohne Fieber kann sie auf Blutarmut oder eine beeinträchtigte Lungenfunktion hinweisen.

– aus *Keeping Livestock Healthy*

Vorbereitung für den Notfall

Wenn Sie Tierhalter sind, müssen Sie Vorkehrungen treffen, welche die Sicherheit der Tiere unter allen Umständen garantieren. Sie brauchen einen Plan für die Evakuierung Ihrer Tiere. Der häufigste Grund für eine Evakuierung ist Feuer. Es könnte auch eine Überschwemmung oder einen Waldbrand geben. Ihre geographische Lage gibt vor, auf welche Naturkatastrophen Sie vorbereitet sein müssen. Handeln Sie sofort, wenn Warnungen ausgegeben werden.

Gebäudebrand

Bei fast allen Gebäudebränden ist es am besten, einen „Stellplatz" in der Nähe, aber getrennt von anderen Gebäuden und Einzäunungen, zu unterhalten. Achten Sie darauf, daß die Tiere an jedem vorläufigen Standort sicher sind. Wenn sie sich selbst überlassen sind oder nicht ruhig behandelt werden, können sie zum brennenden Gebäude zurücklaufen.

Waldbrände

Es ist nahezu unmöglich, sich rasch ausbreitende Waldbrände, die durch starken Wind verursacht werden, einzudämmen. Eine gut organisierte Evakuierung, die mit Ihrer Familie und allen Mitarbeitern abgesprochen ist, vergrößert die Chancen, alle Tiere sicher fortzubringen, wesentlich.

Wenn Ihr Anwesen in einer feueranfälligen Umgebung liegt, dürfen Sie nicht warten, bis ein Feuer ausbricht. Achten Sie darauf, daß Gestrüpp und feuergefährliche Güter mindestens 10 bis 15 m von allen Gebäuden, in denen sich Tiere befinden können, entfernt sind.

Überschwemmungen

Höfe, die an Gebirgsbächen und Flüssen liegen, müssen auf Überschwemmungen vorbereitet sein. Eine zusätzliche Bewehrung für überschwemmungsgefährdete Bereiche stellen tiefe Betonfundamente oder um Gebäude plazierte Steinblöcke dar. Zusätzlich sollten Sandsäcke und ähnliches als mobile Absicherung vorhanden und auch im Notfall gut zugänglich gelagert sein. Legen Sie einen „Sammelplatz" auf einer Geländeerhebung an, den Sie bei steigendem Hochwasser nutzen können.

Welche Tiere zuerst?

Denken Sie ernsthaft darüber nach, auf welche Transportmöglichkeiten Sie im Notfall zurückgreifen können. Stellen Sie eine Prioritätenliste auf, welche Tiere für Sie den höchsten Wert haben. Abhängig von der Art Ihres Betriebs sollten die Nutztiere, mit denen Sie Einkünfte erwirtschaften, zuerst abtransportiert werden.

Wenn Sie in einer gefährdeten Region leben, muß mindestens einmal im Jahr mit Ihrer Familie, den Mitarbeitern und den Tieren der Ernstfall simuliert werden. Nehmen Sie Kontakt mit einer Hilfsorganisation auf. Vielleicht ist diese bereit, eine Trockenübung auf Ihrem Gelände durchzuführen.

– verändert aus *A Guide to Raising Llamas* von Gail Birutta

Prüfliste für die Notfallbereitschaft

1. Planen Sie voraus. Besprechen Sie die Einzelheiten der Evakuierung mit Ihrer Familie, gegebenenfalls leitenden Angestellten und der lokalen Feuerwehr.
2. Bereiten Sie alternative Sicherheitsbereiche auf Ihrem Grundstück vor.
3. Halten Sie einen Erste-Hilfe-Koffer bereit, um alle Verletzungen, die Ihre Tiere bei der Evakuierung davontragen könnten, zu behandeln.
4. Achten Sie darauf, daß Ihre Tiere leicht zu handhaben sind. Wenn Sekunden zählen, wollen Sie sicher sein, daß sie leicht einzufangen sind und rasch in Sicherheit geführt werden können.
5. Halten Sie den Impfschutz auf dem laufenden.
6. Sorgen Sie für eine ausreichende Versicherungsdeckung. Sie müssen wissen, was Ihre Police abdeckt.
7. Treffen Sie rechtzeitig Absprachen über Anhänger und Tiertransport.
8. Halten Sie neben dem Erste-Hilfe-Kasten für Ihre Tiere auch einen für sich selbst bereit.
9. Stellen Sie eine Notfallausrüstung mit folgenden Gegenständen zusammen:
   - Taschenlampe und zusätzliche Batterien
   - schwere Handschuhe zum Entfernen möglicher Hindernisse
   - Funkgeräte (Walkie-Talkies)
   - topographische Karte der Region

– verändert aus *A Guide to Raising Llamas*

27 STÄLLE UND ZÄUNE

PFERDESTÄLLE • EIN KLEINSTKUHSTALL
MASCHINEN- UND GERÄTESCHUPPEN
WEITERE TIERUNTERKÜNFTE • NUTZTIERZÄUNE

Cherry Hill, Autorin von Horsekeeping on a Small Acreage *und vielen anderen Büchern über Pferde, erwähnt, daß Landbewohner häufig den Fortgang der Neuerungen auf dem Grundbesitz eines neuen Nachbarn beobachten. Wenn die Einrichtungen für die Tierhaltung eine ausgeprägte Priorität gegenüber dem Wohnhaus haben, ist die Person von ganzem Herzen Bauer. Cherry kann sich ein Leben ohne Pferde nicht vorstellen. Wenn ihr Terminplan oder das Wetter sie vom Reiten abhält, scheint dem Tag ein Stück zu fehlen. Aber Reiten ist nur ein Teil ihrer Erfahrung mit Pferden; sich um ihre Tiere gewissenhaft zu kümmern gibt ihr ein wunderbares Gefühl der Befriedigung.*

Als wir unsere Farm kauften, bekamen wir es mit nicht wenigen Nebengebäuden in unterschiedlichem baulichem Zustand zu tun. Der Hühnerstall war vor kurzem neu eingedeckt worden, eine gute Entscheidung, um Feuchtigkeit und weiteren Verfall zu verhindern. Wir wußten nichts über die Aufzucht von Hühnern, aber erhielten vorzüglichen Anschauungsunterricht, als wir durch den Hühnerstall gingen und uns die Ausstattung und die „Legehennenmöblierung" ansahen, die uns hinterlassen worden waren. Sie bestand aus einfachen selbstgefertigten Schlafplätzen aus Draht und Sitzstangen, so daß der Kot darunter eingesammelt werden konnte, aus Futtertrögen, Wasserspendern, Nestern und Heizaggregaten. Wir fühlen uns wie Archäologen im späten 20. Jahrhundert, welche die Geschichte des Federviehs wiederentdecken. Wir hofften, diesen ganzen Betriebszweig, der offensichtlich Eier und Fleisch für die früheren Eigentümergenerationen erwirtschaftet hatte, bald wieder in Betrieb nehmen zu können.

– John & Martha Storey

Sobald Sie sich entschieden haben, auf Ihrem Grundstück ein paar Nutztiere zu halten, ist klar, daß Sie einen Stall brauchen, um sie unterzubringen.

Wenn Sie vorrangig an der Erzeugung von Nahrungsmitteln für Ihre Familie interessiert sind, brauchen Sie einen Stall, der klein, rationell, kostengünstig und so einfach konstruiert ist, daß Sie ihn selbst bauen können, wenn Sie es möchten. Außerdem ist es empfehlenswert, einen Stall zu bauen, der einfach vergrößert oder umgenutzt werden kann. Wenn Sie diesen Stall voll auslasten, liefert er mehr Milch, Eier, Hühner, Lämmer, Kälber, Puten und Kaninchen, als Ihre Familie nutzen kann. Zu vielen Höfen gehört bereits ein Gebäude, das in einen leistungsfähigen Stall umgebaut werden kann. Wenn Sie Zweifel haben, ob es besser ist, ein Gebäude um- oder neu aufzubauen, sollten Sie einen Zimmermann in Ihrer Nähe um seine Einschätzung der beiden Möglichkeiten und gegebenenfalls einen Kostenvoranschlag bitten.

LEXIKON

Achsmaß: beschreibt den Abstand von der Mitte eines Bauteils bis zur Mitte des nächsten Bauteils (z. B. Dachsparren)

Gesimsbrett: ein Holzbrett, das als Gesims oder zum Abdecken von Trennfugen zwischen dem oberen Ende der Wand und herausragenden Dachtraufen verwendet wird

Hilfspfosten: ein Pfosten, der in den Boden gesetzt wird, vornehmlich um einen Zaun zu bauen oder einen Draht zu spannen

Pfahlramme: Hilfsmittel zum Einsetzen von Weidepfählen, ohne ein Loch auszuheben; sowohl für den Einsatz von Hand als auch für Kleintraktoren verfügbar

Schneckenbohrer: ein Werkzeug mit einer gewundenen Welle, das zum Bohren von Löchern in Holz, Erde oder Eis verwendet wird

Windlüfter: rundes, gebläseähnliches Gerät, das vom Wind bewegt wird

Den richtigen Pferdestall bauen

Ein Pferdestall sollte ein sicheres, angenehmes und gesundes Heim für Ihre Pferde sein. Bedenken Sie dies bei der Planung. Entscheiden Sie, welche Einrichtungen Sie im Stall brauchen, und arbeiten Sie dann einen Plan mit diesen Komponenten aus oder suchen Sie einen Bauunternehmer oder Zimmermann, der einen Stall nach Maß für Sie entwirft. Vergessen Sie nicht, sich bei Ihrer Gemeinde bezüglich der Baugenehmigung zu informieren.

Setzen Sie viele Fenster oder Türen ein, um Sonnenlicht und Luft hereinzulassen, aber halten Sie kalten Wind, Regen und Schnee draußen. Planen Sie Ihren Stall so, daß er im Winter warm und im Sommer kühl ist. Eine Temperaturspanne von 7 bis 24 °C ist für Pferde am besten, wobei 13 °C ideal sind. Eine Luftfeuchtigkeit von 50 bis 75 Prozent ist gut; das Optimum liegt bei 60 Prozent. Eine etwas zu trockene Luft ist aber besser als eine zu feuchte. Pferde brauchen ausreichende Belüftung, können aber kalte Zugluft nicht vertragen.

Den Standort vorbereiten

Der Stallboden sollte bei gut wasserdurchlässigem Boden 15 bis 30 cm über der Geländeoberkante liegen. Nach Abtrag des Mutterbodens werden zuerst Grobschotter oder Bauschutt und darüber eine etwa 5 cm dicke Lage Feinsplitt aufgebracht. Darauf kann der eigentliche Boden aus Beton, Hartsteinklinkern oder Gußasphalt aufgetragen werden. In Altgebäuden werden für die Pferdehaltung auch gestampfte Lehmböden geduldet. Eine Jauchegrube ist bei einer täglich aufgefrischten und ausreichend dicken Einstreuschicht aus Stroh für die Pferdehaltung nicht nötig. Der Stall sollte auf soliden Betonfundamenten stehen.

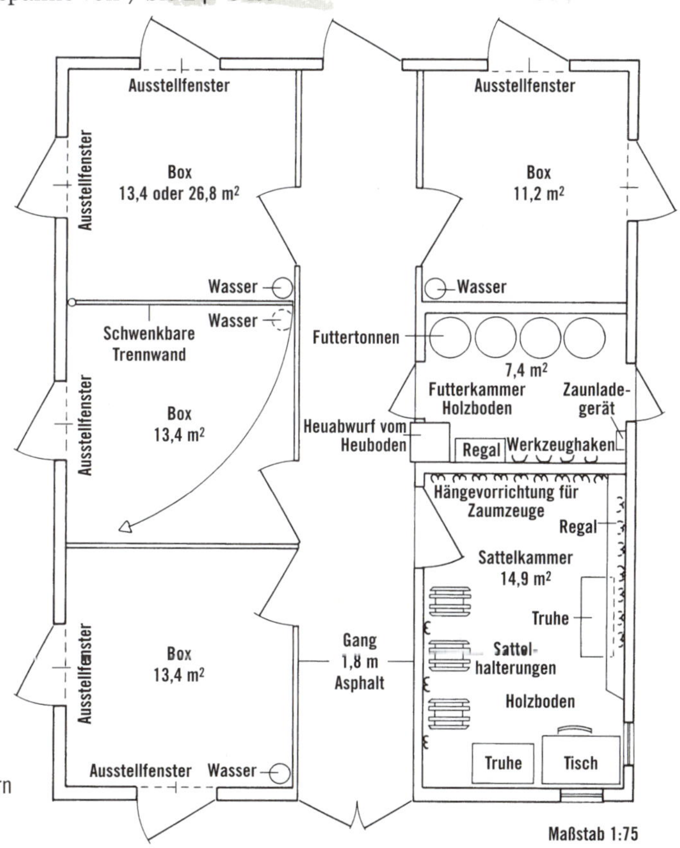

Konzipieren Sie Ihren Pferdestall mit vielen Fenstern und Türen, um ihn gut belüften zu können.

PFERDESTÄLLE

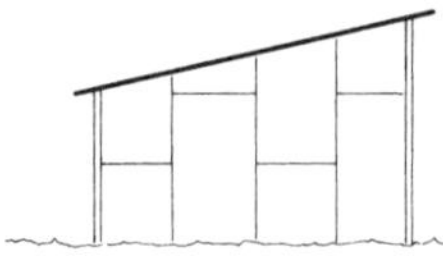

Pultdach

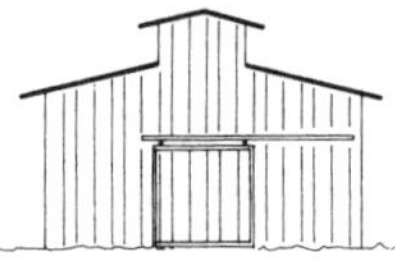

Laternendach

Satteldach

Tonnendach

Mansarddach

asymmetrisches Satteldach

Dachformen von Ställen

Die Gesamtform eines Stalles wird im allgemeinen vom Dachtyp bestimmt und davon, ob Sie planen, einen Heuboden in Ihren Stall zu integrieren. Heu oder Einstreu über den Boxen zu lagern bietet zwar etwas Dämmung in kalten Klimaten, ist aber auch ein so großes Risiko bei Bränden, daß eine getrennte Lagerung dringend empfohlen wird.

Das **Satteldach** ist sehr beliebt und ermöglicht eine große Flexibilität bei der Gestaltung des Grundrisses.

Das **Pultdach** wird häufig bei Offenställen oder kleinen Stallungen oder als Anbau an ein bestehendes Gebäude mit einem Satteldach verwendet.

Das **Laternendach** besteht im wesentlichen aus zwei Pultdächern mit einem zweistufigen Giebel. Es eignet sich gut für lange Boxenreihen. Der Bereich unter dem oberen Satteldach kann aus Fenstern, Lüftungsöffnungen oder durchsichtigen Paneelen bestehen.

Stallbauweisen

Viele Ställe in warmen Regionen bestehen aus einreihig angeordneten Boxen, die sich zu Paddocks oder Außengängen öffnen, aber in kälteren Regionen ist ein Zugang zu den Boxen von innen erforderlich. Eine sehr einfache und beliebte Form besteht aus zwei gegenüberliegenden Boxenreihen, die durch einen Gang getrennt sind.

Geschlossene Ställe können ungedämmt, gedämmt oder gedämmt und beheizt sein. Beheizte Ställe sind teuer und eine unnatürliche Umgebung für Pferde, was tendenziell zu mehr Atemwegserkrankungen führt. Eine Dämmung verhindert die Kondensation, weil die Innentemperatur der Wände der des Gebäudeinneren entspricht. Eine Dampfsperre verhindert oder minimiert das Eindringen von Wasserdampf in die Wände.

Pferdeställe sind normalerweise als Holzrahmen- oder -ständerkonstruktion oder als Massivbau errichtet. Holzrahmenkonstruktionen sind schnell aufzurichten und kostensparend. Sie bestehen gewöhnlich aus 15 bis 20 cm dicken druckimprägnierten Ständern, die auf Betonfundamenten verschraubt werden. Alle Bauweisen erfordern Punktfundamente oder Fundamentwände, die aus der Bodenoberfläche herausragen und auf welche die Stallwände aufgesetzt werden. Dort, wo die Außenwände des Gebäudes sein werden, muß ein Graben bis unter die Frostgrenze oder bis zu der Tiefe, die in der Baugenehmigung vorgegeben ist, ausgehoben werden. Betonfundamente werden geschalt und auf den Untergrund des Grabens gegossen, um das Gewicht des Gebäudes in den Boden zu übertragen.

Baumaterialien

Berücksichtigen Sie bei der Auswahl der Materialien für die Stallwände und das Dach die Kosten, die Lebensdauer, den Wartungsaufwand, die Feuerbeständigkeit und die Ästhetik.

Wände: Metallgebäude aus Stahl- oder Aluminiumkonstruktionen sind schnell aufgestellt, kostengünstiger als Holz und erfordern ein Minimum an Wartungsaufwand. Sie können jedoch laut sowie im Winter kalt und im Sommer heiß sein. Obwohl sie ein ordentliches Erscheinungsbild bieten, gelten sie im allgemeinen als nicht so ansehnlich wie Gebäude aus anderen Materialien.

Holzgebäude haben Tradition, sind ansprechend und bieten eine gute Dämmung. Sie sind jedoch teuer und können mehr Bauaufwand erfordern. Pferde knabbern gern an Holz, so daß die Oberflächen behandelt werden müssen. Holzgebäude sind brandgefährdet, weshalb sie nach Möglichkeit aus feuerhemmenden Materialien gebaut werden und eine feuerbeständige Verkleidung haben sollten.

Behandelte Siebdruckplatten mögen nicht so ansprechend aussehen wie Bohlen, aber sie sind sehr haltbar. 2-cm-Siebdruckplatten an der Außenseite des Gebäudes sind normalerweise ein ausreichender Ersatz für 5-cm-Bohlen. Siebdruckplatten verziehen sich nicht, und sie reißen oder schrumpfen nicht, wie Bretter es tun.

Massivbauten bestehen aus Ziegeln, Betonsteinen, gegossenem Beton und Naturstein. Diese Bauwerke bieten Kühle in warmen Klimaten, können aber, wenn sie nicht sauber ausgeführt werden, in kalten Klimaten kalt und feucht sein. Im allgemeinen sind sowohl die Arbeit als auch die Materialien sehr kostenaufwendig, aber weil solche Gebäude praktisch feuerbeständig sind, sind häufig die Versicherungsprämien günstiger. Massivbauten müssen mechanisch belüftet werden, um ein für Pferde geeignetes Stallklima zu gewährleisten.

Dächer: Metalldächer lassen sich rasch errichten, sind relativ kostengünstig und wartungsfrei. Sie können jedoch laut und um die Befestigungen herum undicht sein. Sie sind außerdem prädestiniert für Kondensationsprobleme und können einen Stall bei sonnigem Wetter sehr stark aufheizen. Rotzeder- oder Lärchenschindeln ergeben sehr ansprechende Dächer, die über 50 Jahre halten können. Schindeldächer halten auch ohne Dämmung warm. Sie sind im Sommer kühl, und auch die Kondensation ist kein Problem. Schindeln sind jedoch teuer, und auch die Kosten für die Verlegung sind sehr hoch. Sie sollten nur bei Dächern mit mindestens 14° Dachneigung verwendet werden, damit das Wasser abläuft und die Schindeln rasch abtrocknen.
Dachziegel sind feuerfest, optisch ansprechend und haben eine Lebensdauer von mindestens 25 Jahren. Sie sind jedoch teuer, und der Verlegeaufwand ist hoch, weil vorab eine genau darauf abgestimmte Lattung angebraucht werden muß. Zudem sind sie anfällig für Sturmschäden.
Eine Eindeckung aus Bitumenschindeln oder Dachpappe hält 20 Jahre, wenn sie sauber verlegt bzw. verschweißt ist. Diese Eindeckung ist relativ preisgünstig, in einer Vielzahl von Farben erhältlich und eine der am einfachsten zu verlegenden Arten. Sie ist jedoch empfindlicher für Sturm-, Hagel- und Frostschäden sowie extreme Hitze als Metalldächer.

Lüftung

Die Lüftung regelt Temperatur und Feuchtigkeit und soll die Luft in den Boxen und im Gang frisch halten. Prüfen Sie Ihren Stallentwurf, um sicherzugehen, daß das Ammoniakgas aus dem Dung und der sich zersetzenden Einstreu nach oben und aus den Boxen befördert wird. Konzipieren Sie Ihr Gebäude außerdem so, daß Kondensation, die bei zu großen Temperaturdifferenzen zwischen innen und außen auftritt, vermieden wird.
Lüftung kann durch natürliche und/oder mechanische Hilfsmittel bewirkt werden. Eine der einfachsten Methoden ist das Öffnen der Fenster und Stalltüren. Diverse Luftdurchlässe können in den Stallwänden plaziert werden, um verbrauchte Luft entweichen zu lassen. Lüftungslamellen können in den Dachfirst oder in den Gesimskasten unter den Dachtraufen eingebaut werden. Rotierende Windlüfter können auf dem Dach angebracht werden, um die Firstlüftung zu ergänzen. Andere Hilfsmittel bei der natürlichen Lüftung sind regulierbare Lüftungsöffnungen 1,8 m über dem Boden der Boxen oder dort, wo die Rückwand an das Dach stößt.
Mechanische Belüftungen schließen üblicherweise elektrische Ventilatoren oder Gebläse ein. Zwangslüftungssysteme sind jedoch für Pferdeställe sowohl in der Anschaffung als auch im Unterhalt sehr teuer und daher nicht zu empfehlen.

– verändert aus *Horsekeeping on a Small Acreage* von Cherry Hill

Strategien einer gesunden Lüftung

Zu den unterschiedlichen Belüftungsverfahren gehören (von oben nach unten) ein Windlüfter mit Traufllüftung aus Lüftungslamellen, Lüftungslamellen im Gesimskasten in Kombination mit einer freien Firstlüftung und Lüftungslamellen in den Giebeln.

SCHEUNE, STALL UND FELD

PFERDESTÄLLE

Boxen

Pferde werden normalerweise in Pferdeboxen gehalten, in denen sie sich frei bewegen können. Eine 3,6x3,6-m-Box ist für die meisten Pferde angemessen. Diese Größe bietet genug Raum, so daß das Pferd das Abkoten und Harnen auf einen bestimmten Anteil der Fläche begrenzen kann und noch genug Platz zum Fressen und Ausruhen hat. Eine fohlende oder säugende Stute benötigt eine Doppelbox.

Boxenwände sind häufig aus Holz, Metall oder Mauerwerk hergestellt. Sie müssen so beschaffen sein, daß sie dem Ausschlagen, dem Scheuern, dem Knabbern am Holz und der verrottenden Wirkung von Harn und Kot widerstehen. Achten Sie darauf, daß die Innenseite glatt, frei von Überständen und robust ist und keine für das Pferd zugänglichen Holzkanten hat. Wenn Sie Bohlen für die unteren 1,2 bis 1,5 m der Boxenwand verwenden, sollten sie volle 5 cm dick sein.

Der obere Teil der Boxenwand besteht im allgemeinen aus Stangen, um den Pferden den Blick nach draußen zu ermöglichen und eine ordentliche Belüftung zu gewährleisten. Abstände von mehr als 5 cm zwischen den Stangen können gefährlich sein.

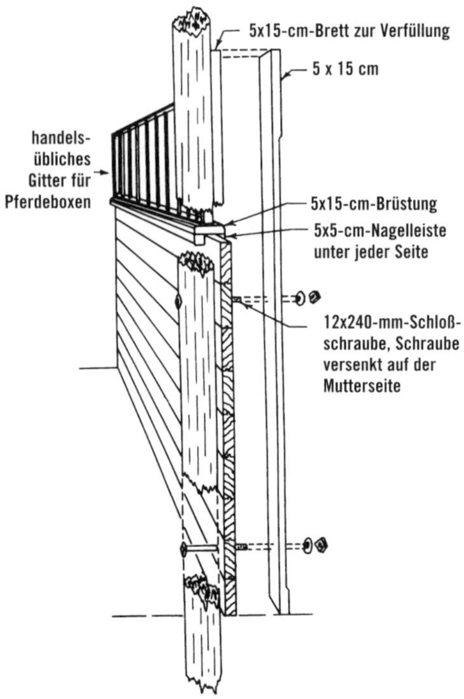

Der obere Teil dieser Boxenwand ist zur Verbesserung des Sichtkontakts und der Lüftung aus Gitterstangen gefertigt. Sie sollten nicht mehr als 5 cm Abstand zueinander haben.

Die Sattelkammer

Die Sattelkammer sollte wohlgeordnet, staubfrei, gut belüftet, trocken, aber nicht heiß, frei von Nagetieren und sicher sein sowie viel Lagerraum bieten. Im vorgegebenen Rahmen sollte der Raum so groß wie möglich sein. Wenn Sie zwei bis zehn Pferde haben, sollten in Ihren Stallentwürfen 10 bis 18 m² für die Sattelkammer vorgesehen werden. Bei einem größeren Stall sind zwei oder mehr kleine Sattelkammern möglicherweise zweckmäßiger.

Die Sattelkammer sollte möglichst nahe am Putz- und Sattelplatz liegen. Gewährleistet werden muß jedoch, daß Schmutz, Haare und Kehricht aus dem Putzbereich nicht automatisch durch den Luftstrom in die Sattelkammer gezogen werden.

Weil Lederwaren am besten bei gemäßigten Temperaturen und geringer Feuchtigkeit aufbewahrt werden, sollten die Wände, die Decke und der Boden der Sattelkammer gedämmt werden. In manchen Klimaregionen kann ein Luftentfeuchter nötig sein, um Schimmelbildung am Leder zu verhindern. Während der Wintermonate hält ein kleiner Heizofen den Raum frostfrei und verhindert das Einfrieren der Medikamente.

Sehen Sie direkt außerhalb der Sattelkammertür einen freien Bereich zum Putzen, Satteln, Hufepflegen und Beschlagen vor, der groß genug zum Wenden eines Pferdes ist. Der Boden sollte eben sein und eine rutschfeste Oberfläche haben. Und es sollte ein sicherer Platz zum Anbinden vorhanden sein.

Die Futterkammer

Auch wenn das Heulager in einem gesonderten Gebäude sein sollte, möchten Sie sicher eine kleine Futterkammer im Stall, um einen Wochenbedarf an Futter vorzuhalten. Stellen Sie sicher, daß der Raum von den Boxen getrennt ist und eine pferdesichere Verriegelung hat. Die Futterkammer sollte vor Nagern sicher, trocken und gut belüftet sein. Betonböden sind gut geeignet. Getreide sollte in abgedeckten Behältern wie etwa Tonnen gelagert werden.

– aus *Horsekeeping on a Small Acreage* von Cherry Hill

Lagern Sie Getreide in Tonnen mit Deckel.

EIN KLEINSTKUHSTALL

Kleinstkuhställe sollten Platz bieten, um zwei Kühe oder eine Kuh zusammen mit einer (Fleisch-)Ziege, einem Pony oder einem Esel einzustallen und die Kuh zu melken. Zudem sollten eine Unterkunft und ein Auslauf für das jährliche Kalb integriert sein. Der hier gezeigte Stall in Ständerbauweise bedient alle Bestimmungen auf angenehme Weise.

Der Stall ist nach Süden ausgerichtet, und alte an der Vorderseite befestigte Teppichstücke oder professionelle Curtains schaffen akzeptable Temperaturen und regeln den Luftzug. Tagsüber können Sie den Vorhang zurückschlagen, um Sonne in den Stall zu lassen. In der Nacht können Sie ihn herunterlassen, um die Zugluft draußen und die Wärme drinnen zu halten.

Der Stall hat zudem eine stabile Abtrennung in der Mitte, um das Kalb wenn nötig von der Mutter zu trennen. Wenn Sie das Kalb saugen lassen möchten, nachdem Sie mit dem Melken fertig sind, können Sie eine kleine Tür zwischen dem Melkstall und dem Kälberstall einplanen.

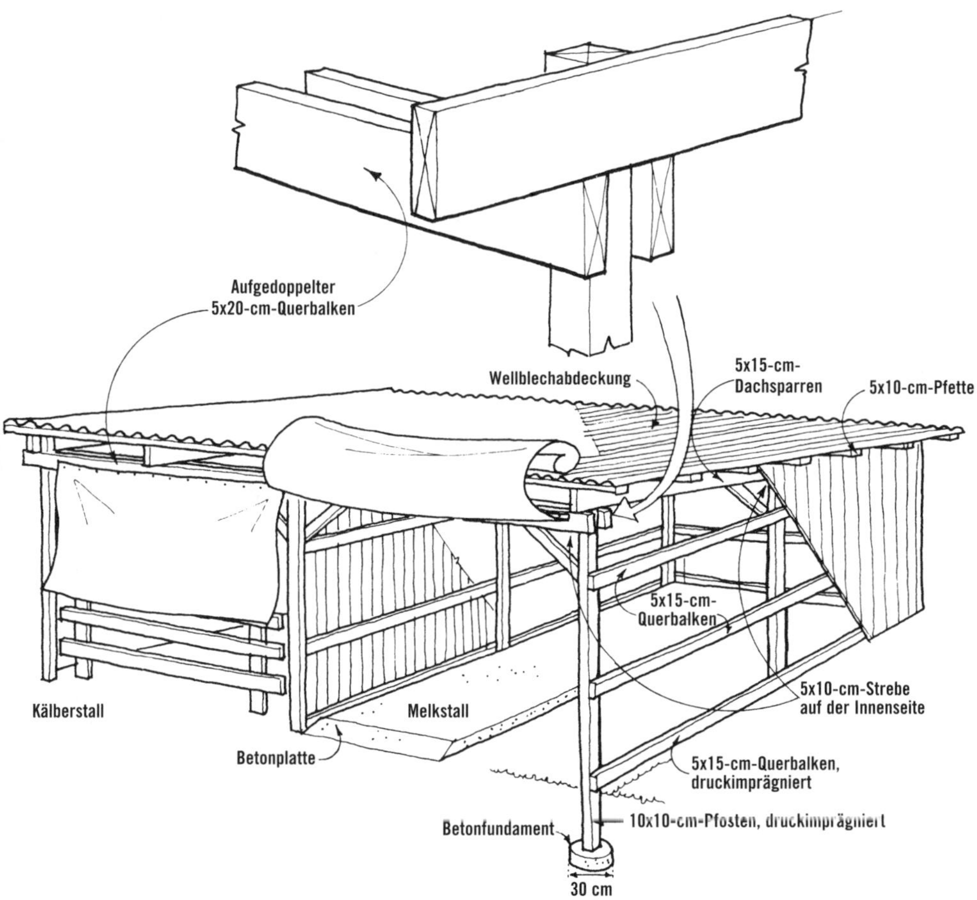

– verändert aus *Building Small Barns, Sheds & Shelters* von Monte Burch

Einen Kleinstkuhstall bauen

Der Stall mißt 4,9 m in der Breite, 3,7 m in der Länge und vorn 2,45 m in der Höhe. Das Dach fällt nach hinten auf 1,85 m ab. Neun druckimprägnierte Pfosten auf Betonfundamenten tragen die Wände und das Dach. Im Melkstall ist eine 10 cm dicke und 80 cm breite Betonplatte gegossen, auf der die Kuh steht. Diese massive Platte ist leichter zu reinigen als verschmutzter Erdboden, und die etwas höher stehende Kuh ist einfacher zu melken. Die Betonplatte kann hinten auf die ganze Breite des Melkstalls vergrößert werden, um eine trokkene, dauerhafte Plattform für Futterkisten und andere Gegenstände zu schaffen.

Die 5x15-cm-Querbalken an den seitlichen Wänden halten die Pfosten und tragen die Bretter-Leisten-Verkleidung. Für die Innenverkleidung und die Außenschalung des Stalls werden sägerohe 2,5x20-cm-Bretter verwendet, aber außen können stattdessen auch Siebdruckplatten oder Metallbleche verarbeitet werden.

Das Dach wird getragen von aufgedoppelten 5x20-cm-Querbalken, die oben an die Pfosten angebracht werden – vorn, in der Mitte und hinten. Darüber liegen 5x15-cm-Dachsparren mit jeweils 1,2 m Abstand (Achsmaß).

Der Stall ist eingedeckt mit verzinktem Wellblech, das auf 5x10-cm-Pfetten genagelt ist. Die Pfetten verlaufen alle 60 cm, als Achsmaß gemessen, quer über die Sparren. Die Enden der Sparren und die Pfetten sollten 30 cm über die Wände herausragen, um eine schützende Traufe zu bilden.

MASCHINEN- UND GERÄTESCHUPPEN

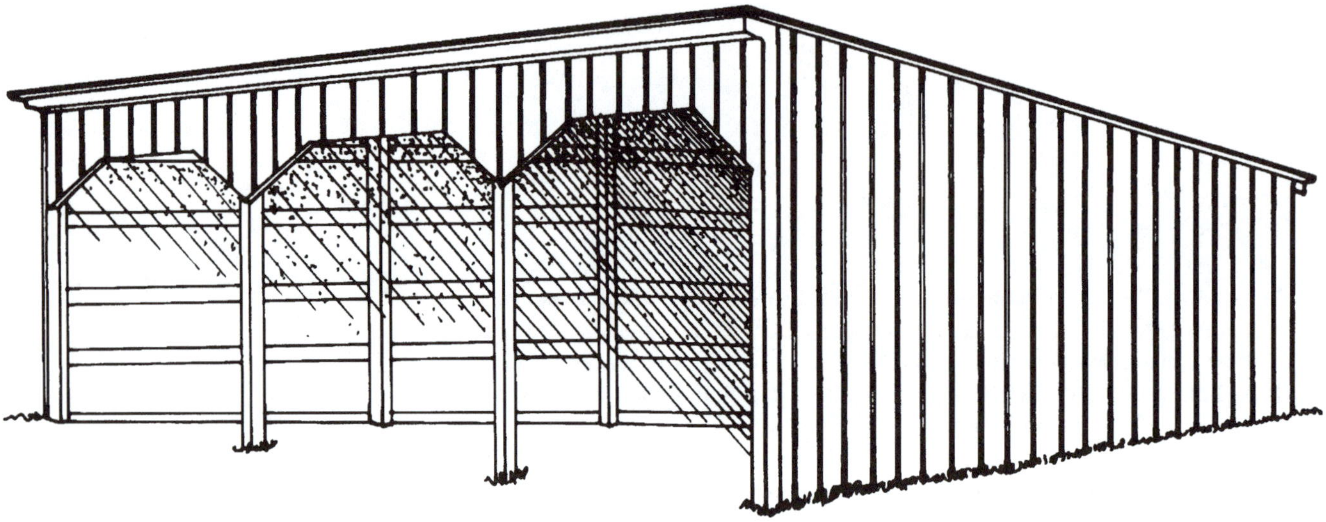

Maschinenschuppen

Es scheint, als ob wir rund um unser Gehöft niemals genug Schuppen und kleine Nebengebäude für all unsere Bedürfnisse hätten. Eine solide, wetterfeste Abstellhalle für die Geräte und Maschinen ist ein Muß. So halten sie länger und funktionieren besser, was das Leben als Landwirt sehr erleichtert.

Ein Maschinenschuppen kann komplett umschlossen sein, aber in vielen Fällen wird eine Seite offen gelassen, üblicherweise die Südseite oder die von der Wetterseite abgewandte Seite. Der gezeigte Schuppen ist eine einfache, leicht ausgeführte und dennoch wirksame Holzständerkonstruktion mit einer Verkleidung aus verzinktem Metall. Das ist die kostensparendste und problemloseste Bauweise für diesen Zweck. Drei offene Boxen von 3 m Breite bieten viel Platz für einen Traktor und andere kleine Geräte. Der Schuppen kann eigentlich in fast jeder gewünschten Länge errichtet werden, jeweils mit den 3-m-Abständen zwischen den Pfosten. Hier sind die grundlegenden Konstruktionsschritte:

1. Graben Sie zuerst die Löcher für die Pfosten. Jeder 3-m-Bereich hat vorn, hinten und in der Mitte einen Pfosten. Gießen Sie die Betonfundamente in die Löcher und positionieren Sie die Pfostenschuhe. Achten Sie darauf, daß das Gebäude rechteckig ist und daß die Pfostenschuhe in einer Linie stehen, sonst werden Sie eine Menge Probleme beim Aufrichten bekommen.
2. Richten Sie die Pfosten auf, wenn der Beton durchgehärtet ist, und verschrauben Sie sie sicher in den Pfostenschuhen. Befestigen Sie die unteren vier Querbalken für die Wandverkleidungen an den Pfosten. Das Achsmaß beträgt 60 cm. Achten Sie darauf, daß sie waagerecht sind. Sägen Sie nun die Kopfbänder zurecht und schrauben Sie sie an.
3. Längen Sie die Sparren ab und bringen Sie sie an. Beachten Sie, daß an jeder Pfostenreihe jeweils rechts und links ein Sparren angebracht wird. Verschrauben Sie alle Sparren seitlich am oberen Ende der Pfosten und schneiden Sie dann die Pfosten oben bündig mit den Kanten der Sparren ab. Die Sparren zwischen den Pfosten liegen auf den Querbalken auf und werden mithilfe von Metallbändern oder Holzleisten fixiert. Schrauben Sie nun die fehlenden Querbalken im Abstand von 60 cm (Achsmaß) unterhalb der Sparren an den Pfosten fest.
4. Die letzten Schritte sind das Befestigen der Metallverkleidungen und die Eindeckung. Ein Schotter- oder Kiesboden verhindert Staub- und Schlammprobleme und macht das Arbeiten an den Geräten sehr viel einfacher, aber das Nonplusultra ist ein Betonboden.

– verändert aus *How to Build Small Barns & Outbuildings* von Monte Burch

Erforderliche Abstellflächen für Maschinen

Arbeitsgerät	Fläche in m²
Traktor (40 bis 75 PS)	7 bis 9
Pflug (2-Schar-Wendepflug)	4
Scheibenegge (4,2 m Arbeitsbreite)	13
Egge (4,2 m Arbeitsbreite)	10
Mähwerk	3
Zettwender	4
Schwader	13
Miststreuer	12
Karren	2
Anhänger	15
Ballenpresse	10

– verändert aus *Horsekeeping on a Small Acreage*

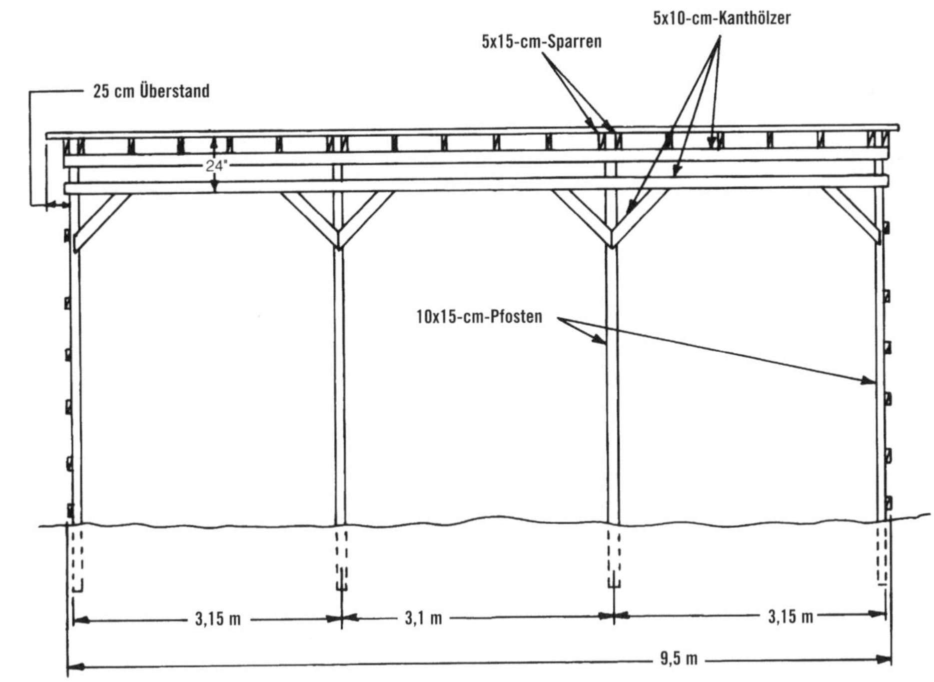

Maschinenschuppen Frontansicht

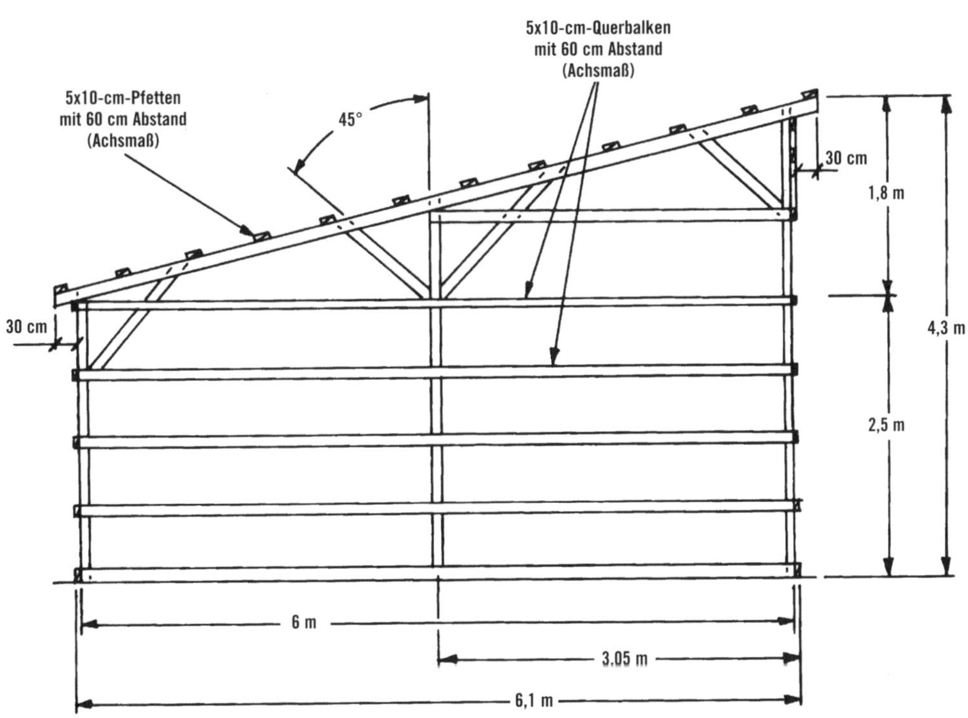

Maschinenschuppen Seitenansicht

Einen Traktor kaufen

Zu den häufigsten Fehlern, die beim Kauf eines Traktors gemacht werden, zählen: nicht informiert sein, den Preis als einziges Kaufkriterium beachten, einen zu großen Traktor kaufen und ein Komplettpaket erwerben. Traktoren können grob in die folgenden drei Gruppen unterteilt werden:

Rasen- und Gartentraktoren (etwa 18 PS): Ein Rasen- und Gartentraktor ist geeignet, durch Stallgassen oder Laufhöfe zu fahren oder einen kleinen Mist- oder Futterkarren zu ziehen, aber gänzlich unbrauchbar für Feldarbeiten und Arbeiten auf Reitplätzen sowie zum Füttern und zum Misttransport im großen Maßstab.

Kompaktschlepper (40 bis 75 PS): Diese komfortablen, einfach zu bedienenden Traktoren sind nicht sehr groß und daher einfach zu besteigen. Die Anhängevorrichtung liegt niedrig und erleichtert das Anhängen von Geräten. Viele der Traktoren aus dieser Kategorie sind mindestens 25 Jahre alt. Aber auch heute noch bieten die meisten Traktorenhersteller Maschinen in dieser Klasse an.

Solche Traktoren eignen sich gut für kleine Arbeiten rund um den Ackerbau, aber sie können keine größeren Geräte ziehen. Sie schaffen eine gezogene Scheibenegge mit 2 m Arbeitsbreite oder eine 1,5 m breite in Dreipunktanhängung und funktionieren gut mit kleinen Miststreuern. Mit einem Frontlader oder einem 1,5 m breiten Erdhobel hinten sind sie für das Reinigen von Laufhöfen und Ausläufen geeignet.

Allroundschlepper (75 bis 125 PS): Wenn Sie große Mengen Mist ausbringen müssen und einen leistungsstarken Miststreuer verwenden, brauchen Sie einen Allroundschlepper. Für kleinere Betriebe, die solche Maschinen kaum auslasten können, ist es jedoch häufig sinnvoller, diese Arbeiten von einem Maschinenring oder einem Lohnunternehmer durchführen zu lassen.

– verändert aus *Horsekeeping on a Small Acreage* von Cherry Hill

WEITERE TIERUNTERKÜNFTE

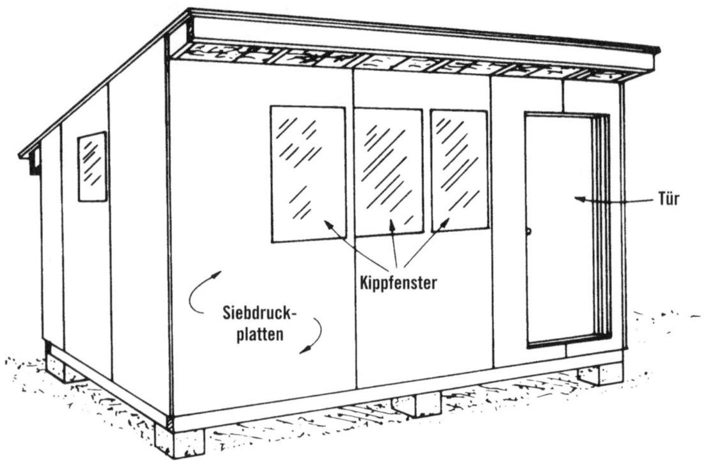

Ein Geflügelstall

Ein Geflügelstall oder -auslauf sollte sauber und trocken sein und ganzjährig eine angenehme Umgebung für die Tiere bieten. Er muß dicht genug sein, um Zugluft zu vermeiden und eine gleichmäßige Temperatur erhalten zu helfen. Geflügeleinrichtungen sollten einen Boden haben, der einfach zu säubern und zu desinfizieren ist. Sie sollten zudem belüftet werden können, um die Feuchtigkeit zu regeln sowie Schadgase und Wärme abzuführen. In kälteren Klimaten sollten die Ställe an den Wänden und an der Decke gedämmt sein.

Geflügelställe sollten über künstliches Licht verfügen, um die richtige Beleuchtung sowohl für die Legehennen als auch für den Mastbestand bieten zu können. Und schließlich sollte der Geflügelstall stabil genug sein, um Sturm und Schneelasten zu widerstehen.

Der hier gezeigte 3,6 x 3,0 m große Geflügelstall ist ideal für einen kleinen Bestand. Es ist Platz für Futtertröge, Nester und einen Lagerbereich für das Futter. Er kann mit Kippfenstern hinter Volierendraht ausgestattet werden. Oder Sie bespannen die vorderen Öffnungen nur mit Volierendraht. Für die hintere Öffnung wird Volierendraht empfohlen. Im Winter klammern Sie Polypropylen-Stegplatten über die Öffnungen, um die Wärme zu erhalten.

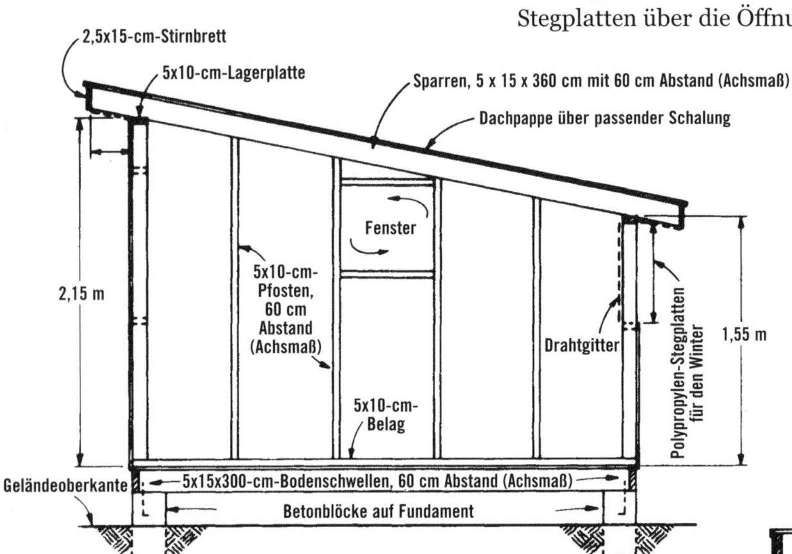

Errichten Sie den Stall auf einem Holzpodest aus 3,0 m langen 5x15-cm-Schwellen und Siebdruckplatten und lagern sie dieses auf flachen Betonblöcken, um das Geflügel vor Nagetieren zu schützen. Sichern Sie die Bodenschwellen mit Ankerbolzen auf den Betonblöcken oder -pfeilern. Verwenden Sie zwei 3,6 m lange 5x15-cm-Balken als vorderen und hinteren Querbalken.

Die für den Geflügelstall verwendete Wandverkleidung besteht aus 1,5 cm dicken Siebdruckplatten. Wenn Sie Kippfenster verwenden möchten, müssen Sie sie dem Wetter entsprechend regeln. Wenn die Luft stickig zu werden beginnt oder es stark nach Ammoniak riecht, braucht der Stall mehr Lüftung. Er sollte niemals ganz geschlossen sein, auch nicht in kalten Nächten. Lassen Sie zumindest einen Teil der Fenster einen Spaltbreit offen.

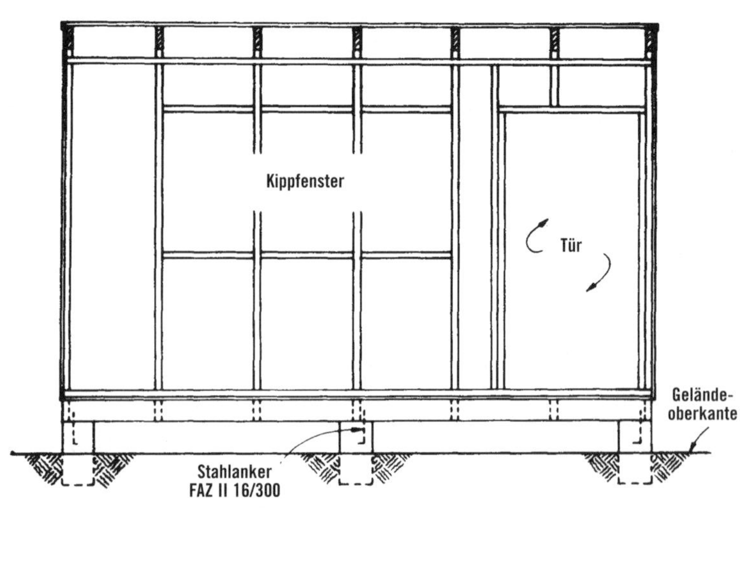

Beleuchtung

Die Stimulierung durch künstliche Beleuchtung bewirkt bei den Hennen, daß sie mehr Eier legen. Legehennen brauchen täglich etwa 15 Stunden Licht. In Mitteleuropa ist für Legehennen ab etwa Anfang September zusätzliches Licht nötig. Während der Monate November, Dezember und Januar, wenn die Tage am kürzesten sind, brauchen sie etwa fünf Stunden zusätzliches Licht. Die Beleuchtung kann morgens oder abends eingeschaltet werden. Dafür empfiehlt sich eine Zeitschaltuhr, die das Licht automatisch zur gewünschten Zeit an- und ausschaltet. Sobald die natürliche Tageslänge wieder 15 Stunden beträgt, kann die Beleuchtung eingestellt werden.

Die Beleuchtung sollte aus gewöhnlichen 40- bis 60-W-Glühlampen bestehen. Verwenden Sie Reflektoren, um einen hohen Wirkungsgrad zu erzielen. Das ermöglicht es häufig, Lampen mit einer geringeren Wattleistung zu verwenden. Installieren Sie mindestens eine Lampenfassung pro 18 m² Bodenfläche. Eine Entfernung von 3 m zwischen den Lampen bietet normalerweise eine gute Lichtverteilung für die Vögel. Nach einer Daumenregel zur Lichtintensität sollten 10 Lux auf der Höhe des Futtertrogs vorherrschen. 1 Watt einer Glühlampe auf 0,4 m² Bodenfläche bringt normalerweise 10 Lux, wenn die Lampe 2,2 bis 2,5 m über der Einstreu hängt und einen Reflektor hat.

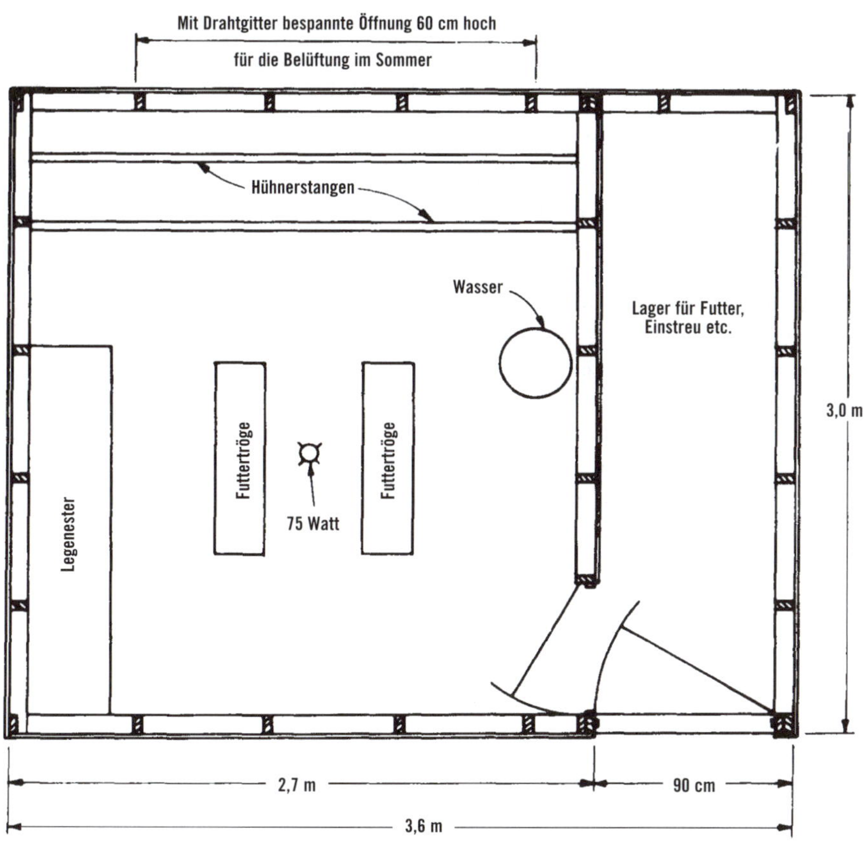

Dieser Geflügelstall hat einfache Trennwände, die den Fütter- und Nestbereich vom Lager trennen. Die Hühnerstangen und die Nester sollten mindestens 60 cm über dem Boden sein und jeweils 30 bis 40 cm Abstand haben.

– verändert aus *Building Small Barns, Sheds & Shelters* von Monte Burch

Prüfliste für Hühnerställe

Ein guter Hühnerstall hat unabhängig von der Bauweise folgende Eigenschaften:

- Er ist einfach zu reinigen.
- Er hat eine Möglichkeit, Reinigungswasser abzuleiten.
- Er schützt den Bestand vor Sonne und Wind.
- Er hält Nagetiere, Wildvögel und vor allem Räuber wie Füchse und Marder fern.
- Er bietet dem Bestand ausreichend Raum.
- Er ist gut belüftet.
- Er ist frei von Zugluft.
- Er hält eine gleichmäßige Temperatur.
- Er bietet den Tieren einen Platz zum Ausruhen.
- Er hat Nester, um die Hennen anzuregen, die Eier drinnen zu legen.
- Er bietet viel Licht – natürliches und Kunstlicht.
- Er hat hygienisch einwandfreie Futter- und Wasserstationen.

– aus *A Guide to Raising Chickens* von Gail Damerow

WEITERE TIERUNTERKÜNFTE

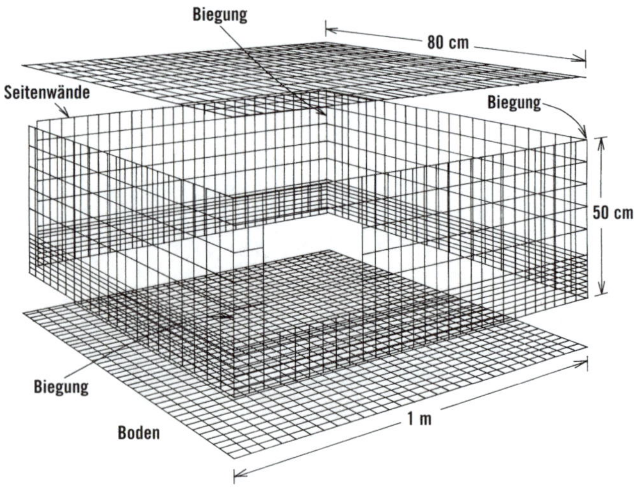

Dieser Kaninchenstall eignet sich ohne Boden – aber mit Beschattung – hervorragend als mobiler Auslauf auf der Wiese.

Kaninchenstall

Dieser Kaninchenstall ist 1 m lang, 80 cm breit und 50 cm hoch und hat damit für ein Kaninchen der meisten Rassen eine ausreichende Größe. Ohne den Boden eignet sich diese Bauweise hervorragend als mobiler Auslauf auf der Wiese. Aber vergessen Sie die Beschattung nicht.

Seitenwände

1. Schneiden Sie ein 4 m langes Stück des 50 cm breiten Drahtgitters ab.
2. Messen Sie ab dem Ende eine Länge von 1 m ab. Legen Sie an dieser Stelle das Kantholz im 90°-Winkel zur Kante auf den Draht und biegen Sie ihn über die Kante des Holzes, um die erste Ecke des Käfigs zu formen.
3. Messen Sie 80 cm von der ersten Ecke ab und formen Sie die zweite Ecke auf die gleiche Weise.
4. Messen Sie nun von der zweiten Ecke wieder 1 m ab und bilden Sie die dritte und letzte Ecke.
5. Schließen Sie das Rechteck, indem Sie die Enden mit den Clips oben und unten und dazwischen alle 5 bis 7 cm verbinden. Die Wände sind nun fertig.

Boden und Abdeckung

6. Bringen Sie das Drahtgitter mit 12 x 12 mm Gitterweite für den Boden mithilfe der Clips an den Seitenwänden des Stalls an. Bei einem mobilen Auslauf ist der Boden nicht nötig, wenn das Gitter regelmäßig versetzt wird.
7. Bringen Sie mit den Clips das 30x30-mm-Gitter an, das die Abdeckung des Kaninchenstalls bildet.

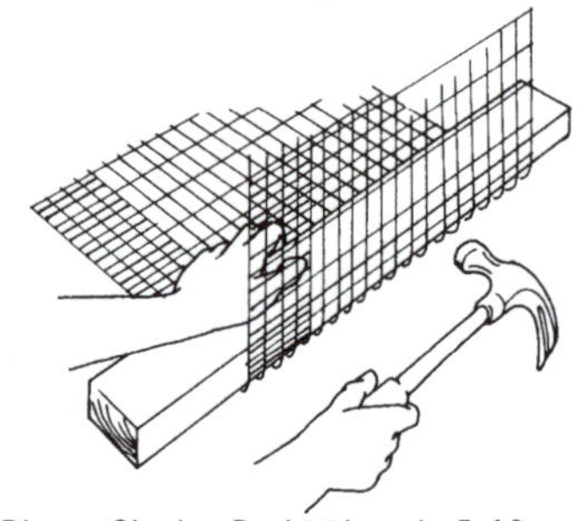

Biegen Sie den Draht über ein 5x10-cm-Kantholz, um eine Ecke zu formen.

Türöffnung

8. Entscheiden Sie, wie groß die Tür sein soll und wo auf der Vorderseite des Stalls Sie sie positionieren möchten. Die Tür muß groß genug sein, um eine Nestkiste in den Stall zu stellen. Für die meisten Rassen ist eine Türöffnung von etwa 30 x 30 cm richtig. Wenn Sie einen außen hängenden Futterspender anbringen möchten, plazieren Sie die Tür auf einer Seite. Das untere Ende der Tür sollte 10 cm über dem Stallboden liegen.
9. Messen Sie Position und Größe der Öffnung aus und schneiden Sie das Loch dann mit einem Drahtschneider aus. Lassen Sie bei jedem Schnitt ein etwa 2 cm langes Ende stehen.
10. Biegen Sie die überstehenden Enden mit einen Zange um.

Tür

11. Stellen Sie die Käfigtür aus dem Stück Drahtgitter her, das beim Zuschneiden der Seitenwände übriggeblieben ist. Die Tür sollte größer sein als die Öffnung. Wenn diese 30 x 30 cm groß ist, sollte die Tür mindestens 35 x 35 cm haben.
12. Bringen Sie die Tür mindestens ein Gitterloch unterhalb der Türöffnung an. Das macht die Tür stabiler. Wenn sich die Tür nach innen in den Kaninchenstall öffnen soll, bringen Sie sie mit den Clips entlang der Oberkante der Öffnung an. Türen, die sich nach außen öffnen, werden meist auf einer Seite angebracht. Bringen Sie am Schluß den Riegel an der Tür an.

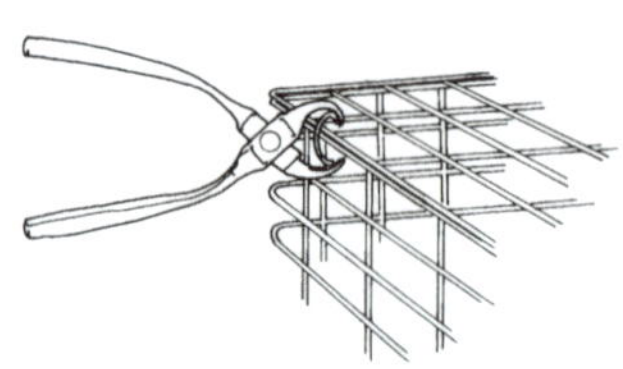

Verbinden Sie die Teilstücke mit Clips.

Materialliste

- 4 m punktverschweißtes, verzinktes Drahtgitter, 50 cm hoch, Rastergröße 30 x 30 mm, 2 mm Drahtstärke
- 80 cm punktverschweißtes, verzinktes Drahtgitter, 1 m breit, Rastergröße 12 x 12 mm, 2 mm Drahtstärke (für einen Auslauf nicht nötig)
- 80 cm punktverschweißtes, verzinktes Drahtgitter, 1 m breit, Rastergröße 30 x 30 mm, 2 mm Drahtstärke
- 5x10-cm-Kantholz, etwa 60 cm lang
- etwa 0,5 kg Clips zum Verbinden
- Riegel für das Türchen

Werkzeuge

- Maßband
- Drahtschneider
- Zange
- Hammer
- Clipzange

– verändert aus *Your Rabbit* von Nancy Searle

Vielseitiger Pferch für Schweine

Hobbytierhalter brauchen rationelle und vielseitige Stallungen für Nutztiere, die einfach und mit sehr geringem finanziellem Aufwand gebaut werden können. Wer nur ein paar Schweine aufziehen will, ist mit einem kleinen versetzbaren Holzhäuschen wie dem gezeigten gut beraten. Folgen Sie den Konstruktionsschritten:

1. Schneiden Sie die 5x20-cm-Kufen zu und schrauben Sie die drei querliegenden 5x15-cm-Tragebalken dazwischen sowie die zwei 5x10-cm-Türschwellen darauf.
2. Schneiden Sie die Teile für die seitlichen Wände (drei 5x10-cm-Ständer und einen 5x10-cm-Längsbalken pro Seite) zu und verschrauben Sie sie mit den Kufen.
3. Längen Sie die vorderen und die hinteren Ständer für die vier Ecken ab und kerben Sie sie so ein, daß sie um die Türschwellen passen.
4. Längen Sie die zwei jeweils verbleibenden Ständer pro Seitenwand ab und kerben Sie sie so ein, daß sie um die Kufen passen. Befestigen Sie sie mittig zwischen den Ecken und dem Mittelständer an den Kufen und am Längsbalken.
5. Schneiden Sie den vorderen und den hinteren Querbalken zu und verschrauben Sie sie an den Ständern.
6. Schneiden Sie die sechs Sparren zu und verschrauben Sie die äußeren an den Querbalken, den mittleren am Längsbalken und alle am Firstbalken. Fügen Sie waagerechte 5x10-cm-Riegel zwischen den Sparren als zusätzliche Stütze für die Abdachung ein. Als zusätzliche Versteifung können Sie in den Ecken 5x10-cm-Bänder anbringen.
7. Verkleiden Sie den Stall wie erforderlich. Für ein dichteres Gebäude zum Abferkeln ist eine durchgehende Eindeckung mit 2-cm-Siebdruckplatten erforderlich.

– verändert aus *Building Small Barns, Sheds & Shelters* von Monte Burch

Schweineställe: Platz ist das A und O!

Drei Fehler, die beim Bau von Ställen für Läufer häufig gemacht werden, lassen sich auf falsche Vorstellungen von den Größenveränderungen zwischen Ferkel und ausgewachsenem Schwein zurückführen. Erstens werden Ställe und Pferche zu klein gebaut. Zweitens sind sie nicht hoch genug. Drittens werden Ställe und Pferche vor dem Kauf mit der Vorstellung von großen Schweinen im Kopf errichtet. Dabei kommen dann so weite Zwischenräume in der Absperrung zustande, daß 15-kg-Ferkel bequem durchschlüpfen können.

Zu klein zu bauen ist der schlimmste Fehler. Geben Sie den jungen Kerlen viel Raum, und sie werden prächtig darin wachsen. Kalkulieren Sie bei Weidehaltung mindestens 1,5 x 1,5 m als Ruhebereich für einen Läufer ein, der bis zum Erreichen des Schlachtgewichtes gehalten werden soll, und je 1 m^2 Ruhebereich für jedes weitere Schwein. Informieren Sie sich jedoch vorab bei den Landwirtschaftsbehörden Ihres Landkreises, ob die Weidehaltung von Schweinen auf der von Ihnen gewünschten Fläche möglich ist.

Bei reiner Stallhaltung sollten Sie die doppelte Fläche einräumen – zum Fressen, Abkoten und zur Bewegung. Außerdem müssen Sie dabei einen Teil der Siebdruckplatten durch transparente Stegplatten und Volierengitter ersetzen, damit die Tiere ausreichend Licht und Luft bekommen, sowie regelmäßig ausreichend Stroh einstreuen und häufig ausmisten, damit keine Jauche in den Boden versickert. Es ist ratsam, den Stall nach jedem Durchgang komplett austrocknen zu lassen, damit das Holz nicht so schnell verrottet.

– verändert aus *Small-Scale Pig Raising* von Dirk van Loon

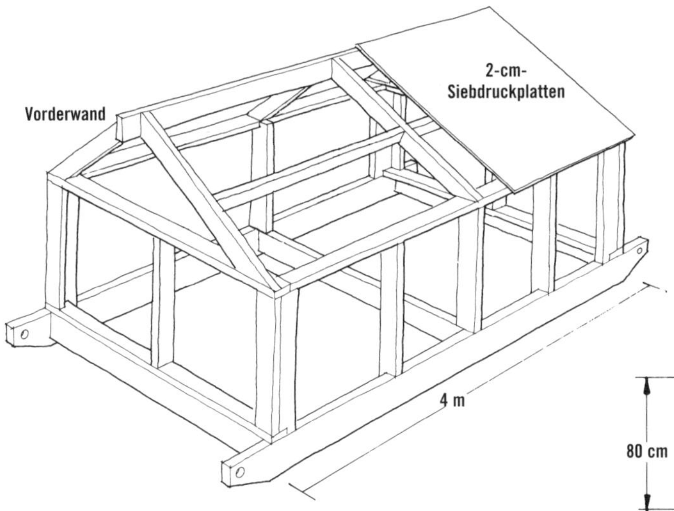

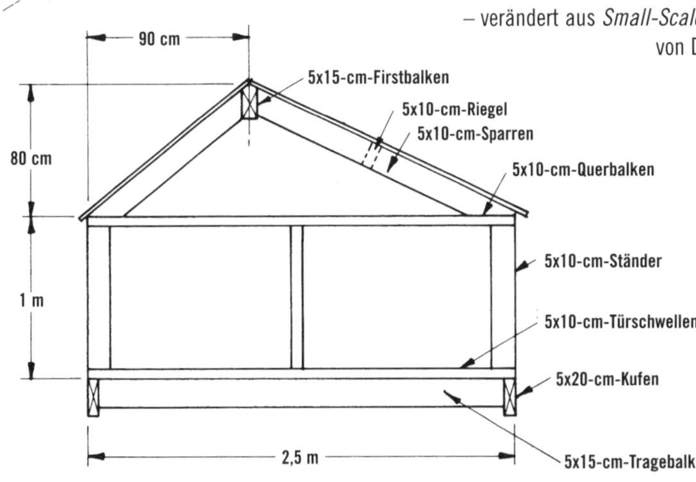

Dieser vielseitig verwendbare transportable Schweinestall, dargestellt als Draufsicht (oben) und als Schnittansicht (rechts), hat einen Rückwandständer, der mit 90 cm Abstand (Achsmaß) seitlich zur linken Wand hin versetzt ist. Fertigen Sie Türen aus Siebdruckplatten für die Vorderseite an.

ZÄUNE

Erfahrungen vom Lande

Ein rationelles Verfahren, um zu kontrollieren, ob das Weidetor am Abend geschlossen ist, ist das Anbringen eines Reflektors an einer Stelle, an der Sie ihn nur bei geschlossenem Tor sehen können. Ein guter Reflektor nimmt das Licht einer Taschenlampe aus 400 m Entfernung auf, so daß Sie Ihre abendliche Torkontrolle machen können, ohne viel laufen zu müssen.

– James FitzGerald, Autor von *The Best Fences*

Es gibt fast so viele Arten von Zaunmaterial wie Eissorten. Die Auswahl hängt davon ab, welche Materialien am leichtesten verfügbar, am kostengünstigsten und dabei zweckmäßig sind.

Flechtzaun: Zäune aus Weiden- oder Haselgeflecht zählen zu den ursprünglichsten Umzäunungen in der bäuerlichen Landwirtschaft. Es gibt verschiedene – teils regional begrenzte – Flechttechniken mit unterschiedlichen Materialien. Bei manchen werden auch gespaltene dünne Stämme mit Weiden- oder Haselruten verbunden (Speltenzaun). Die Pfosten bestehen aus dicken, nichtbiegsamen Ruten oder Holzpfosten, die in den Boden gesetzt werden. Diese Zäune eignen sich besonders für das Einzäunen von Nutzgärten und Geflügelausläufen.

Koppelzaun mit eingeschobenen Planken: Zäune mit zwei oder drei eingeschobenen Planken sind schöne und robuste Einfriedungen. Leider müssen die Pfosten zusätzlich bearbeitet werden. Auf der gewünschten Höhe der Planken müssen jeweils Löcher durch die Zaunpfosten gestemmt oder gebohrt werden. Diese Zaunart ist teurer als der einfache Koppelzaun, Knotengittergeflecht, Stacheldraht oder ein Elektrozaun, es sein denn, Sie können die Planken selbst herstellen.

Einfacher Koppelzaun: Diese Koppelzäune wurden bekannter mit der Verfügbarkeit von industriell gefertigten Brettern und Nägeln. Pferde brauchen eine 1,5 m hohe Einfriedung, aber ein Schmuckzaun muß nicht so hoch sein. Die Kosten für einen einfachen Koppelzaun sind höher als für einen Elektrozaun, aber sicherlich geringer als für ein Knotengittergeflecht.

Auswahlhilfe für Weidezäune

	Stacheldraht	Festzaun	Mobiler Elektrozaun	Fester Elektrozaun	Knotengitter-geflecht	Koppelzaun
Verwendungszweck	Milchkühe, Jungrinder	Rinder, Schweine, Pferde, Maultiere, Damwild	Rinder, Ziegen, Pferde, Maultiere, Schafe	Rinder, Ziegen, Schweine, Pferde, Maultiere, Schafe, Damwild, Garten	Rinder, Ziegen, Schweine, Pferde, Maultiere, Schafe, Geflügel, Damwild, Garten	Rinder, Pferde, Maultiere, Schafe
Aussehen	unschön	gut	ordentlich	gut	gut	sehr gut
Funktion	Umzäunung, Abtrennung	Umzäunung	Umzäunung, Abtrennung	Umzäunung, Sicherheit	Umzäunung, Sicherheit	Umzäunung
Haltbarkeit (Jahre)	20 bis 30	20 bis 30	8 bis 10	20 bis 30	20 bis 30	15 bis 30
Stabilität	mittel	hoch	gering	hoch	mittel	hoch
Wartung	gering	gering	mittel	mittel	gering	hoch
Sicherheit	gering	gut	gering	gut	gut	gut
Raubtierkontrolle	gering	mittel	gering	gut	gut	gering
Einschränkung	für Pferde verboten, in der Schweiz auch für Lamas und Alpakas			teilweise genehmigungspflichtig	teilweise genehmigungspflichtig	häufiges Streichen, teilweise genehmigungspflichtig

– verändert aus *Fences for Pasture & Garden* von Gail Damerow

WERKZEUGKASTEN FÜR DEN ZAUNBAU

- Pfahlramme
- Farmerzange
- Gripple®-Spannzange/ Gripple®-Drahtverbinder
- Drahtspanner
- Drahtstifte
- Wasserwaage
- Senkblei
- Kabelschuhzange
- Haspeln
- Krampen
- Erdbohrer
- Stangenbohrer
- Schaufelzange

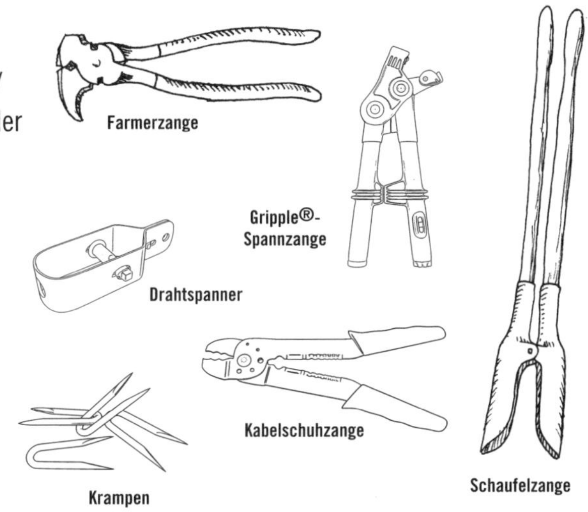

Stacheldrahtzaun: Stacheldraht sollte nicht für Pferde, Ziegen und Schweine und, wegen der höheren Verletzungsgefahr, nicht entlang schmaler Fußwege verwendet werden. Dennoch ist der Stacheldrahtzaun aus drei bis fünf Drähten bei Dauerweiden immer noch der Lieblingszaun der Rinderhalter.

Knotengittergeflecht: Knotengittergeflecht ergibt einen dezenten, aber respekteinflößenden Zaun. Er besteht einfach aus einem Drahtnetz, das für alle Arten von Nutztieren verwendet werden kann. Zusätzlich zur Drahtstärke und zur Schutzummantelung müssen Sie die gewünschte Größe des Gitterrasters auswählen. Dieser Zaun ist nur wirksam, wenn er straff gespannt ist.

Elektrozaun: Die Errichtungskosten für einen Elektrozaun sind normalerweise erheblich günstiger als für jede andere Art der Einzäunung. Häufig ist nur ein Leiter nötig, besonders wenn Sie nur einen älteren Zaun aufwerten müssen. Am teuersten ist das Weidezaungerät, das zur Energieversorgung nötig ist. Zum Übertragen der Impulse werden im allgemeinen Litzen verwendet.

Lattenzaun: Ein weißer Lattenzaun vermittelt den Eindruck der Sauberkeit und Förmlichkeit weißer Handschuhe. Einen ansehnlichen Lattenzaun selbst zu bauen erfordert Geduld, Exaktheit und Detailgenauigkeit. Die Kosten sind annähernd vergleichbar mit denen eines Koppelzauns mit eingeschobenen Planken. Die geringe Höhe und seine Transparenz lassen ihn in erster Linie dekorativ wirken.

– verändert aus *Building Stone Walls* von John Vivian

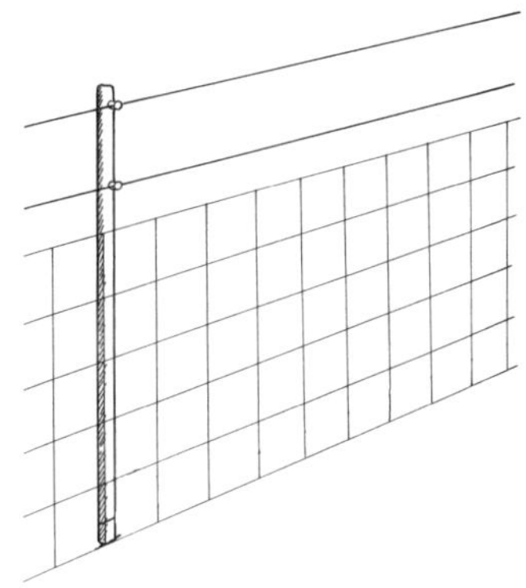

Sie können ein Knotengittergeflecht erhöhen, wenn Sie darüber einen Stacheldraht oder eine Litze eines Elektrozauns spannen.

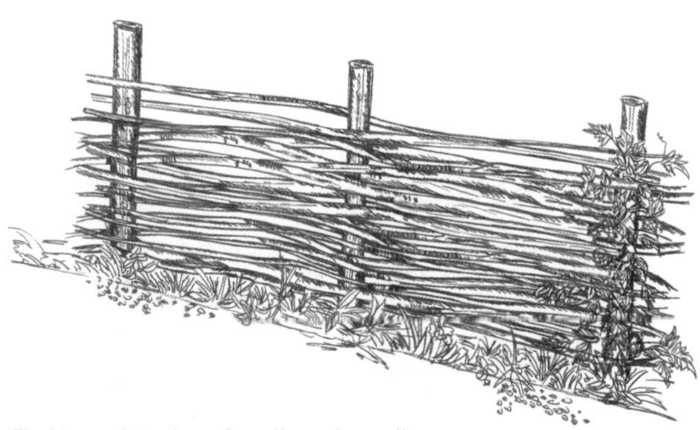

Ein Flechtzaun ist sehr aufwendig und vor allem wegen seines traditionellen Aussehens interessant.

Wenn Sie einen Koppelzaun mit eingeschobenen Planken errichten, müssen Sie diese immer einfügen, sobald der jeweils nächste Pfosten gesetzt ist.

Holz- und Metallpfähle können in den Boden getrieben werden.

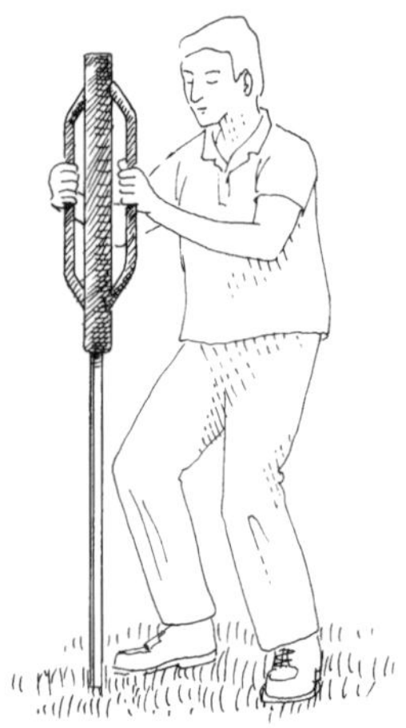

Ein mechanischer Erdbohrer ist nützlich, um Löcher für Zierpfosten zu graben.

Mindestpfostentiefen

Eck- und Torpfosten	
Holz, mobiler Zaun	30 bis 50 cm
Holz, Festzaun	60 bis 80 cm
Recyclingpfahl	50 bis 70 cm
Streckenpfosten	
Koppelzaunpfosten	40 cm
Metall	40 cm

– verändert aus *Fences for Pasture & Garden* von Gail Damerow

Pfosten setzen

Sie können Pfosten in den Boden schlagen oder in Löcher setzen. Holz- und Metallpfosten werden im allgemeinen eingeschlagen. Stein-, Beton-, Kunststoff- oder kunststoffummantelte Pfosten müssen von Hand in gegrabene Löcher gesetzt werden, da sie durch Einschlagen beschädigt würden. Auch alle Pfosten, die in ein Betonfundament gesetzt werden, erfordern das Ausgraben eines Loches. Holzpfosten können auch in Bodenhülsen gesetzt werden. Ob Sie eine Wahl haben oder nicht, hängt davon ab, wie hart oder steinig Ihr Boden ist.

Pfostenlöcher können von Hand oder maschinell gegraben werden. Das Graben von Hand ist außer in feuchten oder recht lockeren Böden schwierig. Bei verdichteten oder steinigen Böden brauchen Sie einen Stangenbohrer. Die Löcher können entweder mit Steinen und Erde oder mit Beton rückverfüllt werden. Das Einbetonieren von Pfosten ist die teuerste Methode, bietet aber den besten Halt.

Das Einschlagen von Pfosten ist die bei weitem beste Methode. Weil dabei der Boden komprimiert wird, hat ein eingeschlagener Pfosten beträchtlich mehr Haltekraft als ein von Hand gesetzter nichtbetonierter Pfosten. Zudem ist die Methode zeitsparend und kostengünstig.

Je tiefer Sie die Zaunpfosten setzen, desto besser halten sie. Wenn Sie wegen felsigen Bodens oder Ortstein die Pfosten nicht in Mindesttiefe einschlagen können, müssen Sie sie einbetonieren.

Graben Sie Pfostenlöcher gerade nach unten und groß genug, um die Pfosten ordentlich plazieren und ausloten zu können. Nach einer Faustregel sollten die Löcher mindestens den doppelten Durchmesser der Pfosten haben.

Setzen Sie Holzpfosten mit dem dicken Ende nach unten. Prüfen Sie mit der Wasserwaage nach beiden Richtungen, ob der Pfosten lotrecht ist, bevor Sie mit dem Rückverfüllen beginnen. Da es einfach ist, einen Pfosten während des Arbeitens noch auszurichten, sollten Sie seinen lotrechten Stand so oft prüfen, bis er endgültig stabil steht.

Bei einem Betonfundament muß das Loch für einen starken Pfosten mindestens dessen doppelten Durchmesser haben und für einen schwächeren, etwa für Maschendrahtzäune, bis zum Vierfachen des Durchmessers. Verwenden Sie eine 1-2-4-Mischung (ein Teil Zement, zwei Teile Sand und vier Teile Kies) und lassen Sie Betonfundamente mindestens zwei Tage aushärten, bevor Sie mit dem Zaunbau fortfahren.

Um die Bindung zwischen einem Recyclingpfosten und dem Betonfundament zu erhöhen, schlagen Sie einige verzinkte Nägel senkrecht in den unteren Teil des Pfostens, gerade tief genug, daß sie halten.

Formen von Pfostenlöchern

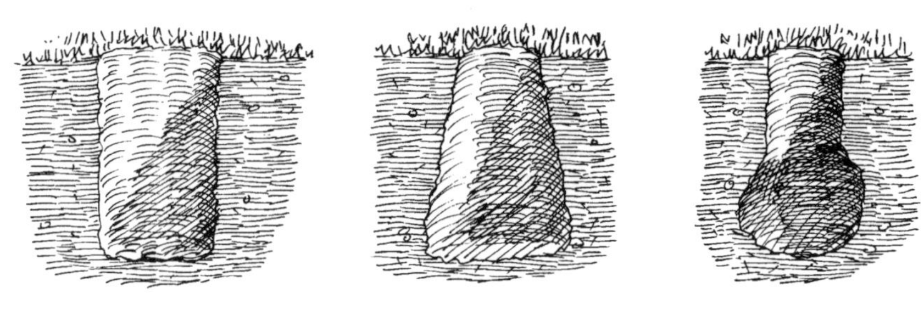

Einen Knotengitterzaun bauen

1. Setzen Sie einen Anfangspfosten mit Stützstreben und anschließend Streckenpfosten im Abstand von 2,5 m.
2. Rollen Sie einen Teil des Knotengitters entlang der Innenseite der Pfosten auf. Achten Sie darauf, daß der engmaschigere Teil unten an den Zaunpfosten liegt.
3. Wickeln Sie jeden horizontalen Draht, beginnend mit dem obersten, zuerst um den Anfangspfosten und biegen Sie ihn dann um den gespannten Draht. Fahren Sie mit dem untersten und schließlich mit den mittleren fort. Sie müssen einige der vertikalen Drähte abschneiden, um ausreichend lange Drähte zum Arbeiten zu haben.
4. Rollen Sie, wenn der Zaun sicher am Anfangspfosten befestigt ist, die gesamte Länge des Zaunes auf.
5. Setzen Sie den Endpfosten mit Stützstreben und außerhalb davon einen Hilfspfosten oder nutzen Sie, wenn vorhanden, einen Baum als Hilfspfosten. Setzen Sie Drahtspanner, um die Drähte mit einem Schraubenschlüssel zu spannen. Eine andere Möglichkeit ist es, Holzplatten durch den Zaun gegeneinander zu schrauben und mit einem Greifzug daran zu ziehen.
6. Spannen Sie den Zaun sorgfältig. Die meisten Knotengitterzäune haben in die horizontalen Drähte eingefügte Knicke. Das hilft, die Festigkeit zu erhalten. Ziehen Sie den Zaun nicht so fest, daß Sie diese Knicke entzerren. Eine paar lose angebrachte Krampen halten den oberen Draht an den Streckenpfosten und damit den Zaun in der richtigen Lage, während Sie spannen.
7. Beginnen Sie, den Zaun, sobald er die richtige Position hat, am Endpfosten – der dem Drahtspanner am nächsten ist – zu fixieren. Lösen Sie ein ausreichendes Stück des mittleren horizontalen Drahtes von den vertikalen Drähten, um ihn um den Endpfosten ziehen und dann um das gespannte Stück verdrehen zu können. Wiederholen Sie das Vorgehen mit dem Draht zwischen dem mittleren und dem oberen. Fahren Sie dann mit dem Draht fort, der sich in der Mitte zwischen dem mittleren und dem untersten Draht befindet. Befestigen Sie schließlich die verbleibenden Drähte; sichern Sie den obersten zuletzt.
8. Gehen Sie zu jedem Streckenpfosten und heften Sie die horizontalen Drähte mit Krampen fest.

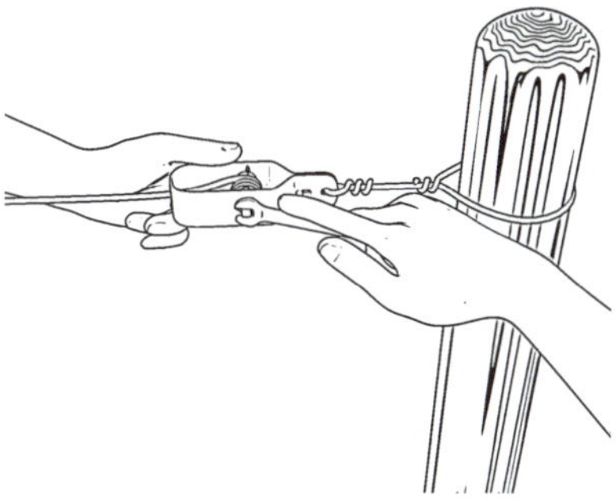

Spannen Sie den Zaun mit Drahtspannern (oben) oder mithilfe von Holzplatten und Greifzug.

Einen Koppelzaun errichten

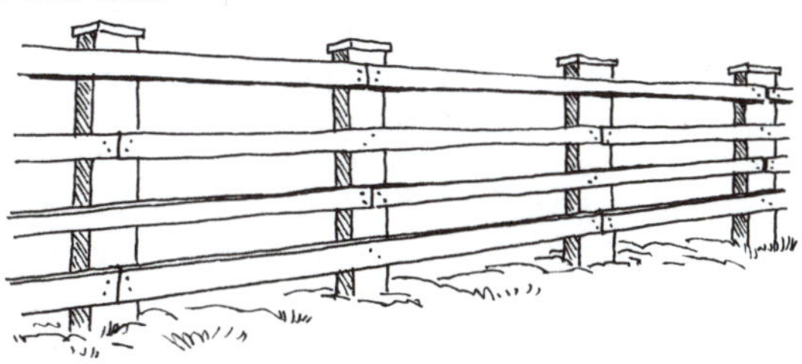

1. Planen Sie einen Abstand zwischen den Pfosten ein, welcher der halben Länge der Bretter entspricht – zum Beispiel 1,8 m bei 3,6-m-Brettern. So ist jedes Brett an drei Pfosten befestigt. Schrägen Sie die obere Kante der Bretter ab, so daß das Wasser abfließen kann.
2. Ordnen Sie die Bretter so an, daß sie an jedem Pfosten im Wechsel mittig und an der Stoßfuge zum nächsten Brett befestigt sind.
3. Markieren Sie jeden Pfosten dort, wo die Oberkanten der Bretter ihn kreuzen.
4. Bringen Sie den ersten Pfosten stabil in Position, bevor Sie den zweiten auf die richtige Höhe in das Loch setzen. Stampfen Sie ihn aber nicht fest, bevor Sie mit dem Brett, das Sie daran nageln möchten, die genaue Position bestimmt haben.
5. Nageln Sie die Bretter auf die Seite der Pfosten, wo sich die Nutztiere befinden. So wird der Zaun sowohl durch die Pfosten als auch durch die Nägel gehalten.
6. Achten Sie beim Annageln der Bretter darauf, daß Sie sie nicht spalten, indem Sie die Nägel nicht zu nahe an den Kanten einschlagen. Um das Splittern der Pfosten zu vermeiden, müssen Sie die Nägel vertikal versetzt einschlagen.
7. Nageln Sie an den Streckenpfosten jeweils ein Brettchen vertikal über die Brettfugen, um mehr Stabilität und einen besseren Übergang zu erreichen.
8. Zum Schutz der Pfosten vor eindringenden Niederschlägen können Holzbrettchen oben aufgenagelt werden, oder ein zusätzliches durchlaufendes Brett kann als „Dach" auf den abgeschrägten Pfosten befestigt werden.

– verändert aus *The Best Fences* von James FitzGerald

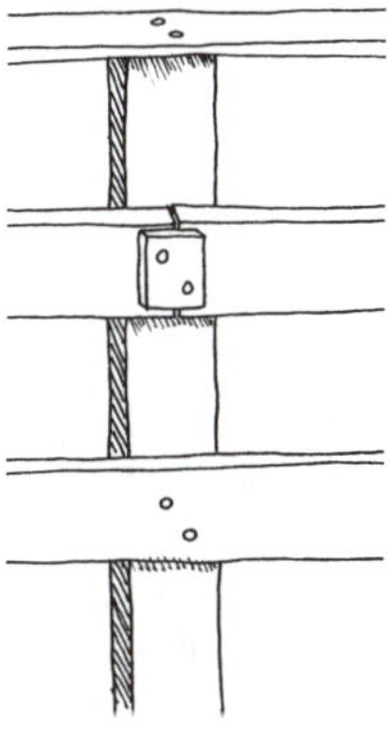

Versetzen Sie die Anschlüsse und nageln Sie jeweils ein Brettchen darüber.

WEIDEZÄUNE

Zaunübertritte und -durchstiege

Zaunübertritte sind Konstruktionen, die es Ihnen ermöglichen, einen Zaun zu überqueren, ohne das Tor zu öffnen. Sie sind nützlich bei großen oder schwerfälligen Nutztieren, halten aber intelligente Wesen wie Hunde, Füchse, Wölfe und Ziegen nicht ab.
Bauen Sie einen Zaunübertritt aus druckimprägnierten 5x10-cm-Kanthölzern. Für möglicherweise integrierte Stufen können Sie 5x15-cm-Kanthölzer verwenden. Fügen Sie Zaunübertritte mit großen Ankernägeln mit Ringschaft oder mit Kreuzschlitzschrauben zusammen.

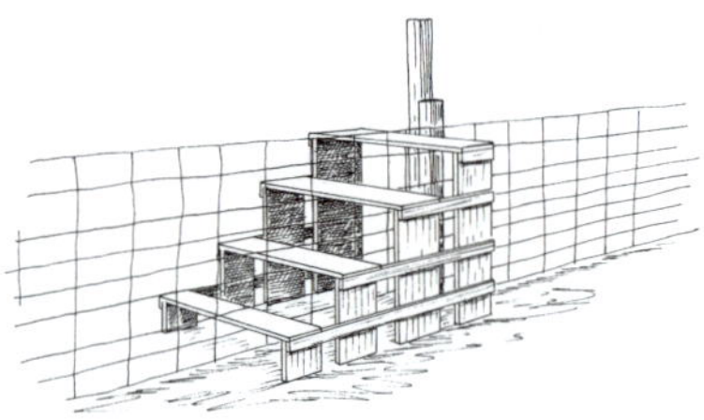

Befestigen Sie einen trittleiterartigen Übertritt an einem Streckenpfosten. Schlagen Sie die Beine in den Boden ein oder stellen Sie sicher, daß die Konstruktion stabil ist und vollständig auf der Oberfläche aufsteht. Bringen Sie oben ein Brett zum Festhalten an.

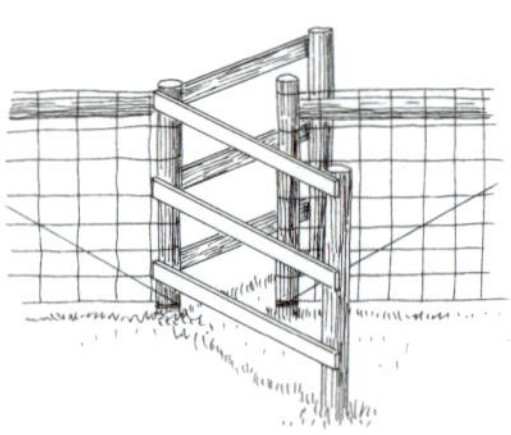

Dieser Zaundurchstieg erfordert eine Öffnung im Zaun mit Endpfosten auf jeder Seite. Wenn Sie den Durchstieg sehr eng machen, hält er auch ausgewachsene Schafe zurück, und wenn Sie eine 50 cm hohe Schwelle zum Übersteigen integrieren, können Sie ihn auch für Schweineweiden verwenden.

Festzaun

Die Vorteile eines Festzaunes sind die beträchtliche Stabilität und Haltbarkeit. Ein ordentlich errichteter Festzaun überdauert einen Stacheldraht- oder Knotengeflechtzaun und erfordert deutlich weniger Wartungsaufwand, der im wesentlichen aus dem Zurückhalten von Unkraut besteht.
Nichtelektrifizierte Festzäune sind auf nahezu ebenem Gelände, wo lange gerade Verläufe möglich sind, als dauerhafte Grenzzäune und als innenliegende Querzäune geeignet. Sie funktionieren am besten bei großen Nutztieren wie Pferden, Rindern und großen Wildarten, wurden aber auch schon bei Schafen, Schweinen und Ziegen erfolgreich eingesetzt. Festzäune sind zwar nicht malerisch, aber ordentlich und ansehnlich. In manchen Gegenden untersagt das Gesetz Festzäune an Straßen und öffentlichen Flächen. Fragen Sie bei den örtlichen Behörden nach.

Elektrozäune

Da ein Elektrozaun eher eine psychologische Grenze darstellt als eine materielle, basiert die Wirkung eher auf Angst als auf Stärke. Er überwacht auch die schwierigsten Nutz- und Wildtiere, einschließlich Bullen, Hunden, Hirschen, Wildschweinen und Ziegen. Je nach Tierart und Zaunlänge sind stromführende Litzen, Drähte, Seile oder Gewebebänder in verschiedenen Breiten und Reißfestigkeiten am besten geeignet.

Richtlinien für Elektrozäune

Hier sind einige Orientierungshilfen, um zu entscheiden, wie viele Drähte Sie brauchen:

- Bei Milchkühen reicht häufig eine einzige Litze, je nach Größe der Kühe zwischen 60 und 90 cm über dem Boden. In trockenen Regionen sollte eine zweite geerdete Litze 10 cm unter der ersten angebracht werden.
- Verwenden Sie drei stromführende Bänder, um Fleischrinder und Kälber einzugrenzen. Zum Einzäunen von Bullen werden vier Bänder von hoher Reißfestigkeit benötigt. Das oberste sollte in 1,1 m Höhe sein.
- Schweine lassen sich mit einem System aus drei Drähten oder Litzen im Zaum halten, sofern die unterste Leitung nicht mehr als 15 cm über dem Boden verläuft. Um jeden Kontakt mit Wildschweinen zu verhindern, muß ein zweiter Zaun gezogen werden.
- Ein System mit fünf oder sechs Drähten und einer Gesamthöhe von 1 m ist für die meisten Schafe oder Ziegen ausreichend.
- Wo Hunde oder Wölfe eine Bedrohung sind, verwenden Sie acht oder neun Drähte mit einer Gesamthöhe von 1,1 m. Halten Sie den untersten Draht straff und folgen Sie der Geländeoberfläche nicht mehr als 15 cm über dem Boden.
- Pferde reagieren besonders empfindlich auf Stromstöße. Mit vier Bändern können Sie die meisten Stuten und Hengste einzäunen. Fügen Sie bei Stuten mit Fohlen zum Boden hin ein Band hinzu.

– verändert aus *Fences for Pasture & Garden* von Gail Damerow

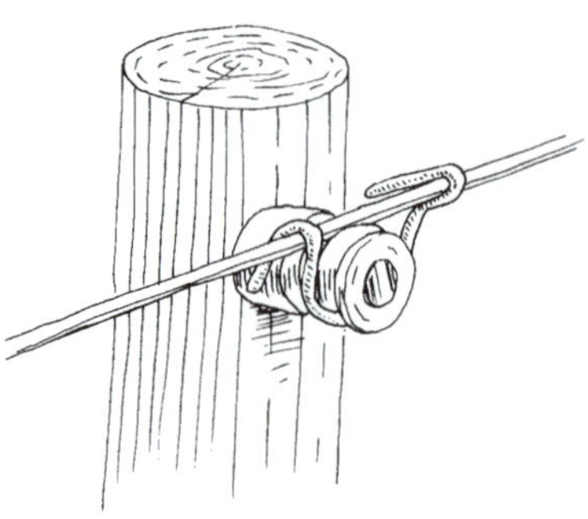

Mit Isolatoren lassen sich stromführende Drähte sicher an Pfosten befestigen. Bringen Sie für alle Leiter, die Sie spannen möchten, Isolatoren an und richten Sie sie nach innen, wenn Sie Nutztiere einzäunen möchten, und nach außen, wenn Sie Raubtiere fernhalten möchten.

Das Tor wird stärker beansprucht als der Rest des Zaunes und sollte deshalb solide, gut aufgehängt, gut gestützt und aus hochwertigen Materialien sein. Wenn es ausschließlich für den Fußgängerverkehr bestimmt ist, sollte es mindestens 1,2 m breit sein, ausreichend für Schubkarre oder Rasenmäher. Für größere Geräte oder Nutztiere ist ein 3,0 bis 3,6 m breites Tor besser geeignet. Und für Fahrzeuge und Maschinen sind 4,2 bis 5,0 m ausreichend.

Die stabilsten Tore sind gerahmte Tore aus Holz oder Metall. Holztore sind schwer und können durchhängen, besonders wenn sie nicht aus druckimprägniertem Holz gefertigt sind.

Ein gut aufgehängtes Tor

Ein Tor hängt nicht durch, wenn es ordentlich konstruiert, der Torpfosten stabil und das Tor senkrecht aufgehängt ist, so daß es frei schwingt. Wenn Sie niemanden haben, der das Tor festhält, während Sie die Angeln justieren, müssen Sie es mit untergelegten Klötzen abstützen, um es genau auf der richtigen Höhe über dem Boden zu halten.

Wenn das Tor trotz all Ihrer Bemühungen durchhängt, können Sie mehrere Dinge tun. Wenn der Pfosten mit den Angeln nicht schief steht, können Sie eine dritte Angel anbringen oder die vorhandenen durch größere ersetzen. Bei einem Fußgängertor können Sie ein Drahtseil diagonal von der angelseitigen oberen Ecke des Tores zur Mitte der Schloßseite führen, bei einer Durchfahrt zur unteren Ecke der Schloßseite. Fügen Sie ein Spannschloß ein, um die Spannung des Drahtseils zu regulieren.

Wenn der Pfosten mit den Angeln schief steht, müssen Sie ihn durch einen größeren ersetzen oder die Stützstreben verstärken. Oder Sie setzen einen zusätzlichen Pfosten 20 cm daneben auf die Zaunlinie, verkeilen einen Klotz aus einem druckimprägnierten 5x10-cm- oder 10x10-cm-Kantholz auf Bodenhöhe zwischen den beiden Pfosten und ziehen sie oben mit einem Metallband zusammen.

Sie können auch den Pfosten mit der Angel aufstocken oder durch einen höheren ersetzen, ein Drahtseil vom oberen Ende des Pfostens zur Schloßseite des Tores führen und dieses mit einem Spannschloß straff ziehen. Wenn die Fläche eben ist, können Sie ein kleines Rad unten an der Schloßseite des Tores anbringen.

Wenn alle Stricke reißen, müssen Sie die Pfosten komplett herausreißen und von vorn beginnen. Es gibt nichts Schlimmeres, als nach einem harten Arbeitstag mit einem störrischen Tor zu kämpfen.

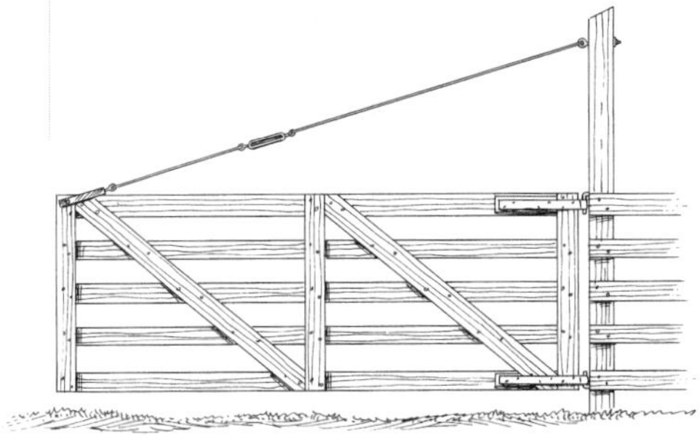

Dieses Tor ist mit einem Drahtseil versteift, das bei Bedarf nachgespannt werden kann.

– aus *Fences for Pasture & Garden*

Ein Holztor bauen

Für ein 1,2 m breites Fußgängertor brauchen Sie drei 1,2 m lange 2,5x15-cm-Verbindungsbretter, vier 1,2 m lange senkrechte Rahmenbretter, zwei 1,8 m lange diagonale Aussteifungen und vier 75 cm lange Auflagebretter für die Angeln. Verwenden Sie für eine 3,6 m breite Durchfahrt 5x15-cm-Kanthölzer. Verdreifachen Sie die Längen der drei Verbindungsbretter und erhöhen Sie die Länge der diagonalen Aussteifungen auf 2,15 m. Fügen Sie ein zusätzliches Paar Ausstreifungen und senkrechte Rahmenhölzer ein, so daß das fertige Tor wie ein doppeltes X aussieht. Bauen Sie das Tor auf dem Garagenboden oder einer anderen ebenen Fläche zusammen.

1. Verteilen Sie die Verbindungsbretter gleichmäßig über die Höhe und befestigen Sie sie, wie gezeigt, zwischen den senkrechten Rahmenbrettern. Bringen Sie dann die Aussteifungen an.
2. Befestigen Sie die Auflagebretter vorn und hinten jeweils an der oberen und der unteren Ecke der Angelseite. Schrägen Sie zwei der Auflagebretter so ab, daß sie neben die Aussteifungen passen.
3. Verleimen Sie das Tor, wenn Sie sicher sind, daß es rechteckig ist, mit einem für den Außenbereich geeigneten Leim und zwingen Sie es zusammen. Bohren Sie angesenkte Löcher vor, bevor der Leim trocknet, und schrauben Sie das Tor mit Flachkopf-Holzschrauben zusammen.

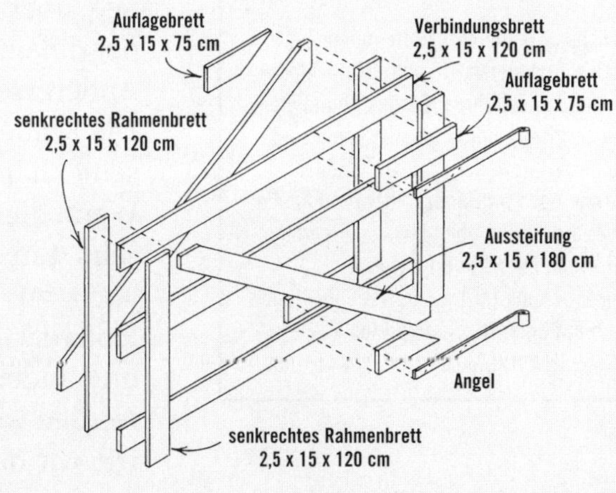

Gerahmtes 1,2 m breites Fußgängertor

28 HAUSTIERE AUF DEM HOF

DER HOFHUND • DIE HOFKATZE KANINCHEN

Eher früher als später wird unser hübscher Retriever seinen Erzfeind treffen: das Stinktier. Unter anderen Gegebenheiten könnten diese Kreaturen vermutlich schön zusammenleben. Aber bei uns ist das Ergebnis immer das gleiche – der junge Hofhund zeigt übermäßiges Interesse an einem unwilligen Stinktier und muß hart dafür büßen. Unsere Hunde wurden häufiger von Stinktieren besprüht, als wir zählen können, und so sind wir wahre Meister im Umgang mit den „Duftschäden" geworden. Unser Rezept steht links.

– John Storey

Ein Haustier auf dem Hof ist etwas ganz anderes als ein Haustier in der Stadt. Ein Tier in der Stadt oder in einem Vorort ist größtenteils in einem Haus, einer Wohnung oder einem umzäunten Grundstück eingesperrt oder an der Leine. Haustiere auf dem Land, vor allem Hunde oder Katzen, haben gewöhnlich Auslauf auf einer ausgedehnten Fläche. Allein oder mit ihrer Menschenfamilie haben sie die Möglichkeit, Gehölz, Hügel, Weiden, Bäche und was auch immer die Umgebung an Faszinierendem zu bieten hat, zu entdecken – ganz abgesehen von all den Bewohnern darin. Obwohl die Wissenschaft dies erst noch untermauern muß, sind die meisten von uns überzeugt, daß dies für unsere Haustiere ein freieres und freudvolleres Leben ist. Unseren normalerweise wasserscheuen Hund in einem nahe gelegenen See übermütig hinauspaddeln zu sehen, um ein Entenpärchen zu begrüßen, war für uns der Beweis, den wir brauchten.

Andererseits haben Haustiere auf dem Hof eher ernsthafte Pflichten. Die Kinder mögen den Hirtenhund als Spielgefährten betrachten, aber seine hauptsächliche Aufgabe ist das Zusammenhalten der Herde. Wenn die Schafe in Panik geraten, kann dies wahrlich eine harte Arbeit sein. Ein Haflinger kann der Liebling der Familie sein, aber er wird auch zu Transportdiensten angespannt und vielleicht auch zum Holzrücken herangezogen. Hofkatzen haben die Scheune von Mäusen und anderen Quälgeistern freizuhalten, und die armen Stallkaninchen werden wohl im Kochtopf enden. Und sollten wir jemals herausfinden, wie wir das Meerschweinchen auf dem Hof zum Arbeiten bekommen, werden wir zweifellos auch von ihm verlangen, sich seinen Unterhalt zu verdienen.

Den Hund „entstinken"

1 l dreiprozentiges Wasserstoffperoxid
¼ Tasse Backnatron
1 Teelöffel Flüssigseife

Mischen Sie die Wirkstoffe möglichst im Freien zusammen. Reiben Sie die Mixtur tief in das Fell Ihres Hundes und spülen Sie sorgfältig nach. Dies ist keine schöne Prozedur, weder draußen in einer Wanne noch im Badezimmer der Familie. Aber die Freude über den frisch gereinigten Hund entschädigt dafür.
Die Mischung hilft auch, wenn Ihr Hund sich auf einer frisch gegüllten Wiese oder auf einem Misthaufen gewälzt hat.

L E X I K O N

Häsin: weibliches Kaninchen
Jagdhund: Hund, der zum Aufspüren, Aufscheuchen oder Apportieren von Wild gezüchtet wurde
Monotones Aufundablaufen: wiederholtes Hinundherlaufen an der Längsseite eines rechteckigen Auslaufs oder Geheges; ein Verhalten, das man bei manchen Hunden sieht
Rammler: männliches Kaninchen
Reinrassig: beschreibt ein Tier, dessen Eltern derselben Rasse angehören
Rosette: Wirbel im Haarwuchs, wie etwa bei einigen Meerschweinchenrassen
Varietät: Unterteilung einer Rasse, im allgemeinen festgelegt durch das Farbschema, die Augenfarbe oder das Fell
Widder: Kaninchenrassen mit herabhängenden Ohren

Mit Ausnahme von eingesperrten Tieren haben Haustiere auf dem Hof etwas von wilden Tieren. Sie stellen Vögeln, Eichhörnchen, Feldkaninchen, und was sonst ihren Weg kreuzt, nach. Viele Hofkatzen sind auch Wildbeuter. Was Sie auf den Teller einer Katze legen, ist wahrscheinlich nur ein kleiner Teil ihres gesamten Nahrungsspektrums. Sie kann alle Arten von Nagetieren und Insekten als Zwischenmahlzeit fressen. Und wenn Sie eine Milchkuh haben, dient der Katze jedes kleinste Tröpfchen Milch als reichhaltiger Nachtisch.

Wenn Sie ein Haustier für den Hof aussuchen, sollten Sie sich gleichermaßen von Ihren gefühlsmäßigen Vorlieben und dem notwendigen Pragmatismus leiten lassen. Denken Sie darüber nach, was Tiere auf Ihrer Hofstelle leisten sollen oder welche Tiere am besten geeignet sind, Ihnen die einsamsten und beschwerlichsten Arbeiten zu erleichtern.

Nun, wie schwierig das auch immer sein mag, befragen Sie Herz und Gedächtnis. Welches der genannten Tiere lieben Sie innig, seit Sie zum ersten Male das Fell eines Tieres voll Entzücken gestreichelt haben? Suchen Sie nach diesem Tier. Wenn Sie es gefunden haben, ist es aller Wahrscheinlichkeit nach das ideale Haus- und Hoftier für Sie.

– beigetragen von Greg Linder

Eine Frage der Züchtung

Hunderassen sind in Kategorien eingeordnet, die auf den vorrangigen Eigenschaften der Rasse beruhen. Die Kenntnis dieser Eigenschaften kann Ihnen helfen, die Auswahl einzugrenzen.

Pointer

Jagdhunde

Die Hunde dieser Gruppe wurden gezüchtet, um auf Wild aufmerksam zu machen, Wild aufzustöbern oder getötete Beute zu apportieren. Die Gruppe umfaßt alle Vorstehhunde, Schweißhunde und Apportierhunde und die meisten Stöberhunde. Diese Hunde sind am glücklichsten, wenn sie sich bewegen.

Pudel

Familienhunde

Die meisten dieser Rassen wurden auf spezielle Arbeitseigenschaften gezüchtet, werden aber heute nicht mehr für ihre ursprünglichen Aufgaben verwendet. Der Dalmatiner wurde als Schutzhund für Kutschen gezüchtet. Bulldoggen wurden ver-

DER HOFHUND

Deutsche Dogge

Collie

Hound

Terrier

Schoßhund

wendet, um Bullen zu reizen, bis sie angreifen. In die Gruppe gehören auch Rassen wie Bichon Frisé, Boston Terrier, Chow-Chow, Schipperke sowie Klein- und Großpudel.

Schutz- und Begleithunde

Diese Hunde wurden ursprünglich gezüchtet, um für ihren Unterhalt zu arbeiten. Dazu gehören Rassen, die Schlitten oder Karren ziehen, Menschen, Eigentum und Nutztiere bewachen, sowie Such- und Rettungshunde. Die Rassen Boxer, Dobermann, Deutsche Dogge, Rottweiler, Bernhardiner, Sibirischer Husky und zwei größere Schnauzer zählen dazu. Viele dieser Rassen eignen sich sehr gut als Familienhunde. Dennoch können einzelne Tiere aggressiv gegenüber anderen Hunden oder Menschen außerhalb der Familie sein.

Hütehunde

Diese Gruppe wurde gezüchtet, um Rinder, Schafe, Ziegen oder Geflügel zu hüten. Zu ihr gehören Australischer Treibhund, Australian Shepherd, Collie, Briard, Puli, Deutscher Schäferhund, Sheltie, Welsh Corgi und andere. Der Hüteinstinkt ist bei vielen Einzeltieren noch stark erhalten.

Jagdgebrauchshunde

Die Hunde dieser Gruppe wurden als Sicht- oder als Spürhunde gezüchtet. Sie spüren Wild auf und verfolgen es. In der Größe reichen sie vom Dackel bis zum Irischen Wolfshund. Sichthunde sind stromlinienförmig mit langen, schmalen Schnauzen. Manche tendieren dazu, gegenüber unbekannten Menschen distanziert zu reagieren. Spürhunde nutzen ihre tiefen, bellenden Laute, um ihre Gefühlsregungen auszudrükken und miteinander zu kommunizieren. In diese Gruppe gehören Beagle, Basset Hound und Bluthund.

Terrier

Zu dieser Gruppe gehören alle Terrier mit Ausnahme der wenigen Rassen, die zu den Schoßhunden und den Gesellschafts- und Begleithunden zählen. Beispiele sind Airedale-, Bedlington-, Fox-, Kerry-Blue-, Scottish- und Welsh-Terrier. Sie sind wahre Energiebündel, die jederzeit zum Aufspingen, Losstürmen oder Herumtollen aufgelegt sind. Sie wurden ursprünglich gezüchtet, um Ratten und andere Schädlinge in ihren Erdbauen zu verfolgen, zu fassen und zu töten. Und dieser Instinkt ist heute noch stark.

Schoßhunde

Zu dieser Gruppe gehören kleine gesellige Hunde wie Chihuahua, Japan Chin, Malteser, Papillon, Mops, Zwergpudel und Yorkshire-Terrier. Schoßhunde sind die kleinsten Reinzuchthunde und sehr gut für kleine Wohnungen geeignet.

Mischlinge

Mischlinge haben Eltern aus verschiedenen Rassen. Sie müssen möglicherweise raten, wie der Hund aussehen wird, wenn er ausgewachsen ist, wie groß er wird und welche Eigenschaften er vererbt bekommen hat. Mischlinge scheinen im allgemeinen weniger anfällig für Gesundheitsprobleme zu sein, die mit bestimmten Reinzuchten in Verbindung gebracht werden.

Unterbringung des Hofhundes

Wenn Ihr Hund nicht im Haus lebt, sollte er ein eigenes Gehege auf Ihrem Grundstück haben. Hunde sollten unbeaufsichtigt nicht frei herumlaufen dürfen, auch nicht auf dem Land.

Der Auslauf

Der Auslauf auf dem Hof sollte genug Platz bieten, daß sich Ihr Hund Bewegung verschaffen kann. Ein quadratischer Auslauf ist besser als ein rechteckiger, weil er das Syndrom des Monotonen Aufundablaufens am Zaun einzuschränken scheint. Der Boden des Auslaufs sollte aus Beton, ein Teilbereich aus einer Kies- oder Sandmischung und der Liegeplatz aus einem leicht erhöhten Holzboden bestehen. Ein Auslauf, der nur Gras und Erde hat, kann zu einem Schlammloch werden, wenn es regnet. Die Seitenwände eines Auslaufs sollten aus einem Drahtgeflecht bestehen, an dem der Hund nicht hochklettern und das er nicht durchbeißen kann. Planen Sie den Zaun hoch genug, damit der Hund nicht herausspringen kann. Vollwandiges Material wie Holz ist empfehlenswert für den Grenzzaun zum Nachbarn, um zu vermeiden, daß der Hund die Tätigkeiten des Nachbarn stört.

Der Unterschlupf

Der Auslauf sollte viel Schatten bieten, so daß Ihr Hund jederzeit die Sonne meiden kann. Eine Hundehütte, deren Öffnung vom kalten Wind abgewandt liegt, bietet einen guten Unterschlupf. Ihr Dach sollte nicht flach sein, es sei denn, Sie plazieren sie so, daß der Hund sie nicht als Sprungbrett zum Überwinden des Zauns nutzen kann. Wenn Sie in einer im Winter sehr kalten Region leben, empfiehlt sich die Dämmung der Hütte. Sie sollte zudem in einem erhöhten Teil des Auslaufs auf Steinen oder Balken stehen, so daß es nie von unten naß wird.

Ketten und Leinen

Auf Kette und Spannleine sollten Sie verzichten. Der Hund sollte nur dann an die Leine gelegt werden, wenn Sie mit ihm Haus oder Hof verlassen. Wenn der Hund als soziales Tier den größten Teil seines Lebens angebunden ist, kann er aggressiv werden und ist meistens hyperaktiv, wenn er losgelassen wird. Ein solcher Hund läßt sich schwerer beherrschen und erziehen. Der Hund muß allerdings lernen, an der Leine zu gehen und dabei zu gehorchen, denn Sie müssen ihn unterwegs zurückhalten können. Wenn Sie ihm beigebracht haben, stehen oder sitzen zu bleiben, wenn er angeleint ist, wird dies kein Problem sein.

– verändert aus *Your Puppy, Your Dog* von Pat Storer

Hunde bei Hitze und Kälte

Bei Hitze

- Setzen Sie Ihren Hund keiner Überanstrengung aus.
- Lassen Sie Ihren Hund schon bei nur warmem Wetter niemals in einem geschlossenen Auto.
- Lassen Sie Ihren Hund nicht ohne Schatten und viel Wasser irgendwo angeleint.
- Heißes Pflaster oder Gehwege können die Pfoten Ihres Hundes verbrennen. Führen Sie ihn in den kühleren Morgen- oder Abendstunden aus.

Bei Kälte

- Unterkühlung kann zum vollständigen Zusammenbruch und zum Tod führen. Ohren, Pfoten und Hodensack können auch erfrieren.
- Räumen Sie einen sicheren Pfad durch vereiste Gehwege, bevor Sie Ihren Hund hinauslassen.
- Wenn Ihr Hund auf streusalzbehandeltem Untergrund gelaufen ist, müssen Sie seine Pfoten sorgfältig waschen und abtrocknen.
- Legen Sie Ihrem Hund draußen einen Mantel an.

– aus *The Guilt-Free Dog Owner's Guide* von Diana Delmar

Wie man Tabletten verabreicht

Wenn Sie die Medikamente in einem kleinen Ball Rahmkäse oder etwas anderem Weichkäse verstecken, wird sie Ihr Hund vermutlich verschlingen. Wenn Ihr Hund aber den Käse frißt und die Tablette ausspuckt, können Sie folgende Methode probieren:

Schritt 1: Klemmen Sie den Hund zwischen Ihre Beine und öffnen Sie ihm mit der einen Hand das Maul.

Schritt 2: Legen Sie die Tablette mit der anderen Hand hinten in den Rachen.

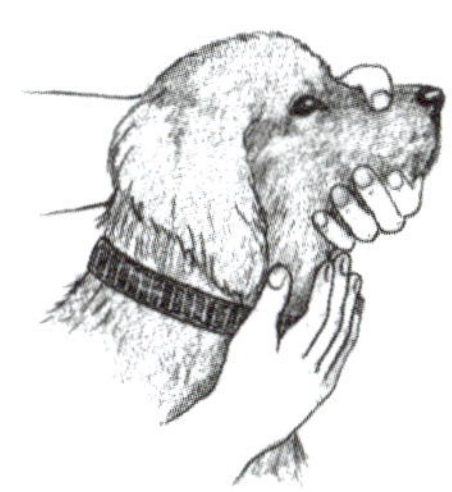

Schritt 3: Halten Sie das Maul des Hundes geschlossen, während Sie seinen Hals ein paarmal streicheln, um das Schlucken zu fördern.

– aus *Help! My Puppy is Driving Me Crazy* von Diana Delmar

SCHEUNE, STALL UND FELD

DIE HOFKATZE

Die Hofkatze

Wenn Ihre Katze frei draußen umherstreifen darf, sollten Sie folgende Vorsichtsmaßnahmen treffen:

- Halten Sie die Impfungen auf dem neuesten Stand.
- Achten Sie darauf, daß Ihre Katze durch eine Tätowierung oder einen Chip gekennzeichnet ist.
- Füttern Sie der Katze qualitativ hochwertiges Futter, so daß sie weniger versucht ist, Beute zu fressen, die möglicherweise mit Pflanzenschutzmitteln oder Parasiten kontaminiert ist.
- Lassen Sie Ihren Kater kastrieren bzw. Ihre Katze sterilisieren.
- Untersuchen Sie Ihre Katze regelmäßig auf Flöhe, Zecken, Insektenstiche oder Wunden.
- Lassen Sie Ihre Katze regelmäßig vom Tierarzt untersuchen.
- Bieten Sie Ihrer Katze bei heißem Wetter kaltes Wasser und Schatten.

– verändert aus *Cat Love* von Pam Johnson

In den Besitz einer Katze kommen – oder von ihr in Besitz genommen werden

Nehmen wir an, Sie vergleichen die Preise. Wenn Sie keine reinrassige Katze brauchen oder möchten, können Sie vielleicht bei einem Landwirt oder einem anderen Katzenbesitzer einen dieser kräftigen, ausgeprägt unabhängigen und sehr robusten Mitbewohner von Millionen Haushalten erwerben: eine getigerte, gefleckte oder einfarbige Hauskatze.

Sie können außerdem gegen eine geringe Gebühr oder eine Spende im Tierheim eine Katze erstehen. Häufig wird vorab das zukünftige Zuhause der Katze von Mitarbeitern bewertet oder das Tier nach einigen Wochen einmalig besucht, um die Haltungsbedingungen zu kontrollieren.

Jede Katze sollte 24 bis 48 Stunden nach dem Erwerb zu einer Komplettuntersuchung zum Tierarzt gebracht werden. Wenn Behandlungsunterlagen vorhanden sind, sollten Sie diese mitnehmen. Nehmen Sie auch eine Stuhlprobe mit.

Katze oder Kätzchen?

Eine ältere Katze ab zwei Jahren hat einen vollentwickelten Charakter und einen ausgeprägten eigenen Tagesablauf. Egal ob Sie allein leben oder eine große Familie haben: Sie werden rasch erkennen, ob eine solche Katze zu Ihren Lebensgewohnheiten paßt und umgekehrt. Wenn Sie die Vorgeschichte einer älteren Katze ermitteln können, ist dies rundum von Vorteil.

Wenn Sie jedoch möchten, daß die Katze und Ihre Kinder gemeinsam aufwachsen, müssen Sie sich logischerweise für ein Kätzchen entscheiden. Katzen werden leicht stubenrein, aber suchen Sie sich eine aus, die mindestens sieben oder acht Wochen alt ist. Erst dann frißt sie selbst und ist fähig, übereifrigen Zugriffen durch Kinderhände zu entkommen.

Langhaar oder Kurzhaar?

Offen gesagt hängt es davon ab, wie viele Haare Sie beseitigen und wieviel Zeit Sie in die Fellpflege investieren möchten. Bei einer Kurzhaarkatze reicht es, sie einmal in der Woche zu bürsten. Eine Langhaarkatze sollte täglich gepflegt werden.

Drinnen, draußen oder beides?

Drinnen lebt eine Katze möglicherweise viel länger, weil sie weit weniger Gefahren wie dem Straßenverkehr oder Hunden aus der Nachbarschaft ausgesetzt ist. Wenn Ihre Umgebung draußen frei von diesen Risiken ist, wird die auf dem Grundstück umherstreifende Katze die Gefahr von Mäusen im Haus verringern und Eichhörnchen vom Vogelfutterhäuschen vertreiben. Die reine Hofkatze gibt es in starkbesiedelten Gebieten selten. In ländlichen Gegenden weiß die Katze jedoch häufig, daß sie für das Fernhalten von Schädlingen aus dem Stall und vom Getreide Futter bekommt, und bleibt in der Nähe dieser Bereiche.

Von einer Katze angenommen werden

Das ist ganz einfach. Stellen Sie einer streunenden Katze Futter hinaus. Wie die Landstreicher in der Vergangenheit wissen Katzen, bei welchem Haus sie ein Almosen bekommen. Wenn sich die Streunerin wie eine Königin vorkommt, müssen Sie sich nicht wundern, wenn Sie eines Tages die Tür öffnen und eines ihrer Jungen dort abgelegt vorfinden.

Rassekatzen

Wenn Ihr Herzenswunsch eine feine Abstammung der Katze einschließt, werden Sie vermutlich einen Züchter aufsuchen. Bedenken Sie aber: Je feiner die Rasse einer Katze, desto empfänglicher kann sie für Krankheiten sein. Manche Rassekatzen sind anfälliger für eine bestimmte Erkrankung als andere. Rassekatzen haben besondere Bedürfnisse sowie Ansprüche an Pflege und Zuwendung.

– verändert aus *Cat First Aid* von George E. Boyle, V.M.D., mit Charles L. Blood

Floh- und Zeckenschutz

Getrocknete Kräuter und ätherische Öle können sehr wirkungsvoll sein, wenn es um den Schutz Ihres Tieres vor Flöhen und Zecken geht. Sie können beispielsweise fünf Tropfen Wacholderöl, zehn Tropfen Lavendelöl und zwei Tropfen Eukalyptusöl in eine 250-ml-Sprühflasche mit Wasser geben und Flächen im Haus besprühen, die Ihr Tier aufsucht. Ich habe gesehen, wie eine vollgesaugte Zecke von einem Hund abfiel, nachdem ein einziger unverdünnter Tropfen Teebaumöl direkt auf sie gegeben worden war.

Ein Kräuterkissen für Ihr Haustier herstellen

Sie können ein Kräuterkissen zur Läuseabwehr für Katzen oder Hunde (nicht für Kätzchen oder Welpen) herstellen, indem Sie Lavendelblüten, Zedernholzschnitzel und Poleiminzeblätter (kein Öl) zu gleichen Teilen in die Füllung eines Kissens oder einer kleinen selbstgemachten Matratze für das Lager eines Haustiers geben. Verwenden Sie je fünf Tropfen für ein Kissen oder eine Matratze, wenn Sie die getrockneten Kräuter durch ätherische Öle ersetzen. Poleiminze- und Zitrusöl reizen viel zu stark, um sie direkt auf Tieren zu verwenden.

– aus *The Essential Oils Book* von Colleen K. Dodt

Auswahl an Futtermitteln für Katzen

Futtermittel	Vorteile	Nachteile
Feuchtfutter Fachhandel	Kann rein natürlich sein; günstig für Katzen mit Harnwegsproblemen; ist ungeöffnet lange haltbar	kann guter Zahngesundheit abträglich sein; das Erhitzen bei der Herstellung kann Vitamine zerstören; muß nach dem Öffnen gekühlt werden
Feuchtfutter Supermarktqualität	wird verbraucherfreundlich in Einzelportionen angeboten; sehr schmackhaft für Katzen	teuer; enthält Geschmacksstoffe; enthält normalerweise texturiertes Pflanzeneiweiß; in manchen Fällen möglicherweise nicht ausreichend vollwertig und ausgewogen
Trockenfutter	kostengünstiger als Feuchtfutter; einfach zu servieren; kann länger als Feuchtfutter in der Futterschale bleiben; kann gesunde Zähne fördern; die meisten Katzen mögen Trockenfutter	hoher Aschegehalt; bewirkt einen basischeren Harn; beim Trocknen wird der Nährstoffgehalt möglicherweise reduziert; empfindlicher gegen Insektenbefall
Selbstgemacht	Sie kontrollieren die Qualität der Zutaten	Mahlzeiten können unausgewogen sein und nicht genug lebensnotwendige Vitamine und Mineralstoffe enthalten

– verändert aus *Cat Love* von Pam Johnson

Die Produkthinweise lesen

Jedes Katzenfutter, das Sie kaufen, sollte auf dem Hinweisschild angeben, daß es vollwertig oder ausgewogen ist, also alle notwendigen Inhaltsstoffe ausreichend und in abgestimmten Mengen enthält. Viele Katzenfutter wurden von der Stiftung Warentest und anderen Organisationen getestet und bewertet und sind entsprechend gekennzeichnet. Dennoch sollten Sie auf die Details achten:

- Achten Sie darauf, daß am Anfang der Zutatenliste mehr als eine Quelle für tierisches Eiweiß steht. Die Zutaten sind nach der Menge, die im Futter enthalten ist, aufgeführt. Sie möchten sicher nicht etwas wie Sojabohnenmehl als erste Zutat lesen.
- Vergewissern Sie sich, daß nur ein Konservierungsstoff im Futter verwendet wurde.
- Versuchen Sie Futtermittel zu vermeiden, die künstliche Farbstoffe enthalten.
- Achten Sie darauf, daß der Aschegehalt und besonders der Magnesiumgehalt gering ist. Der maximale Aschegehalt sollte bei Feuchtfutter drei Prozent der Trockenmasse betragen und bei Trockenfutter acht Prozent.

– verändert aus *Cat Love*

KANINCHEN

Merkmale eines gesunden Kaninchens

Gute Gesundheit des Tieres ist das wichtigste Kriterium beim Kaninchenkauf. Achten Sie auf folgendes:

- **Augen:** Glänzend, ohne Ausfluß, Flecken oder Trübung.
- **Ohren:** Innen sauber, braune Krusten können auf Ohrmilben hindeuten.
- **Nase:** Sauber und trocken, kein Ausfluß, der eine Erkältung anzeigen könnte.
- **Vorderläufe:** Sauber; Verkrustungen innen an den Vorderpfoten zeigen, daß das Kaninchen sich die laufende Nase gewischt hat.
- **Hinterläufe:** Die Unterseiten der Pfoten sind gut behaart. Blanke oder entzündet aussehende Stellen können der Beginn von Ballenabszessen sein.
- **Zähne:** Die Vorderzähne stehen korrekt in einer Reihe. Die oberen zwei Schneidezähne stehen leicht über.
- **Hinterteil:** Der Schwanzansatz sollte sauber und ohne Kotreste im Fell sein.
- **Allgemeinzustand:** Das Fell ist sauber. Der Körper fühlt sich weich und fest an, nicht knochig.

– aus *Your Rabbit* von Nancy Searle

Kaninchenrassen, die sich gut als Heimtiere eignen

Kaninchen sind relativ kostengünstig. Sie können drinnen oder draußen gehalten werden, machen keine Geräusche, brauchen selten einen Tierarzt und müssen nicht täglich gepflegt werden. Jede Rasse kann als Heimtier gehalten werden, aber die kleineren Rassen sind besonders beliebt.

Farbenzwerg: Dies ist die kleinste Rasse. Er ist bekannt für seinen rundlichen Körper, den relativ breiten Kopf, die großen kecken Augen und die kleinen Ohren. Seine Größe und sein aufgewecktes Wesen machen ihn zu einem reizvollen Haustier. Diese Rasse gibt es in vielen Farben – über 30 verschiedene Farbschläge sind anerkannt. Die Würfe sind mit durchschnittlich zwei bis drei Jungen klein.

Holländer: Aufgrund der charakteristischen gescheckten Fellzeichnung sind Holländer sehr attraktive Heimtiere. Ihre geringe Größe (2,6 bis 3,25 kg) und ihr sanfter Charakter machen Sie zu einer guten Wahl für Kinder. Holländer gibt es in zehn Farbschlägen.

Zwergwidder: Seine Kontaktfreudigkeit und die putzigen Hängeohren machen den Zwergwidder so beliebt. Die Rasse gibt es in vielen Farben. Obwohl es nicht die kleinste Zwergrasse ist, ist er mit seinem Höchstgewicht von 1,9 kg eine gute Wahl für Familien mit wenig Platz. Zudem ist die Rasse für Zuchtanfänger ideal.

Hermelin: Das Hermelin ist mit nur 1,5 kg Maximalgewicht neben den Farbenzwergen die kleinste Kaninchenrasse in Deutschland. Am breiten, markanten Kopf und dem kleinen, gedrungenen Körper können Sie erkennen, daß es eng mit dem Farbenzwerg verwandt ist. Allerdings ist das Hermelin immer reinweiß.

– verändert aus *Your Rabbit* von Nancy Searle

Stallkaninchen richtig füttern

Jeder weiß, was Kaninchen fressen, richtig? Kohl und Karotten in Mengen, richtig? Falsch!

Es gibt eine Menge Dinge, die Kaninchen gerne fressen *würden*, unter anderem den obenerwähnten Kohl. Aber um Kaninchen erfolgreich zu mästen, müssen Sie ihnen, genau wie allen anderen Nutztieren, das füttern, was sie fressen *sollen*.

Kaninchen sind Grünfutterfresser. Wo es nicht so sehr auf maximale Zuwachsraten ankommt, kann der Großteil der Ration aus Grünfutter bestehen. Um sicherzugehen, daß Ihr Kaninchen ausreichend Mineralien, Vitamine und Spurenelemente bekommt, können Sie ein Ergänzungsfuttermittel zugeben.

In der professionellen Kaninchenhaltung brauchen die Tiere jedoch einen ausgewogenen Speiseplan, um rasch zu wachsen und sich gut zu vermehren. Auch um sie bei bester Gesundheit zu erhalten, müssen Sie ihnen eine optimale Ration füttern.

Pellets machen es einfach

Wenn Sie Ihren Kaninchen ausschließlich Pellets und Heu zu fressen und sauberes Wasser zu trinken geben, genügt das vollkommen. Handelsübliche Pellets für Kaninchen enthalten alles, was ein Kaninchen braucht:

- Luzerneheu als qualitativ hochwertiges Rauhfutter
- spezielle Eiweißquellen
- Phosphor, Kalzium und essentielle Spurenelemente
- Vitamine
- Salz (weiteres Zufüttern von Salz ist unnötig)

Die Eiweißgehalte dieser Pellets reichen von 10 bis 20 Prozent. 16 Prozent sind bei einer Häsin ausreichend, um Milch zu bilden und einen Wurf großzuziehen, und auch für wachsende Kaninchen. Höhere Proteingehalte sind wirklich nicht notwendig.

Dinge wie Grünzeug, Karotten oder übriggebliebenes trockenes Brot sind – wie Bonbons für den Menschen – schmackhafte Häppchen, die Sie sparsam als Leckereien verwenden sollten. Das Hauptfutter sollte, neben Heu, aus Kaninchenpellets bestehen. Denken Sie stets daran, daß die Fütterung den größten Einfluß auf das Wohl Ihrer Kaninchen hat.

Die Häsin und ihr Wurf

Wenn eine meiner Häsinnen trächtig ist, ändere ich die Fütterung wie folgt: Bis ich es sicher weiß, gebe ich ihr 50 oder 60 g Pellets am Tag zusätzlich. Danach gebe ich ihr nochmals 30 g Pellets extra, wenn sie sie auffrißt, und einen Eßlöffel ganze Haferkörner – vom besten Hafer, den ich bekommen kann – in einem zusätzlichen Futterbehälter.

Wenn die Häsin geworfen hat, gebe ich ihr weiterhin die oben aufgeführten Futtermittel, biete ihr aber auch besondere Leckerbissen an – einen Apfelschnitz, eine Karotte, ein paar Salatblätter, Blätter von Staudensellerie oder einige Kartoffelschalen. Diese Häsin ist natürlich sehr durstig und nimmt deshalb zusätzlich zu dem Wasser, das all meinen Kaninchen jederzeit zur Verfügung steht, saftiges Grünzeug sehr gerne an. Ich kann ihr diese Leckereien so lange täglich zufüttern, bis der Nachwuchs aus der Nestbox herausgehoppelt kommt. Dann höre ich damit auf, weil ich vermeiden möchte, daß die Jungen, bevor sie fünf oder sechs Monate alt sind, irgendeine Art von Grünzeug zu sich nehmen. Denn es bekommt ihnen nicht und kann sogar tödlich für sie sein.

Ich versorge die Häsin und ihren Nachwuchs mit Kaninchenpellets ad libitum. Das bedeutet, ich halte den Futterautomaten so weit gefüllt, daß er nie leer werden kann. Ich möchte, daß die Jungtiere so viel bekommen, wie sie möchten, weil sie (a) so schnell sie können wachsen sollen und (b) die Häsin die Milchversorgung aufrechterhalten soll, solange der Wurf trinkt. Wenn ich den Wurf nach sechs bis zehn Wochen absetze, gebe ich allen Kaninchen so viele Pellets, wie sie an einem Tag auffressen.

Allgemeine Grundsätze

Heranwachsende Kaninchen sollten so viele Pellets bekommen, wie sie an einem Tag fressen. Sie werden bald herausbekommen, wieviel Sie geben müssen. Geben Sie weniger, wenn am nächsten Tag noch Futter übrig ist. Wenn das Kaninchen Sie zur Futterzeit damit begrüßt, daß es kopfüber in sein frisches Futter taucht, müssen Sie ihm mehr geben.

Ausgewachsene Kaninchen der mittleren Gewichtsgruppe verzehren je nach Individuum etwa 140 g Kaninchenpellets am Tag. Sauberes frisches Wasser muß durchgehend zur Verfügung stehen. Häsinnen mit Nachwuchs sollten Kaninchenpellets ad libitum gefüttert werden.

Abgesehen von Häsinnen mit Nachwuchs brauchen Kaninchen keinen ständigen Zugang zu Futter. Meine ausgewachsenen Rammler und Häsinnen ohne Wurf fressen normalerweise ihre gesamten Pellets innerhalb einer Stunde, und das ist alles, was sie bis zum nächsten Tag bekommen. Natürlich haben sie fast immer Heu zum Knabbern, aber wohl eher, um etwas zu tun zu haben, als weil sie es brauchen.

Es empfiehlt sich, Kaninchen abends zu füttern, weil sie nachts aktiver sind und bereitwilliger fressen, wenn der Tag zu Ende ist. Aber wenn es für Sie morgens günstiger ist, passen sich die Kaninchen Ihrem Zeitplan an. Sie brauchen jedoch Regelmäßigkeit. Lassen Sie Ihre Kaninchen nicht auf das Futter warten und füttern Sie sie nicht früher, nur weil Sie zufällig etwas früher nach Hause gekommen sind.

Wenn Sie Wasserschalen verwenden, müssen Sie sie täglich ausspülen und wöchentlich desinfizieren. Das hilft, Ihre Kaninchen gesund zu halten.

– verändert aus *Raising Rabbits the Modern Way* von Bob Bennett

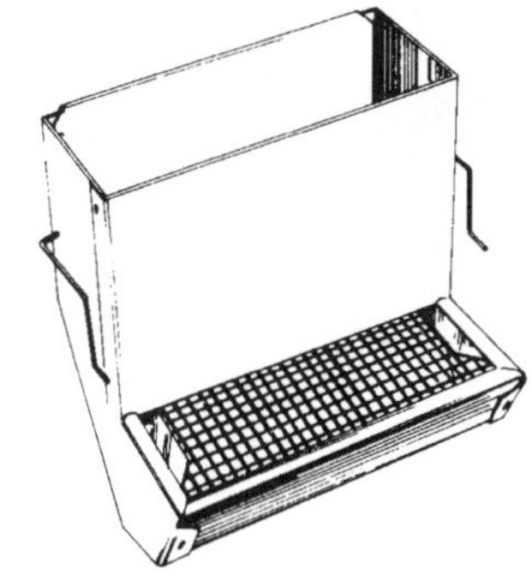

Dieser Futterspender wird in das Käfiggitter eingehängt und kann von außen befüllt werden. So bekommen die Häsin und ihr Nachwuchs immer genügend Pellets.

Futtermengen

Es gibt keine bestimmte Menge, die für alle Kaninchen gültig ist, aber diese Tabelle bietet Mittelwerte in Gramm für die täglich benötigten Pelletmengen.

	Rammler	Trächtige u. säugende Häsinnen
Kleine Rassen	60	80
Mittelgroße Rassen	80 – 170	170
Große Rassen	110 – 250	250

– aus *Your Rabbit*

29 LANDWIRTSCHAFT IM NEBENERWERB

MARKTFRÜCHTE • CHRISTBÄUME UND ADVENTSKRÄNZE IMKEREI • KRÄUTER • PFERDE • KÜRBISSE • WOLLE

Der Aufruf von Karl Schwenkes Buchklassiker Successful Small-Scale Farming *kann in dem Ausdruck „gesunder Menschenverstand" zusammengefaßt werden. Er gibt neuen Bauern, die Nebenerwerbslandwirtschaft betreiben möchten, einen Rat, der so althergebracht wie der Pflug ist: Kommen Sie aufs Land mit der Bereitschaft, einfach zu leben, arbeiten Sie hart, seien Sie kreativ bei der Vermarktung, und Ihr kleines Unternehmen wird gedeihen.*

Eine unserer Lieblingskünstlerinnen und -illustratorinnen, Elayne Sears, lebt und arbeitet am Lake Champlain in der Nähe der historischen Crown-Point-Brücke. Erst nach einem gemeinsamen Besuch bei ihr bemerkten wir, daß sie nicht nur herausragende Illustrationen schuf, sondern zusammen mit ihrem Mann ihrem Sohn Yannick die Anregung gegeben und die Ausstattung bereitgestellt hatte, so daß er der wohl beste Brotbäcker nördlich von Manhattan werden konnte. Yannick und sein Vater bauten im Freien einen Steinbackofen nach französischer Art, und die täglich erzeugten Produkte sind in kleinen und großen Läden von Plattsburgh bis Albany zu entdecken. Dies ist nur ein Beispiel dafür, wie Sie ein besonderes Produkt entwickeln können, das zum ländlichen Lebensstil paßt.

– John & Martha Storey

Wie jedes andere Unternehmen ist die Nebenerwerbslandwirtschaft das Produkt aus Gewinnmaximierung und Kostenminimierung, und die Grundregel der Gewinnmaximierung für den Landwirt besteht darin, so viel vom Ertrag zu behalten, wie er kann. Zinszahlungen und Kosten für Fremdarbeitskräfte machen jeden reich – nur nicht den Landwirt. Deshalb sollte der Bauer vorher eine genaue Aufwand-Nutzen-Abwägung zum Ausmaß eines Betriebszweigs und zur Art der Marktfrucht oder -früchte, die er in seinen Betrieb integrieren will, vornehmen.

Unter all den Tücken, denen der neue Nebenerwerbslandwirt gegenübersteht, ist die Vermarktung vielleicht die größte. Die Direktvermarktung vom Bauern zum Verbraucher ist lediglich eine Erweiterung der Logik, den eigenen Gewinn selbst zu behalten. Zu groß ist der Anteil an den heutigen Lebensmittelpreisen im Handel, der von den Zwischenhändlern abgeschöpft wird. Wenn der Nebenerwerbslandwirt regsam und erfinderisch ist, kann der Gewinn auf dem Hof bleiben.

Verträge mit Konsumentengenossenschaften oder Bauernmärkten schon vor dem Anbau haben manchen Vorteil. Einer davon ist, daß der Landwirt direkt an den Verbraucher verkauft und den gesamten Ver-

L E X I K O N

Brutableger: kleines, aber vollständiges Bienenvolk, das als Einheit verkauft wird
Erlebnisbauernhof: Bauernhof, der Kunden nicht nur mit Produkten, sondern auch mit Freizeitangeboten gewinnen möchte
Kardieren: Auseinanderziehen, Ausrichten und Durchlüften der gewaschenen Wollfasern vor dem Spinnen
Tracht: Oberbegriff für die Nahrung der Bienen, also Nektar, Pollen und Honigtau, die sich je nach Jahreszeit in der Zusammensetzung unterscheidet
Zwischenhändler: Personen oder Unternehmen, welche die Produkte an Händler und Ladenketten weiterverkaufen

dienst behält (außer vielleicht einer Platzmiete oder Lizenzgebühren). Bauernmärkte haben nur wenige Nachteile, aber sie sind nicht unerheblich. Der Landwirt muß das Erntegut zum Markt bringen, und er muß die Zeit investieren, die nötig ist, um die Ernte auf dem Markt zu verkaufen. Und wenn der Markt nicht täglich geöffnet ist, muß der Bauer, dessen Kultur eine tägliche Ernte erfordert, die zusätzlichen Ausgaben für die Lagerung verderblicher Waren übernehmen.

Den Kunden auf den Hof leiten

Es ist für den Landwirt ideal, seine Produkte direkt vom Hof an den Verbraucher zu verkaufen. Das erfordert Recherche und manchmal etwas schöpferische Trickserei. Als wir beispielsweise das erste Mal Hafer in der Fruchtfolge anbauten, konnten wir niemanden finden, der einen anständigen Preis für den Hafer, wie er aus der Dreschmaschine kam, bezahlen wollte. Jeder wollte ihn geschält, gequetscht und angeliefert haben, was für uns den Kauf neuer Geräte oder einen aufwendigen und zeitintensiven Arbeitsschritt bedeutet hätte.
Ein Hausgast, der zufällig Bogenschütze war, schlug bescheiden vor, einige Hersteller von Zielscheiben für das Bogenschießen anzurufen, um herauszufinden, ob sie vielleicht am Nebenprodukt des Hafers, dem Stroh, interessiert wären. Lange Rede, kurzer Sinn: Wir taten es, sie waren interessiert, und schließlich verkaufen wir das Stroh für viermal mehr, als wir für das Getreide bekommen hätten. Als Krönung war der Hersteller der Zielscheiben damit einverstanden, die Strohballen selbst abzuholen!
Den Kunden auf den Hof zu locken ist häufig der am einfachsten zu lösende Teil des Vermarktungsproblems. Städter besuchen gern bewirtschaftete Höfe. Unsere Nachbarn erkannten dies früh, als sie darangingen, Heu zu verkaufen. Sie fanden schnell heraus, daß Vorstädter, die ein paar Haustiere halten, bereit und in der Lage sind, mehr als das Doppelte von dem zu zahlen, was Einheimische für ihr Heu boten.
Unsere Nachbarn mußten nun einen Weg finden, diesen Vorstädtern schmackhaft zu machen, ihr eigenes Futter selbst zu transportieren und für dieses „Privileg" auch noch zu zahlen. Sie gaben in einer Vorstadtwochenzeitung eine Anzeige auf, in der sie ihr Heu in diesem Außenbezirk zum geltenden Preis anboten, und nutzten die Vorteile ihres alten großen Bauernhauses, indem sie folgende „Versüßung" anboten:
„... oder Sie holen Ihr eigenes Heu zum halben Preis auf unserem Hof ab (mindestens 2 t). Dafür helfen wir Ihnen beim Aufladen und geben Ihnen gratis eine Übernachtung und ein großes Frühstück für zwei auf unserem Hof dazu."
Zwei Wochen später hatten sie ihren gesamten Sommerschnitt verkauft, und die Kunden haben bereits von der Ernte des nächsten Jahres gesprochen. Das ist es, was ich eine Marktnische schaffen und ausfüllen nenne.

– aus *Successful Small-Scale Farming* von Karl Schwenke

Grundregeln für die Produktion von Marktfrüchten

- Erzeugen Sie Kulturen, die wenig Arbeit machen, und produzieren Sie nicht auf Höchstertrag.
- Diversifizieren Sie. Erzeugen Sie zwei oder mehr Feldfrüchte als Absicherung gegen Ernteausfälle.
- Experimentieren Sie: Flexibilität und die Bereitschaft, neue Verfahren auszuprobieren, sind unerläßlich.
- Finden oder schaffen Sie Marktnischen und bedienen Sie sie.
- Vermarkten Sie nicht über Zwischenhändler, sondern bauen Sie eine Direktvermarktung vom Bauern zum Verbraucher auf.
- Greifen Sie nur im Ausnahmefall auf Fremdarbeitskräfte zurück. Begrenzen Sie Ihr Projekt so, daß Sie es selbst bewältigen können.
- Bürden Sie sich keine zinsbelasteten Verbindlichkeiten auf.

Wichtig!

Wenn Sie in die Vermarktung von landwirtschaftlichen Produkten einsteigen möchten, müssen Sie sich vorab umfassend bei der für Sie zuständigen Stelle – Landwirtschaftskammer oder -amt – informieren, welche rechtlichen Rahmenbedingungen Sie bei Ihrer Geschäftsidee einhalten bzw. welche behördlichen Schritte wie Anmeldungen oder Genehmigungsverfahren Sie ggf. bei anderen Ämtern einleiten müssen.

Gräser als Marktfrüchte anbauen

Es gibt drei Gründe, Gräser, Kleegras oder Luzerne-Gras-Mischkulturen anzubauen: Sie dienen als Futterpflanzen auf der Weide oder als Silage oder Heu, um die eigenen Nutztiere auf dem Hof zu füttern. Oder sie können als Marktfrüchte zum direkten Verkauf oder zur Saatgutgewinnung erzeugt werden. Schließlich können sie in Form von Gründüngung, Erosionsschutz, Kompost oder Mulch als Bodenverbesserer dienen.

Wiesen-Lieschgras

Wiesenlieschgras

Wiesenlieschgras ist bestens an kühle, feuchte Bedingungen angepaßt. Es gedeiht auf gut wasserdurchlässigen Lehmböden, kann aber auch auf tonigen, schluffigen oder sauren Böden angebaut werden, die für Gemüse ungeeignet sind.

Wiesenlieschgras wird in Reinsaat nur zur Saatguterzeugung oder für Pferde angebaut, aber häufig in Dauergrünland mit anderen Gräsern, Kleearten und manchmal Luzerne kombiniert. Es kann, abhängig von der verwendeten Mischung und von der Härte der Winter in Ihrer Region, im Frühjahr oder Herbst gesät werden.

Als Weide sollte es im Wechsel verwendet werden. Mähen Sie zum Heuen früh, wenn die Ähren noch in der Scheide sind. Die Erträge sollten für Heu bei 5 bis 6,2 t/ha liegen. Die Erträge für Saatgut variieren zwischen 4 und 6 dt/ha.

Deutsches Weidelgras

Deutsches Weidelgras

Deutsches Weidelgras benötigt frische, mittlere bis schwere Böden bei mittlerer Wasserversorgung. Leichte Böden sind bei regelmäßiger Wasserversorgung ebenfalls geeignet. In kalten Lagen ist Deutsches Weidelgras auswinterungsgefährdet. Es kann im Frühjahr oder Herbst gesät werden.

Die Mischung mit anderen Gräsern und die Saatgutmenge hängen von Klima, Boden und Länge der Beweidungsperiode ab. Kurze Umtriebe (Intensivweide) erfordern Mischungen mit hohen Anteilen an Wiesenschwingel und Wiesenlieschgras sowie Weißklee; bei Dauerweiden wird Deutsches Weidelgras unterschiedlicher Reifegruppen mit Wiesenschwingel und Wiesenlieschgras aufgelockert. Reine Bestände mit Deutschem Weidelgras bringen je nach Reifegruppe zwischen 8 und 12 dt/ha Samenertrag.

Hafer

Fruchtfolgen

Mit Ausnahme einiger jährlich überfluteter tiefer Standorte sollten Kulturen regelmäßig gewechselt werden. In diesen Fruchtfolgen folgt Klee oder eine andere Leguminose (Luzerne, Ackerbohne, Erbse) auf Getreide und Ackergras im allgemeinen nach Klee oder Leguminosen. Neulinge in der Landwirtschaft sollten ihre Nachbarn oder Landwirtschaftsberater hinzuziehen, um die für die Region üblichen Fruchtfolgen festzulegen. Sie könnten so aussehen:

1. Jahr	2. Jahr	3. Jahr	4. Jahr
Hafer oder Weizen	Rot-Klee	Mais	Hafer oder Weizen
Hafer oder Weizen	Luzerne	Luzerne	Ackergras
Hafer oder Weizen	Ackerbohnen	Kartoffeln	Hafer oder Weizen

Früher Rot-Klee *(Trifolium pratense* var. *praecox)*

Früher Rot-Klee oder Frühklee bringt zwei Heuernten je Vegetationsperiode. Er wird landläufig dort angebaut, wo die Niederschläge reichlich sind oder eine Bewässerung verfügbar ist. Die besten Erträge werden auf pH-neutralen Lößlehmen oder tonigen Lehmböden erzielt, aber Frühklee toleriert saurere Böden als Luzerne. Frühklee eignet sich zweijährig zur Heugewinnung oder einjährig als Weide.

Säen Sie Frühklee im zeitigen Frühjahr mit einer Getreideart oder zwischen die vorab eingesäten Maiskörner. Wenn er im Frühjahr in Kulturen wie Wintergetreide gesät wird, sollten Sie die Reihenabstände des Getreides vergrößern.

Die Saatstärke beträgt, wenn er nicht mit Gräsern oder anderen Leguminosen gesät wird, 11 kg/ha. Impfen Sie das Saatgut vorab mit Rhizobien, wenn auf der Fläche nicht innerhalb der letzten drei bis fünf Jahre Klee angebaut wurde. Die Heuerträge liegen im allgemeinen bei 5 bis 7,5 t/ha. Der erste Schnitt sollte während der Vollblüte erfolgen. Unter idealen Bedingungen liegt der Samenertrag bei 2,5 bis 4 dt/ha.

Luzerne

Luzerne wächst normalerweise in allen Regionen. Sie reagiert jedoch intolerant auf große Mengen alkalischer Salze und saure Böden, beansprucht also für anhaltende Erträge einen neutralen oder leicht alkalischen pH-Wert. In sehr trockenen Regionen ohne Beregnung sollte der Luzerneanbau auf kurze Fruchtwechsel begrenzt werden. Auf kalten oder nassen Standorten ist Luzerne ungeeignet.

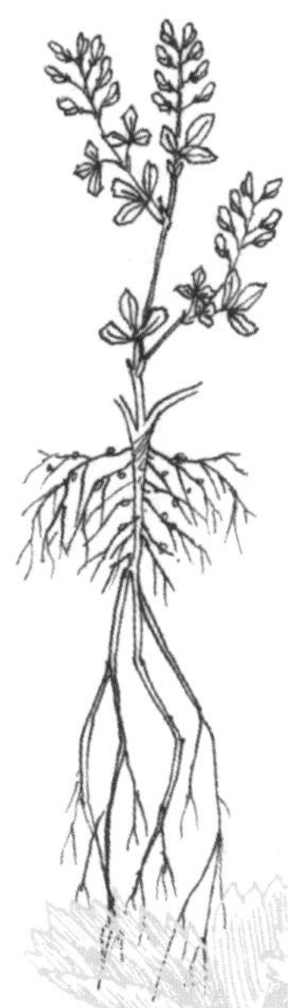

Säen Sie Luzerne nicht vor April, damit ausreichend hohe Temperaturen eine rasche Auskeimung zulassen, auf gut wasserversorgten Standorten auch nach Wintergetreide, jedoch nicht nach Anfang August, damit sich der Aufwuchs vor dem Winter noch ausreichend entwickeln kann. Die Impfung der Saat mit Rhizobien ist notwendig, sofern nicht in den letzten drei bis fünf Jahren Luzerne oder Klee auf der Fläche angebaut wurden. Die Aussaatstärke bei Reinsaat liegt normalerweise je nach Saattermin und Wasserversorgung bei 15 bis 25 kg/ha. Häufig wird Luzerne allerdings in Mischbeständen mit Wiesenschwingel, Deutschem Weidelgras oder Knaulgras angebaut.

Die Heuerträge variieren in Abhängigkeit von der Anzahl der Schnitte, aber 5 bis 7,5 t/ha sind bei drei Schnitten ein akzeptabler Mittelwert. Bei drei Schnitten liegt der beste Schnittzeitpunkt während des Knospenstadiums.

– verändert aus *Successful Small-Scale Farming* von Karl Schwenke

Die Beerenplantage

Die Direktvermarktung von Erdbeeren oder Himbeeren verhindert den Verderb oder die Beschädigung der Beeren aufgrund des Transports und Gewinnverluste durch Zwischenhändler. Die leichte Verderblichkeit von Beeren kann einen Landwirt dazu zwingen, besonders zu Beginn gelegentlich nach Vermarktungsmöglichkeiten im Handel zu suchen, aber in der Regel ist die Nachfrage nach diesen Beeren weit größer als das Angebot.

Eine Alternative ist eine Plantage zum Selbstpflücken. Dafür ist ein Parkplatz nötig. Und der Landwirt sollte einheitliche Behälter anbieten, damit der Kunde sicher sein kann, daß er eine ganz bestimmte Menge bekommt. Oder die Ware wird nach dem Ernten gewogen. Weil Kunden selten die Pflanzen vollständig abernten, muß der Landwirt die übriggebliebenen Beeren ernten, nachdem die Kunden gegangen sind. Diese Beeren werden dann meist im Kühlschrank gelagert, um besondere Bestellungen zu beschicken.

Die produktive Zeit einer Himbeerpflanzung liegt zwischen sieben und zehn Jahren, aber die Pflanzen erreichen das höchste Ertragspotential nicht vor dem dritten Jahr. Der größte Unterschied zwischen den zwei Beerenarten ist, daß Erdbeeren in den meisten Nebenerwerbsbetrieben nur ein oder zwei Jahre tragen. Sie können rascher gepflückt werden als Himbeeren, so daß der Landwirt möglicherweise eine Ausweitung dieses Betriebszweiges in Betracht zieht. In beiden Fällen hat die Wahl einer Sorte, die optimal an den Boden und das Klima angepaßt ist, eine vorrangige Bedeutung.

– aus *Successful Small-Scale Farming*

WEIHNACHTSBÄUME UND ADVENTSKRÄNZE

Waldkiefer

Nordmanntanne

Blaufichte

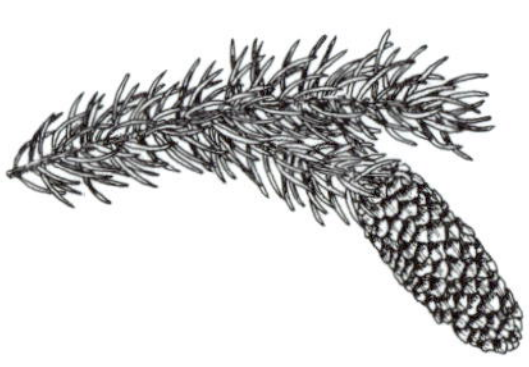

Das Weihnachtsbaumgeschäft

Wenn Sie vorhaben, eine erfolgreiche Pflanzung anzulegen, sollten Sie die Koniferenarten kennen, die sich am besten für den Anbau in Ihrer Region eignen.

Kiefern

Kiefern wachsen in einer Vielzahl von Klimaten und Böden gut, obwohl sie leicht saure Böden bevorzugen. Sie sind trockenheitstoleranter als Fichten und Tannen, die am besten in kühleren Regionen oder in Hochlagen wachsen.
Kiefern brauchen einen kräftigen jährlichen Rückschnitt, der in der kurzen Frühsommerphase ausgeführt werden muß, wenn sie den neuen Austrieb hervorbringen. Der Rückschnitt umfaßt das Abschneiden der Zweigspitzen. Weil dieser Rückschnitt zeitaufwendig ist, sollten Sie vorsichtig sein und nicht mehr Kiefern pflanzen, als Sie ordentlich zurückschneiden können. Der Rückschnitt zwingt die Kiefern zu einem kompakten Wuchs, bewirkt aber auch, daß sie einen dicken Stamm ausbilden, der schwer zu handhaben ist.

Tannen

Tannen haben flachere, weichere Nadeln und eine glattere Borke als Fichten. Ihr Zuwachs im zeitigen Frühjahr ist empfindlich gegen Spätfröste. Kaufen Sie deshalb Setzlinge, die an Ihre Region akklimatisiert sind und nicht zu früh mit dem Zuwachs beginnen. Die Zapfen stehen aufrecht und springen eher am Baum auf, als im Ganzen auf den Boden zu fallen. Sowohl der Baum als auch die Zweige erfreuen sich großer Beliebtheit, wie Millionen geernteter Bäume jedes Jahr beweisen.

Plantagen zum Selbstschlagen

Den eigenen Weihnachtsbaum selbst zu schlagen wird besonders bei Familien mit Kindern immer beliebter und bildet einen festen Bestandteil ihrer Festtagsvorbereitungen.
Eine Plantage zum „Selbsternten" muß sich an einem Standort befinden, der für eine ausreichend große Zahl Kunden, die der Menge der verfügbaren Bäume entspricht, in einer mit dem Auto gut erreichbaren Entfernung liegt. Die Pflanzung sollte von der Straße zugänglich und leicht zu finden sein und einen großen Parkplatz in der Nähe der Bäume haben.
Manche Erzeuger pflanzen Blöcke von Bäumen in aufeinanderfolgenden Jahren entlang von Straßenrändern, so daß jedes Jahr ein neuer Block in der Nähe des Parkplatzes erntereif ist. Andere pflanzen jedes Frühjahr neue Bäume, wo die ausgewachsenen im vorangegangenen Herbst geerntet wurden.
Die einfachste Methode der Preisgestaltung ist es, für alle Bäume den gleichen Preis zu verlangen. Manche Betreiber zeichnen Bäume je nach Preis mit Bändchen in unterschiedlichen Farben aus oder bringen oberhalb der Schnittstelle entsprechende Farbmarkierungen an.
Für die Ernte ist nicht viel Ausrüstung nötig. Sie müssen für Ihre Kunden lediglich kleine Bügel- oder Baumsägen bereithalten. Äxte sind zu gefährlich für Anfänger und hinterlassen einen spitzen Stumpf. Da Kunden häufig ungenügend angezogen sind und eine Weile brauchen, bis sie ihren Baum ausgesucht haben, ist eine warmer Schuppen besonders willkommen.

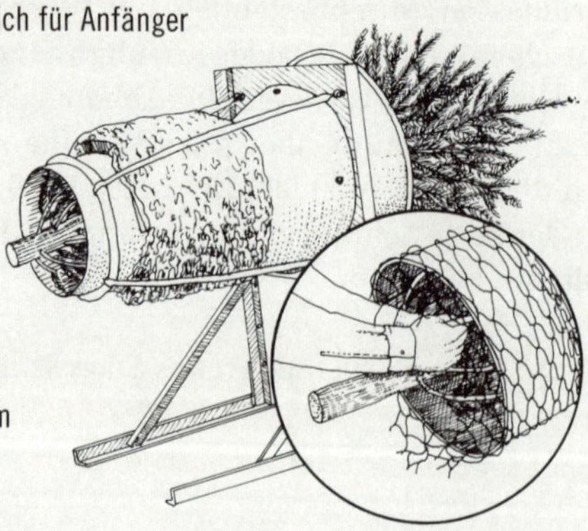

Ein Baum wird eingewickelt, indem er durch eine Hülse gezogen wird, die ein Kunststoffnetz ausgibt.

Fichten

Fichten haben eine rauhe Rinde und steife, eckige und spitze Nadeln, so daß sie sich stachelig anfühlen. In der Regel halten Fichten ihre Nadeln nicht gut, außer wenn sie kühl gehalten werden. Deshalb sollten sie so knapp wie möglich vor Weihnachten geschlagen und nur kurze Zeit drinnen aufbewahrt werden. Sie sind jedoch ideale Bäume für draußen.

Adventskränze herstellen und verkaufen

In koniferenreichen Regionen ist das Herstellen und Verkaufen von einfachen oder geschmückten Adventskränzen ein gutes Geschäft. Einige Firmen, die Adventskränze vertreiben, schließen Verträge mit Leuten ab, die Kränze in Heimarbeit binden; andere beschäftigen Kranzbinder, um in fabrikähnlichen Fertigungslinien zusammenzuarbeiten. Fähige Kranzbinder können sechs oder acht Kränze auf 30-cm-Ringen in einer Stunde herstellen.

Betriebsmittel

Eine hochwertige Baumschere ist das wichtigste Werkzeug. Wenn sie nicht scharf ist, merken Sie das rasch an den Blasen an Ihren Händen.

Gewellte Drahtringe gibt es in Größen zwischen 15 und 30 cm Durchmesser. Ein fertiger rundgebundener Kranz auf einem 30-cm-Ring mißt etwa 45 cm im Durchmesser und wiegt 1,8 bis 2,2 kg.

Wickeldraht wird normalerweise blau verglüht oder grün auf 100-g-Holzspulen angeboten. Die meisten verwenden den leichten 0,65-mm-Draht, weil damit mehr Kränze pro Spule gebunden werden können.

Sie brauchen außerdem eine starke Schnur oder Erntegarn, um die Kränze zu Bunden zu verschnüren. Kränze werden normalerweise in Bunden zu fünf oder zehn Stück an den Handel verkauft.

Wenn Sie Kränze dekorieren, brauchen Sie Bänder, Zapfen sowie Stieldraht für Kerzen und Beeren (echte oder künstliche). Bestellen Sie die Betriebsmittel rechtzeitig vor der Kranzbindesaison.

Wie man einen Kranz bindet

Einfache Kränze haben nur auf einer Seite des Rings Grün und eignen sich zum Aufhängen an einer Wand oder Tür. Die meisten Menschen bevorzugen jedoch rund gebundene Kränze mit Grün auf beiden Seiten des Rings.

1. Wickeln Sie den Anfang des Bindedrahts einige Male um den Ring, bis er sicher befestigt ist.
2. Binden Sie Büschel von Zweigen aus jeweils zwei bis vier Spitzen fest, indem sie zwei bis drei feste Wicklungen je Büschel um den Ring winden. Wenn Sie einen rund gebundenen Kranz fertigen, müssen Sie den Ring umdrehen und ein gleichgroßes Bündel auf der Rückseite festbinden. Legen Sie es jeweils gegenüber dem ersten an.
3. Legen Sie ein weiteres Bündel Grün über die Stiele der ersten, so daß die Drähte verdeckt sind, und binden Sie es an den Ring. Fahren Sie, den Ring weiterdrehend, fort und kippen Sie ihn bei jedem Bündel um, falls Sie den Kranz rundum binden.
4. Stecken Sie die Anschnitte der letzten Bündel unter die Spitzen der ersten, die Sie angebunden haben.
5. Schneiden oder brechen Sie den Draht ab und befestigen Sie ihn mit mehreren Windungen fest an einem der Drähte oder am Kranz selbst.

– verändert aus *Christmas Trees* von Lewis Hill

Bevor Sie loslegen

Binden Sie Kränze in einem kühlen Raum, denn die Zweige trocknen rasch aus, und die Nadeln fallen ab, wenn die Temperatur zu hoch ist. Richten Sie sich dort ein, wo Fenster natürliches Licht spenden, weil die Reisigfarbe bei künstlichem Licht schwer zu beurteilen ist.

Wenn Sie mit dem Kranzbinden beginnen und planen, es gewerbsmäßig zu tun, sollten Sie an ein paar Dutzend Kränzen üben, bevor die Saison beginnt. Arbeiten Sie zuerst an der Qualität, bevor Sie darangehen, Ihr Arbeitstempo zu steigern. Finden Sie heraus, welche Art von Kränzen Ihre Käufer möchten, bevor Sie beginnen.

Wählen Sie für Ihr erstes Bündel gute, buschige Zweigspitzen aus, weil sie die Basis des letzten Bündels, das Sie ansetzen, verdecken müssen.

IMKEREI

Mit der Bienenhaltung anfangen

Mit der Imkerei kann man ganz unkompliziert anfangen. Die folgenden Tips können dabei helfen:

- Beginnen Sie mit einer neuen Ausrüstung in Standardausführung und -größe.
- Erlernen Sie grundlegende Verfahren der Imkerei und wenden Sie sie an. Experimentieren Sie erst, wenn Sie diese beherrschen.
- Vor dem Kauf einer Anfängerausstattung sollten Sie die Verwendung jedes Gegenstands kennen und sicher sein, daß Sie ihn brauchen.
- Beginnen Sie mit der Carnica- oder der Buckfastbiene. Sie sind am leichtesten zu bekommen und, wenn Sie sie von einem fachkundigen Züchter kaufen, sanftmütig und einfach zu handhaben.
- Beginnen Sie, wenn möglich, besser mit zwei Völkern als mit einem, damit Sie eine Vergleichsbasis haben.
- Fangen Sie früh, aber nicht zu früh in der Saison an. April oder Mai sind in den meisten Regionen angemessen. Holen Sie sich bezüglich der Zeitplanung Rat bei ortsansässigen Imkern.
- Kalkulieren Sie ein, daß Sie im ersten Jahr keinen Überschuß an Honig haben. Es ist die Aufbauzeit für das neue Volk.
- Wenn Sie mit der Imkerei beginnen, müssen Sie dies aus zwei Gründen dem Veterinäramt melden: Aus Seuchenschutzgründen ist es wichtig zu wissen, wo wie viele Bienenvölker stehen, und lebensmittelrechtlich muß die Herstellung von Honig – die glücklicherweise unkritisch ist – überwacht werden.

– verändert aus *Beekeeping: A Practical Guide* von Richard E. Bonney

Honigbienen erwerben

Ein Hobbyimker hat mindestens fünf Möglichkeiten, Bienen zu erwerben. Für Anfänger ist es am günstigsten, einen Kunstschwarm oder einen Brutableger zu kaufen.

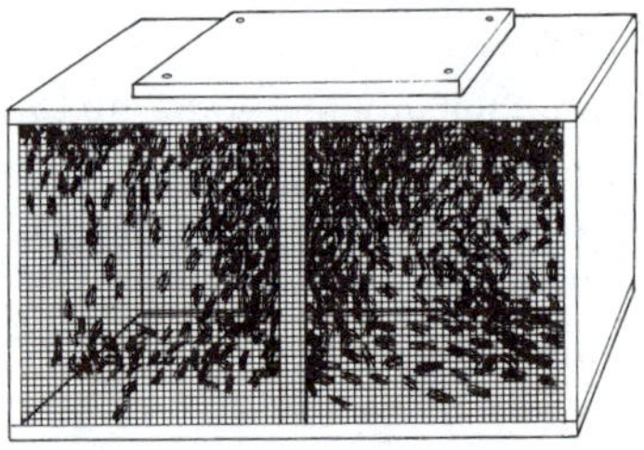

Kunstschwärme können Ihnen mit der Post zugesandt werden.

Kunstschwarm

Ein Kunstschwarm ist ein vergitterter Kasten, der eine bestimmte Menge an Bienen und eine Königin enthält. Es werden je nach Jahreszeit Kunstschwärme mit 1,5, 2,0 oder 2,5 kg Bienen angeboten. Ein 1,5 kg schwerer Kunstschwarm enthält etwa 15 000 Bienen. Schwarmbienen gehören zu den Bienen, die sich am wenigsten verteidigen. Wenn Sie die Bienen sorgfältig behandeln, also nicht verletzen oder zerdrücken, können Sie sie ohne weiteres in einen Bienenstock setzen.

Weil bei einem Kunstschwarm keine Waben mitgeliefert werden, ist die Möglichkeit, Krankheiten zu übertragen, minimal. Allerdings können Milben ein potentielles Problem sein, und es braucht Zeit, bis der Schwarm sich einrichtet und zu wachsen beginnt. Der Kunstschwarm produziert in der ersten Saison möglicherweise keinen Honigüberschuß.

Brutableger

Ein Brutableger wird meist in der näheren Umgebung gekauft und ist aus einem etablierten Stock gezogen. Er ist ein kleines, aber vollständiges Volk mit Rahmen, Waben, Brut, ausgewachsenen Bienen und einer jungen Königin. Die Rahmen enthalten Lager für Honig und Pollen. Brutableger variieren in der Größe, aber am häufigsten sind solche mit drei, vier oder fünf Waben. Eine doppelseitig vollbesetzte Wabe entspricht etwa 2 000 Bienen.

Der Brutableger hat viele Vorteile. Er ist ein funktionierendes Volk, das in der neuen Heimat sofort arbeiten kann. Seine Königin ist ein anerkanntes Mitglied des Volkes. Es besteht eine gute Chance, im ersten Jahr überschüssigen Honig zu erzeugen. Noch ist der Brutableger eine ausreichend kleine Einheit, die sich kaum verteidigt. Brutableger haben aber mindestens einen Nachteil: Sie können Krankheitserreger enthalten. Das muß man einfach wissen, um sich davor schützen zu können.

Den Honig ernten

Wann Sie den Honig herausnehmen, hängt zum einen von der Tracht in Ihrer Region ab und zum anderen von Ihren Vorlieben bezüglich des Honigs. In manchen Regionen endet die Tracht im Hochsommer. In anderen Regionen gibt es eine einigermaßen kontinuierliche Tracht über den größten Teil der Saison, und in wieder anderen findet die Haupttracht im Frühsommer statt, gefolgt von einer zweiten nennenswerten Spättracht. Der Honig aus der frühen Tracht ist gewöhnlich heller und milder.

Viele Verbraucher haben eine Vorliebe für helleren Honig, und viele Imker sind voreingenommen gegenüber dem dunkleren und manchmal strenger schmeckenden Honig der Spätsaison. Das ist bedauerlich, denn es gibt eine ganze Fülle von Geschmacksrichtungen, und nur wenige Honige schmecken nicht gut.

- Wenn Sie kontinuierliche Trachten haben, können Sie den Honig am Ende oder in Abständen während der Saison entnehmen. Wenn Sie große Ernten haben, möchten Sie sicher die Arbeit verteilen und nicht alles auf einmal schleudern.
- Bei nur einer frühen Tracht wird der Honig normalerweise einmal zum Saisonende entnommen.

- Wenn Sie eine frühe und eine späte Tracht haben, können Sie den Honig nach jeder Tracht oder einmal nach der letzten Tracht entnehmen. Das erste Verfahren liefert Ihnen zwei getrennte Ernten, wahrscheinlich mit Unterschieden in der Farbe und im Geschmack.

Als Grundregel gilt: Entnehmen Sie keinen Honig, bevor Sie sicher sind, daß das Volk ihn nicht für den Winter braucht.

Wieviel?

Einfach ausgedrückt, dürfen Sie nur das entnehmen, was über dem Bedarf des Volkes liegt. Um zu ermitteln, wie hoch dieser Bedarf ist, müssen Sie sich folgende Fragen stellen: Ist dies das Ende der Haupttracht? Kommen noch irgendwelche kleineren Trachten nach? Wie lange dauert es noch, bis der Winter beginnt? Wieviel Honig braucht das Volk bis dahin? Wieviel braucht es, um es durch den Winter zu schaffen? Ihr Ziel muß es sein, zum Ende der Saison so viel Honig oder Vorräte in den Waben zu haben, wie zum Überwintern in Ihrer Region erforderlich sind.

Der Bedarf variiert regional, so daß sich kaum exakte Mengen angeben lassen. Die Praxis in Ihrer Region, modifiziert durch Ihre Erfahrungen, ist Ihre Richtgröße.

– verändert aus *Hive Management* von Richard E. Bonney

Die Grundausstattung für den Imker

Die folgende Liste umfaßt alles, was für das erste Jahr als Imker notwendig ist, eine Magazinbeute mit zwei Zargen à zehn Waben vorausgesetzt:

Vollständige Magazinbeute mit zwei Zargen

- Beutenboden mit Flugloch
- 2 Brutraum-Ganzzargen, 241 mm
- 10 Wabenrahmen pro Ganzzarge, 232 mm, mit keilförmigem Oberträger und zweiteiliger oder gespaltener Bodenleiste
- Mittelwand, gedrahtet, 200 mm
- 4 Kammzwecken pro Rahmen oder Wabendraht und Ösen
- Innendeckel belüftet
- Außen-Stülpdeckel, belüftet

Honigraumzargen

- ½- (146 mm) oder ⅔-Zarge (168 mm)
- 10 Rahmen je Honigraumzarge, ½ (137 mm) oder ⅔ (159 mm)
- Mittelwand, gedrahtet, ½ (113 mm) oder ⅔ (135 mm)
- 4 Kammzwecken pro Rahmen oder Wabendraht und Ösen
- Absperrgitter

Bienen

- 1,5-kg-Kunstschwarm Carnica- oder Buckfastbienen mit Königin

Obligatorische Ausrüstung

- Untergestell für Bienenstöcke
- Stockmeißel, 20 cm Standard
- Smoker
- Futtertrog
- Schleier und Hut

Fakultative Ausrüstung

- Handschuhe
- Imkeranzug
- Königin-Absperrgitter

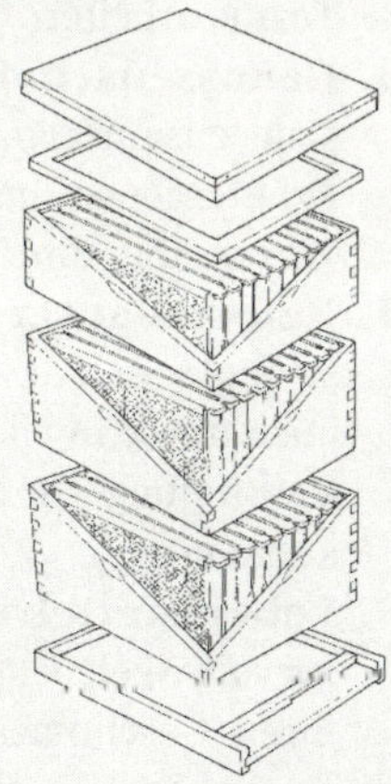

– verändert aus Beekeeping: A Practical Guide

Hinweise für Bienenstockstandorte

Wo möchten Sie Ihren neuen Bienenstock aufstellen?

Bedenken Sie zuallererst: „Aus den Augen, aus dem Sinn". Wenn Ihre Bienenstöcke nicht in der Nähe Ihres Hauses stehen, werden Sie ihnen weniger Aufmerksamkeit widmen.

Beim Aufstellen sind mehrere Aspekte zu beachten. Vermeiden Sie Standorte, an denen die Stöcke den Naturgewalten übermäßig ausgesetzt sind. Wenn der Bienenstock an einem windexponierten Ort aufgestellt werden muß, müssen Sie einen Windschutz errichten.

Denken Sie an den Verkehr in allen Varianten – Fahrzeuge, Fußgänger und Tiere. Wenn der Bienenstock in der Nähe einer verkehrsreichen Straße mit turbulenten Luftströmungen steht, können Bienen beim Versuch, diese Luftströmungen zu passieren, verlorengehen.

In der Natur befindet sich die Nisthöhle meistens in hohlen Bäumen. Bedenken Sie die Anteile an Sonne und Schatten in so einem Umfeld, wenn Sie Ihren Bienenstock aufstellen.

– verändert aus *Beekeeping: A Practical Guide*

KRÄUTER

Tips zur Vermarktung von Kräutern

Mit einem kleinen Garten können Sie nur wenige Geschäftsideen umsetzen, aber der Anbau und Verkauf von Kräutern gehört dazu. Mit einem bescheidenen Aufwand an Zeit und Energie und vielleicht etwas Geld können Sie Unternehmer werden. Die folgenden Ratschläge können Ihnen dabei helfen.

- Geben Sie Ihrem Unternehmen einen Namen, der sowohl beschreibt, was Sie tun, als auch gut zu merken ist.
- Entwickeln Sie eine Verpackung, die Ihrer Ware ein Profil verleiht.
- Halten Sie Ihr Geschäft nicht geheim. Werben Sie in geeigneten Medien, laden Sie zu einer Eröffnungsfeier ein und unterstützen Sie besondere Veranstaltungen.
- Nehmen Sie das Wort KRÄUTER, groß und fettgedruckt, in all Ihre Anzeigen auf.
- Entwerfen Sie einen Rundbrief. Regelmäßige Kommunikation zwischen Ihrem Unternehmen und Ihren Kunden ist unerläßlich, um das Geschäft anzukurbeln.
- Begreifen Sie sich als Diener am Kunden. Diese einfache Tugend ist die Basis für das Gedeihen Ihres Kleinunternehmens.

– verändert aus *Growing Your Herb Business*

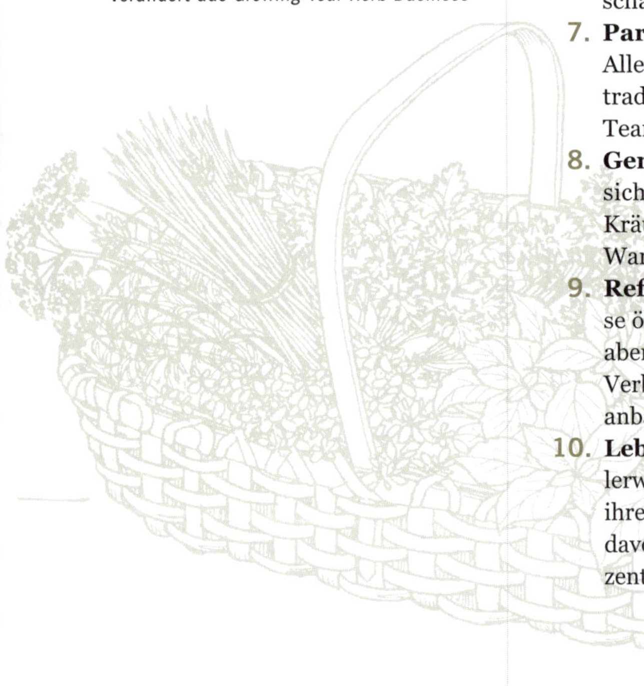

Zehn Märkte für frische Kräuter

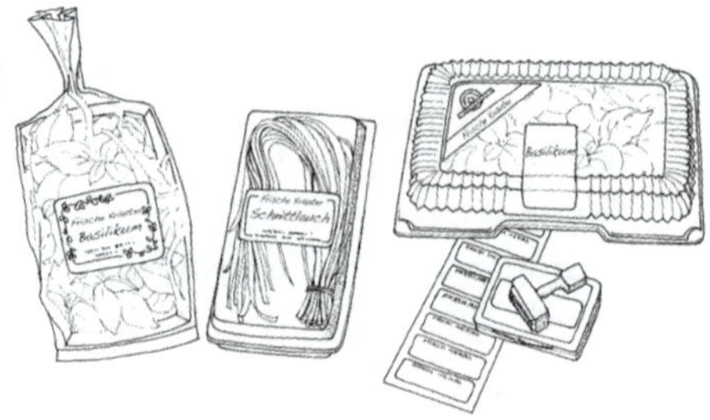

Einfache Etiketten können das Erscheinungsbild Ihrer Waren prägen.

Frische Kräuter lassen sich auf verschiedenste Weise verkaufen. Wenn Sie in der Nähe einer Großstadt wohnen, reichen möglicherweise Restaurants als Kunden – und Sie können sich ein schönes Leben machen. Wenn Sie jedoch in der Nähe einer kleineren Stadt leben, müssen Sie an alle Arten von Kunden liefern, um wirtschaftlich zu sein. Hier sind einige potentielle Märkte:

1. **Restaurants:** Wenn Sie qualitativ hochwertige, frisch geschnittene Kräuter zu Spitzenpreisen verkaufen möchten, dürften Restaurants und Hotels die besten Abnehmer für Ihre Waren sein. Dieser Markt bietet höhere Erlöse bei niedrigeren Verpackungskosten.
2. **Supermärkte:** Der Preis, den Sie bei dieser Vermarktungsform für Ihre Ware bekommen, ist im allgemeinen niedriger, als wenn Sie an Verbraucher verkaufen. Supermärkte bieten jedoch ein beständigeres Einkommen als jede andere Kundenart.
3. **Großmarkthändler:** Wenn Sie mehr Zeit für die Erzeugung und weniger für die Vermarktung aufwenden möchten, kann der Verkauf an einen Großmarkthändler sinnvoll sein. Sie können alle oder die meisten Ihrer Kräuter an einen Käufer verkaufen, aber Sie werden keine Spitzenpreise bekommen.
4. **Zwischenhändler:** Zwischenhändler arbeiten ähnlich wie Großmarkthändler. Sie verkaufen an Großhändler und Ladenketten. Zwischenhändler setzen normalerweise eine Provision von drei bis zehn Prozent des Verkaufswerts an.
5. **Bauernmärkte:** Der Kräuterverkauf auf einem geschäftigen Bauernmarkt bringt sofort Geld und erhöht die öffentliche Aufmerksamkeit für Sie, Ihre Fachkenntnis und Ihre Ware.
6. **Ladenverkauf:** Wenn Sie im eigenen Laden verkaufen wollen, müssen Sie selbst oder ein Angestellter stets für Kunden verfügbar sein. Sie sollten bei dieser Verkaufsform darüber nachdenken, auch andere Dinge wie Kräuterpflanzen und verwandte Kräuterprodukte – Kräuterkränze, -girlanden und -rezepte, Gewürzschaubilder und dekorative getrocknete Kräuter – anzubieten.
7. **Partyservice:** Der Verkauf an Partyservices ähnelt dem an Restaurants. Allerdings ist das Partygeschäft meist sporadischer. Eine veränderte Form des traditionellen Partyservices ist ein Küchenchef, der privat mit verschiedenen Teams arbeitet.
8. **Genossenschaften:** Eine Genossenschaft ist eine Gruppe von Menschen, die sich zusammengeschlossen haben, um gemeinsam Geschäfte zu machen. Kräutergenossenschaften gibt es in Deutschland nur vereinzelt. Sie können Ihre Waren über eine bestehende Gruppe vermarkten oder Ihre eigene aufbauen.
9. **Reformhäuser oder Naturkostläden:** Diese Läden verkaufen normalerweise ökologisch erzeugte Produkte. Sie arbeiten ganz wie ein größerer Supermarkt, aber meist mit kleineren Mengen und weniger Verpackung. Zögern Sie nicht, Verbindung zu diesen Läden aufzunehmen, wenn Sie Ihre Kräuter ökologisch anbauen.
10. **Lebensmittelverarbeiter:** Große Lebensmittelverarbeiter verwenden normalerweise getrocknete Kräuter, weil diese während des langen Kochprozesses ihren Geschmack behalten. Manche Verarbeiter kaufen ganze Lkw-Ladungen davon. Für Sie als Kleinproduzenten dürften eher kleinere Spezialitätenproduzenten in Frage kommen.

– verändert aus *Growing* und *Selling Fresh-Cut Herbs* von Sandie Shores

Ein Jahr in einem Kräuterladen

Januar
- Machen Sie Inventur, behalten Sie den Absatz bei laufendem Geschäft, ergänzen Sie das Lager und gestalten Sie um.
- Ich bestelle das Saatgut traditionell am 1. Januar.
- Weisen Sie schon auf den Valentinstag hin: Bieten Sie Variationen zum Thema Liebe an – Liebestee, Liebesbadekugeln, Liebstöckel-Samen, Plätzchenausstecher in Herzform und Geschenkkörbe für Verliebte.
- Offerieren Sie Ausverkäufe mit bis zu 50 Prozent Nachlaß auf alle Waren oder senken Sie die Preise für einzelne Produkte.
- Hängen Sie Pflanzenlampen im Laden auf und beleuchten Sie eine Ecke mit frischen Kräuterpflanzen.
- Vertiefen Sie stetig Ihre Kenntnisse über Kräuter. Das ist der Schlüssel des Erfolgs.

Februar
- Bieten Sie zum Valentinstag Tee und herzförmige Kekse an.
- Denken Sie am 15. Februar an Frühling und Ostern.
- Verschicken Sie Ihren neuen Veranstaltungskalender für das Jahr.

März
- Lassen Sie Samen als Symbole des Frühlings keimen. Sehen Sie Platz für den Verkauf von Töpfen, Vermiculit und Samenpäckchen vor. Bieten Sie Unterricht zur Samenanzucht im Haus an.
- Halten Sie ein Angebot an kleinen Körben für Osternester vor.
- Bieten Sie am St.-Patrick-Tag Irischen Klee in Töpfchen an.
- Bestellen Sie Pflanzen für den Verkauf.

April
- Samen und Kräuterpflanzen habe oberste Priorität.
- Zeigen Sie in Seminaren, wie man einen neuen Kräutergarten bepflanzt – kostenlos ab einem Pflanzenwert von 50 Euro.
- Stellen Sie Accessoires zum Thema Hochzeit in Ihrem Schaufenster aus. Bieten Sie einen besonderen Gutschein an für Brautleute und Menschen, die im Mai Hochzeitstag haben.
- Beginnen Sie gleich nach Ostern den Muttertag zu planen.

Mai
- Ein Maibaum im Garten lockt Besucher an.
- Es ist Pflanzzeit für Balkons und Terrassen. Bieten Sie bepflanzte Balkonkästen, Schalen und Solitärpflanzen für draußen an.
- Der Muttertag wird nur von Weihnachten übertroffen. Ein schöner Geschenkkorb mit Kräutern ist ein originelles Präsent zum Muttertag. Werben Sie dafür und nehmen Sie Bestellungen an. Servieren Sie Ihren Kundinnen einen Muttertagstee.
- Die ersten frischen Kräuter stehen zum Verkauf: Beinwell, Liebstöckel, Zitronenmelisse und Waldmeister.

Juni
- Veranstalten Sie einen Tag der offenen Tür mit einem Gast, der das jeweilige Thema mitgestaltet. Bieten Sie vegetarische Häppchen, kostenlose Rezepte, Besonderheiten, Gewinne, Gartenführungen und Ausstellungen an.
- Halten Sie Potpourri-Seminare ab, in denen Sie Ihren Kunden verschiedenste Mischungen aus duftenden Blättern und Blüten vorstellen.

Juli
- Wenden Sie sich dem Sommer zu, zum Beispiel mit einer Ausstellung verschiedener Zimmerbrunnen und eisgekühlten Kräutertees.
- Es ist nicht zu früh, an Weihnachten zu denken. Entwerfen Sie neue Handelsartikel aus Produkten Ihres Gartens. Denken Sie sich Weihnachtsdekorationen aus. Planen Sie besondere Veranstaltungen für die Weihnachtszeit.

August
- Wenn Sie nicht in einer Urlaubsregion sind, reduzieren Sie den Pflanzenbestand im Laden und sortieren Sie ihn aus.
- Gestalten Sie einen sommerlichen Kräutermarkt.
- Beginnen Sie richtig mit der Kräuterernte. Stellen Sie Essig, Potpourris, Gelees und Tees her.

September
- Wenden Sie sich speziell an die älteren Bürger. Tragen Sie mit ihnen Kräutergeschichten aus alten Zeiten oder Rezepte aus deren Erinnerung oder deren Familien zusammen. Schenken Sie ihnen dafür z. B. Duftgeranien.
- Wechseln Sie die Schaufensterdekoration. Zeigen Sie zur Herbst-Tagundnachtgleiche Arrangements mit Maiskolben und Kürbissen.
- Füllen Sie Ihr Lager für die Weihnachtszeit, sonst ist es zu spät.

Oktober
- Erntezeit! Gestalten Sie Kräuterkränze und Arrangements aus Erntegut. Unterrichten Sie Kursgruppen in Kranzbinden mit frischen oder getrockneten Materialien.
- Hängen Sie Girlanden und Festons auf und stellen Sie entsprechende Tischdekorationen aus.
- Dekorieren Sie für Halloween mit Strohballen und Kürbissen. Servieren Sie Glühwein und bereiten Sie Glühweingewürze für den Verkauf vor.
- Überprüfen Sie Ihre Planungen und Bestände für Weihnachten. Drucken Sie Ihre Weihnachtshandzettel, wenn Sie es noch nicht getan haben.

November
- Sagen Sie Ihren Kunden Dank. Stellen Sie Töpfe mit Kräutern für die Fensterbank aus, an denen man im Winter Freude hat.
- Der Advent beginnt. Frische Adventskränze aus Kräutern sind eine Besonderheit. Nehmen Sie Bestellungen an oder geben Sie Kurse.
- Überall beginnt es zu weihnachten.

Dezember
- Das liebevolle Herstellen und Verpacken von weihnachtlichen Produkten und Geschenkkörben und das Vorbereiten besonderer Bestellungen haben absoluten Vorrang. Dieser eine Monat kann fast so viel wie die anderen elf Monate erbringen.
- Ruhen Sie sich von Weihnachten bis zum neuen Jahr aus, bevor der Jahreskreislauf von vorn beginnt.

– verändert aus *Growing Your Herb Business* von Bertha Reppert

Organisierte Wanderritte

Wanderritte anzubieten kann sich wirtschaftlich lohnen und helfen, Stammkunden zu gewinnen. Sie sollten das Erlebnis so angenehm wie möglich gestalten, indem Sie den Kunden wohlerzogene Pferde und erfahrene Führer bereitstellen.
Seien Sie bei längeren Wanderritten kreativ. So können Sie romantische Wanderritte zu einem einsamen Platz im Mondlicht samt Picknick anbieten und die Teilnehmer dann in Muße zurückkehren lassen. Andere bieten Westernritte, „Cowboy-Kaffee" und Essen am Umkehrpunkt an.
Nach dem Gruppenausritt können Sie den Teilnehmern Ihre Stallbroschüre und den Veranstaltungskalender anbieten. Lassen Sie die Reiter auch wissen, daß Sie auch Reitstunden geben.

An der Pferdehaltung verdienen

Was auch immer Sie im einzelnen tun, am besten werden Sie mit Ihren Pferden verdienen, wenn Sie alle Leistungen, die Sie anbieten, in ihr Geschäft einbinden.
Angenommen, Sie lassen Ihre Stute von einem stattlichen Zuchthengst decken. Sie fohlt elf Monate später, und Sie sind stolzer Besitzer von Royal Ruth, einem hübschen grauen Fohlen. Wenn es alt genug ist, um ein Halfter zu tragen, können Sie in einem kleinen Kurs zeigen, wie ein Fohlen an das Halfter zu gewöhnen ist. Sieben Reitschüler nehmen an dem Kurs teil. Sie haben nicht nur Ihre Kursgebühren eingenommen, sondern Royal Ruth ist jetzt an das Halfter gewöhnt.
Während Royal Ruth sich entwickelt, können Sie in ähnlichen Unterweisungen lehren, wie ein Pferd an der Longe zu trainieren ist und an den Sattel gewöhnt werden kann. Royal Ruth beeindruckt eine Ihrer fortgeschrittenen Reitschülerinnen, Laura. Sie treffen Absprachen, um Royal Ruth an Laura zu vermieten, die nun sowohl für die Miete als auch für die Unterrichtsstunden bezahlt.
Wenn Royal Ruth alt genug für Ausstellungen ist, erhalten Sie Vergütungen für den Transport und die Vorbereitung des Pferdes für die Ausstellung. Da Laura das Nenngeld selbst bezahlt, wird Royal Ruth für Sie im Grunde kostenlos vorgestellt. Sie werden ein junges Pferd wahrscheinlich nur unter Ihrer Aufsicht einem fähigen und erfahrenen Reiter und Betreuer anvertrauen.
Später zieht Laura aus der Stadt weg, und Katie, eine andere Schülerin, äußert ihr Interesse, Royal Ruth zu kaufen. Sie gewähren einen Preisnachlaß, um Katie zum Kauf des Pferdes zu animieren und sie damit auf Ihrem Hof zu halten. Die Stute ist nun ein erprobtes Ausstellungspferd. Katie stellt sie in Ihrem Stall ein, nimmt weiterhin Reitstunden bei Ihnen und geht mit Ihnen auf Ausstellungen.
Zu Weihnachten kaufen Katies Eltern ihr neues Sattel- und Zaumzeug von Ihrem Reitsportgeschäft. Ihre Mutter entschließt sich, ebenfalls Reitstunden zu nehmen, und kann damit beginnen, das Pferd ebenfalls zu reiten. Aus dem Pferdeverkauf ergeben sich für Sie also weitere Einnahmen: Verpflegungskosten, Gebühren für Reitstunden, Verkaufserlöse für Sattel- und Zaumzeug.
Einige Jahre später geht Katie auf die Hochschule und bittet Sie deshalb, das Pferd für sie zu verkaufen. Aufgrund der ausgezeichneten Ausbildung von Royal Ruth und der Ausstellungsurkunden ist der Wert des Pferdes sehr hoch. Sie verkaufen das Pferd an Brant, einen Reiter, der neu in der Region ist, und erhalten eine Verkaufsprovision. Er ist mit seiner Arbeit sehr beschäftigt, so daß Sie ihm eine Rundumversorgung einschließlich Putzen und Hufpflege anbieten. Durch die zusätzlich angebotenen Dienstleistungen steigt Ihr Gewinn. Brants Stute muß natürlich auch bewegt werden; also bieten Sie ihm an, sie in der Reitschule einzusetzen. Damit steht Ihnen ein kostenloses Pferd für Ihren Reitunterricht zur Verfügung.

Nach einigen Jahren entscheidet Brant, mit Royal Ruth zu züchten. Elf Monate später haben Sie ein neues Pensionspferd, das Sie erziehen und abrichten können. Der Ablauf beginnt von vorn. Nach vielen Jahren, in denen sie von Nutzen war, bekommt Royal Ruth auf Ihrem Hof das Gnadenbrot, und Brant bezahlt für den Rest ihrer Tage die Weidenutzung.

Das ist es, was ich unter einem ganzheitlichen System verstehe. Wenn Sie vorausplanen und die Gelegenheiten nutzen, können Sie mit jedem Ihrer Pferde gute Geschäfte machen.

Pferde kaufen und verkaufen

Das Kaufen und Verkaufen von Pferden kann im Pferdegeschäft eine der lukrativsten Gelegenheiten zum Geldverdienen sein, aber Sie müssen Ihre Hausaufgaben machen und einen sorgfältigen Plan ausarbeiten.

Da es kein Who-is-Who-Buch für Pferde gibt, kann der Wert eines Tieres von Verkauf zu Verkauf variieren. Scheuen Sie sich nicht, den höchsten (aber noch angemessenen) Preis für Ihr Tier zu verlangen. Hier sind die Geheimnisse, wie Sie aus Ihren Erwerbungen gutes Geld machen können:

Kaufen Sie preiswert ein. Um günstig einzukaufen, brauchen Sie ein gutes Netzwerk. Knüpfen Sie Kontakte zur Rennbahn und zur Tierarztpraxis. Lassen Sie sich gleich anrufen, wenn dort bekannt wird, daß jemand sein Pferd schnell verkaufen möchte.

Verkaufen Sie Pferde schnell weiter. Stecken Sie nicht zu viel Zeit und Kosten in Ihre Einkäufe. Kalkulieren Sie nüchtern, wie lange es dauern wird, das Pferd so in Form zu bringen, daß es mit Gewinn verkauft werden kann. Seien Sie dabei realistisch. Manche Pferde sind einfach Problemtiere, und es dauert eine Ewigkeit, sie in Ordnung zu bringen.

Verkaufen Sie zum Höchstpreis. Versuchen Sie, das Pferd auf dem Höhepunkt seiner Leistungsfähigkeit und seines Leistungsniveaus zu verkaufen. Ein durchtrainiertes Pferd verkauft sich besser als ein schlecht konditioniertes, auch wenn das unattraktive Pferd eigentlich das bessere ist.

Seien Sie Geschäftsmann. Pflegen Sie Ihre Beziehungen dauerhaft. Engagieren Sie sich bei Veranstaltungen, die Sie in Kontakt mit potentiellen Kunden bringen. Legen Sie eine Richterprüfung ab und richten Sie auf Ausstellungen, treten Sie in regionale und überregionale Pferdeverbände ein und nehmen Sie an Wohltätigkeitsveranstaltungen teil. Führen Sie Werbeveranstaltungen durch und verteilen Sie mit Ihrer Visitenkarte eine Aufstellung der Pferde, die Sie gerade zum Verkauf anbieten.

Nehmen Sie Vermittlungsgebühren. Ihre Zeit, Ihre Ausbildung und Ihre Erfahrung sind wertvoll und sollten nicht einfach verschenkt werden. Wenn Sie für Kunden Waren ein- oder verkaufen, sollten Sie 10 bis 15 Prozent für Ihre Provision auf den Verkaufspreis aufschlagen. Das betrifft den An- und Verkauf von Pferden.

Nutzen Sie Versteigerungen und Ausverkäufe. Wenn Sie Ihre Pferde auf Versteigerungen oder Ausverkäufen veräußern, können Sie sich Vorführtermine für Kunden sparen. Sie verdienen außerdem mehr, wenn Sie die Versteigerung veranstalten oder selbst verkaufen.

– aus *Starting & Running Your Own Horse Business* von Mary Ashby McDonald

Gute Werbung bedeutet höhere Gewinne

Außer dem Inserieren gibt es viele weitere Möglichkeiten, um Ihr Unternehmen aufzubauen. Hier sind einige Ideen:

- Veranstalten Sie Zeltlager.
- Nehmen Sie an Karrieremessen teil, wie sie viele Hochschulen anbieten, um Studenten mit Reitunterricht und Stallmanagement vertraut zu machen.
- Stiften Sie einer gemeinnützigen Gruppe Reitstunden zur Verlosung oder Versteigerung.
- Halten Sie ein Seminar über den Kauf von Pferden.
- Veranstalten Sie eine Party für Aussteller nach einer Pferdeschau oder nach einem Turnier.
- Pflegen Sie ein offenes Haus und bieten Sie praktische Vorführungen zur Hufpflege, zum Aufzäumen oder zur Reiterei an.
- Organisieren Sie Benefizveranstaltungen zugunsten einer Pferdenothilfe oder einer anderen Wohltätigkeitseinrichtung.
- Nehmen Sie an internationalen Reiteraustauschprogrammen teil, um Reitern aus anderen Ländern Ihren Betrieb zu zeigen.
- Bringen Sie Interessenten in zwangloser Atmosphäre zum Streichen von Parcourshindernissen und zum Putzen der Zaumzeuge für die Schulpferde zusammen.
- Bieten Sie ein Lockvogelangebot an, z. B. eine Reihe von Unterrichtsstunden unter Selbstkostenpreis, mit dem zusätzliche gewinnbringende Geschäfte angebahnt werden können.
- Veranstalten Sie Pseudo-Fuchsjagden oder Schnitzeljagden.
- Veranstalten Sie einen Videoabend zum Thema Pferde.

KÜRBISSE

Kürbisse originell verkaufen

Wenn Sie Ihre Ware direkt ab Hof verkaufen, sollten Sie sich etwas einfallen lassen. Anbauer, die einen „Spaßfaktor" in die Vermarktung Ihrer Kürbisse integrieren, ziehen mehr Kunden an.

Tim und Jan Valla aus Gretna, Nebraska, begannen mit einem abwechslungsreichen Angebot zum Selbstpflücken. Mit der Zeit wurde daraus „Valla's Pumpkin Patch" mit einem Spukschuppen, einem Geisterbauernhaus, einem Märchenbuchstall, einem Schulhaus aus alter Zeit, einem Streichelzoo und dem Kürbiscafé, das „Koboldschlemmereien" anbietet. An einem guten Nachmittag haben die Vallas mindestens 4 000 Besucher.

Mike und Lorie Jensen aus Junction City, Oregon, locken Käufer mit dem Kürbisfeldexpreß – einem von Pferden gezogenen Heuwagen, der die Kunden auf die Felder bringt und Kürbisse von den Feldern auf den Hof holt – auf ihre Lone Pine Farm.

Lin und Allan Ayers bieten auf Ihrer historischen Faulkner Farm westlich von Santa Paula, Kalifornien, ebenfalls Pferdewagenfahrten an. Jede Saison ziehen sie damit mehr als 20 000 Besucher an, die erfahren möchten, wie Kürbisse wachsen und Nutztiere aufgezogen werden.

In manchen Kürbisfeldern gibt es spielerische Elemente, die Spaß bringen und den Kindern helfen, das, was sie während ihres Besuches lernen, auch zu behalten.

Diese Elemente können folgendermaßen aussehen:

- den größten und schwersten Kürbis auf dem Feld finden
- das Gewicht eines großen Kürbisses erraten
- einen Kürbis bei einem Rennen möglichst schnell den Hang hinunterrollen
- mit einer Nadel die meisten nassen Kürbiskerne in einer vorgegebenen Zeit auffädeln.

– aus *The Perfect Pumpkin*
von Gail Damerow

Die Freude an Kürbissen

Kürbisse verkaufen sich fast von selbst. Ich lebe an einer Privatstraße mit wenig Verkehr. Trotzdem habe ich, ohne es zu wollen, Kürbisse an Passanten verkauft, die unsere Kürbisse wachsen und nach der Ernte aufgetürmt gesehen und angefragt haben, ob sie welche kaufen können. Im Herbst türmte ein Nachbar an einer ähnlich abgeschiedenen Straße Kürbisse in den Vorgarten und verkaufte über 250 Stück davon.

Das zeigt: Menschen mögen Kürbisse. In manchen Regionen gibt es für Kürbisse ähnlich viele Straßenstände wie für anderes Obst oder Gemüse.

Wenn Sie Kürbisse für den Verkauf anbauen, brauchen Sie nicht erst einen Markt zu erschließen. Sie finden interessierte Kunden auf Bauernmärkten, an Straßenständen oder auf dem Feld zum Selbstpflücken. Wenn Sie dem regionalen Obst- und Gemüseanbauer-Verband beitreten, können Sie Wichtiges über die regionalen Vermarktungsbedingungen erfahren. Prüfen Sie außerdem mit Ihrem Versicherungsmakler Ihre Versicherung, um sicherzugehen, daß die Deckung für die Direktvermarktung angemessen ist.

Um eine gesichertes Einkommen durch den Direktverkauf an Verbraucher zu erzielen, benötigen Sie:

- einen gut sichtbaren Standort
- einen Zufahrtsweg und einen Parkplatz
- Hinweisschilder
- eine Genehmigung für den Verkauf am Standort
- Hilfskräfte für Ernte und Vermarktung
- eine große Anzahl von Kürbissen in verschiedenen Sorten
- eine Produkthaftpflichtversicherung
- die Bereitschaft, mit allen Arten von Menschen umzugehen.

– verändert aus *The Perfect Pumpkin*

Wolle direktvermarkten

Der Schafhalter, der eine Direktvermarktung von Wollprodukten aufbauen möchte, muß eine langfasrige Wolle erzeugen, die bei Spinnern begehrt ist. Ein Landwirt hat anfänglich Vorteile beim Einstieg in das Wollgeschäft. Ein Stadel oder Schuppen kann zu einem Wollverarbeitungsstandort mit Laden umgebaut werden. Und es gibt Schafe auf dem Grundstück, um Kunden anzuziehen.

Für solche, die keine Schafe halten können oder möchten, gibt es die Möglichkeit, das Vlies zu kaufen, das für den Verwendungszweck erforderlich ist. Gekaufte Wolle kann weiterverkauft werden, wie sie ist – sortiert und abgepackt, gewaschen oder weiterverarbeitet zu kardierter Wolle zum Spinnen –, oder als fertige Ware wie etwa Strickgarn, Bekleidung, handgemachter Filz oder Decken.

Rohwolle

Es gibt Tausende von Menschen in Deutschland, die spinnen und/oder weben. Besitzer kleiner Herden brauchen den höchstmöglichen Gewinn pro Schaf, um rentabel wirtschaften zu können. Deshalb ist es wichtig, die Vermarktung an den großen und attraktiven Markt der Handspinner im Auge zu haben. Wählen Sie dazu Ihre allerbesten und saubersten Vliese aus, die Sie dementsprechend auszeichnen können.

Es lohnt, alle Gesichtspunkte zu berücksichtigen. Versuchen Sie einmal, die Vliese mit den Namen der Schafe zu vermarkten. Vielleicht fragen die Kunden ja im nächsten Jahr nach dem Vlies desselben Schafes. Gestalten Sie einen Schafschurtag mit Sonderangeboten. Laden Sie die Mitglieder der Spinngilde und die Spinner und Weber aus der Umgebung ein. Zu wissen, wie man spinnt, hilft, die Wolle an Spinner zu vermarkten, weil Sie deren Bedürfnisse verstehen. Außerdem bietet sich als weitere Einkommensquelle der Verkauf von Garn an.

Gewaschene Wolle

Es gibt sehr viel Rohwolle auf dem Markt, aber wenig, die fachmännisch gewaschen ist. Mit dem Waschen der Wolle bieten Sie eine Dienstleistung an, die der Kunde meist nicht selbst ausführen möchte. Beim Waschvorgang kommt es zu einem Gewichtsverlust durch das Entfernen von Schmutz und Lanolin. Machen Sie einen Test und ermitteln Sie den durchschnittlichen Gewichtsverlust pro Kilogramm durch das Waschen, bevor Sie entscheiden, welcher Preisunterschied rentabel ist. Der Gewichtsverlust kann zwischen 10 und 50 Prozent liegen.

Gefärbte Wolle

Färben ist ein hervorragendes Verfahren, um sonst unschöne weiße Wolle zu verkaufen. Die synthetische Färbung ist die wirkungsvollste Methode beim Behandeln von großen Wollmengen und kann leuchtende, satte Farben oder auch subtilere Schattierungen hervorbringen. Wegen des hohen Zeitaufwandes müssen ziemlich große Mengen gefärbt werden, um einen Gewinn zu erzielen.

Kardierte Wolle

Wolle kann entweder zu einem Faserflor oder einem Vorgarn kardiert werden. Ein Faserflor ist ein Faserverbund von etwa 10 cm Stärke, der in einem einzigen breiten Band von der Kardiermaschine kommt. Vorgarn ist kardierte Wolle in einem dünnen fortlaufenden Streifen. Das Ausfasern zu einem Vorgarn erfordert eine qualitativ hochwertigere Wolle.

Die Ausweitung des Sortiments ist ein gutes Geschäft. Wenn Sie Wolle verkaufen, die gewaschen, gepflückt oder kardiert ist – und außerdem handgesponnenes Garn und daraus herstellte Produkte –, können Sie mehr Kunden gewinnen. Kardieren hilft, dies zu ermöglichen.

– verändert aus *Turning Wool into a Cottage Industry* von Paula Simmsons

Schafwolle sortieren

Sobald die Wolle gewaschen ist, können Sie einen Teil Ihrer Vliese nach diesen Qualitätskriterien sortieren:

1. **Locken:** sehr dünne, kurze und minderwertige Wolle; wird aussortiert.
2. **Halswolle:** sehr dünne und langfasrige Wolle; die Falten enthalten auch grobe, verfilzte Klumpen minderwertiger Wolle; wird aussortiert.
3. **Schulterwolle:** die beste Schafwolle.
4. **Vlieswolle:** durchschnittliche Qualität, normalerweise frei von Pflanzenmaterial.
5. **Brustwolle:** ähnlich wie Schulterwolle, aber gewöhnlich etwas stärker.
6. **Rückenwolle:** häufig offen und loser.
7. **Oberschenkelwolle:** gröbere Wolle als die anderen Vliespartien; in vielen Fällen tendiert sie zu vermehrten Grannenhaaren. Diese Wolle ist außerdem verfilzt mit Kletten oder Samen.
8. **Oberarmwolle:** sehr kurze Wolle umgeben von schweißreichen Rändern; Kletten und Samen sind in diesem Teil des Vlieses stark vertreten; wird aussortiert.
9. **Unterschenkelhaare:** grobe Fasern mit Grannenhaaren; sie können mit anderen Wollen vermischt oder für Gegenstände wie Satteldecken oder Läufer verwendet werden.
10. **Beschmutze Wolle:** Wolle, die sich nicht weiß waschen läßt und von sehr schwerer Beschaffenheit ist; wird aussortiert.
11. **Bauchwolle:** unförmige Wolle, schwere Beschaffenheit und manchmal sehr kletten- und samenverschmutzt; wird aussortiert.

SCHEUNE, STALL UND FELD

30 WICHTIGE WERKZEUGE

GRUNDLEGENDE HANDWERKZEUGE • ELEKTROWERKZEUG SPEZIALWERKZEUGE

Ich bin niemandem begegnet, der so erfinderisch mit Werkzeugen ist wie Dick Raymond. Weil er unzufrieden mit der Breite der gewöhnlichen Handhacke war, entwickelte er eine „Fingerhacke", buchstäblich von der Größe Ihres Zeigefingers, mit einem besonders langen Stiel, um den Rücken zu schonen. Um seine Sämlinge ausdünnen zu können, ohne sie mit der Hand ausreißen zu müssen, erfand er den „In-der-Reihe-Jäter", eine Art Eisenrechen, aber mit besonders dünnen Zinken. Als sich herumgesprochen hatte, daß es diese Werkzeuge gibt, bekam Dick Tausende von Bestellungen, ohne Werbung gemacht zu haben. „Ich baue sie selbst", schrieb Dick seinen unglücklichen Anhängern. Sein Erfinderkollege Monte Burch teilt seine Ratschläge zu Werkzeugen in diesem Kapitel mit.

– John Storey

Mit dem richtigen Werkzeug können Sie alles erledigen. Mit dem falschen Werkzeug kann sogar die einfachste Arbeit schwierig sein. Das falsche Werkzeug muß nicht billig hergestellt oder schlecht gestaltet sein – manchmal ist es einfach das ungeeignete Werkzeug für die auszuführende Tätigkeit.

Glücklicherweise lassen sich auch größere Vorhaben ohne einen ganzen Laden teurer Werkzeuge ausführen. Die meisten Arbeiten können mit Handwerkzeugen erledigt werden, obwohl einige Elektrowerkzeuge das Vorgehen erleichtern und beschleunigen können. Wenn Sie die Werkzeuge, die Sie brauchen, noch nicht besitzen, empfehle ich Ihnen, mit ein paar hochwertigen Handwerkzeugen und eventuell ein oder zwei kostengünstigen Elektrowerkzeugen von guter Qualität zu beginnen. Lernen Sie die Grundlagen mit den Handwerkzeugen, so daß die schwierigeren Arbeiten mit Elektrowerkzeugen leichter werden. Natürlich können manche Spezialwerkzeuge besondere Arbeiten sehr viel einfacher machen.

Die Grundausstattung des Werkzeugsatzes sollte einen Hammer, eine Handsäge, ein Maßband, einen Zimmermannswinkel, einen Kombinationswinkel, eine Bohrwinde und Bohreinsätze, Schraubendreher, eine 1-m-Wasserwaage, Maurerschnur, Schlagschnur und Maurerbleistift umfassen. Kaufen Sie nur hochwertige Markenwerkzeuge. Bei guter Pflege halten sie ein Leben lang und darüber hinaus.

LEXIKON

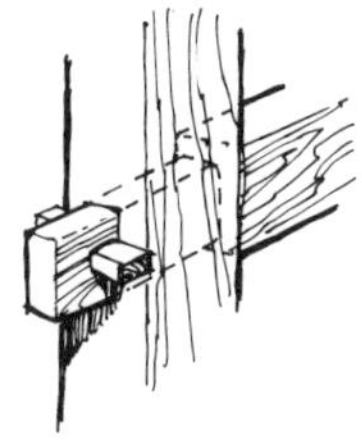

Längsschnitt: Sägeschnitt durch Holz längs der Faser
Schlitz- und Zapfenverbindung: eine Standardholzverbindung, mit Handsäge, Stemmeisen, Bohrer und Winkel hergestellt
Ständer: ein kleinerer Pfosten, der im Fachwerk einer Wand verwendet wird; Verkleidungen, Vertäfelungen oder Latten werden an Ständern befestigt

Gutes Werkzeug erfordert weniger Anstrengung und ist zudem sicherer zu handhaben. Ebenso sind scharfe Werkzeuge sicherer und wirkungsvoller als stumpfe. Ein Werkzeug, das für eine bestimmte Tätigkeit entwickelt ist, sollte in aller Regel auch das beste Werkzeug dafür sein.

Handsägen

Handsägen gibt es in zwei Grundausführungen: Absetzsägen und Schlitzsägen. Absetzsägen sind zum Ablängen, also zum Schnitt quer zur Holzfaser, hergestellt, während Schlitzsägen für Längsschnitte, also das Schneiden entlang der Holzfaser, konzipiert sind. Eine Absetzsäge kann für beide Aufgaben verwendet werden, aber sie trennt in Längsrichtung nicht so einfach wie eine Schlitzsäge.
Handsägen gibt es mit einer unterschiedlichen Anzahl von Zähnen pro Zoll. Je weniger Zähne pro Zoll eine Säge hat, desto rauher schneidet sie. Für rauhgesägtes Holz im Außenbereich eignet sich eine Säge mit sechs bis acht Zähnen pro Zoll hervorragend. Dies ist eine gute, robuste Säge, vorzugsweise mit Hohlschliff. Wenn Sie mehr Feinarbeiten ausführen, brauchen Sie eher eine Säge mit mehr Zähnen pro Zoll.

Drei praktische Winkel

Um sicherzugehen, daß Teile eines Ganzen richtig zusammenpassen, brauchen Sie verschiedene Arten von Winkeln. Die älteste und einfachste Form ist der Zimmermannswinkel. Es gibt ihn in Aluminium und Stahl. Er hat eine L-Form mit unterschiedlich langen Schenkeln (z. B. 70 und 30 cm). Zimmermannswinkel sind insbesondere bei größeren Vorhaben nützlich.
Der Kombinationswinkel ist viel kleiner. Sein meist 30 cm langes Lineal hat eine mittig verlaufende Schiene, in der ein dreieckiger Anschlag über die ganze Länge des Lineals verschoben werden kann. Kombinationswinkel sind am zweckdienlichsten zum Markieren von Schnitten auf kleinen Brettern. Weil es einen 45°-Anschlag gibt, können Sie diesen Winkel auch verwenden, um 45°-Schnitte anzureißen.
Eine Schmiege ist nötig, um Winkel zu ermitteln und anzuzeichnen. Sie hat in den allermeisten Fällen eine Zunge aus Stahl und einen Holzanschlag. Weil Schmiegen an jeden Winkel angepaßt werden können, können sie mit Winkelmessern verwendet werden, um exakte Winkel einzustellen und auf Werkstücke zu übertragen oder vorhandene zu vergleichen.

Wasserwaagen

Sie brauchen vermutlich mehrere Wasserwaagen. Die wichtigste ist ein 60 cm langes Standardmodell aus Aluminium. Sie kann für die meisten Montagearbeiten verwendet werden. Dennoch wird für manche Aufgaben eine 1,0 oder 1,5 m lange Wasserwaage benötigt, die natürlich teurer ist.
Mit einer Schnurwasserwaage können Sie waagerechte Linien zwischen den Ecken eines Gebäudes ziehen oder Betonblöcke setzen. Eine Kombination aus Senkblei und Schlagschnur ist sinnvoll, um vertikale Schnittlinien anzuzeichnen oder die Lotrechte von Ecken und Wänden zu bestimmen. Halten Sie mehrere unterschiedlich lange Schnüre vorrätig – idealerweise Maurerschnur, weil sie reißfest und langlebig ist.

– aus *64 Yard & Garden Projects You Can Build Yourself* und *Building Small Barns, Sheds & Shelters von Monte Burch*

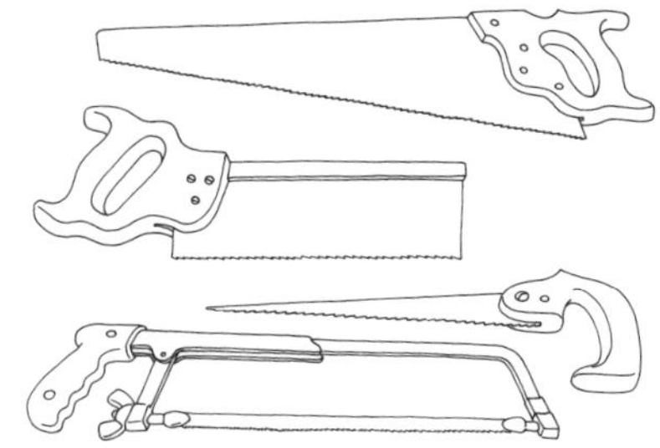

Handwerkzeuge, von oben nach unten: Fuchsschwanz, Rückensäge, Stichsäge und Eisensäge

Sägen mit Handwerkzeugen

Schnitte mit Handsägen sind häufig unpräziser als solche, die mit Elektrowerkzeugen ausgeführt werden. Legen Sie nach jedem Schnitt Ihren Winkel an die Kante des Brettes und den Schnitt an, um zu sehen, ob der Schnitt rechtwinklig ist, und dann an die Brettfläche und quer zum Schnitt, um sicherzustellen, daß der Schnitt nicht in die eine oder andere Richtung geneigt ist. Wenn der Schnitt nicht rechtwinklig ist, können Sie ihn häufig durch Schleifen mit einem Holzblock und Schleifpapier in Ordnung bringen. Wenn nicht, müssen Sie das Stück nochmals zuschneiden.
Wenn ein Entwurf mehrere Teile mit den gleichen Maßen erfordert, empfiehlt es sich, all diese Teile gleichzeitig zuzuschneiden. Aber sägen Sie nicht alle Teile eines Projekts vorher zu. Sie werden häufig bei der Arbeit kleine Abweichungen zwischen den Plänen und Ihren tatsächlichen Messungen feststellen, so daß es normalerweise besser ist, während der Arbeiten zu messen und die Pläne mit den Teilen, die bereits zugeschnitten sind, zu vergleichen, um sicherzustellen, daß die Teile gut und genau passen. Schleifen Sie die Kanten der Einzelteile ab, bevor Sie sie zusammenfügen, um alle Splitter zu entfernen.

GRUNDLEGENDE HANDWERKZEUGE

Die besten Hämmer für die Arbeit

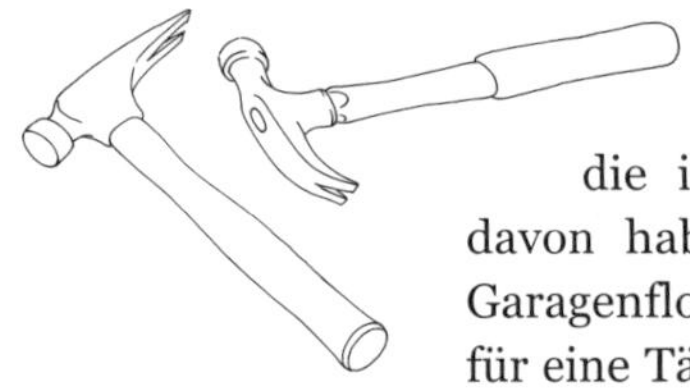

Hämmer sind etwas sehr Persönliches. Ich besitze eine ganze Reihe von 400-g-Zimmermannshämmern, die ich über die Jahre zusammengetragen habe. Einige davon habe ich geerbt, andere bei Versteigerungen und auf Garagenflohmärkten erstanden. Ich ertappe mich häufig dabei, für eine Tätigkeit zu einem ganz bestimmten Hammer zu greifen, weil die Balance und die Ausformung mir just in dem Moment besser zu passen scheint als die der anderen Hämmer. Wenn Sie einen Hammer kaufen, sollten Sie vergleichen, wie sich die Stiele verschiedener Exemplare anfühlen. Sie können auch darum bitten, ihn fest auf eine Oberfläche schlagen zu dürfen, um zu spüren, wie er reagiert.

Die beste Wahl für einen Universalhammer ist ein 600-g-Zimmermannshammer. Er ist als „Allzweckwaffe" für die meisten Vorhaben geeignet. Wenn Sie schwerere Arbeiten über eine längere Zeitspanne verrichten, zum Beispiel einen Holzzaun bauen, ist ein schwerer Hammer von 800 oder 1 000 g besser als ein 600-g-Hammer. Nach einem Tag, den Sie mit dem Einschlagen von 100er-Nägeln verbracht haben, werden Sie das Gewicht und die Ausgewogenheit eines schwereren Hammers schätzen. Zimmermannshämmer haben eine leicht gebogene Klaue, die einen guten Hebel bietet und das Ziehen und Entfernen von Nägeln erleichtert.

Es ist wichtig, für jede Arbeit den geeigneten Hammer zu verwenden. Einen Nagel mit ruhigem, gleichmäßigem Schwung rechtwinklig auf den Kopf zu schlagen ist ebenso wichtig. Versuchen Sie nicht, einen Nagel mit wenigen harten Schlägen in das Holz zu treiben, sondern führen Sie lockere Schwünge aus und lassen Sie das Gewicht des Hammers die Arbeit tun. Nägel sollten eher sanft in das Holz eingeschlagen werden, nicht so hart, daß Sie dabei die Holzoberfläche eindellen oder beschädigen und das Holz splittern lassen.

Verwenden Sie genug Nägel, um die Einzelteile einer Konstruktion fest zusammenzuhalten, und kontrollieren Sie, ob die Nägel auf der Rückseite herausragen, was bei Zäunen und Toren häufig der Fall ist. Herausstehende Nägel müssen umgehämmert oder umgebogen werden, so daß sie flach auf der Holzoberfläche anliegen.

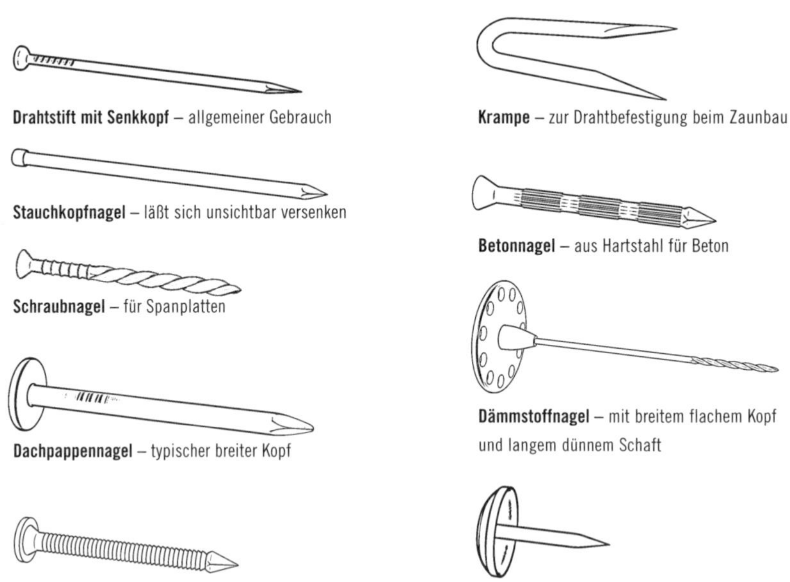

Manchmal weiß man nicht, wie ein bestimmter Nagel aussieht oder wofür er vorgesehen ist. Diese Abbildung soll dem abhelfen.

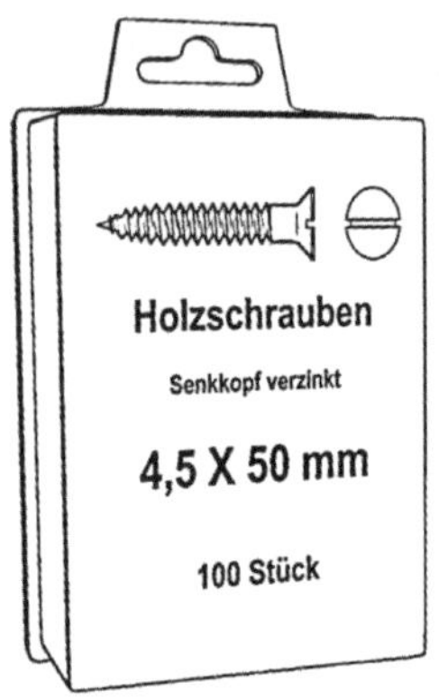

Wissenswertes zum Schraubenkauf

Wenn Sie jemals im Baumarkt oder Werkzeugladen vor einer Wand mit Schraubenverpackungen gestanden haben, ohne zu wissen, was Sie genau brauchen, können Ihnen die folgenden wichtigen Angaben helfen.

- Schraubenbezeichnung: z. B. Holzschrauben, Blechschrauben, Terrassenschrauben
- Schraubenkopf und Material: z. B. Senkkopf, Sechskant und verzinkt, Messing, Edelstahl
- Schaftdurchmesser x Schaftlänge: Die Schraubenmaße werden immer in Millimetern angegeben
- Stückzahl in der Packung

Wichtig: Bei bestimmten Holzarten führen verzinkte Stahlschrauben zu Farbveränderungen des Holzes rings um die Schraube. Verwenden Sie daher etwa bei Lärche im Außenbereich ausschließlich Edelstahlschrauben. Im Innenbereich können für Eiche zum Beispiel Messingschrauben verwendet werden.

– Anita Heidenfelder

Der gut ausstattete Werkzeugkasten

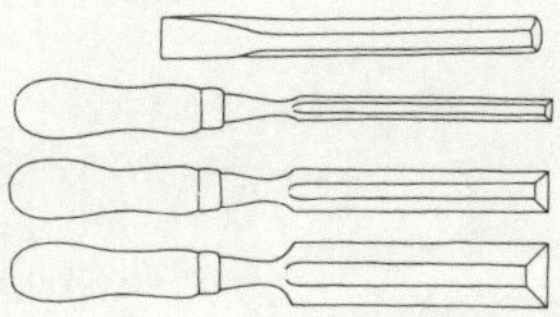

Meißel

Stechbeitel

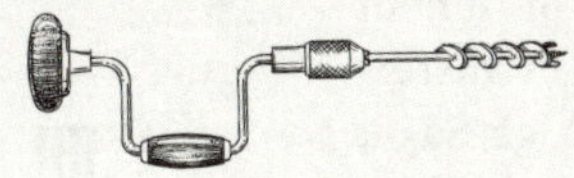

Bohrwinde

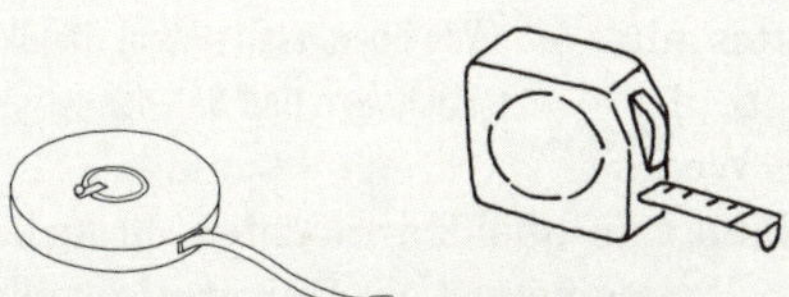

Meßwerkzeuge

Brecheisen

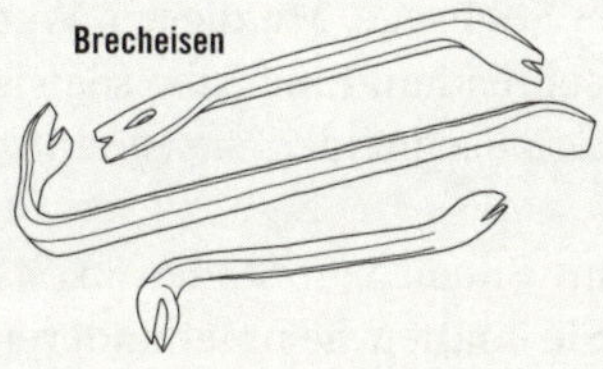

Maurerwerkzeug

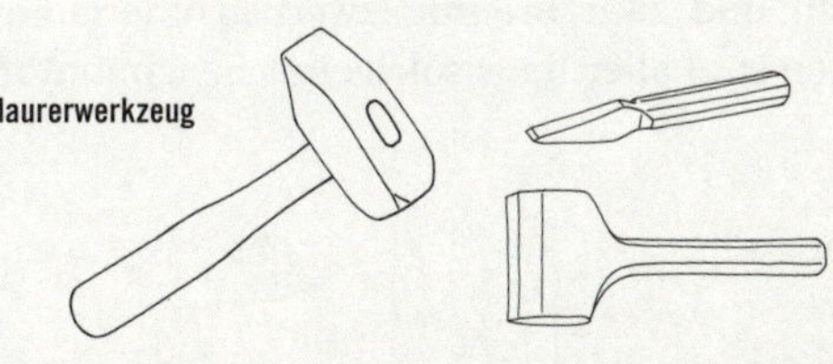

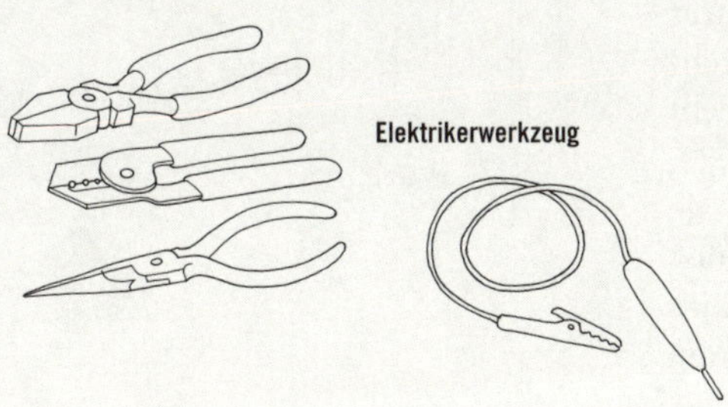

Elektrikerwerkzeug

Sägebock

Es gibt viele weitere nützliche Handwerkzeuge. Die grundlegenden sind unten aufgelistet, andere, wie der Erdbohrer, werden nur für besondere Arbeiten benötigt. Wählen Sie einfach die Werkzeuge aus, die Sie für das, was Sie selbst tun, benötigen.

- **Beitel:** Sie sind unabdingbar für viele Tätigkeiten in der Holzbearbeitung. Zum Einkerben von Pfosten oder zum Ausschneiden von Schlitz- und Zapfenverbindungen brauchen Sie meist mehrere Beitel in verschiedenen Breiten. Meiden Sie billige Sets. Solche Beitel lassen sich nicht gut schärfen, sind nicht schneidhaltig und einfach gefährlich.
- **Hobel:** Sie könnten einen Hobel benötigen, um Holz für eine Verbindung zu glätten.
- **Bohrwerkzeuge:** Sie sind nötig, um Bolzen und Scharniere einzusetzen und manchmal, um Zapfenlöcher zu schneiden. Eine gute Bohrwinde und Bohreinsätze sind unbezahlbar. Achten Sie darauf, daß die Bohrwinde einen Rechts-Links-Lauf hat (also in beide Richtungen funktioniert), so daß Sie sie in engen Ecken verwenden können. Sie sollten für Holz große, qualitativ hochwertige Schlangenbohrer verwenden.
- **Meßwerkzeuge:** Die wichtigsten Meßwerkzeuge sind der Zollstock, der vor allem erstklassige Scharniere haben muß, und das Bandmaß. Je nach Größe Ihres Vorhabens reichen im allgemeinen 5- oder 10-m-Maßbänder. Ein 30-m-Bandmaß auf der Rolle kann zum Ausmessen von Ställen oder ausgedehnten Zäunen praktisch sein.
- **Brecheisen:** Brecheisen gibt es in verschiedenen Größen. Ein Nagelzieher ist unerläßlich zum Entfernen von Nägeln aus Holz. Ein anderes gutes Werkzeug für diesen Zweck ist ein kleiner Kuhfuß. Um genagelte Bretter abzustemmen, brauchen Sie wahrscheinlich einen 60-cm-Kuhfuß mit einer doppelt abgewinkelten Klaue an einem Ende.
- **Maurerwerkzeug:** Werkzeuge für die Arbeit mit Mörtel sind die Maurerkelle zum Auftragen von Mörtel, das Reibebrett zum Glätten von Fundamentoberflächen und Putz und die Gratkelle zum exakten Ausformen von Kanten. Maurerhämmer werden zum Teilen von Mauersteinen benötigt.
- **Elektrikerwerkzeug:** Zum Verlegen von Leitungen benötigen Sie eine gute Kombizange. Sie sollte isolierte Griffe haben und groß genug sein, so daß Sie kunststoffummantelte Kabel gut damit schneiden können. Außerdem ist eine Spitzzange zum Biegen von Kabeladern von Nutzen. Eine Kabelschuhpreßzange kann beim Abmanteln von Kabelenden für Verbindungen viel Zeit sparen. Meines Erachtens ist die Zange viel besser geeignet als ein Messer. Achten Sie darauf, daß alle Ihre Schraubendreher isolierte Griffe haben und daß Sie mindestens einen großen Schraubendreher mit einem langen Griff haben. Mit einem kleinen Phasenprüfer können Sie feststellen, ob eine Leitung Strom führt.
- **Installationswerkzeug:** Zum Installieren von Kupferrohren brauchen Sie einen Rohrschneider und eine Lötlampe. Eine große Wasserpumpenzange und Lederhandschuhe sind nützlich, um die heißen Rohre zu halten. Zusätzlich sind ein 25 cm langer Rollgabelschlüssel und eine 25 cm lange Rohrzange nötig, um an Gewindeverbindungen oder alten verzinkten Rohren zu arbeiten.
- **Sägeböcke:** Zwei gute Sägeböcke helfen Ihnen, Materialien, die geschnitten werden sollen, abzustützen und Sparren auszulegen. Sie können sie aus Abfall- oder Bauholz herstellen.

aus *64 Yard & Garden Projects You Can Build Yourself* und *Building Small Barns, Sheds & Shelters* von Monte Burch

ELEKTROWERKZEUGE

Wie man Schrauben versenkt

Versenken ist ein Verfahren, das angewandt wird, um den Kopf eines Bolzens oder einer Schraube unter die Oberfläche des sie umgebenden Holzes zu bringen. Dies kann beispielsweise wichtig sein, wenn ein Holzteil ein anderes an einer Stelle überdecken muß, an der sich ein Bolzen befindet.
Bohren Sie das Loch in der für den Bolzen bzw. die Schraube erforderlichen Tiefe und mit dem richtigen Durchmesser. Zum Versenken des Bolzen- bzw. Schraubenkopfes müssen Sie es anschließend am oberen Ende erweitern, so daß der Kopf des Bolzens und gegebenenfalls ein Ringschlüssel zum Anziehen hineinpassen.

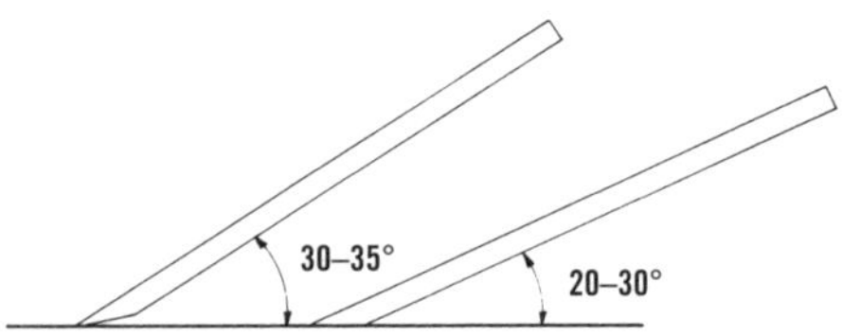

Werkzeuge scharf halten

Scharfe Holzbearbeitungswerkzeuge sind unerläßlich, wenn Sie effizient und gekonnt arbeiten möchten. Bringen Sie Kreissägenblätter und Handsägen zum Schärfen am besten zu einem Fachmann, zum Beispiel beim Landhandel. Meißel, Beitel und Hobelmesser können Sie jedoch einfach in Ihrer Werkstatt oder während der Arbeit schleifen.
Sie brauchen dazu einen Schleifstein und etwas Leichtöl. Wenn Sie einen Beitel schärfen, müssen Sie zuerst die Fase schleifen und dann die Schnittkante abziehen, um ihn rasiermesserscharf zu machen.
Legen Sie zum Schleifen der Fase den Beitel oder das Hobelmesser mit der schrägen Seite nach unten im Winkel von 20 bis 30° auf einen geölten Schleifstein. Halten Sie den Winkel gleich, während Sie das Messer mit kurzen, leichten Schüben vor und zurück bewegen, bis die Kerben von der Schneidkante verschwunden sind.
Ziehen Sie die Schneide ab, indem Sie den Schleifwinkel auf 30 bis 35° erhöhen und sie achterförmig über den Stein bewegen. Abschließend wird die Spiegelseite flach abgezogen. Die Schneide sollte nun scharf genug sein, um ein Blatt Papier sauber zu durchtrennen.

Elektrische Sägen

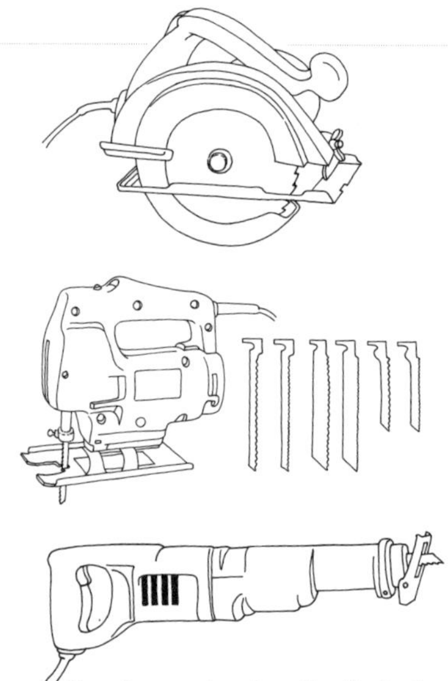
Von oben nach unten: Handkreissäge, Stichsäge und Säbelsäge.

Eine Handkreissäge ist – neben einer Bohrmaschine – wahrscheinlich das wichtigste Elektrowerkzeug, das Sie sich anschaffen können. Sie kann beliebige Materialien, darunter Holz, Verbundstoffe und (mit speziellen Blättern) Metall, ablängen, längs schneiden und abkanten. Handkreissägen gibt es in einer Vielzahl von Größen vom kleinen 10-cm-Blatt bis zur 33,5-cm-Profiausführung. Ein 16-cm-Blatt schneidet Materialstärken von 5 cm bei einem 45°-Winkel, was für die meisten Vorhaben ausreichend ist. Wählen Sie eine strapazierfähige Säge, die einen Adapter für eine externe Absaugung hat, um Staubbelastung zu vermeiden.
Wichtig ist die Auswahl des richtigen Blattes für die jeweilige Tätigkeit. Ich bevorzuge trotz der höheren Kosten hartmetallbestückte Blätter. Wenn Sie größere Mengen druckimprägniertes Bauholz schneiden möchten, brauchen Sie ein speziell dafür konzipiertes Sägeblatt. Im allgemeinen ist ein Universalsägeblatt für Längs- und Querschnitte jedoch völlig ausreichend, wenngleich für bestimmte Feinarbeiten ein feinschnittigeres Blatt wünschenswert sein kann.
Das Schneiden von Löchern geht am besten mit einer Stichsäge. Mit diesem Werkzeug lassen sich auch Muster in gerundeten Formen ausschneiden. Eine Säbelsäge ist eine Stichsäge für hohe Beanspruchungen, die jedes Material schneidet. Sie ist ein vorzügliches Werkzeug für Umbauarbeiten.
Ein anderes wesentliches Werkzeug, besonders zum Bauen von Ställen in Ständerbauweise oder für den Zaunbau, ist die Kettensäge. Sie können sie unter anderem zum Zuschneiden von bereits aufgestellten Pfählen und Pfosten verwenden. Sie ist aber auch zum Fällen von Bäumen im Garten und zum Brennholzwerben unerläßlich. Leistungsfähiger als elektrische Motorsägen sind allerdings solche mit Benzinmotor.

Bohrmaschinen und Bohrer

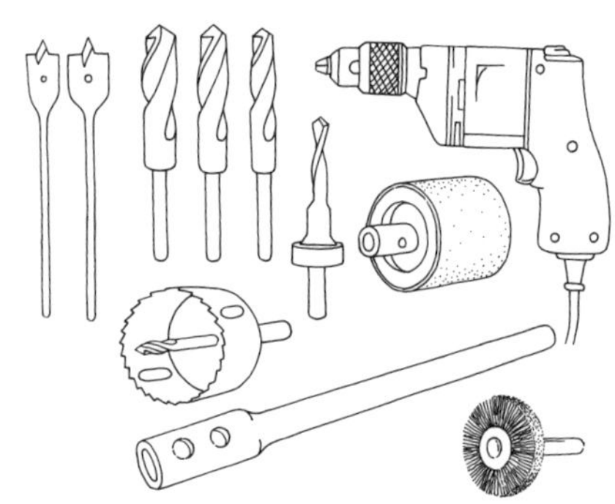

Eine Handbohrmaschine kann weit mehr als Löcher bohren. Bohrmaschinen unterscheiden sich durch ihre Leistung. Das Spannfutter kann im allgemeinen Bohrer mit einem Schaft von 1,5 bis 13 mm Durchmesser aufnehmen. Diese Spanne reicht für praktisch jedes Vorhaben.
Akkubohrer haben den Vorteil, daß sie unabhängig von einer Stromquelle fast überall eingesetzt werden können, was im Schrebergarten oder auf abgelegenen Grundstücksflächen wichtig sein kann.
Bohrer werden meist in Sets gekauft, die mit ganz unterschiedlichen Mengen und Größen von Bohrern bestückt sind. Kleine Sätze enthalten die am häufigsten verwendeten Größen und sind eine gute Grundausstattung für die meisten Vorhaben. Achten Sie darauf, daß die Bohrer von guter Qualität sind. Teurere Spezialbohrer in entsprechenden Größen können Sie bei Bedarf zukaufen und so nach und nach Ihr Werkzeugsortiment vervollkommnen. Verwenden Sie grundsätzlich für jedes Material den passenden Bohrer, also Steinbohrer für Beton, Metallbohrer für Eisenteile und Holzbohrer für Holzelemente.

Spezialwerkzeuge für besondere Arbeiten

Manche Werkzeuge haben nur begrenzte Einsatzmöglichkeiten. In einigen Fällen können Sie die Maschine vielleicht mieten oder leihen. Bei häufigem Gebrauch kann sich auch ein Kauf lohnen. Hier ist eine Liste mit Spezialwerkzeugen und ihren Funktionen:

- **Bandschleifmaschine:** Manche Werkstücke, wie etwa Möbel, müssen vorsichtig geschliffen werden. Am einfachsten geht das mit einem Holzblock und Schleifpapier mit verschiedenen Körnungen, wesentlich schneller allerdings mit einer Schleifmaschine. Für die grobe Bearbeitung wird ein Bandschleifer verwendet. Schwingschleifer sind gut zum Glätten der Oberfläche, um ihr die endgültige Feinstruktur zu geben. Hochwertige Bandschleifer haben normalerweise etwa 800 W Leistung.

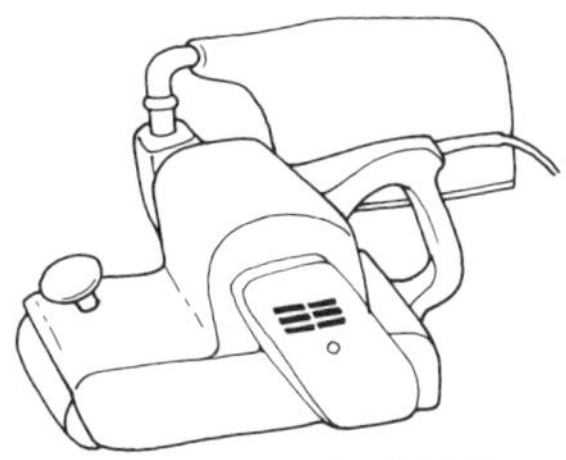

Bandschleifer

- **Oberfräse:** Tragbare Oberfräsen und Bits werden zur Ausformung von Zierkerben und anderen dekorativen Elementen verwendet. Eine hochwertige Oberfräse leistet etwa 1 500 W.
- **Schrauber und Nagler:** Bei umfangreichen Arbeiten hilft ein Stiftnagler oder ein Magazinschrauber wirklich, Zeit und Mühe zu sparen. Weil diese Maschinen für die professionelle Nutzung entwickelt sind, sind sie im allgemeinen teuer.

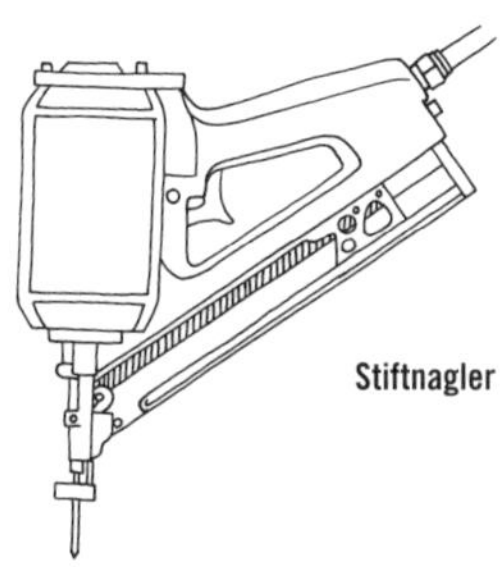

Stiftnagler

- **Dübelfräse:** Dübelfräsen werden zum Verbinden von Holzteilen verwendet. Sie sind einfach zu bedienen und gewährleisten eine stabile und präzise Verbindung.
- **Ortsfeste Maschinen:** Die Verwendung dieser Maschinen beschleunigt das Sägen und Zurichten von Holz. Sie sind jedoch kostspielig und erfordern einen Arbeitsraum. Eine Tischkreissäge oder Radialsäge ist eine gute Wahl, wenn Sie sich nur eine ortsfeste Maschine leisten können. Sie kann für Längs- und Querschnitte sowie (mit Zubehör) auch für andere Schnitt- und Zurichtaufgaben verwendet werden. Eine Bandsäge ist praktisch zum Schneiden von gerundeten Teilen. Eine Standbohrmaschine ist für exakte Bohrungen nützlich. Und es gibt Vielzweckmaschinen, die Tischkreissäge, Bandschleifer, Standbohrmaschine und andere Werkzeuge in einer Maschine kombinieren.

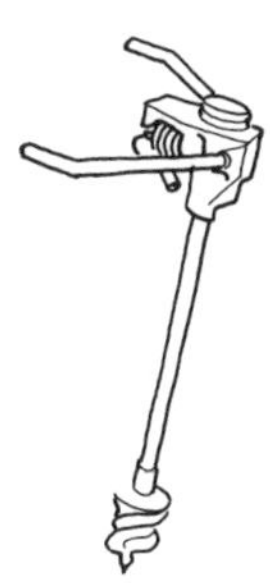

Erdbohrer

- **Erdbohrer:** Es gibt verschiedenste Formen von Geräten zum Ausheben von Löchern. Zum Graben von Löchern für Zaunpfosten oder Fundamentpfeiler können Sie einen Lochspaten mit zwei Handgriffen und einem Paar muschelschalenartiger Blätter oder einen Handerdbohrer verwenden. Wenn Sie viele Löcher auszuheben haben, sollten Sie einen Erdbohrer mit einem Benzinmotor, der den Schneckenförderer antreibt, vorziehen.

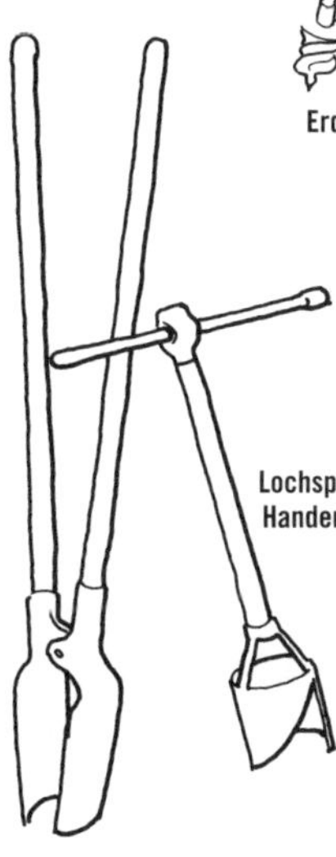

Lochspaten und Handerdbohrer

– verändert aus *64 Yard & Garden Projects You Can Build Yourself* und *Building Small Barns, Sheds & Shelters von Monte Burch*

Arbeitsschutz

Sowohl Anfänger als auch erfahrene Holzarbeiter müssen die Sicherheitsbestimmungen sorgfältig einhalten. Handsägen, Bohrer sowie Sägeblätter, Bohreinsätze und Schneidwerkzeuge von Handelektrogeräten und ortsfesten Maschinen sind allesamt scharf und bergen auch bei Stillstand Gefahren.

Halten Sie in Ihrer Werkstatt oder in der Nähe immer einen Erste-Hilfe-Kasten mit antiseptischen Binden und Wundpflastern bereit. Auch eine Pinzette gehört hinein, da es sich kaum vermeiden läßt, daß Sie sich einmal einen Splitter einziehen.

Verwenden Sie Hämmer nur für die dafür vorgesehenen Tätigkeiten. Zimmermannshämmer sind nicht zum Einschlagen auf Gegenstände wie Beitel, Bolzenköpfe oder Schraubenzieher gemacht. Späne könnten vom Kopf des Hammers wegfliegen und Sie oder andere Personen verletzen.

Immer, wenn Sie mit scharfen Schneidewerkzeugen oder einem Hammer arbeiten, brauchen Sie einen Augenschutz wie etwa eine Schutzbrille. Wenn Sie elektrische Schneidwerkzeuge oder Bohrmaschinen verwenden, ist außerdem ein Gehörschutz notwendig. Tragen Sie bei Schleif- oder Fräsarbeiten eine Staubmaske.

Stahlkappenschuhe sind unerläßlich beim Umgang mit schweren Bauteilen. Wenn Sie mit Elektrowerkzeugen arbeiten, sollten Sie grundsätzlich bequeme Kleidung tragen, aber keine losen, schlaffen Kleidungstücke, die in die Maschinen gezogen werden und Unfälle verursachen könnten. Für Arbeiten mit der Kettensäge brauchen Sie Schnittschutzkleidung einschließlich -stiefeln und einem Helm mit Gehör- und Gesichtsschutz. Die meisten der heutigen doppelt isolierten Elektrowerkzeuge können unter normalen Umständen gefahrlos im Freien betrieben werden, aber möglichst nicht bei Regen oder extremer Nässe. Schließen Sie Ihre Maschinen und Geräte, wenn irgend möglich, an ein Netz mit Fehlerstromschutzschalter an.

BILDNACHWEIS

In der Originalausgabe fehlende Nachweise konnten nicht nachträglich ermittelt werden. Beschriftungsänderungen wurden stillschweigend ausgeführt.

All-America Selections: S. 214 (Betunie, Salvie, Zinnie)

Nancy Anisfield: 331

Cathy Baker: 64 (oben), 67 (oben), 237 (Blattlaus, Käfer, Spinnmilbe, Thrips), 267 (Fond), 287 (Marienkäfer, Laufkäfer), 288 (Blattläuse), 289 (Kohlweißling), 321 (Engerling), 345 (Apfelwickler, Blattlaus, Kirschfruchtfliege, Schildlaus), 468 (oben)

Kathy Bray: 66 (Kasten), 251, 254 (rechts), 258

Sarah Brill: 199 (außen), 202 (Basilikum, Brunnenkresse), 203 (Katzenminze), 204 (Lavendel), 207 (Waldmeister, Zitronenmelisse), 323 (Thymian)

Jane Clark Brown: 2 (Fond), 4 (Fond)

Carolyn Bucha: 20 (oben), 21

Monte Burch: 348, 351, 365, 366, 367, 368, 370, 371, 372

Monte und Joan Burch: 19

Bethany Caskey: 409, 462 (oben rechts), 463, 464 (unten), 465 (oben), 466 (außen), 467

Rick Daskam: 130, 131, 132, 133, 262 (oben), 354, 355

Jeffrey Domm: 300, 301 (außen), 307 (oben), 470, 473 (oben), 515

Beverly Duncan: 197 (oben), 200 (unten), 203 (Kamille), 204 (Mutterkraut), 213 (außen), 221 (Mitte links), 287 (Raubmilben), 290 (außen), 292 (außen, unten), 293, 358, 359, 448, 528

Jim Dyekman: 484 (außen oben und Mitte)

Judy Eliason: 18, 169 (oben), 170 (außen), 171 (oben), 173 (Kasten), 177 (zweite und dritte von oben), 178, 179, 181 (unten), 186 (oben, unten), 192 (oben), 212 (Mitte, unten), 213 (oben), 214 (Aster, Duft-Wicke, Löwenmäulchen, Schmuckkörbchen), 215 (außen), 218 (oben, Mitte), 221 (oben links, obere drei Abb. außen), 224 (Mitte), 237 (Käfer, Bohrer, Zikade), 245 (links), 246 (rechts), 247, 249, 287 (Raubwanzen, Australischer Marienkäfer, Brackwespe, Marienkäfer, Florfliege, Schlupfwespe), 288 (Baumwolleule, Blattwanze, Kartoffelkäfer), 289 (Kohlfliege, Spinnmilbe, Weiße Fliege, Wespe), 294, 295 (oben), 296 (außen oben, rechts oben und unten), 297 (links), 345 (Apfelfruchtfliege, Birnenblattsauger), 438 (unten), 455 (oben), 524, 525, 532 (oben)

Brigita Fuhrmann: 8, 10 (oben), 16 , 83 (oben), 86, 125, 128 (unten), 129 (oben, unten), 134, 135 (oben), 149, 151 (unten), 161 (außen), 167 (außen Mitte und unten), 197 (unten), 198 (oben), 200 (oben), 201, 202 (Estragon), 203 (Frauenminze, Kasten), 204 (Majoran), 205 (Petersilie), 211, 216, 217, 219 (unten), 220, 227 (Tulpe), 248, 272 (oben), 275, 285, 327 (oben), 361 unten, 383 (rechts oben und unten), 507 (im Kasten Schaufelzange, Farmerzange; unten rechts), 509 (Mitte, unten), 526, 527 (Kasten), 529 (Fond), 534, 535 (außen, unten), 536 (oben), 537, 538 (rechts), 539 (oben, Mitte)

Chuck Galey: 174

Susan Gliss: 59, 61, 63, 67 (unten)

Kay Gough: 246 (Kasten)

Kathryn Hard: 6 (unten), 52 (Kasten)

Keith Heiberling: 181 (oben)

Millie Holderread: 469

Nancy Hull: 165

Michael Jager: 75

Carol Jessop: 475 (oben), 476, 518, 519

Charles Joslin: 68 (außen), 151 (außen), 202 (Andorn, Dill, Duftgeranie), 203 (Gewürz-Fenchel, Knoblauch), 204 (Liebstöckel, Lorbeer, Minze, Oregano), 205 (Pimpernelle, Polei-Minze), 206 (Rosmarin, Sauerampfer, Schnittlauch, Thymian), 207 (Wein-Raute, Zitronen-Verbene), 213 (unten links), 291 (oben), 323 (Waldmeister), 359 (Fond), 426 (Fond), 457 (Fond)

Carl Kirkpatrick: 14 (unten), 16, 166 (außen), 260, 261 (oben), 263 (unten), 508, 510, 511

Richard Klimesh: 495 (unten), 496, 497 (für deutsche Ausgabe modifiziert von U. Menze)

Kimberlee Knauf: 298 (Fond), 304 (Haussperling, Stieglitz, Kernbeißer), 305 (Zaunkönig), 306, 307 (unten)

John M. Knight: 6 (oben)

Alison Kolesar: 45, 46, 50, 51, 52 (oben), 53, 54, 55, 56, 89, 99, 100, 101, 102, 103, 104, 105, 106, 107, 108, 109, 111, 114, 115, 116, 117, 119, 120, 126, 166 (rechts), 167 (oben, links), 170 (rechts), 171 (außen), 172 (außen), 182, 185 (Kasten), 205 (Purpur-Sonnenhut), 214 (Fleißiges Lieschen), 229, 266 (unten), 267 (links), 268, 270 (Kasten links, Mitte), 271 (außen), 272 (unten), 274, 275, 276, 277, 284 (rechts), 290 (oben), 291 (unten), 295 (Kasten), 297 (außen), 301 (Kasten), 308, 310 (außen, oben rechts), 311, 313, 315, 318 (Bermudagras, Fingerhirse und Fadenhirse, Breit- und Spitzwegerich, Ehrenpreis, Rispengras, Fingerkraut, Gundermann, Löwenzahn), 319 (Rohrschwingel, Sauerklee, Vogelknöterich, Vogelmiere, Weißklee), 320, 322 (Efeu), 323 (Sedum), 341 (außen), 360 (unten rechts), 404, 405 (oben), 429, 430, 432, 433 (Schritte 2, 4, 8), 434, 435, 436, 439, 440 (Schritte 2, 3, 4), 444, 445 (außen), 446 (unten), 447, 454, 456, 504, 507 (unten außen), 537

Mallory Lake: 222, 223, 226 (Hundszahn, Buntwurz, Dahlie, Garten-Anemone, Hyazinthe, Inkalilie, Kalla,

Knollenbegonie, Krokus), 227 Milchstern, Ranunkel, Ruhmeskrone, Schneeglöckchen, Schmucklilie, Stern-Gladiole, Traubenhyazinthe, Winterling, Zierlauch), 322 (Dickmännchen, Funkie, Immergrün, Haselwurz, Günsel), 323 (Maiglöckchen, Schleifenblume)

Susan B. Langsten: 169 (Kasten), 188, 267 (außen), 279, 280, 281, 284 (außen), 292 (rechts oben), 296 (außen unten), 532 (unten)

Jean Loewer: 270 (Kasten rechts, Fond)

Jerri Long und Ev Harlow: 302, 303 (unten)

Charles McRaven und Chandis Ingenthron: 12 (Fond), 15

Doug Merrilees: 388, 389 (außen), 423, 424, 425, 432

Doug Merrilees und Ralph Scott: 13

Randy Mosher: 152, 537 (Bohrwinde)

Douglas Paisley: 7 (unten), 20 (außen), 65 (außen), 69 (unten), 71, 141, 159, 185 (oben), 186 (Mitte), 192 (Mitte), 303 (oben), 347

Ann Poole: 176 (Mitte, außen), 177, 350

Anna Rich: 380 (Fond)

Mary Rich: 382 (Fond), 383, 384, 385, 386 (unten), 387 (Fond), 389 (Fond), 390 (Fond), 391 (oben), 395, 407, 442, 455 (Fond), 461

Louise Riotte: 214 (Kapuzinerkresse, Ringelblume, Stiefmütterchen), 232 (Fond), 233 (Mitte), 235 (Fond), 254 (außen), 255, 527

Paula Savastano: vi, vii, 24 (Fond), 474

Ralph Scott: 34, 325, 327 (unten)

Hyla Scudder: 322 (Hartriegel), 323 (Porzellansternchen)

Elayne Sears: 35 (Fond), 161 (oben), 164, 167 (außen oben), 172 (rechts), 175 (oben, unten), 176 (unten), 184 (Blumenkohl, Brokkoli), 187 (Kartoffeln), 190, 191, 193, 194 (Kohl), 195, 215 (Mitte), 218 (unten), 219 (oben, Mitte), 225, 226 (Amaryllis, Freesie, Gladiole, Lilie), 224 (außen oben und unten, rechts), 225, 227 (Narzisse, Schwertlilie), 228, 230, 231, 232 (rechts), 233 (oben, unten), 234, 235, 236, 244, 245 (rechts), 252, 253, 256, 257, 259, 261 (Kasten), 262 (Fond), 263 (oben), 271 (unten), 273, 278 (Kasten), 310 unten), 312 (Fond), 314, 316, 317, 321 (außen), 322 (Farne), 326, 329, 334, 336 (oben rechts), 338 (Kasten), 339 (Kasten), 340, 344, 352, 353, 360 (Begonie, Fuchsie, Gardenie, Kaktus, Orchidee), 361 (außen), 362, 415, 416, 417, 418, 420, 421, 433 (Schritte 1, 3, 5, 6, 7 für deutsche Ausgabe modifiziert), 437, 438 (oben), 440 (Schritt 1), 446 (Fond), 449 (Kasten), 457 (außen), 460 (Fond), 472, 478, 479, 480, 484 (Fond, außen unten), 485 (Trakehner, Araber), 486, 487, 488 (Fond), 492, 494 (Fond), 496, 498 (unten), 501 (außen), 520 (Fond), 522 (oben, unten), 523, 530

David Stiles: 364 (Fond), 373, 374, 375, 376, 377, 535 (Kasten)

Russell Stockman: 66 (rechts)

Martha Storey: Fotos Vorwort und Vorschaltseiten Teil I–IV

Sue Storey: 189 (Mitte)

Robert Strimban: 136, 137, 138 (rechts), 139

Sally Sussman: 394 (rechts oben)

David Sylvester: 161 (Kasten), 356 (Fond)

Laura Tedeschi: 198 (unten), 199 (Mitte), 322 (Duftveilchen)

Joan E. Thomson: 113

Becky Turner: 481, 482

Bob Vogel: 25, 27, 28, 29, 30, 31, 32, 33, 36, 42, 69 (oben), 74, 271 (oben), 369, 498 (oben), 499 (unten), 500, 501 (links), 502, 503 (links), 505 (unten), 538 (außen), 539 (unten)

Für die deutsche Ausgabe neu gezeichnet:

Sylvia Bespaluk: 232 (außen unten), 240, 241

Gerd Götz: 336 (oben links, unten)

Uwe Menze: 7 (oben), 10 (Mitte, unten), 19 (außen) 37, 39, 47, 48, 49, 60 (oben), 62, 68 (Kasten), 73, 81, 82, 83 (unten), 84, 85, 87, 88, 92 (rechts), 99 (oben), 107, 108 (unten), 118, 121, 128 (rechts), 153 (außen), 320 (außen, Mitte), 465 (unten), 507 (im Kasten Gripple, Drahtspanner, Krampen, Kabel), 509 (oben), 536 (außen, unten)

Diana Schlaf: 35, 187 (unten), 163 (C und D modifiziert), 192 (unten), 221 (unten außen), 238, 239, 242, 243, 287 (Ohrwurm, Nematoden, Schwebfliege), 288 (Dickmaulrüßler, Drahtwürmer, Erdfloh), 289 (Kohleule, Thripse, Wurzellaus), 295 (unten), 304 (Eichelhäher, Kleiber, Kohlmeise, Türkentaube), 305 (Rauchschwalbe, Amsel, Buchfink, Rotkehlchen, Blaumeise, Buntspecht), 309, 318 (Gänseblümchen, Giersch, Hahnenfuß), 319 (Quecke, Taubnessel), 321 (Tipulalarve, Maulwurfsgrille), 322 (Buchs, Hartriegel), 323 (Lavendel, Polster-Phlox, Purpurglöckchen, Zwergmispel), 330 (Kasten), 332, 333, 337 (Kasten unten), 345 (Apfel-Gespinstmotte, Fruchtschalenwickler, Frostspanner, Pflaumenwickler), 357 (Tomatenhaus), 360 (Bonsai), 403, 419, 450, 451, 452, 453, 462 (außen), 473 (unten), 485 (Shetland, Haflinger, Noriker), 507 (unten links), 522 (Mitte)

LITERATURVERZEICHNIS

Die folgenden Titel erschienen bei Storey Publishing. Das Gesamtprogramm findet sich unter *www.storey.com.*

Teil I:

Albright, Roger: 547 Easy Ways to Save Energy in Your Home
Barrett, Patti: Too Busy to Clean?
Burch, Monte: Building Small Barns, Sheds & Shelders
Burch, Monte: Monte Burch's Pole Building Projects
Bushway, Stephen: The New Woodburner's Handbook
Cameron, Brenda und Brian: Making Bent Willow Furniture
Campbell, Frederick C. und Dubé, Richard L.: Landscaping Makes Cents
Campbell, Stu: The Home Water Supply
Casey, Barbara Farkas: Making Country-Style Curtains
Cooper, Jean: The Stain and Spot Remover Handbook
Daniel, Alfred H.: The Home Inspection Manual
Decker, Phillip J. und Decker, T. Newell: Renovating Brick Houses
Dodt, Coleen K.: The Essential Oils Book
Gay, Larry: Heating with Wood
Gourlie, John: How to Locate in the Country
Guntlow, Pauline B.: Be Your Own Home Decorator
Heldmann, Carl: Be Your Own House Contractor
Heldmann, Carl: Be Your Own Home Renovation Contractor
Herrick, Lyn: The Woman's Hands-On Home Repair Guide
Klenk, Marian Lee: Wallpapering Step-by-Step
Kowalczewski Whitner, Jan: Stonescaping
Makela, Casey: Milk-Based Soaps
McKenzie, James W.: Antiques on the Cheap
McRaven, Charles: Building with Stone
Orme, Alan Dan: Reviving Old Houses
Oster, Maggie: Herbal Vinegar
Poitras, Ron: The Waterless Toilet
Riotte, Louise: Sleeping with a Sunflower
Robinson, David: The Complete Homesteading Book
Robinson, Ed und Carolyn: The „Have-More" Plan
Rockwell, Stephens: Axes and Chainsaws
Self, Charles: Buying and Installing a Woodstove
Shaudys, Phyllis V.: Herbal Treasures
Shelton, Jay: Solid Fuels Encyclopedia
Sherman, Steve: Weatherize Your Home
Stephens, Rockwell: Axes and Chainsaws
Stone, Kenneth M.: How Safe Is Your Water?
Tuttle, Judy: Stenciling
Twitchell, Mary: Restoring Hardwood Floors
Twitchell, Mary: What to Do When Power Fails?
Twitchell, Mary: Window Heat Loss
U.S. Environmental Protection Agency: Manual of Individual Water Supply Systems
Vivian, John: Building Stone Walls

Teil II:

Allen, Oliver, Sears, Elayne (Zeichnungen), in: Gardening Techniques Illustrated
Andrews, Glenn: Growing Hot Peppers
Andrews, Glenn: Growing und Using Garlic
Art, Henry W.: A Garden of Wildflowers
Art, Henry W.: Creating a Wildflower Meadow
Art, Henry W.: The Wildflower Gardener's Guide
Baldwin, Edward, A.: Birdfeeders, Shelters & Baths
Barrett, Patricia R.: Flowering Shrubs
Barrett, Patricia R.: The Flower Arranger's Garden
Bubel, Mike und Nancy: Root Cellaring
Burch, Monte: Building Small Barns, Sheds & Shelters
Burch, Monte: 64 Yard & Garden Projects You Can Build Yourself
Byers, Dorie: Herbal Remedy Gardens
Campbell, Stu: Let It Rot!
Campbell, Stu: The Mulch Book
Christopher, Thomas, Sears, Elayne (Zeichnungen), in: Year-Round Gardening Projects
Cox, Jeff: From Vines to Wines
Damerow, Gail: The Perfect Pumpkin
Dunn, Teri, Sears, Elayne (Zeichnungen), in: Year-Round Gardening Projects
Editors of Garden Way Publishing: Just the Facts!
Editors of Garden Way Publishing: The Big Book of Gardening Skills
Franklin, Stuart: Building a Healthy Lawn
Gelfand, Dale Evva: Grow a Hummingbird Garden
Harley, Ruth: SCAT: Pest-Proofing Your Garden
Hill, Lewis: Fruits and Berries for the Home Garden
Hill, Lewis und Nancy: Successful Perennial Gardening
Jacobs, Betty E.M.: Flowers That Last Forever
Kowalczewski Whitner, Jan: Stonescaping
Lappies, Pamela, Sears, Elayne (Zeichnungen), in: Year-Round Gardening Projects
Laubach, René und Christyna M.: The Backyard Birdhouse Book
Long, Jim: Making Bentwood Trellises, Arbors, Gates & Fences
Macunovich, Janet: Caring for Perennials
Mahnken, Jan: The Backyard Bird-Lover's Guide
Hart, Rhonda Massingham: Bird Food Recipes
Hart, Rhonda Massingham: Bugs, Slugs & Other Thugs
Hart, Rhonda Massingham: Tips for Dirt-Cheap Gardening
Nelson, Joshua D.: Worm Composting
Newton, Hardie: Hardie Newton's Celebration of Flowers
Osborne, Robert: Hardy Roses
Oster, Maggie: 10 Steps to Beautiful Roses
Oster, Maggie: Herbal Vinegar
Page, John: Grow the Best Tomatoes
Pleasant, Barbara: The Gardener's Bug Book
Pleasant, Barbara: The Gardener's Guide to Plant Diseases
Raymond, Dick: Down-to-Earth Gardening Know-How for the '90s
Raymond, Dick: Down-to-Earth Natural Lawn Care
Raymond, Dick: The Joy of Gardening
Raymond, Dick: Wide-Row Planting
Reich, Lee, Sears, Elayne (Zeichnungen) in: Year-Round Gardening Projects
Reich, Lee, Sears, Elayne (Zeichnungen), in: Gardening Techniques Illustrated

Reilly, Ann: Landscaping with Annuals
Reilly, Ann: Landscaping with Bulbs
Reilly, Ann: Starting Seeds Indoors
Reppert, Bertha: Herbs for Weddings and Other Celebrations
Riotte, Louise: Catfish Ponds & Lily Pads
Riotte, Louise: Carrots Love Tomatoes
Riotte, Louise: Grow the Best Strawberries
Rogers, Marc: Saving Seeds
Rupp, Rebecca: Everything You Never Learned about Birds
Rushing, Felder: Scarecrows
Sebastiano, Marian:15 Herbs for Tea
Shaudys, Phyllis V.: Herbal Treasures
Shaudys, Phyllis V.: The Pleasure of Herbs
Shores, Sandie: Growing and Selling Fresh-Cut Herbs
Siegchrist, Charles: Fertilizers for Free
Smith, Charles W.G.: The Big Book of Gardening Secrets
Stell, Elizabeth P.: Secrets to Great Soil
Stetson, Fred: Row Covers und Mulches
Stiles, Jeanie und David: Rustic Retreats
Stone, Pat: Easy Gardening 101
Thomas, Charles B.: Creating Your Own Water Garden
Tilgner, Linda: Tips for the Lazy Gardener
Turner, Carole B.: Seed Sowing und Saving

Teil III:

Andrews, Glenn: Making Homemade Candy
Andrews, Glenn: Making and Using Flavored Vinegars
Ballantyne, Janet: Garden Way's Joy of Gardening Cookbook
Bass, Ruth: Herbal Soups
Chadwick, Janet: The Busy Person's Guide to Preserving Food
Chesman, Andrea: Favorite Pickles and Relishes
Chioffi, Nancy und Mead, Gretchen: Keeping the Harvest
Cooper, Jane: Woodstove Cookery
Costenbader, Carol W.: Jams, Jellies & More
Costenbader, Carol W.: The Big Book of Preserving the Harvest
Damerow, Gail: A Guide to Raising Chickens
Damerow, Gail: The Perfect Pumpkin
Eastman, Wilbur F., Jr.: A Guide to Canning, Freezing, Curing und Smoking Meat, Fish and Game
Foscue Johnson, Ellen: The Bread Book
Hobson, Phyllis: Butchering Livestock at Home
Hobson, Phyllis: Easy Game Cookery
Hobson, Phyllis: Making Cheese, Butter & Yogurt
Hobson, Phyllis: Satisfying Soups
Hopley, Claire: Making and Using Mustards
Johnson, Ellen Foscue: The Bread Book
Mettler, John J., Jr.: Basic Butchering of Livestock & Game
Oster, Maggie: Making Ice Cream and Frozen Yogurt
Pitzer, Sara: Baking with Sourdough
Pitzer, Sara: Simply Strawberries
Proulx, Annie: Making the Best Apple Cider
Reavis, Charles: Cooking with Fresh Sausage
Reavis, Charles: Home Sausage Making
Riotte, Louise: Berries: Rasp- and Black
Robinson, Ed und Carolyn: The „Have-More" Plan
Stark, Granny: Perfect Fruit Pies
Steege, Gwen: The Search for the Perfect Chocolate Chip Cookie
Storey, Martha: Keeping Entertaining Simple
Stovel, Edith: Picnic!

Teil IV:

Belanger, Jerry: Raising Milk Goats the Modern Way
Bennett, Bob: Raising Rabbit the Modern Way
Birutta, Gale: A Guide to Raising Llamas
Bonney, Richard E.: Beekeeping: A Practical Guide
Bonney, Richard E.: Hive Management
Boyle, George E., Blood, Charles L., Watson, Ben (Hrsg.): Cat First Aid: A Guide to Emergency Treatment and General Health Care
Burch, Monte: Building Small Barns, Sheds & Shelters
Burch, Monte: How to Build Small Barns & Outbuildings
Burch, Monte: 64 Yard & Garden Projects You Can Build Yourself
Chapple, Judy: Your Horse
Damerow, Gail: A Guide to Raising Chickens
Damerow, Gail: Fences for Pasture & Garden
Damerow, Gail: The Perfect Pumpkin
Damerow, Gail: Your Goats
Delmar, Diana: Help! My Puppy is Driving Me Crazy
Delmar, Diana: The Guilt-Free Dog Owner's Guide
Dodt, Colleen K.: The Essential Oils Book
Dutson, Judith: Getting Your First Horse
Ekarius, Carol: Small-Scale Livestock Farming
FitzGerald, James: The Best Fences
Haynes, N. Bruce: Keeping Livestock Healthy
Hill, Cherry: Horsekeeping on a Small Acreage
Hill, Cherry: Horse Handling and Grooming
Hill, Cherry: Your Pony, Your Horse
Hill, Lewis: Christmas Trees
Johnson, Pam: Cat Love
Klober, Kelly: A Guide to Raising Pigs
McDonald, Mary Ashby: Starting & Running Your Own Horse Business
Mercia, Leonard S.: Raising Poultry the Modern Way
Mettler, John J., Jr.: Horse Sense: A Complete Guide to Horse Selection and Care
Reppert, Bertha: Growing Your Herb Business
Rural Heritage Magazine: www.ruralheritage.com
Schwenke, Karl: Successful Small-Scale Farming
Searle, Nancy: Your Rabbit
Shores, Sandie: Growing and Selling Fresh-Cut Herbs
Simmons, Paula: Raising Sheep the Modern Way
Simmons, Paula: Turning Wool into a Cottage Industry
Storer, Pat: Your Puppy, Your Dog
Thomas, Heather Smith: A Guide to Raising Beef Cattle
van Loon, Dirk: Small-Scale Pig Raising
van Loon, Dirk: The Family Cow
Vivian, John: Building Stone Walls

REGISTER

VERLAGSINFORMATIONEN

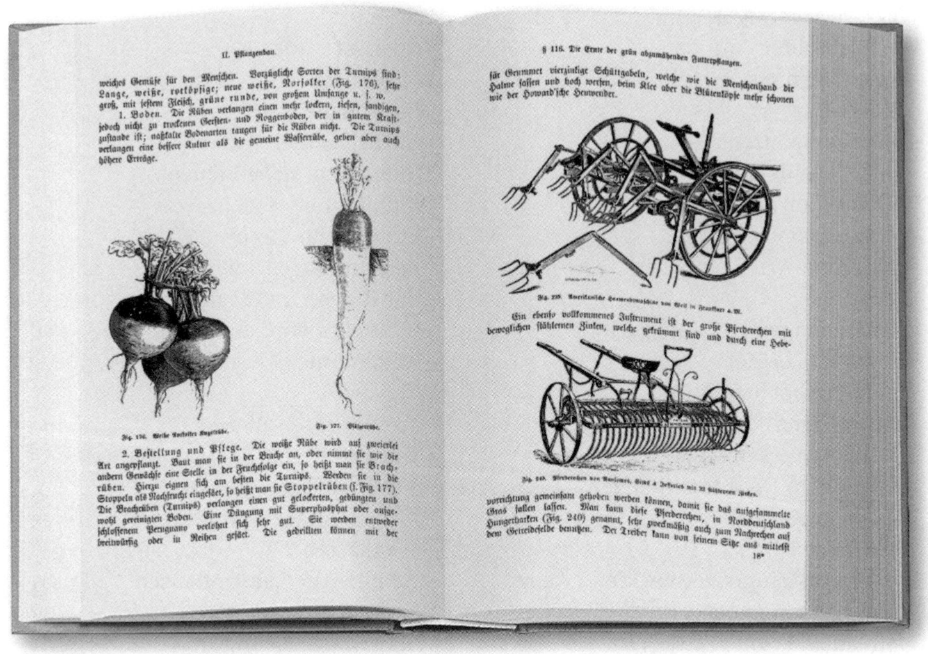

Der Wandel in der Landwirtschaft, am wichtigsten Handbuch sichtbar gemacht.
Dieser Band stellt zwei Ausgaben dieses berühmten, weitverbreiteten und in mehr als dreißig Auflagen erschienenen Werkes nebeneinander: die von 1898 und die von 1958. Faszinierend die Fülle der Kulturpflanzen und Tierrassen, deren Eigenarten, Ansprüche und Besonderheiten vorgestellt werden. Und ebenso faszinierend: das konsequente Denken und Handeln in physischen Kreisläufen, in denen nichts verderben durfte (oder gar „entsorgt“ werden mußte), sondern alles wieder neuer Fruchtbarkeit diente. Ein Denken, das alle Wenden der Agrarlehre überlebte, mit dem Einbruch der industriellen Logik in die Landwirtschaft (in den 60er Jahren des 20. Jahrhunderts) außer Kraft gesetzt schien und im ökologischen Landbau wieder zu Ehren kommt.

Johann Adam Schlipf:
Handbuch der Landwirtschaft.
Nachwort von Onno Poppinga.
Nachdruck der Ausgaben von 1898 und 1958 in einem Band. 1 078 Seiten mit 23 Farb- und 6 Schwarzweißtafeln, zahlreiche Textabbildungen, 15,5 x 23,5 cm, gebunden.
ISBN **978-3-933497-77-2**

MANUSCRIPTUM.
www.manuscriptum.de